FACHWÖRTERBUCH
Medizinische Laboratoriumsdiagnostik
Englisch-Deutsch-Französisch

DICTIONARY
Medical Laboratory Diagnostics
English-German-French

DICTIONARY

Medical Laboratory Diagnostics

English
German
French

With about 20,000 entries

By Dr. phil. habil. Ursula Spranger
and Jürgen Grové

VERLAG ALEXANDRE HATIER BERLIN-PARIS

FACHWÖRTERBUCH

Medizinische Laboratoriumsdiagnostik

Englisch
Deutsch
Französisch

Mit etwa 20 000 Wortstellen

Von Dr. phil. habil. Ursula Spranger
und Jürgen Grové

Verlag Alexandre Hatier BERLIN-PARIS

Die Deutsche Bibliothek – CIP-Einheitsaufnahme

Spranger, Ursula:
Fachwörterbuch medizinische Laboratoriumsdiagnostik :
Englisch, Deutsch, Französisch ; mit etwa 20000 Wortstellen /
von Ursula Spranger und Jürgen Grové. - 1. Aufl. - Berlin ;
Paris : Hatier, 1993
Parallelsacht.: Dictionary medical laboratory diagnostics
ISBN 3-86117-053-1
NE: Grové, Jürgen:; Medizinische Laboratoriumsdiagnostik: HST

ISBN-3-86117-053-1

1. Auflage

Printed in Germany
Satz und Datenverarbeitung: Satz-Rechenzentrum Berlin
Druck: Druckhaus Thamhayn GmbH, Gräfenhainichen
Lektor: Dipl. phil. *Gitta Koven*

Vorwort

Die medizinische Laboratoriumsdiagnostik ist eine inhomogene Disziplin mit Querschnittscharakter, die in den letzten zwanzig Jahren vor allem durch die Entdeckung weiterer biochemischer Substanzen sowie die Entwicklung neuer Bestimmungs- und Nachweismethoden und die Anwendung innovativer Meßtechnik einen erheblichen Aufschwung erfahren hat. Die medizinische Laboratoriumsdiagnostik spielt in allen klinischen Fächern sowohl bei der Diagnosestellung als auch zum Teil bei der Therapieüberwachung und Prävention eine unschätzbare Rolle. Sie ist aber nicht nur im medizinischen Betreuungsprozeß von großer Bedeutung, sondern auch im theoretisch-experimentellen Bereich.
Die medizinische Laboratoriumsdiagnostik schöpft ihre Terminologie aus naturwissenschaftlichen und technischen Fächern. Ihre wesentlichen Inhalte verdankt sie klinisch-(bio)chemischen, hämatologischen, hämostaseologischen (transfusions)serologischen, immunologischen, histo- und zytologischen, histo- und zytochemischen, radiochemischen, klinisch-toxikologischen, klinisch-genetischen, klinisch-mikrobiologischen u.ä. Fragestellungen.
Der beachtliche Erkenntniszuwachs wird vor allem in der internationalen Fachliteratur, auf Kongressen, in Werbematerial usw. dargestellt und verbreitet. Etwa 75 bis 80% des Informationsaufkommens in der medizinischen Laboratoriumsdiagnostik werden in englischer Sprache formuliert, danach folgen das Deutsche und Französische.
Das vorliegende dreisprachige Wörterbuch soll den auf dem weitgefächerten Gebiet der medizinischen Laboratoriumsdiagnostik tätigen Wissenschaftlern und Praktikern, aber auch den Studenten sowie Übersetzern ein Hilfsmittel beim Verstehen oder Verfassen von entsprechenden Fachbeiträgen sein.
Der englisch- und deutschsprachige Teil des Wörterbuches entstand während meiner langjährigen Tätigkeit in einem Dresdener medizinischen Forschungsinstitut und wurde von dessen Direktor, Herrn Prof. Dr. med. habil. Dr. rer. nat. *Hans-Jürgen Thiele*, gefördert, wofür ich meinen herzlichen Dank aussprechen möchte. Fachspezifische Publikationen aller Art dienten als Quellen. Dabei wurden auch viele Synonyma erfaßt und redaktionell die IUPAC-Regeln berücksichtigt.
Der französischsprachige Teil wurde in dankenswerter Weise von Herrn *Jürgen Grové*, Berlin, unterstützt von Herrn Dr. *C. Houba*, Paris, erarbeitet.
Zu Dank verpflichtet bin ich ferner dem Verlag Alexandre Hatier für die Förderung des Vorhabens und besonders Frau *Gitta Koven* für die lexikographische Betreuung des Manuskripts.
Für die bei Erstauflagen eines Fachwörterbuches kaum vermeidbaren Lücken und Ungenauigkeiten bitte ich die Nutzer um Nachsicht. Hinweise, die zur Verbesserung weiterer Auflagen dienen, werden dankbar entgegengenommen und möchten bitte an den Verlag Alexandre Hatier, Detmolder Straße 4, 10715 Berlin, gerichtet werden.

U. Spranger

Preface

Medical laboratory diagnostics is a heterogeneous specialty drawing from a number of scientific disciplines, one which has made major headway over the past 20 years with the discovery of new biochemical substances, the development of new diagnostic techniques and the use of advanced measuring equipment.
Medical laboratory diagnostics plays an indispensable part in all fields of clinical practice, whether diagnosis or - albeit to a lesser extent - the monitoring of patient response and prevention. Its significance is not, however, limited to clinical practice, but extends as far as the theoretical and experimental divisions of medicine.
Medical laboratory diagnostics takes its terminology from the natural and applied sciences. Its main sources are (bio)chemistry, haematology, haemostatic methods, transfusion methods and serology, histology and cytology, histo and cytochemistry, radiochemistry, toxicology, genetics and microbiology.
The considerable growth in the stock of knowledge is reflected and promoted in specialist literature, at congresses and in advertising copy. Some 75 to 80 per cent of output in medical laboratory diagnostics is in English, followed by German and French.
The present three-language dictionary is designed to assist academics and practitioners as well as students and translators in understanding and writing text on the subject.
The English and German sections of the dictionary are the result of efforts undertaken for many years during my tenure at a medical research institute in Dresden and were given every encouragement by its principal, Prof. *Hans-Jürgen Thiele*, to whom I owe a debt of gratitude. Specialist publications of all kinds were used as sources. Numerous synonyms have been included and care has been taken to comply with IUPAC rules throughout.
The French section was prepared by Mr *Jürgen Grové* of Berlin, ably assisted by Dr *C. Houba*, Paris, to whom I would like to express my thanks.
I am further indebted to Verlag Alexandre Hatier for their sponsorship of the project, and particularly Mrs *Gitta Koven* for her lexicographical work.
It is in the nature of any first edition of a specialist dictionary that it will have its gaps and inaccuracies, for which I would ask users to bear with me. I would be most obliged for any suggestions for improvements to be included in future editions, which should be addressed to Verlag Alexandre Hatier, Detmolder Straße 4, D-10715 Berlin.

U. Spranger

Benutzungshinweise • Directions for Use

1. Beispiele für die alphabetische Ordnung • Examples of Alphabetization

ACE
A cell
acetyl
acetyl-activating enzyme
acetylase
acetylate / to
N-acetylgalactosamine
β-*N*-acetyl-*D*-glucosaminidase
N-acetylhistamine
acetyllysine
N-acetyl-*D*-mannosamine
AChE
acid fuchsin
acid α_1-glycoprotein
acid α_2 glycoprotein
acidimetry
acid-insoluble
ACTH
actine
α-actinine

Dimethylamin
p-Dimethylaminoazobenzol
Dimethylaminophenazon
Diphenylcarbazon
4,4'-Diphenyldiamin
Diphenylether
direkte Färbung
direkter Test
direktes Bilirubin
Direktfarbstoff
dITP
Diurese
DNA
DNA-abhängig
DNA-Antikörper
DNase
DNase II
doppelt destilliertes Wasser
doppelte Radialimmundiffusion
doppelwandig

céto-acide
α-céto-acide-decarboxylase
cétogène
α-cétoglutarate
cétose
cétose-1-phosphate-aldolase
cétoside
β-cétothiolase
CEV
chaîne
chaîne / a longue
chaîne courte
chaînes courtes / à
champ électrique
champignon de levure
champ magnétique
chloréthane
2-chloréthanol
chlorohémine
p-chloromercuribenzoate

Kursive Symbole wie *m*-, *o*-, *p*-, *N*-, *D*-, *L*- in chemischen Verbindungen und griechische Buchstaben bleiben bei der alphabetischen Einordnung unberücksichtigt.
Italized symbols like *m*-, *o*-, *p*-, *N*-, *D*-, *L*- in chemical compounds and Greek letters are disregarded in alphabetization.

2. Zeichen und Abkürzungen · Signs and Abbreviations

( ) Taschen body (granula) = Taschen body *oder* Taschen granula
[ ] Burri's [India ink] method = Burri's method *oder* Burri's India ink method
/ control / to = to control
( ) Diese Klammern enthalten Erklärungen
These brackets contain explanations
s. siehe / see
s.a. siehe auch / see also
(US) Amerikanisches Englisch / American English

Englisch-Deutsch-Französisch

A

No.	English	German	French
A 1	**A antigen**	A-Antigen n	antigène m A
	AAP	s. A 411	
	AAR	s. A 862	
	AAV	s. A 248	
	Ab	s. A 828	
A 2	**abacterial,** non-bacterial	abakteriell, nichtbakteriell	abactérien
	abacterial	s. a. S 867	
A 3	**Abderhalden's reaction (test)**	Abderhalden-Reaktion f	réaction f d'Abderhalden
	abdominal exudate	s. A 1044	
	abdominal fluid	s. A 1044	
	abdominal paracentesis	s. A 4	
A 4	**abdominal puncture,** abdominal paracentesis, abdominocentesis, coelioparacentesis, puncture (paracentesis) of the abdomen	Bauch[höhlen]punktion f, Abdominozentese f, Abdominalparazentese f, Zöliozentese f	paracentèse f abdominale (d'abdomen), ponction f [de la cavité] abdominale
	abdominocentesis	s. A 4	
A 5	**A bile,** hepatic bile	A-Galle f, Lebergalle f	bile f A (hépatique, hépatocytaire)
A 6	**ablastin**	Ablastin n	ablastine f
	able to clot	s. C 656	
A 7	**abnormal,** anomalous	abnorm[al], anomal, regelwidrig	anomal, difforme, anormal, irrégulier
	abnormality	s. A 807	
A 8	**ABO blood group system,** [blood group] ABO system	ABO-Blutgruppensystem n, ABO-System n	système m [des groupes sanguins] ABO
A 9	**abortin,** bangin	Abortin n, Bangin n, Bang-Bakterien-Aufschwemmung f	abortine f
A 10	**abortin test**	Abortinprobe f, Abortintest m, Hautprobe f nach Burnet	réaction f de Burnet
	abortus bacillus	s. B 79	
	ABO system	s. A 8	
	abrade / to	s. S 130	
	abrasio	s. A 11	
A 11	**abrasion,** abrasio, curettage, curetting, curettement, scraping [out]	Abrasion f, Abrasio f, Ausschabung f, Ausräumung f, Kürettage f, Kürettierung f, Abschabung f	abrasion f, écorchure f, raclage m, curetage m, excochléation f, évidement m
A 12	**abrasion material,** scrapings	Abrasionsmaterial n, Abschabsel n, Geschabsel n	matière f d'abrasion
A 13	**abrasion spoon**	Abrasiolöffel m	curette f d'abrasion
	abrasor	s. C 1181	
A 14	**abscess punctate**	Abszeßpunktat n	liquide m obtenu par ponction d'abcès
A 15	**abscissa,** axis of abscissae, x-axis	Abszisse f, Abszissenachse f, x-Achse f	abscisse f, axe m d'abscisses
A 16	**absolute alcohol,** absolute ethanol, dehydrated (pure) alcohol	absoluter Alkohol m, reiner Alkohol	alcool m absolu (pur, déhydré)
A 17	**absolute error**	absoluter Fehler m	erreur f absolue
	absolute ethanol	s. A 16	
A 18	**absolute temperature**	absolute Temperatur f	température f absolue
A 19	**absolute toxi[ci]ty**	absolute Toxizität f	toxicité f absolue
	absolute vacuum	s. V 7	
A 20	**absolute value**	Absolutwert m, Absolutbetrag m	valeur f absolue
A 21	**absolute zero [point]**	absoluter Nullpunkt m	point m zéro absolu
A 22	**absorb / to**	absorbieren, aufsaugen, einsaugen	absorber, résorber
A 23	**absorbability**	Absorbierbarkeit f	absorbabilité f
	absorbefacient	s. A 26	
	absorbency	s. A 48	
A 24	**absorbent,** absorbing material (agent, substance)	Absorptionsmittel n, Absorbens n	absorbant m, agent m d'absorption
	absorbent	s. a. A 26	
	absorbent paper	s. B 445	
A 25	**absorber,** absorption (absorbing) apparatus	Absorber m, Absorptionsapparat m	absorbeur m, appareil m d'absorption
A 26	**absorbing,** absorbefacient, absorptive, absorbent	absorbierend, aufsaugend	absorbant, absorptif
	absorbing agent	s. A 24	
	absorbing apparatus	s. A 25	
	absorbing capacity	s. A 48	
	absorbing column	s. A 32	
	absorbing liquid	s. A 39	
	absorbing material	s. A 24	
	absorbing power	s. A 48	
	absorbing substance	s. A 24	
A 27	**absorptiometer**	Absorptionsphotometer n, Absorptiometer n	absorptiomètre m
A 28	**absorption**	Absorption f, Absorbieren n, Aufsaugen n, Aufsaugung f, Einsaugen n	absorption f, résorption f
	absorption apparatus	s. A 25	
A 29	**absorption band**	Absorptionsbande f	bande f d'absorption

No.	English	German	French
	absorption bottle	*s.* A 37	
A 30	**absorption cell**	Absorptionsküvette *f*	cuvette *f* d'absorption
A 31	**absorption coefficient,** absorption factor, coefficient of absorption	Absorptionskoeffizient *m,* Absorptionsfaktor *m* , Absorptionsgrad *m*	coefficient *m* d'absorption, degré *m* d'absorption, facteur *m* d'absorption
A 32	**absorption column,** absorbing column, absorption tower [stack]	Absorptionssäule *f,* Absorptionskolonne *f*	colonne *f* d'absorption
A 33	**absorption curve**	Absorptionskurve *f*	courbe *f* d'absorption
	absorption factor	*s.* A 31	
A 34	**absorption filter**	Absorptionsfilter *n*	filtre *m* absorbant
A 35	**absorption flame photometer**	Absorptionsflammenphotometer *n*	photomètre *m* d'absorption à flamme
A 36	**absorption flame photometry**	Absorptionsflammenphotometrie *f*	photométrie *f* d'absorption à flamme
A 37	**absorption flask,** absorption bottle	Absorptionswaschflasche *f*	flacon *m* absorbeur
A 38	**absorption line**	Absorptionslinie *f*	raie *f* d'absorption
A 39	**absorption liquid,** absorbing liquid	Absorptionsflüssigkeit *f,* Absorptionslösung *f*	liquide *m* d'absorption, solution *f* d'absorption
A 40	**absorption maximum**	Absorptionsmaximum *n*	maximum *m* d'absorption
A 41	**absorption measurement**	Absorptionsmessung *f*	absorptiométrie *f*
	absorption of oxygen	*s.* O 240	
A 42	**absorption photometry**	Absorptionsphotometrie *f*	photométrie *f* d'absorption
	absorption rate	*s.* A 46a	
A 43	**absorption spectroanalysis**	Absorptionsspektralanalyse *f*	analyse *f* spectrale absorptive
A 44	**absorption spectrometer**	Absorptionsspektrometer *n*	spectromètre *m* d'absorption
A 45	**absorption spectroscopy**	Absorptionsspektroskopie *f*	spectroscopie *f* d'absorption
A 46	**absorption spectrum**	Absorptionsspektrum *n*	spectre *m* d'absorption
	absorption tower	*s.* A 32	
	absorption tower stack	*s.* A 32	
A 46a	**absorption velocity,** absorption rate	Absorptionsgeschwindigkeit *f*	vitesse *f* d'absorption
A 47	**absorption vessel**	Absorptionsgefäß *n*	cuve *f* d'absorption
	absorptive	*s.* A 26	
	absorptive capacity	*s.* A 48	
A 48	**absorptive power,** absorbing power, absorptive (absorbing) capacity, absorptivity, absorbency	Absorptionsfähigkeit *f*, Absorptionsvermögen *n*	faculté *f* d'absorption, pouvoir *m* absorbant
	absorptivity	*s.* A 48	
	abstinence from food	*s.* F 21	
	Ac	*s.* A 192	
A 49	**Acanthocephalus**	Kratzwurm *m,* Kratzer *m*	acanthocéphale *m*
A 50	**acanthocyte**	Akanthozyt *m*	acanthocyte *m*
	acantholytic cell	*s.* T 707	
	Acarus	*s.* M 594	
A 51	**acaryote,** akaryote, non-nucleated, anuclear	kernlos	anucléé, anucléaire, acaryote
A 52	**accelerate / to,** to promote, to speed [up]	beschleunigen	accélérer
A 53	**acceleration,** promotion, speeding-up	Beschleunigung *f*	accélération *f*
A 54	**accelerator**	Beschleuniger *m*	accélérateur *m*
	accelerator globulin	*s.* C 635	
	accelerin	*s.* C 636	
A 55	**acceptor**	Akzeptor *m*	accepteur *m*
	acceptor RNA	*s.* T 491	
	accessory agent	*s.* A 242, A 1166	
	accessory thyroid gland	*s.* P 100	
	accumulate / to	*s.* C 733	
	accuracy	*s.* P 843	
A 56	**accuracy control**	Richtigkeitskontrolle *f*	contrôle *m* d'exactitude
	accuracy of measurement	*s.* M 189	
A 57	**accuracy of reading**	Ablesegenauigkeit *f*	précision *f* de lecture, précision des lectures
A 58	**ACD solution,** anticoagulant acid citrate dextrose solution	ACD-Stabilisator *m*	solution *f* ACD, solution anticoagulante ACD
	ACE	*s.* D 518	
A 59	**A cell**	A-Zelle *f*	cellule *f* A
A 60	**acetal**	Acetal *n*	acétal *m*
A 61	**acetaldehyde,** acetic aldehyde, ethanal	Acetaldehyd *m*, Essigsäurealdehyd *m*, Ethanal *n*	aldéhyde *m* acétique, acétaldehyde *m*, aldéhyde éthylique, éthanal *m*
A 62	**acetaldehyde dehydrogenase**	Acetaldehyddehydrogenase *f*	acétaldéhyde-déshydrogénase *f,* ALDH
	acetaldol	*s.* A 454	
	acetalphosphatide	*s.* P 536	
A 63	**acetamide,** ethanamide	Acetamid *n,* Essigsäureamid *n*, Ethanamid *n*	acétamide *m,* amide *m* acétique
A 64	**acetaminophen**	Acetaminophen *n*	acétaminophène *m*
A 65	**acetanilide,** phenylacetamide	Acetanilid *n*, Phenylacetamid *n*	acétanilide *m,* anilide *m* phénylacétique
A 66	**acetate**	Acetat *n*	acétate *m*
A 67	**acetate agar**	Acetatagar *m*	milieu *m* à l'acétate
A 68	**acetate buffer**	Acetatpuffer *m*	tampon *m* acétate
A 69	**acetate kinase,** acetokinase	Acetatkinase *f,* Acetokinase *f*	acétate-kinase *f,* acétokinase *f*

A 70	**acetate thiokinase,** acetyl-CoA-synthetase, acetyl-activating enzyme	Acetatthiokinase *f*, Acetyl-CoA-synthetase *f*	acétate-thiokinase *f*, acétyl-CoA-synthétase *f*, acétyl-coenzyme A-synthétase *f*
A 71	**acetic**	essigsauer	acétique
A 72	**acetic acid,** ethanoic acid	Essigsäure *f*, Ethansäure *f*, Acetsäure *f*	acide *m* acétique (éthanoïque)
A 73	**acetic acid test**	Essigsäureprobe *f*	épreuve *f* d'acide acétique
	acetic aldehyde	*s.* A 61	
A 74	**acetic anhydride,** ethanoic anhydride	Essigsäureanhydrid *n*, Acetanhydrid *n*	anhydride *m* acétique
	acetic ester	*s.* E 493	
A 75	**acetification**	Essigsäurebildung *f*	acétification *f*
A 76	**acetoacetate**	Acetoacetat *n*	acétoacétate *m*
A 77	**acetoacetate decarboxylase**	Acetoacetatdecarboxylase *f*	acétoacétate-décarboxylase *f*
A 78	**acetoacetic**	acetessigsauer	acétylacétique
A 79	**acetoacetic acid,** acetylacetic (diacetic) acid	Acetessigsäure *f*, Acetylessigsäure *f*	acide *m* acétylacétique (acétoacétique, diacétique)
A 80	**acetoacetyl-CoA,** acetoacetyl coenzyme A	Acetoacetyl-CoA *n*, Acetoacetyl-Coenzym A *n*	acétoacétyl-CoA *m*, acétoacétyl-coenzyme A *m*
A 81	**acetoacetyl-CoA-reductase**	Acetoacetyl-CoA-reductase *f*	acétoacétyl-CoA-réductase *f*
	acetoacetyl coenzyme A	*s.* A 80	
A 82	**acetoin,** dimethylketol	Acetoin *n*, Dimethylketol *n*, Acetylmethylcarbinol *n*	acétoïne *f*, acétylméthylcarbinol *m*
A 83	**acetoin dehydrogenase,** diacetyl reductase	Acetoindehydrogenase *f*, Diacetylreductase *f*	acétoïne-déshydrogénase *f*, diacétylréductase *f*
	acetokinase	*s.* A 69	
	acetomorphine	*s.* H 238	
A 84	**acetone,** dimethylketone, propanone	Aceton *n*, Dimethylketon *n*, Propanon *n*	acétone *f*, diméthylcétone *f*, propanone *m*
A 85	**acetone body,** ketone body	Acetonkörper *m*, Keto[n]körper *m*	corps *m* acétonique (cétonique)
A 86	**acetone powder**	Acetontrockenpulver *n*	poudre *f* d'acétone
A 87	**acetone-soluble,** soluble in acetone	acetonlöslich	soluble dans l'acétone
A 88	**acetone test**	Acetonprobe *f*	épreuve *f* d'acétone
A 89	**acetonitrile**	Acetonitril *n*	acéto-nitrile *m*, cyanure *m* de méthyle
A 90	**acetonitrile test**	Acetonitrilprobe *f*	épreuve *f* à l'acétonitrile
	acetophenetidin	*s.* P 302	
	acetosalicylic acid	*s.* A 120	
A 91	**acetyl**	Acetyl *n*	acétyle *m*
	acetylacetic acid	*s.* A 79	
A 92	**acetylacetone**	Acetylaceton *n*	acétylacétone *f*
	acetyl-activating enzyme	*s.* A 70	
A 93	**acetylase**	Acetylase *f*	acétylase *f*
A 94	**acetylate / to**	acetylieren	acétyler
A 95	**acetylating agent,** acetylation agent	Acetylierungsmittel *n*	agent *m* d'acétylation
A 96	**acetylation,** acetylisation	Acetylierung *f*, Acetylieren *n*	acétylation *f*
	acetylation agent	*s.* A 95	
A 97	**acetylcarnitine**	Acetylcarnitin *n*	acétylcarnitine *f*
	acetylcellulose	*s.* C 286	
A 98	**acetylchloride**	Acetylchlorid *n*	chlorure *m* d'acétyle
A 99	**acetylcholine**	Acetylcholin *n*	acétylcholine *f*
A 100	**acetylcholinesterase,** AChE	Acetylcholinesterase *f*, AChE	acétylcholinestérase *f*
A 101	**acetyl-CoA,** acetylcoenzyme A, activated acetate	Acetyl-CoA *n*, Acetyl-Coenzym A *n*, „aktiviertes Acetat" *n*, „aktivierte Essigsäure" *f*	acétyl-CoA, acétyl-coenzyme *m* A, acétate *m* actif
A 102	**acetyl-CoA-acetyltransferase,** thiolase	Acetyl-CoA-acetyltransferase *f*, Thiolase *f*	acétyl-CoA-acétyltransférase *f*, thiolase *f*
A 103	**acetyl-CoA-acyltransferase,** β-ketothiolase	Acetyl-CoA-acyltransferase *f*, β-Ketothiolase *f*	acétyl-CoA-acyltransférase *f*, β-cétothiolase *f*
A 104	**acetyl-CoA-carboxylase**	Acetyl-CoA-carboxylase *f*	acétyl-CoA-carboxylase *f*
	acetyl-CoA-synthetase	*s.* A 70	
	acetylcoenzyme A	*s.* A 101	
A 105	**acetylcysteine**	Acetylcystein *n*	acétylcystéine *f*
A 106	**acetyldigitoxin**	Acetyldigitoxin *n*	acétyldigitoxine *f*
A 107	**acetylene,** ethine	Acetylen *n*, Ethin *n*	acétylène *m*, éthyne *m*, éthine *m*
A 108	**acetylesterase**	Acetylesterase *f*	acétylestérase *f*
A 109	***N*-acetylgalactosamine**	*N*-Acetylgalactosamin *n*	*N*-acétylgalactosamine *f*
A 110	***N*-acetylglucosamine**	*N*-Acetylglucosamin *n*	*N*-acétylglucosamine *f*
A 111	**β-*N*-acetyl-*D*-glucosaminidase**	β-*N*-Acetyl-*D*-glucosaminidase *f*	β-*N*-acétyl-*D*-glucosaminidase *f*
A 112	***N*-acetylglutamic acid**	*N*-Acetylglutaminsäure *f*	acide *m* *N*-acétylglutamique
A 113	**β-*N*-acetyl-*D*-hexosaminidase**	β-*N*-Acetyl-*D*-hexosaminidase *f*	β-*N*-acétyl-*D*-hexosaminidase *f*
A 114	***N*-acetylhistamine**	*N*-Acetylhistamin *n*	*N*-acétylhistamine *f*
	acetylisation	*s.* A 96	
A 115	**acetyllysine**	Acetyllysin *n*	acétyllysine *f*
A 116	***N*-acetyl-*D*-mannosamine**	*N*-Acetyl-*D*-mannosamin *n*	*N*-acétyl-*D*-mannosamine *f*
A 117	***N*-acetylmuramic acid**	*N*-Acetylmuraminsäure *f*	acide *m* *N*-acétylmuramique
A 118	***N*-acetylnaphthylamine**	*N*-Acetylnaphthylamin *n*	*N*-acétylnaphtylamine *f*
	***N*-acetylneuraminic acid**	*s.* S 351	
A 119	**acetylphenylhydrazine**	Acetylphenylhydrazin *n*	acétylphénylhydrazine *f*
	acetylphosphatase	*s.* A 231	

A 120	**acetylsalicylic acid,** acetosalicylic acid, aspirin	Acetylsalicylsäure *f*, Aspirin *n*	acide *m* acétylsalicylique, aspirine *f*
A 121	***N*-acetylspermidine**	*N*-Acetylspermidin *n*	*N*-acétylspermidine *f*
A 122	***N*-acetyltryptophan**	*N*-Acetyltryptophan *n*	*N*-acétyltryptophane *m*
	AChE	*s.* A 100	
A 123	**achlorhydric**	salzsäurefrei, achlorhydrisch	achlorhydrique
A 124	**achromatin**	Achromatin *n*	achromatine *f*
	achromatocyte	*s.* A 126	
A 125	**achromatophile,** non-chromatophile, non-stainable	achromatophil, nicht färbbar	achrom[at]ophile
A 126	**achromocyte,** achromatocyte	Achromozyt *m*, Achromatozyt *m*	achrom[at]ocyte *m*, globule *m* rouge achromatique
A 127	**achroodextrin**	Achroodextrin *n*	achroodextrine *f*
A 128	**acid**	Säure *f*	acide *m*
A 129	**acid,** acidic	sauer	acide
	acid-alkali equilibrium	*s.* A 132	
A 130	**acid amide**	Säureamid *n*	amide *m* d'acide
A 131	**acid anhydride**	Säureanhydrid *n*	anhydre *m* d'acide
A 132	**acid-base balance (equilibrium),** acid-base status, acid-alkali equilibrium	Säure-Basen-Status *m*, Säure-Basen-Gleichgewicht *n*, Säure-Basen-Haushalt *m*	équilibre *m* acidobasique, équilibre acide-base
A 133	**acid-base indicator,** pH indicator	Säure-Basen-Indikator *m*, pH-Indikator *m*	indicateur *m* acide-base, indicateur du pH
	acid-base status	*s.* A 132	
	acid-base titration	*s.* N 111	
A 134	**acid bottle**	Säureflasche *f*	récipient *m* à acide
	acid cell	*s.* P 110	
A 135	**acid concentration**	Säurekonzentration *f*	concentration *f* en acide, concentration *f* d'acide
	acid-containing	*s.* A 148	
	acid content	*s.* A 155	
A 136	**acid deoxyribonuclease,** DNase II	saure Desoxyribonuclease *f*, DNase *f* II	désoxyribonucléase *f* acide, DNase *f* II
A 137	**acid dye[stuff],** acidic dye	Säurefarbstoff *m*, saurer Farbstoff *m*	colorant *m* acide
A 138	**acid equivalent**	Säureäquivalent *n*	équivalent *m* acide
A 139	**acid-fast,** acid-resistant, acid-resisting, resistant to acids, acid-proof, stable to acids	säurefest, säureresistent, säurebeständig, säurestabil	antiacide, résistant aux acides, acido-résistant, acido-stable
A 140	**acid-fast bacterium,** acid-resistant bacterium	säurefeste Bakterie *f*, säurefestes Stäbchen *n*	bactérie *f* acido-résistante
A 141	**acid fastness,** acid resistance, acidoresistance, resistance (stability) to acids, acid stability	Säurefestigkeit *f*, Säureresistenz *f*, Säurebeständigkeit *f*, Säurestabilität *f*	acido-résistance *f*, résistance *f* aux acides, stabilité *f* vis-à-vis des acides
A 142	**acid former,** acid producer	Säurebildner *m*	acidifiant *m*
A 143	**acid-forming,** acidogenic, acidifying	säurebildend	acidifiant
A 144	**acid-free,** acidless	säurefrei	exempt d'acide
A 145	**acid fuchsin**	Säurefuchsin *n*	fuchsine *f* acide
A 146	**acid α_1-glycoprotein,** α_1-seromucoid, orosomucoid, thyroxine-binding prealbumin	saures α_1-Glycoprotein *n*, α_1-Seromucoid *n*, Orosomucoid *n*, thyroxinbindendes Praealbumin *n*	α_1-glycoprotéine *f* acide, séromucoïde *m* α_1-perchlorosoluble, α_1-orosomucoïde *m*
	acid α_2-glycoprotein	*s.* C 571	
	α_2-acid glycoprotein	*s.* C 571	
A 147	**acid hydrolysis**	Säurehydrolyse *f*	hydrolyse *f* acide
	acidic	*s.* A 129, A 148	
	acidic dye	*s.* A 137	
A 148	**acidiferous,** acidic, acid-containing	säurehaltig	acidifère
A 149	**acidification,** acidulation	Säuerung *f*, Ansäuern *n*	acidification *f*
A 150	**acidify / to,** to acidulate, to make acidic	säuern, ansäuern	acidifier, rendre acide
	acidifying	*s.* A 143	
A 151	**acidimeter,** acidometer	Acidimeter *n*, Säure[gehalts]messer *m*	acidimètre *m*, pèse-acide *m*
A 152	**acidimetric**	acidimetrisch	acidimétrique
A 153	**acidimetry,** determination of acidity	Acidimetrie *f*, Aciditätsbestimmung *f*, Säure[gehalts]bestimmung *f*, Säure[gehalts]messung *f*	acidimétrie *f*, détermination *f* de l'acidité
A 154	**acid-insoluble,** insoluble in acids	säureunlöslich	insoluble dans les acides
A 155	**acidity,** acid content (strength)	Acidität *f*, Säuregehalt *m*	acidité *f*
A 156	**acidity constant**	Aciditätskonstante *f*, Säurekonstante *f*	constante *f* d'acidité
	acidity degree	*s.* D 85	
A 157	**acid-labile**	säurelabil, säureunbeständig	instable vis-à-vis des acides, non-résistant aux acides
	acidless	*s.* A 144	
	acid maltase	*s.* G 259	
A 158	**acid number,** acid value, neutralisation number	Säurezahl *f*, Neutralisationszahl *f*, SZ	indice *m* d'acide, indice d'acidité, indice de neutralisation
	acidogenic	*s.* A 143	
	acidometer	*s.* A 151	
	acidophile	*s.* A 159	
A 159	**acidophilic,** acidophile, acidophilous, oxyphil[ic], oxyphilous	acidophil, säureliebend	acidophile, oxyphile

A 160	**acidophilic cell**	acidophile Zelle *f*	cellule *f* acidophile
	acidophilous	*s.* A 159	
	acidoresistance	*s.* A 141	
A 161	**acidotest**	Acidotest *m*, Gastrotest *m*	épreuve *f* d'acidification provoquée
A 162	**acid phosphatase**	saure Phosphatase *f*, SP	phosphatase *f* acide
A 163	**acid precipitation**	Säurefällung *f*	précipitation *f* [par] acide
	acid producer	*s.* A 142	
	acid-proof	*s.* A 139	
A 164	**acid reaction**	saure Reaktion *f*	réaction *f* acide
A 165	**acid residue**	Säurerest *m*, Säurerückstand *m*	résidu (reste) *m* d'acide, reste acide
	acid resistance	*s.* A 141	
	acid-resistant	*s.* A 139	
	acid-resistant bacterium	*s.* A 140	
	acid-resisting	*s.* A 139	
A 166	**acid-sensitive,** sensitive to acids	säureempfindlich	sensible aux acides
A 167	**acid solubility,** solubility in acids	Säurelöslichkeit *f*	solubilité *f* dans les acides
A 168	**acid-soluble,** soluble in acids	säurelöslich	soluble dans les acides
A 169	**acid solution**	saure Lösung *f*	solution *f* acide
	acid stability	*s.* A 141	
	acid strength	*s.* A 155	
	acidulate / to	*s.* A 150	
	acidulation	*s.* A 149	
	acid value	*s.* A 158	
A 170	**acne bacillus,** Corynebacterium acnes, Corynebacterium liquefaciens	Aknebakterie *f*	bactérie *f* d'acné, Corynebacterium acnes, Corynebacterium liquefaciens
A 171	**aconitase, aconitate hydratase**	Aconitase *f*, Aconitathydratase *f*	aconitase *f*, aconitate-hydratase *f*
A 172	**aconitic acid**	Aconitsäure *f*	acide *m* aconitique
A 173	**aconitine**	Aconitin *n*	aconitine *f*
	acquired immunodeficiency syndrome	*s.* A 393 a	
	acraldehyde	*s.* A 180	
A 174	**acridine**	Acridin *n*	acridine *f*
A 175	**acridine dye**	Acridinfarbstoff *m*	colorant *m* acridinique
A 176	**acridine orange**	Acridinorange *n*	orangé *m* d'acridine
A 177	**acridine yellow**	Acridingelb *n*	jaune *m* d'acridine
A 178	**acriflavine**	Acriflavin *n*	acriflavine *f*
A 179	**acroblast**	Acroblast *m*	acroblaste *m*
A 180	**acrolein,** acraldehyde, propenal	Acrolein *n*, Acrylaldehyd *m*, Propenal *n*	acroléine *f*, aldéhyde *m* acrylique (allylique), propénal *m*
A 181	**acrosin**	Acrosin *n*	acrosine *m*
A 182	**acrosome,** apical body	Akrosom *n*	acrosome *m*, bouton (capuchon) *m* céphalique, perforateur *m*
A 183	**acrylamide,** propenamide	Acryl[säure]amid *n*, Propenamid *n*	acrylamide *m*, amide *m* acrylique (propénoïque)
	acrylamide agglutination test	*s.* A 184	
A 184	**acrylamide fixation test,** acrylamide agglutination test	Acrylfixationstest *m*, Acrylagglutinationstest *m*	test *m* de fixation acrylique, test d'agglutination acrylique
A 185	**acrylamide gel**	Acrylamidgel *n*	gel *m* d'amide acrylique, gel d'acrylamide
A 186	**acrylamide gel electrophoresis**	Acrylamidgelelektrophorese *f*	électrophorèse *f* sur gel d'acrylamide
A 187	**acrylic acid,** propenoic acid	Acrylsäure *f*, Propensäure *f*	acide *m* acrylique (propénoïque, acroléique)
A 188	**acrylic gel**	Acrylgel *n*	gel *m* acrylique
A 189	**act / to,** to have (take) effect	wirken, einwirken	agir [sur], opérer [sur], avoir de l'effet [sur]
	ACTH	*s.* C 1035	
A 190	**actin[e]**	Aktin *n*	actine *f*
A 191	**α-actinine**	α-Actinin *n*	α-actinine *f*
A 192	**actinium,** Ac	Actinium *n*, Ac	actinium *m*, Ac
	Actinobacillus mallei	*s.* G 190	
A 193	**actinomycete,** ray fungus	Aktinomyzet *m*, Strahlenpilz *m*	actinomycète *m*
A 194	**actinomycetin**	Actinomycetin *n*	actinomycétine *f*
A 195	**actinomycin**	Actinomycin *n*	actinomycine *f*
A 196	**action,** effect	Wirkung *f*, Einwirkung *f*	action *f*, effet *m*
A 197	**action optimum**	Wirkungsoptimum *n*	optimum *m* d'efficacité
A 198	**activate / to**	aktivieren	activer
A 199	**activated**	aktiviert	activé
	activated acetate	*s.* A 101	
	activated carbon	*s.* A 200	
A 200	**activated charcoal,** active charcoal, activated (active) carbon, activated coal	Aktivkohle *f*, Adsorptionskohle *f*, A-Kohle *f*	charbon *m* actif (activé, adsorbant)
A 201	**activated coagulation time**	aktivierte Gerinnungszeit (Koagulationszeit) *f*	temps *m* de coagulation activé
	activated coal	*s.* A 200	
A 202	**activated fatty acid**	aktivierte Fettsäure *f*	acide *m* gras activé
A 203	**activated partial thromboplastin time, aPTT**	aktivierte partielle Thromboplastinzeit *f*	temps *m* de tromboplastine activeé partielle
	activating agent	*s.* A 210	
A 204	**activating enzyme**	Aktivierungsenzym *n*	enzyme *m* activateur

	activating substance	*s.* A 210	
A 205	**activation**	Aktivierung *f*, Aktivieren *n*	activation *f*
A 206	**activation analysis**	Aktivierungsanalyse *f*	analyse *f* d'activation
A 207	**activation energy,** energy of activation	Aktivierungsenergie *f*	énergie *f* d'activation
A 208	**activation method**	Aktivierungsmethode *f*	méthode *f* d'activation
	activation of enzymes	*s.* E 286	
A 209	**activation temperature**	Aktivierungstemperatur *f*	température *f* d'activation
A 210	**activator,** activating agent (substance)	Aktivator *m*, Aktivierungsmittel *n*	activ[at]eur *m*, agent *m* activant
A 211	**active**	aktiv	actif
	active agent	*s.* A 364	
	active carbon	*s.* A 200	
	active charcoal	*s.* A 200	
A 212	**active compound**	aktive Verbindung *f*	combinaison *f* active
	active material	*s.* A 364	
	active substance	*s.* A 364	
A 213	**active sulphate,** adenosine-3'-phosphate-5'-phosphosulphate	aktives Sulfat *n*, Adenosin-3'-phosphat-5'-phosphosulfat *n*	sulfate *m* activé, adénosine-3'-phosphate-5'-phosphosulfate *m*
A 214	**activity**	Aktivität *f*	activité *f*
A 215	**activity coefficient,** activity factor	Aktivitätskoeffizient *m*, Aktivitätsfaktor *m*	coefficient *m* d'activité, facteur *m* d'activité
A 216	**activity curve**	Aktivitätskurve *f*	courbe *f* d'activité
	activity factor	*s.* A 215	
A 217	**activity of macrophages,** macrophagy	Makrophagenaktivität *f*	activité *f* de macrophages
A 218	**activity spectrum,** spectrum of activity, range of action (effectiveness)	Wirkungsbereich *m*, Wirkungsbreite *f*	zone *f* d'action, zone d'activité, sphère *f* d'action
A 219	**activity unit,** unit of activity	Aktivitätseinheit *f*	unité *f* d'activité
A 220	**actomyosin**	Act[in]omyosin *n*	act[in]omyosine *f*
A 221	**actual value**	Istwert *m*, aktueller Wert *m*	valeur *f* instantanée (réelle)
	acus	*s.* N 47	
A 222	**acute**	akut	aigu
A 223	**acute phase protein**	Akute-Phase-Protein *n*	protéine *f* de la phase aiguë
	acute respiratory disease virus	*s.* A 264	
A 224	**acyclic[al],** non-cyclic[al]	acyclisch, nichtzyklisch	acyclique
A 225	**acyladenylate**	Acyladenylat *n*	acyladénylate *m*
	acylamidase	*s.* A 573	
	acylamide amidohydrolase	*s.* A 573	
	acylase	*s.* A 573	
A 226	**acylate / to**	acylieren	acyler
A 227	**acylation**	Acylierung *f*, Acylieren *n*	acylation *f*
A 228	**acylcarnitine**	Acylcarnitin *n*	acylcarnitine *f*
A 229	**acyl-CoA,** acylcoenzyme A	Acyl-CoA *n*, Acylcoenzym A *n*	acyl-CoA *m*, acyl-coenzyme *m* A
A 230	**acyl-CoA-dehydrogenase**	Acyl-CoA-dehydrogenase *f*	acyl-CoA-déshydrogénase *f*
	acylcoenzyme A	*s.* A 229	
A 231	**acylphosphatase,** acetylphosphatase	Acylphosphatase *f*, Acetylphosphatase *f*	acylphosphatase *f*, acétylphosphatase *f*
A 232	**acylphosphate**	Acylphosphat *n*	acylphosphate *m*
A 233	**acyltransferase,** transacetylase	Acyltransferase *f*, Transacetylase *f*	acyltransférase *f*, transacétylase *f*
A 234	**Adamkiewicz's reaction (test)**	Adamkiewicz-Probe *f*	réaction *f* d'Adamkiewicz
A 235	**adapt / to**	adaptieren, anpassen	adapter
A 236	**adaptation,** adaption	Adaptation *f*, Adaption *f*, Anpassung *f*	adaptation *f*
A 237	**adapted**	adaptiert, angepaßt	adapté
	adaption	*s.* A 236	
A 238	**add / to,** to admix	[hin]zusetzen, [hin]zufügen, hinzugeben	ajouter, additionner
	add a layer / to	*s.* O 177	
	addend	*s.* L 234	
A 239	**Addis count (method, test)**	Addis-Sediment *n*, Addis-Test *m*	nombre *m* (compte *m*, épreuve *f*) d'Addis
A 240	**addition,** admixture	Zusatz *m (z.B. von Chemikalien)*, Hinzusetzen *n*, Zufügen *n*, Hinzufügung *f*	addition *f*, adjonction *f*
A 241	**addition reaction**	Anlagerungsreaktion *f*	réaction *f* d'addition
A 242	**additive [substance],** admixture, accessory agent	Zusatzstoff *m*, Zusatzmittel *n*, Zusatz *m (Substanz)*, Beimengung *f (Substanz)*, Beimischung *f (Substanz)*	additif *m*, produit *m* ajouté, addition *f*, matières *fpl* entremêlées
	adenase	*s.* A 245	
A 243/4	**adenine, 6-aminopurine**	Adenin *n*, 6-Aminopurin *n*	adénine *f*, 6-aminopurine *f*, amino-6-purine *f*
A 245	**adenine deaminase,** adenase	Adenindesaminase *f*, Adenase *f*	désaminase *f* d'adénine, adénine-désaminase *f*, adénase *f*
A 246	**adenine nucleotide**	Adeninnucleotid *n*	adénine-nucléotide *m*
A 247	**adenine phosphoribosyltransferase,** AMP-pyrophosphorylase, transphosphoribosidase	Adeninphosphoribosyltransferase *f*, AMP-Pyrophosphorylase *f*, Transphosphoribosidase *f*	adénine-phosphoribosyltransférase *f*, AMP-pyrophosphorylase *f*, transphosphoribosidase *f*
A 248	**adeno-associated virus,** AAV	adeno-assoziiertes Virus *n*, AAV	adénovirus *m*, adéno-virus *m*
A 249	**adenoblast**	Adenoblast *m*	adénoblaste *m*
A 250	**adenocyte**	Adenozyt *m*	adénocyte *m*
A 251	**adenohypophyseal hormone,** anterior pituitary hormone	Hypophysenvorderlappenhormon *n*, Adenohypophysenhormon *n*, HVL-Hormon *n*	hormone *f* antéhypophysaire, hormone *f* d'adénohypophyse

	adenoidal pharyngeal conjunctival virus	*s.* A 264	
	adenoid degeneration virus	*s.* A 264	
	adenosinase	*s.* A 257	
A 252	**adenosine**	Adenosin *n*	adénosine *f*
A 253	**adenosine deaminase**	Adenosindesaminase *f*	adénosine-désaminase *f*
	adenosine diphosphatase	*s.* A 964	
A 254	**adenosine diphosphate (diphosphoric acid),** adenosine pyrophosphoric acid, ADP	Adenosindiphosphat *n*, Adenosindiphosphorsäure *f*, Adenosinpyrophosphorsäure *f*, ADP	adénosine-diphosphate *m*, diphosphate *m* d'adénosine, acide *m* adénosine-diphosphorique, ADP
A 255	**adenosine kinase**	Adenosinkinase *f*	adénosine-kinase *f*
A 256	**adenosine monophosphate (monophosphoric acid),** adenosine phosphoric acid, adenylic acid, AMP	Adenosinmonophosphat *n*, Adenosinmonophosphorsäure *f*, Adenosinphosphorsäure *f*, Adenylsäure *f*, AMP	adénosine-monophosphate *m*, monophosphate *m* d'adénosine, AMP
A 257	**adenosine nucleosidase,** adenosinase	Adenosinnucleosidase *f*, Adenosinase *f*	adénosine-nucléosidase *f*, adénosinase *f*
	adenosine-3'-phosphate-5'-phosphosulphate	*s.* A 213	
	adenosine phosphoric acid	*s.* A 256	
A 258	**adenosine-5'-phosphosulphate**	Adenosin-5'-phosphosulfat *n*	adénosine-5'-phosphosulfate *m*
A 259	**adenosine polyphosphate**	Adenosinpolyphosphat *n*	adénosine-polyphosphate *m*
	adenosine pyrophosphoric acid	*s.* A 254	
A 260	**adenosine triphosphatase,** adenylpyrophosphatase, ATPase	Adenosintriphosphatase *f*, Adenylpyrophosphatase *f*, ATPase *f*	adénosine-triphosphatase *f*, adénylpyrophosphatase *f*, ATPase *f*
A 261	**adenosine triphosphate (triphosphoric acid),** adenylpyrophosphoric acid, ATP	Adenosintriphosphat *n*, Adenosintriphosphorsäure *f*, Adenylpyrophosphorsäure *f*, ATP	adénosine-triphosphate *m*, triphosphate d'adénosine, ATP, acide *m* adénosine-triphosphorique
A 262	***S*-adenosylmethionine**	*S*-Adenosylmethionin *n*, aktives Methionin *n*	*S*-adénosylméthionine *f*, forme *f* active de la méthionine
A 263	**adenosylmethionine decarboxylase**	Adenosylmethionindecarboxylase *f*	adénosylméthionine-décarboxylase *f*
A 264	**adenovirus,** acute respiratory disease virus, ARD (adenoidal pharyngeal conjunctival, APC, adenoid degeneration, AD) virus	Adenovirus *n*, ARD-Virus *n*, APC-Virus *n*, AD-Virus *n*	adénovirus *m*, virus *m* APC
A 265	**adenylate**	Adenylat *n*	adénylate *m*
A 266	**adenylate cyclase,** adenyl cyclase	Adenylatcyclase *f*, Adenylcyclase *f*	adénylate-cyclase *f*, adénylcyclase *f*
A 267	**adenylate kinase,** myokinase	Adenylatkinase *f*, Myokinase *f*	adénylate-kinase *f*, myokinase *f*
	adenyl cyclase	*s.* A 266	
	adenylic acid	*s.* A 256	
A 268	**adenylic acid deaminase,** AMP-deaminase	Adenylsäuredesaminase *f*, AMP-desaminase *f*	acide-adénosine-monophosphorique-désaminase *f*, AMP-désaminase *f*, désaminase *f* d'acide adénylique
	adenylosuccinase	*s.* A 269	
A 269	**adenylosuccinate lyase,** adenylosuccinase	Adenylsuccinatlyase *f*, Adenylsuccinase *f*	adénylosuccinate-lyase *f*, adénylosuccinase *f*
	adenylpyrophosphatase	*s.* A 260	
	adenylpyrophosphoric acid	*s.* A 261	
	adermin	*s.* P 1249	
	adermine	*s.* P 1249	
	adherence	*s.* A 270	
	adherence index	*s.* A 271	
	adherent	*s.* A 272	
A 270	**adhesion,** adherence	Adhäsion *f*	adhésion *f*, adhérence *f*
	adhesion capacity	*s.* A 274	
A 271	**adhesion index,** adherence index	Adhäsivitätsindex *m*	indice *m* d'adhésion
	adhesion power	*s.* A 274	
A 272	**adhesive,** adherent	adhäsionsfähig, anhaftend, adhäsiv, adhärent	adhésif, adhérent
	adhesive capacity	*s.* A 274	
A 273	**adhesive label**	Klebeetikett *n*	étiquette *f* adhésive, étiquette collante
A 274	**adhesiveness,** adhesive (adhesion) power, adhesive (adhesion) capacity	Adhäsionsfähigkeit *f*, Haftfähigkeit *f*, Adhäsionsvermögen *n*, Haftvermögen *n*, Adhäsivität *f*	adhérence *f*, adhésivité *f*, pouvoir *m* adhésif
A 275	**adhesive plaster,** sticking plaster, elastoplast	Heftpflaster *n*	emplâtre *m* adhésif, sparadrap *m*, taffetas *m* gommé
	adhesive power	*s.* A 274	
	adhesive strip	*s.* A 276	
A 276	**adhesive tape,** adhesive strip	Klebstreifen *m*, Klebeband *n*	bande *f* adhésive, ruban *m* adhésif
A 277	**ADH test,** alcohol dehydrogenase test	ADH-Test *m*, ADH-Verfahren *n*	test *m* à l'ADH
A 278	**adiaspore**	Adiaspore *f*	adiaspore *f*
A 279	**adipic acid**	Adipinsäure *f*	acide *m* adipique
	adipocyte	*s.* F 28	
	adipolysis	*s.* L 300	
	adipolytic	*s.* L 301	
	adipose cell	*s.* F 28	
A 280	**adipose tissue,** fatty tissue	Fettgewebe *n*	tissu *m* adipeux
	adiuretin	*s.* A 846	
A 281	**adjust / to**	eichen *(Maße, Gewichte)*; justieren	étalonner, jauger, calibrer

	adjusting	*s.* A 282	
A 282	**adjustment,** adjusting	Eichung *f*, Eichen *n* *(Maße, Gewichte)*; Justierung *f*, Justieren *n*	étalonnage *m*, jaugement *m*, calibration *f*
A 283	**adjust to pH . . . / to**	auf pH . . . einstellen	ajuster un pH, amener [à] un pH
A 284	**adjust to zero / to**	auf Null einstellen	mettre au zéro
A 285	**adjuvant**	Adjuvans *n*	adjuvant *m*
A 286	**administer / to,** to apply, to give	verabreichen, verabfolgen	administrer, appliquer
A 287	**administration,** application	Verabreichung *f*, Verabfolgung *f*	administration *f*, application *f*
A 288	**admissible error,** allowable (permissible) error	zulässiger Fehler *m*	erreur *f* admissible
	admix / to	*s.* A 238	
	admixture	*s.* A 240, A 242	
A 289	**admixture of blood**	Blutbeimengung *f*	admixtion *f* du sang
	adonite	*s.* R 412	
	ADP	*s.* A 254	
	ADPase	*s.* A 964	
	adrenal cortex extract	*s.* C 1036	
	adrenal cortex hormone	*s.* A 297	
	adrenal cortical hormone	*s.* A 297	
A 290	**adrenal cortical steroid,** cortical steroid	Nebennierenrindensteroid *n*	stéroïde *m* cortico-surrénalien
A 291	**adrenal function test,** suprarenal function test	Nebennierenfunktionstest *m*	test *m* du fonctionnement de la glande surrénale
A 292	**adrenal gland,** suprarenal gland (body), epinephros, paranephros	Nebenniere *f*, Epinephron *n*, Glandula *f* suprarenalis	glande *f* surrénale, surrénale *f*, capsule *f* surrénale, corps *m* surrénal
A 293	**adrenal hormone**	Nebennierenhormon *n*	hormone *f* surrénale
A 294	**adrenaline,** epinephrine, suprarenin	Adrenalin *n*, Epinephrin *n*, Suprarenin *n*	adrénaline *f*, épinéphrine *f*, adrénine *f*
	adrenaline oxidase	*s.* M 670	
A 295	**adrenaline test,** epinephrine test	Adrenalintest *m*, Adrenalinprobe *f*	test *m* àl'adrénaline
	adrenal medullary hormone	*s.* M 247	
A 296	**adrenochrome**	Adrenochrom *n*	adrénochrome *m*
	adrenocortical extract	*s.* C 1036	
A 297	**adrenocortical hormone,** adrenal cortical (cortex) hormone, cortical hormone	Nebennierenrindenhormon *n*, NNR-Hormon *n*	hormone *f* cortico-surrénalienne, hormone corticale, hormone cortico-surrénale
	adrenocorticotropic hormone	*s.* C 1035	
	adrenocorticotropin	*s.* C 1035	
A 298	**adrenodoxin**	Adrenodoxin *n*	adrénodoxine *f*
A 299	**adrenolytic agent,** blocking agent, blocker	Adrenolytikum *n*	adrénolytique *m*
A 300	**adrenosterone**	Adrenosteron *n*	adrénostérone *f*
A 301	**adsorb / to**	adsorbieren	adsorber
A 302	**adsorbability,** adsorptiveness, adsorptive power (capacity)	Adsorptionsfähigkeit *f*, Adsorptionsvermögen *n*, Adsorbierbarkeit *f*	pouvoir *m* d'adsorption, adsorptivité *f*, adsorbabilité *f*
A 303	**adsorbable**	adsorptionsfähig, adsorbierbar	adsorbable
A 304	**adsorbate,** adsorptive, adsorbed substance (material)	Adsorbat *n*, Adsorptiv *n*, adsorbierter Stoff *m*, adsorbierte Substanz *f*	adsorbat *m*, substance *f* adsorbable, substance adsorbée
	adsorbed layer	*s.* A 319	
	adsorbed material	*s.* A 304	
	adsorbed substance	*s.* A 304	
A 305	**adsorbent,** adsorbing agent (material, substance)	Adsorbens *n*, Adsorptionsmittel *n*	adsorbant *m*, agent *m* d'adsorption
	adsorbent column	*s.* A 312	
	adsorbing agent	*s.* A 305	
	adsorbing column	*s.* A 312	
	adsorbing material	*s.* A 305	
	adsorbing substance	*s.* A 305	
A 306	**adsorption**	Adsorption *f*, Adsorbieren *n*	adsorption *f*
A 307	**adsorption activity**	Adsorptionsaktivität *f*	activité *f* d'adsorption, activité adsorptive
A 308	**adsorption affinity**	Adsorptionsaffinität *f*	affinité *f* d'adsorption
A 309	**adsorption analysis**	Adsorptionsanalyse *f*	analyse *f* par adsorption
A 310	**adsorption chromatography,** chromatographic adsorption analysis	Adsorptionschromatographie *f*	chromatographie *f* d'adsorption
A 311	**adsorption coefficient,** degree of adsorption	Adsorptionskoeffizient *m*, Adsorptionsgrad *m*	coefficient *m* d'adsorption, degré *m* d'adsorption
A 312	**adsorption column,** adsorbing (adsorbent) column, column of adsorbent	Adsorptionssäule *f*, Adsorptionskolonne *f*	colonne *f* d'adsorption
A 313	**adsorption column chromatography**	Adsorptionssäulenchromatographie *f*	chromatographie *f* d'adsorption en colonnes
A 314	**adsorption curve**	Adsorptionskurve *f*	courbe *f* d'adsorption
A 315	**adsorption equilibrium**	Adsorptionsgleichgewicht *n*	équilibre *m* d'adsorption
A 316	**adsorption filtration**	Adsorptionsfiltration *f*	filtration *f* adsorptive
A 317	**adsorption indicator**	Adsorptionsindikator *m*	indicateur *m* d'adsorption
A 318	**adsorption isotherm**	Adsorptionsisotherme *f*	isotherme *f* d'adsorption
A 319	**adsorption layer,** adsorbed layer	Adsorptionsschicht *f*	couche *f* d'adsorption
A 320	**adsorption of ions**	Ionenadsorption *f*	adsorption *f* d'ions
A 321	**adsorption potential**	Adsorptionspotential *n*	potentiel *m* d'adsorption

A 322	**adsorption rate**	Adsorptionsgeschwindigkeit *f*	vitesse *f* d'adsorption
	adsorptive	*s.* A 304	
	adsorptive capacity	*s.* A 302	
	adsorptiveness	*s.* A 302	
A 323	**adsorptive plasma**	Adsorptivplasma *n*	plasma *m* adsorptiv
	adsorptive power	*s.* A 302	
A 324	**adult**	Erwachsener *m*	adulte *m*
A 325	**adult,** grown-up, full-grown	erwachsen	adulte
	adulterate / to	*s.* F 18	
	adulteration	*s.* F 17	
	adult haemoglobin	*s.* H 56	
A 326	**adventitial cell,** pericyte, Rouget's cell	Adventitiazelle *f*, Perizyt *m*, Rouget-Zelle *f*	cellule *f* adventrice, péricyte *m*, cellule de Rouget
	AD virus	*s.* A 264	
A 327	**aerate / to**	belüften	aérer
A 328	**aeration**	Belüftung *f*, Belüften *n*	aération *f*, ventilation *f*
	Aerobacter	*s.* E 261	
A 329	**aerobe**	Aerobier *m*, Aerobiont *m*	aérobie *f*, microbe *m* aérobie
A 330	**aerobic,** aerobiotic, oxybiotic	aerob, oxybiontisch	aérobie, oxybiontique
A 331	**aerobic bacterium**	aerobe Bakterie *f*, aerobes Bakterium *n*	bactérie *f* aérobie
A 332	**aerobic culture**	aerobe Kultur *f*	culture *f* aérobie
	aerobiotic	*s.* A 330	
A 333	**aerophil[ic], aerophilous**	aerophil	aérophile
A 334	**aerosol**	Aerosol *n*	aérosol *m*
A 335	**aerosol apparatus**	Aerosolapparat *m*	aérosoleur *m*
A 336	**aerosol sputum**	Aerosolsputum *n*	expectoration *f* à aérosol
A 337	**aesculin**	Aesculin *n*	æsculine *f*, esculine *f*
A 338/9	**aestivo-autumnal parasite,** Plasmodium falciparum	Plasmodium *n* falciparum	Plasmodium falciparum
	aetioporphyrin	*s.* E 516	
A 340	**affinity**	Affinität *f*	affinité *f*
A 341	**affinity chromatography**	Affinitätschromatographie *f*	chromatographie *f* d'affinité
A 342	**aflatoxin**	Aflatoxin *n*	aflatoxine *f*
	AFP	*s.* F 76	
	AFP test	*s.* F 78	
	after-birth	*s.* P 504	
A 343	**afterbleeding,** secondary bleeding	Nachblutung *f*	hémorragie *f* tardive (secondaire)
A 344	**aftereffect**	Nachwirkung *f*, Folgeerscheinung *f*	effet *m* tardif (ultérieur), action *f* tardive, séquelles *fpl*, suite *f*, phénomène *m* secondaire
A 345	**afterpurification**	Nachreinigung *f*	purification *f* complémentaire (secondaire)
A 346	**afterstaining**	Nachfärbung *f*	coloration *f* secondaire
	Ag	*s.* A 859, S 395	
A 347	**agamete**	Agamet *m*	agamète *m*
A 348	**agar[-agar],** gelose	Agar *m*, Agar-Agar *m*, Gelose *f*	agar *m*, agar-agar *m*, gélose *f*
A 349	**agar coating method**	Agarbedeckungsmethode *f*	technique *f* de recouvrement par une couche de gélose
	agar culture	*s.* A 356	
A 350	**agar diffusion**	Agardiffusion *f*	diffusion *f* d'agar
	agar diffusion test	*s.* G 125	
A 351	**agar double diffusion test**	Agar-Doppeldiffusionstest *m*	technique *f* de double diffusion en gélose
A 352	**agar gel**	Agargel *n*	gel *m* d'agar
	agar gel diffusion test	*s.* G 125	
A 353	**agar gel electrophoresis**	Agargelelektrophorese *f*	électrophorèse *f* sur gel d'agar
A 354	**agar gel precipitation**	Agargelpräzipitation *f*	précipitation *f* en gel d'agar
A 355	**agar layer test**	Agarschichtenmethode *f*	test *m* en la double couche de gélose
A 356	**agar medium,** agar culture	Agarnährboden *m*, Agarkultur *f*	gélose *f* nutritive, milieu *m* nutritif
A 357	**agarose**	Agarose *f*	agarose *m*
A 358	**agarose gel**	Agarosegel *n*	gel *m* d'agarose
A 359	**agarose gel diffusion test**	Agarosegeldiffusionsmethode *f*, Agarosegeldiffusionstest *m*	méthode *f* de diffusion en gel d'agarose
A 360	**agarose gel electrophoresis**	Agarosegelelektrophorese *f*	électrophorèse *f* à gel d'agarose
A 361	**agar plate**	Agarplatte *f*	plaquette *f* d'agar
A 362	**agar solution**	Agarlösung *f*	solution *f* d'agar
A 363	**age group**	Altersgruppe *f*	groupe *m* d'âge
	ageing	*s.* A 389	
A 364	**agent,** active agent (material, substance), effective substance	Wirkstoff *m*, Wirksubstanz *f*, aktiver Stoff *m*	agent *m*, substance *f* fonctionnelle, constituant *m* actif, substance active
A 365	**agglomerate**	Agglomerat *n*	agglomérat *m*
A 366	**agglomerin**	Agglomerin *n*	agglomérine *f*
A 367	**agglutinability**	Agglutinationsvermögen *n*, Agglutinationsfähigkeit *f*	pouvoir *m* d'agglutination, agglutinabilité *f*
A 368	**agglutinable**	agglutinierbar, agglutinationsfähig	agglutinable
	agglutinant	*s.* A 378	
A 369	**agglutinate / to,** to clump	agglutinieren, verkleben, verklumpen, zusammenballen	agglutiner

A 370	**agglutinate**	Agglutinat *n*	agglutinat *m*
	agglutinating	*s.* A 378	
A 371	**agglutinating antibody,** agglutinative antibody, O agglutinin	agglutinierender Antikörper *m*, O-Agglutinin *n*	anticorps *m* agglutinant, O-agglutinine *f*
	agglutinating titre	*s.* A 377	
A 372	**agglutination,** clumping	Agglutination *f*, Agglutinierung *f*, Verklebung *f*, Verklumpung *f*, Zusammenballung *f*	agglutination *f*
A 373	**agglutination-inhibiting,** antiagglutinating	agglutinationshemmend	inhibant l'agglutination
A 374	**agglutination-inhibiting reaction**	Agglutinationshemmungsreaktion *f*	réaction *f* d'inhibition d'agglutination
A 375	**agglutination inhibition,** antiagglutination	Agglutiunationshemmung *f*	inhibition *f* d'agglutination
	agglutination reaction	*s.* A 376	
A 376	**agglutination test,** agglutination reaction	Agglutinationsreaktion *f*, Agglutinationsprobe *f*, Agglutinationstest *m*	épreuve *f* d'agglutination, réaction *f* d'agglutination
A 377	**agglutination titre,** agglutinating titre	Agglutinationstiter *m*	titre *m* d'agglutination
A 378	**agglutinative,** agglutinating, agglutinant	agglutinierend	agglutinant
	agglutinative antibody	*s.* A 371	
A 379	**agglutinin**	Agglutinin *n*	agglutinine *f*
	agglutinin absorption test	*s.* C 177	
A 380	**agglutinogen**	Agglutinogen *n*, Agglugen *n*	agglutinogène *m*
A 381	**agglutinoid**	Agglutinoid *n*	agglutinoïde *m*
A 382	**agglutinoscope**	Agglutinoskop *n*	agglutinoscope *m*
A 383	**aggregation**	Aggregation *f*	agrégation *f*
A 384	**aggregation test**	Aggregationstest *m*	épreuve *f* d'agrégation
A 385	**aggregometer**	Aggregometer *n*	agrégomètre *m*
A 386	**aggressin**	Aggressin *n*, Angriffsstoff *m*	agressine *f*
A 387	**aggressive**	aggressiv	agressif
A 388	**aggressiveness, aggressivity**	Aggressivität *f*	agressivité *f*
A 389	**aging,** ageing	Alterung *f*, Altern *n*	viellissement *m*, sénescence *f*
	aging pigment	*s.* L 291	
	agitate / to	*s.* S 334	
	agitator	*s.* S 336	
A 390	**aglycone,** genin	Aglycon *n*, Genin *n*	aglycone *f*, génine *f*
A 391	**agmatine**	Agmatin *n*	agmatine *f*
A 392	**agranular,** non-granular	agranulär, körnerlos	agranulaire
	agranular leucocyte	*s.* A 393	
A 393	**agranulocyte,** agranular (non-granular) leucocyte	Agranulozyt *m*, agranulärer Leukozyt *m*	agranulocyte *m*, leucocyte *m* agranulaire
A 393 a	**AIDS, Aids,** acquired immunodeficiency syndrome	AIDS, erworbenes Immundefektsyndrom *n*	SIDA, syndrome *m* d'immunodéfience acquise
	air / to	*s.* V 69	
	air bacteria	*s.* A 1086	
A 394	**air bath**	Luftbad *n*	bain *m* d'air
	air-borne germ	*s.* A 1086	
A 395	**air bubble,** bubble, blister *(on the surface)*	Luftblase *f*	bulle *f* d'air
A 396	**air-cooled**	luftgekühlt	refroidi par air
A 397	**air disinfection,** air sterilisation	Luftdesinfektion *f*, Luftentkeimung *f*	désinfection *f* de l'air
A 398	**air-dried**	luftgetrocknet	séché à l'air
A 399	**air-dry / to**	im Luftstrom trocknen	sécher au courant d'air
A 400	**air-drying**	Lufttrocknung *f*	séchage *m* à l'air
A 401	**air filter**	Luftfilter *n*	filtre *m* à air, filtre d'air
A 402	**air flow,** air stream, current of air	Luftstrom *m*	courant *m* d'air
	air humidity	*s.* A 1087	
A 403	**air impermeability**	Luftundurchlässigkeit *f*	imperméabilité *f* à l'air
A 404	**air-impermeable,** airtight	luftdicht, luftundurchlässig	étanche à l'air, hermétique, imperméable à l'air
A 405	**air permeability,** permeability to air	Luftdurchlässigkeit *f*	perméabilité *f* à l'air
A 406	**air-permeable**	luftdurchlässig	perméable à l'air
A 407	**air separator**	Luftabscheider *m*	séparateur *m* d'air
	air sterilisation	*s.* A 397	
	air stream	*s.* A 402	
A 408	**air supply**	Luftzufuhr *f*	amenée (admission) *f* d'air
	airtight	*s.* A 404	
A 409	**akaryo[cy]te,** non-nucleated cell	Akaryozyt *m*, kernlose Zelle *f*	akaryocyte *m*, cellule *f* akaryote (anucléée)
	akaryote	*s.* A 51	
	Al	*s.* A 550	
	Ala	*s.* A 410	
A 410	**alanine,** α-aminopropionic acid, Ala	Alanin *n*, α-Aminopropionsäure *f*, Ala	alanine *f*, acide *m* α-aminopropionique, Ala
A 411	**alanine aminopeptidase,** AAP	Alaninaminopeptidase *f*, AAP	alanine-aminopeptidase *f*, AAP

No.	English	German	French
A 412	**alanine aminotransferase,** ALAT, glutamic-alanine transaminase+, glutamic-pyruvic transaminase+, GPT+, serum glutamic-pyruvic transaminase+, SGPT+	Alaninaminotransferase *f*, ALAT, Glutamat-Pyruvat-Transaminase+ *f*, GPT+, Serum-Glutamat-Pyruvat-Transaminase+ *f*, SGPT+	alanine-aminotransférase *f*, transaminase *f* de glutamate-pyruvate, glutamate-pyruvate-transaminase *f*, alanine-transaminase *f*, ALAT
A 413	**alanine hydrazide**	Alaninhydrazid *n*	hydrazide *m* d'alanine
	β-alanylhistidine	*s.* C 153	
A 414	**alarm device**	Alarmvorrichtung *f*, Warnvorrichtung *f*	dispositif *m* d'alarme
A 415	**alarm reaction**	Alarmreaktion *f*	réaction *f* d'alarme
A 416	**alarm signal,** warning signal (sign)	Alarmsignal *n*, Warnsignal *n*, Alarmzeichen *n*, Warnzeichen *n*	signal *m* d'alarme, signal avertisseur
A 417	**alastrim virus**	Alastrimvirus *n*	virus *m* d'alastrim
	ALAT	*s.* A 412	
A 418	**albumin**	Albumin *n*	albumine *f*
A 419	**albuminate**	Albuminat *n*	albuminate *m*
A 420	**albumin fraction**	Albuminfraktion *f*	fraction *f* d'albumine
A 421	**albumin-globulin coefficient (quotient, ratio),** protein quotient	Albumin-Globulin-Quotient *m*, Proteinquotient *m*, Eiweißquotient *m*	quotient *m* d'albumine-globuline, quotient protéinique
	albuminoid	*s.* A 425, S 128	
A 422	**albuminolysin**	Albuminolysin *n*	albuminolysine *f*
A 423	**albuminometer**	Albuminometer *n*	albuminomètre *m*
A 424	**albuminometry**	Albuminometrie *f*	albuminométrie *f*
A 425	**albuminous,** albuminoid	albuminartig	albuminoïde
	albuminous	*s. a.* P 1076	
A 426	**albumoscope**	Albumoskop *n*	albumoscope *m*
A 427	**albumose,** proteose	Albumose *f*, Proteose *f*	albumose *f*, albuminose *f*, protéose *f*
	alcapton	*s.* H 386	
A 428	**alcian blue**	Alzianblau *n*	bleu *m* Alcian
	alcohol	*s.* E 480	
	alcoholase	*s.* A 431	
A 429	**alcoholate**	Alkoholat *n*	alcoolate *m*
A 430	**alcohol content,** percentage of alcohol	Alkoholgehalt *m*	degré *m* alcoolique, teneur *f* en alcool, pourcentage *m* en (d') alcool
A 431	**alcohol dehydrogenase,** alcoholase, aldehyde reductase	Alkoholdehydrogenase *f*, Alkoholase *f*	alcool-déshydrogénase *f*
	alcohol dehydrogenase test	*s.* A 277	
	alcohol-free	*s.* N 196	
A 432	**alcoholic,** drunkard, tippler, drinker	Alkoholiker *m*, Trinker *m*	alcoolique *m*, ivrogne *m*, buveur *m*
A 433	**alcoholic,** spirituous	alkoholisch	alcoolique
A 434	**alcoholic fermentation**	alkoholische Gärung *f*	fermentation *f* alcoolique, alcoolification *f*
A 435	**alcoholic solution**	alkoholische Lösung *f*	solution *f* alcoolique
A 436	**alcoholic test breakfast,** alcohol test meal	Alkoholprobefrühstück *n*, Alkoholprobetrunk *m*	épreuve *f* (déjeuner *m*, boisson *f*) alcoolique
A 437	**alcohol in breath**	Atemalkohol *m*	haleine *f* alcoolique (éthylique)
A 438	**alcohol insolubility,** spirit insolubility, insolubility in alcohol	Alkoholunlöslichkeit *f*	insolubilité *f* dans l'alcool
A 439	**alcohol-insoluble,** spirit-insoluble, insoluble in alcohol	alkoholunlöslich	insoluble dans l'alcool
A 440	**alcoholometer**	Alkoholometer *n*, Alkoholmesser *m*	alcoomètre *m*
A 441	**alcoholometric**	alkoholometrisch	alcoométrique
A 442	**alcoholometry**	Alkoholometrie *f*, Alkoholgehaltsbestimmung *f*	alcoométrie *f*, détermination *f* de la teneur en alcool
A 443	**alcohol precipitation**	Alkoholfällung *f*	précipitation *f* alcoolique
A 444	**alcohol solubility,** spirit solubility, solubility in alcohol	Alkohollöslichkeit *f*	solubilité *f* dans l'alcool
A 445	**alcohol-soluble,** spirit-soluble, soluble in alcohol	alkohollöslich	soluble dans l'alcool
A 446	**alcohol test**	Alkoholprobe *f*, Alkoholtest *m*	test *m* à l'alcool, alcootest *m*
	alcohol test meal	*s.* A 436	
A 447	**aldehyde**	Aldehyd *m*	aldéhyde *m*
A 448	**aldehyde dehydrogenase**	Aldehyddehydrogenase *f*	aldéhyde-déshydrogénase *f*
A 449	**aldehyde dismutation,** Cannizzaro's reaction	Aldehyddismutation *f*, Cannizzaro-Reaktion *f*	dismutation *f* d'aldéhyde, réaction *f* de Cannizzaro
A 450	**aldehyde oxidase**	Aldehydoxidase *f*	aldéhyd[oxyd]ase *f*, aldéhyde-oxydase *f*
	aldehyde reductase	*s.* A 431	
A 451	**aldehyde test**	Aldehydprobe *f*, Aldehydnachweis *m*	réaction aldéhydique
A 452	**aldoheptose**	Aldoheptose *f*	aldoheptose *m*
A 453	**aldohexose**	Aldohexose *f*	aldohexose *m*, hexose *m* aldéhydique
	aldoketomutase	*s.* L 69	
A 454	**aldol,** acetaldol	Aldol *n*, Acetaldol *n*	aldol *m*, acétaldol *m*
A 455	**aldolase,** fructose bisphosphate aldolase, zymohexase	Aldolase *f*, Fructose-1,6-diphosphataldolase *f*, Zymohexase *f*	aldolase *f*, fructose-1,6-diphosphatealdolase *f*, zymohexase *f*
A 456	**aldol-type reaction**	Aldolreaktion *f*	réaction *f* aldolique (de type aldol)
	3-aldonate dehydrogenase	*s.* G 502	
A 457	**aldonic acid**	Aldonsäure *f*	acide *m* aldonique
	aldopentose	*s.* X 40	

A 458	**aldose**	Aldose *f*, Aldehydzucker *m*	aldose *m*, sucre *m* aldéhydique
A 459	**aldosterone**	Aldosteron *n*	aldostérone *f*
A 460	**aldosterone-binding protein**	aldosteronbindendes Protein *n*	protéine *f* liant l'aldostérone
A 461	**aldotetrose**	Aldotetrose *f*	aldotétrose *m*
A 462	**aldotriose**	Aldotriose *f*	aldotriose *m*
A 463	**alexin,** α-lysine	Alexin *n*, α-Lysin *n*	alexine *f*, α-lysine *f*
	aliesterase	*s.* C 135	
	alimentation	*s.* N 325	
A 464	**aliphatic**	aliphatisch	aliphatique
A 465	**aliphatic compound**	aliphatische Verbindung *f*	composé *m* aliphatique
A 466	**aliquot**	aliquot	aliquote
A 467	**alizarin blue**	Alizarinblau *n*	bleu *m* d'alizarine
A 468	**alizarin cyanine**	Alizarincyanin *n*	alizarine-cyanine *f*
A 469	**alizarin dye**	Alizarinfarbstoff *m*	colorant *m* [d']alizarine
A 470	**alizarin orange**	Alizarinorange *n*	alizarine-orange *m*, orangé *m* d'alizarine
A 471	**alizarin red**	Alizarinrot *n*	rouge *m* d'alizarine
A 472	**alizarin test**	Alizarinprobe *f*	test *m* à l'alizarine
A 473	**alizarin violet**	Alizarinviolett *n*	violet *m* d'alizarine
A 474	**alizarin yellow**	Alizaringelb *n*	jaune *m* d'alizarine
A 475	**alkalescent,** weakly alkaline, subalkaline	schwach alkalisch, schwach basisch	faiblement alcalin, faiblement basique
A 476	**alkali blue**	Alkaliblau *n*	bleu *m* alcalin
A 477	**alkalies** *pl*, alkalis *pl*	Alkalien *npl*	alcalis *mpl*
	alkali-fast	*s.* A 494	
A 478	**alkali-free**	alkalifrei	sans alcali
A 479	**alkali metal,** alkaline metal	Alkalimetall *n*	métal *m* alcalin
A 480	**alkalimeter**	Alkalimeter *n*	alcalimètre *m*
A 481	**alkalimetric**	alkalimetrisch	alcalimétrique
A 482	**alkalimetry**	Alkalimetrie *f*, Alkaligehaltsmessung *f*	alcalimétrie *f*
A 483	**alkaline,** basic	alkalisch, basisch	alcalin, basique
A 484	**alkaline-earth metal**	Erdalkalimetall *n*	métal *m* alcalino-terreux
A 485	**alkaline granulocyte phosphatase**	alkalische Granulozytenphosphatase *f*	phosphatase *f* granulocytique alcaline
A 486	**alkaline leucocyte phosphatase**	alkalische Leukozytenphosphatase *f*	phosphatase *f* leucocytaire alcaline
	alkaline metal	*s.* A 479	
A 487	**alkaline peptone water**	alkalisches Peptonwasser *n*	eau *f* de peptone alcaline
A 488	**alkaline phosphatase (phosphomonoesterase),** AP	alkalische Phosphatase *f*, AP	phosphatase *f* alcaline
A 489	**alkaline reaction**	alkalische Reaktion *f*, basische Reaktion	réaction *f* alcaline, réaction basique
	alkaline reserve	*s.* A 492	
A 490	**alkaline serum phosphatase**	alkalische Serumphosphatase *f*	phosphatase *f* sérique alcaline
	alkalinisation	*s.* A 495	
	alkalinise / to	*s.* A 496	
A 491	**alkalinity,** basicity	Alkalität *f*, Alkalinität *f*, Basizität *f*	alcalinité *f*, alcalicité *f*, basicité *f*
	alkali-proof	*s.* A 494	
A 492	**alkali reserve,** alkaline reserve, standard bicarbonate	Alkalireserve *f*, Standard-Bicarbonat *n*	réserve *f* alcaline, bicarbonate *m* étalon
A 493	**alkali resistance,** alkali stability, resistance (stability) to alkalies	Alkaliresistenz *f*, Laugenresistenz *f*, Alkalibeständigkeit *f*, Laugenbeständigkeit *f*, Alkalifestigkeit *f*	résistance *f* aux alcalis
A 494	**alkali-resistant,** alkali-stable, alkali-fast, alkali-proof, resistant (stable) to alkalies	alkaliresistent, laugenresistent, alkalibeständig, laugenbeständig, alkalifest	résistant aux alcalis
	alkalis	*s.* A 477	
A 495	**alkalisation,** alkalinisation	Alkalisierung *f*, Alkalinisierung *f*, Alkalisation *f*	alcalinisation *f*, alcalisation *f*
A 496	**alkalise / to,** to alkalinise, to make alkaline	alkalisieren, alkalinisieren	alcaliniser, alcaliser
A 497	**alkali-sensitive,** sensitive to alkalies	alkaliempfindlich	sensible aux alcalis
A 498	**alkali sensitivity,** sensitivity to alkalies	Alkaliempfindlichkeit *f*	sensibilité aux alcalis
A 499	**alkali solubility,** solubility in alkalies	Alkalilöslichkeit *f*, Laugenlöslichkeit *f*	solubilité *f* dans l'alcali
A 500	**alkali-soluble,** soluble in alkalies	alkalilöslich, laugenlöslich	soluble dans l'alcali
	alkali stability	*s.* A 493	
	alkali-stable	*s.* A 494	
A 501	**alkaloid**	Alkaloid *n*	alcaloïde *m*
A 502	**alkaloid test**	Alkaloidprobe *f*	épreuve *f* à l'alcoïde
	alkamine	*s.* A 602	
	alkanation	*s.* A 510	
A 503	**alkane**	Alkan *n*	alcane *m*
	alkapton	*s.* H 386	
A 504	**alkene**	Alken *n*	alcène *m*
A 505	**alkine,** alkyne	Alkin *n*	alcyne *m*
A 506	**alkylarene sulphonate**	Alkylarylsulfonat *n*	sulfonate *m* d'alkylaryle
A 507	**alkylate / to**	alkylieren	alkyler, alcoyler
A 508	**alkylate**	Alkylat *n*	alkylat *m*, produit *m* d'alcoylation, produit d'alkylation
A 509	**alkylating agent**	Alkylierungsmittel *n*, Alkylans *n*	alkylant *m*, agent *m* alkylant, alcoylant *m*, agent *m* alcoylant

A 510	**alkylation,** alkanation	Alkylierung *f*, Alkylation *f*, Alkylieren *n*	alkylation *f*, alcoylation *f*
A 511	**alkylphosphate**	Alkylphosphat *n*	alkylphosphate *m*
A 512	**alkylsulphonate**	Alkylsulfonat *n*	alkylsulfonate *m*
	alkyne	*s.* A 505	
A 513	**allantoic fluid**	Allantoisflüssigkeit *f*	liquide *m* allantoïdique, fluide *m* allantoïdien
A 514	**allantoin**	Allantoin *n*	allantoïne *f*
A 515	**allele, allelogene,** allelomorph	Allel *n*, Allelogen *n*, Allelomorph *n*	allèle *m*, allélogène *m*, allélomorph[ique]e *m*
	allelomorph	*s.* A 515	
A 516	**allergen**	Allergen *n*	allergène *m*
A 517	**allergen extract**	Allergenextrakt *m, n*	extrait *m* d'allergène
A 518	**allergenic**	allergen, allergieauslösend	allergisant
	allergen skin test	*s.* A 521	
A 519	**allergic reaction**	allergische Reaktion *f*	réaction *f* allergique
A 520	**allergin**	Allergin *n*	allergine *f*
A 521	**allergometry,** allergen skin test	Allergometrie *f*, Allergentest *m*	allergométrie *f*, test *m* d'allergie
A 522	**all-glass syringe**	Ganzglasspritze *f*	seringue *f* tout verre
	all-glass syringe	*s. a.* G 220	
A 523	**all-metal syringe**	Ganzmetallspritze *f*	seringue *f* tout métal
A 524	**alloantibody**	Alloantikörper *m*	allo-anticorps *m*
A 525	**alloantigen**	Alloantigen *n*	alloantigène *m*
A 526	**allocation of sample**	Stichprobenaufteilung *f*	répartition *f* des échantillons
	allogeneic	*s.* H 387	
	allogenic	*s.* H 387	
A 527	**alloplasm**	Alloplasma *n*, Fremdplasma *n*	alloplasma *m*
A 528	**allopregnandiol**	Allopregnandiol *n*	alloprégnandiol *m*
A 529	**alloprotein**	Alloprotein *n*	alloprotéine *f*
A 530	**allose**	Allose *f*	allose *m*
	allosome	*s.* S 329	
A 531	**allosteric**	allosterisch	allostérique
	allosterism	*s.* A 532	
A 532	**allostery,** allosterism	Allosterie *f*	allostérie *f*
A 533	**allotype**	Allotyp *m*	allotype *m*
	allowable error	*s.* A 288	
	allowance	*s.* T 404	
A 534	**allow to chill (cool) / to,** to chill	abkühlen (erkalten) lassen	laisser refroidir (réfriger)
A 535	**allow to stand / to**	stehenlassen	abandonner
A 536	**alloxan**	Alloxan *n*	alloxanne *m*
A 537	**alloxazine**	Alloxazin *n*	alloxazine *f*
A 538	**alloxyprotein acid**	Alloxyproteinsäure *f*	
A 539	**allylalcohol**	Allylalkohol *m*	alcool *m* allylique
A 540	**aloin**	Aloin *n*	aloïne *f*
A 541	**aloin test**	Alointest *m*	épreuve *f* à l'aloïne
A 542	**alpha cell**	Alphazelle *f*	cellule *f* alpha
A 543	**alpha virus**	Alphavirus *n*	virus *m* alpha
A 544	**Alsever's solution**	Alsever-Lösung *f*	solution *f* d'Alsever
	alternate host	*s.* I 364	
A 545	**alternative hypothesis**	Alternativhypothese *f*	hypothèse *f* alternative
A 546	**alternative method**	Alternativmethode *f*	méthode *f* alternative
A 547	**Altmann's method**	Altmann-Methode *f*	méthode *f* d'Altmann
A 548	**altrose**	Altrose *f*	altrose *m*
A 549	**alum**	Alaun *m*, Alumen *n*	alun *m*
	alumina	*s.* A 555	
A 550	**aluminium,** aluminum *(US)*, Al	Aluminium *n*, Al	aluminium *m*, Al
A 551	**aluminium acetate**	Aluminiumacetat *n*	acétate *m* d'aluminium
A 552	**aluminium chloride**	Aluminiumchlorid *n*	chlorure *m* d'aluminium
A 553	**aluminium foil**	Alu[minium]folie *f*	feuille *f* d'aluminium
A 554	**aluminium hydroxide**	Aluminiumhydroxid *n*	hydroxyde *m* d'aluminium
A 555	**aluminium oxide,** oxide of aluminium, alumina	Aluminiumoxid *n*	oxyde *m* d'aluminium, alumine *f*
A 556	**aluminium oxide gel**	Aluminiumoxidgel *n*	gel *m* d'oxyde d'aluminium
A 557	**aluminium potassium sulphate**	Kaliumaluminiumsulfat *n*	sulfate *m* double d'aluminium et de potassium
A 558	**aluminium salt**	Aluminiumsalz *n*	sel *m* d'aluminium
	aluminium silicate	*s.* B 163	
A 559	**aluminium sulphate**	Aluminiumsulfat *n*	sulfate *m* d'aluminium
	aluminosilicate	*s.* B 163	
	aluminum	*s.* A 550	
	alveolar air	*s.* A 561	
	alveolar air analysis	*s.* A 562	
A 560	**alveolar cell**	Alveolarzelle *f*	cellule *f* alvéolaire
A 561	**alveolar gas,** alveolar air	Alveolargas *n*, Alveolarluft *f*	gaz *m* alvéolaire, air *f* alvéolaire
A 562	**alveolar gas analysis,** alveolar air analysis	Alveolargasanalyse *f*	analyse *f* du gaz alvéolaire
A 563	**alveolar phagocyte**	Alveolarphagozyt *m*	phagocyte *m* alvéolaire
A 564	**Alzheimer cell**	Alzheimer-Zelle *f*, Alzheimer-Körperchen *n*	corps *m* d'Alzheimer

No.	English	German	French
	amanitin	*s.* A 565	
A 565	**α-amanitine**, α-amanitin	α-Amanitin *n*	α-amanitine *f*
A 566	**Amato corpuscle**	Amato-Körperchen *n*	corpuscule *m* d'Amato
A 567	**amberlite**	Amberlit *n*	amberlite *f*
A 568	**ambient temperature**	Umgebungstemperatur *f*	température *f* ambiante
A 569	**amboceptor,** intermediary body, interbody	Ambozeptor *m*, Zwischenkörper *m*	ambocepteur *m*, corps *m* intermédiaire, corps immunisant
	ambulant	*s.* A 570	
	ambulant care	*s.* A 571	
A 570	**ambulatory,** ambulant	ambulant	ambulant, ambulatoire
A 571	**ambulatory care,** ambulant care	ambulante Betreuung *f*	soins *mpl* ambulatoires
A 572	**American hookworm,** Necator americanus	Amerikanischer Hakenwurm *m*, Todeswurm *m*	nécateur *m* américain, ankylostome *m* duodénal
	amethopterin	*s.* M 380	
	amicrobic	*s.* S 867	
A 573	**amidase,** aminase, acylamide amidohydrolase, acylamidase, acylase, deamidase	Amidase *f*, Aminase *f*, Acylamidase *f*, Acylase *f*, Desamidase *f*	amidase *f*, aminase *f*, acylase *f*
A 574	**amidate / to**	amidieren	amider
A 575	**amidation**	Amidierung *f*, Amidieren *n*	amidification *f*
A 576	**amide**	Amid *n*	amide *m*
A 577	**amidine**	Amidin *n*	amidine *f*
A 578	**amido black B**	Amidoschwarz *n* B	amidoschwartz*m*, amidoschwarz *m*, noir *m* amido
A 579	**amidosulphuric acid**	Amidoschwefelsäure *f*	acide *m* aminosulfurique, acide sulfamique
	aminase	*s.* A 573	
A 580	**aminate / to**	aminieren	aminer
A 581	**amination**	Aminierung *f*, Aminieren *n*	amination *f*
A 582	**amine**	Amin *n*	amine *f*
	amine oxidase	*s.* A 593	
	amine oxidase	*s.* M 670	
	amine oxidase inhibitor	*s.* M 671	
	amine precursor uptake and decarboxylation cell	*s.* A 963	
	aminoacetic acid	*s.* G 347	
A 583	**amino acid**	Aminosäure *f*	acide *m* aminé, aminoacide *m*
A 584	**amino acid analyser**	Aminosäureanalysator *m*	analyseur *m* d'acides aminés
A 585	**amino acid analysis**	Aminosäureanalyse *f*	analyse *f* d'acides aminés
A 586	**amino acid balance,** amino acid equilibrium	Aminosäuregleichgewicht *n*	équilibre *m* d'acides aminés
A 587	**amino acid clearance**	Aminosäure-Clearance *f*	clearance *f* d'acides aminés
	amino acid code	*s.* G 150	
A 588	**amino acid composition**	Aminosäurezusammensetzung *f*	composition *f* d'acides aminés
A 589	**amino acid decarboxylase**	Aminosäuredecarboxylase *f*	aminoacide-décarboxylase *f*
A 590	**amino acid dehydratase**	Aminosäuredehydratase *f*	aminoacide-déshydratase *f*
A 591	**amino acid dehydrogenase**	Aminosäuredehydrogenase *f*	aminoacide-déshydrogénase *f*, aminoacide-désaminase *f*, aminoacide-oxhydrase *f*
	amino acid equilibrium	*s.* A 586	
A 592	**amino acid mixture,** mixture of amino acids	Aminosäuregemisch *n*	mixture *f* d'acides aminés, mélange *m* d'acides aminés
	amino acid nitrogen	*s.* A 614	
A 593	**amino acid oxidase,** amine oxidase	Aminosäureoxidase *f*	aminoacide-oxydase *f*
A 594	**amino acid residue**	Aminosäurerest *m*	résidu *m* d'acides aminés
A 595	**amino acid sequence**	Aminosäuresequenz *f*	séquence *f* d'acides aminés, séquence d'aminoacides, structure *f* primaire d'acides aminés
A 596	**aminoacyl adenylate, aminoacyl-AMP**	Aminoacyladenylat *n*, Aminoacyl-AMP *f*	aminoacyl-adénylate *m*, aminoacyl-AMP *m*
A 597	**aminoacylase,** dehydropeptidase II, hippuricase, histozyme, benzamidase	Aminoacylase *f*, Dehydropeptidase *f* II, Hippuricase *f*, Histozym *n*, Benzamidase *f*	aminoacylase *f*, déshydropeptidase *f* II, hippuricase *f*, histozyme *m*, benzamidase *f*
A 598	**aminoacyl histidine dipeptidase,** carnosinase	Aminoacylhistidindipeptidase *f*, Carnosinase *f*	aminoacylhistidine-dipeptidase *f*
A 599	**aminoacyl-tRNA**	Aminoacyl-tRNA *f*	aminoacyl-tRNA *m*
	aminoacyl-tRNA-ligase	*s.* A 600	
A 600	**aminoacyl-tRNA-synthetase,** aminoacyl-tRNA-ligase	Aminoacyl-tRNA-synthetase *f*, Aminoacyl-tRNA-ligase *f*	aminoacyl-tRNA-synthétase *f*, activase *f* d'acides aminés
A 601	**α-aminoadipic acid**	α-Aminoadipinsäure *f*	acide *m* α-aminoadipique
A 602	**aminoalcohol,** alkamine	Aminoalkohol *m*, Alkamin *n*	aminoalcool *m*, hydramine *f*
	aminobenzene	*s.* A 780	
	***p*-aminobenzene sulphonamide**	*s.* S 1070	
A 603	***p*-aminobenzoic acid,** PABA	*p*-Aminobenzoesäure *f*	acide *m* *p*-aminobenzoïque
A 604	**γ-aminobutyric acid,** piperidinic acid, GABA	γ-Aminobuttersäure *f*, Piperidinsäure *f*	acide *m* γ-aminobutyrique, acide pipéridinique
	α-aminocaproic acid	*s.* N 226	
A 605	**amino compound**	Aminoverbindung *f*	composé *m* aminé

No.	English	German	French
	β-aminoethanol	*s.* C 713	
A 606	**aminoethylcellulose**	Aminoethylcellulose *f*	aminoéthylcellulose *f*
	amino-ethylsulphonic acid	*s.* T 30	
	aminoformic acid	*s.* C 103	
	aminoglucose	*s.* G 269	
	α-aminoglutaric acid	*s.* G 307	
A 607	**aminoglycoside**	Aminoglycosid *n*	aminoglucoside *m*
A 608	**amino group**	Aminogruppe *f*	groupe[ment] *m* amino
	α-amino-σ-guanidinovaleric acid	*s.* A 985	
A 609	***p*-aminohippuric acid**, PAH	*p*-Aminohippursäure *f*, PAH	acide *m* *p*-aminohippurique, PAH
A 610	***p*-aminohippuric acid clearance**, PAH-clearance	PAH-Clearance *f*, *p*-Aminohippursäure-Clearance *f*	clearance *f* d'acide *p*-aminohippurique, clearance de PAH
	amino-hydroxybenzoic acid	*s.* A 623	
	α-amino-β-hydroxybutyric acid	*s.* T 249	
	α-amino-β-hydroxypropionic acid	*s.* S 263	
	α-amino-β-imidazolylpropionic acid	*s.* H 324	
	α-amino-β-indolylpropionic acid	*s.* T 622	
A 611	**β-aminoisobutyric acid**	β-Aminoisobuttersäure *f*	acide *m* β-aminoisobutyrique
	α-aminoisocaproic acid	*s.* L 173	
	aminoisovaleric acid	*s.* V 27	
	aminolaevulinate dehydratase	*s.* P 739	
A 612	**δ-aminolaevulinic acid**	δ-Aminolävulinsäure *f*	acide *m* δ-aminolévuli[ni]que
A 613	**aminolipid**	Aminolipid *n*	aminolipide *m*
	α-amino-β-mercaptopropionic acid	*s.* C 1227	
	aminomethanamidine	*s.* G 486	
	α-amino-γ-methylthiobutyric acid	*s.* M 369	
	α-amino-β-methylvaleric acid	*s.* I 566	
A 614	**aminonitrogen,** amino acid nitrogen	Aminostickstoff *m*, Aminosäurestickstoff *m*	azote *m* aminé, azote d'acide aminé
	2-amino-6-oxypurine	*s.* G 488	
A 615	**aminopeptidase**	Aminopeptidase *f*	aminopeptidase *f*
	aminopeptidase	*s. a.* L 174	
A 616	**aminopeptide**	Aminopeptid *n*	aminopeptide *m*
A 617	**aminophenazon,** dimethylaminophenazon, aminopyrine	Aminophenazon *n*, Dimethylaminophenazon *n*, Aminopyrin *n*	aminophénazone *f*, diméthylaminophénazone *f*, aminopyrine *f*, diméthylamino-antipyrine *f*
A 618	**aminophenol,** hydroxyaniline	Aminophenol *n*, Hydroxyanilin *n*	aminophénol *m*, hydroxyaniline *f*
	α-amino-β-phenylpropionic acid	*s.* P 322	
	aminopherase	*s.* A 624	
A 619	**aminopolypeptidase**	Aminopolypeptidase *f*	aminopolypeptidase *f*
A 620	**aminopolysaccharide**	Aminopolysaccharid *n*	aminopolysaccharide *m*
	α-aminopropionic acid	*s.* A 410	
	α-amino-β-(*p*-hydroxyphenyl)-propionic acid	*s.* T 701	
A 621	**aminopterin**	Aminopterin *n*	aminoptérine *f*
A 622	**aminopurine**	Aminopurin *n*	aminopurine *f*
	6-aminopurine	*s.* A 243/4	
	aminopyrine	*s.* A 617	
A 623	***p*-aminosalicylic acid**, amino-hydroxybenzoic acid, PAS	*p*-Aminosalicylsäure *f*, Aminohydroxybenzoesäure *f*, PAS	acide *m* *p*-aminosalicylique, acide aminohydroxybenzoïque, PAS
	α-aminosuccinamic acid	*s.* A 1058	
	α-aminosuccinic acid	*s.* A 1064	
	amino sugar	*s.* H 272	
	α-amino-γ-thiobutyric acid	*s.* H 376	
	aminothiourea	*s.* T 234	
	aminotoluene	*s.* T 411	
	aminotoluol	*s.* T 411	
A 624	**aminotransferase,** transaminase, aminopherase	Aminotransferase *f*, Transaminase *f*, Aminoferase *f*	aminotransférase *f*, transaminase *f*, aminophérase *f*
	aminourea	*s.* S 200	
	α-amino-σ-ureidovaleric acid	*s.* C 588	
	α-aminovaleric acid	*s.* N 245	
A 625	**ammeter,** amperemeter	Amperemeter *n*	ampèremètre *m*
A 626	**Ammon-Hottinger series**	Ammon-Hottinger-Reihe *f*, A-H-Reihe *f*	série *f* de milieu de différenciation d'Ammon-Hottinger
A 627	**ammonia**	Ammoniak *n*	ammoniac *m*
A 628	**ammoniac[al],** ammoniated	ammoniakalisch	ammoniacal
	ammoniacal nitrogen	*s.* A 629	
A 629	**ammonia nitrogen,** ammoniacal nitrogen	Ammoniakstickstoff *m*	azote *m* ammoniacal
A 630	**ammonia solution,** solution of ammonia	Ammoniaklösung *f*	solution *f* ammoniacale, ammoniaque *f*
	ammoniated	*s.* A 628	
A 631	**ammonia water**	Ammoniakwasser *n*	eau *f* ammoniacale
A 632	**ammonium**	Ammonium *n*	ammonium *m*
A 633	**ammonium acetate**	Ammoniumacetat *n*	acétate *m* d'ammonium
A 634	**ammonium base**	Ammoniumbase *f*	base *f* d'ammonium
A 635	**ammonium bromide**	Ammoniumbromid *n*	bromure *m* d'ammonium

A 636	**ammonium carbonate,** hartshorn salt, hartshorn	Ammoniumcarbonat *n*, Hirschhornsalz *n*	carbonate *m* d'ammonium, sel *m* volatil d'Angleterre
A 637	**ammonium chlorate**	Ammoniumchlorat *n*	chlorate *m* d'ammonium
A 638	**ammonium chloride,** salmiac, sal ammoniac	Ammoniumchlorid *n*, Salmiak *m*	chlorure *m* d'ammonium, chlorhydrate *m* d'ammoniaque, sel *m* ammoniaque
A 639	**ammonium citrate**	Ammoniumcitrat *n*	citrate *m* d'ammonium
A 640	**ammonium compound**	Ammoniumverbindung *f*	combinaison *f* d'ammonium
A 641	**ammonium dihydrogenphosphate**	Ammoniumdihydrogenphosphat *n*	bicarbonate *m* d'ammonium
A 642	**ammonium electrode**	Ammoniumelektrode *f*	électrode *f* d'ammonium
A 643	**ammonium formiate**	Ammoniumformiat *n*	formiate *m* d'ammonium
A 644	**ammonium heparinate**	Ammoniumheparinat *n*	héparinate *m* d'ammonium
A 645	**ammonium hydroxide**	Ammoniumhydroxid *n*	hydroxyde *m* d'ammonium
A 646	**ammonium iodide**	Ammoniumiodid *n*	iodure *m* d'ammonium
A 647	**ammonium ion**	Ammoniumion *n*	ion *m* d'ammonium
A 648	**ammonium-iron sulphate,** ferric ammonium sulphate	Ammoniumeisensulfat *n*	sulfate *m* de fer ammoniacal
A 649	**ammonium-magnesium phosphate**	Ammoniummagnesiumphosphat *n*	phosphate *m* d'ammonium et de magnésium
A 650	**ammonium molybdate**	Ammoniummolybdat *n*	molybdate *m* d'ammoniaque
A 651	**ammonium nitrate**	Ammoniumnitrat *n*, Ammoniaksalpeter *m*	nitrate *m* d'ammoniaque, nitrate d'ammonium
A 652	**ammonium oxalate**	Ammoniumoxalat *n*	oxalate *m* d'ammonium
A 653	**ammonium phosphate**	Ammoniumphosphat *n*	phosphate *m* d'ammonium
	ammonium rhodanide	*s.* A 658	
A 654	**ammonium salicylate**	Ammoniumsalicylat *n*	salicylate *m* d'ammonium
A 655	**ammonium salt**	Ammoniumsalz *n*	sel *m* d'ammonium
A 656	**ammonium sulphate**	Ammoniumsulfat *n*	sulfate *m* d'ammonium
	ammonium sulphate test	*s.* N 212	
A 657	**ammonium sulphide**	Ammoniumsulfid *n*	sulfure *m* d'ammonium
A 658	**ammonium thiocyanate,** ammonium rhodanide	Ammoniumthiocyanat *n*, Ammoniumrhodanid *n*	thiocyanate *m* d'ammonium, rhodanide *m* d'ammonium
A 659	**ammonium urate**	Ammoniumurat *n*	urate *m* d'ammonium
A 660	**amniocentesis,** amniotic puncture	Amniozentese *f*, Amnionpunktion *f*	amniocentèse *f*, ponction *f* de l'amnios
A 661	**amnioscopic**	amnioskopisch	amnioscopique
A 662	**amnioscopy**	Amnioskopie *f*	amnioscopie *f*
A 663	**amniotic cell**	Amnionzelle *f*	cellule *f* amniotique
A 664	**amniotic cell culture**	Amnionzellkultur *f*	culture *f* des cellules amniotiques
A 665	**amniotic fluid,** amniotic water, amniotic liquid	Fruchtwasser *n*, Amnionflüssigkeit *f*	liquide *m* amniotique
A 666	**amniotic fluid cytology**	Fruchtwasserzytologie *f*	cytologie *f* du liquide amniotique
	amniotic liquid	*s.* A 665	
	amniotic puncture	*s.* A 660	
A 667	**amniotic tissue**	Amniongewebe *n*	tissu *m* amniotique
	amniotic water	*s.* A 665	
A 668	**amoeba**	Amöbe *f*	amibe *f*
A 669	**amorphia,** amorphousness, amorphism, shapelessness	Amorphie *f*, Formlosigkeit *f*, Gestaltlosigkeit *f*	amorphisme *m*, manque *m* de forme, absence *f* de forme
	amorphism	*s.* A 669	
A 670	**amorphous,** shapeless, structureless	amorph, formlos, ungeformt, gestaltlos, strukturlos	amorphe, informe, sans forme, sans structure
	amorphousness	*s.* A 669	
	amount	*s.* Q 18	
	amount of heat	*s.* H 184	
	amount of stools	*s.* S 921	
A 671	**amount of substance**	Stoffmenge *f*	quantité *f* de matière
	amount of substance	*s. a.* S 1013	
	AMP	*s.* A 256	
	AMP-deaminase	*s.* A 268	
	amperemeter	*s.* A 625	
A 672	**amperometric**	amperometrisch	ampèremétrique
A 673	**amperometric measurement**	amperometrische Messung *f*	mesure *f* ampèremétrique
A 674	**amperometric titration**	amperometrische Titration (Titrierung) *f*	titrage *m* ampèremétrique
A 675	**amperometry**	Amperometrie *f*	ampèremétrie *f*
A 676	**amphetamine**	Amphetamin *n*	amphétamine *f*
A 677	**amphicyte,** satellite cell	Amphizyt *m*, Mantelzelle *f*, Satellitenzelle *f*, Trabantzelle *f*	amphicyte *m*, cellule *f* satellite, cellule péricellulaire
	amphiprotic substance	*s.* A 678	
A 678	**ampholyte,** amphoteric electrolyte, amphiprotic substance	Ampholyt *m*, amphoterer Elektrolyt *m*	ampholyte *m*, électrolyte *m* amphotère
A 679	**amphophil[ic]**	amphophil	amphophile
A 680	**amphoteric**	amphoter	amphotère
	amphoteric electrolyte	*s.* A 678	
A 681	**ampicillin**	Ampicillin *n*	ampicilline *f*
A 682	**ampoule,** ampul[e], phial, vial	Ampulle *f*	ampoule *f*
A 683	**ampoule file**	Ampullensäge *f*, Ampullenfeile *f*	lime *f*
	AMP-pyrophosphorylase	*s.* A 247	
	ampul	*s.* A 682	
	ampule	*s.* A 682	

	amygdalase	*s.* G 294	
A 684	**amygdalin**	Amygdalin *n*	amygdaline *f*, amygdaloside *m*
A 685	**amylaceous,** starchy, starch-containing	stärkehaltig	amylacé
A 686	**amyl acetate**	Amylacetat *n*, Essigsäureamylester *m*	acétate *m* d'amyle, éther *m* amylacétique
A 687	**amyl alcohol,** amylic alcohol, pentanol	Amylalkohol *m*, Pentanol *n*	alcool *m* amylique, pentanol *m*
A 688	α**-amylase**, diastase	α-Amylase *f*, Diastase *f*	α-amylase *f*
A 689	β**-amylase**, glycogenase, saccharogen amylase	β-Amylase *f*, Glycogenase *f*, Saccharogenamylase *f*	β-amylase *f*, glycogénase *f*, saccharogène-amylase *f*
	γ**-amylase**	*s.* G 259	
	amylic alcohol	*s.* A 687	
A 690	**amyl nitrite**	Amylnitrit *n*	nitrite *m* d'amyle
	amyloclastic	*s.* A 696	
A 691	**amylodextrin**	Amylodextrin *n*	amylodextrine *f*
	amyloglucosidase	*s.* G 259	
A 692	**amylo-1,6-glucosidase,** dextrin-1,6-glucosidase, debranching enzyme	Amylo-1,6-glucosidase *f*, Dextrin-1,6-glucosidase *f*, Debranching enzyme	amylo-1,6-glucosidase *f*, dextrine-1,6-glucosidase
	amylotransglucosylase	*s.* G 254	
A 693	**amyloid**	Amyloid *n*	amyloïde *m*
A 694	**amyloid[al]**	stärkeartig, stärkeähnlich, amyloid	amyloïde, amylacé
A 695	**amyloid body,** amyloid substance	Amyloidkörperchen *n*	corpuscule *m* amylacé
	amyloid staining	*s.* B 162	
	amyloid substance	*s.* A 695	
A 696	**amylolytic,** amyloclastic, starch-splitting	amylolytisch, stärkespaltend, stärkeabbauend	amylolytique, amyloclastique
A 697	**amylolytic enzyme,** starch-reducing enzyme	amylolytisches (stärkespaltendes) Enzym *n*	enzyme *m* amylolytique (amyloclastique)
A 698	**amylopectin**	Amylopectin *n*, Stärkegranulose *f*	amylopectine *f*
	amylophosphorylase	*s.* P 409	
	amylopsin	*s.* P 22	
A 699	**amylose**	Amylose *f*	amylose *f*
	α**-mylo(1,4→1,6)transglucosylase**	*s.* G 254	
	amylum	*s.* S 809	
A 700	**anabolic,** anabolic agent, anabolite *(pharmacy)*	Anabolikum *n*, anabolisches Mittel *n*, Anabolit *m*	anabolique *m*, anabolisant *m*, anabolite *m*
A 701	**anabolic**	anabol[isch]	anabolique
	anabolic agent	*s.* A 700	
A 702	**anabolic effect**	anaboler Effekt *m*	effet *m* anabolique
A 703	**anabolic steroid**	anaboles Steroid *n*	stéroïde *m* anabolique
A 704	**anabolism**	Anabolismus *m*	anabolisme *m*
A 705	**anabolite** *(physiology)*	Anabolit *m*	anabolite *m*
	anabolite	*s. a.* A 700	
A 706	**anaerobe, anaerobian,** anaerobic organism	Anaerobier *m*, Anaerobiont *m*	anaérobie *m*
A 707	**anaerobic,** anaerobiotic, anoxybiontic	anaerob, sauerstoffunabhängig	anaérobie
A 708	**anaerobic bacterium**	anaerobe Bakterie *f*	bactérie *f* anaérobie
A 709	**anaerobic culture,** culture of anaerobes	Anaerobierkultur *f*	culture *f* d'anaérobies
	anaerobic organism	*s.* A 706	
	anaerobiotic	*s.* A 707	
A 710	**anaerostat**	Anaerostat *m*	anaérostat *m*
A 711	**anaesthetic [agent],** narcotic [agent]	Betäubungsmittel *n*, Anästhetikum *n*, Narkotikum *n*	anesthésique *m*, narcotique *m*, anesthésiant *m*
A 712	**analeptic [agent], analeptic remedy,** central nervous system stimulant	Analeptikum *n*, analeptisches Mittel *n*	analeptique *m*, agent *m* analeptique
A 713	**analgesic,** analgetic [agent], antalgic [agent], pain killer	Analgetikum *n*, analgetisches (schmerzstillendes) Mittel *n*	analgésique *m*, antalgique *m*
	analysis of dispersion	*s.* M 785	
A 714	**analogue**	Analogon *n*, Analogstoff *m*	analogue *m*
A 715	**anal region**	Analregion *f*	région *f* anale, périnée *m* anal (postérieur)
A 716	**anal swab,** perianal swab	Analabstrich *m*	frottis *m* anal
A 717	**analysable**	analysierbar	analysable
A 718	**analyse / to**	analysieren	analyser
A 719	**analyser**	Analysator *m*, Analysengerät *n*	analyseur *m*, appareil *m* d'analyse
A 720	**analysing system**	Analysensystem *n*	système *m* analytique
A 721	**analysis**	Analyse *f*	analyse *f*
	analysis funnel	*s.* A 731	
A 722	**analysis of amniotic fluid**	Fruchtwasseranalyse *f*	analyse *f* de liquide amniotique
	analysis of covariance	*s.* C 1077	
	analysis of the gastric juice	*s.* G 86	
	analysis of variance	*s.* V 46	
	analysis result	*s.* A 739	
A 723	**analyst,** analytical chemist	Analytiker *m*	analyste *m*
A 724	**analyte**	Analyt *m*	analyte *m*
A 725	**analytic[al]**	analytisch	analytique
A 726	**analytical balance,** chemical balance	Analysenwaage *f*	balance *f* analytique (de précision)
	analytical chemist	*s.* A 723	

A 727	**analytical chemistry**	analytische Chemie *f*, Analytik *f*	chimie *f* analytique
A 728	**analytical column**	Analysensäule *f*	colonne *f* d'analyse
A 729	**analytical equilibrium**	analytisches Gleichgewicht *n*	équilibre *m* analytique
A 730	**analytical error**	Analysenfehler *m*	erreur *f* analytique
A 731	**analytical funnel,** analysis funnel	Analysentrichter *m*	entonnoir *m* pour analyse
A 732	**analytical laboratory**	analytisches Laboratorium *n*	laboratoire *m* d'analyse
A 733	**analytical method (procedure)**	analytische Methode *f*, Analysenmethode *f*	méthode *f* analytique (d'analyse)
A 734	**analytical quality**	analytische Qualität *f*	qualité *f* analytique
A 735	**analytical quartz lamp**	Analysenquarzlampe *f*, Analysenlampe *f*	lampe *f* analytique en quartz, lampe de quartz pour analyse
A 736	**analytical range**	analytische Reihe *f*	série *f* analytique (d'analyses)
A 737	**analytical reaction**	analytische Reaktion *f*	réaction *f* analytique
A 738	**analytical reliability**	analytische Zuverlässigkeit *f*	fiabilité *f* analytique
A 739	**analytical result,** analysis result	Analysenergebnis *n*	résultat *m* d'analyse
A 740	**analytical sample**	Analysenprobe *f*	échantillon *m* à analyse
A 741	**analytical sensitivity**	analytische Empfindlichkeit *f*	sensibilité *f* analytique
A 742	**analytical specifity**	analytische Spezifität *f*	spécificité *f* analytique
A 743	**analytical value**	Analysenwert *m*	valeur *f* trouvée par analyse
A 744	**anamnesis,** case history	Anamnese *f*, Krankengeschichte *f*	anamnèse *f*
A 745	**anaphoresis**	Anaphorese *f*	anaphorèse *f*
A 746	**anaphylactic antibody**	anaphylaktischer Antikörper *m*	anticorps *m* anaphylactique
A 747	**anaphylactogen**	Anaphylactogen *n*	anaphylactogène *m*
A 748	**anaphylatoxin,** serotoxin	Anaphylatoxin *n*, Serotoxin *n*	anaphyla[cto]toxine *f*, apotoxine *f*, sérotoxine *f*
A 749	**anaphylaxin,** sensibilisin	Anaphylaxin *n*, Sensibilisin *n*	anaphylactine *f*, sensibilisine *f*, toxogénine *f*
A 750	**anatoxin**	Anatoxin *n*	anatoxine *f*
	Ancylostoma	*s.* H 405	
A 751	**Ancylostoma caninum, Ancylostoma canum**	Hundehakenwurm *m*	ankylostome *m*
	Ancylostoma duodenale	*s.* O 28	
	Ancylostoma hominis	*s.* O 28	
A 752	**androcorticoid**	Androcorticoid *n*	androcorticoïde *m*
A 753	**androgen,** androgenic hormone	Androgen *n*, androgenes Hormon *n*	androgène *m*, substance (hormone) *f* androgène
A 754	**androgen-binding steroid**	androgenbindendes Steroid *n*	steroïde *m* liant l'androgène
A 755	**androgenic**	androgen	androgène
	androgenic hormone	*s.* A 753	
A 756	**androsome**	Androsom *n*	androsome *m*
A 757	**androsperm**	Androspermium *n*	androsperme *m*
A 758	**androstane**	Androstan *n*	androstane *m*
A 759	**androstanediol**	Androstandiol *n*	androstanediol *m*, dihydroandrostérone *m*
	androstanolone	*s.* D 453	
A 760	**androstene**	Androsten *n*	androstène *m*
A 761	**androstenediol**	Androstendiol *n*	androstènediol *m*
A 762	**androstenedione**	Androstendion *n*	androstènedione *f*
A 763	**androsterone**	Androsteron *n*	androstérone *f*
A 764	**androsterone glucuronide**	Androsteronglucuronid *n*	androstérone-glucuronide *m*
A 765	**anerythrocyte**	Anerythrozyt *m*, hämoglobinloser Erythrozyt *m*	anérythrocyte *m*
	aneurin	*s.* T 189	
	aneurinase	*s.* T 188	
	ANF	*s.* A 904	
A 766	**angioblast**	Angioblast *m*, Gefäßbildungszelle *f*	angioblaste *m*
A 767	**angiohelminth**	Angiohelminth *n*	angiohelminthe *m*
A 768	**Angiostrongylus cantonensis**	Rattenlungenwurm *m*	Angiostrongylus cantonensis
A 769	**angiotensin,** angiotonin, hypertensin	Angiotensin *n*, Angiotonin *n*, Hypertensin *n*	angiotensine *f*, angiotonine *f*, hypertensine *f*
A 770	**angiotensinase**	Angiotensinase *f*	angiotensinase *f*
	angiotensin-converting enzyme	*s.* D 518	
A 771	**angiotensinogen,** hypertensinogen	Angiotensinogen *n*, Hypertensinogen *n*	angiotensinogène *m*, hypertensinogène *m*
	angiotonin	*s.* A 769	
A 772	**angle centrifuge**	Winkelzentrifuge *f*	centrifugeuse *f* à disposition inclinée des tubes
A 773	**angle of incidence**	Einfallswinkel *m*	angle *m* d'incidence
	angle of polarisation	*s.* P 625	
	angle of reflection	*s.* R 244	
	angle of refraction	*s.* R 252	
A 774	**angle of rotation,** rotation angle	Drehungswinkel *m*	angle *m* de rotation
	angle of scattering	*s.* S 105	
	angular speed	*s.* A 775	
A 775	**angular velocity,** angular speed	Winkelgeschwindigkeit *f*	vitesse *f* angulaire
A 776	**anhydrase**	Anhydrase *f*	anhydrase *f*
A 777	**anhydride**	Anhydrid *n*	anhydride *m*
	anhydride of arsenious acid	*s.* A 1017	

A 778	**anhydrous,** free from water	wasserfrei, wasserlos	anhydre, sec
A 779	**anilide**	Anilid *n*	anilide *f*
A 780	**aniline,** aminobenzene, phenylamine	Anilin *n,* Aminobenzen *n*, Phenylamin *n*	aniline *f*, aminobenzène *m*, phénylamine *f*
A 781	**aniline blue**	Anilinblau *n*	bleu *m* d'aniline
A 782	**aniline dye**	Anilinfarbstoff *m*	colorant *m* d'aniline, couleur *f* d'aniline
A 783	**aniline hydrochloride,** aniline salt	Anilinhydrochlorid *n,* Anilinsalz *n*	chlorhydrate *m* d'aniline, sel *m* d'aniline
A 784	**aniline phthalate**	Anilinphthalat *n*	phtalate *m* d'aniline
	aniline salt	*s.* A 783	
A 785	**aniline yellow**	Anilingelb *n*	jaune *m* d'aniline
A 786	**animal**	Tier *n*	animal *m*
A 787	**animal**	tierisch	animal
A 788	**animal allergen**	Tierallergen *n*	allergène *m* animal
A 789	**animal cell**	tierische Zelle *f*	cellule *f* animale
A 790	**animal experiment,** animal test	Tierversuch *m*, Tierexperiment *n*	expérience *f* faite sur des animaux, expérimentation *f* animale
A 791	**animal fat**	tierisches Fett *n,* Tierfett *n*	gras *m* animal
A 792	**animal poison,** venom	Tiergift *n,* tierisches Gift *n*	venin *m* animal, poison *m* animal
A 793	**animal protein**	tierisches Eiweiß *n*	protéine *f* animale
	animal starch	*s.* G 360	
	animal test	*s.* A 790	
	animate / to	*s.* S 902	
A 794	**anion**	Anion *n*	anion *m*
A 795	**anion exchange**	Anionenaustausch *m*	échange *m* d'anions
A 796	**anion exchange membrane**	Anionenaustauschmembran *f*	membrane *f* échangeuse d'anions
A 797	**anion exchange method**	Anionenaustauschverfahren *n*	méthode *f* d'échange d'anions
A 798	**anion exchanger,** anionite	Anionenaustauscher *m*	échangeur *m* d'anions
A 799	**anion exchange resin**	Anionenaustauschharz *n*	résine *f* échangeuse anionique (d'anions)
A 800	**anionic**	anionisch	anionique
	anionite	*s.* A 798	
A 801	**anisochromia**	Anisochromie *f*	anisochrom[ém]ie *f*
A 802	**anisocyte**	Anisozyt *m*	anisocyte *m*
	anisogamete	*s.* H 250	
A 803	**anisole,** methoxybenzene, methylphenylether	Anisol *n,* Methoxybenzen *n*, Methylphenylether *m*	anisole *m,* phénate *m* de méthyle
A 804	**anisotropic**	anisotrop	anisotrope
	Anitschkow's cell	*s.* M 835	
	Anitschkow's myocyte	*s.* M 835	
	Annelida	*s.* S 178	
A 805	**anode,** positive electrode	Anode *f,* positive Elektrode *f*	anode *f,* plaque (électrode) *f* positive
A 806	**anodic**	anodisch	anodique
	anomalous	*s.* A 7	
A 807	**anomaly,** abnormality	Anomalie *f*	anomalie *f,* malformation *f*
A 808	**anopheles, anopheles mosquito**	Anopheles *f,* Malariamücke *f*, Fiebermücke *f*, Gabelmücke *f*	anophèle *m,* moustique *m* qui transmet le paludisme
	ANOVA	*s.* V 46	
	anoxybiontic	*s.* A 707	
A 809	**anserine**	Anserin *n*	ansérine *f*
	antalgic	*s.* A 713	
	antalgic agent	*s.* A 713	
	antemetic	*s.* A 848	
	antemetic agent	*s.* A 848	
	antenatal	*s.* P 890	
	anterior pituitary hormone	*s.* A 251	
A 810	**anthelmintic [agent],** vermifuge [agent]	Anthelminthikum *n,* Wurmmittel *n*	anthelmintique *m,* vermicide *m*, vermifuge *m*
A 811	**anthelone**	Anthelon *n*	anthélone *m*
A 812	**anthracene**	Anthrazen *n*	anthracène *m*
A 813	**anthranilic acid**	Anthranilsäure *f*	acide *m* anthranilique
A 814	**anthraquinone**	Anthrachinon *n*	anthraquinone *f*, dioxyantracène *m*
A 815	**anthrax bacillus,** Bacillus anthracis	Anthraxbazille *f*, Milzbrandbazille *f*, Milzbranderreger *m*	bacille *m* du charbon, bacille de Daveine, bactérie *f* charbonneuse
A 816	**anthrone**	Anthron *n*	anthrone *f*
A 817	**anthropoid [ape]**	Menschenaffe *m,* Anthropoid *m*	anthropoïde *m*
	antiagglutinating	*s.* A 373	
	antiagglutination	*s.* A 375	
A 818	**antiagglutinin**	Antiagglutinin *n*	ant[i]agglutinine *f*
A 819	**antiaggressin**	Antiaggressin *n*	antiagressine *f*
A 820	**antialbumin**	Antialbumin *n*	antialbumine *f*
A 821	**antiallergic [agent]**	Antiallergikum *n*	antiallergique *m*
	antianaemic factor	*s.* C 678	
A 822	**antianaphylactin**	Antianaphylactin *n*	antianaphylactine *f*
A 823	**anti-antibody,** anti-immune body	Anti-Antikörper *m*	anti-anticorps *m*
A 824	**antiarrhythmic [agent], antiarrhythmic drug**	Antiarrhythmikum *n*	antiarrythmique *m*
A 825	**antiasthmatic [agent]**	Antiasthmatikum *n*	antiasthmatique *m*

A 826	**antibiogram,** antibiotic testing	Antibiogramm *n*, Antibiotikatestung *f*, Resistogramm *n*	antibiogramme *m*, résistogramme *m*
A 827	**antibiotic [agent],** antibiotic substance	Antibiotikum *n*	antibiotique *m*, substance *f* antibiotique
	antibiotic resistance test	*s.* M 771	
	antibiotic substance	*s.* A 827	
	antibiotic testing	*s.* A 826	
A 828	**antibody,** immune body, Ab	Antikörper *m*, Immunkörper *m*, Ak	anticorps *m*, immunisateur *m*
A 829	**antibody activity**	Antikörperaktivität *f*	activité *f* d'anticorps
A 830	**antibody formation (production),** formation of antibodies	Antikörperbildung *f*	formation *f* d'anticorps
A 831	**antibody purification**	Antikörperreinigung *f*	purification *f* d'anticorps
A 832	**antibody structure,** structure of antibody	Antikörperstruktur *f*	structure *f* d'anticorps
A 833/4	**antibody titre**	Antikörpertiter *m*	titre *m* d'anticorps
A 835	**α_1-antichymotrypsin**	α_1-Antichymotrypsin *n*	α_1-antichymotrypsine *f*
A 836	**anticoagulant,** anticoagulant drug	Antikoagulans *n*, Antikoagulationsmittel *n*, Gerinnungshemmer *m*	anticoagulant *m*
	anticoagulant acid citrate dextrose solution	*s.* A 58	
	anticoagulant control	*s.* A 837	
	anticoagulant drug	*s.* A 836	
A 837	**anticoagulant therapy control,** anticoagulant control	Antikoagulanzienüberwachung *f*	surveillance *f* des traitements anticoagulants
A 838	**anticodon**	Anticodon *m*	anticodon *m*
A 839	**anticollagenase**	Antikollagenase *f*	anticollagénase *f*
A 840	**anticomplement**	Antikomplement *n*	anticomplément *m*
A 841	**anticomplementary**	antikomplementär	anticomplémentaire
	anticonvulsant	*s.* A 851	
	anticonvulsant agent	*s.* A 851	
	anticonvulsant drug	*s.* A 851	
	anticonvulsive	*s.* A 851	
A 842	**antidepressant [agent],** thymoleptic [agent]	Antidepressivum *n*, Thymoleptikum *n*	antidépressif *m*, antidépresseur *m*, thymoleptique *m*
A 843	**antidiabetic [agent]**	Antidiabetikum *n*	antidiabétique *m*
	antidiabetic hormone	*s.* I 335	
A 844	**antidiarrhoeal [agent],** costive [agent]	Antidiarrhoikum *n*, Obstipantium *n*	antidiarrhétique *m*
A 845	**antidiuretic [agent]**	Antidiuretikum *n*	antidiurétique *m*
A 846	**antidiuretic hormone,** adiuretin, vasopressin	antidiuretisches Hormon *n*, Adiuretin *n*, Vasopressin *n*	hormone *f* antidiurétique, adiurétine *f*, vasopressine *f*
A 847	**antidote**	Antidot *n*, Gegenmittel *n*, Gegengift *n*	antidote *m*, antivénimeux *m*, contrepoison *m*
A 848	**antiemetic [agent],** antemetic [agent]	Antiemetikum *n*, Antemetikum *n*	antiémétique *m*, antivomitif *m*
A 849	**antiendothelial antibody**	antiendothelialer Antikörper *m*	anticorps *m* antiendothélial
A 850	**antienzyme,** antiferment	Antienzym *n*, Antiferment *n*	antienzyme *m*, antiferment *m*
A 851	**antiepileptic [agent], antiepileptic drug,** anticonvulsant, anticonvulsant agent (drug), anticonvulsive	Antiepileptikum *n*, Antikonvulsivum *n*	antiépileptique *m*, anticonvulsif *m*
A 852	**antierythrocytic antibody**	antierythrozytärer Antikörper *m*	anticorps *m* antiérythrocytaire
A 853	**antierythrocytic autoantibody**	antierythrozytärer Autoantikörper *m*	aut[o-]anticorps *m* antiérythrocytaire
A 854	**antifactor**	Antifaktor *m*	antifacteur *m*
	antiferment	*s.* A 850	
	antifibrinolysin	*s.* A 908	
A 855	**antifibrinolysin test**	Antifibrinolysintest *m*, Antifibrinolysinreaktion *f*	réaction *f* d'antifibrinolysine
A 856	**antifibrinolytic [agent]**	Antifibrinolytikum *n*	antifibrinolytique *m*
A 857	**antiformin**	Antiformin *n*	antiformine *f*
A 858	**antiformin method**	Antiforminverfahren *n*	méthode *f* d'antiformine
	antifungal agent	*s.* A 902	
A 859	**antigen,** Ag	Antigen *n*, Antisomatogen *n*, Ag	antigène *m*
A 860	**antigen activity,** antigenic activity	Antigenaktivität *f*	activité *f* d'antigène
A 861	**antigen-antibody complex,** immune complex	Antigen-Antikörper-Komplex *m*, Immunkomplex *m*	complexe *m* antigène-anticorps, complexe immun
A 862	**antigen-antibody reaction,** AAR	Antigen-Antikörper-Reaktion *f*, AAR	réaction *f* antigène-anticorps
A 863	**antigen-binding**	antigenbindend	liant l'antigène
A 864	**antigen formula**	Antigenformel *f*	formule *f* d'antigène
A 865	**antigenic**	antigen	antigénique
	antigenic activity	*s.* A 860	
A 866	**antigenic determinant**	Antigendeterminante *f*	déterminant *m* antigénique
A 867	**antigenic drift,** antigenic shift	Antigendrift *f*, Antigenshift *f*	drift *m* d'antigènes, shift *m* d'antigènes
A 868	**antigenicity,** immunogenicity	Antigenität *f*, Immunogenität *f*	antigénicité *f*, immunogénicité *f*
A 869	**antigenic mosaic**	Antigenmuster *n*, Antigenmosaik *n*	mosaïque *f* antigénique
	antigenic shift	*s.* A 867	
A 870	**antigenic structure,** structure of antigen	Antigenstruktur *f*	structure *f* antigénique
A 871	**antigen unit**	Antigeneinheit *f*	unité *f* d'antigènes
A 872	**antiglobulin**	Antiglobulin *n*	antiglobuline *f*
A 873	**antiglobulin consumption test,** Steffen's test	Antiglobulinkonsumptionstest *m*, Steffen-Test *m*, AGK-Test *m*	épreuve *f* de consommation d'antiglobuline

A 874	**antiglobulin test,** antihuman globulin [serum] test, Coombs test	Anti[human]globulintest *m*, Coombs-Test *m*	épreuve *f* d'antiglobuline, èpreuve à l'antiglobuline, test *m* (épreuve) de Coombs
A 875	**antihaemagglutinin**	Antihämagglutinin *n*	antihème-agglutinine *f*
A 876	**antihaemolysin**	Antihämolysin *n*	antihémolysine *f*
A 877	**antihaemolytic**	antihämolytisch, hämolysehemmend	antihémolytique
	antihaemophilic factor A	*s.* C 639	
	antihaemophilic factor B	*s.* C 641	
	antihaemophilic factor C	*s.* C 644	
	antihaemophilic globulin A	*s.* C 639	
	antihaemophilic globulin B	*s.* C 641	
	antihaemophilic globulin C	*s.* C 644	
A 878	**antihaemophilic human plasma**	antihämophiles Plasma *n*	plasma *m* antihémophile
	antihaemorrhagic vitamin	*s.* N 17	
A 879	**antiheparin factor,** thrombocyte (platelet) factor 4	Antiheparinfaktor *m*, Thrombozytenfaktor *m* 4, Plättchenfaktor *m* 4	facteur *m* antihéparinique, facteur thrombocytaire (plaquettaire 4)
	antihistamine	*s.* A 880	
A 880	**antihistaminic [agent], antihistaminic drug,** antihistamine	Antihistaminikum *n*	antihistaminique *m*
A 881	**antihormone**	Antihormon *n*, Hormonantagonist *m*	antihormone *f*
A 882	**antihumanglobulin serum,** Coombs serum	Antihumanglobulinserum *n*, Coombs-Serum *n*	globuline *f* sérique antihumaine, sérum *m* de Coombs
	antihuman globulin serum test	*s.* A 874	
	antihuman globulin test	*s.* A 874	
A 883	**antihyaluronidase**	Antihyaluronidase *f*	antihyaluronidase *f*
A 884	**antihyaluronidase reaction (test)**	Antihyaluronidasereaktion *f*, Antihyaluronidasetest *m*	réaction *f* à l'antihyaluronidase
A 885	**antihypertensive [agent], antihypertensive drug**	Antihypertonikum *n*, Antihypertensivum *n*, Hypotensivum *n*	hypotenseur *m* artériel, antihypertenseur *m*, hypotenseur *m*
	anti-immune body	*s.* A 823	
	anti-immune globulin	*s.* A 886	
A 886	**anti-immunoglobulin,** anti-immune globulin	Antiimmunoglobulin *n*	anti-immunoglobuline *f*
A 887	**antiketogen,** antiketogenic substance	antiketogene Substanz *f*	anticétogène *m*, substance *f* anticétogène
A 888	**antiketogenic**	antiketogen	anticétogène
	antiketogenic substance	*s.* A 887	
A 889	**antikinase**	Antikinase *f*	antikinase *f*
A 890	**antilymphocytic globulin**	Antilymphozytenglobulin *n*	globuline *f* antilymphocytaire
A 891	**antilymphocytic serum**	Antilymphozytenserum *n*	sérum *m* antilymphocytaire, SAL
A 892	**antilysin**	Antilysin *n*	antilysine *f*
A 893	**antimacrophage globulin**	Antimakrophagenglobulin *n*	globuline *f* antimacrophagique
A 894	**antimacrophage serum**	Antimakrophagenserum *n*	sérum *m* antimacrophagique
A 895	**antimetabolic**	antimetabolisch	antimétabolique
A 896	**antimetabolite**	Antimetabolit *m*, Stoffwechselantagonist *m*	antimétabolite *m*, antagoniste *m* métabolique
A 897	**antimicrosomal antibody**	antimikrosomaler Antikörper *m*	anticorps *m* antimicrosomique
A 898	**antimitochondrial antibody**	antimitochondrialer Antikörper *m*	anticorps *m* antimitochondrial
A 899	**antimony,** Sb	Antimon *n*, Sb	antimoine *m*, Sb
A 900	**antimony(III) chloride, antimony trichloride**	Antimontrichlorid *n*	trichlorure *m* d'antimoine
A 901	**antimycin**	Antimycin *n*	antimycine *f*
A 902	**antimycotic [agent],** antifungal agent, (drug)	Antimykotikum *n*	antifongique *m*
A 903	**antimyocardial antibody**	antimyokardialer Antikörper *m*	anticorps *m* antimyocardique
	antineuritic vitamin	*s.* T 189	
	antinuclear antibody	*s.* A 904	
A 904	**antinuclear factor,** antinuclear antibody, ANF	antinukleärer Faktor (Antikörper) *m*, ANF, ANA	facteur (anticorps) *m* antinucléaire
A 905	**antioxidant [agent], antioxidiser,** antioxidising agent, antioxygen, oxidation inhibitor	Antioxidans *n*, Antioxidationsmittel *n*, Antioxygen *n*, Oxidationshemmer *m*	antioxydant *m*, inhibiteur *m* d'oxydation, antioxygène *m*
	antioxidising agent	*s.* A 905	
	antioxygen	*s.* A 905	
	antipellagra factor	*s.* N 139	
	antipernicious-anaemia factor	*s.* C 678	
A 906	**antiphlogistic [agent]**	Antiphlogistikum *n*, entzündungshemmendes Mittel *n*	antiphlogistique *m*, anti-inflammatoire *m*
A 907	**antiphlogistic hormone**	antiphlogistisches Hormon *n*	hormone *f* antiphlogistique
A 908	**antiplasmin,** antifibrinolysin	Antiplasmin *n*, Antifibrinolysin *n*, Fibrinolysininhibitor *m*	antiplasmine *f*, antifibrinolysine *f*, inhibiteur *m* de la fibrinolysine
A 909	**antiplatelet antibody**	antithrombozytärer Antikörper *m*	anticorps *m* antiplaquettaire
A 910	**antipode**	Antipode *m*	antipode *m*
A 911	**antiprecipitin**	Antipräzipitin *n*	antiprécipitine *f*
A 912	**antiproaccelerin**	Antiproaccelerin *n*	antiproaccélérine *f*
A 913	**antiprothrombin**	Antiprothrombin *n*	antiprothrombine *f*
A 914	**antiprothrombin antibody**	Antiprothrombin-Antikörper *m*	anticorps *m* antiprothrombine

No.	English	German	French
A 915	**antipyretic [agent],** febrifuge [agent]	Antipyretikum *n*, Fiebermittel *n*, fiebersenkendes Mittel *n*	antipyrétique *m*, fébrifuge *m*, antifébrile *m*
	antipyrine	*s.* P 306	
	antirachitic vitamin	*s.* C 14	
A 916	**antirenal antibody**	antirenaler Antikörper *m*	anticorps *m* antirénal
A 917	**anti-Rh (anti-rhesus) agglutinin**	Anti-Rh-Agglutinin *n*	agglutinine *f* anti-Rh
	anti-rhesus serum	*s.* A 919	
A 918	**antirheumatic [agent]**	Antirheumatikum *n*, Rheumamittel *n*	antirhumatismal *m*
A 919	**anti-Rh serum,** anti-rhesus serum	Anti-Rh-Serum *n*	sérum *m* anti-Rh
	antiscorbutic vitamin	*s.* A 1051	
A 920	**antiseptic [agent],** germicide [agent]	Antiseptikum *n*, antiseptisches Mittel *n*	antiseptique *m*, germicide *m*
A 921	**antiserum,** immune serum	Antiserum *n*, Immunserum *n*	antisérum *m*, immun-sérum *m*
	antispasmodic	*s.* S 600	
	antispasmodic agent	*s.* S 600	
A 922	**antistaphylococcus globulin**	Antistaphylokokkenglobulin *n*	réaction *f* antistaphylococcique
A 923	**antistaphylo[haemo]lysin**	Antistaphylo[hämo]lysin *n*	antistaphylo[hémo]lysine *f*
A 924	**antistaphylolysin test**	Antistaphylolysinreaktion *f*	réaction *f* d'antistaphylosine
A 925	**antistaphylolysin titre**	Antistaphylolysintiter *m*	titre *m* d'antistaphylosine
	antisterility factor	*s.* T 398	
	antisterility vitamin	*s.* T 398	
A 926	**antistreptodornase**	Antistreptodornase *f*	antistreptodornase *f*
	antistreptohaemolysin	*s.* A 929	
A 927	**antistreptokinase**	Antistreptokinase *f*	antistreptokinase *f*
A 928	**antistreptokinase test**	Antistreptokinasereaktion *f*	réaction *f* d'antistreptokinase
A 929	**antistreptolysin,** antistreptohaemolysin	Antistreptolysin *n*, Antistreptohämolysin *n*	antistreptolysine *f*, antistreptohémolysine *f*
A 930	**antistreptolysin test**	Antistreptolysinreaktion *f*	épreuve *f* d'antistreptolysine
A 931	**antistreptolysin titre**	Antistreptolysintiter *m*	titre *m* d'antistreptolysine
A 932	**antiswarming plate**	Antischwärmplatte *f*	test *m* d'immobilisation flagellaire (en milieu de gélose)
A 933	**anti-T antibody**	Anti-T-Antikörper *m*	anticorps *m* anti-T
A 934	**antithrombin**	Antithrombin *n*	antithrombine *f*
A 935	**antithrombin III,** heparin cofactor	Antithrombin *n* III, Heparin-Cofaktor *m*	antithrombine *f* III, cofacteur *m* de l'héparine
	antithrombin time	*s.* T 268	
	antithrombokinase	*s.* A 936	
A 936	**antithromboplastin,** antithrombokinase	Antithromboplastin *n*, Antithrombokinase *f*	antithromboplastine *f*, antithrombokinase *f*
A 937	**antithrombotic [agent]**	Antithrombotikum *n*	antithrombotique *m*
A 938	**antithymocyte serum**	Antithymozytenserum *n*	sérum *m* antithymocytaire
A 939	**antithyroid [agent]**	Thyreostatikum *n*, thyreostatisches Mittel *n*	antithyroïdien *m*, thyréostatique *m*
	antithyrotropic hormone	*s.* A 940	
A 940	**antithyrotropin,** antithyrotropic hormone	Antithyreotropin *n*, antithyreotropes Hormon *n*	antithyréotrophine *f*, hormone *f* antithyréotrope
A 941	**antitoxic**	antitoxisch	antitoxique
A 942	**antitoxic antibody**	antitoxischer Antikörper *m*	anticorps *m* antitoxique
A 943	**antitoxin**	Antitoxin *n*	antitoxine *f*
	antitrypsin	*s.* T 615	
A 944	**α_1-antitrypsin**	α_1-Antitrypsin *n*	α_1-antitrypsine *f*
	antitryptase	*s.* T 615	
	antituberculous drug	*s.* T 640	
A 945	**antitussive [agent]**	Antitussivum *n*, Hustenmittel *n*	antitussif *m*, béchique *m*, remède *m* calmant la toux
A 946	**antivirus**	Antivirus *n*	antivirus *m*
A 947	**antivitamin**	Antivitamin *n*, Vitaminantagonist *m*, Vitaminantimetabolit *m*	antivitamine *f*, antagoniste *m* de vitamines
	anuclear	*s.* A 51	
A 948	**anulocyte,** pessary cell	Anulozyt *m*	anulocyte *m*
	AP	*s.* A 488	
A 949	**apathogenic,** non-pathogenic	apathogen	apathogène
A 950	**apatite**	Apatit *m*	apatite *f*
	APC virus	*s.* A 264	
	Apelt's test	*s.* N 212	
	aperient	*s.* L 123	
	aperient agent	*s.* L 123	
	aperture	*s.* D 320	
	aperture	*s.* S 451	
	apical body	*s.* A 182	
	apitoxin	*s.* B 150	
A 951	**aplastic lymph**	aplastische Lymphe *f*	lymphe *f* aplastique
	Apo	*s.* A 955	
A 952	**apocrine sweat**	apokriner Schweiß *m*	sueur *f* apocrine
A 953	**apoenzyme, apoferment**	Apoenzym *n*	apoenzyme *m*
A 954	**apoferritin**	Apoferritin *n*	apoferritine *f*
	apolar	*s.* N 216	
A 955	**apolipoprotein,** Apo	Apolipoprotein *n*, Apo	apolipoprotéine *f*, Apo
A 956	**apomorphine**	Apomorphin *n*	apomorphine *f*

No.	English	German	French
A 957	**apoprotein**	Apoprotein *n*	apoprotéine *f*
A 958	**apotransferrin**	Apotransferrin *n*	apotransferrine *f*
A 959	**apozymase**	Apozymase *f*	apozymase *f*
	apparatus	*s.* D 266	
	apparatus clamp	*s.* S 801	
	apparatus for titration	*s.* T 392	
	applicability	*s.* U 210	
	applicable	*s.* U 211	
A 959 a	**application** *(organic coatings)*, spotting *(sample)*, superimposing *(reagents)*	Auftragung *f*, Auftragen *n*, Aufbringen *n*	application *f*, revêtement *m*,enduction *f*
	application	*s. a.* A 287, U 213	
A 959 b	**apply / to** *(organic coatings)*, to spot *(sample)*, to superimpose *(reagents)*	auftragen, aufbringen	appliquer, revêtir, enduire
	apply / to	*s. a.* A 286, U 212	
A 960	**approximate value**	Näherungswert *m*	valeur *f* approchée
A 961	**approximation**	Approximation *f*, Näherung *f*	approximation *f*
A 962	**approximation method (procedure)**	Näherungsverfahren *n*, Approximationsverfahren *n*	méthode *f* d'approximation
	aPTT	*s.* A 203	
A 963	**APUD cell,** amine precursor uptake and decarboxylation cell	APUD-Zelle *f*	cellule *f* APUD
A 964	**apyrase,** adenosine diphosphatase, ADPase, ATP diphosphatase	Apyrase *f*, Adenosindiphosphatase *f*, ADPase *f*, ATP-diphosphatase *f*	apyrase *f*, adénosine-diphosphatase *f*, ADPase *f*, ATP-diphosphatase *f*
	aquate / to	*s.* H 473	
	aquation	*s.* H 475	
	aquatisation	*s.* H 475	
A 965	**aqueous,** hydrous	wäßrig	aqueux
A 966/7	**aqueous extract**	wäßriger Extrakt *m*, wäßriges Extrakt *n*	extrait *m* aqueux
	aqueous humour	*s.* O 16	
A 968	**aqueous medium**	wäßriges Milieu *n*	milieu *m* aqueux
A 969	**aqueous phase,** water phase	wäßrige Phase *f*	phase *f* aqueuse
	aqueous solubility	*s.* W 37	
A 970	**aqueous solution,** water solution	wäßrige Lösung *f*	solution *f* aqueuse
A 971	**aqueous suspension,** water suspension	wäßrige Suspension *f*	suspension *f* aqueuse
	Ar	*s.* A 996	
A 972	**arabinose**	Arabinose *f*	arabinose *m*
A 973	**arabinose-5'-phosphate**	Arabinose-5'-phosphat *n*	arabinose-5'-phosphate *m*
A 974	**arachidic acid,** eicosanoic acid	Arachinsäure *f*, Eicosansäure *f*	acide *m* arachidique, acide eicosanoïque
A 975	**arachidonic acid,** eicosane-tetraenoic acid	Arachidonsäure *f*, Eicosantetraensäure *f*	acide *m* arachidonique, acide eicosatraènoïque
A 976	**arbovirus,** arthropod-borne virus	Arbovirus *n*, Arborvirus *n*	arbovirus *m*
	ARD virus	*s.* A 264	
A 977	**area,** field, area of surface, surface area	Fläche *f*, Areal *n*	aire *f*, superficie *f*, surface *f*
	area of surface	*s.* A 977	
	area of the peak	*s.* P 162	
A 978	**arenavirus**	Arenavirus *n*	arenavirus *m*
	areometer	*s.* D 143	
	areometric	*s.* D 144	
	Arg	*s.* A 985	
A 979	**argentaffine**	argentaffin	argentaffine
A 980	**argentaffine cell**	argentaffine Zelle *f*	cellule *f* argentaffine
A 981	**argentaffinity**	Argentaffinität *f*	argentaffinité *f*
	argentic nitrate	*s.* S 404	
A 982	**argentometric**	argentometrisch	argentométrique
A 983	**argentometry**	Argentometrie *f*	argentométrie *f*
	argentophil	*s.* A 997	
	argentophile	*s.* A 997	
	argentophilic	*s.* A 997	
	argentous oxide	*s.* S 405	
A 984	**arginase,** arginine amidinase, canavanase	Arginase *f*, Argininamidinase *f*, Canavanase *f*	arginase *f*, arginine-amidinase *f*, canavanase *f*
A 985	**arginine,** α-amino-σ-guanidinovaleric acid, Arg	Arginin *n*, α-Amino-σ-guanidinovaleriansäure *f*, Arg	arginine *f*, acide *m* α-amino-σ-guanidinovaléri[ani]que, Arg
	arginine amidinase	*s.* A 984	
A 986	**arginine decarboxylase**	Arginindecarboxylase *f*	arginine-décarboxylase *f*
A 987	**arginine deiminase, arginine dihydrolase**	Arginindeiminase *f*, Arginindihydrolase *f*	arginine-désiminase *f*, arginine-dihydroxylase *f*
A 988	**arginine monohydrochloride**	Argininmonohydrochlorid *n*	arginine-monohydrochlorure *m*
A 989	**arginine phosphate,** phosphoarginine	Argininphosphat *n*, Phosphoarginin *n*	arginine-phosphate *m*, phosphoarginine *f*, acide *m* arginine-phosphorique
A 990	**arginine provocation test**	Argininprovokationstest *m*	test *m* de provocation d'arginine
A 991	**arginine-vasopressin**	Arginin-Vasopressin *n*	arginine-vasopressine *f*
	argininosuccinase	*s.* A 993	
A 992	**argininosuccinate**	Argininsuccinat *n*	argininosuccinate *m*
A 993	**argininosuccinate lyase,** argininosuccinase	Argininsuccinatlyase *f*, Argininsuccinase *f*	argininosuccinate-lyase *f*, argininosuccinase *f*

No.	English	German	French
A 994	**argininosuccinate synthetase**	Argininsuccinatsynthetase *f*	argininosuccinate-synthétase *f*
A 995	**argininosuccinic acid**	Argininbernsteinsäure *f*	acide *m* argininosuccinique
A 996	**argon,** Ar	Argon *n,* Ar	argon *m,* Ar
A 997	**argyrophil[e],** argyrophilic, argentophil[e], argentophilic	argyrophil, argentophil	argyrophile, argentophile
A 998	**argyrophilia**	Argyrophilie *f,* Argentophilie *f*	argyrophilie *f*
	argyrophilic	*s.* A 997	
A 999	**arithmetic mean**	arithmetisches Mittel *n*	moyenne *f* arithmétique
	armed tapeworm	*s.* P 733	
A 1000	**Arnold's test**	Arnold-Probe *f*	épreuve *f* d'Arnold
A 1001	**aromatic**	aromatisch	aromatique
A 1002	**aromatic acid**	aromatische Säure *f*	acide *m* aromatique
A 1003	**aromatic amine**	aromatisches Amin *n*	amine *f* aromatique
A 1004	**aromatic amino acid**	aromatische Aminosäure *f*	acide *m* aminé aromatique
A 1005	**aromatic compound**	aromatische Verbindung *f*	combinaison *f* aromatique
A 1006	**aromatic hydrocarbon**	aromatischer Kohlenwasserstoff *m*	[hydro]carbure *m* d'hydrogène aromatique
A 1007	**arsenic,** arsenium, As	Arsen *n,* As	arsenic *m,* As
A 1008	**arsenic acid**	Arsensäure *f*	acide *m* arsénique
A 1009	**arsenical,** arseniferous	arsenhaltig	arsenical, arsénifère
A 1010	**arsenic chloride**	Arsenchlorid *n*	chlorure *m* d'arsenic
A 1011	**arsenic compound**	Arsenverbindung *f*	combinaison *f* d'arsenic
A 1012	**arsenic content**	Arsengehalt *m*	teneur *f* en arsenic
A 1013	**arsenic hydride,** arsine	Arsenwasserstoff *m,* Arsin *n*	hydrogène *m* arsénié, arséniure *m* d'hydrogène, arsine *f*
A 1014	**arsenic mirror**	Arsenspiegel *m*	taux *m* d'arsenic
A 1015	**arsenic salt**	Arsensalz *n*	sel *m* d'arsenic
A 1016	**arsenic test,** test for arsenic	Arsenprobe *f*	épreuve *f* d'arsenic
A 1017	**arsenic [trioxide],** white arsenic, anhydride of arsenious acid	Arsentrioxid *n,* Arsenik *n*	arsenic *m* blanc, trioxyde *m* d'arsenic
	arseniferous	*s.* A 1009	
A 1018	**arsenite**	Arsenit *n*	arsénite *m*
	arsenium	*s.* A 1007	
	arsine	*s.* A 1013	
A 1019	**artefact,** artifact	Artefakt *n,* Kunstprodukt *n*	artéfact *m*
	arterenol	*s.* N 225	
A 1020	**arterial**	arteriell	artériel
A 1021	**arterial blood**	arterielles Blut *n,* Arterienblut *n*	sang *m* artériel
A 1022	**arterial oxygen saturation**	arterielle Sauerstoffsättigung *f*	saturation *f* en oxygène artérielle
	arterial puncture	*s.* A 1023	
A 1023	**arteriopuncture,** arterial puncture	Arterienpunktion *f*	ponction *f* artérielle
A 1024	**arteriovenous oxygen difference**	arteriovenöse Sauerstoffdifferenz *f*	différence *f* en oxygène artérioveineuse
	arthrocentesis	*s.* P 1187	
	arthropod-borne virus	*s.* A 976	
A 1025	**arthrospore**	Arthrospore *f*	arthrospore *f*
	artifact	*s.* A 1019	
A 1026	**artificial,** non-natural	artefiziell, artifiziell, künstlich	artificiel
	artificial radioactivity	*s.* I 224	
A 1027	**artificial resin,** synthetic resin	Kunstharz *n*	résine *f* artificielle, résine synthétique
A 1028	**arylamine acetyl[transfer]ase**	Arylaminacetyl[transfer]ase *f,* Arylaminazetokinase *f*	arylamine-acétyl[transfér]ase *f*
A 1029	**arylesterase**	Arylesterase *f*	arylestérase *f*
A 1030	**arylsulphatase,** sulphatase	Arylsulfatase *f,* Sulfatase *f*	arylsulfatase *f,* sulfatase *f*
A 1031	**arylsulphotransferase,** phenol sulphotransferase, sulphokinase	Arylsulfotransferase *f,* Phenolsulfotransferase *f,* Sulfokinase *f*	arylsulfotransférase *f,* sulfuryltransférase *f,* sulfokinase *f*
	As	*s.* A 1007	
	ASAT	*s.* A 1061	
A 1032	**asbestos**	Asbest *m*	amiante *m,* asbeste *m*
	asbestos board	*s.* A 1035	
A 1033	**asbestos filter**	Asbestfilter *n*	filtre *m* d'amiante
A 1034	**asbestos gaze**	Asbestdrahtnetz *n*	plaque *f* d'amiante
	asbestos mat	*s.* A 1035	
A 1035	**asbestos plate,** asbestos board (mat)	Asbestplatte *f*	plaque *f* d'amiante
A 1036	**asbestos wool**	Asbestwolle *f*	laine *f* d'amiante
A 1037	**ascaride,** eelworm, mawworm, Ascaris	Spulwurm *m*	ascaride *m*
	Ascaris # wm	*s.* A 1037	
	Ascaris gigas	*s.* L 436	
	Ascaris lumbricoides	*s.* L 436	
	Ascarus scabiei	*s.* S 76	
A 1038	**ascending chromatography**	aufsteigende Chromatographie *f*	chromatographie *f* ascendante
A 1039	**Aschheim-Zondek reaction (test),** AZT, AZ test	Aschheim-Zondek-Reaktion *f,* AZR	réaction *f* d'Aschheim-Zondek, méthode *f* d'Aschheim-Zondek
A 1040	**ascites bouillon**	Aszitesbouillon *f*	bouillon *m* d'ascite
A 1041	**ascites cell**	Asziteszelle *f*	cellule *f* ascitique
	ascites fluid	*s.* A 1044	
A 1042	**ascites puncture**	Aszitespunktion *f*	ponction *f* ascitique
A 1043	**ascitic agar**	Aszitesagar *m*	agar *m* ascitique

A 1044	**ascitic fluid,** ascites fluid, abdominal fluid (exudate)	Aszitesflüssigkeit *f*	liquide *m* d'ascite, liquide *m* ascitique
A 1045	**Ascoli's test**	Ascoli-Reaktion *f*	réaction *f* d'Ascoli
A 1046	**ascomycete**	Ascomyzet *m*, Schlauchpilz *m*	ascomycètes *mpl*
	ascorbase	*s.* A 1048/50	
A 1047	**ascorbate**	Ascorbat *n*	ascorbate *m*
A 1048/50	**ascorbate oxidase,** ascorbic acid oxidase, ascorbase	Ascorbinsäureoxidase *f*	acide ascorbique-oxydase *f*
A 1051	**ascorbic acid,** vitamin C, antiscorbutic vitamin	Ascorbinsäure *f*, Vitamin *n* C, antiskorbutisches Vitamin *n*	acide *m* ascorbique, vitamine *f* C, vitamine antiscorbutique
	ascorbic acid oxidase	*s.* A 1048/50	
	asepsis	*s.* S 881	
	aseptic	*s.* S 867	
A 1052	**ash / to,** to incinerate, to reduce to ashes	veraschen	incinérer, calciner
A 1053	**ash**	Asche *f*	cendre *f*
A 1054	**Ashby's agar**	Ashby-Agar *m*	milieu *m* d'Ashby
A 1055	**ash content**	Aschegehalt *m*	teneur *f* en cendre[s]
A 1056	**ashing,** incineration	Veraschung *f*, Veraschen *n*	incinération *f*, calcination *f*
	Asn	*s.* A 1058	
	Asp	*s.* A 1064	
A 1057	**asparaginase**	Asparaginase *f*	asparaginase *f*
A 1058	**asparagine,** α-aminosuccinamic acid, Asn	Asparagin *n*, α-Aminobernsteinsäuremonoamid *n*, Asn	asparagine *f*, α-monoamide *m* de l'acide aspartique (aminosuccinique), Asn
	asparaginic acid	*s.* A 1064	
A 1059	**aspartase,** aspartate ammonia lyase	Aspartase *f*, Aspartat-Ammoniak-Lyase *f*	aspartase *f*
A 1060	**aspartate**	Aspartat *n*	aspartate *m*
A 1061	**aspartate aminotransferase,** ASAT, glutamic-aspartic transaminase^{+}, glutamic-oxaloacetic transaminase^{+}, GOT^{+}, serum glutamic-oxaloacetic transaminase^{+}, SGOT^{+}	Aspartataminotransferase *f*, ASAT, Glutamat-Oxalacetat-Transaminase^{+} *f*, GOT^{+}, Serum-Glutamat-Oxalacetat-Transaminase^{+} *f*, SGOT^{+}	aspartate-aminotransférase *f*, ASAT, glutamate-oxal[o]acétate-transaminase *f*, aspartate-transaminase *f*, oxaloacétate-transaminase *f*
	aspartate ammonia lyase	*s.* A 1059	
A 1062	**aspartate carbamoyltransferase,** aspartate transcarbamylase, carbamylaspartotranskinase	Aspartatcarbamoyltransferase *f*, Aspartattranscarbamylase *f*, Carbamylaspartotranskinase *f*	aspartate-carbamoyltransférase *f*, aspartate-transcarbamylase *f*, carbamylaspartotranskinase *f*
A 1063	**aspartate kinase,** aspartokinase	Aspartatkinase *f*	aspartate-kinase *f*
	aspartate transcarbamylase	*s.* A 1062	
A 1064	**aspartic acid,** asparaginic acid, α-aminosuccinic acid, Asp	Asparaginsäure *fn1*, α-Aminobernsteinsäure *f*, Asp	acide *m* aspartique, acide α-aminosuccinique, Asp
	aspartokinase	*s.* A 1063	
A 1065	**aspartylglycosylamine**	Aspartylglycosylamin *n*	aspartylglycosylamine *f*
A 1066	**Aspergillus**	Gießkannenschimmel *m*, Kolbenschimmel *m*	aspergille *f*
	Aspergillus flavus	*s.* Y 12	
A 1067	**Aspergillus fumigatus**	rauchfarbiger Kolbenschimmel *m*	Aspergillus fumigatus
A 1068	**Aspergillus niger**	schwarzer Kolbenschimmel *m*	Aspergillus niger
A 1069	**aspirate / to,** to suck	aspirieren, ansaugen	aspirer
A 1070	**aspirate, aspirated material**	Aspirat *n*	aspiré *m*
A 1071	**aspiration,** suction	Aspiration *f*, Ansaugung *f*, Ansaugen *n*	aspiration *f*, succion *f*
A 1072	**aspiration biopsy,** vacuum biopsy	Saugbiopsie *f*, Aspirationsbiopsie *f*, Vakuumbiopsie *f*	biopsie *f* par aspiration
A 1073	**aspirator,** suction apparatus (device)	Absauggerät *n*, Aspirator *m*	aspirateur *m*, appareil *m* à succion
	aspirin	*s.* A 120	
	assay / to	*s.* T 76	
	assay	*s.* T 77	
A 1074	**assimilate / to**	assimilieren	assimiler
A 1075	**assimilation**	Assimilation *f*	assimilation *f*
A 1076	**associate / to**	assoziieren	associer
A 1077	**association**	Assoziation *f*	association *f*
A 1078	**association constant**	Assoziationskonstante *f*	constante *f* d'association
A 1079	**asteroid corpuscle**	Asteroidkörperchen *n*	corps *m* astéroïde
	asthma crystal	*s.* C 357	
A 1080	**astringent [agent]**	Adstringens *n*, adstringierendes (zusammenziehendes) Mittel *n*	astringent[s] *m[pl]*
A 1081	**astroblast**	Astroblast *m*	astroblaste *m*
A 1082	**astrocyte,** spider cell, Cajal's cell, stellate cell	Astrozyt *m*, Sternzelle *f*, Spinnenzelle *f*	astrocyte *m*, cellule *f* araignée, cellule étoilée
A 1083	**Astrup's method (test)**	Astrup-Methode *f*	méthode *f* d'Astrup
A 1084	**asymmetric[al]**	asymmetrisch, unsymmetrisch	asymétrique
A 1085	**asymmetry**	Asymmetrie *f*	asymétrie *f*
A 1086	**atmospheric germ,** air bacteria, airborne germ	Luftkeim *m*	germe *m* d'air
A 1087	**atmospheric humidity,** air humidity	Luftfeuchte *f*, Luftfeuchtigkeit *f*	humidité *f* atmosphérique (de l'air)
A 1088	**atom**	Atom *n*	atome *m*
A 1089	**atomic**	atomar	atomique

A 1090	**atomic absorption**	Atomabsorption *f*	absorption *f* atomique
A 1091	**atomic absorption flame spectrometry**	Atomabsorptions-Flammenspektrometrie *f*	spectroscopie *f* de flammes par absorption atomique
A 1092	**atomic absorption spectral analysis**	Atomabsorptionsspektralanalyse *f*	analyse *f* spectrale absorptive atomique
A 1093	**atomic absorption spectrometry**	Atomabsorptionsspektrometrie *f*	spectrométrie *f* d'absorption atomique
A 1094	**atomic absorption spectrophotometer**	Atomabsorptionsspektralphotometer *n*	spectrophotomètre *m* d'absorption atomique
A 1095	**atomic absorption spectrophotometry**	Atomabsorptionsspektrophotometrie *f*	spectrophotométrie *f* d'absorption atomique
A 1096	**atomic absorption spectroscopy**	Atomabsorptionsspektroskopie *f*	spectroscopie *f* par absorption atomique
	atomic bond	*s.* C 1075	
A 1097	**atomic fluorescence spectrometry**	Atomfluoreszenzspektrometrie *f*	spectrométrie *f* de fluorescene atomique
	atomic linkage	*s.* C 1075	
A 1098	**atomic mass**	absolute Atommasse *f*, absolutes Atomgewicht *n*	masse *f* atomique [absolue]
	atomic mass number	*s.* M 129	
A 1099	**atomic number,** ordinal number	Ordnungszahl *f*, Atomnummer *f*	nombre (numéro) *m* atomique, nombre de charge
A 1100	**atomic spectroanalysis**	Atomspektralanalyse *f*	analyse *f* spectrale atomique
A 1101	**atomic spectroscopy**	Atomspektroskopie *f*	spectroscopie *f* atomique
A 1102	**atomic weight,** chemical atomic weight	relative Atommasse *f*, [relatives] Atomgewicht *n*	masse *f* atomique relative, poids *m* atomique [relatif]
A 1103	**atomisation,** spraying	Zerstäubung *f*, Zerstäuben *n*	pulvérisation *f*, atomisation *f*
A 1104	**atomise / to,** to spray	zerstäuben	pulvériser, atomiser
A 1105	**atomiser,** sprayer	Zerstäuber *m*, Zerstäubungsapparat *m*, Sprüher *m*	pulvérisateur *m*, atomiseur *m*
	atom of hydrogen	*s.* H 495	
A 1106	**atoxic,** non-toxic, non-poisonous	atoxisch, ungiftig	atoxique
	ATP	*s.* A 261	
	ATPase	*s.* A 260	
A 1107	**ATP citrate lyase,** citrate cleavage enzyme	ATP-Citratlyase *f*, citratspaltendes Enzym *n*	ATP-citrate-lyase *f*
	ATP diphosphatase	*s.* A 964	
A 1108	**ATP pyrophosphatase**	ATP-Pyrophosphatase *f*	ATP-pyrophosphatase *f*
A 1109	**atrophic cell**	atrophische Zelle *f*	cellule *f* atrophique
A 1110	**atropine**	Atropin *n*	atropine *f*
A 1111	**atropine sulphate**	Atropinsulfat *n*	sulfate *m* d'atropine
A 1112	**atropine test**	Atropintest *m*	épreuve *f* de l'atropine
	attempt / to	*s.* E 568	
	attempt	*s.* E 569	
	attention limit	*s.* W 10	
	attenuant	*s.* D 471	
	attenuate / to	*s.* D 472	
A 1113	**attenuated virus**	abgeschwächtes (attenuiertes) Virus *n*	virus *m* atténué, virus sensibilisé
	attenuation	*s.* D 474	
	attenuator	*s.* D 471	
A 1114	**atypia**	Atypie *f*	atypie *f*
A 1115	**atypical,** non-characteristic	atypisch, uncharakteristisch	atypique, non-caractéristique
	Au	*s.* G 400	
A 1116	**Auer body**	Auer-Körperchen *n*	corps *m* d'Auer, bâtonnet *m* d'Auer
A 1117	**auramine**	Auramin *n*	auramine *f*
	Australian antigen	*s.* H 224	
A 1118	**Autenrieth's colorimeter**	Autenrieth-[Königsberger] Kolorimeter *n*	colorimètre *m* de Königsberger
A 1119	**autoagglutination,** autohaemagglutination	Autoagglutination *f*, Autohämagglutination *f*	autoagglutinination *f*, autohém[ato]agglutination *f*
A 1120	**autoagglutinin,** autohaemagglutinin	Autoagglutinin *n*, Autohämagglutinin *n*	autoagglutinine *f*, autohémagglutinine *f*
A 1121	**autoaggressive antibody**	autoaggressiver Antikörper *m*	anticorps *m* autoagressif
A 1122	**autoallergen**	Autoallergen *n*	autoallergène *m*
A 1123	**autoanalyser,** automatic (automated) analyser	Analysenautomat *m*, Autoanalyzer *m*	automate *m* d'analyse, autoanalyseur *m*
A 1124	**autoantibody**	Autoantikörper *m*	auto-anticorps *m*
A 1125	**autoantigen**	Autoantigen *n*	auto-antigène *m*
A 1126	**autocatalysis,** self-catalysis	Autokatalyse *f*	autocatalyse *f*
A 1127	**autocatalyst**	Autokatalysator *m*	autocatalyseur *m*
A 1128	**autocatalytic**	autokatalytisch	autocatalytique
A 1129	**autoclave / to**	autoklavieren, im Autoklaven *m* behandeln	autoclaver
A 1130	**autoclave,** steam autoclave (steriliser)	Autoklav *m*, Dampf[druck]topf *m*, Dampfsterilisator *m*	autoclave *m*, autoclave à [la] vapeur, stérilisateur *m* à vapeur
A 1131	**autoclaving,** high-pressure steam sterilisation	Autoklavierung *f*, Autoklavieren *n*, Drucksterilisation *f*	autoclavage *m*, stérilisation *f* par la vapeur sous pression
A 1132	**autofluorescence**	Eigenfluoreszenz *f*, primäre Fluoreszenz *f*, Autofluoreszenz *f*, Selbstleuchten *n*	fluorescence *f* propre, autofluorescence *f*
	autohaemagglutination	*s.* A 1119	

	autohaemagglutinin	*s.* A 1120	
A 1133	**autohaemolysin**	Autohämolysin *n*	autohémolysine *f*
A 1134	**autohaemolysis**	Autohämolyse *f*	autohémolyse *f*
A 1135	**autohaemolysis test**	Autohämolysetest *m*	test *m* d'autohémolyse, épreuve *f* à l'autohémolyse
A 1136	**autohaemolytic**	autohämolytisch	autohémolytique
	autoignition point	*s.* S 193	
	autoignition temperature	*s.* S 193	
A 1137	**autoimmune**	autoimmun	autoimmun
A 1138	**autoimmune antibody**	autoimmuner Antikörper *m*	anticorps *m* autoimmun
A 1139	**autoinhibition**	Eigenhemmung *f*	autoinhibition *f*
	autologous	*s.* H 387	
A 1140	**autolysate**	Autolysat *n*	autolysat *m*
A 1141	**autolyse / to**	autolysieren	autolyser
A 1142	**autolysin**	Autolysin *n*	autolysine *f*
A 1143	**autolysis**	Autolyse *f*, Selbstauflösung *f*	autolyse *f*, autoprotéolyse *f*
A 1144	**autolytic**	autolytisch, selbstauflösend	autolytique
A 1145	**autolytic enzyme**	autolytisches Enzym *n*	enzyme *f* autolytique
	automated analyser	*s.* A 1123	
	automated analysis	*s.* A 1146	
	automatic analyser	*s.* A 1123	
A 1146	**automatic analysis,** automated analysis	automatische Analyse *f*	analyse *f* automatique
A 1147	**automatic balance**	automatische Waage *f*	balance *f* automatique
A 1148	**automatic burette**	automatische Bürette *f*	burette *f* automatique
A 1149	**automatic pipette**	automatische Pipette *f*	pipette *f* automatique
	automatic sampling	*s.* A 1158	
A 1150	**automatic titrator**	Titrierautomat *m*	appareil *m* de titrage automatique
A 1151	**automatic zero burette**	Bürette *f* mit automatischer Nullpunkteinstellung	burette *f* à réglage du point zéro automatique
	autonomic	*s.* A 1152	
A 1152	**autonomous,** autonomic, independent	autonom, selbständig, unabhängig	autonome
	autooxidation	*s.* A 1164	
A 1153	**autoprecipitin**	Autopräzipitin *n*	autoprécipitine *f*
A 1154	**autoprothrombin**	Autoprothrombin *n*	autoprothrombine *f*
	autopsy	*s.* O 3	
A 1155	**autoradiogram, autoradiograph,** radioautogram, radioautograph	Autoradiogramm *n*, Radioautogramm *n*	autoradiogramme *m*, radioautogramme *m*
A 1156	**autoradiographic,** radioautographic	autoradiographisch, radioautographisch	autoradiographique, radioautographique
A 1157	**autoradiography,** radioautography	Autoradiographie *f*, Radioautographie *f*	autoradiographie *f*, radioautographie *f*
A 1158	**autosampling,** automatic sampling	automatische Probennahme *f*	prélèvement *m* automatique
A 1159	**autosomal**	autosomal	autosomal, autosomique
A 1160	**autosomal gene**	autosomales Gen *n*	gène *m* autosomal
A 1161	**autosome,** euchromosome	Autosom *n*, Euchromosom *n*	autosome *m*, euchromosome *m*
A 1162	**autotrophic**	autotroph	autotrophe
A 1163	**autotrophic bacterium**	autotrophe Bakterie *f*	bactérie *f* autotrophe
A 1164	**autoxidation,** autooxidation	Autoxidation *f*, Selbstoxidation *f*	autoxydation *f*
A 1165	**auxanogram**	Auxanogramm *n*	auxanogramme *m*
A 1166	**auxiliary agent,** auxiliary substrate, accessory agent	Hilfsstoff *m*	agent *m* auxiliaire
A 1167	**auxiliary enzyme**	Hilfsenzym *n*	enzyme *m* auxiliaire
A 1168	**auxiliary reaction**	Hilfsreaktion *f*	réaction *f* auxiliaire
A 1169	**auxiliary reagent**	Hilfsreagens *n*	réactif *m* auxiliaire
	auxiliary substrate	*s.* A 1166	
A 1170	**auxochrome**	Auxochrom *n*	auxochrome *m*
A 1171	**availability**	Verfügbarkeit *f*	disponibilité *f*
A 1172	**available,** disposable	verfügbar	disponible
	available acidity	*s.* T 384	
A 1173	**average,** breakdown	Havarie *f*, Betriebsstörung *f*	avarie *f*
	average determination	*s.* A 1174	
	average deviation	*s.* M 174	
	average erythrocyte colour coefficient	*s.* M 172	
	average mean	*s.* M 176	
	average value mean	*s.* M 176	
A 1174	**averaging,** taking of the mean, average determination, determination of average	Mittelwertbildung *f*, Mittelung *f*, Mitteln *n*	établissement *m* de moyennes, formation *f* de moyenne
A 1175	**avidin**	Avidin *n*	avidine *f*
A 1176	**avirulent,** non-virulent	avirulent	avirulent
	Avogadro's constant	*s.* A 1177	
A 1177	**Avogadro's number,** Avogadro's constant, Loschmidt's number (constant)	Avogadro-Zahl *f*, Loschmidtsche Zahl *f*	nombre *m* d'Avogadro
	axerophtol	*s.* R 367	
A 1178	**axis**	Achse *f*	axe *m*
	axis of abscissae	*s.* A 15	
	axis of coordinates	*s.* C 993	
	axis of ordinates	*s.* O 94	
A 1179	**Ayre's biopsy**	Ayre-Biopsie *f*	biopsie *f* d'Ayre

A 1180	**azacytidine**	Azacytidin *n*	azacytidine *f*
A 1181	**azaguanine**	Azaguanin *n*	azaguanine *f*
A 1182	**azan staining**	Azanfärbung *f*	coloration *f* à l'azocarmin, coloration à Heidenhain
A 1183	**azaserine**	Azaserin *n*	azasérine *f*
A 1184	**azathymine**	Azathymin *n*	azathymine *f*
A 1185	**azauracil**	Azauracil *n*	azauracile *m*
A 1186	**azauridine**	Azauridin *n*	azauridine *f*
	azeotrope	*s.* A 1188	
A 1187	**azeotropic**	azeotrop	azéotropique
A 1188	**azeotropic mixture,** azeotrope	azeotropes Gemisch *n*	mélange *m* azéotropique
A 1189	**azide**	Azid *n*	azide *m*
A 1190	**azobilirubin**	Azobilirubin *n*	azobilirubine *f*
A 1191	**azocarmine**	Azokarmin *n*	azocarmin *m*
A 1192	**azo compound**	Azoverbindung *f*	composé *m* azoïque
A 1193	**azo coupling**	Azokupplung *f*	couplage *m* azoïque
A 1194	**azo dye**	Azofarbstoff *m*	colorant *m* azoïque
A 1195	**azorubin clearance,** azorubin test	Azorubin-Clearance *f*, Azorubin-S-Test *m*	clearance *f* de l'azorubine
A 1196	**azorubin S**	Azorubin *n* S	azorubine *f* S
	azorubin test	*s.* A 1195	
A 1197	**azotometer,** nitrometer	Azotometer *n*, Nitrometer *n*	azotimètre *m*
	AZT	*s.* A 1039	
	AZ test	*s.* A 1039	
A 1198	**azure**	Azur *m*	azur *m*
A 1199	**azure granule,** azurophil granule	Azurgranula *f*, azurophile Granula *f*	granules *mpl* azurophiles
A 1200	**azurophil[e], azurophilic, azurophilous**	azurophil	azurophile
	azurophil granule	*s.* A 1199	
	azurophilic	*s.* A 1200	
	azurophilous	*s.* A 1200	

B

	B	*s.* B 496	
	Ba	*s.* B 89	
	Babes-Ernst body	*s.* B 1	
	Babes-Ernst corpuscle	*s.* B 1	
B 1	**Babes-Ernst granule,** Babes-Ernst body (corpuscle)	Babes-Ernst-Körperchen *n*	corpuscules *mpl* (granulations *fpl*) de Babès-Ernst
	baby	*s.* I 233	
	Bachmann's reaction	*s.* B 2	
B 2	**Bachmann's test,** Bachmann's reaction	Bachmann-Hauttest *m*, Bachmann-Intrakutanreaktion *f*	intradermoréaction *f* de Bachmann
	Bacillus	*s.* R 470	
	Bacillus anthracis	*s.* A 815	
B 3	**Bacillus Calmette-Guérin,** BCG	Calmette-Guérin-Bacillus *m*, BCG	bacille *m* de Camette-Guérin, bacille de Calmette et Guérin, BCG
	Bacillus dysenteriae	*s.* D 827	
	Bacillus enteritidis	*s.* G 1	
	Bacillus paratyphosus A	*s.* S 35	
	Bacillus paratyphosus B	*s.* S 36	
	Bacillus paratyphosus C	*s.* S 33	
	Bacillus pestis	*s.* P 511	
	Bacillus pyocyaneus	*s.* P 1146	
	Bacillus subtilis	*s.* H 148	
	Bacillus tuberculosis	*s.* T 636	
	Bacillus typhi	*s.* T 697	
	Bacillus vulgaris	*s.* P 1113	
B 4	**back diffusion**	Rückdiffusion *f*	diffusion *f* provoquant rejet
	back-flow condenser	*s.* R 250	
B 5	**back titration,** retitration	Rücktitration *f*	titrage *m* en retour
	back valve	*s.* R 377	
B 6	**bacteria-containing,** carrying bacteria	bakterienhaltig	contenant des bactéries
B 7	**bacteria-counting chamber**	Bakterienzählkammer *f*	chambre *f* compteuse des bactéries
	bacteria-destroying	*s.* B 40	
B 8	**bacteria filter,** bacterial (bacteriological, germ-proofing) filter	Bakterienfilter *n*, bakteriendichtes Filter *n*	filtre *m* bactériologique (imperméable aux germes)
	bacteria-killing	*s.* B 40	
B 9	**bacterial**	bakteriell	bactérien
B 10	**bacterial agglutination**	Bakterienagglutination *f*	agglutination *f* bactérienne
B 11	**bacterial allergen**	Bakterienallergen *n*	allergène *m* bactérien
B 12	**bacterial antigen**	Bakterienantigen *n*	antigène *m* bactérien
B 13	**bacterial capsule**	Bakterienkapsel *f*	capsule *f* bactérienne
B 14	**bacterial cast**	Bakterienzylinder *m*	cylindre *m* bactérien
B 15	**bacterial cell**	Bakterienzelle *f*	cellule *f* bactérienne
B 16	**bacterial cell wall**	Bakterienzellwand *f*	paroi *f* cellulaire bactérienne

No.	English	German	French
B 17	**bacterial colony**	Bakterienkolonie *f*	colonie *f* bactérienne
B 18	**bacterial content**	Bakteriengehalt *m*	teneur *f* en bactéries
	bacterial count	*s.* G 168	
B 19	**bacterial counting**	Bakterienzählung *f*	comptage *m* des bactéries
B 20	**bacterial cultivation**	Bakterienkultivierung *f*, Bakterienzüchtung *f*	culture *f* des bactéries
B 21	**bacterial culture**	Bakterienkultur *f*	culture *f* bactérienne
B 22	**bacterial culture medium**	Bakteriennährboden *m*	milieu *m* de culture bactérienne
B 23	**bacterial density**	Bakteriendichte *f*	densité *f* de bactéries
B 24	**bacterial detection**	Bakteriennachweis *m*	détection *f* des bactéries
B 25	**bacterial differentiation**	Bakteriendifferenzierung *f*	différenciation *f* des bactéries
B 26	**bacterial enrichment**	Bakterienanreicherung *f*	enrichissement *m* en bactéries
B 27	**bacterial enzyme**	Bakterienenzym *n*	enzyme *f* bactérienne
	bacterial filter	*s.* B 8	
B 28	**bacterial flora**	Bakterienflora *f*	flore *f* bactérienne
	bacterial group	*s.* T 692	
B 29	**bacterial growth**	Bakterienwachstum *n*	croissance *f* bactérienne
	bacterial haemagglutinin	*s.* B 47	
B 30/1	**bacterial phosphatase**	Bakterienphosphatase *f*	phosphatase *f* bactérienne
B 32	**bacterial pigment**	Bakterienpigment *n*, Bakterienfarbstoff *m*	pigment *m* bactérien
B 33	**bacterial polysaccharide**	Bakterienpolysaccharid *n*	polysaccharide *m* bactérien
B 34	**bacterial protein,** bacterioprotein	Bakterienprotein *n*, Bakterieneiweiß *n*	protéine *f* bactérienne
B 35	**bacterial resistance**	Bakterienresistenz *f*	résistance *f* bactérienne
	bacterial species	*s.* T 692	
B 36	**bacterial staining,** staining of bacteria	Bakterienfärbung *f*	coloration *f* des bactéries
B 37	**bacterial stone**	Bakterienstein *m*	bactériolithe *m*
B 38	**bacterial suspension**	Bakteriensuspension *f*, Bakterienaufschwemmung *f*	suspension *f* des bactéries
	bacterial toxin	*s.* B 65	
	bacterial virus	*s.* B 57	
B 39	**bacteria-proof,** bacteria-tight	bakteriendicht	imperméable aux bactéries
	bacteria-rich	*s.* R 440	
	bacteria-tight	*s.* B 39	
B 40	**bactericidal,** bacteriocidal, bacteria-killing, bacteria-destroying	bakterizid, bakterientötend, bakterienvernichtend	bactéricide
B 41	**bactericide**	Bakterizid *n*	bactéricide *m*
B 42	**bactericidin**	Bakteri[o]zidin *n*	bactéricidine *f*
	bacteriocidal	*s.* B 40	
B 43	**bacteriocyte**	Bakteriozyt *m*	bactériocyte *m*
B 44	**bacterioerythrin**	Bakterioerythrin *n*	bactérioérythrine *f*
B 45	**bacteriofluorescein**	Bakteriofluoreszein *n*	bactériofluorescine *f*
B 46	**bacteriogenic, bacteriogenous**	bakteriogen	bactériogène
B 47	**bacteriohaemagglutinin,** bacterial haemagglutinin	Bakteriohämagglutinin *n*	hémoagglutinine *f* bactérienne
B 48	**bacteriohaemolysin**	Bakteriohämolysin *n*	bactériohémolysine *f*
	bacterioid	*s.* B 68	
B 49	**bacteriologic[al]**	bakteriologisch	bactériologique
B 50	**bacteriological examination**	bakteriologische Untersuchung *f*	examen *m* bactériologique
	bacteriological filter	*s.* B 8	
B 51	**bacteriological laboratory**	bakteriologisches Labor *n*	laboratoire *m* bactériologique
	bacteriological loop	*s.* P 589	
B 52	**bacteriologist**	Bakteriologe *m*	bactériologiste *m*
B 53	**bacteriology**	Bakteriologie *f*	bactériologie *f*
B 54	**bacteriolysin**	Bakteriolysin *n*	bactériolysine *f*
B 55	**bacteriolysis**	Bakteriolyse *f*, Bakterienauflösung *f*, bakterielle Zersetzung *f*	bactériolyse *f*, décomposition *f* des bactéries
B 56	**bacteriolytic**	bakteriolytisch, bakterienauflösend	bactériolytique
B 57	**bacteriophage,** phage, bacterial virus	Bakteriophage *m*, *Phage m*, Bakterienvirus *n(m)*	bactériophage *m*, *phage m* [bactérien], virus *m* bactérien, virus des bactéries
	bacteriophage typing	*s.* P 270	
B 58	**bacteriophagic, bacteriophagous**	bakteriophag	bactériophagique
B 59	**bacterioprecipitin**	Bakteriopräzipitin *n*	bactérioprécipitine *f*
	bacterioprotein	*s.* B 34	
B 60	**bacterioscopic**	bakterioskopisch	bactérioscopique
B 61	**bacterioscopy**	Bakterioskopie *f*	bactérioscopie *f*
B 62	**bacteriostasis**	Bakteriostase *f*	bactériostase *f*
B 63	**bacteriostatic**	bakteriostatisch, bakterienhemmend	bactériostatique
B 64	**bacteriotoxic**	bakteriotoxisch	bactériotoxique
B 65	**bacteriotoxin,** bacterial toxin	Bakteriotoxin *n*, Bakteriengift *n*	bactériotoxine *f*, toxine *f* bactérienne
B 66	**bacteriotropic**	bakteriotrop	bactériotrope
	bacteriotropin	*s.* O 64	
	bacteriotropin test	*s.* O 65	
B 67	**bacterium**	Bakterie *f*, Bakterium *n*	bactérie *f*
	Bacterium enteritidis	*s.* G 1	
	Bacterium paratyphosum A	*s.* S 35	
	Bacterium paratyphosum B	*s.* S 36	
	Bacterium paratyphosum C	*s.* S 33	

No.	English	German	French
	Bacterium pseudotuberculosis	*s.* Y 14	
	Bacterium typhosum	*s.* T 697	
B 68	**bacteroid,** bacterioid	bakteroid, bakterienähnlich, bakterienartig	bactéroïde
B 69	**bacteroide**	Bakteroid *n*	bactéroïde *m*
B 70	**bag,** pouch, purse	Beutel *m*	poche *f*
	balance / to	*s.* W 54	
B 71	**balance,** scales	Waage *f*	balance *f*
	balance	*s. a.* E 374	
B 72	**balanced reaction**	Gleichgewichtsreaktion *f*	réaction *f* équilibrée
	balanced state	*s.* E 379	
	balancer	*s.* S 760	
	balance room	*s.* W 60	
B 73	**Balantidium coli**	Balantidium *n* coli	Balantidium coli, balantidium *m*
B 74	**ball mill,** globe mill	Kugelmühle *f*	broyeur *m* tubulaire, tube-broyeur *m*
B 75	**balloon [flask]**	Ballon *m*	ballon *m*
	ball-shaped	*s.* G 239	
B 76	**Bancroft's filaria,** Wuchereria bancrofti, Filaria bancrofti	Bancroftfilarie *f*	filaire *m* nocturne, filaire de Bancroft
	bandaging material	*s.* D 754	
B 77	**band spectrum**	Bandenspektrum *n*	spectre *m* de bandes
B 78	**bandwidth**	Bandbreite *f*	largeur *f* de bande
	bangin	*s.* A 9	
B 79	**Bang's bacillus,** abortus bacillus, Brucella abortus	Bang-Bakterie *f*	bacille *m* de Bang
B 80	**Bang's method**	Bang-Probe *f*	épreuve *f* de Bang
	banked blood	*s.* S 946	
B 81	**B antigen**	B-Antigen *n*	antigène *m* B
	BAO	*s.* B 100	
	bar	*s.* R 469	
B 82	**barbital**	Barbital *n*	barbital *m*
B 83	**barbital buffer**	Barbitalpuffer *m*	tampon *m* barbiturique
B 84	**barbiturase**	Barbiturase *f*	barbiturase *f*
B 85	**barbiturate**	Barbiturat *n*	barbiturique *m*
B 86	**barbituric acid,** malonylurea	Barbitursäure *f*, Malonylharnstoff *m*	acide *m* barbiturique, malonylurée *f*
B 87	**barbituric-free somnifacient (soporific)**	barbitur[säure]freies Schlafmittel *n*	somnifère *m* non-barbiturique
B 88	**Barcroft-Haldane test**	Barcroft-Haldane-Methode *f*	méthode *f* de Haldane
B 89	**barium,** Ba	Barium *n*, Ba	baryum *m*, Ba
B 90	**barium chloride**	Bariumchlorid *n*	chlorure *m* de baryum
B 91	**barium chromate**	Bariumchromat *n*	chromate *m* de baryum
B 92	**barium hydroxide**	Bariumhydroxid *n*	hydroxyde *m* de baryum
B 93	**barium nitrate**	Bariumnitrat *n*	nitrate *m* de baryum
B 94	**barium oxide**	Bariumoxid *n*	oxyde *m* de baryum, baryte *f*
B 95	**barium sulphate**	Bariumsulfat *n*	sulfate *m* de baryum
	Barr body	*s.* S 328	
B 96	**barrier layer,** blocking layer	Sperrschicht *f*	couche *f* d'arrêt, couche de barrage
B 97	**Barr's nucleus analysis**	Barr-Kernanalyse *f*	test *m* de Barr
B 98	**Bartonella**	Bartonella *f*	bartonelle *f*
B 99	**basal,** basilar	basal	basal
B 100	**basal acid output,** BAO	Basalsekretion *f*, BAO	sécrétion *f* basale, BAO
B 101	**basal body,** basal granule (corpuscle)	Basalkörperchen *n*	corpuscule *m* basal
B 102	**basal cell,** basilar cell	Basalzelle *f*	cellule *f* basale
	basal corpuscle	*s.* B 101	
	basal granule	*s.* B 101	
	basal lamina	*s.* B 104	
B 103	**basal layer,** basal stratum	Grundschicht *f*, Basalschicht *f*	couche *f* basale
B 104	**basal membrane,** basement membrane, basal lamina	Basalmembran *f*, Basilemm *n*	membrane *f* basale, basilemme *m*
B 105	**basal membrane antigen**	Basalmembranantigen *n*	antigène *m* de la membrane basale
	basal metabolism	*s.* B 106	
B 106	**basal metabolic rate, basal metabolism**	Grundumsatz *m*, Basalumsatz *m*, Basalstoffwechselrate *f*, Ruhe-Nüchtern-Umsatz *m*	métabolisme *m* basal, métabolisme de base, métabolisme minimal, dépense *f* de fond, dépense fondamentale, métabolisme de maintien
	basal metabolism apparatus	*s.* M 330	
	basal stratum	*s.* B 103	
B 107	**base,** lye	Base *f*, Lauge *f*	base *f*, lessive *f*
B 108	**base analogue**	Basenanaloges *n*	analogue *m* de base
B 109	**base deficit**	Basendefizit *n*	déficit *m* en bases
B 110	**base excess,** BE	Basenüberschuß *m*, Basenexzeß *m*, Alkaliüberschuß *m*, BE	excès *m* de base, EB
B 111	**base line**	Basislinie *f*, Grundlinie *f*	ligne *f* de base
	basement membrane	*s.* B 104	
B 112	**base peak**	Basispeak *m*	pic *m* basal
B 113	**base sequence**	Basensequenz *f*	séquence *f* de base
	basic	*s.* A 483	
B 114	**basic diagnostics**	Basisdiagnostik *f*	diagnostic *m* de base

No.	English	German	French
B 115	**basic equipment,** standard (small-scale) equipment	Grundausrüstung *f*, Grundausstattung *f*	équipement *m* de base, équipement normal
	basicity	*s.* A 491	
B 116	**basic medical care**	medizinische Grundbetreuung *f*	soins *mpl* de base
B 117	**basic protein**	basisches Protein *n*, basisches Eiweiß *n*	protéine *f* basique
	basic reaction	*s.* M 60	
B 118	**basic strain**	Ausgangsstamm *m*	souche *f* de base
B 119	**basic unit**	Basiseinheit *f*	unité *f* de base
B 120	**basidiomycete**	Basidiomyzet *m*, Ständerpilz *m*	basidiomycète *m*
	basilar	*s.* B 99	
	basilar cell	*s.* B 102	
	basin *(laboratory)*	*s.* V 84	
B 121	**basket bottle,** carboy *(for acids)*	Korbflasche *f*	bouteille *f* clissée, dame-jeanne *f*, bonbonne *f*, tourie *f*
B 122	**basket cell**	Korbzelle *f*	cellule *f* à corbeille
	basocyte	*s.* B 129	
	basophil	*s.* B 129	
	basophile	*s.* B 124, B 129	
B 123	**basophilia**	Basophilie *f*	basophilisme *m*
B 124	**basophilic,** basophile, basophilous	basophil	basophile
B 125	**basophilic cell**	basophile Zelle *f*	cellule *f* basophile
B 126	**basophilic erythroblast,** early erythroblast	basophiler Erythroblast *m*	érythroblaste *m* basophile
B 127	**basophilic erythrocyte**	basophiler Erythrozyt *m*	érythrocyte *m* basophile
B 128	**basophilic granulocyte**	basophiler Granulozyt *m*, Blutmastzelle *f*	granulocyte *m* basophile, mastleucocyte *m*, polynucléaire *m* basophile
B 129	**basophilic leucocyte,** basophil[e], basocyte	basophiler Leukozyt *m*, Basophiler *m*, Basozyt *m*	leucocyte *m* basophile, basophile *m*, basocyte *m*
B 130	**basophilic myelocyte**	basophiler Myelozyt *m*	myélocyte *m* basophile
B 131	**basophilic normoblast,** early normoblast	basophiler Normoblast *m*	normoblaste *m* basophile
B 132	**basophilic stippling**	basophile Tüpfelung *f*	moucheture *f* basophile
B 133	**basophilic virus**	basophiles Virus *n*	virus *m* basophile
B 134	**basophiloblast**	Basophiloblast *m*	basophiloblaste *m*
	basophilous	*s.* B 124	
B 135	**batch**	Batch-Verfahren *n*	traitement *m* batch, traitement par lot
	batchwise	*s.* D 571	
B 136	**bath**	Bad *n*	bain *m*
B 137	**bathocuproin**	Bathocuproin *n*	bathocuproïne *m*
B 138	**Bayes' theorem**	Bayes' Theorem *n* (Satz *m*), Bayessche Formel *f*	formule *f* de Bayes
B 139	**B bile,** gallbladder bile, cystic bile	B-Galle *f*, Blasengalle *f*, Gallenblasengalle *f*	bile *f* B, bile vésiculaire, bile cystique
	B cell	*s.* B 188, B 447	
	BCG	*s.* B 3	
B 140	**BCG test**	BCG-Test *m*	épreuve *f* BCG
	BE	*s.* B 110	
	Be	*s.* B 185	
B 141	**beaker**	Becherglas *n*	becher *m*
B 142	**beam,** beam (bundle, pencil) of rays	Strahlenbündel *n*	faisceau *m*, faisceau de rayons, pinceau *m* de rayons
	beam	*s. a.* R 124	
B 143	**beam balance,** equal-armed balance	Balkenwaage *f*	balance *f* romaine
	beam of light	*s.* L 246	
	beam of rays	*s.* B 142	
	beam path	*s.* R 125	
	beater	*s.* B 144	
B 144	**beater mill,** beater, crusher	Schlagmühle *f*	moulin *m* à percussion
B 145	**Becher's number**	Becher-Zahl *f*	nombre *m* de Becher
	become turbid / to	*s.* O 48	
B 146	**becquerel,** Bq	Becquerel *n*, Bq	becquerel *m*, Bq
	bedbug	*s.* B 594	
B 147	**bed rest,** rest in bed	Bettruhe *f*	repos *m* au lit
	bedside diagnosis	*s.* B 148	
B 148	**bedside diagnostics,** bedside diagnosis	Bedside-Diagnostik *f*	diagnostic *m* bedside
	bedside method	*s.* B 149	
B 149	**bedside test,** bedside method	Bedside-Test *m*, Bedside-Methode *f*	test *m* «bedside»
	bed volume	*s.* C 805	
B 149a	**beef tapeworm,** hookless tapeworm, unarmed tapeworm, Taenia saginata, Taeniarhynchus saginatus	Rinderbandwurm *m*, Rinderfinnenbandwurm *m*, Unbewaffneter Bandwurm *m*	Taenia *m* inerme, Taenia inermis, Taenia lata, Taenia mediocanellata
B 150	**bee poison,** apitoxin	Bienengift *n*	venin *m* d'abeille
B 151	**Beer-Lambert law**	Beer-Lambert-Gesetz *n*	loi *f* de Beer-Lambert
B 152	**beer test**	Bierprobe *f*	épreuve *f* de la bière
B 153	**beer wort,** wort	Bierwürze *f*	moût *m* de bière
B 154	**beer wort agar,** wort agar	Bierwürze-Agar *m*	agar *m* à moût de bière
	beet sugar	*s.* S 7	

B 155	**behenic acid,** docosanoic acid	Behensäure f, Docosansäure f	acide m béhénique (docosanoïque)
	BEI	s. B 610	
	bell-shaped curve	s. G 107	
	Bence-Jones cylinder	s. B 156	
B 156	**Bence-Jones protein,** Bence-Jones cylinder	Bence-Jones-Protein n, Bence-Jones-Eiweißkörper m, Bence-Jones-Zylinder m	protéine f de Bence-Jones, albumine f de Bence-Jones
B 157	**Bence-Jones reaction**	Bence-Jones-Reaktion f	réaction f de Bence-Jones
	Benedict's method	s. B 160	
B 158	**Benedict's reagent**	Benedict-Zuckerreagens n	réactif m de Benedict
B 159	**Benedict's solution**	Benedict-Lösung f	solution f de Benedict
B 160	**Benedict's test,** Benedict's method	Benedict-Probe f, Benedict-Glucose-probe f	réaction f de Benedict
B 161	**benign,** non-malignant	benigne, gutartig	bénin
B 162	**Bennhold's staining,** amyloid staining	Bennhold-Färbung f	épreuve f de Bennhold
B 163	**bentonite,** aluminium silicate, alumino-silicate	Bentonit n, Aluminiumsilicat n	bentonite f, silicate m d'aluminium
	bentonite flocculation reaction	s. B 164	
B 164	**bentonite [flocculation] test,** bentonite flocculation reaction	Bentonit-Flockungstest m, Bentonit-Flockungsreaktion f	réaction f à la bentonite
B 165	**benzaldehyde,** benzoic aldehyde	Benzaldehyd m	benzaldéhyde m, aldéhyde m benzoïque
B 166	**benzaldehyde reaction**	Benzaldehydprobe f	épreuve f au benzaldéhyde
	benzamidase	s. A 597	
B 167	**benzene,** benzol[e]	Benzol n, Benzen n	benzène m, benzol m
	benzene carboxylic acid	s. B 174	
	benzene dicarboxylic acid	s. P 446	
B 168	**benzidine,** 4,4'-diaminobiphenyl	Benzidin n, 4,4'-Diphenyldiamin n	benzidine f, 4,4'-diphénylamine f, p-p'-diaminophényle m
B 169	**benzidine blue**	Benzidinblau n	bleu m de benzidine
B 170	**benzidine test**	Benzidinprobe f	épreuve f de benzidine
B 171	**benzin[e]**	Benzin n	essence f
B 172	**benzoate**	Benzoat n	benzoate m
B 173	**benzodiazepine**	Benzodiazepin n	benzodiazépine f
B 174	**benzoic acid,** benzene carboxylic acid	Benzoesäure f, Benzencarbonsäure f	acide m benzoïque (phénylcarboxylique, phénylméthanoïque)
	benzoic aldehyde	s. B 165	
	benzoic sulphimide	s. S 5	
	benzol	s. B 167	
	benzole	s. B 167	
	1,2-benzopyrone	s. C 1052	
	2,3-benzopyrrole	s. I 211	
	benzoylaminoacetic acid	s. H 313	
B 175	**benzoylchloride**	Benzoylchlorid n	chlorure m de benzoyle
	benzoylglycine	s. H 313	
B 176	**benzoylperoxide**	Benzoylperoxid n	peroxyde m de benzoyle
B 177	**benzylalcohol,** phenylcarbinol	Benzylalkohol m, Phenylcarbinol n	alcool m benzylique, phénylcarbinol m
B 178	**benzylbenzoate**	Benzoesäurebenzylester m, Benzylbenzoat n	benzoate m de benzyle
B 179	**benzylpenicillin**	Benzylpenicillin n	benzylpénicilline f, pénicilline f G
B 180	**berberine**	Berberin n	berbérine f, xanthopicrine f
B 181	**Berkefeld's filter**	Berkefeld-Filter n	filtre m (bougie f) de Berkefeld
B 182	**Berlin blue,** Prussian blue	Berliner Blau n	bleu m de Paris, bleu liquide, ferrocyanure m ferrique, bleu cyané, bleu de Prusse
B 183	**Berlin blue reaction**	Berliner-Blau-Reaktion f	réaction f au bleu de Prusse
B 184	**Berthelot's reaction (test)**	Berthelot-Reaktion f	réaction f de Berthelot
B 185	**beryllium,** Be	Beryllium n, Be	béryllium m, glucinium, Be, Gl
B 186	**Besredka's antigen**	Besredka-Antigen n	antigène m de Besredka
	B esterase	s. C 135	
	Best's method	s. B 187	
B 187	**Best's staining,** Best's method	Best-Färbung f, Best-Methode f	coloration f de Best
	beta body	s. L 325	
B 188	**beta cell,** B cell, Langerhans' (islet) cell	Beta-Zelle f, B-Zelle f, [Langerhans'-]Inselzelle f, Insulozyt m	cellule f bêta (B, à insuline, du pancréas, de Langerhans)
B 189	**beta emitter**	Betastrahler m	émetteur m bêta
B 190	**betaine,** oxyneurine, trimethylglycine	Betain n, Oxyneurin n, Trimethylglycin n	bétaïne f, oxyneurine f, lycyne f, triméthylglycine f
B 191	**betaine aldeyhde dehydrogenase**	Betainaldehyddehydrogenase f	bétaïne-aldéhyde-déshydrogénase f
B 192	**betaine homocysteine methyltransferase**	Betain-Homocystein-Methyltransferase f	bétaïne-homocystéine-méthyltransférase f
B 193	**beta radiation, beta-ray emission**	Betastrahlung f	rayonnement m (radiation f) bêta
B 194	**beta rays**	Betastrahlen mpl	rayons mpl bêta
	Betz cell	s. G 182	
	Betz giant pyramidal cell	s. G 182	
B 195	**Beutler's test**	Beutler-Test m	épreuve f de Beutler
	Bi	s. B 317/8	
B 196	**biacetyl,** butanedione	Diacetyl n, Biacetyl n	diacétyle m

No.	English	German	French
B 197	**Bial's reagent**	Bial-Reagens *n*	réactif *m* de Bial
B 198	**Bial's test,** orcinol test	Bial-Probe *f*, Orcinprobe *f*	réaction *f* de Bial, réaction à l'orcine
	bias	*s.* S 1188	
	bicarbonate	*s.* H 497	
B 199	**bicarbonate buffer**	Bicarbonatpuffer *m*	tampon *m* de bicarbonate
	bidimensional	*s.* T 674	
	bidimensional chromatography	*s.* T 675	
	bidimensional electrophoresis	*s.* T 676	
	bidimensional paper chromatography	*s.* T 677	
	bidimensional separation	*s.* T 678	
	bidistillate	*s.* D 737	
B 200	**Bifidobacterium**	Bifidusbakterie *f*	bifidobactérie *f*
	bifidus factor	*s.* L 55	
	Biggs' test	*s.* T 299	
B 201	**biguanide**	Biguanid *n*	biguanide *m*
B 202	**bile,** gall, bile juice	Galle *f*, Gallensaft *m*, Gallenflüssigkeit *f*	bile *f*, liquide *m* biliaire
B 203	**bile acid**	Gallensäure *f*	acide *m* biliaire
B 204	**bile acid conjugate**	Gallensäurekonjugat *n*	conjugué *m* d'acides biliaires
B 205	**bile acid test,** Bischoff's test	Gallensäureprobe *f*, Bischoff-Probe *f*	épreuve *f* d'acide biliaire
B 206	**bile bouillon (broth)**	Gallebouillon *f*	bouillon *m* biliaire
	bile cast	*s.* B 213	
	bile juice	*s.* B 202	
B 207	**bile medium**	Gallenährboden *m*	milieu *m* nutritif biliaire
B 208	**bile pigment,** biliary pigment	Gallenfarbstoff *m*, Gallenpigment *n*	pigment *m* biliaire, principe *m* colorant de la bile
B 209	**bile pigment test**	Gallenpigmenttest *m*	test *m* aux pigments biliaires
B 210	**bile salt**	Gallensalz *n*	sel *m* biliaire
B 211	**bile salt agar**	Gallensalzagar *m*	gélose *f* aux sels biliares
B 212	**bile solubility test**	Gallelöslichkeitstest *m*	test *m* de lyse par la bile
	bile stone	*s.* G 28	
B 213	**bile thrombus,** biliary thrombus, bile (biliary) cast	Gallenthrombus *m*, Gallenzylinder *m*	thrombus (cylindre) *m* biliaire
	Bilharzia	*s.* S 118	
	Bilharzia haematobium	*s.* S 116/7	
	bilharzia worm	*s.* S 118	
B 214	**biliary,** bilious	gallig	biliaire
	biliary calculus	*s.* G 28	
	biliary cast	*s.* B 213	
	biliary pigment	*s.* B 208	
	biliary thrombus	*s.* B 213	
B 215	**bilicyanin,** cholecyanin	Bilicyanin *n*, Cholecyanin *n*	bilicyanine *f*, cholécyanine *f*
B 216	**biliflavin**	Biliflavin *n*	biliflavine *f*
B 217	**bilifuscin**	Bilifuszin *n*	bilifuscine *f*
B 218	**bilileukan**	Bilileukan *n*	bilileukane *m*
B 219	**bilin**	Bilin *n*	biline *m*
	bilineurine	*s.* C 471	
B 220	**bilinogen**	Bilinogen *n*	bilinogène *m*
	bilious	*s.* B 214	
B 221	**biliprasin,** choleprasin	Biliprasin *n*, Choleprasin *n*	biliprasine *m*, choleprasine *m*
B 222	**bilipurpurin,** cholehaematin	Bilipurpurin *n*, Cholehämatin *n*	bilipurpurine *f*, choléhématine *f*
B 223	**bilirubin**	Bilirubin *n*	bilirubine *f*
B 224	**bilirubinate**	Bilirubinat *n*	bilirubinate *m*
B 225	**bilirubin cast**	Bilirubinzylinder *m*	cylindre *m* de bilirubine
B 226	**bilirubin ester**	Bilirubinester *m*	ester *m* de bilirubine
B 227	**bilirubin excretion quotient,** quotient of bilirubin excretion	Bilirubinausscheidungsquotient *m*	quotient *m* d'excrétion de bilirubine
B 228	**bilirubin glucuronide**	Bilirubinglucuronid *n*	glucuronide *m* de bilirubine
B 229	**bilirubinic acid**	Bilirubinsäure *f*	acide *m* bilirubique
B 230	**bilirubin index**	Bilirubinindex *m*, Bilirubinquotient *m*	indice (quotient) *m* de bilirubine
	bilirubin level	*s.* B 233	
B 231	**bilirubinoid**	Bilirubinoid *n*	bilirubinoïde *m*
B 232	**bilirubinometer**	Bilirubinometer *n*	bilirubinomètre *m*
B 233	**bilirubin serum level,** bilirubin level	Bilirubinspiegel *m*	taux *m* de bilirubine
B 234	**bilirubin sulphate**	Bilirubinsulfat *n*	sulfate *m* de bilirubine
B 235	**biliverdin,** choleverdin, dehydrobilirubin	Biliverdin *n*, Choleverdin *n*, Dehydrobilirubin *n*	biliverdine *f*, choléverdine *f*, déshydrobilirubine *f*
B 236	**biliverdinate**	Biliverdinat *n*	biliverdinate *m*
B 237	**bilixanthine**	Bilixanthin *n*	bilixanthine *f*
	bind / to	*s.* B 470	
	binder	*s.* B 239	
B 238	**binding,** bonding, linking	Bindung *f* *(Prozeß)*	liaison *f*, fixation *f*
	binding ability	*s.* B 472	
B 239	**binding agent,** binding substance (material), binder	Bindemittel *n*, Binder *m*	adhésif *m*, liant *m*, agglomérant *m*
	binding capacity	*s.* B 472	
B 240	**binding energy,** bond[ing] energy, linkage energy	Bindungsenergie *f*	énergie *f* de liaison, énergie de fixation
	binding material	*s.* B 239	

	binding power	*s.* B 472	
B 241	**binding site**	Bindungsstelle *f*, Bindungsort *m*	lieu (site) *m* de liaison
	binding substance	*s.* B 239	
B 242	**binocular microscope**	Binokularmikroskop *n*	microscope *m* binoculaire
B 243	**binomial [frequency] distribution**	Binomialverteilung *f*	distribution *f* du binôme
B 244	**binuclear, binucleate**	binukleär, zweikernig	binuclée, binucléaire
B 245	**bioactive substance,** biologically active substance	biologisch aktive Substanz *f*	substance *f* biologiquement active
B 246	**bioassay,** biological assay (test)	Biotest *m*, biologischer Test *m*, Bioassay *m*	test *m* biologique, essai *m* biologique
B 247	**bioavailability**	Bioverfügbarkeit *f*	biodisponibilité *f*
B 248	**biocatalysis**	Biokatalyse *f*	biocatalyse *f*
B 249	**biocatalyst**	Biokatalysator *m*	biocatalyseur *m*
B 250	**biocatalytic**	biokatalytisch	biocatalytique
B 251	**biochemical**	Biochemikalie *f*, biochemisches Präparat *n*	produit *m* (préparation *f*) biochimique
B 252	**biochemical**	biochemisch	biochimique
B 253	**biochemical analysis**	biochemische Analyse *f*	analyse *f* biochimique
B 254	**biochemical genetics**	biochemische Genetik *f*	génétique *f* biochimique
B 255	**biochemical individuality**	biochemische Individualität *f*	individualité *f* biochimique
B 256	**biochemical laboratory**	biochemisches Labor *n*	laboratoire *m* biochimique
B 257	**biochemical mutant**	biochemische Mutante *f*	mutant *m* biochimique
B 258	**biochemical pattern**	biochemisches Profil *n*	profil *m* biochimique
B 259	**biochemical test**	biochemischer Test *m*	test *m* biochimique
B 260	**biochemical typia**	Biochemotypie *f*	biochimiotypie *f*
B 261	**biochemiluminescence,** biochemoluminescence	Biochemilumineszenz *f*	biochimioluminescence *f*
B 262	**biochemist**	Biochemiker *m*	biochimiste *m*
B 263	**biochemistry,** biological chemistry	Biochemie *f*	biochimie *f*, chimie *f* biologique
	biochemoluminescence	*s.* B 261	
B 264	**biofilter,** biological filter	Biofilter *n*	biofiltre *m*
	biofluid	*s.* B 273	
B 265	**biogenic,** biogenous	biogen	biogène
B 266	**biogenic amine**	biogenes Amin *n*	amine *f* biogène
B 267	**biogenic peptide**	biogenes Peptid *n*	peptide *m* biogène
	biogenous	*s.* B 265	
B 268	**biokinetic**	biokinetisch	biocinétique
B 269	**biokinetics**	Biokinetik *f*	biocinétique *f*
B 270	**biologic[al]**	biologisch	biologique
B 271	**biological activity**	biologische Aktivität *f*	activité *f* biologique
	biological assay	*s.* B 246	
	biological chemistry	*s.* B 263	
B 272	**biological curve of leucocytes**	biologische Leukozytenkurve *f*	courbe *f* des leucocytes biologique
	biological filter	*s.* B 264	
B 273	**biological fluid,** biofluid	biologische Flüssigkeit *f*	liquide (fluide) *m* biologique
	biologically active substance	*s.* B 245	
B 274	**biological material,** biological specimens	biologisches Material *n*	matière *f* biologique
B 275	**biological oxidation**	biologische Oxidation *f*	oxydation *f* biologique
B 276	**biological preliminary test**	biologische Vorprobe *f*	test *m* préliminaire biologique
	biological specimens	*s.* B 274	
	biological test	*s.* B 246	
B 277	**biology**	Biologie *f*	biologie *f*
B 278	**bioluminescence assay, bioluminescent assay**	Biolumineszenzassay *m*	essai *m* de bioluminescence
	biomacromolecule	*s.* B 291	
B 279	**biomathematical**	biomathematisch	biomathématique
B 280	**biomathematics**	Biomathematik *f*	biomathématique[s] *f [pl]*
B 281	**biomedicine**	Biomedizin *f*	biomédecine *f*
B 282	**biomembrane**	Biomembran *f*	biomembrane *f*
B 283	**biometric[al]**	biometrisch	biométrique
B 284	**biometrics, biometry**	Biometrie *f*	biométrie *f*
B 285	**biomicroscope**	Biomikroskop *n*	biomicroscope *m*
B 286	**biomicroscopic[al]**	biomikroskopisch	biomicroscopique
B 287	**biomicroscopy**	Biomikroskopie *f*	biomicroscopie *f*
B 288	**biophosphate**	Biophosphat *n*	biophosphate *m*
B 289	**biophysical**	biophysikalisch	biophysique
B 290	**biophysics**	Biphysik *f*	biophysique *f*
B 291	**biopolymer,** biomacromolecule	Biopolymer *n*, Biopolymeres *n*, Biomakromolekül *n*	biopolymère *m*, biomacromolécule *m*
B 292	**biopotential**	Biopotential *n*	biopotentiel *m*
B 293	**biopsy,** exploratory (sample) excision	Biopsie *f*, Probeexzision *f*	biopsie *f*, excision *f* exploratrice
B 294	**biopsy curette**	Biopsiekürette *f*	curette *f* à biopsie
B 295	**biopsy forceps**	Biopsiezange *f*	pince *f* à biopsie
B 296	**biopsy material,** biopsy specimens	Biopsiematerial *n*	matière *f* de biopsie
B 297	**biopsy needle**	Biopsienadel *f*	aiguille *f* à biopsie
B 298	**biopsy punch**	Biopsiestanze *f*	poinçonneuse *f* à biopsie
	biopsy specimens	*s.* B 296	

No.	English	German	French
	bioptat	s. T 379	
B 299	**biopterin**	Biopterin n	bioptérine f
	biorhythm	s. C 572	
B 300	**biose**	Biose f	biose m
	bios I	s. I 316	
B 301	**biosid**	Biosid n	bioside m
	bios IIa	s. P 42	
	bios II b	s. B 308	
B 302	**biostatistical**	biostatistisch	biostatistique
B 303	**biostatistics**	Biostatistik f	biostatistique f
B 304	**biosynthesis**	Biosynthese f	biosynthèse f
B 305	**biosynthetic[al]**	biosynthetisch	biosynthétique
B 306	**biotelemetry**	Biotelemetrie f	biotélémétrie f
B 307	**biotelluric reaction**	biotellurische Reaktion f	réaction f biotellurique
B 308	**biotin,** vitamin H, bios II b	Biotin n, Vitamin n H, Bios m II b	biotine f, vitamine f H, bios m II
B 309	**biotin carboxylase**	Biotincarboxylase f	biotine-carboxylase f
B 310	**biotinidase**	Biotinidase f	biotinidase f
B 311	**biotransformation**	Biotransformation f	biotransformation f
B 312	**biotype**	Biotyp m	biotype m
	biphase system	s. T 683	
B 313	**bipolar**	bipolar, dipolar	bipolaire, dipolaire
B 314	**bipolar staining**	bipolare Färbung f	coloration f bipolaire
	birefringence	s. D 745	
B 315	**birth weight,** weight at birth	Geburtsgewicht n	poids m de naissance
B 316	**bisazo dye**	Disazofarbstoff m	colorant m bisazoïque
	Bischoff's test	s. B 205	
B 317/8	**bismuth,** Bi	Bismut n, Bi, Wismut n	bismuth m, Bi
B 319	**bismuth carbonate**	Bismutcarbonat n	carbonate m de bismuth
B 320	**bismuth chloride**	Bismutchlorid n	chlorure m de bismuth
B 321	**bismuth iodide,** bismuth triiodide	Bismutiodid n	iodure m de bismuth
B 322	**bismuth nitrate,** bismuth trinitrate	Bismutnitrat n	nitrate m de bismuth
B 323	**bismuth sulphite**	Wismutsulfit n	sulfite m de bismuth
	bismuth triiodide	s. B 321	
	bismuth trinitrate	s. B 322	
B 324	**bitter**	bitter	amer
B 325	**biuret,** biuret reagent	Biuret n	biuret m
B 326	**biuret reaction,** biuret test	Biuretreaktion f	réaction f de biuret
	biuret reagent	s. B 325	
	biuret test	s. B 326	
B 327	**bivalence,** divalence	Zweiwertigkeit f, Bivalenz f	bivalence f
B 328	**bivalent,** divalent	zweiwertig, bivalent	bivalent
	bivalent antibody	s. C 836	
B 329	**black**	schwarz	noir
	black faeces	s. B 400	
B 330	**bladder catheter**	Blasenkatheter m, Harnblasenkatheter m	cathéter m pour la vessie
B 331	**bladder catheterisation**	Blasenkatheterisierung f, Harnblasenkatheterisierung f, Blasenkatheterung f	cathétérisme m de la vessie
B 332	**bladder stone,** vesical (cystic) calculus, cystolith	Blasenstein m, Harnblasenstein m, Harnblasenkonkrement n, Cystolith m	calcul m vésical, cystolithe m
B 333	**bladder urine**	Blasenurin m	urine f vésicale
B 334	**bladder worm,** Cysticercus	Blasenwurm m	cysticerque m
	blade	s. S 601	
	blank experiment	s. B 338	
B 335	**blank [reading],** blank value	Leerwert m, Blindwert m	blanc m, valeur f à blanc
B 336	**blank sample**	Leeransatz m, Leerprobe f	essai m à blanc, test m à blanc, essai témoin
B 337	**blank solution**	Blindlösung f, Leerlösung f	solution f témoin
B 338	**blank test,** blank experiment, blind test	Leerversuch m, Blindversuch m	essai m àblanc, essai témoin
	blank value	s. B 335	
B 339	**blast**	Blast m	blaste m
B 340	**blastocyte**	Blastozyt m	blastocyte m
B 341	**blastogenic factor**	blastogener Faktor m	facteur m blastogène
B 342	**blastomycete,** yeast-like fungus	Blastomyzet m, Sproßpilz m	blastomycète m
B 343	**blastomycin**	Blastomycin n	blastomycine f
B 344	**blastomycin skin test**	Blastomycinhauttest m	test m cutané à la blastomycine
B 345	**blastospore**	Blastospore f	blastospore f
	bleach / to	s. D 59	
	bleach	s. D 58	
	bleaching	s. D 58	
	bleaching agent	s. D 56	
	bleaching material	s. D 56	
B 346	**bleed / to,** to haemorrhage	bluten	saigner
B 347	**bleeding**	Blutung f, Bluten n	saignement m, hémorragie f
B 348	**bleeding time**	Blutungszeit f, Blutungsdauer f	temps m de saignement
	blend / to	s. M 602	
	blend	s. M 619	
	blender	s. M 612	

	blending	*s.* M 613	
	blending ratio	*s.* M 617	
	blending tank	*s.* M 618	
B 349	**bleomycin**	Bleomycin *n*	bléomycine *f*
B 350	**blind biopsy**	Blindbiopsie *f*	biopsie *f* aveugle
	blind liver biopsy	*s.* B 351	
B 351	**blind liver puncture,** blind liver biopsy	Leberblindpunktion *f*	ponction *f* hépatique, ponction du foie
	blind test	*s.* B 338	
	blister	*s.* A 395	
	blocker	*s.* A 299	
B 352	**block impregnation**	Blockimprägnation *f*	imprégnation *f* en bloc
B 353	**blocking** *(histology)*	Blockierung *f*	blocage *m*
	blocking agent	*s.* A 299	
	blocking antibody	*s.* I 163	
	blocking layer	*s.* B 96	
B 354	**blocking test**	Blockingtest *m*	épreuve *f* de blocage
B 355	**block staining**	Blockfärbung *f*	coloration *f* en bloc
	block valve	*s.* S 937	
B 356	**blood**	Blut *n*, Sanguis *f*	sang *m*
B 357	**blood agar**	Blutagar *m*	gélose *f* au sang
B 358	**blood agar plate,** blood plate	Blutagarplatte *f*, Blutplatte *f*	plaque *f* de gélose au sang
B 359	**blood alcohol**	Blutalkohol *m*	alcoolémie *f*, alcool *m* du sang, alcool au sang, alcool sanguin
B 360	**blood alcohol concentration**	Blutalkoholgehalt *m*	teneur *f* en alcool du sang, taux *m* d'alcoolémie
B 361	**blood analysis,** blood test (examination), haemanalysis	Blutanalyse *f*, Blutuntersuchung *f*, Hämoanalyse *f*	analyse *f* de sang, examen *m* de sang
B 362	**blood bank**	Blutbank *f*	banque *f* du sang
B 363	**blood bouillon**	Blutbouillon *f*	bouillon *m* au sang
B 364	**blood buffer**	Blutpuffer *m*	tampon *m* sanguin (du sang)
B 365	**blood cast**	Blutzylinder *m*	cylindre *m* du sang
B 366	**blood cell,** blood corpuscle, haem[at]ocyte	Blutzelle *f*, Blutkörperchen *n*, Häm[at]ozyt *m*	cellule *f* sanguine, globule *m* sanguin, hémocyte *m*
	blood cell counter	*s.* C 1064	
	blood cell counting	*s.* H 45	
	blood cell counting chamber	*s.* C 1064	
	blood cell tester	*s.* H 51	
B 367	**blood clot,** clot of blood, thrombus	Blutgerinnsel *n*, Thrombus *m*, Blutpfropf *m*, Blutkuchen *m*	caillot *m* sanguin, thrombus *m*
B 368	**blood clotting,** clotting of blood, blood coagulation, coagulation of blood, haemocoagulation	Blutgerinnung *f*, Gerinnung *f*	coagulation *f* du sang, coagulation sanguine
	blood clotting factor	*s.* C 630	
	blood-clotting time	*s.* C 647	
	blood coagulation	*s.* B 368	
	blood coagulation factor	*s.* C 630	
	blood coagulation time	*s.* C 647	
	blood-collecting needle	*s.* B 402	
B 369	**blood colour**	Blutfarbe *f*	couleur *f* du sang
	blood component	*s.* B 371	
B 370	**blood composition**	Blutzusammensetzung *f*	composition *f* du sang, composition sanguine
	blood conservation	*s.* B 416	
B 371	**blood constituent,** blood component	Blutbestandteil *m*	constituant *m* du sang
B 372	**blood copper**	Blutkupfer *n*	cuivre *m* sanguin
	blood corpuscle	*s.* B 366	
	blood count	*s.* B 412	
	blood crystal	*s.* T 39	
B 373	**blood culture,** haemoculture	Blutkultur *f*, Hämokultur *f*	hémoculture *f*
B 374	**blood derivative**	Blutderivat *n*	dérivé *m* sanguin
B 375	**blood donor**	Blutspender *m*	donneur *m* du sang
B 376	**blood donor centre**	Blutspendezentrale *f*	centre *m* de transfusion sanguine, banque *f* du sang
B 377	**blood enzyme**	Blutenzym *n*	enzyme *m* du sang
	blood examination	*s.* B 361	
B 378	**blood factor**	Blutfaktor *m*	facteur *m* sanguin
B 379	**blood filaria**	Blutfilarie *f*	filaire *f* sanguine
	blood film	*s.* B 423	
B 380	**blood fixation**	Blutfixierung *f*	fixation *f* sanguine
	blood fluke	*s.* L 149	
	blood fluke	*s.* S 118	
B 381	**blood formula,** total blood type	Blutformel *f*	formule *f* sanguine
B 382	**blood gas**	Blutgas *n*	gaz *m* sanguin (du sang)
B 383	**blood gas analyser**	Blutgasanalysator *m*	analyseur *m* du gaz de sang
B 384	**blood gas analysis**	Blutgasanalyse *f*	analyse *f* du gaz sanguin
B 385	**blood gas chromatography**	Blutgaschromatographie *f*	chromatographie *f* du gaz de sang
B 386	**blood gas electrode**	Blutgaselektrode *f*	électrode *f* du gaz de sang
B 387	**blood gas measurement**	Blutgasmessung *f*	mesure *f* du gaz de sang

B 388	**blood glucose,** blood sugar	Blutglucose *f*, Blutzucker *m*	glycémie *f*, glucose *m* présent dans le sang, sucre *m* du sang, sucre sanguin
	blood glucose concentration	*s.* B 389	
B 389	**blood glucose level,** blood sugar level, blood glucose concentration	Blutglucosespiegel *m*, Blutzuckerspiegel *m*	taux *m* de [la] glycémie, taux du sucre sanguin
B 390	**blood group,** blood type	Blutgruppe *f*	groupe *m* sanguin
	blood group ABO system	*s.* A 8	
B 391	**blood group antibody**	Blutgruppenantikörper *m*	anticorps *m* de groupe sanguin
B 392	**blood group antigen**	Blutgruppenantigen *n*, Blutgruppenmerkmal *n*	antigène *m* de groupe sanguin
B 393	**blood group classification**	Blutgruppenklassifikation *f*	classification *f* des groupes sanguins
	blood group determination	*s.* B 395	
B 394	**blood group incompatibility**	Blutgruppenunverträglichkeit *f*, Blutgruppeninkompatibilität *f*	incompatibilité *f* des groupes sanguins
B 395	**blood-grouping,** blood group determination, blood-typing, typing of the blood	Blutgruppenbestimmung *f*	typage *m* sanguin, détermination *f* des groupes sanguins
B 396	**blood group serology**	Blutgruppenserologie *f*	sérologie *f* des groupes sanguins
B 397	**blood-group-specific,** group-specific	blutgruppenspezifisch	spécifique de groupes sanguins
B 398	**blood group system**	Blutgruppensystem *n*	système *m* des groupes sanguins
B 399	**blood group test serum**	Blutgruppentestserum *n*	
B 400	**blood in the stools,** haemorrhagic stools, black faeces	Blutstuhl *m*	selles *fpl* sanglantes
B 401	**blood iron**	Bluteisen *n*	fer *m* sanguin
B 402	**blood lancet,** blood-collecting needle	Blutentnahmenadel *f*	aiguille *f* pour prise de sang, canule *f* pour saignée
B 403	**blood level,** level of substances in blood	Blutspiegel *m*	taux *m* sanguin
B 404	**blood lipid**	Blutlipid *n*	lipide *m* sanguin
B 405	**blood medium**	Blutnährboden *m*	milieux *m* au sang
B 406	**blood mixing pipette**	Blutmischpipette *f*	pipette *f* à mélanger le sang
B 407	**blood oxygen,** circulating oxygen	Blutsauerstoff *m*	oxygène *m* sanguin
B 408	**blood oxygen content,** oxygen content in blood	Blutsauerstoffgehalt *m*	teneur *f* en oxygène sanguin
B 409	**blood oxygen dissociation curve**	Blutsauerstoffdissoziationskurve *f*	courbe *f* de dissociation d'oxygène sanguin
B 410	**blood parasite,** haematozoic parasite, haemosite, haem[at]ozoon	Blutparasit *m*, Hämosit *m*, Hämatozoon *n*	parasite *m* du sang, hématozoaire *m*
B 411	**blood pH [value]**	Blut-pH *m*	pH *m* sanguin
B 412	**blood picture,** blood count, haemogram	Blutbild *n*, Hämogramm *n*, BB	hémogramme *m*, formule *f* hématologique
	blood pigment	*s.* H 55	
B 413	**blood plasma**	Blutplasma *n*	plasma *m* sanguin
	blood plate	*s.* B 358	
	blood plate	*s.* T 269	
	blood platelet	*s.* T 269	
B 414	**blood pool**	Blutpool *m*	pool *m* sanguin
B 415	**blood preparation**	Blutpräparat *n*	préparation *f* sanguine (de sang)
B 416	**blood preservation,** blood conservation	Blutkonservierung *f*	conservation *f* du sang
B 417	**blood pressure**	Blutdruck *m*	tension (pression) *f* artérielle
B 418	**blood pressure measurement**	Blutdruckmessung *f*	mesure *f* de la pression (tension) artérielle
B 419	**blood protein**	Blutprotein *n*, Bluteiweiß *n*	protéine *f* sanguine
B 420	**blood sample,** blood specimen	Blutprobe *f*	échantillon *m* du sang
	blood sedimentation	*s.* E 422	
	blood sedimentation rate	*s.* E 422	
	blood sedimentation test	*s.* E 422	
B 421	**blood serum**	Blutserum *n*	sérum *m* sanguin
	blood slide	*s.* B 423	
B 422	**blood sludge,** sludging of the blood, rouleaux formation (agglutination), nummulation, intravascular agglutination	Erythrozytenaggregation *f*, Geldrollenbildung *f* der Erythrozyten	agrégation *f* érythrocytaire, agrégation des érythrocytes
B 423	**blood smear,** blood film (slide)	Blutausstrich *m*, Blutfilm *m*	frottis (étalement) *m* sanguin
	blood specimen	*s.* B 420	
B 424	**blood spot (stain)**	Blutfleck *m*	tache *f* de sang
B 425	**blood stasis,** haemostasis	Blutstauung *f*, Hämostase *f*	hémostase *f*
	blood stem cell	*s.* H 43	
B 426	**blood substitute**	Blutersatzmittel *n*	substitut *m* de sang
	blood sucker	*s.* L 149	
	blood sugar	*s.* B 388	
	blood sugar check	*s.* B 427	
B 427	**blood sugar control,** blood sugar check	Blutzuckerkontrolle *f*	contrôle *m* du sucre sanguin, contrôle du taux de glycémie
	blood sugar level	*s.* B 389	
	blood sugar tolerance estimation	*s.* G 291	
	blood-taking	*s.* W 95	

No.	English	German	French
B 428	**blood tellurium agar**	Blut-Tellurit-Agar *m*	gélose *f* au sang-tellurite
B 429	**blood test,** test for blood	Blutnachweis *m*	détection *f* (mise *f* en évidence) du sang
	blood test	*s. a.* B 361	
	blood thrombokinase	*s.* C 643	
	blood thromboplastin	*s.* C 643	
B 430	**blood titre**	Bluttiter *m*	titre *m* sanguin
	blood toxin	*s.* H 110	
B 431	**blood transfusion**	Bluttransfusion *f*, Blutübertragung *f*	transfusion *f* sanguine (du sang)
B 432	**blood transfusion apparatus**	Bluttransfusionsapparat *m*, Bluttransfusionsgerät *n*	appareil *m* de (pour) transfusion du sang
B 433	**blood transfusion needle**	Bluttransfusionskanüle *f*	canule *f* de transfusion sanguine
B 434	**blood transfusion serology,** transfusion serology	Bluttransfusionsserologie *f*, Transfusionsserologie *f*	sérologie *f* de transfusion sanguine
B 435	**blood transfusion service**	Blutspende- und Transfusionswesen *n*	service *m* de transfusion sanguine
B 436	**blood trichina**	Bluttrichine *f*	trichine *f* sanguine
	blood type	*s.* B 390	
	blood-typing	*s.* B 395	
B 437	**blood urea**	Blutharnstoff *m*	urée *f* sanguine
	blood urea concentration	*s.* U 89	
B 438	**blood vessel**	Blutgefäß *n*	vaisseau *m* sanguin
B 439	**blood viscosity**	Blutviskosität *f*	viscosité *f* sanguine
B 440	**blood volume,** total blood volume	Blutvolumen *n*, Gesamtblutvolumen *n*, Blutmenge *f*	volume *m* sanguin, sang *m* total
B 441	**blood volume determination,** haemovolumetry	Blutvolumenbestimmung *f*, Hämovolumetrie *f*	détermination *f* du volume sanguin, hémovolumétrie *f*
B 442	**blot / to**	blotten	transférer
B 443	**blot**	Blot *m*	blot *m*
B 444	**blotting**	Blotting *n*	blotting *m*
B 445	**blotting paper,** absorbent paper	Fließpapier *n*, Saugpapier *n*	papier *m* buvard, papier absorbant
	blower	*s.* F 19	
B 446	**blue**	blau	bleu
	blue gel	*s.* S 384	
	blue vitriol	*s.* C 1002	
B 447	**B lymphocyte,** B cell, bursa-equivalent lymphocyte	B-Lymphozyt *m*, B-Zelle *f*	lymphocyte *m* B, cellule *f* B
	bodily size	*s.* B 451	
B 448	**body,** corpus	Körper *m*	corps *m*
	body	*s. a.* C 1019	
B 449	**body cell,** soma[tic] cell	Körperzelle *f*, somatische Zelle *f*	cellule *f* corporelle (somatique)
B 450	**body fat**	Körperfett *n*	graisse *f* corporelle
	body fluid	*s.* B 456	
B 451	**body height,** bodily size	Körpergröße *f*	taille *f*
B 452	**body louse,** clothes louse, Pediculus corporis	Kleiderlaus *f*	pou *m* de corps
B 453	**body posture**	Körperlage *f*	position *f* du corps
B 454	**body surface**	Körperoberfläche *f*	surface *f* du corps
B 455	**body temperature**	Körpertemperatur *f*	température *f* du corps
B 456	**body water,** body fluid	Körperwasser *n*, Körperflüssigkeit *f*	liquide *m* du corps, humeur *f*
B 457	**body weight**	Körpergewicht *n*	poids *m* du corps
	Boettcher's crystal	*s.* S 671	
B 458	**boil / to,** to cook	sieden, kochen	bouillir, cuire, être en ébullition
	boiler	*s.* C 980	
B 459	**boiling,** cooking	Sieden *n*, Kochen *n*	ébullition *f*, cuisson *f*
B 460	**boiling point,** boiling temperature	Siedepunkt *m*, Kochpunkt *m*, Siedetemperatur *f*	point *m* (température *f*) d'ébullition
B 461	**boiling point determination**	Siedepunktbestimmung *f*	détermination *f* du point d'ébullition
B 462	**boiling point elevation,** boiling point rise	Siedepunkterhöhung *f*	élévation *f* du point d'ébullition
	boiling point range	*s.* B 463	
	boiling point rise	*s.* B 462	
B 463	**boiling range,** boiling point range	Siedebereich *m*	intervalle *m* d'ébullition
	boiling temperature	*s.* B 460	
B 464	**boiling test,** boil test	Kochprobe *f*	épreuve *f* d'ébullition
B 465	**boiling-up**	Aufkochen *n*	bouillonnement *m*
	boiling vessel	*s.* C 980	
B 466	**boiling water**	siedendes (kochendes) Wasser *n*	eau *f* bouillonnante (en ébullition)
B 467	**boil out / to,** to scald, to decoct *(pharmacy)*, to sterilise *(instruments)*	auskochen	faire bouillir
	boil test	*s.* B 464	
B 468	**boil up / to**	aufkochen	faire bouillir
B 469	**bombesine**	Bombesin *n*	bombésine *f*
B 470	**bond / to,** to bind, to link	binden	lier, fixer
B 471	**bond,** link, linkage	Bindung *f* (*Zustand*)	liaison *f*, fixation *f*, linkage *m*
B 472	**bondability,** binding ability (power), combining power, binding capacity	Bindungsfähigkeit *f*, Bindungsvermögen *n*, Bindungskapazität *f*	pouvoir *m* de fixation, capacité *f* de fixation
	bonded	*s.* B 508	
	bond energy	*s.* B 240	

	bonding	s. B 238	
	bonding energy	s. B 240	
B 473	**bond reaction**	Bindungsreaktion *f*	réaction *f* de fixation
B 474	**bone,** os	Knochen *m*, Os *n*	os *m*
B 475	**bone biopsy**	Knochenbiopsie *f*	biopsie *f* d'os, biopsie osseuse
	bone cell	s. O 161	
	bone corpuscle	s. O 161	
B 476	**bone marrow,** marrow, medulla	Knochenmark *n*	moelle *f* osseuse
B 477	**bone marrow biopsy**	Knochenmarkbiopsie *f*	biopsie *f* de la moelle osseuse
B 478	**bone marrow culture,** medulloculture	Knochenmarkkultur *f*, Myelokultur *f*	milieu *m* de culture de [la] moelle osseuse, myéloculture *f*
B 479	**bone marrow cytology**	Knochenmarkzytologie *f*	cytologie *f* de la moelle osseuse
B 480	**bone marrow punctate**	Knochenmarkpunktat *n*	produit *m* de ponction de la moelle osseuse
B 481	**bone marrow puncture**	Knochenmarkpunktion *f*	ponction *f* de la moelle osseuse
B 482	**bone marrow smear**	Knochenmarkausstrich *m*	frottis *m* de la moelle osseuse
B 483	**bone preservation**	Knochenkonservierung *f*	conservation *f* de l'os
B 484	**bony tissue,** osseous tissue	Knochengewebe *n*	tissu *m* osseux
B 485	**boostering**	Boosterung *f*, Boostern *n*	«boostering»
	borane	s. B 497	
B 486	**borate**	Borat *n*	borate *m*
B 487	**borate buffer**	Boratpuffer *m*	tampon *m* borate
B 488	**borax**	Borax *m*	borax *m*
	border cell	s. P 110	
B 489	**Bordetella**	Bordetella *f*	bordetelle *f*
B 490	**Bordetella parapertussis,** Haemophilus parapertussis	Parapertussisbacillus *m*	bordetelle *f* de la paracoqueluche
	Bordetella pertussis	s. B 492	
B 491	**Bordet-Gengou agar**	Bordet-Gengou-Agar *m*	milieu *m* de Bordet-Gengou
B 492	**Bordet-Gengou bacillus,** Bordetella pertussis, Haemophilus pertussis	Bordet-Gengou-Bacillus *m*, Keuchhustenbakterie *f*	bacille *m* de Bordet-Gengou
B 493	**Bordet's antibody**	Bordet-Antikörper *m*	anticorps *m* de Bordet
B 494	**boric acid**	Borsäure *f*	acide *m* borique
B 495	**boric acid solution**	Borsäurelösung *f*	solution *f* d'acide borique
B 496	**boron,** B	Bor *n*, B	bore *m*, B
B 497	**boron hydride,** borane	Borwasserstoff *m*, Borhydrid *n*, Boran *n*	hydrure *m* de bore, borohydrure *m*, borane *m*
	Borrelia buccalis	s. O 89	
B 498	**Borrelia vincenti,** Spirochaeta vincenti	Plaut-Vincent-Spirochäte *f*	spirochète *m* de Plaut-Vincent
	Bothriocephalus latus	s. F 179	
B 499	**bottle,** flask	Flasche *f*	bouteille *f*
B 500	**bottle cap,** bottle stopper	Flaschenverschluß *m*	bouchon *m* de canette, capsule *f* de bouteille
B 501	**bottle neck**	Flaschenhals *m*	goulot *m*, col *m* de bouteille
	bottle stopper	s. B 500	
	botulin toxin	s. B 502	
B 502	**botulinus toxin,** botulin (botulism) toxin	Botulinustoxin *n*, Botulin *n*	toxine *f* de Clostridium botulinum, botuline *f*
B 503	**botulism bacillus,** Clostridium botulinum	Botulismusclostridium *n*	bacille *m* du botulisme, bacille botulique
	botulism toxin	s. B 502	
	Bouchard's coefficient	s. U 206	
B 504	**bouillon,** broth	Bouillon *f*, Brühe *f*	bouillon *m*
B 505	**bouillon culture,** broth culture	Bouillonkultur *f*	bouillon *m* de culture
B 506	**bouillon filtrate**	Bouillonfiltrat *n*	filtrat *m* de bouillon
B 507	**bouillon suspension,** broth suspension	Bouillonsuspension *f*	suspension *f* de bouillon
B 508	**bound,** bonded, linked	gebunden	lié, fixé
B 509	**boundary layer**	Grenzschicht *f*	couche *f* limite
B 510	**bound energy,** stored energy	gebundene Energie *f*	énergie *f* liée
B 511	**bovine serum**	Rinderserum *n*	sérum *m* bovin
	box	s. C 347	
B 512	**boy**	Knabe *m*, Junge *m*	garçon *m*, fils *m*
B 513	**Boyden's reaction (test)**	Boyden-Test *m*	réaction *f* (test *m*) de Boyden
B 514	**Bozděch's method**	Bozděch-Methode *f*	méthode *f* de Bozděch
	Bq	s. B 146	
	Br	s. B 544	
B 515	**bradykinin**	Bradykinin *n*	bradykinine *f*
B 516	**bradykininogen**	Bradykininogen *n*	bradykininogène *m*
B 517	**brain,** encephalon	Gehirn *n*, Hirn *n*, Encephalon *n*	cerveau *m*, encéphale *m*
B 518	**brain biopsy,** cerebral biopsy	Hirnbiopsie *f*	biopsie *f* cérébrale
B 519	**brain cell**	Hirnzelle *f*	cellule *f* encéphalique (cérébrale)
B 520	**brain[-exploring] needle**, needle for ventricular puncture	Hirnpunktionsnadel *f*	aiguille *f* pour ponction cérébrale
B 521	**brain protein**	Hirnprotein *n*	protéine *f* encéphalique
	brain sugar	s. G 13	
B 522	**brain tissue,** cerebral tissue	Hirngewebe *n*	tissu *m* encéphalique
B 523	**branch / to**	sich verzweigen	se ramifier, s'embrancher
B 524	**branched**	verzweigt	ramifié

No.	English	German	French
B 525	**branched chain**	verzweigte Kette *f*	chaîne *f* ramifiée
B 526	**branched-chain fatty acid**	verzweigtkettige Fettsäure *f*	acide *m* gras à chaîne ramifiée
B 527	**branching**	Verzweigung *f*	ramification *f*, embranchement *m*
	branching enzyme	*s.* G 254	
B 528	**brasilin, brazilin**	Brasilin *n*	brasiline *m*
B 529	**brass body**	Messingkörperchen *n*	taches *fpl* de Morer
	brazilin	*s.* B 528	
	break / to	*s.* S 704	
	breakdown	*s.* A 1173	
	breakdown	*s.* D 62, S 705	
	breakdown product	*s.* S 707	
	breaking down of tissue	*s.* H 347	
	breast milk	*s.* H 444	
	breast tissue	*s.* M 91	
B 530	**breathing air,** tidal (respiration, respiratory) air	Atemluft *f*	air *m* respiratoire (courant), volume *m* respiratoire
	breathing ferment	*s.* C 1253	
	breeding	*s.* I 166	
B 531	**brick dust deposit (sediment)**	Ziegelmehlsediment *n*	sable *m* rouge urinaire, dépôt *m* en brique pilée
B 532	**bridge** *(chemistry)*	Brücke *f*	pont *m*
B 533	**bridge thermostat**	Brückenthermostat *m*	thermostat *m* à pont
B 534	**bright-field illumination**	Hellfeldbeleuchtung *f*	éclairage *m* à fond clair
B 535	**brightness,** luminosity	Helligkeit *f*	clarté *f*, luminosité *f*
B 536	**brilliant cresyl blue**	Brillantkresylblau *n*	bleu *m* de crésyl brillant
B 537	**brilliant green**	Brillantgrün *n*	vert *m* émeraude
B 538	**brilliant yellow**	Brillantgelb *n*	jaune *m* brillant
B 539	**bring to room temperature / to**	auf Raumtemperatur abkühlen	refroidir à la température ambiante
	bring to the boil / to	*s.* R 100	
	briny	*s.* S 39	
	broad tapeworm	*s.* F 179	
B 540	**bromate**	Bromat *n*	bromate *m*
	bromatometric	*s.* B 552	
	bromatometry	*s.* B 553	
B 541	**bromchlorphenol blue**	Bromchlorphenolblau *n*	bleu *m* de bromochlorophénol
B 542	**bromelain**	Bromelain *n*	broméline *f*
B 543	**bromide**	Bromid *n*	bromure *m*
B 544	**bromine,** Br	Brom *n*, Br	brome *m*, Br
B 545	**bromine compound**	Bromverbindung *f*	composé *m* bromeux
B 546	**bromine-containing,** containing bromine	bromhaltig	bromé
B 547	**bromine lye method**	Bromlaugenmethode *f*	méthode *f* d'hypobromite de sodium
B 548	**bromoaniline**	Bromanilin *n*	bromaniline *f*
B 549	**bromobenzene**	Brombenzol *n*	bromobenzène *m*
B 550	**bromocresol green**	Bromkresolgrün *n*	vert *m* de bromocrésol
B 551	**bromocresol purple**	Bromkresolpurpur *m*	pourpre *m* de bromocrésol
	bromoethane	*s.* E 496	
B 552	**bromometric,** bromatometric	brom[at]ometrisch	bromatométrique
B 553	**bromometry,** bromatometry	Brom[at]ometrie *f*	bromométrie *f*, bromatométrie *f*
B 554	**bromophenol blue**	Bromphenolblau *n*	bleu *m* de bromophénol
B 555	**bromophenol red**	Bromphenolrot *n*	rouge *m* de bromophénol
B 556	***N*-bromosuccinimide**	*N*-Bromsuccinimid *n*	*N*-bromosuccinimide *m*
B 557	**bromosulphophthalein**	Bromsulfophthalein *n*	brom[o]sulfophtaléine *f*, BSP, sulfobromophtaléine *f* sodique
B 558	**bromosulphophthalein test**	Bromsulfophthaleintest *m*	épreuve *f* à la bromsulfophtaléine (BSP)
B 559	**bromothymol blue**	Bromthymolblau *n*	bleu *m* de bromothymol
B 560	**bromouracil**	Bromuracil *n*	bromouracile *m*
B 561	**bronchial lavage,** bronchial washing	Bronchialspülung *f*	lavage *m* bronchique
	bronchial mucus	*s.* B 562	
B 562	**bronchial secretion,** bronchial mucus	Bronchialsekret *n*, Bronchialschleim *m*	sécrétion *f* bronchique, mucus *m* bronchique
B 563	**bronchial smear**	Bronchialabstrich *m*	frottis *m* bronchique
B 564	**bronchial wash**	Bronchialspülflüssigkeit *f*	liquide *m* de lavage bronchique
	bronchial washing	*s.* B 561	
B 565	**bronchoalveolar lavage (washing)**	Bronchoalveolarspülung *f*	lavage *m* broncho[-]alvéolaire
	broth	*s.* B 504	
	broth culture	*s.* B 505	
	broth suspension	*s.* B 507	
B 566	**brown**	braun	brun
B 567	**Brucella**	Brucella *f*	brucelle *f*
	Brucella abortus	*s.* B 79	
B 568	**brucellin**	Brucellin *n*	brucelline *m*
B 569	**brucellin skin test**	Brucellinhauttest *m*	test *m* cutané au brucelline
B 570	**brucine**	Brucin *n*	brucine *f*
	Brugsch' skin reaction	*s.* B 571	
B 571	**Brugsch' test,** Brugsch' skin reaction	Brugsch-Reaktion *f*	réaction *f* de Brugsch
B 572	**brush**	Bürste *f*	brosse *f*

B 573	**brush border enzyme**	Bürstensaumenzym *n*	enzyme *m* hydrolytique de la bordure en brosse
	brush cytology	*s.* S 463	
B 574	**brushit**	Brushit *n*	brushite *f*
	BSR	*s.* E 422	
	bubble	*s.* A 395	
	bubble of gas	*s.* G 49	
	bubbler	*s.* W 12	
B 575	**bubonic pus**	Buboneneiter *m*	pus *m* bubonique
	Buechner's filter	*s.* B 576	
B 576	**Buechner's funnel,** Buechner's filter	Büchner-Trichter *m*, Büchner-Filter *n*, Büchner-Nutsche *f*	buchner *m*, entonnoir *m* de Buchner
B 577	**Buerker's counting chamber**	Bürker-Zählkammer *f*	cellule *f* de Bürker
B 578	**buffer / to**	puffern	tamponner
B 579	**buffer,** buffer solution	Puffer *m*, Pufferlösung *f*	tampon *m*, solution *f* tampon (tamponnée)
B 580	**buffer action,** buffering action, buffer[ing] effect	Pufferwirkung *f*, Puffereffekt *m*	action *f* tampon, effet *m* tampon
B 581	**buffer base**	Pufferbase f	base *f* tampon
B 582	**buffer concentration**	Pufferkonzentration *f*	concentration *f* de tampon
B 583	**buffered**	gepuffert	tamponné
B 584	**buffering**	Pufferung *f*	tamponnement *m*
	buffering action	*s.* B 580	
	buffering agent	*s.* B 589	
B 585	**buffering capacity**	Pufferkapazität *f*	capacité *f* tampon
	buffering substance	*s.* B 589	
B 586	**buffer mixture**	Puffergemisch *n*, Puffermischung *f*	mélange *m* tampon
	buffer reagent	*s.* B 589	
B 587	**buffer salt**	Puffersalz *n*	sel *m* tampon
	buffer solution	*s.* B 579	
B 588	**buffer stain**	Pufferfärbung *f*	coloration *f* de tampon
B 589	**buffer substance,** buffering substance (agent), buffer reagent	Puffersubstanz *f*	substance *f* tampon, tampon *m*
B 590	**buffer-substrate mixture**	Puffer-Substrat-Gemisch *n*	mélange *m* tampon-substrat
B 591	**buffer system**	Puffersystem *n*	système *m* [à] tampon
B 592	**buffy coat**	Leukozytenmanschette *f*, Buffy coat	couche *f* leucocytaire, buffy-coat *m*
	buffer effect	*s.* B 580	
	buffering effect	*s.* B 580	
B 593	**bufotoxin**	Bufotoxin *n*	bufotoxine *f*
B 594	**bug,** bedbug *(US)*, Cimex	Wanze *f*	punaise *f*
B 595	**bulbogastrone**	Bulbogastron *n*	bulbogastrone *f*
B 596	**bulk [age], bulk material,** roughage	Ballaststoff *m*	substances *fpl* de lest
	bundle of rays	*s.* B 142	
B 597	**Bunsen burner**	Bunsenbrenner *m*	brûleur (bec) *m* Bunsen
B 598	**burette**	Bürette *f*	burette *f*
B 599	**burette clamp,** burette holder	Bürettenklemme *f*, Bürettenhalter *m*	pince *f* pour burettes
B 600	**burette funnel**	Bürettentrichter *m*	entonnoir *m* de burette
	burette holder	*s.* B 599	
B 601	**burette stopcock, burette valve**	Bürettenhahn *m*	robinet *m* de burette
B 602	**burn / to**	verbrennen	brûler
B 603	**burn,** burning, combustion	Verbrennung *f*, Verbrennen *n*	combustion *f*
B 604	**burner,** gas burner	Brenner *m*	brûleur *m*
	burner	*s. a.* G 51	
B 605	**burn in / to**	einbrennen	brûler
	burning	*s.* B 603	
B 606	**burning-in**	Einbrennen *n*	brûlure *f*
B 607	**Burri's [India ink] method**	Burri-Verfahren *n*, Burri-Tuscheverfahren *n*	coloration *f* de Burri
	bursa-equivalent lymphocyte	*s.* B 447	
B 608	**bursa punctate**, synovial (mucous) bursa punctate	Bursapunktat *n*	liquide *m* prélevé par ponction bursaire
	butanedione	*s.* B 196	
	butanoic acid	*s.* B 614	
B 609	**butanol,** butyl alcohol	Butanol *n*, Butylalkohol *m*	butanol *m*, alcool *m* butylique
B 610	**butanol extractable iodine,** BEI	butanolextrahierbares Iod *n*, BEI	iode *m* extractible par butanol
B 611	**butanone**	Butanon *n*	butanone *f*
	butterfly needle	*s.* W 91	
	butter yellow	*s.* D 487	
B 612	**butyl acetate**	Butylacetat *n*, Essigsäurebutylester *m*	acétate *m* de butyle, éther *m* butylacétique
	butyl alcohol	*s.* B 609	
B 613	**butyrate**	Butyrat *n*	butyrate *m*
B 614	**butyric acid,** butanoic acid	Buttersäure *f*, Butansäure *f*	acide *m* butyrique, acide butanoïque
B 615	**butyric acid bacterium**	Buttersäurebakterie *f*	bactérie *f* d'acide butyrique
	butyrylcholine esterase	*s.* C 479	
B 616	**butyryl[-CoA-]dehydrogenase,** ethylene reductase	Butyryl[-CoA-]dehydrogenase *f*, Ethylenreductase *f*	butyryl[-CoA-]déshydrogénase *f*, éthylène-réductase *f*
B 617	**butyryl thiocholine**	Butyrylthiocholin *n*	butyrylthiocholine *f*

B 618	**by-product,** side product	Nebenprodukt *n*	sous-produit *m*

C

	C	*s.* C 116, C 1048	
	Ca	*s.* C 21	
	cabinet	*s.* C 347	
	cabinet drier	*s.* D 796	
C 1	**cadaver blood**	Leichenblut *n*	sang *m* de cadavre
C 2	**cadaverine,** 1,5-diaminopentane, pentamethylene diamine	Cadaverin *f*, 1,5-Diaminopentan *n*, Pentamethylendiamin *n*	cadavérine *f*, 1,5-diaminopentane *m*, pentaméthylène-diamine *f*
C 3	**cadmium,** Cd	Cadmium *n*, Cd	cadmium *m*, Cd
C 4	**cadmium chloride**	Cadmiumchlorid *n*	chlorure *m* de cadmium
C 5	**cadmium oxide**	Cadmiumoxid *n*	oxyde *m* de cadmium
C 6	**cadmium sulphate**	Cadmiumsulfat *n*	sulfate *m* de cadmium
C 7	**cadmium sulphate test**	Cadmiumsulfatreaktion *f*, Cadmiumsulfattest *m*	réaction *f* de sulfate de cadmium
C 8	**caeruloplasmin,** coeruloplasmin, ferroxidase	Caeruloplasmin *n*, Coeruloplasmin *n*, Ferrioxidase *f*	céruléoplasmine *f*, céruloplasmine *f*, cæruléoplasmine *f*
C 9	**caesium,** Cs	Caesium *n*, Cs	cæsium *m*, césium *m*, Cs
C 10	**caffeine,** theine, 1,3,7-trimethylxanthine	Coffein *n*, Thein *n*, 1,3,7-Trimethylxanthin *n*	caféine *f*, théine *f*, 1,3,7-triméthylxanthine *f*
	Cajal's cell	*s.* A 1082	
C 11	**Cajal's method, Cajal's silver impregnation (method)**	Cajal-Methode *f*, Cajal-Silberimprägnierung *f*	méthode *f* de Cajal
C 12	**calcareous cholesterol pigment stone**	Cholesterol-Pigment-Kalkstein *m*	calcaire de cholestérol pigment
C 13	**calceine**	Calcein *n*	calcéine *f*
C 14	**calciferol,** vitamin D, antirachitic vitamin	Calciferol *n*, Vitamin *n* D, antirachitisches Vitamin *n*	calciférol *m*, vitamine *f* D, vitamine antirachitique
C 15	**calcimeter**	Calcimeter *n*	calcimètre *m*
	calcinating	*s.* C 16	
C 16	**calcination,** calcinating	Kalzinierung *f*, Kalzination *f*, Kalzinieren *n*	calcination *f*
C 17	**calcine / to**	kalzinieren	calciner
C 18	**calcite,** calc-spar	Calcit *n*, Kalkspat *m*	calcite *f*, carbonate *m* de calcium, spath *m* calcaire
C 19	**calcitonin,** thyrocalcitonin	Calcitonin *n*, Thyreocalcitonin *n*	calcitonine *f*, thyréocalcitonine *f*, thyrocalcitonine *f*
C 20	**calcitriol**	Calcitriol *n*	calcitriol *m*
C 21	**calcium,** Ca	Calcium *n*, Ca	calcium *m*, Ca
C 22	**calcium acetate**	Calciumacetat *n*	acétate *m* de calcium
C 23	**calcium-binding protein,** calmodulin	calciumbindendes Protein *n*, Calmodulin *n*	protéine *f* liant le calcium, calmoduline *f*
C 24	**calcium blood level**	Calciumblutspiegel *m*	taux *m* sanguin de calcium
C 25	**calcium bromide**	Calciumbromid *n*	bromure *m* de calcium
C 26	**calcium carbonate**	Calciumcarbonat *n*	carbonate *m* de calcium
C 27	**calcium carbonate calculus (stone)**	Calciumcarbonatstein *m*	calcul *m* de carbonate de calcium
C 28	**calcium chloride**	Calciumchlorid *n*	chlorure *m* de calcium
C 29	**calcium citrate**	Calciumcitrat *n*	citrate *m* de calcium
C 30	**calcium gluconate**	Calciumgluconat *n*	gluconate *m* de calcium
C 31	**calcium hydroxide**	Calciumhydroxid *n*	hydroxyde *m* de calcium
C 32	**calcium hypochlorite**	Calciumhypochlorit *n*	hypochlorite *m* de calcium
C 33	**calcium iodide**	Calciumiodid *n*	iodure *m* de calcium
	calcium ions	*s.* C 634	
C 34	**calcium level**	Calciumspiegel *m*	taux *m* calcique, taux de calcium
C 35	**calcium nitrate**	Calciumnitrat *n*	nitrate *m* de calcium
C 36	**calcium orthophosphate**	Calciumorthophosphat *n*	orthophosphate *m* de calcium
C 37	**calcium oxalate**	Calciumoxalat *n*	oxalate *m* de calcium
C 38	**calcium oxalate calculus (stone)**	Calciumoxalatstein *m*	calcul *m* oxalique de calcium
C 39	**calcium oxide**	Calciumoxid *n*	oxyde *m* de calcium
C 40	**calcium permanganate**	Calciumpermanganat *n*	permanganate *m* de calcium
C 41	**calcium phosphate**	Calciumphosphat *n*	phosphate *m* de calcium
C 42	**calcium phosphate calculus (stone)**	Calciumphosphatstein *m*	calcul *m* phosphatique de calcium
C 43	**calcium-phosphorus ratio**	Calcium-Phosphor-Quotient *m*	quotient *m* calcium-phosphore
C 44	**calcium salt**	Calciumsalz *n*	sel *m* de calcium
C 45	**calcium sulphate**	Calciumsulfat *n*	sulfate *m* de calcium
C 46	**calcium thiosulphate**	Calciumthiosulfat *n*	thiosulfate *m* de calcium
C 47	**calcium tolerance test**	Calciumtoleranztest *m*, Calciumbelastungstest *m*	épreuve *f* de tolérance au calcium
	calc-spar	*s.* C 18	
C 48	**calculate / to,** to compute	berechnen, errechnen, ausrechnen	calculer, faire le calcul de, évaluer
C 49	**calculation**	Berechnung *f*, Errechnung *f*, Ausrechnung *f*	calcul *m*, évaluation *f*
	calculus	*s.* C 867	
C 50	**calf**	Kalb *n*	veau *m*
C 51	**calibrate / to**	eichen, kalibrieren	calibrer, étalonner, jauger

No.	English	German	French
	calibrating plot	*s.* C 54	
C 52	**calibration**	Eichung *f*, Eichen *n*, Kalibration *f*, Kalibrierung *f*, Kalibrieren *n*	calibrage *m*, étalonnage *m*, jaugeage *m*
C 53	**calibration buffer**	Eichpuffer *m*	tampon *m* de calibration
C 54	**calibration curve,** standard curve, calibrating plot	Eichkurve *f*, Kalibrierkurve *f*, Bezugskurve *f*, Standardkurve *f*	courbe *f* étalon (d'étalonnage, de référence, standard)
C 55	**calibration error**	Eichfehler *m*, Kalibrierfehler *m*	erreur *f* d'étalonnage, erreur de calibration
C 56	**calibration factor**	Eichfaktor *m*, Kalibrierfaktor *m*, Eichkoeffizient *m*	facteur *m* de calibration, facteur d'étalonnage
C 57	**calibration mark**	Eichstrich *m*, Eichmarke *f*	repère *m* de calibration, repère d'étalonnage
C 58	**calibration material**	Eichmaterial *n*, Eichsubstanz *f*, Kalibriermaterial *n*	matériel *m* (substance *f)* de calibration, produit-type *m*
C 59	**calibration solution**	Eichlösung *f*, Kalibrierlösung *f*	solution *f* étalon
C 60	**calibrator**	Kalibrator *m*	calibrateur *m*
C 61	**Californian encephalitis virus**	California-Encephalitis-Virus *n*	virus *m* de l'encéphalite de Californie, CEV
	caliper	*s.* M 504	
	calmodulin	*s.* C 23	
C 62	**calomel,** mercurous chloride, mercury(I) chloride	Calomel *n*, Quecksilber(I)-chlorid *n*	calomel *m*, chlorure *m* mercureux
C 63	**calomel electrode**	Calomelelektrode *f*	électrode *f* au calomel
C 64	**calorimeter**	Kalorimeter *n*	calorimètre *m*
C 65	**calorimetric[al]**	kalorimetrisch	calorimétrique
C 66	**calorimetry**	Kalorimetrie *f*	calorimétrie *f*
	cAMP	*s.* C 1205	
C 67	**CAMP test**	CAMP-Test *m*, Christie-Atkins-Munch-Petersen-Test *m*	essai *m* CAMP
	canal	*s.* C 353	
	canavanase	*s.* A 984	
C 68	**cancer cell**, carcinomatous cell	Krebszelle *f*, Karzinomzelle *f*	cellule *f* cancéreuse
C 69	**cancerogen**, carcinogen, oncogenetic agent	Kanzerogen *n*, Karzinogen *n*, kanzerogene Substanz *f*	cancérogène *m*, carcinogène *m*, cancérigène *m*, substance *f* cancérogène
C 70	**cancerogenic,** carcinogenic, cancer-producing	kanzerogen, karzinogen, krebserzeugend	cancérogène, carcinogène, cancérigène
	cancerous tissue	*s.* C 72	
	cancer-producing	*s.* C 70	
C 71	**cancer test**	Krebstest *m*	test *m* de cancer
C 72	**cancer tissue,** cancerous tissue	Krebsgewebe *n*	tissu *m* cancéreux
C 73	**Candida**	Candida *f*	candida *f*
	Candida albicans	*s.* T 304	
C 74	**Candida tropicalis**	Candida *f* tropicalis	Candida tropicalis
	cane sugar	*s.* S 7	
	Cannizzaro's reaction	*s.* A 449	
C 75	**cannula,** tubule, hollow (hypodermic) needle	Kanüle *f*, Hohlnadel *f*	canule *f*, aiguille *f* creuse
C 76	**caoutchouc**	Kautschuk *m(n)*	caoutchouc *m*
C 77	**capacity**	Kapazität *f*, Fassungsvermögen *n*, Speichervermögen *n*	capacité *f*
C 78	**capacity factor (ratio)**	Kapazitätsfaktor *m*	facteur *m* de capacité
C 79	**capillarity**	Kapillarität *f*	capillarité *f*
C 80	**capillary**	kapillar	capillaire
	capillary	*s. a.* C 88	
C 81	**capillary blood**	Kapillarblut *n*	sang *m* capillaire
C 82	**capillary blood collected from the finger**	Fingerblut *n*	sang *m* capillaire prélevé du doigt
C 83	**capillary chromatography,** chromatography with open tubular columns, open tube chromatography	Kapillarchromatographie *f*	chromatographie *f* capillaire
C 84	**capillary column**, open tubular column	Kapillarsäule *f*, Trennkapillare *f*	colonne *f* capillaire
C 85	**capillary gas chromatography**	Kapillargaschromatographie *f*	chromatographie *f* en phase gazeuse sur colonne capillaire
C 86	**capillary pipette**	Kapillarpipette *f*	pipette *f* capillaire
C 87	**capillary puncture**	Kapillarpunktion *f*	ponction *f* capillaire
C 88	**capillary tube,** capillary	Kapillarröhrchen *n*, Kapillare *f*	tube *m* capillaire, capillaire *m*
C 89	**capillary[-tube] viscosimeter,** viscosity pipette	Kapillarviskosimeter *n*	viscosimètre *m* à capillaire
C 90	**capric acid,** decanoic acid	Caprinsäure *f*, Dekansäure *f*	acide *m* caprique (décanoïque)
C 91	**caproic acid,** hexanoic acid	Capronsäure *f*, Hexansäure *f*	acide *m* caproïque (hexanoïque, hexylique)
C 92	**caprylic acid,** octanoic acid	Caprylsäure *f*, Oktansäure *f*	acide *m* caprylique (octanoïque, octylique)
C 93	**capsid,** coat	Kapsid *n*, Coat *n*	capside *f*
	capsula	*s.* C 98	
C 94	**capsular**	kapselförmig, kapselartig	capsulaire
C 95	**capsular antigen,** K antigen	Kapselantigen *n*, K-Antigen *n*	antigène *m* capsulaire (K)
C 96	**capsulated bacterium**	Kapselbakterie *f*	bactérie *f* capsulaire

No.	English	German	French
C 97	**capsulated enzyme**	kapsuliertes Enzym *n*	enzyme *f* capsulée
C 98	**capsule,** capsula	Kapsel *f*	capsule *f*
C 99	**capsule staining**	Kapselfärbung *f*	coloration *f* capsulaire
C 100	**carbamate**	Carbamat *n*	carbamate *m*
C 101	**carbamate kinase**	Carbamatkinase *f*	carbamate-kinase *f*
C 102	**carbamazepine**	Carbamazepin *n*	carbamazépine *f*
C 103	**carbamic acid,** aminoformic acid	Carbamidsäure *f*, Carbaminsäure *f*	acide *m* carbamique
	carbamide	*s.* U 86	
	carbamidine	*s.* G 486	
C 104	**carbaminohaemoglobin,** carb[o]-haemoglobin	Carbaminohämoglobin *n*	carb[amino]hémoglobine *f*
C 105	**carbamoylaspartate,** carbamylaspartate	Carbamylaspartat *n*	carbamylaspartate *m*
C 106	**carbamoylaspartic acid,** ureidosuccinic acid	Carbamylasparaginsäure *f*, Ureidobernsteinsäure *f*	acide *m* carbamylaspartique (uréidosuccinique)
	carbamoyltransferase	*s.* T 480	
C 107	**carbamoylphosphate,** carbamylphosphate	Carbamylphosphat *n*	carbamylphosphate *m*
C 108	**carbam[o]ylphosphate synth[et]ase**	Carbamylphosphatsynthetase *f*	carbamylphosphate-synthétase *f*
	carbamylaspartate	*s.* C 105	
	carbamylaspartotranskinase	*s.* A 1062	
	carbamyltransferase	*s.* T 480	
	carbamylphosphate	*s.* C 107	
	carbasus	*s.* M 764	
	carbhaemoglobin	*s.* C 104	
	carbohaemoglobin	*s.* C 104	
C 109	**carbohydrate,** saccharide	Kohlenhydrat *n*, Carbohydrat *n*, Saccharid *n*, KH	hydrate *m* de carbone, carbohydrate *m*, saccharide *m*
C 110	**carbohydrate-containing**	kohlenhydrathaltig	contenant d'hydrates de carbone
C 111	**carbohydrate residue**	Kohlenhydratrest *m*	reste *m* glucidique
C 112	**carbohydrate unit**	Kohlenhydrateinheit *f*, KHE	unité *f* d'hydrate de carbone
C 113	**carbol fuchsin**	Karbolfuchsin *n*	carbol-fuchsine *f*, phénol-fuchsine *f*
C 114	**carbol fuchsin staining**	Karbolfuchsinfärbung *f*	coloration *f* à la carbol-fuchsine
	carbolic acid	*s.* P 309	
C 115	**carboligase**	Carboligase *f*	carboligase *f*
C 116	**carbon,** C	Kohlenstoff *m*, Carboneum *n*, C	carbone *m*, C
	carbon anhydride	*s.* C 122	
C 117	**carbonate**	Carbonat *n*	carbonate *m*
C 118	**carbonate buffer**	Carbonatpuffer *m*	tampon *m* carbonate
C 119	**carbonate calculus (concrement),** carbonate stone	Carbonatstein *m*	calcul *m* carbonique
C 120	**carbonate dehydratase,** carbonic anhydrase	Carboanhydrase *f*, Carbonatanhydratase *f*, Carbonatdehydratase *f*, Kohlensäureanhydrase *f*	carb[o-]anhydrase *f*, anhydrase *f* carbonique
C 121	**carbonate ion**	Carbonation *n*	ion *m* de carbonate
	carbonate stone	*s.* C 119	
	carbon dichloride oxide	*s.* P 352	
C 122	**carbon dioxide,** carbonic acid anhydride, carbon anhydride	Kohlendioxid *n*, Kohlensäureanhydrid *n*	bioxyde *m* de carbone, anhydride *m* (gaz *m*) carbonique
	carbon dioxide ice	*s.* D 793	
C 123	**carbon dioxide partial pressure,** partial pressure of carbon dioxide, pCO_2	Kohlendioxidpartialdruck *m*, pCO_2	pression (tension) *f* partielle de bioxyde de carbone, pCO_2
	carbon dioxide snow	*s.* D 793	
C 124	**carbon disulphide**	Schwefelkohlenstoff *m*, Kohlenstoffdisulfid *n*	sulfure *m* de carbone, sulfocarbure *m*
C 125	**carbonic acid**	Kohlensäure *f*	acide *m* carbonique
	carbonic acid anhydride	*s.* C 122	
	carbonic anhydrase	*s.* C 120	
C 126	**carbon monoxide**	Kohlenmonoxid *n*, Kohlenoxid *n*	monoxyde *m* de carbone
	carbon monoxide haemoglobin	*s.* C 131	
C 127	**carbon tetrachloride,** tetrachlormethane, perchloromethane	Tetrachlorkohlenstoff *m*, Tetrachlormethan *n*, Perchlormethan *n*	tétrachlorure *m* de carbone, tétrachlorométhane *m*, perchlorométhane *m*
	carbonyl chloride	*s.* P 352	
C 128	**carbonyl group,** keto group	Carbonylgruppe *f*, Ketogruppe *f*	groupe *m* carbonyle (cétonique)
C 129	**Carbot's ring [body],** ring body	Carbot-Ring *m*, Ringkörperchen *n*	anneau *m* de Carbot, corps *m* annulaire de Carbot
	carboxycathepsin	*s.* D 518	
C 130	**γ-carboxyglutamic acid**	γ-Carboxyglutaminsäure *f*	acide *m* γ-carboxyglutamique
C 131	**carboxyhaemoglobin,** carbon monoxide haemoglobin	Carboxyhämoglobin *n*, Kohlenmonoxidhämoglobin *n*, CO-Hämoglobin *n*	carboxyhémoglobine *f*, carbonylhémoglobin *f*, hémoglobine *f* oxycarbonée
C 132	**carboxyhaemoglobinometer**	Carboxyhämoglobinometer *n*	carboxyhémoglobinomètre *m*
C 133	**carboxylate / to**	carboxylieren	carboxyler
C 134	**carboxylation**	Carboxylierung *f*, Carboxylieren *n*	carboxylation *f*
C 135	**carboxylesterase,** B esterase, methylbutyrase, monobutyrase, procaine (cocain) esterase, aliesterase	Carboxylesterase *f*, B-Esterase *f*, Methylbutyrase *f*, Procainesterase *f*, Aliesterase *f*	carboxylestérase *f*, estérase *f* B, procaïne-estérase *f*, aliestérase *f*
C 136	**carboxylic acid**	Carbonsäure *f*	acide *m* carboxylique

C 137	**carboxymethyl cellulose,** CM-cellulose	Carboxymethylcellulose *f*, CM-Cellulose *f*	carboxyméthylcellulose *f*
C 138	**carboxymyoglobin**	Carboxymyoglobin *n*, Kohlenmonoxid-myoglobin *n*	carboxymyoglobine *f*
C 139	**carboxypeptidase**	Carboxypeptidase *f*	carboxypeptidase *f*
C 140	**carboxypeptidase B,** protaminase	Carboxypeptidase *f* B, Protaminase *f*	carboxypeptidase *f* B, protaminase *f*
	carboy	*s.* B 121	
C 141	**carcinoembryonic antigen,** CEA	karzinoembryonales Antigen *n*, CEA	antigène *m* carcino-embryonnaire
	carcinogen	*s.* C 69	
	carcinogenic	*s.* C 70	
	carcinomatous cell	*s.* C 68	
C 142	**cardiac [agent],** cardiac stimulant	Kardiakum *n*	cardiotonique *m*
	cardiac cell	*s.* H 161	
C 143	**cardiac glycoside**	Herzglycosid *n*	glucoside *m* cardiotonique
	cardiac stimulant	*s.* C 142	
	cardiocentesis	*s.* C 146	
C 144	**cardiolipin,** diphosphatidylglycerol	Cardiolipin *n*, Diphosphatidylglycerol *n*	cardiolipine *f*, diphosphatidylglycérol *m*
C 145	**cardiolipin microflocculation test,** CMFT	Cardiolipin-Mikroflockungstest *m*, CMFT	réaction *f* de floculation au contact de l'antigène cardiolipidique
	cardiomyocyte	*s.* M 833	
C 146	**cardiopuncture,** cardiocentesis, paracentesis of the heart	Herzpunktion *f*, Herzventrikelpunktion *f*, Herzkammerpunktion *f*, Kardiozentese *f*	paracentèse *f* du cœur, cardiocentèse *f*, ponction *f* du cœur
C 147	**carmine**	Karmin *n*	carmin *m*
C 148	**carmine cell**	Karminzelle *f*	cellule *f* carminée
C 149	**carmine test**	Karminprobe *f*	épreuve *f* de carmin
C 150	**carnitine,** vitamin B_T	Carnitin *n*, Vitamin *n* B_T	carnitine *f*, vitamine *f* B_T
C 151	**carnitine acetyltransferase**	Carnitinacetyltransferase *f*	carnitine-acétyltransférase *f*
C 152	**carnitine palmitoyltransferase**	Carnitinpalmitoyltransferase *f*	carnitine-palmitoyltransférase *f*
	carnosinase	*s.* A 598	
C 153	**carnosine,** β-alanylhistidine	Carnosin *n*, β-Alanylhistidin *n*	carnosine *f*, β-alanylhistidine *f*
C 154	**carnosine synthetase**	Carnosinsynthetase *f*	carnosine-synthétase *f*
C 155	**Carnoy's fluid**	Carnoy-Lösung *f*	liquide *m* de Carnoy
C 156	**carotene,** carotin, provitamin A	Carotin *n*, Provitamin *n* A	carotine *f*, provitamine *f* A
	carotenoid	*s.* C 157	
	carotin	*s.* C 156	
C 157	**carotinoid,** carotenoid	Carotinoid *n*	carotinoïde *m*
C 158	**Carrel's flask, Carrel's tube**	Carrel-Flasche *f*	tube *m* de Carrel
C 159	**carrier,** support, carrier (supporting) substance, carrier (supporting) material	Träger *m*, Carrier *m*, Trägersubstanz *f*, Trägermaterial *n*	porteur *m*, substance *f* porteuse, support *m*, substratum *m*
C 160	**carrier-bound**	trägergebunden	lié (fixé) au support
C 161	**carrier culture**	Trägerkultur *f*, Carrier-Kultur *f*	culture *f* sur porteur
C 162	**carrier electrolyte**	Trägerelektrolyt *m*	électrolyte *m* porteur
C 163	**carrier electrophoresis**	Trägerelektrophorese *f*	électrophorèse *f* sur porteur
C 164	**carrier-free,** support-free	trägerfrei	sans support, sans porteur
C 165	**carrier-free electrophoresis**	trägerfreie Elektrophorese *f*	électrophorèse *f* sans porteur
C 166	**carrier gas**	Trägergas *n*	gaz *m* porteur
	carrier material	*s.* C 159	
C 167	**carrier protein**	Trägerprotein *n*, Schlepperprotein *n*	protéine *f* porteuse
	carrier substance	*s.* C 159	
C 168	**Carr-Price reaction (test)**	Carr-Price-Reaktion *f*, Carr-Price-Test *m*	réaction *f* de Carr-Price
	carrying bacteria	*s.* B 6	
C 169	**Carter-Robbins test**	Carter-Robbins-Test *m*	épreuve *f* de Carter-Robbins
	cartilage cell	*s.* C 484	
C 170	**cartilage [tissue], cartilaginous tissue,** chondrial tissue	Knorpel *m*, Knorpelgewebe *n*, Cartilago *f*	cartilage *m*, tissu *m* cartilagineux
	case history	*s.* A 744	
C 171	**casein**	Casein *n*	caséine *f*
C 172	**casein culture medium**	Caseinnährboden *m*	milieu *m* de culture à la caséine
C 173	**caseinogen**	Caseinogen *n*	caséinogène *m*
	case of need	*s.* E 173	
C 174	**caseworm,** Echinococcus	Echinokokke *f*	échinocoque *m*
C 175	**Casoni's intradermal reaction (test), Casoni's reaction (skin test,** test)	Casoni-Test *m*, Casoni-Hautprobe *f*	réaction (épreuve, intradermoréaction) *f* de Casoni
C 176	**Castaneda's staining**	Castaneda-Färbung *f*	coloration *f* de Castaneda
C 177	**Castellani's [absorption] test,** agglutinin absorption test	Absättigungsversuch *m*, Agglutininabsättigungsversuch *m*, Castellani-Absättigung *f*	épreuve *f* de Castellani
	Castle's factor	*s.* I 418	
	Castle's intrinsic factor	*s.* I 418	
C 178	**cast plate**	Gußplatte *f*	
C 179	**catabolic**	katabol[isch]	catabolique
C 180	**catabolic hormone**	kataboles Hormon *n*	hormone *f* catabolique
	catabolic product	*s.* C 182	
C 181	**catabolism,** dis[as]similation	Katabolismus *m*, Abbaustoffwechsel *m*, Dissimilation *f*	catabolisme, dissimilation *f*

C 182	**catabolite,** catabolic product	Katabolit *m*, Abbauprodukt *n*	catabolite *m*
C 183	**catalase**	Katalase *f*	catalase *f*
C 184	**catalase activity**	Katalaseaktivität *f*	activité *f* de catalase
C 185	**catalyse / to**	katalysieren	catalyser
	catalyser	*s.* C 187	
C 186	**catalysis**	Katalyse *f*	catalyse *f*
C 187	**catalyst,** catalyser	Katalysator *m*	catalyseur *m*
C 188	**catalytic**	katalytisch	catalytique
C 189	**catalytic activity**	katalytische Aktivität *f*	activité *f* catalytique
C 190	**catalytic reaction**	katalytische Reaktion *f*	réaction *f* catalytique
C 191	**cataphoresis**	Kataphorese *f*	cataphorèse *f*
C 192	**cataphoretic**	kataphoretisch	cataphorétique
C 193	**catch / to,** to receive	auffangen	capter
C 194	**catcher, catch pot,** receiver	Auffanggefäß *n*, Auffangschale *f*	récipient *m* de réception, ballon *m* récepteur
C 195	**catecholamine**	Catecholamin *n*	catécholamine *f*
C 196	**catechol-1,2-dioxygenase,** pyrocatechase	Catechol-1,2-dioxygenase *f*, Pyrocatechase *f*	catéchol-1,2-dioxygénase *f*, pyrocatéchase *f*
C 197	**catechol methyltransferase**	Catecholmethyltransferase *f*	catécholméthyltransférase *f*
C 198	**catechol oxidase,** diphenol oxidase, *o*-diphenolase	Catecholoxidase *f*, Diphenoloxidase *f*, *o*-Diphenolase *f*	catécholoxydase *f*, diphénoloxydase *f*, *o*-diphénolase *f*
	cathartic	*s.* L 123	
	cathartic agent	*s.* L 123	
C 199	**cathepsin**	Kathepsin *n*	cathepsine *f*, catheptase *f*
C 200	**catheter**	Katheter *m*	cathéter *m*, sonde *f*
C 201	**catheter biopsy**	Katheterbiopsie *f*	biopsie *f* par cathéter
C 202	**catheter blood**	Katheterblut *n*	sang *m* de cathéter
C 203	**catheterisation**	Katheter[isier]ung *f*, Katheterisation *f*	cathétérisme *m*, sondage *m*
C 204	**catheterise / to,** to introduce a catheter	katheterisieren	cathétériser
C 205	**catheter urine**	Katheterurin *m*, Blasenkatheterurin *m*	urine *f* de cathéter
C 206	**cathode,** negative electrode	Katode *f*, negative Elektrode *f*	cathode *f*, électrode *f* négative
C 207	**cation**	Kation *n*	cation *m*, ion *m* positif
C 208	**cation exchange**	Kationenaustausch *m*	échange *m* de cations
C 209	**cation exchange membrane**	Kationenaustauschmembran *f*	membrane *f* d'échange de cations
C 210	**cation exchange method,** cation exchange technique	Kationenaustauschverfahren *n*	procédé *m* d'échange de cations
C 211	**cation exchange paper**	Kationenaustauschpapier *n*	papier *m* d'échange de cations
C 212	**cation exchanger,** cationite	Kationenaustauscher *m*	échangeur *m* cationique (de cations)
C 213	**cation exchange resin**	Kationenaustauschharz *n*	résine *f* d'échange de cations
	cation exchange technique	*s.* C 210	
C 214	**cationic**	kationisch	cationique
	cationite	*s.* C 212	
C 215	**cat liver fluke,** Siberian liver fluke, Opisthorchis felineus, Distomum felineum	Katzenleberegel *m*, Sibirischer Leberegel *m*	opisthorchis *m* félineux
	cat scratch virus	*s.* L 464	
C 216	**cat tapeworm,** Hydatigena taeniaformis, Hydatigena fasciolaris, Taenia crassiocollis	Katzenbandwurm *m*	Hydatigena taeniaformis, Hydatigena fasciolaris, Taenia crassiocollis
	causative organism	*s.* P 150	
	cause	*s.* R 171	
	caustic lye of soda	*s.* S 515	
	caustic potash	*s.* P 785	
	caustic potash lye	*s.* P 786	
	caustic potash solution	*s.* P 786	
	caustic soda	*s.* S 514	
	caustic soda solution	*s.* S 515	
C 217/8	**cavernous puncture**	Kavernenpunktion *f*	ponction *f* caverneuse
	CA virus	*s.* P 73	
C 219	**C bile**	C-Galle *f*	bile *f* C
C 220	**C cell**	C-Zelle *f*, calcitoninbildende parafollikuläre Zelle *f*	cellule *f* C
C 221	**C chromosome**	C-Chromosom *n*	chromosome *m* C
	cCMP	*s.* C 1206	
	Cd	*s.* C 3	
	CDP	*s.* C 1239	
	Ce	*s.* C 334	
	CEA	*s.* C 141	
C 222	**cell**	Zelle *f*	cellule *f*
	cell	*s. a.* C 347	
C 223	**cell aggregation**	Zellaggregation *f*	aggrégation *f* cellulaire
C 224	**cell antigen,** cellular antigen	Zellantigen *n*	antigène *m* cellulaire
C 225	**cell bank**	Zellbank *f*	banque *f* des cellules
	cell body	*s.* C 1297	
C 226	**cell-bound antibody**	zellgebundener Antikörper *m*	anticorps *m* lié à la cellule
C 227	**cell clone,** cellular clone	Zellklon *m*, Zellstamm *m*	clone *m* cellulaire
C 228	**cell colony**	Zellkolonie *f*	colonie *f* cellulaire
C 229	**cell complex,** cellular complex	Zellkomplex *m*	complexe *m* cellulaire

C 230	**cell component (constituent),** cellular component (element, constituent)	Zellbestandteil *m*, Zellelement *n*	composant (élément) *m* cellulaire
C 231	**cell counter**	Zellzählgerät *n*	cellule *f* compte-globules, compteur *m* des cellules
C 232	**cell counting**	Zellzählung *f*	comptage *m* (numération *f*) des cellules
C 233	**cell cultivation**	Zellkultivierung *f*	cultivation *f* cellulaire
C 234	**cell culture**	Zellkultur *f*	culture *f* cellulaire
C 235	**cell culture growth**	Zellkulturwachstum *n*	croissance *f* d'une culture cellulaire
C 236	**cell debris**	Zelltrümmer *pl*	débris *mpl* cellulaires
C 237	**cell density**	Zelldichte *f*	densité *f* cellulaire
C 238	**cell diameter**	Zelldurchmesser *m*	diamètre *m* cellulaire
C 239	**cell differentiation**	Zelldifferenzierung *f*	différenciation *f* cellulaire
C 240	**cell differentiation index**	Zelldifferenzierungsindex *m*	indice *m* de différenciation cellulaire
C 241	**cell division**	Zellteilung *f*	division *f* cellulaire
C 242	**cell division index**	Zellteilungsindex *m*	indice *m* de division cellulaire
C 243	**cell electrophoresis**	Zellelektrophorese *f*	électrophorèse *f* cellulaire
C 244	**cell extract,** cellular extract	Zellextrakt *m*	extrait *m* cellulaire
	cell fluid	*s.* C 271	
C 245	**cell fraction,** cellular fraction	Zellfraktion *f*	fraction *f* cellulaire
C 246	**cell fractionation**	Zellfraktionierung *f*	fractionnement *m* cellulaire
C 247	**cell-free**	zellfrei	acellulaire
C 248	**cell-free extract**	zellfreier Extrakt *m*	extrait *m* acellulaire
C 249	**cell growth,** cellular growth	Zellwachstum *n*	croissance *f* cellulaire
C 250	**cell haemin,** cellular haemin	Zytohämin *n*, Zellhämin *n*	cytohémine *f*, hémine *f* cellulaire
	cell hormone	*s.* C 1263	
	cell hybrid	*s.* C 1264	
C 251	**cell hydrolysis,** cellular hydrolysis	Zellhydrolyse *f*	hydrolyse *f* cellulaire
C 252	**cell inclusion**	Zelleinschluß *m*	inclusion *f* cellulaire
	cell juice	*s.* C 271	
C 253	**cell kinetics,** cellular kinetics	Zellkinetik *f*	cinétique *f* cellulaire
	cell labelling	*s.* C 257	
C 254	**cell layer**	Zellschicht *f*	couche *f* cellulaire
C 255	**cell line**	Zellinie *f*	lignée *f* cellulaire
	cell lysis	*s.* C 1274	
C 256	**cell marker,** cellular marker	Zellmarker *m*	marqueur *m* cellulaire
C 257	**cell marking,** cell labelling *(nuclear medicine)*	Zellmarkierung *f*	marquage *m* cellulaire
C 258	**cell membrane,** cellular (plasma) membrane, cytomembrane, plasmalemma	Zellmembran *f*, Zytomembran *f*, Plasmamembran *f*, Plasmalemm[a] *n*	membrane *f* cellulaire (plasmatique, plasmique), plasmalemme *m*
C 259	**cell membrane enzyme**	Zellmembranenzym *n*	enzyme *f* de membrane cellulaire
	cell morphology	*s.* C 1281	
	cell nucleus	*s.* N 312	
	cellobiase	*s.* G 294	
C 260	**cellobiose,** cellose	Cellobiose *f*, Cellose *f*	cellobiose *m*, cellose *m*
	cell of the granulous membrane	*s.* G 444	
C 261	**cell of the stroma**	Stromazelle *f*	cellule *f* du stroma
C 262	**celloidin**	Celloidin *n*	celloïdine *f*
C 263	**cellophane**	Zellophan *n*, Zellglas *n*	cellophane *f*
C 264	**cellophane tape technique**	Zellophanklebestreifenmethode *f*	méthode *f* de la cellophane adhésive
	cell organelle	*s.* O 97	
	cellose	*s.* C 260	
C 265	**cell parasite,** cytozoon	Zellparasit *m*, Zytozoon *n*	parasite *m* cellulaire, cytozoaire *m*
	cell pathology	*s.* C 1284	
C 266	**cell permeability,** cellular permeability	Zellpermeabilität *f*	perméabilité *f* cellulaire
C 267	**cell picture**	Zellbild *n*	image *f* cellulaire
	cell plasma	*s.* C 1289	
	cell poison	*s.* C 1306	
C 268	**cell population**	Zellpopulation *f*	population *f* cellulaire
C 269	**cell protein,** cellular protein	Zellprotein *n*, Zelleiweiß *n*	protéine *f* cellulaire
C 270	**cell receptor**	Zellrezeptor *m*	récepteur *m* cellulaire
C 271	**cell sap,** cell juice, cell[ular] fluid	Zellsaft *m*, Zellflüssigkeit *f*	liquide *m* cellulaire, fluide *m* cellulaire
C 272	**cell sediment**	Zellsediment *n*	sédiment *m* cellulaire
C 273	**cell separator**	Zellseparator *m*	séparateur *m* cellulaire
C 274	**cell shape**	Zellform *f*	forme *f* cellulaire
C 275	**cell size**	Zellgröße *f*	taille *f* de cellule
C 276	**cell structure,** cellular structure	Zellstruktur *f*	structure *f* cellulaire
C 277	**cell surface,** cellular surface	Zelloberfläche *f*	surface *f* cellulaire
C 278	**cell suspension**	Zellsuspension *f*	suspension *f* cellulaire
C 279	**cell tissue,** cellular tissue	Zellgewebe *n*	tissu *m* cellulaire
C 280	**cell type**	Zelltyp *m*	type *m* de cellule
	cellula	*s.* C 284	
C 281	**cellular**	zellulär	cellulaire
	cellular . . .	*s. a.* cell . . .	
C 282	**cellular enzyme,** intracellular enzyme, endoenzyme	Zellenzym *n*, intrazelluläres Enzym *n*, Endoenzym *n*	enzyme *m* cellulaire, enzyme intracellulaire, endo-enzyme *m*
	cellular pathology	*s.* C 1284	
	cellular plasma	*s.* C 1289	

	cellular poison	s. C 1306	
C 283	**cellulase**	Cellulase f	cellulase f
C 284	**cellule,** cellula, small cell	Cellula f, kleine Zelle f	cellule f, petite cellule
C 285	**cellulose**	Cellulose f, Zellstoff m	cellulose f
C 286	**cellulose acetate,** acetylcellulose	Celluloseacetat n, Acetylcellulose f	acétate m de cellulose, acétylcellulose f
C 287	**cellulose acetate electrophoresis**	Celluloseacetatelektrophorese f	électrophorèse f d'acétate de cellulose
C 288	**cellulose acetate foil**	Celluloseacetatfolie f	feuille f d'acétate de cellulose
C 289	**cellulose film**	Cellulosefolie f	feuille f de cellulose
C 290	**cellulose phosphate**	Cellulosephosphat n	phosphate m de cellulose
C 291	**cellulose powder**	Cellulosepulver n	poudre f de cellulose
C 292	**cellulose wadding,** wood pulp	Zellstoff m	matériel m à pansement
C 293	**cell volume,** cellular volume	Zellvolumen n	volume m cellulaire
C 294	**cell wall**	Zellwand f	paroi f cellulaire
C 295	**CELO virus,** chicken-embryonic-lethal-orphan virus	CELO-Virus n	virus m CELO
	centesis	s. P 1182	
	centigrade	s. D 83	
	central body	s. C 311	
C 296	**centralisation**	Zentralisierung f, Zentralisation f	centralisation f
C 297	**central laboratory**	Zentrallabor n	laboratoire m central
	central nervous system stimulant	s. A 712	
C 298	**centrifugal**	zentrifugal	centrifuge
C 299	**centrifugal acceleration**	Zentrifugalbeschleunigung f	accélération f centrifuge
C 300	**centrifugal chromatography**	Zentrifugalchromatographie f	chromatographie f centrifuge (à disque tournant)
C 301	**centrifugal force**	Zentrifugalkraft f, Fliehkraft f	force f centrifuge
	centrifugate / to	s. C 304	
C 302	**centrifugate**	Zentrifugat n	microscope m adapté à une ultracentrifugeuse
C 303	**centrifugation,** centrifuging	Zentrifugation f, Zentrifugierung f, Zentrifugieren n, Schleudern n	centrifugation f
C 304	**centrifuge / to,** to centrifugate	zentrifugieren, schleudern	centrifuger
C 305	**centrifuge**	Zentrifuge f, Trennschleuder f	centrifugeuse f, centrifugeur m, appareil m centrifuge, essoreuse f
C 306	**centrifuge microscope**	Zentrifugenmikroskop n	microscope m centrifuge
C 307	**centrifuge off / to**	abzentrifugieren	centrifuger
C 308	**centrifuge tube**	Zentrifugenglas n, Zentrifugenbecher m, Zentrifugenröhrchen n	tube m à centrifuger, tube centrifugeur, pot m à centrifuger
	centrifuging	s. C 303	
	centriole	s. C 311	
	centroblast	s. G 172	
	centrocyte	s. G 173	
C 309	**centromere**	Zentromer n, Zentromeres n	centromère m, kinétochore m, cinétochore m
C 310	**centroplasm**	Zentroplasma n	centroplasma m
C 311	**centrosome,** central body, centriole	Zentrosom n, Zentralkörperchen n, Zentriol n	centrosome m, centriole m
C 312	**cephalin,** kephalin, phosphatidyl ethanolamine	Kephalin n, Phosphatidylethanolamin n	céphaline f, phosphatidyléthanolamine f
	cephalin-cholesterol flocculation test	s. C 313	
C 313	**cephalin-cholesterol reaction,** Hanger's test, cephalin-cholesterol flocculation test	Kephalin-Cholesterol-Reaktion f, Hanger-Test m, Kephalin-Cholesterol-Flockungsreaktion f	réaction f à la céphaline-cholestérine, céphaline-cholestérol-test m, test m de Hanger, réaction f de Hanger, épreuve f de céphaline-cholestérol
C 314	**cephalin flocculation**	Kephalinflockung f	floculation f de [la] céphaline
C 315	**cephalin fraction**	Kephalinfraktion f	fraction f céphaline
C 316	**cephalocentesis,** encephalopuncture, puncture of the brain	Hirnpunktion f, Zephalozentese f	céphalocentèse f, ponction f cérébrale
C 317	**cephalosporin**	Cephalosporin n	céphalosporine f
	cephalosporinase	s. P 172	
	ceraceous	s. W 48	
C 318	**ceramic filter**	Keramikfilter n	filtre m céramique
C 319	**ceramidase**	Ceramidase f	céramidase f
C 320	**ceramide**	Ceramid n	céramide m(f)
C 321	**ceramide choline phosphotransferase**	Ceramidcholinphosphotransferase f	céramide-cholinephosphotransférase f
C 322	**ceramide polyhexoside**	Ceramidpolyhexosid n	céramide-polyhexoside m
C 323	**ceramide trisaccharide**	Ceramidtrisaccharid n	céramide-trisaccharide m
	cerasin	s. K 27	
C 324	**cercarian,** Cercaria	Zerkarie f	cercaire f
	cerebral biopsy	s. B 518	
	cerebral fluid diagnosis	s. L 349	
	cerebral tissue	s. B 522	
C 325	**cerebrone,** phrenosin	Cerebron n, Phrenosin n	cérébrone f, phrénosine f
C 326	**cerebrone acid,** phrenosin acid	Cerebronsäure f, Phrenosinsäure f	acide m cérébronique (phrénosinique)
	cerebrose	s. G 13	
C 327	**cerebroside**	Cerebrosid n	cérébroside m, galactolipide m
C 328	**cerebrospinal fluid,** spinal fluid, neurolymph, CSF	Liquor m cerebrospinalis, Hirn-Rückenmark-Flüssigkeit f, Neurolymphe f	liquide m céphalo-rachidien, LCR

	English	German	French
C 329	**cerebrospinal fluid glucose,** liquor glucose	Liquorglucose *f*, Liquorzucker *m*	sucre *m* de liquor, glucose *m* de liquor
C 330	**cerebrospinal fluid pressure,** cerebrospinal pressure	Liquordruck *m*	pression *f* cérébrospinale
C 331	**cerebrospinal fluid protein,** liquor protein	Liquorprotein *n*, Liquoreiweiß *n*	protéine *f* de liquor
C 332	**cerebrospinal fluid sediment,** liquor sediment	Liquorsediment *n*	sédiment *m* de liquor
	cerebrospinal pressure	*s.* C 330	
C 333	**ceri[o]metry**	Cerimetrie *f*	cérimétrie *f*
C 334	**cerium,** Ce	Cerium *n*, Ce	cérium *m*, Ce
C 335	**cerium ammonium sulphate**	Ceriumammoniumsulfat *n*	sulfate *m* de cérium et d'ammonium
C 336	**cerium sulphate**	Cersulfat *n*	sulfate *m* de cérium
C 337	**ceroid**	Ceroid *n*	céroïde *m*
C 338	**ceroid pigment**	Ceroidpigment *n*	pigment *m* céroïde
	cerumen	*s.* E 12	
C 339	**cervical biopsy,** uterine cervix biopsy	Zervixbiopsie *f*	biopsie *f* cervicale
C 340	**cervical mucus**	Zervixschleim *m*	mucus *m* cervical
C 341	**cervical punch**	Zervixbiopsiestanze *f*	biopsie *f* du col utérin
C 342	**cervical smear**	Zervixabstrich *m*	frottis *m* cervical
	cetylic acid	*s.* P 15	
	CFT	*s.* C 832	
	CFU	*s.* C 760	
	cGMP	*s.* C 1207	
C 343	**chain**	Kette *f*	chaîne *f*
C 344	**chain length**	Kettenlänge *f*	longueur *f* de chaîne
C 345	**chain reaction**	Kettenreaktion *f*	réaction *f* en chaîne
	chalk stone	*s.* L 258	
	chalky calculus	*s.* L 258	
C 346	**chalone,** statin	Chalon *n*, Statin *n*	chalone *m*
C 347	**chamber,** cabinet, cell, box	Kammer *f*	chambre *f*
C 348	**Chamberland's filter**	Chamberland-Filter *n*	filtre *m* [de] Chamberland, bougie *f* de Chamberland
C 349	**change / to** *(colour, reaction)*	umschlagen	virer
C 350	**change** *(colour, reaction)*	Umschlagen *n*	virage *m*
C 351	**change in state,** change of state	Zustandsänderung *f*	changement *m* d'état
C 352	**change interval,** transition interval	Umschlagsbereich *m*, Umschlagsintervall *n*	intervalle *m* de virage
	change of colour	*s.* C 773	
	change of state	*s.* C 351	
	change of volume	*s.* V 160	
C 353	**channel,** canal	Kanal *m*	canal *m*
	character	*s.* S 374	
C 354	**characteristic antigen,** species-specific antigen	artspezifisches Antigen *n*	antigène *m* caractéristique (spécifique quant à l'espèce)
	characteristic feature	*s.* D 655	
C 355	**characteristic protein,** species-specific protein	artspezifisches (arteigenes) Protein *n*, arteigenes Eiweiß *n*	protéine *f* caractéristique de l'espèce, protéine spécifique
C 356	**charcoal,** wood charcoal	Holzkohle *f*	charbon *m* de bois
C 357	**Charcot-Leyden crystal,** asthma crystal	Charcot-Leyden-Kristall *n*, Asthmakristall *n*	cristaux *mpl* de Charcot-Leyden, cristaux asthmatique
C 358	**charge**	Ladung *f*	charge *f*
C 359	**charged**	geladen	chargé
C 360	**charged particle**	geladenes Teilchen *n*	particule *f* chargée
	chart	*s.* D 304	
	CHE	*s.* C 465	
	check / to	*s.* C 955	
C 361	**check analysis**	Kontrollanalyse *f*	analyse *f* témoin
	checking	*s.* C 956	
	check-up	*s.* C 956	
C 362	**check-up examination,** medical check-up	Kontrolluntersuchung *f*	examen *m* de contrôle
	Chediak's reaction	*s.* C 363	
C 363	**Chediak's test,** Chediak's reaction	Chediak-Trockenblutreaktion *f*	réaction *f* de Chediak
C 364	**cheese fly,** Piophila casei	Käsefliege *f*	piophile *f*
C 365	**chelate**	Chelat *n*	noyau *m* chelaté
	chelate complex	*s.* C 366	
C 366	**chelate compound,** chelate complex	Chelatverbindung *f*, Chelatkomplex *m*	combinaison *f* chélatée, complexe *m* chélaté
	chelate ion exchange resin	*s.* C 367	
C 367	**chelate resin,** chelating resin, chelate ion exchange resin	Chelatharz *n*	résine *f* chélatée
C 368	**chelating agent,** complexing (sequestering) agent, chelator, chelon, sequestrant	Chelatbildner *m*, Komplexbildner *m*, Chelator *m*, Chelon *n*	chélatant *m*, chélateur *m*, agent *m* chélateur, chélon *m*
	chelating resin	*s.* C 367	
C 369	**chelatometric**	chelatometrisch	chélatométrique
	chelatometric titration	*s.* C 370	

C 370	**chelatometry,** chelatometric titration	Chelatometrie *f*, chelatometrische Titration *f*	chélatométrie *f*, titrage *m* chélatométrique
	chelator	*s.* C 368	
	chelon	*s.* C 368	
C 371	**chemical**	Chemikalie *f*	produit *m* chimique
C 372	**chemical**	chemisch	chimique
C 373	**chemical activity**	chemische Aktivität *f*	activité *f* chimique
	chemical adsorption	*s.* C 409	
C 374	**chemical analysis**	chemische Analyse *f*	analyse *f* chimique
	chemical atomic weight	*s.* A 1102	
	chemical balance	*s.* A 726	
C 375	**chemical bond**	chemische Bindung *f*	liaison *f* chimique
C 376	**chemical combustion**	chemische Verbrennung *f*	combustion *f* chimique
C 377	**chemical composition**	chemische Zusammensetzung *f*	composition *f* chimique
C 378	**chemical composition measurement**	Analysenmeßtechnik *f*	méthode *f* de mesure analytique
C 379	**chemical compound**	chemische Verbindung	composé *m* chimique
C 380	**chemical disinfection**	chemische Desinfektion *f*	désinfection *f* chimique
C 381	**chemical element**	chemisches Element *n*	élément *m* chimique
C 382	**chemical energy**	chemische Energie *f*	énergie *f* chimique
C 383	**chemical equation,** reaction equation	chemische Gleichung *f*, Reaktionsgleichung *f*	équation *f* chimique (de réaction)
C 384	**chemical equilibrium,** thermodynamic (reaction) equilibrium	chemisches (thermodynamisches) Gleichgewicht *n*, Reaktionsgleichgewicht *n*	équilibre *m* chimique (thermodynamique, de réaction)
C 385	**chemical equivalent**	chemisches Äquivalent *n*	équivalent *m* chimique
C 386	**chemical formula**	chemische Formel *f*	formule *f* chimique
	chemical funnel	*s.* F 124	
	chemical inertness	*s.* I 231	
C 387	**chemical kinetics,** reaction kinetics	chemische Kinetik *f*, Reaktionskinetik *f*	cinétique *f* chimique (de réaction)
C 388	**chemically active**	chemisch aktiv	chimiquement actif
C 389	**chemically instable,** chemically unstable	chemisch instabil (unbeständig)	chimiquement instable (labile)
C 390	**chemically pure**	chemisch rein	chimiquement pur
C 391	**chemically pure substance**	chemisch reine Substanz *f*	substance *f* chimiquement pure
C 392	**chemically stable**	chemisch stabil (beständig)	chimiquement stable
	chemically unstable	*s.* C 389	
C 393	**chemical microanalysis**	chemische Mikroanalyse *f*	microanalyse *f* chimique
C 394	**chemical micromethod**	chemische Mikromethode *f*	microméthode *f* chimique
C 395	**chemical potential**	chemisches Potential *n*	potentiel *m* chimique
C 396	**chemical preparation**	chemisches Präparat *n*	préparation *f* chimique
C 397	**chemical process**	chemischer Prozeß *m*	procédé *m* chimique
C 398	**chemical property**	chemische Eigenschaft *f*	propriété *f* chimique
C 399	**chemical purity**	chemische Reinheit *f*	pureté *f* chimique
C 400	**chemical reaction**	chemische Reaktion *f*	réaction *f* chimique
C 401	**chemical separation**	chemische Trennung *f*	séparation *f* chimique
C 402	**chemical sterilisation**	chemische Sterilisierung (Sterilisation) *f*	stérilisation *f* chimique
C 403	**chemical structure**	chemische Struktur *f*	structure *f* chimique
	chemical synthesis	*s.* C 411	
	chemical thermodynamics	*s.* T 148	
C 404	**chemiluminescence**	Chemilumineszenz *f*, Chemolumineszenz *f*	chimi[o]luminescence *f*
C 405	**chemiluminescence immunoassay**	Chemilumineszenzimmunoassay *m*	dosage *m* immunologique par chimioluminescence
	chemisorption	*s.* C 409	
C 406	**chemist**	Chemiker *m*	chimiste *m*
C 407	**chemistry**	Chemie *f*	chimie *f*
	chemoceptor	*s.* C 408	
C 408	**chemoreceptor,** chemoceptor	Chemorezeptor *m*, Chemozeptor *m*	chimiorécepteur *m*
C 409	**chemosorption,** chemisorption, chemical adsorption	Chemosorption *f*, Chemisorption *f*, chemische Adsorption *f*	chimisorption *f*, adsorption *f* chimique
C 410	**chemostat**	Chemostat *m*	chimiostate *m*
C 411	**chemosynthesis,** chemical synthesis	Chemosynthese *f*	chimiosynthèse *f*
C 412	**chemotactic factor**	chemotaktischer Faktor *m*	facteur *m* chimiotactique
C 413	**chemotaxis**	Chemotaxis *f*	chimiotactisme *m*
C 414	**chemotherapeutant,** chemotherapeutic drug, chemotherapeutical agent (substance, remedy)	Chemotherapeutikum *n*, chemotherapeutisches Mittel *n*	chimiothérapeutique *m*
C 415	**chemotherapeutic[al]**	chemotherapeutisch	chimiothérapeutique
	chemotherapeutical agent	*s.* C 414	
	chemotherapeutical remedy	*s.* C 414	
	chemotherapeutical substance	*s.* C 414	
	chemotherapeutic drug	*s.* C 414	
	chemotherapeutics	*s.* C 416	
C 416	**chemotherapy,** chemotherapeutics	Chemotherapie *f*	chimiothérapie *f*
C 417	**chenodeoxycholic acid**	Chenodesoxycholsäure *f*, Anthropodesoxycholsäure *f*, Chenosäure *f*	acide *m* chenodésoxycholique, acide anthropodésoxycholique
C 418	**chick embryo**	Hühnerembryo *m*	embryon *m* de poule
	chicken embryo culture	*s.* C 1167	

	English	German	French
	chicken-embryonic-lethal-orphan virus	*s.* C 295	
C 419	**chief cell,** principal cell	Hauptzelle *f*	cellule *f* principale
	chief constituent	*s.* M 59	
C 420	**child**	Kind *n*	enfant *f/m*
	Chilean nitrate	*s.* S 525	
	Chile saltpetre	*s.* S 525	
	chill / to	*s.* A 534	
	china clay	*s.* K 9	
C 421	**Chinese liver fluke,** Clonorchis sinensis	Chinesischer Leberegel *m*	douve *f* du foie
	chinidine	*s.* Q 32	
	chinoline	*s.* Q 34	
	chinone	*s.* Q 36	
C 422	**chi-square distribution,** χ^2-distribution	Chi-Quadrat-Verteilung *f,* χ^2-Verteilung *f*	distribution (répartition) *f* de chi-carré (χ^2)
C 423	**chi-square test,** χ^2-test	Chi-[Quadrat-]Test *m,* χ^2-Test *m*	test *m* du chi-carré, test [du] χ^2, test de Pearson
C 424	**chitin**	Chitin *n*	chitine *f*
	chitosamine	*s.* G 269	
C 425	**Chlamydia**	Chlamydia *pl*	Chlamydia
C 426	**chlamydospore**	Chlamydospore *f*	chlamydospore *f*
	chloral	*s.* T 545	
	chloral hydrate	*s.* T 542	
C 427	**chloramine**	Chloramin *n*	chloramine *f*
C 428	**chloramphenicol**	Chloramphenikol *n*	chloramphénicol *m*
C 429	**chloramphenicol acetyltransferase**	Chloramphenikolacetyltransferase *f*	chloramphénicol-acétyltransférase *f*
C 430	**chlorate**	Chlorat *n*	chlorate *m*
C 431	**chloric acid**	Chlorsäure *f*	acide *m* chlorique
C 432	**chloride**	Chlorid *n*	chlorure *m*
	chloridimetry	*s.* C 433	
C 433	**chloridometry,** chloridimetry	Chloridometrie *f,* Chloridbestimmung *f*	chloridométrie *f,* détermination *f* du chlorure
C 434	**chlorine,** Cl	Chlor *n,* Cl	chlore *m,* Cl
C 435	**chlorine-containing,** containing chlorine	chlorhaltig	chloruré, contenant du chlore
C 436	**chlorine electrode**	Chlorelektrode *f*	électrode *f* à chlore
C 437	**chlorite**	Chlorit *n*	chlorite *m*
C 438	**chlorobenzene**	Chlorbenzen *n*	chlorobenzène *m,* chlorure *m* de phényle
C 439	**chlorocyte**	Chlorozyt *m*	chlorocyte *m*
	chloroethane	*s.* E 498	
	2-chloroethanol	*s.* E 500	
	chloroethene	*s.* V 97	
	chloroethylene	*s.* V 97	
C 440	**chloroform,** trichloromethane	Chloroform *n,* Trichlormethan *n*	chloroforme *m,* trichlorométhane *m*
	chlorohaemin	*s.* H 20	
C 441	***p*-chloromercuribenzoate**	*p*-Chlormerkuribenzoat *n*	*p*-chloromercuribenzoate *m*
	chloromethane	*s.* M 393	
C 442	**chlorophenol red**	Chlorphenolrot *n*	rouge *m* de chlorophénol
C 443	**chloropromazine**	Chlorpromazin *n*	chloropromazine *f*
C 444	**chlorothiazide**	Chlorthiazid *n*	chlorothiazide *m*
C 445	**chlorothymol**	Chlorthymol *n*	chlor[o]thymol *m*
C 446	**chlorous acid**	chlorige Säure *f*	acide *m* chloreux
C 447	**chlortetracycline**	Chlortetracyclin *n*	chlortétracycline *f*
C 448	**chocolate agar**	Schokoladenagar *m*	gélose *f* chocolat
C 449	**cholane**	Cholan *n*	cholane *m*
C 450	**cholanic acid**	Cholansäure *f*	acide *m* cholanique
C 451	**cholate**	Cholat *n*	cholate *m*
	cholate thiokinase	*s.* C 480	
C 452	**cholebilirubin**	Cholebilirubin *n*	cholébilirubine *m*
C 453	**cholecalciferol,** vitamin D_3	Cholecalciferol *n,* Vitamin *n* D_3	cholécalciférol *m,* vitamine *f* D_3
	cholecyanin	*s.* B 215	
	cholecyst	*s.* G 25	
C 454	**cholecystokinin**	Cholecystokinin *n*	cholécystokinine *f*
C 455	**cholecystokinin-pancreozymin**	Cholecystokinin-Pankreozymin *n*	cholécystokinine-pancréozymine *m,* CCK-PZ
C 456	**choleglobin**	Choleglobin *n*	cholélobine *f*
	cholehaematin	*s.* B 222	
C 457	**choleic acid**	Choleinsäure *f*	acide *m* choléique
	cholelith	*s.* G 28	
	choleprasin	*s.* B 221	
C 458	**cholera antigen**	Choleraantigen *n*	antigène *m* de choléra, antigène choléraïque
	cholera vibrion	*s.* C 811	
C 459	**cholestane**	Cholestan *n*	cholestane *m*
	cholestanol	*s.* D 439	
	cholesterase	*s.* C 465	
	cholesterin	*s.* C 460	
C 460	**cholesterol,** cholesterin	Cholesterol *n*	cholestérol *m*

C 461	**cholesterol acyltransferase**	Cholesterolacyltransferase *f*	cholestérol-acyltransférase *f*
C 462	**cholesterol calculus,** cholesterol stone	Cholesterolstein *m*	calcul *m* cholestérolique
C 463	**cholesterol content**	Cholesterolgehalt *m*	teneur *f* en cholestérol
C 464	**cholesterol ester**	Cholesterolester *m*	ester *m* cholestérolique
C 465	**cholesterol esterase,** cholesterase, CHE	Cholesterolesterase *f,* Cholesterase *f,* CHE	cholestérol-estérase *f,* cholestérase *f*
C 466	**cholesterol glucuronide**	Cholesterolglucuronid *n*	cholestérol-glucuronide *m*
C 467	**cholesterol oxidase**	Cholesteroloxidase *f*	cholestérol-oxydase *f*
C 468	**cholesterol-phoshatide quotient**	Cholesterol-Phosphatid-Quotient *m*	quotient *m* de cholestérol-phosphatide
	cholesterol stone	*s.* C 462	
C 469	**cholestokinin**	Cholestokinin *n*	cholestokinine *m*
	choleverdin	*s.* B 235	
C 470	**cholic acid**	Cholsäure *f*	acide *m* cholique
C 471	**choline,** bilineurine	Cholin *n,* Bilineurin *n*	choline *f,* bilineurine *f*
C 472	**choline acetyl[transfer]ase**	Cholinacetyl[transfer]ase *f*	choline-acétyl[transfér]ase *f*
C 473	**choline dehydrogenase**	Cholindehydrogenase *f*	choline-déshydrogénase *f*
C 474	**choline ester**	Cholinester *m*	ester *m* de choline
C 475	**choline kinase**	Cholinkinase *f*	choline-kinase *f*
C 476	**choline oxidase**	Cholinoxidase *f*	choline-oxydase *f*
C 477	**cholinephosphate cytidylyltransferase,** phosphorylcholine transferase	Cholinphosphat-cytidyltransferase *f,* Phosphorylcholintransferase *f*	choline-phosphate-cytidyltransférase *f,* phosphorylcholine-transférase *f*
C 478	**choline phosphotransferase**	Cholinphosphotransferase *f*	choline-phosphotransférase *f*
C 479	**cholinesterase,** pseudocholinesterase, butyrylcholine esterase	Cholinesterase *f,* Pseudocholinesterase *f,* Butyrylcholinestérase *f*	cholinestérase *f,* pseudo[-]cholinestérase *f,* butyrylcholinestérase *f*
	chololith	*s.* G 28	
C 480	**choloyl-CoA-synthetase,** cholate thiokinase	Choloyl-CoA-synthetase *f,* Cholatthiokinase *f*	choloyl-CoA-synthétase *f,* cholate-thiokinase *f*
	chondrial tissue	*s.* C 170	
C 481	**chondrin**	Chondrin *n,* Knorpelleim *m*	chondrine *f*
C 482	**chondroblast,** chondroplast	Chondroblast *m,* Chondroplast *m,* Knorpelbildungszelle *f*	chondroblaste *m,* cellule *f* cartilagineuse jeune
C 483	**chondroclast**	Chondroklast *m,* Knorpelfreßzelle *f*	chondroclaste *m*
C 484	**chondrocyte,** cartilage cell	Chondrozyt *m,* Knorpelzelle *f*	chondrocyte *m*
C 485	**chondroitic acid**	Chondroitinsäure *f*	acide *m* chondroïtique
C 486	**chondroitin**	Chondroitin *n*	chondroïtine *f*
C 487	**chondroitin sulphate**	Chondroitinsulfat *n*	sulfate *m* de chondroïtine
C 488	**chondroitin sulphuric acid**	Chondroitinschwefelsäure *f*	acide *m* sulfurique de chondroïtine
C 489	**chondromucoid**	Chondromucoid *n*	chondromucoïde *m,* chondromucine *f*
	chondroplast	*s.* C 482	
C 490	**chondroproteid**	Chondroproteid *n*	chondroprotéide *m*
C 491	**chondroprotein**	Chondroprotein *n*	chondroprotéine *f*
	chondrosamine	*s.* G 12	
C 492	**chorda saliva**	Chordaspeichel *m*	salive *f* chordale
	choriongonadotropic hormone	*s.* C 495	
C 493	**chorionic biopsy**	Chorionbiopsie *f*	biopsie *f* chorionique
C 494	**chorionic cell**	Chorionzelle *f*	cellule *f* chorionique
C 495	**chorionic gonadotropin,** human chorionic gonadotropin, placenta gonadotropin, choriongonadotropic hormone, HCG	Choriongonadotropin *n,* Human-Choriongonadotropin *n,* Plazentagonadotropin *n,* choriongonadotropes Hormon *n,* HCG	gonadotrophine *f* chorionique (placentaire), gonadostimuline *f* (hormone *f* gonadotrope) chorionique, HCG
	chorionic somatomammotropin	*s.* P 508	
C 496	**chorionic thyrotropin**	Chorionthyreotropin *n*	thyréotrop[h]ine *f* chorionique
	Christmas factor	*s.* C 641	
C 497	**chromaffin**	chromaffin	chromaffine
C 498	**chromaffin cell**	chromaffine Zelle *f*	cellule *f* chromaffine
C 499	**chromaffinity**	Chromaffinität *f*	chromaffinité *f*
C 500	**chromaffin tissue**	chromaffines Gewebe *n*	tissu *m* chromaffine
C 501	**chromate**	Chromat *n*	chromate *m*
C 502	**chromatic**	chromatisch	chromatique
C 503	**chromatide**	Chromatide *f,* Chromatid *n*	chromatide *m*
C 504	**chromatin**	Chromatin *n*	chromatine *f*
C 505	**chromatin body**	Chromatinkörperchen *n,* Chromatinkörnchen *n*	corpuscule *m* de chromatine, corpuscule chromatinien
C 506	**chromatin dust**	Chromatinstaub *m*	grains *mpl* de chromatine
	chromatocyte	*s.* C 534	
C 507/8	**chromatofocusing**	Chromatofokussierung *f*	focalisation *f* chromatique
	chromatogenous	*s.* C 536	
C 509	**chromatogram**	Chromatogramm *n*	chromatogramme *m*
C 510	**chromatogram evaluation**	Chromatogrammauswertung *f*	évaluation *f* de chromatogramme
C 511	**chromatograph / to,** to separate chromatographically, to separate (fractionate) by chromatography	chromatographieren, chromatographisch auftrennen	chromatographier, séparer par chromatographie
C 512	**chromatograph**	Chromatograph *m,* Chromatographiegerät *n*	chromatographe *m*
C 513	**chromatographic**	chromatographisch	chromatographique
	chromatographic adsorption analysis	*s.* A 310	
C 514	**chromatographic analysis**	chromatographische Analyse (Untersuchung) *f*	analyse *f* (examen *m*) chromatographique

C 515	**chromatographic bed**	chromatographisches Bett *n*	lit *m* chromatographique
	chromatographic cabinet	*s.* C 516	
C 516	**chromatographic chamber,** chromatographic cabinet	Chromatographiekammer *f*	chambre *f* chromatographique
C 517	**chromatographic column**	chromatographische Säule *f,* Chromatographiesäule *f*	colonne *f* chromatographique
C 518	**chromatographic method**	chromatographische Methode *f*, chromatographisches Verfahren *n*	méthode *f* (procédé *m*) chromatographique
C 519	**chromatographic paper**	Chromatographiepapier *n*	papier *m* chromatographique
C 520	**chromatographic plate,** chromatoplate	Chromatographieplatte *f*	plaque *f* chromatographique
C 521	**chromatographic separation**	Chromatographieren *n,* chromatographische Auftrennung *f,* (Trennung) *f*	séparation *f* chromatographique
C 522	**chromatographic separation pattern**	chromatographisches Trennungsbild *n*	dessin *m* de la séparation chromatographique
C 523	**chromatographic tank**	Chromatographiegefäß *n*	cuve *f* à chromatographie, cuve de développement, cuve cylindrique pour chromatographie
C 524	**chromatographic tube**	Chromatographierohr *n*	tube *m* chromatographique
C 525	**chromatographic zone**	chromatographische Zone *f*	zone *f* chromatographique
C 526	**chromatography**	Chromatographie *f*	chromatographie *f*
	chromatography with open tubular columns	*s.* C 83	
	chromatophile	*s.* C 540	
	chromatophilic	*s.* C 540	
C 527	**chromatoplasm**	Chromatoplasma *n*	chromatoplasma *m*
	chromatoplate	*s.* C 520	
C 528	**chrome alum,** potassium chrome alum	Chromalaun *n,* Kaliumchromalaun *n*	alun *n* de chrome [potassique]
C 529	**chrome yellow**	Chromgelb *n,* Bleichromgelb *n*	jaune *m* de chrome (chromate de plomb)
C 530	**chromic acid**	Chromsäure *f*	acide *m* chromique
C 531	**chromium,** Cr	Chrom *n,* Cr	chrome *m,* Cr
C 532	**chromium chloride**	Chromchlorid *n*	chlorure *m* de chrome
C 533	**chromium oxide**	Chromoxid *n*	oxyde *m* de chrome
C 533a	**Chromobacterium**	Chromobacterium *n*	chromobactérie *f*
C 534	**chromocyte,** chromatocyte, pigment cell	Chromozyt *m*, Chromatophor *n,* Pigmentzelle *f,* Farbzelle *f*	chromocyte *m,* chromatophore *m*
C 535	**chromogen**	Chromogen *n,* Farbbildner *m*	chromogène *m*
C 536	**chromogenic,** chromatogenous	chromogen, farbbildend	chromogène
C 537	**chromogenic substrate**	chromogenes Substrat *n*	substrat *m* chromogène
	chromolipid	*s.* L 290	
	chromolipoid	*s.* L 290	
C 538	**chromomere**	Chromomer *n*	chromomère *m*
C 539	**chromophile,** chromophile cell	Chrom[at]ophiler *m,* chromophile (leicht färbbare) Zelle *f*	cellule *f* chromatophile, chrom[at]ophile *m*
C 540	**chromophile,** chromatophile, chromatophilic, chromophilous, easily stainable	chrom[at]ophil, leicht färbbar	chromophile, chromatophile
	chromophile cell	*s.* C 539	
	chromophilous	*s.* C 540	
C 541	**chromophobe,** chromophobe (chromophobic) cell	Chromophober *m,* chromophobe Zelle *f*	cellule *f* chromophobe
C 542	**chromophobe,** chromophobic	chrom[at]ophob, schwer färbbar	chromophobe
	chromophobe cell	*s.* C 541	
	chromophobic	*s.* C 542	
	chromophobic cell	*s.* C 541	
C 543	**chromophore**	Chromophor *m,* Farbstoffträger *m*	chromophore *m*
C 544	**chromophoric, chromophorous**	chromophor, farbstofftragend	chromophore
	chromoplasm	*s.* N 255	
C 545	**chromoprotein**	Chromoprotein *n*	chromoprotéine *f*
C 546	**chromosomal**	chromosomal	chromosomique
	chromosomal aberration	*s.* C 548	
C 547	**chromosome**	Chromosom *n,* Kernschleife *f*	chromosome *m*
C 548	**chromosome aberration,** chromosomal aberration	Chromosomenaberration *f*	aberration *f* chromosomique
C 549	**chromosome analysis**	Chromosomenanalyse *f*	analyse *f* chromosomique
C 550	**chromosome arm**	Chromosomenarm *m*	bras (membre) *m* chromosomique
C 551	**chromosome break**	Chromosomenbruch *m*	rupture *f* chromosomique, cassure *f* de chromosomes
C 552	**chromosome exchange,** exchange of chromosomes	Chromosomenaustausch *m*	échange *m* des chromosomes
C 553	**chromosome fragment**	Chromosomenfragment *n*	fragment *m* chromosomique
C 554	**chromosome map,** gene[tic] map	Chromosomenkarte *f,* Genkarte *f*, genetische Karte *f*	carte *f* chromosomique (génétique)
C 555	**chromosome number**	Chromosomenzahl *f*	nombre *m* chromosomique
C 556	**chromosome set,** set of chromosomes	Chromosomensatz *m*	arrangement *m* de chromosomes
C 557	**chromosome size**	Chromosomengröße *f*	taille *f* chromosomique
C 558	**chromosome structure**	Chromosomenstruktur *f*	structure *f* des chromosomes
C 559	**chromosome thread**	Chromosomenfaden *m*	filament *m* chromosomique

C 560	**chromosome translocation**	Chromosomentranslokation *f*	translocation *f* des chromosomes, translocation chromosomique
C 561	**chromosulphuric acid**	Chromschwefelsäure *f*	acide *m* sulfochromique
C 562	**chronic**	chronisch, schleichend	chronique
	Chrysops discalis	*s.* W 68	
C 563	**chyle,** chylus	Chylus *m,* Milchsaft *m*, Darmlymphe *f*	chyle *m*
C 564	**chylomicron,** lipomicron	Chylomicron *n,* Lipomicron *n*, Chyluskorn *n*	chylomicron *m,* lipomicron *m*
	chylus	*s.* C 563	
	chymase	*s.* C 566	
C 565	**chyme,** chymus, gastric (stomach) contents	Chymus *m,* Mageninhalt *m*	chyme *m,* contenu *m* stomachique
C 566	**chymosin,** rennin, chymase	Chymosin *n,* Rennin *n*, Chymase *f,*	chymosine *f*, rennine *f*, labferment *m,* présure *f*
C 567	**chymotrypsin**	Chymotrypsin *n*	chymotrypsine *f*
C 568/9	**chymotrypsinogen,** prochymotrypsin	Chymotrypsinogen *n,* Prochymotrypsin *n*	chymotrypsinogène *m*
C 570	**chymotryptic peptide**	chymotryptisches Peptid *n*	peptide *m* chymotryptique
	chymus	*s.* C 565	
	Ci	*s.* C 1182	
	CIE	*s.* C 1062	
	cilium	*s.* F 192	
	Cimex	*s.* B 594	
	Cimex hemipterus	*s.* O 112	
	Cimex lectularius	*s.* C 814	
	cIMP	*s.* C 1207a	
C 571	**C1-inactivator, C1-inhibitor,** α_2-neuroaminoglycoprotein, acid α_2-glycoprotein, α_2-acid glycoprotein	C1-Inaktivator *m,* C1-Inhibitor *m*, α_2-Neuroaminoglycoprotein *n,* saures α_2-Glycoprotein *n*	inhibiteur *m* C1
C 572	**circadian rhythm,** biorhythm, daily rhythm	zirkadianer Rhythmus *m,* Biorhythmus *m*, Tagesrhythmus *m*	rythme *m* cicardien, biorythme *m,* rythme nycthéméral
	circular chromatography	*s.* C 573	
C 573	**circular [filter] paper chromatography**, circular chromatography	Rundfilterchromatographie *f*	chromatographie *f* à filtre circulaire
C 574	**circulate / to**	zirkulieren	circuler
C 575	**circulating immune complex,** CJC	zirkulierender Immunkomplex *m,* ZIK	complexe *m* immun circulant
	circulating oxygen	*s.* B 407	
	circulating pump	*s.* R 484	
C 576	**circulation**	Zirkulation *f*	circulation *f*
C 577	**circumcercarial precipitate membrane test,** pericercarial precipitin test	Zerkarienhüllenreaktion *f*	réaction *f* de précipitation péricircardienne
	cisternal puncture	*s.* S 1009	
C 578	**cis-trans isomerism**	cis-trans-Isomerie *f*	isomérie *f* cis-trans
	citochol test	*s.* S 9	
	citrase	*s.* C 583	
	citratase	*s.* C 583	
C 579	**citrate**	Citrat *n*	citrate *m*
C 580	**citrate buffer**	Citratpuffer *m*	tampon *m* citrate
	citrate cleavage enzyme	*s.* A 1107	
C 581	**citrated blood**	Citratblut *n*	sanguin *m* citraté
C 582	**citrated plasma**	Citratplasma *n*	plasma *m* citraté
C 583	**citrate lyase,** citra[ta]se	Citratlyase *f,* Citra[ta]se *f*	citrate-lyase *f,* citra[ta]se *f*
C 584	**citrate synthase,** citrogenase, condensing enzyme	Citratsynthase *f,* Citrogenase *f*	citrate-synthase *f,* citrogénase *f*
C 585	**citric acid**	Citronensäure *f*	acide *m* citrique
C 586	**citrin**	Citrin *n*	citrine *f*
	citrogenase	*s.* C 584	
C 587	**citrovorum factor,** folinic acid, leucovorin	Citrovorumfaktor *m*, Folinsäure *f*, Leukovorin *n*	facteur *m* citrovorum, acide *m* folinique, leucovorine *f,* citrovorine *f*
C 588	**citrulline,** α-amino-σ-ureidovaleric acid	Citrullin *n,* α-Amino-σ-ureidovaleriansäure *f*	citrulline *f*, acide *m* α-amino-σ-uréidovalérique
	citrulline phosphorylase	*s.* O 116	
	CJC	*s.* C 575	
	CK	*s.* C 1088	
	Cl	*s.* C 434	
C 589	**clamp,** clip	Klemme *f,* Klammer *f*	clamp *m*
	clarification	*s.* P 1198	
	clarify / to	*s.* P 1202	
C 590	**Clark's electrode**	Clark-Elektrode *f*	électrode *f* de Clark
C 591	**clasmatocyte**	Klasmatozyt *m*	clasmatocyte *m*
C 592	**classification,** classifying	Klassifizierung *f,* Klassifikation *f*	classification *f*
C 593	**classification of bacteria**	Bakterienklassifikation *f*	classification *f* des bactéries
C 594	**classify / to**	klassifizieren	classifier
	classifying	*s.* C 592	
C 595	**Clauberg's culture medium**	Clauberg-Nährboden *m*	milieu *m* de Clauberg
	clean / to	*s.* P 1202	
	cleaner	*s.* P 1201	
	cleaning agent	*s.* P 1201	

No.	English	German	French
	cleanser	*s.* P 1201	
	cleansing	*s.* P 1198	
	cleansing agent	*s.* P 1201	
	clear / to	*s.* P 1202	
	clear	*s.* L 238	
C 596	**clearance**	Clearance *f*	clearance *f*, clairance *f*
C 597	**clearance test**	Clearance-Test *m*	test *m* de clearance
	clearing	*s.* P 1198	
C 598	**clearing factor**	Klärfaktor *m*, Klärungsfaktor *m*	facteur *m* clarifiant
	clearing factor lipase	*s.* L 313	
	cleavage	*s.* S 705	
	cleavage product	*s.* S 707	
	cleave / to	*s.* S 704	
	climacteric period	*s.* C 599	
C 599	**climacterium, climax,** climacteric period	Klimakterium *n*, Klimax *f*, Wechseljahre *npl*	climax *m*, cessation *f* de l'activité des glandes génitales
C 600	**clinic,** hospital	Klinik *f*	clinique *f*
	clinic	*s. a.* H 423	
C 601	**clinical**	klinisch	clinique
C 602	**clinical application**	klinische Anwendung *f*	application *f* clinique
C 603	**clinical biochemistry**	klinische Biochemie *f*	biochimie *f* clinique
C 604	**clinical checking**	klinische Erprobung *f*	essai *m* clinique
C 605	**clinical chemistry**	klinische Chemie *f*	chimie *f* clinique
C 606	**clinical data,** medical data	klinische (medizinische) Daten *pl*	données *fpl* cliniques (médicales)
C 607	**clinical diagnosis**	klinische Diagnose *f*	diagnose *f* clinique
C 608	**clinical laboratory**	klinisches Laboratorium *n*	laboratoire *m* clinique
C 609	**clinical laboratory diagnostics**	klinische Laboratoriumsdiagnostik *f*	diagnostic *m* de laboratoire clinique
C 610	**clinical microbiology**	klinische Mikrobiologie *f*	microbiologie *f* clinique
C 611	**clinical microscopy**	klinische Mikroskopie *f*	microscopie *f* clinique
C 612	**clinical morphology**	klinische Morphologie *f*	morphologie *f* clinique
C 613	**clinical pharmacology**	klinische Pharmakologie *f*	pharmacologie *f* clinique
C 614	**clinician**	Kliniker *m*	médecin *m* clinicien, clinicien *m*
C 615	**clinicochemical**	klinisch-chemisch	clinico-chimique
C 616	**clinicochemical laboratory**	klinisch-chemisches Laboratorium *n*	laboratoire *m* clinico-chimique
C 617	**clinicodiagnostic laboratory**	klinisch-diagnostisches Laboratorium *n*	laboratoire *m* clinico-diagnostique
	clip	*s.* C 589	
C 618	**clomiphene**	Clomiphen *n*	clomiphène *m*, clomifène *m*
C 619	**clonal culture**	Klonkultur *f*	culture *f* des clones
C 620	**clone / to**	klonieren	cloner
C 621	**clone**	Klon *m*	clone *m*
C 622	**cloning**	Klonierung *f*, Klonieren *n*	clonage *m*, clonisation *f*
	Clonorchis sinensis	*s.* C 421	
C 623	**Clostridium**	Clostridium *n*	Clostridium m
	Clostridium botulinum	*s.* B 503	
	Clostridium perfringens	*s.* W 64	
	Clostridium septicum	*s.* V 90	
	Clostridium tetanus	*s.* T 111	
	clot / to	*s.* C 659	
C 624	**clot,** coagulum, coagulate	Gerinnsel *n*, Koagulat *n*, Koagulum *n*	coagulum *m*, caillot *m*
C 625	**cloth**	Tuch *n*	drap *m*
	clothes louse	*s.* B 452	
C 626	**clot observation test**	Clot-observation-Test *m*	activité *f* fibrinolytique sur sang total par le test des trois tubes
	clot of blood	*s.* B 367	
C 627	**clot resistance test**	Clot-resistance-Test *m*	test *m* de trois tubes
C 628	**clot retraction**	Gerinnselretraktion *f*, Blutgerinnselretraktion *f*	rétraction *f* du caillot
C 629	**clot retraction time,** retraction time	Gerinnselretraktionszeit *f*, Retraktionszeit *f*	temps *m* de rétraction du caillot
	clotted	*s.* C 660	
	clot timer	*s.* C 668	
	clotting	*s.* C 661	
C 630	**clotting factor,** blood clotting factor, [blood] coagulation factor	Gerinnungsfaktor *m*, Blutgerinnungsfaktor *m*, Koagulationsfaktor *m*, Plasmafaktor *m*	facteur *m* de [la] coagulation, facteur plasmatique
C 631	**clotting factor I,** fibrinogen	Gerinnungsfaktor *m* I, Fibrinogen *n*	facteur *m* I de la coagulation, fibrinogène *m*, facteur plasmatique de la coagulation I
C 632	**clotting factor II,** prothrombin, thrombinogen, thrombosin	Gerinnungsfaktor *m* II, Prothrombin *n*, Thrombinogen *n*, Thrombozym *n*	facteur *m* II de la coagulation, prothrombine *f*, thrombinogène *m*, thrombozyme *m*, plasmozyme *m*
C 633	**clotting factor III**	Gerinnungsfaktor *m* III, Thromboplastin *n*	facteur *m* III de la coagulation, thromboplastine *f*
C 634	**clotting factor IV,** calcium ions	Gerinnungsfaktor *m* IV, Calcium-Ionen *npl*	facteur *m* IV de la coagulation, ions *mpl* calciques
C 635	**clotting factor V,** proaccelerin, accelerator globulin, thrombogen, labile factor	Gerinnungsfaktor *m* V, Proaccelerin *n*, Accelerator-Globulin *n*, Thrombogen *n*, labiler Faktor *m*	facteur *m* V de la coagulation, proaccélérine *f*, thrombogène *m*, ac-globuline *f*, facteur *m* accélérateur (labile)

C 636	**clotting factor VI,** accelerin	Gerinnungsfaktor *m* VI, Accelerin *n*	facteur *m* VI de la coagulation, accélérine *f*
C 637	**clotting factor VII,** proconvertin, prothrombinogen, proserozyme	Gerinnungsfaktor *m* VII, Proconvertin *n*, Prothrombinogen *n*, Proserozym *n*	facteur *m* VII de la coagulation, proconvertine *f*, prothrombinogène *m*, prosérozyme *m*, facteur de conversion de la prothrombine
C 638	**clotting factor VIIa,** convertin	Gerinnungsfaktor *m* VIIa, Convertin *n*	facteur *m* VIIbis de la coagulation, convertine *f*, facteur VII du plasma
C 639	**clotting factor VIII,** antihaemophilic factor A, antihaemophilic globulin A, thromboplastinogen, prothrombokinase	Gerinnungsfaktor *m* VIII, antihämophiler Faktor *m* A, antihämophiles Globulin *n* A, Thromboplastinogen *n*, Prothrombokinase *f*	facteur *m* VIII de la coagulation, facteur antihémophilique A, globuline *f* antihémophilique, prothrombokinase *f*, thromboplastinogène *m*, thrombocatalysine *f*
C 640	**clotting factor VIIIa,** von Willebrand's factor	Gerinnungsfaktor *m* VIIIa, von Willebrand-Faktor *m*	facteur *m* VIIIbis de la coagulation, facteur Willebrand
C 641	**clotting factor IX,** antihaemophilic factor B, antihaemophilic globulin B, Christmas factor, plasma thromboplastin component, platelet cofactor II	Gerinnungsfaktor *m* IX, antihämophiler Faktor *m* B, antihämophiles Globulin *n* B, Christmas-Faktor *m*, Plättchencofaktor *m* II	facteur *m* IX de la coagulation, facteur Christmas, globuline *f* antihémophilique B, facteur antihémophilique B, cofacteur *m* plaquettaire II
C 642	**clotting factor X,** Stuart-Prower factor, prothromboplastin, plasma thromboplastin	Gerinnungsfaktor *m* X, Stuart-Prower-Faktor *m*, Prothromboplastin *n*, Plasmathromboplastin *n*	facteur *m* X de la coagulation, facteur Stuart[-Prower-Delia], prothromboplastine *f*
C 643	**clotting factor Xa,** coagulation factor Xa, blood thrombokinase, blood thromboplastin	Gerinnungsfaktor *m* Xa, Blutthrombokinase *f*, Blutthromboplastin *n*	facteur *m* Xbis de la coagulation, thrombokinase *f* sanguine, thromboplastine *f* sanguine
C 644	**clotting factor XI,** antihaemophilic factor C, antihaemophilic globulin C, plasma thromboplastin antecedent	Gerinnungsfaktor *m* XI, antihämophiler Faktor *m* C, antihämophiles Globulin *n* C, Plasma-Thromboplastin-Antecedent *n*	facteur *m* XI de la coagulation, facteur antihémophilique C, globuline *f* antihémophilique C, plasma-thromboplastine-antécédent *m*
C 645	**clotting factor XII,** Hageman factor	Gerinnungsfaktor *m* XII, Hageman-Faktor *m*	facteur *m* XII de la coagulation, facteur de contact, facteur Hageman
C 646	**clotting factor XIII,** fibrin-stabilising factor, fibrinase, fibrinoligase, FSF	Gerinnungsfaktor *m* XIII, fibrinstabilisierender Faktor *m*, Fibrinase *f*, Fibrinoligase *f*, FSF	facteur *m* XIII de la coagulation, fibrinase *f*, fibrinoligase *f*, facteur stabilisant la fibrine, fibrine-polymérase *f*, FSF
	clotting of blood	*s.* B 368	
	clotting test	*s.* C 665	
C 647	**clotting time,** blood-clotting time, blood coagulation time	Blutgerinnungszeit *f*, Gerinnungszeit *f*	temps *m* de coagulation du sang
	clotting time	*s. a.* C 666	
	cloud / to	*s.* O 48	
	clouding	*s.* T 669	
	cloudy	*s.* T 664	
C 648	**clove oil,** oil of cloves	Nelkenöl *n*	essence *f* de girofle, essence d'amboine
C 649	**clue cell**	Clue cell, Schlüsselzelle *f*	cellule *f* clé
	clump / to	*s.* A 369	
	clumping	*s.* A 372	
C 650	**clumping factor**	Clumping-Faktor *m*	coagulase *f* liée, «clumping factor» *m*
C 651	**clupanodonic acid**	Clupanodonsäure *f*	acide *m* clupanodonique
C 652	**clupeine**	Clupein *n*	clupéine *f*
C 653	**cluster**	Cluster *m*	cluster *m*
	CMC	*s.* C 1102	
	CM-cellulose	*s.* C 137	
	CMFT	*s.* C 145	
	CMP	*s.* C 1242	
	CNS-depressant	*s.* N 96	
	Co	*s.* C 680	
	CoA	*s.* C 706	
C 654	**coacervate**	Koazervat *n*	coacervat *m*
C 655	**coagulability,** congealability, coagulating power	Gerinnbarkeit *f*, Gerinnungsfähigkeit *f*, Gerinnungsvermögen *n*, Koagulierbarkeit *f*, Koagulationsfähigkeit *f*, Koagulationsvermögen *n*	coagulabilité *f*
C 656	**coagulable,** congealable, able to clot	gerinnbar, gerinnungsfähig, koagulierbar, koagulationsfähig	coagulable
C 657	**coagulant,** coagulator, coagulating agent	Gerinnungsmittel *n*, Koagulationsmittel *n*, Koagulans *n*, Koagulator *m*	coagulant *m*, [agent] coagulateur *m*
C 658	**coagulase**	Koagulase *f*	coagulase *f*
C 659	**coagulate / to,** to clot, to congeal	gerinnen, koagulieren	coaguler
	coagulate	*s.* C 624	
C 660	**coagulated,** clotted	geronnen, koaguliert	coagulé
	coagulating agent	*s.* C 657	
	coagulating power	*s.* C 655	
C 661	**coagulation,** clotting, congelation	Gerinnung *f*, Gerinnen *n*, Koagulation *f*, Koagulieren *n*	coagulation *f*
C 662	**coagulation activity**	Gerinnungsaktivität *f*	activité *f* coagulatrice
C 663	**coagulation analysis**	Gerinnungsanalytik *f*	analytique *f* de coagulation

No.	English	German	French
D 541	**dipole**	Dipol *m*	dipôle *m*
D 542	**dipped electrode,** immersion electrode	Eintauchelektrode *f,* Tauchelektrode *f*	électrode *f* plongeante (trempée)
	dipping	*s.* D 514	
D 543	**dipping colorimeter,** immersion colorimeter	Eintauchkolorimeter *n,* Tauchkolorimeter *n*	colorimètre *m* à immersion
D 544	**dipping refractometer,** immersion refractometer	Eintauchrefraktometer *n*	réfractomètre *m* à immersion
D 545	**dipping tank,** dip tank	Tauchwanne *f*	cuve *f* à immersion
D 546	**dipping thermostat,** immersion thermostat	Eintauchthermostat *m,* Flüssigkeitsthermostat *m*	thermostat *m* à immersion
	dip tank	*s.* D 545	
D 547	**Diptera**	Diptera *f*, Zweiflügler *m*	diptère *m*
	Dipylidium caninum	*s.* D 686	
D 548	**dipyrromethene**	Dipyrromethen *n*	
D 549	**direct bilirubin,** direct-reacting bilirubin, conjugated bilirubin	direktes (konjugiertes, sekundäres, gepaartes) Bilirubin *n,* Esterbilirubin *n*	bilirubine *f* directe (conjugée, secondaire)
D 550	**direct Coombs test**	direkter Coombstest *m*	épreuve *f* directe de Coombs
D 551	**direct coupling**	Direktkopplung *f*	couplage *m* direct
D 552	**direct dye,** substantive dye	Direktfarbstoff *m,* substantiver Farbstoff *m*	colorant *m* direct (substantif)
	direction	*s.* I 329	
	direction for use	*s.* O 53	
D 553	**direct-light microscope**	Auflichtmikroskop *n*	épimicroscope *m*
D 554	**direct-light microscopy**	Auflichtmikroskopie *f*	épimicroscopie *f*
D 555	**directly proportional**	direkt proportional	directement proportionnel
	direct-reacting bilirubin	*s.* D 549	
D 556	**direct staining**	direkte (substantive) Färbung *f*	coloration *f* directe (substantive)
D 557	**direct test**	direkter Test *m*	épreuve *f* directe
D 558	**disaccharidase**	Disaccharidase *f*	disaccharidase *f*
D 559	**disaccharide**	Disaccharid *n*	disaccharide *m*
D 560	**disaccharide tolerance test**	Disaccharidtoleranztest *m*	épreuve *f* de tolérance au disaccharide
	disassimilation	*s.* C 181	
	disc	*s.* D 590	
D 561	**discard / to,** to reject	verwerfen	rejeter
	discharge / to	*s.* T 8	
D 562	**discharge**	Entladung *f*	décharge *f*
	discharge	*s. a.* T 10	
D 563	**discharge cock,** drain cock	Abflußhahn *m,* Ablaßhahn *m*, Ablaufhahn *m*	robinet *m* de décharge (vidange), robinet d'écoulement
D 564	**discharge funnel**	Ablauftrichter *m*	entonnoir *m* d'écoulement
D 565	**discharge method**	Entnahmetechnik *f*	méthode *f* de prélèvement
	discharge pipe	*s.* D 567	
D 566	**discharge point**	Entnahmestelle *f*	point (lieu) *m* de prélèvement
D 567	**discharge tube,** drainage (outlet) tube, discharge (drainage, outlet) pipe	Abflußrohr *n,* Ablaufrohr *n*, Abflußstutzen *m*	tuyau *m* de décharge, drain *m,* déchargeoir *m*, tuyau d'écoulement
	discharge valve	*s.* D 126	
D 568	**Dische's reagent**	Dische-Reagens *n*	réactif *m* de Dische
D 569	**Dische's test**	Dische-Reaktion *f*	réaction *f* de Dische
	discolour / to	*s.* D 59	
	discolouration	*s.* D 58	
D 570	**discontinuity**	Diskontinuität *f,* Unstetigkeit *f*	discontinuité *f*
D 571	**discontinuous,** batchwise	diskontinuierlich, unstetig	discontinu
D 572	**discontinuous automatic analyser**	diskontinuierlicher Analysenautomat *m*	analyseur *m* automatique discontinu
D 573	**discrete**	diskret	discret
D 574	**discrete automatic analyser**	diskreter Analysenautomat *m*	analyseur *m* automatique discret
	discriminance analysis	*s.* D 575	
	discriminance function	*s.* D 576	
	discriminancy analysis	*s.* D 575	
D 575	**discriminant analysis,** discriminance (discriminancy) analysis	Diskriminanzanalyse *f,* Trennverfahren *n, (Statistik)* Unterscheidungsanalyse *f*	analyse *f* discriminante (discriminatoire)
D 576	**discriminant function,** discriminance function	Diskriminanzfunktion *f,* Trennfunktion *f*	fonction *f* discriminante (discriminatoire)
D 577	**disease,** illness, sickness, malady, morbus	Krankheit *f*, Erkrankung *f*, Morbus *m*	maladie *f*, mal *m,* affection *f*
	diseased	*s.* I 23	
D 578	**dish** *(laboratory)*	Schale *f*	cuvette *f,* boîte *f*
D 579	**disinfect / to**	desinfizieren, entseuchen	désinfecter
D 580	**disinfectant, disinfectant agent**	Desinfektionsmittel *n,* Desinfiziens *n*	désinfectant *m*
	disinfecting fluid	*s.* D 581	
D 581	**disinfecting solution,** disinfecting fluid	Desinfektionslösung *f*	solution *f* désinfectante
D 582	**disinfection**	Desinfektion *f*, Desinfizierung *f*, Desinfizieren *n,* Entseuchung *f*, Entseuchen *n*	désinfection *f,* décontamination *f*
	disinfection apparatus	*s.* D 583	
	disinfection of room	*s.* R 473	
D 583	**disinfector,** disinfection apparatus	Desinfektionsapparat *m*	appareil *m* de désinfection

D 584	**disintegrate / to,** to decay *(nuclear medicine)*	zerfallen	se désintégrer
D 585	**disintegration,** decay *(nuclear medicine)*	Zerfall *m*	désintégration *f*
D 586	**disintegration constant,** decay constant *(nuclear medicine)*	Zerfallskonstante *f*	constante *f* de désintégration, constante radioactive
D 587	**disintegration curve,** decay curve *(nuclear medicine)*	Zerfallskurve *f*	courbe *f* de désintégration
D 588	**disintegration product,** decay product *(nuclear medicine)*	Zerfallsprodukt *n*	produit *m* de désintégration
D 589	**disintegration rate,** decay rate *(nuclear medicine)*	Zerfallsgeschwindigkeit *f*	vitesse *f* de désintégration
D 590	**disk,** disc	Scheibe *f*	disque *m*
D 591	**disk electrophoresis**	Diskelektrophorese *f*, Scheibenelektrophorese *f*	électrophorèse *f* sur disque
D 592	**diskette**	Diskette *f*	disquette *f*
D 593	**dismutation,** disproportionation	Dismutation *f*, Disproportionierung *f*	dismutation *f*, disproportionation *f*, disproportionnement *m*
	disodium pentacyanonitrosylferrate	*s.* S 527	
D 594	**disodium salt**	Dinatriumsalz *n*	sel *m* disodique
	disoxidation	*s.* R 225	
D 595	**dispensary**	Dispensaire *n*	dispensaire *m*
D 596	**dispenser**	Dispenser *m*	distributeur *m*
D 597	**disperse / to,** to deflocculate	dispergieren, fein verteilen	disperser
D 598	**disperse**	dispers, fein verteilt	dispersé
D 598a	**disperse phase**	disperse Phase *f*	phase *f* dispersée
D 599	**disperse system**	disperses System *n*	système *m* dispersé
D 600	**dispersibility**	Dispergierbarkeit *f*	dispersibilité *f*
D 601	**dispersible**	dispergierbar	dispersible
D 602	**dispersing agent,** dispersion (deflocculating) agent	Dispersionsmittel *n*, Dispergens *n*	agent *m* de dispersion
D 603	**dispersion** *(physics)*	Dispersion *f*	dispersion *f*
	dispersion	*s. a.* V 45	
	dispersion agent	*s.* D 602	
	dispersion analysis	*s.* M 785	
D 604	**dispersion colloid**	Dispersionskolloid *n*	colloïde *m* de dispersion
D 605	**displace / to**	verdrängen	déplacer
D 606	**displacement**	Verdrängung *f*	déplacement *m*
D 607	**displacement analysis**	Verdrängungsanalyse *f*	analyse *f* par déplacement
D 608	**displacement chromatography**	Verdrängungschromatographie *f*	chromatographie *f* par déplacement
	displacement of equilibrium	*s.* S 343	
D 609	**displacer**	Verdrängungsmittel *n*	agent *m* de déplacement
D 610	**display**	Display *n*, Datensichtgerät *n*, Bildschirmeinheit *f*	display *m*, console *m* de visualisation, visuel *m*, unité *f* (dispositif *m*) d'affichage
	disposable	*s.* A 1172	
D 611	**disposable cuvette,** single-use cuvette, one-way cuvette	Einwegküvette *f*, Einmalgebrauchsküvette *f*, Wegwerfküvette *f*	cuvette *f* à usage (utilisation) unique, cuvette à utiliser une fois
	disposable hypodermic cannula	*s.* D 612	
D 612	**disposable needle,** single-use needle, one-way needle, disposable hypodermic cannula	Einwegkanüle *f*, Einmalgebrauchskanüle *f*, Wegwerfkanüle *f*	canule *f* à usage unique, canule à jeter après usage
D 613	**disposable product,** throw-away product, single-use material, one-way material	Einwegmaterial *n*, Wegwerfmaterial *n*, Einwegartikel *m*, Einmalgebrauchsartikel *m*, Wegwerfartikel *m*	matériel *m* à usage unique, matériel à utiliser une fois, produit *m* à utilisation unique
D 614	**disposable syringe,** single-use syringe, one-way syringe	Einwegspritze *f*, Einmalgebrauchsspritze *f*, Wegwerfspritze *f*	seringue *f* à usage unique
D 615	**disposable test tube,** single-use test tube, one-way test tube	Einwegreagenzröhrchen *n*, Einmalgebrauchsreagenzröhrchen *n*, Wegwerfreagenzröhrchen *n*	tube *m* à essai à usage unique, tube à essai à jeter après usage
	disproportionation	*s.* D 593	
D 616	**dissect / to,** to perform an autopsy	sezieren, obduzieren, autopsieren	disséquer, autopsier, faire une autopsie
	dissecting clamp	*s.* D 617	
D 617	**dissecting forceps,** dissecting clamp	Präparierklemme *f*	pince *f* de préparation
D 618	**dissecting instruments,** dissecting (preparation) set	Präparierbesteck *n*	trousse *f* pour préparations
D 619	**dissecting knife**	Präpariermesser *n*	scalpel *m* anatomique
D 620	**dissecting microscope**	Präpariermikroskop *n*	microscope *m* à dissection
D 621	**dissecting needle,** microscopic needle	Präpariernadel *f*	aiguille *f* à préparations
D 622	**dissecting scissors**	Präparierschere *f*	ciseaux *mpl* à disséquer
	dissecting set	*s.* D 618	
D 623	**dissection material,** obduction material	Sektionsmaterial *n*, Obduktionsmaterial *n*, Autopsiematerial *n*	matériel *m* de dissection, matériel d'autopsie
D 624	**disseminate / to,** to spread [out], to propagate	disseminieren, ausbreiten, verbreiten	disséminer, propager, diffuser
D 625	**disseminated,** spreaded	disseminiert, verbreitet	disséminé, propagé
D 626	**dissemination,** spread[ing], propagation	Dissemination *f*, Ausbreitung *f*, Ausbreiten *n*, Verbreitung *f*	dissémination *f*, propagation *f*, diffusion *f*

	coagulation factor	*s.* C 630	
	coagulation factor Xa	*s.* C 643	
C 664	**coagulation laboratory**	Gerinnungslaboratorium *n*	laboratoire *m* de coagulation
	coagulation of blood	*s.* B 368	
	coagulation state	*s.* C 667	
C 665	**coagulation test,** clotting test	Gerinnungstest *m,* Koagulationstest *m*	essai *m* de coagulation
C 666	**coagulation time,** clotting time	Gerinnungszeit *f,* Koagulationszeit *f*	temps *m* de coagulation
	coagulation vitamin	*s.* N 17	
	coagulator	*s.* C 657	
C 667	**coagulogram,** coagulation state	Gerinnungsstatus *m,* Koagulogramm *n*	coagulogramme *m*
C 668	**coagulometer,** clot timer	Gerinnungszeitmeßgerät *n,* Koagulometer *n*	coagulomètre *m*
	coagulum	*s.* C 624	
C 669	**coarse**	grob	gros
C 670	**coarse-disperse,** coarsely dispersed	grobdispers	grossièrement dispersé
C 671	**coarse-disperse system**	grobdisperses System *n*	système *m* grossièrement dispersé
C 672	**coarse-fibred**	grobfaserig	à grosses fibres
C 673	**coarse-grained**	grobkörnig	à gros grain[s], à forte granulation
	coarsely dispersed	*s.* C 670	
	coarse-mesh[ed]	*s.* W 87	
C 674	**coarseness**	Grobkörnigkeit *f*	grossièreté *f*
	CoA-SH	*s.* C 706	
C 675	**coat / to**	beschichten	enduire, revêter
C 676	**coat**	Beschichtung *f*	revêtement *m*
	coat	*s. a.* C 93	
C 677	**coating**	Beschichten *n,* Beschichtung *f* (*Vorgang*)	enduction *f*, revêtement *m,* couchage *m*
	coat with paraffin / to	*s.* P 63	
C 678	**cobalamin,** vitamin B_{12}, extrinsic (antipernicious-anaemia, anti-anaemic) factor	Cobalamin *n,* Vitamin *n* B_{12}, Extrinsic-Faktor *m*, Antiperniziosa-Faktor *m*	cobalmine *f*, vitamine *f* B_{12}, facteur *m* extrinsèque, facteur antianémique
C 679	**cobalamin-binding protein**	cobalaminbindendes Protein *n*	protéine *f* liant la cobalmine
C 680	**cobalt,** Co	Cobalt *n,* Co	cobalt *m,* Co
C 681	**cobalt acetate**	Cobaltacetat *n*	acétate *m* de cobalt
C 682	**cobalt nitrate**	Cobaltnitrat *n*	nitrate *m* de cobalt
C 683	**cobalt sulphate**	Cobaltsulfat *n*	sulfate *m* de cobalt
C 684	**cobamide**	Cobamid *n*	cobamide *m*
	cobinamide	*s.* E 515	
C 685	**cocaine**	Cocain *n*	cocaïne *f*
	cocain esterase	*s.* C 135	
	cocarboxylase	*s.* T 194	
C 686	**cocarcinogen**	Kokarzinogen *n*	cocarcinogène *m*
C 687	**coccidioidin**	Kokzidioidin *n*	coccidioïdine *m*
C 688	**Coccidium**	Kokzidie *f,* Eukokzidie *f*	coccidie *f*
	coccobacillus Coccus	*s.* C 689	
C 689	**coccobacterium,** coccobacillus Coccus	Kokke *f,* Kugelbakterie *f*	coque *f,* coccobactérie *f*, sphérocoque *f*
	cock	*s.* T 15	
	cockplug	*s.* P 607	
C 690	**code / to**	kodieren	coder
C 691	**code**	Kode *m,* Code *m*	code *m*
C 692	**codecarboxylase**	Codecarboxylase *f*	codécarboxylase *f*
	codehydrogenase I	*s.* N 135	
	codehydrogenase II	*s.* N 136	
C 693	**codeine,** methylmorphine	Codein *n,* Methylmorphin *n*	codéine *f,* méthylmorphine *f*
C 694	**coding**	Kodierung *f*, Kodieren *n*	codage *m*
C 695	**codon**	Kodon *n*	codon *m*
C 696	**coefficient**	Koeffizient *m*	coefficient *m*
	coefficient of absorption	*s.* A 31	
C 697	**coefficient of coincidence**	Koinzidenzkoeffizient *m*	coefficient *m* de coïncidence
C 698	**coefficient of correlation,** correlation coefficient	Korrelationskoeffizient *m*	coefficient *m* de corrélation
C 699	**coefficient of demineralisation**	Demineralisationskoeffizient *m*	coefficient *m* de déminéralisation
	coefficient of diffusion	*s.* D 410	
	coefficient of extinction	*s.* E 596	
C 700	**coefficient of friction,** friction coefficient	Reibungskoeffizient *m,* Reibungsfaktor *m*	coefficient *m* de frottement (friction)
	coefficient of solubility	*s.* S 564	
C 701	**coefficient of permeability**	Permeabilitätskoeffizient *m,* Durchlässigkeitskoeffizient *m*	coefficient *m* de perméabilité
	coefficient of proportionality	*s.* F 6	
	coefficient of rank correlation	*s.* R 109	
	coefficient of refraction	*s.* R 254	
C 702	**coefficient of variability**	Variabilitätskoeffizient *m*	coefficient *m* de variabilité
C 703	**coefficient of variation**	Variationskoeffizient *m*	coefficient *m* de variation
	coelioparacentesis	*s.* A 4	
C 704	**Coenurus cerebralis**	Gehirnquese *f*, Gehirnblasenwurm *m,* Hirnblasenwurm *m*, Drehwurm *m*	cœnure *m*, cénure *m*

No.	English	German	French
C 705	**coenzyme,** coferment	Coenzym *n*, Coferment *n*	Coenzyme *m(f)*, coferment *m*
C 706	**coenzyme A,** CoA, CoA-SH	Coenzym *n* A, CoA, CoA-SH	coenzyme *m* A, CoA, coacétylase *f*
	coenzyme I	*s.* N 135	
	coenzyme II	*s.* N 136	
	coenzyme Q	*s.* U 1	
C 707	**coerulein**	Coerulein *n*	cœruléine *f*, céruléine *f*
	coeruloplasmin	*s.* C 8	
C 708	**cofactor**	Cofaktor *m*	cofacteur *m*
	coferment	*s.* C 705	
C 709	**coffee**	Kaffee *m*	café *m*
	coffin-lid crystal	*s.* T 579	
C 710	**cohesion**	Kohäsion *f*	cohésion *f*
C 711	**Cohn's fractionation**	Cohn-Fraktionierung *f*	fractionnement *m* de Cohn
C 712	**coincidence**	Koinzidenz *f*	coïncidence *f*
C 713	**colamine,** β-aminoethanol, monoethanolamine	Colamin *n*, β-Aminoethanol *n*, Monoethanolamin *n*	colamine *f*, β-aminoéthanol *m*, monoéthanolamine *f*
C 714	**colchicine**	Colchicin *n*	colchicine *f*
C 715/6	**cold,** coldness	Kälte *f*	froid *m*
C 717	**cold agglutination,** cold haemoagglutination, cryoagglutination	Kälteagglutination *f*, Kältehämagglutination *f*	agglutination *f* froide, cryo-agglutination *f*
C 718	**cold agglutinin,** cold haemoagglutinin, cryoagglutinin	Kälteagglutinin *n*, Kältehämagglutinin *n*, Kryoagglutinin *n*	agglutinine *f* froide, cryo-agglutinine *f*
C 719	**cold antibody**	Kälteantikörper *m*	anticorps *m* froid
	cold haemoagglutination	*s.* C 717	
	cold haemoagglutinin	*s.* C 718	
C 720	**cold haemolysin**	Kältehämolysin *n*	hémolysine *f* froide
	cold-insoluble globulin	*s.* F 113	
	coldness	*s.* C 715/6	
	cold-pack method	*s.* C 1134	
C 721	**cold resistance,** resistance to cold, frigostability	Kälteresistenz *f*, Kältebeständigkeit *f*, Kältefestigkeit *f*	résistance *f* au froid, stabilité *f* au froid
C 722	**cold-resistant,** restistant to cold, frigostab[i]le	kälteresistent, kältebeständig, kältefest	résistant au froid, stable au froid
C 723	**cold sterilisation**	Kaltsterilisation *f*	stérilisation *f* à froid
	cold-storage room	*s.* C 985	
C 724	**colibacillus,** Escherichia coli	Kolibakterie *f*	colibacille *m*
C 725	**colicin**	Colicin *n*	colicine *f*
C 726	**coli group**	Koligruppe *f*	groupe *m* sérologique de E: coli
C 727	**colipase**	Colipase *f*	colipase *f*
C 728	**coli toxin**	Kolitoxin *n*	colitoxine *f*
C 729	**collagen**	Kollagen *n*	collagène *m*
C 730	**collagenase**	Kollagenase *f*	collagénase *f*
C 731	**collagen fibre,** collagenous fibre	Kollagenfaser *f*	fibre *f* de collagène
	collagenic	*s.* C 732	
C 732	**collagenous,** collagenic	kollagen	collagène
	collagenous fibre	*s.* C 731	
C 733	**collect / to,** to receive, to accumulate	sammeln	collectionner, recueillir, rassembler, accumuler
C 734	**collecting sputum**	Sammelsputum *n*	expectoration *f* recueilie
C 735	**collecting tank,** collection container, collecting vessel, receiving tank, receiver, reservoir, storage tank	Sammelbehälter *m*, Sammelgefäß *n*	réservoir *m* collecteur, bassin *m* collecteur, réservoir d'accumulation
C 736	**collecting urine**	Sammelurin *m*	urine *f* collectionnée
	collecting vessel	*s.* C 735	
C 737	**collection**	Sammlung *f*, Sammeln *n*	collection *f*, recueil *m*, rassemblement *m*
	collection container	*s.* C 735	
C 738	**collidine,** trimethylpyridine	Collidin *n*, Trimethlypyridin *n*	collidine *f*, triméthylpyridine *f*
C 739	**collodion**	Collodium *n*	collodion *m*
	collodion cotton	*s.* C 755	
C 740	**collodion membrane**	Collodiummembran *f*	membrane *f* de collodion
	collodion wool	*s.* C 755	
C 741	**colloid**	Kolloid *n*	colloïde *m*
C 742	**colloid[al]**	kolloidal	colloïdal, colloïde
C 743	**colloidal distribution**	kolloidale Verteilung *f*	distribution *f* colloïdale
C 744	**colloidal gold,** gold sol	Goldsol *n*, kolloidales Gold *n*	sol *m* d'or, or *m* colloïdal
	colloidal gold reaction	*s.* C 745	
C 745	**colloidal gold test,** colloidal gold reaction	Goldsolreaktion *f*, Kolloidalgoldprobe *f*	réaction *f* d'or colloïdal
C 746	**colloidal solution**	Kolloidlösung *f*, kolloidale Lösung *f*	solution *f* colloïdale
	colloidal system	*s.* C 750	
C 747	**colloid chemistry**	Kolloidchemie *f*	chimie *f* des colloïdes
C 748	**colloid curve**	Kolloidkurve *f*	courbe *f* colloïdale
C 749	**colloid-disperse**	kolloiddispers	en dispersion colloïdale
C 750	**colloid-disperse system,** colloidal system	kolloiddisperses System *n*, kolloides System *n*	système *m* à dispersion colloïdale, système colloïdal
C 751	**colloid-osmotic,** oncotic	kolloidosmotisch, onkotisch	colloïdo-osmotique, oncotique

C 752	**colloid-osmotic pressure,** oncotic pressure	kolloidosmotischer Druck *m*, onkotischer Druck *m*	pression *f* colloïdo-osmotique, pression oncotique
C 753	**colloid reaction**	Kolloidreaktion *f*	réaction *f* colloïde
C 754	**colloid test,** supplement test	Kolloidtest *m*, Supplementtest *m*	épreuve *f* par des solutions colloïdes
C 755	**colloxylin[e],** collodion cotton (wool)	Colloxylin *n*, Collodiumwolle *f*	colloxyline *f*, coton-collodion *m*, fulicoton *m*
	colocentesis	*s.* C 763	
C 756	**colon**	Kolon *n*	côlon *m*
C 757	**colon mucosa,** mucous membrane of the colon	Dickdarmschleimhaut *f*	muqueuse *f* du côlon
C 758	**colonocyte**	Colonozyt *m*	colonocyte *m*
C 759	**colony**	Kolonie *f*	colonie *f*
C 760	**colony-forming unit,** CFU	koloniefomende Einheit *f*	unité *f* formant une colonie
C 761	**colony-inhibiting test**	Kolonie-Inhibitionstest *m*	test *m* d'inhibition de colonies
C 762	**colony-stimulating factor,** CSF	koloniestimulierender Faktor *m*	facteur *m* stimulant la croissance des colonies
C 763	**colopuncture,** puncture of the colon, colocentesis	Kolonpunktion *f*, Kolozentese *f*	coloponction *f*, colocentèse *f*
C 764	**colorimeter**	Kolorimeter *n*	colorimètre *m*
C 765	**colorimetric**	kolorimetrisch	colorimétrique
C 766	**colorimetric analysis**	kolorimetrische Analyse *f*	analyse *f* colorimétrique
C 767	**colorimetric method**	kolorimetrische Methode *f*	méthode *f* colorimétrique
C 768	**colorimetric titration**	kolorimetrische Titration *f*	titrage *m* colorimétrique
C 769	**colorimetry**	Kolorimetrie *f*	colorimétrie *f*
C 770	**colostrum,** foremilk, first milk	Kolostrum *n*, Kolostralmilch *f*, Vormilch *f*, Erstmilch *f*	colostrum *m*, lait *m* colostral
C 771	**colour / to,** to dye *(using solutions)*; to stain *(microscopy)*	färben, anfärben	colorer, teindre
C 772	**colour** *(sensation)*	Farbe *f*	couleur *f*
	colourant	*s.* D 814	
C 773	**colour change,** change of colour	Farbänderung *f*, Farbumschlag *m*	changement *m* de couleur, virage *m* de couleur, changement de teinte
	colour coefficient	*s.* M 172	
C 774	**colour development**	Farbentwicklung *f*	développement *m* de la couleur
C 775	**colour-fast,** non-discolouring	farbbeständig, farbstabil	à (de) couleur stable, à (de) couleur solide
C 776	**colour-fastness,** colour stability	Farbbeständigkeit *f*, Farbstabilität *f*	stabilité *f* de [la] couleur, solidité de [la] couleur
C 777	**colour filter**	Farbfilter *n*	filtre *m* coloré
C 778	**colour indicator**	Farbindikator *m*	indicateur *m* coloré
	colouring	*s.* S 774	
	colouring agent	*s.* D 814	
	colouring matter	*s.* D 814	
C 779	**colour intensity,** intensity of colour, colour strength	Farbintensität *f*, Farbstärke *f*	intensité *f* de couleur
C 780	**colourless**	farblos	incolore
C 781	**colourlessness**	Farblosigkeit *f*	non-coloration *f*, caractère *m* incolore
C 782	**colour of the urine**	Harnfarbe *f*	couleur *f* de l'urine
C 783	**colour range,** colour scale	Farbskala *f*	gamme *f* des couleurs
C 784	**colour reaction**	Farbreaktion *f*	réaction *f* colorée
C 785	**colour reagent**	Farbreagens *n*	colorant *m* réactif, réactif *m* coloré
	colour scale	*s.* C 783	
C 786	**colour-sensitive,** sensitive to colours	farbempfindlich	sensible aux couleurs
C 787	**colour sensitivity**	Farbempfindlichkeit *f*	sensibilité *f* aux couleurs
C 788	**colour spot**	Farbfleck *m*	spot *m* coloré
	colour stability	*s.* C 776	
C 789	**colour standard**	Farbstandard *m*	standard *m* de couleur
	colour strength	*s.* C 779	
C 790	**colpocytogram**	Kolpozytogramm *n*	colpocytogramme *m*, cytogramme *m* vaginal
C 791	**colpocytology,** vaginal cytology	Kolpozytologie *f*, Vaginalzytologie *f*	colpocytologie *f*, cytologie *f* vaginale
C 792	**colpomicroscope**	Kolpomikroskop *n*	colpomicroscope *m*
C 793	**colpomicroscopic**	kolpomikroskopisch	colpomicroscopique
C 794	**colpomicroscopy**	Kolpomikroskopie *f*	colpomicroscopie *f*
C 795	**column**	Säule *f*, Kolonne *f*	colonne *f*
C 796	**column adsorption chromatography**	Säulenadsorptionschromatographie *f*	chromatographie *f* d'adsorption sur colonne
	columnar cell	*s.* C 1218	
	column chart	*s.* C 799	
C 797	**column chromatogram**	Säulenchromatogramm *n*	chromatogramme *m* sur colonne
C 798	**column chromatography**	Säulenchromatographie *f*	chromatographie *f* sur colonne
C 799	**column diagram,** column graph (chart)	Säulendiagramm *n*	diagramme *m* à colonnes
C 800	**column diameter**	Säulendurchmesser *m*, Kolonnendurchmesser *m*	diamètre *m* de la colonne
C 801	**column electrophoresis**	Säulenelektrophorese *f*	électrophorèse *f* sur colonne
	column graph	*s.* C 799	
C 802	**column length**	Säulenlänge *f*	longueur *f* de la colonne
C 803	**column liquid chromatography**	Säulenflüssigchromatographie *f*	chromatographie *f* liquide sur colonne

	column of adsorbent	*s.* A 312	
	column of mercury	*s.* M 304	
C 804	**column temperature**	Säulentemperatur *f*	température *f* de la colonne
C 805	**column volume,** bed volume	Säulenvolumen *n,* Bettvolumen *n*	volume *m* de la colonne, volume du lit chromatographique
C 806	**coma cast,** Kuelz' cast	Komazylinder *m,* Külz-Zylinder *m*	cylindre *m* du coma, cylindre de Kuelz
	combining power	*s.* B 472	
C 807	**combustibility;** [in]flammability *(liquids)*	Brennbarkeit *f*	combustibilité *f*
C 808	**combustible;** [in]flammable *(liquids)*	brennbar	combustible
C 809	**combustible gas**	Brenngas *n*	gaz *m* combustible
	combustion	*s.* B 603	
C 810	**combustion residue,** residue of combustion	Verbrennungsrückstand *m*	résidu *m* de combustion
C 811	**comma bacillus,** cholera vibrion, Vibrio cholerae, Vibrio comma	Kommabakterie *f,* Choleraerreger *m*	vibrion *m* cholérique, bacille *m* virgule, vibrion de Koch
C 812	**commercial**	kommerziell	commercial
C 813	**commercial test**	kommerzieller Test *m*	test *m* commercial
C 814	**common bedbug,** Cimex lectularius	Bettwanze *f*	punaise *f* de lit, acanthia *f* lectulaire
	common house fly	*s.* H 431	
C 814a	**common liver fluke,** hepatic fluke, Fasciola hepatica	Großer Leberegel *m*	douve *f* du foie
	common name	*s.* T 594	
	common salt	*s.* S 491	
	common salt agar	*s.* S 492	
	common salt tolerance test	*s.* S 494	
C 815	**common wart virus,** wart virus	Warzenvirus *n,* Common-Wart-Virus *n*	virus *m* de Common-Wart
C 816	**comparability**	Vergleichbarkeit *f*	comparabilité *f*
	comparable series	*s.* C 820	
	comparative method	*s.* R 235	
C 817	**comparator**	Komparator *m*	comparateur *m*
C 818	**compare / to**	vergleichen	comparer
C 819	**comparison**	Vergleich *m*	comparaison *f*
C 820	**comparison series,** comparable series	Vergleichsreihe *f*	série *f* de comparaison
C 821	**compartment**	Kompartiment *n*	compartiment *n*
C 822	**compatibility**	Kompatibilität *f,* Verträglichkeit *f*	compatibilité *f*
C 823	**compatible**	kompatibel, verträglich	compatible
C 824	**competition**	Kompetition *f*	compétition *f*
C 825	**competitive**	kompetitiv	compétitif
C 826	**competitive enzyme immunoassay**	kompetitiver Enzymimmunoassay *m*	dosage *m* immunoenzymatique compétitif
C 827	**complement**	Komplement *n*	complément *m*
	complemental	*s.* C 828	
C 828	**complementary,** complemental	komplementär	complémentaire
C 829	**complementary colour**	Komplementärfarbe *f*	couleur *f* complémentaire
C 830	**complement component**	Komplementkomponente *f*	composante *m* complémentaire
C 831	**complement factor**	Komplementfaktor *m*	facteur *m* complémentaire
	complement fixation reaction	*s.* C 832	
C 832	**complement fixation test,** CFT, complement fixation reaction	Komplementbindungsreaktion *f,* Komplementfixationsreaktion *f,* Komplementfixationstest *m,* Komplementablenkungsreaktion *f,* KBR	réaction *f* de déviation du complément, réaction de Bordet-Gengou, réaction de fixation du complément
C 833	**complement-fixing**	komplementbindend	fixant le complément
C 834	**complement-fixing antibody**	komplementbindender Antikörper *m*	anticorps *m* fixant le complément
C 835	**complement titre**	Komplementtiter *m*	titre *m* du complément
	complete analysis	*s.* T 419	
C 836	**complete antibody,** bivalent antibody	kompletter (bivalenter) Antikörper *m*	anticorps *m* complet (bivalent)
C 837	**complete antigen**	Vollantigen *n,* komplettes Antigen *n*	antigène *m* complet
C 838	**completely soluble**	vollständig löslich	complètement soluble
C 839	**complete reaction,** total reaction	vollständige Reaktion *f*	réaction *f* complète
C 840	**complex**	Komplex *m*	complexe *m*
C 841	**complex compound**	Komplexverbindung *f*	complexe *m,* combinaison *f* complexe
C 842	**complex culture medium**	komplexer Nährboden *m*	milieu *m* de culture complexe
	compleximetric	*s.* C 843	
	compleximetry	*s.* C 844	
	complexing agent	*s.* C 368	
C 843	**complexometric,** compleximetric	komplexometrisch	complexométrique
	complexometric titration	*s.* C 844	
C 844	**complexometry,** compleximetry, complexometric titration	Komplexometrie *f,* komplexometrische Titration *f*	complexométrie *f,* titrage *m* complexométrique
C 845	**complex reaction**	Komplexreaktion *f*	réaction *f* complexe
C 846	**complex salt**	Komplexsalz *n*	sel *m* complexe
C 847	**component,** constituent	Komponente *f,* Bestandteil *m*	composant *m,* constituant *m*
	component analysis	*s.* F 4	
	compose / to	*s.* C 849	
	composed	*s.* C 851	
	composite columns	*s.* C 1068	
C 848	**composition**	Zusammensetzung *f*	composition *f*
C 849	**compound / to,** to compose, to consist	sich zusammensetzen	se composer [de]

C 850	**compound** *(substance)*	Verbindung *f*	composé *m*, combinaison *f*
C 851	**compound,** composed	zusammengesetzt	composé
C 852	**compressed air, compression air**	Preßluft *f*, Druckluft *f*	air *m* comprimé
	compression bandage	*s.* T 439	
	compression tube	*s.* T 439	
	compute / to	*s.* C 48	
C 853	**concanavalin A**	Concanavalin *n* A	concanavaline *f* A
	concealed	*s.* L 108	
C 854	**concentrate / to**	konzentrieren	concentrer
C 855	**concentrate**	Konzentrat *n*	concentré *m*
C 856	**concentrated**	konzentriert	concentré
C 857	**concentrated solution**	konzentierte Lösung *f*	solution *f* concentrée
C 858	**concentration** *(solution)*, strength *(acid)*	Konzentration *f*, Konzentrierung *f*	concentration *f*
C 859	**concentration change**	Konzentrationsänderung *f*	changement *m* de concentration
C 860	**concentration-dependent,** dependent on concentration	konzentrationsabhängig	dépendant de la concentration
C 861	**concentration difference**	Konzentrationsunterschied *m*	différence *f* de la concentration
C 862	**concentration gradient**	Konzentrationsgradient *m*, Konzentrationsgefälle *n*	gradient *m* de concentration
	concentration of hydrogen ion	*s.* H 505	
C 863	**concentration profile**	Konzentrationsprofil *n*	profil *m* de concentration
C 864	**concentration range**	Konzentrationsbereich *m*	domaine *m* de concentration
C 865	**concentration ratio,** ratio of concentrations	Konzentrationsverhältnis *n*	rapport *m* de[s] concentration[s]
C 866	**concentration test** *(kidney)*, renal concentration test, thirst test	Konzentrationsversuch *m*, Durstversuch *m*	épreuve *f* de la concentration, épreuve de surcharge en sel et en eau
C 867	**concrement,** stone, calculus, concretion	Konkrement *n*, Stein *m*, Calculus *m*	calcul *m*, concrétion *f*
	concretion	*s.* C 867	
C 868	**condensate,** condensation product	Kondensat *n*, Kondensationsprodukt *n*	condensat *m*, produit *m* de condensation
C 869	**condensation**	Kondensation *f*, Kondensierung *f*, Kondensieren *n*	condensation *f*
	condensation product	*s.* C 868	
C 870	**condensation reaction**	Kondensationsreaktion *f*	réaction *f* de condensation
C 871	**condense / to**	kondensieren	condenser
C 872	**condenser** *(distillation)*, cooler	Kühler *m*	condenseur *m*
C 873	**condensing agent**	Kondensationsmittel *n*	agent *m* de condensation
	condensing enzyme	*s.* C 584	
C 874	**condition**	Bedingung *f*	condition *f*
	condition	*s. a.* S 825	
C 875	**conditional probability**	bedingte Wahrscheinlichkeit *f*	probabilité *f* conditionnée (conditionnelle)
	condition of equilibrium	*s.* E 376	
C 876	**condition of rest**	Ruhebedingung *f*	condition *f* de repos
	conductibility	*s.* C 877	
	conducting power	*s.* C 877	
C 877	**conductivity,** conductibility, conducting power	Leitfähigkeit *f*	conductibilité *f*
C 878	**conductivity measurement**	Leitfähigkeitsmessung *f*	mesure *f* de conductibilité
C 879	**conductometer**	Konduktometer *n*	conductimètre *m*
C 880	**conductometric**	konduktometrisch	conductimétrique
	conductometric analysis	*s.* C 882	
C 881	**conductometric titration**	konduktometrische Titration *f*	titrage *m* conductimétrique
C 882	**conductometry,** conductometric analysis	Konduktometrie *f*	conductimétrie *f*
C 883	**cone,** conus	Konus *m*, Kegel *m*	cône *m*
	cone biopsy	*s.* R 449	
	cone-shaped	*s.* C 901	
C 884	**confectioning**	Konfektionierung *f*, Konfektionieren *n*	confectionnement *m*
C 885	**confidence coefficient**	Konfidenzkoeffizient *m*	coefficient *m* de confiance, confiance *f*
C 886	**confidence interval,** interval of confidence	Konfidenzintervall *n*, Vertrauensintervall *n*	intervalle *m* de confiance
C 887	**confidence limit,** limit of confidence	Konfidenzgrenze *f*, Vertrauensgrenze *f*	limite *f* de confiance
C 888	**confidence probability**	Sicherheitswahrscheinlichkeit *f*, statistische Sicherheit *f*	niveau (risque) *m* de signifiance
C 889	**configuration**	Konfiguration *f*	configuration *f*
C 890	**conformation**	Konformation *f*	conformation *f*
C 891	**conformation analysis**	Konformationsanalyse *f*	analyse *f* de conformation
C 892	**conformation determinant**	Konformationsdeterminante *f*	déterminant *m* de conformation
	congeal / to	*s.* C 659	
	congealability	*s.* C 655	
	congealable	*s.* C 656	
	congelation	*s.* C 661	
C 893	**congenital,** inborn	kongenital, angeboren	congénital, inné
C 894	**congested**	gestaut	congestionné
	congestion	*s.* S 934	

C 895	**conglomerate**	Konglomerat *n*	conglomérat *m*
C 896	**conglutin**	Konglutin *n*	conglutine *f*
C 897	**conglutination**	Konglutination *f*	conglutination *f*
C 898	**conglutinin**	Konglutinin *n*	conglutinine *f*
C 899	**Congo red**	Kongorot *n*	rouge *m* Congo
C 900	**Congo red paper**	Kongorotpapier *n*	papier *m* Congo
C 901	**conical,** cone-shaped	konisch, konusartig, kegelförmig	conique
	conical flask	*s.* E 395	
C 902	**conical joint,** tapered joint	Kegelschliff *m*	rodage *m* conique
	conjugase	*s.* G 312	
C 903	**conjugate / to**	konjugieren	conjuguer
C 904	**conjugate**	Konjugat *n*	conjugué *m*
C 905	**conjugated**	konjugiert	conjugué
C 906	**conjugated antigen**	konjugiertes Antigen *n*	antigène *m* conjugué
	conjugated bilirubin	*s.* D 549	
C 907	**conjugated bond**	konjugierte Bindung *f*	liaison *f* conjuguée
C 908	**conjugated double bond**	konjugierte Doppelbindung *f*	liaison *f* double conjuguée
C 909	**conjugated estrogen**	konjugiertes Estrogen *n*	œstrogène *m* conjugué
C 910	**conjugated protein**	konjugiertes Protein *n*	protéine *f* conjuguée
C 911	**conjugation**	Konjugation *f*, Konjugierung *f*, Konjugieren *n*	conjugaison *f*
C 912	**conjugation product**	Konjugationsprodukt *n*	produit *m* de conjugaison
C 913	**conjugation reaction**	Konjugationsreaktion *f*	réaction *f* de conjugaison
C 914	**conjunctiva**	Bindehaut *f*, Conjunctiva *f*	conjonctive *f*
C 915	**conjunctival reaction**	Konjunktivalreaktion *f*, Konjunktivalprobe *f*	réaction *f* conjonctivale, épreuve *f* conjonctivale
C 916	**conjunctival scrapings**	Bindehautabschabung *f*	abrasion *f* conjonctivale
C 917	**conjunctival swab**	Bindehautabstrich *m*, Konjunktivalabstrich *m*	frottis *m* conjonctival
	connecting peptide	*s.* C 1083	
	connecting piece	*s.* C 920, F 182	
	connecting tube	*s.* C 920	
C 918	**connective tissue**	Bindegewebe *n*	tissu *m* conjonctif
C 919	**connective tissue cell**	Bindegewebszelle *f*	cellule *f* du tissu conjonctif
C 920	**connector,** connecting piece (tube)	Verbindungsstück *n*	pièce *f* de jonction, tube *m* de raccordement
C 921	**consecutive peaks**	aufeinanderfolgende Peaks *mpl*	pics *mpl* consécutifs
	conservation	*s.* P 909	
	conserve / to	*s.* P 912	
	conserved blood	*s.* S 946	
C 922	**conserved serum**	Serumkonserve *f*	conserve *f* de sérum
	consist / to	*s.* C 849	
	consistence	*s.* C 923	
C 923	**consistency,** consistence	Konsistenz *f*	consistance *f*
C 924	**consistent**	konsistent	consistant
C 925	**consist of / to**	bestehen aus	consister en
C 926	**constant**	Konstante *f*, konstante Größe *f*	constante *f*
C 927	**constant,** unchanged	konstant, unverändert	constant, inchangé, inaltéré
	constant-drip apparatus	*s.* I 328	
	constant error	*s.* S 1188	
	constituent	*s.* C 847	
	constitution	*s.* S 982	
C 928	**constitutive enzyme**	konstitutives Enzym *n*	enzyme *m* constitutif
C 929	**constriction pipette**	Konstriktionspipette *f*	pipette *f* à constriction
C 930	**consume / to**	verbrauchen	consommer
C 931	**consumption**	Verbrauch *m*	consommation *f*
C 932	**consumption material**	Verbrauchsmaterial *n*	matériel *m* de consommation
C 933	**contact**	Kontakt *m*	contact *m*
C 934	**contact allergen**	Kontaktallergen *n*	allergène *m* par contact
C 935	**contact poison,** contact toxicant	Kontaktgift *n*	poison *m* par contact
C 936	**contact thermometer**	Kontaktthermometer *n*	thermomètre *m* à contact
C 937	**contact time,** time of contact	Kontaktzeit *f*, Kontaktdauer *f*	temps *m* (durée *f*) de contact
	contact toxicant	*s.* C 935	
	contagion	*s.* I 235	
	contagious	*s.* I 236	
	container	*s.* V 84	
C 938	**containing antibodies**	antikörperhaltig	contenant des anticorps
	containing bromine	*s.* B 546	
	containing chlorine	*s.* C 435	
	containing hydrogen	*s.* H 507	
C 939	**contaminant,** impurity, pollutant *(e.g. air)*, foreign substance	Verunreinigung *f (Substanz)*, Kontaminant *m*, verunreinigender Stoff *m*, Schmutzstoff *m*	contamination *f*, substance *f* étrangère, polluant *m*, impureté *f*
C 940	**contaminate / to,** to pollute *(e.g. air)*	verunreinigen, verschmutzen, kontaminieren	contaminer, polluer
C 941	**contaminated,** polluted *(e. g. air)*	verunreinigt, verschmutzt, kontaminiert	contaminé, pollué

No.	English	German	French
C 942	**contamination,** impurity, pollution *(e. g. air)*	Verunreinigung *f*, Verunreinigen *n*, Verschmutzung *f*, Verschmutzen *n*, Kontamination *f*	contamination *f*, pollution *f*
C 943	**contingency table**	Kontingenztafel *f*	tableau *m* de contingence
C 944	**continuity**	Kontinuität *f*, Stetigkeit *f*	continuité *f*
C 945	**continuous**	kontinuierlich, ununterbrochen, stetig	continué
C 946	**continuous catheter,** permanent (indwelling, self-retaining) catheter	Dauerkatheter *m*, Verweilkatheter *m*	cathéter *m* (sonde *f)* à demeure
	continuous flow analysis	*s.* C 947	
C 947	**continuous flow chromatography,** continuous flow analysis	Durchlaufchromatographie *f*	chromatographie *f* àélution continue
C 948	**continuous separation**	kontinuierliche Trennung *f*	séparation *f* continuée
	continuous uniform distribution	*s.* U 58	
C 949	**contraceptive, contraceptive agent,** ovulation inhibitor	Kontrazeptivum *n*, Konzeptionsverhütungsmittel *n*, Antikonzeptionsmittel *n*, Ovulationshemmer *m*, empfängnisverhütendes (schwangerschaftsverhütendes) Mittel *n*	contraceptif *m*, anticonceptionnel *m*, anticeptif *m*
C 950	**contractile protein**	kontraktiles Protein *n*	protéine *f* contractile
C 951	**contraindication,** counterindication	Kontraindikation *f*, Gegenanzeige *f*	contre-indication *f*
C 952	**contrast**	Kontrast *m*	contraste *m*
C 953	**contrast medium,** X-ray contrast medium	Röntgenkontrastmittel *n*, Kontrastmittel *n*	repas *m* (moyen *m*, substance *f)* de contraste
C 954	**contrast staining,** counter staining	Kontrastfärbung *f*, Gegenfärbung *f*	coloration *f* différentielle
C 955	**control / to,** to check	kontrollieren, prüfen, nachprüfen, überprüfen, überwachen	contrôler, examiner, vérifier, surveiller, reviser
C 956	**control,** checking, check-up	Kontrolle *f*, Kontrollieren *n*, Prüfung *f*, Überprüfung *f*, Überwachung *f*	contrôle *m*, examen *m*, vérification *f*, surveillance *f*, révision *f*
C 957	**control animal**	Kontrolltier *n*	animal *m* témoin
C 958	**control chart**	Kontrollkarte *f*	carte *f* de contrôle
C 959	**control experiment,** control test	Kontrollversuch *m*, Kontrollexperiment *n*, Kontrolltest *m*	contre-essai *m*, essai *m* témoin, expérimentation *f* de contrôle, expérimentation cruciale
C 960	**control group**	Vergleichskollektiv *n*, Vergleichsgruppe *f*, Kontrollgruppe *f*	groupe *m* de contrôle, groupe témoin, groupe de référence
C 961	**control laboratory**	Kontrollaboratorium *n*	laboratoire *m* de contrôle
C 962	**controller,** control unit, regulator	Regler *m*, Regulator *m*	régulateur *m*, contrôleur *m*
C 963	**control limit**	Kontrollgrenze *f*	limite *f* de contrôle
C 964	**control material**	Kontrollmaterial *n*	matériel *m* de contrôle
C 965	**control mechanism**	Kontrollmechanismus *m*	mécanisme *m* de contrôle
C 966	**control of the course**	Verlaufskontrolle *f*, Verlaufsüberwachung *f*	contrôle *m* de cours
	control of therapy	*s.* T 137	
C 967	**control period**	Kontrollperiode *f*	période *f* de contrôle
C 968	**control plasma**	Kontrollplasma *n*	plasma *m* de contrôle
C 969	**control sample,** control specimen	Kontrollprobe *f (Substanz)*	échantillon *m* témoin
C 970	**control serum**	Kontrollserum *n*	sérum *m* de contrôle
	control specimen	*s.* C 969	
C 971	**control system**	Kontrollsystem *n*	système *m* de contrôle
	control test	*s.* C 959	
	control unit	*s.* C 962	
C 972	**control urine**	Kontrollurin *m*	urine *f* de contrôle (référence)
	conus	*s.* C 883	
C 973	**conversion**	Umrechnung *f*	conversion *f*
C 974	**conversion factor**	Umrechnungsfaktor *m*	facteur *m* de conversion
C 975	**conversion table**	Umrechnungstabelle *f*	table *f* de conversion
C 976	**convert / to**	umrechnen	convertir
	convertin	*s.* C 638	
C 977	**converting enzyme**	Converting enzyme	enyzme *f* de conversion
C 978	**Conway's diffusion cell (vessel)**	Conway-Diffusionsgefäß *n*	diffuseur *m* de Conway
C 979	**Conway's microdiffusion**	Conway-Mikrodiffusion *f*, Conway-Methode *f*	microdiffusion *f* de Conway
	cook / to	*s.* B 458	
C 980	**cooker,** boiler, boiling vessel	Kocher *m*	bouilloire *f*
	cooking	*s.* B 459	
C 981	**cool / to,** to cool down, to refrigerate	kühlen, abkühlen	refroidir, réfrigérer, refraîchir
C 982	**cool**	kühl	froid
	coolant *(US)*	*s.* C 984	
	cool down / to	*s.* C 981	
	cooler	*s.* C 872	
C 983	**cooling,** refrigeration	Kühlung *f*, Kühlen *n*, Abkühlung *f*	refroidissement *m*, réfrigération *f*
C 984	**cooling agent,** cooling medium, coolant *(US);* refrigerant [agent], refrigerating medium	Kühlmittel *n*, Kühlmedium *n*, Kältemittel *n*, Refrigerans *n*	produit *m* réfrigérant (frigorigène), réfrigérant *m*, frigorigène *m*, agent *m* refroidisseur, frigorifique *m*
C 985	**cooling cell, cooling chamber,** cold-storage room	Kühlzelle *f*, Kühlkammer *f*, Kühlraum *m*	chambre *f* frigorifique (froide, de refroidissement)
C 986	**cooling fluid,** liquid coolant	Kühlflüssigkeit *f*	liquide (fluide) *m* de refroidissement, réfrigérant *m* fluide

	cooling medium	*s.* C 984	
	cooling period	*s.* C 988	
C 987	**cooling plant,** refrigerating plant	Kühlanlage *f*	groupe *m* frigorifique (réfrigérant), installation *f* frigorifique (de réfrigération)
C 988	**cooling time,** cooling period	Abkühlungszeit *f*	période *f* de refroidissement
C 989	**cooling water**	Kühlwasser *n*	eau *f* réfrigérante (de refroidissement)
C 990	**coomassie blue**	Coomassieblau *n*	bleu *m* de coomassie
C 991	**coomassie brilliant blue**	Coomassie-Brillantblau *n*	bleu *m* brillant de coomassie
	Coombs serum	*s.* A 882	
	Coombs test	*s.* A 874	
C 992	**coordinate**	Koordinate *f*	coordonnée *f*
C 993	**coordinate axis,** axis of coordinates	Koordinatenachse *f*	axe *m* de coordonnées
	coordinate bond	*s.* C 997	
C 994	**coordinate plotter,** X-Y recorder	Koordinatenschreiber *m*	enregistreur *m* X-Y
C 995	**coordinate system,** system of coordinates	Koordinatensystem *n*	système *m* des coordonnées
C 996	**coordination**	Koordination *f*, Koordinierung *f*	coordination *f*
C 997	**coordinative bond,** coordinate bond	koordinative Bindung *f*	liaison *f* de coordination
C 998	**copper,** Cu	Kupfer *n*, Cu	cuivre *m*, Cu
C 999	**copper(II) chloride,** cupric chloride, copper dichloride	Kupfer(II)-chlorid *n*	oxychlorure *m* de cuivre
	copper dichloride	*s.* C 999	
C 1000	**copper enzyme**	Kupferenzym *n*	enzyme *m* cuivre
C 1001	**copper(II) nitrate,** cupric nitrate	Kupfer(II)-nitrat *n*	nitrate *m* cuivrique
C 1002	**copper(II) sulphate,** cupric sulphate, blue (copper) vitriol	Kupfer(II)-sulfat *n*, Blauvitriol *n*, Kupfervitriol *n*	sulfate *m* de cuivre, couperose *f* bleue, vitriol *m* bleu
	copper vitriol	*s.* C 1002	
	copratin	*s.* D 260	
C 1003	**coprecipitation**	Copräzipitation *f*	coprécipitation *f*
C 1004	**coproantibody**	Koproantikörper *m*	copr[o-]anticorps *m*
C 1005	**coprochrome**	Koprochrom *n*, Kotfarbstoff *m*	coprochrome *m*
	coproculture	*s.* S 925	
	coprolith	*s.* F 11	
C 1006	**coproporphyrin**	Koproporphyrin *n*	coproporphyrine *f*
C 1007	**coproporphyrinogen**	Koproporphyrinogen *n*	coproporphyrinogène *m*
	coproporphyrinogenase	*s.* C 1008	
C 1008	**coproporphyrinogen oxidase,** coproporphyrinogenase	Koproporphyrinogenoxidase *f*, Koproporphyrinogenase *f*	coproporphyrinogène-oxydase *f*, coproporphyrinogénase *f*
	coproscopy	*s.* S 928	
C 1009	**coprostanol,** coprosterol, coprosterin	Koprostanol *n*, Koprosterin *n*	coprostanol *m*, coprostérol *m*
	coprosterin	*s.* C 1009	
	coprosterol	*s.* C 1009	
C 1010	**coprozoon**	Koprozoon *n*	coprozoaire *m*
	cor	*s.* H 160	
C 1011	**cord blood,** umbilical cord blood	Nabelschnurblut *n*	sang *m* du cordon ombilical
	Cori ester	*s.* G 284	
	cork / to	*s.* S 935	
C 1012	**cork**	Korkstopfen *m*, Korken *m*	bouchon *m*
	cork	*s. a.* S 936	
C 1013	**cornea**	Cornea *f*, Hornhaut *f* *(Auge)*	cornée *f*
C 1014	**corneal test**	Kornealtest *m*, Kornealversuch *m*	épreuve *f* cornéale
C 1015	**Cornet's forceps**	Cornet-Pinzette *f*	pince *f* de Cornet
	corn meal agar	*s.* M 62	
	corn starch	*s.* M 63	
C 1016	**corn steep liquor**	Maisquellwasser *n*	liqueur *f* de macération du maïs
C 1017	**corona virus**	Coronavirus *n*	virus *m* corona, coronavirus *m*
C 1018	**corpse,** dead body	Leiche *f*, Toter *m*	cadavre *m*, mort *m*, défunt *m*
	corpus	*s.* B 448	
C 1019	**corpuscle,** corpuscule, body *(small)*	Körperchen *n*, Korpuskel *n*	corpuscule *m*
C 1020	**corpuscular**	korpuskulär	corpusculaire
C 1021	**corpuscular component, corpuscular constituent**	korpuskulärer Bestandteil *m*	constituant *m* corpusculaire
	corpuscule	*s.* C 1019	
	corpus luteum hormone	*s.* P 969	
C 1022	**correct / to**	korrigieren, berichtigen	corriger
	correcting factor	*s.* C 1024	
C 1023	**correction**	Korrektur *f*	correction *f*
C 1024	**correction factor, correcting (corrective) factor**	Korrekturfaktor *m*, Korrekturkoeffizient *m*	facteur *m* de correction, coefficient *m* correctif
C 1025	**correlation**	Korrelation *f*, Wechselbeziehung *f*	corrélation *f*
C 1026	**correlation analysis**	Korrelationsanalyse *f*	analyse *f* de corrélation
	correlation coefficient	*s.* C 698	
C 1027	**correlation function**	Korrelationsfunktion *f*	fonction *f* de corrélation
C 1028	**corrine**	Corrin *n*	corrine *f*
C 1029	**corrosion preparation**	Korrosionspräparat *n*	préparation *f* corrodée
	cortexolone	*s.* D 162	
C 1030	**cortexone,** 11-deoxycorticosterone	Cortexon *n*, 11-Desoxycorticosteron *n*	cortexone *f*, 11-désoxycorticostérone *f*

	cortical hormone	*s.* A 297	
	cortical steroid	*s.* A 290	
	corticoid	*s.* C 1032	
C 1031	**corticoliberin,** corticotropin-releasing hormone, corticotropin-releasing factor, CRH, CRF	Corticoliberin *n,* Corticotropin-Releasinghormon *n,* Corticotropin-Releasingfaktor *m,* corticotropinfreisetzendes Hormon *n,* CRH, CRF	hormone *f* de libération de la corticotrophine, corticolibérine *f,* CRF
C 1032	**corticosteroid,** corticoid	Corticosteroid *n,* Corticoid *n*	corticostéroïde *m,* corticoïde *m*
	corticosteroid-binding globulin	*s.* T 483	
C 1033	**corticosteroid sulphate**	Corticosteroidsulfat *n*	sulfate *m* de corticostéroïde
C 1034	**corticosterone**	Corticosteron *n*	corticostérone *m*
C 1035	**corticotropin,** adrenocorticotropic hormone, adrenocorticotropin, ACTH	Corticotropin *n,* adrenocorticotropes Hormon *n,* Adrenocorticotropin *n,* ACTH	corticotrophine *f,* hormone *f* [adréno-]corticotrope, adrénocorticotrophine *f* hypophysaire, ACTH
	corticotropin-releasing factor	*s.* C 1031	
	corticotropin-releasing hormone	*s.* C 1031	
C 1036	**cortin,** adrenocortical extract, adrenal cortex extract	Cortin *n,* Nebennierenrindenextrakt *m(n)*	cortine *f*, extrait *m* adrénocortical
C 1037	**cortisol,** hydrocortisone	Cortisol *n,* Hydrocortison *n*	cortisol *m,* hydrocortisone *m*
C 1038	**cortisol-binding globulin**	cortisolbindendes Globulin *n*	globuline *f* liant le cortisol, transcortisone *f*
C 1039	**cortisone**	Cortison *n*	cortisone *f*
C 1040	**cortisone acetate**	Cortisonacetat *n*	acétate *m* de cortisone
C 1041	**cortisone test**	Cortisonprobe *f*	épreuve *f* à la cortisone
C 1041a	**Corynebacterium**	Corynebacterium *n*	corynébactérie *f*
	Corynebacterium acnes	*s.* A 170	
	Corynebacterium diphtheriae	*s.* L 396	
	Corynebacterium liquefaciens	*s.* A 170	
C 1041b	**Corynebacterium paradiphthericum**	Paradiphtheriebacterium *n*	corynébactérie *f* paradiphtérique
	Corynebacterium pseudodiphtheriticum	*s.* H 366	
	Corynebacterium ulcerans	*s.* L 396	
	costive	*s.* A 844	
	costive agent	*s.* A 844	
C 1042	**cotinine**	Cotinin *n*	cotinine *f*
	cotton applicator	*s.* C 1043	
C 1043	**cotton carrier,** cotton applicator	Watteträger *m*	porte-coton *m*
	cotton pad	*s.* C 1045	
C 1044	**cotton plug (stopper),** plug of cotton wool	Wattepfropfen *m,* Wattestopfen *m*	bouchon *m* d'ouate, bouchon de coton
C 1045	**cotton-swab,** cotton-wool swab, wad of cotton-wool, cotton[-wool] pad	Wattetupfer *m,* Wattebausch *m*	tampon *m* d'ouate, tampon de coton
C 1046	**cotton wool**		ouate *f*
	cotton-wool pad	*s.* C 1045	
	cotton-wool swab	*s.* C 1045	
C 1047	**cough plate**	Hustenplatte *f*	garde *f* à coqueluche
C 1048	**coulomb,** C	Coulomb *n,* C	coulomb *m,* C
C 1049	**coulometric**	coulometrisch	coulométrique
C 1050	**coulometric titration**	coulometrische Titration *f*	titrage *m* coulométrique
C 1051	**coulometry**	Coulometrie *f*	coulométrie *f*
C 1052	**coumarin,** cumarin, 1,2-benzopyrone	Cumarin *n,* 1,2-Benzopyron *n*	coumarine *f,* 1,2-benzopyrone *f*
C 1053	**Councilman body (cell)**	Councilman-Körper *m,* Councilman-Zelle *f*	corps *m* (cellule *f*) de Councilman
C 1054	**count / to,** to enumerate	zählen	compter
	count	*s.* C 1063	
C 1055	**counter,** counting apparatus (device)	Zählgerät *n,* Zählapparat *m,* Zählvorrichtung *f*	compteur *m,* mécanisme *m* compteur
C 1056	**counteraction,** countereffect	Gegenwirkung *f*	contre-action *f*
C 1057	**countercurrent,** countercurrent flow	Gegenstrom *m*	contre-courant *m*
	countercurrent distillation	*s.* R 198	
C 1058	**countercurrent distribution**	Gegenstromverteilung *f*	distribution *f* à contre-courant
	countercurrent flow	*s.* C 1057	
C 1059	**countercurrent ionophoresis**	Gegenstromionophorese *f*	ionophorèse *f* à contre-courant
C 1060	**countercurrent principle**	Gegenstromprinzip *n*	principe *m* de contre[-]courant
C 1061	**counterdiffusion**	Gegendiffusion *f*	contre-diffusion *f*
	countereffect	*s.* C 1056	
	counter efficiency	*s.* C 1065	
C 1062	**counterimmunoelectrophoresis,** CIE	Gegenstromelektrophorese *f,* Überwanderungselektrophorese *f*	électrophorèse *f* à contre-courant, électrophorèse transmigatrice
	counterindication	*s.* C 951	
	counter staining	*s.* C 954	
	counter tube	*s.* C 1066	
C 1063	**counting,** count, enumeration	Zählung *f*	comptage *m*
	counting apparatus	*s.* C 1055	
C 1064	**counting chamber,** blood cell counter (counting chamber), haem[at]ocytometer	Zählkammer *f,* Blutkörperchenzähler *m* , Hämozytometer *n*	cellule *f* compte-globules, hémocytomètre *m*
	counting device	*s.* C 1055	

C 1065	**counting efficiency,** counter efficiency, efficiency of counting (counter)	Zählausbeute *f*	rendement *m* de comptage
C 1066	**counting tube,** counter tube	Zählrohr *n*	tube *m* compteur
C 1067	**couple / to**	koppeln, kuppeln	coupler
C 1068	**coupled columns,** composite columns	gekoppelte Säulen *fpl*	colonnes *fpl* couplées
C 1069	**coupled reaction,** linked reaction	Kopplungsreaktion *f*, gekoppelte Reaktion *f*	réaction *f* de couplage, réaction couplée
C 1070	**coupling**	Kopplung *f*, Kupplung *f*, Koppeln *n*	couplage *m*, accouplement *m*
C 1071	**coupling factor**	Kopplungsfaktor *m*	coefficient *m* de couplage
C 1072	**coupling mechanism**	Kopplungsmechanismus *m*	mécanisme *m* de couplage
	course of reaction	*s.* R 137	
	couveuse	*s.* I 175	
C 1073	**covalence, covalency**	Kovalenz *f*	covalence *f*
C 1074	**covalent**	kovalent	covalent
C 1075	**covalent bond,** atomic (homopolar) bond, covalent (atomic) linkage	kovalente Bindung *f*, Atombindung *f*, homöopolare Bindung	liaison *f* covalente (atomique, homéopolaire)
	covalent linkage	*s.* C 1075	
C 1076	**covariance**	Kovarianz *f*	covariance *f*
C 1077	**covariance analysis,** analysis of covariance	Kovarianzanalyse *f*	analyse *f* de covariance
	cover cell	*s.* S 1129	
C 1078	**cover glass,** slide cover glass *(microscopy)*	Deckglas *n*	couvre-objet *m*
C 1079	**cover glass culture**	Deckglaskultur *f*	culture *f* à couvre-objet
C 1080	**cover glass forceps**	Deckglaspinzette *f*	pincettes *fpl* de couvre-objet
C 1081	**cover glass preparation**	Deckglaspräparat *n*, Deckglasausstrich *m*	préparation *f* àcouvre-objet
C 1082	**Coxsackie virus**	Coxsackie-Virus *n*, C-Virus *n*, Pseudopoliomyelitisvirus *n*, Coevirus *n*	virus *m* [de] Coxsackie, virus de pseudopoliomyélite
	cozymase	*s.* N 135	
	CP	*s.* C 1089	
C 1083	**C-peptide,** connecting peptide	C-Peptid *n*	C-peptide *m*
	CPK	*s.* C 1088	
C 1084	**CPK isoenyzme,** creatine kinase isoenzyme	CPK-Isoenzym *n*, Kreatinkinase-Isoenzym *n*	isoenzyme *m* de créatine-kinase
	C_3 proactivator	*s.* G 356	
	Cr	*s.* C 531	
	crab louse	*s.* M 726	
	cranial puncture	*s.* V 72	
C 1085	**C-reactive protein,** CRP	C-reaktives Protein *n*, CRP	protéine *f* C-réactive
C 1086	**creatinase**	Kreatinase *f*	créatinase *f*
C 1087	**creatine,** kreatine, methylglycocyamine	Kreatin *n*, Methylglycocyamin *n*	créatine *f*, méthylglycocyanine *f*
C 1088	**creatine kinase,** creatine phosphokinase, CK, CPK	Kreatinkinase *f*, Kreatinphosphokinase *f*	créatine-kinase *f*, créatine-phosphokinase *f*
	creatine kinase isoenzyme	*s.* C 1084	
C 1089	**creatine phosphate,** phosphocreatine, creatine phosphoric acid, phosphagen, CP	Kreatinphosphat *n*, Phosphokreatin *n*, Kreatinphosphorsäure *f*, Phosphagen *n*	créatine-phosphate *m*, phosphate *m* de créatine, phosphocréatine *f*, acide *m* créatine phosphorique, phosphagène *m*
	creatine phosphokinase	*s.* C 1088	
	creatine phosphoric acid	*s.* C 1089	
C 1090	**creatinine,** kreatinine, dehydrated creatine	Kreatinin *n*	créatinine *f*, méthyl-1-glycocamidine *f*
C 1091	**creatinine clearance**	Kreatinin-Clearance *f*	clearance *f* de la créatinine
C 1092	**creatinine coefficient**	Kreatininkoeffizient *m*	coefficient *m* de la créatinine
C 1093	**creatinine nitrogen**	Kreatininstickstoff *m*	azote *m* de créatinine
C 1094	**creatinine test**	Kreatinintest *m*	épreuve *f* de créatinine
	crenated erythrocyte	*s.* C 1095	
C 1095	**crenocyte,** crenated erythrocyte	Krenozyt *m*	crénocyte *m*
C 1096	**cresol,** methylphenol, hydroxytoluene	Cresol *n*, Methylphenol *n*, Hydroxytoluol *n*	crésol *m*, méthylphénol *m*, hydroxytoluène *m*, phénol *m* crésylique
C 1097	**cresolphthalein**	Cresolphthalein *n*	crésolphtaléine *f*
C 1098	**cresol purple**	Cresolpurpur *m*	pourpre *m* de crésol
C 1099	**cresol red**	Cresolrot *n*	rouge *m* de crésol
C 1100	**cresol sulphuric acid**	Cresolschwefelsäure *f*	acide *m* sulfurique de crésol
C 1101	**cresylecht violet**	Cresylechtviolett *n*	coloration *f* au violet de crésyl
	crevicular fluid	*s.* G 187	
	CRF	*s.* C 1031	
	CRH	*s.* C 1031	
C 1102	**critical micelle concentration,** CMC	kritische Mizellkonzentration *f*, KMK	concentration *f* micellaire critique
C 1103	**critical point**	kritischer Punkt *m*	point *m* critique
C 1104	**critical region**	kritischer Bereich *m*	domaine *m* critique
C 1105	**critical temperature**	kritische Temperatur *f*	température *f* critique
C 1106	**critical volume**	kritisches Volumen *n*	volume *m* critique
	Crosby test	*s.* T 267	
C 1107	**cross / to,** to interbreed, to match *(blood)*	kreuzen	croiser
C 1108	**cross agglutination**	Kreuzagglutination *f*	agglutination *f* croisée

C 1109	**crossed**	gekreuzt	croisé
C 1110	**cross immunoelectrophoresis**	Kreuzimmunelektrophorese *f*	immunoélectrophorèse *f* croisée
C 1111	**crossing-over,** crossover	Crossing-over *n,* Überkreuzungsstelle *f*	crossing-over *m,* entrecroisement *m,* enjambement *m*
C 1112	**crossing-over value**	Crossing-over-Wert *m*	valeur *f* de crossing-over
C 1113	**cross-matching, cross match test**	Kreuzprobe *f,* Kreuztest *m,* Kreuzversuch *m*	épreuve *f* de compatibilité croisée
	crossover	*s.* C 1111	
C 1114	**cross-reacting antibody**	kreuzreaktiver Antikörper *m*	anticorps *m* croisé
C 1115	**cross-reacting antigen**	kreuzreaktives Antigen *n*	antigène *m* croisé
C 1116	**cross-reacting material**	kreuzreaktives Material *n*	matière *f* à réactivité croisée
C 1117	**cross reaction**	Kreuzreaktion *f*	réaction *f* croisée
C 1118	**crotonaldehyde**	Crotonaldehyd *m*	aldéhyde *m* crotonique
	crotonase	*s.* E 248	
C 1119	**croup-associated virus**	Kruppvirus *n*	virus *m* associé au croup
	croup-associated virus	*s. a.* P 73	
	CRP	*s.* C 1085	
C 1120	**CRP test**	CRP-Test *m*	test *m* de la protéine C-réactive
C 1121	**crucible**	Tiegel *m*	creuset *m*
C 1122	**crucible tongs**	Tiegelzange *f*	pince *m* à creuset
C 1123	**crude,** in the crude state	roh	brut
C 1124	**crude protein**	Rohprotein *n*	protéine *f* brute
	crude state / in the	*s.* C 1123	
	crusher	*s.* B 144	
C 1125	**crush preparation**	Quetschpräparat *n*	préparation *f* contuse
C 1126	**crust[a],** scab, slough, eschar	Kruste *f,* Borke *f,* Schorf *m*	croûte *f,* escarre *f,* eschare *f*
	cryoagglutination	*s.* C 717	
	cryoagglutinin	*s.* C 718	
C 1127	**cryobiology**	Kryobiologie *f*	cryobiologie *f*
C 1128	**cryodesiccation**	Kryodesikkation *f*	cryodessication *f*
C 1129	**cryoenzymology**	Kryoenzymologie *f*	cryoenzymologie *f*
C 1130	**cryofibrinogen**	Kryofibrinogen *n,* Kältefibrinogen *n*	cryofibrinogène *m*
C 1131	**cryoglobulin**	Kryoglobulin *n,* Kälteglobulin *n*	cryoglobuline *f*
C 1132	**cryometer**	Kryometer *n,* Kältemesser *m*	cryomètre *m*
C 1133	**cryoprecipitate**	Kryopräzipitat *n,* Kältepräzipitat *n*	cryoprécipité *m*
C 1134	**cryopreservation,** freezing preservation, cold-pack method	Kryokonservierung *f,* Gefrierkonservierung *f*	cryoconservation *f,* conservation *f* par congélation (réfrigération)
C 1135	**cryoprotein**	Kryoprotein *n*	cryoprotéine *f*
C 1136	**cryoscope**	Kryoskop *n,* Gefrierpunktmesser *m*	cryoscope *m*
C 1137	**cryoscopic**	kryoskopisch	cryoscopique
C 1138	**cryoscopy,** freezing-point determination	Kryoskopie *f,* Gefrierpunktbestimmung *f*	cryoscopie *f,* détermination *f* du point de congélation
C 1139	**cryostat, cryotome**	Kryostat *m,* Kryotom *n*	cryostat *m,* cryotome *m*
C 1140	**cryptoagglutinoid**	Kryptoagglutinoid *n*	cryptoagglutinoïde *m*
C 1141	**cryptoantigen**	Kryptoantigen *n*	cryptoantigène *m*
C 1142	**cryptoxanthine**	Kryptoxanthin *n*	cryptoxanthine *f*
C 1143	**crystal**	Kristall *m*	cristal *m*
C 1144	**crystal form,** crystal shape	Kristallform *f*	forme *f* cristalline
	crystal formation	*s.* C 1148	
	crystal grating	*s.* C 1145	
C 1145	**crystal lattice,** crystal grating, space lattice	Kristallgitter *n*	réseau *m* cristallin
C 1146	**crystalline**	kristallin	cristallin
C 1147	**crystallisable**	kristallisierbar	cristallisable
C 1148	**crystallisation,** crystal formation, formation of crystals	Kristallisation *f,* Kristallisierung *f,* Kristallisieren *n,* Kristallbildung *f,* Auskristallisation *f*	cristallisation *f,* formation *f* de cristaux
	crystallisation dish	*s.* C 1151	
C 1149	**crystallisation test**	Kristallisationstest *m*	épreuve *f* de cristallisation
C 1150	**crystallise / to, to crystallise out,** to form crystals	kristallisieren, auskristallisieren	cristalliser
	crystalliser	*s.* C 1151	
C 1151	**crystallising dish,** crystallisation dish, crystalliser	Kristallisierschale *f*	cristallisoir *m*
C 1152	**crystallographic method**	kristallographische Methode *f*	méthode *f* cristallographique
C 1153	**crystalloid**	Kristalloid *n*	cristalloïde *m*
	crystal shape	*s.* C 1144	
C 1154	**crystal structure**	Kristallstruktur *f*	structure *f* cristalline
C 1155	**crystal suspension**	Kristallsuspension *f*	suspension *f* cristalline
C 1156	**crystal violet**	Kristallviolett *n*	violet *m* cristallisé
C 1157	**crystal violet solution**	Kristallviolettlösung *f*	solution *f* de violet cristallisé
	Cs	*s.* C 9	
	CSF	*s.* C 328	
	CSF	*s.* C 762	
C 1158	**C substance**	C-Substanz *f*	substance *f* C
	CTP	*s.* C 1244	
	Cu	*s.* C 998	
C 1159	**cuff**	Manschette *f*	soufflet *m*

C 1160	**cultivable**	kultivierbar	cultivable
C 1161	**cultivate / to,** to culture	kultivieren, züchten, anzüchten	cultiver
C 1162	**cultivated,** cultured	kultiviert	cultivé
C 1163	**cultivation**	Kultivierung *f*, Kultivieren *n*, Züchtung *f*, Anzüchtung *f*	cultivation *f*
	culture / to	*s.* C 1161	
C 1164	**culture**	Kultur *f*	culture *f*
	culture bottle	*s.* C 1166	
	cultured	*s.* C 1162	
	culture dish	*s.* P 265	
C 1165	**culture filtrate**	Kulturfiltrat *n*	filtrat *m* de culture
C 1166	**culture flask,** culture bottle	Kulturflasche *f*, Kulturkolben *m*, Nährbodenflasche *f*	bouteille *f* à culture
	culture fluid	*s.* N 324	
C 1167	**culture in egg,** chicken embryo culture	Eikultur *f*, Hühnerembryokultur *f*	milieu *m* [àbase] d'œufs, gélose *f* à l'œuf
C 1168	**culture kitchen**	Nährbodenküche *f*	salle *f* de préparation des milieux
C 1169	**culture medium,** nutritive (nutrient) medium	Nährboden *m*, Nährmedium *n*, Nährsubstrat *n*, Kulturboden *m*, Kulturmedium *n*	milieu *m* de culture, milieu nutritif
C 1170	**culture method,** culture technique	Kulturverfahren *n*	méthode (technique) *f* de culture
	culture of anaerobes	*s.* A 709	
	culture of fungi	*s.* F 427	
	culture of protozoa	*s.* P 1129	
C 1171	**culture plate**	Kulturplatte *f*	plaque *f* à culture
	culture technique	*s.* C 1170	
C 1172	**culture tube**	Kulturröhrchen *n*	tube *m* de culture
C 1173	**culture type**	Kulturtyp *m*	type *m* de culture
C 1174	**culture yeast**	Kulturhefe *f*	levure *f* de culture
	cumarin	*s.* C 1052	
	cUMP	*s.* C 1209	
C 1175	**cumulation**	Kumulation *f*, Kumulierung *f*	cumulation *f*, cumul *m*
C 1176	**cumulative**	kumulativ	cumulatif
C 1177	**cumulative frequency**	kumulative Häufigkeit *f*	fréquence *f* cumulée
C 1178	**cupferron**	Kupferron *n*	cupferron *m*
C 1179	**cuprein**	Cuprein *n*	cupréine *f*
	cupric chloride	*s.* C 999	
	cupric nitrate	*s.* C 1001	
	cupric sulphate	*s.* C 1002	
	curara	*s.* C 1180	
C 1180	**curare,** curara	Curare *n*	curare *m*
	curet / to	*s.* S 130	
	curettage	*s.* A 11	
	curette / to	*s.* S 130	
C 1181	**curette,** abrasor, scraper, surgical (sharp) spoon	Kürette *f*, scharfer Löffel *m*	curette *f*, curette tranchante
	curettement	*s.* A 11	
	curetting	*s.* A 11	
C 1182	**curie,** Ci	Curie *n*, Ci	curie *m*, Ci
	current intensity	*s.* C 1183	
	current of air	*s.* A 402	
C 1183	**current strength,** current intensity	Stromstärke *f*	intensité *f* de courant, ampérage *m*
	Curschmann's signs	*s.* C 1184	
C 1184	**Curschmann's spirals,** Curschmann's signs	Curschmann-Spiralen *fpl*	spirales *fpl* de Curschmann
C 1185	**curve**	Kurve *f*	courbe *f*
	curve of normal distribution	*s.* G 107	
C 1186	**cutaneous,** dermal	kutan, dermal	cutané, dermique
	cutaneous flora	*s.* S 435	
	cutaneous fungus	*s.* D 224	
	cutaneous reaction	*s.* S 437	
C 1187	**cutaneous scale,** skin scale	Hautschuppe *f*	squames *fpl* de la peau
	cutaneous sebum	*s.* S 142	
	cutaneous test	*s.* S 439	
C 1188	**cuticle preparation**	Häutchenpräparat *n*	préparation *f* de pellicule
	cutireaction	*s.* S 437	
	cutis	*s.* S 431	
	cutisector	*s.* D 223	
	cut-off valve	*s.* S 937	
	cut out / to	*s.* E 537	
C 1189	**cuvette**	Küvette *f*	cuvette *f*
C 1190	**cuvette holder**	Küvettenhalter *m*	porte-cuve[s] *m*, porte-cuvette[s] *m*
C 1191	**cuvette oxymeter**	Küvettenoxymeter *n*	oxymètre *m* à cuvette
C 1192	**cyanamide**	Cyanamid *n*	cyanamide *m*
C 1193	**cyanate**	Cyanat *n*	cyanate *m*
C 1194	**cyanhaematin**	Cyanhämatin *n*	cyanhématine *f*
C 1195	**cyanic acid**	Cyansäure *f*	acide *m* cyanique
C 1196	**cyanide**	Cyanid *n*	cyanure *m*

	English	Deutsch	Français
C 1197	**cyanin**	Cyanin *n*	cyanine *f*
C 1198	**cyanmethaemoglobin,** haemiglobin cyanide	Cyanmethämoglobin *n,* Hämiglobincyanid *n*	cyanméthémoglobine *f*, hémiglobincyanure *m*
C 1199	**cyanocobalamin**	Cyanocobalamin *n*	cyanocobalamine *f*
C 1200	**cyanogen**	Cyan *n*	cyanogène *m*
C 1201	**cyanogen compound**	Cyanverbindung *f*	composé *m* cyanique
C 1202	**cyanohaemiglobin**	Cyanhämiglobin *n*	cyanhémoglobine *f*
C 1203	**cyanohydrin**	Cyanhydrin *n*	cyanhydrine *f*
C 1204	**cycle**	Zyklus *m*	cycle *m*
C 1205	**cyclic adenosine-3',5'-monophosphate, cyclic AMP,** cAMP	zyklisches Adenosin-3',5'-monophosphat *n,* cAMP, 3',5'-AMP	adénosine-3',5'-monophosphate *m,* AMP cyclique
	cyclic CMP	*s.* C 1206	
C 1205a	**cyclic compound,** ring compound	Ringverbindung *f,* zyklische Verbindung *f*	combinaison *f* cyclique
C 1206	**cyclic cytidine-3',5'-monophosphate,** cyclic CMP, cCMP	zyklisches Cytidin-3',5'-monophosphat *n,* cCMP, 3',5'-CMP	cytidine-3',5'-monophosphate *m* cyclique, CMP cyclique
	cyclic GMP	*s.* C 1207	
C 1207	**cyclic guanosine-3',5'-monophosphate,** cyclic GMP, cGMP	zyklisches Guanosin-3',5'-monophosphat *n,* cGMP, 3',5'GMP	guanosine-3',5'-monophosphate *m* cyclique, GMP cyclique
	cyclic IMP	*s.* C 1207a	
C 1207a	**cyclic inosine-3',5'-monophosphate,** cyclic IMP, cIMP	zyklisches Inosin-3',5'-monophosphat *n,* cIMP, 3',5'-IMP	inosine-3',5'-monophosphate *m* cyclique, IMP cyclique
C 1208	**cyclic nucleotide**	zyklisches Nucleotid *n*	nucléotide *m* cyclique
	cyclic UMP	*s.* C 1209	
C 1209	**cyclic uridine-3',5'-monophosphate,** cyclic UMP, cUMP	zyklisches Uridin-3',5'-monophosphat *n,* cUMP, 3',5'-UMP	uridine-3',5'-monophosphate *m* cyclique, UMP cyclique
C 1210	**cyclisation**	Zyklisierung *f*	cyclisation *f*
C 1211	**cyclise / to**	zyklisieren	cycliser
C 1212	**cyclohexane**	Cyclohexan *n*	cyclohexane *m*
C 1213	**cycloheximide**	Cycloheximid *n*	cycloheximide *m*
C 1214	**cycloserine**	Cycloserin *n*	cyclosérine *f*
C 1215	**cyclosporin**	Cyclosporin *n*	cyclosporine *f*
	Cyd	*s.* C 1237	
	cyesiognosis	*s.* D 290	
C 1216	**cylinder**	Zylinder *m (Gefäß)*	éprouvette *f*
C 1217	**cylindrical**	zylindrisch	cylindrique
C 1218	**cylindrical cell,** columnar cell	Zylinder[epithel]zelle *f,* Säulenepithelzelle *f*	cellule *f* d'épithélium cylindrique
	cylindroid	*s.* P 1139, U 131	
	Cys	*s.* C 1227	
C 1219	**cyst**	Zyste *f*	kyste *m*
C 1220	**cystamine**	Cystamin *n*	cystamine *f*
	cystathionase	*s.* C 1223	
C 1221	**cystathione**	Cystathion *n*	cystathione *m*
C 1222	**cystathionine**	Cystathionin *n*	cystathionine *m*
C 1223	**cystathionine-γ-lyase,** cystathionase	Cystathionin-γ-lyase *f,* Cystathionase *f*	cystathionine-γ-lyase *f,* cystathionase *f*
C 1224	**cystathionine-β-synthase,** β-thionase	Cystathionin-β-synthase *f,* β-Thionase *f*	cystathionine-β-synthase *f,* β-thionase *f*
C 1225	**cysteamine**	Cysteamin *n*	cystéamine *f*
C 1226	**cysteic acid**	Cysteinsäure *f*	acide *m* cystéique
C 1227	**cysteine,** α-amino-β-mercaptopropionic acid, Cys	Cystein *n,* α-Amino-β-mercaptopropionsäure *f,* Cys	cystéine *f* acide *m* α-amino-β-mercaptopropionique, Cys
	cystic bile	*s.* B 139	
	cystic calculus	*s.* B 332	
C 1228	**cysticercoid**	Cysticercoid *n*	cysticercoïde *m*
	Cysticercus	*s.* B 334	
C 1229	**Cysticercus bovis,** Cysticercus inermis	Rinderfinne *f*	cysticerque *m* inarmé
C 1230	**Cysticercus cellulosae**	Schweinefinne *f*	cysticerque *m* du porc
	Cysticercus inermis	*s.* C 1229	
C 1231	**cystic fluid**	Zystenflüssigkeit *f*	liquide *m* kystique
C 1232	**cystine**	Cystin *n*	cystine *f*
C 1233	**cystine calculus,** cystine stone	Cystinstein *m*	calcul (gravier) *m* cystineux, cystinolithe *m*
C 1234	**cystine crystal**	Cystinkristall *n*	cristal *m* de cystine
	cystine stone	*s.* C 1233	
	cystolith	*s.* B 332	
C 1235	**cystyl aminopeptidase,** oxytocinase	Cystylaminopeptidase *f,* Oxytocinase *f*	cystyl-aminopeptidase *f,* oxytocinase *f*
C 1236	**cytase**	Cytase *f*	cytase *f*
C 1237	**cytidine,** ribosyl cytosine, Cyd	Cytidin *n,* Ribosylcytosin *n,* Cyd	cytidine *f*, ribosylcytosine *f*, cytosine-riboside *m,* Cyd
C 1238	**cytidine deaminase**	Cytidindesaminase *f*	cytidine-désaminase *f*
C 1239	**cytidine-5'-diphosphate,** CDP	Cytidin-5'-diphosphat *n,* CDP	cytidine-5'-diphosphate *m,* CDP
C 1240	**cytidine diphosphate choline**	Cytidindiphosphatcholin *n,* CDP-cholin *n*	cytidine-diphosphate-choline *f,* cytidine-diphospho-choline *f*, CDP-choline *f*
C 1241	**cytidine diphosphate ethanolamine**	Cytidindiphosphatethanolamin *n,* CDP-ethanolamin *n*	cytidine-diphosphate-éthanolamine *f,* cytidine-diphospho-éthanolamine *f,* CDP-éthanolamine *f*
C 1242	**cytidine-5'-monophosphate,** CMP	Cytidin-5'-monophosphat *n,* CMP	cytidine-5'-monophosphate *m,* CMP

C 1243	**cytidine nucleotide**	Cytidinnucleotid *n*	cytidine-nucléotide *m*
C 1244	**cytidine-5'-triphosphate,** CTP	Cytidin-5'-triphosphat *n,* CTP	cytidine-5'-triphosphate *m,* CTP
C 1245	**cytidylic nucleotide**	Cytidylnucleotid *n*	nucléotide *m* cytidylique
C 1246	**cytobiology**	Zellbiologie *f*	cytobiologie *f,* biologie *f* cellulaire
	cytoblast	*s.* N 312	
C 1247	**cytocentrifuge**	Zytozentrifuge *f*	cytocentrifugeuse *f*
C 1248	**cytochemical**	zytochemisch	cytochimique
C 1249	**cytochemical method**	zytochemische Methode *f*, zytochemisches Verfahren *n*	méthode (technique) *f* cytochimique
C 1250	**cytochemical reaction**	zytochemische Reaktion *f*	réaction *f* cytochimique
C 1251	**cytochemistry**	Zytochemie *f,* Zellchemie *f*	cytochimie *f,* chimie *f* de la cellule
C 1252	**cytochrome**	Cytochrom *n*	cytochrome *m*
C 1253	**cytochrome [c] oxidase,** indophenol oxidase, indophenolase, respiratory enzyme, breathing ferment, Warburg's respiratory enzyme	Cytochrom-c-oxidase *f,* Cytochromoxidase *f*, Indophenoloxidase *f*, Indophenolase *f*, Atmungsenzym *n,* Atmungsferment *n*, Warburg-Atmungsferment *n*	cytochrome-c-oxydase *f,* indophénol-oxydase *f*, indophénolase *f*, ferment *m* de respiration, enzyme *m* respiratoire, ferment respiratoire (rouge) de Warburg
	cytochrome c-reductase	*s.* N 1	
C 1254	**cytochrome peroxidase**	Cytochromperoxidase *f*	cytochrome-peroxydase *f*
C 1255	**cytodiagnosis, cytodiagnostics**	Zytodiagnostik *f,* Zelldiagnostik *f*	cytodiagnostic *m*
C 1256	**cytofluorimetry**	Zytofluorimetrie *f*	cytofluorimétrie *f*
C 1257	**cytogenetic,** cytogenic	zytogenetisch, zellgenetisch	cytogénétique, cytogène
C 1258	**cytogenetics**	Zytogenetik *f,* Zellgenetik *f*	cytogénétique *f,* cytogénèse *f*
	cytogenic	*s.* C 1257	
C 1259	**cytoglobulin**	Zellglobulin *n,* Zytoglobulin *n*	cytoglobuline *f*
C 1260	**cytogram**	Zytogramm *n*	cytogramme *m*
	cytohistologic	*s.* C 1261	
C 1261	**cytohistological,** cytohistologic	zytohistologisch	cytohistologique
C 1262	**cytohistology**	Zytohistologie *f*	cytohistologie *f*
C 1263	**cytohormone,** cell hormone	Zytohormon *n,* Zellhormon *n*	cytohormone *f,* hormone *f* cellulaire
C 1264	**cytohybrid,** cell hybrid	Zellhybride *f (m)*, Zytohybride *f (m)*	cytohybride *m,* hybride *m* cellulaire
C 1265	**cytokinase**	Zytokinase *f*	cytokinase *f*
C 1266	**cytologic[al]**	zytologisch	cytologique
C 1267	**cytologic findings**	zytologischer Befund *m,* Zellbefund *m*	constatation *f* cytologique
C 1268	**cytologic laboratory**	zytologisches Laboratorium *n*	laboratoire *m* cytologique
C 1269	**cytologic pattern**	zytologisches Muster *n*	échantillon *m* cytologique
C 1270	**cytologist**	Zytologe *m*	cytologiste *m*
C 1271	**cytology**	Zytologie *f,* Zellenlehre *f*	cytologie *f*
C 1272	**cytolysate**	Zytolysat *n*	cytolysat *m*
C 1273	**cytolysin**	Zytolysin *n*	cytolysine *f*
C 1274	**cytolysis,** cell lysis	Zytolyse *f,* Zellauflösung *f*	cytolyse *f,* lyse *f* cellulaire
C 1275	**cytolytic**	zytolytisch, zellenauflösend	cytolytique
	cytomegalic inclusion body virus	*s.* C 1276	
C 1276	**cytomegalovirus,** cytomegalic inclusion body virus	Zytomegalievirus *n*	cytomeǵalovirus *m*
	cytomembrane	*s.* C 258	
C 1277	**cytometer**	Zytometer *n*	cytomètre *m*
C 1278	**cytometric**	zytometrisch	cytométrique
C 1279	**cytometry**	Zytometrie *f*	cytométrie *f*
C 1280	**cytomorphologic[al]**	zytomorphologisch	cytomorphologique
C 1281	**cytomorphology,** cell morphology	Zytomorphologie *f,* Zellmorphologie *f*	cytomorphologie *f,* morphologie *f* cellulaire
C 1282	**cytopathogenic**	zytopathogen, zellpathogen	cytopathogène
C 1283	**cytopathologic[al]**	zytopathologisch, zellpathologisch	cytopathologique
C 1284	**cytopathology,** cell (cellular) pathology	Zytopathologie *f,* Zellpathologie *f*	cytopathologie *f,* pathologie *f* cellulaire
C 1285	**cytophilic antibody**	zytophiler Antikörper *m*	anticorps *m* cytophile
C 1286	**cytophotometer**	Zytophotometer *n*	cytophotomètre *m*
C 1287	**cytophotometric**	zytophotometrisch	cytophotométrique
C 1288	**cytophotometry**	Zytophotometrie *f*	cytophotométrie *f*
C 1289	**cytoplasm[a],** cell[ular] plasma	Zellplasma *n,* Zytoplasma *n*	cytoplasma *m,* cytoplasme *m*, protoplasme *m* cellulaire
C 1290	**cytoplasmic**	zytoplasmatisch	cytoplasmique
C 1291	**cytoplasmic fraction**	Zytoplasmafraktion *f*	fraction *f* cytoplasmique
C 1292	**cytoplasmic membrane**	zytoplasmatische Membran *f*	membrane *f* cytoplasmique
C 1293	**cytoscopic[al]**	zytoskopisch	cytoscopique
	cytoscopic examination	*s.* C 1294	
C 1294	**cytoscopy,** cytoscopic examination	Zytoskopie *f*	cytoscopie *f*
C 1295	**cytosine**	Cytosin *n*	cytosine *f*
C 1296	**cytosine nucleotide**	Cytosinnucleotid *n*	cytosine-nucléotide *m*
C 1297	**cytosome,** cell body	Zytosom *n,* Zellkörper *m*	cytosome *m,* corps *m* cellulaire
C 1298	**cytostatic,** cytostatic agent (drug)	Zytostatikum *n,* zytostatisches Mittel *n*	cytostatique *m,* substance *f* cytostatique
C 1299	**cytostatic**	zytostatisch	cytostatique
	cytostatic agent	*s.* C 1298	
	cytostatic drug	*s.* C 1298	
C 1300	**cytotoxic**	zytotoxisch	cytotoxique
C 1301	**cytotoxic activity**	zytotoxische Aktivität *f*	activité *f* cytotoxique
C 1302	**cytotoxic antibody**	zytotoxischer Antikörper *m*	anticorps *m* cytotoxique

C 1303	**cytotoxic cell**	zytotoxische Zelle *f*	cellule *f* cytotoxique
	cytotoxic factor	*s.* L 485	
C 1304	**cytotoxicity**	Zytotoxizität *f*	cytotoxicité *f*
C 1305	**cytotoxicity test**	Zytotoxizitätstest *m*	épreuve *f* de cytotoxicité
C 1306	**cytotoxin,** cell poison, cellular poison	Zytotoxin *n,* Zellgift *n*	cytotoxine *f*
C 1307	**cytovirus**	Zytovirus *n*	cytovirus *m,* virus *m* cytopathogène
	cytozoon	*s.* C 265	

D

D 1	**dab / to,** to swab	abtupfen	tamponner
	dADP	*s.* D 155	
D 2	**dahllite**	Dahllit *n*	dahllite *m*
D 3	**daily,** every day	täglich	quotidien
D 4	**daily control**	tägliche Kontrolle *f*	contrôle *m* quotidien
D 5	**daily dose**	Tagesdosis *f*	dose *f* journalière
D 6	**daily profile,** diurnal profile	Tagesprofil *n,* Tagesprofilkurve *f*	courbe *f* du profil journalier (diurne)
	daily rhythm	*s.* C 572	
D 7	**daily variation,** diurnal variation	Tagesschwankung *f*	variation *f* journalière (diurne)
	damp / to	*s.* W 71	
	dAMP	*s.* D 156	
	damp	*s.* M 632	
	dampen / to	*s.* W 71	
	dampening	*s.* W 77	
	damping	*s.* W 77	
	dampness	*s.* M 634	
	damp-proof	*s.* M 637	
D 8	**damp-warm**	feuchtwarm	chaud et humide
D 9	**danger class**	Gefahrenklasse *f*	catégorie *f* de danger
	danger of explosion	*s.* H 152	
D 10	**dansylation**	Dansylierung *f*	dansylation *f*
D 11	**dark current**	Dunkelstrom *m*	courant *m* d'obscurité
D 12	**dark field**	Dunkelfeld *n*	fond *m* obscur
D 13	**dark-field illumination,** dark-ground illumination	Dunkelfeldbeleuchtung *f*	éclairage *m* sur fond obscur, illumination *f* du champ sombre
D 14	**dark-field microscope**	Dunkelfeldmikoskop *n*	microscope *m* à champ obscur, microscope à fond noir
D 15	**dark-field microscopy**	Dunkelfeldmikroskopie *f*	microscopie *f* à champ obscur, microscopie à fond noir
	dark-ground illumination	*s.* D 13	
D 16	**dark reaction**	Dunkelreaktion *f*	réaction *f* obscure
D 17	**data acquisition system,** data collection system	Datenerfassungssystem *n*	système *m* d'acquisition de données
D 18	**data bank**	Datenbank *f*	banque *f* de données
D 19	**data check[ing]**	Datenprüfung *f*	vérification *f* des données
	data collection system	*s.* D 17	
D 20	**data interpretation,** interpretation of data	Datenauswertung *f*	évaluation *f* (interprétation *f*, dépouillement *m*) des données
D 21	**data storage**	Datenspeicherung *f*	mémorisation *f* des données
D 22	**data transfer (transmission)**	Datenübertragung *f*	transfert *m* des données
	dATP	*s.* D 157	
D 23	**daughter cell**	Tochterzelle *f*	cellule *f* fille
D 24	**daughter chromosome**	Tochterchromosom *n*	chromosome *m* fils
D 25	**daughter colony,** secondary colony	Tochterkolonie *f,* Sekundärkolonie *f*	colonie *f* fille (secondaire)
D 26	**Davenport nomogram**	Davenport-Nomogramm *n*	nomogramme *m* [de] Davenport, diagramme *m* de Davenport
D 27	**daylight**	Tageslicht *n*	lumière *f* du jour, jour *m*
	dCDP	*s.* D 164	
	D cell	*s.* D 127	
	dCMP	*s.* D 165	
	dCTP	*s.* D 167	
	DDT	*s.* D 346	
	deactivate / to	*s.* I 144	
	deactivation	*s.* I 146	
D 28	**dead**	tot	mort
	dead body	*s.* C 1018	
D 29	**dead space**	Totraum *m*	espace *m* mort
D 30	**dead time**	Totzeit *f*	temps *m* mort
D 31	**dead volume**	Totvolumen *n*	volume *m* mort
	DEAE cellulose	*s.* D 360	
D 32	**deaerate / to**	entlüften	évacuer l'air
D 33	**deaeration**	Entlüftung *f*, Entlüften *n*	évacuation *f* de l'air
D 34	**deaerator**	Entlüfter *m*	exhausteur *m*
	deamidase	*s.* A 573	
D 35	**deamidate / to,** to deamidise	desamidieren	désamider
D 36	**deamidation**	Desamidierung *f*, Desamidieren *n*	désamidation *f*

	deamidise / to	*s.* D 35	
D 37	**deaminase**	Desaminase *f*	désaminase *f*
D 38	**deaminate / to,** to deaminise	desaminieren	désaminer
D 39	**deamination**	Desaminierung *f*, Desaminieren *n*	désamination *f*
	deaminise / to	*s.* D 38	
D 40	**death,** exitus	Tod *m,* Exitus *m*	mort *f*, décès *m*
	death rate	*s.* M 734	
	debranching enzyme	*s.* I 544	
	decahydronaphthalene	*s.* D 43	
D 41	**decalcification,** delimining	Dekalzifizierung *f,* Dekalzifikation *f*, Dekalzination *f*, Entkalkung *f*	décalcification *f*
D 42	**decalcify / to,** to delime	dekalzifizieren, dekalzinieren, entkalken	décalcifier
D 43	**decaline,** decahydronaphthalene	Dekalin *n,* Dekahydronaphthalin *n*	décaline *f*, décahydronaphtalène *m*
	decanedioic acid	*s.* S 143	
	decanoic acid	*s.* C 90	
D 44	**decant / to**	dekantieren, vorsichtig abgießen	décanter
D 45	**decantation,** decanting	Dekantierung *f*, Dekantieren *n,* Dekantation *f*	décantage *m,* décantation *f*
D 46	**decanter,** decanting jar	Dekantiergefäß *n,* Dekantiertopf *m*	décanteur *m*
	decanting	*s.* D 45	
	decanting jar	*s.* D 46	
D 47	**decapeptide**	Dekapeptid *n*	décapeptide *m*
D 48	**decapsulation test**	Dekapsulationstest *m*	épreuve *f* de la décapsulation
D 49	**decarboxylase**	Decarboxylase *f*	décarboxylase *f*
D 50	**decarboxylate / to**	decarboxylieren	décarboxyler
D 51	**decarboxylation**	Decarboxylierung *f,* Decarboxylation *f*	décarboxylation *f*
	decay / to	*s.* D 584	
	decay	*s.* D 585	
	decay constant	*s.* D 586	
	decay curve	*s.* D 587	
	decay product	*s.* D 588	
	decay rate	*s.* D 589	
D 52	**decentralisation**	Dezentralisierung *f,* Dezentralisation *f*	décentralisation *f*
D 53	**decimal balance**	Dezimalwaage *f*	bascule *f* décimale
D 54	**declared value**	deklarierter Wert *m*	valeur *f* déclarée
	decoct / to	*s.* B 467	
D 55	**decoction**	Abkochung *f*, Dekokt *n*	décoction *f*
D 56	**decolourant,** decolouriser, decolourising agent, bleaching agent (material)	Entfärbungsmittel *n,* Bleichmittel *n*	décolorant *m,* agent *m* de blanchiment
D 57	**decoloured**	entfärbt	décoloré
	decolourising agent	*s.* D 56	
D 58	**decolourisation,** discolouration, bleach[ing]	Entfärbung *f*, Entfärben *n,* Bleichen *n*	décoloration *f*, blanchiment *m*
D 59	**decolourise / to,** to discolour, to bleach	entfärben, bleichen	décolorer, blanchir
	decolouriser	*s.* D 56	
	decolourising fluid	*s.* D 60	
D 60	**decolourising solution,** decolourising fluid	Entfärbungslösung *f,* Entfärbungsflüssigkeit *f*	solution *f* décolorante, liquide *m* décolorant
D 61	**decompose / to** *(chemistry)*	zerfallen	se décomposer
	decompose / to	*s. a.* S 704	
D 62	**decomposition,** breakdown *(chemistry)*	Zerfall *m*	décomposition *f*
	decomposition	*s. a.* S 705	
D 63	**decomposition constant** *(chemistry)*	Zerfallskonstante *f*	constante *f* de décomposition
D 64	**decomposition curve** *(chemistry)*	Zerfallskurve *f*	courbe *f* de décomposition
	decomposition of protein	*s.* P 1106	
D 65	**decomposition product** *(chemistry)*	Zerfallsprodukt *n*	produit *m* de décomposition
D 66	**deconjugate / to**	dekonjugieren	déconjuguer
D 67	**deconjugation**	Dekonjugation *f*, Dekonjugieren *n*	déconjugation *f*
	decrease in temperature	*s.* T 54	
D 68	**Deen-Boettcher crystals**	Deen-Böttcher-Kristalle *mpl*	cristaux *mpl* de Deen-Boettcher
D 69	**deep-cooling,** deep-freezing	Tiefkühlung *f*	refroidissement *m* à très basse température, congélation *f* ultrarapide
D 70	**deep-freeze / to**	tiefgefrieren	refroidir à basse température, surgeler
	deep-freezing	*s.* D 69	
	deer fly	*s.* W 68	
	defat / to	*s.* D 80	
	defatting	*s.* D 81	
D 71	**defective virus**	defektives Virus *n*	virus *m* défectueux
	defence	*s.* P 1052	
	defense	*s.* P 1052	
	defensive enzyme	*s.* P 1058	
D 72	**deferroxamine test**	Desferroxamintest *m,* Desferaltest *m*	test *m* de la desferrioxymine (déferoxamine)
D 73	**defibrinate / to**	defibrinieren	défibriner
D 74	**defibrinated blood**	defibriniertes Blut *n*	sang *m* défibriné
D 75	**defibrination**	Defibrinierung *f*	défibrination *f*
D 76	**deficient culture medium**	Mangelnährboden *m*	milieu *m* de culture défectueux

D 77	**deficient serum**	Mangelserum *n*	sérum *m* défectueux
D 78	**deflection** *(rays)*	Ablenkung *f*	déflexion *f*
	deflocculate / to	*s.* D 597	
	deflocculating agent	*s.* D 602	
	defrost / to	*s.* T 131	
	defrosting	*s.* T 132	
	degerm / to	*s.* S 873	
	degradation of protein	*s.* P 1106	
D 79	**degranulation test**	Degranulationstest *m*	test *m* de dégranulation
	degreasant	*s.* D 82	
D 80	**degrease / to,** to defat	entfetten	dégraisser
	degreaser	*s.* D 82	
D 81	**degreasing,** defatting	Entfettung *f*, Entfetten *n,* Fettentzug *m*	dégraissage *m*
D 82	**degreasing agent,** degreaser, degreasant	Entfettungsmittel *n*	dégraissant *m*
D 83	**degree centigrade,** centigrade, °C	Grad *n* Celsius, °C	centigrade *m,* degré *m* Celsius, °C
D 84	**degree Kelvin,** Kelvin, K	Kelvin *n,* K	degré *m* Kelvin, Kelvin *m,* K
D 85	**degree of acidity,** acidity degree	Aciditätsgrad *m,* Säuregrad *m*	degré *m* d'acidité
	degree of adsorption	*s.* A 311	
D 86	**degree of automation**	Automatisierungsgrad *m*	degré *m* d'automatisation
D 87	**degree of decolourisation**	Entfärbungsgrad *m*	degré *m* de décoloration
D 88	**degree of dilution,** dilution factor (ratio), diluting ratio	Verdünnungsgrad *m*, Verdünnungsfaktor *m*, Verdünnungsverhältnis *n*	degré (facteur) *m* de dilution
D 89	**degree of dispersion**	Dispersionsgrad *m,* Dispersitätsgrad *m*	degré *m* de dispersion
D 90	**degree of dissociation,** dissociation rate	Dissoziationsgrad *m*	degré *m* de dissociation
D 91	**degree of dominance**	Dominanzgrad *m*	degré *m* de dominance
	degree of efficiency	*s.* E 38	
D 92	**degree of freedom**	Freiheitsgrad *m*	degré *m* de liberté
D 93	**degree of hydrolysis**	Hydrolysegrad *m*	degré *m* d'hydrolyse
D 94	**degree of ionisation,** ionisation degree	Ionisationsgrad *m*	degré *m* d'ionisation
D 95	**degree of moisture**	Feuchtigkeitsgrad *m,* Feuchtegrad *m*	degré *m* d'humidité
D 96	**degree of polarisation,** polarisation coefficient	Polarisationsgrad *m*	degré *m* de polarisation
D 97	**degree of polymerisation**	Polymerisationsgrad *m*	degré *m* de polymérisation
D 98	**degree of purity,** purity grade, percentage purity	Reinheitsgrad *m*	degré *m* de pureté
D 99	**degree of saturation**	Sättigungsgrad *m,* Sättigungskoeffizient *m*	degré (coefficient) *m* de saturation
D 100	**degree of sensitivity**	Empfindlichkeitsgrad *m*	degré *m* de sensibilité
D 101	**degree of turbidity**	Trübungsgrad *m*	degré *m* de turbidité
D 102	**dehalogenase**	Dehalogenase *f*	déshalogénase *f*
D 103	**dehalogenate / to**	dehalogenieren	déshalogéner
D 104	**dehalogenation**	Dehalogenierung *f*, Dehalogenieren *n*	déshalogénation *f*
	dehydrase	*s.* D 116	
	dehydratase	*s.* H 510	
D 105	**dehydrate / to,** to dewater, to desiccate *(pharmacy)*	dehydratisieren, entwässern	déshydrater
	dehydrated alcohol	*s.* A 16	
	dehydrated creatine	*s.* C 1090	
	dehydrating agent	*s.* D 107	
D 106	**dehydrat[isat]ion,** dewatering, desiccation *(pharmacy)*	Dehydrat[at]ion *f*, Dehydratisierung *f,* Dehydratisieren *n,* Entwässerung *f*, Entwässern *n,* Wasserentzug *m*, Desikkation *f*	déshydratation *f,* élimination *f* de l'eau, dessiccation *f*
D 107	**dehydrator,** dehydrating (dewatering) agent	Dehydratationsmittel *n,* Dehydratisierungsmittel *n*, Entwässerungsmittel *n*, Entwässerer *m*	déshydratant *m,* agent *m* déshydratant
D 108	**dehydroacyl coenzyme** A	Dehydroacyl-Coenzym *n* A	déhydroacyl-coenzyme *m* A
D 109	**dehydroandrosterone**	Dehydroandrosteron *n*	déshydroandrostérone *f*
D 110	**dehydroascorbic acid**	Dehydroascorbinsäure *f*	acide *m* déhydroascorbique
	dehydrobilirubin	*s.* B 235	
D 111	**dehydrocholate test**	Dehydrocholattest *m*	épreuve *f* au déshydrocholate
D 112	**7-dehydrocholesterol,** provitamin D_3	7-Dehydrocholesterol *n,* Provitamin *n* D_3	7-déshydrocholestérol *m,* provitamine *f* D_3
D 113	**dehydrocholic acid**	Dehydrocholsäure *f*	acide *m* déhydrocholique (tricétocholanique)
D 114	**11-dehydrocorticosterone**	11-Dehydrocorticosteron *n*	11-déshydrocorticostérone *f*
D 115	**dehydroepiandrosterone,** dehydroisoandrosterone, DHEA	Dehydroepiandrosteron *n,* Dehydroisoandrosteron *n*, DHEA	déhydroépiandrostérone *f,* déhydroisoandrostérone *f*
	dehydrofreeze / to	*s.* L 494	
	dehydrofreezing	*s.* L 493	
D 116	**dehydrogenase,** dehydrase	Dehydrogenase *f,* Dehydrase *f*	déshydrogénase *f,* déshydrase *f*
D 117	**dehydrogenate / to,** to dehydrogenise	dehydrieren	déshydrogéner
D 118	**dehydrogenation, dehydrogenisation**	Dehydrierung *f*, Dehydrogen[is]ierung *f*, Dehydrieren *n,* Wasserstoffabspaltung *f*	déshydrogénation *f*
	dehydrogenise / to	*s.* D 117	

No.	English	German	French
	dehydroisoandrosterone	*s.* D 115	
	dehydropeptidase II	*s.* A 597	
D 119	**3-dehydroretinol,** vitamin A_2	3-Dehydroretinol *n,* Vitamin *n* A_2	3-déhydrorétinol *m,* vitamine *f* A_2
D 120	**deiod[in]ase**	Deiod[in]ase *f*	désiodase *f*
D 121	**deionisation**	Deionisation *f,* Deionisierung *f*, Entionisierung *f*	désionisation *f*
D 122	**deionise / to**	deionisieren, entionisieren	désioniser
D 123	**deionised water**	deionisiertes (entionisiertes) Wasser *n*	eau *f* désionisée
	delay / to	*s.* R 354	
D 124	**deletion**	Deletion *f*	délétion *f*
	delime / to	*s.* D 42	
	delimining	*s.* D 41	
D 125	**delivery pipette**	Auslaufpipette *f*	pipette *f* à écoulement calibrée
D 126	**delivery valve,** outlet valve, discharge valve	Abzugsventil *n,* Ausströmventil *n*, Auslaßventil *n*	soupape *f* d'évacuation (d'échappement), soupape de sortie
D 127	**delta cell,** D cell	Delta-Zelle *f,* D-Zelle *f*	cellule *f* D, cellule delta
	demand	*s.* R 317	
D 128	**demasking**	Demaskierung *f*, Demaskieren *n*	enlèvement *m* de masque
D 129	**demethylate / to**	demethylieren	déméthyliser
D 130	**demethylation**	Demethylierung *f*, Demethylieren *n*	déméthylation *f*
D 131	**demilune body**	Halbmondkörperchen *n,* Halbmondzelle *f*	corpuscule *m* (cellule *f*) semi-lunaire
D 132	**demineralisation**	Demineralisation *f*	déminéralisation *f*
D 133	**demineralise / to**	demineralisieren	déminéraliser
	Demodex folliculorum	*s.* H 121	
	demonstrate / to	*s.* V 132	
	demonstration of germs	*s.* G 169	
	demonstration of pathogenic organisms	*s.* G 169	
D 134	**denaturant,** denaturing agent	Denaturierungsmittel *n,* Vergällungsmittel *n*	dénaturant *m,* moyen (produit) *m* dénaturant
D 135	**denaturation,** denaturisation	Denaturierung *f*, Denaturieren *n,* Vergällen *n*, Vergällung *f*	dénaturation *f*
D 136	**denature / to,** to denaturise, to methylate *(ethanol)*	denaturieren, vergällen	dénaturer
D 137	**denatured**	denaturiert, vergällt	dénaturé
D 138	**denatured alcohol,** denatured (methylated) spirit	denaturierter (vergällter) Alkohol *m,* Brennspiritus *m*	alcool *m* dénaturé
D 139	**denatured protein**	denaturiertes Protein *n*	protéine *f* dénaturée
	denatured spirit	*s.* D 138	
	denaturing agent	*s.* D 134	
	denaturisation	*s.* D 135	
	denaturise / to	*s.* D 136	
D 140	**Dengue virus**	Dengue-Virus *n*	virus *m* de la dengue
D 141	**denitrate / to**	denitrieren	dénitrer
D 142	**denitration**	Denitration *f*, Denitrierung *f*, Denitrieren *n*	dénitration *f*
D 143	**densimeter,** pycnometer, areometer, hydrometer	Densimeter *n,* Dichtemesser *m*, Senkwaage *f*, Senkspindel *f*, Pyknometer *n,* Aräometer *n*	densimètre *m,* pycnomètre *m*, aréomètre *m*, hydromètre *m*
D 144	**densimetric,** areometric, hydrometric	densimetrisch, aräometrisch	densimétrique, aréométrique, hydrométrique
D 145	**densimetry**	Densimetrie *f,* Dichtemessung *f*	densimétrie *f*
D 146	**densitogram**	Densitogramm *n*	densitogramme *m*
D 147	**densitometer**	Densitometer *n,* Densometer *n*, Schwärzungsmesser *m*	densitomètre *m*
D 148	**densitometric**	densitometrisch	densitométrique
D 149	**densitometry**	Densitometrie *f,* Schwärzungsmessung *f*	densitométrie *f*
D 150	**density**	Dichte *f*	densité *f*
D 151	**density gradient**	Dichtegradient *m*	gradient *m* de densité
D 152	**density gradient centrifugation**	Dichtegradientenzentrifugation *f*	centrifugation *f* en gradient de densité
D 153	**dentin[e]**	Dentin *n*	dentine *f*
	deoxidant	*s.* R 222	
	deoxidate / to	*s.* R 214	
	deoxidation	*s.* R 225	
	deoxidise / to	*s.* R 214	
	deoxidiser	*s.* R 222	
	deoxidising agent	*s.* R 222	
D 154	**deoxyadenosine**	Desoxyadenosin *n*, Adenosindesoxyribosid *n*	désoxyadénosine *f*
D 155	**deoxyadenosine-5'-diphosphate,** dADP	Desoxyadenosin-5'-diphosphat *n*, dADP	désoxyadénosine-5'-diphosphate *m,* dADP
D 156	**deoxyadenosine-5'-monophosphate,** dAMP	Desoxyadenosin-5'-monophosphat *n,* dAMP	désoxyadénosine-5'-monophosphate *m,* dAMP
D 157	**deoxyadenosine-5'-triphosphate,** dATP	Desoxyadenosin-5'-triphosphat *n,* dATP	désoxyadénosine-5'-triphosphate *m,* dATP
D 158	**deoxyadenylic acid**	Desoxyadenylsäure *f*	acide *m* désoxyadénylique

No.	English	German	French
D 159	**deoxycholate**	Desoxycholat *n*	désoxycholate *m*
D 160	**deoxycholic acid**	Desoxycholsäure *f*	acide *m* désoxycholique
	11-deoxycorticosterone	*s.* C 1030	
D 161	**deoxycorticosterone acetate**	Desoxycorticosteronacetat *n*	acétate *m* de désoxycorticostérone
D 162	**11-deoxycortisol,** cortexolone	11-Desoxycortisol *n,* Cortexolon *n*	11-désoxycortisol *m,* cortexolone *f,* cortodoxone *f*
D 163	**deoxycytidine**	Desoxycytidin *n*	désoxycytidine *f*
D 164	**deoxycytidine-5'-diphosphate,** dCDP	Desoxycytidin-5'-diphosphat *n,* dCDP	désoxycytidine-5'-diphosphate, dCDP
D 165	**deoxycytidine-5'-monophosphate,** dCMP	Desoxycytidin-5'-monophosphat *n,* dCMP	désoxycytidine-5'-monophosphate *m,* dCMP
D 166	**deoxycytidine-5'-monophosphoric acid,** deoxycytidylic acid	Desoxycytidin-5'-monophosphorsäure *f,* Desoxycytidylsäure *f*	acide *m* désoxycytidine-5'-monophosphorique, acide désoxycytidylique
D 167	**deoxycytidine-5'-triphosphate,** dCTP	Desoxycytidin-5'-triphosphat *n,* dCTP	désoxycytidine-5'-triphosphate *m,* dCTP
D 168	**deoxycytidylate deaminase**	Desoxycytidylatdesaminase *f*	désoxycytidylate-désaminase *f*
	deoxycytidylic acid	*s.* D 166	
	deoxyephedrine	*s.* M 364	
	deoxygenate / to	*s.* R 214	
	deoxygenation	*s.* R 225	
D 169	**deoxyglucose**	Desoxyglucose *f*	désoxyglucose *m*
D 170	**deoxyguanosine,** guanine deoxyriboside	Desoxyguanosin *n,* Guanindesoxyribosid *n*	désoxyguanosine *f,* guanodésoxyriboside *m*
D 171	**deoxyguanosine-5'-diphosphate,** dGDP	Desoxyguanosin-5'-diphosphat *n,* dGDP	désoxyguanosine-5'-diphosphate *m,* dGDP
D 172	**deoxyguanosine-5'-monophosphate,** dGMP	Desoxyguanosin-5'-monophosphat *n,* dGMP	désoxyguanosine-5'-monophosphate *m,* dGMP
D 173	**deoxyguanosine-5'-triphosphate,** dGTP	Desoxyguanosin-5'-triphosphat *n,* dGTP	désoxyguanosine-5'-triphosphate *m,* dGTP
	deoxyguanylate kinase	*s.* G 497	
D 174	**deoxyguanylic acid**	Desoxyguanylsäure *f*	acide *m* désoxyguanylique
D 175	**deoxyhaemoglobin**	Desoxyhämoglobin *n,* Desoxy-Hb *n*	désoxyhémoglobine *f*
D 176	**deoxyinosine**	Desoxyinosin *n*	désoxyinosine *f*
D 177	**deoxyinosine-5'-diphosphate,** dIDP	Desoxyinosin-5'-diphosphat *n,* dIDP	désoxyinosine-5'-diphosphate *m,* dIDP
D 178	**deoxyinosine-5'-monophosphate,** dIMP	Desoxyinosin-5'-monophosphat *n,* dIMP	désoxyinosine-5'-monophosphate *m,* dIMP
D 179	**deoxyinosine-5'-triphosphate,** dITP	Desoxyinosin-5'-triphosphat *n,* dITP	désoxyinosine-5'-triphosphate *m,* dITP
D 180	**deoxyinosinic acid**	Desoxyinosinsäure *f*	acide *m* désoxyinosinique
D 181	**deoxynucleoside triphosphate**	Desoxynucleosidtriphosphat *n*	désoxynucléoside-triphosphate *m*
D 182	**deoxynucleotide**	Desoxynucleotid *n*	désoxynucléotide *m*
D 183	**deoxypentose**	Desoxypentose *f*	désoxypentose *m*
D 184	**deoxyribonuclease,** DNase	Desoxyribonuclease *f,* DNase	désoxyribonucléase *f,* DNase
D 185	**deoxyribonucleic acid,** DNA	Desoxyribonucleinsäure *f,* DNS *f,* DNA *f*	acide *m* désoxyribonucléique, ADN, DNA
D 186	**deoxyribonucleoprotein**	Desoxyribonucleoprotein *n*	désoxyribonucléoprotéine *f*
D 187	**deoxyribonucleoside**	Desoxyribonucleosid *n*	désoxyribonucléoside *m*
D 188	**deoxyribonucleotide**	Desoxyribonucleotid *n*	désoxyribonucléotide *m*
D 189	**deoxyribose,** thyminose	Desoxyribose *f,* Thyminose *f*	désoxyribose *m,* thyminose *m*
D 190	**deoxyribotide**	Desoxyribotid *n*	désoxyribotide *m*
D 191	**deoxysugar,** desose	Desoxyzucker *m,* Desose *f*	désoxysucre *m,* désose *m*
	deoxythymidine	*s.* T 305	
D 192	**deoxythymidine-5'-diphosphate,** dTDP	Desoxythymidin-5'-diphosphat *n,* dTD	désoxythymidine-5'-diphosphate *m,* dTDP
D 193	**deoxythymidine-5'-monophosphate,** dTMP	Desoxythymidin-5'-monophosphat *n,* dTMP	désoxythymidine-5'-monophosphate *m,* dTMP
D 194	**deoxythymidine-5'-triphosphate,** dTTP	Desoxythymidin-5'-triphosphat *n,* dTTP	désoxythymidine-5'-triphosphate *m,* dTTP
D 195	**deoxyuridine**	Desoxyuridin *n*	désoxyuridine *f*
D 196	**deoxyuridine-5'-diphosphate,** dUDP	Desoxyuridin-5'-diphosphat *n,* dUDP	désoxyuridine-5'-diphosphate *m,* dUDP
D 197	**deoxyuridine-5'-monophosphate,** dUMP	Desoxyuridin-5'-monophosphat *n,* dUMP	désoxyuridine-5'-monophosphate *m,* dUMP
D 198	**deoxyuridine-5'-triphosphate,** dUTP	Desoxyuridin-5'-triphosphat *n,* dUTP	désoxyuridine-5'-triphosphate *m,* dUTP
D 199	**deoxyxanthosine**	Desoxyxanthosin *n*	désoxyxanthosine *f*
D 200	**deoxyxanthosine-5'-diphosphate,** dXDP	Desoxyxanthosin-5'-diphosphat *n,* dXDP	désoxyxanthosine-5'-diphosphate *m,* dXDP
D 201	**deoxyxanthosine-5'-monophosphate,** dXMP	Desoxyxanthosin-5'-monophosphat *n,* dXMP	désoxyxanthosine-5'-monophosphate *m,* dXMP
D 202	**deoxyxanthosine-5'-triphosphate,** dXTP	Desoxyxanthosin-5'-triphosphat *n,* dXTP	désoxyxanthosine-5'-triphosphate *m,* dXTP
D 203	**deparaffinisation,** dewaxing	Entparaffinierung *f,* Entparaffinieren *n*	déparaffinage *m*
D 204	**deparaffinise / to,** to dewax	entparaffinieren	déparaffiner
	dependability	*s.* R 288	
	dependent on concentration	*s.* C 860	
D 205	**dephosphorylate / to**	dephosphorylieren	déphosphoryler
D 206	**dephosphorylation**	Dephosphorylierung *f,* Dephosphorylieren *n,* Phosphorentzug *m*	déphosphorylation *f*
	depilate / to	*s.* E 350	
	depilation	*s.* E 352	
D 207	**depolarisation**	Depolarisation *f,* Depolarisierung *f*	dépolarisation *f*

D 208	**depolarise / to**	depolarisieren	dépolariser
D 209	**depolariser**	Depolarisator *m*	dépolarisant *m*
D 210	**depolymerase**	Depolymerase *f*	dépolymérase *f*
D 211	**depolymerisation**	Depolymerisation *f*, Depolymerisierung *f*	dépolymérisation *f*
D 212	**depolymerise / to**	depolymerisieren	dépolymériser
	deposit / to	*s.* S 157	
	deposit	*s.* S 158	
	deposition	*s.* S 159	
D 213	**depot fat**	Depotfett *n*	graisse *f* de dépôt
D 214/5	**depot insulin**	Depotinsulin *n*	insuline *f* retard
	depot iron	*s.* S 947	
D 216	**deproteinisation**	Deproteinisierung *f*, Deproteinisieren *n*, Enteiweißung *f*, Enteiweißen *n*	déprotéinisation *f*
D 217	**deproteinise / to**	deproteinisieren, enteiweißen	déprotéiniser
D 218	**deprothrombinisation**	Deprothrombinisierung *f*	déprothrombinisation *f*
D 219	**de Ritis quotient**	de-Ritis-Quotient *m*	quotient *m* de de Ritis
D 220	**derivative**	Derivat *n*, Abkömmling *m*	dérivé *m*
	derma	*s.* S 431	
	dermal	*s.* C 1186	
	dermal flora	*s.* S 435	
D 221	**dermatan sulphate**	Dermatansulfat *n*	dermatane-sulfate *m*
D 222	**dermatogen**	Dermatogen *n*, Hautantigen *n*	antigène *m* de la peau
D 223	**dermatome,** dermatotome, cutisector	Dermatom *n*, Hautmesser *n*	dermatome *m*
	dermatomyces	*s.* D 224	
D 224	**dermatophyte,** dermatomyces, skin (cutaneous) fungus	Dermatophyt *m*, Hautpilz *m*	dermatophyte *m*
	dermatotome	*s.* D 223	
D 225	**dermatozoon,** ectozoon	Dermatozoon *n*, Ektozoon *n*	dermatozoaire *m*, ectozoaire *m*
D 226	**dermolysin**	Dermolysin *n*	dermatolysine *f*
	dermoreaction	*s.* S 437	
D 227	**dermotropic virus**	Hautvirus *n*	virus *m* dermotrope
	desalinate / to	*s.* D 228	
	desalination	*s.* D 229	
	desalinisation	*s.* D 229	
D 228	**desalt / to,** to desalinate, to free from salt	entsalzen	dessaler
D 229	**desalting,** desalin[is]ation	Entsalzung *f*, Entsalzen *n*	dessalage *m*, dessalement *m*, dessalaison *f*
D 230	**descending chromatography**	absteigende Chromatographie *f*	chromatographie *f* descendante
D 231	**desensitisation**	Desensibilisierung *f*, Desensibilisieren *n*	désensibilisation *f*
D 232	**desensitise / to**	desensibilisieren	désensibiliser
	desiccate / to	*s.* D 105	
D 233	**desiccated medium**	Trockennährboden *m*	milieu *m* déshydraté (sec)
	desiccation	*s.* D 106	
	desiccator	*s.* E 592	
	design of experiment	*s.* P 515	
	desmocyte	*s.* F 109	
	desmoid	*s.* F 114	
D 234	**desmoid test**	Desmoidprobe *f*	réaction *f* desmoïde
D 235	**desmolase**	Desmolase *f*	desmolase *f*
D 236	**desmolysis**	Desmolyse *f*	desmolyse *f*
D 237	**desmosine**	Desmosin *n*	desmosine *f*
D 238	**desmosome**	Desmosom *n*	desmosome *m*
D 239	**desorb / to**	desorbieren	désorber
D 240	**desorption**	Desorption *f*	désorption *f*
	desose	*s.* D 191	
D 241	**desquamation,** scaling, peeling	Abschuppung *f*, Schuppung *f*, Desquamation *f*	desquamation *f*, exfoliation *f*
	destructive distillation	*s.* D 789	
D 242	**desulphhydrase, desulphurase**	Desulfhydrase *f*, Desulfurase *f*	désulfhydrase *f*, désulfurase *f*
D 243	**detect / to**	nachweisen	détecter
D 244	**detectability**	Nachweisbarkeit *f*	détectabilité *f*
D 245	**detectable,** identifiable, traceable	nachweisbar	détectable, identifiable
	detecting element	*s.* S 227	
D 246	**detection**	Nachweis *m*, Detektion *f*	détection *f*
	detection limit	*s.* L 261	
D 247	**detection method**	Nachweismethode *f*, Nachweisverfahren *n*	méthode *f* de détection
D 248	**detection reaction**	Nachweisreaktion *f*	réaction-test *m*
D 249	**detection sensitivity,** sensitivity of detection	Nachweisempfindlichkeit *f*	sensibilité *f* de détection
D 250	**detector**	Detektor *m*	détecteur *m*
D 251	**detergent,** surface-active agent (substance), tenside, surfactant	Detergens *n*, grenzflächenaktiver (oberflächenaktiver) Stoff *m*, Tensid *n*, Surfactant *m*	détergent *m*, agent *m* tensioactif, surfactant *m*
D 252	**determinable**	bestimmbar	déterminable
D 253	**determinant**	Determinante *f*	déterminant *m*

D 254	**determination,** estimation	Bestimmung *f,* Ermittlung *f*	détermination *f*
D 255	**determination method,** method of determination, determination procedure	Bestimmungsmethode *f*, Bestimmungsverfahren *n*	méthode *f* (procédé *m*) de détermination
	determination of acidity	*s.* A 153	
D 256	**determination of activity,** estimation of activity	Aktivitätsbestimmung *f*	détermination *f* de l'activité
	determination of average	*s.* A 1174	
	determination of nitrogen	*s.* N 177	
	determination of resistance	*s.* R 334	
	determination of the basal metabolic rate	*s.* M 331	
	determination procedure	*s.* D 255	
D 257	**determine / to,** to estimate	bestimmen, ermitteln	déterminer
D 258	**deuterium,** heavy hydrogen	Deuterium *n,* schwerer Wasserstoff *m*	deutérium *m,* hydrogène *m* lourd, D
D 259	**deuterium lamp**	Deuteriumlampe *f*	
D 260	**deuterohaemin,** copratin	Deuterohämin *n,* Kopratin *n*	deutérohémine *f,* copratine *f*
D 261	**deuteroplasm,** deutoplasm	Deuteroplasma *n,* Deutoplasma *n*	deutéroplasme *m,* deutoplasme *m*
D 262	**deuteroporphyrin**	Deuteroporphyrin *n*	deutéroporphyrine *f*
	deutoplasm	*s.* D 261	
D 263	**develop / to,** to evolve, to elaborate *(e.g. method)*	entwickeln	développer, élaborer
D 264	**development**	Entwicklung *f*	développement *m*
D 265	**deviability**	Deviabilität *f*	déviabilité *f*
	deviation to the left	*s.* L 150	
	deviation to the right	*s.* R 447	
D 266	**device,** apparatus, instrument	Gerät *n,* Apparat *m,* Instrument *n*	appareil *m,* engin *m,* instrument *m*
	devitalised tissue	*s.* N 45	
	dew / to	*s.* W 71	
D 267	**Dewar flask (jar, vacuum flask, vessel)**	Dewar-Gefäß *n*	vase *m* Dewar
	dewater / to	*s.* D 105	
	dewatering	*s.* D 106	
	dewatering agent	*s.* D 107	
	dewax / to	*s.* D 204	
	dewaxing	*s.* D 203	
	dewing	*s.* W 77	
D 268	**dew point**	Taupunkt *m*	point *m* de rosée
D 269	**dexamethasone**	Dexamethason *n*	dexaméthasone *m*
D 270	**dexamethasone suppression test**	Dexamethason-Hemmtest *m,* Dexamethasontest *m*, Dexamethason-Suppressionstest *m*	épreuve *f* standard à la dexaméthasone
D 271	**dextran**	Dextran *n*	dextrane *f*
D 272	**dextranase**	Dextranase *f*	dextranase *f*
D 273	**dextran gel**	Dextrangel *n*	gel *m* de dextrane
D 274	**dextran sulphate**	Dextransulfat *n*	sulfate *m* de dextrane
D 275	**dextrin**	Dextrin *n*	dextrine *f*
D 276	**β-dextrin**, limit[ing] dextrin, erythrogranulose	Grenzdextrin *n,* β-Dextrin *n,* Erythrogranulose *f*	β-dextrine *f*, dextrine limite, érythrogranulose *m*
	dextrogyrate	*s.* D 279	
	dextrogyratory	*s.* D 279	
	dextrogyric	*s.* D 279	
	dextrogyrous	*s.* D 279	
D 277	**dextromaltose**	Dextromaltose *f*	dextromaltose *m*
	dextrorotating	*s.* D 279	
D 278	**dextrorotation**	Rechtsdrehung *f*	dextrorotation *f,* rotation *f* à droite
D 279	**dextrorota[to]ry,** dextrorotating, dextrogyrate, dextrogyratory, dextrogyric, dextrogyrous, right-rotating	rechtsdrehend, dextrogyr	dextrorotatoire, dextrogyre
	dextrose	*s.* G 270	
	dextrose agar	*s.* G 271	
D 280	**dextrose peptone solution**	Dextrose-Pepton-Lösung *f*	solution *f* de dextrose-peptone
D 281	**dextrostix**	Dextrostix *n*	dextrostix *m*
	DFP	*s.* D 469	
	dGDP	*s.* D 171	
	dGMP	*s.* D 172	
	dGTP	*s.* D 173	
	DHEA	*s.* D 115	
D 282	**diabetes test** *(for early diagnosis)*	Diabetes-Suchtest *m*	dépistage *m* du diabète
D 283	**diabetogenic hormone**	diabetogenes (kontrainsulinäres) Hormon *n*	hormone *f* diabétogène
D 284	**diacetate**	Diacetat *n*	diacétate *m,* biacétate *m*
	diacetic acid	*s.* A 79	
D 285	**diacetylmonoxime**	Diacetylmonoxim *n*	diacétylmonoxime *m*
	diacetylmorphine	*s.* H 238	
	diacetyl reductase	*s.* A 83	
D 286	**diacylglycerol acyltransferase,** diglyceride acyltransferase (acylase)	Diacylglycerolacyltransferase *f,* Diglyceridacyltransferase *f*, Diglyceridacylase *f*	diacétylglycérol-acyltransférase *f,* diglycéride-acyltransférase *f*, diglycéride-acylase *f*

No.	English	German	French
D 287	**diagnosable**	diagnostizierbar	diagnosticable
D 288	**diagnose / to,** to diagnosticate, to make (establish) a diagnosis	diagnostizieren, eine Diagnose stellen	diagnostiquer, faire un diagnostic
D 289	**diagnosis**	Diagnose *f*	diagnose *f*, diagnostic *m*
	diagnosis	*s. a.* D 297	
	diagnosis by examination of the cerebrospinal fluid	*s.* L 349	
	diagnosis by examination of the urine	*s.* U 135	
	diagnosis by exclusion	*s.* E 542	
D 290	**diagnosis of pregnancy,** cyesiognosis	Schwangerschaftsdiagnostik *f*	diagnostic *m* de la grossesse
D 291	**diagnostic**	diagnostisch	diagnostique
	diagnosticate / to	*s.* D 288	
	diagnostic curettage	*s.* T 78	
D 292	**diagnostic effectiveness**	diagnostische Effektivität *f*	efficacité *f* diagnostique
D 293	**diagnostic error**	diagnostischer Fehler *m*	erreur *f* diagnostique (de diagnostic)
D 294	**diagnostician**	Diagnostiker *m*	diagnosticien *m*, diagnostiqueur *m*
D 295	**diagnostic reagent**	Diagnostikum *n*	réactif *m* diagnostique
D 296	**diagnostic reliability**	diagnostische Zuverlässigkeit *f*	fiabilité *f* diagnostique
D 297	**diagnostics,** diagnosis	Diagnostik *f*	diagnostic *m*
D 298	**diagnostic sensitivity**	diagnostische Empfindlichkeit (Sensitivität, Sensibilität) *f*	sensibilité *f* diagnostique
D 299	**diagnostic serum**	diagnostisches Serum *n*	sérum *m* diagnostique
D 300	**diagnostic significance**	diagnostische Signifikanz *f*	signification *f* diagnostique
D 301	**diagnostic specificity**	diagnostische Spezifität *f*	spécificité *f* diagnostique
D 302	**diagnostic strategy**	Diagnosestrategie *f*	stratégie *f* diagnostique
D 303	**diagnostic test**	diagnostischer Test *m*	épreuve *f* (test *m*) diagnostique
	diagnostic test	*s. a.* S 140	
D 304	**diagram,** graph, graphic representation, chart, plot	Diagramm *n*, Kurvendarstellung *f*, Graph *m*	diagramme *m*, graphe *m*
D 305	**dialdehyde**	Dialdehyd *m*	dialdéhyde *m*, dial *m*
D 306	**dialysability**	Dialysierbarkeit *f*	dialysabilité *f*
D 307	**dialysable**	dialysierbar	dialysable
D 308	**dialysance**	Dialysance *f*	dialysance *f*
D 309	**dialysate,** dialysing fluid	Dialysat *n*, Dialysierflüssigkeit *f*, Dialysierlösung *f*	dialysat *m*, liquide *m* de dialyse
D 310	**dialyse / to**	dialysieren	dialyser
D 311	**dialyser,** dialytic cell	Dialysator *m*, Dialyseapparat *m*, Dialysegerät *n*	dialyseur *m*
	dialysing fluid	*s.* D 309	
D 312	**dialysing membrane,** dialysis membrane	Dialysemembran *f*	membrane *f* de dialyse
D 313	**dialysis**	Dialyse *f*	dialyse *f*
	dialysis membrane	*s.* D 312	
D 314	**dialysis method**	Dialyseverfahren *n*	méthode *f* de dialyse
	dialytic cell	*s.* D 311	
D 315	**diameter**	Durchmesser *m*, Diameter *m*	diamètre *m*
	diamide	*s.* H 477	
D 316	**diamine**	Diamin *n*	diamine *f*
D 317	**diamine blue**	Diaminblau *n*	bleu *m* de diamine
	diamine oxidase	*s.* H 318	
D 318	**diaminoacid**	Diaminosäure *f*	diaminoacide *m*
	4,4'-diaminobiphenyl	*s.* B 168	
	1,4-diaminobutane	*s.* P 1226	
	2,6-diaminocaproic acid	*s.* L 504	
	2,5-diamino-n-valeric acid	*s.* O 114	
	1,5-diaminopentane	*s.* C 2	
D 319	**diaminopurine**	Diaminopurin *n*	diaminopurine *f*
	diamorphine	*s.* H 238	
	diaphorase	*s.* D 446	
D 320	**diaphragm,** aperture	Blende *f*	diaphragme *m*
	diaphragm	*s. a.* M 271	
D 321	**diaphragm pump**	Membranpumpe *f*	pompe *f* à diaphragme (membrane)
	diastase	*s.* A 688	
	diatomaceous earth	*s.* K 61	
	diatomic alcohol	*s.* G 366	
	diatomite	*s.* K 61	
D 322	**diazepam**	Diazepam *n*	diazépam *m*
	1,3-diazine	*s.* P 1253	
D 323	**diazine green S**	Diazingrün *n* S	vert *m* diazine S
D 324	**diazo body**	Diazokörper *m*	diazoïque *m*
D 325	**diazo compound**	Diazoverbindung *f*	composé *m* diazoïque
D 326	**diazo dye**	Diazofarbstoff *m*	colorant *m* diazoïque
	1,3-diazole	*s.* I 24	
D 327	**diazo[nium] group**	Diazogruppe *f*	groupement *m* diazo
D 328	**diazonium salt**	Diazoniumsalz *n*	sel *m* de diazonium
D 329	**diazo reaction,** diazo test	Diazoreaktion *f*	diazoréaction *f*
D 330	**diazo reagent**	Diazoreagens *n*	diazoréactif *m*, réactif *m* diazo
D 331	**diazo solution**	Diazolösung *f*	solution *f* diazo

D 332	**diazotate**	Diazotat *n*	diazotate *m*
	diazo test	*s.* D 329	
D 333	**diazotisable**	diazotierbar	diazotable
D 334	**diazotisation**	Diazotierung *f*, Diazotieren *n*	diazotation *f*
D 335	**diazotise / to**	diazotieren	diazoter
D 336	**diazotised**	diazotiert	diazoté
D 337	**diazotype paper**	Diazopapier *n*	papier *m* diazo
	dibenzopyran	*s.* X 1	
	dibenzopyrazine	*s.* P 305	
D 338	**dibromide**	Dibromid *n*	dibromure *m*
D 339	**dibucaine**	Dibucain *n*	dibucaïne *f*
D 340	**dibucaine hydrochlorine**	Dibucainhydrochlorid *n*	hydrochlorure *m* de dibucaïne
	dicarboxylic acid	*s.* O 191	
D 341	**dicarboxyporphyrin**	Dicarboxyporphyrin *n*	dicarboxyporphyrine *f*
D 342	**dichloride**	Dichlorid *n*	dichlorure *m*
D 343	**dichlormethane,** methylene chloride	Dichlormethan *n*, Methylenchlorid *n*	dichlorométhane *m*, chlorure *m* de méthylène
D 344	**dichloroacetate**	Dichloracetat *n*	dichlor[o]acétate *m*
D 345	**dichloroacetic acid,** dichloroethanoic acid	Dichloressigsäure *f*, Dichlorethansäure *f*	acide *m* dichloracétique (acétique dichloré)
D 346	**dichlorodiphenyltrichloroethane,** DDT	Dichlordiphenyltrichlorethan *n*, DDT	dichlorodiphényltrichloréthane *m*, DDT
D 347	**dichloroethane**	Dichlorethan *n*	dichloroéthane *m*
	dichloroethanoic acid	*s.* D 345	
D 348	**dichlorphenol indophenol,** Tillmann's reagent	Dichlorphenolindophenol *n*, Tillmann-Reagens *n*	dichlorphénol-indophénol *m*, réactif *m* de Tillmann
D 349	**dichromate**	Dichromat *n*	dichromate *m*
D 350	**Dickie body**	Dickie-Körper *m*	corpuscule *m* de Dickie
D 351	**Dick test,** scarlet fever test	Dick-Test *m*	réaction *f* de Dick
D 352	**dicoumarol,** dicumarol	Dicumarol *n*	dicoumarol *m*
D 353	**Dicroelium dendriticum, Dicroelium lanceolatum**	Lanzettegel *m*, Kleiner Leberegel *m*	dicrœlium *m* dendritique, petite douve [du foie]
	dicumarol	*s.* D 352	
	dIDP	*s.* D 177	
D 354	**dielectric constant**	Dielektrizitätskonstante *f*	constante *f* diélectrique, permittivité *f*
D 355	**diene conjugate**	Dienkonjugat *n*	diène-conjugué *m*
D 356	**diesterase**	Diesterase *f*	diestérase *f*
D 357	**diet**	Diät *f*	diète *f*
D 358	**diethanolamine**	Diethanolamin *n*	diéthanolamine *f*
D 359	**diethylamine**	Diethylamin *n*	diéthylamine *f*
D 360	**diethylaminoethyl cellulose,** DEAE cellulose	Diethylaminoethyl-Cellulose *f*, DEAE-Cellulose *f*	diéthylaminoéthyl-cellulose *f*, DEAE-cellulose *f*
D 361	**diethylbarbituric acid,** diethylmalonylurea	Diethylbarbitursäure *f*, Diethylmalonylharnstoff *m*	acide *m* diéthylbarbiturique, diéthylmalonylurée *f*, molonal *m*
D 362	**diethyldithiocarbamate**	Diethyldithiocarbamat *n*	diéthyldithiocarbamate *m*
D 363	**diethylene glycol**	Diethylenglycol *n*	diéthylèneglycol *m*, diglycol *m*
	diethylene imidooxide	*s.* M 727	
D 364	**diethylether,** ethylether, ethoxyethane	Diethylether *m*, Ethoxyethan *n*	éther *m* [di]éthylique, diéthyléther *m*
D 365	**diethylketone**	Diethylketon *n*	diéthylcétone *f*
	diethylmalonylurea	*s.* D 361	
D 366	**diethylstilbestrol**	Diethylstilbestrol *n*	diéthylstilbœstrol *m*
D 367	**Dieudonné's culture medium**	Dieudonné-Agar *m*	milieu *m* de Dieudonné
D 368	**difference spectrophotometry**	Differenzspektrophotometrie *f*	spectrophotométrie *f* de différence
D 369	**difference spectrum**	Differenzspektrum *n*	spectre *m* de différence
D 370	**different culture media with indicator stains**	„Bunte Reihe" *f*	milieu *m* de culture à indicateur coloré
D 371	**differential agglutination test**	Differentialagglutinationstest *m*	épreuve *f* d'agglutination différentielle
D 372	**differential blood count,** differential count (haemogram)	Differentialblutbild *n*	hémogramme *m* différentiel, formule *f* différentielle du sang
D 373	**differential blood sedimentation rate**	Differentialblutsenkung *f*	sédimentation *f* sanguine différentielle
D 374	**differential calorimeter**	Differentialkalorimeter *n*, Zwillingskalorimeter *n*	calorimètre *m* différentiel
D 375	**differential cell picture**	Differentialzellbild *n*	formule *f* différentielle cellulaire
D 376	**differential centrifugation**	Differentialzentrifugation *f*	centrifugation *f* différentielle
	differential count	*s.* D 372	
D 377	**differential culture medium,** differentiation agar	Differenzierungsnährboden *m*	milieu *m* de culture différentiel
D 378	**differential cytology**	Differentialzytologie *f*	cytologie *f* différentielle
D 379	**differential detector**	Differentialdetektor *m*	détecteur *m* différentiel
D 380	**differential diagnosis**	Differentialdiagnose *f*, DD	diagnose *f* différentielle
D 381	**differential diagnostics**	Differentialdiagnostik *f*	diagnostic *m* différentiel
D 382	**differential distillation**	Differentialdestillation *f*, offene Destillation *f*	distillation *f* différentielle (élémentairement équilibrée)
D 383	**differential equation**	Differentialgleichung *f*	équation *f* différentielle
D 384	**differential fractionation**	Differentialfraktionierung *f*	fractionnement *m* différentiel
	differential haemogram	*s.* D 372	
D 385	**differential photometry**	Differentialphotometrie *f*	photométrie *f* différentielle
D 386	**differential quotient**	Differentialquotient *m*	quotient *m* différentiel, dérivée *f*
D 387	**differential smear**	Differentialausstrich *m*	frottis *m* différentiel

D 388	**differential staining**	Differentialfärbung *f*	coloration *f* différentielle (par différenciation)
D 389	**differential thermal analysis**	Differentialthermoanalyse *f*	analyse *f* différentielle thermique
D 390	**differential thermometer**	Differentialthermometer *n*	thermomètre *m* différentiel
D 391	**differential titration**	Differentialtitration *f*	titrage *m* différentiel
D 392	**differentiate / to**	differenzieren	différencier
D 393	**differentiation**	Differenzierung *f*, Differenzieren *n*	différentiation *f*
	differentiation agar	*s.* D 377	
D 394	**differentiation antigen**	Differenzierungsantigen *n*	antigène *m* de différentiation
D 395	**diffraction**	Diffraktion *f*, Beugung *f*	diffraction *f*
D 396	**diffraction grating**	Diffraktionsgitter *n*, Beugungsgitter *n*	réseau *m* de diffraction
D 397	**diffraction measurement**	Diffraktionsmessung *f*	mesure *f* de diffraction
D 398	**diffraction spectrum**	Diffraktionsspektrum *n*, Beugungsspektrum *n*	spectre *m* de diffraction
D 399	**diffractometer**	Diffraktometer *n*, Beugungsmeßgerät *n*	diffractomètre *m*
D 400	**diffusate**	Diffusat *n*	diffusat *m*
D 401	**diffuse / to**	diffundieren	diffuser
D 402	**diffuse**	diffus, zerstreut *(Licht)*	diffus
	diffused light	*s.* S 102	
D 403	**diffuser,** diffusor, diffusion cell (apparatus)	Diffusionsapparat *m*, Diffuseur *m*	diffuseur *m*
D 404	**diffuse reflection**	diffuse Reflexion *f*	réflexion *f* diffuse
D 405	**diffuse stain**	diffuse Färbung *f*	coloration *f* diffuse
D 406	**diffusibility**	Diffusionsfähigkeit *f*	capacité *f* de diffusion, diffusibilité *f*
D 407	**diffusible**	diffusionsfähig	diffusible
D 408	**diffusion**	Diffusion *f*, Diffundieren *n*	diffusion *f*
	diffusion apparatus	*s.* D 403	
	diffusion cell	*s.* D 403	
D 409	**diffusion chamber**	Diffusionskammer *f*	chambre *f* à diffusion
D 410	**diffusion coefficient,** coefficient of diffusion	Diffusionskoeffizient *m*	coefficient *m* de diffusion
D 411	**diffusion constant**	Diffusionskonstante *f*	constante *f* de diffusion
D 412	**diffusion equilibrium**	Diffusionsgleichgewicht *n*	équilibre *m* de diffusion
D 413	**diffusion method**	Diffusionsmethode *f*, Diffusionsverfahren *n*	méthode *f* de diffusion
D 414	**diffusion potential,** liquid-liquid potential	Diffusionspotential *n*	potentiel *m* de diffusion
D 415	**diffusion pump**	Diffusionspumpe *f*	pompe *f* de diffusion
D 416	**diffusion rate,** rate of diffusion, diffusion velocity, velocity (speed) of diffusion	Diffusionsgeschwindigkeit *f*	vitesse *f* de diffusion
D 417	**diffusion test**	Diffusionstest *m*	épreuve *f* de diffusion
	diffusion velocity	*s.* D 416	
	diffusor	*s.* D 403	
D 418	**digest / to**	aufschließen *(Chemie)*	digérer, attaquer
D 419	**digestible**	aufschließbar *(Chemie)*	digérable
D 420	**digestion**	Aufschluß *m*, Aufschließung *f (Chemie)*	digestion *f*, attaque *f*
D 421	**digestive enzyme**	Verdauungsenzym *n*, Verdauungsferment *n*	enzyme *m* digestif, ferment *m* digestif
D 422	**digestive hormone**	Verdauungshormon *n*	hormone *f* digestive
D 423	**digestive juice**	Verdauungssaft *m*, Verdauungssekret *n*	suc *m* digestif
D 424	**digitalis**	Digitalis *f*	digitale *f*
D 425	**digitalis glycoside**	Digitalisglycosid *n*	glucoside *m* digitalique
D 426	**digital pulp,** finger pad	Fingerbeere *f*	pulpe *f* de doigt
D 427	**digital thermometer**	Digitalthermometer *n*	thermomètre *m* digital
D 428	**digitonin**	Digitonin *n*	digitonine *m*
D 429	**digitoxigenin**	Digitoxigenin *n*	digitoxigénine *f*
D 430	**digitoxin**	Digitoxin *n*	digitoxine *f*
D 431	**diglyceride**	Diglycerid *n*	diglycéride *m*
D 432	**diglyceride kinase**	Diglyceridkinase *f*	diglycéride-kinase *f*
	diglyceride lipase	*s.* L 313	
	diglycerol lipase	*s.* L 313	
	diglyceride acylase	*s.* D 286	
	diglyceride acyltransferase	*s.* D 286	
D 433	**digoxigenin**	Digoxigenin *n*	digoxigénine *f*
D 434	**digoxin, digoxoside**	Digoxin *n*, Digoxosid *n*	digoxine *f*, digoxoside *m*
D 435	**dihexose**	Dihexose *f*	dihexose *m*
D 436	**dihexoside**	Dihexosid *n*	dihexoside *m*
	dihydric alcohol	*s.* G 366	
D 437	**dihydrobilirubin**	Dihydrobilirubin *n*	dihydrobilirubine *f*
D 438	**dihydrobiopterin**	Dihydrobiopterin *n*	dihydrobioptérine *f*
D 439	**dihydrocholesterol,** cholestanol	Dihydrocholesterol *n*, Cholestanol *n*	dihydrocholestérol *m*, cholestanol *m*
D 440	**dihydrodigoxin**	Dihydrodigoxin *n*	dihydrodigoxine *f*
D 441	**22-dihydroergocalciferol,** vitamin D_4	22-Dihydroergocalciferol *n*, Vitamin *n* D_4	22-dihydroergocalciférol *m*, vitamine *f* D_4
D 442	**22,23-dihydroergosterol,** provitamin D_4	22,23-Dihydroergosterol *n*, Provitamin *n* D_4	22,23-dihydroergostérol *m*, provitamine *f* D_4
D 443	**dihydroergotamine**	Dihydroergotamin *n*	dihydroergotamine *f*

D 444	**dihydrofolic acid**	Dihydrofolsäure *f*	acide *m* dihydrofolique
D 445	**dihydrogen phosphate**	Dihydrogenphosphat *n*	dihydrogénophosphate *m*
D 446	**dihydrolipoamide reductase (NAD⁺),** diaphorase, lipoamide dehydrogenase (NADH), lipoamide reductase (NADH)	Dihydrolipoamidreductase (NAD⁺) *f*, Diaphorase *f*, Lipoamiddehydrogenase (NADH) *f*, Lipoamidreductase (NADH) *f*	dihydrolipoamide-réductase (NAD⁺) *f*, diaphorase *f*, lipoamide-deshydrogénase (NADH) *f*, lipoamide-réductase (NADH) *f*
D 447	**dihydrolipoic acid**	Dihydroliponsäure *f*	acide *m* dihydrolipoïque
D 448	**dihydroorotic acid**	Dihydroorotsäure *f*	acide *m* dihydro[-]orotique
D 449	**dihydropteridine reductase**	Dihydropteridinreductase *f*	dihydroptéridine-réductase *f*
D 450	**dihydropyrimidinase,** hydantoinase	Dihydropyrimidinase *f*, Hydantoinase *f*	dihydropyrimidinase *f*, hydantoïnase *f*
D 451	**dihydrostreptomycin**	Dihydrostreptomycin *n*	dihydrostreptomycine *f*
D 452	**dihydrotachysterol**	Dihydrotachysterol *n*	dihydrotachystérol *m*
D 453	**dihydrotestosterone,** androstanolone	Dihydrotestosteron *n*, Androstanolon *n*	dihydrotestostérone *m*, androstanolone *m*
D 454	**dihydrothymine**	Dihydrothymin *n*	dihydrothymine *f*
D 455	**dihydrouracil**	Dihydrouracil *n*	dihydrouracile *m*
D 456	**dihydrouracil dehydrogenase**	Dihydrouracildehydrogenase *f*	dihydrouracile-déshydrogénase *f*
D 457	**dihydrouridine**	Dihydrouridin *n*	dihydrouridine *f*
D 458	**dihydroxyacetone,** 1,3-dihydroxypropanone	Dihydroxyaceton *n*, 1,3-Dihydroxypropanon *n*	dihydroxyacétone *m*, 1,3-dihydroxypropanone *f*
D 459	**dihydroxyacetone phosphate**	Dihydroxyacetonphosphat *n*	dihydroxyacétone-phosphate *m*
	dihydroxyacetone transferase	*s.* T 474	
	1,2-dihydroxybenzene	*s.* P 1259	
D 460	**dihydroxybutyric acid**	Dihydroxybuttersäure *f*	acide *m* dihydroxybutyrique
D 461	**20,22-dihydroxycholesterol**	20,22-Dihydroxycholesterol *n*	20,22-dihydroxycholestérol *m*
D 462	**3,4-dihydroxymandelic acid,** DOMA	3,4-Dihydroxymandelsäure *f*	acide *m* 3,4-dihydroxymandélique
D 463	**2,5-dihydroxyphenylacetate**	2,5-Dihydroxyphenylacetat *n*	2,5-dihydroxyphénylacétate *m*
	2,5-dihydroxyphenylacetic acid	*s.* H 386	
D 464	**dihydroxyphenylalanine,** Dopa	Dihydroxyphenylalanin *n*, Dopa *f*	dihydroxyphénylalanine *f*, Dopa
D 465	**3,4-dihydroxyphenylglycol**	3,4-Dihydroxyphenylglycol *n*	3,4-dihydroxyphénylglycol *m*
	2,3-dihydroxypropanal	*s.* G 328	
	1,3-dihydroxypropanone	*s.* D 458	
	2,3-dihydroxypropionic acid	*s.* G 332	
	2,6-dihydroxypurine	*s.* X 4	
	4-dihydroxypyrimidine	*s.* U 79	
	3,5-dihydroxytoluene	*s.* O 92	
D 466	**diiodide**	Diiodid *n*	diiodure *m*
D 467	**diiodothyronine**	Diiodthyronin *n*	diiodothyronine *f*
D 468	**diiodotyrosine**	Diiodtyrosin *n*	diiodotyrosine *f*
D 469	**diisopropylfluorophosphate,** DFP	Diisopropylfluorphosphat *n*, DFP	diisopropylfluorophosphate *m*, DFP
D 470	**diketone**	Diketon *n*	bicétone *f*
D 471	**diluent,** diluting (thinning) agent, diluting fluid, dilution medium, thinner, attenuator, attenuant	Verdünnungsmittel *n*, Verdünner *m*, Verdünnungsflüssigkeit *f*	diluant *m*
D 472	**dilute / to,** to thin, to attenuate	verdünnen, diluieren	diluer
D 473	**diluted**	verdünnt	dilué
	diluting agent	*s.* D 471	
	diluting fluid	*s.* D 471	
	diluting ratio	*s.* D 88	
D 474	**dilution,** attenuation	Verdünnung *f*, Verdünnen *n*, Dilution *f*	dilution *f*
D 475	**dilution analysis**	Verdünnungsanalyse *f*	analyse *f* par dilution
	dilution factor	*s.* D 88	
	dilution medium	*s.* D 471	
D 476	**dilution method**	Verdünnungsmethode *f*, Verdünnungsverfahren *n*, Dilutionsmethode *f*	méthode *f* de dilution
	dilution ratio	*s.* D 88	
D 477	**dilution series**	Verdünnungsreihe *f*	série *f* de dilution
	dilution test	*s.* V 154	
D 478	**dilutor**	Dilutor *m*	dilueur *m*
D 479	**dimension,** size	Dimension *f*, Abmessung *f* *(Größe)*	dimension *f*, taille *f*
D 480	**dimer**	Dimer *n*, Dimeres *n*	dimère *m*
	dimercaprol	*s.* D 481	
D 481	**2,3-dimercaptopropanol,** dimercaprol	2,3-Dimercaptopropanol *n*, Dimercaprol *n*	2,3-dimercaptopropanol *m*, dimercaprol *m*
D 482	**dimeric,** dimerous	dimer	dimère
D 483	**dimerisation**	Dimerisation *f*, Dimerisierung *f*	dimérisation *f*
	dimerous	*s.* D 482	
D 484	**3,4-dimethoxyphenylethylamine**	3,4-Dimethoxyphenylethylamin *n*	3,4-diméthoxyphényléthylamine *f*
D 485	**dimethylallyltransferase**	Dimethylallyltransferase *f*	diméthylallyltransférase *f*
D 486	**dimethylamine**	Dimethylamin *n*	diméthylamine *f*
D 487	***p*-dimethylaminoazobenzene,** methyl (butter, oil) yellow	*p*-Dimethylaminoazobenzol *n*, Methylgelb *n*, Buttergelb *n*	*p*-diméthylaminoazobenzène *m*, jaune *m* de méthyle, diméthyl-jaune *m*, jaune de beurre, jaune pour huile
D 488	***p*-dimethylaminobenzaldehyde**	*p*-Dimethylaminobenzaldehyd *m*	*p*-diméthylaminobenzaldéhyde *m*
	dimethylaminophenazon	*s.* A 617	
D 489	**dimethylarginine**	Dimethylarginin *n*	diméthylarginine *m*
	dimethylcarbinol	*s.* I 582	

D 490	**dimethylether**	Dimethylether *m*	éther *m* diméthylique
D 491	**dimethylformamide**	Dimethylformamid *n*	diméthylformamide *m*
D 492	**dimethylguanidine**	Dimethylguanidin *n*	diméthylguanidine *f*
D 493	**dimethylguanine**	Dimethylguanin *n*	diméthylguanine *m*
	dimethylketol	*s.* A 82	
	dimethylketone	*s.* A 84	
D 494	**dimethylphenylene diamine**	Dimethylphenylendiamin *n*	diméthylphénylène-diamine *f*
D 495	**dimethylsulphate**	Dimethylsulfat *n*	diméthylsulfate *m*
D 496	**dimethylsulphoxide,** DMSO	Dimethylsulfoxid *n,* DMSO	diméthylsulfoxyde *m,* DMSO
D 497	**dimethylthetin-homocysteine-methyltransferase**	Dimethylthetin-homocystein-methyltransferase *f*	diméthylétine-homocystéine-méthyltransférase *f*
D 498	**dimethylxanthine**	Dimethylxanthin *n*	diméthylxanthine *f*
D 499	**dimorphic, dimorphous**	dimorph	dimorphe
	dIMP	*s.* D 178	
D 500	**dinitrobenzene**	Dinitrobenzen *n*	dinitrobenzène *m*
D 501	**dinitrochlorobenzene test**	Dinitrochlorbenzentest *m,* DNCB-Test *m*	test *m* de sensibilisation au dinitrochlorobenzène, test au DNCB
D 502	**dinitrofluorbenzene**	Dinitrofluorbenzen *n*	dinitrofluorobenzène *m*
D 503	**4,6-dinitro-*o*-cresol,** DNOC	4,6-Dinitro-*o*-cresol *n,* DNOC	4,6-dinitro-*o*-crésol *m,* DNOC
D 504	**dinitrophenol**	Dinitrophenol *n*	dinitrophénol *m*
D 505	**dinitrophenyl hydrazine**	Dinitrophenylhydrazin *n*	dinitrophénylhydrazine *f*
D 506	**dinitrophenyl hydrazine test**	Dinitrophenylhydrazintest *m*	épreuve *f* à la dinitrophénylhydrazine
D 507	**dinucleotide**	Dinucleotid *n*	dinucléotide *m*
	Dioctophyme renale	*s.* K 60	
	diol	*s.* G 366	
D 508	**dioptre**	Dioptrie *f,* Brechkrafteinheit *f*	dioptrie *f*
D 509	**dioxan**	Dioxan *n*	dioxanne *m*
D 510	**dioxide**	Dioxid *n*	dioxyde *m*
D 511	**dioxygenase**	Dioxygenase *f*	dioxygénase *f*
D 512	**dioxyphenylamine**	Dioxyphenylamin *n*	dioxyphénylamine *f*
D 513	**dip / to** *(short time),* to plunge, to immerse, to submerge	eintauchen, tauchen	plonger, immerger
D 514	**dip** *(short time),* dipping *(short time),* plunge, immersion, submergence	Eintauchen *n,* Tauchen *n*	plongée *f,* immersion *f*
D 515	**dip and read test** *(US)*	Dip-and-read-Test *m*	test *n* «dip and read»
D 516	**dipeptidase,** dipeptide hydrolase	Dipeptidase *f,* Dipeptidhydrolase *f*	dipeptidase *f,* dipeptide-hydrolase *f*
D 517	**dipeptide**	Dipeptid *n*	dipeptide *m*
	dipeptide hydrolase	*s.* D 516	
D 518	**dipeptidyl carboxypeptidase,** angiotensin-converting enzyme, carboxycathepsin, ACE	Dipeptidylcarboxypeptidase *f,* Carboxykathepsin *n,* Angiotensin-converting enzyme, ACE	dipeptidylcarboxypeptidase *f,* carboxycathepsine *f,* enzyme *m* de conversion d'angiotensine, ECA
	***o*-diphenolase**	*s.* C 198	
	diphenol oxidase	*s.* C 198	
D 519	**diphenylamine,** phenylaniline, DPA	Diphenylamin *n,* Phenylanilin *n,* DPA	diphénylamine *f,* phénylaniline *f,* DPA
D 520	**diphenylamine sulphate**	Diphenylaminsulfat *n*	sulfate *m* de diphénylamine
D 521	**diphenylamine test**	Diphenylaminreaktion *f*	réaction *f* à la diphénylamine
D 522	**diphenylcarbazone**	Diphenylcarbazon *n*	diphénylcarbazone *f*
D 523	**diphenylether**	Diphenylether *m*	diphényléther *m*
D 524	**diphenylhydantoin**	Diphenylhydantoin *n*	diphénylhydantoïne *f*
D 525	**diphenylmethane**	Diphenylmethan *n*	diphénylméthane *m*
D 526	**diphenylmethane dye**	Diphenylmethanfarbstoff *m*	colorant *m* de diphénylméthane
	diphenylthiocarbazone	*s.* D 667	
D 527	**diphenylurea**	Diphenylharnstoff *m*	diphénylurée *f*
D 528	**diphosphatase**	Diphosphatase *f*	diphosphatase *f*
	diphosphate	*s.* P 1267	
	5-diphosphate	*s.* R 435	
	diphosphatidylglycerol	*s.* C 144	
D 529	**diphosphoglyceraldehyde**	Diphosphoglycerinaldehyd *m*	diphosphoglycéraldéhyde *m*
D 530	**2,3-diphosphoglycerate**	2,3-Diphosphoglycerat *n*	2,3-diphosphoglycérate *m*
D 531	**diphosphoglycerate phosphatase**	Diphosphoglyceratphosphatase *f*	diphosphoglycérate-phosphatase *f*
D 532	**diphosphoglyceric acid**	Diphosphoglycerinsäure *f*	acide *m* diphosphoglycérique
D 533	**diphosphonate**	Diphosphonat *n*	diphosphonate *m*
	diphosphopyridine nucleotide$^+$	*s.* N 135	
	diphosphoric acid	*s.* P 1269	
D 534	**diphosphorus inositol**	Diphosphoinositol *n*	diphospho-inositol *m*
	diphtheria bacillus	*s.* L 396	
D 535	**diphtheria toxin**	Diphtherietoxin *n*	toxine *f* diphtérique
	Diphyllobothrium americanum	*s.* F 179	
	Diphyllobothrium latum	*s.* F 179	
	Diphyllobothrium taenioides	*s.* F 179	
D 536	**diplobacterium**	Diplobakterie *f*	diplobacille *m*
D 537	**diplochromosome**	Diplochromosom *n*	diplochromosome *m*
D 538	**Diplococcus**	Diplokokke *f*	diplocoque *m*
	Diplococcus gonorrhoeae	*s.* G 411	
	diplococcus of Neisser	*s.* G 411	
	Diplococcus pneumoniae	*s.* F 352	
D 539	**diploid**	diploid	diploïde
D 540	**diploid cell**	diploide Zelle *f*	cellule *f* diploïde

No.	English	German	French
	dissimilation	*s.* C 181	
D 627	**dissociate / to**	dissoziieren	dissocier
D 628	**dissociated**	dissoziiert	dissocié
D 629	**dissociation**	Dissoziation *f*	dissociation *f*
D 630	**dissociation constant**	Dissoziationskonstante *f*	constante *f* de dissociation
D 631	**dissociation curve**	Dissoziationskurve *f*	courbe *f* de dissociation
D 632	**dissociation equilibrium**	Dissoziationsgleichgewicht *n*	équilibre *m* de dissociation
D 633	**dissociation power**	Dissoziationsvermögen *n*	pouvoir *m* de dissociation
	dissociation rate	*s.* D 90	
	dissoluble	*s.* S 569	
D 634	**dissolution,** dissolving process	Lösung *f*, Lösungsprozeß *m*, Lösungsvorgang *m*, Auflösung *f*, Auflösen *n*	dissolution *f*, processus *m* de dissolution
	dissolution of tissue	*s.* H 347	
D 635	**dissolution rate,** rate of dissolution	Lösungsgeschwindigkeit *f*	vitesse *f* de dissolution
	dissolvable	*s.* S 569	
D 636	**dissolve / to,** to solve	lösen, auflösen	dissoudre, solubiliser
D 637	**dissolve / to,** to go (pass, put) into solution	sich lösen, sich auflösen, in Lösung gehen	se dissoudre, passer (entrer) en dissolution
D 638	**dissolved**	gelöst, aufgelöst	dissous
D 639	**dissolved substance,** solute	gelöster Stoff *m*	substance *f* dissoute
	dissolvent	*s.* S 576	
	dissolver	*s.* S 576	
	dissolving power	*s.* S 578	
	dissolving process	*s.* D 634	
	distance between electrodes	*s.* I 349	
D 640	**distil / to**	destillieren	distiller
D 641	**distilland,** material to be distilled	Destilliergut *n*, Destillationsmaterial *n*	matériel *m* à distiller
D 642	**distillate,** distillation product	Destillat *n*, Destillationsprodukt *n*	distillat *m*, matériel *m* de distillation
D 643	**distillation,** distilling	Destillation *f*, Destillieren *n*	distillation *f*
	distillation column	*s.* D 652	
	distillation connecting tube	*s.* D 644	
	distillation flask	*s.* D 653	
D 644	**distillation head,** distilling head, still head, distillation connecting tube	Destillieraufsatz *m*	colonne *f* à distiller
D 645	**distillation method**	Destillationsverfahren *n*	méthode *f* de distillation
	distillation plant	*s.* D 648	
D 646	**distillation process**	Destillationsprozeß *m*	procédé (processus) *m* de distillation
	distillation product	*s.* D 642	
D 647	**distillation residue,** still residue	Destillationsrückstand *m*	résidu *m* de distillation
	distillation under reduced pressure	*s.* V 8	
D 648	**distillation unit,** distilling unit, distillation (distilling) plant, distillery	Destillationsanlage *f*	distillerie *f*, installation *f* de distillation
D 649	**distilled**	destilliert	distillé
D 650	**distilled water**	destilliertes Wasser *n*, Aqua *f* destillata	eau *f* distillée
	distiller	*s.* D 651	
	distillery	*s.* D 648	
	distilling	*s.* D 643	
D 651	**distilling apparatus,** distiller	Destillationsapparat *m*, Destillierapparat *m*, Destillationsgerät *n*, Destilliergerät *n*	appareil *m* de distillation, distillateur *m*, dispositif *m* de distillation
D 652	**distilling column,** distillation column	Destillationskolonne *f*, Destilliersäule *f*	colonne *f* de distillation
D 653	**distilling flask,** distillation flask	Destillierkolben *m*	ballon *m* à distiller, alambic *m*, cucurbite *f*
	distilling head	*s.* D 644	
	distilling plant	*s.* D 648	
	distilling unit	*s.* D 648	
D 654	**distilling vessel,** still pot, reboiler	Destillationsgefäß *n*	vase (récipient) *m* de distillation
D 655	**distinctive mark,** characteristic feature	Unterscheidungsmerkmal *n*	marque *f* distinctive, signe *m* distinctif, caractéristique *f*
	Distomum buski	*s.* G 180	
	Distomum felineum	*s.* C 215	
D 656	**distribution**	Verteilung *f*, Distribution *f*	distribution *f*
	χ^2-distribution	*s.* C 422	
D 657	**distribution coefficient,** partition coefficient, distribution (partition) ratio	Verteilungskoeffizient *m*, Verteilungskonstante *f*	coefficient *m* de répartition
D 658	**distribution curve**	Verteilungskurve *f*	courbe *f* de distribution
	distribution-free test	*s.* N 213	
D 659	**distribution function,** probability [distribution] function	Verteilungsfunktion *f*, Wahrscheinlichkeitsverteilungsfunktion *f*	fonction *f* de distribution (répartition, partition)
D 660	**distribution parameter**	Verteilungsparameter *m*	paramètre *m* de distribution
	distribution ratio	*s.* D 657	
D 661	**disturbing factor,** troubling factor	Störfaktor *m*	facteur *m* perturbateur
D 662	**disulphate**	Disulfat *n*	disulfate *m*
D 663	**disulphide**	Disulfid *n*	disulfure *m*
D 664	**disulphide bridge**	Disulfidbrücke *f*	pont *m* disulfure
D 665	**dithionite**	Dithionit *n*	dithionite *m*
D 666	**dithiotreitol**	Dithiotreitol *n*	dithiotreitol *m*
D 667	**dithizone,** diphenylthiocarbazone	Dithizon *n*, Diphenylthiocarbazon *n*	dithiozone *f*, diphénylthiocarbazone *f*

D 668	**dithizone test**	Dithizonprobe *f*	épreuve *f* à la dithizone
	dITP	*s.* D 179	
D 669	**diuresis,** urine excretion	Diurese *f,* Urinausscheidung *f*, Harnausscheidung *f*	diurèse *f,* excrétion *f* d'urine
D 670	**diuretic,** urinative, diuretic (urinative) agent	Diuretikum *n*	diurétique
D 671	**diuretic**	diuretisch	diurétique
	diuretic agent	*s.* D 670	
	diurnal profile	*s.* D 6	
	diurnal variation	*s.* D 7	
	divalence	*s.* B 327	
	divalent	*s.* B 328	
	division line	*s.* G 421	
	division mark	*s.* G 421	
D 672	**dizygotic**	dizygot	dizygote, dizygotique
	DMSO	*s.* D 496	
	DNA	*s.* D 185	
D 673	**DNA antibody**	DNA-Antikörper *m*	anticorps *m* d'ADN
D 674	**DNA-binding protein**	DNA-bindendes Protein *n*	protéine *f* liant l'ADN
D 675	**DNA chain**	DNA-Kette *f*	chaîne *f* d'ADN
D 676	**DNA cloning**	DNA-Klonierung *f*	clonage *m* d'ADN
D 677	**DNA-dependent**	DNA-abhängig	dépendant d'ADN, ADN-dépendant
D 678	**DNA fragment**	DNA-Fragment *n*	fragment *m* d'ADN
D 679	**DNA matrix**	DNA-Matrix *f*	matrice *f* d'ADN
D 680	**DNA nucleotidyltransferase, DNA polymerase**	DNA-Nucleotidyltransferase *f,* DNA-Polymerase *f*	ADN-nucléotidyltransférase *f,* ADN-polymérase *f*
D 681	**DNA probe**	DNA-Sonde *f*	sonde *f* [à] ADN
	DNase	*s.* D 184	
	DNase II	*s.* A 136	
D 682	**DNA virus**	DNA-Virus *n*	virus *m* à ADN, ADN *m* viral
	DNOC	*s.* D 503	
	docosanoic acid	*s.* B 155	
	dodecanoic acid	*s.* L 120	
D 683	**dodecyl sulphate**	Dodecylsulfat *n*	dodécylsulfate *m*
D 684	**Doederlein's bacillus,** Lactobacillus acidophilus	Döderlein-Stäbchen *n*	lactobacille *m,* bacille *m* de Döderlein
D 685	**Doehle's body,** Doehle's inclusion body, Doehle's corpuscle	Döhle-Körper *m*, Döhle-Einschlußkörperchen *n*	corps *m* de Döhle, inclusions *fpl* de Döhle
	Doehle's corpuscle	*s.* D 685	
	Doehle's inclusion body	*s.* D 685	
D 686	**dog tapeworm,** Dipylidium caninum	Gurkenkernbandwurm *m,* Hundebandwurm *m*	dipylidium *m* canin
D 687	**Dold's bacterial staining**	Dold-Färbung *f*	coloration *f* [bactérienne] de Dold
	DOMA	*s.* D 462	
D 688	**domain**	Domäne *f*	domaine *m*
D 689	**dominance,** predominance	Dominanz *f*, Dominieren *n*	dominance *f*
D 690	**dominant**	Dominante *f*	dominante *f*
D 691	**dominant,** predominant	dominant, dominierend, vorherrschend	dominant, prédominant
D 692	**dominate / to,** to predominate	dominieren, vorherrschen	dominer, prédominer
D 693	**Donath-Landsteiner antibody**	Donath-Landsteiner-Antikörper *m*	anticorps *m* de Donath-Landsteiner
D 694	**Donath-Landsteiner test**	Donath-Landsteiner-Test *m*	réaction (épreuve) *f* de Donath et Landsteiner
D 695	**donation of electrons,** electron emission, emission of electrons	Elektronenabgabe *f,* Elektronenemission *f*	libération *f* d'électrons, émission *f* électronique
	donator	*s.* D 699	
D 696	**Donnan's distribution**	Donnan-Verteilung *f*	distribution *f* de Donnan
D 697	**Donnan's equilibrium, Donnan's membrane equilibrium**	Donnan-Gleichgewicht *n*	équilibre *m* de Donnan
D 698	**Donné's body,** Donné's corpuscle	Donné-Körperchen *n*	corpuscules *mpl* de Donné
D 699	**donor,** donator	Spender *m,* Donor *m*, Donator *m*	donneur *m*
D 700	**donor blood**	Spenderblut *n*	sang *m* de donneur
D 701	**donor cell**	Spenderzelle *f*	cellule *f* de donneur
D 702	**donor DNA**	Spender-DNA *f,* Donor-DNA *f*	ADN *m* de donneur
D 703	**donor erythrocyte,** donor red cell	Spendererythrozyt *m*	erythrocyte *m* de donneur
D 704	**donor plasma**	Spenderplasma *n*	plasma *m* de donneur
	donor red cell	*s.* D 703	
D 705	**donor semen,** semen of a donor	Spendersamen *m*	sperme *m* de donneur
D 706	**donor serum**	Spenderserum *n*	sérum *m* de donneur
D 707	**donor strain**	Donorstamm *m,* F^+-Stamm *m*	souche *f* de donneur, souche F^+
D 708	**donor tissue**	Spendergewebe *n*	tissu *m* de donneur
D 709	**Donovan's body**	Donovan-Körperchen *n*	corpuscule *m* de Donovan
	Dopa	*s.* D 464	
D 710	**DOPA decarboxylase,** [hydroxy]tryptophan decarboxylase	Dopa-Decarboxylase *f,* Tryptophandecarboxylase *f*, Hydroxytryptophandecarboxylase *f*	dopa-décarboxylase *f,* [hydroxy]tryptophane-décarboxylase *f*
D 711	**dopamine,** hydroxytyramine	Dopamin *n,* Hydroxytyramin *n*	dopamine *f,* hydroxytyramine *f,* dihydroxyphényléthylamine *f*
	dopamine-β-hydroxylase	*s.* D 712	

D 712	**dopamine-β-monooxygenase**, dopamine-β-hydroxylase, dopase	Dopamin-β-monooxygenase *f*, Dopamin-β-hydroxylase *f*, Dopase *f*	dopamine-β-monooxygénase *f*, hydroxylase *f* de dopamine, dopase *f*, dopa-oxydase *f*
D 713	**dopaquinone**	Dopachinon *n*	dopaquinone *f*
	dopase	*s.* D 712	
D 714	**dope**	Dopingmittel *n*	doping *m*
	dope	*s. a.* N 23	
	dormancy	*s.* L 107	
	dormant	*s.* L 108	
D 715	**dorsal position,** supine position	Rückenlage *f*	position *f* dorsale (couchée)
D 716	**dosage,** dosing, metering, proportioning	Dosierung *f*, Dosieren *n*	dosage *m*, posologie *f*
	dosage	*s. a.* D 718	
	dosage measurement	*s.* D 722	
	dosage meter	*s.* D 720	
	dosage rate	*s.* D 719	
D 717	**dose / to**	dosieren	doser
D 718	**dose,** dosage *(quantity)*	Dosis *f*	dose *f*
	dosemeter	*s.* D 720	
D 719	**dose rate,** dosage rate	Dosisrate *f*, Dosisleistung *f*	taux *m* de[s] dose[s], débit *m* de dose
D 720	**dosimeter,** dosemeter, dosage meter, radiation dosimeter	Dosimeter *n*, Dosismesser *m*, Strahlendosismesser *m*	dosimètre *m*, dosimètre de rayonnement
D 721	**dosimetric**	dosimetrisch	dosimétrique
D 722	**dosimetry,** dosage measurement	Dosimetrie *f*, Dosismessung *f*	dosimétrie *f*
	dosing	*s.* D 716	
D 723	**dosing apparatus,** metering (proportioning) apparatus	Dosierer *m*, Dosierapparat *m*, Dosiergerät *n*	doseur *m*, dispositif *m* de dosage
D 724	**dosing pump,** metering (proportioning) pump	Dosierpumpe *f*	pompe *f* doseuse
D 725	**dosing syringe,** pipetting syringe	Dosierspritze *f*, Pipettierspritze *f*	seringue *f* de dosage, seringue à pipette
D 726	**double,** twofold, twice	doppelt, zweifach	double
D 727	**double antibody**	Doppelantikörper *m*	anticorps *m* double
D 728	**double antibody precipitation**	Doppelantikörperpräzipitation *f*	précipitation *f* d'anticorps doubles
D 729	**double antibody test**	Doppelantikörpermethode *f*	méthode *f* à deux anticorps
D 730	**double-beam spectrophotometer**	Doppelstrahlspektralphotometer *n*	spectrophotomètre *m* à double faisceau
	double-blind experiment	*s.* D 731	
	double-blind technique	*s.* D 731	
D 731	**double-blind test,** double-blind experiment (technique)	Doppelblindversuch *m*	test *m* double à blanc, test en double aveugle (insu)
D 732	**double bound,** double link[age]	Doppelbindung *f*, Zweifachbindung *f*	double liaison *f*
D 733	**double column,** twin column	Doppelsäule *f*	colonne *f* double
D 734	**double determination**	Doppelbestimmung *f*	double détermination *f*
D 735	**double diffusion**	Doppeldiffusion *f*	diffusion *f* double
D 736	**double distilled,** redistilled	bidestilliert	bidistillé
D 737	**double-distilled water,** redistilled water, bidistillate	bidestilliertes (doppelt destilliertes) Wasser *n*, Bidestillat *n*	eau *f* bidistillée, bidistillé *m*
D 738	**double glucose tolerance test,** Staub-Traugott test	Glucose-Doppelbelastungstest *m*, Staub-Traugott-Versuch *m*	épreuve *f* de l'hyperglycémie provoquée, test *m* de Staub
D 739	**double helix,** double-stranded helix	Doppelhelix *f*	double hélice *f*
D 740	**double impregnation**	Doppelimprägnation *f*	imprégnation *f* double
D 741	**double labelling**	Doppelmarkierung *f*	marquage *m* double
D 742	**double layer**	Doppelschicht *f*	couche *f* double
	double link	*s.* D 732	
	double linkage	*s.* D 732	
D 743	**double probe**	Doppelsonde *f*	sonde *f* double
D 744	**double radial immunodiffusion**	doppelte Radialimmundiffusion *f*	immunodiffusion *f* radiale double
D 745	**double refraction,** birefringence	Doppelbrechung *f*	réfraction *f* double, biréfringence *f*
D 746	**double salt**	Doppelsalz *n*	sel *m* double, bisel *m*
D 747	**double staining**	Doppelfärbung *f*, Zweifachfärbung *f*	bicoloration *f*
	double-stranded helix	*s.* D 739	
D 748	**double-walled**	doppelwandig	à double paroi
	doubling	*s.* D 809, R 229	
D 748a	**Douglas' needle**	Douglas-Kanüle *f*	canule *f* Douglas
	DPA	*s.* D 519	
	DPN^+	*s.* N 135	
D 749	**Drabkin's solution**	Drabkin-Lösung *f*	solution *f* de Drabkin
	Dracunculus medinensis	*s.* D 750	
	Dracunculus oculi	*s.* L 387 a	
D 750	**dragon worm,** Medina worm, Guinea worm, Dracunculus medinensis	Drachenwurm *m*, Medinawurm *m*, Guineawurm *m*	filaire *f* de Médine, ver *m* de Guinée
D 751	**drain,** drainage tube	Drain *m*, Drainagerohr *n*	drain *m*, tuyau *m* d'écoulement
D 752	**drainage**	Drainage *f*	drainage *m*
	drainage pipe	*s.* D 567	
	drainage tube	*s.* D 567	
	drainage tube	*s.* D 751	
	drain cock	*s.* D 563	

No.	English	German	French
	draw blood / to	*s.* W 96	
	draw off / to	*s.* S 1041	
D 753	**drepanocyte,** sickle cell, meniscocyte	Drepanozyt *m*, Sichelzelle *f*, Meniskozyt *m*	drépanocyte *m*, cellule *f* falciforme
D 754	**dressing material,** bandaging material	Verbandsmaterial *n*, Verbandstoff *m*, Verbandszeug *n*	pansement *m*, matériel (nécessaire) *m* de pansement
	dried blood	*s.* D 785	
D 755	**dried human plasma**	Trockenplasma *n*	plasma *m* sec
D 756	**dried human serum**	Trockenserum *n*	sérum *m* sec
D 757	**drift / to**	driften	dériver
D 758	**drift**	Drift *f*	dérive *f*
	Drigalski-Conradi agar	*s.* D 759	
D 759	**Drigalski-Conradi [culture] medium,** Drigalski-Conradi agar	Drigalski-Conradi-Agar *m(n)*	agar *m* de Drigalski-Conradi
D 760	**Drigalski's bowl (dish)**	Drigalski-Schale *f*	boîte *f* de Drigalski
D 761	**Drigalski's spatula**	Drigalski-Spatel *m*	spatule *f* de Drigalski
D 762	**drink / to**	trinken	boire
	drinker	*s.* A 432	
	drinking test	*s.* W 32	
D 763	**drinking water,** potable water	Trinkwasser *n*	eau *f* potable
	drip / to	*s.* D 764	
	drip off / to	*s.* D 769	
D 764	**drop / to,** to drip; to trickle	tropfen; tröpfeln	goutter
D 765	**drop**	Tropfen *m*	goutte *f*
	drop analysis	*s.* S 733	
	drop-by-drop	*s.* D 779	
	drop counter	*s.* S 780	
	drop electrode	*s.* D 772	
	drop funnel	*s.* D 773	
	drop in / to	*s.* I 326	
	drop in temperature	*s.* T 54	
D 766	**droplet,** small drop	Tröpfchen *n*	gouttelette *f*
D 767	**droplet culture**	Tröpfchenkultur *f*	culture *f* de gouttelette
D 768	**drop of blood**	Bluttropfen *m*	goutte *f* de sang
D 769	**drop off / to,** to drip (trickle) off	abtropfen	tomber goutte à goutte
D 770	**drop on / to**	auftropfen, aufträufeln, betropfen	verser goutte à goutte
	dropper	*s.* D 776	
	dropper	*s.* P 490	
D 771	**dropping bottle**	Tropfflasche *f*, Tropfglas *n*	flacon *m* compte-gouttes
D 772	**dropping electrode,** drop electrode	Tropfelektrode *f*	électrode *f* à goutte
D 773	**dropping funnel,** drop funnel	Tropftrichter *m*	entonnoir *m* compte-gouttes
D 774	**dropping mercury electrode**	Quecksilbertropfelektrode *f*	électrode *f* à goutte de mercure
D 775	**dropping on**	Auftropfen *n*, Aufträufeln *n*	écoulement *m* goutte à goutte
D 776	**dropping pipette,** dropper	Tropfpipette *f*, Tropfer *m*	pipette *f* goutte à goutte
	drops / in	*s.* D 779	
D 777	**drop-shaped**	tropfenförmig, tropfenartig	en forme de goutte
D 778	**drop size**	Tropfengröße *f*	tailleur *f* de goutte
	drop test	*s.* S 737	
	drop test analysis	*s.* S 733	
D 779	**dropwise,** drop-by-drop, in drops	tropfenweise	goutte à goutte
D 780	**drug,** medical drug, pharmaceutic, pharmaceutical agent (preparation), pharmacon, medicament, remedy	Arzneimittel *n*, Medikament *n*, Pharmakon *n*	médicament *m*, pharmaceutique *m*, produit *m* pharmaceutique, remède *m*
	drum steriliser	*s.* S 879	
D 781	**drumstick**	Drumstick *n*	drumstick *m*
	drunkard	*s.* A 432	
D 782	**dry / to,** to exsiccate	trocknen	sécher
D 783	**dry**	trocken	sec
D 784	**dry analysis**	Trockenanalyse *f*	analyse *f* par voie sèche
D 785	**dry blood,** dried blood	Trockenblut *n*	sang *m* sec
D 786	**dry blood reaction**	Trockenblutreaktion *f*	réaction *f* de sang sec
	dry-chemical fire extinguisher	*s.* P 818	
D 787	**dry chemistry**	Trockenchemie *f*	chimie *f* sèche
D 788	**dry culture**	Trockenkultur *f*	milieu *m* de culture sec
D 789	**dry distillation,** destructive distillation	Trockendestillation *f*	distillation *f* sèche
D 790	**dryer,** drying apparatus	Trockenapparat *m*, Trockner *m*	dessiccateur *m*, séchoir *m*
D 791	**dry extract**	Trockenextrakt *m (n)*	extrait *m* sec
D 792	**dry filter**	Trockenfilter *n*	filtre *m* sec
	dry freezing	*s.* L 493	
	dry-heat steriliser	*s.* H 429	
D 793	**dry ice,** carbon dioxide ice (snow), solid carbon dioxide	Trockeneis *n*, Kohlendioxidschnee *m*, Kohlensäureschnee *m*	glace *f* carbonique (sèche), neige *f* carbonique
D 794	**drying,** exsiccation	Trocknung *f*, Trocknen *n*, Exsikkation *f*	séchage *m*, dessiccation *f*
D 795	**drying agent,** drying medium, siccative	Trockenmittel *n*, Trocknungsmittel *n*, Sikkativ *n*	agent *m* siccatif, desséchant *m*
	drying apparatus	*s.* D 790	
	drying box	*s.* D 797	
	drying cabinet	*s.* D 797	

	drying chamber	*s.* D 797	
D 796	**drying cupbord,** drying oven, cabinet drier	Trockenschrank *m*	armoire *f* de séchage, étuve *f*
	drying medium	*s.* D 795	
	drying oven	*s.* D 796	
	drying period	*s.* D 798	
	drying procedure	*s.* D 801	
D 797	**drying room,** drying chamber (cabinet), drying box *(small)*	Trockenkammer *f*, Trockenraum *m*	étuve (chambre) *f* de séchage, séchoir *m*
D 798	**drying time,** drying period	Trockenzeit *f*, Trocknungszeit *f*, Trokkendauer *f*, Trocknungsdauer *f*	durée *f* (temps *m*) de séchage
	dry mass	*s.* D 804	
	dry matter	*s.* D 804	
D 799	**dryness**	Trockenheit *f*	siccité *f*
D 800	**dry preparation**	Trockenpräparat *n*	préparation *f* sèche
D 801	**dry process,** drying procedure	Trocknungsverfahren *n*	procédé *m* (méthode *f*) de séchage
D 802	**dry residue**	Trockenrückstand *m*	résidu *m* sec
D 803	**dry sample**	Trockenprobe *f*	échantillon *m* sec
D 804	**dry substance,** dry matter (mass, weight), moisture-free weight	Trockensubstanz *f*, Trockenmasse *f*, Trockengewicht *n*	matière *f* sèche (solide), poids *m* en sec
	dTDP	*s.* D 192	
	dThd	*s.* T 305	
	dTMP	*s.* D 193	
	dTTP	*s.* D 194	
	dUDP	*s.* D 196	
	dulcite	*s.* G 4	
	dulcitol	*s.* G 4	
	dummy	*s.* P 503	
	dUMP	*s.* D 197	
D 805	**duocrinin**	Duokrinin *n*	duokrinine *m*
D 806	**duodenal contents**	Duodenalinhalt *m*	contenu *m* duodénal
D 807	**duodenal juice**	Duodenalsaft *m*	suc *m* duodénal
	duodenal probe	*s.* D 808	
D 808	**duodenal tube,** duodenal probe	Duodenalsonde *f*	sonde *f* duodénale
	duplicase	*s.* R 304	
D 809	**duplication,** doubling	Duplikation *f*	duplication *f*
D 810	**duration of experiment (test)**	Versuchsdauer *f*	durée *f* d'expérimentation, durée de test, durée d'épreuve
D 811	**dust**	Staub *m*	poussière *f*
	dUTP	*s.* D 198	
D 812	**duty of notification (reporting)**	Meldepflicht *f*	déclaration *f* obligatoire
D 813	**dwarf tapeworm,** Hymenolepis nana	Zwergbandwurm *m*	hyménolépis *f* naine
	dXDP	*s.* D 200	
	dXMP	*s.* D 201	
	dXTP	*s.* D 202	
	dye / to	*s.* C 771	
D 814	**dye,** dye-stuff, stain *(microscopy, substance)*, colouring matter (agent), colourant	Farbstoff *m*, Färbemittel *n*	colorant *m*, matière *f* colorante, agent *m* colorant
	dyeability	*s.* S 770	
	dyeable	*s.* S 771	
	dye again / to	*s.* S 772	
D 815	**dye bath**	Färbebad *n*	bain *m* de teinture
D 816	**dye dilution curve,** stain dilution curve	Farbstoffverdünnungskurve *f*	courbe *f* de dilution du colorant
D 817	**dye dilution method (technique),** stain dilution method	Farbstoffverdünnungsmethode *f*, Farbstoffmethode *f*	méthode *f* de dilution du colorant, dilution *f* colorante
D 818	**dye excretion test**	Farbausscheidungstest *m*	test *m* d'excrétion de colorant
	dyeing	*s.* S 774	
D 819	**dyeing automation**	Färbeautomat *m*	automate *m* de coloration
D 820	**dye sediment**	Farbstoffsediment *n*	sédiment *m* de colorant
D 821	**dye solution**	Farbstofflösung *f*, Farblösung *f*	solution *f* de colorant
	dye stain	*s.* V 137	
	dye-stuff	*s.* D 814	
D 822	**dye thoroughly / to**	durchfärben	pénétrer
D 823	**dynamic[al]**	dynamisch	dynamique
D 824	**dynamic equilibrium**	dynamisches Gleichgewicht *n*	équilibre *m* dynamique
	dynamic isomerism	*s.* T 34	
D 825	**dynamics**	Dynamik *f*	dynamique *f*
D 826	**dynein**	Dynein *n*	dynéine *f*
	dysenteric shigella	*s.* D 827	
D 827	**dysentery bacillus,** dysenteric shigella, Shiga-Kruse bacillus, Shiga's bacillus, Shigella dysenteriae, Bacillus dysenteriae	Dysenteriebakterie *f*, Shiga-Kruse-Bacterium *n*, Shiga-Bacillus *m*	bacille *m* dysentérique, bacillus dysenterius, bacille *m* de Shiga-Kruse, bacille de Shiga, Shigella dysenteriae, Bacillus dysenteriae
D 828	**dysgonic bacteria culture**	dysgonische Kultur *f*	culture *f* à croissance lente

E

No.	English	German	French
E 1	**EAC rosette formation test**	EAC-Rosettenbildungstest *m*	procédé *m* des rosettes immunes
E 2	**Eagle's solution**	Eagle-Lösung *f*	solution *f* d'Eagle
E 3	**early antigen**	Frühantigen *n*	antigène *m* précoce
E 4	**early diagnosis**	Frühdiagnose *f*	diagnostic *m* précoce
	early erythroblast	*s.* B 126	
E 5	**early immune antibody**	"early immune antibody"	«early immune antibody»
E 6	**early infancy**	Säuglingsalter *n*	première enfance *f*, bas âge *m*
	early normoblast	*s.* B 131	
E 7	**early protein**	Frühprotein *n*	préprotéine *f*
E 8	**ear oxy[haemo]meter**	Ohroxy[hämo]meter *n*	oxymètre *m* de l'oreille
E 9	**ear oxy[haemo]metry**	Ohroxy[hämo]metrie *f*	oxymétrie *f* de l'oreille
E 10	**ear swab**	Ohrabstrich *m*	frottis *m* auriculaire
E 11	**ear syringing,** irrigation of the ear canal	Ohrenspülung *f*, Gehörgangsspülung *f*	lavage *m* du conduit auditif
E 12	**ear wax,** cerumen	Ohrenschmalz *m*, Cerumen *n*	cérumen *m*
	easily soluble	*s.* R 160	
	easily stainable	*s.* C 540	
	easily volatilised	*s.* H 296	
E 13	**East Asian lung fluke,** Paragonimus westermani	Ostasiatischer Lungenegel *m*	paragonimus *m* de Westerman, paragonimus ringeri
	Eaton agent	*s.* P 609	
	Eaton virus	*s.* P 609	
E 14	**Ebola virus**	Ebola-Virus *n*	virus *m* Ebola
E 15	**ebullioscopy**	Ebullioskopie *f*	ébullioscopie *f*
	EBV	*s.* E 369	
	EB virus	*s.* E 369	
E 16	**eccrine sweat**	ekkriner Schweiß *m*	sueur *f* eccrine
	E cell	*s.* E 368	
	Echinococcus	*s.* C 174	
E 17	**Echinococcus alveolaris**	Alveokokke *f*	échinocoque *m* alvéolaire
E 18	**echinococcus antigen**	Echinokokkenantigen *n*	antigène *m* échinococcique
E 19	**echinococcus cyst,** hydatid, hydatid cyst, hydatid tapeworm, Echinococcus hydatidosus (cysticus)	Echinokokkenzyste *f*, Echinokokkenblase *f*, Hydatide *f*, Hydatidenzyste *f*, Hydatidenblase *f*, Hülsenwurm *m*	échinocoque *m* hydatique
	Echinococcus cysticus	*s.* E 19	
	Echinococcus hydatidosus	*s.* E 19	
	Echinococcus granulosus	*s.* H 471	
E 20	**echinocyte**	Echinozyt *m*	échinocyte *m*
E 21	**ECHO virus, echovirus,** enteric cytopathogenic human orphan virus	ECHO-Virus *n*	virus *m* ECHO, échovirus *m*, orphan *m*, virus cytopathogène entérique humain
E 22	**E chromosome**	E-Chromosom *n*	chromosome *m* E
E 23	**ectoantibody,** exoantibody	Ektoantikörper *m*, Exoantikörper *m*	exoanticorps *m*
E 24	**ectoantigen,** exoantigen	Ektoantigen *n*, Exoantigen *n*	exoantigène *m*
E 25	**ectoenzyme,** exoenzyme, extracellular enzyme	Ektoenzym *n*, Exoenzym *n*, extrazelluläres Enzym *n*	ectoenzyme *m*, exoenzyme *m*, enzyme *m* extracellulaire
E 26	**ectohaemolysin,** exohaemolysin	Ektohämolysin *n*, Exohämolysin *n*	ectohémolysine *f*, exohémolysine *f*
E 27	**ectoparasite,** ectosite	Ektoparasit *m*, Ektosit *m*, Außenschmarotzer *m*	ectoparasite *m*, parasite *m* épizoïque
E 28	**ectophyte**	Ektophyt *m*	ectophyte *m*
E 29	**ectoplasm,** exoplasm	Ektoplasma *n*, Exoplasma *n*, Ektoplast *m*, Ektozytoplasma *n*	ectoplasme *m*, exoplasme *m*
	ectosite	*s.* E 27	
E 30	**ectotoxin,** exotoxin, exogenous toxin	Ektotoxin *n*, Exotoxin *n*	ectotoxine *f*, exotoxine *f*
	ectozoon	*s.* D 225	
E 31	**edema fluid**	Ödemflüssigkeit *f*	liquide *m* œdémateux
	ed]esh	*s.* W 87	
	EDTA	*s.* E 503	
E 32	**EDTA blood**	EDTA-Blut *n*	sang *m* EDTA
E 33	**EDTA buffer**	EDTA-Puffer *m*	tampon *m* EDTA
E 34	**EDTA clearance**	EDTA-Clearance *f*	clearance *f* d'EDTA
E 35	**EDTA plasma**	EDTA-Plasma *n*	plasma *m* EDTA
	eelworm	*s.* A 1037	
	EFA	*s.* E 454	
	effect	*s.* A 196	
	effective substance	*s.* A 364	
	effective thyroxine ratio	*s.* F 366	
E 36	**effector**	Effektor *m*	effecteur *m*
E 37	**effector cell**	Effektorzelle *f*	cellule *f* effectrice
E 38	**efficiency,** degree of efficiency	Wirkungsgrad *m*, Effektivität *f*	efficacité *f*, rendement *m*, efficience *f*, coefficient *m* d'efficacité
	efficiency of counter	*s.* C 1065	
	efficiency of counting	*s.* C 1065	
	effluent water	*s.* W 16	
E 39	**egg**	Ei *n*	œuf *m*
	egg albumin	*s.* O 170	
E 40	**egg [culture] medium**	Einährboden *m*	gélose *f* à l'œuf

	English	German	French
	egg-shaped	*s.* O 180	
	egg yolk	*s.* Y 16	
E 41	**egg yolk agar**	Eigelbagar *m*	gélose *f* à jaune d'œuf
	Ehrlich's finger test	*s.* F 171	
E 42	**Ehrlich's reaction,** Ehrlich's test	Ehrlich-Reaktion *f*	réaction *f* d'Ehrlich
E 43	**Ehrlich's reagent**	Ehrlich-Reagens *n*	réactif *m* d'Ehrlich
	Ehrlich's test	*s.* E 42	
	EIA	*s.* E 299	
E 44	**eicosane-pentaenoic acid**	Eicosanpentaensäure *f*	acide *m* eicosapentaénoïque
	eicosane-tetraenoic acid	*s.* A 975	
	eicosanoic acid	*s.* A 974	
E 45	**ejaculate,** ejaculum, ejaculated matter	Ejakulat *n*	éjaculat *m*
	ejaculated matter	*s.* E 45	
	ejaculum	*s.* E 45	
	elaborate / to	*s.* D 263	
E 46	**ela[id]ic acid**	Ela[id]insäure *f*	acide *m* éla[ïd]ique
E 47	**elastase,** elastinase	Elast[in]ase *f*, Pankreatopeptidase *f* E	élast[in]ase *f*, peptidase *f* pancréatique E
E 48	**elastic**	elastisch	élastique
E 49	**elastica staining**	Elastikafärbung *f*	coloration *f* à l'élasine
E 50	**elasticity**	Elastizität *f*	élasticité *f*
E 51	**elastin**	Elastin *n*	élastine *f*
	elastinase	*s.* E 47	
E 52	**elastomer[e]**	Elast *m*, Elastomer[es] *n*	élastomère *m*, élastomérique *m*
	elastoplast	*s.* A 275	
E 53	**elective culture medium,** selective [culture] medium	Elektivnährboden *m*, Selektivnährboden *m*, Auswahlnährboden *m*	milieu *m* électif (sélectif)
E 54	**elective staining,** selective staining	Elektivfärbung *f*, Selektivfärbung *f*	coloration *f* élective (sélective)
E 55	**electric[al]**	elektrisch	électrique
E 56	**electric conductivity,** electroconductivity	elektrische Leitfähigkeit *f*	conductivité *f* électrique
E 57	**electric energy**	elektrische Energie *f*	énergie *f* électrique
E 58	**electric field**	elektrisches Feld *n*	champ *m* électrique
E 59	**electricity**	Elektrizität *f*	électricité *f*
E 60	**electric potential**	elektrisches Potential *n*	potentiel *m* électrique
E 61	**electric resistance**	elektrischer Widerstand *m*	résistance *f* électrique
E 62	**electric voltage**	elektrische Spannung *f*	tension *f* électrique
E 63	**electroanalysis**	Elektroanalyse *f*	électroanalyse *f*
E 64	**electroblotting**	Elektroblotting *n*	«electroblotting»
E 65	**electrochemical**	elektrochemisch	électrochimique
E 66	**electrochemical analysis**	elektrochemische Analyse *f*	analyse *f* électrochimique
E 67	**electrochemical potential**	elektrochemisches Potential *n*	potentiel *m* électrochimique
E 68	**electrochemistry**	Elektrochemie *f*	électrochimie *f*
E 69	**electrochromatography**	Elektrochromatographie *f*	électrochromatographie *f*
E 70	**electrocoagulography**	Elektrokoagulographie *f*	électrocoagulographie *f*
	electroconductivity	*s.* E 56	
E 71	**electrode**	Elektrode *f*	électrode *f*
E 72	**electrode buffer**	Elektrodenpuffer *m*	tampon *m* d'électrode
E 73	**electrodecantation**	Elektrodekantierung *f*, Elektrodekantation *f*	électrodécantation *f*
E 74	**electrode potential**	Elektrodenpotential *n*	potentiel *m* d'électrode
E 75	**electrodermatome**	Elektrodermatom *n*	électrodermatome *m*
E 76	**electrode surface**	Elektrodenoberfläche *f*	surface *f* d'électrode
E 77	**electrodialyser,** electrodialysis apparatus	Elektrodialysegerät *n*, Elektrodialysator *m*	électrodialyseur *m*
E 78	**electrodialysis**	Elektrodialyse *f*	électrodialyse *f*
	electrodialysis apparatus	*s.* E 77	
	electroendosmosis	*s.* E 122	
E 79	**electrofocusing**	Elektrofokussierung *f*	électrofocalisation *f*
E 80	**electroimmunoassay**	Elektroimmunoassay *m*	dosage *m* électroimmunologique
E 81	**electroimmunodiffusion**	Elektroimmundiffusion *f*	électroimmunodiffusion *f*
E 82	**electrokinetic potential,** zeta potential	elektrokinetisches Potential *n*, Zetapotential *n*	potentiel *m* électrocinétique (zéta)
	electrolyse cell	*s.* E 87	
E 83	**electrolysis**	Elektrolyse *f*	électrolyse *f*
E 84	**electrolyte**	Elektrolyt *m*	électrolyte *m*
E 85	**electrolyte solution,** electrolytic solution, solution of electrolytes	Elektrolytlösung *f*	solution *f* électrolytique
E 86	**electrolytic**	elektrolytisch	électrolytique
E 87	**electrolytic cell,** electrolyse cell	Elektrolysezelle *f*, elektrolytische Zelle *f*	cellule *f* d'électrolyse, cellule électrolytique
E 88	**electrolytic conductivity**	elektrolytische Leitfähigkeit *f*	conductivité *f* électrolytique
E 89	**electrolytic dissociation**	elektrolytische Dissoziation *f*	dissociation *f* électrolytique
E 90	**electrolytic separation**	elektrolytische Trennung *f*	séparation *f* électrolytique
	electrolytic solution	*s.* E 85	
E 91	**electromagnetic field**	elektromagnetisches Feld *n*	champ *m* électromagnétique
E 92	**electromagnetic radiation**	elektromagnetische Strahlung *f*	radiation *f* électromagnétique
E 93	**electrometer**	Elektrometer *n*	électromètre *m*

No.	English	German	French
E 94	**electrometric**	elektrometrisch	électrométrique
E 95	**electromotive force,** EMF	elektromotorische Kraft *f*, EMK	force *f* électromotrice
E 96	**electron**	Elektron *n*	électron *m*
E 97	**electron acceptor**	Elektronenakzeptor *m*	accepteur *m* d'électrons
E 98	**electron beam,** electron ray	Elektronenstrahl *m*	rayon (faisceau) *m* électronique
E 99	**electron capture**	Elektroneneinfang *m*	captation *f* d'électrons, capture *f* électronique (d'électrons)
E 100	**electron carrier**	Elektronenüberträger *m*	transporteur *m* d'électrons
E 101	**electronegative**	elektronegativ	électronégatif
	electron emission	*s.* D 695	
E 102	**electron exchange**	Elektronenaustausch *m*	échange *m* d'électrons
E 103	**electron exchange chromatography**	Elektronenaustauschchromatographie *f*, Redoxchromatographie *f*	chromatographie *f* par échange d'électrons, chromatographie sur résines rédox
E 104	**electron exchanger, electron exchange resin**	Elektronenaustauscher *m*, Elektronenaustauschharz *n*	échangeur *m* d'électrons, résine *f* échangeuse d'électrons
E 105	**electronic**	elektronisch	électronique
E 106	**electronic counter**	elektronischer Zähler *m*	compteur *m* électronique
E 107	**electronic microbalance (microchemical balance)**	elektronische Mikrowaage *f*	microbalance *f* électronique
E 108	**electronics**	Elektronik *f*	électronique *f*
E 109	**electronic spectroscopy**	Elektronenspektroskopie *f*	spectroscopie *f* électronique
E 110	**electronic spectrum**	Elektronenspektrum *n*	spectre *m* électronique
E 111	**electron microscope**	Elektronenmikroskop *n*	microscope *m* électronique
E 112	**electron microscopy**	Elektronenmikroskopie *f*	microscopie *f* électronique
E 113	**electron pair,** pair of electrons	Elektronenpaar *n*	paire *f* (doublet *m*) délectrons
E 114	**electron paramagnetic resonance,** electron spin resonance, EPR, ESR	paramagnetische Elektronenresonanz *f*, Elektronenspinresonanz *f*, ESR	résonance *f* du spin électronique, résonance magnétique électronique
E 115	**electron paramagnetic resonance spectroscopy,** electron spin resonance spectroscopy, EPR (ESR) spectroscopy	paramagnetische Elektronenresonanzspektroskopie *f*, Elektronenspinresonanzspektroskopie *f*, ESR-Spektroskopie *f*	spectroscopie *f* de (par) résonance magnétique électronique
E 116	**electron paramagnetic resonance spectrum,** electron spin resonance spectrum, EPR (ESR) spectrum	paramagnetisches Elektronenresonanzspektrum *n*, Elektronenspinresonanzspektrum *n*	spectre *m* de résonance paramagnétique électronique
	electron ray	*s.* E 98	
E 117	**electron resonance**	Elektronenresonanz *f*	résonance *f* électronique
E 118	**electron spin**	Elektronenspin *m*	spin *m* électronique
	electron spin resonance	*s.* E 114	
	electron spin resonance spectroscopy	*s.* E 115	
	electron spin resonance spectrum	*s.* E 116	
E 119	**electron transfer**	Elektronenübertragung *f*	transfert *m* électronique (délectrons)
E 120	**electron-transporting particle,** ETP	Elektronentransportpartikel *n*	particule *f* transporteuse d'électron[s]
E 121	**electronvolt,** eV	Elektronenvolt *n*, eV	électronvolt *m*, eV
E 122	**electroosmosis,** electroendosmosis	Elektroosmose *f*, Elektroendosmose *f*	électro-osmose *f*, électroendosmose *f*
E 123	**electroosmotic mobility**	elektroosmotische Beweglichkeit *f*	mobilité *f* électro-osmotique
E 124	**electropherogram,** electrophoretogram, electrophoresis diagram	Elektropherogramm *n*, Pherogramm *n*	électrophérogramme *m*
E 125	**electropherography**	Elektropherographie *f*	électrophérographie *f*
E 126	**electrophoresis**	Elektrophorese *f*	électrophorèse *f*
E 127	**electrophoresis apparatus,** electrophoretic apparatus, electrophoresis cell (equipment)	Elektrophoresegerät *n*	appareil *m* délectrophorèse
	electrophoresis cabinet	*s.* E 128	
	electrophoresis cell	*s.* E 127	
E 128	**electrophoresis chamber,** electrophoresis cabinet	Elektrophoresekammer *f*	chambre *f* électrophorétique
E 129	**electrophoresis column,** electrophoretic column	Elektrophoresesäule *f*	colonne *f* électrophorétique
	electrophoresis diagram	*s.* E 124	
	electrophoresis equipment	*s.* E 127	
	electrophoresis on paper	*s.* P 51	
E 130	**electrophoretic**	elektrophoretisch	électrophorétique
	electrophoretic apparatus	*s.* E 127	
	electrophoretic column	*s.* E 129	
E 131	**electrophoretic method**	Elektrophoreseverfahren *n*	procédé *m* électrophorétique
E 132	**electrophoretic migration speed**	elektrophoretische Wanderungsgeschwindigkeit *f*	vitesse *f* de migration électrophorétique
E 133	**electrophoretic mobility**	elektrophoretische Beweglichkeit *f*	mobilité *f* électrophorétique
E 134	**electrophoretic potential**	elektrophoretisches Potential *n*	potentiel *m* électrophorétique
E 135	**electrophoretic separation**	elektrophoretische Auftrennung (Trennung) *f*	séparation *f* électrophorétique
	electrophoretogram	*s.* E 124	
E 136	**electrophotometer**	Elektrophotometer *n*	électrophotomètre *m*
	electroplating	*s.* G 30	
E 137	**electropositive**	elektropositiv	électropositif
E 138	**electroprecipitation**	Elektropräzipitation *f*	électroprécipitation *f*
E 139	**electrorheophoresis**	Elektrorheophorese *f*	électrorhéophorèse *f*

No.	English	German	French
E 140	**electrosyneresis**	Elektrosyn[h]ärese *f*	électrosynérèse *f*
E 141	**eleidin**	Eleidin *n*	éléidine *f*
E 142	**Elek's test**	Elek-Test *m*	test *m* d'Elek
E 143	**element**	Element *n*	élément *m*
E 144	**elementary**	elementar	élémentaire
E 145	**elementary analysis,** ultimate analysis	Elementaranalyse *f*	analyse *f* élémentaire
E 146	**elementary body**	Elementarkörperchen *n*	corpuscule *m* élémentaire
E 147	**elementary membrane,** lipoproteid membrane	Elementarmembran *f,* Einheitsmembran *f*, Lipoproteidmembran *f*	membrane *f* élémentaire (unie, lipoprotéique)
E 148	**elementary particle,** fundamental (subnuclear) particle	Elementarteilchen *n*	particule *f* élémentaire (fondamentale)
E 149	**elementary phosphorus**	elementarer Phosphor *m*	phosphore *m* élémentaire
E 150	**ELIA,** enzyme-labelled immunoassay	ELIA *m,* enzymmarkierter Immunoassay *m*	[test *m*] ELIA, méthode *f* immunomarquée
E 151	**ELISA,** enzyme-linked immunosorbent assay	ELISA *m,* enzymgebundener Immunosorbent-Test *m*	[test *m*] ELISA, méthode *f* immunoenzymatique, «enzyme-linked immunosorbent assay»
E 152	**elliptocyte,** ovalocyte	Elliptozyt *m,* Ovalozyt *m*	elliptocyte *m,* ovalocyte *m*
E 153	**eltor vibrion,** Vibrio El Tor	El-Tor-Vibrio *m*	vibrion *m* El Tor, vibrion eltor
	eluant	*s.* E 155	
	eluate / to	*s.* E 156	
E 154	**eluate**	Eluat *n*	éluat *m,* produit *m* élué
E 155	**eluent,** eluant, eluting agent (solvent)	Eluent *m*, Elutionsmittel *n*	éluant *m*
E 156	**elute / to,** to eluate, to wash out *(chromatography)*	eluieren, auswaschen	éluer
	eluting agent	*s.* E 155	
	eluting solvent	*s.* E 155	
E 157	**elution,** washing-out *(chromatography)*	Elution *f*, Eluieren *n,* Auswaschen *n*	élution *f*, lavage *m*
E 158	**elution analysis**	Elutionsanalyse *f*	analyse *f* par élution
E 159	**elution band**	Elutionsbande *f*	bande *f* d'élution
E 160	**elution chromatography**	Elutionschromatographie *f*	chromatographie *f* par élution
E 161	**elution curve**	Elutionskurve *f*	courbe *f* d'élution
	elution method	*s.* E 163	
E 162	**elution power**	Elutionsvermögen *n*	pouvoir *m* éluant
E 163	**elution technique,** elution method	Elutionstechnik *f,* Eluierungstechnik *f*	technique (méthode) *f* d'élution
E 164	**elutriation of antibodies**	Antikörperabsprengung *f,* Agglutininabsprengung *f*	
E 165	**embed / to**	einbetten	enrober
E 166	**embedding**	Einbettung *f*	enrobage *m,* enrobement *m*, inclusion *f*
E 167	**embedding compound,** embedding material (medium)	Einbettungsmasse *f*, Einbettungsmittel *n*	matériel *m* d'enrobage, milieu *m* d'inclusion
	embedding in paraffin	*s.* P 65	
	embedding material	*s.* E 167	
	embedding medium	*s.* E 167	
E 168	**embed in paraffin / to**	in Paraffin einbetten	enrober en paraffine
E 169	**embryo[n]**	Embryo *m*	embryon *m*
E 170	**embryonal,** embryonic	embryonal	embryonnaire
E 171	**embryonal cell,** embryonic cell	Embryonalzelle *f*	cellule *f* embryonnaire
E 172	**embryonal tissue,** embryonic tissue	Embryonalgewebe *n*	tissu *m* embryonnaire
	embryonic	*s.* E 170	
	embryonic cell	*s.* E 171	
	embryonic tissue	*s.* E 172	
E 173	**emergency [case],** case of need	Notfall *m*	urgence *f,* cas *m* urgent
	emergency current aggregate	*s.* E 175	
E 174	**emergency diagnosis**	Citodiagnostik *f,* Sofortdiagnostik *f*, Notfalldiagnostik *f*	diagnostic *m* d'urgence
	emergency duty	*s.* E 178	
E 175	**emergency generator set,** emergency current aggregate	Notstromaggregat *n*	génératrice *f* de secours, groupe *m* électrogène de secours
E 176	**emergency laboratory**	Cito-Laboratorium *n*	laboratoire *m* d'urgence
E 177	**emergency medicine**	Notfallmedizin *f*	médecine *f* d'urgence
E 178	**emergency service,** stand-by service, emergency duty, stand-by duty	Bereitschaftsdienst *m,* Notdienst *m*	service *m* de secours
E 179	**emetine**	Emetin *n*	émétine *f*
	EMF	*s.* E 95	
E 180	**emission**	Emission *f,* Ausstrahlung *f*	émission *f*
E 181	**emission microscope**	Emissionsmikroskop *n*	microscope *m* électronique à émission
	emission of electrons	*s.* D 695	
	emission of rays	*s.* R 10	
E 182	**emission spectrography**	Emissionsspektrographie *f*	spectrographie *f* d'émission
E 183	**emission spectrometer**	Emissionsspektrometer *n*	spectromètre *m* d'émission
E 184	**emission spectrometry**	Emissionsspektrometrie *f*	spectrométrie *f* d'émission
E 185	**emission spectroscopy**	Emissionsspektroskopie *f*	spectroscopie *f* d'émission
E 186	**emission spectrum**	Emissionsspektrum *n*	spectre *m* d'émission
E 187	**emission spectrum analysis**	Emissionsspektralanalyse *f*	analyse *f* spectrale émissive
E 188	**emit / to**	emittieren, ausstrahlen	émettre, rayonner
	emit rays / to	*s.* R 9	
E 189	**Emmons' test**	Emmons-Test *m*	test *m* d'Emmons

No.	English	German	French
E 190	**empiric[al]**	empirisch	empirique
	empirical formula	*s.* T 432	
	emplastrum	*s.* P 558	
E 191	**emulsification,** emulsifying	Emulgierung *f*, Emulgieren *n*	émulsification *f*, émulsionnage *m*
E 192	**emulsifier,** emulsifying agent	Emulgator *m*, Emulgiermittel *n*, Emulgens *n*	émulsifiant *m*, agent *m* émulsifiant, émulsionnant *m*
E 193	**emulsify / to**	emulgieren	émulsifier, émulsionner
	emulsifying	*s.* E 191	
	emulsifying agent	*s.* E 192	
E 194	**emulsion**	Emulsion *f*	émulsion *f*
E 195	**emulsoid, emulsoid colloid**	Emulsionskolloid *n*, Emulsoid *n*	émulsoïde *m*
E 196	**encephalomyocarditic virus**	Enzephalomyokarditisvirus *n*, Kardiovirus *n*, EMC-Virus *n*	virus *m* d'encéphalomyocardite, virus EMC
	encephalon	*s.* B 517	
	encephalopuncture	*s.* C 316	
E 197	**end group,** terminal group	Endgruppe *f*, terminale Gruppe *f*	groupe *m* terminal
E 198	**endoallergen**	Endoallergen *n*	endoallergène *m*
E 199	**endoantigen**	Endoantigen *n*	endoantigène *m*
E 200	**endobronchial biopsy,** intrabronchial biopsy	endobronchiale Biopsie *f*	biopsie *f* endobronchiale
	endocellular	*s.* I 403	
E 201	**endocrine,** endocrinic, endocrinous, incretory, secreting internally	endokrin, inkretorisch, innersekretorisch	endocrine, endocrinien
	endocrine therapy	*s.* H 418	
	endocrinic	*s.* E 201	
E 202	**endocrinology**	Endokrinologie *f*	endocrinologie *f*
	endocrinotherapy	*s.* H 418	
	endocrinous	*s.* E 201	
	endocyte	*s.* K 87	
	endoenzyme	*s.* C 282	
	endogenic	*s.* E 203	
E 203	**endogenous,** endogenic	endogen	endogène
E 204	**endolysin,** intracellular lysin	Endolysin *n*, intrazelluläres Lysin *n*	endolysine *f*, lysine *f* intracellulaire (bactériophagique)
E 205	**endometrial biopsy**	Endometriumbiopsie *f*, Gebärmutterschleimhautbiopsie *f*	biopsie *f* d'endomètre, biopsie endométriale
E 206	**endometrium,** uterine mucosa	Endometrium *n*, Gebärmutterschleimhaut *f*	endomètre *m*, muqueuse *f* utérine
E 207	**endometrium cytology**	Endometriumzytologie *f*	cytologie *f* d'endomètre, cytologie endométriale
E 208	**endonuclease**	Endonuclease *f*	endonucléase *f*
E 209	**endoparasite,** endosite	Endoparasit *m*, Endosit *m*	endoparasite *m*
E 210	**endopeptidase,** endoprotease	Endopeptidase *f*, Endoprotease *f*, Peptidylpeptidhydrolase *f*	endopeptidase *f*, endoprotéase *f*
E 211	**endophyte**	Endophyt *m*	endophyte *m*, entophyte *m*
E 212	**endoplasm**	Endoplasma *n*, Endozytoplasma *n*	endoplasme *m*, entoplasme *m*
E 213	**endoplasm[at]ic**	endoplasmatisch	endoplasmique
	endoprotease	*s.* E 210	
E 214	**endorphine**	Endorphin *n*	endorphine *f*
E 215	**Endo's agar,** Endo's medium	Endo-Agar *m*	milieu *m* d'Endo
E 216	**endoscope**	Endoskop *n*	endoscope *m*
E 217	**endoscopic biopsy**	endoskopische Biopsie *f*	biopsie *f* endoscopique
	endosite	*s.* E 209	
	Endo's medium	*s.* E 215	
E 218	**endosmosis**	Endosmose *f*	endosmose *f*
E 219	**endosmotic**	endosmotisch	endosmotique
E 220	**endospore**	Endospore *f*	endospore *f*
E 221	**endothelial**	endothelial	endothélial
	endothelial cell	*s.* E 223	
E 222	**endothelial leucocyte**	endothelialer Leukozyt *m*	leucocyte *m* endothélial
E 223	**endotheliocyte,** endothelial cell	Endotheliozyt *m*, Endothelzelle *f*	endothéliocyte *m*, cellule *f* endothéliale
E 224	**endothelium**	Endothel *n*	endothélium *m*
	endothermal	*s.* E 225	
E 225	**endothermic,** endothermal	endotherm, endothermisch	endothermique
E 226	**endothermic reaction**	endotherme Reaktion *f*	réaction *f* endothermique
E 227	**endotoxin**	Endotoxin *n*	endotoxine *f*
E 228	**endotoxin test**	Endotoxintest *m*	épreuve *f* à l'endotoxine
E 229	**endotrichophytin**	Endotrichophytin *n*	endotrichophytine *f*
E 230	**endotrypsin**	Endotrypsin *n*	endotrypsine *f*
E 231	**end point,** terminal (final) point	Endpunkt *m*	point *m* terminal (final)
E 232	**end point determination**	Endpunktbestimmung *f*	détermination *f* du point terminal
	end product	*s.* F 155	
	end temperature	*s.* F 159	
	end titre	*s.* F 160	
	end volume	*s.* F 161	
	energetic potential	*s.* E 237	
E 233	**energy**	Energie *f*	énergie *f*
E 234	**energy balance**	Energiebilanz *f*	bilan *m* énergétique

E 235	**energy consumption**	Energieverbrauch *m*	consommation *f* d'énergie
	energy input	*s.* E 240	
E 236	**energy level**	Energieniveau *n*	niveau *m* d'énergie, niveau énergétique
	energy of activation	*s.* A 207	
E 237	**energy potential,** energetic potential	Energiepotential *n*	potentiel *m* énergétique (d'énergie)
E 238	**energy requirement**	Energiebedarf *m*	besoin *m* en énergie
E 239	**energy source,** source of energy	Energiequelle *f*	source *f* d'énergie
E 240	**energy supply,** energy input	Energiezufuhr *f*	approvisionnement *m* en énergie
E 241	**energy transfer,** energy transport	Energieübertragung *f*, Energietransport *m*	transport (transfert) *m* d'énergie
E 242	**energy transformation,** transformation of energy	Energieumwandlung *f*, Energieumformung *f*, Energietransformation *f*	transformation *f* d'énergie
	energy transport	*s.* E 241	
E 243	**energy turnover**	Energieumsatz *m*	turnover *m* énergétique
	Engler's distilling flask	*s.* E 244	
E 244	**Engler's flask,** Engler's distilling flask	Engler-Kolben *m*	flacon *m* d'Engler
E 245	**enkephalin[e]**	Enkephalin *n*	enképhaline *f*, encéphaline *f*
E 245 a	**enlarge / to** *(photography)*	vergrößern	agrandir
E 245 b	**enlargement** *(photography)*	Vergrößerung *f*	agrandissement *m*
E 246	**enol**	Enol *n*	énol *m*
E 247	**enolase,** phosphopyruvate hydratase	Enolase *f*, Phosphopyruvathydratase *f*	énolase *f*, phosphopyruvate-hydratase *f*
E 248	**enoyl-CoA-hydratase, enoyl hydrase,** crotonase	Enoyl-CoA-hydratase *f*, Enoylhydratase *f*, Crotonase *f*	énoyl-CoA-hydratase *f*, énoyl-hydratase *f*, crotonase *f*
E 249	**enrich / to**	anreichern	enrichir
E 250	**enriched**	angereichert	enrichi
E 251	**enriched material**	angereichertes Material *n*	matière *f* enrichie
E 252	**enrichment**	Anreicherung *f*	enrichissement *m*
E 253	**enrichment culture,** enrichment medium	Anreicherungskultur *f*	culture *f* (milieu *m*) d'enrichissement
E 254	**enrichment factor**	Anreicherungsfaktor *m*, Anreicherungskoeffizient *m*	facteur *m* d'enrichissement
	enrichment medium	*s.* E 253	
E 255	**enrichment method**	Anreicherungsverfahren *n*	procédé *m* d'enrichissement
E 256	**Entamoeba**	Entamoeba *f*	entamibie *f*
	Entamoeba buccalis	*s.* E 258	
E 257	**Entamoeba coli**	Entamoeba *f* coli	entamibie *f* du côlon
	Entamoeba dysenteriae	*s.* E 260	
E 258	**Entamoeba gingivalis,** Entamoeba buccalis	Mundamöbe *f*	entamibie *f* gingivale
E 259	**Entamoeba hartmanni,** Entamoeba tenuis	Entamoeba *f* hartmanni, Entamoeba tenuis	Entamoeba hartmanni, Entamoeba tenuis
E 260	**Entamoeba histolytica,** Entamoeba dysenteriae	Ruhramöbe *f*	amibie *f* dysentérique
	Entamoeba tenuis	*s.* E 259	
	enteral hormone	*s.* G 98	
	enteramine	*s.* S 289	
	enteric cytopathogenic human orphan virus	*s.* E 21	
	enteric hormone	*s.* G 98	
	enteric mucosa	*s.* I 392	
E 261	**Enterobacter,** Aerobacter	Aerobacter *m*	entérobactérie *f*, aérobactérie *f*
	Enterobius vermicularis	*s.* O 255	
	enterocentesis	*s.* I 397	
E 262	**enterochromaffin cell**	enterochromaffine Zelle *f*	cellule *f* entérochromaffine
E 263	**Enterococcus**	Enterokokke *f*	entérocoque *m*
E 264	**enterocrinin**	Enterokrinin *n*	entérocrinine *f*
E 265	**enterocyte**	Enterozyt *m*	entérocyte *m*
E 266	**enterogastrin**	Enterogastrin *n*	entérogastrine *f*
E 267	**enterogastron**	Enterogastron *n*	entérogastrone *f*
E 268	**enteroglucagon**	Enteroglucagon *n*	entéroglucagone *m*
	enterohormone	*s.* G 98	
	enterokinase	*s.* E 269	
E 269	**enteropeptidase,** enterokinase	Enteropeptidase *f*, Enterokinase *f*	entéropeptidase *f*, entérokinase *f*
E 270	**enterotoxin,** intestinotoxin	Enterotoxin *n*	entérotoxine *f*, toxine *f* entérogène
E 271	**enterovirus**	Enterovirus *n*, Darmvirus *n*	entérovirus *m*
	enterozoon	*s.* I 394	
E 272	**enthalpy,** heat content	Enthalpie *f*, Wärmeinhalt *m*	enthalpie *f*, teneur *f* en chaleur
E 273	**entomology**	Entomologie *f*	entomologie *f*
	entozoic parasite	*s.* I 394	
E 274	**entrainer, entraining agent**	Schleppmittel *n*	entraîneur *m*
E 275	**entrance slit,** slit	Eintrittsspalt *m*	fente *f* d'entrée
E 276	**entropy**	Entropie *f*	entropie *f*
	enumerate / to	*s.* C 1054	
	enumeration	*s.* C 1063	
E 277	**enzymatic,** enzymic, ferment[at]ive	enzymatisch, fermentativ	enzymatique, fermentaire
	enzymatic activity	*s.* E 288	
E 278	**enzymatic analysis,** enzymic analysis	enzymatische Analyse *f*	analyse *f* enzymatique

	English	German	French
	enzymatic assay	*s.* E 292	
	enzymatic chain	*s.* E 293	
E 279	**enzymatic cleavage,** enzymic cleavage	enzymatische Spaltung (Aufspaltung) *f*	scission *f* (clivage *m*) *m enzymatique*
E 280	**enzymatic hydrolysis,** enzymic (enzyme) hydrolysis	enzymatische Hydrolyse *f*	hydrolyse *f* enzymatique
E 281	**enzymatic investigation,** enzymic investigation	enzymatische Untersuchung *f*	examen *m* enzymatique
E 282	**enzymatic method,** enzymic method	enzymatische Methode *f*, enzymatisches Verfahren *n*	méthode *f* (procédé *m*) enzymatique
E 283	**enzymatic pattern**	Enzymmuster *n*, Enzymprofil *n*	échantillon *m* d'enzymes
E 284	**enzymatic protein,** enzymic protein	Enzymprotein *n*, Fermenteiweiß *n*	protéine *f* enzymatique
	enzymatic reaction	*s.* E 312	
	enzymatic specifity	*s.* E 314	
	enzymatic stability	*s.* E 315	
	enzymatic system	*s.* E 319	
	enzymatic unit	*s.* E 320	
E 285	**enzyme,** ferment	Enzym *n*, Ferment *n*	enzyme *f (m)*, ferment *m*
E 286	**enzyme activation,** activation of enzymes	Enzymaktivierung *f*	activation *f* enzymatique
E 287	**enzyme activator**	Enzymaktivator *m*	activateur *m* enzymatique
E 288	**enzyme activity,** enzym[at]ic activity	Enzymaktivität *f*, enzymatische Aktivität *f*	activité *f* enzymatique, activité d'enzyme
E 289	**enzyme analyser**	Enzymanalysator *m*	analyseur *m* d'enzyme, appareil *m* de mesurage enzymatique
E 290	**enzyme-antibody conjugate**	Enzym-Antikörper-Konjugat *n*	conjugué *m* enzyme-anticorps
	enzyme-antibody method	*s.* E 291	
E 291	**enzyme-antibody technique,** enzyme-antibody method	Enzym-Antikörper-Technik *f*	technique *f* d'enzyme-anticorps
E 292	**enzyme assay,** enzym[at]ic assay	Enzymtest *m*	épreuve *f* enzymatique
E 293	**enzyme chain,** enzym[at]ic chain	Enzymkette *f*	chaîne *f* enzymatique
E 294	**enzyme complex**	Enzymkomplex *m*	complexe *m* enzymatique
E 295	**enzyme concentration**	Enzymkonzentration *f*	concentration *f* d'enzyme
E 296	**enzyme conjugate**	Enzymkonjugat *n*	conjugué *m* enzymatique
	enzyme diagnosis	*s.* E 297	
E 297	**enzyme diagnostics,** enzyme diagnosis	Enzymdiagnostik *f*	diagnostic *m* enzymatique
E 298	**enzyme electrode**	Enzymelektrode *f*	électrode *f* à enzymes
	enzyme hydrolysis	*s.* E 280	
E 299	**enzyme immunoassay,** EIA	Enzymimmunoassay *m*, EIA	dosage *m* immuno-enzymatique, EIA
E 300	**enzyme immunology**	Enzymimmunologie *f*	enzymo[-]immunologie *f*
E 301	**enzyme induction,** induction of enzymes	Enzyminduktion *f*	induction *f* d'enzymes, induction enzymatique (diastasique)
E 302	**enzyme inhibition**	Enzymhemmung *f*, Enzyminhibierung *f*, Enzymblock *m*	inhibition *f* enzymatique
E 303	**enzyme inhibitor**	Enzymhemmer *m*, Enzyminhibitor *m*	inhibiteur *m* d'enzymes
E 304	**enzyme isolation**	Enzymisolierung *f*	isolation *f* d'enzymes
E 305	**enzyme kinetics**	Enzymkinetik *f*	cinétique *f* enzymatique (d'enzymes)
	enzyme-labelled immunoassay	*s.* E 150	
	enzyme-linked immunosorbent assay	*s.* E 151	
E 306	**enzyme marker**	Enzymmarker *m*	marqueur *m* d'enzymes
E 307	**enzyme nomenclature**	Enzymnomenklatur *f*	nomenclature *f* des enzymes
E 308	**enzyme number**	Enzymnummer *f*	numéro *m* d'enzyme
	enzyme of small intestine	*s.* S 457	
E 309	**enzyme preparation**	Enzympräparat *n*	préparation *f* enzymatique
E 310	**enzyme purification,** purification of enzymes	Enzymreinigung *f*	purification *f* d'enzymes
	enzyme quotient	*s.* E 311	
E 311	**enzyme ratio,** enzyme quotient	Enzymquotient *m*	quotient *m* d'enzymes
E 312	**enzyme reaction,** enzym[at]ic reaction	enzymatische Reaktion *f*, Enzymreaktion *f*, Fermentreaktion *f*	réaction *f* enzymatique (des ferments)
E 313	**enzyme release**	Enzymfreisetzung *f*	libération *f* d'enzymes
E 314	**enzyme specifity,** enzym[at]ic specifity	Enzymspezifität *f*	spécificité *f* d'enzymes
E 315	**enzyme stability,** enzym[at]ic stability	Enzymstabilität *f*	stabilité *f* d'enzymes
E 316	**enzyme-substrate complex**	Enzym-Substrat-Komplex *m*	complexe *m* enzyme-substrat
E 317	**enzyme-substrate mixture**	Enzym-Substrat-Gemisch *n*	mélange *m* enzyme-substrat
E 318	**enzyme-substrate reaction**	Enzym-Substrat-Reaktion *f*	réaction *f* enzyme-substrat
E 319	**enzyme system,** enzymatic system	Enzymsystem *n*	système *m* enzymatique
E 320	**enzyme unit,** enzymatic unit	Enzymeinheit *f*, enzymatische Einheit *f*	unité *f* enzymatique (d'enzyme)
	enzymic	*s.* E 277	
	enzymic ...	*s.* enzymatic ...	
	enzymic reaction	*s.* E 312	
	enzymic specifity	*s.* E 314	
	enzymic stability	*s.* E 315	
E 321	**enzymoimmunoelectrophoresis**	Enzymimmunelektrophorese *f*	immunoélectrophorèse *f* enzymatique
E 322	**enzymology**	Enzymologie *f*	enzymologie *f*
E 323	**eosin,** tetrabromofluorescein	Eosin *n*, Tetrabromfluorescein *n*	éosine *f*, tétrabromofluorescéine *f*
E 324	**eosin-latex fixation test**	Eosin-Latex-Fixationstest *m*	test *m* de fixation de latex
E 325	**eosin-methylene blue**	Eosin-Methylenblau *n*	éosine-bleu *m* de méthylène

No.	English	German	French
E 326	**eosin-methylene blue staining**	Eosin-Methylenblau-Färbung *f*	coloration *f* au éosine-bleu de méthylène
	eosinoblast	*s.* E 336	
	eosinocyte	*s.* E 332	
	eosinophil	*s.* E 330, E 333	
	eosinophile	*s.* E 330, E 333	
E 327	**eosinophile chemotactic factor**	eosinophiler chemotaktischer Faktor *m*	facteur *m* chimiotactique des éosinophiles, FCE-A
E 328	**eosinophile count**	Eosinophilenzahl *f*	nombre *m* d'éosinophiles
E 329	**eosinophile counting**	Eosinophilenzählung *f*	comptage *m* d'éosinophiles
E 330	**eosinophilic,** eosinophil[e]	eosinophil	éosinophile
E 331	**eosinophilic erythroblast**	eosinophiler Erythroblast *m*	érythroblaste *m* éosinophile
E 332	**eosinophilic granulocyte,** eosinocyte	eosinophiler Granulozyt *m,* Eosinozyt *m*	granulocyte *m* éosinophile, leucocyte *m* acidophile
E 333	**eosinophilic leucocyte,** eosinophil[e], oxyphilic leucocyte	eosinophiler Leukozyt *m,* Eosinophiler *m*	leucocyte *m* éosinophile, éosinophile *m,* granulocyte *m* acidophile
E 334	**eosinophilic myelocyte**	eosinophiler Myelozyt *m*	myélocyte *m* éosinophile
E 335	**eosinophilic promyelocyte**	eosinophiler Promyelozyt *m*	promyélocyte *m* éosinophile
E 336	**eosinophiloblast,** eosinoblast	Eosino[philo]blast *m*	éosino[philo]blaste *m*
E 337	**eosinophilopoietin**	Eosinophilopoietin *n,* Eosinophilopoetin *n*	éosinophilopoïetine *m*
E 338	**eosin [vital] staining**	Eosin-Vitalitätstest *m,* Eosintest *m*	épreuve *f* àl'éosine
	ependymal cell	*s.* E 339	
E 339	**ependymocyte,** ependymal cell	Ependymozyt *m,* Ependymzelle *f*	épendymocyte *m,* cellule *f* épendymaire
E 340	**ephedrine**	Ephedrin *n*	éphédrine *f*
E 341	**ephedrine hydrochloride solution**	Ephedrinhydrochloridlösung *f*	solution *f* d'hydrochlorure d'éphédrine
E 342	**epiandrosterone,** isoandrosterone	Epiandrosteron *n,* Isoandrosteron *n*	épiandrostérone *f,* isoandrostérone *f*
E 343	**epicutaneous test,** patch test	Epikutanprobe *f*	test *m* épicutané
	epicyte	*s.* E 359	
E 344	**epidemiological**	epidemiologisch	épidémiologique
E 345	**epidemiology**	Epidemiologie *f*	épidémiologie *f*
	epiderm	*s.* E 347	
E 346	**epidermal (epidermic) cell**	Epidermiszelle *f*	cellule *f* épidermique
E 347	**epidermis,** epiderm, tegument[ary epithelium]	Epidermis *f,* Oberhaut *f*	épiderme *m*
E 348	**epidermoid cell**	Epidermoidzelle *f*	cellule *f* épidermoïde
E 349	**epidermophyte,** epiphyte	Epidermophyt *m,* Epiphyt *m*	épidermophyte *m,* épiphyte *m*
E 350	**epilate / to,** to depilate	epilieren, enthaaren	épiler
E 351	**epilating forceps,** epilation forceps	Epilationspinzette *f*	pince *f* à épiler
E 352	**epilation,** depilation	Epilation *f,* Epilierung *f,* Enthaarung *f*	épilation *f,* dépilation *f*
	epilation forceps	*s.* E 351	
E 353	**epimerase**	Epimerase *f,* Uridindiphosphatglucose-4'-epimerase *f*	épimérase *f*
E 354	**epimerism**	Epimerie *f*	épimérie *f*
	epinephrine	*s.* A 294	
	epinephrine test	*s.* A 295	
	epinephros	*s.* A 292	
E 355	**epiphyseal hormone**	Epiphysenhormon *n*	hormone *f* épiphysaire
	epiphyte	*s.* E 349	
E 356	**episome**	Episom *n*	épisome *m*
E 357	**epithelial**	epithelial	épithélial
	epithelial body	*s.* P 100	
E 358	**epithelial cast**	Epithelzylinder *m*	cylindre *m* épithélial
E 359	**epithelial cell,** epicyte	Epithelzelle *f*, Epizyt *m*	cellule *f* épithéliale, épicyte *m*
E 360	**epithelial cell culture**	Epithelzellkultur *f*	culture *f* des cellules épithéliales
	epithelial tissue	*s.* E 361	
E 361	**epithelium,** epithelial tissue	Epithel *n,* Epithelgewebe *n*	épithélium *m,* tissu *m* épithélial
E 362	**epitheloid cell**	Epitheloidzelle *f*	cellule *f* épithéloïde
E 363	**epitope**	Epitop *n*	épitope *m*
E 364	**epizoon**	Epizoon *n*	épizoaire *m*
E 365	**epoxide**	Epoxid *n*	époxyde *m*
E 366	**epoxide hydrolase**	Epoxidhydrolase *f*	époxyde-hydrolase *f*
E 367	**epoxide resin, epoxy resin**	Epoxidharz *n*	résine *f* époxyde (époxydique)
	EPR	*s.* E 114	
	EPR spectroscopy	*s.* E 115	
	EPR spectrum	*s.* E 116	
	EPS	*s.* E 559	
E 368	**epsilon cell,** E cell	Epsilon-Zelle *f,* E-Zelle *f*	cellule *f* epsilon (E)
E 369	**Epstein-Barr virus,** EB virus, EBV	Epstein-Barr-Virus *n,* EBV	virus *m* [d']Epstein-Barr
	equal-armed balance	*s.* B 143	
E 370	**equal shares / in**	zu gleichen Teilen	à parts égales
E 371	**equation**	Gleichung *f*	équation *f*
	equidistribution	*s.* U 58	
E 372	**equilibrate / to**	äquilibrieren, ausgleichen	équilibrer
E 373	**equilibration**	Äquilibrierung *f,* Äquilibrieren *n*	équilibrage *m,* équilibration *f*
E 374	**equilibrium,** balance *(state)*	Gleichgewicht *n*	équilibre *m*
E 375	**equilibrium concentration**	Gleichgewichtskonzentration *f*	concentration *f* d'équilibre

No.	English	German	French
E 376	**equilibrium condition,** condition of equilibrium	Gleichgewichtsbedingung *f*	condition *f* d'équilibre
E 377	**equilibrium constant,** mass action constant	Gleichgewichtskonstante *f,* Massenwirkungskonstante *f*	constante *f* d'équilibre, constante d'action de masses
E 378	**equilibrium distillation**	Gleichgewichtsdestillation *f,* geschlossene Destillation *f*	distillation *f* globalement équilibrée
E 379	**equilibrium state,** state of equilibrium, balanced state	Gleichgewichtszustand *m*	état *m* d'équilibre
	equimolar	*s.* E 380	
E 380	**equimolecular,** equimolar	äquimolekular, äquimolar	équimoléculaire, équimolaire
E 381	**equip / to**	ausrüsten, ausstatten	équiper
	equipartition	*s.* U 58	
E 382	**equipment**	Ausrüstung *f,* Ausstattung *f,* Einrichtung *f*	équipement *m*
E 383	**equivalence**	Äquivalenz *f,* Gleichwertigkeit *f*	équivalence *f*
E 384	**equivalence point, equivalent (equivalency) point,** point of neutrality *(titration)*	Äquivalenzpunkt *m*	point *m* équivalent
E 385	**equivalent**	Äquivalent *n*	équivalent *m*
E 386	**equivalent**	äquivalent, gleichwertig	équivalent
	equivalent concentration	*s.* N 234	
	equivalent of heat	*s.* H 169	
	equivalent point	*s.* E 384	
E 387	**equivalent weight**	Äquivalentmasse *f*, Äquivalentgewicht *n*	poids *m* équivalent
	ergamine	*s.* H 319	
E 388	**ergastoplasm**	Ergastoplasma *n*	ergastoplasme *m*
E 389	**ergocalciferol,** vitamin D_2	Ergocalciferol *n,* Vitamin *n* D_2	ergocalciférol *m,* vitamine *f* D_2
	ergosome	*s.* P 706	
E 390	**ergosterol,** provitamin D_2	Ergosterol *n,* Provitamin *n* D_2	ergostérol *m,* provitamine *f* D_2
E 391	**ergotamine**	Ergotamin *n*	ergotamine *f*
E 392	**ergothioneine,** erythrothioneine, thioneine	Ergothionein *n,* Erythrothionein *n,* Thionein *n*	ergothionéine *f,* érythrothionéine *f,* thionéine *f*
E 393	**eriochrome black T**	Eriochromschwarz *n* T	noir *m* ériochrome T
E 394	**eriochrome cyanine**	Eriochromcyanin *n*	ériochromcyanine *f*
E 395	**Erlenmeyer flask,** conical flask	Erlenmeyer-Kolben *m*	erlenmeyer *m,* fiole *f* d'Erlenmeyer
E 396	**error**	Fehler *m*	erreur *f*
	error curve	*s.* G 107	
	error distribution curve	*s.* G 107	
	error of measurement	*s.* M 200	
	error of observation	*s.* O 8	
E 397	**error probability, error rate**	Irrtumswahrscheinlichkeit *f,* Fehlerwahrscheinlichkeit *f*, Fehlerrate *f*	probabilité *f* d'erreur, taux *m* d'erreurs
E 398	**erucic acid**	Erucasäure *f*	acide *m* érucique
E 399	**Erysipelothrix**	Erysipelothrix *f*	Erysipelothrix, érysipélothrix *m*
E 400	**erythritol**	Erythrit *n*	érythritol *m,* érythrite *m*, érythrol-érythroglucine *f*
E 401	**erythroblast,** erythrocytoblast	Erythro[zyto]blast *m*	érythro[cyto]blaste *m*
	erythrocuprein	*s.* H 41	
E 402	**erythrocyte,** red [blood] cell, red [blood] corpuscle, RBC	Erythrozyt *m*, rote Blutzelle *f*, rotes Blutkörperchen *n*, Ery *m*	érythrocyte *m,* globule *m* rouge, hématie *f*
	erythrocyte agglutination	*s.* H 6	
E 403	**erythrocyte antibody,** red cell antibody	Erythrozytenantikörper *m*	anticorps *m* érythrocytaire
E 404	**erythrocyte antigen,** red cell antigen	Erythrozytenantigen *n*	antigène *m* érythrocytaire
E 405	**erythrocyte autoantibody,** red cell autoantibody	Erythrozytenautoantikörper *m*	auto-anticorps *m* érythrocytaire
E 406	**erythrocyte cast,** red cell cast	Erythrozytenzylinder *m*	cylindre *m* érythrocytaire
E 407	**erythrocyte colour index**	Erythrozytenfärbeindex *m*	indice *m* de coloration érythrocytaire
E 408	**erythrocyte concentrate,** packed erythrocytes (red blood cells)	Erythrozytenkonzentrat *n*, Erythrozytenrestkonzentrat *n*	concentré *m* d'érythrocytes, concentré du résidu érythrocytaire
E 409	**erythrocyte count,** red [blood] cell count	Erythrozytenzahl *f*	nombre *m* d'érythrocytes
E 410	**erythrocyte counting,** red cell counting	Erythrozytenzählung *f*	comptage *m* d'érythrocytes
E 411	**erythrocyte diameter,** red cell diameter	Erythrozytendurchmesser *m*	diamètre *m* d'érythrocyte[s]
E 412	**erythrocyte distribution curve,** red cell distribution curve	Erythrozytenverteilungskurve *f*	courbe *f* de distribution d'érythrocytes
E 413	**erythrocyte enzyme**	Erythrozytenenzym *n*	enzyme *m* érythrocytaire
E 414	**erythrocyte fragility**	Erythrozytenfragilität *f*	fragilité *f* d'érythrocytes
E 415	**erythrocyte fragment,** red cell fragment	Erythrozytenfragment *n*	fragment *m* érythrocytaire
E 416	**erythrocyte-labelling method**	Erythrozytenmarkierungsverfahren *n*	méthode *f* de marquage d'érythrocytes
E 417	**erythrocyte life time**	Erythrozytenlebensdauer *f*	durée *f* de vie des érythrocytes
E 418	**erythrocyte lipide**	Erythrozytenlipid *n*	lipide *m* érythrocytaire
E 419	**erythrocyte membrane,** red cell membrane	Erythrozytenmembran *f*	membrane *f* érythrocytaire (du globule rouge)
E 420	**erythrocyte resistance,** red cell resistance	Erythrozytenresistenz *f*	résistance *f* d'érythrocytes
E 421	**erythrocyte resuspension**	Erythrozytenresuspension *f*	resuspension *f* d'érythrocytes
	erythrocyte sedimentation	*s.* E 422	

No.	English	German	French
E 422	**erythrocyte sedimentation rate,** blood sedimentation rate, erythrocyte (blood) sedimentation test, erythrocyte (blood) sedimentation, ESR, BSR	Blut[körperchen]senkungsreaktion f, Senkungsreaktion f, Blut[körperchen]senkungsgeschwindigkeit f, Erythrozytensenkungsgeschwindigkeit f, BKS, BSG, BSR	réaction f de sédimentation des globules rouges, réaction de sédimentation sanguine (des hématies), vitesse f de sedimentation d'erythrocytes, VSE
	erythrocyte sedimentation test	s. E 422	
	erythrocyte shadow	s. G 177	
E 423	**erythrocyte shape**	Erythrozytenform f	forme f d'érythrocyte[s]
E 424	**erythrocyte size,** red cell size	Erythrozytengröße f	taille f d'érythrocyte[s]
E 425	**erythrocyte staining**	Erythrozytenfärbung f	coloration f d'érythrocytes
E 426	**erythrocyte stroma,** red cell stroma	Erythrozytenstroma n	stroma m des hématies
E 427	**erythrocyte survival time,** red cell survival time	Erythrozytenüberlebenszeit f	durée f de vie des érythrocytes
E 428	**erythrocyte suspension,** red cell suspension	Erythrozytensuspension f	suspension f d'érythrocytes
E 429	**erythrocyte volume,** red cell volume	Erythrozytenvolumen n	volume m corpusculaire
E 430	**erythrocytic**	erythrozytär	érythrocytaire
E 431	**erythrocytin,** erythroplastin	Erythrozytin n, Erythroplastin n	érythrocytine f, érythroplastine f
	erythrocytoblast	s. E 401	
	erythrocytolysin	s. H 74	
	erythrocytolysis	s. H 76	
E 432	**erythrocytometer,** erythrometer	Erythrozytometer n, Erythrohämometer n	érythrocytomètre m, érythrohémomètre m
E 433	**erythrocytometric**	erythrozytometrisch	érythrocytométrique
E 434	**erythrocytometry**	Erythrozytometrie f	érythrocytométrie f
E 435	**erythrocytopoiesis-inhibiting factor**	Erythrozytopoese-Inhibitionsfaktor m	facteur m d'inhibition d'érythrocytopoïèse
E 436	**erythrodextrin**	Erythrodextrin n	érythrodextrine f
E 437	**erythrogenin**	Erythrogenin n	érythrogénine f
	erythrogranulose	s. D 276	
E 438	**erythrokaryocyte**	Erythrokaryozyt m	érythrokaryocyte m
E 439	**erythrokinetics**	Erythrokinetik f	érythrocinétique f
	erythrolysin	s. H 74	
	erythrolysis	s. H 76	
	erythrometer	s. E 432	
E 440	**erythromycin**	Erythromycin n	érythromycine f
E 441	**erythrophage**	Erythrophage m, erythrozytenbeladener Makrophage m	érythrophage m
E 442	**erythrophilous**	erythrophil	érythrophile
	erythroplastin	s. E 431	
	erythropoietic factor	s. E 443	
E 443	**erythropoietin,** erythropoietic factor, haem[at]opoietin	Erythropo[i]etin n, Erythropoesefaktor m, Hämatopo[i]etin n, Hämopo[i]etin n	érythropoïétine f, hématopoïétine f, facteur m érythropoïétique, hémopoïétine f
	erythropsin	s. R 409	
E 444	**erythrose**	Erythrose f	érythrose f
E 445	**erythrose-4-phosphate**	Erythrose-4-phosphat n	érythrose-4-phosphate m
E 446	**erythrosine**	Erythrosin n	érythrosine f
	erythrothioneine	s. E 392	
E 447	**erythrotoxin**	Erythrotoxin n	érythrotoxine f
E 448	**erythrulose**	Erythrulose f	érythrulose f
E 449	**Esbach's method,** Esbach's test	Esbach-Probe f	épreuve (réaction) f d'Esbach
E 450	**Esbach's reagent**	Esbach-Reagens n	réactif m d'Esbach
	Esbach's test	s. E 449	
	eschar	s. C 1126	
E 451	**Escherichia**	Escherichia	Escherichia
	Escherichia coli	s. C 724	
	eserine	s. P 460	
	ESR	s. E 114, E 422	
	ESR spectroscopy	s. E 115	
	ESR spectrum	s. E 116	
E 452	**essential**	essentiell, unentbehrlich	essentiel
E 453	**essential amino acid**	essentielle Aminosäure f	aminoacide m essentiel, acide m aminé essentiel
E 454	**essential fatty acid,** EFA	essentielle Fettsäure f	acide m gras essentiel
E 455	**essential oil,** volatile oil	etherisches Öl n	huile (essence) f essentielle
	establish a diagnosis / to	s. D 288	
	establishment of a diagnosis	s. M 64	
E 456	**ester**	Ester m	ester m
E 457	**esterase**	Esterase f	estérase f
E 458	**esterification**	Veresterung f, Verestern n	estérification f
E 459	**esterification reagent**	Veresterungsreagens n	réactif m d'estérification
E 460	**esterified**	verestert	estérifié
E 461	**esterified cholesterol**	Estercholesterol n	cholestérol m estérifié
E 462	**esterified fatty acid**	veresterte Fettsäure f, Esterfettsäure f	acide m gras estérifié
E 463	**esterify / to**	verestern	estérifier
E 464	**estetrol**	Estetrol n	estétrol m
	estimate / to	s. D 257	

No.	English	German	French
E 465	**estimate,** statistical estimate, estimated value	Schätzwert *m*, statistischer Schätzwert	valeur *f* estimée, estimation *f*, estimation statistique
	estimated value	*s.* E 465	
	estimation	*s.* D 254	
	estimation of activity	*s.* D 256	
E 466	**estradiol**	Estradiol *n*	estradiol *m*, œstradiol *m*
E 467	**estradiol-17β-dehydrogenase**	Estradiol-17β-dehydrogenase *f*	œstradiol-17β-déshydrogénase *f*
E 468	**estradiol dipropionate**	Estradioldipropionat *n*	dipropionate *m* d'estradiol
E 469	**estrane**	Estran *n*	estrane *m*, œstrane *m*
E 470	**estriol**	Estriol *n*	estriol *m*, œstriol *m*
E 471	**estriol glucuronide**	Estriolglucuronid *n*	glucuronide *m* d'estriol
E 472	**estrogen,** follicular hormone	Estrogen *n*, Follikelhormon *n*	œstrogène *m*, hormone *f* œstrogène (folliculaire)
E 473	**estrogen-binding protein**	estrogenbindendes Protein *n*	protéine *f* liant l'œstrogène
E 474	**estrogenic steroid**	estrogenes Steroid *n*	stéroïde *m* œstrogène
E 475	**estrogen level**	Estrogenspiegel *m*	taux *m* [d']œstrogène
E 476	**estrone,** folliculin	Estron *n*, Folliculin *n*	estrone *f*, folliculine *f*
E 477	**estrone sulphate**	Estronsulfat *n*	sulfate *m* d'estrone
E 478	**estrone sulphotransferase**	Estronsulfotransferase *f*	sulfotransférase *f* d'estrone
	ethanal	*s.* A 61	
	ethanamide	*s.* A 63	
E 479	**ethane**	Ethan *n*	éthane *m*
	1,2-ethanediamine	*s.* E 501	
	ethanedioic acid	*s.* O 191	
	1,2-ethanediol	*s.* E 504	
	ethanoic acid	*s.* A 72	
	ethanoic anhydride	*s.* A 74	
E 480	**ethanol,** ethyl alcohol, alcohol, spirit, spirit of wine	Ethanol *n*, Alkohol *m*, Ethylalkohol *m*, Spiritus *m*, Weingeist *m*	éthanol *m*, alcool *m*, alcool éthylique
E 481	**ethanolamine**	Ethanolamin *n*	éthanolamine *f*
E 482	**ethanol precipitation**	Ethanolfällung *f*	précipitation *f* éthanolique
E 483	**ethanol test**	Ethanoltest *m*	épreuve *f* à l'éthanol
	ethene	*s.* E 499	
	ethenol	*s.* V 96	
E 484	**ether**	Ether *m*	éther *m*
E 485	**ethereal solution**	etherische Lösung *f*	solution *f* éthérée
E 486	**ether extraction**	Etherextraktion *f*	extrait *m* éthéré
E 487	**ether insolubility**	Etherunlöslichkeit *f*	insolubilité *f* dans l'éther
E 488	**ether-insoluble,** insoluble in ether	etherunlöslich	insoluble dans l'éther
E 489	**ether solubility**	Etherlöslichkeit *f*	solubilité *f* dans l'éther
E 490	**ether-soluble,** soluble in ether	etherlöslich	soluble dans l'éther
E 491	**ether test**	Etherprobe *f*	épreuve *f* à l'éther
	ethine	*s.* A 107	
E 492	**ethinylestradiol**	Ethinylestradiol *n*	éthinyl[o]estradiol *m*
	ethoxyethane	*s.* D 364	
E 493	**ethyl acetate,** acetic ester	Ethylacetat *n*, Essig[säureethyl]ester *m*	acétate *m* d'éthyle, éther *m* éthylacétique
	ethyl alcohol	*s.* E 480	
E 494	**ethylamine**	Ethylamin *n*	éthylamine *f*
E 495	**ethyl benzene,** phenylethane	Ethylbenzen *n*, Phenylethan *n*	éthylbenzène *m*, phényléthane *m*
E 496	**ethyl bromide,** bromoethane	Ethylbromid *n*, Bromethan *n*	bromure *m* d'éthyle, bromoéthane *m*
E 497	**ethyl butyrate**	Ethylbutyrat *n*	butyrate *m* d'éthyle
E 498	**ethyl chloride,** chloroethane	Ethylchlorid *n*, Chlorethan *n*, Chlorethylen *n*	chlorure *m* d'éthyle, chlor[o]éthane *m*, chloréthyle *m*, éther *m* chlorhydrique
E 499	**ethylene,** ethene	Eth[yl]en *n*	éth[yl]ène *m*
E 500	**ethylene chlorohydrin,** 2-chloroethanol	Ethylenchlorhydrin *n*, 2-Chlorethanol *n*	éthylène-chlorohydrine *m*, 2-chloréthanol *m*
E 501	**ethylenediamine,** 1,2-ethanediamine	Ethylendiamin *n*, 1,2-Ethandiamin *n*	éthylène-diamine *f*, 1,2-diamino-éthane *m*
E 502	**ethylenediamine tetraacetate**	Ethylendiamintetraacetat *n*	éthylène-diamine-tétra-acétate *m*
E 503	**ethylenediamine tetraacetic acid,** EDTA	Ethylendiaminotetraessigsäure *f*, EDTA	acide *m* éthylène-diamine-tétra-acétique, EDTA
E 504	**ethylene glycol,** 1,2-ethanediol	Ethylenglycol *n*, 1,2-Ethandiol *n*	éthylène-glycol *m*, 1,2-éthandiol *m*
E 505	**ethylene oxide**	Ethylenoxid *n*	oxyde *m* d'éthylène
	ethylene reductase	*s.* B 616	
	ethylether	*s.* D 364	
E 506	**ethylmalonic acid**	Ethylmalonsäure *f*	acide *m* éthylmalonique
E 507	**ethyl nitrate**	Ethylnitrat *n*	nitrate *m* d'éthyle
E 508	**ethyl nitritre**	Ethylnitrit *n*	nitrite *m* d'éthyle
E 509	**ethyl orange**	Ethylorange *n*	orangé *m* d'éthyle
E 510	**ethyl red**	Ethylrot *n*	rouge *m* d'éthyle
E 511	**ethylsulphuric acid**	Ethylschwefelsäure *f*, Etherschwefelsäure *f*	acide *m* éthylsulfurique (parathionique, sulfovinique)
E 512	**ethyl violet**	Ethylviolett *n*	violet *m* d'éthyle
E 513	**etiocholane,** testane	Etiocholan *n*, Testan *n*	étiocholane *m*, étiane *m*, épi-5-androstane *m*
E 514	**etiocholanolone**	Etiocholanolon *n*	étiocholanolone *f*

E 515	**etiocobalamine,** cobinamide	Etiocobalamin *n*, Cobinamid *n*, Faktor *m* B	étiocobalamine *m*, cobinamide *m*
E 516	**etioporphyrin**	Etioporphyrin *n*	étioporphyrine *f*
	ETP	*s.* E 120	
E 517	**euchromatin**	Euchromatin *n*	euchromatine *f*
	euchromosome	*s.* A 1161	
E 518	**euglobulin**	Euglobulin *n*	euglobuline *f*
E 519	**euglobulin test,** Sia's flocculation reaction	Euglobulintest *m*, Sia-Probe *f*, Sia-Reaktion *f*	réaction *f* de Sia
	eV	*s.* E 121	
	evacuated space	*s.* V 7	
	evaluation of findings	*s.* I 377	
	evaluation of result	*s.* I 377	
E 520	**evaporate / to,** to vaporise	verdampfen, verdunsten, evaporieren	évaporer
	evaporated	*s.* E 551	
E 521	**evaporate to dryness / to**	zur Trockne eindampfen	évaporer à sec (siccité)
E 522	**evaporate under vacuum / to**	im Vakuum eindampfen	évaporer dans le vide
E 523	**evaporating dish**	Abdampfschale *f*	capsule *f* d'évaporation
E 524	**evaporation,** vaporisation	Verdampfung *f*, Verdampfen *n*, Verdunstung *f*, Verdunsten *n*, Evaporation *f*	évaporation *f*, vaporisation *f*
E 525	**evaporator,** vaporiser	Verdampfer *m*, Verdunster *m*, Evaporator *m*	évaporateur *m*, vaporisateur *m*
	every day	*s.* D 3	
	evolve / to	*s.* D 263	
	examination	*s.* I 434	
	examination findings	*s.* F 162	
	examination method	*s.* T 94	
E 526	**examine / to** *(medicine)*	untersuchen	examiner
	examine / to	*s. a.* I 433	
	examine under the microscope / to	*s.* M 526	
E 527	**excess,** surplus	Überschuß *m*	excès *m*
E 528	**excess,** surplus	überschüssig	excessif
E 529	**exchange / to,** to interchange	austauschen	échanger
E 530	**exchange,** interchange	Austausch *m*, Austauschen *n*	échange *m*
E 531	**exchangeability,** interchangeability	Austauschbarkeit *f*	interchangeabilité *f*
E 532	**exchangeable,** interchangeable	austauschbar	échangeable, interchangeable
E 533	**exchange adsorption**	Austauschadsorption *f*	adsorption *f* par échange
	exchange blood transfusion	*s.* E 536	
	exchange of chromosomes	*s.* C 552	
E 534	**exchange rate,** rate of exchange	Austauschgeschwindigkeit *f*	vitesse *f* d'échange
E 535	**exchange reaction**	Austauschreaktion *f*	réaction *f* d'échange
	exchange resin	*s.* I 470	
E 536	**exchange transfusion,** exchange blood transfusion, substitution transfusion	Austauschtransfusion *f*	exsanguino-transfusion *f*, transfusion *f* massive (d'échange)
E 537	**excise / to,** to cut out, to remove	exzidieren, ausschneiden, herausschneiden	exciser
E 538	**excision**	Exzision *f*, Ausschneidung *f*, Herausschneidung *f*, Herausschneiden *n*	excision *f*, extirpation *f*
E 539	**excision biopsy**	Exzisionsbiopsie *f*	excision-biopsie *f*
E 540	**excitation energy**	Anregungsenergie *f*	énergie *f* d'excitation
E 541	**excited state**	angeregter Zustand *m*	état *m* excité
E 542	**exclusion diagnosis,** diagnosis by exclusion	Ausschlußdiagnostik *f*	diagnostic *m* d'exclusion
E 543	**excrement**	Exkrement *n*, Ausscheidungsprodukt *n* *(Exkrement)*, Ausscheidung *f* *(Exkrement)*	excrément *m*
	excreted substance	*s.* E 544	
	excreting	*s.* E 555	
E 544	**excretion** *(product)*, excretum, excreted substance, excretion product	Exkret *n*, Ausscheidungsprodukt *n*, Ausscheidung *f*	excrément *m*, produit *m* d'excrétion
E 545	**excretion** *(process)*	Exkretion *f*, Ausscheidung *f*	excrétion *f*
E 546	**excretion enzyme,** excretory enzyme	Exkretionsenzym *n*	enzyme *f* d'excrétion
E 547	**excretion index**	Exkretionsindex *m*	indice *m* d'excrétion
	excretion product	*s.* E 544	
	excretory enzyme	*s.* E 546	
	excretum	*s.* E 544	
E 548	**exertion,** physical strain	körperliche Belastung *f*	charge *f* physique
E 549	**exfoliation**	Abschilferung *f*, Exfoliation *f*	exfoliation *f*
E 550	**exfoliative cytology**	Exfoliativzytologie *f*	cytologie *f* exfoliative
	exhaust / to	*s.* S 1041	
E 551	**exhausted,** evaporated, void of air	luftleer	évacué, vide d'air
E 552	**exhaust hood,** hood, fume hood (chamber)	Abzug *m*, Abzugsschrank *m*, Abzugskanal *m*	hotte *f* d'évent, canal *m* d'aspiration
	exhaustion	*s.* S 1042	
E 553	**exit slit**	Austrittsspalt *m*	fente *f* de sortie
	exitus	*s.* D 40	
E 554	**exoallergen,** exogenous allergen	Exoallergen *n*, exogenes Allergen *n*, Fremdallergen *n*	exoallergène *m*, allergène *m* exogène

No.	English	German	French
	exoantibody	*s.* E 23	
	exoantigen	*s.* E 24	
E 555	**exocrine,** excreting	exokrin, exkretorisch	exocrine, excrétoire
	exoenzyme	*s.* E 25	
E 556	**exogenic, exogenous**	exogen	exogène
	exogenous allergen	*s.* E 554	
	exogenous toxin	*s.* E 30	
	exohaemolysin	*s.* E 26	
E 557	**exonuclease**	Exonuclease *f*	exonucléase *f*
E 558	**exopeptidase**	Exopeptidase *f*	exopeptidase *f*
	exophthalmus-producing factor	*s.* E 559	
E 559	**exophthalmus-producing substance,** exophthalmus-producing factor, EPS	exophthalmusproduzierender Faktor *m,* EPF	facteur *m* exophtalmiant, FE
	exoplasm	*s.* E 29	
E 560	**exosmosis**	Exosmose *f*	exosmose *f*
E 561	**exospore**	Exospore *f*	exospore *f*, exosporium *m,* spore *f* exogène
	exothermal	*s.* E 562	
E 562	**exothermic,** exothermal	exotherm, exothermisch	exothermique
E 563	**exothermic reaction**	exotherme Reaktion *f*	réaction *f* exothermique
	exotoxin	*s.* E 30	
	expectation value	*s.* E 564	
E 564	**expected value,** expectation value	Erwartungswert *m*	valeur *f* d'espérance, espérance *f* mathématique
	expectorant	*s.* S 744	
E 565	**expectorate / to**	expektorieren, auswerfen	expectorer
E 566	**expectoration**	Expektoration *f*, Auswerfen *n*	expectoration *f*
	expectoration	*s. a.* S 744	
E 567	**expenditure of work**	Arbeitsaufwand *m*	quantité *f* de travail
E 568	**experiment / to,** to make an experiment, to attempt	experimentieren, versuchen	expérimenter, faire des expériences
E 569	**experiment,** attempt	Experiment *n,* Versuch *m*	expérience *f*
E 570	**experimental**	experimentell	expérimental
E 571	**experimental animal,** laboratory (test) animal	Versuchstier *n,* Labortier *n*	animal *m* d'expérimentation, animal de laboratoire
	experimental condition	*s.* T 85	
	experimental data	*s.* E 576	
	experimental design	*s.* P 515	
E 572	**experimental error**	Versuchsfehler *m,* experimenteller Fehler *m*	erreur *f* expérimentale
E 573	**experimental medicine**	Experimentelle Medizin *f*	médecine *f* expérimentale
	experimental plan	*s.* P 516	
	experimental result	*s.* T 102	
E 574	**experimental series,** series of experiments, test series, series of tests	Versuchsreihe *f,* Versuchsserie *f*	séries *f* d'essais, série d'expériences
E 575	**experimental stage**	Versuchsstadium *n*	période *f* d'essai
E 576	**experimental values,** experimental data	Versuchswerte *mpl,* Versuchsdaten *pl,* experimentelle Daten *pl*	valeurs (données) *fpl* expérimentales
E 577	**experimentation**	Experimentieren *n,* Versuchen *n*	expérimentation *f*
E 578	**explant**	Explantat *n*	explantat *m*
E 579	**explantation**	Explantation *f*	explantation *f*
E 580	**explantation culture,** primary tissue culture	Explantatkultur *f,* primäre Gewebekultur *f*	culture *f* d'explantat
	exploitation	*s.* U 216	
	exploratory excision	*s.* B 293	
E 581	**exploratory incision,** test incision	Probeinzision *f*	incision *f* exploratrice
E 582	**exploratory puncture**	Probepunktion *f*	ponction *f* exploratrice
E 583	**exponent**	Exponent *m*	exposant *m*
E 584	**exponential curve**	Exponentialkurve *f*	courbe *f* exponentielle
E 585	**exponential function**	Exponentialfunktion *f*	exponentielle *f,* fonction *f* exponentielle
E 586	**exposure / to**	belichten	exposer
E 587	**exposure**	Belichtung *f,* Belichten *n*	exposition *f*
	exposure duration	*s.* E 589	
E 588	**exposure test**	Expositionstest *m*	test *m* d'exposition
E 589	**exposure time,** exposure duration	Einwirkungszeit *f,* Einwirkzeit *f,* Expositionszeit *f,* Einwirkungsdauer *f,* Expositionsdauer *f*	temps *m* d'exposition, durée *f* d'action
E 590	**exposure to air / on**	unter Lufteinwirkung	sous l'action d'air
E 591	**exprimate,** glandularly expressed secretion	Exprimat *n*	exprimat *m*
	exsiccate / to	*s.* D 782	
	exsiccation	*s.* D 794	
E 592	**exsiccator,** desiccator	Exsikkator *m,* Desikkator *m,* Entfeuchter *m*	exsiccateur *m,* dessiccateur *m*
E 593	**extension gen**	Verstärkergen *n*	gène *m* renforceur
E 594	**external quality control,** interlaboratory quality control	externe Qualitätskontrolle *f*	contrôle *m* externe de la qualité
E 595	**extinction,** optical density	Extinktion *f,* optische Dichte *f*	extinction *f,* densité *f* optique

E 596	**extinction coefficient,** coefficient of extinction	Extinktionskoeffizient *m*	coefficient *m* d'extinction
E 597	**extinction constant,** extinction module	Extinktionskonstante *f*, Extinktionsmodul *m*	coefficient *m* d'atténuation linéique, coefficient d'extinction
E 598	**extinction curve**	Extinktionskurve *f*	courbe *f* d'extinction
E 599	**extinction difference**	Extinktionsdifferenz *f*	différence *f* d'extinction
E 600	**extinction index**	Extinktionsindex *m*	indice *m* d'extinction
E 601	**extinction measurement,** measurement of extinction	Extinktionsmessung *f*	mesure *f* de la densité optique
	extinction module	*s.* E 597	
	extinguisher	*s.* F 174	
E 602	**extracellular**	extrazellulär	extracellulaire
	extracellular enzyme	*s.* E 25	
E 603	**extracellular fluid, extracellular water**	extrazelluläre Flüssigkeit *f*	liquide *m* extracellulaire, fluide *m* extracellulaire
E 604	**extrachromosome**	Extrachromosom *n*	extrachromosome *m*
E 605	**extract / to,** to leach [out]	extrahieren, herausziehen	extraire
E 606	**extract,** extractive, extractive material (substance)	Extrakt *m(n)*, Auszug *m*	extrait *m*
E 607	**extractability,** extractibility	Extrahierbarkeit f	extractibilité *f*
E 608	**extractable,** extractible	extrahierbar	extractible
E 609	**extractant,** extraction (extractive) agent	Extraktionsmittel *n*	agent *m* d'extraction
	extractibility	*s.* E 607	
	extractible	*s.* E 608	
E 610	**extraction,** leach, leaching	Extraktion *f*, Extrahierung *f*, Extrahieren *n*	extraction *f*
	extraction agent	*s.* E 609	
E 611	**extraction analysis**	Extraktionsanalyse *f*	analyse *f* par extraction
E 612	**extraction apparatus,** extractor	Extraktionsapparat *m,* Extraktor *m*, Extrakteur *m*	extracteur *m*
E 613	**extraction chromatography**	Extraktionschromatographie *f*	chromatographie *f* par extraction
E 614	**extraction-free**	extraktionsfrei	sans extraction
	extraction method	*s.* E 615	
E 615	**extraction technique,** extraction method	Extraktionsverfahren *n,* Extraktionsmethode *f*	procédé *m* (méthode *f*) d'extraction
	extractive	*s.* E 606	
	extractive agent	*s.* E 609	
E 616	**extractive distillation**	extraktive Destillation *f*	distillation *f* extractive
	extractive material	*s.* E 606	
	extractive substance	*s.* E 606	
E 617	**extract of lipids**	Lipidextrakt *m*	extrait *m* de lipides
	extract of meat	*s.* M 216	
	extractor	*s.* E 612	
E 618	**extrapolate / to**	extrapolieren	extrapoler
	extrapolating	*s.* E 619	
E 619	**extrapolation,** extrapolating	Extrapolation *f*, Extrapolieren *n*	extrapolation *f*
	extra pure	*s.* R 165	
	extreme	*s.* E 621	
	extremely insoluble	*s.* E 620	
E 620	**extremely slightly soluble,** very slightly soluble, extremely insoluble	sehr schwer löslich, sehr wenig löslich	très peu soluble
E 621	**extreme value,** extreme, extremum	Extremwert *m*, Extremum *n*	valeur *f* limite, extrémum *m*
E 622	**extreme value control**	Extremwertkontrolle *f*	contrôle *m* de la valeur limite
	extremum	*s.* E 621	
	extrinsic factor	*s.* C 678	
E 623	**exudate**	Exsudat *n*	exsudat *m*
E 624	**exudation**	Exsudation *f,* Exsudatabsonderung *f*	exsudation *f*
	eyepiece	*s.* L 158, O 14	
	eyepiece micrometer	*s.* O 17	
	eyeworm	*s.* L 387 a	

F

	F	*s.* F 281	
F 1	**Fab fragment,** fragment antigen-binding	Fab-Fragment *n*, Fab-Anteil *m*	fragment *m* Fab
	face mask	*s.* F 2	
F 2	**facial mask,** face mask	Gesichtsmaske *f*	masque *m* facial
F 3	**factor**	Faktor *m*	facteur *m*
F 4	**factor analysis,** component analysis	Faktorenanalyse *f*	analyse *f* factorielle
F 5	**factor C**	C-Faktor *m*	facteur *m* C
F 6	**factor of proportionality,** porportionality coefficient, coefficient of proportionality	Proportionalitätsfaktor *m,* Proportionalitätskoeffizient *m*	facteur *m* de proportionnalité, coefficient *m* de proportionnalité
	factor of safety	*s.* S 11	

F 7	**factor serum**	Faktorenserum *n*	sérum *m* de facteurs
F 8	**facultative**	fakultativ	facultatif
	FAD	*s.* F 208	
	faecal concrement	*s.* F 11	
	faecal crystal	*s.* S 924	
F 9	**faecal excretion test**	Fäzesexkretionstest *m*	test *m* d'excrétion fécale
	faecal fat	*s.* S 926	
F 10	**faecal flora**	Stuhlflora *f*	flore *f* fécale
	faecal investigation	*s.* S 928	
F 11	**faecalith,** faecal concrement, coprolith, stercolith	Kotstein *m*, Fäkalstein *m*, Koprolith *m*, Stercolith *m*	coprolithe *m*, entérolithe *m*, calcul *m* intestinal, fécalithe *m*
F 12	**faecal odour,** stercoral odour	Stuhlgeruch *m*, Kotgeruch *m*	odeur *f* fécale
	faecal specimen	*s.* S 930	
F 13	**faeces,** stools	Fäzes *fpl*, Faeces *fpl*, Stuhl *m*, Kot *m*	fèces *fpl*, selles *fpl*, excréments *mpl*
	fall in temperature	*s.* T 54	
	Fallopian tube	*s.* U 215	
F 14	**false,** incorrect	falsch, fehlerhaft	faux, incorrect, fautif
	false cast	*s.* P 1139	
F 15	**false negative**	falsch negativ	faux-négatif
F 16	**false positive**	falsch positiv	faux-positif
F 17	**falsification,** adulteration	Verfälschung *f*	falsification *f*
F 18	**falsify / to,** to adulterate	verfälschen	falsifier
	familial antigen	*s.* I 207	
F 19	**fan,** blower, ventilator	Lüfter *m*, Ventilator *m*	ventilateur *m*, aérateur *m*
F 20	**F antigen,** fertility antigen	F-Antigen *n*, Fertilisationsantigen *n*	antigène *m* F, antigène de fertilisation
	Fasciola gigantica	*s.* G 181	
	Fasciola hepatica	*s.* C 814a	
	Fasciolopsis buski	*s.* G 180	
	Fasciolopsis fuelleborni	*s.* G 180	
F 21	**fasting,** abstinence from food, reduced food intake	Nahrungskarenz *f*, Fasten *n*; Hungern *n*	jeûne *m*
F 22	**fasting**	nüchtern	à jeun
	fasting blood glucose	*s.* F 23	
F 23	**fasting blood sugar,** fasting blood glucose	Nüchternblutzucker *m*	glycémie *f* à jeun
	fasting gastric aspirate	*s.* F 24	
F 24	**fasting gastric contents,** fasting gastric aspirate	Nüchternsekret *n*, Nüchterninhalt *m* des Magens	sécrétion *f* basale de l'estomac
	fasting saliva	*s.* R 348	
F 25	**fasting value**	Nüchternwert *m*	valeur *m* à jeun
F 26	**fast yellow**	Echtgelb *n*	jaune *m* acide
F 27	**fat**	Fett *n*	graisse *f*
	FAT	*s. a.* F 268	
	fatal	*s.* L 169	
	fatal dose	*s.* L 170	
F 28	**fat cell,** lipocyte, adipocyte, adipose cell	Fettzelle *f*, Lipozyt *m*, Adipozyt *m*	cellule *f* adipeuse, lipocyte *m*, lipidocyte *m*
	fat-containing	*s.* L 282	
F 29	**fat content**	Fettgehalt *m*	teneur *f* en graisse
F 30	**fat-free,** free from fat, non-fat[ty]	fettfrei	sans graisse
	fat-like	*s.* L 295	
F 31	**fat loading test**	Fettbelastungstest *m*	épreuve *f* de surcharge en graisse
	fat-soluble	*s.* L 307	
F 32	**fat-soluble dye,** oil-soluble dye, lysochrome	fettlöslicher Farbstoff *m*, Lysochrom *n*	colorant *m* liposoluble, lysochrome *m*
F 33	**fat-soluble vitamin,** lipovitamin	fettlösliches Vitamin *n*	vitamine *f* liposoluble
F 34	**fat solvent**	Fettlösungsmittel *n*	dissolvant *m* des graisses
	fat-splitting	*s.* L 300	
	fat-splitting	*s.* L 301	
	fat-splitting activity	*s.* L 302	
	fat-splitting enzyme	*s.* L 303	
F 35	**fat staining**	Fettfärbung *f*	coloration *f* de graisses
	fatty	*s.* L 282	
F 36	**fatty acid**	Fettsäure *f*	acide *m* gras
F 37	**fatty acid amide,** fatty amide	Fettsäureamid *n*	amide *m* d'acide gras
F 38	**fatty acid crystal,** fatty acid needle	Fettsäurekristall *n*, Fettsäurenadel *f*	cristal *m* d'acide[s] gras
F 39	**fatty acid ester**	Fettsäureester *m*	ester *m* d'acide gras
	fatty acid needle	*s.* F 38	
F 40	**fatty alcohol**	Fettalkohol *m*	alcool *m* gras
	fatty amide	*s.* F 37	
F 41	**fatty cast**	Fettzylinder *m*, Fettkörnchenzylinder *m*	cylindre *m* graisseux
F 42	**fatty stone,** urostealith	Fettstein *m*, Urostealith *m*	urostéalithe *m*
	fatty tissue	*s.* A 280	
F 43	**Faust's method**	Faust-Methode *f*	méthode *f* de Faust
F 44	**Fc fragment,** fragment crystalline	Fc-Fragment *n*, Fc-Anteil *m*	fragment *m* Fc
F 45	**F chromosome**	F-Chromosom *n*	chromosome *m* F
	F criterion	*s.* F 408	
F 46	**fd bacteriophage,** fd phage	fd-Phage *m*	phage *m* fd

F 47	**Fd fragment,** fragment difficult	Fd-Fragment *n,* Fd-Anteil *m*	fragment *m* fd
	FDP	*s.* F 91, F 108	
	fd phage	*s.* F 46	
	Fe	*s.* I 503	
	feature	*s.* S 374	
	febrifuge	*s.* A 915	
	febrifuge agent	*s.* A 915	
F 48	**feedback**	Rückkopplung *f*	rétroaction *f*
	Fehling's reagent	*s.* F 49	
F 49	**Fehling's solution,** Fehling's reagent	Fehling-Lösung *f*	liqueur *f* de Fehling
F 50	**Fehling's test**	Fehling-Probe *f*	réaction *f* de Fehling
F 51	**Felix-Weil reaction**	Felix-Weil-Reaktion *f*	réaction *f* de Weil-Félix
F 52	**female,** woman	Frau *f*	femme *f*
F 53	**female,** feminine	weiblich, feminin	féminin
	female gamete	*s.* O 184	
	female gonad	*s.* O 173	
F 54	**female sex hormone, female sexual hormone**	weibliches Sexualhormon *n*	hormone *f* génitale femelle
	female tapered joint	*s.* S 478	
	feminine	*s.* F 53	
F 55	**ferment / to,** to yeast	fermentieren, gären, vergären	fermenter
	ferment	*s.* E 285	
F 56	**fermentation**	Fermentierung *f*, Fermentation *f*, Fermentieren *n,* Gärung *f,* Vergärung *f*	fermentation *f*
F 57	**fermentation test**	Gärungsprobe *f,* Gärprobe *f*	épreuve *f* de fermentation
F 58	**fermentation tube**	Gärröhrchen *n*	tube *m* pour fermentation
	fermentative	*s.* E 277	
	fermentive	*s.* E 277	
F 59	**ferredoxin**	Ferredoxin *n*	ferrédoxine *f*
	ferric ammonium sulphate	*s.* A 648	
	ferric chloride	*s.* I 510	
F 60	**ferric chloride test**	Eisenchloridprobe *f*	épreuve *f* au chlorure ferreux
	ferric compound	*s.* I 513	
	ferric nitrate	*s.* I 521	
F 61	**ferricytochrome**	Ferricytochrom *n*	ferricytochrome *m*
	ferrihaemoglobin	*s.* H 35	
F 62	**ferrioxamine**	Ferrioxamin *n*	ferrioxamine *f*
	ferriprotoporphyrin	*s.* H 37	
F 63	**ferritin**	Ferritin *n*	ferritine *f*
F 64	**ferrochelatase,** Goldberg's enzyme	Ferrochelatase *f*, Hämsynthetase *f*, Goldberg-Enyzm *n*	ferrochélatase *f*, enzyme *m* de Goldberg
	ferrocyte	*s.* S 368	
F 65	**ferroflocculation**	Ferroflokkulation *f*	ferrofloculation *f*
	ferrohaemoglobin	*s.* H 55	
F 66	**ferroin**	Ferroin *n*	ferroine *f*
F 67	**ferrokinetics**	Ferrokinetik *f*	ferrocinétique *f*
	ferroprotoporphyrin	*s.* H 1	
	ferrous chloride	*s.* I 509	
	ferrous compound	*s.* I 512	
	ferrous iodide	*s.* I 518	
	ferrous lactate	*s.* I 519	
	ferrous nitrate	*s.* I 520	
	fertility antigen	*s.* F 20	
F 68	**fertility diagnosis**	Fertilitätsdiagnostik *f*	diagnose *f* de fertilité
F 69	**fertility index**	Fertilitätsindex *m*	indice *m* de fertilité
	fertility vitamin	*s.* T 398	
F 70	**fetal,** foetal	fetal, fötal	fœtal
F 71	**fetal blood**	fetales Blut *n*	sang *m* fœtal
F 72	**fetal blood analysis**	Fetalblutanalyse *f*	analyse *f* du sang fœtal
F 73	**fetal cell**	fetale Zelle *f*	cellule *f* fœtale
	fetal haemoglobin	*s.* H 62	
F 74	**fetal tissue**	fetales Gewebe *n*	tissu *m* fœtal
F 75	**fetopancreatic antigen**	fetopankreatisches Antigen *n*	antigène *m* fétopancréatique
F 76	α-**fetoprotein**, AFP	α-Fetoprotein *n,* AFP	α-fœtoprotéine *f,* alphafœtoprotéine *f*, AFP, fœtoprotéine α
F 77	γ-**fetoprotein**	γ-Fetoprotein *n*	γ-fœtoprotéine *f,* fœtoprotéine γ
F 78	α-**fetoprotein test**, AFP test	α-Fetoproteintest *m,* AFP-Test *m*	épreuve *f* de fœtoprotéine α
F 79	**fetus,** foetus	Fet *m*, Fetus *m*, Föt *m*	fœtus *m*
F 80	**Feulgen's reaction,** Feulgen's test, Feulgen's staining method, plasmal reaction	Feulgen-Reaktion *f,* Nuklearreaktion *f*, Plasmalreaktion *f*	réaction *f* de Feulgen, réaction nucléaire, méthode *f* de Feulgen-Rossenbeck, reáction plasmale
F 81	**Feulgen's solution**	Feulgen-Lösung *f*	solution *f* de Feulgen
	Feulgen's staining method	*s.* F 80	
	Feulgen's test	*s.* F 80	
	FFA	*s.* F 363	
	FGF	*s.* F 111	
	FIA	*s.* F 233	
F 82	**fibre cell,** snake cell	Faserzelle *f*	cellule *f* fibreuse

F 83	**fibril[la]**	Fibrille *f*	fibrille *f*
F 84	**fibrin**	Fibrin *n*	fibrine *f*
	fibrinase	*s.* C 646	
F 85	**fibrin calculus,** fibrinous calculus	Fibrinstein *m*, Fibrinkonkrement *n*	calcul *m* fibrineux
F 86	**fibrin clot,** fibrin plug	Fibringerinnsel *n*, Fibrinpfropf *m*	caillot *m* fibrineux (de fibrine)
	fibrin degradation product	*s.* F 108	
F 87	**fibrin monomer**	Fibrinmonomer *n*	monomère *m* de fibrine, fibrine *f* monomère
F 88	**fibrin monomer complex**	Fibrinmonomerkomplex *m*	complexe *m* de fibrine monomère
	fibrinogen	*s.* C 631	
	fibrinogenase	*s.* T 262	
	fibrinogen degradation product	*s.* F 91	
F 89	**fibrinogenolysis**	Fibrinogenolyse *f*, Fibrinogenauflösung *f*	fibrinogénolyse *f*
F 90	**fibrinogenolytic**	fibrinogenolytisch	fibrinogénolytique
F 91	**fibrinogen split product,** fibrinogen degradation product, FSP, FDP	Fibrinogenspaltprodukt *n*, Fibrinogendegenerationsprodukt *n*, FSP	produit *m* de dégradation du fibrinogène, PDF
F 92	**fibrinoid**	Fibrinoid *n*	fibrinoïde *m*
F 93	**fibrinokinase,** fibrinolysokinase	Fibrinokinase *f*, Fibrinolysokinase *f*	fibrinokinase *f*, fibrinolysokinase *f*
	fibrinoligase	*s.* C 646	
	fibrinolysin	*s.* P 550	
F 94	**fibrinolysis**	Fibrinolyse *f*, Fibrinauflösung *f*	fibrinolyse *f*
F 95	**fibrinolysis inhibitor**	Fibrinolyseinhibitor *m*	inhibiteur *m* de la fibrinolyse
	fibrinolysis proactivator	*s.* P 552	
F 96	**fibrinolysis test**	Fibrinolysetest *m*	épreuve *f* de fibrinolyse
	fibrinolysokinase	*s.* F 93	
F 97	**fibrinolytic,** thrombolytic, fibrinolytic (thrombolytic) agent, fibrinolytic (thrombolytic) drug	Fibrinolytikum *n*, Thrombolytikum *n*, fibrinolytisches (thrombolytisches) Mittel *n*	fibrinolytique *m*, thrombolytique *m*
F 98	**fibrinolytic**	fibrinolytisch, fibrinlösend	fibrinolytique
F 99	**fibrinolytic activity**	fibrinolytische Aktivität *f*	activité *f* fibrinolytique
	fibrinolytic agent	*s.* F 97	
	fibrinolytic drug	*s.* F 97	
F 100	**fibrinolytic enzyme**	fibrinolytisches Enzym *n*	enzyme *f* fibrinolytique
F 101	**fibrinolytic potential**	fibrinolytisches Potential *n*	potentiel *m* fibrinolytique
	fibrinolytic split product	*s.* F 108	
F 102	**fibrinopeptide**	Fibrinopeptid *n*	fibrinopeptide *m*
F 103	**fibrinoplastin,** fibroplastin	Fibr[in]oplastin *n*	fibr[in]oplastine *f*
F 104	**fibrinous**	fibrinös	fibrineux
	fibrinous calculus	*s.* F 85	
F 105	**fibrinous cast**	Fibrinzylinder *m*	cylindre *m* fibrineux
F 106	**fibrinous lymph**	fibrinöse Lymphe *f*	lymphe *f* fibrineuse
	fibrin plug	*s.* F 86	
F 107	**fibrin polymer**	Fibrinpolymer *n*	polymère *m* fibrineux
F 108	**fibrin split product,** fibrinolytic split product, fibrin degradation product, FSP, FDP	Fibrinspaltprodukt *n*, Fibrinabbauprodukt *n*, Fibrindegenerationsprodukt *n*, FSP	produit *m* de dégradation de la fibrine, PDF
	fibrin-stabilising factor	*s.* C 646	
F 109	**fibroblast,** inoblast, desmocyte	Fibroblast *m*, Inoblast *m*, Desmozyt *m*	fibroblaste *m*, inoblaste *m*, desmocyte *m*
F 110	**fibroblast culture**	Fibroblastenkultur *f*	culture *f* de[s] fibroblaste[s]
F 111	**fibroblast growth factor,** FGF	Fibroblastenwachstumsfaktor *m*	facteur *m* de croissance des fibroblastes
F 112	**fibrocyte,** inocyte	Fibrozyt *m*, Inozyt *m*	fibrocyte *m*, inocyte *m*
F 113	**fibronectin,** cold-insoluble globulin	Fibronectin *n*, kälteunlösliches Globulin *n*	fibronectine *f*
	fibroplastin	*s.* F 103	
	fibroserous	*s.* S 277	
F 114	**fibrous,** desmoid	fibrös, faserig, desmoid	fibreux, desmoïde
F 115	**fibrous protein**	Faserprotein *n*, faseriges Protein *n*, Fasereiweiß *n*	protéine *f* fibreuse
F 116	**fibrous tissue**	Fasergewebe *n*, fibröses Gewebe *n*	tissu *m* fibreux
F 117	**field**	Feld *n*	champ *m*
	field	*s. a.* A 977	
	field electron microscope	*s.* F 118	
F 118	**field emission microscope,** field electron microscope	Feldemissonsmikroskop *n*, Feldelektronenmikroskop *n*	microscope *m* à émission de champ, microscope électronique de champ
	field experiment	*s.* F 120	
F 119	**field of application,** range of application, field of use	Anwendungsbereich *m*, Verwendungsbereich *m*, Anwendungsgebiet *n*	domaine *m* d'application, domaine d'emploi
	field of use	*s.* F 119	
F 120	**field test,** field experiment	Feldversuch *m*	expérience *f* de masse, expérience sur les lieux
F 121	**filament**	Filament *n*	filament *m*
	filamentary	*s.* T 243	
	filamentary bacterium	*s.* T 244	
	filamentous	*s.* T 243	
	filamentous bacterium	*s.* T 244	

F 122	**Filaria**	Filarie *f*	filaire *f*
	Filaria bancrofti	*s.* B 76	
	Filaria loa	*s.* L 387 a	
	Filaria oculi	*s.* L 387 a	
F 123	**file**	Feile *f*	lime *f*
	fileform	*s.* T 243	
F 124	**filling funnel,** chemical funnel	Einfülltrichter *m*	tube *m* à entonnoir
	fill up / to	*s.* R 302	
F 125	**film**	Film *m*	pellicule *f*
F 126	**film badge,** radiation protection dosemeter	Strahlenschutzplakette *f*, Filmdosimeter *n*, Strahlenschutzdosimeter *n*	dosimètre *m* photographique (de rayonnement), plaquette *f* de film, film-dosimètre *m*
F 127	**film oxygenator**	Filmoxygenator *m*	
F 128	**film thickness**	Filmdicke *f*	épaisseur *f* de la pellicule
	film thickness	*s. a.* L 126	
F 129	**filter / to,** to filtrate	filtrieren, filtern	filtrer
F 130	**filter**	Filter *n*	filtre *m*
F 131	**filterability**	Filtrierbarkeit *f*, Filtrierfähigkeit *f*, Filtrationsfähigkeit *f*	filtrabilité *f*
	filterable	*s.* F 144	
F 132	**filter apparatus,** filtering apparatus	Filtrierapparat *m*, Filtriergerät *n*	appareil *m* àfiltrer
	filter aspirator bottle	*s.* S 1048	
F 133	**filter cake**	Filterkuchen *m*	gâteau *m* de filtration
F 134	**filter chamber**	Filterkammer *f*	chambre *f* de filtrage
F 135	**filter flask**	Filtriergefäß *n*	vase *f* à filtration
F 136	**filter funnel,** filtering funnel	Filtriertrichter *m*, Filtertrichter *m*	entonnoir *m* filtrant
	filtering	*s.* F 147	
	filtering apparatus	*s.* F 132	
	filtering funnel	*s.* F 136	
	filtering paper	*s.* F 139	
	filtering pressure	*s.* F 150	
	filtering rate	*s.* F 151	
	filter material	*s.* F 137	
F 137	**filter medium,** filter material	Filtriermaterial *n*, Filtermittel *n*	moyen *m* filtrant
F 138	**filter off / to,** to filtrate off	abfiltrieren	filtrer, séparer par filtration
F 139	**filter paper,** filtering paper	Filtrierpapier *n*, Filterpapier *n*	papier-filtre *m*,papier *m* à filtrer
F 140	**filter paper culture**	Filtrierpapierkultur *f*	culture *f* sur papier-filtre
F 141	**filter photometer**	Filterphotometer *n*	photomètre *m* à filtre
F 142	**filter rack,** funnel rack, filter (funnel) stand	Filtrierstativ *n*	support *m* à entonnoirs
F 143	**filter screen**	Filtersieb *n*, Siebfilter *n*	tamis *m* filtrant
	filter stand	*s.* F 142	
F 144	**filtrable,** filterable	filtrierbar, filtrierfähig, filtrationsfähig	filtrable
F 145	**filtrable virus**	filtrierbares Virus *n*	virus *m* filtrable
	filtrate / to	*s.* F 129	
F 146	**filtrate**	Filtrat *n*	filtrat *m*
	filtrate factor	*s.* P 42	
	filtrate off / to	*s.* F 138	
F 147	**filtration,** filtering	Filtration *f*, Filtrieren *n*, Filtern *n*, Filterung *f*	filtration *f*, filtrage *m*
F 148	**filtration coefficient**	Filtrationskoeffizient *m*	coefficient *m* de filtration
F 149	**filtration fraction**	Filtrationsfraktion *f*	fraction *f* de filtration
F 150	**filtration pressure,** filtering pressure	Filtrationsdruck *m*	pression *f* de filtration
F 151	**filtration rate,** filtering rate, rate of filtration	Filtrationsgeschwindigkeit *f*, Filtriergeschwindigkeit *f*	vitesse *f* de filtration
F 152	**filtration residue**	Filtrierrückstand *m*, Filterrückstand *m*	résidu *m* de filtration
F 153	**filtration sterilisation,** sterilisation by filtration	Sterilfiltration *f*, Entkeimungsfiltration *f*	stérilisation *f* par filtration
F 154	**final concentration**	Endkonzentration *f*	concentration *f* finale
	final point	*s.* E 231	
F 155	**final product,** finished (end) product	Endprodukt *n*	produit *m* final
F 156	**final resultat**	Endergebnis *n*, Endresultat *n*	résultat *m* final
F 157	**final stage,** terminal stage	Endstadium *n*, Terminalstadium *n*	état *m* final, stade *m* final
F 158	**final state,** terminal state	Endzustand *m*	état *m* final
F 159	**final temperature,** end temperature	Endtemperatur *f*	température *f* finale
F 160	**final titre,** end titre	Endtiter *m*	titre *m* final
F 161	**final volume,** end volume	Endvolumen *n*	volume *m* final
F 162	**findings,** examination findings, result *(medicine)*	Befund *m*, Untersuchungsbefund *m*, Untersuchungsergebnis *n*	résultat *m* [de l'examen médical], constatation *f*, observation *f*
F 163	**fine chemical**	Feinchemikalie *f*	produit *m* chimique fin
F 164	**fine filter**	Feinfilter *n*	filtre *m* fin
F 165	**fine-grain[ed], fine-granular**	feinkörnig	à grain[s] fin[s]
F 166	**fine-meshed**	feinmaschig	à petites mailles
F 167	**fine needle biopsy**	Feinnadelbiopsie *f*	biopsie *f* à aiguille fine
F 168	**fine-pored,** microporous	feinporig, engporig, mikroporös	aux pores fins, microporeux
	fine structure	*s.* M 544	
F 169	**fingernail,** onyx	Fingernagel *m*	ongle *m*
	finger pad	*s.* D 426	

F 170	**fingerprint technique**	„fingerprint"-Methode *f*, „fingerprint"-Technik *f*	technique *f* des «empreintes», technique de «fingerprint»
F 171	**finger test,** Ehrlich's finger test	Fingerversuch *m*, Ehrlich-Fingerversuch *m*	épreuve *f* d'Ehrlich
F 172	**finished medium**	Fertigmedium *n*, Fertignährboden *m*	milieu *m* «prêt à emploi»
F 173	**finished preparation**	Fertigpräparat *n*	préparation *f* «prête à emploi»
	finished product	*s.* F 155	
F 174	**fire extinguisher,** extinguisher	Feuerlöscher *m*, Feuerlöschgerät *n*	extincteur *m*
	fire prevention	*s.* F 176	
F 175	**fire-proof,** fire-resistant	feuerfest, feuerbeständig	ininflammable, incombustible
F 176	**fire protection,** fire prevention	Brandschutz *m*	protection (défense) *f* contre l'incendie
	fire-resistant	*s.* F 175	
F 177	**first aid, first aid treatment**	Erste Hilfe *f*	premiers soins *mpl*
	first culture	*s.* S 911	
	first milk	*s.* C 770	
	first stage	*s.* I 284	
F 178	**fish poison,** fish toxin	Fischgift *n*	venin *m* de poisson
F 179	**fish tapeworm,** broad tapeworm; Diphyllobothrium latum, Diphyllobothrium americanum, Diphyllobothrium taenioides, Bothriocephalus latus	Fischbandwurm *m*, Grubenkopfbandwurm *m*, Breiter Bandwurm *m*	bothriocéphale *m* tænioïde
	fish toxin	*s.* F 178	
	fission	*s.* S 705	
	fission fungus	*s.* S 119	
	fission product	*s.* S 707	
	fissure / to	*s.* S 704	
F 180	**fistula pus**	Fisteleiter *m*	pus *m* fistuleux
F 181	**fistula secretion**	Fistelsekret *n*	sécrétion *f* fistuleuse
	FITC	*s.* F 255	
F 182	**fitting,** connecting piece	Stutzen *m*, Anschlußstück *n*	tubulure *f*, bouche *f*, manche *f*
F 183	**five-glass test**	Fünfgläserprobe *f*	épreuve *f* des cinq verres
F 184	**fix / to,** to mordant	fixieren	fixer
F 185	**fixation,** fixing *(histology)*	Fixation *f*, Fixierung *f*	fixation *f*
F 186	**fixation device**	Fixiervorrichtung *f*	dispositif *m* de fixation
F 187	**fixation forceps**	Fixierpinzette *f*	pincettes *fpl* de fixation
	fixed phase	*s.* S 556	
	fixing	*s.* F 185	
F 188	**fixing bath**	Fixierbad *n*	bain *m* fixateur
F 189	**fixing solution**	Fixierlösung *f*	solution *f* de fixation
F 190	**flagellar antigen,** H antigen	Geißelantigen *n*, H-Antigen *n*	antigène *m* flagellaire, antigène H
F 191	**flagellates**	Flagellaten *mpl*, Geißeltierchen *npl*	flagellates *mpl*, flagellés *mpl*
F 192	**flagellum,** cilium	Geißel *f*, Geißelfaden *m*, Flagellum *n*	flagelle *m*, cil *m*
F 193	**flame**	Flamme *f*	flamme *f*
F 194	**flame cell**	Flammenzelle *f*, geflammte Plasmazelle *f*	cellule *f* flamme, solénocyte *m*
F 195	**flame colouration**	Flammenfärbung *f*	coloration *f* de la flamme
F 196	**flame ionisation detector**	Flammenionisationsdetektor *m*	détecteur *m* à ionisation de flamme
F 197	**flame photometer,** flame spectrophotometer	Flammenphotometer *n*, Flammenspektralphotometer *n*	photomètre *m* à flamme, spectrophotomètre *m* de flamme
F 198	**flame photometric determination**	flammenphotometrische Bestimmung *f*	détermination *f* par photométrie àflamme
F 199	**flame photometry,** flame spectrophotometry	Flammenphotometrie *f*, Flammenspektro[photo]metrie *f*	photométrie *f* de flamme, spectro[photo]métrie *f* de flamme
F 200	**flame spectral analysis**	Flammenspektralanalyse *f*	analyse *f* spectrale à flammes
	flame spectrophotometer	*s.* F 197	
	flame spectrophotometry	*s.* F 199	
F 201	**flame spectroscopy**	Flammenspektroskopie *f*	spectroscopie *f* de flammes
F 202	**flame spectrum**	Flammenspektrum *n*	spectre *m* de flamme
	flammability	*s.* C 807	
	flammability	*s.* I 242	
	flammable	*s.* C 808	
	flammable	*s.* I 243	
F 203	**flash chamber**	Verdampfungskammer *f*	chambre *f* de vaporisation
F 204	**flash point**	Flammpunkt *m*	point *m* d'inflammation
F 205	**flask**	Kolben *m (Laboratorium)*	ballon *m*, alambic *m*
	flask	*s. a.* B 499	
	flask with tapering neck	*s.* P 614	
F 206	**flat-bottom flask**	Stehkolben *m*	ballon *m* à fond plat
	flat worm	*s.* P 594	
F 207	**flavin,** flavine, isoalloxazine	Flavin *n*, Isoalloxazin *n*	flavine *f*, isoalloxazine *f*
F 208	**flavin adenine dinucleotide,** FAD	Flavinadenindinucleotid *n*, FAD	flavine-adénine-dinucléotide *m*, FAD
F 209	**flavin coenzyme**	Flavincoenzym *n*	coenzyme *m* flavinique, flavine-coenzyme *m*
	flavine	*s.* F 207	
F 210	**flavin enzyme,** yellow enzyme, flavoenzyme, flavoprotein	Flavinenzym *n*, Flavoprotein *n*, gelbes Ferment *n*	enzyme *m* flavinique, flavoprotéine *f*, ferment *m* jaune, flavine-enzyme *m*

F 211	**flavin mononucleotide,** riboflavin nucleotide, riboflavin-5'-phosphate, FMN	Flavinmononucleotid *n*, Riboflavinnucleotid *n*, Riboflavin-5'-phosphat *n*, FMN	flavine-mononucléotide *m*, riboflavine-nucléotide *m*, riboflavine-5'-phosphate *m*, FMN
F 212	**flavin nucleotide**	Flavinnucleotid *n*	flavine-nucléotide *m*
F 213	**flavobacterium**	Flavobakterium *n*	flavobactérie *f*
	flavoenzyme	*s.* F 210	
F 214	**flavonoid,** vitamin P, permeability factor	Flavonoid *n*, Vitamin *n* P, Permeabilitätsfaktor *m*	flavonoïde *m*, vitamine *f* P, facteur *m* de perméabilité
	flavoprotein	*s.* F 210	
	flavour	*s.* T 28	
	flavourless	*s.* T 29	
F 215	**flavovirus**	Flavovirus *n*	flavovirus *m*
F 216	**flea,** Pulex	Floh *m*	puce *f*
	flexible tube	*s.* T 643	
	Flexner's bacillus	*s.* P 61	
F 217	**float / to**	flotieren	flotter
F 218	**floatation agent, floatation reagent**	Flotationsmittel *n*, Flotationsreagens *n*	réactif *m* de flottation
F 219	**flocculant,** flocculating agent	Flockungsmittel *n*	agent *m* de floculation
F 220	**flocculation**	Flockung *f*, Ausflockung *f*	floculation *f*
F 221	**flocculation reaction,** flocculoreaction	Flockungsreaktion *f*	réaction *f* de floculation
F 222	**flocculation test**	Flockungstest *m*, Ausflockungstest *m*	test *m* (épreuve *f*) de floculation
	flocculoreaction	*s.* F 221	
F 223	**flotation**	Flotation *f*, Flotieren *n*	flottation *f*
F 224	**flotation method with salt**	Kochsalz-Auftrieb-Methode *f*	méthode *f* de flottation du sel
F 225	**flotation process**	Flotationsverfahren *n*	procédé *m* de flottation
F 226	**flotol concentration method**	Flotolanreicherungsverfahren *n*	
F 227	**flow / to,** to run	fließen	couler
F 228	**flow,** flowing-through, flux, passage	Durchfluß *m*, Durchströmen *n*, Durchfließen *n*	flux *m*, écoulement *m*, passage *m*
	flow cell	*s.* F 240	
F 229	**flow counter**	Durchflußzählrohr *n*	compteur *m* à flux gazeux
F 230	**flow cytometer**	Durchflußzytometer *n*	cytomètre *m* en flux
F 231	**flow cytometry**	Durchflußzytometrie *f*	cytométrie *f* en flux
	flow diagram	*s.* F 237	
F 232	**flow direction** *(chromatography)*	Laufrichtung *f*	direction *f* d'écoulement
	flowing colorimeter	*s.* F 244	
	flowing-through	*s.* F 228	
F 233	**flow injection analysis,** FIA	Fließinjektionsanalyse *f*, FIA	analyse *f* d'injection continue
F 234	**flowmeter**	Flowmeter *n*, Durchflußmesser *m*, Durchströmungsmesser *m*	débitmètre *m*
F 235	**flow off / to**	abfließen, ablaufen *(Flüssigkeiten)*	s'écouler
	flow pattern	*s.* F 237	
F 236	**flow rate,** flux rate, flow velocity, rate (velocity) of flow	Durchflußgeschwindigkeit *f*, Fließgeschwindigkeit *f*, Durchströmungsgeschwindigkeit *f*, Durchsatzgeschwindigkeit *f*, Strömungsgeschwindigkeit *f*, Flußrate *f*	vitesse *f* de passage, vitesse d'écoulement, vitesse de flux
F 237	**flow sheet,** flow diagram (pattern)	Fließschema *n*, Fließbild *n*	schéma *m* de fonctionnement
F 238	**flow-stream automatic analyser**	kontinuierlicher Analysenautomat *m*	analyseur *m* automatique continu, autoanalyseur *m* à flux continu
F 239	**flow through / to,** to stream (run, pass) through	durchfließen, durchströmen	écouler, traverser
F 240	**flow-through cell,** flow cell	Durchflußküvette *f*, Durchflußzelle *f*	cuve[tte] *f* à flux continu
F 241	**flow-through centrifuge**	Durchflußzentrifuge *f*	centrifugeuse *f* à écoulement continu
F 242	**flow-through chromatogram**	Durchflußchromatogramm *n*	chromatogramme *m* à écoulement
F 243	**flow-through chromatography**	Durchflußchromatographie *f*	chromatographie *f* à écoulement
F 244	**flow-through colorimeter,** flowing colorimeter	Durchflußkolorimeter *n*	colorimètre *m* d'écoulement
F 245	**flow-through electrophoresis**	Durchflußelektrophorese *f*	électrophorèse *f* d'écoulement
F 246	**flow-through polarimeter**	Durchflußpolarimeter *n*	polarimètre *m* de passage
	flow velocity	*s.* F 236	
F 247	**fluid,** liquid, liquor	Flüssigkeit *f*	liquide *m*, fluide *m*
	fluid	*s. a.* L 330	
	fluid level	*s.* L 339	
F 248	**fluid volume,** volume of liquid	Flüssigkeitsvolumen *n*	volume *m* du liquide (fluide)
	fluke	*s.* T 529	
	fluke worm	*s.* P 594	
F 249	**fluorescamine**	Fluorescamin *n*	fluorescamine *m*
F 250	**fluoresce / to**	fluoreszieren	fluorescer, entrer en fluorescence
F 251	**fluorescein,** resorcinol phthalein	Fluoreszein *n*, Resorcinphthalein *n*	fluorescéine *f*, phtaléine *f* de la résorcine, résorcinolphtaléine *f*
F 252	**fluorescein dilaurate**	Fluoreszeindilaurat *n*	fluorescéine-dilaurate *f*
F 253	**fluorescein dye**	Fluoreszeinfarbstoff *m*	colorant *m* [de] fluorescéine
F 254	**fluorescein isocyanate**	Fluoreszeinisocyanat *n*	isocyanate *m* de fluorescéine
F 255	**fluorescein isothiocyanate,** FITC	Fluoreszeinisothiocyanat *n*, FITC	isothiocyanate *m* de fluorescéine
F 256	**fluorescein test**	Fluoreszeintest *m*	épreuve *f* de (à la) fluorescéine
F 257	**fluorescein vital-staining**	Fluoreszein-Vitalfärbung *f*	coloration *f* vitale de la fluorescéine
F 258	**fluorescence**	Fluoreszenz *f*	fluorescence *f*

F 259	**fluorescence analysis**	Fluoreszenzanalyse *f*	analyse *f* de (par) fluorescence
F 260	**fluorescence microscope**	Fluoreszenzmikroskop *n*	microscope *m* à fluorescence
F 261	**fluorescence microscopy**	Fluoreszenzmikroskopie *f*	microscopie *f* à fluorescence
F 262	**fluorescence photometry**	Fluoreszenzphotometrie *f*	photométrie *f* à fluorescence
F 263	**fluorescence polarisation**	Fluoreszenzpolarisation *f*	polarisation *f* de fluorescence
F 264	**fluorescence spectroscopy**	Fluoreszenzspektroskopie *f*	spectroscopie *f* à fluorescence
F 265	**fluorescence spectrum**	Fluoreszenzspektrum *n*	spectre *m* de fluorescence
F 266	**fluorescent**	fluoreszierend	fluorescent
F 267	**fluorescent antibody**	fluoreszierender Antikörper *m*	anticorps *m* fluorescent
F 268	**fluorescent antibody technique,** FAT	Fluoreszenzantikörpertechnik *f,* FAT	technique (méthode) *f* d'anticorps fluorescents
	fluorescent dye	*s.* F 285	
	fluorescent erythrocyte	*s.* F 275	
F 269	**fluorescent indicator**	Fluoreszenzindikator *m*	indicateur *m* de fluorescence, indicateur fluorescent
F 270	**fluorescent light**	Fluoreszenzlicht *n*	lumière *f* fluorescente
F 271	**fluorescent radiation**	Fluoreszenzstrahlung *f*	rayonnement *m* de fluorescence
F 272	**fluorescent staining,** fluorochrome staining	Fluoreszenzfärbung *f,* Fluorochromierung *f*, Fluorochromfärbung *f*	coloration *f* fluorée
F 273	**fluorescent substance**	fluoreszierender Stoff *m*	substance *f* fluorescente
F 274	**fluorescin**	Fluoreszin *n*	fluorescine *f*
F 275	**fluorescyte,** fluorescent erythrocyte	Fluoreszyt *m,* fluoreszierender Erythrozyt *m*	fluorescyte *m,* érythrocyte *m* fluorescent
	fluorhydric acid	*s.* H 487	
F 276	**fluoride**	Fluorid *n*	fluorure *m*
F 277	**fluorimeter,** fluorometer *(US)*	Fluorimeter *n,* Fluorometer *n*, Fluoreszenzmesser *m*	fluorimètre *m,* fluoromètre *m*
F 278	**fluorimetric,** fluorometric *(US)*	fluorimetrisch, fluorometrisch	fluorimétrique, fluorométrique
F 279	**fluorimetric titration**	fluorimetrische Titration *f*	titrage *m* fluorimétrique
F 280	**fluorimetry,** fluorometry *(US)*	Fluorimetrie *f,* Fluorometrie *f*	fluorimétrie *f,* fluorométrie *f*
F 281	**fluorine,** F	Fluor *n,* F	fluor *m,* F
F 282	**fluorine compound**	Fluorverbindung *f*	combinaison *f* du fluor
F 283	**fluoroacetic acid**	Fluoressigsäure *f*	acide *m* fluor[o]acétique
F 284	**fluorocarbon**	Fluorkohlenwasserstoff *m*	hydrocarbure *m* fluoré
F 285	**fluorochrome,** fluorescent dye	Fluorochrom *n,* fluoreszierender Farbstoff *m*	fluorochrome *m,* colorant *m* fluorescent
	fluorochrome staining	*s.* F 272	
F 286	**fluorogen, fluorogenic substrate**	Fluorogen *n,* fluorogenes Substrat *n*	fluorogène *m,* substrat *m* fluorogène
F 287	**fluoroimmunoassay**	Fluoreszenzimmunoassay *m*	essai *m* immunologique de fluorescence
	fluorometer	*s.* F 277	
	fluorometric	*s.* F 278	
	fluorometry	*s.* F 280	
F 288	**fluorophotometry**	Fluorophotometrie *f*	fluorophotométrie *f*
F 289	**5-fluorouracil**	5-Fluoruracil *n*	5-fluoro-uracil *m,* 5-FU
	fluted filter	*s.* P 513	
	flux	*s.* F 228	
	flux rate	*s.* F 236	
F 290	**fly,** Musca	Fliege *f*	mouche *f*
	FMN	*s.* F 211	
F 291	**foam / to**	schäumen	mousser
F 292	**foam**	Schaum *m*	mousse *f*
	foam cell	*s.* X 8	
	foamed latex	*s.* F 295	
	foamed rubber	*s.* F 295	
F 293	**foam extinguisher**	Schaumlöschgerät *n,* Schaumlöscher *m*	extincteur *m* à mousse
F 294	**foam formation,** formation of foam, foaming	Schaumbildung *f*, Schäumen *n*	formation *f* de mousse, formation d'écume, moussage *m,* écumage *m*
	foaming	*s.* F 294	
	foam latex	*s.* F 295	
F 295	**foam rubber,** foamed rubber, foam (foamed) latex, latex foam (rubber)	Schaumgummi *m*	caoutchouc *m* mousse, mousse *f* de latex
F 296	**foam test**	Schaumprobe *f*	épreuve *f* à écume
F 297	**foamy**	schaumig	mousseux, écumeux
F 298	**focus / to**	fokussieren	focaliser
F 299	**focus**	Fokus *m*	foyer *m*
F 300	**focusing**	Fokussierung *f*, Fokussieren *n*	focalisation *f*
	Foelling's reaction	*s.* F 301	
F 301	**Foelling's test,** Foelling's reaction	Fölling-Probe *f*	réaction *f* de Fölling
	foetal	*s.* F 70	
	foetid	*s.* M 83	
	foetus	*s.* F 79	
F 302	**foil** *(metal)*	Folie *f*	feuille *f*
F 303	**foil electrophoresis**	Folienelektrophorese *f*	électrophorèse *f* sur feuille
F 304	**folate**	Folat *n*	folate *m*
F 305	**folate-binding protein**	folatbindendes Protein *n*	protéine *f* liant le folate
	folded filter	*s.* P 513	
F 306	**folding index**	Faltungsindex *m*	indice *m* de plissage

F 307	**folic acid,** pteroylglutamic acid, Lactobacillus casei factor	Folsäure *f*, Pteroylglutaminsäure *f*, Lactobacillus-casei-Faktor *m*	acide *m* folique (ptéroyltriglutamique), facteur *m* [de] Lactobacillus casei
	folinic acid	*s.* C 587	
F 308	**Folin's method**	Folin-Methode *f*	méthode *f* de Folin
F 309	**folliberin,** follicle-stimulating hormone-releasing factor, FSH-releasing hormone (factor), FSH-RH, FSH-RF	Folliberin *n*, FSH-Releasinghormon *n*, FSH-Releasingfaktor *m*, FSH-freisetzendes Hormon *n*, FSH-RH, FSH-RF	hormone *f* libérant l'hormone folliculostimulante, FSH-RH, facteur *m* libérant l'hormone folliculostimulante
	follicle cell	*s.* G 444	
	follicle-ripening hormone	*s.* F 312	
	follicle-stimulating hormone	*s.* F 312	
	follicle-stimulating hormone-releasing factor	*s.* F 309	
	follicular cell	*s.* G 444	
F 310	**follicular fluid**	Follikelflüssigkeit *f*	liquide *m* folliculaire
	follicular hormone	*s.* E 472	
F 311	**follicular lymphocyte**	Follikellymphozyt *m*	lymphocyte *m* folliculaire
	follicular mite	*s.* H 121	
	folliculin	*s.* E 476	
	folliculocyte	*s.* G 444	
F 312	**follitropin,** follicle-stimulating hormone, follicle-ripening hormone, prolan A, FSH	Follitropin *n*, follikelstimulierendes Hormon *n*, Follikelreifungshormon *n*, Prolan *n* A, FSH	follitropine *f*, hormone *f* folliculo-stimulante, hormone de la maturation folliculaire, folliculo-stimuline *f*, FSH
F 313	**fontanelle punction**	Fontanellenpunktion *f*	ponction *f* à travers la fontanelle
	food	*s.* F 315	
F 314	**food particles**	Speisereste *mpl*	restes *mpl* d'alimentation
F 315	**foodstuff,** food	Nahrungsmittel *n*, Lebensmittel *n*	produit *m* alimentaire, denrée *f* alimentaire
	foodstuff	*s. a.* N 322	
	food value	*s.* N 329	
F 316	**foot and mouth disease virus**	MKS-Virus *n*	virus *m* épizootique
F 317	**forceps**	Zange *f*	pince *f*, forceps *m*
F 318	**forceps biopsy**	Zangenbiopsie *f*	biopsie *f* à pince
	foreign	*s.* X 22	
F 319	**foreign body**	Fremdkörper *m*	corps *m* étranger
F 320	**foreign protein**	Fremdeiweiß *n*, Fremdprotein *n*, körperfremdes Eiweiß *n*	protéine *f* étrangère
	foreign substance	*s.* C 939	
	foremilk	*s.* C 770	
F 321	**forensic medicine**	Gerichtsmedizin *f*, Forensische Medizin *f*	médecine *f* légale
	forewarming	*s.* P 880	
F 322	**form,** shape	Form *f*, Gestalt *f*	forme *f*
F 323	**formaldehyde,** methanal	Formaldehyd *m*, Methanal *n*, Ameisensäurealdehyd *m*	formaldéhyde *m*, aldéhyde *m* formique, méthanal *m*, formol *m*
F 324	**formaldehyde dehydrogenase,** formic dehydrogenase	Formaldehyddehydrogenase *f*	formaldéhyde-déshydrogénase *f*
	formaldehyde solution	*s.* F 325	
F 325	**formalin,** formaldehyde solution	Formalin *n*, Formaldehydlösung *f*	formaline *f*, soluté*m* de formaldéhyde
F 326	**formalin fixation**	Formalinfixation *f*	fixation *f* par formaline
F 327	**formamidase**	Formamidase *f*	formamidase *f*
F 328	**formamide**	Formamid *n*	formamide *m*, amide *m* formique, formiamide *m*
F 329	**formate,** formiate	Formiat *n*	formiate *m*
	formation of antibodies	*s.* A 830	
	formation of crystals	*s.* C 1148	
	formation of foam	*s.* F 294	
	formation of gas	*s.* G 64	
	formation of spores	*s.* S 731	
F 330	**formative element,** morphological element	Formelement *n*, morphologisches Element *n*	élément *m* formatif (morphologique)
	form crystals / to	*s.* C 1150	
	formiate	*s.* F 329	
F 331	**formic acid,** methanoic acid	Ameisensäure *f*, Methansäure *f*	acide *m* formique (aminique)
	formic dehydrogenase	*s.* F 324	
F 332	**formiminoglutamic acid**	Formiminoglutaminsäure *f*	acide *m* formiminoglutamique
F 333	**form of growth**	Wuchsform *f*	forme *f* de croissance
F 334	**formol-stable acid phosphatase**	formolstabile saure Phosphatase *f*	phosphatase *f* acide stabile au formol
F 335	**formol titration**	Formoltitration *f*	titration *f* par formaline
F 336	**formula**	Formel *f*	formule *f*
F 337	***N*-formylkynurenine**	*N*-Formylkynurenin *n*	*N*-formylcynurénine *f*
F 338	**formyltetrahydrofolate synthetase**	Formyltetrahydrofolatsynthetase *f*	formyltétrahydrofolate-synthétase *f*
F 339	**Forssman's antigen**	Forssman-Antigen *n*	antigène *m* de Forssman
	foul-smelling	*s.* M 83	
F 340	**four-point biopsy**	Quadrantenbiopsie *f*	biopsie *f* en quatre points
	four-way cock	*s.* F 341	
F 341	**four-way tap,** four-way cock	Vierwegehahn *m*, Vierwegeventil *n*	robinet *m* à quatre voies
F 342	**Fowler's solution,** potassium arsenite solution	Fowler-Lösung *f*	liqueur *f* de Fowler

No.	English	German	French
F 343	**fraction**	Fraktion *f*	fraction *f*
F 344	**fractional,** fractionated	fraktioniert	fractionné
F 345	**fractional distillation**	fraktionierte Destillation *f*	distillation *f* fractionnée
F 346	**fractional precipitation**	fraktionierte Fällung *f*	précipitation *f* fractionnée
F 347	**fractional seed**	fraktionierte Aussaat *f*	semis *mpl* fractionnés
F 348	**fractionate / to**	fraktionieren	fractionner
	fractionate by chromatography / to	*s.* C 511	
	fractionated	*s.* F 344	
F 349	**fractionating flask**	Fraktionierkolben *m*	ballon *m* à distiller
F 350	**fractionation**	Fraktionierung *f*, Fraktionieren *n*	fractionnement *m*
F 351	**fraction collector**	Fraktionssammler *m*	collecteur *m* de fraction, collecteur fractionnaire
F 352	**Fraenkel's pneumococcus,** pneumococcus, Streptococcus pneumoniae, Diplococcus pneumoniae	Fränkel-Pneumokokke *f*	Streptococcus pneumoniae, Diplococcus pneumoniae
F 353	**fragment**	Fragment *n*, Bruchstück *n*	fragment *m*
	fragment antigen-binding	*s.* F 1	
F 354	**fragmentation**	Fragmentierung *f*, Fragmentation *f*	fragmentation *f*
	fragment crystalline	*s.* F 44	
	fragment difficult	*s.* F 47	
F 355	**fragmentocyte,** schizocyte, schistocyte	Fragmentozyt *m*, Schizozyt *m*, Schistozyt *m*	fragmentocyte *m*, schizocyte *m*, schistocyte *m*
F 356	**frambesin**	Frambesin *n*	frambésine *f*
F 357	**Francisella tularensis,** Pasteurella tularensis	Tularämiebakterie *f*	pasteurelle *f* tularémique
F 358	**Francke's needle,** spring lancet	Francke-Nadel *f*, Schnäpper *m*, Schnepper *m*	aiguille *f* de Francke
	freak value	*s.* O 166	
F 359	**free,** unbound, not bond	frei, ungebunden	libre, non lié
F 360	**free diffusion**	freie (einfache, passive) Diffusion *f*	diffusion *f* libre
F 361	**free electron**	freies Elektron *n*	électron *m* libre
F 362	**free energy**	freie Energie *f*	énergie *f* libre
F 363	**free fatty acid,** non-esterified fatty acid, unesterified fatty acid, FFA	freie (unveresterte, nichtveresterte) Fettsäure *f*, FFS	acide *m* gras libre (non estérifié)
F 364	**free from air bubbles**	luftblasenfrei	sans bulles d'air
	free from alcohol	*s.* N 196	
	free from fat	*s.* F 30	
	free from oxygen	*s.* O 235	
	free from salt / to	*s.* D 228	
	free from taste	*s.* T 29	
	free from water	*s.* A 778	
	freely soluble	*s.* R 160	
	free of protein	*s.* P 1086	
F 365	**free radical**	freies Radikal *n*	radical *m* libre
	free-rounded cell	*s.* M 825	
F 366	**free thyroxine (T_3) index,** effective thyroxine ratio, FTI	effektive Thyroxinrate *f*, freies Thyroxin *n*, freier Thyroxinindex *m*, FT_3-Index *m*, ETR, FTI	taux *m* de l'hormone thyroïdienne libre, thyroxine *f* libre
F 367	**freeze / to**	einfrieren, gefrieren	congeler
	freeze-dried	*s.* L 495	
	freeze-dry / to	*s.* L 494	
F 368	**freeze dryer, freeze-drying apparatus (unit),** lyophiliser, lyophilisation apparatus	Gefriertrockner *m*, Lyophilisationsapparatur *f*, Gefriertrocknungsanlage *f*	lyophilisateur *m*, appareil *m* àlyophiliser, installation *f* de lyophilisation
	freeze drying	*s.* L 493	
	freeze-drying apparatus	*s.* F 368	
	freeze-drying unit	*s.* F 368	
F 369	**freeze-etching**	Gefrierätzung *f*	cryodécapage *m*
	freezer chest	*s.* L 420	
F 370	**freezing**	Einfrieren *n*, Gefrieren *n*	congélation *f*
F 371	**freezing microtome**	Gefriermikrotom *n*	microtome *m* à congélation
F 372	**freezing point**	Gefrierpunkt *m*	point *m* de congélation
F 373	**freezing point depression**	Gefrierpunktserniedrigung *f*	abaissement *m* du point de congélation
	freezing-point determination	*s.* C 1138	
	freezing preservation	*s.* C 1134	
F 374	**freezing substitution**	Gefriersubstitution *f*	
F 375	**Frenkel's test**	Frenkel-Test *m*	épreuve *f* de Frenkel
F 376	**frequency**	Frequenz *f*, Häufigkeit *f*	fréquence *f*
F 377	**frequency analysis**	Frequenzanalyse *f*	analyse *f* des fréquences, analyse fréquentielle
F 378	**frequency distribution**	Häufigkeitsverteilung *f*	distribution *f* de fréquences
F 379	**frequency range**	Frequenzbereich *m*	gamme *f* des fréquences
F 380	**fresh**	frisch	frais
F 381	**fresh air**	Frischluft *f*	air *m* frais
F 382	**fresh blood,** fresh whole blood	Frischblut *n*	sang *m* frais
F 382a	**fresh blood bottle**	Frischblutkonserve *f*	sang *m* frais conservé
F 383	**freshly prepared**	frisch zubereitet (hergestellt)	fraîchement préparé
F 384	**fresh material,** fresh specimen	Frischmaterial *n*	matériel *m* frais

No.	English	German	French
F 385	**fresh plasma**	Frischplasma *n*	plasma *m* frais
F 386	**fresh preparation**	Frischpräparat *n*	préparation *f* fraîche
	fresh specimen	*s.* F 384	
F 387	**fresh specimen ovoscopy**	native Ovoskopie *f*	ovoscopie *f* natale
F 388	**fresh staining**	Frischfärbung *f*	coloration *f* fraîche
F 389	**fresh tissue**	Frischgewebe *n*	tissu *m* frais
F 390	**fresh water**	Frischwasser *n*	eau *f* fraîche
F 391	**fresh weight**	Frischgewicht *n*	poids *m* frais
	fresh whole blood	*s.* F 382	
F 392	**Freund's adjuvant**	Freund-Adjuvans *n*	adjuvant *m* de Freund
F 393	**friction**	Reibung *f*	friction *f*
	friction coefficient	*s.* C 700	
F 394	**friction test**	Reibtest *m*	test *m* de friction
F 395	**Friedlaender's bacillus,** pneumonic klebsiella, pneumobacillus, Klebsiella pneumoniae	Friedländer-Bakterie *f*, Pneumobacillus *m*, Pneumonie-Kapselbakterie *f*	pneumobacille *m*, bacille *m* pneumoniae (de Friedländer)
	frigostabile	*s.* C 722	
	frigostability	*s.* C 721	
	frigostable	*s.* C 722	
	frog test	*s.* T 396	
F 396	**frontal analysis**	Frontalanalyse *f*	analyse *f* frontale
F 397	**frozen section**	Gefrierschnitt *m*	coupe *f* à la congélation, coupe congelée (par congélation)
	Fru	*s.* F 401	
F 398	**fructokinase**	Fructokinase *f*	fructokinase *f*
F 399	**fructosamine,** isodextrosamine, isoglycosamine	Fructosamin *n*, Isodextrosamin *n*, Isoglycosamin *n*	fructosamine *f*, isodextrosamine *f*, isoglycosamine *f*
F 400	**fructosan**	Fructosan *n*	fructosane *m*, lévulosane *m*, lévulane *m*
F 401	**fructose,** laevulose, fruit sugar, Fru	Fructose *f*, Lävulose *f*, Fruchtzucker *m*, Fru	fructose *m*, lévulose *m*, Fru
	fructose bisphosphate aldolase	*s.* A 455	
F 402	**fructose-1,6-diphosphatase,** hexose diphosphatase	Fructose-1,6-diphosphatase *f*, Hexosediphosphatase *f*	fructose-1,6-diphosphatase *f*, hexosediphosphatase *f*
F 403	**fructose-1,6-diphosphate,** hexose diphosphate, Harden-Young ester	Fructose-1,6-diphosphat *n*, Hexosediphosphat *n*, Harden-Young-Ester *m*	fructose-1,6-diphosphate *m*, hexosediphosphate *m*, ester *m* de Harden et Young
	fructose-6-monophosphate	*s.* F 405	
F 404	**fructose-1-phosphate,** Robison-Tanko ester	Fructose-1-phosphat *n*, Robison-Tanko-Ester *m*	fructose-1-phosphate *m*, ester *m* de Robison-Tanko
F 405	**fructose-6-phosphate,** fructose-6-monophosphate, Neuberg ester	Fructose-6-phosphat *n*, Fructose-6-monophosphat *n*, Neuberg-Ester *m*	fructose-6-phosphate *m*, fructose-6-monophosphate *m*, ester *m* de Neuberg
F 406	**fructose tolerance test,** laevulose test	Fructosetoleranztest *m*, Lävuloseprobe *f*	épreuve *f* [de tolérance] au fructose, épreuve de lévulose
F 407	**β-fructosidase,** invertase, invertin, saccharase, sucrase	β-Fructosidase *f*, Invertase *f*, Invertin *n*, Saccharase *f*, Sucrase *f*	β-fructosidase *f*, invertase *f*, invertine *f*, saccharase *f*, sucrase *f*
	fructosine	*s.* L 75	
	fruit sugar	*s.* F 401	
	FSF	*s.* C 646	
	FSH	*s.* F 312	
	FSH-releasing factor	*s.* F 309	
	FSH-releasing hormone	*s.* F 309	
	FSH-RF	*s.* F 309	
	FSH-RH	*s.* F 309	
	FSP	*s.* F 91, F 108	
F 408	**F test,** F criterion	F-Test *m*	test *m* F
	FTI	*s.* F 366	
F 409	**fuchsin[e],** rosaniline	Fuchsin *n*, Rosanilin *n*	fuchsine *f*, rosaniline *f*
F 410	**fuchsin solution**	Fuchsinlösung *f*	solution *f* de fuchsine
F 411	**fuchsin staining**	Fuchsinfärbung *f*	coloration *f* à la fuchsine
F 412	**Fuchs-Rosenthal counting chamber**	Fuchs-Rosenthal-Zählkammer *f*	cellule *f* de Fuchs-Rosenthal
F 413	**fucose,** galactomethylose	Fucose *f*, Galactomethylose *f*	fucose *m*, galactométhylose *m*
F 414	**fucosidase**	Fucosidase *f*	fucosidase *f*
F 415	**Fuelleborn's method**	Fülleborn-Methode *f*	méthode *f* de Fulleborn
	fugacity	*s.* V 152	
	fugitive	*s.* V 149	
	full-grown	*s.* A 325	
	fumarase	*s.* F 417	
F 416	**fumarate**	Fumarat *n*	fumarate *m*
F 417	**fumarate hydratase,** fumarase	Fumarathydratase *f*, Fumarase *f*	fumarate-hydratase *f*, fumarase *f*
	fumarate hydrogenase	*s.* S 1037	
	fumarate reductase	*s.* S 1037	
F 418	**fumaric acid**	Fumarsäure *f*	acide *m* fumarique
F 419	**fumarylacetoacetase**	Fumarylacetoacetase *f*	fumarylacétoacétase *f*
	fume chamber	*s.* E 552	
	fume hood	*s.* E 552	
F 420	**function**	Funktion *f*	fonction *f*
F 421	**functional**	funktionell	fonctionnellement

No.	English	German	French
F 422	**functional diagnosis**	Funktionsdiagnostik *f*	diagnose *f* fonctionnelle
F 423	**functional group**	funktionelle Gruppe *f*, funktioneller Rest *m*	groupe *m* fonctionnel, résidu *m* fonctionnel
F 424	**function test**	Funktionstest *m*, Funktionsprobe *f*	essai *m* de fonction, épreuve *f* fonctionnelle
	fundamental particle	*s.* E 148	
F 425	**fungicide**	Fungizid *n*	fongicide *m*
F 426	**Fungus,** mycete	Fungus *m*, Pilz *m*, Myzet *m*	Fungus, champignon *m*, mycète *m*
F 427	**fungus culture,** culture of fungi	Pilzkultur *f*	culture *f* des moississures
F 428	**funnel**	Trichter *m*	entonnoir *m*
	funnel rack	*s.* F 142	
F 429	**funnel-shaped**	trichterförmig, trichterartig	en forme d'entonnoir
	funnel stand	*s.* F 142	
F 430	**furanose**	Furanose *f*	furanose *m*
F 431	**furfural, 2-furylaldehyde**	Furfural *n*, 2-Furylaldehyd *m*	furfural *m*, 2-furylaldéhyde *m*
F 432	**fusicellular,** fusocellular	spindelzellenförmig	en forme de cellule fusiforme, fusocellulaire
	fusiform	*s.* S 688	
	fusiform cell	*s.* S 687	
F 433	**fusion**	Fusion *f*, Verschmelzung *f*	fusion *f*
F 434	**fusion of chromosomes**	Chromosomenfusion *f*, Chromosomenverschmelzung *f*	fusion *f* des chromosomes, fusion chromosomique
F 435	**Fusobacterium**	Fusobacterium n	Fusobacterium
	fusocellular	*s.* F 432	

G

No.	English	German	French
	g	*s.* G 425	
	GABA	*s.* A 604	
G 1	**Gaertner bacillus,** Salmonella enteritidis, Bacterium enteritidis, Bacillus enteritidis	Gärtner-Bacillus *m*	bacille *m* d'entérite, bacille de Gaertner
G 2	**Gaffky's scale**	Gaffky-Skala *f*	échelle *f* de Gaffky
	Gal	*s.* G 13	
G 3	**galactan**	Galactan *n*	galactane *m*
	galactite	*s.* G 4	
G 4	**galactitol,** galactite, dulcitol, dulcite	Galactit *n*, Dulcit *n*	galactite *f*, galactitol *m*
G 5	**galactoblast**	Galactoblast *m*	galactoblaste *m*
G 6	**galactocerebroside**	Galactocerebrosid *n*	galactocérébroside *m*, galactosidocéramide *m*
G 7	**galactoflavin**	Galactoflavin *n*	galactoflavine *f*
	galactoid	*s.* M 567	
G 8	**galactokinase**	Galactokinase *f*	galactokinase *f*
G 9	**galactolipid[e]**	Galactolipid *n*	galactolipide *m*
	galactometer	*s.* L 59	
	galactomethylose	*s.* F 413	
G 10	**galactonic acid**	Galactonsäure *f*	acide *m* galactonique
G 11	**galactopoietic hormone**	galactopoietisches Hormon *n*	hormone *f* galactopoïétique
	galactosaccharic acid	*s.* M 741	
G 12	**galactosamine,** chondrosamine	Galactosamin *n*, Chondrosamin *n*	galactosamine *f*, chondrosamine *f*
G 13	**galactose,** cerebrose, brain sugar, Gal	Galactose *f*, Cerebrose *f*, Hirnzucker *m*, Gal	galactose *m*, cérébrose *m*, lactoglucose *m*, Gal
G 14	**galactose dehydrogenase**	Galactosedehydrogenase *f*	galactose-déshydrogénase *f*
G 15	**galactose oxidase**	Galactoseoxidase *f*	galactose-oxydase *f*
G 16	**galactose-1-phosphate**	Galactose-1-phosphat *n*	galactose-1-phosphate *m*
G 17	**galactose-1-phosphate uridylyltransferase**	Galactose-1-phosphat-uridylyltransferase *f*	galactose-1-phosphate-uridylyltransférase *f*
	galactose test	*s.* G 18	
G 18	**galactose tolerance test,** galactose test	Galactosetoleranztest *m*, Galactoseprobe *f*, Galactosebelastungstest *m*	épreuve *f* [de tolérance au] de galactose, épreuve de la galactosurie provoquée
G 19	α-**galactosidase**, melibiase	α-Galactosidase *f*, Melibiase *f*	α-galactosidase *f*, mélibiase *f*
G 20	β-**galactosidase**, lactase	β-Galactosidase *f*, Lactase *f*	β-galactosidase *f*, lactase *f*
G 21	**galactoside**	Galactosid *n*	galactoside *m*
G 22	**galactosylceramidase**	Galactosylceramidase *f*	galactosylcéramidase *f*
G 23	**galactosylceramide**	Galactosylceramid *n*	galactosylcéramide *m*
G 24	**galacturonic acid**	Galacturonsäure *f*	acide *m* galacturonique
	gall	*s.* B 202	
G 25	**gallbladder, gall-bladder,** cholecyst	Gallenblase *f*	vésicule *f* biliaire
	gallbladder bile	*s.* B 139	
G 26	**gallbladder puncture**	Gallenblasenpunktion *f*	ponction *f* de la vésicule biliaire
	Galli-Mainini reaction	*s.* T 396	
G 27	**gallocyanin**	Gallocyanin *n*	gallocyanine *f*
G 28	**gall stone,** bile stone, biliary calculus, cholelith, chololith	Gallenstein *m*, Gallenkonkrement *n*, Cholelith *m*	calcul *m* biliaire, concrétion *f* biliaire, cholélithe *m*
G 29	**galvanic**	galvanisch	galvanique

No.	English	German	French
G 30	**galvanisation,** electroplating	Galvanisation *f*, Galvanisierung *f*	galvanisation *f*
G 31	**galvanometer**	Galvanometer *n*	galvanomètre *m*
G 32	**gamete,** sexual cell, germ cell, gonocyte	Gamet *m*, Gamozyt *m*, Geschlechtszelle *f*, Keimzelle *f*, Gonozyt *m*	gamète *m*, cellule *f* germinale, gonocyte *m*, cellule sexuelle (du germe)
G 33	**gametocyte**	Gametozyt *m*	gamétocyte *m*
G 34	**gametogenic hormone, gametokinetic hormone**	gametogenes (gametokinetisches) Hormon *n*	hormone *f* gamétogène (gamétocinétique)
G 35	**gamma cell,** G cell	Gamma-Zelle *f*, G-Zelle *f*	cellule *f* gamma (G)
G 36	**gamma globulin,** γ-globulin	Gammaglobulin *n*	gammaglobuline *f*, γ-globuline *f*, globuline γ
G 37	**gamma globulin factor**	Gammaglobulinfaktor *m*	facteur *m* de gammaglobuline
G 38	**gamma radiation,** gamma-ray emission	Gammastrahlung *f*	rayonnement *m* gamma
G 39	**gamma rays**	Gammastrahlen *mpl*	rayons *mpl* gamma
G 40	**gamma spectrometer**	Gammaspektrometer *n*	spectromètre *m* gamma
G 41	**ganglioblast**	Ganglioblast *m*	ganglioblaste *m*
G 42	**gangliocyte,** ganglion cell	Gangliozyt *m*, Ganglienzelle *f*	gangliocyte *m*, cellule *f* ganglionnaire
G 43	**ganglionic blocking agent,** ganglionoplegic [agent]	Ganglienblocker *m*, Ganglioplegikum *n*, Gangliotropikum *n*, Ganglionikum *n*	ganglioplégique *m*
G 44	**ganglioside**	Gangliosid *n*	ganglioside *m*
G 45	**gas**	Gas *n*	gaz *m*
	gas adsorption chromatography	*s.* G 76	
G 46	**gas adsorption column**	Gasadsorptionssäule *f*	colonne *f* d'adsorption des gaz
G 47	**gas analyser,** gas analysis apparatus	Gasanalysator *m*, Gasanalyseapparat *m*	analyseur *m* de gaz
G 48	**gas analysis**	Gasanalyse *f*	analyse *f* du gaz
	gas analysis apparatus	*s.* G 47	
	gas bottle	*s.* G 57	
G 49	**gas bubble,** bubble of gas	Gasblase *f*	bulle *f* gazeuse
G 50	**gas burette**	Gasbürette *f*	burette *f* de gaz
G 51	**gas burner,** burner	Gasbrenner *m*	brûleur *m* à gaz
	gas burner	*s. a.* B 604	
G 52	**gas chromatogram**	Gaschromatogramm *n*	chromatogramme *m* en phase gazeuse
G 53	**gas chromatograph**	Gaschromatograph *m*	chromatographe *m* en phase gazeuse
G 54	**gas chromatographic analysis**	gaschromatographische Analyse *f*	analyse *f* par chromatographie gazeuse
G 55	**gas chromatography**	Gaschromatographie *f*	chromatographie *f* gazeuse
G 56	**gas constant**	Gaskonstante *f*	constante *f* des gaz
	gas counter	*s.* G 67	
G 57	**gas cylinder,** gas bottle	Gasflasche *f*	bouteille *f* à gaz
G 58	**gas electrode**	Gaselektrode *f*	électrode *f* à gaz
G 59	**gaseous**	gasförmig	gazeux, gazéiforme
	gaseous phase	*s.* G 72	
G 60	**gaseous state**	gasförmiger Zustand *m*	état *m* gazeux
G 61	**gas filter (filtering) tube**	Gasfilter *n*	filtre *m* à gaz
G 62	**gas flow**	Gasströmung *f*	courant *m* de gaz, courant (écoulement) *m* gazeux
G 63	**gas flow counter**	Gasdurchflußzähler *m*	compteur *m* à circulation de gaz
G 64	**gas formation,** formation of gas	Gasbildung *f*	formation *f* de gaz, gazéification *f*
	gas gangrene bacillus	*s.* W 64	
G 65	**gas-liquid chromatography,** GLC	Gas-flüssig-Chromatographie *f*	chromatographie *f* gaz-liquide
G 66	**gas-liquid-solid chromatography**	Gas-flüssig-fest-Chromatographie *f*	chromatographie *f* gaz-liquide-solide
G 67	**gas meter,** gas counter	Gaszähler *m*	compteur *m* à gaz
G 68	**gas mixture**	Gasgemisch *n*	mélange *m* gazeux
G 69	**gasometric**	gasometrisch	gazométrique
G 70	**gasometry**	Gasometrie *f*	gazométrie *f*
G 71	**gas permeability**	Gasdurchlässigkeit *f*	perméabilité *f* au gaz
G 72	**gas phase,** gaseous phase	Gasphase *f*, gasförmige Phase *f*	phase *f* gazeuse
G 73	**gas pipette,** gas sampling tube	Gaspipette *f*	pipette *f* à gaz
G 74	**gas pressure**	Gasdruck *m*	pression *f* de gaz
	gas sampling tube	*s.* G 73	
G 75	**Gassner's triple medium**	Gassner-Dreifachnährboden *m*	milieu *m* triple de Gassner
G 76	**gas-solid chromatography,** gas adsorption chromatography	Gas-fest-Chromatographie *f*, Gas-Adsorptionschromatographie *f*	chromatographie *f* gaz-solide, chromatographie d'adsorption des mélanges gazeux
G 77	**gas sterilisation**	Gassterilisation *f*	stérilisation *f* au gaz
G 78	**gas steriliser**	Gassterilisator *m*	stérilisateur *m* par gaz, appareil *m* de stérilisation par gaz
	gaster	*s.* S 916	
G 79	**gas-tight,** impermeable to gas	gasundurchlässig, gasdicht	imperméable aux gaz, étanche au gaz
G 80	**gastric acid,** hydrochloric acid	Magensäure *f*	acide *m* gastrique
G 81	**gastric aspiration,** gastric evacuation, siphonage of the stomach, pumping out the stomach	Magenausheberung *f*, Magenabsaugung *f*	aspiration (évacuation) *f* gastrique, siphonnage *m* de l'estomac
	gastric aspiration tube	*s.* G 91	
G 82	**gastric chromoscopy**	Magenchromoskopie *f*	chromoscopie *f* gastrique
	gastric contents	*s.* C 565	
	gastric evacuation	*s.* G 81	
	gastric fluid	*s.* G 85	

G 83	**gastric function test**	Magenfunktionsprobe *f*	épreuve *f* du fonctionnement de l'estomac
G 84	**gastric inhibitory peptide,** GIP	gastrisches inhibitorisches Peptid *n,* GIP	«gastric inhibitory peptide» *m,* GIP, facteur *m* d'inhibition de la sécrétion gastrique acide
	gastric irrigation	*s.* G 88	
G 85	**gastric juice,** gastric fluid	Magensaft *m*	suc *m* gastrique, liquide *m* gastrique
G 86	**gastric juice analysis,** analysis of the gastric juice	Magensaftanalyse *f*	analyse *f* du suc gastrique
G 87	**gastric juice fraction**	Magensaftfraktion *f*	fraction *f* du suc gastrique
G 88	**gastric lavage,** gastrolavage, lavage of the stomach, gastric irrigation, stomach washing, siphonage	Magenspülung *f,* Gastrolavage *f*	lavage *m* gastrique, lavage de l'estomac
G 89	**gastric mucosa, gastric mucous membrane,** mucous membrane of the stomach	Magenschleimhaut *f*	muqueuse *f* gastrique
G 90	**gastric mucus**	Magenschleim *m*	mucus *m* gastrique
G 91	**gastric tube,** gastric aspiration tube, stomach tube	Magensonde *f*, Magenschlauch *m*	tube *m* stomacal, sonde *f* gastrique (œsophagienne)
G 92	**gastric wash**	Magenspülflüssigkeit *f*, Magenspülwasser *n*	liquide *m* de lavage gastrique
G 93	**gastrin**	Gastrin *n,* Magensekretin *n*	gastrine *f*
G 94	**gastrin stimulation test**	Gastrinstimulationstest *m*	épreuve *f* de stimulation de la gastrine
G 95	**gastrocytogram**	Gastrozytogramm *n*	gastrocytogramme *m*
G 96	**gastrocytography**	Gastrozytographie *f*	gastrocytographie *f*
G 97	**gastroferrin**	Gastroferrin *n*	gastro[-]ferrine *f*
G 98	**gastro-intestinal hormone,** enteric (enteral) hormone, enterohormone	gastrointestinales (enterales) Hormon *n,* Enterohormon *n*	hormone *f* gastro-intestinale, hormone entérale, entérohormone *f*
G 99	**gastro-intestinal suction**	Magen-Darm-Absaugung *f,* Gastrointestinalabsaugung *f*	aspiration *f* gastro-intestinale
	gastrolavage	*s.* G 88	
G 100	**gastromucoprotein**	Gastromucoprotein *n*	gastromucoprotéine *f*
G 101	**gastrone**	Gastron *n*	gastrone *f*
G 102	**gastroscopic biopsy**	gastroskopische Biopsie *f*	biopsie *f* gastroscopique
G 103	**gas volume**	Gasvolumen *n*	volume *m* de gaz
G 104	**gas washing bottle, gas washing flask**	Gaswaschflasche *f*	flacon *m* laveur de gaz
G 105	**Gaucher's cell**	Gaucher-Zelle *f*	cellule *f* de Gaucher
G 106	**gauge**	Eichmaß *n,* Etalon *m*	étalon *m,* jauge *f*
	Gauss distribution	*s.* N 231	
	Gaussian curve	*s.* G 107	
	Gaussian curve of error	*s.* G 107	
	Gaussian distribution	*s.* N 231	
G 107	**Gaussian distribution curve,** Gaussian curve [of error], error [distribution] curve, curve of normal distribution, normal curve, bell-shaped curve	Gaußsche Verteilungskurve *f,* Gauß-Kurve *f*, Normal[verteilungs]kurve *f*, Glockenkurve *f*	courbe *f* en cloche, courbe de Gauss, courbe normale, courbe de distribution d'erreurs de Gauss
	Gauss paper	*s.* P 943	
G 108	**gauze**	Gaze *f*	gaze *f*
	gauze	*s. a.* M 764	
	gauze pad	*s.* G 110	
	gauze pad	*s.* S 1156	
G 109	**gauze strip,** gauze wick	Gazestreifen *m*	bande *f* de gaze
G 110	**gauze tampon,** gauze (mull) pad	Mulltupfer *m*	tampon *m* de gaze
	gauze wick	*s.* G 109	
G 111	**Gay-Lussac law**	Gay-Lussacsches Gesetz *n*	loi *f* de Gay-Lussac
	G cell	*s.* G 35	
	Gc globulin	*s.* G 472	
	GDP	*s.* G 493	
G 112	**Geiger[-Mueller] counter, Geiger-Mueller counting tube,** G-M counter	Geiger-Müller-Zählrohr *n,* Geiger-Zähler *m*	tube *m* [compteur] Geiger-Müller, compteur *m* Geiger-Müller
G 113	**gel**	Gel *n*	gel *m*
G 114	**gelatin,** gelatine, gelatinous substance, jelly	Gelatine *f*, Gallert *n,* Gelee *n*	gélatine *f,* gelée *f*
G 115	**gelatin agar**	Gelatineagar *m*	gélose *f* à gélatine, gélose-gélatine *f*
G 116	**gelatin antibody**	Gelatineantikörper *m*	anticorps *m* gélatineux
G 117	**gelatinase**	Gelatinase *f*	gélatinase *f*
G 118	**gelatinase test**	Gelatinasetest *m*	test *m* à la gestagène
G 119	**gelatin culture medium,** nutrient gelatin	Gelatinenährboden *m,* Nährgelatine *f*	milieu *m* à la gélatine, gélatine *f* nutritive
	gelatine	*s.* G 114	
G 120	**gelatin embedding**	Gelatineeinbettung *f*	inclusion *f* en gélatine
	gelatin film	*s.* G 122	
	gelatiniform	*s.* G 123	
	gelatiniser	*s.* G 121	
G 121	**gelatinising agent,** gelatiniser	Gelierungsmittel *n*	gélifiant *m,* gélatinisant *m*
G 122	**gelatin layer,** gelatin film	Gelatineschicht *f*	couche *f* gélatinée
	gelatinoid	*s.* G 123	

G 123	**gelatinous,** gelatinoid, gelatiniform, jelly-like	gelatineartig, gelatinös, gallertartig, gallertähnlich, geleeartig, geleeähnlich	gélatineux, du type gel, gélatiniforme, gélatinoïde
	gelatinous silica	*s.* S 384	
	gelatinous substance	*s.* G 114	
G 124	**gelatin test**	Gelatinetest *m*	épreuve *f* à la gélatine
G 125	**gel diffusion test,** agar gel diffusion test, agar diffusion test	Agargeldiffusionsmethode *f*, Agardiffusionsmethode *f*, Agargeldiffusionstest *m*, Agardiffusionstest *m*, Geldiffusionstest *m*	test *m* de diffusion en gélose
G 126	**gel electrophoresis**	Gelelektrophorese *f*	électrophorèse *f* sur gel
G 127	**gel extraction**	Gelextraktion *f*	extraction *f* de gel
G 128	**gel filtration, gel-filtration chromatography,** gel-permeation chromatography, GPC	Gelfiltration *f*, Gelfiltrationschromatographie *f*, Gelpermeationschromatographie *f*	filtration *f* de gel, filtration sur gel, chromatographie *f* de filtration de gel, chromatographie par perméation de gel
G 129	**gel-like**	gelartig, gelförmig	géleux
	gelose	*s.* A 348	
G 130	**gelous precipitation**	Gelpräzipitation *f*	précipitation *f* géleuse
	gel-permeation chromatography	*s.* G 128	
G 131	**gene,** genetic factor, hereditary factor	Gen *n*, Erbanlage *f*, Erbfaktor *m* , Erbeinheit *f*, genetischer Faktor *m*	gène *m*, facteur *m* génétique (héréditaire)
G 132	**gene activity**	Genaktivität *f*	activité *f* génétique
G 133	**gene analysis**	Genanalyse *f*	analyse *f* des gènes
G 134	**gene bank**	Genbank *f*	banque *f* des gènes
G 135	**gene complex**	Genkomplex *m*	complexe *m* de gènes
	gene coupling	*s.* G 151	
G 136	**gene frequency**	Genfrequenz *f*	fréquence *f* génétique
G 137	**gene isolation**	Genisolierung *f*	isolation *f* des gènes
G 138	**gene localisation**	Genlokalisation *f*	localisation *f* gén[ét]ique
G 139	**gene locus,** locus	Genlocus *m*, Genort *m*, Locus *m*	lieu *m* [de gènes], locus *m* [génique]
	gene map	*s.* C 554	
G 140	**gene mapping,** genetic mapping	Genkartierung *f*	«gene mapping»
G 141	**gene mutation**	Genmutation *f*	mutation *f* génétique
G 142	**gene pair**	Genpaar *n*	paire *f* des gènes
G 143	**gene pool**	Genpool *m*	pool *m* des gènes
G 144	**gene probe**	Gensonde *f*	sonde *f* génétique
G 145	**general medicine**	Allgemeinmedizin *f*	médecine *f* générale
G 146	**gene structure**	Genstruktur *f*	structure *f* génétique
G 147	**gene substitution**	Gensubstitution *f*	substitution *f* génétique
G 148	**gene suppressor**	Gensuppressor *m*	suppresseur *m* génétique
	gene technology	*s.* G 152	
G 149	**genetic**	genetisch	génétique
G 150	**genetic code,** amino acid code	genetischer Kode *m*, Aminosäurekode *m*	code *m* génétique (d'aminoacides)
G 151	**genetic coupling,** gene coupling	Genkopplung *f*, genetische Kopplung *f*	couplage *m* génétique (des gènes)
G 152	**genetic engineering,** gene technology	Gentechnik *f*, Gentechnologie *f*	technologie *f* génétique (des gènes)
	genetic factor	*s.* G 131	
G 153	**genetic information**	genetische Information *f*, Erbinformation *f*	information *f* génétique (héréditaire)
G 154	**geneticist**	Genetiker *m*	généticien *m*, génétiste *m*
	genetic map	*s.* C 554	
	genetic mapping	*s.* G 140	
G 155	**genetic marker**	genetischer Marker *m*	marqueur *m* génétique
G 156	**genetic material**	genetisches Material *n*	matériel *m* génétique
G 157	**genetics**	Genetik *f*, Vererbungslehre *f*	génétique *f*, science *f* génétique (héréditaire)
	genin	*s.* A 390	
G 158	**genoblast**	Genoblast *m*	génoblaste *m*
G 159	**genom[e]**	Genom *n*	génome *m*
G 160	**genotype**	Genotyp *m*, genetische Konstitution *f*	génotype *m*, constitution *f* héréditaire
G 161	**gentamicin**	Gentamicin *n*	gentamicine *f*
G 162	**gentian violet,** methyl violet B	Gentianaviolett *n*, Methylviolett *n* B	violet *m* de gentiane (méthyle B)
	gentiobiase	*s.* G 294	
G 163	**gentisinic acid**	Gentisinsäure *f*	acide *m* gentisique
G 164	**geohelminth**	Geohelminth *m*	géohelminthe *m*
	Gerhardt's reaction	*s.* G 165	
G 165	**Gerhardt's test,** Gerhardt's reaction	Gerhardt-Probe *f*	épreuve *f* de Gerhardt
G 166	**germ**	Keim *m*	germe *m*
	germ cell	*s.* G 32	
G 167	**germ content,** microbial content	Keimgehalt *m*	teneur *f* en germes
G 168	**germ count,** bacterial count, germ number	Keimzahl *f*	nombre *m* de germes
	germ-free	*s.* S 867	
	germicide	*s.* A 920	
	germicide agent	*s.* A 920	

No.	English	German	French
G 169	**germ identification,** demonstration of pathogenic organisms, demonstration of germs	Erregernachweis *m*	preuve *f* des germes, mise *f* en évidence des germes
G 170	**germinate / to**	keimen	germer
G 171	**germination**	Keimung *f*, Keimen *n*	germination *f*
G 172	**germinoblast,** centroblast	Germinoblast *m*, Zentroblast *m*	germinoblaste *m*, centroblaste *m*
G 173	**germinocyte,** centrocyte	Germinozyt *m*, Zentrozyt *m*	germinocyte *m*, centrocyte *m*
	germ number	*s.* G 168	
	germ-proofing filter	*s.* B 8	
G 174	**gestagen**	Gestagen *n*, Schwangerschaftshormon *n*	gestagène *m*
G 175	**gestagen test**	Gestagentest *m*	épreuve *f* au gestagène
G 176	**gestational age**	Gestationsalter *n*	âge *m* de gestation
	gestation month	*s.* M 714	
	gestation week	*s.* W 53	
	GFR	*s.* G 250	
	GGT	*s.* G 313	
G 177	**ghost [cell],** red-cell ghost, erythrocyte shadow, phantom cell (corpuscle)	Schattenzelle *f*, Blutkörperchenschatten *m*, Erythrozytenschatten *m*, Ghost *m*	ombre *f* d'érythrocyte, hématie *f* décolorée
	GH-RF	*s.* S 582	
	GH-RH	*s.* S 582	
G 178	**giant cell,** gigantocyte	Riesenzelle *f*, Gigantozyt *m*	cellule *f* géante, gigantocyte *m*
	giant cell of the Langhans' type	*s.* L 87	
G 179	**giant chromosome**	Riesenchromosom *n*	chromosome *m* géant
	giant erythrocyte	*s.* M 5	
G 180	**giant intestinal fluke,** intestinal fluke, Fasciolopsis buski, Fasciolopsis fuelleborni, Distomum buski	Großer Darmegel *m*, Riesendarmegel *m*, Darmegel *m*	douve *f* intestinale
G 181	**giant liver fluke,** Fasciola gigantica	Riesenleberegel *m*	grande douve *f* du foie
	giant molecule	*s.* M 17	
	giant platelet	*s.* M 38	
G 182	**giant pyramidal cell,** Betz [giant pyramidal] cell	Riesenpyramidenzelle *f*, Betz-Riesenpyramidenzelle *f*	cellule *f* pyramidale géante, cellule de Betz
G 183	**giant spiny-headed worm,** Macracanthorhynchus hirudinaceus	Riesenkratzer *m*	Macracanthorhynchus hirudinaceus
	giant thrombocyte	*s.* M 38	
G 184	**Giemsa stain[ing]**	Giemsa-Färbung *f*	coloration *f* de Giemsa
G 185	**Gieson stain[ing]**	Gieson-Färbung *f*	coloration *f* de Gieson
	GIF	*s.* S 585	
G 186	**gigantoblast**	Gigantoblast *m*	gigantoblaste *m*
	gigantocyte	*s.* G 178	
	GIH	*s.* S 585	
G 187	**gingival fluid,** crevicular fluid	Gingivalflüssigkeit *f*	liquide *m* gingival
	GIP	*s.* G 84	
G 188	**girl**	Mädchen *n*	fille *f*
	give / to	*s.* A 286	
	give an injection / to	*s.* I 287	
	giving of a diagnosis	*s.* M 64	
G 189	**glacial acetic acid**	Eisessig *m*	acide *m* acétique glacial
G 190	**glanders bacillus,** Pseudomonas mallei, Actinobacillus mallei	Rotzbakterie *f*	Pseudomonas mallei, Actinobacillus mallei
G 191	**glanders skin test**	Rotzkutantest *m*	test *m* cutané de dépistage de la morve
G 192	**glandotropic hormone**	glandotropes Hormon *n*	hormone *f* glandotrope
G 193	**glandular cell**	Drüsenzelle *f*	cellule *f* glandulaire
	glandularly expressed secretion	*s.* E 591	
G 194	**glandular punctate**	Drüsenpunktat *n*	liquide *m* de ponction glandulaire
G 195	**glandular puncture**	Drüsenpunktion *f*	ponction *f* glandulaire
G 196	**glandular secretion**	Drüsensekret *n*	sécrétion *f* glandulaire
G 197	**glandular tissue**	Drüsengewebe *n*	tissu *m* glandulaire
G 198	**glass** *(material)*	Glas *n (Material)*	verre *m*
G 199	**glass ampoule**	Glasampulle *f*	ampoule *f* de verre
	glass balloon	*s.* G 213	
G 200	**glass bead**	Glasperle *f*, Glaskugel *f*	perle (bile) *f* de verre
G 201	**glass bell**	Glasglocke *f*	cloche *f* [de verre]
G 202	**glass bottle**	Glasflasche *f*	bouteille *f* de verre
	glass bulb	*s.* G 213	
G 203	**glass capillary**	Glaskapillare *f*	capillaire *m* de verre
G 204	**glass capillary column**	Glaskapillarsäule *f*	tube *m* capillaire en verre
G 205	**glass catheter**	Glaskatheter *m*	cathéter *m* de verre
G 206	**glass column**	Glassäule *f*	colonne *f* de verre
	glass container	*s.* G 223	
G 207	**glass cylinder,** jar	Glaszylinder *m*	cylindre *m* de verre
G 208	**glass dish**	Glasschale *f*	cuve[tte] *f* de verre
G 209	**glass electrode**	Glaselektrode *f*	électrode *f* de verre
G 210	**glass fibre**	Glasfaser *f*	fibre *f* de verre
G 211	**glass filter**	Glasfilter *n*	filtre *m* en verre

G 212	**glass filter crucible,** sintered-glass crucible	Glasfiltertiegel *m*	creuset *m* filtrant en verre
G 213	**glass flask,** glass bulb (balloon)	Glaskolben *m*	matras *m,* ballon *m*
G 214	**glass funnel**	Glastrichter *m*	entonnoir *m* en verre
G 215	**glass knife**	Glasmesser *n*	couteau *m* de verre
	glass panel	*s.* G 217	
	glass pipe	*s.* G 222	
G 216	**glass pipette**	Glaspipette *f*	pipette *f* de verre
G 217	**glass plate,** glass panel	Glasplatte *f*	plaque (lame) *f* de verre
G 218	**glass rod**	Glasstab *m*	bâton *m* (baguette *f*) de verre
G 219	**glass stopper**	Glasstopfen *m,* Glasstöpsel *m*	bouchon *m* de verre, bouchon à l'émeri
G 220	**glass syringe,** all-glass syringe	Glasspritze *f*	seringue *f* de verre
G 221	**glass trough** *(laboratory)*	Glaswanne *f*	cuve *f* de verre
G 222	**glass tube,** glass pipe	Glasrohr *n,* Glasröhrchen *n*	tube *m* de verre
G 223	**glass vessel,** glass container	Glasgefäß *n*	récipient *m* de verre
G 224	**glass wadding**	Glaswatte *f*	ouate *f* de verre
G 225	**glassware**	Glasgeräte *npl,* Glaswaren *fpl*	verrerie *f*
G 226	**glass wool**	Glaswolle *f*	laine *f* de verre
	glassy	*s.* V 144	
	Glauber's salt	*s.* S 539	
G 227	**glaucous**	blaugrün	glauque, vert bleuâtre
	GLC	*s.* G 65	
	GLDH	*s.* G 304	
	Gley's gland	*s.* P 100	
G 228	**glia cell,** gliocyte, spongiocyte	Gliazelle *f,* Gliozyt *m,* Spongiozyt *m*	cellule *f* névroglique, gliocyte *m,* spongiocyte *m,* cellule gliale
G 229	**gliadin**	Gliadin *n*	gliadine *f*
G 230	**gliadin antibody**	Gliadinantikörper *m*	anticorps *m* antigliadine
G 231	**glibenclamide**	Glibenclamid *n*	glibenclamide *m*
G 232	**glioblast,** spongioblast	Glioblast *m,* Spongioblast *m*	glioblaste *m,* cellule *f* gliale primaire, spongioblaste *m*
	gliocyte	*s.* G 228	
	glitter cell	*s.* S 887	
	Gln	*s.* G 309	
G 233	**global coagulation time,** whole blood clotting time	Vollblutgerinnungszeit *f,* globale Gerinnungszeit *f*	temps *m* de coagulation du sang total
G 234	**global test**	Globaltest *m*	test *m* global
	globe mill	*s.* B 74	
G 235	**globin**	Globin *n*	globine *f*
G 236	**globin haemochrome**	Globinhämochrom *n*	hémochromoglobine *f*
G 237	**globoid cell**	Globoidzelle *f*	cellule *f* globoïde
G 238	**globoside**	Globosid *n*	globoside *m*
G 239	**globular,** spherical, ball-shaped	kugelförmig, kugelartig	sphérique, globulaire, sphéroïde
G 240	**globular protein,** spheroprotein	globuläres Protein *n,* Sphäroprotein *n*	protéine *f* globulaire, sphéroprotéine *f*
G 241	**globulin**	Globulin *n*	globuline *f*
G 242	**α-globulin**	α-Globulin *n*	α-globuline *f,* globuline α
G 243	**β-globulin**	β-Globulin *n*	β-globuline *f,* globuline β
	γ-globulin	*s.* G 36	
G 244/5	**globulin fraction**	Globulinfraktion *f*	fraction *f* des globulines
G 246	**globulin reaction**	Globulinreaktion *f*	réaction *f* de globulines
G 247	**glomerular clearance**	glomeruläre Clearance *f*	clearance *f* glomérulaire
G 248	**glomerular filtrate**	Glomerulusfiltrat *n,* Primärharn *m,* Vorharn *m*	filtrat *m* glomérulaire, urine *f* primitive
G 249	**glomerular filtration**	glomeruläre Filtration *f*	filtration *f* glomérulaire
G 250	**glomerular filtration rate,** GFR	glomeruläre Filtrationsrate *f,* glomeruläres Filtratvolumen *n,* GFR	taux *m* de filtration glomérulaire
G 251	**glomerulotropine**	Glomerulotropin *n*	glomérulotrophine *f*
G 252	**Glossina,** tsetse fly, tsetse	Glossina *f,* Tsetsefliege *f*	glossine *f,* mouche *f* tsé-tsé
G 253	**glossy body, glossy granule**	Glanzkörper *m*	
	Glu	*s.* G 307	
G 254	**1,4α-glucan branching enzyme,** branching enzyme, amylo-(1,4→ 1,6)transglucosylase	Amylo(1,4→ 1,6)transglucosylase *f,* 1,4α-Glucan-Branching-Enzym *n,* Branching-Enzym	amylo(1,4→ 1,6)transglucosylase *f*
G 255	**glucagon[e],** hyperglycaemic factor	Glucagon *n,* hyperglykämischer Faktor *m*	glucagon *m,* facteur *m* hyperglycémiant
G 256	**glucagon-insulin quotient (ratio)**	Glucagon-Insulin-Quotient *m*	quotient *m* glucagone-insuline
G 257	**glucagon [liver function] test**	Glucagon[belastungs]test *m*	test *m* de surcharge de glucagone
G 258	**glucan**	Glucan *n*	glucane *m*
	glucite	*s.* S 590	
	glucitol	*s.* S 590	
G 259	**glucoamylase,** amyloglucosidase, γ-amylase, acid maltase	Glucoamylase *f,* Amyloglucosidase *f,* γ-Amylase *f,* saure Maltase *f*	glucoamylase *f,* amyloglucosidase *f,* γ-amylase *f,* maltase *f* acide
G 260	**glucocerebroside**	Glucocerebrosid *n*	glucocérébroside *m,* glucosidocéramide *m*
G 261	**glucocorticoid, glucocorticosteroid,** glucosteroid	Glucocorticoid *n,* Gluco[cortico]steroid *n*	glucocorticoïde *m,* glucocorticostéroïde *m*
G 262	**glucofuranose**	Glucofuranose *f*	glucofuranose *m*
	glucoinvertase	*s.* G 293	

G 263	**glucokinase**	Glucokinase *f*	glucokinase *f*
G 264	**glucolipoid**	Glucolipoid *n*	glucolipoïde *m*
G 265	**gluconate**	Gluconat *n*	gluconate *m*
G 266	**gluconic acid**	Gluconsäure *f*, Dextronsäure *f*	acide *m* gluconique
G 267	**gluconokinase**	Gluconokinase *f*	gluconokinase *f*
G 268	**glucopyranose**	Glucopyranose *f*	glucopyranose *m*
G 269	**glucosamine,** chitosamine, aminoglucose	Glucosamin *n*, Chitosamin *n*, Aminoglucose *f*	glucosamine *f*, glycosamine *f*, chitosamine *f*
G 270	*D*-**glucose**, dextrose, grape sugar, starch sugar	*D*-Glucose *f*, Dextrose *f*, Traubenzucker *m*, Stärkezucker *m*	*D*-glucose *m(f)*, dextrose *m(f)*, sucre *m* de raisin
G 271	**glucose agar,** dextrose agar	Glucoseagar *m*, Dextroseagar *m*	gélose *f* glucosée, gélose dextrosée
G 272	**glucose assimilation coefficient**	Glucoseassimilationskoeffizient *m*	coefficient *m* d'assimilation de glucose
G 273	**glucose dehydrogenase**	Glucosedehydrogenase *f*	glucose-déshydrogénase *f*
G 274	**glucose-1,6-diphosphate**	Glucose-1,6-diphosphat *n*	glucose-1,6-diphosphate *m*
G 275	**glucose electrode**	Glucoseelektrode *f*	électrode *f* de glucose
G 276	**glucose equivalent**	Glucoseäquivalent *n*	équivalent *m* de glucose
G 277	**glucose-insulin tolerance test**	Glucose-Insulin-Belastungstest *m*	épreuve *f* de tolérance d'insuline-glucose
G 278	**glucose level**	Glucosespiegel *m*	taux *m* de glucose
G 279	**glucose nutrient broth**	Glucosenährbouillon *f*, Traubenzuckerbouillon *f*	gélose *f* nutritive au glucose
G 280	**glucose oxidase,** GOD	Glucoseoxidase *f*, GOD	glucose-oxydase *f*, glucose-oxhydrase *f*
G 281	**glucose oxidase method**	Glucoseoxidasemethode *f*	méthode *f* de la glucose-oxydase
G 282	**glucose oxidase paper strip**	Glucoseoxidasepapier *n*	papier *m* à glucose-oxydase
G 283	**glucose-6-phosphatase**	Glucose-6-phosphatase *f*	glucose-6-phosphatase *f*
G 284	**glucose-1-phosphate,** Cori ester	Glucose-1-phosphat *n*, Cori-Ester *m*	glucose-1-phosphate *m*, ester *m* de Cori
G 285	**glucose-6-phosphate,** Robison ester	Glucose-6-phosphat *n*, Robison-Ester *m*	glucose-6-phosphate *m*, ester *m* de Robison
G 286	**glucose-6-phosphate dehydrogenase**	Glucose-6-phosphatdehydrogenase *f*, Zwischenferment *n*	glucose-6-phosphate-déshydrogénase *f*, G-6-PD
G 287	**glucosephosphate isomerase,** hexosephosphate (phosphohexose) isomerase, phosphoglucoisomerase, phosphohexoisomerase, oxoisomerase, phosphohexomutase, phosphosaccharomutase	Glucosephosphatisomerase *f*, Phosphoglucoseisomerase *f*, Hexosephosphatisomerase *f*, Phosphohexoseisomerase *f*, Oxoisomerase *f*, Phosphohexosemutase *f*, Phosphosaccharomutase *f*	glucose-phosphate-isomérase *f*, phosphoglucose-isomérase *f*, hexosephosphate-isomérase *f*, phosphohexo[se]-isomérase *f*
G 288	**glucose-1-phosphate uridylyltransferase,** UDP glucose pyrophosphorylase	Glucose-1-phosphat-uridylyltransferase *f*, UDP-glucosepyrophosphorylase *f*	glucose-1-phosphate-uridylyltransférase *f*, UDP-glucose-pyrophosphorylase *f*
	glucose phosphomutase	*s.* P 379	
G 289	**glucose profile**	Glucoseprofil *n*	profil *m* de glucose
G 290	**glucose-protein quotient (ratio)**	Glucose-Eiweiß-Quotient *m*	quotient *m* de glucose-protéine
G 291	**glucose tolerance test,** blood sugar tolerance estimation	Glucosetoleranztest *m*, Glucosebelastungsprobe *f*	épreuve *f* de tolérance au glucose, épreuve d'hyperglycémie provoquée
G 292	**glucose utilisation**	Glucoseverwertung *f*	utilisation *f* de glucose
G 293	α-**glucosidase**, maltase, glucoinvertase	α-Glucosidase *f*, Maltase *f*, Glucoinvertase *f*	α-glucosidase *f*, maltase *f*, glucoinvertase *f*
G 294	β-**glucosidase**, cellobiase, gentiobiase, amygdalase	β-Glucosidase *f*, Cellobiase *f*, Gentiobiase *f*, Amygdalase *f*	β-glucosidase *f*, cellobiase *f*, gentobiase *f*, amygdalase *f*
	6-glucosidase	*s. a.* O 31	
G 295	**glucoside**	Glucosid *n*	glucoside *m*
	glucosteroid	*s.* G 261	
G 296	**glucuronate**	Glucuronat *n*	glucuronate *m*, glycuronate *m*
G 297	β-**glucuronidase**	β-Glucuronidase *f*	β-glucuronidase *f*
G 298	**glucuronide,** glucuronoside	Glucuronid *n*, Glucuronosid *n*	glucuronide *m*, glucuronoside *m*
G 299	**glucuronolactone**	Glucuronolacton *n*	glucuronolactone *f*
G 300	**glucuronolactone reductase**	Glucuronolactonreductase *f*	glucuronolactone-réductase *f*
	glucuronoside	*s.* G 298	
G 301	**glucuronosyltransferase**	Glucuronyltransferase *f*	glucuronyltransférase *f*
	Glu-NH_2	*s.* G 309	
G 302	**glutamate**	Glutamat *n*	glutamate *m*
G 303	**glutamate decarboxylase**	Glutamatdecarboxylase *f*	glutamate-décarboxylase *f*
G 304	**glutamate dehydrogenase,** glutamic [acid] dehydrogenase, GLDH	Glutamatdehydrogenase *f*, Glutaminsäuredehydrase *f*, GLDH	glutamate-déshydrogénase *f*, déshydrogénase d'acide glutamique
G 305	**glutamate formiminotransferase**	Glutamatformiminotransferase *f*	glutamate-formiminotransférase *f*
G 306	**glutamate racemase**	Glutamatracemase *f*	glutamate-racémase *f*
G 307	**glutamic acid,** α-aminoglutaric acid, Glu	Glutaminsäure *f*, α-Aminoglutarsäure *f*, Glu	acide *m* glutamique, acide α-aminoglutarique, Glu
	glutamic acid dehydrogenase	*s.* G 304	
	glutamic-alanine transaminase⁺	*s.* A 412	
	glutamic-aspartic transaminase⁺	*s.* A 1061	
	glutamic dehydrogenase	*s.* G 304	
	glutamic-oxaloacetic transaminase⁺	*s.* A 1061	
	glutamic-pyruvic transaminase⁺	*s.* A 412	
G 308	**glutaminase**	Glutaminase *f*	glutaminase *f*
G 309	**glutamine,** Gln, Glu-NH_2	Glutamin *n*, Gln, Glu-NH_2	glutamine *f*, Gln, Glu-NH_2

G 310	**glutamine synthetase**	Glutaminsynthetase *f*	glutamine-synthétase *f*
G 311	γ-**glutamylcysteine synthetase**	γ-Glutamylcysteinsynthetase *f*	γ-glutamylcystéine-synthétase *f*
G 312	γ-**glutamylhydrolase**, conjugase	γ-Glutamylhydrolase *f*, Konjugase *f*	γ-glutamylhydrolase *f*, conjugase *f*
G 313	γ-**glutamyltransferase, glutamyltranspeptidase,** GGT	γ-Glutamyltransferase *f*, Glutamyltranspeptidase *f*, GGT	γ-glutamyltranspeptidase *f*, γ-GTP
G 314	**glutaraldehyde,** glutaric dialdehyde	Glutaraldehyd *m*, Glutar[säure]dialdehyd *m*	glutaraldéhyde *m*, dialdéhyde *m* de l'acide glutarique
G 315	**glutarate**	Glutarat *n*	glutarate *m*
G 316	**glutaric acid**	Glutarsäure *f*	acide *m* glutarique
	glutaric dialdehyde	*s.* G 314	
G 317	**glutaryl-CoA-dehydrogenase**	Glutaryl-CoA-dehydrogenase *f*	glutaryl-CoA-déshydrogénase *f*
G 318	**glutaryl-CoA-synthetase**	Glutaryl-CoA-synthetase *f*	glutaryl-CoA-synthétase *f*
G 319	**glutathione, GSH**	Glutathion *n*, GSH	glutathion *m*
G 320	**glutathione peroxidase**	Glutathionperoxidase *n*	glutathion-peroxydase *f*
G 321	**glutathione reductase**	Glutathionreductase *f*	glutathion-réductase *f*
G 322	**glutathione stability test**	Glutathionstabilitätstest *m*	épreuve *f* de stabilité de glutathion
G 323	**glutathione synthetase**	Glutathionsynthetase *f*	glutathion-synthétase *f*
G 324	**glutathione transferase**	Glutathiontransferase *f*	glutathion-transférase *f*
G 325	**gluten**	Gluten *n*, Klebereiweiß *n*	gluten *m*
G 326	**glutethimide**	Glutethimid *n*	glutéthimide *m*
G 327	**glutinine**	Glutinin *n*	glutinine *f*
	Gly	*s.* G 347	
	glycan	*s.* P 705	
G 328	**glyceraldehyde,** 2,3-dihydroxypropanal	Glyceraldehyd *m*, 2,3-Dihydroxypropanal *n*	glycéraldéhyde *m*, dihydroxy-2,3-propanol *m*, aldéhyde *m* glycérique
G 329	**glyceraldehyde-3-phosphate,** 3-phosphoglyceraldehyde	Glyceraldehyd-3-phosphat *n*, 3-Phosphoglyceraldehyd *m*, Fischer-Baer-Ester *m*, Fischer-Ester *m*	glycéraldéhyde-3-phosphate *m*, 3-phosphoglycéraldéhyde *m*, ester *m* de Fischer
G 330	**glyceraldehyde phosphate dehydrogenase,** triosephosphate dehydrogenase, GPD	Glyceraldehydphosphatdehydrogenase *f*, Triosephosphatdehydrogenase *f*, GDP	glycéraldéhyde-phosphate-déshydrogénase *f*, triose[-]phosphate-déshydrogénase *f*, GDP
G 331	**glycerate**	Glycerat *n*	glycérate *m*
	glycerate phosphomutase	*s.* P 387	
G 332	**glyceric acid,** 2,3-dihydroxypropionic acid	Glycerolsäure *f*, 2,3-Dihydroxypropionsäure *f*	acide *m* glycérique (2,3-dihydroxypropionique, propanedioloïque)
G 333	**glyceride**	Glycerid *n*	glycéride *m*
G 334	**glycerol**	Glycerol *n*	glycérol *m*
	glycerolaldehyde transferase	*s.* T 498	
G 335	**glycerol broth**	Glycerolbouillon *f*	bouillon *m* de glycérine
G 336	**glycerol dehydrogenase**	Glyceroldehydrogenase *f*	glycérol-déshydrogénase *f*
G 337	**glycerol kinase**	Glycerolkinase *f*	glycérol-kinase *f*
G 338	**glycerol-1-phosphate dehydrogenase**	Glycerol-1-phosphatdehydrogenase *f*, Baranowski-Enzym *n*	glycérophosphate-déshydrogénase *f*, déshydrogénase *f* de glycérophosphate
G 339	**glycerol trinitrate,** nitroglycerol	Glyceroltrinitrat *n*, Nitroglycerol *n*	trinitrate *m* de glycéryle, nitroglycérine *f*, nitroglycérol *m*
G 340	**glycerophosphatase**	Glycerophosphatase *f*	glycérophosphatase *f*
G 341	**glycerophosphate**	Glycerophosphat *n*	glycérophosphate *m*
G 342	**glycerophosphate acyltransferase**	Glycerophosphatacyltransferase *f*	glycérophosphate-acyltransférase *f*
G 343	**glycerophosphatide**	Glycerophosphatid *n*	glycérophosphatide *m*
G 344	**glycerophospholipid**	Glycerophospholipid *n*	glycérophospholipide *m*
G 345	**glycerophosphoric acid**	Glycerolphosphorsäure *f*	acide *m* glycérophosphorique
G 346	**glycerophosphorylcholine**	Glycerophosphorylcholin *n*	glycérophosphorylcholine *f*, glycérylphosphorylcholine *f*
G 347	**glycine,** glycocoll, aminoacetic acid, Gly	Glycin *n*, Glycocoll *n*, Glykokoll *n*, Aminoessigsäure *f*, Aminoethansäure *f*, Leimzucker *m*, Gly	glycine *f*, glycocolle *m*, acide *m* aminoacétique, Gly
G 348	**glycine acyltransferase**	Glycinacyltransferase *f*	glycine-acyltransférase *f*
G 349	**glycine amide**	Glycinamid *n*	glycinamide *m*, amide *m* de la glycine
G 350	**glycine amidinotransferase,** glycine transamidinase	Glycinamidinotransferase *f*, Glycintransamidinase *f*	glycinamidinotransférase *f*, glycine-transamidinase *f*
G 351	**glycine amidoribonucleotide, glycine amidoribotide**	Glycinamidribonucleotid *n*, Glycinamidribotid *n*	glycine-amidoribonucléotide *m*, glycinamide-ribotide *m*
G 352	**glycine aminotransferase**	Glycinaminotransferase *f*	glycinaminotransférase *f*
G 353	**glycine buffer**	Glycinpuffer *m*	tampon *m* glycine
G 354	**glycine dehydrogenase**	Glycindehydrogenase *f*	glycine-déshydrogénase *f*
G 355	**glycine oxidase**	Glycinoxidase *f*	glycine-oxydase *f*, glycine-oxhydrase *f*
G 356	**glycine-rich** β-**globulin,** C_3 proactivator	glycinreiches β-Globulin *n*, C_3-Proaktivator *m*	glycine *f* riche en β-globuline
G 357	**glycine tolerance test**	Glycintoleranztest *m*	épreuve *f* de tolérance à la glycine
	glycine transamidinase	*s.* G 350	
G 358	**glycocholic acid**	Glycocholsäure *f*	acide *m* glycocholique
	glycocoll	*s.* G 347	
G 359	**glycodeoxycholic acid**	Glycodesoxycholsäure *f*	acide *m* glycodésoxycholique
G 360	**glycogen,** liver starch, animal starch	Glycogen *n*, Leberstärke *f*, tierische Stärke *f*	glycogène *m*
	glycogenase	*s.* A 689	

	English	German	French
G 361	**glycogenolysis**	Glycogenolyse *f*, Glycogenspaltung *f*, Glycogenabbau *m*	glycogénolyse *f*
G 362	**glycogenolytic**	glycogenolytisch, glycogenspaltend, glycogenabbauend	glycogénolytique
G 363	**glycogen phosphorylase**	Glycogenphosphorylase *f*	glycogène-phosphorylase *f*
G 364	**glycogen synthase**	Glycogensynthase *f*	glycogène-synthase *f*
G 365	**glycohaemoglobin**	Glycohämoglobin *n*	glycohémoglobine *f*
G 366	**glycol,** diol, diatomic (dihydric) alcohol	Glycol *n*, Diol *n*, zweiwertiger Alkohol *m*	glycol *m*, diol *m*, dialcool *m* , éthylène-glycol *m*
G 367	**glycolaldehyde,** hydroxyethanal	Glycolaldehyd *m*, Hydroxyethanal *n*	glycolaldéhyde *m*, aldéhyde *m* glycolique
G 368	**glycolate**	Glycolat *n*	glycolate *m*
G 369	**glycolic acid,** hydroxyacetic acid	Glycolsäure *f*, Hydroxyessigsäure *f*	acide *m* glycolique (hydroxyacétique)
G 370	**glycolipid, glycolipin**	Glycolipid *n*	glycolipide *m*, glucolipide *m*
G 371	***N*-glycolylneuraminic acid**	*N*-Glycolylneuraminsäure *f*	acide *m* *N*-glycolylneuraminique
	glycolyl urea	*s.* H 468	
G 372	**glycolysis**	Glycolyse *f*	glycolyse *f*
G 373	**glycolytic**	glycolytisch	glycolytique
G 374	**glycolytic enzyme**	glycolytisches Enzym *n*	enzyme *m* glycolytique
G 375	**glycopeptide**	Glycopeptid *n*	glycopeptide *m*
G 376	**glycophorine**	Glycophorin *n*	glycophorine *f*
G 377	**glycoproteid**	Glycoproteid *n*	glycoprotéide *m*
G 378	**glycoprotein**	Glycoprotein *n*	glycoprotéine *f*
G 379	**glycosaminoglycan**	Glycosaminoglycan *n*	glycane *m* de glucosamine
G 380	**glycosidase,** oligase	Glycosidase *f*, Oligase *f*	glycosidase *f*, oligase *f*
G 381	**glycoside**	Glycosid *n*	glycoside *m*
G 382	**glycosidic**	glycosidisch	glycosidique
G 383	**glycosphingolipid**	Glycosphingolipid *n*	glycosphingolipide *m*
G 384	**glycosphingoside**	Glycosphingosid *n*	glycosphingoside *m*
	glycosylated haemoglobin	*s.* H 57	
G 385	**glycosylation**	Glycosylierung *f*	glycosylation *f*
G 386	**glycosyltransferase,** transglycosylase	Glycosyltransferase *f*, Transglycosylase *f*	glycosyltransférase *f*, transglycosylase *f*
G 387	**glycylalanine**	Glycylalanin *n*	glycylalanine *f*
G 388	**glycylglycine**	Glycylglycin *n*	glycylglycine *f*
G 389	**glycylglycine dipeptidase**	Glycylglycindipeptidase *f*	glycylglycine-dipeptidase *f*
G 390	**glycylleucine dipeptidase**	Glycylleucindipeptidase *f*	glycylleucine-dipeptidase *f*
G 391	**glycylproline**	Glycylprolin *n*	glycylproline *f*
G 392	**glycyltryptophan**	Glycyltryptophan *n*	glycyltryptophane *m*
G 393	**glyoxalase**	Glyoxalase *f*	glyoxalase *f*
	glyoxalase I	*s.* L 69	
G 394	**glyoxalate**	Glyoxalat *n*	glyoxalate *m*
	glyoxalic acid	*s.* G 395	
G 395	**glyoxylic acid,** glyoxalic acid	Glyoxylsäure *f*, Glyoxalsäure *f*	acide *m* glyoxylique, acide glyoxalique
	G-M counter	*s.* G 112	
	Gmelin's reaction	*s.* G 396	
G 396	**Gmelin's test,** Gmelin's reaction	Gmelin-Probe *f*	réaction *f* de Gmelin
	GMP	*s.* G 494	
G 397	**gnat,** mosquito	Mücke *f*	moustique *m*
G 398	**goat**	Ziege *f*	chèvre *f*
G 399	**goblet cell**	Becherzelle *f*	cellule *f* calciforme, cellule en gobelet
	GOD	*s.* G 280	
	go into solution / to	*s.* D 637	
G 400	**gold,** Au	Gold *n*, Au	or *m*, Au
	Goldberg's enzyme	*s.* F 64	
G 401	**gold chloride**	Goldchlorid *n*	chlorure *m* d'or
G 402	**gold chloride staining**	Goldchloridfärbung *f*	coloration *f* au chlorure aurique (d'or)
	gold sol	*s.* C 744	
G 403	**Golgi apparatus,** Golgi complex	Golgi-Apparat *m*, Golgi-Komplex *m*	appareil *m* de Golgi, complexe *m* de Golgi
G 404	**Golgi cell**	Golgi-Zelle *f*	cellule *f* de Golgi
	Golgi complex	*s.* G 403	
G 405	**Golgi reagent**	Golgi-Reagens *n*	réactif *m* de Golgi
G 406	**Golgi's method**	Golgi-Methode *f*, Golgi-Färbung *f*	méthode *f* de Golgi, coloration *f* de Golgi
	gonadal hormone	*s.* S 331	
G 407	**gonadoliberin,** gonadotropin-releasing hormone (factor), GRH, GRF	Gonadoliberin *n*, Gonadotropin-Releasinghormon *n*, Gonadotropin-Releasingfaktor *m*, gonadotropinfreisetzendes Hormon *n*, GRH, GRF	gonadolibérine *f*, hormone *f* de libération des gonadotrophines, G-RH, Gn-RH
	gonadotropic hormone	*s.* G 408	
G 408	**gonadotropin,** gonadotropic hormone	Gonadotropin *n*, gonadotropes Hormon *n*	gonadotrophine *f*, hormone *f* gonadotrope
	gonadotropin-releasing factor	*s.* G 407	
	gonadotropin-releasing hormone	*s.* G 407	
G 409	**goniometer**	Goniometer *n*, Winkelmesser *m*	goniomètre *m*
G 410	**gonococcal antigen**	Gonokokkenantigen *n*	antigène *m* gonococcique

	English	German	French
G 411	**gonococcus,** diplococcus of Neisser, Neisseria gonorrhoeae, Diplococcus gonorrhoeae	Gonococcus *m,* Gonorrhoeerreger *m*	diplocoque *m* de Neisser, gonocoque *m,* microcoque *m* de Neisser
	gonocyte	*s.* G 32	
	gonodeviation	*s.* G 412	
G 412	**gonoreaction,** gonodeviation	Gonoreaktion *f* Gonokokkenreaktion *f,* Gonodeviation *f*	gonoréaction *f,* gonodéviation *f*
G 413	**gonorrhoeal thread**	Tripperfaden *m*	filament *m* blénnorragique
	gonosome	*s.* S 329	
	Gordon's test	*s.* P 715	
	GOT⁺	*s.* A 1061	
G 414	**Gottsacker's [culture] medium**	Gottsacker-Nährboden *m*	milieu *m* de Gottsacker
	GPC	*s.* G 128	
	GPD	*s.* G 330	
	GPT⁺	*s.* A 412	
	grade	*s.* S 768	
G 415	**gradient**	Gradient *m*	gradient *m*
G 416	**gradient centrifugation**	Gradientenzentrifugation *f*	centrifugation *f* en gradient
G 417	**gradient elution**	Gradientenelution *f*	élution *f* par gradient
G 418	**gradient thin-layer chromatography**	Gradienten-Dünnschichtchromatographie *f*	chromatographie *f* en couche mince par gradient
	gradual	*s.* S 858	
G 419	**graduate / to**	graduieren	graduer
	graduate	*s.* M 215	
	graduated burette	*s.* M 191	
	graduated cylinder	*s.* M 197	
	graduated flask	*s.* V 165	
	graduated measure	*s.* M 197	
	graduated pipette	*s.* M 204	
G 420	**graduation**	Graduierung *f*	graduation *f*
	graduation line	*s.* G 421	
G 421	**graduation mark,** division mark, graduation (division, scale) line	Teilstrich *m*	trait *m* de graduation
G 422	**Graffi's virus**	Graffi-Leukose-Virus *n*	virus *m* [de] Graffi
	graft / to	*s.* T 513	
	graft	*s.* T 514	
	graft conservation	*s.* T 518	
	graft immunology	*s.* T 517	
	grafting	*s.* T 515	
G 423	**graft versus host reaction**	Transplantat-Wirt-Reaktion *f,* Graft-versus-host-Reaktion *f*, Transplantat-gegen-Empfänger-Reaktion *f*	réaction *f* du greffon vers son hôte, réaction du greffon contre l'hôte
	grain / to	*s.* G 434	
	grain	*s.* G 439	
	grained	*s.* G 431	
	graining	*s.* G 436	
G 424	**grain size,** particle size	Korngröße *f*	granulation *f,* grosseur *f* du grain
	grainy	*s.* G 431	
G 425	**gram,** gramme, g	Gramm *n,* g	gramme *m,* g
G 426	**gram atom, gram-atomic weight**	Grammatom *n*	atome-gramme *m*
G 427	**gram equivalent**	Grammäquivalent *n*	équivalent-gramme *m*
	gramme	*s.* G 425	
	gram mole	*s.* M 647	
	gram-molecular weight	*s.* M 647	
	gram molecule	*s.* M 647	
G 428	**gram-negative**	gramnegativ	gram-négatif, Gram négatif
G 429	**gram-positive**	grampositiv	gram-positif, Gram positif
	Gram's method	*s.* G 430	
G 430	**Gram's staining,** Gram's method	Gram-Färbung *f*	coloration (méthode) *f* de Gram
G 431	**granular,** granulous, granulated, grained, grainy	granulär, granulös, gekörnt, körnig	granulaire, granuleux, granulé, grenu
G 432	**granular cast,** granulated cast	granulierter Zylinder *m*	cylindre *m* granulé
	granular leucocyte	*s.* G 440	
G 433	**granular material**	Granulat *n*	granulé *m*
G 434	**granulate / to,** to grain	granulieren	granuler
	granulated	*s.* G 431	
	granulated cast	*s.* G 432	
G 435	**granulated gel**	granuliertes (gekörntes) Gel *n*	gel *m* granulé
	granulating	*s.* G 436	
G 436	**granulation,** granulating, graining	Granulation *f*, Granulieren *n,* Granulierung *f,* Körnung *f*	granulation *f*
G 437	**granulation cell**	Granulationszelle *f*	cellule *f* à granulations
G 438	**granulation tissue**	Granulationsgewebe *n*	tissu *m* de granulation, tissu granulaire
G 439	**granule,** granulum, grain	Granulum *n,* Körnchen *n*	granule *m*
	granuloblast	*s.* M 825	
G 440	**granulocyte,** granular leucocyte	Granulozyt *m,* granulierter Leukozyt *m*	granulocyte *m,* leucocyte *m* granulé
G 441	**granulo-erythrocytic index**	granuloerythrozytärer Index *m,* G-E-Index	indice *m* granulo-érythrocytaire

No.	English	German	French
G 442	**granulomer**	Granulomer *n*	granulomère *m*
G 443	**granulopoietin**	Granulopoietin *n*, Granulopoetin *n*	granulopoïétine *f*
G 444	**granulosa cell,** follicular (follicle) cell, cell of the granulous membrane, folliculocyte	Granulosazelle *f*, Follikelzelle *f*, Follikulozyt *m*	cellule *f* de la granulosa, cellule folliculaire (granulosaire)
	granulous	*s.* G 431	
	granulum	*s.* G 439	
	grape sugar	*s.* G 270	
	graph	*s.* D 304	
G 445	**graphic[al]**	graphisch	graphique
	graphic representation	*s.* D 304	
G 446	**graphite**	Graphit *m*	graphite *m*
G 447	**grating** *(optics)*	Gitter *n*	réseau *m*
	gravid	*s.* P 874	
	gravida	*s.* P 875	
	gravidity	*s.* P 863	
G 448	**gravimetric**	gravimetrisch	gravimétrique
	gravimetric analysis	*s.* G 450	
G 449	**gravimetric method**	gravimetrische Methode *f*	méthode *f* gravimétrique
G 450	**gravimetry,** gravimetric (weight) analysis	Gravimetrie *f*, gravimetrische Analyse *f*, Gewichtsanalyse *f*	gravimétrie *f*, analyse *f* gravimétrique
G 451	**gravitation**	Gravitation *f*	gravitation *f*
G 452	**gravitational field**	Gravitationsfeld *n*	champ *m* de gravitation (pesanteur)
	Grawitz cell	*s.* S 442	
	gray	*s.* G 454	
G 453	**green**	grün	vert
G 454	**grey,** gray *(US)*	grau	gris
	GRF	*s.* G 407, S 582	
	GRH	*s.* G 407, S 582	
G 455	**grid,** screen, raster	Raster *n*	trame *f*, grille *f*
G 456	**Griess' reagent**	Grieß-Reagens *n*	réactif *m* de Grieß
G 457	**Griess' test**	Grieß-Probe *f*	test *m* de Grieß
G 458	**grind / to,** to mill	mahlen, zermahlen	moudre, broyer
G 459	**gross error**	grober Fehler *m*	erreur *f* grosse
G 460	**ground-glass joint,** ground joint	Schliffverbindung *f*, Schliff *m*	joint *m* torique
G 461	**ground-glass stopper,** ground stopper	Schliffstopfen *m*	bouchon *m* à l'émeri
	ground joint	*s.* G 460	
	ground stopper	*s.* G 461	
G 462	**ground substance,** parent (mother) substance	Grundsubstanz *f*	substance *f* fondamentale (de base)
G 463	**group**	Gruppe *f*	groupe *m*
G 464	**group agglutination**	Gruppenagglutination *f*	agglutination *f* de groupe
G 465	**group agglutinin,** minor agglutinin	Gruppenagglutinin *n*	agglutinine *f* de groupe, coagglutinine *f*
G 466	**group agglutinogen**	Gruppenagglutinogen *n*	agglutinogène *m* de groupe
G 467	**group antigen**	Gruppenantigen *n*	antigène *m* de groupe
	group antigen extract	*s.* G 468	
G 468	**group extract,** group antigen extract	Gruppenextrakt *m*	extrait *m* de groupe
G 469	**grouping**	Gruppierung *f*	groupement *m*
G 470	**group of enzymes**	Enzymgruppe *f*	groupe *m* d'enzymes
G 471	**group-specific**	gruppenspezifisch	spécifique du groupe
	group-specific	*s. a.* B 397	
G 472	**group-specific component,** Gc globulin	Gc-Globulin *n*, gruppenspezifische Komponente *f*, Gc-Gruppe *f*	composante *m* spécifique de groupe
G 473	**group-specific protein**	gruppenspezifisches Protein (Eiweiß) *n*	protéine *f* spécifique du groupe
G 474	**group-specific substance**	gruppenspezifische Substanz *f*	substance *f* spécifique du groupe
G 475	**group transfer**	Gruppentransfer *m*, Gruppenübertragung *f*	transfert *m* de groupe[s]
	grown-up	*s.* A 325	
G 476	**growth**	Wachstum *n*, Wachsen *n*	croissance *f*
G 477	**growth curve**	Wachstumskurve *f*	courbe *f* de croissance
G 478	**growth factor,** growth-promoting (growth-stimulating) factor	Wachstumsfaktor *m*, Wuchsfaktor *m*	facteur *m* de croissance
	growth hormone	*s.* S 586	
	growth hormone-inhibiting factor	*s.* S 585	
	growth hormone-inhibiting hormone	*s.* S 585	
	growth hormone-releasing factor	*s.* S 582	
	growth hormone-releasing hormone	*s.* S 582	
G 479	**growth process**	Wachstumsprozeß *m*	processus *m* de croissance
	growth-promoting factor	*s.* G 478	
G 480	**growth rate,** rate of growth	Wachstumsgeschwindigkeit *f*, Wachstumsrate *f*	vitesse *f* (taux *m)* de croissance
	growth-stimulating factor	*s.* G 478	
G 481	**Gruber-Widal reaction**	Gruber-Widal-Reaktion *f*	réaction *f* de Gruber-Widal
G 482	**Gruetz' agar**	Grütz-Agar *m*	gélose *f* de Grütz
	GSH	*s.* G 319	
	GTP	*s.* G 495	
G 483	**guaiacol**	Guajacol *n*	gaïacol *m*
G 484	**guaiaconic acid**	Guajacsäure *f*	

G 485	**guaiac test**	Guajacprobe *f*	épreuve *f* au gaïac
	guanase	*s.* G 489	
G 486	**guanidine,** aminomethanamidine, carbamidine, iminourea	Guanidin *n,* Iminoharnstoff *m,* Aminomethanamidin *n,* Carbamidin *n*	guanidine *f,* imino-urée *f,* aminoformamidine *f,* carbamidine *f,* uramine *f*
G 487	**guanidinoacetic acid**	Guanidinoessigsäure *f*	acide *m* guanidinoacétique
G 488	**guanine,** 2-amino-6-oxypurine	Guanin *n,* 2-Amino-6-hydroxypurin *n*	guanine *f,* 2-amino-6-hydroxypurine *f*
	guanine aminase	*s.* G 489	
G 489	**guanine deaminase,** guanase, guanine aminase	Guanindesaminase *f,* Guanase *f,* Guaninaminase *f*	guanine-désaminase *f,* guanase *f,* guanine-aminase *f*
	guanine deoxyriboside	*s.* D 170	
G 490	**guanine nucleotide**	Guaninnucleotid *n*	guanine-nucléotide *m*
	guanine riboside	*s.* G 491	
G 491	**guanosine,** guanine riboside	Guanosin *n,* Guaninribosid *n*	guanosine *f,* guanine-riboside *m*
	guanosine aminase	*s.* G 492	
G 492	**guanosine deaminase,** guanosine aminase	Guanosindesaminase *f,* Guanosinaminase *f*	guanosine-désaminase *f,* guanosine-aminase *f*
G 493	**guanosine-5'-diphosphate,** GDP	Guanosin-5'-diphosphat *n,* GDP	guanosine-5'-diphosphate *m,* GDP
G 494	**guanosine-5'-monophosphate,** guanylic acid, GMP	Guanosin-5'-monophosphat *n,* Guanylsäure *f,* GMP	guanosine-5'-monophosphate *m,* GMP, acide *m* guanylique
G 495	**guanosine-5'-triphosphate,** GTP	Guanosin-5'-triphosphat *n,* GTP	guanosine-5'-triphosphate *m,* GTP
G 496	**guanylate cyclase,** guanyl[yl] cyclase	Guanylatcyclase *f,* Guanylylcyclase *f*	guanylate-cyclase *f,* guanylcyclase *f*
G 497	**guanylate kinase,** deoxyguanylate kinase	Guanylatkinase *f,* Desoxyguanylatkinase *f*	guanylate-kinase *f,* désoxyguanylate-kinase *f*
	guanyl cyclase	*s.* G 496	
	guanylic acid	*s.* G 494	
	guanylyl cyclase	*s.* G 496	
G 498	**Guarnieri's body, Guarnieri's corpuscle**	Guarnieri-Einschlußkörperchen *n*	corpuscules *mpl* de Guarnieri
G 499	**guide value**	Richtwert *m,* Orientierungswert *m*	valeur *f* indicative
G 500	**guinea pig**	Meerschweinchen *n*	cobaye *m*
G 501	**guinea pig complement**	Meerschweinchenkomplement *n*	complément *m* de cobaye
	Guinea worm	*s.* D 750	
G 502	***L*-gulonate dehydrogenase,** *L*-3-aldonate dehydrogenase	*L*-Gulonatdehydrogenase *f,* *L*-3-Aldonatdehydrogenase *f*	*L*-gulonate-déshydrogénase *f,* *L*-3-aldonate-déshydrogénase *f*
G 503	**gulonic acid**	Gulonsäure *f*	acide *m* gulonique
G 504	**gulose**	Gulose *f*	gulose *m*
G 505	**Guthrie test**	Guthrie-Test *m*	épreuve *f* de Guthrie

H

	h	*s.* H 430	
	H	*s.* H 489	
H 1	**haem,** hem[e], ferroprotoporphyrin	Häm *n,* Eisen(II)-protoporphyrin *n,* Ferroprotoporphyrin *n*	hème *m,* terroprotoporphyrine *f,* ferrohème *m*
H 2	**haemadsorption**	Hämadsorption *f*	hémadsorption *f*
H 3	**haemadsorption inhibition test**	Hämadsorptionshemmtest *m*	épreuve *f* d'inhibition d'hémadsorption
H 4	**haemadsorption test**	Hämadsorptionstest *m*	épreuve *f* d'hémadsorption
H 5	**haemadsorption virus**	Hämadsorptionsvirus *n*	virus *m* d'hémadsorption
	haemagglutinating virus of Japan	*s.* S 214	
H 6	**haemagglutination,** haemoagglutination, erythrocyte agglutination	Hämagglutination *f,* Erythrozytenagglutination *f*	hém[o]agglutination *f,* agglutination *f* des érythrocytes
H 7	**haemagglutination factor**	Hämagglutinationsfaktor *m*	facteur *m* d'hémagglutination
H 8	**haemagglutination inhibition**	Hämagglutinationshemmung *f*	inhibition *f* d'hémagglutination
H 9	**haemagglutination inhibition reaction (test)**	Hämagglutinationshemmtest *m,* Hämagglutinationshemmungsreaktion *f*	épreuve (réaction) *f* d'inhibition de l'hémagglutination
H 10	**haemagglutination reaction (test)**	Hämagglutinationsreaktion *f,* Hämagglutinationstest *m,* HAR	réaction (épreuve) *f* d'hémagglutination
H 11	**haemagglutinin,** haemoagglutinin	Hämagglutinin *n*	hémagglutinine *f*
H 12	**haemagglutinin titration**	Hämagglutinintitration *f*	titrage *m* d'hémagglutinine
H 13	**haemagglutinogen**	Hämagglutinogen *n*	hémagglutinogène *m*
H 14	**haemaggregation**	Hämaggregation *f*	hémagrégation *f*
H 15	**haemaggregation test**	Hämaggregationstest *m*	test *m* d'hémagrégation
H 16	**haemaggressin**	Hämaggressin *n*	hémagressine *f*
H 17	**haemalum**	Hämalaun *m*	hémalun *m*
	haemanalysis	*s.* B 361	
H 18	**haemangioblast**	Hämangioblast *m*	hémangioblaste *m*
H 19	**haematein**	Hämatein *n*	hématéine *f,* hydroxybrasiléine *f*
H 20	**haematin,** chlorohaemin, hydroxyhaematin	Hämatin *n,* Chlorhämin *n,* Hämichlorid *n*	hématine *f,* chlor[o]hémine *f,* chlorure *m* d'hème, chlorure d'hématine
	haematinometer	*s.* H 64	
	haematoblast	*s.* H 43	
	haematocrit	*s.* P 5	
H 21	**haematocrit centrifuge**	Hämatokritzentrifuge *f,* Blutzentrifuge *f*	centrifugeuse *f* hématocrite
H 22	**haematocrit measurement (measuring)**	Hämatokritmessung *f*	mesurage *m* d'hématocrite
	haematocyte	*s.* B 366	

	English	German	French
	haematocytology	*s.* H 44	
	haematocytometer	*s.* C 1064	
	haematocytometry	*s.* H 45	
H 23	**haematologic, haematological**	hämatologisch	hématologique
	haematological diagnosis	*s.* H 47	
H 24	**haematologic automat**	hämatologischer Automat *m*	automate *m* hématologique
H 25	**haematologic cytochemistry**	hämatologische Zytochemie *f*	cytochimie *f* hématologique
H 26	**haematologic laboratory**	hämatologisches Laboratorium *n*	laboratoire *m* hématologique
H 27	**haematologist**	Hämatologe *m*	hématologue *m*, hématologiste *m*
H 28	**haematology**	Hämatologie *f*	hématologie *f*
	haematolysis	*s.* H 76	
	haematometer	*s.* H 64	
	haematometry	*s.* H 66	
	haematomyelogram	*s.* H 83	
	haematophage	*s.* H 88	
H 29	**haematophore**	Hämatophor *m*	hématophore *m*
	haematopoietic cell	*s.* H 92	
	haematopoietin	*s.* E 443	
	haematoporphyrin	*s.* H 93	
	haematoprecipitin	*s.* H 94	
	haematospectroscope	*s.* H 102	
	haematospectroscopy	*s.* H 103	
	haematotoxic	*s.* H 109	
	haematotoxin	*s.* H 110	
	haematotropic	*s.* H 111	
H 30	**haematoxylin**	Hämatoxylin *n*	hématoxyline *f*
H 31	**haematoxylin body (corpuscle)**	Hämatoxylinkörperchen *n*	corpuscule *m* d'hématoxyline
H 32	**haematoxylin-eosin staining**	Hämatoxylin-Eosin-Färbung *f*	coloration *f* à l'hématoxyline-éosine
H 33	**haematoxylin test**	Hämatoxylinprobe *f*	épreuve *f* à l'hématoxyline
	haematozoic parasite	*s.* B 410	
	haematozoon	*s.* B 410	
H 34	**haem enzyme**	Hämenzym *n*	enzyme *m* hémique (à hème)
H 35	**haemiglobin,** methaemoglobin, ferrihaemoglobin	Hämiglobin *n*, Methämoglobin *n*, Met-Hb, *n*, Ferrihämoglobin *n*, Eisen(III)-hämoglobin *n*	hémiglobine *f*, méthémoglobine *f*, ferrihémoglobine *f*, Met-Hb
	haemiglobin cyanide	*s.* C 1198	
H 36	**haemiglobin hydroxide**	Hämiglobinhydroxid *n*	hydroxyde *m* d'hémiglobine
	haemiglobincyanide	*s.* C 1198	
H 37	**haemin,** ferriprotoporphyrin	Hämin *n*, Eisen(III)-protoporphyrin *n*	hémine *f*, ferriprotoporphyrine *f*
	haemin crystal	*s.* T 39	
H 38	**haem iron**	Hämeisen *n*	fer *m* de l'hème, fer hémique
	haemoagglutination	*s.* H 6	
	haemoagglutinin	*s.* H 11	
	haemoblast	*s.* H 43	
H 39	**haemochrome**	Hämochrom *n*	hémochrome *m*
H 40	**haemochromogen**	Hämochromogen *n*	hémochromogène *m*
	haemochromometer	*s.* H 64	
	haemochromometry	*s.* H 66	
	haemocoagulation	*s.* B 368	
	haemoculture	*s.* B 373	
H 41	**haemocuprein,** erythrocuprein	Hämocuprein *n*, Erythrocuprein *n*	hémocupréine *f*, érythrocupréine *f*
H 42	**haemocyanin**	Hämocyanin *n*	hémocyanine *f*
	haemocyte	*s.* B 366	
H 43	**haemocytoblast,** haem[at]oblast, blood stem cell	Hämozytoblast *m*, Häm[at]oblast *m*, Blutstammzelle *f*	hémocytoblaste *m*, hém[at]oblaste *m* , cellule *f* souche du sang
H 44	**haemocytology,** haematocytology	Häm[at]ozytologie *f*	hém[at]ocytologie *f*
	haemocytolysis	*s.* H 76	
	haemocytometer	*s.* C 1064	
H 45	**haemocytometry,** haematocytometry, blood cell counting	Hämozytometrie *f*, Blutkörperchenzählung *f*, Blutzellzählung *f*	hémocytométrie *f*, hématimétrie *f*, comptage *m* des hématies
H 46	**haemocytopherogram**	Hämozytopherogramm *n*	hémocytophérogramme *m*
H 47	**haemodiagnosis,** haematological diagnosis	Hämodiagnose *f*, Blutdiagnose *f*	hémodiagnostic *m*, diagnostic *m* hématologique
H 48	**haemodialysate**	Hämodialysat *n*, Blutdialysat *n*	hémodialysat *m*
H 49	**haemodialyser**	Hämodialysator *m*, Blutdialysegerät *n*	hémodialyseur *m*
H 50	**haemodialysis**	Hämodialyse *f*, Blutdialyse *f*	hémodialyse *f*
H 51	**haemodiffractometer,** blood cell tester	Hämodiffraktometer *n*, Blutzellenprüfer *m*	hémodiffractomètre *m*
H 52	**haemoerythrin**	Hämoerythrin *n*	hémoérythrine *f*
H 53	**haemofiltration**	Hämofiltration *f*	hémofiltration *f*
H 54	**haemofuscin**	Hämofuszin *n*	hémofuchsine *f*
H 55	**haemoglobin,** Hb, blood pigment, ferrohaemoglobin	Hämoglobin *n*, Hb, *n*, Blutfarbstoff *m* , Blutpigment *n*, Eisen(II)-hämoglobin *n*	hémoglobine *f*, pigment *m* du sang, pigment sanguin, Hb
H 56	**haemoglobin A,** adult haemoglobin	Hämoglobin *n* A, adultes Hämoglobin *n*	hémoglobine *f* A, hémoglobine adulte
H 57	**haemoglobin A_{1c},** glycosylated haemoglobin	Hämoglobin *n* A_{1c}, glycosyliertes Hämoglobin *n*	hémoglobine *f* A_{1c}, hémoglobine glycosylée
H 58	**haemoglobin cast**	Hämoglobinzylinder *m*	cylindre *m* d'hémoglobine

	English	German	French
H 59	**haemoglobin concentration**	Hämoglobinkonzentration *f*	concentration *f* en hémoglobine
H 60	**haemoglobin content**	Hämoglobingehalt *m*	teneur *f* en hémoglobine
H 61	**haemoglobin cyanide method**	Hämoglobincyanid-Methode *f*	méthode *f* d'hémoglobine-cyanure
H 62	**haemoglobin F,** fetal haemoglobin	Hämoglobin *n* F, fetales Hämoglobin	hémoglobine *f* F (fœtale)
H 63	**haemoglobin-haptoglobin complex**	Hämoglobin-Haptoglobin-Komplex *m,* Hb-Hp-Komplex *m*	complexe *m* hémoglobine-haptoglobine
H 64	**haemoglobinometer,** haemometer, haemat[in]ometer, haemochromometer	Hämoglobinometer *n,* Hämoglobinmeßgerät *n*, Hämometer *n*, Hämat[in]ometer *n,* Hämochromometer *n*	hémoglobinomètre *m,* hémoglobinimètre *m*, hémochrom[at]omètre *m,* homomètre *m*
H 65	**haemoglobinometric**	hämoglobinometrisch	hémoglobinométrique
H 66	**haemoglobinometry,** haem[at]ometry, haemochromometry	Hämoglobinometrie *f,* Häm[at]ometrie *f*, Hämochromometrie *f*	hémoglobinométrie *f,* hémochromométrie *f*, hém[at]ométrie *f*
H 67	**haemoglobin S,** sickle cell haemoglobin	Hämoglobin *n* S, Sichelzellhämoglobin *n*	hémoglobine *f* S (des cellules falciformes)
H 68	**haemoglobin type**	Hämoglobintyp *m*	type *m* d'hémoglobine
	haemogram	*s.* B 412	
H 69	**haemohistioblast**	Hämohistioblast *m*	hémohistioblaste *m*
H 70	**haemolipocrit, haemolipometer**	Hämolipokrit *m*	hémolipocrite *m*
H 71	**haemolysate**	Hämolysat *n*	hémolysat *m*
H 72	**haemolysation**	Hämolysierung *f,* Hämolyseauslösung *f*	hémolysation *f*
H 73	**haemolyse / to**	hämolysieren	hémolyser
H 74	**haemolysin,** erythro[cyto]lysin	Hämolysin *n,* Erythro[zyto]lysin *n*	hémolysine *f,* érythro[cyto]lysine *f*
H 75	**haemolysin reaction**	Hämolysinreaktion *f*	réaction *f* d'hémolysine
H 76	**haemolysis,** haemocytolysis, haematolysis, erythro[cyto]lysis	Hämo[zyto]lyse *f,* Blutkörperchenauflösung *f*, Blutzersetzung *f*, Erythrozytenzerfall *m,* Erythrozytolyse *f*	hémolyse *f,* globulolyse *f*, hématolyse *f*, érythro[cyto]lyse *f*
H 77	**haemolysis-inhibiting reaction**	Hämolysehemmungsreaktion *f*	réaction *f* d'inhibition d'hémolyse
H 78	**haemolysoid**	Hämolysoid *n*	hémolysoïde *m*
H 79	**haemolytic**	hämolytisch	hémolytique
H 80	**haemolytic activity**	hämolytische Aktivität *f*	activité *f* hémolytique
H 81	**haemolytic serum**	hämolytisches Serum *n*	sérum *m* hémolytique
H 82	**haemolytic streptococcus,** Streptococcus pyogenes, Streptococcus haemolyticus, Streptococcus pyogenes humanus	Streptococcus *m* pyogenes, Streptococcus haemolyticus, Streptococcus pyogenes humanus	Streptococcus pyogenes, Streptococcus haemolyticus, Diplococcus scarlatinae, Micrococcus erysipelatis, diplocoque *m* de Class
	haemometer	*s.* H 64	
	haemometry	*s.* H 66	
H 83	**haemomyelogram,** haematomyelogram	Häm[at]omyelogramm *n,* Knochenmarkdifferenzierung *f,* „zentrales" Blutbild *n*	hémomyélogramme *m,* hématomyéologramme *m*
H 84	**haemomyochromogen**	Hämomyochromogen *n*	hémomyochromogène *m*
H 85	**haemopeptide**	Hämopeptid *n*	hémopeptide *m*
H 86	**haemoperfusion**	Hämoperfusion *f*	hémoperfusion *f*
H 87	**haemopexin,** haemophilin	Hämopexin *n,* Hämophilin *n*	hémopexine *f,* hémophiline *f*
H 88	**haemophage,** haematophage, haemophagocyte	Häm[at]ophage *m,* Hämophagozyt *m,* Erythrozytenfreßzelle *f*	hém[at]ophage *m,* hém[at]ophagocyte *m*
	haemophagocyte	*s.* H 88	
	haemophil	*s.* H 89	
	haemophile	*s.* H 89	
H 89	**haemophilic,** haemophil[e]	hämophil	hémophile
H 90	**haemophilic bacterium**	hämophile Bakterie *f*	bactérie *f* hémophile
	haemophilin	*s.* H 87	
	Haemophilus aegypticus	*s.* K 82	
	Haemophilus conjunctivitidis	*s.* K 82	
H 91	**Haemophilus ducreyi**	Haemophilus *m* ducreyi	bacille *m* de Ducrey
	Haemophilus influenzae	*s.* I 245	
	Haemophilus parainfluenzae	*s.* P 71	
	Haemophilus parapertussis	*s.* B 490	
	Haemophilus pertussis	*s.* B 492	
H 92	**haemopoietic cell,** haematopoietic cell	hämopoietische (hämatopoietische, blutbildende) Zelle *f*	cellule *f* hématopoïétique
	haemopoietin	*s.* E 443	
H 93	**haemoporphyrin,** haematoporphyrin, protoporphyrin IX	Häm[at]oporphyrin *n,* Protoporphyrin *n* IX	hém[at]oporphyrine *f,* protoporphyrine *f* IX
H 94	**haemoprecipitin,** haematoprecipitin	Häm[at]opräzipitin *n,* Blutpräzipitin *n*	hémoprécipitine *f*
H 95	**haemoproteid**	Hämoproteid *n*	hémoprotéide *m*
H 96	**haemoprotein**	Hämoprotein *n*	hémoprotéine *f*
H 97	**haemoprotein cast**	Hämoproteinzylinder *m*	cylindre *m* d'hémoprotéine
H 98	**haemopsonin**	Hämopsonin *n*	hémopsonine *f*
H 99	**haemoreflector**	Hämoreflektor *m*	hémoréflecteur *m*
	haemorrhage / to	*s.* B 346	
	haemorrhagic stools	*s.* B 400	
H 100	**haemorrhagin**	Hämorrhagin *n*	hémorragine *f*
H 101	**haemosiderin**	Hämosiderin *n*	hémosidérine *f*
	haemosite	*s.* B 410	
H 102	**haemospectroscope,** haematospectroscope	Häm[at]ospektroskop *n*	hém[at]ospectroscope *m*

No.	English	German	French
H 103	**haemospectroscopy,** haematospectroscopy	Häm[at]ospektroskopie *f*	hém[at]ospectroscopie *f*
H 104	**Haemosporidium**	Haemosporidium *n*	hémosporidie *f*
H 105	**haemostaseogram**	Hämostaseogramm *n*	bilan *m* d'hémostase, hémostaséogramme *m*
H 106	**haemostaseology**	Hämostaseologie *f*	hémostaséologie *f*
	haemostasis	*s.* B 425	
H 107	**haemostatic [agent],** styptic	Haemostatikum *n*, Haemostyptikum *n*, Blutstillungsmittel *n*	hémostatique *m*, hémostyptique *m*
H 108	**haemotachogram**	Hämotachogramm *n*	hémotachogramme *m*
	haemotensiometer	*s.* H 116	
H 109	**haemotoxic,** haematotoxic	häm[at]otoxisch	hém[at]otoxique
H 110	**haemotoxin,** haematotoxin, blood toxin	Häm[at]otoxin *n*, Blutgift *n*	hémotoxine *f*, hématotoxine *f*
H 111	**haemotropic,** haematotropic	häm[at]otrop	hém[at]otrope
H 112	**haemotropic serum**	haemotropes Serum *n*	sérum *m* hémotrope
H 113	**haemovirus**	Hämovirus *n*	hémovirus *m*
	haemovolumetry	*s.* B 441	
H 114	**haemoxygenase**	Hämoxygenase *f*	hémoxygénase *f*
H 115	**haemoxymeter**	Hämoxymeter *n*	hémoxymètre *m*
H 116	**haemoxytensiometer,** haemotensiometer	Hämoxytensiometer *n*, Hämotensiometer *n*	hémotensiomètre *m*
	haemozoon	*s.* B 410	
H 117	**Hagedorn-Jensen method**	Hagedorn-Jensen-Verfahren *n*	méthode *f* de Hagedorn-Jensen
	Hageman factor	*s.* C 645	
H 118	**H agglutination**	H-Agglutination *f*	agglutination *f* H
H 119	**hair,** pilus	Haar *n*, Pilus *m*	cheveu *m*, poil *m*
H 120	**hair cell,** hairy cell	Haarzelle *f*	cellule *f* piliaire
H 121	**hair follicle mite,** follicular mite, Demodex folliculorum	Haarbalgmilbe *f*	acare *m* des follicules
	hairy cell	*s.* H 120	
H 122	**Halberstaedter-Prowazek body (corpuscle)**	Halberstädter-Prowazek-Körperchen *n*	corps *m* de Halberstaedter-Prowazek, corpuscule *m* de Prowazek-Halberstaedter
H 123	**Haldane's apparatus**	Haldane-Apparat *m*	appareil *m* de Haldane
	half antigen	*s.* H 141	
H 124	**half-life [period]**	Halbwertszeit *f*, HWZ	demi-vie *f*, demi-période *f*
	half-polar	*s.* S 210	
	half-value width	*s.* H 125	
H 125	**half-width,** half-value width	Halbwertsbreite *f*	largeur *f* de bande à mi-hauteur
H 126	**halide,** halogenide	Halogenid *n*	halogénure *m*
H 127	**Hall's tube**	Hallsches Röhrchen *n*	tube *m* de Hall
H 128	**hallucinogen[ous substance]**	Halluzinogen *n*	hallucinogène *m*
	halocarbon	*s.* H 132	
H 129	**halo compound,** halogen compound	Halogenverbindung *f*	combinaison *f* halogénée
H 130	**halogen**	Halogen *n*, Salzbildner *m*	halogène *m*
H 131	**halogenate / to,** to halogenise	halogenieren	halogéner
H 132	**halogenated hydrocarbon,** halocarbon	Halogenkohlenwasserstoff *m*	hydrocarbure *m* halogéné
	halogen compound	*s.* H 129	
	halogenide	*s.* H 126	
	halogenise / to	*s.* H 131	
H 133	**halogen lamp**	Halogenlampe *f*	lampe *f* à iode
H 134	**halometry**	Halometrie *f*	halométrie *f*
H 135	**hamster**	Hamster *m*	hamster *m*
	hand / by the	*s.* M 114	
H 136	**hands disinfection**	Händedesinfektion *f*	désinfection *f* des mains
	Hanger's test	*s.* C 313	
H 137	**hanging drop**	hängender Tropfen *m*	goutte *f* pendante
H 138	**Hank's [salt] solution**	Hank-Salzlösung *f*, Hank-Lösung *f*	solution *f* [saline] de Hank
	Hansen's bacillus	*s.* L 161	
	Hansen's lepra bacillus	*s.* L 161	
	H antigen	*s.* F 190	
H 139	**haploid**	Haploid *n*	haploïde *m*
H 140	**haploid**	haploid	haploïde
H 141	**hapten,** half antigen, semiantigen	Hapten *n*, Halbantigen *n*, unvollständiges Antigen *n*	haptène *m*, semi-antigène *m*
H 142	**haptide**	Haptid *n*, Halbhapten *n*	haptide *m*, semi-haptène *m*
H 143	**haptoglobin**	Haptoglob[ul]in *n*	haptoglobine *f*
	haptophore	*s.* H 144	
H 144	**haptophoric group,** haptophore	haptophore Gruppe *f*, Haptophor *m*	groupe *m* haptophore, haptophore *m*
	Harden-Young ester	*s.* F 403	
H 145	**hardness**	Härte *f*	dureté *f*
H 146	**Harrison's test**	Harrison-Test *m*	épreuve *f* de Harrison
	hartshorn	*s.* A 636	
	hartshorn salt	*s.* A 636	
H 147	**hashish,** marihuana	Haschisch *m(n)*	haschisch *m*, marihuana *f*
	hat cell	*s.* T 20	
	have effect / to	*s.* A 189	
	having wide spacing	*s.* L 92	

H 148	**hay bacillus,** Bacillus subtilis	Heubazille *f*	bacille *m* subtil
H 149	**Hayem's corpuscle**	Hayem-Körperchen *n,* Hayem-Hämatoblast *m*	corpuscule *m* de Hayem, hématoblaste *m* de Hayem
	Hayem's diluting fluid	*s.* H 150	
H 150	**Hayem's solution,** Hayem's diluting fluid	Hayem-Lösung *f*	solution *f* de Hayem
H 151	**Hay's test**	Hay-Schwefelblumenprobe *f*	réaction *f* de Hay
H 152	**hazard of explosion,** danger of explosion	Explosionsgefahr *f*	danger *m* d'explosion
	Hb	*s.* H 55	
	HB$_s$Ag	*s.* H 224	
	HCG	*s.* C 495	
	H chain	*s.* H 188	
	HCS	*s.* P 508	
	Hct	*s.* P 5	
	Hcy	*s.* H 376	
H 153	**HDL,** high density lipoprotein	HDL *n,* High-Density-Lipoprotein *n,* Lipoprotein *n* hoher Dichte	HDL, α-lipoprotéine *f,* high density lipoprotéine *f,* lipoprothéube de haute densité
H 154	**HDL cholesterol**	HDL-Cholesterol *n*	cholestérol *m* HDL
	He	*s.* H 196	
H 155	**head louse,** Pediculus humanus capitis	Kopflaus *f*	pou *m* de tête
	head of the tapeworm	*s.* S 129	
H 156	**health**	Gesundheit *f*	santé *f*
H 157	**health care (protection)**	Gesundheitsschutz *m*	protection *f* sanitaire
H 158	**healthy**	gesund	sain
H 159	**healthy individuals (subjects)**	Gesunde *pl*	sains *mpl,* sujets *mpl* sains
H 160	**heart,** cor	Herz *n,* Cor *n*	cœur *m*
H 161	**heart cell,** cardiac cell	Herzzelle *f*	cellule *f* cardiaque
H 162	**heart-failure cell,** septal cell	Herzfehlerzelle *f*	cellule *f* cardiaque, macrophage *m* alvéolaire
H 163	**heat / to**	erwärmen, erhitzen	chauffer
	heat / to	*s. a.* W 6	
H 164	**heat**	Wärme *f*	chaleur *f*
H 165	**heat agglutination**	Wärmeagglutination *f*	agglutination *f* chaude
H 166	**heat agglutinin**	Wärmeagglutinin *n*	agglutinine *f* chaude
H 167	**heat coagulation,** thermal coagulation	Hitzekoagulation *f*	coagulation *f* par la chaleur
	heat conductivity	*s.* T 140	
	heat content	*s.* E 272	
H 168	**heat denaturation test**	Hitzedenaturierungstest *m,* Hitzestabilitätstest *m*, Hitzelabilitätstest *m*	épreuve *f* de thermodénaturation
	heat energy	*s.* T 143	
H 169	**heat equivalent,** equivalent of heat	Wärmeäquivalent *n*	équivalent *m* de la chaleur
H 170	**heat exchanger**	Wärmeaustauscher *m*	échangeur *m* thermique
H 171	**heat fibrin**	Hitzefibrin *n*	fibrine *f* thermique
H 172	**heat fixation**	Hitzefixierung *f*	fixation *f* thermique
H 173	**heat inactivation,** thermal inactivation	Hitzeinaktivierung *f*	inactivation *f* thermique (par la chaleur)
H 174	**heating**	Erhitzung *f*, Erhitzen *n*	chauffement *m,* échauffement *m*
	heating	*s. a.* W 9	
H 175	**heating bath**	Heizbad *n*	bain *m* de chauffage
H 176	**heating in water bath**	Erhitzen *n* im Wasserbad	chauffement *m* en bain-marie
H 177	**heating jacket, heating mantle**	Heizmantel *m*	chemise *f* de chauffage
	heating panel	*s.* H 178	
H 178	**heating plate,** hot plate, heating panel	Heizplatte *f*	plaque *f* chauffante
H 179	**heat input,** heat supply	Wärmezufuhr *f*	apport *m* de chaleur
	heat-labile	*s.* T 160	
	heat lability	*s.* T 162	
H 180	**heat loss,** loss of heat	Wärmeverlust *m*	perte *f* de chaleur
H 181	**heat of formation**	Bildungswärme *f*	chaleur *f* de formation
	heat of reaction	*s.* R 140	
H 182	**heat of solution**	Lösungswärme *f*	chaleur *f* de dissolution (solution)
H 183	**heat precipitation**	Hitzepräzipitation *f*	précipitation *f* thermique
	heat-proof	*s.* T 183	
H 184	**heat quantity,** quantity (amount) of heat	Wärmemenge *f*	quantité *f* de chaleur
	heat radiation	*s.* T 145	
	heat regulation	*s.* T 179	
	heat resistance	*s.* T 181	
	heat-resistant	*s.* T 183	
	heat-sensitive	*s.* T 160	
	heat sensitivity	*s.* T 162	
H 185	**heat source,** source of heat	Wärmequelle *f*	source *f* de chaleur, source calorifique
	heat stability	*s.* T 181	
	heat-stable	*s.* T 183	
H 186	**heat sterilisation**	Hitzesterilisation *f*	stérilisation *f* thermique
	heat supply	*s.* H 179	
H 187	**heat transfer (transmission),** thermal transfer (transmission)	Wärmeübertragung *f*	transfert *m* de la chaleur
	heat up / to	*s.* W 6	

H 188	**heavy chain,** H chain	schwere Kette *f*, H-Kette *f*	chaîne *f* lourde, chaîne H
	heavy hydrogen	*s.* D 258	
H 189	**heavy metal**	Schwermetall *n*	métal *m* lourd
H 190	**heavy metal salt**	Schwermetallsalz *n*	sel *m* de métaux lourds
H 191	**Heidenhain's staining method**	Heidenhain-Färbung *f*	coloration *f* de Heidenhain
H 192	**height**	Höhe *f*	altitude *f*
H 193	**Heinz bodies test**	Heinz-Körper-Test *m*	test *m* au corps de Heinz
H 194	**Heinz[-Ehrlich] body,** inner body, Heinz granule	[Heinz-]Innenkörper *m*, Erythrozyteninnenkörper *m*, Heinz[-Ehrlich]-Körperchen *n*	corps (corpuscule) *m* de Heinz, corps de Heinz-Ehrlich
	Heinz granule	*s.* H 194	
H 195	**HeLa cell**	HeLa-Zelle *f*	cellule *f* de HeLa
	helical	*s.* S 691	
	helical structure	*s.* H 198	
H 196	**helium,** He	Helium *n*, He	hélium *m*, He
H 197	**helix**	Helix *f*	hélix *m*, hélice *f*
H 198	**helix structure,** helical structure	Helixstruktur *f*	structure *f* hélicoïdale
H 199	**Heller's test**	Heller-Probe *f*	réaction *f* de Heller
H 200	**helminth,** intestinal worm	Helminth *m*, Eingeweidewurm *m*	helminthe *m*, ver *m* intestinal
H 201	**helminthic egg**	Wurmei *n*	œuf *m* helminthique (d'helminthe)
H 202	**helminthic larva**	Wurmlarve *f*	larve *f* helminthique (d'helminthe)
	helminthic phase	*s.* H 203	
H 203	**helminthic stage,** helminthic phase	Helminthenstadium *n*	stade *m* helminthique
H 204	**helminthology**	Helminthologie *f*	helminthologie *f*
H 205	**helper cell**	Helferzelle *f*	cellule *f* assistante (auxiliaire)
H 206	**helper virus**	Helfervirus *n*	virus *m* assistant
	hem	*s.* H 1	
	heme	*s.* H 1	
H 207	**hemizygote**	Hemizygote *f*	hémizygote *m*
H 208	**Henderson-Hasselbalch equation**	Henderson-Hasselbalch-Gleichung *f*	équation *f* de Henderson-Hasselbalch
	Henry's melanoflocculation test	*s.* M 257	
	Henry's test	*s.* M 257	
H 209	**hen's egg**	Hühnerei *n*	œuf *m* de poule
	hepar	*s.* L 368	
H 210	**heparan sulphate**	Heparansulfat *n*	sulfate *m* d'héparan
H 211	**heparin**	Heparin *n*	héparine *f*
H 212	**heparinase,** heparin lyase	Heparinase *f*, Heparinlyase *f*	héparinase *f*, héparine-lyase *f*
H 213	**heparinate**	Heparinat *n*	héparinate *m*
	heparin cofactor	*s.* A 935	
H 214	**heparinisation**	Heparinisierung *f*, Heparinisieren *n*	héparinisation *f*
H 215	**heparinise / to**	heparinisieren	hépariniser
H 216	**heparinised**	heparinisiert	hépariné
H 217	**heparinised blood**	Heparinblut *n*	sang *m* hépariné
	heparin lyase	*s.* H 212	
H 218	**heparinocyte**	Heparinozyt *m*, Heparinspeicherzelle *f*	héparinocyte *m*
H 219	**heparinoid**	Heparinoid *n*	héparinoïde *m*
H 220	**heparin time**	Heparinzeit *f*	temps *m* de trombine en présence d'héparine
H 221	**heparin tolerance test**	Heparintoleranztest *m*	test *m* de tolérance à l'héparine
	hepatic bile	*s.* A 5	
	hepatic biopsy	*s.* L 369	
	hepatic cell	*s.* L 372	
	hepatic enzyme	*s.* L 373	
	hepatic enzyme pattern	*s.* L 374	
	hepatic fluke	*s.* C 814a	
	hepatic fluke	*s.* L 376	
	hepatic glycogen	*s.* L 378	
	hepatic homogenate	*s.* L 379	
	hepatic parasite	*s.* L 381	
	hepatic parenchyma	*s.* L 382	
	hepatic tissue	*s.* L 385	
H 222	**hepatitis antibody**	Hepatitisantikörper *m*	anticorps *m* d'hépatite
H 223	**hepatitis antigen**	Hepatitisantigen *n*	antigène *m* d'hépatite
	hepatitis-associated antigen	*s.* H 224	
H 224	**hepatitis B surface antigen,** hepatitis virus B antigen, hepatitis-associated antigen, Australian (serum hepatitis, SH) antigen, HB_sAg	Hepatitis B-Oberflächen-Antigen *n*, hepatitisassoziiertes Antigen *n*, Australia-Antigen *n*, Serumhepatitis-Antigen *n*, SH-Antigen *n*, HB_sAg	surface-antigène *m* d'hépatite B, antigène *m* Australia, antigène Australia-SH, HB_sAg
H 225	**hepatitis virus**	Hepatitisvirus *n*	virus *m* d'hépatite, virus de l'hépatite
	hepatitis virus B antigen	*s.* H 224	
	hepatobiopsy	*s.* L 369	
H 226	**hepatocuprein**	Hepatocuprein *n*	hépatocupréine *f*
	hepatocyte	*s.* L 372	
H 227	**hepatoencephalomyelitis virus**	Hepato-Enzephalomyelitis-Virus *n*	virus *m* d'hépato-encéphalomyélite
H 228	**hepatoflavin**	Hepatoflavin *n*	hépatoflavine *f*
H 229	**hepatogenous pigment**	hepatogenes Pigment *n*	pigment *m* hépatogène
H 230	**hepatogram**	Hepatogramm *n*	hépatogramme *m*
H 231	**hepatolysin**	Hepatolysin *n*	hépatolysine *f*

H 232	**hepatophage**	Hepatophage *m*	hépatophage *m*
H 233	**hepatotoxin,** liver toxin	Hepatotoxin *n*, Lebergift *n*	hépatotoxine *f*
H 234	**hepatotropic virus**	hepatotropes Virus *n*	virus *m* hépatotrope
H 235	**HEp 2 cell**	HEp-2-Zelle *f*	cellule *f* HEp 2
H 236	**heptose**	Heptose *f*	heptose *m*
H 237	**herbicide,** weed killer (control agent)	Herbizid *n*, Unkrautbekämpfungsmittel *n*, Unkrautvertilgungsmittel *n*	herbicide *m*
	hereditary factor	*s.* G 131	
H 238	**heroin,** dia[cetyl]morphine, acetomorphine	Heroin *n*, Dia[cetyl]morphin *n*, Acetomorphin *n*	héroïne *f*, dia[cétyl]morphine *f*, acétomorphine *f*
H 239	**herpes cell**	Herpeszelle *f*	cellule *f* herpétique
H 240	**herpes simplex virus,** HSV, Herpesvirus hominis	Herpes-simplex-Virus *n*, HSV	HVH, virus *m* herpétique, virus de l'herpès, virus d'herpès de l'homme
H 241	**herpesvirus**	Herpesvirus *n*	virus *m* herpétique
	Herpesvirus hominis	*s.* H 240	
	Herpesvirus varicellae	*s.* V 50	
H 242	**hertz,** Hz	Hertz *n*, Hz	hertz *m*, Hz
	heterologous antigen	*s.* H 247	
H 243	**heteroagglutination**	Heteroagglutination *f*	hétéroagglutination *f*
H 244	**heteroagglutinin,** heterohaemagglutinin	Hetero[häm]agglutinin *n*, heterophiles Agglutinin *n*, H-Hämagglutinin *n*	hétéro[hém]agglutinine *f*
H 245	**heteroallele**	Heteroallel *n*	hétér[o]allèle *m*
H 246	**heteroantibody,** heterogeneous (heterologous, heterophilic) antibody, heteroimmune antibody, xenoantibody, xenogenic antibody	Heteroantikörper *m*, heterogener (heterologer, heterophiler) Antikörper *m*, Heteroimmunantikörper *m*, Xenoantikörper *m*, xenogener Antikörper	hétér[o]anticorps *m*, anticorps *m* hétérogène, anticorps hétérophile, anticorps hétérologue, anticorps xénogène
H 247	**heteroantigen,** heterogeneous (heterologous) antigen	Heteroantigen *n*, heterogenes (heterologes) Antigen *n*	hétéroantigène *m*, antigène *m* hétérogène (hétérologue)
	heteroauxin	*s.* I 210	
H 248	**heterochromatin**	Heterochromatin *n*	hétérochromatine *f*
	heterochromosome	*s.* S 329	
	heterocycle	*s.* H 249	
H 249	**heterocyclic compound,** heterocycle	heterocyclische Verbindung *f*	combinaison *f* hétérocyclique
H 250	**heterogamete,** anisogamete	Heterogamet *m*, Anisogamet *m*	hétérogamète *m*, anisogamète *m*
H 251	**heterogeneity,** inhomogeneity, nonhomogeneity	Heterogenität *f*, Inhomogenität *f*, Verschiedenartigkeit *f*, Ungleichartigkeit *f*	hétérogénéité *f*, disparité *f*
H 252	**heterogeneous,** inhomogeneous, nonhomogeneous	heterogen, inhomogen, verschiedenartig, ungleichartig zusammengesetzt	hétérogène, non homogène, de nature différente
	heterogeneous antibody	*s.* H 246	
	heterogeneous antigen	*s.* H 247	
	heteroglycan	*s.* H 259	
	heterohaemagglutinin	*s.* H 244	
	heteroimmune antibody	*s.* H 246	
H 253	**heterologous serum**	Heteroserum *n*, heterologes Serum *n*	hétérosérum *m*, sérum *m* hétérologique
H 254	**heterolysin**	Heterolysin *n*	hétérolysine *f*
H 255	**heteromorphic, heteromorphous**	heteromorph	hétéromorphe
	heterophil	*s.* H 256	
	heterophile	*s.* H 256	
H 256	**heterophilic,** heterophil[e]	heterophil	hétérophile
	heterophilic antibody	*s.* H 246	
	heterophosphatase	*s.* H 269	
H 257	**Heterophyes,** Metagonimus	Metagonimusegel *m*	Heterophyes, Metagonimus
H 258	**heteroploid**	heteroploid	hétéroploïde
H 259	**heteropolysaccharide,** heteroglycan	Heteropolysaccharid *n*, Heteroglycan *n*	hétéropolysaccharide *m*, hétéroglycane *m*, hétéropolyoside *m*
H 260	**heteroprotein**	Heteroprotein *n*	hétéroprotéine *f*, hétéroprotéide *m*
H 261	**heterosaccharide**	Heterosaccharid *n*	hétérosaccharide *m*
	heterosome	*s.* S 329	
H 262	**heterotoxin**	Heterotoxin *n*	hétérotoxine *f*
	heterotypical chromosome	*s.* S 329	
H 263	**heterozygote**	Heterozygote *f*	hétérozygote *m*
H 264	**heterozygote test**	Heterozygotentest *m*	épreuve *f* d'hétérozygote
H 265	**heterozygous**	heterozygot	hétérozygote
	heterologous antibody	*s.* H 246	
H 266	**hexachloroethane,** perchloroethane	Hexachlorethan *n*, Perchlorethan *n*	hexachloréthane *m*, perchloréthane *m*
	hexadecanoic acid	*s.* P 15	
	hexahydropyridine	*s.* P 488	
	hexahydroxycyclohexane	*s.* I 316	
H 267	**hexamethylene tetramine, hexamine**	Hexamethylentetramin *n*, Hexamin *n*	hexaméthylènetétramine *f*, méthénamine *f*
H 268	**hexane**	Hexan *n*	hexane *m*
	hexanoic acid	*s.* C 91	
H 269	**hexokinase,** heterophosphatase	Hexokinase *f*, Heterophosphatase *f*	hexokinase *f*, hétérophosphatase *f*
H 270	**hexokinase reaction**	Hexokinasereaktion *f*	réaction *f* à l'hexokinase
H 271	**hexonic acid**	Hexonsäure *f*	acide *m* hexonique

H 272	**hexosamine,** amino sugar	Hexosamin *n*, Aminozucker *m*	hexosamine *f*, aminosucre *m*, sucre *m* aminé
H 273	**hexosaminidase**	Hexosaminidase *f*	hexosaminidase *f*
H 274	**hexosane**	Hexosan *n*	hexosane *m*
H 275	**hexose**	Hexose *f*	hexose *m*
	hexose diphosphatase	*s.* F 402	
	hexose diphosphate	*s.* F 403	
H 276	**hexose monophosphate**	Hexosemonophosphat *n*	hexose-monophosphate *m*
	hexosephosphate isomerase	*s.* G 287	
H 277	**hexose phosphoric acid**	Hexosephosphorsäure *f*	acide *m* hexosephosphorique
H 278	**hexosidase**	Hexosidase *f*	hexosidase *f*
H 279	**hexuronic acid**	Hexuronsäure *f*	acide *m* hexuronique
H 280	**H factor**	H-Faktor *m*	facteur *m* H
	Hfr cell	*s.* H 282	
	Hg	*s.* M 303	
	HGH	*s.* S 586	
	HGPRT	*s.* H 581	
H 281	**Hibler's culture medium**	Hibler-Nährboden *m*, Hibler-Hirnbrei *m*	milieu *m* de Hibler
	high density lipoprotein	*s.* H 153	
	high-fat	*s.* R 441	
H 282	**high frequency recombinant cell,** Hfr cell	Hfr-Zelle *f*	cellule *f* Hfr
	high-iron	*s.* R 442	
H 283	**highly active**	hochaktiv	fortement actif
H 284	**highly concentrated**	hochkonzentriert	à haute concentration, très concentré
H 285	**highly disperse**	hochdispers	fortement dispersé
H 286	**highly efficacious**	hochwirksam	très efficace, de haute efficacité
H 287	**highly inflammable**	feuergefährlich	inflammable
	highly nitrogenous	*s.* R 443	
H 288	**highly pure,** superpure, ultrapure	reinst, hochrein, ultrarein	de haute pureté, de grande pureté, extra pur
H 289	**highly purified**	hochgereinigt	très purifié
H 290	**highly purified substance**	hochgereinigte Substanz *f*	substance *f* très purifiée
H 291	**highly sensitive,** high-sensitive	hochempfindlich, hochsensitiv	ultra-sensible, très sensible
	highly soluble	*s.* V 80	
H 292	**highly specific**	hochspezifisch	très spécifique
	highly stained	*s.* H 567	
H 293	**highly toxic**	hochtoxisch, hochgiftig	très toxique, de forte toxicité
H 294	**highly virulent,** supervirulent	hochvirulent	très virulent
H 295	**highly viscous**	hochviskos	fortement visqueux, à forte viscosité
H 296	**highly volatile,** high-volatile, easily volatilised, volatile	leichtflüchtig	très volatil
H 297	**high-molecular**	hochmolekular	de poids moléculaire élevé
	high-molecular	*s. a.* M 16	
H 298	**high-oxygen**	sauerstoffreich	riche en oxygène
H 299	**high-performance chromatography**	Hochleistungschromatographie *f*	chromatographie *f* à haute résolution (performance)
	high-performance liquid chromatography	*s.* H 301	
H 300	**high-performance thin-layer chromatography**	Hochleistungs-Dünnschichtchromatographie *f*	chromatographie *f* sur couche mince à haute performance
H 301	**high-pressure liquid chromatography,** high-performance liquid chromatography, high-speed liquid chromatography, HPLC	Hochdruckflüssigchromatographie *f*, Hochleistungsflüssigchromatographie *f*, schnelle Flüssigkeitschromatographie *f*	chromatographie *f* en phase liquide à haute performance, chromatographie rapide en phase liquide
	high-pressure steam sterilisation	*s.* A 1131	
H 302	**high-resolution electrophoresis**	hochauflösende Elektrophorese *f*	électrophorèse *f* à haute résolution
H 303	**high-resolution gas chromatography**	hochauflösende Gaschromatographie *f*	chromatographie *f* en phase gazeuse àhaute résolution, chromatographie en phase gazeuse à haut pouvoir de résolution
	high-sensitive	*s.* H 291	
H 304	**high-special diagnostics**	hochspezialisierte Diagnostik *f*	diagnostic *m* très spécialisé
	high-speed centrifugation	*s.* U 9	
	high-speed centrifuge	*s.* U 10	
H 305	**high-speed gas chromatography**	Hochgeschwindigkeits-Gaschromatographie *f*	chromatographie *f* gazeuse à grande vitesse
	high-speed liquid chromatography	*s.* H 301	
H 306	**high-temperature chromatography**	Hochtemperaturchromatographie *f*	chromatographie *f* à haute température
	high tension	*s.* H 309	
H 307	**high vacuum**	Hochvakuum *n*	vide *m* élevé
H 308	**high-vacuum distillation**	Hochvakuumdestillation *f*	distillation *f* sous (à) vide élevé
	high-volatile	*s.* H 296	
H 309	**high voltage,** high tension	Hochspannung *f*	haute tension *f*
H 310	**high-voltage electrophoresis**	Hochspannungselektrophorese *f*	électrophorèse *f* sous haute tension
H 311	**hilar cell**	Hiluszelle *f*	cellule *f* hilaire
H 312	**hippurate**	Hippurat *n*	hippurate *m*

H 313	**hippuric acid,** benzoylaminoacetic acid, benzoylglycine	Hippursäure *f*, Benzoylaminoessigsäure *f*, Benzoylglycin *n*, Benzoylglycocoll *n*	acide *m* hippurique, acide benzoylaminoacétique, benzoylglycocolle *m*
H 314	**hippuric acid excretion test**	Hippursäureausscheidungsprobe *f*	épreuve *f* de l'acide hippurique
	hippuricase	*s.* A 597	
H 315	**Hirst's test**	Hirst-Test *m*	réaction *f* de Hirst
H 316	**hirudin**	Hirudin *n*	hirudine *f*
	hirudin test	*s.* H 317	
H 317	**hirudin tolerance test,** hirudin test	Hirudintoleranztest *m*, Hirudintest *m*	épreuve *f* de tolérance à l'hirudine
	Hirudo	*s.* L 149	
	Hirudo medicinalis	*s.* M 238	
	His	*s.* H 324	
H 318	**histaminase,** diamine oxidase	Histaminase *f*, Diaminooxidase *f*	histaminase *f*, diaminoxidase *f*
H 319	**histamine,** ergamine, β-imidazole ethylamine	Histamin *n*, Ergamin *n*, β-Imidazolethylamin *n*	histamine *f*, ergamine *f*, β-imidazole-éthylamine *f*
H 320	**histamine azoprotein**	Histaminazoprotein *n*	histamine-azoprotéine *f*
H 321	**histamine-latex reaction**	Histamin-Latex-Reaktion *f*	réaction *f* au latex-histamine
H 322	**histamine test**	Histamintest *m*	épreuve *f* à l'histamine
	histidase	*s.* H 323	
H 323	**histidinase,** histidase, histidine deaminase (ammonialyase)	Histid[in]ase *f*, Histidindesaminase *f*, Histidinammoniaklyase *f*	histid[in]ase *f*, histine-désaminase *f*
H 324	**histidine,** α-amino-β-imidazolylpropionic acid, β-imidazolyl-α-alanine, His	Histidin *n*, α-Amino-β-imidazolylpropionsäure *f*, β-Imidazolyl-α-alanin *n*, His	histidine *f*, acide *m* α-amino-β-imidazolyl-4-propionique, β-imidazolalanine *f*, glyoxylalanine *f*, His
	histidine ammonialyase	*s.* H 323	
	histidine deaminase	*s.* H 323	
H 325	**histidine decarboxylase**	Histidindecarboxylase *f*	histidine-décarboxylase *f*
H 326	**histidine monohydrochloride**	Histidinmonohydrochlorid *n*	histidine-monohydrochlorure *m*
H 327	**histidine tolerance test**	Histidinbelastungstest *m*	épreuve *f* de surcharge d'histidine
H 328	**histioblast,** histoblast	Hist[i]oblast *m*	hist[i]oblaste *m*
H 329	**histiocyte,** histocyte	Hist[i]ozyt *m*, Gewebswanderzelle *f*	hist[i]ocyte *m*
	histiogene	*s.* H 334	
H 330	**histiometry**	Histiometrie *f*	histiométrie *f*
	histoantigen	*s.* T 358	
	histoblast	*s.* H 328	
H 331	**histochemical**	histochemisch	histochimique
H 332	**histochemical reaction**	histochemische Reaktion *f*	réaction *f* histochimique
H 333	**histochemistry**	Histochemie *f*	histochimie *f*
	histocompatibility antigen	*s.* T 516	
H 334	**histocompatibility gene,** histiogene	Histokompatibilitätsgen *n*, Histiogen *n*	gène *m* d'histocompatibilité, histiogène *m*
H 335	**histocompatibility test**	Histokompatibilitätstest *m*	épreuve *f* àl'histocompatibilité
	histocyte	*s.* H 329	
H 336	**histodiagnosis**	Histodiagnose *f*	histodiagnostic *m*
	histodiagnosis	*s. a.* H 342	
H 337	**histofluorescence**	Gewebefluoreszenz *f*, Histofluoreszenz *f*	histofluorescence *f*
H 338	**histogram**	Histogramm *n*	histogramme *m*
	histohaematin	*s.* H 339	
H 339	**histohaemin,** histohaematin	Histohäm[at]in *n*	hist[i]ohémine *f*
H 340	**histoid,** tissue-like	histoid, gewebeartig, gewebeähnlich	histoïde
H 341	**histologic[al]**	histologisch	histologique
H 342	**histological diagnosis,** histodiagnosis	histologische Diagnose *f*	diagnostic *m* histologique, histodiagnostic *m*
H 343	**histological evidence (findings)**	histologischer Befund *m*	constatation *f* histologique
H 344	**histological laboratory**	histologisches Labor *n*	laboratoire *m* histologique
	histological physiology	*s.* H 356	
	histological preparation	*s.* T 373	
	histological section	*s.* T 377	
H 345	**histologist**	Histologe *m*	histologiste *m*
H 346	**histology**	Histologie *f*, Gewebelehre *f*	histologie *f*
H 347	**histolysis,** breaking down of tissue, dissolution of tissue	Histolyse *f*, Gewebeauflösung *f*, Gewebezerfall *m*	histolyse *f*, lyse *f* des tissus
H 348	**histomorphologic[al]**	histomorphologisch	histomorphologique
H 349	**histomorphology**	Histomorphologie *f*, Gewebemorphologie *f*	histomorphologie *f*, morphologie *f* des tissus
H 350	**histone**	Histon *n*	histone *f*, histonine *f*
H 351	**histone test**	Histontest *m*	épreuve *f* à l'histone
	histoneurology	*s.* N 91	
H 352	**histopathologic[al]**	histopathologisch	histopathologique
H 353	**histopathology**	Histopathologie *f*	histopathologie *f*
H 354	**histopeptone**	Histopepton *n*	histopeptone *m*
H 355	**histophagocyte**	Histophagozyt *m*	histophagocyte *m*
H 356	**histophysiology,** histological physiology	Histophysiologie *f*, Gewebephysiologie *f*	histophysiologie *f*
H 357	**histoplasmin**	Histoplasmin *n*	histoplasmine *f*
H 358	**histoplasmin [skin] test**	Histoplasmintest *m*	intradermoréaction *f* à l'histoplasmine
H 359	**histothrombin**	Histothrombin *n*, Gewebethrombin *n*	histothrombine *f*
H 360	**histotome**	Histotom *n*, Gewebeschnittmesser *n*	histotome *m*

	histotomy	*s.* T 377	
H 361	**histotopochemical**	histotopochemisch	histotopochimique
H 362	**histotopochemistry**	Histotopochemie *f*	histotopochimie *f*
H 363	**histotopogram**	Histotopogramm *n*	histotopogramme *m*
H 364	**histotopographic[al]**	histotopographisch	histotopographique
H 365	**histotopography** *f*	Histotopographie *f*	histotopographie *f*
	histozyme	*s.* A 597	
H 365 a	**HIV virus,** human immunodeficiency virus	HIV-Virus *n,* Aids-Virus *n,* humaner Immunodefizienz-Virus *n*	virus *m* de l'immunodéficience humaine
	HMG	*s.* H 443	
H 366	**Hofmann's bacillus,** Corynebacterium pseudodiphtheriticum	Pseudodiphtheriebacterium *n,* Loeffler-Pseudodiphtheriebacillus *m,* Hofmann-Bacillus *m*	corynébactérie *f* pseudodiphtérique, bacille *m* de la pseudodiphtérie, bacille de Hoffmann
H 367	**Hofmeister's series**	Hofmeister-Reihen *fpl*	séries *fpl* de Hofmeister, séries lyotropes
H 368	**Hohn's [culture] medium**	Hohn-Nährboden *m,* Hohn-Kultur *f*	milieu *m* de Hohn
H 369	**holder**	Haltevorrichtung *f*	support *m*
	hold-up time	*s.* R 357	
	Hollander cell	*s.* R 392	
	hollow needle	*s.* C 75	
H 370	**holoenzyme**	Holoenzym *n,* Holoferment *n*	holoenzyme *m*
H 371	**holoprotein**	Holoprotein *n*	holoprotéine *f*
H 372	**home visit**	Hausbesuch *m*	visite *f*
H 373	**homoarginine**	Homoarginin *n*	homoarginine *f*
H 374	**homocarnosine**	Homocarnosin *n*	homocarnosine *f*
H 375	**homocitrulline**	Homocitrullin *n*	homocitrulline *f*
H 376	**homocysteine,** Hcy, α-amino-γ-thiobutyric acid	Homocystein *n,* Hcy, α-Amino-γ-thiobuttersäure *f*	homocystéine *f,* Hcy, acide *m* α-amino-γ-mercaptobutyrique
H 377	**homocysteine methyltransferase**	Homocysteinmethyltransferase *f*	homocystéine-méthyltransférase *f*
H 378	**homocystine**	Homocystin *n*	homocystine *f*
H 379	**homogenate**	Homogen[is]at *n*	homogénat *m*
H 380	**homogeneity**	Homogenität *f,* Gleichartigkeit *f*	homogénéité *f*
H 381	**homogeneous,** homogenic	homogen, gleichartig	homogène
H 382	**homogeneous system,** one-phase system	homogenes System *n,* Einphasensystem *n*	système *m* homogène (monophasé)
	homogenic	*s.* H 381	
H 383	**homogenisation,** homogenising	Homogenisierung *f,* Homogenisieren *n,* Homogenisation *f*	homogénéisation *f*
H 384	**homogenise / to**	homogenisieren	homogénéiser
H 385	**homogeniser**	Homogenisator *m*	homogénéisateur *m*
	homogenising	*s.* H 383	
H 386	**homogentisic acid,** 2,5-dihydroxyphenylacetic acid, alkapton, alcapton	Homogentisinsäure *f,* 2,5-Dihydroxyphenylessigsäure *f,* Alkapton *n*	acide *m* homogentisique, acide dihydroxy-2,5-phénylacétique, alcaptone *f*
	homoglycan	*s.* H 398	
	homolog	*s.* H 394	
	homologic	*s.* H 387	
H 387	**homologous,** homologic, allogen[e]ic, autologous	homolog, allogen, autolog	homologue, allogène, autologue
H 388	**homologous antibody**	homologer Antikörper *m*	anticorps *m* homologue
H 389	**homologous antigen**	homologes Antigen *n*	antigène *m* homologue
H 390	**homologous chromosome**	homologes Chromosom *n*	chromosome *m* homologue
H 391	**homologous protein**	homologes Protein *n*	protéine *f* homologue
H 392	**homologous series**	homologe Reihe *f*	série *f* homologue
H 393	**homologous serum**	homologes Serum *n*	sérum *m* homologue
H 394	**homologue,** homolog	Homologes *n,* Homolog *n*	homologue *m*
H 395	**homolysis**	Homolyse *f*	homolyse *f*
H 396	**homolytic**	homolytisch	homolytique
	homopolar bond	*s.* C 1075	
H 397	**homopolymer**	Homopolymer[es] *n*	homopolymère *m*
H 398	**homopolysaccharide,** homoglycan	Homopolysaccharid *n,* Homoglycan *n*	homopolysaccharide *m,* homoglycan *m* , homopolyoside *m*
H 399	**homoserine**	Homoserin *n*	homosérine *f*
H 400	**homoserine dehydrogenase**	Homoserindehydrogenase *f*	homosérine-déshydrogénase *f*
H 401	**homovanillic acid,** 3-methoxy-4-hydroxyphenylacetic acid	Homovanillinsäure *f,* 3-Methoxy-4-hydroxyphenylessigsäure *f*	acide *m* homovanillique (hydroxy-4-méthoxy-3-phénylacétique)
H 402	**homovanillin**	Homovanillin *n*	homovanilline *f*
H 403	**homozygote**	Homozygote *f*	homozygote *m*
H 404	**homozygous**	homozygot	homozygote
	hood	*s.* E 552	
	hookless tapeworm	*s.* B 149a	
H 405	**hookworm,** Ancylostoma	Hakenwurm *m*	ankylostome *m*
H 406	**Hopkins' method**	Hopkins-Methode *f*	méthode *f* de Hopkins
H 407	**horizontal**	horizontal, waagerecht	horizontal
H 408	**horizontal [filter paper] chromatography**	horizontale Chromatographie *f*	chromatographie *f* horizontale
H 409	**hormonal**	hormonal, hormonell	hormonal, hormonique
	hormonal therapy	*s.* H 418	

H 410	**hormone**	Hormon *n*	hormone *f*
H 411	**hormone analysis**	Hormonanalytik *f*	analyse *f* hormonale
H 412	**hormone biogram**	Hormonbiogramm *n*	biogramme *m* hormonal
	hormone concentration	*s.* H 413	
H 413	**hormone level,** hormone concentration	Hormonspiegel *m*	taux *m* hormonal
H 414	**hormone-like**	hormonähnlich, hormonartig	semblable aux hormones
H 415	**hormone preparation**	Hormonpräparat *n*	préparation *f* hormonale
H 416	**hormone receptor**	Hormonrezeptor *m*	hormone-récepteur *m*
H 417	**hormone-specific**	hormonspezifisch	spécifique d'hormone
H 418	**hormone therapy,** hormonal (endocrine) therapy, endocrinotherapy	Hormontherapie *f*, Hormonbehandlung *f*	hormonothérapie *f*
	horn cell	*s.* H 419	
H 419	**horny cell, horn cell**	Hornzelle *f*	
H 420	**horse**	Pferd *n*	cheval *m*
H 421	**horseradish peroxidase**	Meerrettichperoxidase *f*	peroxydase *f* de raifort
H 422	**horse serum**	Pferdeserum *n*	sérum *m* de cheval
	hose	*s.* T 643	
	hose cock	*s.* P 486	
	hose connector	*s.* T 644	
	hose coupling	*s.* T 644	
H 423	**hospital,** clinic, infirmary	Krankenhaus *n*	hôpital *m*
	hospital	*s. a.* C 600	
H 424	**hospital bacterium**	Hospitalkeim *m*	germe (micro-organisme) *m* hospitalier, bactérie *f* hospitalière
	hospital care	*s.* S 829	
	hospitalised	*s.* S 828	
H 425	**host**	Wirt *m*	hôte *m*
H 426	**host cell**	Wirtszelle *f*	cellule *f* hôte
H 427	**host organism**	Wirtsorganismus *m*	organisme *m* hôte
H 428	**hot-air disinfection**	Heißluftdesinfektion *f*	désinfection *f* à air chaud
H 429	**hot-air steriliser,** dry-heat steriliser	Heißluftsterilisator *m*, Trockenluftsterilisator *m*	stérilisateur *m* à air chaud (sec)
	hot plate	*s.* H 178	
H 430	**hour,** h	Stunde *f*, h	heure *f*, h
H 431	**house fly,** common house fly, Musca domestica	Hausfliege *f*, Stubenfliege *f*	mouche *f* commune, mouche domestique
	Howell-Jolly body	*s.* J 9	
	HPL	*s.* H 445, P 508	
	HPLC	*s.* H 301	
H 432	**H strain**	H-Stamm *m*	souche *f* H
	HSV	*s.* H 240	
H 433	**Hu antigen,** Hunter's antigen (factor)	Antigen *n* Hu, Hunter-Antigen *n*, Hunter-Faktor *m*	antigène (facteur) *m* Hunter, facteur Hu
H 434	**Huhner[-Sims] test,** Sims' test	Huhner-Test *m*, Huhner[-Sims]-Test *m*, Postkoitaltest *m*	test *m* de Huhner, épreuve *f* postcoïtale, test postcoïtal
H 435	**human** *(individual)*	Mensch *m*	être *m* humain, homme *m*
H 436	**human albumin,** human serum albumin	Humanalbumin *n*, Humanserumalbumin *n*	albumine *f* sérique humaine
	human chorionic gonadotropin	*s.* C 495	
	human chorionic somatomammotropin	*s.* P 508	
	human chorionic somatotropin	*s.* P 508	
H 437	**human fibrinogen**	Humanfibrinogen *n*	fibrinogène *m* humain
H 438	**human flea,** Pulex irritans	Menschenfloh *m*	puce *f* de l'homme
H 439	**human genetics**	Humangenetik *f*	génétique *f* humaine
H 440	**human globulin**	Humanglobulin *n*	globuline *f* humaine
	human growth hormone	*s.* S 586	
H 441	**human hypophysary gonadotropin,** human pituitary gonadotropin	hypophysäres Gonadotropin *n*	gonadotrophine *f* hypophysaire
	human immunodeficiency virus	*s.* H 365 a	
H 442	**human medicine**	Humanmedizin *f*	médecine *f* humaine
H 443	**human menopausal gonadotropin,** HMG, menopausal gonadotropin, menotropin	Menopausengonadotropin *n*, HMG, Menotropin *n*	gonadotrophine *f* humaine de ménopause, HMG
H 444	**human milk,** breast (mother) milk	Frauenmilch *f*, Humanmilch *f*, Brustmilch *f*, Muttermilch *f*	lait *m* maternel (de femme)
	human pituitary gonadotropin	*s.* H 441	
H 445	**human placental lactogen,** HPL	Human-Plazenta-Lactogen *n*, humanes Plazentalactogen *n*, HPL	hormone *f* lactogène placentaire, HPL
	human placental lactogen	*s. a.* P 508	
H 446	**human plasma**	Humanplasma *n*	plasma *m* humain
H 447	**human serum**	Humanserum *n*	sérum *m* humain
	human serum albumin	*s.* H 436	
	humid	*s.* M 632	
	humid chamber	*s.* M 633	
	humidification	*s.* W 77	
	humidify / to	*s.* W 71	
	humidity	*s.* M 634	
	humidity content	*s.* M 635	

No.	English	German	French
H 448	**humoral**	humoral	humoral
H 449	**humoral antibody**	humoraler Antikörper *m*	anticorps *m* humoral
	Hunter's antigen	*s.* H 433	
	Hunter's factor	*s.* H 433	
H 450	**hyaline**	Hyalin *n*	hyaline *f*, substance *f* hyaline
H 451	**hyaline cast**	Hyalinzylinder *m*	cylindre *m* hyalin
H 452	**hyalocyte**	Hyalozyt *m*, Hyalinknorpelzelle *f*	hyalocyte *m*, cellule *f* du cartilage hyalin
H 453	**hyalomucoid**	Hyalomucoid *n*	hyalomucoïde *m*, mucoïde du corps vitré
	hyalonyxis	*s.* P 1190	
H 454	**hyaloplasm**	Hyaloplasma *n*	hyaloplasme *m*
H 455	**hyaluronate**	Hyaluronat *n*	hyaluronate *m*
H 456	**hyaluronic acid**	Hyaluronsäure *f*	acide *m* hyaluronique
H 457	**hyaluron[oglucuron]idase,** mucinase, spreading factor	Hyaluron[glucuron]idase *f*, Mucinase *f*	hyaluron[oglucuron]idase *f*, [méso]mucinase *f*
H 458	**H-Y antigen**	H-Y-Antigen *n*	antigène *m* histocompatible Y
H 459	**hybrid**	Hybride *f (m)*	hybride *m*
H 460	**hybrid**	hybrid	hybride
H 461	**hybrid antibody**	Hybridantikörper *m*	anticorps *m* hybride
H 462	**hybrid cell**	Hybridzelle *f*	cellule *f* hybride
H 463	**hybridisation**	Hybridisierung *f*, Hybridisation *f*	hybridation *f*
H 464	**hybridise / to**	hybridisieren	hybrider
H 465	**hybridoma**	Hybridom *n*	hybridome *m*
H 466	**hybridoma cell**	Hybridomzelle *f*	cellule *f* d'hybridome
H 467	**hybridoma cell line**	Hybridomzellinie *f*	lignée *f* d'hybridome
H 468	**hydantoin,** glycolyl urea	Hydantoin *n*, Glycolylharnstoff *m*	hydantoïne *f*, glycolylurée *f*
	hydantoinase	*s.* D 450	
	hydatid	*s.* E 19	
	hydatid cyst	*s.* E 19	
H 469	**hydatid fluid**	Hydatidenflüssigkeit *f*	liquide *m* hydatique
H 470	**hydatid sand**	Hydatidensand *m*	sable *m* hydatique
H 471	**hydatid tapeworm,** Echinococcus granulosus, Taenia echinococcus, dog tapeworm	Hundebandwurm *m*	tænia *m* échinocoque
	hydatid tapeworm	*s. a.* E 19	
	Hydatigena fasciolaris	*s.* C 216	
	Hydatigena taeniaformis	*s.* C 216	
	hydracid	*s.* H 491	
	hydrase	*s.* H 472	
H 472	**hydratase,** hydrase	Hydra[ta]se *f*	hydra[ta]se *f*
H 473	**hydrate / to,** to aquate	hydratisieren	hydrater
H 474	**hydrate**	Hydrat *n*	hydrate *m*
H 475	**hydration,** aqua[tisa]tion	Hydratisierung *f*, Hydra[ta]tion *f*	hydratation *f*, hydration *f*
H 476	**hydrazide**	Hydrazid *n*	hydrazide *m(f)*
H 477	**hydrazine,** diamide	Hydrazin *n*, Diamid *n*	hydrazine *f*, diamidogène *m*
H 478	**hydrazine sulphate**	Hydrazinsulfat *n*	sulfate *m* d'hydrazine
	hydrazine yellow O	*s.* T 27	
H 479	**hydrazone**	Hydrazon *n*	hydrazone *f*
H 480	**hydride**	Hydrid *n*	hydrure *m*
H 481	**hydrocarbon**	Kohlenwasserstoff *m*	carbure *m* d'hydrogène, hydrocarbure *m*
H 482	**hydrocarbon compound**	Kohlenwasserstoffverbindung *f*	composé *m* hydrocarboné
H 483	**hydrochloric acid**	Salzsäure *f*, Chlorwasserstoffsäure *f*	acide *m* chlorhydrique
	hydrochloric acid	*s. a.* G 80	
H 484	**hydrochloric acid test**	Salzsäureprobe *f*	réaction *f* à l'acide chlorhydrique
H 485	**hydrochloride**	Hydrochlorid *n*	hydrochlorure *m*
	hydrocortisone	*s.* C 1037	
H 486	**hydrocyanic acid,** prussic acid	Cyanwasserstoffsäure *f*, Blausäure *f*	acide *m* cyanhydrique (prussique)
H 487	**hydrofluoric acid,** fluorhydric acid	Flußsäure *f*, Fluorwasserstoffsäure *f*	acide *m* fluorhydrique
H 488	**hydrogel**	Hydrogel *n*	hydrogel *m*
H 489	**hydrogen,** H	Wasserstoff *m*, H	hydrogène *m*, H
H 490	**hydrogen acceptor**	Wasserstoffakzeptor *m*	accepteur *m* d'hydrogène
H 491	**hydrogen acid,** hydracid	Wasserstoffsäure *f*	hydracide *m*
H 492	**hydrogenase**	Hydrogenase *f*	hydrogénase *f*
H 493	**hydrogenate / to,** to hydrogenise	hydrieren, hydrogenisieren	hydrogéner
H 494	**hydrogenation**	Hydrierung *f*, Hydr[ogenis]ieren *n*	hydrogénation *f*
H 495	**hydrogen atom,** atom of hydrogen	Wasserstoffatom *n*	atome *m* d'hydrogène
H 496	**hydrogen bond**	Wasserstoffbindung *f*, H-Brücke *f*	liaison *f* (pont *m*)hydrogène
H 497	**hydrogen carbonate,** bicarbonate	Hydrogencarbonat *n*, Bicarbonat *n*	bicarbonate *m*
H 498	**hydrogen chloride**	Chlorwasserstoff *m*, Hydrogenchlorid *n*	gaz *m* chlorhydrique
H 499	**hydrogen cyanide**	Cyanwasserstoff *m*	acide *m* cyanhydrique
H 500	**hydrogen donor**	Wasserstoffdon[at]or *m*	donneur *m* d'hydrogène
H 501	**hydrogen electrode**	Wasserstoffelektrode *f*	électrode *f* à hydrogène
H 502	**hydrogen fluoride**	Fluorwasserstoff *m*	fluorure *m* d'hydrogène
H 503	**hydrogen iodide**	Iodwasserstoff *m*, Hydrogeniodid *n*	acide *m* iodhydrique
H 504	**hydrogen ion**	Wasserstoffion *n*	ion *m* d'hydrogène
H 505	**hydrogen ion concentration,** concentration of hydrogen ion	Wasserstoffionenkonzentration *f*	concentration *f* en ions d'hydrogène

	hydrogen ion exponent	*s.* P 447	
	hydrogenise / to	*s.* H 493	
H 506	**hydrogen lamp**	Wasserstofflampe *f*	lampe *f* à hydrogène
H 507	**hydrogenous,** containing hydrogen	wasserstoffhaltig	hydrogéné, contenant de l'hydrogène
	hydrogen oxide	*s.* W 19	
H 508	**hydrogen peroxide**	Wasserstoffperoxid *n,* Hydrogenperoxid *n*, Wasserstoffsuperoxid *n*	peroxyde *m* d'hydrogène, eau *f* oxygénée
	hydrogen selenide	*s.* S 190	
H 509	**hydrogen sulphide**	Schwefelwasserstoff *m*, Hydrogensulfid *n*	hydrogène *m* sulfuré, acide *m* sulfhydrique
H 510	**hydrolase,** dehydratase, hydrolytic enzyme	Hydrolase *f*, Dehydratase *f*, hydrolytisches Enzym *n*	hydrolase *f,* déshydratase *f*, enzyme *m* hydrolytique
H 511	**hydrolysate**	Hydrolysat *n*	hydrolysat *m*
H 512	**hydrolyse / to**	hydrolysieren	hydrolyser
H 513	**hydrolysis**	Hydrolyse *f*	hydrolyse *f*
H 514	**hydrolytic**	hydrolytisch	hydrolytique
H 515	**hydrolytic cleavage (decomposition)**	hydrolytische Spaltung *f*	clivage *m* hydrolytique
	hydrolytic enzyme	*s.* H 510	
	hydrometer	*s.* D 143	
	hydrometric	*s.* D 144	
	hydrophile	*s.* H 516	
H 516	**hydrophilic,** hydrophile, hydrophilous	hydrophil, wasseraufnehmend	hydrophile
	hydrophilous	*s.* H 516	
	hydrophobe	*s.* H 517	
H 517	**hydrophobic,** hydrophobe, water-repellent	hydrophob, wasserabweisend, wasserabstoßend	hydrophobe
H 518	**hydroquinone**	Hydrochinon *n*	hydroquinone *f*
	hydrosoluble	*s.* W 38	
	hydrous	*s.* A 965	
H 519	**hydroxamic acid**	Hydroxamsäure *f*	acide *m* hydroxamique
H 520	**hydroxide**	Hydroxid *n*	hydroxyde *m*
	hydroxyacetic acid	*s.* G 369	
	hydroxy acid	*s.* H 528	
	hydroxy acid racemase	*s.* L 51	
	β-hydroxyalanine	*s.* S 263	
H 521	**11β-hydroxyandrostenedione**	11β-Hydroxyandrostendion *n*	11β-hydroxyandrosténédione *f*
	hydroxyaniline	*s.* A 618	
H 522	**β-hydroxyanthranilic acid**	β-Hydroxyanthranilsäure *f*	acide *m* β-hydroxyanthranilique
	hydroxybenzene	*s.* P 309	
	***o*-hydroxybenzoic acid**	*s.* S 23	
H 523	**β-hydroxybutyrate**	β-Hydroxybutyrat *n*	β-hydroxybutyrate *m*
H 524	**β-hydroxybutyrate dehydrogenase,** β-hydroxybutyric dehydrogenase	β-Hydroxybutyratdehydrogenase *f*	β-hydroxybutyrate-déshydroxygénase *f*
H 525	**β-hydroxybutyric acid**	β-Hydroxybuttersäure *f*	acide *m* β-hydroxybutyrique
	hydroxybutyric dehydrogenase	*s.* H 524	
H 526	**25-hydroxycalciferol**	25-Hydroxycalciferol *n*	25-hydroxycalciférol *m*
H 527	**hydroxycaproic acid**	Hydroxycapronsäure *f*	acide *m* hydroxycaproïque
H 528	**hydroxycarboxylic acid,** hydroxy acid	Hydroxycarbonsäure *f,* Hydroxysäure *f*	acide *m* hydroxycarboxylique, hydroxyacide *m*
H 529	**hydroxycholanic acid**	Hydroxycholansäure *f*	acide *m* hydroxycholanique
H 530	**hydroxycobalamine**	Hydroxycobalamin *n*	hydroxycobalamine *f*
H 531	**11-hydroxycorticosteroid**	11-Hydroxycorticosteroid *n*	11-hydroxycorticostéroïde *m*
H 532	**6β-hydroxycortisol**	6β-Hydroxycortisol *n*	6β-hydroxycortisol *m*
H 533	**16α-hydroxyestrone**	16α-Hydroxyestron *n*	16α-hydroxyestrone *f,* hydroxyœstrone *f*
	hydroxyethanal	*s.* G 367	
	***p*-hydroxyphenylethylamine**	*s.* T 700	
	hydroxyhaematin	*s.* H 20	
	3-hydroxyindole	*s.* I 220	
H 534	**5-hydroxyindole acetic acid**	5-Hydroxyindol[yl]essigsäure *f,* 5-HIE	acide *m* 5-hydroxyindole acétique
H 535	**β-hydroxyisobutyric acid**	β-Hydroxyisobuttersäure *f*	acide *m* β-hydroxyisobutyrique
H 536	**β-hydroxyisovaleric acid**	β-Hydroxyisovaleriansäure *f*	acide *m* β-hydroxyisovalérique
H 537	**α-hydroxyketone**	α-Hydroxyketon *n*	α-hydroxycétone *f*
	hydroxyketone	*s. a.* K 45	
H 538	**β-hydroxykynurenine**	β-Hydroxykynurenin *n*	β-hydroxykynuréine *f*
H 539	**hydroxylamine**	Hydroxylamin *n*	hydroxylamine *f*
H 540	**hydroxylapatite**	Hydroxylapatit *m*	hydroxylapatite *m*
H 541	**hydroxylase**	Hydroxylase *f*	hydroxylase *f*
H 542	**hydroxylate / to**	hydroxylieren	hydroxyler
H 543	**hydroxylation**	Hydroxylierung *f*, Hydroxylieren *n*	hydroxylation *f*
H 544	**hydroxyl group,** OH group	Hydroxylgruppe *f,* OH-Gruppe *f*	groupe[ment] *m* hydroxyle, groupe *m* OH, hydroxyle *m,* groupement des hydroxyles
H 545	**hydroxylysine,** Hylys, [OH]Lys	Hydroxylysin *n,* Hylys *n,* [OH]Lys *n*	hydroxylysine *f,* Hylys [OH]Lys *f*
H 546	**5-hydroxymethylcytosine**	5-Hydroxymethylcytosin *n*	5-hydroxyméthylcytosine *f*
	hydroxymethylglutaryl CoA	*s.* H 549	
H 547	**β-hydroxymethylglutaryl-CoA-reductase**	β-Hydroxymethylglutaryl-CoA-reductase *f*	β-hydroxyméthylglutaryl-CoA-réductase *f*

H 548	**hydroxymethylglutaryl-CoA-synthase**	Hydroxymethylglutaryl-CoA-synthase *f*	hydroxyméthylglutaryl-CoA-synthase *f*
H 549	**hydroxymethylglutaryl coenzyme A,** hydroxymethylglutaryl CoA	Hydroxymethylglutaryl-Coenzym *n* A, Hydroxymethylglutaryl-CoA *n*	hydroxyméthylglutaryl-coenzyme A *m,* hydroxyméthylglutaryl-CoA *m*
H 550	**hydroxynervone**	Hydroxynervon *n*	hydroxynervone *f*
H 551	**hydroxynervonic acid**	Hydroxynervonsäure *f*	acide *m* hydroxynervonique
H 552	α**-hydroxyphenylacetic acid**, mandelic acid	α-Hydroxyphenylessigsäure *f,* Mandelsäure *f*	acide *m* α-hydroxyphénylacétique, acide mandélique, acide phénylglycolique
	p-**hydroxyphenylethylamine**	*s.* T 700	
H 553	*p*-**hydroxyphenyllactic acid**	*p*-Hydroxyphenylmilchsäure *f*	acide *m* *p*-hydroxyphényllactique
H 554	*p*-**hydroxyphenylpropionic acid**	*p*-Hydroxyphenylpropionsäure *f*	acide *m* *p*-hydroxyphénylpropionique
H 555	*p*-**hydroxyphenylpyruvic acid**	*p*-Hydroxyphenylbrenztraubensäure *f*	acide *m* *p*-hydroxyphénylpyruvique
H 556	**17-hydroxyprogesterone**	17-Hydroxyprogesteron *n*	17-hydroxyprogestérone *f*
H 557	**hydroxyproline,** Hypro, [OH]Pro	Hydroxyprolin *n,* Hypro *n,* [OH]Pro *n*	hydroxyproline *f,* Hypro *f,* [OH]Pro *f*
	hydroxypropionic acid	*s.* L 52	
	6-hydroxypurine	*s.* H 580	
H 558	**hydroxysteroid**	Hydroxysteroid *n*	hydroxystéroïde *m*
H 559	**hydroxysteroid dehydrogenase**	Hydroxysteroiddehydrogenase *f*	hydroxystéroïde-déshydrogénase *f*
	hydroxysuccinic acid	*s.* M 76	
	hydroxytoluene	*s.* C 1096	
	5-hydroxytryptamine	*s.* S 289	
H 560	**5-hydroxytryptophan**	5-Hydroxytryptophan *n*	5-hydroxytryptophane *m*
	hydroxytryptophan decarboxylase	*s.* D 710	
	hydroxytyramine	*s.* D 711	
H 561	**hygiene**	Hygiene *f*	hygiène *f*
H 562	**hygienic**	hygienisch	hygiénique
H 563	**hygrometer**	Hygrometer *n,* Feuchtigkeitsmesser *m*	hygromètre *m*
H 564	**hygroscopic, hygroscopical**	hygroskopisch, wasseranziehend	hygroscopique
	Hylys	*s.* H 545	
	Hymenolepis diminuta	*s.* R 122	
	Hymenolepis nana	*s.* D 813	
H 565	**hyperaemisation**	Hyperämisierung *f*	hyperémie *f*
H 566	**hyperaemise / to**	hyperämisieren	hyperémier
H 567	**hyperchromic,** highly stained, intensively coloured	hyperchrom	hyperchromique
	hyperglycaemic factor	*s.* G 255	
H 568	**hypersensitisation**	Hypersensibilisierung *f*	hypersensibilisation *f*
	hypertensin	*s.* A 769	
H 569	**hypertensinase**	Hypertensinase *f*	hypertensinase *f*
	hypertensinogen	*s.* A 771	
H 570	**hypertonic**	hyperton, hypertonisch	hypertonique, hypertendu
H 571	**hypha,** mycelial thread	Hyphe *f*, Pilzfaden *m,* Myzelfaden *m*	hyphe *f*, fil[ament] *m* mycélien
H 572	**hyphomycete,** thread fungus	Hyphomyzet *m,* Fadenpilz *m*	hyphomycète *m*
	hypnotic	*s.* S 587	
H 573	**hypochlorite**	Hypochlorit *n*	hypochlorite *m*
H 574	**hypochromic**	hypochrom	hypochrome
	hypodermatic	*s.* S 993	
	hypodermic	*s.* S 993	
	hypodermic needle	*s.* C 75, I 289	
	hypodermic syringe	*s.* I 291	
H 575	**hypophosphate**	Hypophosphat *n*	hypophosphate *m*
H 576	**hypophyseal hormone,** pituitary hormone	Hypophysenhormon *n*	hormone *f* hypophysaire (hypophysiotrope, pituitaire)
H 577	**hypothalamic hormone**	Hypothalamushormon *n*	hormone *f* hypothalamique
H 578	**hypotonic**	hypoton[isch]	hypotonique
H 579	**hypotonic solution**	hypotone Lösung *f*	solution *f* hypotonique
H 580	**hypoxanthine,** 6-hydroxypurine	Hypoxanthin *n,* 6-Hydroxypurin *n*	hypoxanthine *f,* hydroxy-6-purine *f*
H 581	**hypoxanthine-guanine phosphoribosyl transferase,** HGPRT	Hypoxanthin-Guanin-Phosphoribosyltransferase *f,* HGPRT	hypoxanthine-guanine phosphoribosyltransférase *f,* HGPRT
	hypoxanthine oxidase	*s.* X 6	
	hypoxanthine riboside	*s.* I 310	
	hypoxanthosine	*s.* I 310	
	Hypro	*s.* H 557	
H 582	**hysterotonine**	Hysterotonin *n*	hystérotonine *f*
	Hz	*s.* H 242	

I

	I	*s.* I 443	
	IBF	*s.* I 101	
I 1	**I blood group system,** I system	I-System *n*	système *m* I
I 2	**ice bath**	Eisbad *n*	bain *m* glacé
I 3	**ice-cooled**	eisgekühlt	refroidi par de la glace
	iced water	*s.* I 4	
I 4	**ice water,** iced water	Eiswasser *n*	eau *f* glacée
	ichor	*s.* W 111	

	ICSH	*s.* L 460	
I 5	**icteric,** icteroid, jaundiced	ikterisch	ictérique
I 6	**icteric plasma**	ikterisches Plasma *n*	plasma *m* ictérique
I 7	**icteric serum**	ikterisches Serum *n*	sérum *m* ictérique
	icteroid	*s.* I 5	
I 8	**icterus cast**	Ikteruszylinder *m*	cylindre *m* ictérique
I 9	**icterus index,** index of icterus (jaundice)	Ikterusindex *m*	indice *m* ictérique
I 10	**identical**	identisch, übereinstimmend	identique
	identifiable	*s.* D 245	
I 11	**identification**	Identifizierung *f*, Identifikation *f*	identification *f*
I 12	**identify / to**	identifizieren	identifier
I 13	**identity**	Identität *f*, Gleichheit *f*, Übereinstimmung *f*	identité *f*, conformité *f*
I 14	**identity period**	Identitätsperiode *f*	épreuve *f* à l'identité
	idiogram	*s.* K 12	
I 15	**idiotype**	Idiotyp *m*	idiotype *m*
	***L*-iditol dehydrogenase**	*s.* S 591	
I 16	**IDL,** intermediate density lipoprotein	IDL *n*, Lipoprotein *n* mittlerer Dichte	IDL, lipoprotéine *f* de densité moyenne
	IDP	*s.* I 311	
I 17	***L*-iduronic acid**	*L*-Iduronsäure *f*	acide *m* *L*-iduronique
I 18	***L*-iduronidase**	*L*-Iduronidase *f*	*L*-iduronidase *f*
	IFCC	*s.* I 374	
	Ig	*s.* I 99	
	IgA	*s.* I 100	
	IgD	*s.* I 103	
	IgE	*s.* I 104	
	IgG	*s.* I 107	
	IgM	*s.* I 108	
	ignitability	*s.* I 242	
	ignitable	*s.* I 243	
I 19	**ignite / to**	entzünden, entflammen	enflammer, allumer
	ignitibility	*s.* I 242	
	ignitible	*s.* I 243	
I 20	**ignition**	Entzünden *n*, Entflammen *n*	inflammation *f*
	ILA	*s.* I 337	
	Ileu	*s.* I 566	
I 21	**iliac crest punctate**	Beckenkammpunktat *n*, Cristapunktat *n*	liquide *m* obtenu par la ponction de la crête iliaque
I 22	**iliac crest puncture,** puncture of the crista	Beckenkammpunktion *f*, Cristapunktion *f*	ponction *f* de la crête iliaque
I 23	**ill,** sick, diseased	krank, erkrankt	malade
	illness	*s.* D 577	
	ill-smelling	*s.* M 83	
	im	*s.* I 412	
	imbibe / to	*s.* I 136	
	imbibition	*s.* I 138	
I 24	**imidazole,** 1,3-diazole	Imidazol *n*, 1,3-Diazol *n*, Glyoxalin *n*	imidazole *m*, 1,3-diazole *m*, glyoxaline *f*
I 25	**imidazole acetic acid**	Imidazolessigsäure *f*	acide *m* imidazolacétique
I 26	**imidazole buffer**	Imidazolpuffer *m*	tampon *m* imidazole
	β-imidazole ethylamine	*s.* H 319	
I 27	**imidazole lactic acid**	Imidazolmilchsäure *f*	acide *m* imidazole-lactique
I 28	**imidazole propionic acid**	Imidazolpropionsäure *f*	acide *m* imidazole-propionique
I 29	**imidazole pyruvic acid**	Imidazolbrenztraubensäure *f*	acide *m* imidazole-pyruvique
	β-imidazolyl-α-alanine	*s.* H 324	
I 30	**imide**	Imid *n*	imide *m*
I 31	**imine**	Imin *n*	imine *f*
I 32	**imino acid**	Iminosäure *f*	iminoacide *m*
I 33	**imino group**	Iminogruppe *f*	groupe[ment] *m* imino
I 34	**iminopropionic acid**	Iminopropionsäure *f*	acide *m* iminopropionique
	iminourea	*s.* G 486	
I 35	**immature**	unreif	immature
I 36	**immaturity**	Unreife *f*	immaturité *f*
I 37	**immediate reaction**	Sofortreaktion *f*	réaction *f* immédiate
	immerse / to	*s.* D 513	
I 38	**immersion** *(optics)*	Immersion *f*	immersion *f*
	immersion	*s. a.* D 514	
	immersion colorimeter	*s.* D 543	
	immersion electrode	*s.* D 542	
	immersion fluid	*s.* I 41	
I 39	**immersion heater**	Tauchsieder *m*	thermoplongeur *m*, chauffe-liquide *m*
I 40	**immersion lens**	Immersionslinse *f*	lentille *f* à immersion
I 41	**immersion liquid,** immersion fluid	Immersionsflüssigkeit *f*	liquide *m* d'immersion
I 42	**immersion microscope**	Immersionsmikroskop *n*	microscope *m* à immersion
I 43	**immersion microscopy**	Immersionsmikroskopie *f*	microscopie *f* à immersion
I 44	**immersion objective**	Immersionsobjektiv *n*	objectif *m* à immersion
I 45	**immersion oil**	Immersionsöl *n*	huile *f* à immersion
	immersion refractometer	*s.* D 544	

	immersion thermostat	*s.* D 546	
I 46	**immiscible,** non-miscible	nicht mischbar	non miscible
I 47	**immobile,** non-mobile, immovable, non-motile, stationary	unbeweglich, nicht beweglich, immobil, stationär	immobile, non mobile, stationnaire, fixe
	immobile phase	*s.* S 831	
I 48	**immobilisation**	Immobilisierung *f*, Immobilisation *f*	immobilisation *f*
I 49	**immobilisation test**	Immobilisationstest *m*	test *m* d'immobilisation
I 50	**immobilise / to**	immobilisieren	immobiliser
I 51	**immobilised**	immobilisiert	immobilisé
I 52	**immobilisin**	Immobilisin *n*	immobilisine *f*
I 53	**immobility**	Unbeweglichkeit *f*, Immobilität *f*	immobilité *f*
	immovable	*s.* I 47	
I 54	**immune**	immun	immun
I 55	**immune adherence**	Immun[o]adhärenz *f*	immune-adhérence *f*
I 56	**immune agglutinin**	Immun[o]agglutinin *n*	agglutinine *f* immunologique
I 57	**immune antibody**	Immunantikörper *m*	anticorps *m* immunisant
I 58	**immune antigen**	Immunantigen *n*	antigène *m* immunologique
	immune body	*s.* A 828	
	immune complex	*s.* A 861	
I 59	**immune conglutinin**	Immunkonglutinin *n*, Immunokonglutinin *n*	conglutinine *f* fixée sur les complexes immuns
I 60	**immune factor**	Immunfaktor *m*	immunofacteur *m*
	immune globulin	*s.* I 99	
I 61	**immune haemolysin**	Immun[o]hämolysin *n*	immunohémolysine *f*
	immune protein	*s.* I 122	
	immune reaction	*s.* I 123	
	immune response	*s.* I 127	
	immune serum	*s.* A 921	
I 62	**immune system,** immunological system	Immunsystem *n*, immunologisches System *n*	immunosystème *m*, système *m* immunologique
I 63	**immune tolerance,** immunologic tolerance	Immuntoleranz *f*	immunotolérance *f*
	immunifacient	*s.* I 98	
I 64	**immunisation**	Immunisierung *f*, Immunisation *f*	immunisation *f*
	immunisation	*s. a.* V 2	
I 65	**immunisation method, immunisation procedure**	Immunisierungsverfahren *n*	méthode *f* d'immunisation
I 66	**immunise / to**	immunisieren	immuniser
	immunise / to	*s. a.* V 1	
I 67	**immunised**	immunisiert	immunisé
	immunising	*s.* I 98	
	immunising agent	*s.* V 5	
I 68	**immunity**	Immunität *f*	immunité *f*
I 69	**immunoadsorbent,** immunosorbent	Immunadsorbens *n*	immunoadsorbant *m*
I 70	**immunoadsorption chromatography**	Immunadsorptionschromatographie *f*	chromatographie *f* d'adsorption immunologique
I 71	**immunoagglutination**	Immun[o]agglutination *f*	immunoagglutination *f*
I 72	**immunoassay**	Immunoassay *m*, Immuntest *m*	immunoassay *m*, immunoessai *m*, test *m* immunologique
I 73	**immunobiological**	immunbiologisch	immunobiologique
I 74	**immunobiology**	Immunbiologie *f*	immunobiologie *f*
I 75	**immunobioluminescence assay**	Immunbiolumineszenzassay *m*	essai *m* immunologique de bioluminescence
I 76	**immunoblast**	Immunoblast *m*	immunoblaste *m*
I 77	**immunoblotting**	Immunblotting *n*	immunoblot *m*
I 78	**immunochemical**	immun[o]chemisch	immunochimique
I 79	**immunochemical method**	immunchemische Methode *f*	méthode *f* immunochimique
I 80	**immunochemistry**	Immun[o]chemie *f*	immunochimie *f*
I 81	**immunoclearance**	Immunclearance *f*	immunoclearance *f*
	immunocompetent cell	*s.* I 82	
I 82	**immunocyte,** immunocompetent cell	Immunozyt *m*, Immunzelle *f*, immunkompetente Zelle *f*	immunocyte *m*, cellule *f* immunocompétente
I 83	**immunocytochemistry**	Immunzytochemie *f*	immunocytochimie *f*
I 84	**immunodiagnosis**	Immun[o]diagnostik *f*	diagnostic *m* immunologique
I 85	**immunodiffusion**	Immun[o]diffusion *f*	immunodiffusion *f*
I 86	**immunoelectron microscopy**	Immun[o]elektronenmikroskopie *f*	immunomicroscopie *f* électronique
I 87	**immunoelectrophoresis**	Immun[o]elektrophorese *f*	immunoélectrophorèse *f*
I 88	**immunoenzymatic technique**	Immunenzymtechnik *f*	technique *f* immunoenzymatique
I 89	**immunoferritin technique**	Immunferritintechnik *f*	méthode *f* d'immunoferritine
I 90	**immunofiltration**	Immun[o]filtration *f*	immunofiltration *f*
I 91	**immunofixation**	Immun[o]fixation *f*	immunofixation *f*
I 92	**immunofluorescence**	Immun[o]fluoreszenz *f*	immunofluorescence *f*
I 93	**immunofluorescence antibody**	Immunfluoreszenzantikörper *m*	anticorps *m* d'immunofluorescence
I 94	**immunofluorescence test**	Immunfluoreszenztest *m*	test *m* d'immunofluorescence
I 95	**immunofluorimetry, immunofluorometry** *(US)*	Immun[o]fluorimetrie *f*, Immun[o]fluorometrie *f*	immunofluorimétrie *f*
	immunogammaglobulin	*s.* I 107	
I 96	**immunogen**	Immunogen *n*	immunogène *m*

I 97	**immunogenetics**	Immungenetik *f*	immunogénétique *f*
I 98	**immunogenic,** immunising, immunifacient	immunogen	immunogène
	immunogenicity	*s.* A 868	
I 99	**immunoglobulin,** immune globulin, Ig	Immunglobulin *n,* Ig	immunoglobuline *f,* Ig
I 100	**immunoglobulin A,** IgA	Immunglobulin *n* A, IgA	immunoglobuline *f* A, IgA
I 101	**immunoglobulin-binding factor,** IBF	Immunglobulinbindungsfaktor *m*	facteur *m* de liaison d'immunoglobuline
I 102	**immunoglobulin chain**	Immunglobulinkette *f*	chaîne *f* d'immunoglobuline
I 103	**immunoglobulin D,** IgD	Immunglobulin *n* D, IgD	immunoglobuline *f* D, IgD
I 104	**immunoglobulin E,** IgE	Immunglobulin *n* E, IgE	immunoglobuline *f* E, IgE
I 105	**immunoglobulin fraction**	Immunglobulinfraktion *f*	fraction *f* d'immunoglobuline
I 106	**immunoglobulin fragment**	Immunglobulinfragment *n*	fragment *m* d'immunoglobuline
I 107	**immunoglobulin G,** immunogammaglobulin, IgG	Immunglobulin *n* G, Immungammaglobulin *n,* IgG	immunoglobuline *f* G, IgG
I 108	**immunoglobulin M,** IgM	Immunglobulin *n* M, IgM	immunoglobuline *f* M, IgM
I 109	**immunoglobulin receptor**	Immunglobulinrezeptor *m*	récepteur *m* d'immunoglobuline
	immunofluorometry	*s.* I 95	
I 110	**immunohaematologic**	immunhämatologisch	immunohématologique
I 111	**immunohaematology**	Immun[o]hämatologie *f*	immunohématologie *f*
I 112	**immunohistochemical**	immunhistochemisch	immunohistochimique
I 113	**immunohistochemistry**	Immun[o]histochemie *f*	immunohistochimie *f*
I 114	**immunohistologic[al]**	immunhistologisch	immunohistologique
I 115	**immunologic[al]**	immunologisch	immunologique
	immunologically detectable insulin	*s.* I 125	
	immunological system	*s.* I 62	
	immunologic tolerance	*s.* I 63	
I 116	**immunologist**	Immunologe *m*	immunologiste *m*
I 117	**immunology**	Immunologie *f*	immunologie *f*
I 118	**immunonephelometric**	immunnephelometrisch	immunonéphélométrique
I 119	**immunonephelometry**	Immunnephelometrie *f*	immunonéphélométrie *f*
I 120	**immunoprecipitate**	Immun[o]präzipitat *n*	immunoprécipité *m*
I 121	**immunoprecipitation**	Immun[o]präzipitation *f*	immunoprécipitation *f*
I 122	**immunoprotein,** immune protein	Immun[o]protein *n*	immunoprotéine *f*
I 123	**immunoreaction,** immune reaction	Immunreaktion *f*	réaction *f* immunitaire
I 124	**immunoreactive**	immunreaktiv	immunoréactif
I 125	**immunoreactive insulin,** IRI, immunologically detectable insulin	immunreaktives Insulin *n,* IRI, immunologisch meßbares Insulin	insuline *f* immunoréactive
I 126	**immunoreactivity**	Immunreaktivität *f*	immunoréactivité *f*
I 127	**immunoresponse,** immune response	Immunantwort *f*	réponse *f* immunitaire
I 128	**immunoserologic**	immunserologisch	immunosérologique
	immunosorbent	*s.* I 69	
I 129	**immunosorption**	Immun[o]sorption *f*	immunosorption *f*
I 130	**immunospecific**	immunspezifisch	immunospécifique
	immunosuppressant	*s.* I 132	
I 131	**immunosuppression**	Immun[o]suppression *f*	immunosuppression *f*
I 132	**immunosuppressive,** immunosuppressant	immunsuppressiv	immunosuppresseur
I 133	**immunosuppressive factor**	immunsuppressiver Faktor *m*	facteur *m* immunosuppresseur
	IMP	*s.* I 313	
	impenetrability	*s.* I 134	
	impenetrable	*s.* I 135	
	imperial green	*s.* P 112	
I 134	**impermeability,** impenetrability, imperviousness, tightness; opacity *(optics)*	Undurchlässigkeit *f,* Undurchdringlichkeit *f,* Impermeabilität *f*	imperméabilité *f,* impénétrabilité *f*
I 135	**impermeable,** impenetrable, impervious, tight; opaque *(optics)*	undurchlässig, undurchdringlich, impermeabel	imperméable, impénétrable
	impermeable to gas	*s.* G 79	
	impermeable to water	*s.* W 34	
	impervious	*s.* I 135	
	imperviousness	*s.* I 134	
	impregnant	*s.* I 137	
I 136	**impregnate / to,** to imbibe	imprägnieren, durchtränken	imprégner, imbiber, tremper
I 137	**impregnating material,** impregnation material, impregnant	Imprägnier[ungs]mittel *n*	agent *m* d'imprégnation, imprégnant *m*
I 138	**impregnation,** imbibition	Imprägnation *f,* Imprägnierung *f,* Imprägnieren *n,* Durchtränkung *f*	imprégnation *f,* imbibition *f*
	impregnation material	*s.* I 137	
I 139	**impregnation rate**	Imprägnierungsgrad *m*	degré *m* d'imprégnation
I 140	**impregnation with metals**	Metallimprägnation *f*	imprégnation *f* métallique
I 141	**impression preparation,** klatsch preparation	Abklatschpräparat *n,* Klatschpräparat *n,* Tupfpräparat *n,* Imprintpräparat *n*	préparation *f* par impression
I 142	**impulse**	Impuls *m*	impulsion *f*
I 143	**impulse frequency,** recurrence frequency (rate)	Impulsfrequenz *f,* Impulsrate *f*	fréquence *f* (taux *m*) d'impulsion
	impurity	*s.* C 939, C 942	
	In	*s.* I 206	
I 144	**inactivate / to,** to deactivate	inaktivieren, desaktivieren, entaktivieren	désactiver
I 145	**inactivated**	inaktiviert	désactivé

I 146	**inactivation,** deactivation	Inaktivierung *f*, Inaktivieren *n*, Desaktivierung *f*, Entaktivierung *f*	désactivation *f*
I 147	**inactivation of enzymes**	Enzyminaktivierung *f*	désactivation *f* d'enzymes
I 148	**inactive,** passive	inaktiv, passiv	inactif, passif
	inactive gas	*s.* I 230	
I 149	**inactive haemoglobin**	inaktives Hämoglobin *n*	hémoglobine *f* inactive
I 150	**inactive precursor**	inaktive Vorstufe *f*	précurseur *m* inactif
I 151	**inagglutinable**	inagglutinabel	inagglutinable
	inborn	*s.* C 893	
I 152	**inbreeding strain**	Inzuchtstamm *m*	lignée *f* «inbred»
I 153	**incidence**	Inzidenz *f*	incidence *f*
I 154	**incidence rate,** rate of incidence	Inzidenzrate *f*, Häufigkeitsrate *f*	taux *m* d'incidence
	incinerate / to	*s.* A 1052	
	incineration	*s.* A 1056	
I 155	**inclusion**	Einschluß *m*, Inklusion *f*	inclusion *f*
I 156	**inclusion body**	Einschlußkörperchen *n*	inclusions *fpl*, corpuscules *mpl* intracellulaires
I 157	**inclusion compound**	Einschlußverbindung *f*	composé *m* d'inclusion
I 158	**incoagulability**	Ungerinnbarkeit *f*	incoagulabilité *f*
I 159	**incoagulable**	ungerinnbar	incoagulable
I 160	**incompatibility**	Unverträglichkeit *f*, Inkompatibilität *f*	incompatibilité *f*
I 161	**incompatible**	unverträglich, inkompatibel	incompatible
I 162	**incomplete**	inkomplett, unvollständig	incomplet
I 163	**incomplete antibody,** blocking antibody	inkompletter (blockierender, konglutinierender) Antikörper *m*	anticorps *m* incomplet (bloquant)
I 164	**incomplete virus**	inkomplettes Virus *n*	virus *m* incomplet
	incorrect	*s.* F 14	
	increase in temperature	*s.* T 62	
	incretory	*s.* E 201	
I 165	**incubate / to**	inkubieren, bebrüten	incuber
I 166	**incubation,** breeding	Inkubation *f*, Inkubieren *n*, Bebrüten *n*, Bebrütung *f*	incubation *f*
I 167	**incubation condition**	Inkubationsbedingung *f*	conditions *fpl* d'incubation
I 168	**incubation medium**	Inkubationsmedium *n*	milieu *m* d'incubation
	incubation period	*s.* I 173	
I 169	**incubation solution**	Inkubationslösung *f*	solution *f* d'incubation
I 170	**incubation stage,** incubative stage	Inkubationsstadium *n*	stade *m* d'incubation
I 171	**incubation step,** step in incubation	Inkubationsschritt *m*	étape *f* d'incubation
I 172	**incubation temperature**	Inkubationstemperatur *f*	température *f* d'incubation
I 173	**incubation time,** incubation period	Inkubationszeit *f*, Inkubationsdauer *f*	période (durée) *f* d'incubation
I 174	**incubation vessel**	Inkubationsgefäß *n*	vase *m* d'incubation
	incubative stage	*s.* I 170	
I 175	**incubator,** couveuse	Inkubator *m*, Inkubationsapparat *m*, Brutapparat *m*, Brutschrank *m*, Wärmeschrank *m*	incubateur *m*, couveuse *f*
	independent	*s.* A 1152	
I 176	**independent variable**	unabhängige Größe *f*	variable *f* indépendante
I 177	**index**	Index *m*	indice *m*
	index of icterus	*s.* I 9	
	index of jaundice	*s.* I 9	
	index of refraction	*s.* R 254	
I 178	**India-ink method**	Tusche[punkt]verfahren *n*	méthode *f* à l'encre de Chine
I 179	**indican**	Indikan *n*	indican *m*
	indican reaction	*s.* I 180	
I 180	**indican test,** indican reaction	Indikantest *m*, Indikanprobe *f*, Indikanreaktion *f*	épreuve *f* à l'indican
I 181	**indicate / to**	indizieren, anzeigen	indiquer, montrer
I 182	**indicated**	indiziert, angezeigt	indiqué
	indicating device	*s.* I 184	
	indicating instrument	*s.* I 184	
I 183	**indication**	Indikation *f*, Heilanzeige *f*, Anzeige *f*	indication *f*
I 184	**indicator,** indicating instrument (device)	Anzeigeinstrument *n*, Anzeigegerät *n*	dispositif *m* d'affichage, indicateur *m*, appareil *m* de lecture
I 185	**indicator** *(substance)*	Indikator *m*	indicateur *m*
I 186	**indicator change**	Indikatorumschlag *m*	virage *m* d'indicateur
I 187	**indicator constant**	Indikatorkonstante *f*	constante *f* d'indicateur
I 188	**indicator culture medium**	Indikatornährboden *m*	milieu *m* indicateur
I 189	**indicator dilution method**	Indikatorverdünnungsmethode *f*	méthode *f* de coloration indicatrice
I 190	**indicator electrode**	Indikatorelektrode *f*	électrode *f* indicatrice
I 191	**indicator enzyme**	Indikatorenzym *n*	enzyme *m* indicateur
	indicator method	*s.* T 466	
	indicator paper	*s.* T 100	
I 192	**indicator reaction**	Indikatorreaktion *f*	réaction *f* indicatrice
I 193	**indicator solution**	Indikatorlösung *f*	solution *f* indicatrice
I 194	**indicator zone**	Indikatorzone *f*	zone *f* d'indicateur
I 195	**indigo [blue],** indigotin	Indigo[blau] *n*, Indigotin *n*	indigo *m* [bleu], indigotine *f*
I 196	**indigo carmine**	Indigokarmin *n*	carmin *m* d'indigo
I 197	**indigo carmine test**	Indigokarminprobe *f*	épreuve *f* au carmin d'indigo

No.	English	German	French
	indigoid	*s.* I 198	
I 198	**indigoid dye,** indigoid	Indigofarbstoff *m*	colorant *m* indigo
I 199	**indigosol**	Indigosol *n*	indigosol *m*
	indigotin	*s.* I 195	
	indirect antiglobulin test	*s.* I 201	
I 200	**indirect bilirubin,** indirect-reacting bilirubin, unconjugated bilirubin	indirektes (unkonjugiertes, freies, primäres, prähepatisches) Bilirubin *n*	bilirubine *f* indirecte (non conjuguée, libre, préhépatique, primaire)
I 201	**indirect Coombs test,** indirect antiglobulin test	indirekter Coombs-Test *m,* indirekter Antiglobulintest *m*	test *m* de Coombs indirect, épreuve *f* à l'antiglobuline indirecte
I 202	**indirect haemagglutination**	indirekte (passive) Hämagglutination *f*	hémoagglutination *f* indirecte (passive)
I 203	**indirect immunofluorescence**	indirekte Immunfluoreszenz *f*	immunofluorescence *f* indirecte
I 204	**indirect immunofluorescence test**	indirekter Immunfluoreszenztest *m*	épreuve *f* d'immunofluorescence indirecte
	indirect-reacting bilirubin	*s.* I 200	
I 205	**indirect test**	indirekter Test *m*	test *m* indirect
I 206	**indium,** In	Indium *n,* In	indium *m,* In
I 207	**individual antigen,** private (familial) antigen	Individualantigen *n,* privates (familiäres) Antigen *n*	antigène *m* individuel (privé)
I 208	**indocyanine green**	Indocyaningrün *n*	vert *m* d'indocyanine, indocyanine-vert *m*
I 209	**indocyanine green excretion**	Indocyaningrün-Ausscheidung *f*	excrétion *f* de vert d'indocyanine
I 210	**β-indolacetic acid,** β-indolylacetic acid, heteroauxin	β-Indol[yl]essigsäure *f,* Heteroauxin *n*	acide *m* β-indol[yl]acétique, hétéroauxine *f*
I 211	**indole,** 2,3-benzopyrrole	Indol *n,* 2,3-Benzpyrrol *n*	indole *m,* 2,3-benzopyrrole *m*
I 212	**indole amine**	Indolamin *n*	indolamine *f*
I 213	**indole lactic acid,** indolyllactic acid	Indol[yl]milchsäure *f*	acide *m* indol[yl]e-lactique
I 214	**indole melanogen**	Indolmelanogen *n*	indole-mélanogène *m*
I 215	**indole pyruvic acid,** indolylpyruvic acid	Indol[yl]brenztraubensäure *f*	acide *m* indol[yl]e-pyruvique
I 216	**indole test**	Indolprobe *f,* Indoltest *m*	test *m* à l'indole
	indolylacetic acid	*s.* I 210	
I 217	**indolylacetyl glutamine**	Indolylacetylglutamin *n*	indolylacétyl-glutamine *f*
	β-indolyl-α-alanine	*s.* T 622	
	indolyllactic acid	*s.* I 213	
	indolylpyruvic acid	*s.* I 215	
I 218	**indophenol**	Indophenol *n*	indophénol *m*
	indophenolase	*s.* C 1253	
I 219	**indophenol blue,** α-naphthol blue	Indophenolblau *n,* α-Naphtholblau *n*	bleu *m* d'indophénol, bleu d'α-naphtol
	indophenol oxidase	*s.* C 1253	
I 220	**indoxyl,** 3-hydroxyindole	Indoxyl *n,* 3-Hydroxyindol *n*	indoxyle *m,* 3-hydroxyindole *m*
I 221	**indoxylglucuronic acid**	Indoxylglucuronsäure *f*	acide *m* indoxylglucuronique
I 222	**indoxylsulphuric acid**	Indoxylschwefelsäure *f*	acide *m* indoxylsulfurique
	in drops	*s.* D 779	
I 223	**induce / to**	induzieren	induire
I 224	**induced radioactivity,** artificial radioactivity	künstliche Radioaktivität *f*	radioactivité *f* artificielle
I 225	**induction**	Induktion *f*	induction *f*
	induction of enzymes	*s.* E 301	
I 226	**inductive**	induktiv	inductif
I 227	**inductor**	Induktor *m*	inducteur *m*
I 228	**industrial medicine,** occupational medicine	Arbeitsmedizin *f*	médecine *f* de travail
	industrial safety	*s.* P 1053	
	indwelling catheter	*s.* C 946	
I 229	**inert,** slow to react	inert, reaktionsträge, reaktionsschwach	inerte, passif
I 230	**inert gas,** noble (rare, inactive) gas	Edelgas *n,* Inertgas *n*	gaz *m* inerte (noble, rare)
I 231	**inertness,** chemical inertness	Reaktionsträgheit *f*	inertie *f,* paresse *f* réactionnelle
I 232	**infancy**	Kleinkindalter *n*	âge *m* de petite enfance
I 233	**infant,** baby, suckling	Säugling *m,* Kleinstkind *n*	nourrisson *m,* bébé *m*
I 234	**infect / to**	infizieren, anstecken	infecter
I 235	**infection,** contagion	Infektion *f,* Ansteckung *f*	infection *f,* contagion *f*
I 236	**infectious,** infective, contagious	infektiös	infectieux, contagieux
I 237	**infectious agent,** infective agent	Infektionserreger *m*	agent *m* infectieux
	infectious germ	*s.* P 150	
I 238	**infectious specimen**	infektiöses Material *n*	matériel *m* infectieux
	infective	*s.* I 236	
	infective agent	*s.* I 237	
I 239	**infiltrate / to**	infiltrieren	infiltrer
I 240	**infiltrate**	Infiltrat *n*	infiltrat *m*
I 241	**infiltration**	Infiltration *f*	infiltration *f*
	infirmary	*s.* H 423	
I 242	**inflammability,** flammability, ignitability, ignitibility	Entzündbarkeit *f,* Entflammbarkeit *f*	inflammabilité *f*
	inflammability	*s. a.* C 807	
I 243	**inflammable,** flammable, ignitable, ignitible	entzündbar, entflammbar	inflammable
	inflammable	*s.* C 808	
I 244	**inflammatory cell**	Entzündungszelle *f*	cellule *f* inflammatoire
	inflection point	*s.* P 616	

No.	English	German	French
	inflexion point	*s.* P 616	
	influence of temperature	*s.* T 58	
I 245	**influenza bacillus,** Pfeiffer's bacillus, Haemophilus influenzae	Pfeiffer-Bacillus *m*	bacille *m* de Pfeiffer
I 246	**influenza virus,** Myxovirus influenzae	Influenzavirus *n,* Grippevirus *n*	virus *m* d'influenza, virus de la grippe
I 247	**information content**	Informationsgehalt *m*	contenu *m* en informations
I 248	**information processing**	Informationsverarbeitung *f*	traitement *m* des informations
I 249	**infrared,** ultrared	infrarot, ultrarot	infrarouge
I 250	**infrared absorption**	Infrarotabsorption *f,* IR-Absorption *f*	absorption *f* infrarouge, absorption IR
I 251	**infrared absorption spectrum**	Infrarotabsorptionsspektrum *n,* IR-Absorptionsspektrum *n*	spectre *m* d'absorption infrarouge (IR)
	infrared lamp	*s.* I 255	
I 252	**infrared microscope**	Infrarotmikroskop *n,* IR-Mikroskop *n*	microscope *m* infrarouge (IR)
I 253	**infrared microscopy**	Infrarotmikroskopie *f,* IR-Mikroskopie *f*	microscopie *f* infrarouge (IR)
I 254	**infrared radiation**	Infrarotstrahlung *f,* IR-Strahlung *f*	rayonnement *m* infrarouge (IR)
I 255	**infrared radiator,** infrared lamp	Infrarotstrahler *m,* IR-Strahler *m,* Infrarotlampe *f*	radiateur *m* infrarouge (IR), lampe *f* infrarouge
I 256	**infrared rays**	Infrarotstrahlen *mpl,* IR-Strahlen *mpl*	rayons *mpl* infrarouges (IR)
I 257	**infrared spectral analysis**	Infrarotspektralanalyse *f,* IR-Spektralanalyse *f*	analyse *f* spectrale infrarouge (IR)
I 258	**infrared spectrometry**	Infrarotspektrometrie *f,* IR-Spektrometrie *f,* Ultrarotspektrometrie *f*	spectrométrie *f* infrarouge (IR)
I 259	**infrared spectrophotometer**	Infrarotspektralphotometer *n,* IR-Spektralphotometer *n*	spectrophotomètre *m* pour l'infrarouge
I 260	**infrared spectrophotometry**	Infrarotspektrophotometrie *f,* IR-Spektrophotometrie *f*	spectrophotométrie *f* infrarouge (IR)
I 261	**infrared spectroscopy**	Infrarotspektroskopie *f,* IR-Spektroskopie *f*	spectroscopie *f* infrarouge (IR)
I 262	**infrared spectrum**	Infrarotspektrum *n,* IR-Spektrum *n,* Ultrarotspektrum *n*	spectre *m* infrarouge (IR)
I 263	**infuse / to**	infundieren	infuser
I 264	**infusion** *(action)*	Infusion *f*	infusion *f*
	infusion	*s. a.* I 266	
I 265	**infusion apparatus**	Infusionsgerät *n,* Infusionsapparat *m*	appareil *m* d'infusion
I 266	**infusion solution,** infusion	Infusionslösung *f*	infusion *f,* solution *f* àinfusion
	infusorial earth	*s.* K 61	
	ingestion allergen	*s.* N 328	
I 267	**ingredient**	Ingrediens *n,* Ingredienz *f*	ingrédient *m*
I 268	**inhalation allergen**	Inhalationsallergen *n*	allergène *m* d'inhalation
I 269	**inhibin**	Inhibin *n*	inhibine *f*
I 270	**inhibit / to,** to retard	hemmen, inhibieren	inhiber
	inhibiting agent	*s.* I 276	
I 271	**inhibiting areola test**	Hemmhoftest *m*	
I 272	**inhibiting factor, inhibiting hormone**	Hemmfaktor *m,* Inhibiting-Faktor *m,* Inhibiting-Hormon *n*	facteur *m* (hormone *f*) d'inhibition
	inhibiting substance	*s.* I 276	
I 273	**inhibition,** retardation	Hemmung *f,* Inhibition *f*	inhibition *f*
I 274	**inhibition constant**	Hemmkonstante *f,* Inhibitionskonstante *f*	constante *f* d'inhibition
I 275	**inhibition test**	Hemmtest *m*	épreuve *f* inhibitrice (de neutralisation)
	inhibitive	*s.* I 277	
I 276	**inhibitor [substance],** inhibiting (retarding) substance, inhibiting (stopping) agent, retarder	Inhibitor *m,* Hemmstoff *m,* Hemmkörper *m,* Hemmsubstanz *f*	inhibiteur *m,* substance *f* inhibitrice, corps *m* inhibiteur
I 277	**inhibitory,** inhibitive, retardant	hemmend, inhibierend, inhibitorisch	inhibant, inhibiteur, inhibitif
I 278	**inhibitory effect**	Hemmeffekt *m,* Hemmwirkung *f,* Inhibitorwirkung *f*	effet *m* inhibiteur
I 279	**inhibitory reaction**	Hemmungsreaktion *f*	réaction *f* inhibitrice
	inhomogeneity	*s.* H 251	
	inhomogeneous	*s.* H 252	
I 280	**initial concentration**	Anfangskonzentration *f,* Ausgangskonzentration *f*	concentration *f* initiale
	initial culture	*s.* S 911	
I 281	**initial dose**	Anfangsdosis *f,* Initialdosis *f*	dose *f* initiale (d'attaque)
I 282	**initial product,** starting material	Ausgangsprodukt *n*	produit *m* initial (de base)
	initial product	*s. a.* S 821	
I 283	**initial rate,** initial velocity	Anfangsgeschwindigkeit *f*	vitesse *f* initiale
	initial solution	*s.* S 913	
I 284	**initial stage,** first (primary) stage	Initialstadium *n,* Anfangsstadium *n*	stade *m* initial
	initial substance	*s.* S 821	
I 285	**initial temperature**	Anfangstemperatur *f,* Starttemperatur *f*	température *f* initiale
I 286	**initial value**	Ausgangswert *m,* Anfangswert *m*	valeur *f* initiale
	initial velocity	*s.* I 283	
	initiate / to	*s.* S 817	
	initiating molecule	*s.* P 929	
	initiating reaction	*s.* S 823	
	initiation	*s.* S 818	
	initiator	*s.* S 819	

I 287	**inject / to,** to give (make) an injection	injizieren, einspritzen, spritzen	injecter, faire une injection (piqûre), faire des injections (piqûres)
I 288	**injection**	Injektion *f*, Einspritzung *f*	injection *f*, piqûre *f*
	injection cannula	*s.* I 289	
I 289	**injection needle,** syringe (hypodermic) needle, injection cannula	Injektionskanüle *f*, Injektionsnadel *f*, Spritzennadel *f*	aiguille *f* à injection, aiguille hypodermique
I 290	**injection site,** site of injection	Injektionsstelle *f*	site *m* d'injection, site de piqûre
I 291	**injection syringe,** hypodermic syringe	Injektionsspritze *f*	seringue *f* d'injection
I 292	**injurious to health,** prejudicial to health, unhealthy	gesundheitsschädigend, gesundheitsschädlich, ungesund	malsain, nuisible à la santé, insalubre
I 293	**inlet valve**	Einlaßventil *n*, Einströmventil *n*	soupape *f* d'admission
	inner body	*s.* H 194	
	inner diameter	*s.* L 437	
	Ino	*s.* I 310	
	inoblast	*s.* F 109	
I 294	**inoculate / to,** to transmit by inoculation	überimpfen, verimpfen, beimpfen, inokulieren	inoculer, vacciner
	inoculate */ to*	*s. a.* V 1	
	inoculating agent	*s.* V 5	
I 295	**inoculating loop,** sowing wire loop	Impföse *f*	vaccinostyle *m*
I 296	**inoculating needle,** vaccination needle	Impfnadel *f*	lancette *f* à vaccination, aiguille *f* hypodermique
I 297	**inoculation**	Überimpfung *f*, Überimpfen *n*, Verimpfung *f*, Beimpfung *f*, Beimpfen *n*, Inokulation *f*	inoculation *f*, vaccination *f*
	inoculation	*s. a.* V 2	
I 298	**inoculum**	Inokulum *n*, Impfmaterial *n*	inoculum *m*, matériel *m* àinoculer
	inocyte	*s.* F 112	
I 299	**inodorous,** odourless, odour-free, scentless, without smell	geruchlos, geruchsfrei	inodore, sans odeur
I 300	**inorganic**	anorganisch	inorganique
I 301	**inorganic analysis**	anorganische Analyse *f*	analyse *f* inorganique
I 302	**inorganic chemistry**	Anorganische Chemie *f*	chimie *f* inorganique
	inorganic diphosphate	*s.* I 307	
I 303	**inorganic ion exchanger, inorganic ionite**	anorganischer Ionenaustauscher *m*	échangeur *m* ionique (d'ions) inorganique
I 304	**inorganic phosphate**	anorganisches Phosphat *n*	phosphate *m* inorganique, phosphate minéral
I 305	**inorganic phosphorus**	anorganischer Phosphor *m*	phosphore *m* inorganique
I 306	**inorganic pyrophosphatase**	anorganische Pyrophosphatase *f*	pyrophosphatase *f* inorganique
I 307	**inorganic pyrophosphate,** inorganic diphosphate	anorganisches Pyrophosphat (Diphosphat) *n*	pyrophosphate *m* inorganique
I 308	**inorganic solvent**	anorganisches Lösungsmittel *n*	solvant (dissolvant) *m* inorganique
I 309	**inorganic substance**	anorganische Substanz *f*	substance *f* inorganique
I 310	**inosine,** hypoxanthosine, hypoxanthine riboside, Ino	Inosin *n*, Hypoxanthosin *n*, Hypoxanthinribosid *n*, Ino	inosine *f*, hypoxanthosine *f*, hypoxanthine-riboside *m*, Ino
I 311	**inosine-5'-diphosphate,** IDP	Inosin-5'-diphosphat *n*, IDP	inosine-5'-diphosphate *m*, IDP
I 312	**inosine-5'-diphosphoric acid,** inosine pyrophosphoric acid	Inosin-5'-diphosphorsäure *f*, Inosinpyrophosphorsäure *f*	acide *m* inosine-5'-diphosphorique, acide inosine-pyrophosphorique
I 313	**inosine-5'-monophosphate,** IMP	Inosin-5'-monophosphat *n*, IMP	inosine-5'-monophosphate *m*, IMP
	inosine pyrophosphoric acid	*s.* I 312	
I 314	**inosine-5'-triphosphate,** ITP	Inosin-5'-triphosphat *n*, ITP	inosine-5'-triphosphate *m*, ITP
I 315	**inosinic acid**	Inosinsäure *f*	acide *m* inosinique
	inosite	*s.* I 316	
I 316	**inositol,** inosite, myo-inositol, meso-inositol, hexahydroxycyclohexane, muscle sugar, bios I	Inositol *n*, myo-Inosit *n*, meso-Inosit *n*, Hexahydroxycyclohexan *n*, Bios *n* I	inositol *m*, inosite *m*, myo-inositol *m*, méso-inositol *m*, hexahydroxy-cyclohexane *m*, bios *m* I
I 317	**inositol phosphatide,** phosphatidyl inositol	Inositolphosphatid *n*, Phosphatidylinosit *n*	inositol[-]phosphatide *m*, phosphatidyl-inositol *m*
I 318	**inpatient**	stationärer Patient *m*	patient *m* hospitalisé
I 319	**insecticide**	Insektizid *n*, Insektenbekämpfungsmittel *n*	insecticide *m*
I 320	**insensitive**	unempfindlich	insensible
I 321	**insensitiveness, insensitivity**	Unempfindlichkeit *f*	insensibilité *f*
	insipid	*s.* T 29	
	insoluble in alcohol	*s.* A 439	
I 322	**insolubility,** insolubleness	Unlöslichkeit *f*, Insolubilität *f*	insolubilité *f*
	insolubility in alcohol	*s.* A 438	
I 323	**insoluble,** non-soluble	unlöslich, nicht löslich, insolubel	insoluble, non soluble
	insoluble in acids	*s.* A 154	
	insoluble in ether	*s.* E 488	
I 324	**insoluble in water,** water-insoluble	wasserunslöslich	insoluble dans l'eau
	insolubleness	*s.* I 322	
I 325	**insoluble residue**	unlöslicher Rückstand *m*	résidu *m* insoluble
	instability	*s.* L 8	
	instable	*s.* L 7	
	instable haemoglobin	*s.* U 77	

No.	English	German	French
I 326	**instill / to,** to introduce in drops, to drop in	instillieren, einträufeln, eintröpfeln	instiller, introduire goutte à goutte
I 327	**instillation**	Instillation *f*, Einträufeln *n*, Eintröpfelung *f*	instillation *f*
I 328	**instillator,** constant-drip apparatus	Instillator *m*, Tropfapparat *m*	instillateur *m*
I 329	**instruction,** direction, prescription *(medicine)*	Vorschrift *f*, Anweisung *f*, Instruktion *f*	prescription *f*, instruction *f*, directives *fpl*
I 330	**instruction for analysis**	Analysenvorschrift *f*	instruction *f* pour l'analyse
	instruction for use	*s.* O 53	
	instrument	*s.* D 266	
I 331	**instrumental error**	Gerätefehler *m*, Instrumentenfehler *m*	erreur *f* instrumentale (d'instrument)
I 332	**instrumentarium, instruments**	Instrumentarium *n*, Instrumentenbesteck *n*	instruments *mpl*, instrumentation *f*
I 333	**instrument sterilisation,** sterilisation of instruments	Instrumentensterilisation *f*	stérilisation *f* des instruments
I 334	**instrument steriliser**	Instrumentensterilisator *m*	stérilisateur *m* des instruments
I 335	**insulin,** antidiabetic hormone	Insulin *n*, Inselhormon *n*, antidiabetisches Hormon *n*	insuline *f*
I 336	**insulinase**	Insulinase *f*	insulinase *f*
I 337	**insulin-like activity,** ILA	insulinähnliche Aktivität *f*	activité *f* «insuline-like»
I 338	**insulin-releasing peptide,** IRP	Insulin-Releasing-Peptid *n*, insulinfreisetzendes Peptid *n*, IRP	peptide *m* de libération d'insuline
I 339	**insulin tolerance test**	Insulintoleranztest *m*, Insulinnüchternversuch *m*	épreuve *f* de tolérance à l'insuline
I 340	**intensity**	Intensität *f*	intensité *f*
	intensity of colour	*s.* C 779	
	intensity of light	*s.* L 242	
	intensity of radiation	*s.* R 14	
I 341	**intensive care medicine**	Intensivmedizin *f*	médecine *f* intensive
	intensively coloured	*s.* H 567	
I 342	**interaction**	Interaktion *f*, Wechselwirkung *f*	interaction *f*
I 343	**inter-alpha-globulin**	Inter-Alphaglobulin *n*	inter-alpha-globuline *f*
I 344	**inter-alpha-trypsin inhibitor**	Inter-Alphatrypsininhibitor *m*	inhibiteur *m* d'inter-alpha-globuline
	interbody	*s.* A 569	
	interbreed / to	*s.* C 1107	
I 345	**intercellular**	interzellulär	intercellulaire
I 346	**intercellular fluid**	interzelluläre Flüssigkeit *f*, Zwischenzellflüssigkeit *f*	liquide *m* intercellulaire
I 347	**intercellular substance**	interzelluläre Substanz *f*	substance *f* intercellulaire
	interchange / to	*s.* E 529	
	interchange	*s.* E 530	
	interchangeability	*s.* E 531	
	interchangeable	*s.* E 532	
I 348	**interchromomere**	Interchromomer *n*	interchromomère *m*
I 349	**interelectrode distance,** distance between electrodes	Elektrodenabstand *m*	distance *f* entre électrodes
I 350	**interface**	Interface *n*, Koppelglied *n*	interface *f*
I 351	**interference**	Interferenz *f*	interférence *f*
I 352	**interference filter**	Interferenzfilter *n*	filtre *m* interférentiel
I 353	**interference microscope**	Interferenzmikroskop *n*	microscope *m* à interférence
I 354	**interference microscopy**	Interferenzmikroskopie *f*	microscopie *f* à interférence
I 355	**interferometer**	Interferometer *n*	interféromètre *m*
I 356	**interferometry**	Interferometrie *f*	interférométrie *f*
I 357	**interferon**	Interferon *n*	interféron *m*
I 358	**interindividual**	interindividuell	interindividuel
	interlaboratory quality control	*s.* E 594	
	interlayer	*s.* S 239	
I 359	**interleukin**	Interleukin *n*	interleukine *f*
	intermediary	*s.* I 361	
	intermediary body	*s.* A 569	
	intermediary metabolic substance	*s.* I 360	
I 360	**intermediate,** intermediate product (substance), intermediary metabolic substance	Intermediat *n*, Intermediärprodukt *n*, Stoffwechselzwischenprodukt *n*, Zwischenprodukt *n*	intermédiaire *m*, produit *m* intermédiaire [de métabolisme]
I 361	**intermediate,** intermediary	intermediär	intermédiaire
	intermediate density lipoprotein	*s.* I 16	
I 362	**intermediate filament**	Intermediärfilament *n*	filament *m* intermédiaire
I 363	**intermediate fraction**	Zwischenfraktion *f*	fragment *m* intermédiaire
I 364	**intermediate host,** alternate host	Zwischenwirt *m*	hôte *m* intermédiaire (transitoire)
	intermediate layer	*s.* S 239	
I 365	**intermediate phase,** interphase	Zwischenphase *f*	phase *f* intermédiaire, interphase *f*
	intermediate product	*s.* I 360	
I 366	**intermediate reaction**	Zwischenreaktion *f*	réaction *f* intermédiaire
I 367	**intermediate stage**	Zwischenstufe *f*, Zwischenstadium *n*	stade *m* intermédiaire (transitoire)
	intermediate substance	*s.* I 360	
I 368	**intermolecular**	intermolekular	intermoléculaire
I 369	**internal**	innerlich	interne
I 370	**internal medicine**	Innere Medizin *f*	médecine *f* interne

I 371	**internal pressure**	Innendruck *m*	pression *f* interne
I 372	**internal quality control**	interne Qualitätskontrolle *f*	contrôle *m* de la qualité interne
I 373	**internal standard**	interner Standard *m*	standard *m* interne
I 374	**International Federation of Clinical Chemistry,** IFCC	IFCC	Fédération Internationale de Chimie Clinique
I 375	**International Unit,** IU	Internationale Einheit *f*, IE	unité *f* internationale, UI
	interphase	*s.* I 365	
I 376	**interpolation**	Interpolation *f*	interpolation *f*
	interpretation of data	*s.* D 20	
I 377	**interpretation of findings,** evaluation of findings, interpretation (evaluation) of result	Befundinterpretation *f*, Befundbewertung *f*	interprétation (évaluation) *f* des résultats
	interpretation of result	*s.* I 377	
I 378	**interrenin**	Interrenin *n*	interrénine *f*
I 379	**interstitial cell of the testicle,** Leydig's cell	Hodenzwischenzelle *f*, Leydig-Zelle *f*	cellule *f* de Leydig
	interstitial cell-stimulating hormone	*s.* L 460	
I 380	**interstitial fluid**	Interstitialflüssigkeit *f*, interstitielle Flüssigkeit *f*	liquide *m* interstitiel
I 381	**interstitial tissue**	Interstitialgewebe *n*	tissu *m* interstitiel
I 382	**interval**	Intervall *n*	intervalle *m*
	interval of confidence	*s.* C 886	
I 383	**intestinal amoeba**	Darmamöbe *f*	amibe *f* intestinale
	intestinal bacteria	*s.* I 388	
I 384	**intestinal biopsy**	Darmbiopsie *f*, Intestinalbiopsie *f*	biopsie *f* intestinale
I 385	**intestinal contents**	Darminhalt *m*	contenu *m* intestinal
I 386	**intestinal enzyme**	Darmenzym *n*	enzyme *m* intestinal
I 387	**intestinal epithelium**	Darmepithel *n*	épithélium *m* intestinal
I 388	**intestinal flora,** intestinal bacteria	Darmflora *f*, Darmbakterien *fpl*	flore *f* intestinale, bactéries *fpl* intestinales
	intestinal fluid	*s.* I 390	
	intestinal fluke	*s.* G 180	
I 389	**intestinal hormone**	Intestinalhormon *n*, Darmhormon *n*	hormone *f* intestinale
I 390	**intestinal juice,** intestinal fluid (secretion)	Darmsaft *m*, Darmsekret *n*	suc *m* intestinal
I 391	**intestinal lipase**	Darmlipase *f*	lipase *f* intestinale
I 392	**intestinal mucosa,** enteric mucosa	Darmschleimhaut *f*, Darmmukosa *f*	muqueuse *f* intestinale (entérale)
I 393	**intestinal mucus**	Darmschleim *m*	mucus *m* intestinal
	intestinal nematode	*s.* N 62	
I 394	**intestinal parasite,** entozoic parasite, enterozoon	Darmparasit *m*, Enterozoon *n*	parasite *m* intestinal, entérozoaire *m*
I 395	**intestinal probe**	Darmsonde *f*	sonde *f* intestinale
I 396	**intestinal protozoa**	Darmprotozoen *npl*	protozoaires *mpl* intestinaux
I 397	**intestinal puncture,** enterocentesis	Darmpunktion *f*, Enterozentese *f*	ponction *f* intestinale, entérocentèse *f*
I 398	**intestinal radiosound**	Endoradiosonde *f*, Intestinalsender *m*, Heidelberger Kapsel *f*	endoradiosonde *f*, transmetteur *m* intestinal
	intestinal roundworm	*s.* N 62	
	intestinal secretion	*s.* I 390	
I 399	**intestinal spirochaete**	Darmspirochäte *f*	spirochète *m* intestinal
	intestinal trichinella	*s.* T 540	
	intestinal worm	*s.* H 200	
	intestinotoxin	*s.* E 270	
I 400	**intoxicate / to,** to poison	vergiften	intoxiquer, empoisonner
I 401	**intoxicated,** poisoned	vergiftet	intoxiqué, empoisonné
I 402	**intoxication,** poisoning	Intoxikation *f*, Vergiftung *f*	intoxication *f*, empoisonnement *m*
	intrabronchial biopsy	*s.* E 200	
I 403	**intracellular,** endocellular	intrazellulär	intracellulaire
I 404	**intracellular distribution**	intrazelluläre Verteilung *f*	distribution *f* intracellulaire
	intracellular enzyme	*s.* C 282	
I 405	**intracellular fluid (water)**	intrazelluläre Flüssigkeit *f*, Intrazellularflüssigkeit *f*	liquide *m* intracellulaire
	intracellular lysin	*s.* E 204	
I 406	**intracutaneous,** intradermal	intrakutan, intradermal	intracutané, intradermique
I 407	**intracutaneous reaction,** intradermal reaction	Intrakutanreaktion *f*	intradermoréaction *f*
I 408	**intracutaneous test,** intradermal test	Intrakutantest *m*, Intradermaltest *m*, Intrakutanprobe *f*	épreuve *f* intracutanée, épreuve intradermique
	intracutaneous tuberculin reaction	*s.* M 113	
	intracutaneous tuberculin test	*s.* M 113	
	intradermal	*s.* I 406	
	intradermal reaction	*s.* I 407	
	intradermal test	*s.* I 408	
I 409	**intraindividual**	intraindividuell	intraindividuel
I 410	**intramitochondrial**	intramitochondrial	intramitochondrial
I 411	**intramolecular**	intramolekular, innermolekular	intramoléculaire
I 412	**intramuscular,** im	intramuskulär, i.m.	intramusculaire, i.m.
	intranasal fluid	*s.* N 28	
	intravascular agglutination	*s.* B 422	

No.	English	German	French
I 413	**intravenous,** iv	intravenös, i.v.	intraveineux, i.v.
I 414	**intravenous glucose tolerance test**	intravenöser Glucosetoleranztest *m*	épreuve *f* à la tolérance au glucose intraveineuse
I 415	**intravital fluorescence**	Intravitalfluoreszenz *f*	fluorescence *f* intravitale
I 416	**intravital fluorochromating of cells**	intravitale Zellfluorochromierung *f*	coloration *f* vitale en fluorescence des cellules
	intravital stain	*s.* V 137	
I 417	**intravital staining**	Intravitalfärbung *f*	coloration *f* vitale
	intravital staining	*s. a.* V 138	
I 418	**intrinsic factor,** Castle's [intrinsic] factor	Intrinsic-Faktor *m,* Castle-Faktor *m*	facteur *m* intrinsèque, facteur [intrinsèque] de Castle
I 419	**introduce / to,** to place	einbringen	introduire
	introduce a catheter / to	*s.* C 204	
	introduce in drops / to	*s.* I 326	
I 420	**introduction,** placing	Einbringen *n*	introduction *f,* amenée *f*
	inulase	*s.* I 422	
I 421	**inulin**	Inulin *n*	inuline *f*
I 422	**inulinase,** inulase	Inulinase *f,* Inulase *f*	inulinase *f,* inulase *f*
I 423	**inulin clearance**	Inulin-Clearance *f*	clearance *f* de l'inuline
I 424	**invasion**	Invasion *f*	invasion *f*
I 425	**invasion allergen**	Invasionsallergen *n*	allergène *m* d'invasion
I 426	**invasion germ**	Invasionskeim *m*	germe *m* d'invasion
I 427	**invasive**	invasiv	invasif
I 428	**invasiveness**	Invasivität *f*	invasivité *f*
I 429	**inversely proportional,** reciprocally proportional	umgekehrt proportional	inversement proportionnel
I 430	**inversion,** reversion	Inversion *f,* Reversion *f,* Umkehrung *f*	inversion *f,* renversement *m*
	invert / to	*s.* R 378	
	invertase	*s.* F 407	
	invertibility	*s.* R 385	
	invertible	*s.* R 386	
	invertin	*s.* F 407	
I 431/2	**invertose, invert sugar**	Invertzucker *m,* Invertose *f*	sucre *m* converti, sucre inverti
I 433	**investigate / to,** to examine, to study	untersuchen, erforschen	examiner, étudier
I 434	**investigation,** examination, study	Untersuchung *f,* Erforschung *f*	examen *m,* étude *f,* recherche *f*
I 435	**in vitro,** outside the living body	in vitro	in vitro
I 436	**in vivo,** in the living organism	in vivo, im lebenden Organismus	in vivo, dans l'organisme vivant
	iodase	*s.* I 440	
I 437	**iodate**	Iodat *n*	iodate *m*
I 438	**iodic acid**	Iodsäure *f*	acide *m* iodique
I 439	**iodide**	Iodid *n*	iodure *m*
I 440	**iodide permease,** iodase	Iodidpermease *f,* Iodase *f*	perméase *f* d'iodure, iodase *f*
I 441	**iodide peroxidase,** iodinase	Iodidperoxidase *f,* Iodinase *f*	peroxydase *f* d'iodure, iodinase *f*
	iodimetric	*s.* I 456	
	iodimetry	*s.* I 457	
	iodinase	*s.* I 441	
	iodinate / to	*s.* I 451	
	iodinated	*s.* I 452	
I 442	**iodination**	Iodierung *f,* Iodieren *n*	iodation *f*
I 443	**iodine,** I	Iod *n,* I	iode *m,* I
I 444	**iodine acetamide**	Iodacetamid *n*	iod[o]acétamide *m*
I 445	**iodine albumin**	Iodalbumin *n*	iodo-albumine *f*
I 446	**iodine-containing**	iodhaltig	iodé
I 447	**iodine impregnation**	Iodimprägnation *f*	imprégnation *f* à iode
I 448	**iodine number,** iodine value	Iodzahl *f*	indice *m* d'iode
I 449	**iodine reaction of starch,** iodine test for starch	Iod-Stärke-Reaktion *f,* Iod-Stärke-Probe *f*	épreuve *f* iode-amidon
I 450	**iodine solution**	Iodlösung *f*	solution *f* iodée
	iodine test for starch	*s.* I 449	
	iodine tincture	*s.* T 352	
	iodine value	*s.* I 448	
I 451	**iodise / to,** to iodinate	iodieren	ioder
I 452	**iodised,** iodinated	iodiert	iodé
I 453	**iodoacetate**	Iodacetat *n*	iod[o]acétate *m*
I 454	**iodoacetic acid**	Iodessigsäure *f*	acide *m* iodo-acétique
I 455	**iodoform,** triiodomethane	Iodoform *n,* Triiodmethan *n*	iodoforme *m,* triiodométhane *m*
I 456	**iodometric,** iodimetric	iodometrisch	iodométrique
I 457	**iodometry,** iodimetry	Iodometrie *f*	iodométrie *f*
I 458	**iodothyronine**	Iodthyronin *n*	iodothyronine *f*
I 459	**iodotyrosine**	Iodtyrosin *n*	iodotyrosine *f*
I 460	**ion**	Ion *n*	ion *m*
	ion activity	*s.* I 475	
I 461	**ion concentration,** ionic concentration, ion density	Ionenkonzentration *f*	concentration *f* ionique (en ions, d'ions)
	ion density	*s.* I 461	
I 462	**ion exchange**	Ionenaustausch *m*	échange *m* d'ions
I 463	**ion exchange capacity**	Ionenaustauschkapazität *f*	capacité *f* d'échange d'ions
I 464	**ion exchange cellulose**	Celluloseionenaustauscher *m*	échangeur *m* d'ions cellulosique

No.	English	German	French
I 465	**ion exchange chromatography**	Ionenaustauschchromatographie *f*	chromatographie *f* d'échange d'ions
	ion exchange column	*s.* I 471	
I 466	**ion exchange electrode**	Ionenaustauschelektrode *f*	électrode *f* échangeuse d'ions
I 467	**ion exchange filter**	Ionenaustauschfilter *n*	filtre *m* à échange d'ions
I 468	**ion exchange membrane**	Ionenaustauschmembran *f*	membrane *f* échangeuse d'ions
I 469	**ion exchange method**	Ionenaustauschverfahren *n*	procédé *m* (méthode *f*) d'échange d'ions, procédé d'échange ionique
I 470	**ion exchanger,** ionite, [ion] exchange resin	Ionenaustauscher *m*, Ionenaustauschharz *n*, Austauschharz *n*	échangeur *m* d'ions, résine *f* échangeuse ionique (d'ions)
I 471	**ion exchanger column,** ion exchange column	Ionenaustauschersäule *f*	colonne *f* d'échangeur d'ions
I 472	**ion exchange reaction**	Ionenaustauschreaktion *f*	réaction *f* d'échange ionique
	ion exchange resin	*s.* I 470	
I 473	**ion exchanger tube**	Ionenaustauscherrohr *n*	tube *m* échangeur d'ions
I 474	**ion exclusion chromatography**	Ionenausschlußchromatographie *f*	chromatographie *f* d'exclusion d'ions
	ionic	*s.* I 490	
I 475	**ionic activity,** ion activity	Ionenaktivität *f*	activité *f* ionique
	ionic balance	*s.* I 477	
I 476	**ionic charge**	Ionenladung *f*	charge *f* d'ions
	ionic concentration	*s.* I 461	
I 477	**ionic equilibrium,** ionic balance	Ionengleichgewicht *n*	équilibre *m* ionique
I 478	**ionic migration,** ion migration, migration of ions	Ionenwanderung *f*	migration *f* d'ions
I 479	**ionic mobility,** ion mobility, mobility of ions	Ionenbeweglichkeit *f*	mobilité *f* ionique
I 480	**ionic permeability**	Ionenpermeabilität *f*	perméabilité *f* ionique (d'ions)
I 481	**ionic product,** ion product	Ionenprodukt *n*	produit *m* ionique
I 482	**ionic reaction,** ion reaction	Ionenreaktion *f*	réaction *f* ionique
I 483	**ionic selectivity**	Ionenselektivität *f*	sélectivité *f* ionique
I 484	**ionic strength**	Ionenstärke *f*	force *f* ionique
I 485	**ionisation**	Ionisation *f*, Ionisierung *f*	ionisation *f*
I 486	**ionisation chamber**	Ionisationskammer *f*, Ionisierungskammer *f*	chambre *f* d'ionisation
	ionisation degree	*s.* D 94	
I 487	**ionisation dosimeter**	Ionisationsdosimeter *n*	ionomètre *m*
I 488	**ionisation potential**	Ionisationspotential *n*	potentiel *m* d'ionisation
	ionisation radiation	*s.* I 493	
I 489	**ionise / to**	ionisieren	ioniser
I 490	**ionised,** ionic	ionisiert	ionisé
I 491	**ionised calcium**	ionisiertes Calcium *n*	calcium *m* ionisé
I 492	**ionised state**	ionisierter Zustand *m*	état *m* ionisé
I 493	**ionising radiation,** ionisation radiation	ionisierende Strahlung *f*	radiation *f* ionisante
	ionite	*s.* I 470	
	ion migration	*s.* I 478	
	ion mobility	*s.* I 479	
I 494	**ionogram**	Ionogramm *n*, Gamble-Diagramm *n*	ionogramme *m*
I 495	**ionometer**	Ionometer *n*, Ionenzähler *m*	ionomètre *m*
I 496	**ionometric**	ionometrisch	ionométrique
I 497	**ionometry**	Ionometrie *f*, Ionenzählung *f*	ionométrie *f*
	ionophoresis	*s.* I 500	
	ionophoresis apparatus	*s.* I 501	
I 498	**ion pair**	Ionenpaar *n*	paire *f* d'ions
	ion product	*s.* I 481	
	ion reaction	*s.* I 482	
I 499	**ion-selective electrode,** ISE	ionenselektive Elektrode *f*, ISE	électrode *f* ionique sélective
I 500	**iontophoresis,** ionophoresis	Ion[t]ophorese *f*	ion[t]ophorèse *f*
I 501	**iontophoresis apparatus,** ionophoresis apparatus	Iontophoresegerät *n*	appareil *m* à iontophorèse, appareil pour l'iontophorèse
	Ir	*s.* I 502	
	IRI	*s.* I 125	
I 502	**iridium,** Ir	Iridium *n*, Ir	iridium *m*, Ir
I 503	**iron,** Fe	Eisen *n*, Fe	fer *m*, Fe
	iron agar	*s.* K 78	
I 504	**iron albuminate**	Eisenalbuminat *n*	ferro-albuminate *m*
I 505	**iron bacterium**	Eisenbakterie *f*, Ferrobakterie *f*	bactérie *f* de fer
I 506	**iron-binding capacity**	Eisenbindungskapazität *f*, EBK	capacité *f* de fixation de fer, capacité ferropectique
I 507	**iron-binding β_1-globulin**	eisenbindendes β_1-Globulin *n*	β_1-globuline *f* liant le fer
I 508	**iron-binding reaction**	Eisenbindungsreaktion *f*	réaction *f* de fixation de fer
I 509	**iron(II) chloride,** iron dichloride, ferrous chloride	Eisen(II)-chlorid *n*, Eisendichlorid *n*	chlorure *m* ferreux, protochlorure *m* de fer
I 510	**iron(III) chloride,** iron trichloride, ferric chloride	Eisen(III)-chlorid *n*, Eisentrichlorid *n*	chlorure *m* ferrique, perchlorure *m* de fer
I 511	**iron clearance**	Eisenclearance *f*	clearance *f* de fer
I 512	**iron(II) compound,** ferrous compound	Eisen(II)-Verbindung *f*	composé *m* ferreux
I 513	**iron(III) compound,** ferric compound	Eisen(III)-Verbindung *f*	composé *m* ferrique
I 514	**iron content**	Eisengehalt *m*	teneur *f* en fer
I 515	**iron detection,** iron test	Eisennachweis *m*	décèlement *m* (détection *f*) de fer

	iron dichloride	*s.* I 509	
	iron diiodide	*s.* I 518	
I 516	**iron haematoxylin**	Eisenhämatoxylin *n*	ferrohématoxyline *f*
I 517	**iron-haematoxylin method**	Eisen-Hämatoxylin-Färbung *f*	coloration *f* à la ferrohématoxyline
I 518	**iron(II) iodide,** iron diiodide, ferrous iodide	Eisen(II)-iodid *n*	iodure *m* ferreux
I 519	**iron(II) lactate,** ferrous lactate	Eisen(II)-lactat *n*	lactate *m* ferreux
I 520	**iron(II) nitrate,** ferrous nitrate	Eisen(II)-nitrat *n*	nitrate *m* ferreux
I 521	**iron(III) nitrate,** ferric nitrate	Eisen(III)-nitrat *n*	nitrate *m* ferrique
I 522	**iron oxide**	Eisenoxid *n*	oxyde *m* de fer
I 523	**iron phosphate**	Eisenphosphat *n*	phosphate *m* de fer
I 524	**iron porphyrin**	Eisenporphyrin *n*	ferroporphyrine *f*
I 525	**iron resorption test**	Eisenresorptionstest *m*	épreuve *f* à la résorption de fer
I 526	**iron sulphate**	Eisensulfat *n*	sulfate *m* de fer
	iron test	*s.* I 515	
	iron trichloride	*s.* I 510	
	IRP	*s.* I 338	
I 527	**irradiate / to,** to radiate	bestrahlen	irradier
I 528	**irradiation,** radiation	Bestrahlung *f*, Bestrahlen *n*	irradiation *f*
I 529	**irregular**	irregulär, unregelmäßig	irrégulier
I 530	**irregular agglutinin**	irreguläres Agglutinin *n*	agglutinine *f* irrégulière
I 531	**irregular antibody**	irregulärer Antikörper *m*	anticorps *m* irrégulier
I 532	**irregular haemoglobin,** pathological haemoglobin	anormales (pathologisches) Hämoglobin *n*	hémoglobine *f* irrégulière (pathologique, anormale)
I 533	**irregularity**	Irregularität *f*, Unregelmäßigkeit *f*	irrégularité *f*
I 534	**irreversibility**	Irreversibilität *f*, Unumkehrbarkeit *f*	irréversibilité *f*
I 535	**irreversible,** non-reversible	irreversibel, nicht umkehrbar, unumkehrbar	irréversible, non réversible
I 536	**irreversible reaction**	irreversible Reaktion *f*	réaction *f* irréversible
	irrigate / to	*s.* R 453	
	irrigation	*s.* R 455	
	irrigation of the ear canal	*s.* E 11	
I 537	**irritation-provoked serum**	Reizserum *n*	sérum *m* d'irritation
I 538	**irritation-provoked sputum**	Reizsputum *n*	expectoration *f* d'irritation
I 539	**isatin**	Isatin *n*	isatine *f*
	ISE	*s.* I 499	
	islet cell	*s.* B 188	
I 540	**isoagglutination,** isohaemagglutination	Iso[häm]agglutination *f*	iso[hém]agglutination *f*
I 541	**isoagglutinin,** isohaemagglutinin	Iso[häm]agglutinin *n*	iso[hém]agglutinine *f*
I 542	**isoagglutinogen**	Isoagglutinogen *n*	isoagglutinogène *m*
	isoalloxazine	*s.* F 207	
I 543	**isoamyl alcohol**	Isoamylalkohol *m*	alcool *m* isoamylique
I 544	**isoamylase,** debranching enzyme	Isoamylase *f*	isoamylase *f*
	isoandrosterone	*s.* E 342	
I 545	**isoantibody,** isologous antibody	Isoantikörper *m*, isologer Antikörper *m*	isoanticorps *m*, anticorps *m* isologue
I 546	**isoantigen**	Isoantigen *n*	isoantigène *m*
	isobutanol	*s.* I 547	
I 547	**isobutyl alcohol,** isobutanol	Isobutylalkohol *m*, Isobutanol *n*	alcool *m* isobutylique, isobutanol *m*
I 548	**isobutyric acid**	Isobuttersäure *f*	acide *m* isobutyrique
I 549	**isochromatic**	isochrom[atisch], gleichfarbig	isochrome, isochromatique
I 550	**isochromosome**	Isochromosom *n*	isochromosome *m*
	isocitrase	*s.* I 553	
	isocitratase	*s.* I 553	
I 551	**isocitrate**	Isocitrat *n*	isocitrate *m*
I 552	**isocitrate dehydrogenase,** isocitric acid dehydrogenase	Isocitratdehydrogenase *f*	isocitrate-déshydrogénase *f*, isocitrico-déshydrogénase *f*
I 553	**isocitrate lyase,** isocitra[ta]se	Isocitratlyase *f*, Isocitra[ta]se *f*	isocitrate-lyase *f*, isocitra[ta]se *f*
I 554	**isocitric acid**	Isocitronensäure *f*	acide *m* isocitrique
	isocitric acid dehydrogenase	*s.* I 552	
I 555	**isocomplement**	Isokomplement *n*	isocomplément *m*
I 556	**isocyanate**	Isocyanat *n*	isocyanate *m*
I 557	**isocyanide,** isonitrile	Isocyanid *n*, Isonitril *n*	isocyanure *m*, isonitrile *m*
	isodextrosamine	*s.* F 399	
I 558	**isoelectric focusing**	isoelektrische Fokussierung *f*, Isoelektrofokussierung *f*	focalisation *f* isoélectrique
I 559	**isoelectric point**	isoelektrischer Punkt *m*	point *m* isoélectrique
I 560	**isoelectric precipitation**	isoelektrische Präzipitation *f*	précipitation *f* isoélectrique
I 561	**isoenzyme,** isozyme	Iso[en]zym *n*	iso[en]zyme *m*
I 562	**isoenzyme pattern**	Isoenzymmuster *n*	modèles *mpl* d'isoenzyme
I 563	**isoferritin**	Isoferritin *n*	isoferritine *f*
I 564	**isogamete**	Isogamet *m*	isogamète *m*
	isoglycosamine	*s.* F 399	
	isohaemagglutination	*s.* I 540	
	isohaemagglutinin	*s.* I 541	
I 565	**isohaemolysin**	Isohämolysin *n*	isohémolysine *f*
	isolate / to	*s.* S 230	
	isolation	*s.* S 240	

No.	English	German	French
I 566	**isoleucine,** Ileu, α-amino-β-methylvaleric acid	Isoleucin *n*, Ileu, α-Amino-β-methylvaleriansäure *f*	isoleucine *f*, Ileu, acide *m* α-amino-β-méthylvalérique, acide α-amino-β-méthylpentanoïque
I 567	**isoleucine aminotransferase**	Isoleucinaminotransferase *f*	isoleucine-aminotransférase *f*
	isologous antibody	*s.* I 545	
I 568	**isolysin**	Isolysin *n*	isolysine *f*
	isomaltase	*s.* O 31	
I 569	**isomaltose**	Isomaltose *f*	isomaltose *m*
I 570	**isomer,** isomeric compound	Isomer[es] *n*, isomere Verbindung *f*	isomère *m*, composé *m* isomère
I 571	**isomerase**	Isomerase *f*	isomérase *f*
I 572	**isomeric**	isomer	isomère
	isomeric compound	*s.* I 570	
	isomerisate / to	*s.* I 574	
I 573	**isomerisation**	Isomerisierung *f*, Isomerisation *f*, Isomerisieren *n*	isomérisation *f*
I 574	**isomerise / to,** to isomerisate	isomerisieren	isomériser
I 575	**isomerism**	Isomerie *f*	isomérie *f*
	isomorphic	*s.* I 577	
I 576	**isomorphism**	Isomorphie *f*, Isomorphismus *m*	isomorphisme *m*
I 577	**isomorphous,** isomorphic	isomorph, gleichgestaltig	isomorphe
I 578	**isoniazid, isonicotinic acid hydrazide**	Isoniazid *n*, Isonicotinsäurehydrazid *n*	isoniazide *m*, isonicotinylhydrazide *m*, isonicotinylhydrazine *f*, hydrazide *m* de l'acide isonicotinique, INH, INHA
	isonitrile	*s.* I 557	
	iso-osmotic	*s.* I 590	
	iso-osmotic solution	*s.* I 591	
I 579	**isopentenyl pyrophosphate**	Isopentenylpyrophosphat *n*	isopenténYle-pyrophosphate *m*
I 580	**isopentenyl pyrophosphate isomerase**	Isopentenylpyrophosphatisomerase *f*	isopenténYle-pyrophosphate-isomérase *f*
I 581	**isoprecipitin**	Isopräzipitin *n*	isoprécipitine *f*
	isopropylacetic acid	*s.* I 603	
I 582	**isopropylalcohol,** 2-propanol, dimethylcarbinol	Isopropylalkohol *m*, Dimethylcarbinol *n*	alcool *m* isopropylique, diméthylcarbinol *m*
I 583	**2-isopropylmalate synthase**	2-Isopropylmalatsynthase *f*	2-isopropylmalate-synthase *f*
	isosmotic	*s.* I 590	
I 584	**Isospora**	Isospora *f*	isospore *f*
I 585	**isotachophoresis**	Isotachophorese *f*	isotachophorèse *f*
I 586	**isotherm**	Isotherme *f*	isotherme *f*
I 587	**isothermal**	isotherm[isch]	isotherm[iqu]e
I 588	**isothiocyanate**	Isothiocyanat *n*	isothiocyanate *m*
I 589	**isotonia,** isotonicity	Isotonie *f*	isotonie *f*
I 590	**isotonic,** iso-osmotic, isosmotic	isoton[isch], iso[o]smotisch	isoton[iqu]e, isosmotique
	isotonicity	*s.* I 589	
	isotonic sodium chloride solution	*s.* I 592	
I 591	**isotonic solution,** iso-osmotic solution	isotone (isoosmotische) Lösung *f*	solution *f* isosmotique (isotonique)
I 592	**isotonic solution of sodium chloride,** isotonic sodium chloride solution	isotone Kochsalzlösung (Natriumchloridlösung) *f*	solution *f* de chlorure de sodium isotonique
I 593	**isotope**	Isotop *n*	isotope *m*
I 594	**isotope dilution**	Isotopenverdünnung *f*, Isotopendilution *f*	dilution *f* isotopique
I 595	**isotope dilution analysis**	Isotopenverdünnungsanalyse *f*	analyse *f* par dilution isotopique
I 596	**isotope dilution method**	Isotopenverdünnungsmethode *f*	méthode *f* de dilution isotopique
I 597	**isotopic**	isotop[isch]	isotop[iqu]e
	isotopic indicator	*s.* I 600	
I 598	**isotopic labelling**	Isotopenmarkierung *f*	marquage *m* isotopique
I 599	**isotopic laboratory**	Isotopenlaboratorium *n*	laboratoire *m* à isotopes
I 600	**isotopic tracer,** isotopic indicator	Isotopenindikator *m*	indicateur *m* isotopique
I 601	**isotypy**	Isotypie *f*	isotypie *f*
I 602	**isourea**	Isoharnstoff *m*	isourée *f*
I 603	**isovaleric acid,** isopropylacetic acid	Isovaleriansäure *f*, Isopropylessigsäure *f*	acide *m* isovalérianique (isopropylacétique)
I 604	**isovaleryl-CoA-dehydrogenase**	Isovaleryl-CoA-dehydrogenase *f*	isovaléryl-CoA-déshydrogénase *f*
	isozyme	*s.* I 561	
	I system	*s.* I 1	
	itch mite	*s.* S 76	
	ITP	*s.* I 314	
	IU	*s.* I 375	
	iv	*s.* I 413	
	Ixodes	*s.* T 342	

J

No.	English	German	French
	J	*s.* J 10	
J 1	**Jaffé reaction**	Jaffé-Reaktion *f*	réaction *f* [colorimétrique] de Jaffé
J 2	**Jaksch' test**	Jaksch-Probe *f*	épreuve *f* de Jaksch
J 3	**Janus green**	Janusgrün *n*	vert *m* janus

J 4	**Janus green staining**	Janusgrün-Färbung f	coloration *f* au vert janus
J 5	**Japanese B encephalitis virus**	Japan-B-Enzephalitis-Virus *n*, JBE-Virus *n*	virus *m* de l'encéphalite japonaise B, virus JEB
	jar	*s.* G 207	
	jaundiced	*s.* I 5	
J 6	**Jaworski body (corpuscle)**	Jaworski-Kern *m*	corpuscule *m* de Jaworski
	jelly	*s.* G 114	
	jelly-like	*s.* G 123	
	jet	*s.* N 252	
	Jezler-Takata test	*s.* T 7	
J 7	**Johnson's [culture] medium**	Johnson-Medium *m*	milieu *m* de Johnson
J 8	**joint clamp,** support clamp	Halteklemme *f*	
	joint fluid	*s.* S 1175	
J 9	**Jolly's body,** Howell-Jolly body	Jolly-Körperchen *n*, Howell-Jolly Körper *m*	corps *m* de Jolly, corps de Howell-Jolly
J 10	**joule,** J	Joule *n*, J	joule *m*, J
J 11	**juvenile**	jugendlich	jeune
J 12	**juvenile cell**	juvenile (jugendliche) Zelle *f*	cellule *f* juvénile (jeune)
	juvenile cell	*s. a.* M 356	

K

	K	*s.* D 84	
	K	*s.* P 763	
K 1	**K agglutination**	K-Agglutination *f*	agglutination *f* K
K 2	**Kahn [flocculation] test, Kahn reaction**	Kahn-Flockungsreaktion *f*, Kahn-Reaktion *f*, Kahn-Test *m*	réaction *f* de Kahn
K 3	**kallidin**	Kallidin *n*, Lysylbradykinin *n*	kallidine *f*, lysylbradykinine *f*
K 4	**kallidinogen**	Kallidinogen *n*	kallidinogène *m*
K 5	**kallikrein**	Kallikrein *n*	kallicréine *f*, callicréine *f*
	kallikrein inactivator	*s.* K 6	
K 6	**kallikrein inhibitor,** kallikrein inactivator	Kallikreininhibitor *m*, Kallikreininaktivator *m*	inhibiteur (inactivant) *m* de kallicréine
K 7	**kallikreinogen**	Kallikreinogen *n*	kallicréinogène *m*
K 8	**kanamycin**	Kanamycin *n*	kanamycine *f*
	K antigen	*s.* C 95	
K 9	**kaolin[e],** china (porcelain) clay	Kaolin *n*, Porzellanerde *f*	kaolin *m*, terre *f* à porcelaine
K 10	**karyoblast**	Karyoblast *m*	karyoblaste *m*
K 11	**karyocyte**	Karyozyt *m*	karyocyte *m*
K 12	**karyogram,** idiogram	Karyogramm *n*, Idiogramm *n*	karygramme *m*, caryogramme *m*, idiogramme *m*
K 13	**karyokinetic index**	karyokinetischer Index *m*	indice *m* karyocinétique
	karyolymph	*s.* N 266	
K 14	**karyometry**	Karyometrie *f*	karyométrie *f*, caryométrie *f*
	karyon	*s.* N 312	
K 15/6	**karyophage**	Karyophage *m*	karyophage *m*
	karyoplasm	*s.* N 291	
K 17	**karyopyknosis (karyopyknotic) index**	Karyopyknose-Index *m*	indice *m* de karyopyknose
	karyotheca	*s.* N 262	
K 18	**karyotropic virus**	karyotropes Virus *n*	virus *m* karyotrope
K 19	**karyotype**	Karyotyp *m*	karyotype *m*
	kat	*s.* K 20	
K 20	**katal,** kat	Katal *n*, kat	katal *m*, kat
	keep / to	*s.* S 945	
K 21	**keep cold (cool) / to,** (to keep in a cool place), to store cool	kühl aufbewahren, kühl lagern	conserver (garde, tenir) au frais
K 22	**keep dark / to**	dunkel (im Dunkeln) aufbewahren	conserver à l'abri de la lumière, garder (tenir) dans l'obscurité
K 23	**keep dry / to,** to store dry	trocken aufbewahren (lagern)	conserver (garder, tenir) au sec
	keep in a cool place / to	*s.* K 21	
	keeping	*s.* S 939	
K 24	**keep screened from the light / to**	lichtgeschützt (vor Licht geschützt) aufbewahren, lichtgeschützt lagern	conserver (garder, tenir) à l'abri de la lumière
K 25	**keep under lock and key / to**	unter Verschluß aufbewahren	garder sous clef
K 26	**Kell [blood group] system**	Kell-Blutgruppensystem *n*	système *m* [de groupe sanguin] Kell
	Kelvin	*s.* D 84	
	kephalin	*s.* C 312	
K 27	**kerasin,** cerasin	Kerasin *n*	cérasine *f*
K 28	**keratan sulphate,** keratosulphate	Keratansulfat *n*	kératane-sulfate *m*, kératosulfate *m*
K 29	**keratin**	Keratin *n*, Hornstoff *m*	kératine *f*
K 30	**keratoblast**	Keratoblast *m*	kératoblaste *m*
K 31	**keratocentesis,** puncture of the cornea	Hornhautpunktion *f*, Keratozentese *f*	paracentèse *f* de la cornée, kératocentèse *f*
K 32	**keratocyte**	Keratozyt *m*	kératocyte *m*
K 33	**keratohyalin**	Keratohyalin *n*	kératohyaline *f*
K 34/5	**keratoprotein**	Keratoprotein *n*	kératoprotéine *f*

No.	English	German	French
	keratosulphate	*s.* K 28	
K 36	**keto acid,** ketonic (ketocarboxylic) acid	Keto[n]säure *f,* Ketocarbonsäure *f*	acide *m* cétonique, céto-acide *m*
	α-ketoacid carboxylase	*s.* P 1278	
K 37	**α-ketoadipic acid**	α-Ketoadipinsäure *f*	acide *m* α-cétoadipique
	ketoalcohol	*s.* K 45	
K 38	**α-ketobutyric acid**	α-Ketobuttersäure *f*	acide *m* α-cétobutyrique
	ketocarboxylic acid	*s.* K 36	
K 39	**ketogenic**	ketogen	cétogène
	ketogenic steroid	*s.* K 53	
K 40	**α-ketoglutarate,** α-oxoglutarate	α-Ketoglutarat *n,* α-Oxoglutarat *n*	α-cétoglutarate *m,* α-oxoglutarate *m*
K 41	**ketoglutaric acid,** oxoglutaric acid	ketoglutarsäure *f,* Oxoglutarsäure *f*	acide *m* cétoglutarique (oxoglutarique)
	α-ketoglutaric dehydrogenase	*s.* O 219	
	keto group	*s.* C 128	
K 42	**ketoheptose**	Ketoheptose *f*	cétoheptose *m,* heptulose *m*
K 43	**ketohexokinase,** ketokinase	Keto[hexo]kinase *f*	céto[hexo]kinase *f*
K 44	**ketohexose**	Ketohexose *f*	cétohexose *m*
	ketokinase	*s.* K 43	
K 45	**ketol,** ketone alcohol, ketoalcohol, hydroxyketone	Ketol *n,* Ketonalkohol *m*	cétol *m,* alcool *m* cétonique
K 46	**ketone**	Keton *n*	cétone *f*
	ketone alcohol	*s.* K 45	
	ketone aldehyde mutase	*s.* L 69	
	ketone body	*s.* A 85	
	ketonic acid	*s.* K 36	
	ketonic sugar	*s.* K 50	
K 47	**ketopentose**	Ketopentose *f*	cétopentose *m*
K 48	**ketophenylbutazone**	Ketophenylbutazon *n*	cétophénylbutazone *m*
	α-ketopropionic acid	*s.* P 1282	
K 49	**ketoreductase**	Ketoreductase *f*	cétoréductase *f*
K 50	**ketose,** ketonic sugar	Ketose *f,* Keto[n]zucker *m*	cétose *m,* sucre *m* cétonique
K 51	**ketose-1-phosphate aldolase**	Ketose-1-phosphataldolase *f*	cétose-1-phosphate-aldolase *f*
K 52	**ketoside**	Ketosid *n*	cétoside *m*
K 53	**ketosteroid,** ketogenic steroid, oxosteroid	Ketosteroid *n,* Oxosteroid *n*	cétostéroïde *m,* oxostéroïde *m*
	β-ketothiolase	*s.* A 103	
K 54	**key enzyme**	Schlüsselenzym *n*	enzyme *m* clé (clef)
K 55	**Kidd [blood group] system**	Kidd-Blutgruppensystem *n*	système *m* [de groupe sanguin] Kidd
K 56	**kidney,** ren	Niere *f,* Ren *m*	rein *m*
K 57	**kidney antibody**	Nierenantikörper *m*	anticorps *m* rénal
K 58	**kidney basin,** kidney tray	Nierenschale *f*	haricot *m*
	kidney biopsy	*s.* R 289	
K 59	**kidney cell culture**	Nierenzellkultur *f*	culture *f* aux cellules rénales
	kidney function test	*s.* R 293	
	kidney stone	*s.* R 290	
	kidney tray	*s.* K 58	
K 60	**kidney worm,** Dioctophyme renale	Palisadenwurm *m,* Riesenpalisadenwurm *m,* Nierenwurm *m*	strongle *m* géant
K 61	**kieselguhr,** infusorial (diatomaceous) earth, diatomite	Kieselgur *f*	kieselguhr *m,* terre *f* d'infusoires, terre à diatomées
K 62	**kill / to**	töten, abtöten	tuer
K 63	**killer cell, killer lymphocyte**	Killerzelle *f,* Killerlymphozyt *m,* T_K-Zelle *f*	cellule *f* tueuse (meutrière, «killer»)
K 64	**kinase**	Kinase *f*	kinase *f*
	kinesic	*s.* K 65	
K 65	**kinetic,** kinesic	kinetisch	cinétique
K 66	**kinetic energy**	kinetische Energie *f*	énergie *f* cinétique
K 67	**kinetics**	Kinetik *f*	cinétique *f*
K 68	**kinin**	Kinin *n*	kinine *f*
K 69	**kininase**	Kininase *f*	kininase *f*
K 70	**kininogen**	Kininogen *n*	kininogène *m*
K 71	**Kirchner's [culture] medium, Kirchner's substrate**	Kirchner-Nährmedium *n*	milieu *m* de Kirchner
	kit	*s.* T 92	
K 72	**Kjeldahl [digestion] apparatus**	Kjeldahl-Apparatur *f*	appareil *m* de Kjeldahl
K 73	**Kjeldahl factor**	Kjeldahl-Faktor *m*	facteur *m* de Kjeldahl
K 74	**Kjeldahl flask**	Kjeldahl-Kolben *m*	ballon *m* (boule *f*) de Kjeldahl
K 75	**Kjeldahl [nitrogen] method, Kjeldahl test**	Kjeldahl-Methode *f,* Kjeldahl-Analyse *f,* Kjeldahlometrie *f*	méthode *f* [de] Kjeldahl, analyse *f* de Kjeldahl
	klatsch preparation	*s.* I 141	
K 76	**Klebsiella**	Klebsiella *f*	klebsielle *f,* bacille *m* de Klebs
K 77	**Klebsiella ozaenae**	Stinknasestäbchen *n*	klebsielle *f* d'ozène, bacille *m* d'ozène
	Klebsiella pneumoniae	*s.* F 395	
	Klebsiella rhinoscleromatis	*s.* R 405	
	Klebs-Loeffler bacillus	*s.* L 396	
K 78	**Kligler's agar,** iron agar	Kligler-Agar *m,* Eisenagar *m*	milieu *m* de Hajna-Kligler
	K_m value	*s.* M 439	
	knife	*s.* S 94	
K 79	**knurled screw,** screw with knurled head	Rändelschraube *f*	vis *f* molet[t]ée

K 80	**Kober's reaction (test)**	Kober-Test *m*	réaction *f* de Kober
	Koch's bacillus	*s.* T 636	
K 81	**Koch's corpuscle**	Koch-Körperchen *n*	corpuscule *m* de Koch
	Koch's tubercle bacillus	*s.* T 636	
K 82	**Koch-Weeks bacillus,** Haemophilus aegypticus, Haemophilus conjunctivitidis	Koch-Weeks-Bacillus *m*	bacille *m* de Koch-Weeks
K 83	**Koehler's lens arrangement**	Köhler-Prinzip *n,* Köhler-Beleuchtungsanordnung *f*	éclairage *m* de Köhler
K 84	**Koller's test**	Koller-Test *m*	épreuve *f* de Koller
	Koschuraschoff's test	*s.* M 566	
	Kr	*s.* K 85	
	kreatine	*s.* C 1087	
	kreatinine	*s.* C 1090	
K 85	**krypton,** Kr	Krypton *n,* Kr	krypton *m,* Kr
	Kuelz' cast	*s.* C 806	
K 86	**Kuester's dish**	Küster-Schale *f*	coupe *f* de Küster
K 87	**Kupffer's cell,** stellate cell of the liver, endocyte	Kupffersche Sternzelle *f*, Endozyt *m*	cellule *f* étoilée de Kupffer, endocyte *m*
K 88	**Kurzrock-Miller test**	Kurzrock-Miller-Test *m*	test *m* de Kurzrock et Miller
K 89	**Kveim antigen**	Kveim-Antigen *n*	antigène *m* de Kveim
K 90	**Kveim[-Siltzbach] test,** Nickerson-Kveim test	Kveim-Test *m,* Nickerson-Kveim-Test *m*	réaction *f* de Kveim[-Nickerson]
K 91	**kynurenic acid**	Kynurensäure *f*	acide *m* kynurénique, acide cynurénique
K 92	**kynureninase**	Kynureninase *f*	cynuréninase *f*
K 93	**kynurenine**	Kynurenin *n*	cynurénine *f*
K 94	**kynurenine aminotransferase**	Kynureninaminotransferase *f*	cynurénine-aminotransférase *f*

L

	l	*s.* L 367	
	La	*s.* L 88	
	lab	*s.* L 9	
	label / to	*s.* M 117	
L 1	**label**	Etikett *n*	étiquette *f*
	label	*s. a.* M 118	
L 2	**labelled,** tagged	markiert	marqué
L 3	**labelled antibody**	markierter Antikörper *m*	anticorps *m* marqué
L 4	**labelled antigen**	markiertes Antigen *n*	antigène *m* marqué
L 5	**labelled compound,** tagged compound	markierte Verbindung *f*	composé *m* marqué
L 6	**labelled molecule**	markiertes Molekül *n*	molécule *f* marquée
	labelling	*s.* M 122	
L 7	**labile,** unstable, instable	labil, unbeständig, instabil, unstabil	labile, instable
	labile factor	*s.* C 635	
L 8	**lability,** unstableness, instability	Labilität *f,* Unbeständigkeit *f*, Instabilität *f*	labilité *f,* instabilité *f*
L 9	**laboratory,** lab	Laboratorium *n,* Labor *n*	laboratoire *m,* labo *m*
	laboratory animal	*s.* E 571	
L 10	**laboratory apparatus,** laboratory instrument (device)	Laborgerät *n,* Laborapparat *m*	appareil (matériel) *m* de laboratoire
L 11	**laboratory assistant**	Laborant *m*	laborantine *f*, chimiste *m* préparateur *m*
L 12	**laboratory automation**	Laborautomatisierung *f,* Laborautomatisation *f*	automatisation *f* du laboratoire
L 13	**laboratory balance**	Laborwaage *f*	balance *f* de laboratoire
L 14	**laboratory centrifuge**	Laborzentrifuge *f*	centrifugeuse *f* de laboratoire
L 15	**laboratory chemical**	Laborchemikalie f	produit *m* chimique de laboratoire
L 16	**laboratory condition**	Laborbedingung *f*	condition *f* de laboratoire
	laboratory data	*s.* L 24	
	laboratory desk	*s.* L 39	
	laboratory device	*s.* L 10	
L 17	**laboratory diagnosis**	Labordiagnose *f*	diagnose *f* laboratoire
L 18	**laboratory-diagnostic**	labordiagnostisch	par diagnose laboratoire
L 19	**laboratory-diagnostic graduated programme**	labordiagnostisches Stufenprogramm *n*	diagnostic *m* de certitude
L 20	**laboratory diagnostics**	Labordiagnostik *f,* Laboratoriumsdiagnostik *f*	diagnostic *m* (diagnose *f*) laboratoire
L 21	**laboratory diagnosticum**	Labordiagnostikum *n*	réactif *m* diagnostique de labaratoire
L 22	**laboratory engineering**	Labortechnik *f*	technique *f* [du] laboratoire
L 23	**laboratory equipment**	Laborausrüstung *f,* Laborausstattung *f*, Laboreinrichtung *f*	équipement *m* du laboratoire, outillage *m* de laboratoire
	laboratory examination	*s.* L 28	
	laboratory experiment	*s.* L 40	
L 24	**laboratory findings,** laboratory result (data)	Laborbefund *m*, Laborergebnis *n,* Laborwert *m*, Labordaten *pl*	résultat *m* de l'examen laboratoire, valeur *f* (données *fpl*) du laboratoire
L 25	**laboratory furniture**	Labormöbel *n*	mobilier *m* du laboratoire

No.	English	German	French
L 26	**laboratory infection**	Laborinfektion *f*	infection *f* de laboratoire
L 27	**laboratory information system**	Laborinformationssystem *n*	système *m* d'emploi de dates laboratoires
	laboratory instrument	*s.* L 10	
L 28	**laboratory investigation,** laboratory examination	Laboruntersuchung *f*	examen *m* de laboratoire
L 29	**laboratory leader**	Laborleiter *m*	chef *m* de laboratoire
L 30	**laboratory method**	Labor[atoriums]methode *f*, Laborverfahren *n*	méthode *f* (procédé *m*) de laboratoire
L 31	**laboratory organisation**	Labororganisation *f*	organisaton *f* de laboratoire
	laboratory personnel	*s.* L 37	
L 32	**laboratory physician**	Laborarzt *m*	médecin *m* de laboratoire
L 33	**laboratory porcelain**	Laborporzellan *n*	porcelaine *f* de laboratoire
L 34	**laboratory practice**	Laborpraxis *f*	pratique *f* de laboratoire
L 35	**laboratory pump**	Laborpumpe *f*	pompe *f* de laboratoire
	laboratory result	*s.* L 24	
L 36	**laboratory safety**	Laborsicherheit *f*	sécurité *f* de laboratoire
L 37	**laboratory staff,** laboratory personnel	Laborpersonal *n*	employés *mpl* de laboratoire
L 38	**laboratory statistics**	Laborstatistik *f*	statistique *f* de laboratoire
L 39	**laboratory table,** laboratory desk	Labortisch *m*	table *f* de laboratoire
L 40	**laboratory test,** laboratory experiment	Laborversuch *m*, Labortest *m*, Laborexperiment *n*	essai *m* (expérience *f*) de laboratoire
L 41	**laboratory type**	Labortyp *m*	type *m* de laboratoire
L 42	**labour sweat**	Arbeitsschweiß *m*	sueur *f* de travail
	labrocyte	*s.* M 143	
L 43	**laccase,** phenolase, polyphenol	Laccase *f*, Phenolase *f*, Polyphenoloxidase *f*	laccase *f*, phénolase *f*, polyphénoloxydase *f*, oxydase *f* du phénol
	lackmoid	*s.* R 338	
	lacmoid	*s.* R 338	
	lacmus	*s.* L 365	
L 44	**lacrimal fluid**	Tränenflüssigkeit *f*	liquide *m* lacrymal
L 45	**lactalbumin**	Lactalbumin *n*, Milchalbumin *n*	lactalbumine *f*, α-lactalbumine *f*
L 46	**lactalbumin hydrolysate**	Lactalbuminhydrolysat *n*	hydrolysat *m* de lactalbumine
	β-lactamase	*s.* P 172	
L 47	**lactamic acid**	Lactaminsäure *f*	acide *m* lactaminique
	lactase	*s.* G 20	
L 48	**lactate**	Lactat *n*	lactate *m*
L 49	**lactate dehydrogenase,** lactic acid dehydrogenase, LDH	Lactatdehydrogenase *f*, Milchsäuredehydrogenase *f*, LDH	lactate-déshydrogénase *f*, lacticodéshydrogénase *f*, LDH
L 50	**lactate-pyruvate quotient (ratio)**	Lactat-Pyruvat-Quotient *m*	quotient *m* lactate-pyruvate
L 51	**lactate racemase,** lacticoracemase, hydroxy acid racemase	Lactatracemase *f*	lactate-racémase *f*
	lactation hormone	*s.* P 985	
	lacteal	*s.* M 567	
	lacteous	*s.* M 567	
L 52	**lactic acid,** hydroxypropionic acid	Milchsäure *f*, Hydroxypropionsäure *f*	acide *m* lactique (hydroxypropionique)
L 53	**lactic acid bacillus,** Lactobacillus	Lactobacterium *n*, Acidobacterium *n*, Milchstäbchen *n*	lactobacille *m*, bacille *m* lactique
	lactic acid dehydrogenase	*s.* L 49	
	lacticoracemase	*s.* L 51	
L 54	**lactide**	Lactid *n*	lactide *m*
	Lactobacillus	*s.* L 53	
	Lactobacillus acidophilus	*s.* D 684	
L 55	**Lactobacillus bifidus factor,** bifidus factor	Lactobacillus-bifidus-Faktor *m*, Bifidus-Faktor *m*	facteur *m* de Lactobacillus bifidus
	Lactobacillus casei factor	*s.* F 307	
	lactobiose	*s.* L 66	
L 56	**lactoculture,** milk culture	Lactokultur *f*, Milchkultur *f*	lactoculture *f*, culture *f* au lait
	lactodensimeter	*s.* L 59	
L 57	**lactoferrin**	Lactoferrin *n*	lactoferrine *f*
	lactoflavin	*s.* R 413	
	lactoflavine	*s.* R 413	
	lactogenic hormone	*s.* P 985	
L 58	**lactoglobulin,** milk globulin	Lactoglobulin *n*, Milchglobulin *n*	lactoglobuline *f*
L 59	**lactometer,** lactodensimeter, galactometer	Lacto[densi]meter *n*, Milchwaage *f*, Galactometer *n*	lacto[densi]mètre, *m*, galacto[densi-]mètre *m*, pèse-lait *m*
L 60	**lactone**	Lacton *n*	lactone *f*
L 61	**lactoperoxidase**	Lactoperoxidase *f*	lactoperoxydase *f*, peroxydase *f* du lait
L 62	**lactophenol**	Lactophenol *n*	lactophénol *m*
L 63	**lactophenol-methylene blue staining,** Swaarts' stain	Lactophenol-Methylenblau-Färbung *f*, Swaarts-Färbung *f*	coloration *f* au lactophénol-bleu de méthylène, coloration de Swaarts
L 64	**lactoprotein,** milk protein	Lactoprotein *n*, Milcheiweiß *n*, Milchprotein *n*	lactoprotéine *f*, protéine *f* du lait
L 65	**lactoscope**	Lactoskop *n*	lactoscope *m*
L 66	**lactose,** lactobiose, milk sugar	Lacto[bio]se *f*, Milchzucker *m*	lacto[bio]se *m*, sucrose *m* du lait
L 67	**lactose agar**	Lactoseagar *m*, Lactosebouillon *f*	gélose *f* lactosée, bouillon *m* lactosé
	lactoserum	*s.* M 565	
L 68	**lactose tolerance test**	Lactosebelastungstest *m*	épreuve *f* de tolérance au lactose

	lactotest	*s.* M 566	
L 69	**lactoyl glutathione lyase,** glyoxalase I, methylglyoxalase, aldoketomutase, ketone aldehyde mutase	Lactoylglutathionlyase *f,* Glyoxalase *f* I, Methylglyoxalase *f,* Aldoketonmutase *f*, Ketonaldehydmutase *f*	lactoyl-glutathione-lyase *f,* glyoxalase I *f*
L 70	**lactulose**	Lactulose *f*	lactulose *m(f)*
L 71	**lacunar cell**	Lakunarzelle *f*	
	laevogyrate	*s.* L 73	
	laevogyratory	*s.* L 73	
	laevogyre	*s.* L 73	
	laevogyrous	*s.* L 73	
L 72	**laevorotation,** sinistrorotation	Linksdrehung *f*	lévorotation *f,* rotation *f* à gauche
L 73	**laevorota[to]ry,** laevogyratory, laevogyrate, laevogyrous, laevogyre, rotating of the left	linksdrehend, lävogyr	lévogyre
L 74	**laevothyroxine**	Lävothyroxin *n*	lévothyroxine *f*
L 75	**laevulin,** fructosine	Lävulin *n,* Fructosin *n*	lévuline *f,* fructosine *f*
L 76	**laevulinic acid**	Lävulinsäure *f*	acide *m* lévuli[ni]que
	laevulose	*s.* F 401	
	laevulose test	*s.* F 406	
L 77	**Lagerloef's probe**	Lagerlöf-Sonde *f*	sonde *f* de Lagerlöf
L 78	**L agglutination**	L-Agglutination *f*	agglutination *f* L
	lag period	*s.* L 79	
L 79	**lag phase,** lag period	Lag-Phase *f,* Lag-Periode *f*, Verzögerungsphase *f*	«lag-phase» *f,* phase *f* de latence (retard)
	lakmus	*s.* L 365	
L 80	**lambda chain**	Lambda-Kette *f*	chaîne *f* lambda
L 81	**Lambert-Beer law**	Lambert-Beer-Gesetz *n*	loi *f* de Lambert-Beer
L 82	**Lamblia**	Lambilia *f*	Lamblia
L 83	**lamella**	Lamelle *f*	lamelle *f*
L 84	**laminar, laminated,** layered, stratified	laminar, geschichtet	laminaire, stratifié
L 85	**lamp**	Lampe *f*	lampe *f*
L 86	**lancet**	Lanzette *f*	lancette *f*
	Langerhans' cell	*s.* B 188	
L 87	**Langhans' giant cell,** giant cell of the Langhans' type	Langhans-Riesenzelle *f*	cellule *f* géante de Langhans
L 88	**lanthanium,** La	Lanthan *n,* La	lanthane *f,* La
L 89	**lanthionine**	Lanthionin *n*	lanthionine *f*
L 90	**L antigen**	L-Antigen *n*	antigène *m* L
	LAP	*s.* L 174	
	large bowel	*s.* L 91	
L 91	**large intestine,** large bowel	Dickdarm *m*	gros intestin *m*
	large lymphocyte	*s.* M 14	
	large-meshed	*s.* W 87	
	large molecule	*s.* M 17	
L 92	**large-pored,** having wide spacing	großporig	aux pores dilatés
L 93	**larva**	Larve *f*	larve *f*
L 94	**larval culture**	Larvenkultur *f*	culture *f* de larves
L 95	**larvoscopy**	Larvoskopie *f*	larvoscopie *f*
L 96	**laryngocentesis,** puncture of the larynx	Kehlkopfpunktion *f,* Laryngozentese *f*	laryngocentèse *f,* laryngoponction *f,* ponction *f* du larynx
L 97	**laser**	Laser *m*	laser *m*
	laser beam	*s.* L 103	
L 98	**laser microscope**	Lasermikroskop *n*	microscope *m* [à] laser
L 99	**laser microscopy**	Lasermikroskopie *f*	microscopie *f* [à] laser
L 100	**laser nephelometer**	Lasernephelometer *n*	néphélomètre *m* [à] laser
L 101	**laser nephelometry**	Lasernephelometrie *f*	néphélométrie *f* [à] laser
L 102	**laser radiation**	Laserstrahlung *f*	rayonnement *m* laser
L 103	**laser ray,** laser beam	Laserstrahl *m*	rayon *m* laser
L 104	**laser spectroscope**	Laserspektroskop *n*	spectroscope *m* à laser
L 105	**laser spectroscopy**	Laserspektroskopie *f*	spectroscopie *f* par [à] laser
L 106	**late antigen**	Spätantigen *n*	antigène *m* tardif
L 107	**latency,** dormancy	Latenz *f*	latence *f*
L 108	**latent,** dormant, concealed, not manifest	latent	latent, dormant
L 109	**latent iron-binding capacity**	latente Eisenbindungskapazität *f,* LEBK	capacité *f* ferropectique latente
L 110	**late protein,** postprotein	Spätprotein *n*	postprotéine *f*
L 111	**lateral position**	Seitenlage *f*	décubitus *m* latéral
L 112	**latex**	Latex *m*	latex *m*
	latex agglutination test	*s.* L 115	
L 113	**latex drop test**	Latexschnelltest *m,* Latextropfentest *m*	test *m* au latex, réaction *f* au latex
	latex fixation test	*s.* L 115	
	latex foam	*s.* F 295	
L 114	**latex particle**	Latexpartikel *n,* Latexteilchen *n*	particule *m* de latex
	latex rubber	*s.* F 295	
L 115	**latex test,** latex agglutination (fixation) test	Latex[agglutinations]test *m,* Latexfixationstest *m*	réaction *f* (test *m*) au latex, réaction d'agglutination de latex
L 116	**LATS,** long-acting thyroid stimulator	LATS *m,* long-acting thyroid stimulator	LATS *m,* «long-acting thyroid stimulator» *m*

	English	German	French
L 117	**Lattes' method**	Lattes-Verfahren *n*, Lattes-Deckglasmethode *f*	méthode *f* de Lattes
L 118	**lattice** *(crystallography)*	Gitter *n*	réseau *m*
L 119	**Laurell's method**	Laurell-Technik *f*	méthode *f* de Laurell
L 120	**lauric acid,** dodecanoic acid	Laurinsäure *f*, Dodecansäure *f*	acide *m* laurique (dodécanoïque)
L 121	**lauryl sulphate**	Laurylsulfat *n*	sulfate *m* de lauryl, laurylsulfate *m*
	lavage	*s.* R 455	
	lavage fluid	*s.* R 457	
	lavage of the stomach	*s.* G 88	
L 122	**law of mass action,** principle of mass action	Massenwirkungsgesetz *n*, MWG	loi *f* d'action de masses
L 123	**laxative [agent],** aperient (cathartic) agent, aperient, purgative, cathartic	Laxans *n*, Laxativum *n*, Abführmittel *n*	laxatif *m*, purgatif *m*, purge *f*
L 124	**layer**	Schicht *f*	couche *f*
	layered	*s.* L 84	
L 125	**layer structure**	Schichtstruktur *f*	structure *f* en couches
L 126	**layer thickness,** thickness of layer, film thickness	Schichtdicke *f*	épaisseur *f* de couche
	LCAT	*s.* L 145	
L 127	**L cell**	L-Zelle *f*	cellule *f* L
	L chain	*s.* L 240	
	LCM virus	*s.* L 476	
	LDH	*s.* L 49	
L 128	**LDL,** low-density lipoprotein, β-lipoprotein	LDL *n*, Low-Density-Lipoprotein *n*, Lipoprotein *n* niedriger Dichte, β-Lipoprotein *n*	LDL, low-density-lipoprotein *f*, β-lipoprotéine *f*, lipoprotéine de faible densité
L 129	**LDL cholesterol,** low-density lipoprotein cholesterol	LDL-Cholesterol *n*, LDL-Chol *n*	cholestérol *m* LDL
	dog tapeworm	*s.* H 471	
	Douglas' pouch puncture	*s.* P 1188	
	leach / to	*s.* E 605	
	leach	*s.* E 610	
	leaching	*s.* E 610	
	leach out / to	*s.* E 605	
L 130	**lead,** Pb	Blei *n*, Pb	plomb *m*, Pb
L 131	**lead acetate,** sugar of lead	Bleiacetat *n*, Bleizucker *m*	acétate (sucre) *m* de plomb
L 132	**lead acetate agar**	Bleiacetatagar *m*	gélose *f* au sous-acétate de plomb
L 133	**lead acetate cotton**	Bleiacetatwatte *f*	tampon *m* imbibé d'acétate de plomb
L 134	**lead citrate**	Bleicitrat *n*	citrate *m* de plomb
L 135	**lead compound**	Bleiverbindung *f*	composé *m* du plomb, dérivé *m* plombique
L 136	**lead detection,** lead test	Bleinachweis *m*	décèlement *m* (mise *f* en évidence) de plomb
L 137	**lead-haematoxylin staining**	Blei-Hämatoxylin-Färbung *f*	coloration *f* à l'hématoxyline de plomb
L 138	**lead nitrate**	Bleinitrat *n*	nitrate *m* de plomb
L 139	**lead oxide**	Bleioxid *n*	oxyde *m* de plomb
L 140	**lead rubber**	Bleigummi *m*	caoutchouc *m* plombeux
L 141	**lead salt**	Bleisalz *n*	sel *m* de plomb
L 142	**lead sulphate**	Bleisulfat *n*	sulfate *m* de plomb
	lead-sulphide test	*s.* S 1105	
	lead test	*s.* L 136	
L 143	**lead tetraacetate**	Bleitetraacetat *n*	tétra[-]acétate *m* de plomb
	Le cell	*s.* L 453	
	Le cell test	*s.* L 454	
L 144	**lecithin**	Lecithin *n*	lécithine *f*
	lecithinase	*s.* P 391	
L 145	**lecithin [cholesterol] acyltransferase,** LCAT	Lecithin-Cholesterol-Acyltransferase *f*, Lecithinacyltransferase *f*, LCAT	lécithine-[cholestérol-]acyltransférase *f*, LCAT
L 146	**lecithin granule**	Lecithinkörnchen *n*	granule *f* de lécithine
L 147/8	**lecithin-sphingomyelin quotient (ratio)**	Lecithin-Sphingomyelin-Quotient *m*, L/S-Ratio *f*	quotient *m* lécithine-sphingomyéline, quotient L/S
	lectin	*s.* P 462	
L 149	**leech,** blood fluke, blood sucker, Hirudo	Blutegel *m*	sangsue *f*
	LE factor	*s.* L 455	
L 150	**left shift,** deviation to the left	Linksverschiebung *f*	déviation *f* à gauche
	Legal's reaction	*s.* L 151	
L 151	**Legal's test,** Legal's reaction	Legal-Probe *f*, Legal-Reaktion *f*	épreuve (réaction) *f* de Legal
L 152	**Leifson's agar**	Leifson-Agar *m*	milieu *m* de Leifson
L 153	**Leishmania**	Leishmania *f*	Leishmania, leishmanie *f*
L 154	**leishmanin**	Leishmanin *n*	leishmanine *f*
L 155	**Leishman's cell**	Leishman-Zelle *f*	cellule *f* de Leishman
L 156	**lemmoblast, lemnoblast**	Lemmoblast *m*, Lemnoblast *m*	lemmoblaste *m*, lemnoblaste *m*
L 157	**length of run**	Laufstrecke *f*, Wanderungsstrecke *f*	distance *f* de parcours, parcours *m*, distance parcourue
L 158	**lens,** eyepiece *(microscopy)*	Linse *f*	lentille *f*
L 159	**Lepehne's staining**	Lepehne-Färbung *f*	coloration *f* de Lepehne
L 160	**Lepore's haemoglobin**	Lepore-Hämoglobin *n*	hémoglobine *f* de Lepore

No.	English	German	French
L 161	**lepra bacillus,** Hansen's bacillus, Hansen's lepra bacillus, Mycobacterium leprae	Leprabacterium *n,* Hansen-Bacillus *m*	mycobactérie de la lèpre, bacille *m* de Hansen, bacille de la lèpre
L 162	**lepra cell,** Virchow's cell	Leprazelle *f*	cellule *f* lépreuse
L 163	**leprolin**	Leprolin *n*	léproline *f*
L 164	**leprolin reaction (test)**	Leprolinreaktion *f*, Leprolintest *m*	réaction *f* à la léproline
L 165	**lepromin**	Lepromin *n*	lépromine *f*
L 166	**lepromin reaction (test)**	Leprominreaktion *f*, Lepromintest *m*	réaction (épreuve) *f* à la lépromine
L 167	**leptochromatic**	leptochrom[atisch]	leptochrom[iqu]e
	leptocyte	*s.* T 20	
L 168	**Leptospira**	Leptospira f	leptospire *f*
L 169	**lethal,** fatal	letal, tödlich	létal, mortel, fatal
L 170	**lethal dose,** fatal dose	Letaldosis *f*	dose *f* létale (mortelle)
	lethal factor	*s.* L 171	
L 171	**lethal gene,** lethal factor	Letalfaktor *m*	facteur *m* de létalité
L 172	**lethality**	Letalität *f*	létalité *f*
	Leu	*s.* L 173	
L 173	**leucine,** Leu, α-aminoisocaproic acid	Leucin *n,* Leu, α-Aminoisocapronsäure *f*	leucine *f*, Leu, acide *m* α-aminométhylvalérique
L 174	**leucine aminopeptidase,** LAP, aminopeptidase *(cytosol)*	Leucinaminopeptidase *f,* LAP, Cytosolaminopeptidase *f*	leucine-aminopeptidase *f,* LAP, arylamidase *f*
L 175	**leucine aminotransferase**	Leucinaminotransferase *f*	leucine-aminotransférase *f*
L 176	**leucine dehydrogenase**	Leucindehydrogenase *f*	leucine-déshydrogénase *f*
L 177	**leucine [tolerance] test**	Leucintest *m*	épreuve *f* [de tolérance] à la leucine
L 178	**leucoagglutinin**	Leukoagglutinin *n*	leucoagglutinine *f*
	leucobase	*s.* L 180	
L 179	**leucoblast,** leucocytoblast, proleucocyte	Leuko[zyto]blast *m,* Leukozytenstammzelle *f,* Proleukozyt *m*	leuco[cyto]blaste *m,* cellule *f* souche leucocytaire, promyélocyte *m,* proleucocyte *m*
L 180	**leuco compound,** leucobase	Leukoverbindung *f,* Leukobase *f*	leucodérivé *m,* leucobase *f*
L 181	**leucocrit**	Leukokrit *m*	leucocrite *m*
L 182	**leucocyte,** white [blood] cell, white [blood] corpuscle, WBC	Leukozyt *m*, weiße Blutzelle *f*, weißes Blutkörperchen *n*	leucocyte *m,* globule *m* blanc
L 183	**leucocyte adherence-inhibiting test**	Leukozytenadhärenzinhibitions-Test *m,* LAI-Test *m*	test *m* d'inhibition d'adhérence des leucocytes
	leucocyte agglutination reaction	*s.* L 184	
L 184	**leucocyte agglutination test,** leucocyte agglutination reaction	Leukozytenagglutinationstest *m*	test *m* d'agglutination des leucocytes
L 185	**leucocyte antibody,** leucocytic antibody	Leukozytenantikörper *m*	anticorps *m* leucocytaire
L 186	**leucocyte antigen,** leucocytic antigen	Leukozytenantigen *n*	antigène *m* leucocytaire (de leucocytes)
L 187	**leucocyte cast,** white cell cast	Leukozytenzylinder *m*	cylindre *m* leucocytaire
L 188	**leucocyte concentrate**	Leukozytenkonzentrat *n*	concentré *m* leucocytaire
L 189	**leucocyte count,** white [blood] cell count, WBC count	Leukozytenzahl *f*	nombre *m* des leucocytes
L 190	**leucocyte counting,** white cell counting	Leukozytenzählung *f*	numération *f* (comptage *m*) des leucocytes
L 191	**leucocyte degranulation test**	Leukozytendegranulationstest *m*	test *m* de dégranulation des leucocytes
L 192	**leucocyte enzyme**	Leukozytenenzym *n*	enzyme *m* leucocytaire
L 193	**leucocyte index**	Leukozytenindex *m*	indice *m* leucocytaire
L 194	**leucocyte migration**	Leukozytenmigration *f,* Leukozytenwanderung *f*	migration *f* leucocytaire (des leucocytes), leucopédèse *f*
L 195	**leucocyte migration inhibition test**	Leukozytenmigrationshemmtest *m*	test *m* d'inhibition de la migration des leucocytes
L 196	**leucocyte nomogram**	Leukozytennomogramm *n*	nomogramme *m* leucocytaire
L 197	**leucocyte survival time**	Leukozytenüberlebenszeit *f*	durée *f* de vie des leucocytes
L 198	**leucocyte typing,** leucocytotypy	Leukozytentypisierung *f*	standardisation *f* des leucocytes
	leucocytic antibody	*s.* L 185	
	leucocytic antigen	*s.* L 186	
L 199	**leucocytic crossing**	Leukozytenkreuzung *f*	entrecroisement *m* leucocytaire
	leucocytoblast	*s.* L 179	
	leucocytogram	*s.* L 204	
	leucocytolysin	*s.* L 207	
	leucocytolysis	*s.* L 208	
	leucocytolysis reaction	*s.* L 209	
	leucocytolysis test	*s.* L 209	
L 200	**leucocytometer**	Leukozytenzählkammer *f*, Leukozytometer *n*	leucocytomètre *m*
L 201	**leucocytosis-inducing factor,** LIF	leukozytoseinduzierender Faktor *m,* LIF, Leukozytosefaktor *m*	facteur *m* induisant la leucocytose
	leucocytotypy	*s.* L 198	
L 202	**leucocyturia test**	Leukozyturietest *m*	test *m* de leucocyturie
L 203	**leucogen**	Leukogen *n*	leucogène *m*
L 204	**leucogram,** leucocytogram	Leukogramm *n,* Leukozytenformel *f,* Leukozytendifferentialbild *n,* weißes Blutbild *n*	leucogramme *m,* formule *f* leucocytaire [du sang]
L 205	**leucokinin**	Leukokinin *n*	leucokinine *f*

L 206	**leucokininase**	Leukokininase *f*	leucokininase *f*
L 207	**leucolysin,** leucocytolysin	Leuko[zyto]lysin *n*	leuco[cyto]lysine *f*
L 208	**leucolysis,** leucocytolysis	Leuko[zyto]lyse *f*, Leukozytenauflösung *f*, Leukozytenzerfall *m*	leuco[cyto]lyse *f*
L 209	**leucolysis test,** leucocytolysis test (reaction)	Leukolysetest *m*, Leukozytolysetest *m*, Leukozytolysereaktion *f*	test *m* de leucocytose, réaction *f* de leucocytose
L 210	**leucomethylene blue**	Leukomethylenblau *n*	bleu *m* de leucométhylène
L 211	**leucopenic index**	leukopenischer Index *m*	indice *m* leucopénique
L 212	**leucopenine**	Leukopenin *n*	leucopénine *f*
L 213	**leucopheresis**	Leukopherese *f*	leucophérèse *f*
L 214	**leucopoietin**	Leukopo[i]etin *n*	leucopoïétine *f*
L 215	**leucoporphyrin**	Leukoporphyrin *n*	leucoporphyrine *f*
L 216	**leucoprotease**	Leukoprotease *f*	leucoprotéase *f*
L 217	**leucopterin**	Leukopterin *n*	leucoptérine *f*
L 218	**leucotaxine**	Leukotaxin *n*	leucotaxine *f*
L 219	**leucotoxin**	Leukotoxin *n*	leucotoxine *f*
L 220	**leucovirus**	Leukovirus *n*, Leukämievirus *n*	leucovirus *m*, virus *m* de leucémie
	leucovorin	*s.* C 587	
L 221	**leucylalanine**	Leucylalanin *n*	leucylalanine *f*
L 222	**leucylglycine**	Leucylglycin *n*	leucylglycine *f*
L 223	**leukaemic cell**	Leukämiezelle *f*	cellule *f* leucémique
L 224	**leukin**	Leukin *n*	leukine *f*
L 225	**Levaditi's method**	Levaditi-Methode *f*	méthode *f* de Levaditi
L 226	**level** *(chemistry)*, niveau	Niveau *n*, Spiegel *m*	taux *m*, niveau *m*
L 227	**levelling bottle**	Niveaugefäß *n*, Niveauflasche *f*, Ausgleichsgefäß *n*	vase *m* d'égalisation des niveaux, récipient *m* de détente
	level of substances in blood	*s.* B 403	
L 228	**Levinthal's agar**	Levinthal-Kochblutagar *m*, Levinthal-Agar *m*	gélose *f* de Levinthal
L 229	**Lewis antibody**	Lewis-Antikörper *m*	anticorps *m* [de] Lewis
L 230	**Lewis [blood group] system**	Lewis-Blutgruppensystem *n*	système *m* Lewis
	Leydig's cell	*s.* I 379	
	ferroxidase	*s.* C 8	
	LH	*s.* L 460	
	LH-releasing factor	*s.* L 431	
	LH-releasing hormone	*s.* L 431	
	LH-RF	*s.* L 431	
	LH-RH	*s.* L 431	
	Li	*s.* L 354	
	LIA	*s.* L 441	
	liberate / to	*s.* R 285	
	liberation	*s.* R 286	
L 231	**liberation of water**	Wasserabgabe *f*	déshydratation *f*
	liberin	*s.* R 287	
	lichen blue	*s.* L 365	
L 232	**lidocaine,** lignocaine	Lidocain *n*	lidocaïne *f*, lignocaïne *f*
L 233	**Liebermann-Burchardt reaction**	Liebermann-Burchardt-Reaktion *f*	réaction *f* de Liebermann[-Burchardt]
	lien	*s.* S 698	
	LIF	*s.* L 201	
L 234	**ligand,** addend	Ligand *m*, Addend *m*	ligand *m*
L 235	**ligandin**	Ligandin *n*	ligandine *f*
L 236	**ligase,** synthetase	Ligase *f*, Synthetase *f*	ligase *f*, synthétase *f*
L 237	**light**	Licht *n*	lumière *f*
L 238	**light**, clear *(e.g. fluid)*	hell	clair
L 239	**light cell**	helle Zelle *f*	cellule *f* claire
L 240	**light chain,** L chain	leichte Kette *f*, L-Kette *f*	chaîne *f* courte (légère, L)
L 241	**light filter**	Lichtfilter *n*	filtre *m* optique
L 242	**light intensity,** intensity of light, luminosity, luminous intensity	Lichtstärke *f*, Lichtintensität *f*	intensité *f* lumineuse, luminosité *f*, pouvoir *m* éclairant
L 243	**light microscope,** optical microscope	Lichtmikroskop *n*	microscope *m* optique
L 244	**light microscopy,** optical microscopy	Lichtmikroskopie *f*	microscpie *f* optique
L 245	**light protection,** protection from light	Lichtschutz *m*	protection *f* contre la lumière
L 246	**light ray,** beam of light *(bundled)*	Lichtstrahl *m*	rayon *m* lumineux, rayon de lumière
L 247	**light-refracting,** refracting, refractive	lichtbrechend	réfractant, réfrigent
L 248	**light-sensitive,** sensitive to light, photosensitive	lichtempfindlich	sensible à la lumière, photosensible
L 249	**light sensitivity,** sensitivity to light, photosensitivity	Lichtempfindlichkeit *f*	sensibilité *f* à la lumière, photosensibilité *f*
L 250	**light source**	Lichtquelle *f*	source *f* lumineuse (luminaire)
	light transmission	*s.* T 509	
	light transmittance	*s.* T 509	
L 251	**light wave**	Lichtwelle *f*	onde *f* lumineuse (de lumière)
	lignocaine	*s.* L 232	
L 252	**lignoceric acid,** tetracosanoic acid	Lignocerinsäure *f*, Tetracosansäure *f*	acide *m* lignocérique (tétracosanoïque)
L 253	**ligroin method**	Ligroinmethode *f*	méthode *f* de ligroïne
L 254	**likelihood**	Plausibilität *f*, Stichprobenwahrscheinlichkeit *f*	plausibilité *f*, vraisemblance *f*
L 255	**likelihood ratio**	Likelihoodquotient *m*	rapport *m* des vraisemblances

L 256	**lime**	Kalk *m*	chaux *f*
L 257	**lime milk,** milk of lime, lime water	Kalkmilch *f*	lait *m* de chaux
L 258	**limestone,** chalky calculus, chalk stone	Kalkkonkrement *n,* Kalkstein *m*	concrétion *f* (calcul *m*) calcaire
	lime water	*s.* L 257	
	liminal value	*s.* T 256	
	limit	*s.* L 260	
	limit control	*s.* L 263	
	limit dextrin	*s.* D 276	
	limiting dextrin	*s.* D 276	
L 259	**limiting factor**	limitierender Faktor *m*	facteur *m* limitant
L 260	**limiting value,** limit value, limit	Grenzwert *m*	valeur *f* limite, limite *f*
	limit of confidence	*s.* C 887	
L 261	**limit of detection,** detection limit	Nachweisgrenze *f*	limite *f* de détection
L 262	**limit of error**	Fehlergrenze *f*	limite *f* d'erreur[s]
	limit of sensitivity	*s.* S 223	
	limit of tolerance	*s.* T 406	
	limit value	*s.* L 260	
L 263	**limit-value control,** limit control	Grenzwertüberwachung *f*	contrôle *m* des valeurs limites
	lineal homogenate	*s.* S 700	
	lineal punctate	*s.* S 701	
	lineal puncture	*s.* S 702	
	lineal tissue	*s.* S 703	
L 264	**linear,** rectilinear	linear, geradlinig	linéaire, rectiligne
	linear chain	*s.* U 46	
L 265	**linear discriminatory analysis**	lineare Diskriminanzanalyse *f*	analyse *f* discriminante (discriminatoire) linéaire
L 266	**linearity**	Linearität *f*	linéarité *f*
L 267	**linear regression**	lineare Regression *f*	régression *f* linéaire
L 268	**linear regression analysis**	lineare Regressionsanalyse *f*	analyse *f* de régression linéaire
	line of regression	*s.* R 270	
L 269	**line spectrum**	Linienspektrum *n*	spectre *m* linéaire
L 270	**line width**	Linienbreite *f*	largeur *f* de ligne
L 271	**lingual saliva**	Zungendrüsenspeichel *m,* Zungenspeichel *m*	salive *f* linguale
L 272	**lingual smear**	Zungenabstrich *m*	frottis *m* lingual
L 273	**Linguatula,** Pentastomum	Zungenwurm *m*	linguatule *f* pentastomide
L 274	**Linguatula serrata**	Nasenwurm *m*	Linguatula serrata
	link / to	*s.* B 470	
	link	*s.* B 471	
	linkage	*s.* B 471	
	linkage energy	*s.* B 240	
	linked	*s.* B 508	
	linked reaction	*s.* C 1069	
	linking	*s.* B 238	
L 275	**linoleic acid**	Linolsäure *f*	acide *m* linoléique
L 276	**linolenic acid**	Linolensäure *f*	acide *m* linolénique
L 277	**lipaemic**	lipämisch	lipémique
L 278	**lipaemic plasma**	lipämisches Plasma *n*	plasma *m* lipémique
L 279	**lipaemic serum**	lipämisches Serum *n*	sérum *m* lipémique
L 280	**lipase,** steapsin, triglyceride (triacylglycerol) lipase, tributyrase	Lipase *f,* Steapsin *n,* Triglyceridlipase *f,* Triacylglycerollipase *f,* Tributyrase *f*	lipase *f,* stéapsine *f,* triglycéride-lipase *f,* triacylglycérol-lipase *f*
L 281	**lipid,** lipide	Lipid *n*	lipide *m*
L 282	**lipid-containing,** fat-containing, fatty, lipoferous	lipidhaltig, fetthaltig	lipidique, à lipide[s]
	lipide	*s.* L 281	
L 283	**lipid electrophoresis**	Lipidelektrophorese *f*	électrophorèse *f* des lipides
L 284	**lipid factor**	Lipidfaktor *m*	facteur *m* lipidique
L 285	**lipid fraction**	Lipidfraktion *f*	fraction *f* lipidique
L 286	**lipid inhibitor**	Lipidinhibitor *m*	inhibiteur *m* lipidique
L 287	**lipid molecule**	Lipidmolekül *n*	molécule *f* lipidique
	lipidolysis	*s.* L 300	
	lipid-soluble	*s.* L 307	
	lipoamide dehydrogenase (NADH)	*s.* D 446	
	lipoamide reductase (NADH)	*s.* D 446	
L 288	**lipoblast**	Lipoblast *m,* jugendliche Fettzelle *f*	lipoblaste *m*
L 289	**lipocaic factor**	Lipocainfaktor *m,* lipotroper Pankreasfaktor *m*	facteur *m* (hormone *f*) lipocaïque, facteur [lipotrope] d'origine pancréatique
L 290	**lipochrome,** chromolip[o]id	Lipochrom *n,* Fettfarbstoff *m,* Lipoidpigment *n*	lipochrome *m,* pigment *m* lipoïdique
	lipoclasis	*s.* L 300	
	lipocyte	*s.* F 28	
	lipoferous	*s.* L 282	
L 291	**lipofuscin,** aging pigment	Lipofuszin *n,* Alterspigment *n,* Abbaupigment *n*	lipofuscine *f,* pigment *m* d'usure, lipopigment *m*
L 292	**lipogenic, lipogenous**	lipogen	lipogène
L 293	**lipoic acid**	Liponsäure *f*	acide *m* liponique
L 294	**lipoid**	Lipoid *n*	lipoïde *m*

L 295	**lipoid,** lipoidic, fat-like	lipoid, fettähnlich, fettartig	lipoïde, lipoïdique
L 296	**lipoid antibody**	Lipoidantikörper *m*	anticorps *m* lipoïde
L 297	**lipoid antigen**	Lipoidantigen *n*	antigène *m* lipoïde
L 298	**lipoid-binding reaction**	Lipoidbindungsreaktion *f*	réaction *f* de fixation de lipoïde
	lipoidic	*s.* L 295	
L 299	**lipolysin**	Lipolysin *n*	lipolysine *f*
L 300	**lipolysis,** lipidolysis, lipoclasis, fat-splitting, splitting of fat, adipolysis	Lipolyse *f*, Fettspaltung *f*, Fettabbau *m*	lipolyse *f*, adipolyse *f*
L 301	**lipolytic,** fat-splitting, adipolytic	lipolytisch, fettspaltend	lipolytique, adipolytique
L 302	**lipolytic activity,** fat-splitting activity	lipolytische Aktivität *f*	activité *f* lipolytique, activitéadipolytique
L 303	**lipolytic enzyme,** fat-splitting enzyme	lipolytisches (fettspaltendes) Enyzm *n*	enzyme *m* lipolytique
	lipomicron	*s.* C 564	
L 304	**lipopeptide**	Lipopeptid *n*	lipopeptide *m*
L 305	**lipophage**	Lipophage *m*	lipophage *m*
L 306	**lipophagic**	lipophag, fettaufnehmend	lipophage
	lipophil	*s.* L 307	
	lipophile	*s.* L 307	
L 307	**lipophilic,** lipophil[e], liposoluble, lipid-soluble, fat-soluble, soluble in fat	lipophil, fettlöslich, lipidlöslich	lipophile, liposoluble, soluble dans les graisses
L 308	**lipophilic enzyme**	lipophiles Enzym *n*	enzyme *m* lipophile
L 309	**lipopigment**	Lipopigment *n*	lipopigment *m*
L 310	**lipopolysaccharide**	Lipopolysaccharid *n*	lipopolysaccharide *m*, lipopolyoside *m*
L 311	**lipoproteid[e]**	Lipoproteid *n*	lip[id]oprotéide *m*
	lipoproteid membrane	*s.* E 147	
L 312	**lipoprotein**	Lipoprotein *n*	lipoprotéine *f*
	β-lipoprotein	*s. a.* L 128	
L 313	**lipoprotein lipase,** clearing factor lipase, diglyceride (diglycerol) lipase	Lipoproteinlipase *f*, Diglyceridlipase *f*	lipoprotéine-lipase *f*, lipase *f* de lipoprotéine, lipoprotéinolipase *f*
	lipoprotein turbidity reaction	*s.* L 314	
L 314	**lipoprotein turbidity test,** lipoprotein turbidity reaction	Lipoproteintrübungstest *m*	réaction *f* de turbidité de lipoprotéine
L 315	**lipoprotein X**	Lipoprotein *n* X	lipoprotéine *f* X
L 316	**liposaccharide**	Liposaccharid *n*	liposaccharide *m*
L 317	**liposolubility,** solubility in fat	Fettlöslichkeit *f*	liposolubilité *f*, solubilité *f* dans les graisses
	liposoluble	*s.* L 307	
L 318	**liposome**	Liposom *n*	liposome *m*
L 319	**lipothiamide**	Lipothiamid *n*	lipothiamide *m*
L 320	**lipothiamide pyrophosphate**	Lipothiamidpyrophosphat *n*	pyrophosphate *m* de lipothiamide
L 321	**lipotropic factor**	lipotroper Faktor *m*	facteur *m* lipotrope
	lipotropic hormone	*s.* L 322	
L 322	**lipotropin,** lipotropic hormone, LPH	Lipotropin *n*, lipotropes Hormon *n*, LPH	lipotropine *f*, hormone *f* lipotrope, LPH
	lipovitamin	*s.* F 33	
L 323	**lipoxanthine**	Lipoxanthin *n*	lipoxanthine *f*
	lipoxidase	*s.* L 324	
L 324	**lipoxygenase,** lipoxidase	Lipoxygenase *f*, Lipoxidase *f*	lipoxygénase *f*, lipoxydase *f*
L 325	**Lipschuetz' body,** beta body	Lipschütz-Körperchen *n*, Betakörperchen *n*	corps *m* de Lipschütz, inclusions *fpl* hépétiques
L 326	**liquefacient [agent]**	Verflüssigungsmittel *n*	liquéfiant *m*, liquéfacteur *m*
L 327	**liquefaction**	Verflüssigung *f*, Verflüssigen *n*, Liquefaktion *f*	liquéfaction *f*, fluidification *f*
L 328	**liquefied**	verflüssigt	liquéfié
L 329	**liquefy / to**	verflüssigen	liquéfier, fluidifier
L 330	**liquid,** fluid	flüssig, liquid	liquide, fluide
	liquid	*s. a.* F 247	
L 331	**liquid bath**	Flüssigkeitsbad *n*	bain *m* du liquide
L 332	**liquid chromatogram**	Flüssigkeitschromatogramm *n*	chromatogramme *m* en phase liquide
L 333	**liquid chromatograph**	Flüssigkeitschromatograph *m*	chromatographe *m* en phase liquide
L 334	**liquid chromatography**	Flüssigkeitschromatographie *f*	chromatographie *f* [en phase] liquide
	liquid coolant	*s.* C 986	
L 335	**liquid counter,** liquid tube	Flüssigkeitszähler *m*	tube *m* compteur de liquide
	liquid culture	*s.* N 324	
	liquid culture medium	*s.* N 324	
	liquid expansion thermometer	*s.* L 348	
L 336	**liquid-gas chromatography**	Flüssig-Gas-Chromatographie *f*	chromatographie *f* liquide-gaz
L 337	**liquid-gel chromatography**	Flüssig-Gel-Chromatographie *f*	chromatographie *f* liquide-gel
	liquid glass	*s.* W 26	
L 338	**liquid layer**	Flüssigkeitsschicht *f*	couche *f* de liquide
L 339	**liquid level,** fluid level	Flüssigkeitsspiegel *m*, Flüssigkeitsstand *m*	niveau *m* (hauteur *f*) du liquide
L 340	**liquid-liquid chromatography,** LLC	Flüssig-flüssig-Chromatographie *f*	chromatographie *f* liquide-liquide
	liquid-liquid potential	*s.* D 414	
L 341	**liquid nitrogen**	flüssiger Stickstoff *m*, Flüssigstickstoff *m*	azote *m* liquide
L 342	**liquid oxygen**	flüssiger Sauerstoff *m*	oxygène *m* liquide
L 343	**liquid phase**	flüssige Phase *f*	phase *f* liquide
L 344	**liquid scintillation counter**	Flüssigkeitsszintillationszähler *m*	détecteur *m* à scintillateur liquide, détecteur à scintillation à jupe

L 345	**liquid-solid chromatography,** LSC	Flüssig-fest-Chromatographie *f*	chromatographie *f* liquide-solide
L 346	**liquid state**	flüssiger Zustand *m*	état *m* liquide
L 347	**liquid surface**	Flüssigkeitsoberfläche *f*	surface *f* du liquide
L 348	**liquid thermometer,** liquid expansion thermometer	Flüssigkeitsthermometer *n*	thermomètre *m* àliquide
	liquid tube	*s.* L 335	
	liquor	*s.* F 247	
L 349	**liquor diagnosis,** cerebral fluid diagnosis, diagnosis by examination of the cerebrospinal fluid	Liquordiagnostik *f*	diagnostic *m* du liquor, diagnostic du LCR
L 350	**liquor electrophoresis**	Liquorelektrophorese *f*	électrophorèse *f* du liquor
	liquor glucose	*s.* C 329	
	liquor protein	*s.* C 331	
L 351	**liquor reduction time,** reduction time	Reduktionszeit *f (des Liquors)*	temps *m* de réduction [du liquor]
	liquor sediment	*s.* C 332	
	Listerella	*s.* L 352	
L 352	**Listeria,** Listerella	Listeria *f,* Listerella *f*	Listeria, listerella *f*
L 353	**Listeria monocytogenes**	Listeria *f* monocytogenes	Listeria monocytogenes
L 354	**lithium,** Li	Lithium *n,* Li	lithium *m,* Li
L 355	**lithium benzoate**	Lithiumbenzoat *n*	benzoate *m* de lithium
L 356	**lithium bromide**	Lithiumbromid *n*	bromure *m* de lithium
L 357	**lithium carbonate**	Lithiumcarbonat *n*	carbonate *m* de lithium
L 358	**lithium carmine**	Lithiumkarmin *n*	carmin *m* de lithium
L 359	**lithium citrate**	Lithiumcitrat *n*	citrate *m* de lithium
L 360	**lithium hydroxide**	Lithiumhydroxid *n*	hydroxyde *m* de lithium
L 361	**lithium salicylate**	Lithiumsalicylat *n*	salicylate *m* de lithium
L 362	**lithium salt**	Lithiumsalz *n*	sel *m* de lithium
L 363	**lithocholic acid**	Lithocholsäure *f*	acide *m* lithocolique
L 364	**lithogenous index**	lithogener Index *m*	indice *m* lithogène
L 365	**litmus,** lacmus, lakmus, lichen blue	Lackmus *n(m),* Litmus *n(m)*	tournesol *m*
L 366	**litmus [test] paper**	Lackmuspapier *n*	papier *m* tournesol
L 367	**litre,** l	Liter *n(m),* l	litre *m,* l
L 368	**liver,** hepar	Leber *f,* Hepar *n*	foie *m*
L 369	**liver biopsy,** hepatic biopsy, hepatobiopsy	Leberbiopsie *f,* Leberpunktion *f*	biopsie (ponction) *f* hépatique, ponction du foie
L 370	**liver biopsy needle**	Leberbiopsienadel *f*	aiguille *f* pour biopsie hépatique
L 371	**liver bouillon**	Leberbouillon *f*	bouillon *m* au foie
L 372	**liver cell,** hepatic cell, hepatocyte	Leber[epithel]zelle *f,* Hepatozyt *m*	cellule *f* hépatique (du foie), hépatocyte *m*
L 373	**liver enzyme,** hepatic enzyme	Leberenzym *n*	enzyme *m* hépatique (du foie)
L 374	**liver enzyme pattern,** hepatic enzyme pattern	Leberenzymmuster *n*	échantillon *m* d'enzyme hépatique
L 375	**liver extract**	Leberextrakt *m*	extrait *m* hépatique
L 376	**liver fluke,** hepatic fluke	Leberegel *m*	fasciola *f*
L 377	**liver function test**	Leberfunktionsprobe *f*	épreuve *f* fonctionnelle du foie, épreuve de fonction hépatique
L 378	**liver glycogen,** hepatic glycogen, liver sugar	Leberglycogen *n*	glycogène *m* hépatique
L 379	**liver homogenate,** hepatic homogenate	Leberhomogenat *n*	homogénat *m* hépatique
L 380	**liver microsomes**	Lebermikrosomen *npl*	microsomes *mpl* hépatiques
L 381	**liver parasite,** hepatic parasite	Leberparasit *m*	parasite *m* hépatique (du foie)
L 382	**liver parenchyma,** hepatic parenchyma	Leberparenchym *n*	parenchyme *m* hépatique
L 383	**liver phosphorylase**	Leberphosphorylase *f*	phosphorylase *f* hépatique
L 384	**liver punctate**	Leberpunktat *n*	liquide *m* prélevé par ponction hépatique
	liver starch	*s.* G 360	
	liver sugar	*s.* L 378	
L 385	**liver tissue,** hepatic tissue	Lebergewebe *n*	tissu *m* hépatique
	liver toxin	*s.* H 233	
L 386	**live weight**	Lebendgewicht *n*	poids *m* vif
	living body / outside the	*s.* I 435	
L 387	**living cell culture**	Frischzellkultur *f*	milieu *m* aux cellules fraîches
	living organism / in the	*s.* I 436	
	LLC	*s* L 340	
L 387 a	**loa,** eyeworm, Loa loa, Filaria loa, Filaria oculi, Dracunculus oculi	[Westafrikanischer] Augenwurm *m,* Wanderfilarie *f,* Taglarvenfilarie *f*	microfilaire *f* diurne, filaire *f* loa
	Loa loa	*s.* L 387 a	
L 388	**lobeline**	Lobelin *n*	lobeline *f*
L 389	**lobocyte**	Lobozyt *m*	lobocyte *m*
L 390	**local anaesthesia,** regional anaesthesia, local analgesia	Lokalanästhesie *f,* Lokalbetäubung *f,* örtliche Betäubung *f*	anesthésie *f* locale, narcose *f* locale
L 391	**local anaesthetic**	Lokalanästhetikum *n*	anesthésique *m* local
	local analgesia	*s.* L 390	
L 392	**localisation**	Lokalisation *f,* Lokalisierung *f,* Lokalisieren *n*	localisation *f*
L 393	**localise / to**	lokalisieren	localiser
L 394	**lochia**	Lochialsekret *n,* Lochia *fpl,* Lochien *fpl,* Wochenfluß *m*	lochies *fpl*

L 395	**lochiocyte**	Lochiozyt *m*, Lochialzelle *f*	lochiocyte *m*
	locus	*s.* G 139	
L 396	**Loeffler's bacillus,** Klebs-Loeffler bacillus, diphtheria bacillus, Corynebacterium diphtheriae, Corynebacterium ulcerans	Loeffler-Bacillus *m*, Klebs-Loeffler-Bacillus *m*, Diphtheriebacillus *m*	corynébactérie *f* diphtérique, bacille *m* diphtérique, bacille de Löffler
L 397	**Loeffler's medium**	Loeffler-Nährboden *m*	milieu *m* de Loeffler
L 398	**Loewenstein's culture medium**	Löwenstein-Nährboden *m*, Löwenstein-Eiernährboden *m*	milieu *m* de Loewenstein
L 399	**logarithm**	Logarithmus *m*	logarithme *m*
L 400	**logarithmic normal distribution, lognormal distribution**	logarithmische Normalverteilung *f*, Lognormalverteilung *f*	distribution *f* [normale] logarithmique, répartition *f* [normale] logarithmique
	long-acting preparation	*s.* P 246	
	long-acting thyroid stimulator	*s.* L 116	
L 401	**long-chain**	langkettig	à longue[s] chaîne[s]
L 402	**long-chain fatty acid**	langkettige Fettsäure *f*	acide *m* gras à longues chaînes
	longeval	*s.* L 405	
L 403	**long-fibre**	langfasrig, langfaserig	à longues fibres
	longitudinal incision	*s.* L 404	
L 404	**longitudinal section,** longitudinal incision	Längsschnitt *m*	section *f* longitudinale
L 405	**long-lived,** longeval	langlebig	à longue vie, à long temps, macrobe, macrobien
L 406	**long-lived isotope**	langlebiges Isotop *n*	isotope *m* de longue vie
L 407	**long-neck[ed] flask**	Langhalskolben *m*	matras *m*
	long-term culture	*s.* P 245	
L 408	**long-term experiment**	Dauerversuch *m*, Langzeitversuch *m*	essai *m* de longue durée
L 409	**long-term monitoring**	Dauerüberwachung *f*, Langzeitüberwachung *f*, Langzeitbeobachtung *f*	surveillance *f* de longue durée, surveillance continue
	long-term preparation	*s.* P 246	
L 410	**long-term recording**	Langzeitregistrierung *f*	enregistrement *m* à long temps
L 411	**long-term stability**	Langzeitstabilität *f*	stabilité *f* à long terme
L 412	**loop**	Öse *f*	boucle *f*
	Loschmidt's constant	*s.* A 1177	
	Loschmidt's number	*s.* A 1177	
L 413	**loss of energy**	Energieverlust *m*	perte *f* d'énergie
	loss of heat	*s.* H 180	
	loss of water	*s.* W 33	
L 414	**loupe,** magnifier, magnifying glass	Lupe *f*, Vergrößerungsglas *n*	loupe *f*, verre *m* grossissant
L 415	**louse,** Pediculus, Phthirius	Laus *f*	pou *m*
L 416	**louse test**	Läusetest *m*	épreuve *f* aux poux
	low-density lipoprotein	*s.* L 128	
	low-density lipoprotein cholesterol	*s.* L 129	
	lower layer	*s.* S 997	
L 417	**low-molecular**	niedermolekular	de faible poids moléculaire
L 418	**low-oxygen**	sauerstoffarm	pauvre en oxygène
L 419	**low temperature**	tiefe Temperatur *f*	température *f* basse
L 420	**low-temperature box,** freezer chest	Tiefkühltruhe *f*	congélateur *m*, réfrigérateur *m* à très basse température
	low-temperature conservation	*s.* L 421	
L 421	**low-temperature preservaton,** low-temperature conservation	Tieftemperaturkonservierung *f*	conservation *f* à température basse
L 422	**low-temperature room**	Tiefkühlraum *m*	chambre *f* de congélation
L 423	**low-tension electrophoresis**	Niederspannungselektrophorese *f*	électrophorèse *f* à basse tension
	LPH	*s.* L 322	
	LSC	*s.* L 345	
	LSD	*s.* L 502	
	LTH	*s.* P 985	
L 424	**Lubarsch's crystal**	Lubarsch-Kristall *n*	cristaux *mpl* de Lubarsch
L 425	**Lubenau's culture medium**	Lubenau-Nährboden *m*	milieu *m* de Lubenau
L 426	**luciferase**	Luciferase *f*	luciférase *f*
L 427	**luciferin[e]**	Luciferin *n*	lucifèrine *f*
L 428	**luetin test**	Luetinreaktion *f*, Luotest *m*	luétinoréaction *f*, luo-test *m*, luétine-réaction *f*
L 429	**Lugol's solution**	Iod-Iodkalium-Lösung *f*, Lugol-Lösung *f*	solution *f* iodo-iodurée, solution (soluté *m*) de Lugol, soluté iodo-ioduré
L 430	**lukewarm**	lauwarm, lau	tiède
L 431	**luliberin,** luteinising hormone-relasing factor, LH-releasing hormone, LH-releasing factor, LH-RH, LH-RF	Luliberin *n*, LH-Releasinghormon *n*, LH-Releasingfaktor *m*, LH-freisetzendes Hormon *n*, LH-freisetzender Faktor *m* , LH-RH, LH-RF	facteur *m* (hormone *f*) de libération de LH, releasing-factor de LH, LH-RF, LRF
L 432	**lumbar liquor**	Lumballiquor *m*	liquide*m* cérébrospinal (cérébro-rachidien), LCR
L 433	**lumbar punctate,** spinal punctate	Lumbalpunktat *n*	liquide *m* obtenu par ponction lombaire
L 434	**lumbar puncture,** spinal puncture (tap), rachi[o]centesis	Lumbalpunktion *f*, Spinalpunktion *f*, Rückenmark[kanal]punktion *f*, R[h]achiozentese *f*	ponction *f* lombaire, rachi[o]centèse *f*, ponction du LCR

No.	English	German	French
L 435	**lumbar puncture needle,** spinal needle	Lumbal[punktions]kanüle *f*, Lumbalnadel *f*, Spinalnadel *f*, Rückenmarkkanüle *f*	canule (aiguille) *f* à ponction lombaire
L 436	**lumbricoid ascaris,** Ascaris lumbricoides, Ascaris gigas	Spulwurm *m* des Menschen	ascaride *m* lombricoïde
L 437	**lumen,** inner diameter	Lumen *n*, Innendurchmesser *m*, innerer Durchmesser *m*	lumen *m*, diamètre *m* intérieur
L 438	**luminesce / to**	lumineszieren	luminescer
L 439	**luminescence**	Lumineszenz *f*	luminescence *f*
L 440	**luminescence analysis,** luminescent analysis	Lumineszenzanalyse *f*	analyse *f* par luminescence
L 441	**luminescence immunoassay,** LIA	Lumineszenzimmunoassay *m*, LIA	dosage *m* immunologique à luminescence
L 442	**luminescence microscope,** luminescent microscope	Lumineszenzmikroskop *n*	microscope *m* à luminescence, microscope luminescent
L 443	**luminescence microscopy,** luminescent microscopy	Lumineszenzmikroskopie *f*	microscopie *f* en luminescence, microscopie luminescente
L 444	**luminescence spectrometry,** luminescent spectrometry	Lumineszenzspektrometrie *f*	spectrométrie *f* de luminescence
	luminescent analysis	*s.* L 440	
	luminescent material	*s.* L 447	
	luminescent microscope	*s.* L 442	
	luminescent microscopy	*s.* L 443	
L 445	**luminescent spectral analysis**	Lumineszenzspektralanalyse *f*	analyse *f* par spectre de luminescence
	luminescent spectrometry	*s.* L 444	
L 446	**luminescent spectrum**	Lumineszenzspektrum *n*	spectre *m* de luminescence
	luminescent substance	*s.* L 447	
L 447	**luminophor[e],** luminescent substance (material)	Luminophor *m*, Leuchtstoff *m*	luminophore *m*, substance *f* luminescente (phosphorescente)
	luminosity	*s.* B 535	
	luminosity	*s.* L 242	
	luminous intensity	*s.* L 242	
L 448	**lumirhodopsin**	Lumirhodopsin *n*	lumirhodopsine *f*
L 449	**Lundh test**	Lundh-Test *m*	épreuve *f* (test *m*, repas *m*) de Lundh
L 450	**lung**	Lunge *f*	poumon *m*
L 451	**lung biospy**	Lungenbiopsie *f*	biopsie *f* pulmonaire
L 452	**lung fluke,** lung worm, Paragonimus	Leberegel *m*	Paragonismus
	lung puncture	*s.* P 1167	
	lung surfactant	*s.* S 1144	
	lung tissue	*s.* P 1168	
	lung worm	*s.* L 452	
	lupocyte	*s.* L 453	
L 453	**lupus erythematosus cell,** Le cell, lupocyte	LE-Zelle *f*, Lupus-erythematodes-Zelle *f*, Lupozyt *m*	cellule *f* de lupus érythémateux, cellule LE (de Hargrave)
L 454	**lupus erythematosus [cell] test,** Le cell test	LE-Zell-Test *m*, LE-Zellen-Nachweis *m*	épreuve *f* de cellules érythémateuses, test *m* de cellules LE
L 455	**lupus erythematosus factor,** LE factor	LE-Faktor *m*, Lupus-erythematodes-Faktor *m*	facteur *m* lupus érythémateux, facteur LE
L 456	**lutein**	Lutein *n*	lutéine *f*
L 457	**lutein cell,** luteocyte	Luteinzelle *f*, Luteozyt *m*	cellule *f* lutéinique (à lutéine), lutéocyte
	luteinising hormone	*s.* L 460	
	luteinising hormone-relasing factor	*s.* L 431	
	luteocyte	*s.* L 457	
	luteohormone	*s.* P 969	
L 458	**luteolysin**	Luteolysin *n*	lutéolysine *f*
	luteotropic hormone	*s.* P 985	
L 459	**Lutheran [blood group] system**	Lutheran-Blutgruppensystem *n*	système *m* [des groupes sanguins] Lutheran, facteur *m* Lu
L 460	**lutropin,** luteinising hormone, interstitial cell-stimulating hormone, prolan B, LH, ICSH	Lutropin *n*, Luteinisierungshormon *n*, interstitialzellenstimulierendes Hormon *n*, Gelbkörperreifungshormon *n*, Prolan *n* B, LH, IZSH	lutropine *f*, hormone *f* lutéinisante, hormone stimulant les cellules interstitielles, prolan *m* B, LH
L 461	**lux,** lx	Lux *n*, lx	lux *m*, lx
	vitreous humour	*s.* O 16	
	lx	*s.* L 461	
L 462	**lyase**	Lyase *f*	lyase *f*
	lye	*s.* B 107	
L 463	**lymph[a]**	Lymphe *f*, Lymphflüssigkeit *f*	lymphe *f*, liquide *m* lymphatique
L 464	**lymphadenitis virus,** cat scratch virus	Lymphadenitisvirus *n*, Katzenkratzvirus *n*	virus *m* de lymphadénite, virus d'adénolymphite
L 465	**lymphatic**	lymphatisch	lymphatique
	lymphatic gland	*s.* L 467	
	lymphatic node	*s.* L 467	
L 466	**lymphatic tissue,** lymphoid tissue	Lymphgewebe *n*	tissu *m* lymphatique
	lymph cell	*s.* L 472	
	lymph corpuscle	*s.* L 472	
	lymph gland	*s.* L 467	
	lymph gland punctate	*s.* L 469	

No.	English	German	French
	lymph gland puncture	*s.* L 470	
L 467	**lymph node,** lymph gland, lymphatic node (gland), lymphonodus, lymphoglandula	Lymphknoten *m,* Lymphdrüse *f*	ganglion *m* lymphatique, nœud *m* lymphatique
L 468	**lymph node biopsy**	Lymphknotenbiopsie *f*	biopsie *f* des ganglions lymphatiques
L 469	**lymph node punctate,** lymph gland punctate	Lymphknotenpunktat *n*	liquide *m* prélevé par ponction de ganglion[s] lymphatique[s]
L 470	**lymph node puncture,** lymph gland puncture	Lymphknotenpunktion *f*	ponction *f* des ganglions lymphatiques
L 471	**lymphoblast,** lymphocytoblast, prolymphocyte	Lympho[zyto]blast *m,* Prolymphozyt *m*	lympho[cyto]blaste *m,* prolymphocyte *m*
L 472	**lymphocyte,** lymph cell, lymph corpuscle	Lymphozyt *m,* Lymphzelle *f,* Lymphkörperchen *n*	lymphocyte *m,* cellule *f* lymphatique
L 473	**lymphocyte transformation**	Lymphozytentransformation *f*	transformation *f* de lymphocytes, transformation lymphocytaire
L 474	**lymphocyte transformation test**	Lymphozytentransformationstest *m*	test *m* de transformation lymphocytaire
L 475	**lymphocytic**	lymphozytär	lymphocytaire
L 476	**lymphocytic choriomeningitis virus,** LCM virus	lymphozytäres Choriomeningitis-Virus *n,* LCM-Virus *m*	virus *m* de la chorio-méningite lymphocytaire, virus LCM
	lymphocytoblast	*s.* L 471	
L 477	**lymphocytotoxicity test**	Lymphozytentoxizitätstest *m*	réaction *f* de lymphotoxicité
	lymphoglandula	*s.* L 467	
L 478	**lymphoid**	lymphoid, lymphartig	lymphoïde
L 479	**lymphoid cell,** lymphoidocyte	Lymphoidzelle *f,* Lymphoidozyt *m*	cellule *f* lymphoïde, lymphoïdocyte *m,* cellule indifférenciée
	lymphoid haemoblast	*s.* P 963, P 1007	
	lymphoid megakaryocyte	*s.* P 1001	
	lymphoidocyte	*s.* L 479	
	lymphoid tissue	*s.* L 466	
L 480	**lymphokine**	Lymphokin *n*	lymphokine *f*
L 481	**lymphomyelocyte**	Lymphomyelozyt *m*	lymphomyélocyte *m*
	lymphonodus	*s.* L 467	
L 482	**lymphopoietin**	Lymphopo[i]etin *n*	lymphopoïétine *f*
L 483	**lymphoprotease**	Lymphoprotease *f*	lymphoprotéase *f*
L 484	**lymphoreticular tissue**	lymphoretikuläres Gewebe *n*	tissu *m* lymphoréticulaire
L 485	**lymphotoxin,** cytotoxic factor	Lymphotoxin *n,* zytotoxischer Faktor *m*	lymphotoxine *f,* facteur *m* cytotoxique
L 486	**lyochrome**	Lyochrom *n*	lyochrome *m*
L 487	**lyoenzyme**	Lyoenzym *n*	lyoenzyme *m*
L 488	**lyogel**	Lyogel *n*	lyogel *m*
L 489	**lyoglycogen**	Lyoglycogen *n*	lyoglycogène *m*
	lyophil	*s.* L 490	
	lyophile	*s.* L 490	
L 490	**lyophilic,** lyophil[e]	lyophil, flüssigkeitsfreundlich	lyophile
L 491	**lyophilic colloid**	lyophiles Kolloid *n*	colloïde *m* lyophile
L 492	**lyophilisate**	Lyophilisat *n*	lyophilisat *m*
L 493	**lyophilisation,** freeze drying, dry freezing, dehydrofreezing	Lyophilisierung *f,* Lyophilisation *f,* Gefriertrocknung *f*	lyophilisation *f,* cryodessiccation *f*
	lyophilisation apparatus	*s.* F 368	
L 494	**lyophilise / to,** to freeze-dry, to dehydrofreeze	lyophilisieren, gefriertrocknen	lyophiliser
L 495	**lyophilised,** freeze-dried	lyophilisiert, gefriergetrocknet	lyophilisé
	lyophiliser	*s.* F 368	
	lyophob	*s.* L 496	
	lyophobe	*s.* L 496	
L 496	**lyophobic,** lyophob[e]	lyophob, flüssigkeitsfeindlich	lyophobe
L 497	**lyophobic colloid**	lyophobes Kolloid *n*	colloïde *m* lyophobe
	Lys	*s.* H 545, L 504	
L 498	**lysate**	Lysat *n*	lysat *m*
L 499	**lyse / to**	lysieren, auflösen *(enzymatisch)*	lyser
L 500	**lyse,** lysis	Lyse *f,* Lysis *f,* Auflösung *f (enzymatisch)*	lyse *f*
L 501	**lysergic acid**	Lysergsäure *f*	acide *m* lysergique
L 502	**lysergic acid diethylamide,** LSD	Lyserg[säurediethyl]amid *n,* LSD	diéthylamide *m* lyserg[acid]ique, lysergamide *m*
L 503	**lysin** *(antibody)*	Lysin *n*	lysine *f*
L 504	**lysine,** 2,6-diaminocaproic acid, Lys	Lysin *n,* 2,6-Diaminocapronsäure *f,* Lys	lysine *f,* acide *m* 2,6-diaminocapronique, acide 2,6-diaminohexanoïque, Lys
	α-lysine	*s. a.* A 463	
L 505	**lysine decarboxylase**	Lysindecarboxylase *f*	lysine-décarboxylase *f*
L 506	**lysine hydroxylase**	Lysinhydroxylase *f*	lysine-hydroxylase *f*
L 507	**lysine racemase**	Lysinracemase *f*	lysine-racémase *f*
L 508	**lysine-vasopressin test**	Lysin-Vasopressin-Test *m*	épreuve *f* de lysine-vasopressine
L 509	**lysinogen**	Lysinogen *n*	lysinogène *m*
	lysis	*s.* L 500	
L 510	**lysis time**	Lysezeit *f*	temps *m* de lyse
L 511	**lysocephalin**	Lysokephalin *n*	lysocéphaline *f*
	lysochrome	*s.* F 32	

L 512	**lysokinase**	Lysokinase *f*	lysokinase *f*
L 513	**lysolecithin,** lysophosphatidylcholine	Lysolecithin *n*, Lysophosphatidylcholin *n*	lysolécithine *f*, lysophosphatidylcholine *f*
L 514	**lysophosphatide**	Lysophosphatid *n*	lysophosphatide *m*
	lysophosphatidylcholine	*s.* L 513	
L 515	**lysophosphoglyceride**	Lysophosphoglycerid *n*	lysophosphoglycéride *m*
L 516	**lysosomal**	lysosomal	lysosomal
	lysosomal enzyme	*s.* L 519	
L 517	**lysosomal hydrolase**	lysosomale Hydrolase *f*, Lysosomenhydrolase *f*	hydrolase *f* lysosomale
L 518	**lysosome**	Lysosom *n*	lysosome *m*
L 519	**lysozyme,** muramidase, lysosomal enzyme	Lysozym *n*, Muramidase *f*, lysosomales Enzym *n*	lysozyme *f*, murami[ni]dase *f*, enzyme *m* lysosomale
L 520	**lyssa virus,** rabies virus	Lyssavirus *n*, Tollwutvirus *n*, Rabiesvirus *n*	virus *m* de la rage, virus rabique
L 521	**lysyl aldehyde**	Lysylaldehyd *m*	lysyl-aldéhyde *m*
L 522	**lysyl oxidase**	Lysyloxidase *f*	lysyl-oxydase *f*
L 523	**lytic**	lytisch, auflösend	lytique
L 524	**lytic bacteriophage (phage)**	lytischer Bakteriophage *m*	bactériophage *m* lytique

M

	m	*s.* M 432	
	Macracanthorhynchus hirudinaceus	*s.* G 183	
M 1	**macroamylase**	Makroamylase *f*	macr[o-]amylase *f*
M 2	**macroanalysis**	Makroanalyse *f*	macroanalyse *f*
M 3	**macrobacterium**	Makrobakterie *f*	macrobactérie *f*
M 4	**macroblast,** macroerythroblast	Makro[erythro]blast *m*	macro[érythro]blaste *m*
M 5	**macrocyte,** macroerythrocyte, giant erythrocyte	Makro[erythro]zyt *m*, Riesenerythrozyt *m*	macro[érythro]cyte *m*, érythrocyte *m* géant
M 6	**macrocytic**	makrozytär	macrocytaire
	macroerythroblast	*s.* M 4	
	macroerythrocyte	*s.* M 5	
M 7	**macrofilaria**	Makrofilarie *f*	macrofilaire *f*
M 8	**macrogamete,** megagamete	Makrogamet *m*	macrogamète *m*
M 9	**macrogametocyte**	Makrogametozyt *m*	macrogamétocyte *m*
M 10	**macroglia**	Makroglia *f*	macroglie *f*, astroglie *f*
M 11	**macroglobulin**	Makroglobulin *n*	macroglobuline *f*
M 12	**macrokoproscopy,** naked eye faeces examination	Makrokoproskopie *f*	macrocoproscopie *f*
M 13	**macrolipid**	Makrolipid *n*	macrolipide *m*
M 14	**macrolymphocyte,** large lymphocyte	Makrolymphozyt *m*	macrolymphocyte *m*
M 15	**macromethod**	Makromethode *f*	macrométhode *f*
M 16	**macromolecular,** high-molecular	makromolekular, hochmolekular	macromoléculaire, de poids moléculaire élevé
M 17	**macromolecule,** giant (large) molecule	Makromolekül *n*, Riesenmolekül *n*	macromolécule *f*, molécule *f* géante
M 18	**macromonocyte**	Makromonozyt *m*	macromonocyte *m*
M 19	**macromyeloblast**	Makromyeloblast *m*	macromyéloblaste *m*
M 20	**macronormoblast**	Makronormoblast *m*	macro[normo]blaste *m*
M 21	**macroparasite**	Makroparasit *m*	macroparasite *m*
M 22	**macropeptide**	Makropeptid *n*	macropeptide *m*
M 23	**macrophage,** macrophagocyte, scavenger [cell]	Makrophag[e] *m*, Makrophagozyt *m*, große Freßzelle *f*	macrophage *m*, macrophagocyte *m*, cellule *f* macrophage
M 24	**macrophage-activating factor,** MAF	makrophagenaktivierender Faktor *m*, MAF	facteur *m* d'activation des macrophages
M 25	**macrophage aggregation factor,** MAF	Makrophagenaggregationsfaktor *m*, MAF	facteur *m* d'agrégation des macrophages
M 26	**macrophage chemotactic factor,** MCF	Macrophage chemotactic factor	«macrophage chemotactic factor»
M 27	**macrophage culture**	Makrophagenkultur *f*	culture *f* de macrophages
M 28	**macrophage cytotoxicity factor,** MCF	Macrophage cytotoxicity factor	«macrophage cytotoxicity factor»
M 29	**macrophage electrophoresis mobility test**	Makrophagen-Elektrophorese-Mobilitätstest *m*, MEM-Test *m*	mobilité *f* électrophorétique des macrophages
M 30	**macrophage migration inhibition test**	Makrophagen-Migrationstest *m*	test *m* de migration des macrophages
	macrophagocyte	*s.* M 23	
	macrophagy	*s.* A 217	
M 31	**macroplanocyte**	Makroplanozyt *m*	macroplanocyte *m*
M 32	**macropolycyte**	Makropolyzyt *m*	macropolycyte *m*
M 33	**macropromyelocyte**	Makropromyelozyt *m*	macropromyélocyte *m*
M 34	**macroscopic[al]**	makroskopisch	macroscopique
M 35	**macroscopy**	Makroskopie *f*	macroscopie *f*
M 36	**macrospore**	Makrospore *f*	macrospore *f*
M 37	**macrostructure**	Makrostruktur *f*	macrostructure *f*
M 38	**macrothrombocyte,** giant thrombocyte (platelet)	Makrothrombozyt *m*, Riesenthrombozyt *m*, Riesenplättchen *n*	macrothrombocyte *m*, thrombocyte *m* géant, mégalothrombocyte *m*
M 39	**macrotome**	Makrotom *n*	macrotome *m*
	MAF	*s.* M 24, M 25	

	magnesia	*s.* M 48	
M 40	**magnesium,** Mg	Magnesium *n,* Mg	magnésium *m,* Mg
M 41	**magnesium acetate**	Magnesiumacetat *n*	acétate *m* de magnésium
M 42	**magnesium carbonate**	Magnesiumcarbonat *n*	carbonate *m* de magnésium
M 43	**magnesium chloride**	Magnesiumchlorid *n*	chlorure *m* de magnésium
M 44	**magnesium citrate**	Magnesiumcitrat *n*	citrate *m* de magnésium
	magnesium hydrogenorthophosphate	*s.* M 45	
M 45	**magnesium hydrogenphosphate,** magnesium hydrogenorthophosphate	Magnesiumhydrogenphosphat *n,* Magnesiumhydrogenorthophosphat *n*	biphosphate *m* de magnésium
M 46	**magnesium hydroxide**	Magnesiumhydroxid *n*	hydroxyde *m* de magnésium
M 47	**magnesium iodide**	Magnesiumiodid *n*	iodure *m* de magnésium
M 48	**magnesium oxide,** magnesia	Magnesiumoxid *n,* Magnesia *f*	oxyde *m* de magnésium, magnésie *f*
M 49	**magnesium perchlorate**	Magnesiumperchlorat *n*	perchlorate *m* de magnésium
M 50	**magnesium sulphate**	Magnesiumsulfat *n*	sulfate *m* de magnésium
M 51	**magnesium sulphate flotation method**	Magnesiumsulfatanreicherung *f*	enrichissement *m* en sulfate de magnésium
M 52	**magnet**	Magnet *m*	aimant *m*
M 53	**magnetic field**	magnetisches Feld *n*	champ *m* magnétique
M 54	**magnetoelectrophoresis**	Magnetoelektrophorese *f*	magnéto-électrophorèse *f*
M 55	**magnet stirrer**	Magnetrührer *m*	agitateur *m* magnétique
M 56	**magnification**	Vergrößerung *f*	agrandissement *m*
	magnifier	*s.* L 414	
M 57	**magnify / to** *(microscopy)*	vergrößern	agrandir
	magnifying glass	*s.* L 414	
M 58	**mailing case**	Versandgefäß *n*	vase *m* d'expédition
M 59	**main component (constituent),** principal component, chief constituent, main ingredient	Hauptbestandteil *m*	constituant (composant, élément) *m* principal
	main ingredient	*s.* M 59	
M 60	**main reaction,** principal (basic) reaction	Hauptreaktion *f*	réaction *f* principale
M 61	**maintenance [culture] medium**	Erhaltungsmedium *n*	milieu *m* de maintenance
M 62	**maize meal agar,** corn meal agar *(US)*	Maismehlagar *m*	gélose *f* de la farine de maïs
M 63	**maize starch,** corn starch *(US)*	Maisstärke *f*	amidon *m* de maïs
	make acidic / to	*s.* A 150	
	make a diagnosis / to	*s.* D 288	
	make alkaline / to	*s.* A 496	
	make an experiment / to	*s.* E 568	
	make an injection / to	*s.* I 287	
	make a transfusion / to	*s.* T 495	
M 64	**making of a diagnosis,** giving (establishment) of a diagnosis	Diagnosestellung *f*	établissement *m* du diagnostic
M 65	**malachite green**	Malachitgrün *n*	vert *m* de malachite
M 66	**malachite green agar**	Malachitgrünagar *m*	gélose *f* au vert de malachite
	malady	*s.* D 577	
M 67	**malaria parasite,** Plasmodium	Malariaerreger *m,* Malariaparasit *m*	plasmodie *f*
M 68	**malaria pigment**	Malariapigment *n,* Malariamelanin *n*	pigment (mélanine) *m* paludéen
M 69	**malate**	Malat *n*	malate *m*
	malate condensing enzyme	*s.* M 71	
M 70	**malate dehydrogenase,** malic [acid] dehydrogenase	Malatdehydrogenase *f,* Äpfelsäuredehydrogenase *f*	malate-déshydrogénase *f,* malicodéshydrogénase *f*
M 71	**malate synthase (synthetase),** malate condensing enzyme	Malatsynth[et]ase *f*	malate-synth[ét]ase *f*
M 72	**male,** masculine	männlich, maskulin	masculin, mâle
M 73	**maleate,** maleinate	Maleat *n,* Maleinat *n*	maléate *m,* maléinate *m*
	male gonad	*s.* T 89	
M 74	**maleic acid**	Maleinsäure *f*	acide *m* maléique
	maleinate	*s.* M 73	
	male sexual cell	*s.* S 670	
M 75	**male sex[ual] hormone**	männliches Sexualhormon *n*	hormone *f* sexuelle masculine
M 76	**malic acid,** hydroxysuccinic acid	Äpfelsäure *f,* Hydroxybernsteinsäure *f,* Malinsäure *f*	acide *m* malique (oxysuccinique, butanoldioïque)
	malic acid dehydrogenase	*s.* M 70	
	malic dehydrogenase	*s.* M 70	
M 77	**malignancy**	Malignität *f,* Bösartigkeit *f*	malignité *f*
M 78	**malignant**	maligne, bösartig	maligne, malin, pernicieux
M 79	**malignant cell**	maligne Zelle *f*	cellule *f* maligne
M 80	**mallein**	Mallein *n,* Rotzbakterienextrakt *m*	malléine *f*
M 81	**mallein reaction**	Malleinprobe *f,* Malleinreaktion *f*	réaction *f* à malléine
M 82	**Mallory body**	Mallory-Körperchen *n*	corpuscules *mpl* de Mallory
M 83	**malodorous,** foul-smelling, ill-smelling, foetid	übelriechend, stinkend, fötid	malodorant, puant, fétide
M 84	**malonate**	Malonat *n*	malonate *m*
M 85	**malonic acid,** methane dicarboxylic acid	Malonsäure *f,* Methandicarbonsäure *f*	acide *m* malonique (méthanodicarbonique)
M 86	**malonyl-CoA**	Malonyl-Coenzym *n* A, aktive Malonsäure *f*	malonyl-coenzyme *m* A, malonyl-CoA, acide *m* malonique activé
	malonylurea	*s.* B 86	
	maltase	*s.* G 293	

M 87	**malt extract**	Malzextrakt *m*	extrait *m* de malt
	maltobiose	*s.* M 88	
M 88	**maltose,** maltobiose, malt sugar	Malto[bio]se *f*, Malzzucker *m*	malto[bio]se *m,* sucre *m* de malt
M 89	**maltose dextrin**	Maltosedextrin *n,* Maltodextrin *n*	maltose-dextrine *f*
M 90	**maltose peptone agar**	Maltose-Pepton-Agar *m*	gélose *f* au maltose-peptone
	malt sugar	*s.* M 88	
M 91	**mammalian tissue,** breast tissue	Brustdrüsengewebe *n*	tissu *m* mammaire
	mammogenic hormone	*s.* P 985	
	mammotropic hormone	*s.* P 985	
	mammotropin	*s.* P 985	
M 92	**man**	Mann *m*	homme *m*
M 93	**man** *(genus)*	Mensch *m*	homme *m*
M 94	**Mancini's method (technique),** simple radial immunodiffusion	Mancini-Technik *f,* einfache radiale Immundiffusion *f*	méthode *f* de Mancini, immunodiffusion *f* radiale simple
	mandelic acid	*s.* H 552	
M 95	**mandrin,** stylet, stilette	Mandrin *m*	mandrin *m,* stylat *m*
M 96	**manganate**	Manganat *n*	manganate *m*
M 97	**manganese,** Mn	Mangan *n,* Mn	manganèse *m,* Mn
M 98	**manganese chloride**	Manganchlorid *n*	chlorure *m* de manganèse
M 99	**manganese sulphate**	Mangansulfat *n*	sulfate *m* de manganèse
M 100	**manganometry**	Manganometrie *f*	manganimétrie *f*
	mange mite	*s.* S 76	
	mannanase	*s.* M 107	
	mannase	*s.* M 107	
	mannite	*s.* M 101	
	mannite clearance	*s.* M 102	
M 101	**mannitol,** mannite	Mannitol *n,* Mannit *n*	mannitol *m,* mannite *f*
M 102	**mannitol clearance,** mannite clearance	Mannitol-Clearance *f*	clearance *f* de mannitol
M 103	**mannitol salt agar**	Mannitol-Salz-Agar *m*	milieu *m* au mannitol-sel
M 104	**mannosamine**	Mannosamin *n*	mannosamine *f*
M 105	**mannose**	Mannose *f*	mannose *m*
M 106	**mannose-6-phosphate**	Mannose-6-phosphat *n*	mannose-6-phosphate *m*
M 107	**β-mannosidase,** mann[an]ase	β-Mannosidase *f,* Mann[an]ase *f*	β-mannosidase *f,* mann[an]ase *f*
M 108	**mannoside**	Mannosid *n*	mannoside *m*
M 109	**manometer,** pressure gauge	Manometer *n,* Druckmesser *m*	manomètre *m,* jauge *f* de pression
M 110	**manometric**	manometrisch	manométrique
M 111	**manometry**	Manometrie *f,* Druckmessung *f*	manométrie *f,* mesure *f* de pression
	MANOVA	*s.* M 785	
M 112	**Mansonella**	Mansonella *f*	Mansonella
M 113	**Mantoux reaction (test),** intracutaneous tuberculin reaction (test)	Mantoux-Reaktion *f,* Mendel-Mantoux-Tuberkulinprobe *f*	réaction *f* de Mantoux, épreuve *f* tuberculinique (de la tuberculose)
M 114	**manual,** by the hand	manuell	manuel
M 115	**manual method**	manuelle Methode *f*	méthode *f* manuelle
	MAO	*s.* M 160	
	MAO-inhibitor	*s.* M 671	
M 116	**mapping**	Kartierung *f*	cartographie *f*
	marihuana	*s.* H 147	
M 117	**mark / to,** to label, to tag *(nuclear medicine)*	markieren	marquer
M 118	**mark,** label, tag *(nuclear medicine)*	Markierung *f*	marquage *m*
M 119	**marker,** marker substance	Marker *m,* Markersubstanz *f*	marqueur *m*
M 120	**marker chromosome**	Markerchromosom *n*	chromosome *m* marqueur
M 121	**marker gene**	Markergen *n,* Markierungsgen *n*	gène *m* marqueur
	marker substance	*s.* M 119	
M 122	**marking,** labelling, tagging *(nuclear medicine)*	Markierung *f*, Markieren *n*	marquage *m*
	marrow	*s.* B 476	
	marrow cell	*s.* M 827	
M 123	**Martin's broth**	Martin-Bouillon *f*	bouillon *m* de Martin
	masculine	*s.* M 72	
M 124	**mask / to,** to sequester	maskieren, sequestrieren	masquer, [se] séquestrer
M 125	**masking,** sequestration	Maskierung *f,* Maskieren *n*	masquage *m*
M 126	**mass absorption coefficient,** mass coefficient of absorption	Massenabsorptionskoeffizient *m*	coefficient *m* d'absorption massique
	mass action constant	*s.* E 377	
	mass coefficient of absorption	*s.* M 126	
M 127	**mass concentration,** mass per unit volume	Massenkonzentration *f*	concentration *f* de masse
	mass examination	*s.* S 255	
M 128	**mass fragmentography**	Massenfragmentographie *f*	fragmentographie *f* de masse
M 129	**mass number,** atomic (nuclear) mass number	Massenzahl *f*	nombre *m* de masse
	mass per unit volume	*s.* M 127	
M 130	**mass ratio**	Massenverhältnis *n*	rapport *m* des masses
M 131	**mass screening**	Massenscreening *n*	dépistage (screening) *m* de masse
	mass screening	*s. a.* S 255	
M 132	**mass spectral analysis**	Massenspektralanalyse *f*	analyse *f* spectrale de masse
M 133	**mass spectrogram**	Massenspektrogramm *n*	spectrogramme *m* de masse

M 134	**mass spectrograph**	Massenspektrograph *m*	spectrographe *m* de masse
M 135	**mass spectrography**	Massenspektrographie *f*	spectrographie *f* de masse
M 136	**mass spectrometer**	Massenspektrometer *n*	spectromètre *m* de masse
M 137	**mass-spectrometric**	massenspektrometrisch	[effectué] au spectromètre de masse
M 138	**mass spectrometry**	Massenspektrometrie *f*	spectrométrie *f* de masse
M 139	**mass spectroscope**	Massenspektroskop *n*	spectroscope *m* de masse
M 140	**mass spectroscopy**	Massenspektroskopie *f*	spectroscopie *f* de masse
M 141	**mass spectrum**	Massenspektrum *n*	spectre *m* de masse
	mass survey	*s.* S 255	
M 142	**mass unit,** unit of measurement	Maßeinheit *f*	unité *f* de mesure
M 143	**mast cell,** mastocyte, labrocyte	Mastzelle *f*, Mastozyt *m*, Labrozyt *m*	cellule-engrais *f*, mastocyte *m*, labrocyte *m*
M 144	**mast cell culture**	Mastzellenkultur *f*	culture *f* de mastocytes
M 145	**mastic [gum],** mastix	Mastix *m*	mastic *m*, gomme *f* mastic
M 146	**mastic test**	Mastixreaktion *f*, Mastixprobe *f*	réaction *f* de mastic
	mastix	*s.* M 145	
	mastocyte	*s.* M 143	
M 147	**mastoid air cell**	Mastoidzelle *f*	cellule *f* mastoïdienne
M 148	**masturbate,** sperm obtained by masturbation	Masturbat *n*	sperme *m* obtenu par masturbation
	match / to	*s.* C 1107	
	material	*s.* S 1012	
	material	*s.* S 1016	
	material to be distilled	*s.* D 641	
M 149	**maternal**	mütterlich	maternel
M 150	**maternal antibody**	mütterlicher Antikörper *m*	anticorps *m* maternel
M 151	**maternal blood**	mütterliches Blut *n*	sang *m* maternel
	maternal cell	*s.* S 855	
M 152	**maternal serum**	mütterliches Serum *n*	sérum *m* maternel
M 153	**matrix**	Matrix *f*	matrice *f*
	matter	*s.* P 1219	
	matter	*s.* S 1012	
	maturate / to	*s.* M 155	
M 154	**maturation,** maturing, ripening	Reifung *f*, Reifen *n*	maturation *f*
M 155	**mature / to,** to maturate, to ripen	reifen	mûrir, venir à maturité
M 156	**mature,** ripe	reif	mûr
M 157	**mature cell**	reife Zelle *f*	cellule *f* mûre
	maturing	*s.* M 154	
M 158	**maturity,** ripeness	Reife *f*	maturité *f*
	Maurer's cleft	*s.* M 159	
M 159	**Maurer's dot,** Maurer's cleft	Maurer-Tüpfel *m*, Maurer-Flecken *m*, Maurer-Körnelung *f*	taches *fpl* de Maurer
	mawworm	*s.* A 1037	
	maximal	*s.* M 162	
M 160	**maximal acid output,** MAO	MAO *f*, maximale Salzsäureausscheidung (Säuresekretion) *f*	élimination *f* acide maximum
	maximal dose	*s.* M 164	
	maximal value	*s.* M 161	
M 161	**maximum,** maximum (maximal) value	Maximum *n*, Maximalwert *m*, Höchstwert *m*	maximum *m*, valeur *f* maximale (de crête)
M 162	**maximum,** maximal	maximal	maximal, maximum
M 163	**maximum activity**	Maximalaktivität *f*	activité *f* maximale
M 164	**maximum dose,** maximal dose	Maximaldosis *f*, Höchstdosis *f*	dose *f* maximale (maximum)
M 165	**maximum reaction rate (velocity)**	maximale Reaktionsgeschwindigkeit *f*	vitesse *f* de réaction maximale
M 166	**maximum thermometer**	Maximumthermometer *n*, Maximalthermometer *n*	thermomètre *m* àmaximum (maxima)
	maximum value	*s.* M 161	
M 167	**May-Gruenwald staining**	May-Grünwald-Färbung *f*	coloration *f* de May-Grünwald
	McClure-Aldrich test	*s.* U 209	
	MCD	*s.* M 169	
	MCF	*s.* M 26, M 28	
	MCH	*s.* M 172	
	MCHC	*s.* M 173	
M 168	**McMaster chamber**	McMaster-Kammer *f*	chambre *f* de McMaster
	MCT	*s.* M 170, M 246	
	MCV	*s.* M 171	
M 169	**mean cell diameter,** mean corpuscular diameter, MCD	mittlerer Zelldurchmesser *m*	diamètre *m* cellulaire moyen
M 170	**mean cellular thickness,** MCT	mittlere Erythrozytendicke *f*	épaisseur *f* érythrocytaire moyenne
M 171	**mean cell volume,** mean corpuscular volume, MCV	mittleres Zellvolumen *n*	volume *m* cellulaire moyen
	mean corpuscular diameter	*s.* M 169	
M 172	**mean corpuscular haemoglobin,** [average erythrocyte] colour coefficient, MCH	Färbekoeffizient *m*, Hämoglobinkoeffizient *m*, mittlerer korpuskulärer Hämoglobingehalt *m*, Hb_E	teneur *f* globulaire moyenne en hémoglobine, TGMH
M 173	**mean corpuscular haemoglobin concentration,** saturation index, MCHC	mittlere korpuskuläre Hämoglobinkonzentration *f*, Sättigungsindex *m* der Erythrozyten, MCHC	concentration *f* corpusculaire moyenne en hémoglobine, CCMH

	mean corpuscular volume	*s.* M 171	
M 174	**mean deviation,** average deviation	mittlere (durchschnittliche) Abweichung *f*	écart-type *m,* écart arithmétique, écart-standard *m* de la moyenne
	mean error	*s.* S 788	
M 175	**mean erythrocyte diameter,** MED	mittlerer Erythrozytendurchmesser *m,* MED	diamètre *m* érythrocytaire moyen
M 176	**mean value,** average [value] mean	Mittelwert *m,* Durchschnittswert *m*	moyenne *f,* valeur *f* moyenne
M 177	**measles antibody**	Masernantikörper *m*	anticorps *m* rougeoleux
M 178	**measles antigen**	Masernantigen *n*	antigène *m* de rougeole
M 179	**measles giant cell,** Warthin-Finkeldey [giant] cell	Masernriesenzelle *f,* Warthin-Finkeldey-Riesenzelle *f*	cellule *f* géante de Warthin-Finkeldey
M 180	**measles virus**	Masernvirus *n*	virus *m* de la rougeole
M 181	**measurability**	Meßbarkeit *f*	mesurabilité *f*
M 182	**measurable**	meßbar	mesurable
M 183	**measure / to**	messen	mesurer
M 184	**measured value**	Meßwert *m*	valeur *f* mesurée (de mesure)
M 185	**measurement,** measuring	Messung *f*, Messen *n*	mesure *f*, mesurage *m*
	measurement accuracy	*s.* M 189	
	measurement method	*s.* M 202	
	measurement of extinction	*s.* E 601	
	measurement precision	*s.* M 189	
	measurement result	*s.* M 210	
M 186	**measure photometrically / to**	photometrieren, photometrisch (im Photometer) messen	mesurer par photométrie (photomètre)
M 187	**measure polarimetrically / to**	polarimetrieren, polarimetrisch (mit dem Polarimeter) messen	mesurer par polarimétrie (polarimètre)
M 188	**measure spectrophotometrically / to**	spektrophotometrieren, spektrophotometrisch (im Spektralphotometer) messen	mesurer par spectrophotométrie (spectrophotomètre)
	measuring	*s.* M 185	
M 189	**measuring accuracy,** measurement accuracy (precision), accuracy of measurement	Meßgenauigkeit *f*	précision *f* de la mesure, précision des mesures
M 190	**measuring amplifier**	Meßverstärker *m*	amplificateur *m* de mesure
	measuring apparatus	*s.* M 198, M 201	
M 191	**measuring burette,** graduated burette	Meßbürette *f*	burette *f* jaugée (graduée)
M 192	**measuring cell**	Meßzelle *f*	cellule *f* de mesure
M 193	**measuring chain**	Meßkette *f*	chaîne *f* de mesure
M 194	**measuring chamber**	Meßkammer *f*	chambre *f* de mesure
M 195	**measuring channel**	Meßkanal *m*	canal *m* de mesure
M 196	**measuring cuvette**	Meßküvette *f*	cuve[tte] *f* de mesure
M 197	**measuring cylinder,** graduated cylinder (measure), measuring glass	Meßzylinder *m*, Meßglas *n*	éprouvette *f* graduée, verre *m* gradué
	measuring data	*s.* M 210	
M 198	**measuring device,** measuring apparatus	Meßvorrichtung *f,* Meßeinrichtung *f*	dispositif (instrument, appareil) *m* de mesure
	measuring device	*s. a.* M 201	
M 199	**measuring electrode**	Meßelektrode *f*	électrode *f* de mesure
M 200	**measuring error,** error of measurement	Meßfehler *m*	erreur *f* de mesure
	measuring flask	*s.* M 215, V 165	
	measuring glass	*s.* M 197	
M 201	**measuring instrument,** measuring device (apparatus)	Meßgerät *n,* Meßapparat *m*, Meßinstrument *n*	instrument (appareil) *m* de mesure
M 202	**measuring method,** measurement method, method of measurement	Meßverfahren *n,* Meßmethode *f*	procédé *m* (méthode *f*) de mesure
M 203	**measuring microscope,** scanning microscope	Meßmikroskop *n*	microscope *m* de mesure
	measuring of temperature	*s.* T 59	
M 204	**measuring pipette,** graduated pipette, scale pipette	Meßpipette *f*	pipette *f* jaugée
M 205	**measuring point**	Meßpunkt *m,* Meßstelle *f*	point *m* expérimental (de mesure)
M 206	**measuring position,** test rack	Meßplatz *m*	poste *m* de mesure
	measuring pot	*s.* M 215	
M 207	**measuring principle,** principle of measurement	Meßprinzip *n*	principe *m* de mesure
M 208	**measuring probe,** test probe	Meßsonde *f*	sonde *f* de mesure
M 209	**measuring range**	Meßbereich *m*	domaine *m* (gamme *f*) de mesure
M 210	**measuring result,** measurement result, measuring data	Meßergebnis *n*	résultat *m* de (d'une) mesure
M 211	**measuring sensitivity**	Meßempfindlichkeit *f*	sensibilité *f* de mesure
	measuring series	*s.* S 262	
M 212	**measuring signal**	Meßsignal *n*	signal *m* de mesure
M 213	**measuring technique**	Meßtechnik *f*	technique *f* de la mesure, technique des mesures
M 214	**measuring time,** time of measurement	Meßzeit *f*	temps *m* de mesure
M 215	**measuring vessel,** measuring flask (pot), graduate	Meßgefäß *n*	burette *f* jaugée, flacon (ballon) *m* jaugé
M 216	**meat extract,** extract of meat	Fleischextrakt *m*	extrait *m* de viande

	English	German	French
	meat-infusion agar	*s.* M 218	
M 217	**meat juice**	Fleischwasser *n*	eau *f* de viande
M 218	**meat-peptone agar,** meat-infusion agar	Fleisch-Pepton-Agar *m*	gélose *f* à viande peptonée
M 219	**mechanical erythrocyte resistance**	mechanische Erythrozytenresistenz *f*	résistance *f* globulaire (érythrocytaire) mécanique
M 220	**mechanise / to**	mechanisieren	mécaniser
M 221	**mechanism**	Mechanismus *m*	mécanisme *m*
M 222	**meconic acid**	Meconsäure *f*, Opiumsäure *f*	acide *m* méconique
M 223	**meconium**	Mekonium *n*, Kindspech *n*, Darmpech *n*	méconium *m*
	MED	*s.* M 175	
M 224	**median [value]**	Medianwert *m*, Median *m*	médiane *f*
M 225	**mediastinal biopsy**	Mediastinalbiopsie *f*	biopsie *f* médiastinale
M 226	**mediator,** transmitter, transmitter substance	Mediator *m*, Mediatorsubstanz *f*, Transmitter *m*, Überträgerstoff *m*, Vermittlerstoff *m*	médiateur *m*, substance *f* médiatrice, transmetteur *m*
M 227	**medical**	medizinisch	médical
	medical	*s. a.* P 452	
M 228	**medical biochemistry**	medizinische Biochemie *f*	biochimie *f* médicale
M 229	**medical care**	medizinische Betreuung *f*	soins *mpl* médicaux
	medical check-up	*s.* C 362, M 235	
M 230	**medical chemistry**	medizinische Chemie *f*	chimie *f* médicale
M 231	**medical claim (demand)**	medizinische Anforderung *f*	exigence (demande) *f* médicale
	medical control	*s.* M 240	
	medical data	*s.* C 606	
	medical drug	*s.* D 780	
M 232	**medical electronics**	medizinische Elektronik *f*	électronique *f* médicale
M 233	**medical engineering**	Medizintechnik *f*	technique *f* médicale
M 234	**medical establishment**	medizinische Einrichtung *f*	établissement *m* médical
M 235	**medical examination,** medical check-up	medizinische (ärztliche) Untersuchung *f*	examen *m* médical
	medical follow-up	*s.* M 240	
M 236	**medical laboratory**	medizinisches Laboratorium *n*	laboratoire *m* médical
M 237	**medical laboratory assistant,** medico-technical laboratory assistant	medizin-technische Laborassistentin *f*, MTLA	laborantine *f* médico-technique
M 238	**medical leech,** Hirudo medicinalis	Medizinischer Blutegel *m*	sangsue *f* médicinale
M 239	**medical microbiology**	medizinische Mikrobiologie *f*	microbiologie *f* médicale
	medical monitoring	*s.* M 240	
M 240	**medical supervision,** medical control (follow-up); medical monitoring	medizinische Überwachung (Kontrolle) *f*	surveillance *f* médicale, contrôle *m* médical
	medicament	*s.* D 780	
M 241	**medicamentous,** medicinal	medikamentös	médicamenteux
M 242	**medicated soap,** medicinal soap	medizinische Seife *f*	savon *m* médical
M 243	**medication**	Medikation *f*	médication *f*
	medicinal	*s.* M 241	
	medicinal soap	*s.* M 242	
M 244	**medicine**	Medizin *f*	médecine *f*
M 245	**medicostatistics**	medizinische Statistik *f*	statistique *f* médicale
	medico-technical laboratory assistant	*s.* M 237	
	Medina worm	*s.* D 750	
M 246	**medium-chain triglyceride,** MCT	mittelkettiges Triglycerid *n*	triglycéride *m* à chaînes moyennes
	medulla	*s.* B 476	
	medullary cell	*s.* M 827	
M 247	**medullo-adrenal hormone,** adrenal medullary hormone	Nebennierenmarkhormon *n*, NNM-Hormon *n*	hormone *f* médullo-surrénal[lienn]e
	medulloculture	*s.* B 478	
	megagamete	*s.* M 8	
M 248	**megakaryoblast,** megalokaryoblast	Mega[lo]karyoblast *m*	méga[lo]caryoblaste *m*
M 249	**megakaryocyte,** megalokaryocyte, thromboblast	Mega[lo]karyozyt *m*, Thromboblast *m*, Knochenmarkriesenzelle *f*	méga[lo]caryocyte *m*, cellule *f* géante de la moelle osseuse, thromboblaste *m*
M 250	**megaloblast**	Megaloblast *m*	mégaloblaste *m*
M 251	**megalocyte**	Megalozyt *m*	mégalocyte *m*
	megalokaryoblast	*s.* M 248	
	megalokaryocyte	*s.* M 249	
M 252	**Meinicke's [clearing] reaction, Meinicke's clearing test**	Meinicke-Klärungsreaktion *f*, MKR	réaction *f* de Meinicke
M 253	**Meinicke's turbidity test**	Meinicke-Trübungsreaktion *f*, MTR	réaction *f* de floculation de Meinicke
M 254	**melanin,** melanotic pigment	Melanin *n*	mélanine *f*
M 255	**melanoblast**	Melanoblast *m*	mélanoblaste *m*
M 256	**melanocyte**	Melanozyt *m*	mélanocyte *m*
	melanocyte-stimulating hormone	*s.* M 264	
	melanocyte-stimulating hormone release-inhibiting factor	*s.* M 263	
	melanocyte-stimulating hormone release-inhibiting hormone	*s.* M 263	
	melanocyte-stimulating hormone-releasing factor	*s.* M 259	

	melanocyte-stimulating hormone-releasing hormone	*s.* M 259	
M 257	**melanoflocculation,** Henry's [melanoflocculation] test	Melanoflokkulation *f,* Henry-Reaktion *f*	réaction *f* de floculation de mélanine, réaction de Henry
M 258	**melanogen**	Melanogen *n*	mélanogène *m*
M 259	**melanoliberin,** melanotropin-releasing hormone (factor), melanocyte-stimulating hormone-releasing hormone (factor), MSH-RH, MSH-RF	Melanoliberin *n,* Melanotropin-Releasinghormon *n,* Melanotropin-Releasingfaktor *m,* MSH-RH, MSH-RF	hormone *f* (facteur *m*) de libération de l'hormone mélanostimulante, MSH-RF, MSH-RH
M 260	**melanoma cell**	Melanomzelle *f*	cellule *f* de mélanine
M 261	**melanophage**	Melanophage *m,* Melaninfreßzelle *f*	mélanophage *m*
M 262	**melanophore**	Melanophor *m*	mélanophore *m*
	melanophoric hormone	*s.* M 264	
M 263	**melanostatin,** melanotropin release-inhibiting hormone (factor), melanocyte-stimulating hormone release-inhibiting hormone (factor), MSH-RIH, MSH-RIF	Melanostatin *n,* melanotropinfreisetzungshemmendes Hormon *n,* melanotropinfreisetzungshemmender Faktor *m,* MSH-RIH, MSH-RIF	facteur *m* d'inhibition de la libération de l'hormone mélanostimulante, MSH-RIF
	melanotic pigment	*s.* M 254	
	melanotropic hormone	*s.* M 264	
M 264	**melanotropin,** melanocyte-stimulating hormone, melanotropic (melanophoric) hormone, MSH	Melanotropin *n,* melanozytenstimulierendes (melanotropes) Hormon *n,* Melanophorenhormon *n,* MSH	mélanotropine *f,* hormone *f* mélanotrope (mélanostimulante, mélanocytostimulante, mélanophorodilatrice)
	melanotropin release-inhibiting factor	*s.* M 263	
	melanotropin release-inhibiting hormone	*s.* M 263	
	melanotropin-releasing factor	*s.* M 259	
	melanotropin-releasing hormone	*s.* M 259	
M 265	**melatonin**	Melatonin *n*	méla[no]tonine *f*
	melibiase	*s.* G 19	
M 266	**melibiose**	Melibiose *f*	mélibiose *f*
	melitose	*s.* R 99	
	melitriose	*s.* R 99	
M 267	**melt / to**	schmelzen	fondre
M 268	**melt[ing]**	Schmelzen *n*	fusion *f,* fonte *f*
M 269	**melting crucible**	Schmelztiegel *m*	creuset *m* de fonderie
M 270	**melting point (temperature)**	Schmelzpunkt *m,* Schmelztemperatur *f*	point *m* (température *f*) de fusion
M 271	**membrane,** diaphragm *(dialysis)*	Membran *f,* Diaphragma *n*	membrane *f,* diaphragme *m*
M 272	**membrane antigen,** membrane-bound antigen	Membranantigen *n,* membrangebundenes Antigen *n*	antigène *m* de (lié à la) membrane
M 273	**membrane-bound**	membrangebunden	lié à la membrane
	membrane-bound antigen	*s.* M 272	
M 274	**membrane-bound enzyme**	Membranenzym *n*	enzyme *m* membranaire
M 275	**membrane chromatography**	Membranchromatographie *f*	chromatographie *f* sur membrane
M 276	**membrane culture**	Membrankultur *f*	culture *f* de membrane
M 277	**membrane electrode**	Membranelektrode *f*	électrode *f* à membrane
M 278	**membrane filter**	Membranfilter *n*	filtre *m* a`membrane, filtre membraneux
M 279	**membrane fraction**	Membranfraktion *f*	fraction *f* membranaire
M 280	**membrane gel**	Membrangel *n*	gel *m* membranaire
M 281	**membrane gradient**	Membrangradient *m*	gradient *m* membranaire
M 282	**membrane permeability**	Membranpermeabilität *f*	perméabilité *f* de [la] membrane
M 283	**membrane potential**	Membranpotential *n*	potentiel *m* de membrane
M 284	**membrane structure**	Membranstruktur *f*	structure *f* de membrane
M 285	**membranoid, membranous**	membranartig, membranös	membraneux
M 286	**menadiol,** vitamin K_4	Menadiol *n,* Vitamin *n* K_4	menadiol *m,* vitamine *f* K_4, ménaphosulfate *m* de sodium
M 287	**menadione,** vitamin K_3	Menadion *n,* Vitamin *n* K_3	menadione *f,* vitamine *f* K_3
M 288	**menaquinone,** vitamin K_2	Menachinon *n,* Vitamin *n* K_2	menaquinone *f,* vitamine *f* K_2
M 289	**Menghini's needle**	Menghini-Nadel *f*	aiguille *f* de Menghini
	meniscocyte	*s.* D 753	
M 290	**meniscus**	Meniskus *m*	ménisque *m*
	menopausal gonadotropin	*s.* H 443	
M 291	**menopause**	Menopause *f*	ménopause *f*
	menotropin	*s.* H 443	
	menses	*s.* M 294	
M 292	**menstrual blood,** menstruate	Menstrualblut *n*	sang *m* menstruel
M 293	**menstrual cycle**	Menstruationszyklus *m*	cycle *m* menstruel
	menstruate	*s.* M 292	
M 294	**menstruation,** menses, period, monthly sickness	Menstruation *f,* Monatsblutung *f,* Regelblutung *f,* Periode *f,* Menses *pl*	menstruation *f,* menstrues *fpl,* règles *fpl,* ménorrhée *f,* flux *m* menstruel (cataménial)
	mensuration analysis	*s.* T 394	
M 295	**meopterin**	Meopterin *n*	méoptérine *f*
	meq	*s.* M 569	
M 296	**mercaptan,** thioalcohol, thiol	Mercaptan *n,* Thioalkohol *m,* Thiol *n*	mercaptan *m,* thioalcool *m,* thiol *m*
M 297	**mercaptoacetate**	Mercaptoacetat *n*	mercaptoacétate *m*
	mercaptoacetic acid	*s.* T 224	
	o-**mercaptobenzoic acid**	*s.* T 233	

M 298	**mercaptoethanol**	Mercaptoethanol *n*	mercaptoéthanol *m*
M 299	**mercaptoimidazole**	Mercaptoimidazol *n*	mercaptoimidazole *m*
M 300	**mercaptopurine**	Mercaptopurin *n*	mercaptopurine *f*
	mercurial manometer	*s.* M 306	
	mercuric iodide	*s.* M 305	
	mercuric oxide	*s.* M 308	
M 301	**mercurimetric**	merkurimetrisch	mercurimétrique
M 302	**mercurimetry**	Merkurimetrie *f*	mercurimétrie *f*
	mercurous chloride	*s.* C 62	
	mercurous nitrate	*s.* M 307	
M 303	**mercury,** Hg	Quecksilber *n,* Hg	mercure *m,* Hg
	mercury(I) chloride	*s.* C 62	
M 304	**mercury column,** column of mercury	Quecksilbersäule *f*	colonne *f* de mercure
	mercury gauge	*s.* M 306	
M 305	**mercury(II) iodide,** mercuric iodide	Quecksilber(II)-iodid *n*	iodure *m* mercurique
M 306	**mercury manometer,** mercurial manometer, mercury gauge	Quecksilbermanometer *n*	manomètre *m* à mercure
M 307	**mercury(I) nitrate,** mercurous nitrate	Quecksilber(I)-nitrat *n*	nitrate *m* mercureux
M 308	**mercury(II) oxide,** mercuric oxide	Quecksilber(II)-oxid *n*	oxyde *m* mercurique, oxyde *m* [rouge] de mercure
M 309	**mercury thermometer**	Quecksilberthermometer *n*	thermomètre *m* à mercure
M 310	**mercury vapour lamp**	Quecksilber[dampf]lampe *f,* Quecksilber-Bogenlampe *f*	lampe *f* àvapeur de mercure
M 311	**merozoite**	Merozoit *m*	mérozoïte *m*
	merthiolate iodine formaldehyde concentration method	*s.* M 556	
M 312	**mescaline**	Mescalin *n*	mescaline *f*
	mesenchymal cell	*s.* M 313	
M 313	**mesenchyme cell,** mesenchymal cell, mesenchymocyte	Mesenchymzelle *f*	cellule *f* mésenchymateuse
	mesenchymocyte	*s.* M 313	
M 314	**mesobilifuscin**	Mesobilifuszin *n*	mésobilifuscine *f*
M 315	**mesobilin**	Mesobilin *n*	mésobiline *f*
M 316	**mesobilinogen**	Mesobilinogen *n*	mésobilinogène *m*
M 317	**mesobilirubin**	Mesobilirubin *n*	mésobilirubine *f*
M 318	**mesobilirubinogen**	Mesobilirubinogen *n*	mésobilirubinogène *m*
M 319	**mesobiliviolin**	Mesobiliviolin *n*	mésobilivioline *f*
M 320	**mesobiliviolin test**	Mesobiliviolinprobe *f*	épreuve *f* de mésobilivioline
	meso-inositol	*s.* I 316	
M 321	**mesomerism**	Mesomerie *f*	mésomérie *f*
	mesomerism	*s. a.* R 336	
M 322	**mesophilic**	mesophil	mésophile
M 323	**mesoporphyrin**	Mesoporphyrin *n*	mésoporphyrine *f*
M 324	**mesothelial cell, mesotheliocyte**	Mesothelzelle *f*, Mesotheliozyt *m*	cellule *f* mésothéliale, mésothéliocyte *m*
M 325	**messenger ribonucleic acid, messenger RNA,** mRNA	Messenger-Ribonucleinsäure *f,* Messenger-RNA *f*, Boten-RNA *f*, mRNA	ARN messager *m*, RNA messager *m,* RNA-messager *m*, m-RNA
	Met	*s.* M 369	
M 326	**metabolic**	metabolisch	métabolique
	metabolic balance	*s.* M 328	
M 327	**metabolic enzyme**	Stoffwechselenzym *n*	enzyme *m* métabolique
M 328	**metabolic equilibrium,** metabolic balance	Stoffwechselgleichgewicht *n*	équilibre *m* métabolique
	metabolic product	*s.* M 333	
M 329	**metabolic reaction**	Stoffwechselreaktion *f*	réaction *f* métabolique
M 330	**metabolimeter,** basal metabolism apparatus	Grundumsatzmeßgerät *n,* Metabolometer *n*	appareil *m* pour examen du métabolisme basal, appareil pour déterminer le métabolisme basal, métabolimètre *m*
M 331	**metabolimetry,** determination of the basal metabolic rate	Grundumsatzbestimmung *f,* Metabolimetrie *f*	détermination *f* du métabolisme basal, métabolimétrie *f*
M 332	**metabolism**	Stoffwechsel *m,* Metabolismus *m*	métabolisme *m*
M 333	**metabolite,** metabolic product	Metabolit *m*, Stoffwechselprodukt *n*	métabolite *m,* produit *m* de métabolisme
M 334	**metacercarian**	Metazerkarie *f*	métacercaire *f*
M 335	**metachromasia,** metachromia, metachromatism	Metachromasie *f,* Metachromie *f*	métachromasie *f*, métachromatisme *m*
M 336	**metachromatic,** metachromic	metachromatisch	métachromatique
M 337	**metachromatic activity**	metachromatische Aktivität *f*	activité *f* métachromatique
M 338	**metachromatic index**	metachromatischer Index *m*	indice *m* métachromatique
M 339	**metachromatine**	Metachromatin *n*	métachromatine *f*
	metachromatism	*s.* M 335	
M 340	**metachromatophilic**	metachromatophil	métachromatophile
	metachromia	*s.* M 335	
	metachromic	*s.* M 336	

No.	English	German	French
M 341	**metadysenteric shigella,** Shigella sonnei	Kruse-Sonne-Bacterium *n*, Metadysenteriebakterie *f*, F-Ruhrbakterie *f*	Bacterium sonnei, Shigella [paradysenteriae] sonnei, bacille *m* pseudodysentérique type E, Castellanus Kruse-castellani
	Metagonimus	*s.* H 257	
M 342	**metal**	Metall *n*	métal *m*
	metalbumin	*s.* M 744	
M 343	**metaldeyhde**	Metaldehyd *m*, Meta	métaldéhyde *m*
M 344	**metal electrode,** metallic electrode	Metallelektrode *f*	électrode *f* métallique
	metal enzyme	*s.* M 350	
M 345	**metal-enzyme complex**	Metall-Enzym-Komplex *m*	complexe *m* métal-enzyme
M 346	**metal foil**	Metallfolie *f*	feuille *f* métallique
M 347	**metal ion,** metallic ion	Metallion *n*	ion *m* métallique
M 348	**metallergen**	Metallergen *n*	métallergène *m*
	metallic electrode	*s.* M 344	
	metallic ion	*s.* M 347	
M 349	**metallic vessel**	Metallgefäß *n*	vase *m* métallique
M 350	**metalloenzyme,** metal enzyme	Metallenzym *n*, Metalloenzym *n*	enyzme *m* métallique, métalloenzyme *m(f)*
M 351	**metalloflavoprotein**	Metallflavoprotein *n*	métalloflavoprotéine *f*
M 352	**metalloporphyrin**	Metallporphyrin *n*	métalloporphyrine *f*
M 353	**metalloprotease**	Metallprotease *f*, Metalloprotease *f*	métalloprotéase *f*
M 354	**metalloprotein**	Metall[o]protein *n*	métalloprotéine *f*
M 355	**metallothioneine**	Metall[o]thionein *n*	métallothionéine *f*
M 356	**metamyelocyte,** juvenile cell	Metamyelozyt *m*	métamyélocyte *m*
M 357	**metanephrine**	Metanephrin *n*	métanéphrine *f*, méthyladrénaline *f*
M 358	**metaniline yellow,** tropaeolin G	Metanilgelb *n*, Tropäolin *n* G	jaune *m* de métanile, tropéoline *f* G, tropæoline *f* G
M 359	**metaplasm**	Metaplasma *n*	métaplasma *m*
M 360	**metathrombin**	Metathrombin *n*	métathrombine *f*
	metazoan	*s.* M 361	
M 361	**metazoon,** metazoan	Metazoon *n*	métazoaire *m*
	metering	*s.* D 716	
	metering apparatus	*s.* D 723	
	metering pump	*s.* D 724	
M 362	**methacrylate**	Methacrylat *n*	méthacrylate *m*
	methaemoglobin	*s.* H 35	
M 363	**methaemo[globino]meter**	Methämoglobinometer *n*, Methämometer *n*	méthémoglobinomètre *m*, méthémomètre *m*
M 364	**methamphetamine,** deoxyephedrine	Methamphetamin *n*, Desoxyephedrin *n*	méthamphétamine *f*, désoxyéphédrine *f*, chlorure *m* de méthamphétamine
	methanal	*s.* F 323	
M 365	**methane**	Methan *n*, Grubengas *n*, Sumpfgas *n*	méthane *m*, gaz *m* des marais, formène *m*, grisau *m*
	methane dicarboxylic acid	*s.* M 85	
	methanoic acid	*s.* F 331	
M 366	**methanol,** methylalcohol	Methanol *n*, Methylalkohol *m*	méthanol *m*, alcool *m* méthylique
M 367	**methanthiol,** methylmercaptan	Methanthiol *n*, Methylmercaptan *n*	mercaptan *m* méthylique, méthylmercaptan *m*
M 368	**methaqualone**	Methaqualon *n*	méthaqualone *m*
	methylated spirit	*s.* D 138	
M 369	**methionine,** α-amino-γ-methylthiobutyric acid, Met	Methionin *n*, α-Amino-γ-methylthiobuttersäure *f*, Met	méthionine *f*, acide *m* α-amino-γ-méthylthiobutyrique, Met
M 370	**methionine adenosyltransferase**	Methioninadenosyltransferase *f*	méthionine-adényltransférase *f*
M 371	**methionine racemase**	Methioninracemase *f*	méthionine-racémase *f*
M 372	**method,** procedure, technique	Methode *f*, Verfahren *n*	méthode *f*, procédé*m*, technique *f*
M 373	**method comparison**	Methodenvergleich *m*	comparaison *f* des méthodes
M 374	**methodic[al]**	methodisch	méthodique
M 375	**methodical instruction**	Methodenvorschrift *f*	prescription *f* de méthodes
M 376	**methodical sensitivity**	methodische Empfindlichkeit *f*	sensibilité *f* méthodique
M 377	**methodical specificity**	methodische Spezifität *f*	spécificité *f* méthodique
	method of application	*s.* M 630	
M 378	**method of choice**	Methode *f* der Wahl	méthode *f* de choix
	method of determination	*s.* D 255	
	method of examination	*s.* T 94	
	method of measurement	*s.* M 202	
M 379	**method of provocation**	Provokationsmethode *f*	méthode *f* de provocation
	method of silver staining	*s.* S 402	
	method of sterilisation	*s.* S 871	
M 380	**methotrexate,** amethopterin	Methotrexat *n*, Amethopterin *n*	méthotrexate *m*, améthoptérine *m*, méthylaminoptérine *m*
	methoxybenzene	*s.* A 803	
M 381	**3-methoxy-4-hydroxybenzoic acid,** vanillic acid, VA	3-Methoxy-4-hydroxybenzoesäure *f*, Vanillinsäure *f*	acide *m* 4-hydroxy-3-méthoxybenzoïque, acide vanillique
M 382	**3-methoxy-4-hydroxymandelic acid,** vanilylmandelic acid, VMA	3-Methoxy-4-hydroxymandelsäure *f*, Vanillinmandelsäure *f*, VMS	acide *m* 3-méthoxy-4-hydroxymandélique, acide vanillylmandélique, acide hydroxy-4-méthoxy-3-mandélique
	3-methoxy-4-hydroxyphenylacetic acid	*s.* H 401	

M 383	**methylacetate**	Methylacetat *n*, Essigsäuremethylester *m*	acétate *m* de méthyle, éther *m* méthylacétique
M 384	**methyladenine**	Methyladenin *n*	méthyladénine *f*
M 385	**β-methyladipic acid**	β-Methyladipinsäure *f*	acide *m* β-méthyladipique
	methylalcohol	*s.* M 366	
M 386	**methylamine**	Methylamin *n*	méthylamine *f*
	methylaminoacetic acid	*s.* S 77	
	methylaniline	*s.* T 411	
M 387	**methylarginine**	Methylarginin *n*	méthylarginine *m*
M 388	**methylate / to**	methylieren	méthyler
	methylate / to	*s. a.* D 136	
M 389	**methylate**	Methylat *n*	méthylate *m*
M 390	**methylated**	methyliert	méthylé
M 391	**methylation**	Methylierung *f*, Methylieren *n*	méthylation *f*
	methylbenzene	*s.* T 410	
M 392	**methylbenzoate**	Benzoesäuremethylester *m*, Methylbenzoat *n*	benzoate *m* de méthyle
	methylbutyrase	*s.* C 135	
M 393	**methylchloride,** chloromethane, monochlormethane	Methylchlorid *n*, Chlormethan *n*, Monochlormethan *n*	chlorure *m* de méthyle, chlorométhane *m*, méthane *m* monochloré
M 394	**methylcitrate**	Methylcitrat *n*	citrate *m* de méthyle
M 395	**3-methylcrotonyl-CoA-carboxylase**	3-Methylcrotonyl-CoA-carboxylase *f*	3-méthylcrotonyl-CoA-carboxylase *f*
M 396	**methylene**	Methylen *n*	méthylène *m*
M 397	**methylene blue**	Methylenblau *n*	bleu *m* de méthylène
	methylene-blue reductase fermentation test	*s.* R 224	
M 398	**methylene blue staining,** staining with methylene blue	Methylenblaufärbung *f*	coloration *f* au bleu de méthylène
M 399	**methylene blue test**	Methylenblauprobe *f*, Methylenblaureduktionsprobe *f*	test *m* de réduction de bleu de méthylène
	methylene chloride	*s.* D 343	
M 400	**methylene violet**	Methylenviolett *n*	violet *m* de méthylène
M 401	**methylglutaconyl-CoA-hydratase**	Methylglutaconyl-CoA-hydratase *f*	méthylglutaconyl-CoA-hydratase *f*
M 402	**methylglutaric acid**	Methylglutarsäure *f*	acide *m* méthylglutarique
	methylglycocyamine	*s.* C 1087	
M 403	**methylglyoxal,** pyruvic aldehyde	Methylglyoxal *n*, Brenztraubensäurealdehyd *m*	méthylglyoxal *m*, acétylformaldéhyde *m*, pyruvaldéhyde *m*, aldéhyde *m* pyruvique
	methylglyoxalase	*s.* L 69	
M 404	**methyl green**	Methylgrün *n*	vert *m* de méthylène
	methylphenylether	*s.* A 803	
	5-methylresorcinol	*s.* O 92	
M 405	**methylguanidine**	Methylguanidin *n*	méthylguanidine *f*
M 406	**methylhistamine**	Methylhistamin *n*	méthylhistamine *f*
M 407	**methylhistidine**	Methylhistidin *n*	méthylhistidine *f*
	3-methylindole	*s.* S 430	
M 408	**methylkallidin**	Methylkallidin *n*	méthylkallidine *f*
M 409	**methyllysine**	Methyllysin *n*	méthyllysine *f*
M 410	**methylmalonate**	Methylmalonat *n*	méthylmalonate *m*
M 411	**methylmalonic acid**	Methylmalonsäure *f*	acide *m* méthylmalonique
	methylmalonyl-CoA	*s.* M 414	
M 412	**methylmalonyl-CoA-mutase**	Methylmalonyl-CoA-mutase *f*	méthylmalonyl-CoA-mutase *f*
M 413	**methylmalonyl-CoA-racemase**	Methylmalonyl-CoA-racemase *f*	méthylmalonyl-CoA-racémase *f*
M 414	**methylmalonyl coenzyme A,** methylmalonyl-CoA	Methylmalonyl-Coenzym *n* A, Methylmalonyl-CoA *n*	méthylmalonyl-coenzyme *m* A, méthylmalonyl-CoA *m*
	methylmercaptan	*s.* M 367	
M 415	**methylmethacrylate**	Methylmethacrylat *n*	méthylméthacrylate *m*
	methylmorphine	*s.* C 693	
M 416	**methylnicotinamide**	Methylnicotinamid *n*	méthylnicotinamide *m*
M 417	**methyl orange,** tropaeolin D	Methylorange *n*, Tropäolin *n* D	méthyl-orange *m*, hélianthine *f*, tropéoline *f* D, tropæoline *f* D
M 418	**methylpentose**	Methylpentose *f*	méthylpentose *m*
	methylphenol	*s.* C 1096	
M 419	**methylpropionate**	Methylpropionat *n*	méthylpropionate *m*
M 420	**methylpurine**	Methylpurin *n*	méthylpurine *f*
M 421	**methyl red**	Methylrot *n*	rouge *m* de méthyle
M 422	**methylsalicylate**	Methylsalicylat *n*	salicylate *m* de méthyle
M 423	**methyltestosterone**	Methyltestosteron *n*	méthyltestostérone *f*
M 424	**methylthiouracil**	Methylthiouracil *n*	méthylthiouracile *m*
M 425	**methylthymol blue**	Methylthymolblau *n*	bleu *m* de méthylthymol
M 426	**methyltransferase,** transmethylase	Methyltransferase *f*, Transmethylase *f*	méthyltransférase *f*, transméthylase *f*
M 427	**methylumbelliferone**	Methylumbelliferon *n*	méthylumbelliférone *f*
M 428	**methyl violet**	Methylviolett *n*	violet *m* de méthyle
	methyl violet B	*s.* G 162	
M 429	**methylxanthine**	Methylxanthin *n*	méthylxanthine *f*
	methyl yellow	*s.* D 487	
M 430	**metmyoglobin**	Metmyoglobin *n*	méthylmyoglobine *f*
M 431	**metopirone test**	Metopirontest *m*, Metapyrontest *m*	test *m* à la métopirone (métopyrone)

M 432	**metre,** m	Meter *n* (*m*)	mètre *m*, m
M 433	**metrical system**	metrisches System *n*	système *m* métrique
M 434	**metrical test**	metrischer Test *m*	test *m* métrique
M 435	**mevalonate**	Mevalonat *n*	mévalonate *m*
M 436	**mevalonic acid**	Mevalonsäure *f*	acide *m* mévalonique
	Mg	*s.* M 40	
	mg	*s.* M 570	
M 437	**micelle**	Micelle *f*	micelle *f*
M 438	**Michaelis' buffer**	Michaelis-Puffer *m*	tampon *m* de Michaelis
M 439	**Michaelis' constant,** K_m value	Michaelis-[Menten-]Konstante *f*	constante *f* de Michaelis, valeur *f* K_m
M 440	**Michaelis-Gutmann body**	Michaelis-Gutmann-Körper *m*	corps *m* de Michaelis-Gutmann
M 441	**Michaelis-Menten equation**	Michaelis-Menten-Gleichung *f*	équation *f* de Michaelis-Menten
M 442	**Michaelis-Menten theory**	Michaelis-Menten-Theorie *f*	théorie *f* de Michaelis-Menten
M 443	**microanalyser**	Mikroanalysator *m*, Mikroanalysegerät *n*	microanalyseur *m*
M 444	**microanalysis**	Mikroanalyse *f*	microanalyse *f*
M 445	**microanalytical**	mikroanalytisch	microanalytique
	microanalytical balance	*s.* M 448	
M 446	**microanalytical modification**	Mikromodifikation *f*	micromodification *f*
	microanalytical titration	*s.* M 546	
M 447	**microbacterium**	Mikrobakterie *f*	microbactérie *f*
M 448	**microbalance,** microchemical (microanalytical) balance	Mikrowaage *f*, Mikroanalysenwaage *f*	microbalance *f*, balance *f* microanalytique
	microbe	*s.* M 513	
M 449	**microbe staining,** microorganism staining	Mikrobenfärbung *f*	coloration *f* des microbes (micro-organismes)
M 450	**microbial,** microbic	mikrobiell	microbien
	microbial content	*s.* G 167	
	microbic	*s.* M 450	
	microbioassay	*s.* M 452	
	microbiologic	*s.* M 451	
M 451	**microbiological,** microbiologic	mikrobiologisch	microbiologique
M 452	**microbiological assay,** microbioassay	mikrobiologischer Test *m*	épreuve *f* (essai *m*) microbiologique
M 453	**microbiological diagnostics**	mikrobiologische Diagnostik *f*	diagnostic *m* microbiologique
M 454	**microbiological laboratory**	mikrobiologisches Labor *n*	laboratoire *m* microbiologique
M 455	**microbiological method**	mikrobiologische Methode *f*, mikrobiologisches Verfahren *n*	méthode *f* (procédé *m*) microbiologique
M 456	**microbiologist**	Mikrobiologe *m*	microbiologiste *m*
M 457	**microbiology**	Mikrobiologie *f*	microbiologie *f*
M 458	**microblast,** microerythroblast	Mikro[erythro]blast *m*	micro[erythro]blaste *m*
M 459	**microburette**	Mikrobürette *f*	microburette *f*
M 460	**microcalorimeter**	Mikrokalorimeter *n*	microcalorimètre *m*
M 461	**microcalorimetric**	mikrokalorimetrisch	microcalorimétrique
M 462	**microcalorimetry**	Mikrokalorimetrie *f*	microcalorimétrie *f*
	micro cell	*s.* M 475	
M 463	**microcentrifuge**	Mikrozentrifuge *f*	microcentrifugeuse *f*
M 464	**microchemical**	mikrochemisch	microchimique
	microchemical balance	*s.* M 448	
M 465	**microchemical method**	mikrochemische Methode *f*	méthode *f* microchimique
M 466	**microchemistry**	Mikrochemie *f*	microchimie *f*
M 467	**microchromatography**	Mikrochromatographie *f*	microchromatographie *f*
M 468	**Micrococcus**	Mikrokokke *f*	microcoque *m*
	Micrococcus aureus	*s.* S 806	
	Micrococcus catarrhalis	*s.* N 58b	
M 469	**microcolony**	Mikrokolonie *f*	microcolonie *f*
M 470	**microcolumn chromatography**	Mikrosäulenchromatographie *f*	chromatographie *f* sur microcolonne
M 471	**microcomputer**	Mikrorechner *m*	micro-ordinateur *m*, microcalculateur *m*
M 472	**microconcentration,** trace concentration	Mikrokonzentration *f*, Spurenkonzentration *f*	microconcentration *f*, concentration *f* de trace
M 473	**microcrystalline**	mikrokristallin	microcristallin
M 474	**microculture**	Mikrokultur *f*	microculture *f*
M 475	**microcuvette,** micro cell	Mikroküvette *f*	microcuve[tte] *f*
M 476	**microcyte,** microerythrocyte	Mikro[erythro]zyt *m*	micro[érythro]cyte *m*
M 477	**microdensitometer**	Mikrodensitometer *n*, Mikrodichtemesser *m*	microdensitomètre *m*
M 478	**microdermatome**	Mikrodermatom *n*	microdermatome *m*
M 479	**microdetermination**	Mikrobestimmung *f*	microdétermination *f*
M 480	**microdiffusion**	Mikrodiffusion *f*	microdiffusion *f*
M 481	**microdistillation**	Mikrodestillation *f*	microdistillation *f*
M 482	**microdosage**	Mikrodosierung *f*	microdosage *m*
M 483	**microdosage device**	Mikrodosiergerät *n*	microdoseur *m*
M 484	**microelectrode**	Mikroelektrode *f*	microélectrode *f*
M 485	**microelectrophoresis**	Mikroelektrophorese *f*	microélectrophorèse *f*
	microelement	*s.* T 464	
	microerythroblast	*s.* M 458	
	microerythrocyte	*s.* M 476	
M 486	**Microfilaria**	Mikrofilarie *f*	microfilaire *f*
M 487	**microfilter**	Mikrofilter *n*	microfiltre *m*
M 488	**microfiltration**	Mikrofiltration *f*, Mikrofiltrierung *f*	microfiltration *f*

M 489	**microflora**	Mikroflora *f*	microflore *f*
M 490	**microfluorimetry**	Mikrofluorimetrie *f*	microfluorimétrie *f*
M 491	**microgamete**	Mikrogamet *m*	microgamète *m*
M 492	**microgametocyte**	Mikrogametozyt *m*	microgamétocyte *m*
M 493	**microgliocyte**	Mikrogliazelle *f*, Mikrogliozyt *m*	microgliacyte *m*, microgliocyte *m*, cellule *f* de Hortega
M 494	**microglobulin**	Mikroglobulin *n*	microglobuline *f*
M 495	**microgram range**	Mikrogrammbereich *m*	domaine *m* de microgramme
M 496	**microhaemagglutination**	Mikrohämagglutination *f*	microhémagglutination *f*
M 497	**microhaemagglutination test**	Mikrohämagglutinationstest *m*	test *m* de microhémagglutination
M 498	**microhaematocrit**	Mikrohämatokrit *m*	microhématocrite *m*
	microionophoresis	*s.* M 499	
M 499	**microiontophoresis,** microionophoresis	Mikroiontophorese *f*	microiontophorèse *f*
M 500	**microleucoblast**	Mikroleukoblast *m*	microleucoblaste *m*
M 501	**microlitre analysis,** ultramicroanalysis	Mikrolitertechnik *f*, Ultramikroanalyse *f*	ultramicroanalyse *f*
	microlitre syringe	*s.* M 545	
M 502	**micromanometer**	Mikromanometer *n*	micromanomètre *m*
M 503	**micrometer**	Mikrometer *n*	micromètre *m*
	micrometer caliper	*s.* M 504	
M 504	**micrometer screw,** micrometer caliper, caliper	Mikrometerschraube *f*	vis *f* micrométrique, palmer *m*
M 505	**micromethod**	Mikromethode *f*	microméthode *f*
M 506	**micrometry**	Mikrometrie *f*	micrométrie *f*
M 507	**micromolecular**	mikromolekular	micromoléculaire
M 508	**micromolecule**	Mikromolekül *n*	micromolécule *f*
M 509	**micromyeloblast**	Mikromyeloblast *m*	micromyéloblaste *m*
M 510	**micromyelocyte**	Mikromyelozyt *m*	micromyélocyte *m*
M 511	**microneedle**	Mikronadel *f*	micro-aiguille *f*
M 512	**microocular**	Mikrookular *n*	micro-oculaire *m*, oculaire *m* de microscope
M 513	**microorganism,** microbe	Mikroorganismus *m*, Mikrobe *f*	micro-organisme *m*, microbe *m*
	microorganism staining	*s.* M 449	
M 514	**microparaprotein**	Mikroparaprotein *n*	microparaprotéine *f*
M 515	**microparasite**	Mikroparasit *m*	microparasite *m*
M 516	**microphage**	Mikrophag[e] *m*, kleine Freßzelle *f*	microphage *m*
M 517	**micropipette**	Mikropipette *f*	micropipette *f*
M 518	**micropipetting unit**	Mikropipettiergerät *n*	dispositif *m* pour micropipetter
M 519	**microplanocyte**	Mikroplanozyt *m*	microplanocyte *m*
	microporous	*s.* F 168	
M 520	**microprecipitation**	Mikropräzipitaton *f*	microprécipitation *f*
M 521	**micropreparation**	Mikropräparierung *f*, Mikropräparation *f*	micropréparation *f*
M 522	**micropreparative chromatography**	mikropräparative Chromatographie *f*	chromatographie *f* [à l'échelle] micropréparative
M 523	**microprocessor-controlled chromatograph**	mikroprozessorgesteuerter Chromatograph *m*	chromatographe *m* à commande par microprocesseur
M 524	**micropump**	Mikropumpe *f*	micropompe *f*
M 525	**micropuncture**	Mikropunktion *f*	microponction *f*
M 526	**microscope / to,** to examine under the microscope	mikroskopieren	étudier (examiner) au microscope
M 527	**microscope**	Mikroskop *n*	microscope *m*
	microscope slide	*s.* S 443	
M 528	**microscope stage**	Objekttisch *m*	platine *f*, porte-objet *m*
M 529	**microscopic, microscopical**	mikroskopisch	microscopique
M 530	**microscopic examination**	mikroskopische Untersuchung *f*	examen *m* microscopique
	microscopic needle	*s.* D 621	
M 531	**microscopic preparation**	mikroskopisches Präparat *n*	préparation *f* microscopique
	microscopic slide	*s.* S 443	
M 532	**microscopy**	Mikroskopie *f*	microscopie *f*
M 533	**microscopy findings**	mikroskopischer Befund *m*	résultat *m* de l'examen microscopique
	microscopy needle	*s.* S 465	
M 534	**microsection,** thin section	Dünnschliff *m*	lame (coupe) *f* mince
M 535	**microsomal**	mikrosomal	microsomal, microsomique
M 536	**microsomal antibody**	mikrosomaler Antikörper *m*	anticorps *m* microsomal
M 537	**microsomal antigen**	mikrosomales Antigen *n*	antigène *m* microsomal
M 538	**microsomal enzyme**	mikrosomales Enzym *n*	enzyme *m* microsomal
M 539	**microsomal fraction**	Mikrosomenfraktion *f*	fraction *f* microsomale
M 540	**microsome,** plasmosome	Mikrosom *n*, Plasmosom *n*	microsome *m*, plasmosome *m*
M 541	**microspectroscope**	Mikrospektroskop *n*	microspectroscope *m*
M 542	**microspherocyte**	Mikrosphärozyt *m*	microsphérocyte *m*
M 543	**Microsporon, Microsporum**	Microsporon *n*, Microsporum *n*	Microsporon *m*, microsporon *m*
M 544	**microstructure,** fine structure	Mikrostruktur *f*, Feinstruktur *f*	microstructure *f*, structure *f* fine
M 545	**microsyringe,** microvolume (microlitre) syringe	Mikroliterspritze *f*, Mikrospritze *f*	seringue *f* micrométrique, microseringue *f*
M 546	**microtitration,** microanalytical titration	Mikrotitration *f*	microtitrage *m*
M 547	**microtitrator**	Mikrotitrator *m*	microtitrateur *m*
M 548	**microtitre plate**	Mikrotiterplatte *f*	plaque *f* de microtitrage
M 549	**microtome**	Mikrotom *n*	microtome *m*

M 550	**microtome section**	Mikrotomschnitt *m*	coupe *f* par microtome, coupe au microtome
M 551	**microtomy**	Miktrotomie *f*, Dünnschnittverfahren *n*	microtomie *f*
M 552	**microtonometer**	Miktrotonometer *n*	microtonomètre *m*
M 553	**microtube**	Mikrosonde *f*	microsonde *f*
	microvolume syringe	*s.* M 545	
M 554	**microzone electrophoresis**	Mikrozonenelektrophorese *f*	électrophorèse *f* microzonale
M 555	**midstream urine**	Mittelstrahlurin *m*	jet *m* moyen d'urine
	MIF	*s.* M 559	
M 556	**MIFC method,** merthiolate iodine formaldehyde concentration method	MIFC-Methode *f*	méthode *f* de merthiolate-iodine-formaldéhyde
M 557	**migrate / to,** to shift	wandern	migrer
	migrating cell	*s.* W 3	
M 558	**migration**	Migration *f*, Wanderung *f*	migration *f*
M 559	**migration-inhibiting factor,** MIF	Migrationshemmfaktor *m*, Migrationsinhibitionsfaktor *m*, MIF	facteur *m* inhibant la migration, MIF
M 560	**migration inhibition test**	Migrationshemmtest *m*, Migrationsinhibitionstest *m*	test *m* d'inhibition de migration
	migration of ions	*s.* I 478	
M 561	**migration rate (speed, velocity),** speed (rate, velocity) of migration; travel rate *(chromatography)*	Wanderungsgeschwindigkeit *f*, Laufgeschwindigkeit *f*	vitesse *f* de migration (développement, déplacement)
M 562	**miliary tubercle**	Miliartuberkel *m*	tubercule *m* miliaire
M 563	**milk**	Milch *f*	lait *m*
	milk culture	*s.* L 56	
M 564	**milker's nodule virus**	Melkerknotenvirus *n*	virus *m* du nodule de trayeurs, virus du pseudo-cow-pox
	milk globulin	*s.* L 58	
	milk-like	*s.* M 567	
	milk of lime	*s.* L 257	
	milk protein	*s.* L 64	
M 565	**milk serum,** lactoserum	Milchserum *n*	lactosérum *m*
	milk sugar	*s.* L 66	
M 566	**milk testing,** lactotest, Koschuraschoff's test	Lactotest *m*, Koschuraschoff-Probe *f*	lactotest *m*, test *m* de Koschuraschoff
M 567	**milky,** milk-like, galactoid, lacteal, lacteous	milchig, milchartig	laiteux, lacté, lactesceux
	mill / to	*s.* G 458	
M 568	**mill**	Mühle *f*	moulin *m*, broyeur *m*
M 569	**milliequivalent,** meq	Milligrammäquivalent *n*, Milliäquivalent *n*, meq	milli[gramme-]équivalent *m*, meq
M 570	**milligram,** mg	Milligramm *n*, mg	milligramme *m*, mg
M 571	**millilitre,** ml, mL	Milliliter *n*, ml	millilitre *m*, ml
M 572	**millimetre,** mm	Millimeter *n*, mm	millimètre *m*, mm
M 573	**millimetre squared paper**	Millimeterpapier *n*	papier *m* millimétrique
	millipore filter	*s.* U 13	
	Millon's reaction	*s.* M 575	
M 574	**Millon's reagent**	Millon-Reagens *n*	réactif *m* de Millon
M 575	**Millon's test,** Millon's reaction	Millon-Probe *f*, Millon-Reaktion *f*	épreuve (réaction) *f* de Millon
	min	*s.* M 591	
M 576	**mineral**	Mineral *n*	minéral *m*
M 577	**mineral**	mineralisch	minéral
M 578	**mineral acid**	Mineralsäure *f*	acide *m* minéral
M 579	**mineralisation**	Mineralisation *f*, Mineralisierung *f*	minéralisation *f*
M 580	**mineralise / to**	mineralisieren	minéraliser
M 581	**mineralocortico[stero]id**	Mineralcortico[stero]id *n*	minéralocortico[stéro]ïde *m*
M 582	**mineral salt**	Mineralsalz *n*	sel *m* minéral
M 583	**miniaturisation**	Miniaturisierung *f*	miniaturisation *f*
M 584	**miniaturised**	miniaturisiert	miniaturisé
	minimal	*s.* M 587	
M 585	**minimal inhibitory concentration**	minimale Hemmkonzentration *f*	concentration *f* minimale inhibitrice, CMI
	minimal value	*s.* M 586	
M 586	**minimum,** minimum (minimal) value	Minimum *n*, Minimalwert *m*	minimum *m*, valeur *f* minimale
M 587	**minimum,** minimal	minimal	minimal, minimum
M 588	**minimum dose**	Minimaldosis *f*	dose *f* minimale
M 589	**minimum temperature**	Minimaltemperatur *f*	température *f* minimale
	minimum value	*s.* M 586	
	minor agglutinin	*s.* G 465	
M 590	**Minor's test**	Minor-Test *m*	test *m* de Minor
	minus mark	*s.* N 56	
	minus pole	*s.* N 54	
	minus sign	*s.* N 56	
M 591	**minute,** min	Minute *f*, min	minute *f*, mn, min
	mirror	*s.* R 249	
M 592	**miscibility,** mixability	Mischbarkeit *f*	miscibilité *f*
M 593	**miscible,** mixable	mischbar	miscible
M 594	**mite,** Acarus	Milbe *f*	acare *m*

M 595	**mitochondrial**	mitochondrial	mitochondrial
M 596	**mitochondrial antibody**	mitochondrialer Antikörper *m*	anticorps *m* mitochondrial
M 597	**mitochondrial enzyme**	mitochondriales Enzym *n*	enzyme *m* mitochondrial
M 598	**mitochondrium**	Mitochondrium *n*	mitochondrie *f*
M 599	**mitogenic factor**	mitogener Faktor *m*	facteur *m* mitogénique
M 600	**mitosis, mitotic division**	Mitose *f*	mitose *f*
M 601	**mitotic index**	Mitoseindex *m*	indice *m* mitotique
M 602	**mix / to,** to blend	[ver]mischen, mixen	mêler, mélanger, mixer
	mix	*s.* M 619	
	mixability	*s.* M 592	
	mixable	*s.* M 593	
M 603	**mixed**	gemischt	mêlé, mélangé
M 604	**mixed cell agglutination**	Mischzellagglutination *f*	agglutination *f* de cultures mixtes de cellules
M 605	**mixed concrement,** mixed stone	Kombinationskonkrement *n,* Kombinationsstein *m*, Mischstein *m*	calcul *m* mixte
M 606	**mixed culture**	Mischkultur *f*	milieu *m* combiné
M 607	**mixed indicator**	Mischindikator *m*	indicateur *m* mélangé
M 608	**mixed lymphocyte culture**	Lymphozytenmischkultur *f,* gemischte Lymphozytenkultur *f*	culture *f* lymphocytaire mixte
M 609	**mixed phase**	Mischphase *f*	phase *f* mixte
	mixed plasma	*s.* P 718	
M 610	**mixed saliva**	Mischspeichel *m*	salive *f* mixte
	mixed serum	*s.* P 719	
M 611	**mixed staining**	Mischfärbung *f*	coloration *f* mixte
	mixed stone	*s.* M 605	
M 612	**mixer,** blender	Mischer *m*, Mischgerät *n,* Mixgerät *n*	mélangeur *m,* agitateur *m*
M 613	**mixing,** blending	Mischung *f*, Mischen *n,* Vermischen *n*, Vermischung *f*	mélange *m,* mélangeage *m*, mixage *m*
	mixing box	*s.* M 618	
M 614	**mixing chamber**	Mischkammer *f*	chambre *f* de mélange
M 615	**mixing cylinder**	Mischzylinder *m*	cylindre *m* mélangeur
M 616	**mixing pipette**	Mischpipette *f*	pipette *f* à mélanger
M 617	**mixing proportion (ratio),** blending ratio	Mischungsverhältnis *n*	rapport *m* de mélange
M 618	**mixing tank (vessel),** mixing box, blending tank	Mischgefäß *n,* Mischbehälter *m*	réservoir *m* de mélangeage, bac (récipient) *m* mélangeur
M 619	**mixture,** mix, blend	Mischung *f*, Gemisch *n,* Mixtur *f*	mélange *m,* mixture *f,* mixtion *f*
	mixture of amino acids	*s.* A 592	
	Miyagawanella ornithosis	*s.* P 1157	
	Miyagawanella psittaci	*s.* P 1157	
	mL	*s.* M 571	
	ml	*s.* M 571	
	mm	*s.* M 572	
	Mn	*s.* M 97	
M 620	**MNSs blood group system, MNSs system**	MNSs-Blutgruppensystem *n*	système *m* [de groupes sanguins] MNSs
	Mo	*s.* M 665	
M 621	**mobile,** movable, motile *(spermatozoon)*	mobil, beweglich, motil	mobile
M 622	**mobile laboratory**	mobiles Laboratorium *n*	laboratoire *m* mobile
M 623	**mobile phase,** moving phase	mobile Phase *f*	phase *f* mobile
M 624	**mobile solvent**	Laufmittel *n*	solvant *m*
M 625	**mobilisation**	Mobilisation *f,* Mobilisierung *f*	mobilisation *f*
M 626	**mobilise / to**	mobilisieren	mobiliser
M 627	**mobility,** motility *(spermatozoon)*	Mobilität *f,* Beweglichkeit *f*, Motilität *f*	mobilité *f,* motilité *f*
	mobility of ions	*s.* I 479	
M 628	**model,** pattern	Modell *n*	modèle *m,* type *m*
M 629	**model experiment**	Modellversuch *m*	essai *m* de modèle
M 630	**mode of application,** method of application	Anwendungsweise *f*, Anwendungsmodus *m*	manière *f* (mode *m*) d'application
M 631	**modification**	Modifikation *f,* Modifizierung *f*	modification *f*
M 632	**moist,** damp, wet, humid *(relating to air)*	feucht, naß	humide
M 633	**moist chamber,** wet (humid) chamber	feuchte Kammer *f*	chambre *f* humide
	moisten / to	*s.* W 71	
	moistening	*s.* W 77	
M 634	**moisture,** dampness, wetness, humidity *(relating to air)*	Feuchte *f,* Feuchtigkeit *f*, Nässe *f*	humidité *f*
M 635	**moisture content,** humidity content *(relating to air)*	Feuchtigkeitsgehalt *m*	teneur *f* en humidité, état *m* hygroscopique, taux *m* d'humidité
	moisture-free weight	*s.* D 804	
M 636	**moisture loss**	Feuchtigkeitsverlust *m*	perte *f* d'humidité
M 637	**moisture-proof, moisture-resistant,** damp-proof	feuchtigkeitsbeständig	imperméable, résistant à l'humidité
M 638	**molal**	molal	molal
M 639	**molal concentration, molality**	Molalität *f*	molalité *f*
M 640	**molal solution**	molale Lösung *f*	solution *f* molale
M 641	**molar**	molar	molaire

	English	German	French
	molar concentration	s. M 643	
M 642	**molar extinction coefficient**	molarer Extinktionskoeffizient *m*	coefficient *m* d'extinction molaire
M 643	**molarity,** molar concentration	Molarität *f,* Molarkonzentration *f*	molarité *f,* concentration *f* molaire
M 644	**molar ratio,** mole ratio	molares Verhältnis *n,* Molverhältnis *n*	rapport *m* moléculaire
M 645	**molar solution**	einmolare Lösung *f*	solution *f* molaire
M 646	**molar volume,** molecular volume	Molvolumen *n,* Molekularvolumen *n*	volume *m* moléculaire (molaire)
	mold	s. M 738	
M 647	**mole,** gram mole[cule], gram-molecular weight	Mol *n,* Grammolekül *n*	mole *m,* molécule-gramme *m*
M 648	**molecular**	molekular	moléculaire
M 649	**molecular biology**	Molekularbiologie *f*	biologie *f* moléculaire
M 650	**molecular bond**	molekulare Bindung *f*	combinaison *f* moléculaire
M 651	**molecular-disperse system**	molekulardisperses System *n*	système *m* à dispersion moléculaire
M 652	**molecular dispersion**	Molekulardispersion *f*	dispersion *f* moléculaire
M 653	**molecular formula**	Molekularformel *f*	formule *f* moléculaire
M 654	**molecular genetics**	Molekulargenetik *f*	génétique *f* moléculaire
	molecular mass	s. M 660	
M 655	**molecular sieve**	Mol[ekular]sieb *n*	tamis *m* moléculaire
M 656	**molecular sieve effect**	Molekularsiebeffekt *m*	effet *m* de tamis moléculaire
M 657	**molecular size**	Molekülgröße *f*	taille *f* moléculaire (de molécule)
M 658	**molecular spectrum**	Molekularspektrum *n*	spectre *m* moléculaire
M 659	**molecular structure**	Molekularstruktur *f,* Molekülstruktur *f*	structure *f* moléculaire (de molécule)
	molecular volume	s. M 646	
M 660	**molecular weight,** molecular mass	Molekulargewicht *n,* Molekularmasse *f,* MG	poids *m* moléculaire
M 661	**molecule**	Molekül *n*	molécule *f*
M 662	**mole per cent**	Molprozent *n*	pour-cent *m* moléculaire
	mole ratio	s. M 644	
M 663	**Molisch's reaction (test)**	Molisch-Zuckerprobe *f,* Molisch-Reaktion *f*	réaction *f* de Molisch
M 664	**molybdate**	Molybdat *n*	molybdate *m*
M 665	**molybdenum,** Mo	Molybdän *n,* Mo	molybdène *m,* Mo
M 666	**molybdenum blue**	Molybdänblau *n*	bleu *m* de molybdène
	monamide	s. M 668	
	monamine	s. M 669	
M 667	**monkey**	Affe *m*	singe *m*
M 668	**monoamide,** monamide	Mon[o]amid *n*	mon[o]amide *m*
M 669	**monoamine,** monamine	Mon[o]amin *n*	mon[o]amine *f*
M 670	**monoamine oxidase,** adrenaline (amine, tyramine) oxidase, tyraminase	Monoaminooxidase *f,* Adrenalinoxidase *f*, Aminooxidase *f*, Tyramin[oxid]ase *f*	monoaminooxydase *f,* monoamine-oxydase *f*, amine-oxydase *f*, monoamine-oxhydrase *f,* aminoxydase *f*, MAO
M 671	**monoamine oxidase inhibitor,** amine oxidase inhibitor, MAO-inhibitor	Monoaminooxidasehemmer *m,* Aminooxidasehemmer *m*, MAO-Hemmer *m*	inhibiteur *m* de monoaminooxydase (MAO)
M 672	**monoaminodicarboxylic acid**	Monoaminodicarbonsäure *f*	acide *m* monoaminodicarboxylique
M 673	**monoaminomonocarboxylic acid**	Monoaminomonocarbonsäure *f*	acide *m* monoaminomonocarboxylique
M 674	**monoblast**	Monoblast *m*	monoblaste *m*
	monobutyrase	s. C 135	
M 675	**monocarboxylic acid**	Monocarbonsäure *f*	acide *m* monocarboxylique
M 676	**monocellular,** unicellular	monozellulär, einzellig	monocellulaire, unicellulaire
	monocellular organism	s. P 1131	
M 677	**monochloracetic acid**	Monochloressigsäure *f*	acide *m* monchloracétique
	monochlormethane	s. M 393	
	monochroic	s. M 678	
M 678	**monochromatic,** monochromic, monochrome, monochroic	monochromatisch, monochrom, einfarbig	monochromatique, monochromique
M 679	**monochromatic filter**	monochromatisches Filter *n*	filtre *m* monochromatique
M 680	**monochromatic light**	monochromatisches Licht *n*	lumière *f* monochromatique
M 681	**monochromator**	Monochromator *m*	monochromateur *m*
	monochrome	s. M 678	
	monochromic	s. M 678	
M 682	**monoclonal**	monoklonal	monoclonal
M 683	**monoclonal antibody**	monoklonaler Antikörper *m*	anticorps *m* monoclonal
M 684	**monocular microscope**	monokulares Mikroskop *n*	microscope *m* monoculaire
M 685	**monoculture**	Monokultur *f*	monoculture *f*
M 686	**monocyte**	Monozyt *m*	monocyte *m*
M 687	**monocytic**	monozytär	monocytaire
M 688	**monodisperse**	monodispers	monodispersé
	monoethanolamine	s. C 713	
M 689	**monoglyceride**	Monoglycerid *n*	monoglycéride *m*
	monohydric	s. M 709	
M 690	**monoiodtyrosine**	Monoiodtyrosin *n*	monoiodothyrosine *m*
M 691	**monolayer,** monomolecular (unimolecular) layer, monomolecular (unimolecular) film	monomolekulare Schicht *f*	couche *f* monomoléculaire
M 692	**monolayer [cell] culture**	Einschichtzellkultur *f,* Monolayer-Kultur *f*	culture *f* cellulaire en monocouche
M 693	**monolayer tissue culture**	Einschichtgewebekultur *f*	culture *f* tissulaire en monocouche

M 694	**monomacrophage,** monophagocyte	Monomakrophage *m,* Monophagozyt *m*	monomacrophage *m,* monophagocyte *m*
M 695	**monomer**	Monomer[es] *n*	monomère *m*
M 696	**monomeric**	monomer	monomérique
M 697	**monomolecular,** unimolecular	monomolekular	monomoléculaire, unimoléculaire
	monomolecular film	*s.* M 691	
	monomolecular layer	*s.* M 691	
M 698	**mononuclear,** uninuclear	mononukleär, einkernig	mononucléaire, uninucléaire
M 699	**mononucleotide**	Mononucleotid *n*	mononucléotide *m*
	monooxide	*s.* M 711	
M 700	**monooxygenase**	Monooxygenase *f*	monooxygénase *f*
	monophagocyte	*s.* M 694	
M 701	**monophasic**	monophasisch, einphasisch	monophasé, monophasique
	monophasic determination	*s.* O 44	
M 702	**monophenol monooxygenase (oxidase),** phenolase, tyrosinase	Monophenolmonooxygenase *f,* Monophenoloxidase *f*, Phenolase *f,* Tyrosinase *f*	monophénol-monooxygénase *f,* monophénol-oxygénase *f*, phénolase *f,* oxydase *f* de phénol, tyrosinase *f*
M 703	**monophosphate**	Monophosphat *n*	monophosphate *m*
M 704	**monosaccharide, monose,** simple sugar	Monosaccharid *n,* Monose *f*, Einfachzucker *m*	monosaccharide *m,* monose *m*, sucre *m* simple
M 705	**monospecific**	monospezifisch	monospécifique
M 706	**monosporial (monosporic, monosporous) culture**	Einsporenkultur *f*	culture *f* à une spore
M 707	**monotest**	Monotest *m*	monotest *m*
M 708	**monovalence,** monovalency, univalence, univalency	Einwertigkeit *f,* Monovalenz *f*	monovalence *f,* univalence *f*
M 709	**monovalent,** univalent, monohydric *(alcohol)*	einwertig, monovalent	monovalent, univalent
M 710	**monovalent antibody**	monovalenter Antikörper *m*	anticorps *m* monovalent
M 711	**monoxide,** monooxide	Monoxid *n*	monoxyde *m*
M 712	**monozygote**	Monozygote *f*	monocygote *m*
M 713	**monozygotic**	monozygot	monocygote
	monthly sickness	*s.* M 294	
M 714	**month of pregnancy,** gestation month	Schwangerschaftsmonat *m*	mois *m* de grossesse
M 715	**Morax-Axenfeld bacillus, Morax' diplobacillus**	Morax-Axenfeld-Diplobacillus *m*	bacille *m* de Morax-Axenfeld, diplocoque *m* de Morax-Axenfeld, diplobacille *m* de Morax, diplobacille de la conjonctivite subaiguë
M 716	**Moraxella**	Moraxella *f*	moraxelle *f*
M 717	**morbidity**	Morbidität *f,* Erkrankungshäufigkeit *f*	morbidité *f*
M 718	**morbidity rate,** sickness rate	Morbiditätsrate *f,* Erkrankungsrate *f*, Erkrankungsziffer *f*	taux *m* de morbidité
	morbus	*s.* D 577	
M 719	**mordant / to** *(microscopy)*	beizen	mordancer
	mordant / to	*s. a.* F 184	
M 720	**mordant** *(microscopy)*	Beize *f*, Beizmittel *n*, Beizstoff *m*	mordant *m*
M 721	**mordanting** *(microscopy)*	Beizung *f*, Beizen *n*	mordançage *m*
M 722	**morin**	Morin *n*	morin *m*
M 723	**morning urine**	Morgenurin *m*	urine *f* matinale
M 724	**morphine**	Morphin *n,* Morphinum *n*	morphine *f*
M 725	**morphine sulphate**	Morphinsulfat *n*	sulfate *m* de morphine
M 726	**morphio,** pubic louse, crab louse, Phthirius pubis, Pediculus pubis	Morphio *m,* Filzlaus *f*	phtirius *m* inguinalis, morpion *m*
M 727	**morpholine,** diethylene imidooxide	Morpholin *n,* Diethylenimidoxid *n*	morpholine *f*, diéthylène-imidooxyde *m,* tétrahydroxyparoxazine *f*
	morphologic	*s.* M 728	
M 728	**morphological,** morphologic	morphologisch	morphologique
M 729	**morphological diagnosis**	morphologische Diagnose *f*	diagnostic *m* morphologique
	morphological element	*s.* F 330	
M 730	**morphological findings**	morphologischer Befund *m,* morphologische Daten *pl*	trouvailles *fpl* morphologiques, données *fpl* morphologiques
M 731	**morphologist**	Morphologe *m*	morphologiste *m*
M 732	**morphology**	Morphologie *f,* Formenlehre *f*	morphologie *f*
M 733	**mortality**	Mortalität *f,* Sterblichkeit *f*	mortalité *f*
M 734	**mortality rate,** death rate	Mortalitätsrate *f,* Sterblichkeitsziffer *f*, Sterbeziffer *f*	taux *m* de la mortalité, mortalité *f*
M 735	**mortar**	Mörser *m,* Reibschale *f*	mortier *m*
	mosquito	*s.* G 397	
	mother cell	*s.* S 855	
	mother culture	*s.* S 911	
	mother milk	*s.* H 444	
M 736	**mother's milk factor**	Muttermilchfaktor *m*	facteur *m* du lait maternel
	mother substance	*s.* G 462	
	motile	*s.* M 621	
M 737	**motilin**	Motilin *n*	motiline *f*
	motility	*s.* M 627	
M 738	**mould,** mold, mould fungus	Schimmelpilz *m*	moisissure *f*
	mould fungus	*s.* M 738	

M 739	**mouse**	Maus *f*	souris *f*
	mouth / by	*s.* O 83	
M 740	**mouth spatula,** tongue spatula (depressor)	Mundspatel *m,* Zungenspatel *m*	abaisse-langue *m*
	movable	*s.* M 621	
	moving phase	*s.* M 623	
	mRNA	*s.* M 325	
	MSH	*s.* M 264	
	MSH-RF	*s.* M 259	
	MSH-RH	*s.* M 259	
	MSH-RIF	*s.* M 263	
	MSH-RIH	*s.* M 263	
	mucid	*s.* M 757	
M 741	**mucid acid,** galactosaccharic acid	Mucinsäure *f,* Schleimsäure *f*	acide *m* mucique (saccharolactique, galactarique)
	mucilage	*s.* M 763	
	mucilaginous	*s.* M 757	
	mucilaginous substance	*s.* M 742	
M 742	**mucin,** mucilaginous substance	Mucin *n,* Schleimstoff *m*	mucine *f,* substance *f* mucineuse
	mucinase	*s.* H 457	
	mucin cell	*s.* M 759	
M 743	**mucinogen**	Mucinogen *n*	mucinogène *m*
	mucocyte	*s.* M 759	
M 744	**mucoid,** pseudomucin, metalbumin	Mucoid *n,* Pseudomucin *n,* Metalbumin *n*	mucoïde *m,* pseudomucine *f,* métalbumine *f*
M 745	**mucoitinsulphuric acid**	Mucoitinschwefelsäure *f*	acide *m* mucoïtine-sulfurique
M 746	**mucolipid**	Mucolipid *n*	mucolipide *m*
M 747	**muconic acid**	Muconsäure *f*	acide *m* muconique
M 748	**mucopeptide**	Mucopeptid *n*	mucopeptide *m*
M 749	**mucopolysaccharide**	Mucopolysaccharid *n*	mucopolysaccharide *m*
M 750	**mucoproteid**	Mucoproteid *n*	mucoprotéide *m*
M 751	**mucoprotein**	Mucoprotein *n*	mucoprotéine *f*
M 752	**mucopurulent,** puromucous	schleimig-eitrig	muco-purulent
M 753	**Mucor**	Kopfschimmel *m*	Mucor
M 754	**mucosa,** mucous membrane	Schleimhaut *f,* Mukosa *f*	muqeuse *f,* membrane *f* muqueuse, tunique *f* muqueuse
M 755	**mucosanguineous, mucosanguinolent**	schleimig-blutig	muco-sanglant, muco-sanguinolent
M 756	**mucoserous**	schleimig-serös	muco-séreux
M 757	**mucous,** mucilaginous, mucid	schleimig, mukös	muqueux, mucilagineux
	mucous bursa punctate	*s.* B 608	
M 758	**mucous cast**	Schleimzylinder *m*	cylindre *m* muqueux
M 759	**mucous cell,** mucin cell, mucocyte, myxocyte	Schleimzelle *f,* Mucozyt *m,* Myxozyt *m*	cellule *f* muqueuse (à mucus), mucocyte *m*
M 760	**mucous corpuscle**	Schleimklümpchen *n*	corpuscule *m* muqueux
	mucous membrane	*s.* M 754	
	mucous membrane of the colon	*s.* C 757	
	mucous membrane of the stomach	*s.* G 89	
	mucous membrane of the vagina	*s.* V 18	
M 761	**mucous thread**	Schleimfaden *m*	filament *m* muqueux
M 762	**mucous tissue**	Schleimgewebe *n*	tissu *m* muqueux
M 763	**mucus,** mucilage	Schleim *m,* Mucus *m*	mucus *m,* mucosité *f*
M 764	**mull,** gauze, carbasus	Mull *m*	gaze *f*
	mull pad	*s.* G 110	
M 765	**multicellular,** polycellular	mehrzellig, vielzellig, multizellulär, polyzellulär	multicellulaire
M 766	**Multiceps multiceps** *(in dog)*	Quesenbandwurm *m*	Multiceps multiceps
M 767	**multichannel analyser**	Mehrkanalanalysengerät *n,* Vielkanalanalysator *m*	analyseur *m* multicanal
	multicolour	*s.* P 656	
	multicoloured	*s.* P 656	
M 768	**multicomponent analysis**	Multikomponentenanalyse *f,* Mehrkomponentenanalyse *f*	analyse *f* multiélément
M 769	**multicomponent mixture**	Mehrkomponentengemisch *n*	mélange *m* à plusieurs composants
M 770	**multicomponent system**	Mehrkomponentensystem *n*	système *m* à plusieurs composants (constituants)
M 771	**multidisc test,** antibiotic resistance test	Blättchentest *m,* Scheibensensitivitätsmethode *f*	épreuve *f* par disques multiples
M 772	**multienzyme complex**	Multienzymkomplex *m*	complexe (système) *m* multienzymatique
	multiform	*s.* P 681	
M 773	**multilayered,** stratified	mehrschichtig, vielschichtig	à plusieurs couches
M 774	**multilayer film**	Mehrschichtfilm *m*	film *m* à plusieurs couches
	multinuclear	*s.* P 688	
	multinucleate	*s.* P 688	
	multiphase	*s.* M 775	
	multiphase system	*s.* M 776	
M 775	**multiphasic,** multiphase, polyphase	mehrphasig, vielphasig	polyphasé, multiphasique
M 776	**multiphasic system,** multiphase system	Mehrphasensystem *n*	système *m* polyphasé

M 777	**multiple determination**	Mehrfachbestimmung *f*	détermination *f* multiple
M 778	**multiple staining**	Mehrfachfärbung *f*, Vielfachfärbung *f*	coloration *f* multiple
M 779	**multiple thin-layer chromatography**	Mehrfach-Dünnschichtchromatographie *f*	chromatographie *f* multiple en couches minces
	multiport plug valve	*s.* M 786	
M 780	**multistage,** multistep	mehrstufig	étagé, comportant plusieurs stades
	multistage reaction	*s.* M 781	
	multistep	*s.* M 780	
M 781	**multistep reaction,** multistage reaction	Mehrschrittreaktion *f*	réaction *f* à plusieurs étapes
M 782	**multistep separation**	mehrstufige Trennung *f*	séparation *f* à plusieurs stades
	multivalence	*s.* M 783	
M 783	**multivalency, multivalence,** polyvalence, polyvalency	Mehrwertigkeit *f*, Multivalenz *f*, Polyvalenz *f*	polyvalence *f*, multivalence *f*
M 784	**multivalent,** polyvalent, plurivalent	mehrwertig, multivalent, polyvalent	polyvalent, plurivalent, multivalent
M 785	**multivariate analysis of variance,** analysis of dispersion, dispersion analysis, MANOVA	Multivarianzanalyse *f*, multivariate Varianzanalyse *f*, MANOVA	analyse *f* de variance à plusieurs variables, MANOVA
M 786	**multiway cock,** multiport plug valve	Mehrwegehahn *m*	soupape *f* à plusieurs voies
M 787	**mumps virus,** parotitis virus	Mumpsvirus *n*, Parotitisvirus *n*	virus *m* d'oreillons, virus des oreillons, Myxovirus parotidis
M 788	**muramic acid**	Muraminsäure *f*	acide *m* muramique
	muramidase	*s.* L 519	
M 789	**murein**	Murein *n*	muréine *f*
M 790	**murexide**	Murexid *n*	murexide *m*
	murexide reaction	*s.* M 791	
M 791	**murexide test,** murexide reaction	Murexidprobe *f*, Murexidreaktion *f*	épreuve *f* de murexide
M 792	**Murray-Valley encephalomyelitis virus**	Murray-Valley-Enzephalomyelitis-Virus *n*	virus *m* de l'encéphalite de la Murray-Valley, virus MVE
	Musca	*s.* F 290	
	Musca domestica	*s.* H 431	
M 793	**muscarine**	Muscarin *n*	muscarine *f*
M 794	**muscle,** musculus	Muskel *m*, Musculus *m*	muscle *m*
M 795	**muscle biopsy**	Muskelbiopsie *f*	biopsie *f* musculaire
M 796	**muscle cell,** myocyte	Muskelzelle *f*, Myozyt *m*	cellule *f* musculaire, myocyte *m*
M 797	**muscle extract**	Muskelextrakt *m*	extrait *m* musculaire
M 798	**muscle fibre**	Muskelfaser *f*	fibre *m* musculaire
M 799	**muscle glycogen**	Muskelglycogen *n*	glycogène *m* musculaire
	muscle haemoglobin	*s.* M 839	
M 800	**muscle phosphorylase,** muscular phosphorylase	Muskelphosphorylase *f*	phosphorylase *f* musculaire
M 801	**muscle plasm,** myoplasm, sarcoplasm	Muskelplasma *n*, Myoplasma *n*, Sarkoplasma *n*	plasma *m* musculaire, myoplasma *m*, sarcoplasma *m*
	muscle protein	*s.* M 841	
	muscle sugar	*s.* I 316	
M 802	**muscle tissue,** muscular tissue	Muskelgewebe *n*	tissu *m* musculaire
M 803	**muscle trichina**	Muskeltrichine *f*	trichine *f* musculaire
M 804	**muscular**	muskulär	musculaire
	muscular haemoglobin	*s.* M 839	
	muscular phosphorylase	*s.* M 800	
	muscular tissue	*s.* M 802	
	musculus	*s.* M 794	
M 805	**mutagen,** mutagenic agent (substance)	Mutagen *n*, mutagenes Agens *n*, mutagene Substanz *f*	mutagène *m*, agent *m* (substance *f*) mutagène
M 806	**mutagenic**	mutagen	mutagène
	mutagenic agent	*s.* M 805	
	mutagenic substance	*s.* M 805	
M 807	**mutant**	Mutante *f*	mutant *m*
M 808	**mutant**	mutant	mutant
M 809	**mutase**	Mutase *f*	mutase *f*
M 810	**mutation**	Mutation *f*	mutation *f*
M 811	**mutation rate,** rate of mutation	Mutationsrate *f*	taux *m* de mutation
M 812	**muton**	Muton *n*, Mutationseinheit *f*	muton *m*
	mycelial thread	*s.* H 571	
M 813	**mycelium**	Myzel *n*	mycélium *m*
	mycete	*s.* F 426	
	mycetology	*s.* M 818	
M 814	**Mycobacterium**	Mycobacterium *n*	Mycobacterium
M 815	**Mycobacterium bovis**	Mycobacterium *n* bovis	bacille *m* tuberculeux bovin
	Mycobacterium leprae	*s.* L 161	
	Mycobacterium smegmatis	*s.* S 468	
	Mycobacterium tuberculosis	*s.* T 636	
M 816	**mycologic, mycological**	mykologisch	mycologique
M 817	**mycologist**	Mykologe *m*	mycologiste *m*
M 818	**mycology,** mycetology	Mykologie *f*, Myzetologie *f*, Pilzkunde *f*	mycologie *f*, mycétologie *f*
M 819	**mycoplasm,** Mycoplasma	Mycoplasma *n*	mycoplasme *m*
	Mycoplasma pneumoniae	*s.* P 609	
M 820	**mycotic**	mykotisch	mycotique
M 821	**mycotoxin**	Mykotoxin *n*, Pilzgift *n*	mycotoxine *f*

M 822	**myelin,** myeline	Myelin *n*, Nervenmark *n*	myéline *f*
M 823	**myelin droplet,** myelinic drop (granula)	Myelinkorn *n*, Myelintropfen *m*	granule *m* myélinique (myélinisé), goutte *f* myélinique
	myeline	*s.* M 822	
	myelinic drop	*s.* M 823	
	myelinic granula	*s.* M 823	
M 824	**myelinosin**	Myelinosin *n*	myélinosine *f*
M 825	**myeloblast,** granuloblast, free-rounded cell	Myeloblast *m*, Granuloblast *m*	myéloblaste *m*, granuloblaste *m*
M 826	**myeloclast**	Myeloklast *m*	myéloclaste *m*
M 827	**myelocyte,** myeloid (marrow, medullary) cell	Myelozyt *m*, Knochenmarkzelle *f*, Markzelle *f*	myélocyte *m*, cellule *f* myéloïde (médullaire)
M 828	**myelogram**	Myelogramm *n*	myélogramme *m*
	myeloid cell	*s.* M 827	
M 829	**myeloperoxidase**	Myeloperoxidase *f*	myéloperoxydase *f*
M 830	**myobilin**	Myobilin *n*	myobiline *f*
M 831	**myoblast,** sarcoblast, sarcogenic cell	Myoblast *m*, Sarkoblast *m*	myoblaste *m*, sarcoblaste *m*, cellule *f* myogène
M 832	**myocardial biopsy**	Herzmuskelbiopsie *f*	biopsie *f* du myocarde
M 833	**myocardial cell,** cardiomyocyte	Herzmuskelzelle *f*, Kardiomyozyt *m*	cellule *f* myocardique (musculaire cardiaque), cardiomyocyte *m*
M 834	**myocardial extract**	Herzmuskelextrakt *m*	extrait *m* myocardique
M 835	**myocardial reticulocyte,** Anitschkow's myocyte (cell)	Myokardretikulozyt *m*, Anitschkow-Myozyt *m*, Anitschkow-Zelle *f*	myocyte *m* d'Anitschkow
M 836	**myocardial tissue**	Herzmuskelgewebe *n*	tissu *m* myocardique
	myochrome	*s.* M 839	
	myocyte	*s.* M 796	
M 837	**myofibroblast**	Myofibroblast *m*	myofibroblaste *m*
M 838	**myogen**	Myogen *n*	myogène *m*
M 839	**myoglobin,** myohaemoglobin, myohaematin, myochrome, muscle (muscular) haemoglobin	Myo[hämo]globin *n*, Myohämatin *n*, Myochrom *n*, Muskelhämoglobin *n*	myo[hémo]globine *f*, myohématine *f*, hémoglobine *f* musculaire
	myohaematin	*s.* M 839	
	myohaemoglobin	*s.* M 839	
	myo-inositol	*s.* I 316	
	myokinase	*s.* A 267	
M 840	**myophage**	Myophag[e] *m*, Muskelfreßzelle *f*	myophage *m*
	myoplasm	*s.* M 801	
M 841	**myoprotein,** muscle protein	Myoprotein *n*, Muskelprotein *n*, Muskeleiweiß *n*	myoprotéine *f*, protéine *f* musculaire
M 842	**myosiderin**	Myosiderin *n*	myosidérine *f*
M 843	**myosin**	Myosin *n*	myosine *f*
M 844	**myristic acid**	Myristinsäure *f*	acide *m* myristique
	myxocyte	*s.* M 759	
M 845	**myxomycete,** slime mould	Myxomyzet *m*, Schleimpilz *m*	myxomycète *m*
M 846	**myxovirus**	Myxovirus *n*	myxovirus *m*
	Myxovirus influenzae	*s.* I 246	
M 847	**myxoxanthine**	Myxoxanthin *n*	myxoxanthine *f*

N

	N	*s.* N 131, N 173	
	Na	*s.* S 479	
	NAD	*s.* N 135	
	NADase	*s.* N 4	
N 1	**NADH dehydrogenase,** cytochrome c-reductase	NADH-Dehydrogenase *f*, Cytochrom-c-reductase *f*	NADH-déshydrogénase *f*, cytochrome-c-réductase *f*
N 2	**nadi reaction**	Nadireaktion *f*	nadiréaction *f*
N 3	**nadi reagent**	Nadireagens *n*	nadiréactif *m*
	NADP	*s.* N 136	
N 4	**NAD^+ nucleosidase,** NADase	NAD^+-Nucleosidase *f*, NADase *f*	NAD^+-nucléosidase *f*, NADase *f*, DPN-nucléosidase *f*, DPNase *f*
N 5	**NAD^+ peroxidase**	NAD^+-Peroxidase *f*	NAD^+-peroxydase *f*
N 6	**$NAD(P)^+$transhydrogenase,** pyridine nucleotide transhydrogenase, transhydrogenase	$NAD(P)^+$-transhydrogenase *f*, Pyridinnucleotidtranshydrogenase *f*, Transhydrogenase *f*	$NAD(P)^+$-transhydrogénase *f*, pyridine-nucléotide-transhydrogénase *f*, transhydrogénase *f*
N 7	**naevus cell**	Naevuszelle *f*	cellule *f* nævique [de Unna]
N 8	**nail,** unguis, onyx	Nagel *m*, Unguis *m*, Onyx *m*	Unguis, ongle *m*
	naked eye faeces examination	*s.* M 12	
N 9	**nalidixic acid**	Nalidixinsäure *f*	acide *m* nalidixique
N 10	**naphthalene**	Naphthalin *n*	naphtaline *f*, naphtalène *m*
N 11	**naphthalene sulphonic acid**	Naphthalinsulfonsäure *f*	acide *m* naphtalène-sulfonique
N 12	**naphthol**	Naphthol *n*	naphtol *m*
	α-naphthol blue	*s.* I 219	
N 13	**naphthol orange**	Naphtholorange *n*	orangé *m* de naphtol
N 14	**naphtholphthalein**	Naphtholphthalein *n*	naphtol-phtaléine *f*

N 15	**naphthol reaction**	Naphtholreaktion *f*	réaction *f* à naphtol
N 16	**naphthol violet**	Naphtholviolett *n*	violet *m* de naphtol
N 17	**naphthoquinone,** vitamin K, antihaemorrhagic (coagulation) vitamin, prothrombin factor	Naphthochinon *n,* Vitamin *n* K, antihämorrhagisches Vitamin *n*, Koagulationsvitamin *n,* Gerinnungsvitamin *n*, Prothrombinfaktor *m*	naphtoquinone *f,* vitamine *f* K, vitamine antihémorrhagique (de la coagulation), facteur *m* antihémorrhagique
N 18	**naphthylacetate**	Naphthylacetat *n*	naphtylacétate *m*
N 19	**α-naphthylacetate esterase**	α-Naphthylacetatesterase *f*	α-naphtylacétate-estérase *f*
N 20	**naphthylamine**	Naphthylamin *n,* Aminonaphthalin *n*	naphtylamine *f*
N 21	**α-naphthylbutyrate esterase**	α-Naphthylbutyratesterase *f*	α-naphtylbutyrate-estérase *f*
N 22	**naphthylisothiocyanate**	Naphthylisothiocyanat *n*	naphtylisothiocyanate *m*
N 23	**narcotic,** narcotic agent (drug), dope	Rauschgift *n*	narcotique *m,* stupéfiant *m*, drogue *f*
	narcotic	*s. a.* A 711, S 587	
	narcotic agent	*s.* A 711, N 23	
	narcotic drug	*s.* N 23	
	narrow-mouth bottle	*s.* N 24	
N 24	**narrow-necked bottle,** narrow-mouth bottle	Enghalsflasche *f*	flacon *m* à long col, flacon à col long
N 25	**narrow-necked graduated flask**	Enghalsmeßkolben *m*	ballon *m* gradué à col long
	nasal discharge	*s.* N 28	
N 26	**nasal irrigation,** rhinenchysis	Nasenspülung *f*	lavage *m* du nez, lavage nasal
N 27	**nasal lavage fluid (water)**	Nasenspülflüssigkeit *f*	liquide *m* de lavage nasal
N 28	**nasal secretion,** nasal discharge, intranasal fluid	Nasensekret *n,* Nasenschleim *m*, Nasenabsonderung *f*	sécrétion *f* nasale
	nasal smear	*s.* N 246	
	nasal swab	*s.* N 246	
N 29	**nasopharyngeal irrigation**	Nasenrachenspülung *f*	lavage *m* naso-pharyngé
N 30	**nasopharyngeal secretion**	Nasopharyngealsekret *n,* Nasenrachenschleim *m*	sécrétion *f* naso-pharyngée
	nasopharyngeal smear	*s.* N 31	
N 31	**nasopharyngeal swab,** nasopharyngeal smear	Nasopharyngealabstrich *m,* Nasenrachenabstrich *m*	prélèvement *m* naso-pharyngé
N 32	**native,** natural	nativ, natürlich	natif, naturel
N 33	**native blood**	Nativblut *n*	sang *m* natif
N 34	**native preparation**	Nativpräparat *n*	préparation *f* native
N 35	**native protein**	natives Protein *n*	protéine *f* native
N 36	**native urine**	Nativurin *m*	urine *f* native
	natural	*s.* N 32	
N 37	**natural antibody**	Normalantikörper *m,* natürlicher Antikörper *m*	anticorps *m* naturel
N 38	**natural [culture] medium**	natürliches Nährmedium *n*	milieu *m* nutritif naturel
N 39	**natural radioactivity**	natürliche Radioaktivität *f*	radioactivité *f* naturelle
	NDV	*s.* N 130	
	Ne	*s.* N 65	
	Necator americanus	*s.* A 572	
N 40	**necrobiont**	Nekrobiont *m*	
N 41	**necrocyte**	Nekrozyt *m*	nécrocyte *m*
N 42	**necrohormone**	Nekrohormon *n,* Wundhormon *n*	nécrohormone *f*
	necropsy	*s.* O 3	
N 43	**necrosin**	Nekrosin *n*	nécrosine *f*
N 44	**necrosis factor**	Nekrosefaktor *m*	facteur *m* de nécrose
N 45	**necrotic tissue,** devitalised tissue	nekrotisches (abgestorbenes) Gewebe *n*	tissu *m* nécrotique
N 46	**necrotoxin**	Nekrotoxin *n*	nécrotoxine *f*
N 47	**needle,** acus	Nadel *f*	aiguille *f*
N 48	**needle biopsy**	Nadelbiopsie *f,* Punktionsbiopsie *f*	biopsie *f* à l'aiguille, biopsie par ponction, ponction-biopsie *f*
	needle culture	*s.* S 757	
	needle forceps	*s.* N 49	
	needle for ventricular puncture	*s.* B 520	
N 49	**needle holder,** needle forceps	Nadelhalter *m*	porte-aiguille *m,* pince *f* porte-aiguille
	needle-like	*s.* N 50	
N 50	**needle-shaped,** needle-like	nadelförmig, nadelartig	en aiguille, en forme d'aiguille
	needling	*s.* P 1182	
N 51	**negative**	negativ	négatif
N 52	**negative charge**	negative Ladung *f*	charge *f* négative
	negative electrode	*s.* C 206	
N 53	**negative method,** negative procedure	Negativverfahren *n*	procédé *m* négatif
N 54	**negative pole,** minus pole	Minuspol *m,* negativer Pol *m*	pôle *m* négatif
	negative procedure	*s.* N 53	
N 55	**negative reaction**	negative Reaktion *f*	réaction *f* négative
N 56	**negative sign,** minus sign, minus mark	negatives Vorzeichen *n,* Minuszeichen *n*	signe *m* négatif (moins)
N 57	**negative staining**	Negativ[kontrast]färbung *f,* Negativkontrastierung *f*	coloration *f* négative, contraste *m* négatif
N 58	**Negri body**	Negri-Körperchen *n*	corps *m* de Negri
N 58a	**Neisseria**	Neisseria *f*	Neisseria

N 58b	**Neisseria catarrhalis,** Micrococcus catarrhalis	Neisseria *f* catarrhalis, Micrococcus *m* catarrhalis	Neisseria catarrhalis, Micrococcus catarrhalis
	Neisseria gonorrhoeae	*s.* G 411	
	Neisser's method	*s.* N 59	
N 59	**Neisser's [polocyte] stain,** Neisser's method	Neisser-Polkörperchenfärbung *f*, Neisser-Methode *f*	coloration (méthode) *f* de Neisser
N 60	**Nelson's medium**	Nelson-Nährboden *m*	milieu *m* de Nelson
N 61	**Nelson's test,** Treponema pallidum immobilisation test, TPI test, treponemal immobilisation test	Nelson-Test *m*, Treponema-pallidum-Immobilisationstest *m*, TPI-Test *m*	test *m* de Nelson, test (épreuve *f*) d'immobilisation du tréponème pâle, TIT
N 62	**nematode,** intestinal nematode, [intestinal] roundworm, threadworm	Nematode *f*, Rundwurm *m*, Fadenwurm *m*	nématode *m*, némathelminthe *m*
N 63	**neoantigen**	Neoantigen *n*	néoantigène *m*
N 64	**neomycin**	Neomycin *n*	néomycine *f*
N 65	**neon,** Ne	Neon *n*, Ne	néon *m*, Ne
N 66	**neonatal**	neonatal	néonatal
	neonate	*s.* N 129	
N 67	**neonatology**	Neonatologie *f*	néonatologie *f*
	neoplastic cell	*s.* T 654	
N 68	**nephelometer**	Nephelometer *n*	néphélomètre *m*
N 69	**nephelometric**	nephelometrisch	néphélométrique
N 70	**nephelometric analysis**	nephelometrische Analyse (Untersuchung) *f*	analyse *f* (examen *m*) néphélométrique
N 71	**nephelometric titration**	nephelometrische Titration *f*	titrage *m* néphélométrique
N 72	**nephelometry**	Nephelometrie *f*	néphélométrie *f*
N 73	**nephrology**	Nephrologie *f*	néphrologie *f*
N 74	**nephrolysin**	Nephrolysin *n*	néphrolysine *f*
N 75	**nephrotoxin**	Nephrotoxin *n*, Nierengift *n*	néphrotoxine *f*
N 76	**Nernst equation**	Nernst-Gleichung *f*	équation *f* de Nernst
N 77	**nerve biopsy**	Nervenbiopsie *f*	biopsie *f* nerveuse
N 78	**nerve cell,** neuron[e], neurocyte	Nervenzelle *f*, Neuron *n*, Neurozyt *m*	cellule *f* nerveuse, neurone *m*, neurocyte *m*
N 79	**nerve tissue,** nervous tissue	Nervengewebe *n*	tissu *m* nerveux
N 80	**nervone**	Nervon *n*	nervone *f*
N 81	**nervonic acid**	Nervonsäure *f*	acide *m* nervonique
	nervous tissue	*s.* N 79	
N 82	**Nessler's reagent**	Neßler-Reagens *n*	réactif *m* de Nessler
N 83	**Neubauer's [counting] chamber**	Neubauer-Zählkammer *f*	chambre *f* de Neubauer
	Neuberg ester	*s.* F 405	
N 84	**neuraminic acid**	Neuraminsäure *f*	acide *m* neuraminique
N 85	**neuraminidase,** sialidase	Neuraminidase *f*, Sialidase *f*	neuraminidase *f*, sialidase *f*
N 86	**neurine**	Neurin *n*	neurine *f*
	α_2-neuroaminoglycoprotein	*s.* C 571	
N 87	**neuroblast**	Neuroblast *m*	neuroblaste *m*
N 88	**neurochemistry**	Neurochemie *f*	neurochimie *f*
N 89	**neurocrine**	Neurokrin *n*	neurocrine *f*
	neurocyte	*s.* N 78	
N 90	**neurocytology**	Neurozytologie *f*	neurocytologie *f*
N 91	**neurohistology,** histoneurology	Neurohistologie *f*	neurohistologie *f*
N 92/3	**neurohormone,** neurosecretion	Neurohormon *n*, Neurosekret *n*	neurohormone *f*, sécrétion *f* nerveuse
	neurohypophyseal hormone	*s.* P 757	
N 94	**neurokeratin**	Neurokeratin *n*	neurokératine *f*
N 95	**neurokinin**	Neurokinin *n*	neurokinine *f*
N 96	**neuroleptic, neuroleptic agent (drug),** CNS-depressant	Neuroleptikum *n*	neuroleptique *m*, médicament *m* neuroleptique
	neurolymph	*s.* C 328	
N 97	**neurolysin**	Neurolysin *n*	neuro[cyto]lysine *f*
	neuron	*s.* N 78	
	neurone	*s.* N 78	
N 98	**neuron-specific enolase,** NSE	neuronenspezifische Enolase *f*	énolase *f* spécifique de neurones
N 99	**neuropeptide**	Neuropeptid *n*	neuropeptide *m*
N 100	**neurophysin**	Neurophysin *n*	neurophysine *f*
N 101	**neuroplasm**	Neuroplasma *n*	neuroplasme *m*
	neurosecretion	*s.* N 92/3	
N 102	**neurosecretory cell**	neurosekretorische Zelle *f*	cellule *f* neurosécrétrice
N 103	**neurotensin**	Neurotensin *n*	neurotensine *f*
N 104	**neurotoxin**	Neurotoxin *n*, Nervengift *n*	neurotoxine *f*
N 105	**neurotropic virus**	neurotropes Virus *n*	virus *m* neurotrope
N 106	**neutral**	neutral	neutre
N 107	**neutral fat,** neutral lipid	Neutralfett *n*	graisse *f* neutre
N 108	**neutralisation**	Neutralisation *f*, Neutralisierung *f*, Neutralisieren *n*	neutralisation *f*
	neutralisation number	*s.* A 158	
N 109	**neutralisation reaction**	Neutralisationsreaktion *f*	réaction *f* de neutralisation
N 110	**neutralisation test**	Neutralisationstest *m*	test *m* de neutralisation
N 111	**neutralisation titration,** acid-base titration	Neutralisationstitration *f*, Säure-Basen-Titration *f*	titrage *m* de neutralisation, titrage acide-base
N 112	**neutralise / to**	neutralisieren	neutraliser

No.	English	German	French
N 113	**neutraliser,** neutralising agent	Neutralisierungsmittel *n*, Neutralisationsmittel *n*	neutralisant *m*
N 114	**neutralising**	neutralisierend	neutralisant
	neutralising agent	*s.* N 113	
N 115	**neutralising antibody**	neutralisierender Antikörper *m*	anticorps *m* neutralisant
N 116	**neutrality**	Neutralität *f*	neutralité *f*
	neutral lipid	*s.* N 107	
N 117	**neutral point,** point of neutrality	Neutralpunkt *m*	point *m* neutre
N 118	**neutral red**	Neutralrot *n*	rouge *m* neutre
N 119	**neutral red test**	Neutralrottest *m*	test *m* au rouge neutre
N 120	**neutral salt,** normal salt	Neutralsalz *n*, normales Salz *n*	sel *m* neutre, sel normal
N 121	**neutral solution**	neutrale Lösung *f*	solution *f* neutre
N 122	**neutral sulphur**	Neutralschwefel *m*	soufre *m* neutre
N 123	**neutron**	Neutron *n*	neutron *m*
N 124	**neutron activation analysis**	Neutronenaktivierungsanalyse *f*	analyse *f* par activation neutronique
N 125	**neutrophil,** neutrophile	Neutrophiler *m*	neutrophile *m*, leucocyte *m* neutrophile
N 126	**neutrophil,** neutrophilic	neutrophil	neutrophile
N 127	**neutrophil chemotactic factor**	neutrophiler chemotaktischer Faktor *m*	facteur *m* chimiotactique neutrophile
	neutrophile	*s.* N 125	
	neutrophilic	*s.* N 126	
N 128	**neutrophiloblast**	Neutrophiloblast *m*	neutrophiloblaste *m*
N 129	**newborn,** neonate	Neugeborenes *n*	nouveau-né *m*
N 130	**Newcastle [disease] virus,** NDV	Newcastle-Virus *n*	virus *m* de la maladie de Newcastle
N 131	**newton,** N	Newton *n*, N	newton *m*, N
	Ni	*s.* N 133	
	niacin	*s.* N 139	
	niacinamide	*s.* N 134	
N 132	**niacin test**	Niacintest *m*	test *m* à la niacine
N 133	**nickel,** Ni	Nickel *n*, Ni	nickel *m*, Ni
	Nickerson-Kveim test	*s.* K 90	
N 134	**nicotinamide,** niacinamide, nicotinic acid amide, pyridine-3-carboxamide	Nicotinamid *n*, Niacinamid *n*, Nicotinsäureamid *n*, Pyridin-3-carboxamid *n*	nicotinamide *m*, niacinamide *m*, amide *m* nicotinique
N 135	**nicotinamide adenine dinucleotide,** coenzyme I, cozymase, codehydrogenase I, diphosphopyridine nucleotide^{+}, NAD, DPN^{+}	Nicotinamid-adenin-dinucleotid *n*, Coenzym *n* I, Cozymase *f*, Codehydrogenase *f* I, Diphosphopyridinnucleotid^{+} *n*, NAD, DPN^{+}	nicotinamide-adénine-dinucléotide *m*, coenzyme *m* I, cozymase *f*, codéshydrogénase *f* I, diphosphopyridine-nucléotide^{+} *m*, NAD, DPN^{+}
N 136	**nicotinamide adenine dinucleotide phosphate,** coenzyme II, codehydrogenase II, triphosphopyridine nucleotide^{+}, NADP, TPN^{+}	Nicotinamid-adenin-dinucleotidphosphat *n*, Coenzym *n* II, Codehydrogenase *f* II, Triphosphopyridinnucleotid^{+} *n*, NADP, TPN^{+}	nicotinamide-adénine-dinucléotide-phosphate *m*, coenzyme *m* II, codéshydrogénase *f* II, triphosphopyridine-nucléotide^{+} *m*, NADP, TPN^{+}
N 137	**nicotine**	Nicotin *n*	nicotine *f*
N 138	**nicotine test**	Nicotintest *m*	épreuve *f* à la nicotine
N 139	**nicotinic acid,** niacin, pellagra-preventing factor, pellagra preventive factor, antipellagra (PP) factor, pellagramin, pyridine-3-carboxylic acid	Nicotinsäure *f*, Niacin *n*, Pellagraschutzstoff *m*, PP-Faktor *m*, Antipellagrafaktor *m*, Pyridin-3-carbonsäure *f*	acide *m* nicotinique, niacine *f*, vitamine *f* PP (antipellagreuse), facteur *m* antipellagreux, acide pyridine-3-carboxylique
	nicotinic acid amide	*s.* N 134	
N 140	**Niemann-Pick cell**	Niemann-Pick-Zelle *f*	cellule *f* de Niemann-Pick
N 141	**night duty**	Nachtdienst *m*	permanence *f* de nuit
N 142	**nigrosine**	Nigrosin *n*	nigrosine *f*
N 143	**Nile blue**	Nilblau *n*	bleu *m* de Nil
N 144	**Nile blue stain[ing]**	Nilblaufärbung *f*	coloration *f* au bleu de Nil
N 145	**Nile blue sulphate**	Nilblausulfat *n*	sulfate *m* de bleu de Nil
N 146	**Nile blue sulphate staining**	Nilblausulfatfärbung *f*	coloration *f* au sulfate de bleu de Nil
N 147	**ninhydrin**	Ninhydrin *n*	ninhydrine *f*
N 148	**ninhydrin reaction**	Ninhydrinreaktion *f*	réaction *f* de (à) ninhydrine
N 149	**Nissl body (granule),** Nissl substance, tigroid body	Nissl-Körperchen *n*, Nissl-Substanz *f*, Nissl-Scholle *f*, Tigroidsubstanz *f*	corps *m* de Nissl, grains *mpl* chromatiques, corpuscules *mpl* chromatiques (chromatophiles), substance *f* chromophile (tigroïde)
N 150	**Nissl [staining] method**	Nissl-Färbung *f*	méthode *f* de Nissl
	Nissl substance	*s.* N 149	
N 151	**nitrate / to**	nitrieren	nitrater
N 152	**nitrate**	Nitrat *n*	nitrate *m*, azotate *m*
N 153	**nitrate bacterium,** nitric bacterium, nitrobacterium	Nitratbakterie *f*, Nitratbildner *m*	nitrobactérie *f*, nitrobacter *m*, bactérie *f* nitrique
N 154	**nitrate bouillon, nitrate broth**	Nitratbouillon *f*	bouillon *m* nitraté
	nitrate of potash	*s.* P 792	
N 155	**nitrate reductase**	Nitratreductase *f*	nitrate-réductase *f*
N 156	**nitration**	Nitrierung *f*, Nitrieren *n*	nitration *f*
N 157	**nitrazepam**	Nitrazepam *n*	nitrazépam *m*
N 158	**nitric acid**	Salpetersäure *f*	acide *m* nitrique (azotique)
N 159	**nitric acid test**	Salpetersäuretest *m*	épreuve *f* à l'acide nitrique
	nitric bacterium	*s.* N 153	
N 160	**nitric oxide,** nitrogen oxide (monoxide)	Stickoxid *n*, Stickstoff[mon]oxid *n*	oxyde *m* d'azote, oxyde nitrique
N 161	**nitride**	Nitrid *n*	nitrure *m*, azoture *m*
N 162	**nitrification**	Nitrifizierung *f*, Nitrifikation *f*	nitrification *f*
N 163	**nitrify / to**	nitrifizieren	nitrifier

N 164	**nitrite**	Nitrit *n*	nitrite *m*
N 165	**nitrite bacterium,** nitrous bacterium, nitrosobacterium	Nitritbakterie *f*, Nitritbildner *m*, Nitrosobakterie *f*	nitrosobactérie *f*, bactérie *f* nitreuse, bactérie nitr[os]ifiante
N 166	**nitroaniline**	Nitroanilin *n*	nitraniline *f*
	nitrobacterium	*s.* N 153	
N 167	**nitrobenzene**	Nitrobenzen *n*	nitrobenzène *m*
N 168	**nitrobenzoic acid**	Nitrobenzoesäure *f*	acide *m* nitrobenzoïque
N 169	**nitroblue tetrazolium**	Nitroblautetrazolium *n*, Nitro-BT *n*, NBT	nitrobleu *m* de tétrazolium
N 170	**nitroblue tetrazolium test**	Nitroblautetrazoliumtest *m*, NBT-Test *m*	test *m* au nitrobleu de tétrazolium
N 171	**nitro compound**	Nitroverbindung *f*	composé *m* nitré
N 172	**nitrofurantoin**	Nitrofurantoin *n*	nitrofurantoïne *f*
N 173	**nitrogen,** N	Stickstoff *m*, N	nitrogène *m*, N, azote *m*
N 174	**nitrogenase**	Nitrogenase *f*	nitrogénase *f*
	nitrogen balance	*s.* N 179	
N 175	**nitrogen compound**	Stickstoffverbindung *f*	combinaison *f* nitrogénique
	nitrogen-containing	*s.* N 182	
N 176	**nitrogen content**	Stickstoffgehalt *m*	teneur *f* en azote
N 177	**nitrogen determination,** determination of nitrogen, nitrogen estimation	Stickstoffbestimmung *f*	détermination *f* de l'azote, dosage *m* d'azote
N 178	**nitrogen dioxide**	Stickstoffdioxid *n*	bioxyde *m* d'azote
N 179	**nitrogen equilibrium,** nitrogen balance	Stickstoffgleichgewicht *n*, Stickstoffbilanz *f*	équilibre (bilan) *m* azoté, balance *f* azotée, bilan d'azote
	nitrogen estimation	*s.* N 177	
N 180	**nitrogen-fixing bacterium**	stickstoffbindende Bakterie *f*	bactérie *f* liant de l'azote
N 181	**nitrogen-free,** non-nitrogeneous	stickstofffrei	exempt d'azote
	nitrogen monoxide	*s.* N 160	
N 182	**nitrogenous,** nitrogen-containing	stickstoffhaltig	azoté, contenant de l'azote
	nitrogen oxide	*s.* N 160	
	nitroglycerol	*s.* G 339	
	nitrometer	*s.* A 1197	
N 183	**nitromethane**	Nitromethan *n*	nitrométhane *m*
N 184	**nitrophenol**	Nitrophenol *n*	nitrophénol *m*
N 185	**nitrophenylglycerol**	Nitrophenylglycerol *n*	nitrophénylglycérol *m*
N 186	**nitrophenylphosphate**	Nitrophenylphosphat *n*	nitrophénylphosphate *m*
	nitroprussiate	*s.* N 187	
N 187	**nitroprusside,** nitroprussiate	Nitroprussid *n*	nitroprussiate *m*
N 188	**nitroprusside test**	Nitroprussidprobe *f*	épreuve *f* au nitroprussiate
N 189	**nitrosamine**	Nitrosamin *n*	nitrosamine *f*
N 190	**nitrosamine red**	Nitrosaminrot *n*	rouge *m* de nitrosamine
	nitrosobacterium	*s.* N 165	
N 191	**nitrous acid**	salpetrige Säure *f*	acide *m* nitreux
	nitrous bacterium	*s.* N 165	
	niveau	*s.* L 226	
	NMR	*s.* N 259	
	NMR spectroscopy	*s.* N 264	
	NMR spectrum	*s.* N 260	
	noble gas	*s.* I 230	
N 192	**noble metal,** precious metal	Edelmetall *n*	métal *m* noble (précieux)
N 193	**nomenclature**	Nomenklatur *f*	nomenclature *f*
N 194	**nominal value**	Sollwert *m*	valeur *f* prescrite (de consigne)
N 195	**nomogram**	Nomogramm *n*	nomogramme *m*
N 196	**non-alcoholic,** alcohol-free, free from alcohol	alkoholfrei	non-alcoolisé, sans alcool
N 197	**non-aqueous**	nichtwäßrig	non aqueux
N 198	**non-aqueous phase**	nichtwäßrige Phase *f*	phase *f* non aqueuse
N 199	**non-aqueous solution**	nichtwäßrige Lösung *f*	solution *f* non aqueuse
	non-bacterial	*s.* A 2	
	non-characteristic	*s.* A 1115	
N 200	**non-chromaffin**	nichtchromaffin	non-chromaffine
	non-chromatophile	*s.* A 125	
N 201	**non-competitive**	nichtkompetitiv	non-compétitif
N 202	**non-crystalline**	nichtkristallin	non cristallin
	non-cyclic	*s.* A 224	
	non-cyclical	*s.* A 224	
	non-discolouring	*s.* C 775	
N 203	**non-dominant**	nichtdominant	non-dominant
N 204	**non-enzym[at]ic**	nichtenzymatisch	non enzymatique
N 205	**non-essential**	nichtessentiell	non-essentiel
	non-esterified fatty acid	*s.* F 363	
N 206	**non-extractable, non-extractible**	nichtextrahierbar	non extractible
	non-fat	*s.* F 30	
	non-fatty	*s.* F 30	
	non-granular	*s.* A 392	
	non-granular leucocyte	*s.* A 393	
N 207	**non-histone protein**	Nichthistonprotein *n*	protéine *f* non-histone
	non-homogeneity	*s.* H 251	
	non-homogeneous	*s.* H 252	
N 208	**non-linear**	nichtlinear	non-linéaire

N 209	**non-linear distribution**	nichtlineare Verteilung *f*	distribution *f* non-linéaire
N 210	**non-linear regression analysis**	nichtlineare Regressionsanalyse *f*	analyse *f* de régression non-linéaire
	non-malignant	*s.* B 161	
N 211	**non-metallic**	nichtmetallisch	non-métallique
	non-miscible	*s.* I 46	
	non-mobile	*s.* I 47	
	non-mobile phase	*s.* S 831	
	non-motile	*s.* I 47	
	non-natural	*s.* A 1026	
N 212	**Nonne-Apelt reaction (test),** Apelt's (ammonium sulphate) test	Nonne-Apelt-[Schumm-]Reaktion *f*, Ammoniumsulfat-Reaktion *f*	réaction *f* de Nonne-Apelt[-Schumm]
	non-nitrogeneous	*s.* N 181	
	non-nucleated	*s.* A 51	
	non-nucleated cell	*s.* A 409	
N 213	**non-parametric test,** parameter-free test, distribution-free test	nichtparametrischer (parameterfreier, verteilungsunabhängiger) Test *m*	test *m* non-paramétrique
N 214	**non-parasitic**	nichtparasitär, parasitenfrei	non-parasitaire, sans parasites
N 215	**non-pathogenic**	nichtpathogen	non-pathogène
	non-pathogenic	*s. a.* A 949	
	non-poisonous	*s.* A 1106	
N 216	**non-polar,** apolar	nichtpolar, apolar	non-polaire, apolaire
N 217	**non-protein fraction**	Nichteiweißfraktion *f*, Nichtproteinfraktion *f*	fraction *f* non-protéique
N 218	**non-protein nitrogen,** residual nitrogen	Reststickstoff *m*, Rest-N *n*, Nichtproteinstickstoff *m*, Nichteiweißstickstoff *m*	azote *m* résiduel (non-protéique, restant)
	non-radioactive isotope	*s.* S 766	
N 219	**non-reproducible**	nichtreproduzierbar	non reproductible
	non-reversible	*s.* I 535	
	non-rusting	*s.* S 779	
N 220	**non-smoker**	Nichtraucher *m*	non-fumeur *m*
	non-soluble	*s.* I 323	
	non-specific	*s.* U 74	
	non-specific esterase	*s.* U 75	
	non-specific method	*s.* U 76	
	non-stainable	*s.* A 125	
N 221	**non-sterile,** unsterile	unsteril	non-stérile
	non-toxic	*s.* A 1106	
N 222	**non-transparency,** opacity	Undurchsichtigkeit *f*, Opazität *f*	opacité *f*, non-transparence *f*
N 223	**non-transparent,** opaque	undurchsichtig, opak	non-transparent, opaque
	non-virulent	*s.* A 1176	
N 224	**non-volatile**	nichtflüchtig	non-volatil
N 225	**noradrenalin, norepinephrine,** arterenol	Noradrenalin *n*, Norepinephrin *n*, Arterenol *n*	noradrénaline *f*, norépinéphrine *f*, artérénol *m*
N 226	**norleucine,** α-aminocaproic acid	Norleucin *n*, α-Aminocapronsäure *f*	norleucine *f*, acide *m* α-aminocaproïque, glycoleucine *f*
	norm	*s.* S 782	
N 227	**normal**	normal	normal
N 228	**normal allele (allelomorph)**	Normalallel *n*, Wildtypallel *n*	allèle *m* sauvage (normal)
N 229	**normal buffer base**	Normalpufferbase *f*	base *f* tampon normale
	normal condition	*s.* S 784	
	normal curve	*s.* G 107	
N 230	**normal diet**	Normalkost *f*	diète *f* normale
N 231	**normal distribution,** Gauss[ian] distribution	[Gauß-]Normalverteilung *f*, Gauß-Verteilung *f*	distribution *f* normale (de Gauss, gaussienne)
N 232	**normal hydrogen electrode**	Normalwasserstoffelektrode *f*	électrode *f* normale à hydrogène
N 233	**normalisation**	Normalisierung *f*	normalisation *f*
N 234	**normality,** equivalent concentration	Normalität *f*	normalité *f*
	normally staining	*s.* N 241	
	normal plasma	*s.* S 794	
N 235	**normal pressure,** standard pressure	Normaldruck *m*	pression *f* normale
	normal probability paper	*s.* P 943	
N 236	**normal range**	Normalreihe *f*	série (chaîne) *f* normale
	normal salt	*s.* N 120	
	normal serum	*s.* S 797	
	normal temperature	*s.* S 799	
N 237	**normal value**	Normalwert *m*	valeur *f* normale
N 238	**normetanephrine**	Normetanephrin *n*	normétanéphrine *f*
N 239	**normoblast**	Normoblast *m*	normoblaste *m*
	normochromatic	*s.* N 241	
N 240	**normochromia**	Normochromie *f*, Normalfärbbarkeit *f*	normochromie *f*
N 241	**normochromic,** normochromatic, normally staining	normochrom, normochromatisch, normalfärbend	normochrome, normochromique
N 242	**normochromic erythrocyte, normochromocyte**	normochromer Erythrozyt *m*	érythrocyte *m* normochromique
N 243	**normocyte,** normoerythrocyte	Normozyt *m*, normalgroßer Erythrozyt *m*	normocyte *m*
N 244	**nortryptyline**	Nortryptylin *n*	nortryptyline *f*

N 245	**norvaline,** α-aminovaleric acid	Norvalin *n*, α-Aminovaleriansäure *f*	norvaline *f*, acide *m* α-aminovalérianique
N 246	**nose swab,** nasal swab; nasal smear	Nasen[schleimhaut]abstrich *m*	frottis *m* nasal (de la muqueuse nasale)
N 247	**nosoparasite**	Nosoparasit *m*	nosoparasite *m*
N 248	**notatin**	Notatin *n*	notatine *f*
	not bond	*s.* F 359	
N 249	**not detectable**	nicht nachweisbar	non décelable
	not differentiated	*s.* U 53	
N 250	**notifiable**	meldepflichtig	soumis à déclaration
	not manifest	*s.* L 108	
	not stable haemoglobin	*s.* U 77	
	nourishment	*s.* N 325	
	novocaine	*s.* P 952	
N 251	**noxa, noxiousness**	Noxe *f*, Schädlichkeit *f*	noxe *f*, nocivité *f*, principe *m* nuisible
N 252	**nozzle,** jet	Düse *f*	buse *f*, injecteur *m*, tuyère *f*
	NSE	*s.* N 98	
N 253	**N-terminal**	N-terminal	N-terminal
N 254	**nuclear**	nukleär, nuclear	nucléaire
N 255	**nuclear chromatin,** chromoplasm	Kernchromatin *n*, Chromoplasma *n*	chromatine *f* nucléaire, chromoplasma *m*
	nuclear deoxyribonucleic acid	*s.* N 256	
N 256	**nuclear DNA,** nuclear deoxyribonucleic acid	Kern-DNA *f*	ADN nucléaire, acide *m* désoxyribonucléique nucléaire
N 257	**nuclear fragment**	Kernfragment *n*	fragment *m* nucléaire
	nuclear juice	*s.* N 266	
N 258	**nuclear-latex agglutination test**	Nucleoprotein-Latex-Agglutinationstest *m*	épreuve *f* d'agglutination de nucléoprotéine-latex
N 259	**nuclear magnetic resonance,** NMR	kernmagnetische Resonanz *f*	résonance *f* magnétique nucléaire
	nuclear magnetic resonance spectroscopy	*s.* N 264	
N 260	**nuclear magnetic resonance spectrum,** NMR spectrum	Kernresonanzspektrum *n*, kernmagnetisches Resonanzspektrum *n*	spectre *m* de résonance magnétique nucléaire, spectre d'absorption par résonance [magnétique], spectre RMN
	nuclear mass number	*s.* M 129	
N 261	**nuclear medicine**	Nuklearmedizin *f*	médicine *f* nucléaire
N 262	**nuclear membrane,** karyotheca	Kernmembran *f*, Kernhülle *f*, Kernwand *f*	membrane (paroi) *f* nucléaire
N 263	**nuclear resonance**	Kernresonanz *f*	résonance *f* nucléaire
N 264	**nuclear resonance spectroscopy,** nuclear magnetic resonance spectroscopy, NMR spectroscopy	Kernresonanzspektroskopie *f*, kernmagnetische Resonanzspektroskopie *f*	spectroscopie *f* à résonance [magnétique] nucléaire, spectroscopie RMN
	nuclear ribonucleic acid	*s.* N 265	
N 265	**nuclear RNA,** nuclear ribonucleic acid	Kern-RNA *f*	ARN *m* nucléaire, acide *m* ribonucléique nucléaire
N 266	**nuclear sap,** nuclear juice, karyolymph, nucleolymph	Kernsaft *m*, Karyolymphe *f*	suc *m* nucléaire, karyolymphe *f*
N 267	**nuclear shift index,** Schillings's index	Kernverschiebungsindex *m*, Schilling-Index *m*	index *m* de déviation nucléaire, indice *m* nucléaire, index de Schilling
N 268	**nuclear size**	Kerngröße *f*	taille *f* nucléaire
N 269	**nuclear stain**	Kernfarbstoff *m*	colorant *m* de noyau
N 270	**nuclear staining**	Kernfärbung *f*	coloration *f* de noyau
N 271	**nuclear structure**	Kernstruktur *f*	structure *f* nucléaire
N 272	**nuclease**	Nuclease *f*	nucléase *f*
N 273	**nucleated**	kernhaltig	nucléé
N 274	**nucleic acid,** nucleinic acid	Nucleinsäure *f*	acide *m* nucléique
N 275	**nucleic acid methylase**	Nucleinsäuremethylase *f*	méthylase *f* d'acide nucléique
N 276	**nucleic acid polymerase**	Nucleinsäurepolymerase *f*	polymérase *f* d'acide nucléique
N 277	**nucleic base**	Nucleinbase *f*	base *f* nucléique
N 278	**nucleide**	Nucleid *n*	nucléide *m*, nuclide *m*
N 279	**nucleiform**	kernförmig, nucleiform	nuclé[ol]iforme, nucléoïde
N 280	**nuclein**	Nuclein *n*	nucléine *f*
N 281	**nucleinase**	Nucleinase *f*	nucléinase *f*
	nucleinic acid	*s.* N 274	
N 282	**nucleoalbumin**	Nucleoalbumin *n*	nucléoalbumine *f*
N 283	**nucleocytoplasmic ratio**	Kern-Plasma-Relation *f*	proportion *f* nucléocytoplasmique, rapport *m* nucléo[cyto]plasmique
N 284	**nucleoglucoprotein**	Nucleoglucoprotein *n*	nucléoglucoprotéine *f*
N 285	**nucleohistone**	Nucleohiston *n*	nucléohistone *m*
N 286	**nucleoide**	Nucleoid *n*	nucléoïde *m*
	nucleole	*s.* N 287	
N 287	**nucleolus,** nucleole	Kernkörperchen *n*, Nucleolus *m*	nucléole *m*
	nucleolymph	*s.* N 266	
N 288	**nucleopeptide**	Nucleopeptid *n*	nucléopeptide *m*
N 289	**nucleophilic**	nucleophil	nucléophile
N 290	**nucleophilic reaction**	nucleophile Reaktion *f*	réaction *f* nucléophile
N 291	**nucleoplasm,** karyoplasm	Kernplasma *n*, Nucleoplasma *n*, Karyoplasma *n*, Zellkernplasma *n*	nucléoplasme *m*, karyoplasme *m*

No.	English	German	French
N 292	**nucleoprotamine**	Nucleoprotamin *n*	nucléoprotamine *f*
N 293	**nucleoproteid**	Nucleoproteid *n*	nucléoprotéide *m*
N 294	**nucleoprotein**	Nucleoprotein *n*, Kernprotein *n*, Kerneiweiß *n*	nucléoprotéine *f*
N 295	**nucleosidase,** purine nucleosidase	Nucleosidase *f*, Purinnucleosidase *f*	nucléosidase *f*, purine-nucléosidase *f*
N 296	**nucleoside**	Nucleosid *n*	nucléoside *m*
N 297	**nucleoside diphosphatase**	Nucleosiddiphosphatase *f*	nucléoside-diphosphatase *f*
N 298	**nucleoside diphosphate**	Nucleosiddiphosphat *n*	nucléoside-diphosphate *m*
N 299	**nucleoside diphosphate kinase**	Nucleosiddiphosphatkinase *f*	nucléoside-diphosphate-kinase *f*
N 300	**nucleoside kinase**	Nucleosidkinase *f*	nucléoside-kinase *f*
N 301	**nucleoside monophosphate**	Nucleosidmonophosphat *n*	nucléoside-monophosphate *m*
N 302	**nucleoside monophosphate kinase**	Nucleosidmonophosphatkinase *f*	nucléoside-monophosphate-kinase *f*
N 303	**nucleoside phosphorylase**	Nucleosidphosphorylase *f*	nucléoside-phosphorylase *f*
N 304	**nucleoside polyphosphate**	Nucleosidpolyphosphat *n*	nucléoside-polyphosphate *m*
N 305	**nucleoside ribosyltransferase**	Nucleosidribosyltransferase *f*	nucléoside-ribosyltransférase *f*
N 306	**nucleoside triphosphate**	Nucleosidtriphosphat *n*	nucléoside-triphosphate *m*
N 307	**nucleotidase**	Nucleotidase *f*	nucléotidase *f*
N 308	**nucleotide**	Nucleotid *n*	nucléotide *m*
N 309	**nucleotide pyrophosphatase**	Nucleotidpyrophosphatase *f*	nucléotide-pyrophosphatase *f*
N 310	**nucleotide pyrophosphorylase**	Nucleotidpyrophosphorylase *f*	nucléotide-pyrophosphorylase *f*
N 311	**nucleotidyl cyclase**	Nucleotidylcyclase *f*	nucléotidylcyclase *f*
N 312	**nucleus,** cell nucleus, karyon, cytoblast	Zellkern *m*, Nucleus *m*, Karyon *n*, Zytoblast *m*	noyau *m*, nucléus *m*, caryon *m* , cytoblaste *m*
N 313	**nucleus-nucleolus relation**	Kern-Kernkörperchen-Relation *f*	relation *f* nucléus-nucléole
N 314	**nuclide**	Nuklid *n*	nuclide *m*
N 315	**null cell,** null lymphocyte	Null-Zelle *f*, Null-Lymphozyt *m*	cellule *f* nulle, lymphocyte *m* nul
N 316	**null-hypothesis**	Nullhypothese *f*	hypothèse *f* nulle
	null lymphocyte	*s.* N 315	
	null point	*s.* Z 3	
N 317	**number**	Zahl *f*	nombre *m*
N 318	**number of genes**	Genzahl *f*	nombre *m* de gènes
N 319	**number of moles**	Molzahl *f*	nombre *m* de molécules
N 320	**number of revolutions,** rate of rotations	Drehzahl *f*, Umdrehungszahl *f*	nombre *m* de tours
N 321	**numerical value**	Zahlenwert *m*, numerischer Wert *m*	valeur *f* numérique
	nummulation	*s.* B 422	
N 322	**nutrient,** nutritive [substance], foodstuff	Nährstoff *m*, Nahrungsstoff *m*	nutriment *m*, substance *f* nutritive (alimentaire)
N 323	**nutrient agar**	Nähragar *m*	gélose *f* nutritive
	nutrient bouillon	*s.* N 324	
	nutrient broth	*s.* N 324	
	nutrient fluid	*s.* N 324	
	nutrient gelatin	*s.* G 119	
	nutrient medium	*s.* C 1169	
N 324	**nutrient solution,** nutrient broth (bouillon, fluid), culture fluid, liquid culture [medium]	Nährlösung *f*, Nährflüssigkeit *f*, Nährbouillon *f*, flüssiges Nährmedium *n*, flüssiger Nährboden *m*, flüssiges Medium *n*, Kulturlösung *f*, Kulturflüssigkeit *f*	solution *f* nutritive, liquide *m* nutritif, bouillon *m*, milieu *m* de culture, culture *f* [liquide]
N 325	**nutrition,** nourishment, alimentation	Ernährung *f*	nutrition *f*, alimentation *f*
	nutritional allergen	*s.* N 328	
	nutritional quality	*s.* N 329	
N 326	**nutritional state**	Ernährungszustand *m*	état *m* nutritif
	nutritional value	*s.* N 329	
N 327	**nutritious,** rich in nutrients	nährstoffreich	nourissant, riche en nourriture
	nutritive	*s.* N 322	
N 328	**nutritive allergen,** nutritional (ingestion) allergen	Nahrungsmittelallergen *n*, Nahrungsallergen *n*	allergène *m* alimentaire
	nutritive medium	*s.* C 1169	
	nutritive substance	*s.* N 322	
N 329	**nutritive value,** nutritional value (quality), food value	Nährwert *m*	valeur *f* nutritive (alimentaire)
N 330	**nutsch[e], nutsch filter**	Nutsche *f*, Filternutsche *f*	entonnoir *m* filtrant, nutsche *f*
N 331	**Nylander's reagent**	Nylander-Reagens *n*	réactif *m* de Nylander
N 332	**Nylander's test**	Nylander-Probe *f*	réaction *f* de Nylander
N 333	**nystatin**	Nystatin *n*	nystatine *f* 2

O

No.	English	German	French
	O	*s.* O 221	
	O agglugen	*s.* O 2	
O 1	**O agglutination,** polar agglutination	O-Agglutination *f*, polare Agglutination *f*	agglutination *f* O (polaire)
	O agglutinin	*s.* A 371	
O 2	**O antigen,** O agglugen, somatic antigen	O-Antigen *n*, O-Agglugen *n*, somatisches Antigen *n*, Körperantigen *n*	antigène *m* O, antigène somatique
O 3	**obduction,** autopsy, post-mortem examination, necropsy	Sektion *f*, Obduktion *f*, Autopsie *f*	dissection *f*, nécropsie *f*, autopsie *f*, nécroscopsie *f*

No.	English	German	French
	obduction material	*s.* D 623	
O 4	**Obermayer's test**	Obermayer-Probe *f*	test *m* d'Obermayer
O 5	**objective**	Objektiv *n*	objectif *m*
O 6	**obligatory**	obligatorisch	obligatoire
O 7	**observation,** viewing	Beobachtung *f*	observation *f*
O 8	**observational error,** error of observation	Beobachtungsfehler *m*	erreur *f* d'observation
	observation period	*s.* O 9	
O 9	**observation time,** observation period	Beobachtungszeit *f*	période *f* d'observation
O 10	**observe / to,** to watch, to view	beobachten	observer
O 11	**obsolete**	obsolet, veraltet	obsolète
O 12	**occult blood**	okkultes Blut *n*	sang *m* occulte
O 13	**occupational disease**	Berufskrankheit *f*	maladie *f* professionnelle
	occupational medicine	*s.* I 228	
	octadecanoic acid	*s.* S 851	
	octanoic acid	*s.* C 92	
O 14	**ocular,** eyepiece	Okular *n*	oculaire *m*
O 15	**ocular-counting window**	Okularzählfenster *n*, Zählfenster *n*	fenêtre *f* oculaire
O 16	**ocular humour,** aqueous humour, vitreous humour	Augenkammerwasser *n*, Kammerwasser *n*	humeur *f* aqueuse
O 17	**ocular micrometer,** eyepiece micrometer	Okularmikrometer *n*	micromètre *m* oculaire
	odour	*s.* S 469	
	odour-free	*s.* I 299	
	odourless	*s.* I 299	
O 18	**oesophagobiopsy**	Ösophagobiopsie *f*	œsophagobiopsie *f*, biopsie *f* d'œsophage
O 19	**Oesophagostomum**	Knötchenwurm *m*	Oesophagostomum
	oestradiol	*s.* estradiol	
	oestran	*s.* estran	
	oestriol	*s.* estriol	
	oestrogen	*s.* estrogen	
	oestrone	*s.* estrone	
	OGTT	*s.* O 86	
	OH group	*s.* H 544	
	OHLys	*s.* H 545	
	OHPro	*s.* H 557	
O 20	**oil**	Öl *n*, Oleum *n*	huile *f*
O 21	**oil bath**	Ölbad *n*	bain *m* d'huile
O 22	**oil immersion**	Ölimmersion *f*	immersion *f* d'huile
	oil of cloves	*s.* C 648	
	oil-soluble dye	*s.* F 32	
O 23	**oil stone,** oleolith	Ölstein *m*, Oleolith *m*	oléolithe *m*
O 24	**oil test**	Ölprobe *f*	ingestion *f* d'huile
O 25	**oily,** oleaginous	ölig, ölartig	huileux, graisseux
	oil yellow	*s.* D 487	
O 26	**old age,** senium	Greisenalter *n*	vieillesse *f*
O 27	**old man**	Greis *m*	vieillard *m*
O 28	**Old World hookworm,** tunnel worm, Ancylostoma duodenale, Ancylostoma hominis	Grubenwurm *m*	ankylostome *m* duodénal
	oleaginous	*s.* O 25	
O 29	**oleandomycin**	Oleandomycin *n*	oléandomycine *f*
O 30	**oleic acid**	Oleinsäure *f*, Ölsäure *f*	acide *m* oléique
	oleolith	*s.* O 23	
	oligase	*s.* G 380	
O 31	**oligo-1,6-glucosidase,** isomaltase	Oligo-1,6-glucosidase *f*, Isomaltase *f*	oligo-1,6-glucosidase *f*, isomaltase *f*
O 32	**oligonucleotide**	Oligonucleotid *n*	oligonucléotide *m*
O 33	**oligopeptide**	Oligopeptid *n*	oligopeptide *m*
O 34	**oligosaccharide**	Oligosaccharid *n*	oligosaccharide *m*
O 35	**olive oil**	Olivenöl *n*	huile *f* d'olive
O 36	**Onchocerca volvulus**	Blendfilarie *f*, Knäuelfilarie *f*	onchocerque *m* glomérulé, onchocerque aveugle
O 37	**oncocyte,** pyknocyte, pyknotic cell	Onkozyt *m*, Pyknozyt *m*	oncocyte *m*, pycnocyte *m*
O 38	**oncodnavirus**	Oncodnavirus *n*	oncodnavirus *m*
O 39	**oncofetal antigen, oncofetal protein**	onkofetales Antigen (Protein) *n*	antigène *m* oncofétal, protéine *f* oncofétale
O 40	**oncogen[e],** tumour gene	Onkogen *n*, Krebsgen *n*, Tumorgen *n*	oncogène *m*, cancérogène *m*, tumorigène *m*
	oncogenetic agent	*s.* C 69	
	oncogenic virus	*s.* T 659	
O 41	**oncornavirus**	Oncornavirus *n*	oncorna[-]virus *m*
O 42	**Oncosphaera**	Sechshakenlarve *f*	oncosphère *f*
	oncotic	*s.* C 751	
	oncotic pressure	*s.* C 752	
O 43	**one-dimensional chromatography**	eindimensionale Chromatographie *f*	chromatographie *f* monodimensionnelle
	one-phase system	*s.* H 382	
	one-way cuvette	*s.* D 611	

	one-way material	*s.* D 613	
	one-way needle	*s.* D 612	
	one-way syringe	*s.* D 614	
	one-way test tube	*s.* D 615	
O 44	**on-stage test,** single-phase test, monophasic determination	Einphasenbestimmung *f,* Einstufenmethode *f*	détermination *f* à une étape
	onyx	*s.* F 169	
	onyx	*s.* N 8	
	oocyte	*s.* O 184	
O 45	**ookinete**	Ookinet *m*	ookinète *m,* oocinète *m*
O 46	**oomycete**	Oomyzet *m*	oomycète *m*
	oophoron	*s.* O 173	
O 47	**oospora, oospore**	Oospore *f*	oospore *f*
O 48	**opacify / to;** to cloud, to become turbid *(liquids)*	sich trüben	se troubler
	opacity	*s.* I 134	
	opacity	*s.* N 222	
O 49	**opalesce / to**	opaleszieren	opalescer
O 50	**opalescence**	Opaleszenz *f*	opalescence *f*
O 51	**opalescent**	opaleszierend	opalescent
	opaque	*s.* I 135	
	opaque	*s.* N 223	
O 52	**open system**	offenes System *n*	système *m* ouvert
	open tube chromatography	*s.* C 83	
	open tubular column	*s.* C 84	
O 53	**operating instruction,** instruction (direction) for use	Bedienungsanweisung *f,* Bedienungsvorschrift *f,* Gebrauchsanweisung *f*	mode *m* d'emploi, instructions *fpl* de service
O 54	**operating temperature,** working temperature	Betriebstemperatur *f,* Arbeitstemperatur *f*	température *f* de service (travail)
O 55	**operation**	Operation *f*	opération *f*
O 56	**operator gene**	Operatorgen *n*	gène *m* opérateur
O 57	**operon**	Operon *n*	opéron *m*
O 58	**ophthalmotrope, ophthalmotropic virus**	ophthalmotropes Virus *n*	virus *m* ophtalmotrope
O 59	**opiate**	Opiat *n*	opiat *m*
O 60	**Opisthorchis**	Opisthorchis *m*	opisthorchis *m*
	Opisthorchis felineus	*s.* C 215	
O 61	**opium**	Opium *n*	opium *m*
O 62	**opsin**	Opsin *n*	opsine *f*
O 63	**opsonic index**	Opsoninindex *m*	indice *m* d'opsonine
	opsonic test	*s.* O 65	
	opsonify / to	*s.* O 66	
O 64	**opsonin,** bacteriotropin	Opsonin *n,* Bakteriotropin *n*	opsonine *f,* bactériotropine *f*
O 65	**opsonin test,** opsonic (bacteriotropin) test	Opsonintest *m,* Bakteriotropintest *m*	épreuve *f* d'opsonine, épreuve de bactériotropine
O 66	**opsonise / to,** to opsonify	opsonieren	opsoniser
	optic	*s.* O 67	
O 67	**optical,** optic	optisch	optique
O 68	**optical activity,** rotary polarisation (power)	optische Aktivität *f,* optisches Dreh[ungs]vermögen *n*	activité *f* optique, pouvoir *m* rotatoire optique
	optical density	*s.* E 595	
O 69	**optically active**	optisch aktiv	optiquement actif
O 70	**optically active substance**	optisch aktive Substanz *f*	substance *f* optiquement active
O 71	**optically inactive**	optisch inaktiv	optiquement inactif
	optical microscope	*s.* L 243	
	optical microscopy	*s.* L 244	
O 72	**optical rotation**	optische Drehung *f*	rotation *f* optique
O 73	**optical system**	optisches System *n*	système *m* optique
O 74	**optical test**	optischer Test *m*	épreuve *f* (test *m*) optique
O 75	**optics**	Optik *f*	optique *f*
	optimal	*s.* O 78	
O 76	**optimisation, optimising**	Optimierung *f*	optimisation *f*
O 77	**optimum,** optimum value	Optimum *n,* Optimalwert *m*	optimum *m,* valeur *f* optimum, valeur optimale
O 78	**optimum,** optimal	optimal	optimal
O 79	**optimum dose**	optimale Dosis *f*	dose *f* optimale
O 80	**optimum temperature**	Optimaltemperatur *f*	température *f* optimale
	optimum value	*s.* O 77	
O 81	**optochin bouillon**	Optochinbouillon *f*	bouillon *m* d'optochine
O 82	**optochin test**	Optochintest *m*	test *m* de sensibilité à l'optochine
O 83	**oral,** peroral, per os, orally given, by mouth	oral	oral
O 84	**oral contraceptive**	orales Kontrazeptivum *n*	contraceptif *m* oral
O 85	**oral epithelium test**	Mundepitheltest *m*	frottis *m* bucal
O 86	**oral glucose tolerance test,** OGTT	oraler Glucosetoleranztest *m,* OGTT	épreuve *f* de tolérance au glucose orale
	orally given	*s.* O 83	
O 87	**oral mucosa**	Mundschleimhaut *f*	muqueuse *f* buccale
O 88	**oral mucus**	Mundschleim *m*	mucus *m* buccal

No.	English	German	French
O 89	**oral treponema,** Borrelia buccalis	Mundspirochäte *f*	spirochète *m* buccal, spirochète de Borrel
O 90	**orange**	orange	orange, orangé
O 91	**orbivirus**	Orbivirus *n*	orbivirus *m*
O 92	**orcin,** 3,5-dihydroxytoluene, 5-methylresorcinol	Orcin *n*, 3,5-Dihydroxytoluen *n*, 5-Methylresorcin *n*	orcine *f*, dihydroxy-3,5-toluène *m*, méthylrésorcine *f*, méthylrésorcinol *m*
	orcinol test	*s.* B 198	
O 93	**orcin staining**	Orcinfärbung *f*	coloration *f* à l'orcine
	order	*s.* R 107	
	order	*s.* S 251	
	order test	*s.* R 110	
	ordinal number	*s.* A 1099	
O 94	**ordinate,** axis of ordinates, y-axis	Ordinate *f*, Ordinatenachse *f*, y-Achse *f*	ordonnée *f*, axe *m* des ordonnées
O 95	**organ,** organum, organon	Organ *n*	organe *m*
O 96	**organ culture**	Organkultur *f*	culture *f* aux extraits d'organes
O 97	**organelle,** cell organelle	Organelle *f*, Zellorganelle *f*	organelle *f* [cellulaire]
O 98	**organic**	organisch	organique
O 99	**organic acid**	organische Säure *f*	acide *m* organique
O 100	**organic analysis**	organische Analyse *f*	analyse *f* organique
O 101	**organic base**	organische Base *f*	base *f* organique
O 102	**organic chemistry**	organische Chemie *f*	chimie *f* organique
O 103	**organic compound**	organische Verbindung *f*	composé *m* organique
O 104	**organic solvent**	organisches Lösungsmittel *n*	solvant *m* organique
O 105	**organisation**	Organisation *f*	organisation *f*
O 106	**organisation of work**	Arbeitsorganisation *f*	organisation *f* du travail
O 107	**organism**	Organismus *m*	organisme *m*
	organon	*s.* O 95	
O 108	**organophosphorus compound**	phosphororganische Verbindung *f*	composé *m* organophosphorique
	organozoon	*s.* O 109	
O 109	**organ parasite,** organozoon	Organparasit *m*, Organozoon *n*	parasite *m* d'organe[s]
O 110	**organ preservation**	Organkonservierung *f*	préservation *f* d'organes
O 111	**organ-specific antigen**	organspezifisches Antigen *n*	antigène *m* organique spécifique
	organum	*s.* O 95	
O 112	**oriental bedbug,** Cimex hemipterus	tropische Bettwanze *f*	punaise *f* tropicale
O 113	**orienting examination test**	orientierender Test *m*	test *m* d'orientation
	original solution	*s.* S 913	
	Orn	*s.* O 114	
O 114	**ornithine,** 2,5-diamino-n-valeric acid, Orn	Ornithin *n*, 2,5-Diaminovaleriansäure *f*, Orn	ornithine *f*, acide *m* diamino-2,5 valérique, Orn
O 115	**ornithine aminotransferase**	Ornithinaminotransferase *f*	ornithine-aminotransférase *f*
O 116	**ornithine carbamoyltransferase,** ornithine transcarbamylase, citrulline phosphorylase	Ornithincarbamyltransferase *f*, Ornithintranscarbamylase *f*, Citrullinphosphorylase *f*	ornithine-carbam[o]yltransférase *f*, OCT, ornithine-transcarbamylase *f*, citrulline-phosphorylase *f*
O 117	**ornithine decarboxylase**	Ornithindecarboxylase *f*	ornithine-décarboxylase *f*
	ornithine transcarbamylase	*s.* O 116	
	ornithosis virus	*s.* P 1157	
	orosomucoid	*s.* A 146	
O 118	**orotate**	Orotat *n*	orotate *m*
O 119	**orotic acid,** uracil-4-carboxylic acid	Orotsäure *f*, Uracil-4-carbonsäure *f*	acide *m* orotique, acide uracil-carboxylique-4, acide orotidylique
O 120	**orotidine**	Orotidin *n*	orotidine *f*
O 121	**orotidine-5'-phosphate**	Orotidin-5'-phosphat *n*	orotidine-5'-phosphate *m*
O 122	**orthochromasia**	Orthochromasie *f*	orthochromie *f*
O 123	**orthochromatic**	orthochrom[atisch]	orthochrom[atiqu]e
O 124	**orthomyxovirus**	Orthomyxovirus *n*	orthomyxovirus *m*
O 125	**orthophosphate**	Orthophosphat *n*	orthophosphate *m*
O 126	**orthotolidine**	Orthotolidin *n*	orthotolidine *f*
O 127	**orthotolidine test**	Orthotolidinprobe *f*	épreuve *f* à l'orthotolidine
O 128	**orthotoluidine**	Orthotoluidin *n*	orthotoluidine *f*
	os	*s.* B 474	
	Os	*s.* O 139	
O 129	**osazone**	Osazon *n*	osazone *f*
O 130	**osazone test**	Osazonprobe *f*	épreuve *f* à l'osazone
O 131	**oscillogram**	Oszillogramm *n*, Schwingungskurve *f*	oscillogramme *m*
O 132	**oscillograph**	Oszillograph *m*, Schwingungsschreiber *m*	oscillographe *m*
O 133	**oscillographic**	oszillographisch	oscillographique
O 134	**oscillography**	Oszillographie *f*	oscillographie *f*
O 135	**oscillometer**	Oszillometer *n*	oscillomètre *m*
O 136	**oscillometric**	oszillometrisch	oscillométrique
O 137	**oscillometry**	Oszillometrie *f*, Pulswellenmessung *f*	oscillométrie *f*
O 138	**oscilloscope**	Oszilloskop *n*	oscilloscope *m*
O 139	**osmium,** Os	Osmium *n*, Os	osmium *m*, Os
	osmium(VIII) oxide	*s.* O 140	
O 140	**osmium tetraoxide,** osmium(VIII) oxide	Osmiumtetroxid *n*, Osmium(VIII)-oxid *n*	tétraoxyde *m* d'osmium, acide *m* osmique anhydre
O 141	**osmol**	Osmol *n*	osmole *f*
O 142	**osmolal**	osmolal	osmolal

No.	English	German	French
O 143	**osmolal clearance**	osmolale Clearance *f*	clearance *f* osmolale
O 144	**osmolality**	Osmolalität *f*	osmolalité *f*
O 145	**osmolar**	osmolar	osmolaire
O 146	**osmolarity**	Osmolarität *f*	osmolarité *f*
O 147	**osmolar solution**	osmolare Lösung *f*	solution *f* osmolaire
O 148	**osmometer**	Osmometer *n*	osmomètre *m*
O 149	**osmometry**	Osmometrie *f*	osmométrie *f*
O 150	**osmosis**	Osmose *f*	osmose *f*
O 151	**osmotic**	osmotisch	osmotique
O 152	**osmotic clearance**	osmotische Clearance *f*	clearance *f* osmotique
O 153	**osmotic equilibrium**	osmotisches Gleichgewicht *n*	équilibre *m* osmotique
O 154	**osmotic erythrocyte resistance**	osmotische Erythrozytenresistenz *f*	résistance *f* osmotique des hématies
O 155	**osmotic pressure**	osmotischer Druck *m*	pression *f* osmotique
O 156	**osmotic resistance**	osmotische Resistenz *f*	résistance *f* osmotique
O 157	**ossein[e],** ostein[e]	Ossein *n*	osséine *f*
O 158	**osseomucoid**	Osseomucoid *n*	osséomucoïde *m*, osséomucoïne *f*, osséomucine *f*
	osseous cell	*s.* O 161	
	osseous tissue	*s.* B 484	
	ostein	*s.* O 157	
	osteine	*s.* O 157	
O 159	**osteoblast,** osteoplast, osteogenic cell	Osteoblast *m*, Osteoplast *m*, Knochenstammzelle *f*	ostéoblaste *m*, ostéoplaste *m*, cellule *f* ostéogène
O 160	**osteoclast,** osteophage	Osteoklast *m*, Knochenfreßzelle *f*, Osteophage *m*	ostéoclaste *m*, ostoclaste *m*, ostéophage *m*
O 161	**osteocyte,** osseous (bone) cell, bone corpuscle	Osteozyt *m*, Knochenzelle *f*	ostéocyte *m*, cellule *f* osseuse (de l'os)
	osteogenic cell	*s.* O 159	
O 162	**osteoid [tissue]**	Osteoid *n*	ostéoïde *m*
	osteophage	*s.* O 160	
	osteoplast	*s.* O 159	
O 163	**Ostwald's dilution law**	Ostwald-Verdünnungsgesetz *n*	loi *f* de dilution d'Ostwald
	Ouchterlony double diffusion	*s.* O 164	
	Ouchterlony method	*s.* O 164	
O 164	**Ouchterlony test,** Ouchterlony method (double diffusion)	Ouchterlony-Test *m*	méthode *f* d'Ouchterlony
O 165	**outer diameter,** outside diameter	Außendurchmesser *m*	diamètre *m* extérieur
	outlet pipe	*s.* D 567	
	outlet tube	*s.* D 567	
	outlet valve	*s.* D 126	
O 166	**outlier,** freak value	Ausreißer *m*	observation *f* extrême aberrante
O 167	**outlier test**	Ausreißertest *m*	test *m* des observations extrêmes aberrantes
O 168	**outpatient**	ambulanter Patient *m*	patient *m* non hospitalisé
O 169	**output signal**	Ausgangssignal *n*	signal *m* de sortie
	outside diameter	*s.* O 165	
O 170	**ovalbumin,** egg albumin	Ovalbumin *n*, Eialbumin *n*	ovalbumine *f*
	ovalocyte	*s.* E 152	
O 171	**ovarian hormone**	Ovarialhormon *n*	hormone *f* ovarienne
	ovarian puncture	*s.* O 172	
O 172	**ovariocentesis,** ovarian puncture	Ovarialpunktion *f*, Eierstockpunktion *f*, Ovariozentese *f*	ponction *f* ovarienne (de l'ovaire), ovariocentèse *f*
	ovarium	*s.* O 173	
O 173	**ovary,** ovarium, oophoron, female gonad	Ovar *n*, Eierstock *m*, weibliche Keimdrüse *f*	ovaire *m*, glande *f* génitale (germinative) féminine, gonade *f* féminine
	overflow	*s.* O 174	
O 174	**overflow pipe,** overflow [tube]	Überlaufrohr *n*, Überlauf *m*	tuyau *m* de trop-plein, trop-plein *m*
O 175	**overflow pipette**	Überlaufpipette *f*	pipette *f* à trop-plein
	overflow tube	*s.* O 174	
O 176	**overflow vessel**	Überlaufgefäß *n*	récipient *m* florentin
O 177	**overlay / to,** to add a layer	überschichten	recouvrir
	oversaturate / to	*s.* S 1112	
	oversaturated	*s.* S 1113	
	oversaturation	*s.* S 1114	
O 178	**overstain / to**	überfärben	surteindre
O 179	**overstaining**	Überfärbung *f*, Überfärben *n*	surteinture *f*
	oviduct	*s.* U 215	
	ovocyte	*s.* O 184	
O 180	**ovoid,** egg-shaped	ovoid, eiartig, eiförmig	ovoïde, oviforme
O 181	**ovomucoid**	Ovomucoid *n*	ovomucoïde *m*
O 182	**ovoscopy**	Ovoskopie *f*	ovoscopie *f*
O 183	**ovulation hormone**	Ovulationshormon *n*	hormone *f* d'ovulation, hormone ovulatoire
	ovulation inhibitor	*s.* C 949	
O 184	**ovum,** ovocyte, oocyte, female gamete	Eizelle *f*, Ovozyt *m*, Oozyt *m*, weibliche Keimzelle *f*, weiblicher Gamet *m*	ovocyte *m*, ovule *m*, oocyte *m*
	oxalacetate	*s.* O 193	

O 185	**oxalate**	Oxalat *n*	oxalate *m*
O 186	**oxalate calculus**	Oxalatstein *m*	calcul *m* oxalique
O 187	**oxalated blood**	Oxalatblut *n*	sang *m* oxalaté
O 188	**oxalate decarboxylase**	Oxalatdecarboxylase *f*	oxalate-décarboxylase *f*
O 189	**oxalated plasma**	Oxalatplasma *n*	plasma *m* oxalaté
O 190	**oxalate oxidase**	Oxalatoxidase *f*	oxalate-oxydase *f*
O 191	**oxalic acid,** dicarboxylic (ethanedioic) acid	Oxalsäure *f*, Dicarbonsäure *f*, Ethandisäure *f*, Kleesäure *f*	acide *m* oxalique
O 192	**oxaloacetase**	Oxaloacetase *f*	oxal[o]acétase *f*
O 193	**oxaloacetate,** oxalacetate	Oxalacetat *n*	oxal[o]acétate *m*
O 194	**oxaloacetate decarboxylase**	Oxalacetatdecarboxylase *f*	oxaloacétate-décarboxylase *f*
O 195	**oxaloacetic acid,** oxosuccinic acid	Oxalessigsäure *f*, Ketobernsteinsäure *f*	acide *m* oxal[o]acétique, acide butanedioïque
O 196	**oxalosuccinic acid**	Oxalbernsteinsäure *f*	acide *m* oxalosuccinique
O 197	**oxamic acid**	Oxamsäure *f*	acide *m* oxamique
O 198	**oxazole**	Oxazol *n*	oxazole *m*
O 199	**ox bile, oxgall**	Ochsengalle *f*	bile *f* de bœuf
O 200	**oxidant,** oxidising agent, oxidiser	Oxidationsmittel *n*, Oxidans *n*	agent *m* oxydant, oxydant *m*
O 201	**oxidase,** oxidising (oxidation) enzyme	Oxidase *f*, Oxidationsenzym *n*	oxydase *f*, enzyme *m* oxydant (oxydatif)
O 202	**oxidase reaction (test)**	Oxidasereaktion *f*	réaction *f* à l'oxydase
	oxidate	*s.* O 204	
O 203	**oxidation**	Oxidation *f*, Oxidieren *n*, Oxidierung *f*	oxydation *f*
	oxidation enzyme	*s.* O 201	
	oxidation inhibitor	*s.* A 905	
O 204	**oxidation product,** oxidate	Oxidationsprodukt *n*	produit *m* d'oxydation
O 205	**oxidation reaction**	Oxidationsreaktion *f*	réaction *f* oxydante (d'oxydation)
	oxidation-reduction enzyme	*s.* O 217	
	oxidation-reduction equilibrium	*s.* R 206	
	oxidation-reduction indicator	*s.* R 208	
	oxidation-reduction potential	*s.* R 209	
	oxidation-reduction reaction	*s.* R 210	
	oxidation-reduction state	*s.* R 211	
	oxidation-reduction system	*s.* R 212	
	oxidation-reduction titration	*s.* R 213	
O 206	**oxidative**	oxidativ	du type oxydant
O 207	**oxidative deamination**	oxidative Desaminierung *f*	désamination *f* oxydante
O 208	**oxidative decarboxylation**	oxidative Decarboxylierung *f*	décarboxylation *f* oxydante
O 209	**oxidative phosphorylation**	oxidative Phosphorylierung *f*	phosphorylation *f* oxydante
O 210	**oxide**	Oxid *n*	oxyde *m*
	oxide of aluminium	*s.* A 555	
O 211	**oxidic**	oxidisch	de type oxyde
O 212	**oxidimetric**	oxidimetrisch	oxydimétrique
	oxidimetry	*s.* R 213	
O 213	**oxidisability**	Oxidierbarkeit *f*	oxydabilité *f*
O 214	**oxidisable,** oxygenisable	oxidierbar	oxydable
O 215	**oxidise / to**	oxidieren	oxyder
O 216	**oxidised glutathione**	oxidiertes Glutathion *n*	glutathion *m* oxydé
	oxidiser	*s.* O 200	
	oxidising agent	*s.* O 200	
	oxidising enzyme	*s.* O 201	
O 217	**oxidoreductase,** redoxase, redox enzyme, oxidation-reduction enzyme	Oxidoreductase *f*, Redoxase *f*, Redoxenzym *n*	oxyréductase *f*, redoxase *f*, ferment *m* oxydo-réducteur
O 218	**oxime**	Oxim *n*	oxime *m*
	α-oxoglutarate	*s.* K 40	
O 219	**oxoglutarate dehydrogenase,** α-ketoglutaric dehydrogenase	Oxoglutaratdehydrogenase *f*, α-Ketoglutaratdehydrogenase *f*	oxoglutarate-déshydrogénase *f*, α-cétoglutarate-déshydrogénase *f*
	oxoglutaric acid	*s.* K 41	
	oxoisomerase	*s.* G 287	
	oxosteroid	*s.* K 53	
	oxosuccinic acid	*s.* O 195	
	oxybiotic	*s.* A 330	
O 220	**oxychromatin**	Oxychromatin *n*	oxychromatine *f*
O 221	**oxygen,** O	Sauerstoff *m*, O	oxygène *m*, O
	oxygen absorption	*s.* O 240	
O 222	**oxygen affinity**	Sauerstoffaffinität *f*	affinité *f* à l'oxygène
O 223	**oxygenase**	Oxygenase *f*	oxygénase *f*
O 224	**oxygenate / to**	oxygenieren, mit Sauerstoff sättigen	oxygéner
	oxygenated haemoglobin	*s.* O 242	
	oxygenation	*s.* O 238	
O 225	**oxygenator**	Oxygenator *m*	oxygénateur *m*
	oxygen-binding curve	*s.* O 233	
	oxygen bottle	*s.* O 231	
O 226	**oxygen capacity**	Sauerstoffkapazität *f*	capacité *f* en oxygène
O 227	**oxygen compound**	Sauerstoffverbindung *f*	combinaison *f* à oxygène
O 228	**oxygen concentration**	Sauerstoffkonzentration *f*	concentration *f* en oxygène
O 229	**oxygen consumption**	Sauerstoffverbrauch *m*	consommation *f* d'oxygène
	oxygen-containing	*s.* O 236	
O 230	**oxygen content**	Sauerstoffgehalt *m*	teneur *f* en oxygène

No.	English	German	French
	oxygen content in blood	*s.* B 408	
O 231	**oxygen cylinder,** oxygen flask (bottle)	Sauerstoffflasche *f*	bouteille *f* à oxygène, bouteille d'oxygène
O 232	**oxygen demand**	Sauerstoffbedarf *m*	besoin *m* en oxygène
O 233	**oxygen dissociation curve,** oxygen-binding curve	Sauerstoffdissoziationskurve *f,* Sauerstoffbindungskurve *f*	courbe *f* de dissociation (fixation) d'oxygène
O 234	**oxygen electrode**	Sauerstoffelektrode *f*	électrode *f* à oxygène
	oxygen flask	*s.* O 231	
O 235	**oxygen-free,** free from oxygen	sauerstofffrei, sauerstofflos	sans oxygène, exempt d'oxygène
O 236	**oxygenic,** oxygenous, oxygen-containing	sauerstoffhaltig	oxygéné, oxygénifère
	oxygenisable	*s.* O 214	
	oxygenous	*s.* O 236	
O 237	**oxygen partial pressure,** partial pressure of oxygen, pO_2	Sauerstoffpartialdruck *m,* pO_2	pression *f* partielle d'oxygène, pO_2
	oxygen release	*s.* R 225	
O 238	**oxygen saturation,** saturation of oxygen, oxygenation	Sauerstoffsättigung *f*	saturation *f* en oxygène
O 239	**oxygen tension**	Sauerstoffspannung *f*	tension *f* d'oxygène
O 240	**oxygen uptake,** oxygen absorption, absorption of oxygen	Sauerstoffaufnahme *f*	absorption *f* d'oxygène
	oxygram	*s.* O 243	
O 241	**oxyhaematoporphyrin**	Oxyhämatoporphyrin *n*	oxyhématoporphyrine *f*
O 242	**oxyhaemoglobin,** oxygenated haemoglobin, Oxy-Hb	Oxyhämoglobin *n,* Oxy-Hb	oxyhémoglobine *f,* Oxy-Hb
O 243	**oxyhaemogram,** oxygram	Oxy[hämo]gramm *n*	oxy[hémo]gramme *m*
O 244	**oxyhaemograph**	Oxyhämograph *m*	oxyhémographe *m*
O 245	**oxyhaemography**	Oxyhämographie *f*	oxyhémographie *f*
	oxyhaemometer	*s.* O 246	
	oxyhaemometry	*s.* O 248	
	Oxy-Hb	*s.* O 242	
O 246	**oxymeter,** oxyhaemometer	Oxy[hämo]meter *n*	oxymètre *m*
O 247	**oxymetrical**	oxymetrisch	oxymétrique
O 248	**oxymetry,** oxyhaemometry	Oxy[hämo]metrie *f*	oxymétrie *f*
O 249	**oxymyoglobin**	Oxymyoglobin *n*	oxymyoglobine *f*
	oxyneurine	*s.* B 190	
	oxyntic cell	*s.* P 110	
O 250	*p*-**oxyphenylpropionic acid**	*p*-Oxyphenylpropionsäure *f*	acide *m* *p*-oxyphénylpropionique
	oxyphil	*s.* A 159	
	oxyphilic	*s.* A 159	
	oxyphilic delomorphous cell	*s.* P 110	
	oxyphilic leucocyte	*s.* E 333	
	oxyphilous	*s.* A 159	
O 251	**oxytensiometer**	Oxytensiometer *n*	oxytensiomètre *m*
O 252	**oxytensiometry**	Oxytensiometrie *f*	oxytensiométrie *f*
O 253	**oxytocin**	Oxytocin *n*	oxytocine *f*
	oxytocinase	*s.* C 1235	
O 254	**oxytocin [sensibility] test,** pituitrine test	Oxytocintest *m,* Oxytocin-Empfindlichkeitstest *m,* Pituitrintest *m*	test *m* à l'oxytocine
O 255	**oxyurid,** pinworm, threadworm, seatworm, Enterobius vermicularis, Oxyuris vermicularis	Madenwurm *m,* Pfriemschwanz *m,* Aftermade *f,* Afterwurm *m,* Springwurm *m*	oxyure *m,* oxyure vermiculaire
	Oxyuris vermicularis	*s.* O 255	
O 256	**ozone**	Ozon *n*	ozone *m*

P

No.	English	German	French
	P	*s.* P 407	
	Pa	*s.* P 134	
	PABA	*s.* A 603	
P 1	**pachocyte, pachycyte**	Pachozyt *m,* Pachyzyt *m*	pachocyte *m,* pachycyte *m*
P 2	**pack / to**	packen	empaqueter, emballer
	pack	*s.* S 1156	
P 3	**packaging** *(result)*	Verpackung *f*	empaquetage *m,* emballage *m*
P 4	**packed capillary column**	gepackte Kapillarsäule *f*	colonne *f* capillaire remplie (prête à l'emploi)
P 5	**packed cell volume,** PCV, haematocrit, Hct	Zellpackungsvolumen *n,* Hämatokrit *m,* Hkt, Gesamterythrozytenvolumen *n*	volume *m* globulaire, hématocrite *m,* rapport *m* érythroplasmatique
P 6	**packed column**	gepackte Säule *f*	
	packed erythrocytes	*s.* E 408	
	packed red blood cells	*s.* E 408	
P 7	**packing,** settling *(chromatography)*	Packung *f*	tassement *m*
P 8	**paediatrics, paediatry**	Pädiatrie *f,* Kinderheilkunde *f*	pédiatrie *f*
	PAF	*s.* P 572	
P 9	**Paget's cell**	Paget-Zelle *f*	cellule *f* de Paget
	PAH	*s.* A 609	

No.	English	German	French
	PAH-clearance	*s.* A 610	
	pain killer	*s.* A 713	
P 10	**pair**	Paar *n*	paire *f*
P 11	**paired comparison**	Paarvergleich *m*	comparaison *f* par paires
	paired fluke	*s.* S 118	
	pair of electrons	*s.* E 113	
P 12	**palate smear**	Gaumenabstrich *m*	frottis *m* palatin
P 13	**pallida antigen**	Pallidaantigen *n*	antigène *m* spécifique de Treponema pallidum
	palmin	*s.* P 16	
P 14	**palmitate**	Palmitat *n*	palmitate *m*
P 15	**palmitic acid,** cetylic (hexadecanoic) acid	Palmitinsäure *f*, Cetylsäure *f*, Hexadecansäure *f*	acide *m* palmitique (hexadécanoïque)
P 16	**palmitin,** palmin	Palmi[ti]n *n*	palmitine *f*
P 17	**palmitoleic acid**	Palmitoleinsäure *f*	acide *m* palmitolé[in]ique
P 18	**panagglutination**	Panagglutination *f*	panagglutination *f*
P 19	**panagglutinin**	Panagglutinin *n*	panagglutinine *f*
P 20	**panchrome stain**	Panchromfärbung *f*	coloration *f* panchromatique
P 21	**pancreas**	Pankreas *n*, Bauchspeicheldrüse *f*	pancréas *m*
P 22	**pancreatic amylase,** amylopsin	Pankreasamylase *f*, Amylopsin *n*	amylase *f* pancréatique, amylopsine *f*
P 23	**pancreatic calculus,** pancreatic stone, pancreatolith	Pankreasstein *m*, Bauchspeicheldrüsenstein *m*, Pankreatolith *m*	calcul *m* pancréatique, pancréatolithe *m*
P 24	**pancreatic endopeptidase**	Pankreasendopeptidase *f*	endopeptidase *f* pancréatique
P 25	**pancreatic enzyme**	Pankreasenzym *n*	enzyme *f* pancréatique
P 26	**pancreatic exopeptidase**	Pankreasexopeptidase *f*	exopeptidase *f* pancréatique
P 27	**pancreatic function test**	Pankreasfunktionstest *m*	test *m* de fonctionnement du pancréas, épreuve *f* de la fonction pancréatique
P 28	**pancreatic hormone**	Pankreashormon *n*, Bauchspeicheldrüsenhormon *n*	hormone *f* pancréatique
P 29	**pancreatic juice**	Pankreassaft *m*, Pankreassekret *n*, Bauchspeichel *m*	suc *m* (sécrétion *f*) pancréatique
P 30	**pancreatic lipase,** pancreatolipase	Pankreaslipase *f*	lipase *f* pancréatique, pancré[a]lipase *f*
P 31	**pancreatic oncofetal antigen,** POA	pankreatisches onkofetales Antigen *n*, POA	antigène *m* pancréatique oncofétal
P 32	**pancreatic peptidase,** pancreatopeptidase	Pankreaspeptidase *f*	peptidase *f* pancréatique
P 33	**pancreatic polypeptide**	Pankreaspolypeptid *n*	polypeptide *m* pancréatique
P 34	**pancreatic protease**	Pankreasprotease *f*	protéase *f* pancréatique
P 35	**pancreatic ribonuclease (RNase)**	Pankreasribonuclease *f*, Pankreas-RNase *f*	ribonucléase *f* pancréatique
	pancreatic stone	*s.* P 23	
P 36	**pancreatic tissue**	Pankreasgewebe *n*	tissu *m* pancréatique
P 37	**pancreatin**	Pankreatin *n*	pancréatine *f*
	pancreatolipase	*s.* P 30	
	pancreatolith	*s.* P 23	
	pancreatopeptidase	*s.* P 32	
P 38	**pancreozymin**	Pankreozymin *n*	pancréozymine *f*, pancréozyme *m*
P 39	**pancreozymin-secretin test**	Pankreozymin-Secretin-Test *m*	épreuve *f* de pancréozymine-sécrétine
P 40	**Pandy's reaction (test)**	Pandy-Probe *f*, Pandy-Reaktion *f*, Pandy-Test *m*	réaction *f* de Pandy
P 41	**panoptic staining**	panoptische Färbung *f*	coloration *f* panoptique [de Pappenheim]
P 42	**pantothenic acid,** vitamin B_3, filtrate factor, bios IIa	Pantothensäure *f*, Vitamin *n* B_3, Filtratfaktor *m*, Bios *m* IIa	acide *m* pantothénique, vitamine *f* B_3, bios *m* II_a
P 43	**papain, papainase**	Papain *n*, Papainase *f*	papaïne *f*, papaïnase *f*
P 44	**papain test**	Papaintest *m*	test *m* à la papaïne
	Papanicolaou smear	*s.* P 45	
P 45	**Papanicolaou staining (test),** Papanicolaou smear, Pap test (smear)	Papanicolaou-Färbung *f*	coloration *f* (méthode *f*, test *m*) de Papanicolaou
P 46	**papaverine**	Papaverin *n*	papavérine *f*
	paper band	*s.* P 53	
P 47	**paper chromatogram**	Papierchromatogramm *n*	chromatogramme *m* sur papier
P 48	**paper chromatograph**	Papierchromatograph *m*	chromatographe *m* sur papier
P 49	**paper-chromatographical**	papierchromatographisch	par (en) chromatographie sur papier
P 50	**paper chromatography**	Papierchromatographie *f*	chromatographie *f* sur papier
P 51	**paper electrophoresis,** electrophoresis on paper, paper-zone electrophoresis	Papierelektrophorese *f*	électrophorèse *f* sur papier
P 52	**paper filter**	Papierfilter *n*	filtre *m* en papier
P 53	**paper strip (tape),** paper band	Papierstreifen *m*	bande *f* de papier
	paper-zone electrophoresis	*s.* P 51	
P 54	**papilloma virus**	Papillomavirus *n*	papilloma-virus *m*
P 55	**papovavirus**	Papovavirus *n*	virus *m* papova, papovavirus *m*
P 56	**Pappenheimer body,** siderocyte granule	Pappenheimer-Körperchen *n*	corpuscule *m* de Pappenheimer
P 57	**Pappenheim staining**	Pappenheim-Färbung *f*	coloration *f* de Pappenheim
	Pap smear	*s.* P 45	
	Pap test	*s.* P 45	

	paraacetaldehyde	*s.* P 75	
	paraagglutination	*s.* P 70	
P 58	**paraamyloid**	Paraamyloid *n*, Paramyloid *n*	paramyloïde *m*
P 59	**paraantibody**	Paraantikörper *m*	para-anticorps *m*
	paracentesis	*s.* P 1182	
	paracentesis of the abdomen	*s.* A 4	
	paracentesis of the bladder	*s.* V 81	
	paracentesis of the heart	*s.* C 146	
P 60	**paradoxical agglutination**	paradoxe Agglutination *f*	agglutination *f* paradoxale
P 61	**paradysenteric shigella,** Flexner's bacillus, Shigella flexneri, Shigella paradysenteriae	Paradysenteriebakterie *f*, Flexner-Bacterium *n*	Shigella flexneri, Shigella paradysenteriae Flexner, Bacterium flexneri, Bacille Manchester
P 62	**paraerythroblast**	Paraerythroblast *m*	paraérythroblaste *m*
P 63	**paraffin / to,** to coat with paraffin	paraffinieren	paraffiner
P 64	**paraffin**	Paraffin *n*	paraffine *f*
P 65	**paraffin embedding,** embedding in paraffin	Paraffineinbettung *f*	inclusion *f* en paraffine
	paraffinic oil	*s.* P 67	
P 66	**paraffinisation**	Paraffinierung *f*, Paraffinieren *n*	paraffinage *m*
P 67	**paraffin oil,** paraffinic oil	Paraffinöl *n*	huile *f* de paraffine
P 68	**paraffin section**	Paraffinschnitt *m*	coupe *f* à la paraffine
P 69	**parafuchsine**	Parafuchsin *n*	parafuchsine *f*
P 70	**paragglutination,** paraagglutination	Paragglutination *f*, Paraagglutination *f*	para-agglutination *f*, paragglutination *f*
	Paragonimus	*s.* L 452	
	Paragonimus westermani	*s.* E 13	
P 71	**parainfluenza bacillus,** Haemophilus parainfluenzae	Parainfluenzabacterium *n*	Haemophilus parainfluenzae
P 72	**parainfluenza virus**	Parainfluenzavirus *n*	virus *m* parainfluenza[e]
	parainfluenza virus 1	*s. a.* S 214	
P 73	**parainfluenza virus type 2;** croup-associated virus, CA virus	Parainfluenzavirus *n* vom Typ 2, CA-Virus *n*	virus *m* parainfluenzae [de] type 2
P 74	**paralbumin**	Paralbumin *n*	paralbumine *f*
P 75	**paraldehyde,** paraacetaldehyde	Paraldehyd *m*, Paraacetaldehyd *m*	paraldéhyde *m*, paracétaldéhyde *m*
P 76	**paraleucoblast**	Paraleukoblast *m*	paraleucoblaste *m*
P 77	**parallel determination**	Parallelbestimmung *f*	détermination *f* parallèle
P 78	**parallel experiment**	Parallelversuch *m*	expérience *f* parallèle
P 79	**parallel sample**	Parallelprobe *f*	échantillon *m* parallèle
P 80	**parameter,** test parameter	Parameter *m*, Prüfgröße *f*, Prüfkomponente *f*	paramètre *m*, grandeur *f* (paramètre *m*) de test
	parameter-free test	*s.* N 213	
P 81	**parametric test**	parametrischer Test *m*	test *m* paramétrique
P 82	**paramyeloblast**	Paramyeloblast *m*	paramyéloblaste *m*
P 83	**paramyelocyte**	Paramyelozyt *m*	paramyélocyte *m*
P 84	**paramyosinogen**	Paramyosinogen *n*	paramyosinogène *m*
P 85	**paramyxovirus**	Paramyxovirus *n*	paramyxovirus *m*
P 86	**paranasal sinus secretion**	Nasennebenhöhlensekret *n*	sécrétion *f* des sinus paranasaux
	paranephros	*s.* A 292	
P 87	**paranuclein, paranucleoprotein,** pseudonuclein, pseudochromatin	Paranuclein *n*, Paranucleoprotein *n*, Pseudonuclein *n*, Pseudochromatin *n*	paranucléine *f*, paranucléoprotéine *f*, pseudonucléine *f*
P 88	**parapoxvirus**	Parapoxvirus *n*	parapoxvirus *m*
P 89	**paraprotein**	Paraprotein *n*	paraprotéine *f*
P 90	**parasite**	Parasit *m*, Schmarotzer *m*	parasite *m*
P 91	**parasite index**	Parasitenindex *m*	indice *m* parasitaire
P 92	**parasitic,** parasitogenic	parasitär, parasitisch	parasitaire
P 93	**parasitise / to**	parasitieren, schmarotzen	parasiter, vivre en parasite
	parasitogenic	*s.* P 92	
P 94	**parasitoid**	Parasitoid *n*	parasitoïde *m*
P 95	**parasitological laboratory**	parasitologisches Laboratorium *n*	laboratoire *m* parasitologique
P 96	**parasitologist**	Parasitologe *m*	parasitologiste *m*
P 97	**parasitology**	Parasitologie *f*	parasitologie *f*
P 98	**parathormone, parathyroid (parathyreotropic) hormone,** parathyrin	Parathormon *n*, Nebenschilddrüsenhormon *n*, parathyreotropes Hormon *n*, Parathyrin *n*	parathormone *f*, hormone *f* parathyroïdienne, parathyrine *f*
	parathyrin	*s.* P 98	
	parathyroid body	*s.* P 100	
P 99	**parathyroid extract**	Nebenschilddrüsenextrakt *m*	extrait *m* parathyroïde
P 100	**parathyroid gland,** accessory thyroid gland, Gley's gland, parathyroid (epithelial) body	Nebenschilddrüse *f*, Epithelkörperchen *n*, Parathyreoidea *f*	glande *f* parathyroïde, parathyroïde *f*
	parathyroid hormone	*s.* P 98	
P 101	**parathyroid tissue**	Nebenschilddrüsengewebe *n*	tissu *m* parathyroïde
P 102	**paravaccine virus**	Paravakzinevirus *n*	virus *m* de la paravaccine
P 103	**paravirus**	Paravirus *n*	paravirus *m*
P 104	**parenchyma**	Parenchym *n*	parenchyme *m*
P 105	**parenchymal cell**	Parenchymzelle *f*	cellule *f* parenchymateuse
P 106	**parenchymal tissue**	Parenchymgewebe *n*	tissu *m* parenchymateux
	parent cell	*s.* S 855	
P 107	**parent compound**	Ausgangsverbindung *f*	composé *m* initial

No.	English	German	French
P 108	**parent population,** [total] population *(statistics)*	Grundgesamtheit *f*, Grundmenge *f*, Population *f*	population *f*, populaton parente, univers *m*
	parent solution	*s.* S 913	
P 109	**parent strain**	Elternstamm *m*	souche *f* parentérale
	parent substance	*s.* G 462	
P 110	**parietal cell,** acid (border, oxyntic, oxyphilic delomorphous) cell	Belegzelle *f*, Parietalzelle *f*	cellule *f* de revêtement, cellule pariétale (bordante, délomorphe)
P 111	**parietal cell antibody**	Belegzellantikörper *m*	anticorps *m* anticellule pariétale
P 112	**Paris green,** imperial green	Pariser Grün *n*	vert *m* de Paris (Schweinfurt)
P 113	**parotid saliva**	Parotisspeichel *m*	salive *m* parotidienne
	parotitis virus	*s.* M 787	
P 114	**part**	Teil *m* (*n*)	part *f*
P 115	**part by volume**	Volumenteil *m*	partie *f* en volume
P 116	**partial**	partiell, teilweise	partiel
P 117	**partial antigen**	Partialantigen *n*, Teilantigen *n*	antigène *m* partiel, partigène *m*
P 118	**partial automatisation**	Teilautomatisierung *f*	automatisation *f* partielle
P 119	**partially soluble**	teilweise löslich	partiellement (en partie) soluble
P 120	**partial pressure**	Partialdruck *m*	pression (tension) *f* partielle
	partial pressure of carbon dioxide	*s.* C 123	
	partial pressure of oxygen	*s.* O 237	
P 121	**partial reaction**	Teilreaktion *f*	réaction *f* partielle
P 122	**partial thromboplastin time,** PTT	partielle Thromboplastinzeit *f*, PTZ	temps *m* de thromboplastine partiel
P 123	**particle**	Teilchen *n*, Partikel *n* (*f*)	particule *f*
P 124	**particle charge**	Teilchenladung *f*	charge *f* de la particule
P 125	**particle concentration**	Teilchenkonzentration *f*, Partikelkonzentration *f*	concentration *f* des particules
	particle count	*s.* P 127	
P 126	**particle counter**	Teilchenzählgerät *n*, Teilchenzähler *m*, Partikelzählgerät *n*	compteur *m* de[s] particules
P 127	**particle counting,** particle count	Teilchenzählung *f*, Partikelzählung *f*	comptage *m* de[s] particules
P 128	**particle dispersion**	Teilchendispersion *f*	dispersion *f* particulière
	particle of tissue	*s.* T 372	
P 129	**particle size**	Teilchengröße *f*, Partikelgröße *f*	dimension (taille, grosseur) *f* de[s] particules
	particle size	*s. a.* G 424	
P 130	**particle size determination**	Teilchengrößenbestimmung *f*	détermination *f* des tailles des particules
P 131/2	**partition chromatography,** partography	Verteilungschromatographie *f*	chromatographie *f* de partage
	partition coefficient	*s.* D 657	
P 133	**partition method**	Unterteilungsverfahren *n*	méthode *f* de subdivision (sous-division)
	partition ratio	*s.* D 657	
	partography	*s.* P 131/2	
	PAS	*s.* A 623	
	PAS	*s.* P 237	
P 134	**pascal,** Pa	Pascal *n*, Pa	pascal *m*, Pa
P 135	**Paschen body (granule)**	Paschen-Körperchen *n*, Paschen-Elementarkörperchen *n*	corpuscule *m* de Paschen[-Porell]
P 136	**passage**	Passage *f*	passage *m*
	passage	*s. a.* F 228	
	pass into solution / to	*s.* D 637	
	passive	*s.* I 148	
	pass through / to	*s.* F 239	
	pasta	*s.* P 137	
P 137	**paste,** pasta	Paste *f*	pâte *f*
P 138	**paste-like, pasty**	pastös, pastenartig	pâteux
P 139	**Pasteurella**	Pasteurella *f*	pasteurelle *f*
	Pasteurella pestis	*s.* P 511	
	Pasteurella pseudotuberculosis	*s.* Y 14	
	Pasteurella tularensis	*s.* F 357	
P 140	**pasteurisation,** pasteurising	Pasteurisierung *f*, Pasteurisieren *n*, Pasteurisation *f*	pasteurisation *f*
P 141	**pasteurise / to**	pasteurisieren	pasteuriser
P 142	**pasteuriser**	Pasteurisator *m*, Pasteurisierapparat *m*	pasteurisateur *m*
	pasteurising	*s.* P 140	
P 143	**Pasteur pipette**	Pasteur-Pipette *f*	pipette *f* Pasteur
	pasty	*s.* P 138	
	PAT	*s.* P 573	
	patch test	*s.* E 343	
P 144/6	**paternity test**	Vaterschaftstest *m*, Vaterschaftsbestimmung *f*	recherche *f* de la paternité
	pathobiochemistry	*s.* P 152	
	pathochemistry	*s.* P 153	
	path of rays	*s.* R 125	
	pathogen	*s.* P 150	
P 147	**pathogenic**	pathogen, krankheitserregend, pathogenetisch	pathogène
P 148	**pathogenic bacterium**	pathogene Bakterie *f*	bactérie *f* pathogène

No.	English	German	French
	pathogenic germ	*s.* P 150	
P 149	**pathogenicity**	Pathogenität *f*	pathogénicité *f*
P 150	**pathogenic organism,** causative organism, pathogenic (infectious) germ, pathogen	Erreger *m*, Krankheitserreger *m*, pathogener Keim *m*	agent *m* pathogène, germe *m* pathogène
	pathologic	*s.* P 151	
P 151	**pathological,** pathologic	pathologisch, krankhaft	pathologique
P 152	**pathological biochemistry,** pathobiochemistry	pathologische Biochemie *f*, Pathobiochemie *f*	biochimie *f* pathologique, pathobiochimie *f*
P 153	**pathological chemistry,** pathochemistry	pathologische Chemie *f*, Pathochemie *f*	chimie *f* pathologique, pathochimie *f*
	pathological haemoglobin	*s.* I 532	
P 154	**pathological histology**	pathologische Histologie *f*, Pathohistologie *f*	histologie *f* pathologique, pathohistologie *f*
P 155	**pathologist**	Pathologe *m*	pathologiste *m*
P 156	**pathology**	Pathologie *f*, Krankheitslehre *f*	pathologie *f*
P 157	**patient**	Patient *m*	patient *m*, malade *m*
P 158	**patient's own blood**	Eigenblut *n*	sang *m* propre
P 159	**pattern**	Schablone *f*	modèle *m*, patron *m*
	pattern	*s. a.* M 628	
P 160	**Paul-Bunnell reaction (test)**	Paul-Bunnell-Reaktion *f*	réaction *f* de Paul Bunnel Davidsohn, réaction PBD
	Pb	*s.* L 130	
	PBI	*s.* P 1068	
	P blood group system	*s.* P 1159	
	PBS	*s.* P 357	
	pCO_2	*s.* C 123	
	PCV	*s.* P 5	
P 161	**peak**	Peak *m*, Gipfelpunkt *m*	pic *m*
P 162	**peak area,** area of the peak	Peakfläche *f*	aire *f* d'un pic
P 163	**peak height**	Peakhöhe *f*	hauteur *f* du pic
P 164	**peak identification**	Peakidentifizierung *f*	identification *f* des pics
P 165	**peak maximum**	Peakmaximum *n*	maximum *m* de pic
P 166	**peak width**	Peakbreite *f*	largeur *f* du pic
P 167	**pectinase, pectin depolymerase (enzyme),** polygalacturonase	Pektinase *f*, Polygalacturonase *f*, Pektindepolymerase *f*	pectinase *f*, pectine- α-polygalacturonosidase *f*, pectine-dépolymérase *f*
P 168	**pectin jelly**	Pektingel *n*, Pektingelee *n*	gel *m* de pectine
	Pediculus	*s.* L 415	
	Pediculus corporis	*s.* B 452	
	Pediculus humanus capitis	*s.* H 155	
	Pediculus pubis	*s.* M 726	
	peeling	*s.* D 241	
	pellagramin	*s.* N 139	
	pellagra-preventing factor	*s.* N 139	
	pellagra preventive factor	*s.* N 139	
	pencil of rays	*s.* B 142	
P 169	**penetration dyeing**	Durchfärbung *f*, Durchfärben *n*	pénétration *f*
P 170	**penicillamine**	Penicillamin *n*	pénicillamine *f*
	penicillase	*s.* P 172	
P 171	**penicillin**	Penicillin *n*	pénicilline *f*
P 172	**penicillinase,** penicillase, β-lactamase, cephalosporinase	Penicill[in]ase *f*, β-Lactamase *f*, Cephalosporinase *f*	pénicillinase *f*, β-lactamase *f*, céphalosporinase *f*
P 173	**Penicillium**	Pinselschimmel *m*	Pénicillium
P 174	**pentagastrin**	Pentagastrin *n*	pentagastrine *f*
P 175	**pentagastrin [stimulation] test**	Pentagastrintest *m*	test *m* à la pentagastrine
	pentamethylene diamine	*s.* C 2	
	pentanol	*s.* A 687	
P 176	**pentapeptide**	Pentapeptid *n*	pentapeptide *m*
	Pentastomum	*s.* L 273	
P 177	**pentdyopent**	Pentdyopent *n*	pentdyopent *m*
P 178	**pentdyopent assay (reaction)**	Pentdyopentprobe *f*, Pentdyopentreaktion *f*	épreuve *f* du pentdyopent
P 179	**pentosan**	Pentosan *n*	pentosane *m*
P 180	**pentose**	Pentose *f*	pentose *m*
P 181	**pentose phosphate**	Pentosephosphat *n*	pentose[-]phosphate *m*
P 182	**pentosonucleic acid**	Pentosenucleinsäure *f*	acide *m* nucléique de pentose
P 183	**pentoxide**	Pentoxid *n*	pentoxyde *m*
P 184	**pepsin**	Pepsin *n*	pepsine *f*
P 185	**pepsin inhibitor**	Pepsininhibitor *m*	inhibiteur *m* de la pepsine
P 186	**pepsinogen,** propepsin	Pepsinogen *n*, Propepsin *n*	pepsinogène *m*, propepsine *f*
P 187	**peptic**	peptisch	peptique
P 188	**peptidase**	Peptidase *f*	peptidase *f*
P 189	**peptide**	Peptid *n*	peptide *m*
P 190	**peptide bond,** peptide linkage	Peptidbindung *f*	liaison *f* peptidique
P 191	**peptide chain**	Peptidkette *f*	chaîne *f* peptidique
P 192	**peptide fragment**	Peptidfragment *n*	fragment *m* peptidique
P 193	**peptide hormone**	Peptidhormon *n*	hormone *f* peptidique
	peptide linkage	*s.* P 190	

No.	English	German	French
P 194	**peptide map**	Peptidkarte *f*	carte *f* de peptides
P 195	**peptide mixture**	Peptidgemisch *n*	mélange *m* peptidique
P 196	**peptide sequence**	Peptidsequenz *f*	séquence *f* peptidique
P 197	**peptide structure**	Peptidstruktur *f*	structure *f* peptidique
P 198	**peptide synthetase**	Peptidsynthetase *f*	peptide-synthétase *f*
P 199	**peptidyltransferase**	Peptidyltransferase *f*	peptidyltransférase *f*
	peptisate / to	*s.* P 201	
P 200	**peptisation**	Peptisation *f*, Peptisierung *f*	peptisation *f*
P 201	**peptise / to,** to peptisate	peptisieren	peptiser
P 202	**Peptococcus**	Peptococcus *m*	Peptococcus
P 203	**peptone**	Pepton *n*	peptone *f*
P 204	**peptone water**	Peptonwasser *n*, Peptonbouillon *f*	eau *f* peptonée, bouillon *m* peptoné
P 205	**peptonisation**	Peptonisierung *f*, Peptonisieren *n*	peptonisation *f*
P 206	**peptonise / to**	peptonisieren	peptoniser
P 207	**Peptostreptococcus**	Peptostreptococcus *m*	Peptostreptococcus
P 208	**peracetic acid**	Peressigsäure *f*	acide *m* peroxyacétique
P 209	**perborate**	Perborat *n*	perborate *m*
P 210	**perbronchial needle biopsy**	perbronchiale Punktionsbiopsie *f*	ponction-biopsie *f* transbronchique (perbronchique)
P 211	**percentage**	Prozentgehalt *m*	pourcentage *m*
	percentage by volume	*s.* V 164	
	percentage by weight	*s.* W 62	
	percentage humidity	*s.* R 282	
	percentage of alcohol	*s.* A 430	
	percentage purity	*s.* D 98	
	per cent by volume	*s.* V 164	
	percent by weight	*s.* W 62	
P 212	**percentile**	Perzentil *n*	percentile *m*
	per cent v/v	*s.* V 164	
P 213	**perchlorate**	Perchlorat *n*	perchlorate *m*
P 214	**perchloric acid**	Perchlorsäure *f*, Überchlorsäure *f*	acide *m* perchlorique
P 215	**perchloride**	Perchlorid *n*	perchlorure *m*
	perchloroethane	*s.* H 266	
	perchloroethylene	*s.* T 114	
	perchloromethane	*s.* C 127	
P 216	**perchromate**	Perchromat *n*	perchromate *m*
P 217	**percutaneous,** transcutaneous, through the skin	perkutan, transkutan	percutané, transdermique
P 218	**percutaneous allergen**	Perkutanallergen *n*	allergène *m* percutané
P 219	**percutaneous antigen**	Perkutanantigen *n*	antigène *m* percutané
P 220	**percutaneous reaction**	Perkutanreaktion *f*, Perkutanprobe *f*	percuti-réaction *f*
	percutaneous renal biopsy	*s.* R 299	
P 221	**perforation**	Perforation *f*, Perforieren *n*	perforation *f*
	perform an autopsy / to	*s.* D 616	
P 222	**perfusate**	Perfusat *n*	perfusat *m*
P 223	**perfuse / to**	perfundieren	perfuser
P 224	**perfusion**	Perfusion *f*, Durchströmung *f*	perfusion *f*
P 225	**perfusion culture**	Perfusionskultur *f*	culture *f* de perfusion
P 226	**perfusion pump**	Perfusionspumpe *f*	pompe *f* de perfusion
P 227	**perfusion system**	Perfusionssystem *n*	système *m* de perfusion
	perianal swab	*s.* A 716	
P 228	**pericardiac puncture,** pericardiocentesis, pericardicentesis	Herzbeutelpunktion *f*, Perikardpunktion *f*, Perikardiozentese *f*	ponction *f* péricardique, ponction *f* de péricarde, péricardiocentèse *f*
P 229	**pericardial fluid**	Perikardflüssigkeit *f*	liquide *m* péricardique
	pericardicentesis	*s.* P 228	
	pericardiocentesis	*s.* P 228	
	pericercarial precipitin test	*s.* C 577	
	pericyte	*s.* A [illegible]	
P 230	**perilymph**	Perilymphe *f*	périlymphe *f*
P 231	**perinatal**	perinatal	périnatal
P 232	**perinatology**	Perinatologie *f*	périnatologie *f*
P 233	**period**	Periode *f*	période *f*
	period	*s. a.* M 294	
P 234	**periodate**	Periodat *n*	periodate *m*
P 235	**periodic,** periodical	periodisch	périodique
P 236	**periodic acid**	Periodsäure *f*	acide *m* periodique
P 237	**periodic acid-Schiff reaction,** PAS	PAS-Reaktion *f*, Periodsäure-Schiff-Reaktion *f*	réaction *f* de PAS
	periodical	*s.* P 235	
P 238	**periodicity**	Periodizität *f*	périodicité *f*
P 239	**peripheral blood**	peripheres Blut *n*	sang *m* périphérique
P 240	**periphery**	Peripherie *f*	périphérie *f*
P 241	**peritoneal dialysate**	Peritonealdialysat *n*	dialysat *m* péritonéal
P 242	**peritoneal dialysis**	Peritonealdialyse *f*	dialyse *f* péritonéale
P 243	**peritoneal exudate**	Bauchhöhlenexsudat *n*	exsudat *m* péritonéal
P 244	**peritoneal fluid**	Peritonealflüssigkeit *f*	liquide *m* péritonéal
	permanence	*s.* S 761	
	permanent	*s.* S 763	

	permanent catheter	*s.* C 946	
P 245	**permanent culture,** long-term culture	Dauerkultur *f*	culture *f* permanente
P 246	**permanent preparation,** long-term preparation, long-acting preparation	Dauerpräparat *n,* Langzeitpräparat *n*	préparation *f* permanente (à long terme)
P 247	**permanganate**	Permanganat *n*	permanganate *m*
P 248	**permanganic acid**	Permangansäure *f*	acide *m* permanganique
P 249	**permeability,** perviousness	Permeabilität *f,* Durchlässigkeit *f*	perméabilité *f*
	permeability factor	*s.* F 214	
	permeability to air	*s.* A 405	
P 250	**permeable,** pervious	permeabel, durchlässig	perméable
P 251	**permeable to gas**	gasdurchlässig	perméable aux gaz
P 252	**permeate / to**	permeieren, durchdringen	pénétrer
P 253	**permeation**	Permeation *f,* Durchdringung *f*	perméation *f*
P 254	**permeation chromatography**	Permeationschromatographie *f*	chromatographie *f* de perméation
P 255	**permissible concentration**	zulässige Konzentration *f*	concentration *f* admissible
P 256	**permissible dose**	zulässige Dosis *f*	dose *f* admissible
	permissible error	*s.* A 288	
	peroral	*s.* O 83	
	per os	*s.* O 83	
P 257	**peroxidase**	Peroxidase *f*	peroxydase *f*
P 258	**peroxidase reaction (test)**	Peroxidasereaktion *f*	réaction *f* des peroxydases
P 259	**peroxide,** superoxide	Peroxid *n,* Superoxid *n,* Hyperoxid *n*	peroxyde *m,* superoxyde *m,* hyperoxyde *m*
	perspiration	*s.* S 1159	
P 260	**persulphate**	Persulfat *n*	persulfate *m*
P 261	**persulphide**	Persulfid *n*	persulfide *m*
	pervious	*s.* P 250	
	perviousness	*s.* P 249	
	pessary cell	*s.* A 948	
	pessary corpuscle	*s.* T 20	
P 262	**pesticide**	Pestizid *n,* Schädlingsbekämpfungsmittel *n*	pesticide *m*
P 263	**pestle**	Pistill *n,* Mörserkeule *f*	pilon *m*
P 264	**Petragnani culture medium**	Petragnani-Nährboden *m*	milieu *m* de Petragnani
P 265	**Petri [culture] dish, Petri plate,** culture dish	Petrischale *f,* Kulturschale *f*	boîte (plaque) *f* de Petri, boîte de culture
	Petri dish culture	*s.* P 570	
	Petri plate	*s.* P 265	
P 266	**petroleum ether**	Petrolether *m*	éther *m* de pétrole
P 267	**Pettenkofer test**	Pettenkofer-Reaktion *f*	réaction *f* de Pettenkofer
	Pfeiffer's bacillus	*s.* I 245	
	pH	*s.* P 447	
P 268	**phaeochromoblast**	Phäochromoblast *m*	phéochromoblaste *m,* phæochromoblaste *m*
	phage	*s.* B 57	
	phage deoxyribonucleic acid	*s.* P 269	
P 269	**phage DNA,** phage deoxyribonucleic acid	Phagen-DNA *f,* Phagen-Desoxyribonucleinsäure *f*	ADN *m* phagique, DNA *m* phagique
P 270	**phage typing,** bacteriophage typing	Phagentypisierung *f,* Bakteriophagentypisierung *f*	typisation *f* de phages (bactériophages)
	phagocytal	*s.* P 272	
P 271	**phagocyte**	Phagozyt *m,* Freßzelle *f,* Abbauzelle *f*	phagocyte *m*
P 272	**phagocytic,** phagocytal	phagozytär	phagocytaire
P 273	**phagocytic index**	Phagozytoseindex *m*	indice *m* phagocytaire
P 274	**phagocytin**	Phagozytin *n*	phagocytine *f*
P 275	**phagocytise / to,** to phagocytose	phagozytieren	phagocyter
P 276	**phagocytising cell**	phagozytierende Zelle *f*	cellule *f* phagocytante
P 277	**phagocytoblast**	Phagozytoblast *m*	phagocytoblaste *m*
	phagocytose / to	*s.* P 275	
P 278	**phallotoxin**	Phallotoxin *n*	phallotoxine *f*
	phantom cell	*s.* G 177	
	phantom corpuscle	*s.* G 177	
	pharmaceutic	*s.* D 780	
	pharmaceutic	*s.* P 279	
P 279	**pharmaceutical,** pharmaceutic	pharmazeutisch	pharmaceutique
	pharmaceutical agent	*s.* D 780	
P 280	**pharmaceutical chemistry,** pharmacochemistry	pharmazeutische Chemie *f,* Pharmakochemie *f,* Arzneimittelchemie *f*	chimie *f* pharmaceutique, pharmacochimie *f*
	pharmaceutical preparation	*s.* D 780	
	pharmacochemistry	*s.* P 280	
P 281	**pharmacodiagnosis**	Pharmakodiagnose *f*	pharmacodiagnostic *m*
P 282	**pharmacodynamic**	pharmakodynamisch	pharmacodynamique
P 283	**pharmacodynamics**	Pharmakodynamik *f*	pharmacodynamie *f*
P 284	**pharmacokinetic**	pharmakokinetisch	pharmacocinétique
P 285	**pharmacokinetics**	Pharmakokinetik *f*	pharmacocinétique *f*
P 286	**pharmacologic[al]**	pharmakologisch	pharmacologique
P 287	**pharmacology**	Pharmakologie *f*	pharmacologie *f*
	pharmacon	*s.* D 780	

	English	German	French
	pharmacopeia	*s.* P 288	
P 288	**pharmacopoeia,** pharmacopeia	Arzneibuch *n*	pharmacopée *f*
P 289	**pharmacotherapy**	Pharmakotherapie *f*, medikamentöse Behandlung *f*	pharmacothérapie *f*
P 290	**pharmacy**	Pharmazie *f*	pharmacie *f*
	pharyngeal mucus	*s.* T 257	
	pharyngeal swab	*s.* T 258	
P 291	**pharyngeal wash**	Rachenspülflüssigkeit *f*, Rachenspülwasser *n*	liquide *m* de lavage pharyngé
P 292	**phase,** stadium	Phase *f*, Stadium *n*	phase *f*, stade *m*
P 293	**phase chromatography**	Phasenchromatographie *f*	chromatographie *f* en phase
P 294	**phase contrast**	Phasenkontrast *m*	contraste *m* de phase
P 295	**phase contrast method,** phase contrast technique	Phasenkontrastverfahren *n*	méthode *f* du contraste de phase
P 296	**phase contrast microscope**	Phasenkontrastmikroskop *n*	microscope *m* à contraste de phase
P 297	**phase contrast microscopy**	Phasenkontrastmikroskopie *f*	microscopie *f* à contraste de phase
	phase contrast technique	*s.* P 295	
P 298	**phase displacement,** phase shift	Phasenverschiebung *f*	décalage *m* de phase, déphasage *m*
P 299	**phase inversion (inverting)**	Phasenumkehrung *f*	inversion *f* de phase
	phase shift	*s.* P 298	
P 300	**phase titration**	Phasentitration *f*	titrage *m* de phase
	pH determination apparatus	*s.* P 350	
	Phe	*s.* P 322	
P 301	**pH electrode**	pH-Wert-Meßelektrode *f*, pH-Elektrode *f*	électrode *f* de mesure du pH
P 302	**phenacetin,** acetophenetidin	Phenacetin *n*, Acetphenetidin *n*	phénacétine *f*, acétophénétidine *f*
P 303	**phenanthrene**	Phenanthren *n*	phénantrène *m*
P 304	**phenanthroline**	Phenanthrolin *n*	phénantroline *f*
	phenate	*s.* P 310	
P 305	**phenazine,** dibenzopyrazine	Phenazin *n*, Dibenzopyrazin *n*	phénazine *f*, dibenzopyrazine *f*
P 306	**phenazone,** antipyrine	Phenazon *n*, Antipyrin *n*	phénazone *f*, antipyrine *f*
P 307	**β-phenethylamine**	β-Phenethylamin *n*	β-phénéthylamine *f*
P 308	**phenobarbital**	Phenobarbital *n*	phénobarbital *m*
P 309	**phenol,** hydroxybenzene, carbolic acid	Phenol *n*, Hydroxybenzen *n*, Karbolsäure *f*	phénol *m*, hydroxybenzène *m*, acide *m* phénique
	phenolase	*s.* L 43, M 702	
P 310	**phenolate,** phenate, phenoxide	Phenolat *n*	phénate *m*, phénolate *m*
P 311	**phenol oxidase**	Phenoloxidase *f*	phénoloxydase *f*
P 312	**phenol paper**	Phenolpapier *n*	papier *m* phénolique
P 313	**phenolphthalein**	Phenolphthalein *n*	phénolphtaléine *f*
P 314	**phenolphthalein test**	Phenolphthaleinprobe *f*, Phenolphthaleintest *m*	réaction *f* à la phénolphtaléine
P 315	**phenol reaction,** reaction of phenols	Phenolreaktion *f*	réaction *f* du phénol
	phenol red	*s.* P 316	
	phenol red test	*s.* P 317	
P 316	**phenolsulphone phthalein,** phenol red	Phenolsulfonphthalein *n*, Phenolrot *n*	phénolsulfonephtaléine *f*, rouge *m* de phénol
P 317	**phenolsulphone phthalein test,** phenol red test	Phenolsulfonphthaleintest *m*, Phenolrottest *m*, Phenolrotprobe *f*	épreuve *f* à la phénolsulfonephtaléine, épreuve de rouge de phénol
	phenol sulphotransferase	*s.* A 1031	
P 318	**phenolsulphuric acid**	Phenolschwefelsäure *f*	acide *m* phénolsulfurique
P 319	**phenothiazine**	Phenothiazin *n*	phénothiazine *f*
P 320	**phenotype**	Phänotyp *m*	phénotype *m*
	phenoxide	*s.* P 310	
	phenylacetamide	*s.* A 65	
P 321	**phenylacetylglutamine**	Phenylacetylglutamin *n*	phénylacétylglutamine *f*
	phenylalaninase	*s.* P 323	
P 322	**phenylalanine,** α-amino-β-phenylpropionic acid, Phe	Phenylalanin *n*, α-Amino-β-phenylpropionsäure *f*, Phe	phénlylalanine *f*, acide *m* α-amino-β-phényl-propionique, Phe
P 323	**phenylalanine-4-hydroxylase, phenylalanine-4-monooxygenase,** phenylalaninase	Phenylalanin-4-hydroxylase *f*, Phenylalanin-4-monooxygenase *f*, Phenylalaninase *f*	phénylalaline-4-hydroxylase *f*, phénylalanine-4-monooxygénase *f*, phénylalaninase *f*
	phenylamine	*s.* A 780	
	phenylaniline	*s.* D 519	
P 324	**phenylbutazone**	Phenylbutazon *n*	phénylbutazone *f*
P 325	**phenylbutyric acid**	Phenylbuttersäure *f*, Phenylbutansäure *f*	acide *m* phénylbutyrique
	phenylcarbinol	*s.* B 177	
P 326	**phenylene diamine**	Phenylendiamin *n*	phénylènediamine *f*, diaminobenzène *f*
	phenylethane	*s.* E 495	
P 327	**phenylethanol, phenylethyl alcohol**	Phenylethanol *n*, Phenylethylalkohol *m*	phényléthanol *m*, alcool *m* phényl-[éthyl]ique
P 328	**phenylethylamine**	Phenylethylamin *n*	phényléthylamine *f*
	phenylethylene	*s.* S 986	
P 329	**phenylhydrazine**	Phenylhydrazin *n*	phénylhydrazine *f*
P 330	**phenylhydrazine test**	Phenylhydrazinprobe *f*, Phenylhydrazintest *m*	épreuve *f* de phénylhydrazine
P 331	**phenylhydrazone**	Phenylhydrazon *n*	phénylhydrazone *f*
P 332	**phenyllactic acid**	Phenylmilchsäure *f*	acide *m* phényllactique

	phenylmethane	*s.* T 410	
P 333	**phenylphosphate**	Phenylphosphat *n*	phénylphosphate *m*
P 334	**phenylpropionic acid**	Phenylpropionsäure *f*	acide *m* phénylpropionique (benzylacétique)
P 335	**phenylpropionic acid test**	Phenylpropionsäuretest *m*	réaction *f* phénylpropionique
P 336	**phenylpyruvate**	Phenylpyruvat *n*	phénylpyruvate *m*
P 337	**phenylpyruvic acid**	Phenylbrenztraubensäure *f*	acide *m* phénylpyruvique
P 338	**phenylsalicylate**	Phenylsalicylat *n*	salicylate *m* de phényle
P 339	**phenylsulphuric acid**	Phenylschwefelsäure *f*	acide *m* phénylsulfurique
P 340	**phenytoin**	Phenytoin *n*	phénytoïne *f*
P 341	**pheochrome**	Phäochrom *n*	phéochrome *m*
P 342	**pheochromocyte**	Phäochromozyt *m*	phéochromocyte *m*
	phial	*s.* A 682	
	phial	*s.* S 454	
P 343	**Philadelphia chromosome**	Philadelphia-Chromosom *n*	chromosome *m* Philadelphia
	pH indicator	*s.* A 133	
	pH instrument	*s.* P 350	
	PHLA	*s.* P 758	
	phlebostasis	*s.* V 65	
P 344	**phlori[d]zin**	Phlori[d]zin *n*	phlori[d]zine *f*
P 345	**phlori[d]zin test**	Phlori[d]zintest *m*, Phlori[d]zinprobe *f*	épreuve *f* de la phloridzine
P 346	**phloroglucinol,** 1,3,5-trihydroxybenzene	Phloroglucin *n*, 1,3,5-Trihydroxybenzen *n*	phloroglucine *f*, 1,3,5-trihydroxybenzène *m*, phloroglucinol *m*
P 347	**phloxine**	Phloxin *n*	phloxine *f*
P 348	**phloxine staining**	Phloxinfärbung *f*	coloration *f* à la phloxine
P 349	**pH measurement**	pH-Messung *f*	mesure *f* du pH
P 350	**pH meter,** pH instrument, pH determination apparatus	pH-Meßgerät *n*, pH-Meter *n*	pH-mètre *m*
	pH number	*s.* P 447	
P 351	**pH optimum**	pH-Optimum *n*	optimum *m* du pH
P 352	**phosgene,** carbonyl chloride, carbon dichloride oxide	Phosgen *n*, Carbonylchlorid *n*, Kohlenoxidchlorid *n*	phosgène *m*, chlorure *m* de carbonyle, oxychlorure *m* de carbone
	phosphagen	*s.* C 1089	
P 353	**phosphatase**	Phosphatase *f*	phosphatase *f*
P 354	**phosphatase test**	Phosphatasereaktion *f*, Phosphatasetest *m*	test *m* de la phosphatase
P 355	**phosphate**	Phosphat *n*	phosphate *m*
	phosphate acetyltransferase	*s.* P 416	
P 356	**phosphate buffer**	Phosphatpuffer *m*	tampon *m* phosphate
P 357	**phosphate-buffered saline solution,** PBS	phosphatgepufferte Salzlösung *f*	solution *f* saline tamponnée àphosphate
P 358	**phosphate calculus,** phosphatic calculus	Phosphatstein *m*	calcul *m* phosphatique
P 359	**phosphate-citrate buffer**	Phosphat-Citrat-Puffer *m*	tampon *m* phosphate-citrate
P 360	**phosphate residue**	Phosphatrest *m*	reste *m* phosphate
	phosphatic calculus	*s.* P 358	
P 361	**phosphatide,** phospholipid	Phosphatid *n*, Phospholipid *n*	phosphatide *m*, phospholipide *m*
P 362	**phosphatidic acid**	Phosphatidsäure *f*	acide *m* phosphatidique
P 363	**phosphatidyl choline**	Phosphatidylcholin *n*	phosphatidylcholine *f*
	phosphatidyl ethanolamine	*s.* C 312	
P 364	**phosphatidyl glycerol**	Phosphatidylglycerol *n*	phosphatidylglycérol *m*
	phosphatidyl inositol	*s.* I 317	
P 365	**phosphatidyl serine**	Phosphatidylserin *n*	phosphatidylsérine *f*
	phosphine	*s.* P 408	
	phosphoacylase	*s.* P 416	
P 366	**phosphoadenosine phosphosulphate**	Phosphoadenosinphosphosulfat *n*	phosphoadénosine-phosphosulfate *m*
P 367	**phosphoadenylate-3'-nucleotidase**	Phosphoadenylat-3'-nucleotidase *f*	phosphoadénylate-3'-nucléotidase *f*
P 368	**phosphoamidase**	Phosphoamidase *f*	phosphoamidase *f*
P 369	**phosphoamide**	Phosphoamid *n*	phosphoamide *m* (*f*)
P 370	**phosphoaminolipid**	Phosphoaminolipid *n*	phosphoaminolipide *m*
	phosphoarginine	*s.* A 989	
	phosphocreatine	*s.* C 1089	
P 371	**phosphodiester**	Phosphodiester *m*	phosphodiester *m*
P 372	**phosphodiesterase**	Phosphodiesterase *f*	phosphodiestérase *f*
P 373	**phosphodiglyceride**	Phosphodiglycerid *n*	phosphodiglycéride *m*
P 374	**phosphoenolpyruvate**	Phosphoenolpyruvat *n*	phosphoénolpyruvate *m*
P 375	**phosphoenolpyruvate carboxylase**	Phosphoenolpyruvatcarboxylase *f*	phosphoénolpyruvate-carboxylase *f*
	phosphoenolpyruvate kinase	*s.* P 1280	
P 376	**phosphoenolpyruvic acid**	Phosphoenolbrenztraubensäure *f*	acide *m* phosphoénolpyruvique
P 377	**6-phosphofructokinase,** phosphohexokinase	6-Phosphofructokinase *f*, Phosphohexokinase *f*	6-phosphofructokinase *f*, phosphohexokinase *f*
	phosphoglucoisomerase	*s.* G 287	
P 378	**phosphoglucokinase**	Phosphoglucokinase *f*	phosphoglucokinase *f*
P 379	**phosphoglucomutase,** glucose phosphomutase	Phosphoglucomutase *f*, Glucosephosphomutase *f*	phosphoglucomutase *f*, glucophosphomutase *f*
P 380	**6-phosphogluconate**	6-Phosphogluconat *n*	6-phosphogluconate *m*
P 381	**phosphogluconate dehydrogenase**	Phosphogluconatdehydrogenase *f*	phosphogluconate-déshydrogénase *f*
P 382	**6-phosphogluconic acid**	6-Phosphogluconsäure *f*	acide *m* 6-phosphogluconique

	3-phosphoglyceraldehyde	*s.* G 329	
P 383	**phosphoglycerate kinase**	Phosphoglyceratkinase *f*	phosphoglycérate-kinase *f*
P 384	**phosphoglycerate phosphomutase**	Phosphoglyceratphosphomutase *f*	phosphoglycérate-phosphomutase *f*
P 385	**phosphoglyceric acid**	Phosphoglycerinsäure *f*	acide *m* phosphoglycérique
P 386	**phosphoglyceride**	Phosphoglycerid *n*	phosphoglycéride *m*
P 387	**phosphoglyceromutase,** glycerate phosphomutase	Phosphoglyceratmutase *f*, Glycerat-phosphomutase *f*	phosphoglycérate-mutase *f*, glycérate-phosphomutase *f*
	phosphohexoisomerase	*s.* G 287	
	phosphohexokinase	*s.* P 377	
	phosphohexomutase	*s.* G 287	
	phosphohexose isomerase	*s.* G 287	
P 388	**phosphohomoserine**	Phosphohomoserin *n*	phosphohomosérine *f*
P 389	**phosphoketolase**	Phosphoketolase *f*	phosphocétolase *f*
P 390	**phosphokinase**	Phosphokinase *f*	phosphokinase *f*
P 391	**phospholipase,** lecithinase	Phospholipase *f*, Lecithinase *f*	phospholipase *f*
	phospholipid	*s.* P 361	
P 392	**phosphomolybdate**	Phosphomolybdat *n*	phosphomolybdate *m*
P 393	**phosphomolybdic acid**	Phosphormolybdänsäure *f*	acide *m* phosphomolybdique
P 394	**phosphomonoesterase**	Phosphomonoesterase *f*	phosphomonoestérase *f*
P 395	**phosphomutase**	Phosphomutase *f*	phosphomutase *f*
	phosphopentoisomerase	*s.* R 426	
P 396	**phosphopeptide**	Phosphopeptid *n*	phosphopeptide *m*
	phosphopherase	*s.* T 511	
P 397	**phosphoproteid**	Phosphoproteid *n*	phosphoprotéide *m*
P 398	**phosphoprotein**	Phosphoprotein *n*	phosphoprotéine *f*
	phosphopyruvate hydratase	*s.* E 247	
	phosphorate / to	*s.* P 399	
P 399	**phosphoresce / to,** to phosphorate	phosphoreszieren	entrer en phosphorescence, phosphorescer
P 400	**phosphorescence**	Phosphoreszenz *f*, Phosphoreszieren *n*	phosphorescence *f*
P 401	**phosphorescent,** phosphorous	phosphoreszierend	phosphorescent
	phosphoriboisomerase	*s.* R 426	
P 402	**5-phosphoribosylamine**	5-Phosphoribosylamin *n*	5-phosphoribosylamine *f*
P 403	**5-phosphoribosyl-1-pyrophosphate,** PRPP	5-Phosphoribosyl-1-pyrophosphat *n*, PRPP	5-phosphoribosyl-1-pyrophosphate *m*
	phosphoric	*s.* P 406	
P 404	**phosphoric acid**	Phosphorsäure *f*	acide *m* phosphorique
	phosphorous	*s.* P 401	
P 405	**phosphorous acid**	phosphorige Säure *f*	acide *m* phosporeux
P 406	**phosphorous-containing,** phosphoric	phosphorhaltig	phosphoreux, phosphoré
P 407	**phosphorus,** P	Phosphor *m*, P	phosphore *m*, P
P 408	**phosphorus hydride,** phosphine	Phosphorwasserstoff *m*, Phosphin *n*	hydrogène *m* phosphoré, phosphine *f*
P 409	**phosphorylase,** amylophosphorylase, polyphosphorylase	Phosphorylase *f*, Amylophosphorylase *f*, Polyphosphorylase *f*	phosphorylase *f*, amylophosphorylase *f*, polyphosphorylase *f*
P 410	**phosphorylase reaction**	Phosphorylasereaktion *f*	réaction *f* phosphorylasique
P 411	**phosphorylate / to**	phosphorylieren	phosphoryler
P 412	**phosphorylation**	Phosphorylierung *f*, Phosphorylieren *n*	phosphorylation *f*
P 413	**phosphorylcholine**	Phosphorylcholin *n*	phosphorylcholine *f*
	phosphorylcholine transferase	*s.* C 477	
P 414	**phosphorylethanolamine**	Phosphorylethanolamin *n*	phosphoryléthanolamine *f*
	phosphosaccharomutase	*s.* G 287	
P 415	**phosphoserine**	Phosphoserin *n*	phospho[ryl]sérine *f*
P 416	**phosphotransacetylase,** phosphate acetyltransferase, phosphoacylase	Phosphotransacetylase *f*, Phosphatacetyltransferase *f*, Phosphoacylase *f*	phosphotransacétylase *f*, phosphate-acétyltransférase *f*, phosphoacylase *f*
P 417	**phosphotransferase**	Phosphotransferase *f*	phosphotransférase *f*
	phosphotriose	*s.* T 569	
	phosphotriose isomerase	*s.* T 577	
P 418	**phosphotungstic acid**	Phosphorwolframsäure *f*	acide*m* phosphotungstique
P 419	**phosvitin**	Phosvitin *n*	phosvitine *f*
P 420	**photoallergen**	Photoallergen *n*	photoallergène *m*
P 421	**photobacterium**	Photobakterie *f*, Leuchtbakterie *f*, phosphoreszierende Bakterie *f*	photobactérie *f*, bactérie *f* lumineuse, bactérie phospholuminescente, bactérie phosphorescente
P 422	**photocell,** photoelectric cell, phototube	Photozelle *f*	photocellule *f*, cellule *f* photo-électrique
P 423	**photochemical**	photochemisch	photochimique
	photochemical reaction	*s.* P 439	
P 424	**photochemistry**	Photochemie *f*	photochimie *f*
	photochromogenic mycobacterium	*s.* P 425	
P 425	**photochromogenic strain,** photochromogenic mycobacterium	photochromogener Stamm *m*	souche *f* photochromogène (photochromique)
P 426	**photocolorimeter,** photoelectric colorimeter	Photokolorimeter *n*	photocolorimètre *m*
P 427	**photocolorimetric**	photokolorimetrisch	photocolorimétrique
P 428	**photocolorimetry**	Photokolorimetrie *f*	photocolorimétrie *f*
P 429	**photoelectric**	photoelektrisch	photoélectrique
	photoelectric cell	*s.* P 422	

	photoelectric colorimeter	*s.* P 426	
	photoelectric multiplier	*s.* P 437	
P 430	**photoemulsion**	Photoemulsion *f*	photoémulsion *f*, émulsion *f* photographique
P 431	**photoluminescence**	Photolumineszenz *f*	photoluminescence *f*
P 432	**photometer**	Photometer *n*	photomètre *m*
P 433	**photometric[al]**	photometrisch	photométrique
P 434	**photometric method**	photometrische Methode *f*	méthode *f* photométrique
P 435	**photometric titration**	photometrische Titration *f*	titrage *m* photométrique
P 436	**photometry**	Photometrie *f*, Lichtstärkemessung *f*	photométrie *f*
P 437	**photomultiplier, photomultiplier cell (tube),** photoelectric (secondary-emission electron) multiplier	Photomultiplier *m*, Sekundärelektronenvervielfacher *m*, Photoelektronenvervielfacher *m*	photomultiplicateur *m*, multiplicateur *m* photoélectronique
P 438	**photophoresis**	Photophorese *f*	photophorèse *f*
P 439	**photoreaction,** photochemical reaction	Photoreaktion *f*, Lichtreaktion *f*, photochemische Reaktion *f*	photoréaction *f*, réaction *f* photochimique
	photosensitive	*s.* L 248	
	photosensitivity	*s.* L 249	
	phototube	*s.* P 422	
P 440	**pH range**	pH-Bereich *m*	domaine *m* de pH
	phrenosin	*s.* C 325	
	phrenosin acid	*s.* C 326	
P 441	**pH shift**	pH-Verschiebung *f*	décalage *m* de pH
P 442	**phthalate**	Phthalat *n*	phtalate *m*
P 443	**phthalate buffer**	Phthalatpuffer *m*	tampon *m* phtalate
P 444	**phthalein**	Phthalein *n*	phtaléine *f*
P 445	**phthalein purple**	Phthaleinpurpur *m*	pourpre *m* de phtaléine
P 446	**phthalic acid,** benzene dicarboxylic acid	Phthalsäure *f*, Benzendicarbonsäure *f*	acide *m* phtalique, acide orthobenzènedicarboxylique
	Phthirius	*s.* L 415	
	Phthirius pubis	*s.* M 726	
P 447	**pH value,** pH number, hydrogen ion exponent, pH	pH-Wert *m*, Wasserstoffionenexponent *m*, pH	valeur *f* du pH, pH *m*, concentration *f* en ions d'hydrogène
P 448	**phylloquinone,** vitamin K_1	Phyllochinon *n*, Vitamin *n* K_1	phylloquinone *m*, phytoménadione *m*, vitamine *f* K_1
P 449	**physical**	physikalisch	physique
P 450	**physical chemistry**	physikalische Chemie *f*	chimie *f* physique
P 451	**physical condition,** state of health	Gesundheitszustand *m*	état *m* de santé
	physical strain	*s.* E 548	
P 452	**physician,** medical	Arzt *m*, Mediziner *m*	médecin *m*
P 453	**physico-chemical**	physikochemisch, physikalisch-chemisch	physico-chimique
P 454	**physics**	Physik *f*	physique *f*
P 455	**physiologic[al]**	physiologisch	physiologique
P 456	**physiological chemistry**	physiologische Chemie *f*	chimie *f* physiologique
	physiological saline solution	*s.* P 457	
P 457	**physiological salt solution, physiological saline (sodium chloride) solution**	physiologische Kochsalzlösung (Natriumchloridlösung) *f*	solution *f* de sel de cuisine physiologique, solution de clorure de sodium physiologique, solution physiologique de chlorure de sodium, «sérum *m* physiologique», soluté *m* physiologique
P 458	**physiologist**	Physiologe *m*	physiologiste *m*
P 459	**physiology**	Physiologie *f*	physiologie *f*
P 460	**physostigmine,** eserine	Physostigmin *n*, Eserin *n*	physostigmine *f*, ésérine *f*
P 461	**phytanic acid**	Phytansäure *f*	acide *m* phytanique
P 462	**phytoagglutinin,** lectin	Phytoagglutinin *n*, Lectin *n*	phytoagglutinine *f*, lectine *f*
P 463	**phytohaemagglutinin**	Phytohämagglutinin *n*	phytohémagglutinine *f*
P 464/5	**phytotoxin,** plant poison	Phytotoxin *n*, Pflanzengift *n*	phytotoxine *f*, poison *m* végétal
P 466	**picolinic acid,** α-pyridine carboxylic acid	Pikolinsäure *f*, Pyridin-α-carbonsäure *f*	acide *m* picolinique (pyridine-α-carboxylique)
P 467	**picornavirus**	Picornavirus *n*	picornavirus *m*
P 468	**picramic acid**	Pikraminsäure *f*	acide *m* picram[in]ique
P 469	**picric acid,** picronitric acid, 2,4,6-trinitrophenol	Pikrinsäure *f*, 2,4,6-Trinitrophenol *n*	acide *m* picrique, trinitro-2,4,6-phénol *m*
P 470	**picrocarmine**	Pikrokarmin *n*	picrocarmine *f*
P 471	**picrofuchsine**	Pikrofuchsin *n*	picrofuchsine *f*
P 472	**picroindigocarmine**	Pikroindigokarmin *n*	picroindigocarmine *f*
P 473	**picronigrosine**	Pikronigrosin *n*	picronigrosine *f*
	picronitric acid	*s.* P 469	
	PIF	*s.* P 987	
P 474	**pig,** swine	Schwein *n*	porc *m*, cochon *m*
P 475	**pigment**	Pigment *n*	pigment *m*
P 476	**pigmentation**	Pigmentierung *f*, Pigmentation *f*	pigmentation *f*
	pigment cell	*s.* C 534	
P 477	**pigment granule**	Pigmentkörperchen *n*	granule *f* pigmentaire
	PIH	*s.* P 987	
P 478	**pilocarpine**	Pilocarpin *n*	pilocarpine *f*

P 479	**pilocarpine hydrochloride**	Pilocarpinhydrochlorid *n*	pilocarpine *f* hydrochlorique
P 480	**pilocarpine iontophoresis**	Pilocarpin-Iontophorese *f*	iontophorèse *f* de pilocarpine
P 481	**pilocarpine solution**	Pilocarpinlösung *f*	solution *f* de pilocarpine
P 482	**pilocarpine sweat**	Pilocarpinschweiß *m*	sueur *f* de pilocarpine
P 483	**pilot lamp,** warning lamp	Kontrollampe *f*	voyant *m,* lampe-témoin *f,* lampe *f* pilote
	pilus	*s.* H 119	
P 484	**pimelic acid**	Pimelinsäure *f*	acide *m* pimélique
P 485	**pincers, pincette**	Pinzette *f*	pincettes *fpl*
	pinch clamp	*s.* P 486	
P 486	**pinchcock,** hose cock, pinch clamp	Schlauchklemme *f*	pince *f* pour tuyau flexible
P 487	**pinocyte**	Pinozyt *m*	pinocyte *m*
	pinworm	*s.* O 255	
	Piophila casei	*s.* C 364	
	pipe	*s.* T 633	
P 488	**piperidine,** hexahydropyridine	Piperidin *n,* Hexahydropyridin *n*	pipéridine *f,* hexahydroxypyridine *f*
	piperidinic acid	*s.* A 604	
P 489	**pipette / to**	pipettieren	pipetter, prélever au moyen d'une pipette
P 490	**pipette,** dropper *(small)*	Pipette *f*, Stechheber *m*	pipette *f*
P 491	**pipette rinser (rinsing device)**	Pipettenspüler *m*	lave-pipettes *m*
P 492	**pipette stand**	Pipettenständer *m*	porte-pipettes *m,* support *m* à pipettes
P 493	**pipette tip**	Pipettenspitze *f*	pointe *f* de pipette
	pipette to determine the speed of blood sedimentation	*s.* W 67	
P 494	**pipetting**	Pipettierung *f*, Pipettieren *n*	pipettage *m*
P 495	**pipetting error**	Pipettierfehler *m*	erreur *f* de pipettage
P 496	**pipetting method**	Pipettiermethode *f*	méthode *f* de pipettage
	pipetting syringe	*s.* D 725	
P 497	**Pirquet's reaction, Pirquet's test**	Pirquet-Reaktion *f*, Pirquet-Test *m*	réaction *f* (test *m,* cutiréaction *f*) de Pirquet
P 498	**piston,** plunger *(e.g. syringe)*	Kolben *m (Technik)*	piston *m*
P 499	**piston burette**	Kolbenbürette *f*	burette *f* à piston
P 500	**piston pipette**	Kolbenpipette *f*	pipette *f* à piston
P 501	**pituicyte**	Pituizyt *m*	pituicyte *m*
	pituitary hormone	*s.* H 576	
	pituitrine test	*s.* O 254	
P 502	**pK [value]**	pK-Wert *m,* pK	valeur *f* du pK, pK *m*
	PL	*s.* P 985	
	place / to	*s.* I 419	
P 503	**placebo,** dummy	Plazebo *n*	placebo *m*
P 504	**placenta,** after-birth	Plazenta *f*, Nachgeburt *f*, Mutterkuchen *m*	placenta *m*
	placenta gonadotropin	*s.* C 495	
P 505	**placental blood**	Plazentablut *n*	sang *m* placentaire
P 506	**placental extract**	Plazentaextrakt *m*	extrait *m* placentaire
P 507	**placental hormone**	Plazentahormon *n*	hormone *f* placentaire
P 508	**placental lactogen,** human placental lactogen, human chorionic somato[mammo]tropin, chorionic somatomammotropin, HPL, HCS	Plazentalactogen *n,* Chorionsomatotropin *n*, Chorionsomato[mammo]tropin *n*, Human-Chorionsomatomammotropin *n*	somatomammotrophine *f* chorionique, hormone *f* lactogène placentaire, HLP
P 509	**placental tissue**	Plazentagewebe *n*	tissu *m* placentaire
P 510	**place of employment**	Arbeitsplatz *m*	place *f* de travail
	placing	*s.* I 420	
P 511	**plague bacillus,** Yersinia pestis, Pasteurella pestis, Bacillus pestis, Yersin's bacillus	Pestbakterie *f*, Pesterreger *m*	bacille *m* de Yersin (la peste, Kitasato)
P 512	**plague flea,** Xenopsylla cheopis	Pestfloh *m*	puce *f* de la peste
P 513	**plaited filter,** folded (fluted) filter	Faltenfilter *n*	filtre *m* à plis
P 514	**planar (plane) chromatography**	Flächenchromatographie *f,* Planarchromatographie *f*	chromatographie *f* plane
P 515	**planning of experiments,** design of experiment, experimental design	Versuchsplanung *f*	planification *f* de l'expérience
P 516	**plan of experiment,** experimental plan	Versuchsplan *m*	plan *m* expérimental (d'expérience)
	plant fat	*s.* V 57	
	plant poison	*s.* P 464/5	
P 517	**plaque**	Plaque *n*	plaque *f*
P 518	**plaque test**	Plaquetest *m*	épreuve *f* de plaque
P 519	**plasma albumin**	Plasmaalbumin *n*	albumine *f* plasmatique
P 520	**plasma bicarbonate**	Plasmabicarbonat *n*	bicarbonate *m* plasmatique
P 521	**plasma cell,** plasmocyte, plasmacyte	Plasmazelle *f*, Plasmozyt *m*	cellule *f* plasmatique, plasmocyte *m,* plasmacyte *m*
P 522	**plasma-clotting time**	Plasmagerinnungszeit *f*	temps *m* de coagulation plasmatique
P 523	**plasma coagulase**	Plasmakoagulase *f*	coagulase *f* du plasma
P 524	**plasma cofactor**	Plasmacofaktor *m*	cofacteur *m* plasmatique
P 525	**plasmacrit test**	Plasmakrittest *m*	test *m* de plasmacrite
	plasmacyte	*s.* P 521	
P 526	**plasma enzyme**	Plasmaenzym *n*	enzyme *m* plasmatique

	English	German	French
	plasma expander	*s.* P 545	
	plasma filtration treatment	*s.* P 539	
P 527	**plasma fraction,** plasma protein fraction	Plasma[protein]fraktion *f,* Human-Plasmafraktion *f*	fraction *f* [protéique] du plasma, protéines *fpl* plasmatiques
P 528	**plasma fractionation**	Plasmafraktionierung *f*	fractionnement *m* des protéines plasmatiques
P 529	**plasma gamma globulin**	Plasmagammaglobulin *n*	gammaglobuline *f* plasmatique
P 530	**plasmagene**	Plasmagen *n*	plasmagène *m*
P 531	**plasma iron**	Plasmaeisen *n*	fer *m* plasmatique
P 532	**plasma iron clearance**	Plasmaeisen-Clearance *f*	clearance *f* de fer plasmatique
P 533	**plasma iron turnover rate**	Plasmaeisen-Umsatzrate *f*	turnover *m* (taux *m* de renouvellement) du fer plasmatique
P 534	**plasma kinin**	Plasmakinin *n*	plasmakinine *f*
	plasmalemma	*s.* C 258	
P 535	**plasma lipoprotein**	Plasmalipoprotein *n*	plasmalipoprotéine *f,* lipoprotéine *f* plasmatique
P 536	**plasmalogen,** acetalphosphatide	Plasmalogen *n,* Acetalphosphatid *n*	plasmalogène *m,* acétalphosphatide *m*
	plasmal reaction	*s.* F 80	
P 537	**plasmalyse, plasmalysis**	Plasmolyse *f*	plasmolyse *f*
	plasma membrane	*s.* C 258	
P 538	**plasma pexin**	Plasmapexin *n*	plasmapexine *m*
P 539	**plasmapheresis, plasmaphoresis,** plasma filtration treatment	Plasmapherese *f,* Plasmaphorese *f*	plasmaphérèse *f,* plasmaphorèse *f*
P 540	**plasma protein**	Plasmaprotein *n,* Plasmaeiweiß *n*	protéine *f* plasmatique, plasmaprotéine *f*, protéine *f* du plasma
	plasma protein fraction	*s.* P 527	
P 541	**plasma protein solution**	Plasmaproteinlösung *f*	solution *f* de protéine plasmatique
P 542	**plasma reagin card test,** rapid plasma reagin card test, RPRC test	Plasma-Reagin-Kartentest *m,* Plasma-Kartentest *m*, Rapid-Plasma-Reagin-Kartentest *m*	test *m* de détection rapide de l'anticorps réaginique
P 543	**plasma renin**	Plasmarenin *n*	plasmarénine *f*
P 544	**plasma renin activity**	Plasmareninaktivität *f*	activité *f* de plasmarénine, activité de rénine du plasma, activité rénine-plasmatique
P 545	**plasma substitute,** plasma expander, plasma volume expander, volume expander	Plasmaexpander *m,* Plasmaersatzstoff *m*, Plasmaersatzmittel *n,* Plasmavolumenexpander *m*, Volumenexpander *m*	produit *m* de substitution sanguine, succédané *m* du plasma
	plasma thromboplastin	*s.* C 642	
	plasma thromboplastin antecedent	*s.* C 644	
	plasma thromboplastin component	*s.* C 641	
P 546	**plasma thromboplastin generation test**	Plasmathromboplastin-Generationstest *m*	test *m* de génération de la plasmathromboplastine [de Biggs et Douglas]
	plasmatic	*s.* P 548	
P 547	**plasma volume**	Plasmavolumen *n*	volume *m* plasmatique
	plasma volume expander	*s.* P 545	
P 548	**plasmic,** plasmatic	plasmatisch	plasm[at]ique
P 549	**plasmid**	Plasmid *n*	plasmide *m*
P 550	**plasmin,** fibrinolysin	Plasmin *n,* Fibrinolysin *n*	plasmine *f,* fibrinolysine *f*
P 551	**plasmin inhibitor**	Plasmininhibitor *m*	inhibiteur *m* de plasmine
P 552	**plasminogen,** profibrinolysin, plasminogen (fibrinolysis) proactivator	Plasminogen *n,* Profibrinolysin *n*, Plasminogenproaktivator *m*, Fibrinolyseproaktivator *m*, inaktives Plasmin *n*	plasminogène *m,* profibrinolysine *f,* profibrinogénase *f*, proplasmine *f*, proactivateur *m* de plasminogène, plasmine *f* inactive
P 553	**plasminogen activator**	Plasminogenaktivator *m*	activateur *m* du plasminogène
	plasminogen proactivator	*s.* P 552	
P 554	**plasmoblast**	Plasmoblast *m*	plasmoblaste *m*
	plasmocyte	*s.* P 521	
P 555	**plasmodial index**	Plasmodien-Index *m*	indice *m* plasmodique
	plasmodiotrophoblast	*s.* S 1174	
	Plasmodium	*s.* M 67	
	Plasmodium falciparum	*s.* A 338/9	
	Plasmodium malariae	*s.* Q 20	
	Plasmodium tertianae	*s.* T 74	
	Plasmodium vivax	*s.* T 74	
P 556	**plasmolyse test**	Plasmolysetest *m*	test *m* de plasmolyse
	plasmosome	*s.* M 540	
P 557	**plastein**	Plastein *n*	plastéine *f*
P 558	**plaster,** emplastrum	Pflaster *n,* Emplastrum *n*	pansement *m* adhésif, emplâtre *m*
P 559	**plastic,** plastic material	Kunststoff *m,* Plast *m*	plastique *m,* matière *f* plastique
P 560	**plastic ampoule**	Kunststoffampulle *f*	ampoule *f* en plastique
	plastic film	*s.* P 562	
P 561	**plastic flask**	Kunststoffflasche *f*	bouteille *f* en plastique
P 562	**plastic foil,** plastic film, thin-sheet plastic	Kunststoffolie *f*	feuille (pellicule) *f* en plastique
	plastic material	*s.* P 559	
	plastic plug	*s.* P 563	

No.	English	German	French
P 563	**plastic stopper,** plastic plug	Kunststoffstopfen *m*	bouchon *m* en plastique
P 564	**plastic syringe**	Kunststoffspritze *f*	seringue *f* en plastique
P 565	**plastic tube**	Kunststoffröhrchen *n*	tube *m* en plastique
P 566	**plastid**	Plastid *n*	plastide *m* (*f*)
P 567	**plastogene**	Plastogen *n*	plastogène *m,* gène *m* plastidial
P 568	**plate,** stab *(thick)*, sheet *(thin)*	Platte *f*	plaque *f*
P 569	**plateau**	Plateau *n*	plateau *m*
P 570	**plate culture,** platiculture, Petri dish culture	Plattenkultur *f*	culture *f* sur plaques
	platelet	*s.* T 269	
P 571	**platelet accelerator**	Thrombozytenakzelerator *m,* Plättchenakzelerator *m*	accélérateur *m* thrombocytaire (plaquettaire)
P 572	**platelet-activating factor,** PAF	thrombozytenaktivierender Faktor *m,* plättchenaktivierender Faktor *m,* PAF	facteur *m* d'activation des thrombocytes, agent *m* d'activation des plaquettes, facteur d'activation plaquettaire, PAF
	platelet adhesion	*s.* T 270	
	platelet agglutinin	*s.* T 272	
	platelet aggregate	*s.* T 273	
	platelet aggregation	*s.* T 274	
P 573	**platelet aggregation test,** thrombocyte aggregation test, PAT	Thrombozytenaggregationstest *m,* Plättchenaggregationstest *m,* PAT	épreuve *f* d'agrégation de thrombocytes, épreuve d'agrégation plaquettaire
	platelet antibody	*s.* T 275	
P 574	**platelet antigen,** thrombocyte antigen	Thrombozytenantigen *n,* Plättchenantigen *n*, Thrombozytenrezeptor *m*	antigène *m* thrombocytaire, antigène plaquettaire
P 575	**platelet cofactor,** thrombocyte cofactor	Thrombozytencofaktor *m,* Plättchencofaktor *m*	cofacteur *m* thrombocytaire (plaquettaire)
	platelet cofactor II	*s.* C 641	
P 576	**platelet concentrate**	Thrombozytenkonzentrat *n*	concentré *m* thrombocytaire
	platelet count	*s.* T 277, T 278	
	platelet counting	*s.* T 278	
	platelet extract	*s.* T 280	
P 577	**platelet factor,** thrombocyte factor	Thrombozytenfaktor *m,* Plättchenfaktor *m*	facteur *m* thrombocytaire (plaquettaire)
	platelet factor 4	*s.* A 879	
P 578	**platelet resistance,** thrombocyte resistance	Thrombozytenresistenz *f,* Plättchenresistenz *f*	résistance *f* thrombocytaire (plaquettaire)
P 579	**platelet resistance test,** thrombocyte resistance test	Thrombozytenresistenztest *m,* Plättchenresistenztest *m*	épreuve *f* de résistance plaquettaire
P 580	**platelet retention,** thrombocyte retention	Thrombozytenretention *f,* Plättchenretention *f*	rétention *f* thrombocytaire (plaquettaire)
P 581	**platelet retention test,** thrombocyte retention test	Thrombozytenretentionstest *m,* Plättchenretentionstest *m*	test *m* (épreuve *f*) de rétention plaquettaire
P 582	**platelet survival time,** thrombocyte survival time	Thrombozytenüberlebenszeit *f,* Plättchenüberlebenszeit *f*	durée *f* de vie des thrombocytes (plaquettes)
P 583	**plate-like**	plattenförmig	en forme de plaque
P 584	**plate test**	Plattentest *m*	épreuve *f* de plaques
	platiculture	*s.* P 570	
P 585	**platinum,** Pt	Platin *n,* Pt	platine *m,* Pt
P 586	**platinum crucible**	Platintiegel *m*	creuset *m* de platine, creuset en platine
P 587	**platinum dish**	Platinschale *f*	cuvette *f* de platine
P 588	**platinum electrode**	Platinelektrode *f*	électrode *f* en platine
P 589	**platinum loop,** bacteriological loop	Platinöse *f,* Bakteriologenöse *f*	boucle *f* de platine, boucle bactériologique
P 590	**platinum needle**	Platinnadel *f*	aiguille *f* en platine
P 591	**platinum spatula**	Platinspatel *m*	spatule *f* en platine
P 592	**platinum wire**	Platindraht *m*	fil *m* de platine
P 593	**platulocyte**	Platulozyt *m*	platulocyte *m*
P 594	**platyhelminth,** flat (fluke) worm	Plathelminth *m,* Plattwurm *m*	plathelminte *m,* ver *m* plat
P 595	**plausibility control**	Plausibilitätskontrolle *f*	contrôle *m* de plausibilité
	pledget	*s.* S 1156	
P 596	**pleokaryocyte**	Pleokaryozyt *m*	pléocaryocyte *m*
	pleomorphic	*s.* P 681	
	pleomorphism	*s.* P 682	
	pleomorphous	*s.* P 681	
P 597	**plerocercoid,** procercoid	Plerocerkoid *m,* Procerkoid *m*, Vollfinne *f*	plérocercoïde *m,* procercoïde *m* , larve *f* plérocercoïde
	pleuracentesis	*s.* P 602	
P 598	**pleural biopsy**	Pleurabiopsie *f*	biopsie *f* pleurale
P 599	**pleural exudate**	Pleuraexsudat *n*	exsudat *m* pleural
P 600	**pleural fluid**	Pleuraflüssigkeit *f*	liquide *m* pleural
P 601	**pleural punctate**	Pleuralpunktat *n*	liquide *m* obtenu par ponction pleurale
P 602	**pleural puncture,** puncture of the pleura (thorax), pleuracentesis, thora[co]centesis	Pleurapunktion *f,* Pleurazentese *f*, Thoraxpuntion *f*, Thorakozentese *f*	ponction *f* thoracique (pleurale), thora[co]centèse *f*
P 603	**pleural transudate**	Pleuratranssudat *n*	transsudat *m* pleural
P 604	**plexiglass**	Plexiglas *n*	plexiglas *m,* verre *m* acrylique

No.	English	German	French
P 605	**plexus cell**	Plexuszelle *f*	cellule *f* de plexus
	plot	*s.* D 304	
P 606	**PLT group, PLT viruses**	PLT-Viren *npl*, Psittakose-Lymphogranuloma-Trachoma-Gruppe *f*	virus *mpl* PLT
	plug / to	*s.* S 935	
P 607	**plug,** cockplug, stopper (*US*)	Hahnküken *n*	boisseau *m*
	plug	*s. a.* S 936	
	plug cock	*s.* T 686	
	plug of cotton wool	*s.* C 1044	
	plunge / to	*s.* D 513	
	plunge	*s.* D 514	
	plunger	*s.* P 498	
	plurivalent	*s.* M 784	
	plus mark	*s.* P 754	
	plus sign	*s.* P 754	
	pneumobacillus	*s.* F 395	
	pneumocentesis	*s.* P 1167	
P 608	**Pneumococcus**	Pneumokokke *f*	pneumocoque *m*
	pneumococcus	*s. a.* F 352	
	pneumonic klebsiella	*s.* F 395	
P 609	**pneumonic mycoplasm,** Eaton virus, Eaton agent, Mycoplasma pneumoniae	Pneumonievirus *n*, Eaton-Virus *n*	mycoplasme *m* pneumonique, virus *m* Eaton
	pO_2	*s.* O 237	
	POA	*s.* P 31	
P 610	**podocyte**	Podozyt *m*	podocyte *m*
P 611	**poikiloblast**	Poikiloblast *m*	poïkiloblaste *m*
P 612	**poikilocyte**	Poikilozyt *m*	poïkilocyte *m*
P 613	**poikilothrombocyte**	Poikilothrombozyt *m*	poïkilothrombocyte *m*
	point	*s.* T 354	
P 614	**pointed flask,** flask with tapering neck	Spitzkolben *m*	ballon *m* piriforme
	point-like	*s.* P 1180	
P 615	**point of a spatula**	Spatelspitze *f (Mengenmaß)*	pointe *f* de spatule
P 616	**point of inflection,** inflection (inflexion) point	Wendepunkt *m (Kurve)*, Knickpunkt *m*	point *m* d'inflexion, point de flexion
	point of neutrality	*s.* E 384	
	point of neutrality	*s.* N 117	
	poison / to	*s.* I 400	
	poison	*s.* T 453	
	poisoned	*s.* I 401	
	poisoning	*s.* I 402	
	poisonous	*s.* T 442	
P 617	**poisonous fungus,** toadstool	Giftpilz *m*	champignon *m* vénéneux
	poisonousness	*s.* T 445	
P 618	**poisonous plant**	Giftpflanze *f*	plante *f* vénéneuse
P 619	**Poisson distribution**	Poisson-Verteilung *f*	distribution *f* de Poisson, distribution poissonnienne
P 620	**polar**	polar	polaire
	polar agglutination	*s.* O 1	
	polar body	*s.* P 645	
	polar cell	*s.* P 645	
P 621	**polarimeter,** polariscope	Polarimeter *n*	polarimètre *m*
P 622	**polarimetrical,** polariscopic	polarimetrisch	polarimétrique
P 623	**polarimetry,** polariscopy	Polarimetrie *f*, Polarisationsmessung *f*	polarimétrie *f*
P 624	**polarisation**	Polarisation *f*, Polarisierung *f*, Polarisieren *n*	polarisation *f*
P 625	**polarisation angle,** polarising angle, angle of polarisation	Polarisationswinkel *m*	angle *m* de polarisation
	polarisation coefficient	*s.* D 96	
P 626	**polarisation filter**	Polarisationsfilter *n*, Polaroid *n*	filtre *m* polarisant
P 627	**polarisation immunofluorimetry**	Polarisationsimmunofluorimetrie *f*	immunofluorimétrie *f* de polarisation
	polarisation microscope	*s.* P 631	
	polarisation microscopy	*s.* P 632	
	polariscope	*s.* P 621	
	polariscopic	*s.* P 622	
	polariscopy	*s.* P 623	
P 628	**polarise / to**	polarisieren	polariser
P 629	**polarised light**	polarisiertes Licht *n*	lumière *f* polarisée
P 630	**polariser**	Polarisator *m*	polaris[at]eur *m*
	polarising angle	*s.* P 625	
P 631	**polarising microscope,** polarisation microscope	Polarisationsmikroskop *n*	microscope *m* de polarisation, microscope polarisant (polariseur)
P 632	**polarising microscopy,** polarisation microscopy	Polarisationsmikroskopie *f*	microscopie *f* en lumière polarisée
P 633	**polarity**	Polarität *f*	polarité *f*
P 634	**polarogram**	Polarogramm *n*	polarogramme *m*
P 635	**polarograph**	Polarograph *m*	polarographe *m*
P 636	**polarographic[al]**	polarographisch	polarographique

No.	English	German	French
P 637	**polarographic analysis**	polarographische Analyse *f*	analyse *f* polarographique
P 638	**polarography**	Polarographie *f*	polarographie *f*
P 639	**polar staining**	Polfärbung *f*	coloration *f* polaire
P 640	**pole,** polus	Pol *m*	pôle *m*
P 641	**poliomyelitis virus, poliovirus**	Poliomyelitisvirus *n,* Poliovirus *n*	virus *m* de la poliomyélite, poliovirus *m*
P 642	**pollen**	Pollen *m,* Blütenstaub *m*	pollen *m*
P 643	**pollen allergen**	Pollenallergen *n*	allergène *m* de pollen
P 644	**pollutant,** polluting agent	Schadstoff *m*	polluant *m*
	pollutant	*s. a.* C 939	
	pollute / to	*s.* C 940	
	polluted	*s.* C 941	
	polluting agent	*s.* P 644	
	pollution	*s.* C 942	
P 645	**polocyte,** polar cell (body)	Polozyt *m*, Polzelle *f*, Polkörperchen *n*	polocyte *m*, cellule *f* (corpuscule *m* , globule *m*) polaire
	polus	*s.* P 640	
P 646	**polyacrylamide**	Polyacrylamid *n*	polyacrylamide *m*
P 647	**polyacrylamide gel**	Polyacrylamidgel *n*	gel *m* de polyacrylamide
P 648	**polyacrylamide gel electrophoresis**	Polyacrylamidgelelektrophorese *f*	électrophorèse *f* sur gel de polyacrylamide
	polyalcohol	*s.* P 693	
P 649	**polyamide**	Polyamid *n*	polyamide *m*
P 650	**polyamide powder**	Polyamidpulver *n*	poudre *f* de polyamide
P 651	**polyamine**	Polyamin *n*	polyamine *f*
P 652	**polyaminoacid**	Polyaminosäure *f*	polyaminoacide *m*
P 653	**polyase**	Polyase *f*	polyase *f*
P 654	**polyblast**	Polyblast *m*	polyblaste *m*
P 655	**polycarbonate**	Polycarbonat *n*	polycarbonate *m*
	polycellular	*s.* M 765	
P 656	**polychromatic,** polychromic, polychrome, multicolour[ed]	polychrom[atisch], vielfarbig, mehrfarbig	polychrome, polychroïque, multicolore
P 657	**polychromatic erythroblast**	polychromatischer Erythroblast *m*	érythroblaste *m* polychrome
P 658	**polychromatocyte**	Polychromatozyt *m*	polychromatocyte *m*
	polychrome	*s.* P 656	
	polychromic	*s.* P 656	
P 659	**polyclonal**	polyklonal	polyclonal
P 660	**polyclonal antibody**	polyklonaler Antikörper *m*	anticorps *m* polyclonal
P 661	**polycyclic**	polyzyklisch	polycyclique
P 662	**polydisperse**	polydispers	polydispersé
P 663	**polydispersity**	Polydispersität *f*	polydispersité *f*
P 664	**polyene**	Polyen *n*	polyène *m*
P 665	**polyene acid**	Polyensäure *f*	acide *m* polyénique
P 666	**polyester**	Polyester *m*	polyester *m*
	polyethene	*s.* P 667	
	polyethenoid fatty acid	*s.* P 709	
P 667	**polyethylene,** polyethene	Polyeth[yl]en *n*	polyéth[yl]ène *m*
P 668	**polyethylene foil**	Polyethylenfolie *f*	feuille *f* en polyéthylène
P 669	**polyethylene glycol,** polyglycol, polyethylene oxide	Polyethylenglycol *n,* Polyglycol *n*, Polyethylenoxid *n*	polyéthylène-glycol *m,* polyglycol *m* , oxyde *m* de polyéthylène
	polyethylene oxide	*s.* P 669	
	polygalacturonase	*s.* P 167	
P 670	**polyglycerophosphatide**	Polyglycerophosphatid *n*	polyglycérophosphatide *m*
	polyglycol	*s.* P 669	
P 671	**polyglycoside**	Polyglycosid *n*	polyglycoside *m*
	polyhydric alcohol	*s.* P 693	
P 672	**polyiodothyronine**	Polyiodthyronin *n*	polyiodothyronine *f*
P 673	**polykaryocyte**	Polykaryozyt *m,* mehrkernige Zelle *f*	polycaryocyte *m,* cellule *f* polynucléaire
P 674	**polyketone**	Polyketon *n*	polycétone *f*
P 675	**polylobocyte**	Polylobozyt *m*	polylobocyte *m*
P 676	**polymer**	Polmer[es] *n*	polymère *m*
P 677	**polymerase**	Polymerase *f*	polymérase *f*
P 678	**polymeric**	polymer	polymère
P 679	**polymerisation**	Polymerisation *f*, Polymerisierung *f*, Polymerisieren *n*	polymérisation *f*
P 680	**polymerise / to**	polymerisieren	polymériser
	polymorph	*s.* P 684	
P 681	**polymorphic,** polymorphous, multiform, pleomorphic, pleomorphous	polymorph, vielgestaltig, multiform, pleomorph	polymorphe, multiforme, pléomorphe
P 682	**polymorphism,** pleomorphism	Polymorphie *f*, Polymorphismus *m,* Vielgestaltigkeit *f,* Pleomorphismus *m*	polymorphisme *m,* pléomorphisme *m,* variété *f* des formes
P 683	**polymorphocellular**	polymorphzellig	polymorphocellulaire
P 684	**polymorphocyte,** polymorphonuclear cell, polymorph	Polymorphozyt *m,* polymorphkernige Zelle *f,* Polymorpher *m*	polymorphocyte *m,* cellule *f* polymorphonucléaire
P 685	**polymorphonuclear**	polymorphkernig	polymorphonucléaire
	polymorphonuclear cell	*s.* P 684	
	polymorphous	*s.* P 681	
P 686	**Polymorphus sphaerocephalus**	Katzenwurm *m*	Polymorphus sphaerocephalus
P 687	**polymyxin**	Polymyxin *n*	polymyxine *f*

No.	English	German	French
P 688	**polynuclear, polynucleate,** multinuclear, multinucleate	polynukleär, vielkernig, mehrkernig	polynucléaire, multinucléaire, plurinucléaire, multinucléé, polynucléé
P 689	**polynucleotidase**	Polynucleotidase *f*	polynucléotidase *f*
P 690	**polynucleotide**	Polynucleotid *n*	polynucléotide *m*
P 691	**polynucleotide ligase,** sealase	Polynucleotidligase *f,* Sealase *f*	polynucléotide-ligase *f,* séalase *f*
P 692	**polynucleotide phosphorylase**	Polynucleotidphosphorylase *f*	polynucléotide-phosphorylase *f*
P 693	**polyol,** polyalcohol, polyhydric alcohol	Polyol *n,* Polyalkohol *m,* mehrwertiger Alkohol *m*	polyol *m,* polyalcool *m,* alcool *m* polyhydrique
	polyol dehydrogenase	*s.* S 591	
P 694	**polyoma virus**	Polyomavirus *n*	polyomavirus *m*
	polyose	*s.* P 705	
P 695	**polypeptidase**	Polypeptidase *f*	polypeptidase *f*
P 696	**polypeptide**	Polypeptid *n*	polypeptide *m*
P 697	**polypeptide chain**	Polypeptidkette *f*	chaîne *f* polypeptidique
P 698	**polypeptide hormone**	Polypeptidhormon *n*	hormone *f* polypeptidique
P 699	**polypeptide nitrogen**	Polypeptidstickstoff *m*	azote *m* polypeptidique
	polyphase	*s.* M 775	
	polyphenol	*s.* L 43	
P 700	**polyphenylalanine**	Polyphenylalanin *n*	polyphénylalanine *f*
P 701	**polyphosphate**	Polyphosphat *n*	polyphosphate *m*
	polyphosphorylase	*s.* P 409	
P 702	**polypropylene**	Polypropylen *n*	polypropylène *m*
P 703	**polyribonucleotide**	Polyribonucleotid *n*	polyribonucléotide *m*
P 704	**polyribonucleotide nucleotidyltransferase, polyribonucleotide phosphorylase**	Polyribonucleotid-nucleotidyl-transferase *f,* Polyribonucleotidphosphorylase *f*	poylribonucléotide-nucléotidyltransférase *f,* polynucléotide-phosphorylase *f*
	polyribosome	*s.* P 706	
P 705	**polysaccharide,** polyose, glycan	Polysaccarid *n,* Polyose *f,* Glycan *n,* Vielfachzucker *m*	polysaccharide *m,* polyoside *m,* glycane *m*
P 706	**polysome,** polyribosome, ergosome	Poly[ribo]som *n,* Ergosom *n*	poly[ribo]some *m,* ergosome *m*
P 707	**polystyrene**	Polystyren *n*	polystyrène *m*
P 708	**polystyrene plate**	Polystyrenplatte *f*	plaque *f* en polystyrène
P 709	**polyunsaturated fatty acid,** polyethenoid fatty acid	mehrfach ungesättigte Fettsäure *f*	acide *m* gras polyinsaturé
P 710	**polyurethane**	Polyurethan *n*	polyuréthanne *m*
P 711	**polyuridine**	Polyuridin *n*	polyuridine *f*
	polyvalence	*s.* M 783	
	polyvalency	*s.* M 783	
	polyvalent	*s.* M 784	
P 712	**polyvinylalcohol**	Polyvinylalkohol *m*	alcool *m* polyvinylique
P 713	**polyvinylchloride,** PVC	Polyvinylchlorid *n,* PVC	chlorure *m* de polyvinyle, CPV *m,* polyvinylchlorure *m*
P 714	**polyvinylpyrrolidone,** povidone	Polyvinylpyrrolidon *n*	polyvinylpyrrolidone *f,* povidone *f*
P 715	**polyvinylpyrrolidone test,** Gordon's test	Polyvinylpyrrolidontest *m,* Gordon-Test *m*	test *m* à la polyvinylpyrrolidone, test de Gordon
P 716	**pool**	Pool *m*	pool *m*
P 717	**pooled lymphocytes**	Lymphozytenpool *m*	pool *m* lymphocytaire
P 718	**pooled plasma,** mixed plasma	Mischplasma *n,* gepooltes Plasma *n*	plasma *m* mélangé (de pool)
P 719	**pooled serum,** mixed serum	Mischserum *n,* gepooltes Serum *n*	sérum *m* mélangé (de pool)
P 720	**poor in fat**	fettarm	pauvre en graisse
P 721	**poor in nutrients**	nährstoffarm	pauvre en substance nutritive
P 722	**population**	Population *f*	population *f*
	population	*s. a.* P 108	
	porcelain basin	*s.* P 724	
	porcelain clay	*s.* K 9	
P 723	**porcelain crucible**	Porzellantiegel *m*	creuset *m* en porcelaine
P 724	**porcelain dish,** porcelain basin	Porzellanschale *f*	cuvette *f* en porcelaine
P 725	**porcelain filter**	Porzellanfilter *n*	filtre *m* en porcelaine
P 726	**porcelain funnel**	Porzellantrichter *m*	entonnoir *m* en porcelaine
P 727	**porcelain mortar**	Porzellanmörser *m*	mortier *m* en porcelaine
P 728	**porcelain spatula**	Porzellanspatel *m*	spatule *f* en porcelaine
P 729	**porcelain spoon**	Porzellanlöffel *m*	cuiller *f* en porcelaine
P 730	**pore,** porus	Pore *f*	pore *m*
P 731	**pore diameter**	Porendurchmesser *m*	diamètre *m* des pores
P 732	**pore size**	Porengröße *f*	taille *f* des pores, grandeur *f* des pores
	poriferous	*s.* P 735	
P 733	**pork tapeworm,** armed tapeworm, Taenia solium	Schweinebandwurm *m,* Schweinefinnenbandwurm *m,* Bewaffneter Bandwurm *m*	tænia *m* armé, ver *m* solitaire
	porose	*s.* P 735	
P 734	**porosity,** porousness	Porosität *f,* Durchlässigkeit *f*	porosité *f*
P 735	**porous,** porose, poriferous	porös, durchlässig	poreux
	porousness	*s.* P 734	
P 736	**porphin[e]**	Porphin *n*	porphine *f*
P 737	**porphobilin**	Porphobilin *n*	porphobiline *f*
P 738	**porphobilinogen**	Porphobilinogen *n*	porphobilinogène *m*
P 739	**porphobilinogen synthase,** aminolaevulinate dehydratase	Porphobilinogensynthase *f,* Aminolävulinatdehydratase *f*	porphobilinogène-synthase *f,* aminolèvulinate-déshydratase *f*

P 740	**porphyrin**	Porphyrin *n*	porphyrine *f*
P 741	**porphyrin-iron complex**	Porphyrin-Eisen-Komplex *m*	complexe *m* porphyrine-fer
P 742	**porphyrinogen**	Porphyrinogen *n*	porphyrinogène *m*
P 743	**porphyroblast**	Porphyroblast *m*	porphyroblaste *m*
P 744	**porphyrocyte**	Porphyrozyt *m*	porphyrocyte *m*
P 745	**porphyropsin**	Porphyropsin *n*	porphyropsine *f*
	porportionality coefficient	*s.* F 6	
P 746	**portable,** transportable	transportabel	transportable
P 747	**Porter-Silber chromogen**	Porter-Silber-Chromogen *n*	chromogène *m* de Porter et Silber
P 748	**portion**	Portion *f*	portion *f*
P 749	**portions / in,** in rations	portionsweise	par portions
	porus	*s.* P 730	
	position of rest	*s.* R 350	
P 750	**positive**	positiv	positif
P 751	**positive charge**	positive Ladung *f*	charge *f* positive
	positive electrode	*s.* A 805	
	positive electron	*s.* P 755	
P 752	**positive pole**	Pluspol *m,* positiver Pol *m*	pôle *m* positif, pôle plus
P 753	**positive reaction**	positive Reaktion *f*	réaction *f* positive
P 754	**positive sign,** plus sign (mark)	positives Vorzeichen *n,* Pluszeichen *n*	signe *m* positif, signe plus
P 755	**positron,** positive electron	Positron *n,* positives Elektron *n*	posit[r]on *m,* électron *m* positif
P 756	**postalbumin**	Postalbumin *n*	postalbumine *f*
P 757	**posterior pituitary hormone,** neurohypophyseal hormone	Hypophysenhinterlappenhormon *n,* neurohypophysäres Hormon *n*, HHL-Hormon *n*	hormone *f* neurohypophysaire, hormone posthypophysaire
P 758	**postheparin-lipolytic activity,** PHLA	Postheparin-lipolytische Aktivität *f,* PHLA	mesure *f* in vitro de l'activité lipolytique posthéparine
P 759	**postheparin plasma**	Postheparinplasma *n*	plasma *m* après administration d'héparine
	post-mortem examination	*s.* O 3	
P 760	**postnatal**	postnatal	post-partum, postnatal
P 761	**postoperative**	postoperativ	postopératoire
P 762	**postprandial**	postprandial	postprandial
	postprotein	*s.* L 110	
	potable water	*s.* D 763	
	potash	*s.* P 768	
	potash lye	*s.* P 786	
P 763	**potassium,** K	Kalium *n,* K	potassium *m,* K
P 764	**potassium acetate**	Kaliumacetat *n*	acétate *m* de potassium
	potassium arsenite solution	*s.* F 342	
	potassium bicarbonate	*s.* P 781a	
P 765	**potassium bromate**	Kaliumbromat *n*	bromate *m* de potassium
P 766	**potassium bromide**	Kaliumbromid *n*	bromure *m* de potassium
P 767	**potassium-calcium coefficient**	Kalium-Calcium-Quotient *m*	quotient *m* potassium-calcium
P 768	**potassium carbonate,** potash	Kaliumcarbonat *n,* Pottasche *f*	carbonate *m* de potassium, potasse *f*
P 769	**potassium chlorate**	Kaliumchlorat *n*	chlorate *m* de potassium
P 770	**potassium chloride**	Kaliumchlorid *n*	chlorure *m* de potassium
P 771	**potassium chromate**	Kaliumchromat *n*	chromate *m* de potassium
	potassium chrome alum	*s.* C 528	
P 772	**potassium citrate**	Kaliumcitrat *n*	citrate *m* de potassium
	potassium concentration	*s.* P 791	
P 773	**potassium cyanate**	Kaliumcyanat *n*	cyanate *m* de potassium
P 774	**potassium cyanide**	Kaliumcyanid *n,* Cyankali *n*	cyanure *m* de potassium
P 775	**potassium cyanide test**	KCN-Test *m,* Kaliumcyanidtest *m,* KCN-Empfindlichkeitstest *m*	épreuve *f* au cyanure de potassium
P 776	**potassium dichromate**	Kaliumdichromat *n*	bichromate *m* de potassium
	potassium dihydrogenorthophosphate	*s.* P 777	
P 777	**potassium dihydrogenphosphate,** potassium dihydrogenorthophosphate	Kaliumdihydrogenphosphat *n,* Kaliumdihydrogenorthophosphat *n*	biphosphate *m* de potassium
P 778	**potassium disulphite**	Kaliumdisulfit *n*	bisulfite *m* de potassium
P 779	**potassium fluoride**	Kaliumfluorid *n*	fluorure *m* de potassium
P 780	**potassium heparinate**	Kaliumheparinat *n*	héparinate *m* de potassium
P 781	**potassium hexacyanoferrate(II),** yellow potassium prussiate, yellow prussiate of potash	Kaliumhexacyanoferrat(II) *n,* gelbes Blutlaugensalz *n*	ferrocyanure *m* de potassium, prussiate *m* jaune de potassium
P 781a	**potassium hydrogencarbonate,** potassium bicarbonate	Kaliumhydrogencarbonat *n,* Kaliumbicarbonat *n*	bicarbonate (hydrogénocarbonate) *m* de potassium
P 782	**potassium hydrogenphthalate**	Kaliumhydrogenphthalat *n*	biphtalate *m* de potassium
P 783	**potassium hydrogensulphate**	Kaliumhydrogensulfat *n*	bisulfate (sulfate *m* acide, hydrogénosulfate) *m* de potassium
P 784	**potassium hydrogentartrate**	Kaliumhydrogentartrat *n*	bitartrate *m* de potassium
P 785	**potassium hydroxide,** caustic potash	Kaliumhydroxid *n,* Ätzkali *n*	hydroxyde (hydrate) *m* de potassium, cali *m* (potasse *f*) caustique
P 786	**potassium hydroxide solution,** caustic potash solution (lye), potash lye	Kaliumhydroxidlösung *f,* Kalilauge *f*	solution *f* d'hydroxyde de potassium, lessive *f* de potasse
P 787	**potassium iodate**	Kaliumiodat *n*	iodate *m* de potassium
P 788	**potassium iodide**	Kaliumiodid *n*	iodure *m* de potassium

P 789	**potassium-iodide-starch paper**	Iodkaliumstärkepapier *n*	papier *m* imprégné d'amidon puis révélé au I/KI
P 790	**potassium ions**	Kaliumionen *npl*	ions *mpl* de potassium
P 791	**potassium level,** potassium concentration	Kaliumspiegel *m*	taux *m* de potassium, taux potassique
P 792	**potassium nitrate,** nitrate of potash, saltpetre	Kaliumnitrat *n,* Kalisalpeter *m*	nitrate *m* de potassium, salpêtre *m*
P 793	**potassium nitrite**	Kaliumnitrit *n*	nitrite *m* de potassium
P 794	**potassium orthophosphate**	Kaliumorthophosphat *n*	orthophosphate *m* de potassium
P 795	**potassium oxalate**	Kaliumoxalat *n*	oxalate *m* de potassium
P 796	**potassium perchlorate**	Kaliumperchlorat *n*	perchlorate *m* de potassium
P 797	**potassium permanganate**	Kaliumpermanganat *n*	permanganate *m* de potassium
P 798	**potassium phoshate buffer**	Kaliumphosphatpuffer *m*	tampon *m* de phosphate de potassium
	potassium rhodanide	*s.* P 802	
P 799	**potassium sodium tartrate**	Kaliumnatriumtartrat *n*	tartrate *m* de potassium et de sodium
P 800	**potassium sulphate**	Kaliumsulfat *n*	sulfate *m* de potassium
P 801	**potassium tetraoxalate**	Kaliumtetraoxalat *n*	tétraoxalate *m* de potassium
P 802	**potassium thiocyanate,** potassium rhodanide	Kaliumthiocyanat *n,* Kaliumrhodanid *n*	thiocyanate (sulfocyanate, rhodanide) *m* de potassium
P 803	**potassium urate**	Kaliumurat *n*	urate *m* de potassium
P 804	**potato agar**	Kartoffelagar *m*	gélose *f* aux pommes de terre
P 805	**potato-blood agar**	Kartoffel-Blut-Agar *m*	milieu *m* à sang-pomme de terre
P 806	**potato [culture] medium**	Kartoffelnährboden *m*	milieu *m* de pommes de terre
P 807	**potato starch**	Kartoffelstärke *f*	amidon *m* de pomme de terre
P 808	**potential**	Potential *n*	potentiel *m*
P 809	**potential difference**	Potentialdifferenz *f*	différence *f* de potentiel
P 810	**potential energy**	Potentialenergie *f*	énergie *f* potentielle
P 811	**potential gradient**	Potentialgradient *m*	gradient *m* de potentiel
P 812	**potentiometer**	Potentiometer *n*	potentiomètre *m*
P 813	**potentiometric analysis**	potentiometrische Analyse *f*	analyse *f* potentiométrique
P 814	**potentiometric titration**	potentiometrische Titration *f*	titrage *m* potentiométrique
P 815	**potentiometry**	Potentiometrie *f*	potentiométrie *f*
	pouch	*s.* B 70	
P 816	**pour off / to**	abgießen	décanter
	povidone	*s.* P 714	
	powder / to	*s.* P 1171	
P 817	**powder,** pulvis	Pulver *n*	poudre *f*
P 818	**powder extinguisher,** powder-type fire extinguisher, dry-chemical fire extinguisher	Trocken[feuer]löscher *m*	extincteur *m* à poudre [sèche], extincteur sec
P 819	**powder funnel**	Pulvertrichter *m*	entonnoir *m* de poudre
	powder-type fire extinguisher	*s.* P 818	
P 820	**powdery,** pulverulent	pulverförmig, pulverartig, pulv[e]rig	pulvérisé, pulvérulent, poudreux
P 821	**power,** strength *(statistics)*; sharpness of separation	Trennschärfe *f*	sélectivité *f*, pouvoir *m* séparateur (de résolution)
P 822	**power efficiency**	Testeffizienz *f*	efficacité *f* d'épreuve
P 823	**powerful test**	trennscharfer Test *m*	test *m* puissant
	poxvirus	*s.* V 51	
	PP factor	*s.* N 139	
P 824	**Prausnitz-Küstner reaction**	Prausnitz-Küstner-Reaktion *f*	épreuve *f* de Prausnitz-Kustner
P 825	**prealbumin**	Präalbumin *n*	préalbumine *f*
P 826	**preanalytic[al] factor**	präanalytischer Faktor *m*	facteur *m* préanalytique
	preantigen	*s.* P 939	
P 827	**precalciferol**	Präcalciferol *n*	précalciférol *m*
	precaution	*s.* S 13	
	precautionary measure	*s.* S 13	
	prechill	*s.* P 850	
	precious metal	*s.* N 192	
P 828	**precipitability**	Präzipitierbarkeit *f,* Ausfällbarkeit *f*, Fällbarkeit *f*	précipitabilité *f*
P 829	**precipitable**	präzipitierbar, [aus]fällbar	précipitable
P 830	**precipitant,** precipitating agent (reagent)	Präzipitationsmittel *n,* Präzipitiermittel *n*, Fällungsmittel *n,* Präzipitans *n*, Fällungsreagens *n*	agent (réactif) *m* précipitant, précipitant *m*
P 831	**precipitate / to**	präzipitieren, [aus]fällen	précipiter
P 832	**precipitate**	Präzipitat *n,* Ausfällung *f (Ergebnis)*	précipité *m,* dépôt *m*
	precipitating agent	*s.* P 830	
	precipitating reagent	*s.* P 830	
P 833	**precipitation**	Präzipitation *f*, Präzipitatbildung *f*, Präzipitieren *n,* Ausfällung *f,* Ausfällen *n,* Fällung *f,* Fällen *n*	précipitation *f*
P 834	**precipitation analysis,** precipitation titration	Fällungsanalyse *f,* Fällungstitration *f,* Präzipitationstitration *f*	dosage *m* par précipitation, analyse *f* de précipitation
P 835	**precipitation chromatography**	Fällungschromatographie *f*	chromatographie *f* par précipitation
P 836	**precipitation curve**	Präzipitationskurve *f,* Heidelberger Kurve *f*	courbe *f* de précipitation
	precipitation titration	*s.* P 834	

P 837	**precipitation reaction**	Präzipitationsreaktion *f*, Fällungsreaktion *f*	réaction *f* de précipitation
P 838	**precipitation zone**	Fällungszone *f*	zone *f* de précipitation
P 839	**precipitin**	Präzipitin *n*, präzipitierender Antikörper *m*	précipitine *f*, anticorps *m* précipitant
P 840	**precipitinogen,** precipitogen	Präzipitinogen *n*, präzipitierendes Antigen *n*	précipitinogène *m*, antigène *m* précipitant
P 841	**precipitinoid**	Präzipitinoid *n*	précipitinoïde *m*
P 842	**precipitin reaction (test)**	Präzipitinreaktion *f*, Präzipitinprobe *f*, Präzipitintest *m*	réaction (épreuve) *f* de précipitine
	precipitogen	*s.* P 840	
P 843	**precision,** accuracy	Präzision *f*, Genauigkeit *f*	précision *f*, exactitude *f*
P 844	**precision balance**	Präzisionswaage *f*	balance *f* de précision
P 845	**precision control**	Präzisionskontrolle *f*	contrôle *m* de précision
P 846	**precision control serum**	Präzisionskontrollserum *n*	sérum *m* de contrôle de précision
P 847	**precision dosage**	Präzisionsdosierung *f*	dosage *m* de précision
P 848	**preclean / to**	vorreinigen	épurer au préalable
	precondition / to	*s.* P 920	
	preconditioning	*s.* P 921	
P 849	**precool / to**	vorkühlen	préréfrigérer, refroidir préalablement
P 850	**precooling,** preliminary cooling, prechill	Vorkühlung *f*, Vorkühlen *n*	préréfrigération *f*
P 851	**precultivate / to**	vorkultivieren	précultiver
P 852	**preculture**	Vorkultur *f*	préculture *f*
P 853	**precursor**	Präkursor *m*, Vorstufe *f*, Vorläufer *m*	précurseur *m*
P 854	**predictive value**	prädiktiver Wert *m*, Vorhersagewert *m*	valeur *f* de prédiction
P 855	**prednisolone**	Prednisolon *n*	prednisolone *f*
P 856	**prednisone**	Prednison *n*	prednisone *f*
P 857	**prednisone provocation test**	Prednisonprovokationstest *m*	test *m* de provocation àprednisone
	predominance	*s.* D 689	
	predominant	*s.* D 691	
	predominate / to	*s.* D 692	
P 858	**predry / to**	vortrocknen	présécher, dessécher préalablement
P 859	**predrying,** preliminary drying	Vortrocknung *f*, Vortrocknen *n*	préséchage *m*
P 860	**prefractionate / to**	vorfraktionieren	préfractionner
P 861	**prefractionation**	Vorfraktionierung *f*	préfractionnement *m*
P 862	**Pregl's solution**	Pregl-Lösung *f*	solution *f* de Pregl
P 863	**pregnancy,** gravidity	Schwangerschaft *f*, Gravidität *f*	gravidité *f*, grossesse *f*
P 864	**pregnancy cell**	Schwangerschaftszelle *f*	cellule *f* de [la] grossesse
P 865	**pregnancy serum**	Schwangerenserum *n*	sérum *m* de femme enceinte
P 866	**pregnancy-specific protein**	schwangerschaftsspezifisches Protein *n*	protéine *f* spécifique de grossesse
P 867	**pregnancy test**	Schwangerschaftstest *m*, Schwangerschaftsreaktion *f*	test *m* (réaction *f*) de grossesse
P 868	**pregnancy urine**	Schwangerenurin *m*	urine *f* de femme enceinte
P 869	**pregnane**	Pregnan *n*	prégnane *m*
P 870	**pregnanediol**	Pregnandiol *n*	prégnanediol *m*
P 871	**pregnanediol glucuronide**	Pregnandiolglucuronid *n*	prégnanediol-glucuronide *m*
P 872	**pregnanedione**	Pregnandion *n*	prégnanedione *f*
P 873	**pregnanetriol**	Pregnantriol *n*	prégnanetriol *m*
P 874	**pregnant,** gravid	schwanger, gravid	gravide, grosse, enceinte
P 875	**pregnant woman,** gravida	Schwangere *f*, Gravida *f*	femme *f* enceinte, femme grosse, femme gravide
P 876	**pregnene**	Pregnen *n*	prégnène *m*
P 877	**pregnenediol**	Pregnendiol *n*	prégnènediol *m*
	4-pregnene-3,20-dione	*s.* P 969	
P 878	**pregnenolone**	Pregnenolon *n*	prégnénolone *f*
P 879	**preheat / to,** to warm-up	vorwärmen	préchauffer
P 880	**preheating,** forewarming, warming, warming-up	Vorwärmung *f*, Vorwärmen *n*	préchauffage *m*
P 881	**preheat time**	Vorwärmzeit *f*	temps *m* de préchauffage
P 882	**preincubate / to**	vorinkubieren	préincuber
P 883	**preincubation**	Vorinkubation *f*	préincubation *f*
	prejudicial to health	*s.* I 292	
P 884	**prekallikrein**	Präkallikrein *n*	prékallicréine *f*
	preliminary cooling	*s.* P 850	
P 885	**preliminary diagnosis**	Vorfelddiagnostik *f*	diagnostic *m* préliminaire
	preliminary drying	*s.* P 859	
P 886	**preliminary examination,** preliminary investigation	Voruntersuchung *f*	examen *m* préliminaire
	preliminary experiment	*s.* P 887	
	preliminary investigation	*s.* P 886	
P 887	**preliminary test,** preliminary experiment	Vorversuch *m*, Vorprobe *f*	essai *m* préliminaire, épreuve *f* préliminaire
	preliminary treatment	*s.* P 921	
	pre-β-lipoprotein	*s.* V 147	
	premature baby	*s.* P 888	
P 888	**premature infant,** premature baby	Frühgeborenes *n*	prématuré *m*
P 889	**premyeloblast**	Prämyeloblast *m*	prémyéloblaste *m*

P 890	**prenatal,** antenatal	pränatal, antenatal	prénatal, anténatal
P 891	**prenatal diagnosis**	pränatale Diagnose *f*	diagnostic *m* prénatal
P 892	**preoperative**	präoperativ	pré-opératoire
P 893	**prepackaged reagent**	Fertigreagens *n*	réactif *m* prêt à l'emploi
P 894	**preparation** *(product)*	Präparat *n*	préparation *f*
P 895	**preparation** *(action)*	Präparation *f*, Präparieren *n*, Aufbereitung *f*	préparation *f*
P 896	**preparation material**	Präparationsmittel *n*	matériel *m* de préparation
	preparation of samples	*s.* S 53	
	preparation set	*s.* D 618	
P 897	**preparative**	präparativ	de préparation
P 898	**preparative adsorption chromatography**	präparative Adsorptionschromatographie *f*	chromatographie *f* d'adsorption de préparation
P 899	**preparative chemistry**	präparative Chemie *f*	chimie *f* de préparation
P 900	**preparative column**	präparative Säule *f*	colonne *f* de préparation
P 901	**preparative extraction**	präparative Gewinnung (Extraktion) *f*	extraction *f* de préparation
P 902	**preparative layer**	präparative Schicht *f*	plaque *f* de préparation
P 903	**preparative method**	präparative Methode *f*	méthode *f* de préparation
P 904	**preparative separation**	präparative Trennung *f*	séparation *f* de préparation
P 905	**preparative ultracentrifugation**	präparative Ultrazentrifugation *f*	ultracentrifugation *f* de préparation
P 906	**prepare / to**	präparieren, aufbereiten	préparer
P 907	**prephase**	Vorphase *f*	préphase *f*
P 908	**preschool age**	Vorschulalter *n*	âge *m* préscolaire
	prescription	*s.* I 329	
P 909	**preservation,** conservation	Konservierung *f*, Konservieren *n*, Haltbarmachung *f*	conservation *f*
P 910	**preservation method**	Konservierungsverfahren *n*	méthode *f* de conservation
P 911	**preservative [agent],** preserving agent	Konservierungsmittel *n*	agent *m* de conservation
P 912	**preserve / to,** to conserve	konservieren, haltbar machen	conserver
P 913	**preserve**	Konserve *f*	conserve *f*
	preserving agent	*s.* P 911	
P 914	**pressure**	Druck *m*	pression *f*
P 915	**pressure bottle,** pressure cylinder	Druckflasche *f*, Druckgasflasche *f*	flacon *m* résistant à la pression, bouteille *f* de gaz comprimé
	pressure control valve	*s.* P 918	
	pressure cylinder	*s.* P 915	
P 916	**pressure filter**	Druckfilter *n*	filtre-presse *m*
	pressure gauge	*s.* M 109	
P 917	**pressure pump**	Druckpumpe *f*	pompe *f* de compression
	pressure relief valve	*s.* S 15	
	pressure tubing	*s.* V 15	
P 918	**pressure valve,** pressure control valve	Druckventil *n*	soupape *f* de compression (refoulement)
P 919	**pressure vessel**	Druckgefäß *n*	récipient *m* sous pression
P 920	**pretreat / to,** to precondition	vorbehandeln	prétraiter
P 921	**pretreatment,** preliminary treatment, preconditioning	Vorbehandlung *f*	prétraitement *m*, traitement *m* préliminaire
P 922	**prevalence**	Prävalenz *f*	prévalence *f*
P 923	**preventive medicine,** prophylactic medicine	Präventivmedizin *f*	médicine *f* préventive
	PRF	*s.* P 986	
	PRH	*s.* P 986	
P 924	**Price-Jones curve (distribution)**	Price-Jones-Kurve *f*	courbe *f* de Price-Jones
P 925	**prick test**	Pricktest *m*, Stichtest *m*	prick-test *m*
P 926	**primary culture**	Primärkultur *f*	culture *f* primaire
P 927	**primary data**	Primärdaten *pl*, Ausgangsdaten *pl*	données *fpl* primaires
	primary reaction	*s.* S 823	
	primary stage	*s.* I 284	
P 928	**primary structure**	Primärstruktur *f*	structure *f* primaire
	primary tissue culture	*s.* E 580	
P 929	**primer,** starting (initiating) molecule	Primer *m*, Startermolekül *n*	amorce *f*, initiateur *m*, molécule *f* initiatrice, «primer» *m*
P 930	**primidone**	Primidon *n*	primidone *f*
P 931	**primuline yellow**	Primulingelb *n*	jaune *m* primuline
P 932	**principal allergen**	Hautallergen *n*, Leitallergen *n*	allergène *m* principal
	principal cell	*s.* C 419	
	principal component	*s.* M 59	
P 933	**principal gene**	Hauptgen *n*	gène *m* principal
	principal reaction	*s.* M 60	
P 934	**principle**	Prinzip *n*, Grundsatz *m*	principe *m*
	principle of mass action	*s.* L 122	
	principle of measurement	*s.* M 207	
P 935	**prism**	Prisma *n*	prisme *m*
P 936	**prism spectrometer**	Prismenspektrometer *n*	spectromètre *m* à prisme
	private antigen	*s.* I 207	
	Pro	*s.* H 557, P 994	
	proaccelerin	*s.* C 635	
P 937	**proactivator**	Proaktivator *m*, Aktivatorvorstufe *f*	proactivateur *m*

P 938	**proandrogen**	Proandrogen *n*	proandrogène *m*
P 939	**proantigen,** preantigen	Proantigen *n*, Präantigen *n*	proantigène *m*, préantigène *m*
P 940	**probability**	Wahrscheinlichkeit *f*	probabilité *f*
P 941	**probability distribution,** random distribution	Wahrscheinlichkeitsverteilung *f*, Zufallsverteilung *f*	distribution *f* de probabilité
	probability distribution function	*s.* D 659	
P 942	**probability function**	Wahrscheinlichkeitsfunktion *f*	fonction *f* de probabilité
	probability function	*s. a.* D 659	
P 943	**probability paper,** normal probability paper, Gauss paper	Wahrscheinlichkeitspapier *n*, Gauß-Papier *n*	papier (diagramme) *m* à échelle fonctionnelle de probabilité, papier à échelle gaussienne
P 944	**probable error**	wahrscheinlicher Fehler *m*	erreur *f* probable
P 945	**proband,** test person	Proband *m*, Versuchsperson *f*	probant *m*, sujet *m* d'expériences
P 946	**probe / to** *(medicine)*, to sound	sondieren	sonder
P 947	**probe** *(medicine)*, sound	Sonde *f*	sonde *f*
P 948	**probing,** sounding	Sondierung *f*, Sondieren *n*	sondage *m*
P 949	**probing of the duodenum**	Duodenalsondierung *f*	sondage *m* duodénal
P 950	**probing of the stomach**	Magensondierung *f*	sondage *m* gastrique
P 951	**procainamide**	Procainamid *n*	procaïnamide *m*
P 952	**procaine,** novocaine	Procain *n*, Novocain *n*	procaïne *f*, novocaïne *f*
	procaine esterase	*s.* C 135	
P 953	**procarboxypeptidase**	Procarboxypeptidase *f*	procarboxypeptidase *f*
	procedure	*s.* M 372	
	procercoid	*s.* P 597	
P 954	**process**	Prozeß *m*	procédé *m*, processus *m*
P 955	**prochromosome**	Prochromosom *n*	prochromosome *m*
P 956	**prochymosin,** prorennin	Prochymosin *n*, Prorennin *n*	prochymosine *f*, renninogène *m*
	prochymotrypsin	*s.* C 568/9	
P 957	**procollagen**	Prokollagen *n*	procollagène *m*
P 958	**procollagenase**	Prokollagenase *f*	procollagénase *f*
P 959	**procollagenpeptidase**	Prokollagenpeptidase *f*	procollagène-peptidase *f*
	proconvertin	*s.* C 637	
P 960	**product of assimilation**	Assimilationsprodukt *n*	produit *m* d'assimilation
	product of fission	*s.* S 707	
P 961	**proelastase**	Proelastase *f*	proélastase *f*
P 962	**proelastin**	Proelastin *n*	proélastine *f*
	proenzyme	*s.* Z 19	
P 963	**proerythroblast,** lymphoid haemoblast	Proerythroblast *m*	proérythroblaste *m*
	proerythrocyte	*s.* R 360	
P 964	**proestrogen**	Proestrogen *n*	pro-œstrogène *m*
	proferment	*s.* Z 19	
P 965	**profibrin**	Profibrin *n*	profibrine *f*
	profibrinolysin	*s.* P 552	
P 966	**profile**	Profil *n*	profil *m*
P 967	**proflavine**	Proflavin *n*	proflavine *f*
P 968	**progestagen**	Progestagen *n*	progestagène *m*
	progestational hormone	*s.* P 969	
P 969	**progesterone,** progestational (corpus luteum) hormone, luteohormone, 4-pregnene-3,20-dione	Progesteron *n*, Corpus-luteum-Hormon *n*, Gelbkörperhormon *n*, Luteohormon *n*, 4-Pregnen-3,20-dion *n*	progestérone *f*, hormone *f* du corps jaune, lutéohormone *f*, 4-prégnène-3,20-dione *f*
P 970	**progesterone test**	Progesterontest *m*	épreuve *f* de progestérone
P 971	**proglottid, proglottis,** tapeworm segment	Proglottide *f*, Proglottis *f*, Bandwurmglied *n*	proglottis *f*, anneau *m* de ténia
P 972	**proglucagon[e]**	Proglucagon *n*	proglucagone *m*
P 973	**prognose / to,** to prognosticate	prognostizieren, voraussagen	pronostiquer
P 974	**prognosis,** prognostication	Prognose *f*, Voraussage *f*	pronostic *m*
P 975	**prognostic**	prognostisch	pronostique
	prognosticate / to	*s.* P 973	
	prognostication	*s.* P 974	
P 976	**programme**	Programm *n*	programme *m*
P 977	**programming**	Programmierung *f*	programmation *f*
	progranulocyte	*s.* P 1005	
P 978	**progressive inhibitor**	Progressivinhibitor *m*	inhibiteur *m* progressif
P 979	**progressive staining**	Progressivfärbung *f*	coloration *f* progressive
P 980	**prohormone**	Prohormon *n*	prohormone *f*
P 981	**proinsulin**	Proinsulin *n*	pro-insuline *f*
P 982	**prokaryocyte, prokaryotic cell**	Prokaryozyt *m*	prokaryocyte *m*
P 983	**prokeratin**	Prokeratin *n*	prokératine *f*
P 984	**prokinase**	Prokinase *f*	prokinase *f*
P 985	**prolactin,** mammotropin, luteotropic (lactogenic, lactation, mammogenic, mammotropic) hormone, PL, LTH	Prolactin *n*, Luteotropin *n*, Mammotropin *n*, luteo[mammo]tropes Hormon *n*, lactogenes (lactotropes, mammotropes) Hormon, Lactationshormon *n*, PL, LTH	prolactine *f*, lactostimuline *f*, hormone *f* galactogène (de lactation), mammotrophine *f*, hormone lactogénique, galactostimuline *f*, PL, PRL, LTH
	prolactin release-inhibiting factor	*s.* P 987	
	prolactin release-inhibiting hormone	*s.* P 987	
	prolactin-releasing factor	*s.* P 986	
	prolactin-releasing hormone	*s.* P 986	

P 986	**prolactoliberin,** prolactin-releasing hormone (factor), PRH, PRF	Prolactoliberin *n,* Prolactin-Releasinghormon *n*, Prolactin-Releasingfaktor *m*, Prolactin-Freisetzungshormon *n,* Prolactin-Freisetzungsfaktor *m,* PRH, PRF	prolactolibérine *f*, facteur *m* (hormone *f*) de libération de prolactine, PRH, PRF
P 987	**prolactostatin,** prolactin release-inhibiting hormone (factor), PIH, PIF	Prolactostatin *n,* prolactinfreisetzungshemmendes Hormon *n*, prolactinfreisetzungshemmender Faktor *m,* PIH, PIF	prolactostatine *f,* hormone *f* inhibitrice de prolactine, facteur *m* inhibiteur de prolactine, PIH, PIF
P 988	**prolamin[e]**	Prolamin *n*	prolamine *f*
P 989	**prolan**	Prolan *n*	prolan *m*
	prolan A	*s.* F 312	
	prolan B	*s.* L 460	
	proleucocyte	*s.* L 179	
	prolidase	*s.* P 995	
P 990	**proliferate / to**	proliferieren, wuchern	proliférer
P 991	**proliferation**	Proliferation *f,* Wucherung *f*	prolifération *f*
P 992	**proliferative, proliferous**	proliferativ, wuchernd	proliférant, prolifique
P 993	**prolinase,** prolyldipeptidase	Prolinase *f,* Prolyldipeptidase *f*	prolinase *f,* prolyldipeptidase *f*
P 994	**proline,** pyrrolidine-2-carboxylic acid, Pro	Prolin *n,* Pyrrolidin-2-carbonsäure *f,* Pro	proline *f*, acide *m* pyrrolidine-2-carboxylique, acide α-pyrrolidine-carbonique, Pro
P 995	**proline dipetidase,** prolidase	Prolindipeptidase *f,* Prolidase *f*	proline-dipeptidase *f,* prolidase *f*
P 996	**proline hydroxylase,** protocollagen hydroxylase	Prolinhydroxylase *f,* Protokollagenhydroxylase *f*	proline-hydroxylase *f,* protocollagène-hydroxylase *f*
P 997	**proline racemase**	Prolinracemase *f*	proline-racémase *f*
P 998	**prolipase**	Prolipase *f*	prolipase *f*
P 999	**prolonged probe**	Dauersonde *f,* Verweilsonde *f*	sonde *f* à demeure
	prolyldipeptidase	*s.* P 993	
P 1000	**prolymphocyte**	Prolymphozyt *m*	prolymphocyte *m*
	prolymphocyte	*s. a.* L 471	
P 1001	**promegakaryocyte,** lymphoid megakaryocyte	Promegakaryozyt *m*	promégacaryocyte *m*
P 1002	**promegaloblast**	Promegaloblast *m*	promégaloblaste *m*
P 1003	**promonocyte,** young monocyte	Promonozyt *m*	promonocyte *m*
	promote / to	*s.* A 52	
P 1004	**promoter**	Promotor *m*	promoteur *m*
	promotion	*s.* A 53	
P 1005	**promyelocyte,** progranulocyte	Promyelozyt *m,* Progranulozyt *m*	promyélocyte *m,* progranulocyte *m*
P 1006	**pronase**	Pronase *f*	pronase *f*
P 1007	**pronormoblast,** lymphoid haemoblast	Pronormoblast *m*	pronormoblaste *m*
P 1008	**pronormocyte**	Pronormozyt *m*	pronormocyte *m*
P 1009	**prontosil decolouration**	Prontosilentfärbung *f*	décoloration *f* du prontosil
	propagate / to	*s.* D 624	
	propagation	*s.* D 626	
P 1010	**propane**	Propan *n*	propane *m*
	1,2-propanediol	*s.* P 1033	
	propanoic acid	*s.* P 1020	
P 1011	**propanol,** propyl alcohol	Propanol *n,* Propylalkohol *m*	propanol *m,* alcool *m* propylique
	2-propanol	*s. a.* I 582	
P 1012	**propanolamine**	Propanolamin *n*	propanolamine *f*
	propanone	*s.* A 84	
P 1013	**propargyl alcohol**	Propargylalkohol *m,* Propiolalkohol *m*	alcool *m* propargylique, propynol *m*
	propenal	*s.* A 180	
	propenamide	*s.* A 183	
	propene	*s.* P 1032	
	propenoic acid	*s.* A 187	
	propepsin	*s.* P 186	
P 1014	**properdin**	Properdin *n*	properdine *f*
P 1015	**prophage**	Prophage *m*	prophage *m*
P 1016	**prophylactic**	prophylaktisch, vorbeugend	prophylactique
	prophylactic medicine	*s.* P 923	
P 1017	**prophylaxis**	Prophylaxe *f,* Vorbeugung *f*	prophylaxie *f*
P 1018	**β-propiolactone**	β-Propiolacton *n*	β-propiolactone *f*
P 1019	**propionate**	Propionat *n*	propionate *m*
P 1020	**propionic acid,** propanoic acid	Propionsäure *f,* Propansäure *f*	acide *m* propionique (méthylacétique)
P 1021	**propionyl-CoA,** propionyl coenzyme A	Propionyl-Coenzym *n* A, Propionyl-CoA *n*	propionyl-coenzyme *m* A, propionyl-CoA *m*
P 1022	**propionyl-CoA-carboxylase**	Propionyl-CoA-carboxylase *f*	propionyl-CoA-carboxylase *f,* propionyl-coenzyme A-carboxylase *f*
	propionyl coenzyme A	*s.* P 1021	
P 1023	**proplasmoblast**	Proplasmoblast *m*	proplasmoblaste *m*
P 1024	**proplasmocyte**	Proplasmozyt *m*	proplasmocyte *m*
P 1025	**proportion,** ratio	Proportion *f*, Verhältnis *n (Statistik)*	proportion *f*, rapport *m*
P 1026	**proportional**	proportional	proportionnel
P 1027	**proportional counter**	Proportionalzähler *m*, Proportionalzählrohr *n*	compteur *m* (tube *m* compteur) proportionnel
P 1028	**proportionality**	Proportionalität *f*	proportionnalité *f*

P 1029	**proportion by volume**	Volumenverhältnis *n*	proportion *f* en volume
	proportioning	*s.* D 716	
	proportioning apparatus	*s.* D 723	
	proportioning pump	*s.* D 724	
P 1030	**propyl acetate**	Propylacetat *n*	acétate *m* de propyle
	propyl alcohol	*s.* P 1011	
P 1031	**propyl chloride**	Propylchlorid *n*	chlorure *m* propylique
P 1032	**propylene,** propene	Prop[yl]en *n*	prop[yl]ène *m*
P 1033	**propylene glycol,** 1,2-propanediol	Propylenglycol *n*, 1,2-Propandiol *n*	propylène-glycol *m*, 1,2-propane-diol *m*
P 1034	**propyl red**	Propylrot *n*	rouge *m* de propyle
P 1035	**propyl thiolpropionate**	Propylthiolpropionat *n*	propylthiolpropionate *m*
P 1036	**propylthiouracil**	Propylthiouracil *n*	propylthiouracil *m*
	prorennin	*s.* P 956	
P 1037	**prosecretin**	Prosecretin *n*	prosécrétine *f*
	proserozyme	*s.* C 637	
P 1038	**prostacyclin**	Prostacyclin *n*	prostacycline *f*
P 1039	**prostaglandin**	Prostaglandin *n*	prostaglandine *f*
P 1040	**prostaglandin synthase**	Prostaglandinsynthase *f*	prostaglandine-synthase *f*
	prostata	*s.* P 1041	
P 1041	**prostate [gland],** prostata, prostatic gland	Prostata *f*, Vorsteherdrüse *f*	prostate *f*, glande *f* prostatique
P 1042	**prostatic fluid,** prostatic secretion	Prostatasekret *n*, Prostataexprimat *n*	liquide *m* prostatique, exprimat *m* prostatique
	prostatic gland	*s.* P 1041	
	prostatic secretion	*s.* P 1042	
P 1043	**prostatic tissue**	Prostatagewebe *n*	tissu *m* prostatique
P 1044	**prostethic group**	prosthetische Gruppe *f*	groupement *m* prosthétique
P 1045	**prostigmin[e] test**	Prostigmintest *m*	épreuve *f* de [la] prostigmine
P 1046	**protagone**	Protagon *n*	protagone *f*
	protaminase	*s.* C 140	
P 1047	**protamine**	Protamin *n*	protamine *f*
P 1048	**protamine sulphate**	Protaminsulfat *n*	sulfate *m* de protamine
P 1049	**protamine sulphate test**	Protaminsulfattest *m*	épreuve *f* au sulfate de protamine
P 1050	**protamine zinc insulin**	Protamin-Zink-Insulin *n*	insuline *f* protamine-zinc
	protease	*s.* P 1067	
P 1051	**protected from light**	lichtgeschützt	à l'abri de la lumière
	protecting cap	*s.* P 1054	
	protecting mask	*s.* P 1062	
P 1052	**protection,** defence, defense *(US)*	Schutz *m*	protection *f*, défense *f*
	protection from light	*s.* L 245	
P 1053	**protection of labour,** industrial safety	Arbeitsschutz *m*	sécurité (protection) *f* du travail
P 1054	**protective cap,** protecting cap	Schutzkappe *f*	capuchon *m* protecteur
P 1055	**protective clothing,** safety clothing	Schutzkleidung *f*	vêtements *mpl* de protection, vêtement *m* de sûreté
P 1056	**protective colloid**	Schutzkolloid *n*	colloïde *m* protecteur
P 1057	**protective culture medium,** protective medium	protektives Nährmedium *n*	milieu *m* de culture protecteur
P 1058	**protective enzyme,** defensive enzyme	Schutzenzym *n*, Abwehrenzym *n*, Abderhalden-Abwehrferment *n*	enzyme *m* protecteur, enzyme d'Abderhalden, ferment *m* protectif, ferment de défense
P 1059	**protective factor**	Schutzfaktor *m*	facteur *m* protecteur
P 1060	**protective gloves**	Schutzhandschuhe *mpl*	gants *mpl* protecteurs
	protective goggles	*s.* S 12	
P 1061	**protective layer**	Schutzschicht *f*	couche *f* protectrice
P 1062	**protective mask,** protecting mask	Schutzmaske *f*	masque *m* protecteur
	protective medium	*s.* P 1057	
P 1063	**protective protein**	Schutzprotein *n*, Schutzeiweiß *n*	protéine *f* protectrice
	protective spectacles	*s.* S 12	
	proteic substance	*s.* P 1065	
P 1064	**proteid, proteide**	Proteid *n*	protéide *m*
P 1065	**protein,** proteic substance	Protein *n*, Eiweiß *n*, Proteinkörper *m*, Eiweißkörper *m*	protéine *f*, substance *f* protéique
P 1066	**protein analysis**	Proteinanalyse *f*, Eiweißanalyse *f*	analyse *f* protéique
P 1067	**proteinase,** protease, proteolytic enzyme	Prote[in]ase *f*, proteolytisches (eiweißabbauendes) Enzym *n*	proté[in]ase *f*, enzyme *m* protéolytique
P 1068	**protein-bound iodine,** PBI	proteingebundenes Iod *n*	iode *m* lié à la protéine
	protein breakdown	*s.* P 1106	
P 1069	**protein buffer**	Eiweißpuffer *m*	tampon *m* protéique
P 1070	**protein chain**	Proteinkette *f*, Eiweißkette *f*	chaîne *f* protéique
P 1071	**protein chemistry**	Proteinchemie *f*, Eiweißchemie *f*	chimie *f* protéique
P 1072	**protein component,** protein moiety	Proteinkomponente *f*, Eiweißkomponente *f*	composant *m* protéique, constituant *m* des protéines
P 1073	**protein compound**	Proteinverbindung *f*, Eiweißverbindung *f*	composé *m* protéique
P 1074	**protein concentration**	Eiweißkonzentration *f*	concentration *f* protéique
P 1075	**protein concrement**	Proteinstein *m*, Eiweißstein *m*, Proteinkonkrement *n*	calcul *m* (concrétion *f*) de protéine
P 1076	**protein-containing,** albuminous	proteinhaltig, eiweißhaltig	contenant des protéines

P 1077	**protein content**	Proteingehalt *m*, Eiweißgehalt *m*	teneur *f* en protéines (protéides)
	protein decomposition	*s.* P 1106	
	protein degradation	*s.* P 1106	
P 1078	**protein denaturation**	Proteindenaturierung *f*, Eiweißdenaturierung *f*	dénaturation *f* des protéines
	protein detection	*s.* P 1101	
P 1079	**protein determination**	Proteinbestimmung *f*, Eiweißbestimmung *f*	détermination *f* des protéines, dosage *m* des protéines
	protein-digesting	*s.* P 1108	
P 1080	**protein disulphide reductase**	Proteindisulfidreductase *f*	protéine-disulfure-réductase *f*
P 1081	**protein electrophoresis**	Proteinelektrophorese *f*, Eiweißelektrophorese *f*	électrophorèse *f* protéinique
P 1082	**protein extract**	Proteinextrakt *m*, Eiweißextrakt *m*	extrait *m* protéique
P 1083	**protein factor**	Proteinfaktor *m*, Eiweißfaktor *m*	facteur *m* protéique
P 1084	**protein fraction**	Proteinfraktion *f*, Eiweißfraktion *f*	fraction *f* protéique
P 1085	**protein fractionation**	Proteinfraktionierung *f*, Eiweißfraktionierung *f*	fractionnement *m* des protéines
P 1086	**protein-free,** free of protein	proteinfrei, eiweißfrei	sans protéines, dépourvu de[s] protéine[s]
P 1087	**protein-free culture medium,** Uschinsky's culture medium	proteinfreies Kulturmedium *n*, Uschinsky-Nährmedium *n*	milieu *m* de culture sans protéines, milieu d'Uschinsky
P 1088	**protein-free filtrate**	proteinfreies (eiweißfreies) Filtrat *n*	filtrat *m* sans protéines
	protein hormone	*s.* P 1103	
P 1089	**protein hydrolysate**	Proteinhydrolysat *n*, Eiweißhydrolysat *n*	hydrolysat *m* protéique (de protéines), protéolysat *m*
P 1090	**protein kinase**	Protein[phospho]kinase *f*	protéine-kinase *f*
P 1091	**protein M,** Waldenstroem's protein	M-Protein *n*, M-Komponente *f*, Makroglobulin *n* Waldenström	protéine *f* M, macroglobuline *f* de Waldenström
	protein moiety	*s.* P 1072	
P 1092	**protein molecule**	Proteinmolekül *n*, Eiweißmolekül *n*	molécule *f* protéique
P 1093/4	**protein nitrogen**	Proteinstickstoff *m*, Eiweißstickstoff *m*	azote *m* protéique
P 1095	**proteinochrome**	Proteinochrom *n*	protéinochrome *m*
P 1096	**proteinoid**	Proteinoid *n*	protéinoïde *m*
	protein polysaccharide	*s.* P 1102	
P 1097	**protein precipitation**	Proteinfällung *f*, Eiweißfällung *f*	précipitation *f* de protéine
	protein quotient	*s.* A 421	
P 1098	**protein solution**	Proteinlösung *f*, Eiweißlösung *f*	solution *f* protéique
P 1099	**protein structure**	Proteinstruktur *f*, Eiweißstruktur *f*	structure *f* protéique (des protéines)
P 1100	**protein substrate**	Proteinsubstrat *n*, Eiweißsubstrat *n*	substrat *m* protéique
P 1101	**protein test,** protein detection	Proteinnachweis *m*, Eiweißnachweis *m*, Proteinprobe *f*, Eiweißprobe *f*	épreuve *f* (test *m*) de protéine[s], épreuve pour protéines
	proteoclastic	*s.* P 1108	
P 1102	**proteoglycan,** protein polysaccharide	Porteoglycan *n*	protéoglycane *m*
P 1103	**proteohormone,** protein hormone	Proteohormon *n*, Eiweißhormon *n*, Proteinhormon *n*	protéohormone *f*, hormone *f* protéique
P 1104	**proteolipid**	Proteolipid *n*	protéolipide *m*
P 1105	**proteolysin**	Proteolysin *n*	protéolysine *f*
P 1106	**proteolysis,** splitting (degradation, decomposition) of protein, protein degradation (decomposition, breakdown)	Proteolyse *f*, Proteinspaltung *f*, Eiweißspaltung *f*, Proteinabbau *m*, Eiweißabbau *m*, Proteinzerfall *m*, Eiweißzerfall *m*	protéolyse *f*, décomposition *f* protéique, dégradation *f* de[s] protéines, désintégration *f* protéique, catabolisme *m* protéique
P 1107	**proteolyte**	Proteolyt *m*	protéolyte *m*
P 1108	**proteolytic,** proteoclastic, protein-digesting	proteolytisch, proteinspaltend, eiweißspaltend, proteinabbauend, eiweißabbauend	protéolytique, protéoclastique
P 1109	**proteolytic activity**	proteolytische Aktivität *f*	activité *f* protéolytique
	proteolytic enzyme	*s.* P 1067	
	proteose	*s.* A 427	
P 1110	**Proteus**	Proteusbakterie *f*	Proteus
	Proteus entericus	*s.* P 1112	
P 1111	**Proteus morganii**	Morgan-Bacillus *m*	bacille *m* de Morgan
P 1112	**Proteus rettgeri,** Proteus entericus	Proteus *m* rettgeri, Proteus *m* entericus	Proteus rettgeri, Proteus entericus
P 1113	**Proteus vulgaris,** Bacillus vulgaris	Proteus *m* vulgaris, Bacillus *m* vulgaris	protéus *m* vulgaire
	prothrombin	*s.* C 632	
P 1114	**prothrombin complex**	Prothrombinkomplex *m*	complexe *m* prothrombique
P 1115	**prothrombin consumption test**	Prothrombinverbrauchstest *m*, Prothrombinkonsum[p]tionstest *m*	épreuve *f* de consommation de prothrombine
	prothrombin factor	*s.* N 17	
P 1116	**prothrombin index**	Prothrombinindex *m*	indice *m* de prothrombine
	prothrombinogen	*s.* C 637	
P 1117	**prothrombin-proconvertin test**	Prothrombin-Proconvertin-Test *m*	
	prothrombin test	*s.* Q 30	
P 1118	**prothrombin time,** thromboplastin (Quick's) time	Quick-Zeit *f*, Quick-Wert *m*, Prothrombinzeit *f*, Thromboplastinzeit *f*	temps *m* de Quick, temps de prothrombine (thromboplastine)
	prothrombokinase	*s.* C 639	
	prothromboplastin	*s.* C 642	
	protocollagen hydroxylase	*s.* P 996	
P 1119	**protohaeme**	Protohäm *n*	protohème *m*

P 1120	**proton**	Proton *n*	proton *m*
P 1121	**protoplasm**	Protoplasma *n*	protoplasma *m*, protoplasme *m*
P 1122	**protoplasm[at]ic**	protoplasmatisch	protoplasmique
P 1123	**protoplast**	Protoplast *m*	protoplaste *m*
P 1124	**protoporphyrin**	Protoporphyrin *n*	protoporphyrine *f*
	protoporphyrin IX	*s.* H 93	
P 1125	**protoporphyrinogen**	Protoporphyrinogen *n*	protoporphyrinogène *m*
P 1126	**protoporphyrinogen oxidase**	Protoporphyrinogenoxidase *f*	protoporphyrinogène-oxydase *f*
P 1127	**protosiderin**	Protosiderin *n*	protosidérine *f*
P 1128	**protoxin,** tritoxin	Protoxin *n*	protoxine *f*
P 1129	**protozoal culture,** culture of protozoa	Protozoenkultur *f*	culture *f* des protozoaires
P 1130	**protozoal cyst**	Protozoenzyste *f*	kyste *m* de protozoaire
P 1131	**protozoan,** monocellular organism, unicellular, Protozoon	Protozoon *n*, Einzeller *m*	protozoaire *m*, organisme *m* unicellulaire
P 1132	**protozoology**	Protozoologie *f*	protozoologie *f*
	Protozoon	*s.* P 1131	
	protrypsin	*s.* T 616	
P 1133	**provirus**	Provirus *n*	provirus *m*
P 1134	**provitamin,** vitamin precursor	Provitamin *n*	provitamine *f*
	provitamin A	*s.* C 156	
	provitamin D$_3$	*s.* D 112	
	provitamin D$_4$	*s.* D 442	
	provitamin D$_2$	*s.* E 390	
P 1135	**provocation (provocative) test**	Provokationstest *m*	test *m* (épreuve *f*) de provocation
	PRPP	*s.* P 403	
	Prussian blue	*s.* B 182	
	prussic acid	*s.* H 486	
P 1136	**Pryce's microculture (slide culture)**	Pryce-Mikrokultur *f*	microculture *f* de Pryce
P 1137	**psammoma body (particle)**	Psammomkörperchen *n*, Psammomkorn *n*, Psammomkugel *f*	concrétion *f* calcaire de psammome
P 1138	**pseudoagglutination**	Pseudoagglutination *f*	pseudoagglutination *f*
P 1139	**pseudocast,** false cast, cylindroid	Pseudozylinder *m*, Scheinzylinder *m*, Zylindroid *n*	pseudocylindre *m*, cylindre *m* faux, tractus *m* de mucine
P 1140	**pseudocatalase**	Pseudokatalase *f*	pseudocatalase *f*
	pseudocholinesterase	*s.* C 479	
	pseudochromatin	*s.* P 87	
P 1141	**Pseudogonococcus**	Pseudogonokokke *f*	pseudo[-]gonocoque *m*
P 1142	**pseudoisocyanin**	Pseudoisocyanin *n*	pseudoisocyanine *m*
P 1143	**pseudoisoenzyme**	Pseudoisoenyzm *n*	pseudo-isoenzyme *m*
P 1144	**pseudokeratin**	Pseudokeratin *n*	pseudokératine *f*
P 1145	**Pseudomeningococcus**	Pseudomeningokokke *f*	pseudo[-]méningocoque *m*
P 1146	**Pseudomonas aeruginosa,** Pseudomonas pyocyanea, Bacillus pyocyaneus	Pyocyaneusbakterie *f*	bacille *m* pyocyanique
	Pseudomonas mallei	*s.* G 190	
P 1147	**Pseudomonas pseudomallei**	Pseudorotzbakterie *f*	Pseudomonas pseudomallei
	Pseudomonas pyocyanea	*s.* P 1146	
	pseudomucin	*s.* M 744	
	pseudonuclein	*s.* P 87	
P 1148	**pseudoparasite**	Pseudoparasit *m*, Scheinparasit *m*	pseudo-parasite *m*
P 1149	**pseudoperoxidase**	Pseudoperoxidase *f*	pseudoperoxydase *f*
P 1150	**pseudoplasmal reaction**	Pseudoplasmalreaktion *f*	réaction *f* pseudoplasmale
P 1151	**pseudoreaction**	Pseudoreaktion *f*, Scheinreaktion *f*	pseudo-réaction *f*
P 1152	**pseudospirochaete**	Pseudospirochäte *f*	pseudo-spirochète *m*
P 1153	**pseudouridine**	Pseudouridin *n*	pseudo-uridine *f*
P 1154	**pseudovirus**	Pseudovirus *n*	pseudo-virus *m*
P 1155	**pseudovitamin**	Pseudovitamin *n*	pseudo-vitamine *f*
P 1156	**pseudoxanthoma cell**	Pseudoxanthomzelle *f*	cellule *f* pseudo-xanthomateuse
P 1157	**psittacosis virus,** ornithosis virus, Miyagawanella psittaci, Miyagawanella ornithosis	Psittakosevirus *n*, Ornithosevirus *n*	miyagawanelle *f* de psittacose, miyagawanelle d'ornithose, virus *m* d'ornithose
P 1158	**psychopharmaceutical [agent], psychotropic agent (drug)**	Psychopharmakon *n*	psychopharmaceutique *m*, agent *m* psychopharmaceutique
P 1159	**P system,** P blood group system	P-System *n*	système *m* P
	Pt	*s.* P 585	
P 1160	**pteridine**	Pteridin *n*	ptéridine *f*
P 1161	**pterin**	Pterin *n*	ptérine *f*
P 1162	**pteroic acid**	Pteroinsäure *f*	acide *m* ptéorïque
	pteroylglutamic acid	*s.* F 307	
	PTT	*s.* P 122	
P 1163	**ptyalin[e],** salivary amylase (diastase)	Ptyalin *n*, Speichelamylase *f*, Speicheldiastase *f*	ptyaline *f*, amylase (diastase) *f* salivaire
	ptyalith	*s.* S 26	
	ptyalolith	*s.* S 26	
	ptysma	*s.* S 25	
P 1164	**puberty**	Pubertät *f*, Geschlechtsreife *f*	puberté *f*, maturité *f* sexuelle
	pubic louse	*s.* M 726	
	Pulex	*s.* F 216	

	Pulex irritans	*s.* H 438	
P 1165	**Pulfrich photometer**	Pulfrich-Photometer *n*	photomètre *m* de Pulfrich
P 1166	**Pulfrich refractometer**	Pulfrich-Refraktometer *n*	refractromètre *m* de Pulfrich
P 1167	**pulmonary puncture,** lung puncture, pneumocentesis	Lungenpunktion *f*, Pneumozentese *f*	ponction *f* pulmonaire, pneumocentèse *f*
P 1168	**pulmonary tissue,** lung tissue	Lungengewebe *n*	tissu *m* pulmonaire
	pulpar cell	*s.* P 1169	
P 1169	**pulp cell,** pulpar cell	Pulpazelle *f*	cellule *f* de la pulpe splénique
P 1170	**pulverisation**	Pulverisierung *f*, Pulverisieren *n*, Pulverisation *f*	pulvérisation *f*
P 1171	**pulverise / to,** to powder, to triturate *(fine)*	pulverisieren	pulvériser
	pulverulent	*s.* P 820	
	pulvis	*s.* P 817	
P 1172	**pump**	Pumpe *f*	pompe *f*
	pumping out the stomach	*s.* G 81	
P 1173	**punch / to,** to stamp	stanzen	poinçonner
P 1174	**punch,** puncher, punch forceps	Stanze *f*	poinçonneuse *f*, presse *f* à découper (poinçonner)
P 1175	**punch biopsy**	Stanzbiopsie *f*, Punchbiopsie *f*	biopsie *f* àl'emporte-pièce
	puncher	*s.* P 1174	
	punch forceps	*s.* P 1174	
P 1176	**punch needle**	Stanznadel *f*, Stanzkanüle *f*	aiguille *f* à poinçonner
P 1177	**punctate,** puncture fluid	Punktat *n*, Punktionsflüssigkeit *f*	liquide *m* obtenu par ponction
P 1178	**punctate of the Douglas' pouch**	Douglas-Punktat *n*	liquide *m* prélevé par ponction de Douglas
P 1179	**punctate of the knee-joint**	Kniegelenkpunktat *n*	liquide *m* prélevé par ponction de l'articulation du genou
P 1180	**punctiform,** point-like	punktförmig	ponctuel, punctiforme
P 1181	**puncture / to,** to tap	punktieren	ponctionner
P 1182	**puncture,** tapping, [para]centesis, needling	Punktion *f*, Punktierung *f*, Parazentese *f*	ponction *f*, paracentèse *f*
P 1183	**puncture cannula**	Punktionskanüle *f*	canule *f* à (pour) ponction
P 1184	**puncture channel**	Stichkanal *m*	canal *m* de ponction
P 1185	**puncture cytology**	Punktionszytologie *f*	cytologie *f* de ponction
	puncture fluid	*s.* P 1177	
P 1186	**puncture needle**	Punktionsnadel *f*	aiguille *f* à ponction
P 1187	**puncture of a joint,** arthrocentesis	Gelenkpunktion *f*, Arthrozentese *f*	ponction *f* articulaire (d'articulation), arthrocentèse *f*
	puncture of the abdomen	*s.* A 4	
	puncture of the bladder	*s.* V 81	
	puncture of the brain	*s.* C 316	
	puncture of the colon	*s.* C 763	
	puncture of the cornea	*s.* K 31	
	puncture of the crista	*s.* I 22	
P 1188	**puncture of the Douglas' pouch,** Douglas' pouch puncture	Douglas-Punktion *f*	ponction *f* de Douglas
P 1189	**puncture of the knee-joint**	Kniegelenkpunktion *f*	ponction *f* de l'articulation du genou
	puncture of the larynx	*s.* L 96	
	puncture of the pleura	*s.* P 602	
	puncture of the thorax	*s.* P 602	
P 1190	**puncture of the vitreous body,** hyalonyxis	Glaskörperpunktion *f*	ponction *f* du corps vitré
P 1191	**puncture point**	Einstichstelle *f*	lieu (site) *m* de ponction
P 1192	**puncture tube**	Punktionsröhrchen *n*	tube *m* à ponction
P 1193	**pure** *(chemisch)*	rein	pur
	pure alcohol	*s.* A 16	
P 1194	**pure antigen**	Reinantigen *n*	antigène *m* pur
P 1195	**pure culture**	Reinkultur *f*	culture *f* pure
P 1196	**pure protein,** true protein	Reinprotein *n*	protéine *f* pure
P 1197	**pure substance**	Reinsubstanz *f*	substance *f* pure
	purgative	*s.* L 123	
P 1198	**purification,** cleansing; clearing, clarification *(liquids)*	Reinigung *f*, Reinigen *n*	purification *f*, épuration *f*; clarification *f*, raffinage *m*
	purification of enzymes	*s.* E 310	
P 1199	**purification step**	Reinigungsschritt *m*	stade *m* de purification
P 1200	**purified**	gereinigt	purifié
P 1201	**purifier,** clean[s]er, clean[s]ing agent	Reinigungsmittel *n*	purifiant *m*, épurateur *m*
P 1202	**purify / to,** to clean; to clear, to clarify *(liquids)*	reinigen	purifier, épurer; clarifier
P 1203	**purine**	Purin *n*	purine *f*
P 1204	**purine base**	Purinbase *f*	base *f* purique
P 1205	**purine body**	Purinkörper *m*	corps *m* de purine
P 1206	**purine-containing**	purinhaltig	à purine
P 1207	**purine derivative**	Purinderivat *n*, Purinabkömmling *m*	dérivé *m* purique
P 1208	**purine-free**	purinfrei	sans purine
	purine nucleosidase	*s.* N 295	
P 1209	**purine nucleoside**	Purinnucleosid *n*	purine-nucléoside *m*

No.	English	German	French
P 1210	**purine nucleotide**	Purinnucleotid *n*	purine-nucléotide *m*
P 1211	**purity**	Reinheit *f*	pureté *f*
P 1212	**purity control,** purity test	Reinheitsprüfung *f,* Reinheitskontrolle *f*	examen (contrôle) *m* de la pureté
	purity grade	*s.* D 98	
	purity test	*s.* P 1212	
P 1213	**Purkinje's cell**	Purkinje-Zelle *f*	cellule *f* de Purkinje
	puromucous	*s.* M 752	
P 1214	**purpurin**	Purpurin *n*	purpurine *f*
	purse	*s.* B 70	
P 1215	**purulent,** pyoid	eitrig, purulent	purulent
P 1216	**purulent drop,** pus drop	Eitertropfen *m*	goutte *f* de pus
P 1217	**purulent exudate**	Eiterexsudat *n*	exsudat *m* purulent
P 1218	**purulent sediment**	Eitersediment *n*	sédiment *m* purulent
P 1219	**pus,** matter	Eiter *m*, Pus *n*	pus *m*
	pus blister	*s.* P 1222	
P 1220	**pus cell (corpuscle),** pyocyte	Eiterzelle *f*, Eiterkörperchen *n,* Pyozyt *m*	cellule *f* (globule *m*) du pus, pyocyte *m*
	pus drop	*s.* P 1216	
	pus-forming organism	*s.* P 1230	
P 1221	**pus from abscess**	Abszeßeiter *m*	pus *m* d'abscès
	pus organism	*s.* P 1230	
P 1222	**pustule,** pus blister	Pustel *f*, Eiterbläschen *n*	pustule *f,* vésicopustule *f*
P 1223	**pustule contents**	Pustelinhalt *m*	contenu *m* de la pustule
P 1224	**pustule smear (swab)**	Pustelabstrich *m*	frottis *m* de pustule
	put into solution / to	*s.* D 637	
P 1225	**putrefactive bacterium**	Fäulnisbakterie *f*	bactérie *f* de putréfaction
P 1226	**putrescine,** 1,4-diaminobutane	Putrescin *n,* 1,4-Diaminobutan *n*	putrescine *f*, 1,4-diaminobutane *m,* tétraméthylène-diamine *f*
	PVC	*s.* P 713	
	pycnometer	*s.* D 143	
	pyknocyte	*s.* O 37	
	pyknotic cell	*s.* O 37	
P 1227	**Pyococcus**	Pyokokke *f*	pyocoque *m*
P 1228	**pyocyanase**	Pyocyanase *f*	pyocyanase *f*
P 1229	**pyocyanin[e]**	Pyocyanin *n*	pyocyanine *f*
	pyocyte	*s.* P 1220	
P 1230	**pyogenic bacterium (microorganism, organism),** pus[-forming] organism	Eitererreger *m*	bactérie *f* pyogène, agent *m* provocateur pyogène
	pyoid	*s.* P 1215	
P 1231	**pyranose**	Pyranose *f*	pyrannose *m*
P 1232	**pyranose oxidase**	Pyranoseoxidase *f*	pyrannose-oxydase *f*
P 1233	**pyranoside**	Pyranosid *n*	pyranoside *m*
P 1234	**pyrazolone**	Pyrazolon *n*	pyrazolone *f*
	pyretogen	*s.* P 1261	
P 1235	**pyrexine**	Pyrexin *n*	pyrexine *f*
P 1236	**pyridine**	Pyridin *n*	pyridine *f*
P 1237	**pyridine base**	Pyridinbase *f*	base *f* pyridique
	pyridine-3-carboxamide	*s.* N 134	
	pyridine-3-carboxylic acid	*s.* N 139	
	α-pyridine carboxylic acid	*s.* P 466	
P 1238	**pyridine enzyme**	Pyridinenzym *n*	pyridinoenzyme *m*
P 1239	**pyridine nucleotide**	Pyridinnucleotid *n*	pyridine-nucléotide *m*
	pyridine nucleotide transhydrogenase	*s.* N 6	
P 1240	**pyridine ribonucleotide**	Pyridinribonucleotid *n*	pyridine-ribonucléotide*m*
P 1241	**pyridoxal**	Pyridoxal *n*	pyridoxal *m*
P 1242	**pyridoxal dehydrogenase**	Pyridoxaldehydrogenase *f*	pyridoxal-déshydrogénase *f*
P 1243	**pyridoxal kinase**	Pyridoxalkinase *f*	pyridoxal-kinase *f*
P 1244	**pyridoxal phosphate**	Pyridoxalphosphat *n*	phosphate *m* de pyridoxal
P 1245	**pyridoxamine**	Pyridoxamin *n*	pyridoxamine *f*
P 1246	**pyridoxamine phosphate**	Pyridoxaminphosphat *n*	pyridoxamine[-]phosphate *m,* phosphate *m* de pyridoxamine
P 1247	**pyridoxamine phosphate oxidase**	Pyridoxaminphosphatoxidase *f*	pyridoxaminephosphate-oxydase *f*
P 1248	**pyridoxic acid**	Pyridoxinsäure *f*	acide *m* pyridoxi[ni]que
P 1249	**pyridoxine,** vitamin B_6, adermin[e]	Pyridoxin *n,* Vitamin *n* B_6, Adermin *n*	pyridoxine *f,* vitamine *f* B_6, adermine *f*
P 1250	**pyridoxine dehydrogenase**	Pyridoxindehydrogenase *f*	pyridoxine-déshydrogénase *f*
P 1251	**pyridoxine-4-oxidase**	Pyridoxin-4-oxidase *f*	pyridoxine-4-oxydase *f*
P 1252	**pyridoxine phosphate**	Pyridoxinphosphat *n*	pyridoxine-phosphate *m,* phosphate *m* de pyridoxine
P 1253	**pyrimidine,** 1,3-diazine	Pyrimidin *n,* 1,3-Diazin *n*	pyrimidine *f,* 1,3-diazine *f*
P 1254	**pyrimidine base**	Pyrimidinbase *f*	base *f* pyrimidique
P 1255	**pyrimidine nucleoside**	Pyrimidinnucleosid *n*	pyrimidine-nucléoside *m,* nucléoside *m* pyrimidique
P 1256	**pyrimidine nucleotide**	Pyrimidinnucleotid *n*	pyrimidine-nucléotide *m,* nucléotide *m* pyrimidique
P 1257	**pyrimidine ribonucleotide**	Pyrimidinribonucleotid *n*	pyrimidine-ribonucléotide *m,* ribonucléotide *m* pyrimidique
	pyrimidine transferase	*s.* T 192	
P 1258	**pyrithiamine deaminase**	Pyrithiamindesaminase *f*	pyrithiamine-désaminase *f*

	pyrocatechase	s. C 196	
P 1259	**pyrocatechol,** 1,2-dihydroxybenzene	Brenzcatechin *n*, Pyrocatechol *n*, 1,2-Dihydroxybenzen *n*	1,2-pyrocatéchine *f*, acide *m* pyrocatéchique, dihydroxy-1,2-benzène *m*
	pyrogallic acid	s. P 1260	
P 1260	**pyrogallol,** pyrogallic acid	Pyrogallol *n*, Pyrogallussäure *f*	pyrogallol *m*, acide *m* pyrogallique
P 1261	**pyrogen,** pyretogen	Pyrogen *n*	pyrogène *m*
P 1262	**pyrogen test**	Pyrogentest *m*	test *m* au pyrogène
P 1263	**pyroglobulin**	Pyroglobulin *n*	pyroglobuline *f*
P 1264	**pyroglutamic acid**	Pyroglutaminsäure *f*	acide *m* pyroglutamique
P 1265	**pyronin[e]**	Pyronin *n*	pyronine *f*
P 1266	**pyrophosphatase**	Pyrophosphatase *f*	pyrophosphatase *f*
P 1267	**pyrophosphate,** diphosphate	Pyrophosphat *n*, Diphosphat *n*	pyrophosphate *m*, diphosphate *m*
P 1268	**pyrophosphate buffer**	Pyrophosphatpuffer *m*	tampon *m* [de] pyrophosphate
P 1269	**pyrophosphoric acid,** diphosphoric acid	Pyrophosphorsäure *f*, Diphosphorsäure *f*	acide *m* pyrophosphorique (diphosphorique)
P 1270	**pyrophosphorylase**	Pyrophosphorylase *f*	pyrophosphorylase *f*
P 1271	**pyrotoxin**	Pyrotoxin *n*	pyrotoxine *f*
P 1272	**pyrrole**	Pyrrol *n*, Imidol *n*	pyrrole *m*
P 1273	**pyrrole pigment**	Pyrrolfarbstoff *m*	pigment *m* de pyrrole
P 1274	**pyrrolidine**	Pyrrolidin *n*	pyrrolidine *f*
	pyrrolidine-2-carboxylic acid	s. P 994	
P 1275	**pyrroline**	Pyrrolin *n*	pyrroline *f*
P 1276	**pyruvate**	Pyruvat *n*	pyruvate *m*
P 1277	**pyruvate carboxylase,** pyruvic carboxylase	Pyruvatcarboxylase *f*, Brenztraubensäurecarboxylase *f*	pyruvate-carboxylase *f*, carboxylase *f* pyruvique
P 1278	**pyruvate decarboxylase,** pyruvic decarboxylase, α-ketoacid carboxylase	Pyruvatdecarboxylase *f*, α-Ketosäurecarboxylase *f*, Brenztraubensäuredecarboxylase *f*	pyruvate-décarboxylase *f*, pyruvodécarboxylase *f*, α-céto-acide-décarboxylase *f*
P 1279	**pyruvate dehydrogenase,** pyruvic dehydrogenase	Pyruvatdehydrogenase *f*, Brenztraubensäuredehydrogenase *f*	pyruvate-déshydrogénase *f*, pyruvique déshydrogénase *f*
P 1280	**pyruvate kinase,** phosphoenolpyruvate kinase	Pyruvatkinase *f*, Phosphoenolpyruvatkinase *f*, Brenztraubensäurekinase *f*	pyruvate-kinase *f*, phosphoénolpyruvate-kinase *f*
P 1281	**pyruvate oxidase,** pyruvic oxidase	Pyruvatoxidase *f*	pyruvate-oxydase *f*
P 1282	**pyruvic acid,** α-ketopropionic acid	Brenztraubensäure *f*, α-Ketopropionsäure *f*	acide *m* pyruvique, acide α-cétopropionique, acide acétylformique
	pyruvic aldehyde	s. M 403	
	pyruvic carboxylase	s. P 1277	
	pyruvic decarboxylase	s. P 1278	
	pyruvic dehydrogenase	s. P 1279	
	pyruvic oxidase	s. P 1281	

Q

Q 1	**Q enzyme**	Q-Enzym *n*	Q-enzyme *m*
Q 2	**qualitative**	qualitativ	qualitatif
Q 3	**qualitative analysis**	qualitative Analyse *f*	analyse *f* qualitative
Q 4	**qualitative determination (estimation)**	qualitative Bestimmung *f*	détermination *f* qualitative
Q 5	**qualitative investigation**	qualitative Untersuchung *f*	investigation *f* qualitative
Q 6	**qualitative method**	qualitative Methode *f*	méthode *f* qualitative
Q 7	**quality**	Qualität *f*	qualité *f*
Q 8	**quality assurance**	Qualitätssicherung *f*	sauvegarde *f* de qualité
Q 9	**quality control**	Qualitätskontrolle *f*	contrôle *m* de qualité
Q 10	**quality control material**	Qualitätskontrollmaterial *n*	matériel *m* pour le contrôle de la qualité
Q 11	**quantification**	Quantifizierung *f*	quantification *f*
Q 12	**quantitate / to**	quantifizieren	quantifier
Q 13	**quantitative**	quantitativ, mengenmäßig	quantitatif
Q 14	**quantitative analysis**	quantitative Analyse *f*	analyse *f* quantitative
Q 15	**quantitative determination (estimation)**	quantitative Bestimmung *f*	détermination *f* quantitative
Q 16	**quantitative investigation**	quantitative Untersuchung *f*	investigation *f* quantitative
Q 17	**quantitative method**	quantitative Methode *f*	méthode *f* quantitative
	quantitative proportion	s. Q 19	
Q 18	**quantity,** amount	Quantität *f*, Menge *f*	quantité *f*
	quantity of heat	s. H 184	
Q 19	**quantity ratio,** quantitative proportion	Mengenverhältnis *n*	proportion *f* [quantitative], composition *f* quantitative
Q 20	**quartan parasite,** Plasmodium malariae	Quartanaparasit *m*, Quartanaerreger *m*	plasmodium *m* paludéen
Q 21	**quarternary ammonium base**	quarternäre Ammoniumbase *f*	base *f* d'ammonium quaternaire
Q 22	**quartz**	Quarz *m*	quartz *m*
Q 23	**quartz cuvette**	Quarzküvette *f*	cuve[tte] *f* en quartz
Q 24	**quartz filter**	Quarzfilter *n*	filtre *m* à quartz
Q 25	**quartz lamp**	Quarzlampe *f*	lampe *f* de quartz
	quebrachine	s. Y 15	
Q 26	**quelling reaction**	Quellungsreaktion *f*	réaction *f* d'imbibition
	quellung	s. S 1163	
	quick analysis	s. R 112	

Q 27	**quick assay,** short-time assay (test)	Schnelltest *m*	épreuve *f* (test *m*) rapide
	quick-assay method	*s.* R 116	
	quick determination	*s.* R 113	
	quick freezing	*s.* R 115	
	quick method	*s.* R 116	
Q 28	**quick section**	Schnellschnitt *m*	coupe *f* rapide
	Quick's prothrombin test	*s.* Q 30	
Q 29	**quick staining**	Schnellfärbung *f*	coloration *f* rapide
Q 30	**Quick's test,** [Quick's] prothrombin test	Quick-Test *m,* Prothrombinbestimmung *f* nach Quick	test (temps) *m* de Quick, temps de prothrombine, estimation *f* de prothrombine
	Quick's time	*s.* P 1118	
	quick-testing method	*s.* R 116	
Q 31	**quinaldine acid**	Chinaldinsäure *f*	acide *m* quinaldique
Q 32	**quinidine,** chinidine	Chinidin *n*	quinidine *f*
Q 33	**quinine**	Chinin *n*	quinine *f*
Q 34	**quinoline,** chinoline	Chinolin *n*	quinoléine *f*
Q 35	**quinolinic acid**	Chinolinsäure *f*	acide *m* quinolinique
Q 36	**quinone,** chinone	Chinon *n*	quinone *f*
Q 37	**quotient**	Quotient *m*	quotient *m*
	quotient of bilirubin excretion	*s.* B 227	

R

	Ra	*s.* R 96	
R 1	**rabbit**	Kaninchen *n*	lapin *m*
R 2	**rabbit blood agar**	Kaninchenblutagar *m*	gélose *f* au sang de lapin
	rabies virus	*s.* L 520	
R 3	**racemate,** racemic mixture (compound)	Racemat *n,* racemisches Gemisch *n*, racemische Verbindung *f*	racémate *m,* mélange (composé) *m* racémique
	racemation	*s.* R 5	
R 4	**racemic**	racemisch	racémique
	racemic compound	*s.* R 3	
	racemic mixture	*s.* R 3	
R 5	**racemisation,** racemation	Racemisierung *f,* Racemisation *f*	racémisation *f*
R 6	**racemise / to**	racemisieren	racémiser
	rachicentesis	*s.* L 434	
	rachiocentesis	*s.* L 434	
R 7	**radial,** radiate	radial, strahlenförmig	radial, radiaire
R 8	**radial immunodiffusion** *f*	radiale Immundiffusion *f*	immunodiffusion *f* radiale
	radiant energy	*s.* R 13	
	radiant intensity	*s.* R 14	
R 9	**radiate / to,** to emit rays	strahlen	radier
	radiate / to	*s. a.* I 527	
	radiate	*s.* R 7	
R 10	**radiation,** emission of rays	Strahlung *f,* Radiation *f*	radiation *f*, rayonnement *m*
	radiation	*s. a.* I 528	
	radiation biology	*s.* R 50	
	radiation-chemical	*s.* R 51	
	radiation chemistry	*s.* R 53	
	radiation dosage	*s.* R 11	
R 11	**radiation dose,** radiation dosage	Strahlendosis *f*	dose *f* d'irradiation
	radiation dosimeter	*s.* D 720	
R 12	**radiation dosimetry**	Strahlendosimetrie *f*	dosimétrie *f* de rayonnement
R 13	**radiation energy,** radiant energy	Strahlungsenergie *f*	énergie *f* de rayonnement, énergie radiée
R 14	**radiation intensity,** radiant intensity, intensity of radiation	Strahlungsintensität *f*	intensité *f* de rayonnement
R 15	**radiation protection,** X-ray protection, radiation shielding	Strahlenschutz *m*	protection *f* contre les radiations, protection contre le rayonnement, protection contre les rayons X
	radiation protection dosemeter	*s.* F 126	
	radiation sensitivity	*s.* R 95	
	radiation shielding	*s.* R 15	
R 16	**radiation source,** source of radiation	Strahlungsquelle *f,* Strahlenquelle *f*	source *f* de rayonnement, source d'émission
R 17	**radiation spectrum**	Strahlungsspektrum *n*	spectre *m* de rayonnement
R 18	**radical**	Radikal *n*	radical *m*
R 19	**radioactive**	radioaktiv	radioactif
R 20	**radioactive barium sulphate**	radioaktives Bariumsulfat *n*	sulfate *m* de baryum radioactif
R 21	**radioactive caesium,** radiocaesium	radioaktives Caesium *n,* Radiocaesium *n*	césium *m* radioactif, radiocésium *m*
R 22	**radioactive calcium,** radiocalcium	radioaktives Calcium *n,* Radiocalcium *n*	calcium *m* radioactif, radiocalcium *m*
R 23	**radioactive carbon,** radiocarbon	radioaktiver Kohlenstoff *m,* Radiokohlenstoff *m*	carbone *m* radioactif, radiocarbone *m*
R 24	**radioactive chromium,** radiochromium	radioaktives Chrom *n,* Radiochrom *n*	chrome *m* radioactif, radiochrome *m*

No.	English	German	French
R 25	**radioactive cobalt,** radiocobalt	radioaktives Cobalt *n*, Radiocobalt *n*	cobalt *m* radioactif, radiocobalt *m*
R 26	**radioactive colloid,** radiocolloid	radioaktives Kolloid *n*, Radiokolloid *n*	colloïde *m* radioactif, radiocolloïde *m*
R 27	**radioactive copper,** radiocopper	radioaktives Kupfer *n*, Radiokupfer *n*	cuivre *m* radioactif, radiocuivre *m*
R 28	**radioactive decay (disintegration)**	radioaktiver Zerfall *m*	désintégration *f* radioactive
R 29	**radioactive element,** radioelement	radioaktives Element *n*, Radioelement *n*	élément *m* radioactif, radioélément *m*
R 30	**radioactive equilibrium**	radioaktives Gleichgewicht *n*	équilibre *m* radioactif
R 31	**radioactive gold,** radiogold	radioaktives Gold *n*, Radiogold *n*	or *m* radioactif, radio-or *m*
	radioactive indicator	*s.* R 44	
R 32	**radioactive iodine,** radioiodine	radioaktives Iod *n*, Radioiod *n*	iode *m* radioactif, radio-iode *m*
R 33	**radioactive iridium,** radioiridium	radioaktives Iridium *n*, Radioiridium *n*	iridium *m* radioactif, radio-iridium *m*
R 34	**radioactive iron,** radioiron	radioaktives Eisen *n*	fer *m* radioactif, radiofer *m*
	radioactive isotope	*s.* R 88	
R 35	**radioactive labelling,** radioactive tagging, radioactive tracer technique, radiotracer technique	Radiomarkierung *f*, radioaktive Markierung *f*, Etikettierung *f*	marquage *m* radioactif, radiomarquage *m*, marquage par l'isotope radioactif
	radioactive nuclide	*s.* R 88	
R 36	**radioactive phosphorus,** radiophosphorus	radioaktiver Phosphor *m*, Radiophosphor *m*	phosphore *m* radioactif, radiophospore *m*
R 37	**radioactive potassium,** radiopotassium	radioaktives Kalium *n*, Radiokalium *n*	potassium *m* radioactif, radiopotassium *m*
R 38	**radioactive preparation**	radioaktives Präparat *n*	préparation *f* radioactive
R 39	**radioactive radiation**	radioaktive Strahlung *f*	radiation *f* radioactive
R 40	**radioactive sodium,** radiosodium	radioaktives Natrium *n*, Radionatrium *n*	sodium *m* radioactif, radiosodium *m*
R 41	**radioactive strontium,** radiostrontium	radioaktives Strontium *n*, Radiostrontium *n*	strontium *m* radioactif, radiostrontium *m*
R 42	**radioactive substance**	radioaktive Substanz *f*	substance *f* radioactive
R 43	**radioactive sulphur,** radiosulphur	radioaktiver Schwefel *m*, Radioschwefel *m*	soufre *m* radioactif, radiosoufre *m*
	radioactive tagging	*s.* R 35	
R 44	**radioactive tracer,** [radio]tracer, radioactive indicator, radioindicator	[radioaktiver] Tracer *m*, Radiotracer *m* , radioaktiver Indikator *m*, Radioindikator *m*	traceur (marqueur) *m* radioactif, radiotraceur *m*, radiomarqueur *m*, radioindicateur *m*, indicateur *m* radioactif
	radioactive tracer technique	*s.* R 35	
R 45	**radioactivity**	Radioaktivität *f*	radioactivité *f*
R 46	**radioactivity measurement**	Radioaktivitätsmessung *f*	mesure *f* de radioactivité
	radioallergosorbent assay	*s.* R 47	
R 47	**radioallergosorbent test,** radioallergosorbent assay, RAST	Radioallergosorbent-Test *m*, RAST	épreuve *f* radio-allergosorbante
R 48	**radioassay**	Radioreagenzanalyse *f*, Radioassay *m*	analyse *f* de la radioactivité, dosage *m* de l'activité
	radioautogram	*s.* A 1155	
	radioautograph	*s.* A 1155	
	radioautographic	*s.* A 1156	
	radioautography	*s.* A 1157	
R 49	**radiobiological**	radiobiologisch, strahlenbiologisch	radiobiologique
R 50	**radiobiology,** radiation biology	Radiobiologie *f*, Strahlenbiologie *f*	radiobiologie *f*
	radiocaesium	*s.* R 21	
	radiocalcium	*s.* R 22	
	radiocarbon	*s.* R 23	
R 51	**radiochemical,** radiation-chemical	radiochemisch, strahlenchemisch	radiochimique
R 52	**radiochemical analysis**	radiochemische Analyse *f*	analyse *f* radiochimique
R 53	**radiochemistry,** radiation chemistry	Radiochemie *f*, Strahlenchemie *f*	radiochimie *f*, chimie *f* du rayonnement
R 54	**radiochromatogram**	Radiochromatogramm *n*	radiochromatogramme *m*
R 55	**radiochromatograph**	Radiochromatograph *m*	radiochromatographe *m*
R 56	**radiochromatographic**	radiochromatographisch	radiochromatographique
R 57	**radiochromatography**	Radiochromatographie *f*	radiochromatographie *f*
	radiochromium	*s.* R 24	
	radiocobalt	*s.* R 25	
	radiocolloid	*s.* R 26	
R 58	**radiocolloid clearance**	Radiokolloid-Clearance *f*	clearance *f* de radiocolloïde
	radiocopper	*s.* R 27	
	radiodense	*s.* R 90	
	radiodensity	*s.* R 89	
R 59	**radiodiagnosis**	Radiodiagnose *f*	radiodiagnostic *m*
	radiodiagnosis	*s. a.* R 62	
R 60	**radiodiagnostic**	radiodiagnostisch	radiodiagnostique
R 61	**radiodiagnostic agent**	Radiodiagnostikum *n*	agent *m* radiodiagnostique
R 62	**radiodiagnostics,** radiodiagnosis	Radiodiagnostik *f*, Strahlendiagnostik *f*	radiodiagnostic *m*
R 63	**radioelectrophoresis**	Radioelektrophorese *f*	radioélectrophorèse *f*
	radioelement	*s.* R 29	
R 64	**radioenzymatic analysis**	radioenzymatische Analyse *f*	analyse *f* radio[-]enzymatique
R 65	**radiogas chromatography**	Radiogaschromatographie *f*	radiochromatographie *f* en phase gazeuse
	radiogold	*s.* R 31	
R 66	**radiogram**	Radiogramm *n*	radiogramme *m*
R 67	**radiographic**	radiographisch	radiographique
R 68	**radiography**	Radiographie *f*	radiographie *f*

R 69	**radioimmunoassay,** RIA	Radioimmunoassay *m,* Radioimmuntest *m,* RIA	radioimmunoassay *m,* RIA
R 70	**radioimmunodiffusion,** RID	Radioimmundiffusion *f,* RID	radio[-]immunodiffusion *f,* RID
R 71	**radioimmunoelectrophoresis**	Radioimmunoelektrophorese *f*	radio[-]immunoélectrophorèse *f*
R 72	**radioimmunologic[al]**	radioimmunologisch	radio[-]immunologique
R 73	**radioimmunology**	Radioimmunologie *f*	radio[-]immunologie *f*
R 74	**radioimmunoprecipitation test**	Radioimmunpräzipitationstest *m*	épreuve *f* de radio-immunoprécipitation
	radioimmunosorbent assay	*s.* R 75	
R 75	**radioimmunosorbent test,** radioimmunosorbent assay, RIST	Radioimmunosorbent-Test *m,* RIST	épreuve *f* radio-immunoabsorbante, RIST
	radioindicator	*s.* R 44	
	radioiodine	*s.* R 32	
R 76	**radioiodine test, radioiodine two-phase test,** RIT	Radioiodtest *m,* Radioiodzweiphasentest *m,* RIT	test *m* de radio-iodide [à deux phases]
	radioiridium	*s.* R 33	
	radioiron	*s.* R 34	
	radioisotope	*s.* R 88	
R 77	**radioisotope clearance**	Radioisotopenclearance *f*	clearance *f* des radio-isotopes
R 78	**radioisotope concentration**	Radioisotopenkonzentration *f*	concentration *f* radio-isotopique
R 79	**radioisotope laboratory**	Radioisotopenlabor *n*	laboratoire *m* radio-isotopique
R 80	**radioligand**	Radioligand *m*	radioligand *m*
R 81	**radiologic[al]**	radiologisch	radiologique
R 82	**radiological determination**	radiologische Bestimmung *f*	détermination *f* radiologique
R 83	**radiology**	Radiologie *f*	radiologie *f*
R 84	**radioluminescence**	Radiolumineszenz *f*	radioluminescence *f*
R 85	**radiometer**	Radiometer *n,* Strahlungsmesser *m*	radiomètre *m*
R 86	**radiometric analysis**	radiometrische Analyse *f*	analyse *f* radiométrique
R 87	**radiometry**	Radiometrie *f,* Strahlungsmessung *f*	radiométrie *f*
R 88	**radionuclide,** radioactive nuclide (isotope), radioisotope	Radionuklid *n,* radioaktives Nuklid (Isotop) *n,* Radioisotop *n*	radionucl[é]ide *m,* isotope *m* radioactif, radio-isotope *m*
	radioopacity	*s.* R 89	
	radioopaque	*s.* R 90	
R 89	**radiopacity,** radioopacity, radiodensity	Strahlenundurchlässigkeit *f*	radio-opacité *f*
R 90	**radiopaque,** radioopaque, radiodense	strahlenundurchlässig	radio-opaque
R 91	**radiopharmaceutical [agent]**	Radiopharmakon *n*	radiopharmaceutique *m*
	radiophosphorus	*s.* R 36	
	radiopotassium	*s.* R 37	
R 92	**radioreceptor assay**	Radiorezeptorassay *m*	essai *m* à radiorécepteur
R 93	**radioresistance**	Strahlenresistenz *f*	radiorésistance *f*
R 94	**radiosensitive**	radiosensitiv, strahlenempfindlich	radiosensible, sensible aux rayonnements
R 95	**radiosensitivity,** radiation sensitivity	Radiosensibilität *f,* Strahlenempfindlichkeit *f*	radiosensibilité *f*
	radiosodium	*s.* R 40	
	radiostrontium	*s.* R 41	
	radiosulphur	*s.* R 43	
	radiotracer	*s.* R 44	
	radiotracer technique	*s.* R 35	
R 96	**radium,** Ra	Radium *n,* Ra	radium *m,* Ra
R 97	**radon,** Rn	Radon *n,* Rn	radon *m,* Rn
R 98	**raffinase**	Raffinase *f*	raffinase *f*
R 99	**raffinose,** melit[ri]ose	Raffinose *f,* Melit[ri]ose *f*	raffinose *m,* mélit[ri]ose *m*
	ragocyte	*s.* R 392	
R 100	**raise to the boil / to,** to bring to the boil	zum Sieden (Kochen) bringen	porter à l'ébullition, mettre àbouiller
	random distribution	*s.* P 941	
R 101	**random error**	Zufallsfehler *m*	erreur *f* accidentelle
R 102	**randomisation,** randomising	Randomisierung *f,* Randomisation *f*	randomisation *f*
	random number	*s.* V 48	
R 103	**random sample**	Zufallsstichprobe *f*	échantillon *m* aléatoire
R 104	**random sampling (selection)**	Zufallsauswahl *f*	choix *m* aléatoire (au hasard)
	random variable	*s.* V 48	
R 105	**range** *(measuring)*	Bereich *m (n)*	domaine *m,* secteur *m*
	range of action	*s.* A 218	
	range of application	*s.* F 119	
	range of effectiveness	*s.* A 218	
	range of sensitivity	*s.* S 224	
	range of temperature	*s.* T 61	
R 106	**range of variation**	Variationsbreite *f,* Streubreite *f*	amplitude *f* de variation, variabilité *f,* étendue *f,* dispersion *f* au hasard
R 107	**rank,** order *(statistics)*	Rang *m*	rang *m*
R 108	**rank correlation analysis**	Rangkorrelationsanalyse *f*	analyse *f* de corrélation des rangs
R 109	**rank correlation coefficient,** coefficient of rank correlation	Rangkorrelationskoeffizient *m*	coefficient *m* de corrélation des rangs
R 110	**rank order test,** order test	Rangtest *m*	test *m* des rangs
R 111	**rank sum test**	Rangsummentest *m*	test *m* de somme des rangs
	R antigen	*s.* R 487	
R 112	**rapid analysis,** quick analysis	Schnellanalyse *f,* Expreßanalyse *f*	analyse *f* rapide

R 113	**rapid determination,** quick determination	Schnellbestimmung *f*	détermination *f* rapide
R 114	**rapid diagnosis**	Schnelldiagnostik *f*, Expreßdiagnostik *f*	diagnostic *m* rapide
R 115	**rapid freezing,** quick freezing	Schnellgefrieren *n*	congélation *f* rapide
R 116	**rapid method,** quick[-assay] method, quick-testing method	Schnellmethode *f*	méthode *f* rapide, procédé*m* rapide
	rapid plasma reagin card test	*s.* P 542	
R 117	**Rapoport's clearance**	Rapoport-Clearance *f*	clearance *f* de Rapoport
	rare gas	*s.* I 230	
R 118	**Raschig ring**	Raschig-Ring *m*	anneau *m* de Raschig
	RAST	*s.* R 47	
	raster	*s.* G 455	
R 119	**rat**	Ratte *f*	rat *m*
	rate	*s.* V 59	
	rate of diffusion	*s.* D 416	
	rate of dissolution	*s.* D 635	
	rate of exchange	*s.* E 534	
	rate of filtration	*s.* F 151	
	rate of flow	*s.* F 236	
	rate of growth	*s.* G 480	
	rate of incidence	*s.* I 154	
	rate of migration	*s.* M 561	
	rate of mutation	*s.* M 811	
	rate of rotations	*s.* N 320	
	rate of sedimentation	*s.* S 170	
	ratio	*s.* P 1025	
R 120	**rationalisation**	Rationalisierung *f*	rationalisation *f*
	rations / in	*s.* P 749	
	ratio of concentrations	*s.* C 865	
R 121	**rat liver**	Rattenleber *f*	foie *m* de rat
	rat ovary hyperaemia test	*s.* R 123	
R 122	**rat tapeworm,** Hymenolepis diminuta	Rattenbandwurm *m*	hyménolépis *f* diminuée
R 123	**rat test,** rat ovary hyperaemia test	Rattentest *m*, Rattenovarhyperämietest *m*	test *m* sur rat
R 124	**ray,** beam *(bundeled)*	Strahl *m (Energie)*	rayon *m*
	ray fungus	*s.* A 193	
R 125	**ray path,** path of rays, beam path	Strahlengang *m*	trajet *m* du faisceau, trajectoire *f* des rayons
R 126	**Razgha-Reichenow method**	Razgha-Reichenow-Methode *f*	méthode *f* de Razgha-Reichenow
	Rb	*s.* R 505	
	RBC	*s.* E 402	
	RBE	*s.* R 279	
R 127	**reabsorption**	Reabsorption *f*, Rückabsorption *f*	réabsorption *f*
R 128	**react / to**	reagieren	réagir
R 129	**reactant,** reacting agent	Reaktant *m*, Reaktionspartner *m*	partenaire *m* réactionnel, corps *m* participant à la réaction, produit *m* en réaction
R 130	**reacting**	Reagieren *n*	processus *m* réactionnel
	reacting agent	*s.* R 129	
R 131	**reacting solution**	Reaktionslösung *f*	solution *f* de réaction
R 132	**reaction**	Reaktion *f*	réaction *f*
R 133	**reaction acceleration**	Reaktionsbeschleunigung *f*	accélération *f* de réaction
R 134	**reaction chain**	Reaktionskette *f*	chaîne *f* de réaction
R 135	**reaction chamber**	Reaktionskammer *f*	chambre *f* de réaction
R 136	**reaction condition**	Reaktionsbedingung *f*	condition *f* de réaction
R 137	**reaction course,** course of reaction	Reaktionsablauf *m*, Reaktionsverlauf *m*	processus *m* réactionnel, cours *m* de la réaction
R 138	**reaction curve**	Reaktionskurve *f*	courbe *f* de réaction
R 139	**reaction cycle**	Reaktionszyklus *m*	cycle *m* de réaction
	reaction equation	*s.* C 383	
	reaction equilibrium	*s.* C 384	
R 140	**reaction heat,** heat of reaction	Reaktionswärme *f*	chaleur *f* de réaction
R 141	**reaction inhibition**	Reaktionshemmung *f*	inhibition *f* de réaction, gêne *f* réactionnelle
	reaction kinetics	*s.* C 387	
R 142	**reaction mechanism**	Reaktionsmechanismus *m*	mécanisme *m* réactionnel
R 143	**reaction mixture**	Reaktionsgemisch *n*	mélange *m* réactionnel
	reaction of phenols	*s.* P 315	
	reaction paper	*s.* T 100	
R 144	**reaction phase**	Reaktionsphase *f*	phase *f* réactionnelle
R 145	**reaction principle**	Reaktionsprinzip *n*	principe *m* réactionnel
R 146	**reaction product**	Reaktionsprodukt *n*	produit *m* de la réaction
R 147	**reaction rate,** reaction velocity	Reaktionsgeschwindigkeit *f*	vitesse *f* de la réaction
R 148	**reaction rate constant,** reaction velocity constant (rate)	Reaktionsgeschwindigkeitskonstante *f*	constante *f* de vitesse de la réaction
R 149	**reaction sequence**	Reaktionsfolge *f*	suite *f* de réaction
R 150	**reaction step**	Reaktionsschritt *m*, Reaktionsstufe *f*	stade *m* réactionnel
R 151	**reaction temperature**	Reaktionstemperatur *f*	température *f* de la réaction

R 152	**reaction time**	Reaktionszeit *f*, Reaktionsdauer *f*	temps *m* (durée *f)* de [la] réaction
	reaction velocity	*s.* R 147	
	reaction velocity constant	*s.* R 148	
	reaction velocity rate	*s.* R 148	
R 153	**reaction vessel**	Reaktionsgefäß *n*	vase *m* de réaction, vase-laboratoire *m*
R 154	**reaction zone**	Reaktionszone *f*	zone *f* de réaction
R 155	**reactivate / to**	reaktivieren	réactiver
R 156	**reactivation**	Reaktivierung *f*, Reaktivieren *n*	réactivation *f*
R 157	**reactive**	reaktionsfähig, reaktiv	réactif
R 158	**reactivity**	Reaktionsfähigkeit *f*, Reaktionsvermögen *n*, Reaktivität *f*	réactivité *f*
R 159	**react under dehydration / to**	unter Wasserentzug reagieren	réagir sous déshydratation
R 160	**readily soluble,** easily (freely) soluble	leichtlöslich	facilement (très) soluble
R 161	**reading**	Ablesung *f*	lecture *f*
	ready	*s.* R 162	
R 162	**ready for use,** ready, ready-to-use	gebrauchsfertig	prêt à l'emploi
	ready-to-use	*s.* R 162	
R 163	**reagent**	Reagens *n*	réactif *m*
R 164	**reagent bottle**	Reagenzienflasche *f*	bouteille *f* à réactifs
R 165	**reagent-grade,** extra pure	analysenrein	pur pour analyses, analytiquement pur
R 166	**reagent mixture**	Reagensgemisch *n*	mélange *m* de réactifs
R 167	**reagent solution**	Reagenslösung *f*	solution *f* de réactif
	reagent strip	*s.* T 106	
R 168	**reagent strip test**	Streifentest *m*	test *m* avec bandelette réactive
R 169	**reagin[e], reaginic atopic antibody**	Reagin *n*, atopischer Antikörper *m*	réagine *f*, anticorps *m* atopique (réaginique)
R 170	**reagin test**	Reagintest *m*	test *m* à la réagine
R 171	**reason,** cause	Ursache *f*	cause *f*, raison *f*
	reboiler	*s.* D 654	
R 172	**recalcification**	Rekalzifizierung *f*, Rekalzifikation *f*	recalcification *f*
R 173	**recalcification time, recalcified clotting time**	Rekalzifizierungszeit *f*	temps *m* de recalcification
	receive / to	*s.* C 193, C 733	
	receiver	*s.* C 194, C 735	
R 174	**receiver-operating characteristic curve,** ROC curve	Receiver-Operating-Characteristic-Kurve *f*, ROC-Kurve *f*	courbe *f* ROC, courbe *f* «receiver-operating-characteristic»
	receiving tank	*s.* C 735	
	receptacle	*s.* V 84	
R 175	**receptor**	Rezeptor *m*	récepteur *m*
R 176	**receptor blocker, receptor-blocking agent (drug)**	Rezeptorenblocker *m*	bloqueur *m* des récepteurs
R 177	**recessive**	rezessiv	récessif
R 178	**recipient blood**	Empfängerblut *n*	sang *m* de récepteur
R 179	**recipient plasma**	Empfängerplasma *n*	plasma *m* de récepteur
R 180	**recipient serum**	Empfängerserum *n*	sérum *m* de récepteur
	reciprocally proportional	*s.* I 429	
R 181	**reciprocal translocation**	reziproke Translokation *f*	translocation *f* réciproque
	recirculating pump	*s.* R 484	
	recirculation pump	*s.* R 484	
R 182	**recombinant**	rekombinant	recombinant
R 183	**recombination**	Rekombination *f*	recombinaison *f*
R 184	**recommendation**	Empfehlung *f*	recommandation *f*
R 185	**record / to,** to register	registrieren, aufzeichnen	enregistrer
R 186	**recorder,** recording instrument (device)	Registriergerät *n*, Registrierapparat *m* Schreiber *m*	enregistreur *m*, appareil *m* enregistreur, [in]scripteur *m*, traceur *m*
	recorder chart	*s.* R 188	
R 187	**recording**	Registrierung *f*, Aufzeichnung *f*	enregistrement *m*, inscription *f*
	recording device	*s.* R 186	
	recording instrument	*s.* R 186	
R 188	**recording paper,** recorder chart	Registrierpapier *n*	papier *m* de diagramme
R 189	**record of results,** test record	Versuchsprotokoll *n*	protocole *m* expérimental (opératoire)
R 190	**Record syringe**	Rekordspritze *f*	seringue *f* Record (ordinaire)
	recover / to	*s.* R 261	
R 191	**recovery,** yield	Ausbeute *f*	rendement *m*
	recovery	*s. a.* R 262	
R 192	**recrement**	Rekrement *n*	récrément *m*
R 193	**recrystallisation**	Umkristallisation *f*, Umkristallisierung *f*, Umkristallisieren *n*, Rekristallisation *f*, Rekristallisierung *f*, Rekristallisieren *n*	recristallisation *f*
R 194	**recrystallise / to**	umkristallisieren, rekristallisieren	recristalliser
R 195	**rectal biopsy**	Rektumbiopsie *f*, Mastdarmbiopsie *f*	biopsie *f* rectale (du rectum)
R 196	**rectal biopsy forceps**	Rektumbiopsiezange *f*	pince *f* à biopsie rectale
R 197	**rectal swab**	Rektalabstrich *m*	frottis *m* rectal
R 198	**rectification,** countercurrent distillation	Rektifikation *f*, Rektifizierung *f*, Rektifizieren *n*, Gegenstromdestillation *f*	rectification *f*, distillation *f* àcontre-courant
	rectification column	*s.* S 242	
R 199	**rectify / to**	rektifizieren	rectifier
	rectifying column	*s.* S 242	

	rectilinear	*s.* L 264	
R 200	**rectum**	Rektum *n*, Enddarm *m*, Mastdarm *m*	rectum *m*, intestin *m* terminal
	recurrence frequency	*s.* I 143	
	recurrence rate	*s.* I 143	
	recycle pump	*s.* R 484	
R 201	**red**	rot	rouge
	red blood cell	*s.* E 402	
	red blood cell count	*s.* E 409	
	red blood corpuscle	*s.* E 402	
R 202	**red bone marrow,** red marrow	rotes Knochenmark *n*	moelle *f* osseuse rouge
	red cell	*s.* E 402	
	red cell . . .	*s.* erythrocyte . . .	
	red corpuscle	*s.* E 402	
R 203	**redistil / to,** to rerun	redestillieren	redistiller
R 204	**redistillation,** rerunning	Redestillation *f*, Redestillieren *n*	redistillation *f*
	redistilled	*s.* D 736	
	redistilled water	*s.* D 737	
	red marrow	*s.* R 202	
	redox analysis	*s.* R 213	
	redoxase	*s.* O 217	
R 205	**redox catalysator**	Redoxkatalysator *m*	catalyseur *m* redox
	redox enzyme	*s.* O 217	
R 206	**redox equilibrium,** reduction-oxidation equilibrium, oxidation-reduction equilibrium	Redoxgleichgewicht *n*, Reduktions-Oxidations-Gleichgewicht *n*, Oxidations-Reduktions-Gleichgewicht *f*	équilibre *m* redox, équilibre d'oxydoréduction
R 207	**redoxin**	Redoxin *n*	redoxine *f*
R 208	**redox indicator,** reduction-oxidation indicator, oxidation-reduction indicator	Redoxindikator *m*, rH-Indikator *m*	indicateur *m* redox, indicateur d'oxydoréduction
R 209	**redox potential,** reduction-oxidation potential, oxidation-reduction potential	Redoxpotential *n*, Reduktions-Oxidations-Potential *n*, Oxidations-Reduktions-Potential *n*	potentiel *m* redox, potentiel d'oxydoréduction
R 210	**redox reaction,** reduction-oxidation reaction, oxidation-reduction reaction	Redoxreaktion *f*, Reduktions-Oxidations-Reaktion *f*, Oxidations-Reduktions-Reaktion *f*	réaction *f* redox, réaction d'oxydoréduction
R 211	**redox state,** reduction-oxidation state, oxidation-reduction state	Redoxstatus *m*, Reduktions-Oxidations-Status *m*, Oxidations-Reduktions-Status *m*	état *m* redox, état d'oxydoréduction
R 212	**redox system,** reduction-oxidation system, oxidation-reduction system	Redoxsystem *n*, Reduktions-Oxidations-System *n*, Oxidations-Reduktions-System *n*	système *m* redox, système d'oxydoréduction
R 213	**redox titration,** reduction-oxidation titration, oxidation-reduction titration, redox analysis, oximetry	Redoxtitration *f*, Reduktions-Oxidations-Titration *f*, Oxidations-Reduktions-Titration *f*, Redoxanalyse *f*, Oxidimetrie *f*	titrage *m* redox, titration *f* redox, titrage d'oxydoréduction
R 214	**reduce / to,** to deoxidise, to deoxidate, to deoxygenate	reduzieren, desoxidieren	réduire, désoxyder, désoxygéner
R 215	**reduced**	reduziert	réduit
	reduced food intake	*s.* F 21	
R 216	**reduced glutathione**	reduziertes Glutathion *n*	glutathion *m* réduit
R 217	**reduced haemoglobin**	reduziertes Hämoglobin *n*	hémoglobine *f* réduite
	reduce to ashes / to	*s.* A 1052	
R 218	**reducibility**	Reduzierbarkeit *f*	réductibilité *f*
	reducibility	*s. a.* R 220	
R 219	**reducible**	reduzierbar	réductible
	reducing	*s.* R 228	
	reducing ability	*s.* R 220	
	reducing agent	*s.* R 222	
	reducing enzyme	*s.* R 223	
R 220	**reducing power,** reducing ability, reducibility	Reduktionsfähigkeit *f*, Reduktionsvermögen *n*	pouvoir *m* réductoir
	reducing substance	*s.* R 222	
R 221	**reducing valve**	Reduzierventil *n*, Druckminderungsventil *n*	soupape *f* de réduction, détendeur *m*
	reducing zone	*s.* R 227	
R 222	**reductant,** reducing agent (substance), deoxidant, deoxidiser, deoxidising agent	Reduktionsmittel *n*, Reduktans *n*, reduzierende Substanz *f*, Desoxidationsmittel *n*	réducteur *m*, agent *m* réducteur, substance *f* réductrice, désoxydant *m*
R 223	**reductase,** reducing enzyme	Reductase *f*	réductase *f*
R 224	**reductase test,** methylene-blue reductase fermentation test	Reductaseprobe *f*, Reductasetest *m*	épreuve *f* (test *m*) de la réductase
R 225	**reduction,** deoxidation, deoxygenation, disoxidation, oxygen release	Reduktion *f*, Desoxidation *f*, Desoxidieren *n*, Sauerstoffabspaltung *f*, Sauerstoffentzug *m*	réduction *f*, désoxydation *f*, désoxygénation *f*
	reduction-oxidation equilibrium	*s.* R 206	
	reduction-oxidation indicator	*s.* R 208	
	reduction-oxidation potential	*s.* R 209	
	reduction-oxidation reaction	*s.* R 210	
	reduction-oxidation state	*s.* R 211	

	reduction-oxidation system	*s.* R 212	
	reduction-oxidation titration	*s.* R 213	
R 226	**reduction test**	Reduktionsprobe *f*, Reduktionstest *m*	épreuve *f* (test *m*) de réduction
	reduction time	*s.* L 351	
R 227	**reduction zone,** reducing zone	Reduktionszone *f*	zone *f* de réduction
R 228	**reductive,** reducing	reduktiv, reduzierend	réducteur, réduisant
R 229	**reduplication,** doubling	Reduplikation *f*, Verdopplung *f*	réduplication *f*, doublement *m*
R 230	**red yeast,** Rhodotorula	rote Hefe *f*	Rhodotorula
R 231	**reference electrode,** standard electrode	Bezugselektrode *f*, Vergleichselektrode *f*, Referenzelektrode *f*, Standardelektrode *f*	électrode *f* de référence, électrode standard
R 232	**reference experiment**	Vergleichsuntersuchung *f*, Referenzuntersuchung *f*	examen *m* (expérimentation *f*) de référence
R 233	**reference laboratory**	Referenzlaboratorium *n*	laboratoire *m* de référence
R 234	**reference material**	Referenzmaterial *n*, Vergleichsmaterial *n*	matériel *m* de référence
R 235	**reference method,** standard (comparative) method	Referenzmethode *f*, Standardmethode *f*, Vergleichsmethode *f*	méthode *f* de référence, méthode standard
R 236	**reference point**	Bezugspunkt *m*	point *m* de référence
	reference preparation	*s.* S 796	
R 237	**reference range**	Referenzbereich *m*	domaine *m* de référence
R 238	**reference sample**	Referenzprobe *f*, Bezugsprobe *f*	échantillon *m* de référence
	reference solution	*s.* S 798	
R 239	**reference system**	Bezugssystem *n*, Vergleichssystem *n*, Referenzsystem *n*	système *m* de référence
R 240	**reference value;** standard value	Referenzwert *m*, Vergleichswert *m*, Bezugswert *m*, Standardwert *m*	valeur *f* de référence, valeur standard
	refill / to	*s.* R 302	
R 241	**reflect / to**	reflektieren, widerspiegeln	réfléchir
	reflectance	*s.* R 245	
R 242	**reflected light**	reflektiertes Licht *n*	lumière *f* réfléchie
R 243	**reflection**	Reflexion *f*	réflexion *f*
R 244	**reflection angle,** angle of reflection	Reflexionswinkel *m*	angle *m* de réflexion
R 245	**reflection coefficient, reflection factor,** reflectance	Reflexionskoeffizient *m*, Reflexionsgrad *m*, Reflexionszahl *f*	coefficient (dégré facteur) *m* de réflexion
R 246	**reflection oxymetry**	Reflexionsoxymetrie *f*	oxymétrie *f* de réflexion
R 247	**reflection photometry**	Reflexionsphotometrie *f*	photométrie *f* par réflexion
R 248	**reflection spectroscopy**	Reflexionsspektroskopie *f*	spectroscopie *f* de réflectance
R 249	**reflector,** mirror	Reflektor *m*, Spiegel *m* *(Optik)*	réflecteur *m*, miroir *m*
R 250	**reflux condenser,** back-flow condenser	Rückflußkühler *m*	réfrigérant (condenseur) *m* à reflux
	refracting	*s.* L 247	
R 251	**refraction**	Refraktion *f*, Brechung *f*	réfraction *f*
R 252	**refraction angle,** angle of refraction	Refraktionswinkel *m*, Brechungswinkel *m*	angle *m* de réfraction
	refraction coefficient	*s.* R 254	
R 253	**refraction of light**	Lichtbrechung *f*	réfraction *f* de la lumière
	refractive	*s.* L 247	
R 254	**refractive index,** refraction coefficient, index (coefficient) of refraction	Brechungsindex *m*, Refraktionsindex *m*, Brechungskoeffizient *m*, Refraktionskoeffizient *m*	indice *m* de réfraction (réfractivité), coefficient *m* de réfraction
R 255	**refractometer**	Refraktometer *n*, Brechungszahlmesser *m*, Refraktionsmesser *m*	réfractomètre *m*
R 256	**refractometric**	refraktometrisch	réfractométrique
R 257	**refractometry**	Refraktometrie *f*, Refraktionsmessung *f*, Brechzahlmessung *f*	réfractométrie *f*
	refrigerant	*s.* C 984	
	refrigerant agent	*s.* C 984	
	refrigerate / to	*s.* O 001	
R 258	**refrigerated centrifuge**	Kühlzentrifuge *f*	centrifugeuse *f* refroidie
	refrigerating medium	*s.* C 984	
	refrigerating plant	*s.* C 987	
	refrigeration	*s.* C 983	
R 259	**refrigerator**	Kühlschrank *m*	réfrigérateur *m*, armoire *f* frigorifique
R 260	**Regan isoenzyme**	Regan-Isoenzym *n*	isoenzyme *m* de Regan
R 261	**regenerate / to,** to recover	regenerieren, rückgewinnen, wiedergewinnen	régénérer, récupérer
R 262	**regeneration,** recovery	Regeneration *f*, Regenerierung *f*, Regenerieren *n*, Rückgewinnung *f*, Wiedergewinnung *f*	régénération *f*, récupération *f*
R 263	**regimen**	Regime *n*	régime *m*
	regional anaesthesia	*s.* L 390	
R 264	**regional quality control**	regionale Qualitätskontrolle *f*	contrôle *m* de la qualitérégional
	register / to	*s.* R 185	
R 265	**regression**	Regression *f*	régression *f*
R 266	**regression analysis**	Regressionsanalyse *f*	analyse *f* de régression
R 267	**regression coefficient**	Regressionskoeffizient *m*	coefficient *m* de régression
R 268	**regression curve**	Regressionskurve *f*	courbe *f* de régression
R 269	**regression equation**	Regressionsgleichung *f*	équation *f* de régression

No.	English	German	French
R 270	**regression line,** line of regression	Regressionsgerade *f*	ligne *f* de régression
R 271	**regressive**	regressiv	régressif
R 272	**regressive staining**	regressive Färbung *f*	coloration *f* régressive
	reducibility	*s.* R 220	
	regular error	*s.* S 1188	
R 273	**regulate / to**	regulieren, regeln, steuern	régler, commander
R 274	**regulation**	Regulation *f*, Regulierung *f*, Regelung *f*, Steuerung *f*	régulation *f*, réglage *m*
	regulator	*s.* C 962	
R 275	**regulator gene**	Regulatorgen *n*	gène *m* régulateur
R 276	**Reiter's protein antigen**	Reiter-Protein-Antigen *n*	antigène *m* HLA-B 27
	reject / to	*s.* D 561	
R 277	**relation, relationship**	Relation *f*, Beziehung *f*	relation *f*, rapport *m*
R 278	**relative**	relativ	relatif
R 279	**relative biological effectiveness,** RBE	relative biologische Wirksamkeit *f*	efficacité *f* biologique relative
R 280	**relative density**	relative Dichte *f*	densité *f* relative
R 281	**relative error**	relativer Fehler *m*	erreur *f* relative
R 282	**relative humidity,** percentage humidity	relative Feuchtigkeit *f*	humidité *f* relative
R 283	**relaxation index**	Relaxationsindex *m*	indice *m* de relaxation
R 284	**relaxin**	Relaxin *n*	relaxine *f*
R 285	**release / to,** to set free, to liberate	freisetzen	libérer, dégager
R 286	**release,** liberation	Freisetzung *f*	libération *f*, dégagement *m*
R 287	**releasing factor,** releasing hormone, liberin, RF, RH	Releasingfaktor *m*, Releasinghormon *n*, freisetzendes Hormon *n*, Freigabefaktor *m*, Liberin *n*, Releaser *m*	releasing factor *m*, RF, releasing hormone *f*, RH, facteur *m* excitosécrétoire (déchaînant), hormone déchaînante (déclenchante)
R 288	**reliability,** dependability	Zuverlässigkeit *f*	fiabilité *f*
	remedy	*s.* D 780	
	remove / to	*s.* E 537	
	ren	*s.* K 56	
R 289	**renal biopsy,** kidney biopsy	Nierenbiopsie *f*	biopsie *f* rénale
R 290	**renal calculus,** renal (kidney) stone, nephrolith	Nierenstein *m*, Nierenkonkrement *n*, Nephrolith *m*	calcul *m* rénal, concrétion *f* rénale, néphrolithe *m*
	renal cast	*s.* U 131	
R 291	**renal cell**	Nierenzelle *f*	cellule *f* rénale
R 292	**renal clearance**	Nieren-Clearance *f*, renale Clearance *f*	clearance *f* rénale
	renal concentration test	*s.* C 866	
	renal excretion threshold	*s.* R 296	
R 293	**renal function test,** kidney function test	Nierenfunktionstest *m*	épreuve *f* du fonctionnement rénal
R 294	**renal parenchyma**	Nierenparenchym *n*	parenchyme *m* rénal
R 295	**renal plasma flow,** RPF	renaler Plasmafluß *m*	flux *m* du plasma rénal, flux plasmatique rénal, FPR
	renal stone	*s.* R 290	
R 296	**renal threshold,** renal excretion threshold	Nierenschwelle *f*	seuil *m* rénal
R 297	**renal tissue**	Nierengewebe *n*	tissu *m* rénal
	render aseptic / to	*s.* S 873	
	render sterile / to	*s.* S 873	
R 298	**renin**	Renin *n*	rénine *f*
R 299	**renipuncture,** percutaneous renal biopsy	Renipunktur *f*, perkutane Nierenbiopsie *f*	ponction *f* rénale, biopsie *f* rénale transcutanée
	rennin	*s.* C 566	
R 300	**reovirus,** respiratory enteric orphan virus	Reovirus *n*	réovirus *m*
R 301	**repair enzyme**	Reparaturenzym *n*	enzyme *m* réparateur (de réparation)
	replace / to	*s.* S 1021	
	replaceability	*s.* S 1018	
	replaceable	*s.* S 1019	
	replacement	*s.* S 1022	
	replacement reaction	*s.* S 1025	
R 302	**replenish / to,** to fill up, to refill	nachfüllen, nachgießen, nachschütten, zugießen	remplir, reverser, remettre, ajouter
R 303	**replenishment**	Nachfüllen *n*, Nachfüllung *f*, Nachgießen *n*, Nachschütten *n*, Zugießen *n*	remplissage *m*, addition *f*
R 304	**replicase,** duplicase	Replicase *f*, Duplicase *f*	réplicase *f*, duplicase *f*
R 305	**replication**	Replikation *f*	repliement *m*
R 306	**replicon**	Replicon *n*	replicon *m*
R 307	**representative sample**	repräsentative Stichprobe *f*	échantillon *m* représentatif
R 308	**repression**	Repression *f*	répression *f*
R 309	**repressor**	Repressor *m*	répresseur *m*
R 310	**repressor gen**	Repressorgen *n*	gène *m* répresseur
R 311	**reproduce / to**	reproduzieren	reproduire
R 312	**reproducibility**	Reproduzierbarkeit *f*	reproductibilité *f*
R 313	**reproducible**	reproduzierbar	reproductible
R 314	**reproduction**	Reproduktion *f*	reproduction *f*
R 315	**reptilase**	Reptilase *f*	reptilase *f*
R 316	**reptilase time**	Reptilasezeit *f*	temps *m* de reptilase
R 317	**requirement,** demand	Bedarf *m*	besoin *m*

No.	English	German	French
	rerun / to	*s.* R 203	
	rerunning	*s.* R 204	
R 318	**research / to**	forschen	rechercher
R 318a	**research**	Forschung *f*	recherche *f*
R 319	**research laboratory**	Forschungslaboratorium *n*	laboratoire *m* de recherche
R 320	**reserpine**	Reserpin *n*	réserpine *f*
	reservoir	*s.* C 735	
R 321	**residual activity**	Restaktivität *f*	activité *f* résiduelle
R 322	**residual alcohol**	Restalkohol *m*	alcool *m* résiduel
R 323	**residual antigen**	Restantigen *n*	antigène *m* résiduel
R 324	**residual body**	Residualkörperchen *n*	corpuscule *m* résiduel
R 325	**residual carbon**	Restkohlenstoff *m*, Rest-C	carbone *m* résiduel
R 326	**residual moisture**	Restfeuchte *f*	humidité *f* restante
	residual nitrogen	*s.* N 218	
R 327	**residual protein**	Resteiweiß *n*	protéine *f* résiduelle
R 328	**residual urine**	Restharn *m*, Residualharn *m*, Residualurin *m*	urine *f* résiduelle
R 329	**residual volume**	Restvolumen *n*, Residualvolumen *n*	volume *m* résiduel
R 330	**residue, residuum,** rest	Rückstand *m*, Residuum *n*, Rest *m* , Restmenge *f*, Überrest *m*	résidu *m*, reste *m*, quantité *f* restante, restant *m*
	residue of combustion	*s.* C 810	
	residuum	*s.* R 330	
R 331	**resin**	Harz *n*	résine *f*
R 332	**resistance**	Resistenz *f*, Widerstandsfähigkeit *f*	résistance *f*
	resistance determination	*s.* R 334	
R 333	**resistance factor,** R factor	Resistenzfaktor *m*, R-Faktor *m*	facteur *m* de résistance, facteur R
R 334	**resistance test,** resistance determination, determination of resistance	Resistenzbestimmung *f*, Resistenztest *m*	détermination *f* de la résistance, estimation *f* de résistance
	resistance to acids	*s.* A 141	
	resistance to alkalies	*s.* A 493	
	resistance to cold	*s.* C 721	
	resistance to storage	*s.* S 943	
R 335	**resistant, resisting**	resistent, widerstandsfähig	résistant
	resistant to acids	*s.* A 139	
	resistant to alkalies	*s.* A 494	
	resisting	*s.* R 335	
R 336	**resonance,** mesomerism	Resonanz *f*, Mesomerie *f*	résonance *f*, mésomérie *f*
R 337	**resorcin[ol]**	Resorcin *n*	résorcine *f*
R 338	**resorcinol blue,** lackmoid, lacmoid	Resorcinblau *n*, Lackmoid *n*	bleu *m* de résorcine (résorcinol), lacmoïde *m*
R 339	**resorcinol fuchsine**	Resorcinfuchsin *n*	fuchsine *f* de résorcine
	resorcinol phthalein	*s.* F 251	
R 340	**resorcinol test**	Resorcinprobe *f*	épreuve *f* de résorcine
R 341	**resorcinol yellow,** tropaeolin O	Resorcingelb *n*, Tropäolin *n* O	jaune *m* de résorcine, tropéoline *f* O, tropæoline O
	respiration air	*s.* B 530	
	respiratory air	*s.* B 530	
	respiratory enteric orphan virus	*s.* R 300	
	respiratory enzyme	*s.* C 1253	
R 342	**respiratory gas**	Atemgas *n*	gaz *m* respiratoire
R 343	**respiratory gas analyser**	Atemgasanalysator *m*	analyseur *m* du gaz respiratoire
R 344	**respiratory gas analysis**	Atemgasanalyse *f*	analyse *f* du gaz respiratoire
R 345	**respiratory syncytial virus,** RS virus	RS-Virus *n*	virus *m* respiratoire syncytial, virus RS
R 346	**respiratory virus**	respiratorisches Virus *n*	virus *m* respiratoire
R 347	**response time**	Ansprechzeit *f*	temps *m* de réponse
	rest	*s.* R 330	
	rest in bed	*s.* B 147	
R 347a	**resting culture**	Ruhekultur *f*	culture *f* de repos
	resting position	*s.* R 350	
R 348	**resting saliva,** fasting saliva	Ruhespeichel *m*, Nüchternspeichel *m*	salive *f* de repos
R 349	**resting stage**	Ruhephase *f*	phase *f* de repos
	resting state	*s.* S 827	
	restistant to cold	*s.* C 722	
R 350	**rest position,** resting position, position of rest	Ruhelage *f*, Ruhestellung *f*	position *f* de repos
	restrictase	*s.* R 351	
R 351	**restriction endonuclease,** restrictase	Restriktionsendonuclease *f*, Restriktase *f*	endonucléase *f* de restriction, restrictase *f*
R 352	**result**	Ergebnis *n*, Resultat *n*	résultat *m*
	result	*s. a.* F 162	
	result of experiment	*s.* T 102	
R 353	**resuspension**	Resuspension *f*	résuspension *f*
R 354	**retard / to,** to delay	verzögern	retarder, ralentir
	retard / to	*s. a.* I 270	
	retardant	*s.* I 277	
	retardation	*s.* I 273	
	retardation factor	*s.* R 390	
	retarder	*s.* I 276	

	retarding substance	*s.* I 276	
R 355	**retention**	Retention *f*	rétention *f*
	retention factor	*s.* R 390	
R 356	**retention test**	Retentionstest *m*	test *m* de rétention
R 357	**retention time,** hold-up time	Retentionszeit *f*, Verweilzeit *f*	temps *m* (durée *f*) de rétention
R 358	**retention volume**	Retentionsvolumen *n*	volume *m* de rétention
	reticular cell	*s.* R 364	
R 359	**reticulin**	Retikulin *n*	réticuline *f*
R 360	**reticulocyte,** proerythrocyte	Retikulozyt *m*, Proerythrozyt *m*	réticulocyte *m*, proérythrocyte *m*
R 361	**reticulocyte count**	Retikulozytenzahl *f*	nombre *m* des réticulocytes
R 362	**reticulocyte count[ing]**	Retikulozytenzählung *f*	comptage *m* des réticulocytes
R 363	**reticuloendothelial cell**	retikuloendotheliale Zelle *f*	cellule *f* réticulo-endothéliale
R 364	**reticulum cell,** reticular cell	Retikulumzelle *f*	cellule *f* réticulaire
R 365/6	**retinal, retinene**	Retinal *n*, Retinen *n*, Vitamin A_1-Aldehyd *m*	rétinal *m*, rétinène *m*
R 367	**retinol,** vitamin A, axerophtol	Retinol *n*, Vitamin *n* A, Axerophthol *n*, Epithelschutzvitamin *n*	rétinol *m*, vitamine *f* A, axérophtol *m*, axérol *m*, vitamine antixérophtalmique
R 368	**retinol-binding protein**	retinolbindendes Globulin *n*	globuline *f* liant le rétinol
R 369	**retinol dehydrogenase**	Retinoldehydrogenase *f*	rétinol-déshydrogénase *f*
	retitrate / to	*s.* T 386	
	retitration	*s.* B 5	
R 370	**retort,** still	Retorte *f*	cornue *f*, alambic *m*
	retort stand	*s.* S 781	
	retractilometer	*s.* R 371	
	retractilometry	*s.* R 372	
R 371	**retractiometer,** retractilometer	Retraktiometer *n*, Retraktilometer *n*	rétractiomètre *m*, rétractilomètre *m*
R 372	**retractiometry,** retractilometry	Retraktiometrie *f*, Retraktilometrie *f*	rétractiométrie *f*, rétractilométrie *f*
R 373	**retraction**	Retraktion *f*	rétraction *f*
R 374	**retraction factor**	Retraktionsfaktor *m*	facteur *m* de rétraction
R 375	**retraction test**	Retraktionstest *m*	épreuve *f* de rétraction
	retraction time	*s.* C 629	
R 376	**retrovirus**	Retrovirus *n*	rétrovirus *m*
R 377	**return valve,** back valve	Rücklaufventil *n*	soupape *f* de retour
R 378	**reverse / to,** to invert	umkehren	renverser
R 379	**reversed phase**	Umkehrphase *f*	phase *f* inversée
	reversed-phase chromatographic separation	*s.* R 380	
R 380	**reversed-phase chromatography,** reversed-phase chromatographic separation	Umkehrphasenchromatographie *f*	chromatographie *f* à phase inversée, chromatographie en phases inversées
R 381	**reversed-phase liquid chromatography**	Umkehrphasenflüssigchromatographie *f*	chromatographie *f* liquide en phases inversées
R 382	**reversed-phase thin-layer chromatography**	Umkehrphasen-Dünnschichtchromatographie *f*	chromatographie *f* sur couche mince à phase inversée
	reverse reaction	*s.* R 387	
R 383	**reverse T_3,** reverse triiodothyronine	reverse Triiodthyronin *n*, reverse-T_3	triiodothyronine *m* reverse, T_3 reverse
R 384	**reverse transcriptase,** revertase, RNA-dependent DNA polymerase	reverse Transcriptase *f*, Revertase *f*, RNA-abhängige DNA-Polymerase *f*	transcriptase *f* reverse, révertase *f*, polymérase *f* d'ARN
	reverse triiodothyronine	*s.* R 383	
R 385	**reversibility,** invertibility	Reversibilität *f*, Umkehrbarkeit *f*	réversibilité *f*
R 386	**reversible,** invertible	reversibel, umkehrbar	réversible, inversible
R 387	**reversible reaction,** reverse reaction	reversible (umkehrbare) Reaktion *f*, Rückreaktion *f*	réaction *f* réversible (inversible)
	reversion	*s.* I 430	
	revertase	*s.* R 384	
	revolution	*s.* R 481	
R 388	**revolutions per minute,** rotations per minute	Umdrehungen *fpl* pro Minute	tours *mpl* par minute
R 389	**revolutions per second,** rotations per second	Umdrehungen *fpl* pro Sekunde	tours *mpl* par seconde
	RF	*s.* R 287, R 403	
	R_f	*s.* R 390	
	R factor	*s.* R 333	
R 390	**R_f value,** retention factor, retardation factor, R_f	R_f-Wert *m*, Retentionsfaktor *m*, Verzögerungsfaktor *m*, R_f	facteur *m* de rétention, facteur R_f, taux (coefficient) *m* de rétention, valeur *f* [du] R_f, R_f
	RH	*s.* R 287	
	Rh	*s.* R 408	
	rH	*s.* R 411	
R 391	**rhabdovirus**	Rhabdovirus *n*	rhabdovirus *m*
R 392	**rhagocyte,** ragocyte, Hollander cell	Rhagozyt *m*, Ragozyt *m*, RA-Zelle *f*, Hollander-Zelle *f*	ragocyte *m*
R 393	**rhamnose**	Rhamnose *f*	rhamnose *m*
R 394	**rhamnoside**	Rhamnosid *n*	rhamnoside *m*
	Rh antibody	*s.* R 395	
	Rh antigen	*s.* R 396	

No.	English	German	French
R 395	**Rhesus antibody,** Rh antibody	Rhesus-Antikörper *m,* Rh-Antikörper *m*	anticorps *m* anti-Rh, anticorps du système Rhésus
R 396	**Rhesus antigen,** Rh antigen	Rhesus-Antigen *n,* Rh-Antigen *n*	antigène *m* Rhésus (Rh, du système Rhésus)
	Rhesus blood group system	*s.* R 401	
R 397	**Rhesus factor,** Rh factor	Rhesusfaktor *m,* Rh-Faktor *m*	facteur *m* Rhésus, facteur Rh
R 398	**rhesus monkey**	Rhesusaffe *m*	rhésus *m*
R 399	**Rhesus-negative,** Rh-negative	Rh-negativ, Rh	Rh négatif, rhésus négatif
R 400	**Rhesus-positive,** Rh-positive	Rh-positiv, Rh	Rh positif, rhésus positif
R 401	**Rhesus system,** Rhesus blood group system, Rh system	Rh-Blutgruppensystem *n,* Rhesus-System *n,* Rh-System *n*	système *m* Rhésus, système Rh, système de groupes sanguins Rh
R 402	**rheumatism test**	Rheumatest *m*	épreuve *f* de rhumatisme
R 403	**rheumatoid factor,** RF	Rheumafaktor *m,* Rheuma-Agglutinationsfaktor *m,* RF	facteur *m* rhumatique, RF
	Rh factor	*s.* R 397	
	rhinenchysis	*s.* N 26	
R 404	**rhinoreaction**	Rhinoreaktion *f,* Rhinotest *m*	rhinoréaction *f,* réaction de Moeller
R 405	**rhinoscleromatous klebsiella,** Klebsiella rhinoscleromatis	Rhinosclerombacillus *m*	bacille *m* du rhinosclérome
R 406	**rhinovirus**	Rhinovirus *n*	rhinovirus *m*
	Rh-negative	*s.* R 399	
R 407	**rhodamine**	Rhodamin *n*	rhodamine *f*
	rhodanide	*s.* T 219	
R 408	**rhodium,** Rh	Rhodium *n,* Rh	rhodium *m,* Rh
R 409	**rhodopsin,** erythropsin, visual purple (substance)	Rhodopsin *n,* Erythropsin *n,* Sehpurpur *m*	rhodopsine *f,* érythropsine *f,* pourpre *m* rétinien
	Rhodotorula	*s.* R 230	
	Rh-positive	*s.* R 400	
	Rh system	*s.* R 401	
R 410	**Rh testing**	Rhesusfaktorbestimmung *f*	détermination *f* du facteur Rhésus
R 411	**rH value,** rH	rH-Wert *m,* rH	valeur *f* rH, rH
	RIA	*s.* R 69	
	Rib	*s.* R 422	
R 412	**ribitol,** adonite	Ribitol *n,* Ribit *n,* Adonit *n*	ribitol *m,* adonitol *m*
R 413	**riboflavin[e],** lactoflavin[e], vitamin B_2	Riboflavin *n,* Lactoflavin *n,* Vitamin *n* B_2	riboflavine *f,* lactoflavine *f,* vitamine *f* B_2
	riboflavin nucleotide	*s.* F 211	
	riboflavin-5'-phosphate	*s.* F 211	
	riboketose	*s.* R 434	
R 414	**ribokinase**	Ribokinase *f*	ribokinase *f*
R 415	**ribonuclease,** RNase	Ribonuclease *f,* RNase *f*	ribonucléase *f,* RNase *f*
R 416	**ribonuclease test**	Ribonucleasetest *m*	test *m* à la ribonucléase
R 417	**ribonucleic acid,** RNA	Ribonucleinsäure *f,* RNS *f,* RNA *f*	acide *m* ribonucléique, A.R.N., ARN, RNA
	ribonucleic acid virus	*s.* R 466	
R 418	**ribonucleide**	Ribonucleid *n*	ribonucléide *m*
R 419	**ribonucleoprotein**	Ribonucleoprotein *n*	ribonucléoprotéine *f*
R 420	**ribonucleoside**	Ribonucleosid *n*	ribonucléoside *m*
R 421	**ribonucleotide**	Ribonucleotid *n*	ribonucléotide *m*
R 422	**ribose,** Rib	Ribose *f,* Rib	ribose *m,* Rib
R 423	**ribose-1,5-diphosphate**	Ribose-1,5-diphosphat *n*	ribose-1,5-diphosphate *m*
R 424	**ribose-1-phosphate**	Ribose-1-phosphat *n*	ribose-1-phosphate *m*
R 425	**ribose-5-phosphate**	Ribose-5-phosphat *n*	ribose-5-phosphate *m*
R 426	**ribosephosphate isomerase,** phosphopentoisomerase, phosphoriboisomerase	Ribosephosphatisomerase *f,* Phosphopentoisomerase *f,* Phosphoriboisomerase *f*	ribosephosphate-isomérase *f,* phosphento[-]isomérase *f,* phosphoribo[se]-isomérase *f*
R 427	**riboside**	Ribosid *n*	riboside *m*
R 428	**ribosomal**	ribosomal	ribosomal
R 429	**ribosomal protein**	Ribosomenprotein *n*	protéine *f* ribosomale (ribosomique)
	ribosomal ribonucleic acid	*s.* R 430	
R 430	**ribosomal RNA,** ribosomal ribonucleic acid, rRNA	ribosomale RNA *f,* rRNA *f*	ARN ribosomal, RNA ribosomal, r-RNA
R 431	**ribosome**	Ribosom *n*	ribosome *m*
	ribosyl cytosine	*s.* C 1237	
	ribosyl xanthine	*s.* X 12	
R 432	**ribotide**	Ribotid *n*	ribotide *m*
R 433	**ribozyme**	Ribozym *n*	ribozyme *m*
R 434	**ribulose,** riboketose	Ribulose *f,* Riboketose *f*	ribulose *m,* ribocétose *m*
R 435	**ribulose-1,5-diphosphate,** Ru-1,5-P_2	Ribulose-1,5-diphosphat *n,* Ru-1,5-P_2	ribulose-1,5-diphosphate *m,* Ru-1,5-P_2
R 436	**ribulose-5-phosphate,** Ru-5-P	Ribulose-5-phosphat *n,* Ru-5-P	ribulose-5-phosphate *m,* Ru-5-P
R 437	**rice agar**	Reisagar *m*	gélose *f* au riz
R 438	**rice body**	Reiskörperchen *n*	corps (grain) *m* riziforme
R 439	**rice starch**	Reisstärke *f*	amidon *m* de riz
R 440	**rich in bacteria,** bacteria-rich	bakterienreich	riche en bactéries
R 441	**rich in fat,** high-fat	fettreich	riche en graisse
R 442	**rich in iron,** high-iron	eisenreich	riche en fer
R 443	**rich in nitrogen,** highly nitrogenous	stickstoffreich	riche en azote
	rich in nutrients	*s.* N 327	
R 444	**Rickettsia**	Rickettsia *f*	rickettsie *f*

No.	English	German	French
R 445	**rickettsial toxin**	Rickettsientoxin *n*	toxine *f* rickettsiale
	Rickettsia prowazeki	*s.* S 736	
	Rickettsia prowazekii	*s.* S 736	
	RID	*s.* R 70	
R 446	**rifampicin**	Rifampicin *n*	rifampicine *f*
	right-rotating	*s.* D 279	
R 447	**right shift,** deviation to the right	Rechtsverschiebung *f*	déviation *f* à droite
R 448	**ring** *(chemistry)*	Ring *m*	cycle *m*, noyau *m*
R 449	**ring biopsy,** cone biopsy	Ringbiopsie *f*, Konusbiopsie *f*	biopsie *f* d'un cône
	ring body	*s.* C 129	
R 450	**ring chromosome**	Ringchromosom *n*	chromosome *m* annulaire
	ring compound	*s.* C 1205a	
R 451	**Ringer's solution**	Ringer-Lösung *f*	soluté *m* (solution *f*, liquide *m*) de Ringer
R 452	**ring test**	Ringtest *m*, Ringpräzipitation *f*	test de l'anneau
R 453	**rinse / to,** to irrigate *(medicine)*	spülen	rincer, laver
	rinse	*s.* R 456	
R 454	**rinse with running water / to**	in fließendem Wasser spülen	rincer à l'eau courante
R 455	**rinsing;** irrigation, lavage *(medicine)*	Spülung *f*, Spülen *n*	rinçage *m*
R 456	**rinsing agent,** rinse, scavenger	Spülmittel *n*	agent *m* de rinçage
R 457	**rinsing fluid, rinsing liquid,** lavage fluid *(medicine)*	Spülflüssigkeit *f*	liquide *m* de rinçage
R 458	**riparian cell**	Uferzelle *f*	cellule *f* riveraine
	ripe	*s.* M 156	
	ripen / to	*s.* M 155	
	ripeness	*s.* M 158	
	ripening	*s.* M 154	
	rise of temperature	*s.* T 62	
R 459	**risk factor**	Risikofaktor *m*	facteur *m* de risque
	RIST	*s.* R 75	
R 460	**ristomycin**	Ristomycin *n*	ristomycine *m*
	RIT	*s.* R 76	
R 461	**Rivalta's reaction (test)**	Rivalta-Probe *f*, Rivalta-Test *m*	épreuve (réaction) *f* de Rivalta
	Rn	*s.* R 97	
	RNA	*s.* R 417	
R 462	**RNA chain**	RNA-Kette *f*	chaîne *f* d'ARN
R 463	**RNA code**	RNA-Kode *m*	code *m* d'ARN
	RNA-dependent DNA polymerase	*s.* R 384	
	RNA-dependent RNA polymerase	*s.* R 465	
R 464	**RNA nucleotidyltransferase, RNA polymerase,** transcriptase	RNA-Nucleotidyltransferase *f*, RNA-Polymerase *f*, Transkriptase *f*	ARN-nucléotidyltransférase *f*, polymérase *f* d'ARN, transcriptase *f*
	RNase	*s.* R 415	
R 465	**RNA synthetase,** RNA-dependent RNA polymerase	RNA-Synthetase *f*, RNA-abhängige RNA-Polymerase *f*	ARN-synthétase *f*, polymérase *f* d'ARN
R 466	**RNA virus,** ribonucleic acid virus	RNA-Virus *n*	virus *m* d'ARN, virus à RNA
	Robison ester	*s.* G 285	
	Robison-Tanko ester	*s.* F 404	
R 467	**robot system**	Robotsystem *n*	système *m* robotisé
	ROC curve	*s.* R 174	
R 468	**rocket immunoelectrophoresis**	Rocket-Immunelektrophorese *f*	
R 469	**rod,** bar *(metal)*	Stab *m*	barre *f*
R 470	**rod,** rod-shaped bacterium, Bacillus	Bacillus *m*, Bazille *f*, Stäbchen *n*, Stäbchenbakterie *f*	bacille *m*
R 471	**rodenticide [agent]**	Rodentizid *n*	rodenticide *m*
R 472	**rod-shaped**	stäbchenförmig, stäbchenartig	en bâtonnets
	rod-shaped bacterium	*s.* R 470	
	roentgen rays	*s.* X 33	
	roentgen spectrum	*s.* X 36	
	rotary power	*s.* O 68	
R 473	**room disinfection,** disinfection of room	Raumdesinfektion *f*	désinfection *f* d'une salle
R 474	**room temperature**	Zimmertemperatur *f*, Raumtemperatur *f*	température *f* ambiante (d'appartement)
	root-mean-square error	*s.* S 788	
	rosaniline	*s.* F 409	
R 475	**rose bengal**	Bengalrosa *n*, Rose bengal *n*	rose *m* bengale
R 476	**rosette**	Rosette *f*	rosette *f*
R 477	**rosette test**	Rosettentest *m*	épreuve *f* de rosettes
R 478	**Rosin's test**	Rosin-Test *m*	test *m* de Rosin
R 479	**rosolic acid**	Rosolsäure *f*	acide *m* rosolique
	rotary	*s.* R 483	
	rotary polarisation (power)	*s.* O 68	
R 480	**rotate / to**	rotieren, sich drehen	tourner, pivoter, tourillonner
	rotating	*s.* R 483	
	rotating of the left	*s.* L 73	
R 481	**rotation,** revolution	Umdrehung *f*, Rotation *f*	rotation *f*, révolution *f*
R 482	**rotational velocity**	Rotationsgeschwindigkeit *f*	vitesse *f* de rotation
	rotation angle	*s.* A 774	
	rotations per minute	*s.* R 388	

	rotations per second	*s.* R 389	
R 483	**rotatory,** rotary, rotating	rotierend	rotatif, révolutif
R 484	**rotatory pump,** recirculation (recirculating, recycle, circulating) pump	Umwälzpumpe *f,* Rotationspumpe *f*	pompe *f* rotative (de circulation)
R 485	**rotavirus**	Rotavirus *n*	rotavirus *m*
R 486	**rotor**	Rotor *m*	rotor *m*
	Rouget's cell	*s.* A 326	
	roughage	*s.* B 596	
R 487	**rough antigen,** R antigen	Rauhantigen *n,* R-Antigen *n*	antigène *m* «rugueux»
	rough colony	*s.* R 488	
R 488	**rough form,** rough colony	Rauhform *f,* R-Form *f*	forme *f* «rugueuse»
R 489	**roughing filter**	Vorfilter *n*	préfiltre *m*
R 490	**roughness,** rugosity *(surface)*	Rauhigkeit *f,* Rauheit *f*	rugosité *f,* rudesse *f*
	rouleaux agglutination	*s.* B 422	
	rouleaux formation	*s.* B 422	
R 491	**round-bottom flask,** round flask	Rundkolben *m*	ballon *m* à fond rond
R 492	**round-bottom long-neck flask**	Langhalsrundkolben *m*	ballon *m* à col long
	round cell	*s.* S 677	
	round flask	*s.* R 491	
	roundworm	*s.* N 62	
R 493	**Rous' [sarcoma] virus,** RSV	Rous-[Sarkom-]Virus *n,* Hühnersarkomvirus *n,* RSV	virus *m* de sarcome de Rous
R 494	**routine**	Routine *f*	routine *f*
R 495	**routine examination**	Routineuntersuchung *f*	examen *m* de routine
R 496	**routine method**	Routinemethode *f*	méthode *f* de routine
R 497	**Roux syringe**	Roux-Spritze *f*	seringue *f* Roux
	RPF	*s.* R 295	
	RPRC test	*s.* P 542	
	rRNA	*s.* R 430	
	RSV	*s.* R 493	
	RS virus	*s.* R 345	
	Ru	*s.* R 508	
R 498	**rubber**	Gummi *m*	caoutchouc *m,* gomme *f*
	rubber bung	*s.* R 502	
R 499	**rubber catheter**	Gummikatheter *m*	cathéter *m* en caoutchouc
R 500	**rubber cuff**	Gummimanschette *f*	rondelle *f* de caoutchouc
R 501	**rubber glove**	Gummihandschuh *m*	gant *m* de caoutchouc
R 502	**rubber stopper,** rubber bung	Gummistopfen *m*	bouchon *m* en caoutchouc
	rubber tube	*s.* R 503	
R 503	**rubber tubing,** rubber tube	Gummischlauch *m*	tuyau *m* de caoutchouc
R 504	**rubella virus, rubeola virus**	Rötelnvirus *n,* Rubellavirus *n*	virus *m* de la rubéole
R 505	**rubidium,** Rb	Rubidium *n,* Rb	rubidium *m,* Rb
	rugosity	*s.* R 490	
	Rumpel-Leede	*s.* T 440	
	run / to	*s.* F 227	
R 506	**running water**	fließendes Wasser *n*	eau *f* courante
	run through / to	*s.* F 239	
	Ru-1,5-P_2	*s.* R 435	
	Ru-5-P	*s.* R 436	
R 507	**Russell's body**	Russell-Körperchen *n*	corpuscule *m* de Russell
	rustless	*s.* S 779	
R 508	**ruthenium,** Ru	Ruthenium *n,* Ru	ruthénium *m,* Ru
R 509	**ruthenium red**	Rutheniumrot *n*	rouge *m* de ruthénium
R 510	**rutin**	Rutin *n*	rutine *f*

S

	S	*s.* S 1096	
	Sabin-Feldman dye test	*s.* S 1	
	Sabin-Feldman serochrome test	*s.* S 1	
S 1	**Sabin-Feldman test,** Sabin-Feldman serochrome (dye) test, SFT	Sabin-Feldman-Test *m,* Serofarbtest *m,* SFT	test *m* [de] Sabin et Feldman, épreuve *f* de colorabilité du sérum
	Sabouraud's agar	*s.* S 2	
S 2	**Sabouraud's medium,** Sabouraud's agar	Sabouraud-Nährmedium *n,* Zucker-Pepton-Agar *m*	milieu *m* de Sabouraud, gélose *f* à la peptone sucrée
	saccharase	*s.* F 407	
	saccharic acid	*s.* S 1057	
	saccharide	*s.* C 109	
S 3	**saccharimeter**	Saccharimeter *n*	saccharimètre *m*
S 4	**saccharimetry**	Saccharimetrie *f,* Zuckergehaltsbestimmung *f*	saccharimétrie *f*
S 5	**saccharin,** benzoic sulphimide	Saccharin *n,* Benzoesäuresulfimid *n,* Süßstoff *m*	saccharine *f,* imide *m* orthosulfobenzoïque, édulcorant *m*
	saccharogen amylase	*s.* A 689	
S 6	**saccharomycete,** yeast fungus	Saccharomyzet *m,* Hefepilz *m*	saccharomyces *m,* saccharomycète *m* , champignon *m* de levure

S 7	**saccharose,** sucrose, beet (cane) sugar	Saccharose *f*, Sucrose *f*, Rübenzucker *m*, Rohrzucker *m*	saccharose *f (m)*, sucrose *m*, sucre *m* de betterave (canne)
S 8	**Sachs-Georgi reaction (test)**	Sachs-Georgi-Reaktion *f*, Sachs-Georgi-Test *m*	réaction *f* de Sachs-Georgi
S 9	**Sachs-Witebski reaction (test),** citochol test	Sachs-Witebski-Reaktion *f*, Sachs-Witebski-Test *m*, Citochol-Reaktion *f*	réaction *f* de Sachs-Witebski
S 10	**safety**	Sicherheit *f*	sécurité *f*
	safety clothing	*s.* P 1055	
S 11	**safety factor,** factor of safety	Sicherheitsfaktor *m*, Sicherheitskoeffizient *m*	facteur (coefficient) *m* de sécurité
S 12	**safety glasses (goggles),** protective goggles (spectacles)	Schutzbrille *f*	lunettes *fpl* protectrices (de protection)
	safety instruction	*s.* S 14	
S 13	**safety measure,** precautionary measure, [safety] precaution	Sicherheitsmaßnahme *f*, Vorsichtsmaßnahme *f*	précautions *fpl*, mesure *f* de précaution, règle *f* (mesure) de prudence
	safety precaution	*s.* S 13	
	safety recommendation	*s.* S 14	
S 14	**safety regulation (rule),** safety instruction (recommendation)	Sicherheitsbestimmung *f*, Sicherheitsvorschrift *f*	règlement *m* (prescriptions *fpl*) de sécurité
S 15	**safety valve,** pressure relief valve	Sicherheitsventil *n*, Überdruckventil *n*	soupape (valve) *f* de sécurité
	saffranine	*s.* S 16	
S 16	**safranin[e],** saffranine	Safranin *n*	safranine *f*
	Sahli-Hellige haemoglobinometer	*s.* S 17	
S 17	**Sahli's haemo[globino]meter,** Sahli-Hellige haemoglobinometer	Sahli-Hämo[globino]meter *n*	hémo[globino]mètre *m* de Sahli
	sal ammoniac	*s.* A 638	
S 18	**salicin**	Salicin *n*	salicine *f*
S 19	**salicylaldehyde,** salicylic aldehyde	Salicylaldehyd *m*	aldéhyde *m* salicylique, salicylaldéhyde *m*
S 20	**salicylamide**	Salicylsäureamid *n*, Salicylamid *n*	amide *m* d'acide salicylique, salicylamide *m*
S 21	**salicylate**	Salicylat *n*	salicylate *m*
S 22	**salicylate test**	Salicylattest *m*	épreuve *f* au salicylate
S 23	**salicylic acid,** *o*-hydroxybenzoic acid	Salicylsäure *f*, *o*-Hydroxybenzoesäure *f*	acide *m* salicylique (*o*-hydroxybenzoïque)
	salicylic aldehyde	*s.* S 19	
	saliferous	*s.* S 39	
	saline	*s.* S 39	
S 24	**saline agglutinin**	Salzagglutinin *n*	saline-agglutinine *f*
	saline solution	*s.* S 493	
	salinity	*s.* S 40	
	salinous	*s.* S 39	
S 25	**saliva,** spittle, ptysma	Speichel *m*, Saliva *f*	salive *f*
	salivary amylase	*s.* P 1163	
S 26	**salivary calculus,** salivary stone, sialolith, ptya[lo]lith	Speichelstein *m*, Sialolith *m*, Ptyalolith *m*	calcul *m* salivaire, sialolithe *m*, ptyalolithe *m*
S 27	**salivary collection**	Speichelsammlung *f*	recueil *m* de salive
S 28	**salivary corpuscle**	Speichelkörperchen *n*	corpuscule *m* salivaire
S 29	**salivary diagnosis**	Speicheldiagnostik *f*	diagnostic *m* salivaire
	salivary diastase	*s.* P 1163	
S 30	**salivary duct probe**	Speichelgangsonde *f*	sonde *f* du canal salivaire
S 31	**salivary enzyme**	Speichelenzym *n*	enzyme *m* salivaire
S 32	**salivary sample (specimen)**	Speichelprobe *f*	échantillon *m* de salive, échantillon salivaire
	salivary stone	*s.* S 26	
	salmiac	*s.* A 638	
	Salmonella	*s.* T 698	
	Salmonella enteritidis	*s.* G 1	
S 33	**Salmonella hirschfeldii,** Salmonella paratyphi C, Bacterium paratyphosum C, Bacillus paratyphosus C	Salmonella *f* hirschfeldii, Salmonella paratyphi C, Bacterium *n* paratyphosum C, Bacillus *m* paratyphosus C	bactérie paratyphique, bacille *m* paratyphique
S 34	**salmonellal serum**	Salmonellenserum *n*	sérum *m* à salmonelles
S 35	**Salmonella paratyphi A,** Bacterium paratyphosum A, Bacillus paratyphosus A	Salmonella *f* paratyphi A, Bacterium *n* paratyphosum A, Bacillus *m* paratyphosus A	bacille *m* paratyphique A
	Salmonella paratyphi B	*s.* S 36	
	Salmonella paratyphi C	*s.* S 33	
S 36	**Salmonella schottmuelleri,** Salmonella paratyphi B, Bacterium paratyphosum B, Bacillus paratyphosus B	Salmonella *f* schottmuelleri, Salmonella paratyphi B, Bacterium *n* paratyphosum B, Bacillus *m* paratyphosus B	bacille *m* paratyphique B
	Salmonella typhi	*s.* T 697	
	Salmonella typhimurium	*s.* T 695	
	Salmonella typhosa	*s.* T 697	
S 37	**salt**	Salz *n*	sel *m*
S 38	**salt agar**	Salzagar *m*	gélose *f* salée
S 39	**salt-containing,** saline, salinous, saliferous, salty, briny *(liquid)*	salzhaltig, salzig	salifère, salé, salin
S 40	**salt content,** salinity	Salzgehalt *m*	teneur *f* en sel, salinité *f*

No.	English	German	French
S 41	**salt formation**	Salzbildung *f*	salification *f*, formation *f* de sel
S 42	**salt-forming**	salzbildend	salifiable
S 43	**salt-free**	salzfrei, salzlos	sans sel, déchloruré
S 44	**salting-out**	Aussalzung *f*, Aussalzen *n*	précipitation *f* par addition de sel, relargage *m*
S 45	**salt out / to**	aussalzen	précipiter par addition de sel, relarguer
	saltpetre	*s.* P 792	
	salt solution	*s.* S 493	
	salty	*s.* S 39	
	sampling	*s.* S 63	
S 46	**sample / to**	eine Probe entnehmen	faire un prélèvement, échantillonner
S 47	**sample** *(statistics)*	Stichprobe *f*	échantillon *m* [obtenu au hasard], épreuve *f* faite au hasard
	sample ,,	*s. a.* S 629	
S 48	**sample changer**	Probenwechsler *m*	passeur *m* d'échantillons
	sample collection	*s.* S 630	
S 49	**sample distribution**	Probenverteilung *f*	distribution *f* d'échantillons
	sample excision	*s.* B 293	
S 50	**sample fluid**	Probenflüssigkeit *f*	liquide *m* d'épreuve
S 51	**sample frequence**	Probenfrequenz *f*	fréquence *f* déchantillons
	sample handling	*s.* S 54	
S 52	**sample identification**	Probenidentifikation *f*, Probenidentifizierung *f*	identification *f* d'échantillons
S 53	**sample preparation,** preparation of samples	Probenaufbereitung *f*, Probenvorbereitung *f*	préparation *f* d'échantillons
S 54	**sample processing,** sample handling, specimen processing (handling)	Probenverarbeitung *f*	traitement *m* d'échantillons
	sample quantity	*s.* S 59	
S 55	**sampler,** sampling device (tool, apparatus)	Probennehmer *m*, Probennahmegerät *n*, Probenentnehmer *m*	échantillonneur *m*, appareil *m* d'échantillonnage
S 56	**sample-reagent dosing**	Probe-Reagens-Dosierung *f*	dosage *m* d'échantillon-réactif
S 57	**sample size,** size *(statistics)*	Stichprobenumfang *m*	taille (effectif *m*) d'un échantillon
S 58	**sample survey**	Stichprobenerhebung *f*	sondage *m* (sélection *f*, choix *m*, tirage *m*) d'un échantillon
S 59	**sample volume,** sample quantity	Probevolumen *n*, Probemenge *f*	volume *m* (quantité *f*) d'échantillon[s]
S 60	**sampling**	Probennahme *f*, Probenentnahme *f*, Probengewinnung *f*	prélèvement *m* (prise *f*) d'échantillons, échantillonnage *m*
	sampling apparatus	*s.* S 55	
	sampling device	*s.* S 55	
S 61	**sampling error** *(statistics)*	Stichprobenfehler *m*	erreur *f* de sondage, erreur d'échantillon[nage]
S 62	**sampling inspection** *(statistics)*	Stichprobenprüfung *f*	inspection *f* sur échantillon
S 63	**sampling method (procedure),** sampling *(statistics)*	Stichprobenverfahren *n*	méthode *f* des échantillons
	sampling tool	*s.* S 55	
S 64	**sand**	Sand *m*	sable *m*
S 65	**sand bath**	Sandbad *n*	bain *m* de sable
S 66	**sand flea,** Tunga penetrans, Sarcopsylla penetrans	Sandfloh *m*	Tunga penetrans, Sarcopsylla penetrans
S 67	**sandwich method**	Sandwichmethode *f*, Sandwichtechnik *f*	méthode *f* [de] sandwich
	sanies	*s.* W 111	
	S antigen	*s.* S 570	
S 68	**santonin**	Santonin *n*	santonine *f*
S 69	**saponaceous**	seifig	savonneux, saponacé
S 70	**saponification**	Verseifung *f*, Saponifikation *f*	saponification *f*
S 71	**saponification number (value)**	Verseifungszahl *f*	indice *m* de saponification
S 72	**saponify / to**	verseifen	saponifier
S 73	**saponin**	Saponin *n*	saponine *f*
	sarcoblast	*s.* M 831	
	sarcogenic cell	*s.* M 831	
S 74	**sarcoma cell**	Sarkomzelle *f*	cellule *f* sarcomateuse
	sarcoplasm	*s.* M 801	
	Sarcopsylla penetrans	*s.* S 66	
S 75	**Sarcoptes**	Grabmilbe *f*	sarcopte *m*
	Sarcoptes scabiei	*s.* S 76	
S 76	**sarcoptic mite,** itch mite, mange mite, Sarcoptes scabiei, Ascarus scabiei	Krätzemilbe *f*	sarcopte *m* de la gale, acarus *m*, acare *m*
S 77	**sarcosine,** methylaminoacetic acid	Sarcosin *n*, Methylaminoessigsäure *f*	sarcosine *f*, acide *m* méthylaminoacétique, acide méthylaminoéthanoïque
S 78	**sarcosine dehydrogenase**	Sarcosindehydrogenase *f*	sarcosine-déshydrogénase *f*
S 79	**sarcosine oxidase**	Sarcosinoxidase *f*	sarcosine-oxydase *f*, sarcosine-déméthylase *f*
	satellite cell	*s.* A 677	
S 80	**satellite virus,** subvirus	Satellitenvirus *n*, Subvirus *n*	virus *m* satellite
S 81	**saturate / to**	sättigen, saturieren	saturer
S 82	**saturated fatty acid**	gesättigte Fettsäure *f*	acide *m* gras saturé
S 83	**saturated solution**	gesättigte Lösung *f*	solution *f* saturée

S 84	**saturation**	Sättigung *f*, Sättigen *n*, Saturation *f*, Saturieren *n*, Saturierung *f*	saturation *f*
S 85	**saturation analysis**	Sättigungsanalyse *f*	analyse *f* de saturation
S 86	**saturation capacity**	Sättigungskapazität *f*	capacité *f* de saturation
S 87	**saturation concentration**	Sättigungskonzentration *f*	concentration *f* de saturation
	saturation index	*s.* M 173	
S 88	**saturation limit**	Sättigungsgrenze *f*	limite *f* de saturation
	saturation of oxygen	*s.* O 238	
S 89	**saturation point**	Sättigungspunkt *m*	point *m* de saturation
S 90	**saturation value**	Sättigungswert *m*	valeur *f* de saturation
S 91	**Sayk's chamber**	Sayk-Kammer *f*	chambre *f* de Sayk
	Sb	*s.* A 899	
	scab	*s.* C 1126	
	scald / to	*s.* B 467	
S 92	**scale**	Skala *f*	échelle *f*
	scale line	*s.* G 421	
S 93	**scalene biopsy**	Skalenusbiopsie *f*, Präskalenusbiopsie *f*	biopsie *f* préscalénique
	scale pipette	*s.* M 204	
	scales	*s.* B 71	
	scaling	*s.* D 241	
S 94	**scalpel,** surgical knife, knife	Skalpell *n*, chirurgisches Messer *n*, Inzisionsmesser *n*	scalpel *m*, bistouri *m*, couteau *m* chirurgical
	scanning beam electron microscope	*s.* S 95	
S 95	**scanning electron microscope,** scanning [beam electron] microscope, SEM	Rasterelektronenmikroskop *n*, Elektronenabtastmikroskop *n*, REM	microscope *m* électronique à balayage
S 96	**scanning electron microscopy,** scanning microscopy	Rasterelektronenmikroskopie *f*, Elektronenabtastmikroskopie *f*	microscopie *f* électronique par balayage
	scanning microscope	*s.* M 203	
	scanning microscope	*s.* S 95	
	scanning microscopy	*s.* S 96	
S 97	**scarification**	Skarifikation *f*, Skarifizierung *f*, Hautritzung *f*	scarification *f*
S 98	**scarificator, scarifier,** scarifying knife	Skarifikator *m*, Ritzmesser *n*, Fistelmesser *n*, Skarifizierungsmesser *n*, Stichel *m*, Schröpfschnepper *m*	scarificateur *m*, burin *m*
	scarify / to	*s.* S 131	
	scarifying knife	*s.* S 98	
S 99	**scarlatina toxin**	Scharlachtoxin *n*	toxine *f* de scarlatine
	scarlet	*s.* S 100	
	scarlet fever test	*s.* D 351	
S 100	**scarlet red,** scarlet	Scharlachrot *n*	rouge *m* écarlate
	scatole	*s.* S 430	
S 101	**scatter,** scattering, spread, spreading	Streuung *f*	dispersion *f*, diffusion *f*
S 102	**scattered light,** diffused light	Streulicht *n*	lumière *f* diffusée, lumière diffuse
S 103	**scattered radiation**	Streustrahlung *f*	rayonnement *m* dispersé
S 104	**scattered rays**	Streustrahlen *mpl*	rayons *mpl* dispersés
	scattering	*s.* S 101	
S 105	**scattering angle,** angle of scattering	Streuwinkel *m*	angle *m* de dispersion (diffusion)
	scavenger	*s.* M 23, R 456	
	scavenger cell	*s.* M 23	
	sceletal protein	*s.* S 128	
S 106	**S cell**	S-Zelle *f*	cellule *f* S
	scentless	*s.* I 299	
	Schardinger enzyme	*s.* X 6	
S 107	**Schaumann's body (corpuscle)**	Schaumann-Körperchen *n*	corpuscule *m* de Schaumann
S 108	**Schellong's test**	Schellong-Probe *f*, Schellong-Test *m*	épreuve *f* de Schellong
S 109	**Schick test**	Schick-Probe *f*	réaction *f* de Schick
S 110	**Schiff's reagent**	Schiff-Reagens *n*	réactif *m* de Schiff
S 111	**Schiff's test**	Schiff-Reaktion *f*	épreuve *f* de Schiff
S 112	**Schiller's [iodine] test**	Schiller-Iodprobe *f*, Schiller-Probe *f*	test *m* de [Lahm-]Schiller
S 113	**Schilling's counting chamber**	Schilling-Zählkammer *f*	cellule *f* de Schilling
	Schillings's index	*s.* N 267	
S 114	**Schilling stain**	Schilling-Färbung *f*	coloration *f* de Schilling
S 115	**Schilling test,** vitamin B_{12} resorption test	Schilling-Test *m*, Vitamin B_{12}-Resorptionstest *m*	test *m* de Schilling, épreuve *f* de Schilling
	schistocyte	*s.* F 355	
	Schistosoma	*s.* S 118	
S 116/7	**Schistosoma haematobium,** Bilharzia haematobium	Blasenpärchenegel *m*	schistosome *m* urogénital
S 118	**schistosome,** bilharzia worm, blood fluke, paired fluke, Schistosoma, Bilharzia	Pärchenegel *m*, Adernegel *m*	schistosome *m*
	schizocyte	*s.* F 355	
	schizomyces	*s.* S 119	
S 119	**schizomycete,** schizomyces, fission fungus	Schizomyzet *m*, Spaltpilz *m*	schistomycète *m*
S 120	**schizont**	Schizont *m*	schizonte *m*, agamonte *m*

S 121	**Schlesinger's test**	Schlesinger-Probe *f*	test *m* de Schlesinger
S 122	**school age**	Schulalter *n*	âge *m* scolaire
S 123	**school child**	Schulkind *n*	écolier *m*, écolière *f*
	Schueffner's dot	*s.* S 124	
S 124	**Schueffner's method (punction),** Schueffner's dot (stippling)	Schüffner-Methode *f*, Schüffner-Tüpfelung *f*	granulations *fpl* (grains *mpl*) de Schüffner
S 125	**Schueffner's stick**	Schüffner-Stäbchen *n*	
	Schueffner's stippling	*s.* S 124	
S 126	**Schwann's cell**	Schwann-Zelle *f*	cellule *f* de Schwann
S 127	**scissors**	Schere *f*	ciseaux *mpl*
S 128	**scleroprotein,** sceletal protein, albuminoid	Scleroprotein *n*, Gerüsteiweiß *n*, Albuminoid *n*	scléroprotéine *f*, albuminoïde *m*
S 129	**scolex,** head of the tapeworm	Scolex *m*, Bandwurmkopf *m*	scolex *m*, tête *f* de ténia (tænia)
	scoop out / to	*s.* S 130	
S 130	**scrape / to,** to scrape (scoop) out; to abrade, to curet[te] *(gynaecology)*	ausschaben, auskratzen, ausräumen, kürettieren	racler, curetter, évacuer
	scrape off / to	*s.* S 132	
	scrape out / to	*s.* S 130	
	scraper	*s.* C 1181	
	scraping	*s.* A 11	
	scraping out	*s.* A 11	
	scrapings	*s.* A 12	
S 131	**scratch / to,** to scarify *(skin)*	[ein]ritzen, skarifizieren	scarifier
S 132	**scratch off / to,** to scrape off	abschaben, abkratzen	gratter, racler
S 133	**scratch test**	Skarifikationstest *m*, Kratztest *m*, Ritzungstest *m*, Scratchtest *m*	épreuve *f* par scarification
	screen / to	*s.* S 372	
	screen	*s.* G 455, S 373	
S 134	**screening, screening test**	„Screening" *n*, Siebtestung *f*	«screening» *m*, criblage *m*, examen *m* systématique
S 135	**screw cap**	Schraubverschluß *m*	bouchon *m* fileté
S 136	**screw clamp (clip)**	Schraubklemme *f*	pince *f* de Mohr
	screw with knurled head	*s.* K 79	
S 137	**scullery**	Spülraum *m*, Spülküche *f*	salle *f* de rinçage
	SD	*s.* S 786	
S 138	**SDS electrophoresis**	SDS-Elektrophorese *f*	électrophorèse *f* SDS
	Se	*s.* S 189	
	sealase	*s.* P 691	
S 139	**searching diagnostics**	Suchdiagnostik *f*	diagnostic *m* de recherche
S 140	**searching test,** diagnostic test *(for early diagnosis)*	Suchtest *m*	
	seatworm	*s.* O 255	
S 141	**sebaceous,** tallowy	talgig	sébacé
S 142	**sebaceous matter,** cutaneous sebum	Hauttalg *m*	matière *f* sébacée
	sebaceous matter	*s. a.* S 144	
S 143	**sebacic acid,** decanedioic acid	Sebazinsäure *f*, Dekandisäure *f*	acide *m* sébacique (décanedioïque)
S 144	**sebum,** sebaceous matter, tallow	Talg *m*, Sebum *n*	sébum *m*, suif *m*, matière *f* sébacée
	sebum praepubiale	*s.* S 467	
S 145	**second**	Sekunde *f*	seconde *f*
	secondary bleeding	*s.* A 343	
	secondary colony	*s.* D 25	
	secondary-emission electron multiplier	*s.* P 437	
S 146	**secondary filter**	Sekundärfilter *n*	filtre *m* secondaire
S 147	**secondary fluorescence**	Sekundärfluoreszenz *f*	fluorescence *f* secondaire
S 148	**secondary reaction**	Sekundärreaktion *f*	réaction *f* secondaire
	secondary reaction	*s. a.* S 363	
	secrete	*s.* S 151	
S 149	**secretin**	Secretin *n*	sécrétine *f*
	secreting internally	*s.* E 201	
S 150	**secretion**	Sekretion *f;* Absonderung *f*, Ausscheidung *f*	sécrétion *f*
S 151	**secretion,** secrete	Sekret *n*, Sekretionsprodukt *n*, Absonderung *f*, Ausscheidungsprodukt *n*	sécrétion *f*, sécréta *mpl*, produit *m* de sécrétion
S 152	**secretory**	sekretorisch	sécrétoire, sécréteur
S 153	**secretory enzyme**	Sekretionsenzym *n*	enzyme *m* des liquides de sécrétion
S 154	**section preparation**	Schnittpräparat *n*	coupe *f* microscopique
S 155	**section staining**	Schnittfärbung *f*	coloration *f* de section
S 156	**sedative [agent]**	Sedativum *n*	sédatif *m*
S 157	**sediment / to,** to sedimentate, to settle, to set, to deposit	sedimentieren, sich niederschlagen, sich ablagern, sich absetzen, einen Bodensatz bilden	sédimenter, se déposer, se précipiter, se séparer, se condenser
S 158	**sediment,** settling *(substance)*, deposit	Sediment *n*, Bodensatz *m*, Niederschlag *m*, Ablagerung *f (Substanz)*	sédiment *m*, dépôt *m*, précipité *m*, condensat *m*
	sedimentate / to	*s.* S 157	

S 159	**sedimentation,** settling, deposition	Sedimentation *f*, Sedimentierung *f*, Sedimentieren *n*, Niederschlagen *n*, Ablagerung *f*, Ablagern *n*, Absetzen *n*, Ausfallen *n*	sédimentation *f*, précipitation *f*, condensation *f*
S 160	**sedimentation analysis,** sedimetry	Sedimentationsanalyse *f*, Sedimetrie *f*	analyse *f* de sédimentation, sédimétrie *f*
S 161	**sedimentation balance**	Sedimentationswaage *f*	balance *f* de sédimentation
S 162	**sedimentation centrifuge**	Sedimentierzentrifuge *f*	centrifugeuse *f* de sédimentation
S 163	**sedimentation chamber**	Sedimentationskammer *f*	chambre *f* de sédimentation
S 164	**sedimentation coefficient**	Sedimentationskoeffizient *m*	coefficient *m* de sédimentation
S 165	**sedimentation constant,** sedimentation value	Sedimentationskonstante *f*	constante *f* de sédimentation
S 166	**sedimentation curve**	Sedimentationskurve *f*	courbe *f* de sédimentation
S 167	**sedimentation equilibrium**	Sedimentationsgleichgewicht *n*	équilibre *m* de sédimentation
S 168	**sedimentation-flotation method**	Sedimentations-Flotations-Verfahren *n*	méthode *f* de sédimentation-flottation
S 169	**sedimentation method,** sedimentation technique	Sedimentationsverfahren *n*, Sedimentationsmethode *f*, Sedimentierverfahren *n*	méthode (technique) *f* de sédimentation
S 170	**sedimentation rate,** sedimentation velocity, rate of sedimentation	Sedimentationsgeschwindigkeit *f*, Absetzungsgeschwindigkeit *f*, Absinkgeschwindigkeit *f*, Ablagerungsgeschwindigkeit *f*	vitesse *f* de sédimentation, VS
	sedimentation technique	*s.* S 169	
S 171	**sedimentation test**	Sedimentationsprobe *f*, Sedimentationstest *m*	essai *m* de sédimentation
S 172	**sedimentation time**	Sedimentationszeit *f*	temps *m* de sédimentation
	sedimentation velocity	*s.* S 170	
S 173	**sedimentation tube,** sediment tube	Sedimentationsröhrchen *n*	tube *m* de sédimentation
	sedimentation value	*s.* S 165	
S 174	**sedimentin**	Sedimentin *n*	sédimentine *f*
S 175	**sediment smear**	Sedimentausstrich *m*	frottis *m* de sédiment
	sediment tube	*s.* S 173	
	sedimetry	*s.* S 160	
S 176	**sedoheptulose**	Sedoheptulose *f*	sédoheptulose *m*
S 177	**sedoheptulose-7-phosphate**	Sedoheptulose-7-phosphat *n*	sédoheptulose-7-phosphate *m*
S 178	**segmented worms,** Annelida	Ringelwürmer *mpl*, Gliederwürmer *mpl*	vers *mpl* à segments
S 179	**segmentonuclear**	segmentkernig	segmentonucléaire
S 180	**select / to**	selektieren, auswählen	sélectionner, choisir
S 181	**selection**	Selektion *f*, Auswahl *f*, Auslese *f*	sélection *f*, choix *m*
S 182	**selective**	selektiv, ausgewählt	sélectif, sélectionné
	selective culture medium	*s.* E 53	
S 183	**selective cytology**	Auswahlzytologie *f*	cytologie *f* sélective
	selective medium	*s.* E 53	
S 184	**selective pressure**	Selektionsdruck *m*	pression *f* sélective
	selective staining	*s.* E 54	
S 185	**selectivity**	Selektivität *f*	sélectivité *f*
S 186	**selenide**	Selenid *n*	sélénide *m*, séléniure *m*
S 187	**selenite**	Selenit *n*	sélénite *m*
S 188	**selenite bouillon (broth)**	Selenitbouillon *f*	bouillon *m* au sélénite
S 189	**selenium,** Se	Selen *n*, Se	sélénium *m*, Se
S 190	**selenium hydride,** hydrogen selenide	Selenwasserstoff *m*, Hydrogenselenid *n*	séléniure *m* d'hydrogène, hydrogène *m* sélénié
S 191	**self-absorption**	Selbstabsorption *f*, Eigenabsorption *f*	auto-absorption *f*
	self-catalysis	*s.* A 1126	
S 192	**self-control**	Selbstkontrolle *f*	autocontrôle *m*
S 193	**self-ignition temperature,** autoignition temperature (point)	Selbstentzündungstemperatur *f*, Zündtemperatur *f*, Zündpunkt *m*	température *f* d'auto-inflammation, température d'allumage, point *m* d'inflammation
S 194	**self-regulation**	Selbstregulierung *f*	autorégulation *f*
	self-retaining catheter	*s.* C 946	
S 195	**Seliwanoff reaction (test)**	Seliwanoff-Probe *f*, Seliwanoff-Reaktion *f*	épreuve *f* de Selivanov, réaction *f* de Selivanov
	SEM	*s.* S 95	
	semen of a donor	*s.* D 705	
S 196	**semiacetal**	Halbacetal *n*	semi-acétal *m*
S 197	**semialdehyde**	Semialdehyd *m*	semi-aldéhyde *m*
S 198	**semiallergen**	Halballergen *n*	semi-allergène *m*
	semiantigen	*s.* H 141	
S 199	**semiautomatic**	halbautomatisch	semi-automatique
S 200	**semicarbazide,** aminourea	Semicarbazid *n*, Aminoharnstoff *m*	semi-carbazide *f*, aminourée *f*
S 201	**semicarbazone**	Semicarbazon *n*	semi-carbazone *f*
	semifluid	*s.* V 127	
S 202	**semifluid culture,** semiliquid culture	halbflüssiger Nährboden *m*	milieu *m* de culture semiliquide
	semiliquid	*s.* V 127	
	semiliquid culture	*s.* S 202	
S 203	**semimicroanalysis**	Semimikroanalyse *f*, Halbmikroanalyse *f*	semi-microanalyse *f*
S 204	**semimicrobalance**	Halbmikrowaage *f*	semi-microbalance *f*

No.	English	German	French
S 205	**semimicromethod**	Semimikromethode *f*, Halbmikromethode *f*	semi-microméthode *f*
	seminal fluid	*s.* S 665	
	seminal gland	*s.* T 89	
S 206	**seminal plasma,** sperm[a] plasma	Spermaplasma *n*, Samenplasma *n*	sperma *m* plasmatique
S 207	**semipermeability**	Semipermeabilität *f*, Halbdurchlässigkeit *f*	semi-perméabilité *f*
S 208	**semipermeable**	semipermeabel, halbdurchlässig	semi-perméable
S 209	**semipermeable membrane**	semipermeable Membran *f*	membrane *f* semi-perméable
S 210	**semipolar,** half-polar	semipolar	semi-polaire
S 211	**semiquantitative**	semiquantitativ, halbquantitativ	semi-quantitatif
S 212	**semisynthetic culture medium**	halbsynthetischer Nährboden *m*	milieu *m* de culture semi-synthétique
S 213	**semithin section**	Semidünnschnitt *m*	coupe *f* semi-mince
S 214	**Sendai virus,** parainfluenza virus 1, haemagglutinating virus of Japan	Sendai-Virus *n*, Parainfluenzavirus *n* , Hämadsorptionsvirus *n*, Typ 2	virus *m* Sendai (parainfluenza 1, d'hémadsorption 1, HA 1, hémagglutinant du Japon)
	senium	*s.* O 26	
	sensibilisation	*s.* S 215	
	sensibilise / to	*s.* S 216	
	sensibilised	*s.* S 217	
	sensibiliser	*s.* S 219	
	sensibilisin	*s.* A 749	
	sensibility	*s.* S 221	
	sensible	*s.* S 220	
	sensing device	*s.* S 227	
	sensing element	*s.* S 227	
S 215	**sensitisation,** sensibilisation	Sensibilisierung *f*, Sensibilisieren *n*	sensibilisation *f*
S 216	**sensitise / to,** to sensibilise	sensibilisieren	sensibiliser
S 217	**sensitised,** sensibilised	sensibilisiert	sensibilisé
S 218	**sensitised culture**	sensibilisierte Kultur *f*	culture *f* sensibilisée
S 219	**sensitiser,** sensibiliser	Sensibilisator *m*, sensibilisierender Stoff *m*	sensibilisateur *m*, sensibilisant *m*, substance *f* sensibilisante
S 220	**sensitive,** sensible	empfindlich, sensitiv	sensible, sensitif
	sensitive factor	*s.* S 222	
	sensitiveness	*s.* S 221	
	sensitive of temperature	*s.* T 63	
	sensitive range	*s.* S 224	
	sensitive to acids	*s.* A 166	
	sensitive to alkalies	*s.* A 497	
	sensitive to colours	*s.* C 786	
	sensitive to light	*s.* L 248	
S 221	**sensitivity,** susceptibility, sensibility, sensitiveness	Empfindlichkeit *f*, Sensitivität *f*, Sensibilität *f*	sensibilité *f*
S 222	**sensitivity factor,** sensitive factor	Empfindlichkeitsfaktor *m*, Sensitivitätsfaktor *m*	facteur *m* de sensibilité
S 223	**sensitivity limit,** sensitivity threshold, limit (threshold) of sensitivity	Empfindlichkeitsgrenze *f*, Empfindlichkeitsschwelle *f*	limite *f* de sensibilité, seuil *m* de sensibilité
	sensitivity of detection	*s.* D 249	
S 224	**sensitivity range,** sensitive range, range of sensitivity	Empfindlichkeitsbereich *m*, sensitiver Bereich *m*	domaine *m* de sensibilité, domaine sensible
S 225	**sensitivity test,** susceptibility test	Empfindlichkeitstest *m*, Sensitivitätstest *m*	épreuve *f* de sensibilité
	sensitivity threshold	*s.* S 223	
S 226	**sensitivity to acid**	Säureempfindlichkeit *f*	sensibilité *f* aux acides
	sensitivity to alkalies	*s.* A 498	
	sensitivity to light	*s.* L 249	
S 227	**sensor,** sensing device, sensing (detecting) element	Sensor *m*, Meßfühler *m*	senseur *m*, capteur *m*
S 228	**separability**	Trennbarkeit *f*, Separierbarkeit *f*	séparabilité *f*
S 229	**separable**	trennbar, separierbar	séparable
S 230	**separate / to,** to separate off, to isolate	[ab]trennen, auftrennen, separieren, isolieren	séparer, isoler, couper, diviser
S 231	**separate a fraction / to**	eine Fraktion abtrennen	séparer une fraction
S 232	**separate by centrifugation / to**	durch Zentrifugation abtrennen	séparer par centrifugeage
	separate by chromatography / to	*s.* C 511	
S 233	**separate by electrophoresis / to,** to separate electrophoretically	elektrophoretisch auftrennen (trennen)	séparer par électrophorèse
S 234	**separate by filtration / to**	durch Filtration abtrennen	séparer par filtration
	separate chromatographically / to	*s.* C 511	
S 235	**separated by thin-layer chromatography, separated by TLC**	dünnschichtchromatographisch getrennt	séparé par chromatographie en couches minces
	separate electrophoretically / to	*s.* S 233	
	separate off / to	*s.* S 230	
	separating agent	*s.* S 236	
	separating chamber	*s.* S 241	
	separating column	*s.* S 242	
S 236	**separating fluid,** separating liquid (agent), separation material	Trennflüssigkeit *f*, Trennmedium *n*, Trennmaterial *n*, Trennmittel *n*	liquide (agent, moyen) *m* de séparation

S 237	**separating funnel,** separatory funnel	Scheidetrichter *m,* Schütteltrichter *m*	entonnoir *m* séparateur
S 238	**separating gel**	Trenngel *n*	gel *m* de séparation
S 239	**separating layer,** intermediate layer, interlayer	Trennschicht *f,* Zwischenschicht *f*	couche *f* de séparation, couche intermédiaire
	separating liquid	*s.* S 236	
	separating temperature	*s.* S 247/8	
S 240	**separation,** isolation	Trennung *f*, Trennen *n,* Abtrennung *f,* Auftrennung *f*, Separation *f,* Separierung *f*, Isolation *f*, Isolierung *f*	séparation *f*, isolation *f*, isolement *m,* coupage *m*, division *f*
S 241	**separation chamber,** separating chamber	Trennkammer *f*	chambre *f* de séparation
S 242	**separation column,** separating column; rectification column, rectifying column *(distillation)*	Trennsäule *f,* Trennkolonne *f*	colonne *f* de séparation, colonne séparatrice
	separation material	*s.* S 236	
S 243	**separation method,** separation procedure (process, technique)	Trennverfahren *n (Chemie)*, Trennmethode *f,* Trenntechnik *f*	méthode *f* de séparation, procédé *m* de séparation, technique *f* de séparation
S 244	**separation power,** separative power	Trennvermögen *n,* Trennleistung *f*	pouvoir *m* séparateur, sélectivité *f*
	separation procedure	*s.* S 243	
	separation process	*s.* S 243	
S 245	**separation speed**	Trenngeschwindigkeit *f*	vitesse *f* de séparation
S 246	**separation system**	Trennsystem *n*	système *m* séparatif
	separation technique	*s.* S 243	
S 247/8	**separation temperature,** separating temperature	Trenntemperatur *f*	température *f* de séparation
	separative power	*s.* S 244	
	separatory funnel	*s.* S 237	
S 249	**sephadex**	Sephadex *n*	séphadex *m*
S 250	**sepharose**	Sepharose *f*	sépharose *m*
	septal cell	*s.* H 162	
S 251	**sequence,** order	Sequenz *f,* Reihenfolge *f*, Aufeinanderfolge *f*, Folge *f*	séquence *f,* succession *f*, suite *f*
S 252	**sequential analysis**	Sequenzanalyse *f*	analyse *f* séquentielle, analyse conséquente
S 253	**sequential determinant**	Sequenzdeterminante *f*	déterminant *m* séquentiel
	sequester / to	*s.* M 124	
	sequestering agent	*s.* C 368	
	sequestrant	*s.* C 368	
	sequestration	*s.* M 125	
	Ser	*s.* S 263	
	seralbumin	*s.* S 294	
S 254	**serial dilution,** series dilution method (test)	Reihenverdünnungstest *m,* Reihenverdünnungsmethode *f*	test *m* (méthode *f)* de dilution en série
S 255	**serial examination,** mass examination (screening, survey)	Reihenuntersuchung *f*	examen *m* de dépistage, examen médical de la population
S 256	**serial experiment,** serial test	Serienversuch *m*	essais *mpl* en série
S 257	**serial length**	Serienlänge *f*	longueur *f* de série
S 258	**serial precision**	Präzision *f* in der Serie	précision *f* sérielle (de la série)
S 259	**serial section**	Serienschnitt *m*	coupe *f* en série
	serial test	*s.* S 256	
S 260	**series**	Serie *f,* Reihe *f*	série *f*
S 261	**series / in**	serienweise, serienmäßig	en série
	series dilution method	*s.* S 254	
	series dilution test	*s.* S 254	
	series of experiments	*s.* E 574	
S 262	**series of measurements,** measuring series	Meßreihe *f*	série *f* de mesures
	series of tests	*s.* E 574	
S 263	**serine,** α-amino-β-hydroxypropionic acid, β-hydroxyalanine, Ser	Serin *n,* α-Amino-β-hydroxypropionsäure *f,* β-Hydroxyalanin *n,* Ser	sérine *f,* acide *m* α-amino-β-hydroxypropionique, acide α-amino-β-hydroxypropanoïque, β-hydroxyalanine *f,* Ser
	serine aldolase	*s.* S 266	
	serine deaminase	*s.* T 250	
	L-**serine dehydratase**	*s.* T 250	
S 264	**serine dehydrogenase**	Serindehydrogenase *f*	sérine-déshydrogénase *f*
S 265	**serine hydrolase**	Serinhydrolase *f*	sérine-hydrolase *f,* sérine-déshydratase *f*
	serine hydroxymethylase	*s.* S 266	
S 266	**serine hydroxymethyltransferase,** serine aldolase (hydroxymethylase), threonine aldolase	Serinhydroxymethyltransferase *f,* Serinaldolase *f*, Serinhydroxymethylase *f,* Threoninaldolase *f*	sérine-hydroxyméthyltransférase *f,* sérine-hydroxyméthylase *f,* thréonine-adolase *f*
S 267	**serine phosphatide**	Serinphosphatid *n*	sérine-phosphatide *m,* phospholipide *m* à sérine
S 268	**serine protease**	Serinprotease *f*	sérine-protéase *f*
S 269	**serine-pyruvate aminotransferase**	Serinpyruvataminotransferase *f*	sérine-pyruvase-aminotransférase *f*
S 270	**seroanguineous**	serös-blutig	séro-sanguinolent
S 271	**serochrome**	Serumfarbstoff *m*, Serochrom *n*	sérochrome *m*

S 272	**serochrome value**	Serumfarbwert *m*	valeur *f* du sérochrome
S 273	**seroculture**	Serumkultur *f*, Serokultur *f*	séroculture *f*
S 274	**serodiagnosis,** serum (serological) diagnosis	Serodiagnose *f*, Serumdiagnose *f*, serologische Diagnose *f*	sérodiagnose *f*
S 275	**serodiagnostic**	serodiagnostisch	sérodiagnostique
S 276	**serodiagnostics,** serological diagnosis	Serodiagnostik *f*, Serumdiagnostik *f*, serologische Diagnostik *f*	sérodiagnostic *m*
	seroenzyme	*s.* S 306	
S 277	**serofibrinous,** fibroserous	serofibrinös	séro-fibrineux
	seroglobulin	*s.* S 308	
	serogroup	*s.* S 310	
	serolipase	*s.* S 315	
S 278	**serologic[al]**	serologisch	sérologique
	serological diagnosis	*s.* S 276	
	serological diagnosis	*s.* S 274	
	serological reaction	*s.* S 286	
S 279	**serological test** *(method)*	Serumprobe *f*	test *m* sérologique, sérum-test *m*
	serologic test for syphilis	*s.* S 1183	
S 280	**serology**	Serologie *f*	sérologie *f*
S 281	**serolysin**	Serolysin *n*	sérum-lysine *f*
	seromucoid	*s.* A 146	
S 282	**seromucous**	serös-schleimig, seromukös	séromuqueux
S 283	**seronegative**	seronegativ	séro-négatif
S 284	**seropositive**	seropositiv	séro-positif
S 285	**seropurulent**	serös-eitrig, seropurulent	séropurulent
S 286	**seroreaction,** serological (serum) reaction	Seroreaktion *f*, serologische Reaktion *f*, Serumreaktion *f*	séroréaction *f*, réaction *f* sérologique
S 287	**serosa,** serous membrane	Serosa *f*	séreuse *f*, membrane *f* séreuse, tunique *f* séreuse
S 288	**seroserous**	seroserös	séro[-]séreux
S 289	**serotonin,** enteramine, 5-hydroxytryptamine	Serotonin *n*, Enteramin *n*, 5-Hydroxytryptamin *n*	sérotonine *f*, entéramine *f*, 5-hydroxytryptamine *f*
	serotoxin	*s.* A 748	
S 290	**serotype**	Serotyp *m*	sérotype *m*, type *m* sérologique
S 291	**serous**	serös, serumartig, serumähnlich, serumhaltig	séreux
S 292	**serous exudate**	seröses Exsudat *n*	exsudat *m* séreux
S 293	**serous fluid**	seröse Flüssigkeit *f*	liquide *m* séreux
	serous membrane	*s.* S 287	
S 294	**serum albumin,** seralbumin	Serumalbumin *n*	albumine *f* séreuse, sérum-albumine *f*
S 295	**serum amylase**	Serumamylase *f*	amylase *f* sérique
S 296	**serum antibody**	Serumantikörper *m*	anticorps *m* sérique
S 297	**serum antigen**	Serumantigen *n*	antigène *m* sérique
S 298	**serum bicarbonate**	Serumbicarbonat *n*	bicarbonate *m* sérique
S 299	**serum broth**	Serumbouillon *f*	bouillon *m* sérique
S 300	**serum complement**	Serumkomplement *n*	complément *m* sérique
S 301	**serum creatinine**	Serumkreatinin *n*	créatinine *f* sérique
S 302	**serum culture medium**	Serumnährboden *m*	milieu *m* de culture de sérum, séroculture *f*
S 303	**serum dilution reaction**	Serumverdünnungsreaktion *f*, Serumtrübungsreaktion *f*, Wassertest *m*	réaction *f* de dilution de sérum
S 304	**serum electrolyte**	Serumelektrolyt *m*	électrolyte *m* sérique
S 305	**serum electrophoresis**	Serumelektrophorese *f*	électrophorèse *f* sérique
S 306	**serum enzyme,** seroenzyme	Serumenzym *n*	enzyme *m* sérique, enzyme du sérum
S 307	**serum ferritin**	Serumferritin *n*	ferritine *f* sérique
S 308	**serum globulin,** seroglobulin	Serumglobulin *n*	globuline *f* du sérum, sérum-globuline *f*
	serum glutamic-oxaloacetic transaminase+	*s.* A 1061	
	serum glutamic-pyruvic transaminase+	*s.* A 412	
S 309	**serum gonadotropin**	Serumgonadotropin *n*	gonadotrophine *f* sérique, gonadostimuline *f* sérique, hormone *f* gonadotrope sérique
S 310	**serum group,** serogroup	Serumgruppe *f*, serologische Gruppe *f*, Serogruppe *f*	sérogroupe *m*, groupe *m* sérologique
	serum hepatitis antigen	*s.* H 224	
S 311	**serum immunoglobulin**	Serumimmunglobulin *n*	immunoglobuline *f* sérique
S 312	**serum iodine**	Serumiod *n*	iode *m* sérique
S 313	**serum iron**	Serumeisen *n*	fer *m* sérique
	serum diagnosis	*s.* S 274	
S 314	**serum level**	Serumspiegel *m*	taux *m* sérique
S 315	**serum lipase,** serolipase	Serumlipase *f*	sérum-lipase *f*, sérolipase *f*
S 316	**serum lipid**	Serumlipid *n*	lipide *m* sérique
S 317	**serum lipoproteid**	Serumlipoproteid *n*	lipoprotéide *m* sérique
S 318	**serum lipoprotein**	Serumlipoprotein *n*	lipoprotéine *f* du sérum
S 319	**serum phosphatase**	Serumphosphatase *f*	phosphatase *f* du sérum, phosphatase sérique
S 320	**serum protein**	Serumprotein *n*, Serumeiweiß *n*	protéine *f* du sérum, protéine sérique

S 321	**serum protein fraction**	Serumproteinfraktion *f*, Serumeiweißfraktion *f*	fraction *f* protéique du plasma, protéines *fpl* plasmatiques
	serum reaction	*s.* S 286	
S 322	**serum sample**	Serumprobe *f (Substanz)*	échantillon *f* sérique
S 323	**serum titre**	Serumtiter *m*	titre *m* du sérum
S 324	**serum tolerance test**	Serumlabilitätsprobe *f*, Serumlabilitätstest *m*, Serumlabilitätsreaktion *f*, Labilitätsreaktion *f*	réaction *f* de labilité du sérum
S 325	**serum transaminase**	Serumtransaminase *f*	transaminase *f* du sérum
	set / to	*s.* S 157	
	set free / to	*s.* R 285	
	set of chromosomes	*s.* C 556	
S 326	**set of instruments**	Besteck *n*	trousse *f*
	settle / to	*s.* S 157	
	settling	*s.* P 7	
	settling	*s.* S 158	
	settling	*s.* S 159	
	sewage	*s.* W 16	
S 327	**sex**	Geschlecht *n*	sexe *m*
S 328	**sex chromatin [body],** Barr body	Geschlechtschromatin *n*, Sexchromatin *n*, Barr[-Chromatin]-Körperchen *n*	chromatine *f* sexuelle, corpuscule *m* de Barr
S 329	**sex chromosome,** allosome, heterochromosome, heterosome, heterotypical chromosome, gonosome	Geschlechtschromosom *n*, Allosom *n*, Heterochromosom *n*, Heterosom *n*, Gonosom *n*	chromosome *m* sexuel, allosome *m*, hétérochromosome *m*, gonosome *m*, hétérosome *m*
S 330	**sex determination (differentiation)**	Geschlechtsbestimmung *f*	détermination *f* du sexe
S 331	**sex hormone,** sexual hormone, gonadal hormone	Sexualhormon *n*, Geschlechtshormon *n*, Keimdrüsenhormon *n*	hormone *f* sexuelle, hormone gonadique
S 332	**sex hormone-binding globulin,** SHBG	sexualhormonbindendes Globulin *n*, SHBG	globuline *f* liant l'hormone sexuelle
	sexual cell	*s.* G 32	
	sexual hormone	*s.* S 331	
S 333	**Sézary cell**	Sézary-Zelle *f*	cellule *f* de Sézary
	S form	*s.* S 473	
	SFT	*s.* S 1	
	SGOT+	*s.* A 1061	
	SGPT+	*s.* A 412	
S 334	**shake / to,** to agitate	schütteln	agiter, secouer
	shake	*s.* S 337	
S 335	**shake culture**	Schüttelkultur *f*	culture *f* à agitation
S 336	**shaker,** shaking machine (apparatus), agitator	Schüttler *m*, Schüttelgerät *n*, Schüttelmaschine *f*	agitateur *m*, appareil *m* à agiter, secoueuse *f*
	shaker screen	*s.* S 339	
	shaker sieve	*s.* S 339	
S 337	**shaking,** shake	Schütteln *n*	agitation *f*
	shaking apparatus	*s.* S 336	
	shaking machine	*s.* S 336	
S 338	**shaking mixture**	Schüttelmixtur *f*	mixture *f* à agiter
	shaking screen	*s.* S 339	
S 339	**shaking sieve,** shaker sieve, shaker (shaking) screen	Schüttelsieb *n*	tamis *m* à secousses, tamis oscillant
	SH antigen	*s.* H 224	
	shape	*s.* F 322	
	shapeless	*s.* A 670	
	shapelessness	*s.* A 669	
	sharpness of separation	*s.* P 821	
	sharp spoon	*s.* C 1181	
	SHBG	*s.* S 332	
S 340	**sheep blood agar**	Schafblutagar *m*	gélose *f* au sang de mouton
	sheet	*s.* P 568	
S 341	**shell freezing**	Shell-freezing *n*	«shell-freezing», congélation *f* rapide
S 342	**SH enzyme**	SH-Enzym *n*	enzyme *m* SH
	SH group	*s.* S 1064	
	shift / to	*s.* M 557	
S 343	**shift of equilibrium,** displacement of equilibrium	Gleichgewichtsverschiebung *f*	déplacement *m* d'équilibre
	Shiga-Kruse bacillus	*s.* D 827	
	Shiga's bacillus	*s.* D 827	
S 344	**Shigella**	Shigella *f*	Shigella, shigelle *f*
	Shigella ambigua	*s.* S 345	
	Shigella dysenteriae	*s.* D 827	
	Shigella flexneri	*s.* P 61	
	Shigella paradysenteriae	*s.* P 61	
S 345	**Shigella schmitzii,** Shigella ambigua	Schmitz-Bacterium *n*	bacille *m* de Schmitz
	Shigella sonnei	*s.* M 341	
S 346	**short anaesthesia**	Kurznarkose *f*	anesthésie (narcose) *f* courte
S 347	**short-chain**	kurzkettig	à chaînes courtes
S 348	**short-lived isotope**	kurzlebiges Isotop *n*	isotope *m* à (de) courte vie, isotope de courte période

S 349	**short-neck[ed] flask**	Kurzhalskolben *m*	ballon *m* à col court
	short-time assay	*s.* Q 27	
	short-time test	*s.* Q 27	
	show / to	*s.* V 132	
S 350	**SH reagent**	SH-Reagens *n*	réactif *m* SH
	shut-off valve	*s.* S 937	
	Si	*s.* S 387	
	SI	*s.* S 1192	
S 351	**sialic acid,** *N*-acetylneuraminic acid	Sialsäure *f*, Sialinsäure *f*, *N*-Acetylneuraminsäure *f*	acide *m* sialique, acide *N*-acétylneuramique
	sialidase	*s.* N 85	
S 352	**sialine**	Sialin *n*	sialine *f*
S 353	**sialoganglioside**	Sialogangliosid *n*	sialoganglioside *m*
S 354	**sialogastrone**	Sialogastron *n*	sialogastrone *m*
S 355	**sialoglycoprotein**	Sialoglycoprotein *n*	sialoglycoprotéine *f*
	sialolith	*s.* S 26	
S 356	**sialomucin**	Sialomuzin *n*	sialomucine *f*
S 357	**sialoprotein**	Sialoprotein *n*	sialoprotéine *f*
S 358	**sialyllactose**	Sialyllactose *f*	sialyllactose *m*
S 359	**sialyltransferase**	Sialyltransferase *f*	transférase *f* de sialyle
	Sia's flocculation reaction	*s.* E 519	
	Siberian liver fluke	*s.* C 215	
	siccative	*s.* D 795	
	sick	*s.* I 23	
	sickle cell	*s.* D 753	
	sickle cell haemoglobin	*s.* H 67	
S 360	**sickle-shaped**	sichelförmig	falciforme, en forme de faucille
	sickness	*s.* D 577	
	sickness rate	*s.* M 718	
S 361	**side chain**	Seitenkette *f*	chaîne *f* latérale
S 362	**side effect**	Nebenwirkung *f*	effet *m* secondaire
	side product	*s.* B 618	
S 363	**side reaction,** secondary reaction	Nebenreaktion *f*	réaction *f* secondaire
S 364	**siderin**	Siderin *n*	sidérine *f*
S 365	**sideroblast**	Sideroblast *m*, siderinhaltiger Erythroblast *m*	sidéroblaste *m*
S 366	**sideroblast index**	Sideroblastenindex *m*	indice *m* des sidéroblastes
S 367	**siderochrome**	Siderochrom *n*	sidérochrome *m*
S 368	**siderocyte,** ferrocyte	Siderozyt *m*, siderinhaltiger Erythrozyt *m*, Ferrozyt *m*	sidérocyte *m*, ferrocyte *m*
	siderocyte granule	*s.* P 56	
S 369	**sideromonocyte**	Sideromonozyt *m*	sidéromonocyte *m*
S 370	**siderophage**	Siderophage *m*, Hämosiderophage *m*	sidérophage *m*
S 371	**siderophil[e], siderophilous**	siderophil	sidérophil
	siderophilin	*s.* T 490	
	siderophilous	*s.* S 371	
S 372	**sieve / to,** to screen, to sift	sieben	tamiser, passer au tamis
S 373	**sieve,** screen, strainer *(liquids)*	Sieb *n*	crible *m*, tamis *m*
	SIF	*s.* S 585	
	sift / to	*s.* S 372	
S 374	**sign,** character, feature	Merkmal *n*	caractère *m*, signe *m*, indice *m*
	sign	*s. a.* S 1172	
S 375	**signal**	Signal *n*	signal *m*
S 376	**signalase**	Signalase *f*	signalase *f*
S 377	**signal metabolite**	Signalmetabolit *m*	métabolite *m* de signal
S 378	**signal peptide**	Signalpeptid *n*	peptide *m* de signal
S 379	**signet ring cell**	Siegelringzelle *f*	cellule *f* en bague à sceau
S 380	**significance**	Signifikanz *f*	signification *f*
S 381	**significance test,** test of significance	Signifikanztest *m*	test *m* de signification
S 382	**significant**	signifikant	significatif, signifiant
S 383	**significant difference**	signifikanter Unterschied *m*	différence *f* significative
	SIH	*s.* S 585	
	silica	*s.* S 394	
S 384	**silica gel,** silicic-acid gel, gelatinous silica, blue gel	Kiesel[säure]gel *n*, Silikagel *n*, Blaugel *n*	gel *m* de silice, silicagel *m* [bleu]
S 385	**silicate**	Silikat *n*	silicate *m*
S 386	**silicic acid**	Kieselsäure *f*	acide *m* silicique
	silicic-acid gel	*s.* S 384	
	silicium	*s.* S 387	
S 387	**silicon,** silicium, Si	Silicium *n*, Si	silicium *m*, Si
S 388	**silicon(IV) chloride,** silicon tetrachloride	Silicium(IV)-chlorid *n*	tétrachlorure *m* de silicium
	silicon dioxide	*s.* S 394	
S 389	**silicone**	Silikon *n*	silicone *m*
	silicone fluid	*s.* S 390	
	silicone liquid	*s.* S 390	
S 390	**silicone oil, silicone fluid (liquid)**	Silikonöl *n*	huile *m* de silicium
	silicone-treated	*s.* S 393	

	silicone treatment	*s.* S 391	
S 391	**siliconisation,** silicone treatment	Silikonisierung *f*	traitement *m* à la silicone
S 392	**siliconise / to**	silikonisieren	siliconiser
S 393	**siliconised,** silicone-treated	silikonisiert	traité à la silicone, siliconisé
S 394	**silicon(IV) oxide,** silicon dioxide, silica	Silicium(IV)-oxid *n,* Siliciumdioxid *n,* Kieselerde *f*	oxyde (bioxyde) *m* de silicium, terre *f* siliconeuse, dioxyde *m* de silicium, silice *f*
	silicon tetrachloride	*s.* S 388	
S 395	**silver,** Ag	Silber *n,* Ag	argent *m,* Ag
S 396	**silver acetate**	Silberacetat *n*	acétate *m* d'argent
S 397	**silver bromide**	Silberbromid *n,* Bromsilber *n*	bromure *m* d'argent
S 398	**silver chloride**	Silberchlorid *n*	chlorure *m* d'argent
S 399	**silver chromate**	Silberchromat *n,* Chromsilber *n*	chromate *m* d'argent
S 400	**silver electrode**	Silberelektrode *f*	électrode *f* en argent
S 401	**silver foil**	Silberfolie *f*	feuille *f* d'argent
S 402	**silver impregnation,** silver staining, method of silver staining	Silberimprägnierung *f,* Silberimprägnation *f,* Silberfärbung *f,* Versilberung *f*	imprégnation *f* argentique, argenture *f,* argentation *f*
S 403	**silver iodide**	Silberiodid *n*	iodure *m* d'argent
S 404	**silver nitrate,** argentic nitrate	Silbernitrat *n*	nitrate *m* d'argent
S 405	**silver oxide,** argentous oxide	Silberoxid *n*	oxyde *m* d'argent
	silver salt	*s.* S 483	
	silver staining	*s.* S 402	
S 406	**simple distillation**	einfache Destillation *f*	distillation *f* simple
S 407	**simple protein**	einfaches Protein (Eiweiß) *n*	protéine *f* simple
	simple radial immunodiffusion	*s.* M 94	
S 408	**simple staining**	Einfachfärbung *f*	coloration *f* simple
	simple sugar	*s.* M 704	
	Sims' test	*s.* H 434	
S 409	**simultaneous**	simultan, gleichzeitig	simultané
S 410	**simultaneous staining**	Simultanfärbung *f*	coloration *f* simultanée
S 411	**single analysis**	Einzelanalyse *f*	analyse *f* individuelle
S 412	**single bond**	Einfachbindung *f*	liaison *f* simple
	single-bore stopcock	*s.* S 423	
S 413	**single cell**	Einzelzelle *f*	cellule *f* simple
S 414	**single-cell culture,** unicellular culture	Einzellkultur *f*	culture *f* unicellulaire
S 415	**single-channel analyser**	Einkanalanalysator *m*	analyseur *m* à canal unique
S 416	**single-channel apparatus**	Einkanalgerät *n*	appareil *m* à canal unique
S 417	**single determination**	Einzelbestimmung *f*	dosage *m* individuel
S 418	**single distillation**	Einzeldestillation *f*	distillation *f* individuelle
S 419	**single dose**	Einzeldosis *f*	dose *f* unique (simple)
S 420	**single-pan analytical balance**	Einschalenanalysenwaage *f*	balance *f* d'analyse à plateau unique
	single-phase test	*s.* O 44	
S 421	**single portion** *(material)*	Einzelprobe *f*	échantillon *m* unique
S 422	**single test**	Einzeltest *m*	épreuve *f* individuelle
	single-use cuvette	*s.* D 611	
	single-use material	*s.* D 613	
	single-use needle	*s.* D 612	
	single-use syringe	*s.* D 614	
	single-use test tube	*s.* D 615	
S 423	**single-way stopcock,** single-bore stopcock	Einweghahn *m*	robinet *m* à passage unique
	sinistrorotation	*s.* L 72	
	sintered-glass crucible	*s.* G 212	
S 424	**sinus lymphocyte**	Sinuslymphozyt *m*	lymphocyte *m* sinusal
S 425	**siphon / to,** to siphon off	abhebern, hebern	siphonner
	siphon / to	*s. a.* S 1041	
S 426	**siphon,** syphon	Saugheber *m,* Heber *m*	siphon *m*
	siphonage	*s.* G 88	
	siphonage of the stomach	*s.* G 81	
	siphoning	*s.* S 1042	
	siphon off / to	*s.* S 425, S 1041	
	sirupy	*s.* V 127	
S 427	**sister chromatid**	Schwesternchromatide *f,* Schwesternchromatid *n*	chromatide *m* sœur
	site of injection	*s.* I 290	
S 428	**site of the puncture**	Punktionsstelle *f*	site (lieu) *m* de ponction
S 429	**SI unit**	SI-Einheit *f*	unité *f* SI
	size	*s.* D 479	
	size	*s.* S 57	
S 430	**skatol[e],** scatole, 3-methylindole	Skatol *n,* 3-Methylindol *n*	skatol[e] *m,* méthyl-3-indole *m* , β-méthylindole *m*
S 431	**skin,** cutis, derma	Haut *f,* Cutis *f,* Derma *n*	peau *f*,derme *f,* cuir *m*
S 432	**skin biopsy**	Hautbiopsie *f*	biopsie *f* cutanée
S 433	**skin disinfectant**	Hautdesinfektionsmittel *n*	désinfectant *m* de la peau
S 434	**skin disinfection**	Hautdesinfektion *f*	désinfection *f* de la peau
S 435	**skin flora,** cutaneous (dermal) flora	Hautflora *f*	flore *f* de la peau
	skin fungus	*s.* D 224	
S 436	**skin pH**	Haut-pH *m*	pH *m* de la peau

S 437	**skin reaction,** cutaneous reaction, cutireaction, dermoreaction	Hautreaktion *f*, Kutanreaktion *f*, Dermoreaktion *f*	cutiréaction *f*, réaction *f* cutanée
	skin scale	*s.* C 1187	
S 438	**skin smear**	Hautabstrich *m*	prélèvement *m* de [la] peau
S 439	**skin test,** cutaneous test	Hauttest *m*, Hautprobe *f*, Kutantest *m*	épreuve *f* cutanée, réaction *f* cutanée
S 440	**slant agar,** slope agar	Schrägagar *m*	gélose *f* oblique
S 441	**slant agar tube,** slope agar tube	Schrägagarröhrchen *n*	tube *m* à gélose oblique
S 442	**sleeping cell,** slumber (Grawitz) cell	Schlummerzelle *f*, Mumienzelle *f*, Grawitz-Zelle *f*	
S 443	**slide,** microscope (microscopic) slide	Objektträger *m*	porte-objet *m*
S 444	**slide agglutination**	Objektträgeragglutination *f*	réaction *f* d'agglutination sur lame
	slide cover glass	*s.* C 1078	
S 445	**slide culture**	Objektträgerkultur *f*	culture *f* sur lame
	slide method	*s.* S 449	
S 446	**slide pincers**	Objektträgerpinzette *f*	pince *f* pour lame (porte-objet)
S 447	**slide preparation**	Objektträgerpräparat *n*	préparation *f* sur lame
S 448	**slide smear**	Objektträgerausstrich *m*	frottis *m* sur lame
S 449	**slide test,** slide method	Objektträgertest *m*, Slide-Test *m*	épreuve *f* sur la lame
S 450	**sliding microtome**	Schlittenmikrotom *n*	microtome *m* à glissière
	slightly soluble	*s.* S 599	
	slime mould	*s.* M 845	
S 451	**slit,** aperture *(optics)*	Spalt *m*	fente *f*
	slit	*s. a.* E 275	
S 452	**slit width**	Spaltbreite *f*	largeur *f* de fente
	slope agar	*s.* S 440	
	slope agar tube	*s.* S 441	
	slough	*s.* C 1126	
S 453	**slow-reacting substance,** SRS	langsam reagierende Substanz *f*	substance *f* à action lente
	slow to react	*s.* I 229	
	sludging of the blood	*s.* B 422	
	slumber cell	*s.* S 442	
	small blister	*s.* V 82	
S 454	**small bottle,** vial, phial *(pharmacy)*	Fläschchen *n*	flacon *m*, fiole *f*, petite bouteille
	small bowel biopsy	*s.* S 455	
	small bowel contents	*s.* S 456	
	small bowel enzyme	*s.* S 457	
	small bowel intubation	*s.* S 458	
	small bowel mucosa	*s.* S 459	
	small cell	*s.* C 284	
	small drop	*s.* D 766	
S 455	**small intestine biopsy,** small bowel biopsy	Dünndarmbiopsie *f*, Enterobiopsie *f*	biopsie *f* de l'intestin grêle, entérobiopsie *f*
S 456	**small intestine contents,** small bowel contents	Dünndarminhalt *m*	contenu *m* de l'intestin grêle
S 457	**small intestine enzyme,** small bowel enzyme, enzyme of small intestine	Dünndarmenzym *n*	enzyme *m* de l'intestin grêle
S 458	**small intestine intubation,** small bowel intubation	Dünndarmintubation *f*	intubation *f* de l'intestin grêle
S 459	**small intestine mucosa,** small bowel mucosa	Dünndarmschleimhaut *f*	muqueuse *f* de l'intestin grêle
S 460	**small-porosity gel**	kleinporiges Gel *n*	gel *m* à porosité faible
S 461	**smallpox virus**	Kuhpockenvirus *n*	virus *m* de vaccine
	smallpox virus	*s. a.* V 51	
	small-scale equipment	*s.* B 115	
S 462	**smear,** smear preparation	Ausstrich *m*, Ausstrichpräparat *n*	frottis *m*, étalement *m*, préparation de frottis
	smear	*s. a.* S 1155	
S 463	**smear cytology,** brush cytology	Ausstrichzytologie *f*, Tupfzytologie *f*	cytologie *f* de frottis
S 464	**smear loop,** wire loop for microscopy	Abstrichöse *f*	anse *f* pour microscopie
S 465	**smear needle,** microscopy needle	Abstrichnadel *f*	aiguille *f* pour microscopie
	smear preparation	*s.* S 462	
S 466	**smear staining**	Ausstrichfärbung *f*	coloration *f* de frottis
S 467	**smegma,** sebum praepubiale	Smegma *n*, Vorhauttalg *m*	smegma *m*
S 468	**smegma mycobacterium,** Mycobacterium smegmatis	Smegmabakterie *f*	mycobactérie *f* du smegma, mycobactérie de la saleté
S 469	**smell,** odour	Geruch *m*	odeur *f*
	smell / without	*s.* I 299	
S 470	**Smith-Dietrich method**	Smith-Dietrich-Reaktion *f*	réaction *f* de Smith-Dietrich
S 471	**smoker**	Raucher *m*	fumeur *m*
S 472	**smooth**	glatt	lisse
S 473	**smooth form,** S form	Glattform *f*, S-Form *f*	type *m* S, variante *f* S (lisse)
S 474	**smooth muscle tissue**	glattes Muskelgewebe *n*	tissu *m* musculaire lisse
S 475	**smooth musculature antibody**	Antikörper *m* gegen glatte Muskulatur	anticorps *m* antimusculature lisse
	smooth test	*s.* T 88	
	Sn	*s.* T 348	
	snake cell	*s.* F 82	
S 476	**snake poison (venom),** venin, venene	Schlangengift *n*	venin *m* de serpent
	soak / to	*s.* W 18	

	soaking	*s.* W 28	
S 477	**soap**	Seife *f*	savon *m*
S 478	**socket,** female tapered joint	Schliffhülse *f*	joint *m* rodé, douille *f* rodée
	soda	*s.* S 489	
	soda lye	*s.* S 515	
	sodamide	*s.* S 482	
	soda nitre	*s.* S 525	
S 479	**sodium,** Na	Natrium *n,* Na	sodium *m,* Na
S 480	**sodium acetate**	Natriumacetat *n*	acétate *m* de sodium
S 481	**sodium acetate buffer**	Natriumacetatpuffer *m*	tampon *m* d'acétate de sodium
S 482	**sodium amide,** sodamide	Natriumamid *n*	amidure *m* de sodium
S 483	**sodium anthraquinone-2-sulphonate,** silver salt	Natriumanthrachinon-2-sulfonat *n,* Silbersalz *n*	anthraquinone-2-sulfonate *m* sodique (de sodium), sel *m* d'argent
S 484	**sodium arsenite**	Natriumarsenit *n*	arsénite *m* de sodium
S 485	**sodium azide**	Natriumazid *n*	azide *m* de sodium
S 486	**sodium barbital**	Natriumbarbiturat *n*	barbital *m* sodique
S 487	**sodium benzoate**	Natriumbenzoat *n*	benzoate *m* de sodium
	sodium bicarbonate	*s.* S 509	
S 488	**sodium bromide**	Natriumbromid *n*	bromure *m* de sodium
S 489	**sodium carbonate,** soda	Natriumcarbonat *n,* Soda *f (n)*	carbonate *m* de sodium, soude *f*
	sodium carboxyamylopectin	*s.* U 8	
S 490	**sodium chlorate**	Natriumchlorat *n*	chlorate *m* de sodium
S 491	**sodium chloride,** common salt	Natriumchlorid *n,* Kochsalz *n*	chlorure *m* de sodium, sel *m* de cuisine, sel blanc
S 492	**sodium chloride agar,** common salt agar	Kochsalzagar *m*	gélose *f* au sel de cuisine
S 493	**sodium chloride solution,** solution of sodium chloride, solution of [common] salt, saline (salt) solution	Natriumchloridlösung *f,* Kochsalzlösung *f*, Salzlösung *f*	solution *f* de chlorure de sodium, solution de sel de cuisine, solution salée
S 494	**sodium chloride tolerance test,** common salt tolerance test	Kochsalztoleranztest *m*	épreuve *f* de tolérance au sel de cuisine
S 495	**sodium chromate**	Natriumchromat *n*	chromate *m* de sodium
S 496	**sodium citrate**	Natriumcitrat *n*	citrate *m* de sodium, citrate trisodique hydraté
S 497	**sodium clearance**	Natrium-Clearance *f*	clearance *f* de sodium
	sodium concentration	*s.* S 521	
S 498	**sodium cyanide**	Natriumcyanid *n*	cyanure *m* de sodium
S 499	**sodium deoxycholate**	Natriumdesoxycholat *n*	désoxycholate *m* de sodium
S 500	**sodium dichromate**	Natriumdichromat *n*	bichromate *m* de sodium
S 501	**sodium diethylbarbiturate**	Natriumdiethylbarbiturat *n*	diéthylbarbiturate *m* de sodium
S 502	**sodium dihydrogen [ortho]phosphate**	Natriumdihydrogenorthophosphat *n,* Natriumdihydrogenphosphat *n*	dihydrogénophosphate *m* de sodium
S 503	**sodium dithionite**	Natriumdithionit *n*	dithionite *m* de sodium
S 504	**sodium dodecylsulphate,** sodium laurylsulphate	Natriumdodecylsulfat *n,* Natriumlaurylsulfat *n*	dodécylsulfate (laurylsulfate) *m* de sodium
S 505	**sodium fluoride**	Natriumfluorid *n*	fluorure *m* de sodium
S 506	**sodium formate**	Natriumformiat *n*	formiate *m* de sodium
S 507	**sodium glycerophosphate**	Natriumglycerophosphat *n*	glycérophosphate *m* de sodium
S 508	**sodium heparinate**	Natriumheparinat *n*	héparinate *m* de sodium
S 509	**sodium hydrogencarbonate,** sodium bicarbonate	Natriumhydrogencarbonat *n,* Natriumbicarbonat *n*	hydrogénocarbonate *m* (bicarbonate *m,* carbonate *m* acide) de sodium
S 510	**sodium hydrogenoxalate**	Natriumhydrogenoxalat *n*	oxalate *m* acide de sodium
S 511	**sodium hydrogensuccinate**	Natriumhydrogensuccinat *n*	hydrogénosuccinate *m* de sodium
S 512	**sodium hydrogensulphate**	Natriumhydrogensulfat *n*	hydrogénosulfate *m* de sodium
S 513	**sodium hydrogensulphite**	Natriumhydrogensulfit *n*	hydrogénosulfite *m* de sodium
S 514	**sodium hydroxide,** caustic soda	Natriumhydroxid *n,* Ätznatron *n*	hydroxyde *m* de sodium, soude *f* caustique
S 515	**sodium hydroxide solution,** caustic soda solution, caustic lye of soda, soda lye	Natronlauge *f,* Natriumhydroxidlösung *f*	solution *f* d'hydroxyde de sodium, lessive *f* de soude, soude *f* caustique liquide
S 516	**sodium hypochlorite**	Natriumhypochlorit *n*	hypochlorite *m* de sodium
S 517	**sodium iodate**	Natriumiodat *n*	iodate *m* de sodium
S 518	**sodium iodide**	Natriumiodid *n*	iodure *m* de sodium
S 519	**sodium ion**	Natriumion *n*	ion *m* de sodium
S 520	**sodium lactate**	Natriumlactat *n*	lactate *m* de sodium
	sodium laurylsulphate	*s.* S 504	
S 521	**sodium level,** sodium concentration	Natriumspiegel *m*	taux *m* de sodium
S 522	**sodium malate**	Natriummalat *n*	malate *m* de sodium
S 523	**sodium malonate**	Natriummalonat *n*	malonate *m* de sodium
	sodium metaperiodate	*s.* S 531	
S 524	**sodium molybdate**	Natriummolybdat *n*	molybdate *m* de sodium
S 525	**sodium nitrate,** soda nitre, Chile saltpetre, Chilean nitrate	Natriumnitrat *n,* Natronsalpeter *m*	nitrate *m* de sodium, azotate *m* de sodium, nitrate de soude, salpêtre *m* du Chili
S 526	**sodium nitrite**	Natriumnitrit *n*	nitrite *m* de sodium
S 527	**sodium nitroprusside,** disodium pentacyanonitrosylferrate	Natriumnitroprussid *n,* Nitroprussidnatrium *n*	nitroprussiate (nitroferricyanure) *m* de sodium

S 528	**sodium orthophosphate,** sodium phosphate	Natriumorthophosphat *n*, Natriumphosphat *n*	orthophosphate *m* (phosphate *m* neutre) de sodium
S 529	**sodium oxalate**	Natriumoxalat *n*	oxalate *m* de sodium
S 530	**sodium pentobarbital**	Natriumpentobarbiturat *n*	pentobarbital *m* de sodium
S 531	**sodium periodate,** sodium metaperiodate	Natriumperiodat *n*, Natriummetaperiodat *n*	periodate (métaperiodate) *m* de sodium
S 532	**sodium permanganate**	Natriumpermanganat *n*	permanganate *m* de sodium
S 533	**sodium peroxide**	Natriumperoxid *n*	peroxyde (dioxyde, bioxyde, superoxyde) *m* de sodium
	sodium phosphate	*s.* S 528	
S 534	**sodium phthalate**	Natriumphthalat *n*	phtalate *m* de sodium
S 535	**sodium-potassium coefficient (quotient)**	Natrium-Kalium-Quotient *m*	quotient *m* de sodium-potassium
S 536	**sodium pyruvate**	Natriumpyruvat *n*	pyruvate *m* de sodium
S 537	**sodium salicylate**	Natriumsalicylat *n*	salicylate *m* de sodium
S 538	**sodium salt**	Natriumsalz *n*	sel *m* de sodium, sel sodique
S 539	**sodium sulphate,** Glauber's salt	Natriumsulfat *n*, Glaubersalz *n*	sulfate *m* de sodium, sel *m* de Glauber, sulfate disodique (de soude)
S 540	**sodium sulphide**	Natriumsulfid *n*	[mono]sulfure *m* de sodium
S 541	**sodium sulphite**	Natriumsulfit *n*	sulfite *m* de sodium
S 542	**sodium tartrate**	Natriumtartrat *n*	tartrate *m* de sodium
S 543	**sodium tellurite**	Natriumtellurit *n*	tellurite *m* de sodium
S 544	**sodium tetraborate**	Natriumtetraborat *n*	tétraborate *m* de sodium
S 545	**sodium thiosulphate**	Natriumthiosulfat *n*	thiosulfate *m* de sodium
S 546	**sodium urate**	Natriumurat *n*	urate *m* de sodium
S 547	**sodium vanadate**	Natriumvanadat *n*	vanadate *m* de sodium
S 548	**soft agar**	Weichagar *m*	gélose *f* molle
S 549	**soften / to** *(water)*	enthärten	radoucir
	softener	*s.* S 551	
S 550	**softening** *(water)*	Enthärtung *f*, Enthärten *n*	adoucissement *m*
S 551	**softening agent,** softener	Enthärtungsmittel *n*, Enthärter *m*	agent *m* d'adoucissement
S 552	**sol**	Sol *n*	sol *m*
S 553	**solid, solid body,** solid matter	Festkörper *m*	corps *m* solide, solide *m*
	solid carbon dioxide	*s.* D 793	
S 554	**solid culture [medium],** solid medium (nutrient substrate)	fester Nährboden *m*	milieu *m* de culture solide
S 555	**solid-liquid chromatography**	Fest-Flüssig-Chromatographie *f*	chromatographie *f* solide-liquide
	solid matter	*s.* S 553	
	solid medium	*s.* S 554	
	solid nutrient substrate	*s.* S 554	
S 556	**solid phase,** fixed phase	feste Phase *f*, Festphase *f*	phase *f* solide
S 557	**solid-phase complement fixation test**	Festphasen-Komplementbindungstest *m*	épreuve *f* de fixation du complément en phase solide
S 558	**solid-phase fluoroimmunoassay**	Festphasenfluoroimmunoassay *m*	dosage *m* fluoroimmunologique en phase solide
S 559	**solid-phase immunoassay**	Festphasenimmunoassay *m*	dosage *m* immunologique en phase solide
S 560	**solid-phase radioimmunoassay**	Festphasenradioimmunoassay *m*	radioimmunoassay *m* en phase solide
S 561	**solid state**	fester Zustand *m*	état *m* solide
S 562	**solid support**	fester Träger *m*	support *m* solide
S 563	**solubility**	Löslichkeit *f*	solubilité *f*
S 564	**solubility coefficient,** coefficient of solubility	Löslichkeitskoeffizient *m*, Löslichkeitskonstante *f*	coefficient *m* (constante *f*) de solubilité
S 565	**solubility curve**	Löslichkeitskurve *f*	courbe *f* de solubilité
S 566	**solubility equilibrium**	Löslichkeitsgleichgewicht *n*	équilibre *m* de solubilité
	solubility in acids	*s.* A 167	
	solubility in alcohol	*s.* A 444	
	solubility in alkalies	*s.* A 499	
	solubility in fat	*s.* L 317	
	solubility in water	*s.* W 37	
S 567	**solubility product**	Löslichkeitsprodukt *n*	produit *m* de solubilité
S 568	**solubility test**	Löslichkeitstest *m*	épreuve *f* de solubilité
S 569	**soluble,** dissoluble, dissolvable	löslich, auflösbar, solubel	soluble, dissoluble
S 570	**soluble antigen,** S antigen	S-Antigen *n*, lösliches Antigen *n*	antigène *m* S (soluble)
	soluble glass	*s.* W 26	
	soluble in acetone	*s.* A 87	
	soluble in acids	*s.* A 168	
	soluble in alcohol	*s.* A 445	
	soluble in alkalies	*s.* A 500	
	soluble in ether	*s.* E 490	
	soluble in fat	*s.* L 307	
	soluble in water	*s.* W 38	
	solute	*s.* D 639	
S 571	**solution**	Lösung *f*	solution *f*
	solution for use	*s.* W 103	
	solution of ammonia	*s.* A 630	
	solution of common salt	*s.* S 493	
	solution of electrolytes	*s.* E 85	

No.	English	German	French
	solution of salt	*s.* S 493	
	solution of sodium chloride	*s.* S 493	
S 572	**solution pressure,** solution tension	Lösungsdruck *m*	pression *f* de solution
S 573	**solution temperature**	Lösungstemperatur *f*	température *f* de solution
	solution tension	*s.* S 572	
S 574	**solvate / to**	solvatisieren	solvater
S 575	**solvation**	Solvation *f*, Solvatisierung *f*, Solvatisieren *n*	solvatation *f*
	solve / to	*s.* D 636	
	solvency	*s.* S 578	
S 576	**solvent, solvent agent,** dissolvent, dissolver	Lösungsmittel *n*, Solvens *n*	solvant *m*, dissolvant *m*
S 577	**solvent extraction**	Lösungsmittelextraktion *f*	extraction *f* des solvants
S 578	**solvent power,** solvency, dissolving power	Lösungsvermögen *n*, Auflösungsvermögen *n*	pouvoir *m* dissolvant (solubilisateur)
	soma cell	*s.* B 449	
S 579	**somatic**	somatisch	somatique
	somatic antigen	*s.* O 2	
	somatic cell	*s.* B 449	
S 580	**somatoblast**	Somatoblast *m*	somatoblaste *m*
S 581	**somatogen[et]ic**	somatogen	somatogène
S 582	**somatoliberin,** somatotropin-releasing hormone (factor), growth hormone-releasing hormone (factor), SRH, SRF, GRH, GRF, GH-RH, GH-RF	Somatoliberin *n*, Somatotropin-Releasinghormon *n*, Somatotropin-Releasingfaktor *m*, somatotropinfreisetzendes Hormon *n*, somatotropinfreisetzender Faktor *m*	somatolibérine *f*, facteur *m* (hormone *f*) de libération de la somatotropine, GHRH
S 583	**somatomedin**	Somatomedin *n*	somatomédine *f*
S 584	**somatoplasm**	Somatoplasma *n*	somatoplasme *m*
S 585	**somatostatin,** somatotropin release-inhibiting hormone (factor), growth hormone-inhibiting hormone (factor), SIH, SIF, GIH, GIF	Somatostatin *n*, somatotropinfreisetzungshemmendes Hormon *n*, somatotropinfreisetzungshemmender Faktor *m*, Wachstumshemmfaktor *m*, GIH, GIF	somatostatine *f*, facteur *m* d'inhibition de croissance, GIH, GIF
	somatotropic hormone	*s.* S 586	
S 586	**somatotropin,** somatotropic (growth, human growth) hormone, STH, HGH	Somatotropin *n*, somatotropes Hormon *n*, Wachstumshormon *n*, humanes Wachstumshormon, STH	somatotrophine *f*, hormone *f* somatotrope hypophysaire, hormone de croissance, somatostimuline *f*, STH
	somatotropin release-inhibiting factor	*s.* S 585	
	somatotropin release-inhibiting hormone	*s.* S 585	
	somatotropin-releasing factor	*s.* S 582	
	somatotropin-releasing hormone	*s.* S 582	
	somnifacient	*s.* S 587	
	somnifacient agent	*s.* S 587	
S 587	**soporific,** somnifacient [agent], hypnotic, narcotic	Schlafmittel *n*	somnifère *m*, hypnotique *m*, hypnagogue *m*, soporifique *m*, dormitif *m*
S 588	**sorb / to**	sorbieren	adsorber
S 589	**sorbent, sorbent material,** sorbing agent	Sorptionsmittel *n*, Sorbens *n*, Sorbent *n*, sorbierende Substanz *f*	adsorbant *m*, agent *m* de sorption, sorbant *m*
	sorbing agent	*s.* S 589	
	sorbite	*s.* S 590	
S 590	**sorbitol,** sorbite, glucitol, glucite	Sorbitol *n*, Sorbit *n*, Glucit[ol] *n*	sorbitol *m*, sorbite *f*, glycitol *m*, glucite *m*
S 591	**sorbitol dehydrogenase,** *L*-iditol dehydrogenase, polyol dehydrogenase	Sorbitdehydrogenase *f*, *L*-Iditoldehydrogenase *f*, Polyoldehydrogenase *f*	sorbitol-déshydrogénase *f*, *L*-iditol-déshydrogénase *f*, polyol-déshydrogénase *f*
S 592	**sorbose**	Sorbose *f*	sorbose *m*, sorbine *f*, sorbinose *m*
S 593	**sorption**	Sorption *f*, Sorbieren *n*	sorption *f*
S 594	**sorptive ability (power)**	Sorptionsfähigkeit *f*, Sorptionsvermögen *n*	capacité *f* de sorption, pouvoir *m* de sorption
S 595	**sorrel salt**	Kleesalz *n*	sel *m* d'oseille
	sound	*s.* P 947	
	sound / to	*s.* P 946	
	sounding	*s.* P 948	
	source of energy	*s.* E 239	
S 596	**source of error**	Fehlerquelle *f*	source *f* d'erreur
	source of heat	*s.* H 185	
S 597	**source of infection**	Infektionsquelle *f*	source *f* d'infection
	source of radiation	*s.* R 16	
	sowing wire loop	*s.* I 295	
	Soxhlet apparatus	*s.* S 598	
S 598	**Soxhlet extractor,** Soxhlet apparatus	Soxhlet-Extraktor *m*, Soxhlet-Apparat *m*	extracteur *m* [de] Soxhlet, appareil *m* Soxhlet
	space isomerism	*s.* S 864	
	space lattice	*s.* C 1145	
S 599	**sparingly soluble,** slightly soluble	schwer löslich	peu (difficilement) soluble
S 600	**spasmolytic [agent],** antispasmodic [agent]	Spasmolytikum *n*, krampflösendes Mittel *n*	spasmolytique *m*, antispasmodique *m*

No.	English	German	French
S 601	**spatula,** blade	Spatel *m*	spatule *f*
S 602	**special diagnostics**	spezialisierte Diagnostik *f*	diagnostic *m* spécialisé
S 603	**special glass** *(material)*	Spezialglas *n*	verre *m* spécial
S 604	**specialisation**	Spezialisierung *f*	spécialisation *f*
S 605	**specialist**	Facharzt *m*	[médecin] spécialiste *m*
S 606	**special medium**	Spezialnährboden *m*	milieu *m* de culture spécial
S 607	**special paper**	Spezialpapier *n*	papier *m* spécial
S 608	**special staining**	Spezialfärbung *f*	coloration *f* spéciale
S 609	**species**	Spezies *f*, Art *f*	espèce *f*
	species-specific antigen	*s.* C 354	
	species-specific protein	*s.* C 355	
S 610/2	**specific**	spezifisch, arteigen	spécifique, propre à l'espèce
S 613	**specific activity**	spezifische Aktivität *f*	activité *f* spécifique
S 614	**specific antigen**	spezifisches Antigen *n*	antigène *m* spécifique
S 615	**specification**	Spezifizierung *f*, Spezifikation *f*	spécification *f*
S 616	**specific energy**	spezifische Energie *f*	énergie *f* spécifique
S 617	**specific gravity,** specific weight	spezifisches Gewicht *n*	poids *m* spécifique
S 618	**specific heat [capacity],** specific thermal capacity	spezifische Wärme *f*	chaleur *f* spécifique
S 619	**specificity**	Spezifität *f*	spécificité *f*
S 620	**specificity of action**	Wirkungsspezifität *f*	spécificité *f* d'action
S 621	**specificity of antibody**	Antikörperspezifität *f*	spécificité *f* d'anticorps
S 622	**specificity of antigen**	Antigenspezifität *f*	spécificité *f* d'antigène
S 623	**specific method**	spezifische Methode *f*	méthode *f* spécifique
S 624	**specific reaction**	spezifische Reaktion *f*	réaction *f* spécifique
S 625	**specific reagent**	spezifisches Reagens *n*	réactif *m* spécifique
S 626	**specific rotation**	spezifische Drehung *f*	rotation *f* spécifique
	specific thermal capacity	*s.* S 618	
S 627	**specific volume**	spezifisches Volumen *n*	volume *m* spécifique
	specific weight	*s.* S 617	
S 628	**specify / to**	spezifizieren	spécifier, détailler, préciser
S 629	**specimen** *(portion of material available for analysis)*, sample *(portion of a specimen, usually measured, that is used in an analysis)*, test[ing] material	Probenmaterial *n*, Probe *f*, Prüfmaterial *n*, Untersuchungsmaterial *n*, Untersuchungsgut *n*	spécimen *m*, échantillon *m*, matière *f* en étude, matériel d'essai
S 630	**specimen collection,** sample collection	Probensammlung *f*	collection *f* de spécimens
	specimen handling	*s.* S 54	
	specimen of stool	*s.* S 930	
	specimen processing	*s.* S 54	
S 631	**specimen storage,** storage of specimens	Probenspeicherung *f*, Probenaufbewahrung *f*	stockage *m* de spécimens
S 632	**specimen transport,** transport of specimens	Probentransport *m*	transport *m* de spécimens
S 633	**spectral analysis,** spectrum analysis, spectroscopic analysis	Spektralanalyse *f*	analyse *f* spectrale, analyse spectroscopique, analyse du spectre
S 634	**spectral colour,** spectrum colour	Spektralfarbe *f*	couleur *f* spectrale
S 635	**spectral examination**	Spektraluntersuchung *f*	examen *m* spectral
S 636	**spectral filter,** spectrum filter	Spektralfilter *n*	filtre *m* spectral
S 637	**spectral line,** spectrum line	Spektrallinie *f*	raie *f* spectrale
S 638	**spectral range (region)**	Spektralbereich *m*	domaine *m* spectral
S 639	**spectrin**	Spectrin *n*	spectrine *f*
S 640	**spectrochemical analysis**	spektrochemische Analyse *f*	analyse *f* spectrochimique
S 641	**spectrochemistry**	Spektrochemie *f*	spectrochimie *f*
S 642	**spectrocolorimeter**	Spektralkolorimeter *n*, Spektrokolorimeter *n*	spectrocolorimètre *m*
S 643	**spectrocolorimetry**	Spektralkolorimetrie *f*, Spektrokolorimetrie *f*	spectrocolorimétrie *f*
S 644	**spectrogram**	Spektrogramm *n*	spectrogramme *m*
S 645	**spectrograph**	Spektrograph *m*	spectrographe *m*
S 646	**spectrographic**	spektrographisch	spectrographique
S 647	**spectrography**	Spektrographie *f*	spectrographie *f*
S 648	**spectrometer**	Spektrometer *n*	spectromètre *m*
S 649	**spectrometric**	spektrometrisch	spectrométrique
S 650	**spectrometry**	Spektrometrie *f*	spectrométrie *f*
S 651	**spectrophotometer**	Spektralphotometer *n*, Spektrophotometer *n*	spectrophotomètre *m*
S 652	**spectrophotometric**	spektralphotometrisch, spektrophotometrisch	spectrophotométrique
S 653	**spectrophotometric measurement**	spektralphotometrische Messung *f*	mesure *f* spectrophotométrique
S 654	**spectrophotometry**	Spektralphotometrie *f*, Spektrophotometrie *f*	spectrophotométrie *f*
S 655	**spectropolarimeter**	Spektropolarimeter *n*	spectropolarimètre *m*
S 656	**spectropolarimetric**	spektropolarimetrisch	spectropolarimétrique
S 657	**spectropolarimetry**	Spektropolarimetrie *f*	spectropolarimétrie *f*
S 658	**spectroscope**	Spektroskop *n*	spectroscope *m*
S 659	**spectroscopic[al]**	spektroskopisch	spectroscopique
	spectroscopic analysis	*s.* S 633	
S 660	**spectroscopy**	Spektroskopie *f*	spectroscopie *f*

S 661	**spectrum**	Spektrum *n*	spectre *m*
	spectrum analysis	*s.* S 633	
	spectrum colour	*s.* S 634	
	spectrum filter	*s.* S 636	
	spectrum line	*s.* S 637	
	spectrum of activity	*s.* A 218	
S 662	**speculum**	Spekulum *n*, Spiegel *m (Medizin)*	spéculum *m*
	speed / to	*s.* A 52	
	speed	*s.* V 59	
	speeding-up	*s.* A 53	
S 663	**speed of analysis**	Analysengeschwindigkeit *f*	vitesse *f* d'analyse
	speed of diffusion	*s.* D 416	
	speed of migration	*s.* M 561	
S 664	**speed of permeation**	Permeationsgeschwindigkeit *f*	vitesse *f* de perméation
	speed up / to	*s.* A 52	
S 665	**sperm,** seminal fluid	Sperma *n*, Samen *m*, Samenflüssigkeit *f*	sperme *m*, fluide spermatique
	sperma plasma	*s.* S 206	
	spermatic cell	*s.* S 670	
	spermatic filament	*s.* S 670	
S 666	**spermatid,** spermid, spermatoblast	Spermatide *f*, Spermide *f*, Spermatoblast *m*	spermatide *m*, spermatoblaste *m*
	spermatoblast	*s.* S 666	
S 667	**spermatocyte**	Spermatozyt *m*	spermatocyte *m*
S 668	**spermatogonium,** sperm[at]ospore, spermatophore	Spermatogonium *n*, Spermiogonium *n*	spermatogonie *f*, spermatospore *f*
S 669	**spermatolysin**	Spermatolysin *n*	spermatolysine *f*
	spermatophore	*s.* S 668	
	spermatospore	*s.* S 668	
S 670	**spermatozoon,** spermium, spermatic cell (filament), sperm (male sexual) cell	Spermium *n*, Spermie *f*, Spermatozoon *n*, Samenzelle *f*, Samenfaden *m*	spermie *f*, spermatosome *m*, spermatozoïde *m*, cellule *f* sexuelle mâle, gamète *m* mâle, filament *m* spermatique
	sperm cell	*s.* S 670	
S 671	**sperm crystal,** Boettcher's crystal	Spermakristall *n*, Samenkristall *n*, Boettcher-Kristall *n*	cristal *m* du sperme
S 672	**sperm donor**	Samenspender *m*	donneur *m* de sperme
	spermid	*s.* S 666	
S 673	**spermidine**	Spermidin *n*	spermidine *f*
S 674	**spermin[e]**	Spermin *n*	spermine *f*, neuridine *f*
S 675	**spermiogram**	Spermatogramm *n*, Spermiogramm *n*, Spermiozytogramm *n*	spermogramme *m*
	spermium	*s.* S 670	
	sperm obtained by masturbation	*s.* M 148	
	spermospore	*s.* S 668	
	sperm plasma	*s.* S 206	
	spherical	*s.* G 239	
S 676	**spherical [ground glass] joint**	Kugelschliff *m*	joint *m* sphérique
S 677	**spherocyte,** round cell	Sphärozyt *m*, Kugelzelle *f*, Rundzelle *f*	sphérocyte *m*, microcyte *m* en sphère
	spheroprotein	*s.* G 240	
S 678	**sphingoglycolipid**	Sphingoglycolipid *n*	sphingoglycolipide *m*
S 679	**sphingolipid**	Sphingolipid *n*	sphingolipide *m*
S 680	**sphingomyelin,** sphingophosphatid, sphingophospholipid	Sphingomyelin *n*, Sphingophosphatid *n*, Sphingophospholipid *n*	sphingomyéline *f*, sphingophospatide *m*, sphingophospholipide *m*
S 681	**sphingomyelinase**	Sphingomyelinase *f*	sphingomyélinase *f*
	sphingomyelinlecithin coefficient	*s.* S 682	
S 682	**sphingomyelin-lecithin quotient,** sphingomyelinlecithin coefficient	Sphingomyelin-Lecithin-Quotient *m*	quotient *m* de sphingomyéline-lécithine
	sphingophosphatid	*s.* S 680	
	sphingophospholipid	*s.* S 680	
S 683	**sphingosine**	Sphingosin *n*	sphingosine *f*, sphingosinol *m*
	spider cell	*s.* A 1082	
S 684	**spinal cord,** spinal marrow	Rückenmark *n*	moelle *f* épinière (dorsale), cordon *m* de la moelle épinière
	spinal fluid	*s.* C 328	
S 685	**spinal fluid findings**	Liquorbefund *m*	résultat *m* de l'examen du liquide céphalo-rachidien
	spinal marrow	*s.* S 684	
	spinal needle	*s.* L 435	
	spinal punctate	*s.* L 433	
	spinal puncture	*s.* L 434	
	spinal tap	*s.* L 434	
S 686	**spindle** *(cytology)*	Spindel *f*	fuseau *m*
S 687	**spindle cell,** fusiform cell	Spindelzelle *f*	cellule *f* fusiforme
S 688	**spindle-shaped,** fusiform	spindelförmig, fusiform	fusiforme
S 689	**spin immunoassay**	Spin-Immunoassay *m*	immunoessai *m* à spin
S 690	**spin resonance**	Spinresonanz *f*	résonance *f* de spin
S 691	**spiral[-shaped],** helical	spiralförmig, schraubenförmig	spiral, hélicoïdal, hélicoïde
	spiral trichinella	*s.* T 540	

S 692	**Spirillum**	Schraubenbakterie *f*, Spirille *f*	spirille *m*
	spirit	*s.* E 480	
	spirit insolubility	*s.* A 438	
	spirit-insoluble	*s.* A 439	
	spirit of wine	*s.* E 480	
	spirit solubility	*s.* A 444	
	spirit-soluble	*s.* A 445	
	spirituous	*s.* A 433	
	Spirochaeta	*s.* S 694	
S 693	**spirochaetal stain[ing]**	Spirochätenfärbung *f*	coloration *f* des spirochètes
	Spirochaeta pallida	*s.* T 534	
	Spirochaeta vincenti	*s.* B 498	
S 694	**spirochaete, spirochete,** Treponema, Spirochaeta	Spirochäte *f*	tréponème *m*, spirochæte *m*, spirochète *m*
S 695	**spironolactone**	Spironolacton *n*	spiro[no]lactone *f*
S 696	**spironolactone test**	Spironolactontest *m*	test *m* à la spironolactone
	spittle	*s.* S 25	
S 697	**spittoon, spittoon bowl (glass)**	Speiglas *n*, Speischale *f*, Spuckflasche *f*	crachoir *m*, cuvette *f*, gobelet *m* à expectoration
S 698	**spleen,** lien	Milz *f*, Splen *m*, Lien *m*	rate *f*, spleen *m*, lien *m*
S 699	**spleen cell,** splenocyte	Milzzelle *f*, Splenozyt *m*	splénocyte *m*, cellule *f* splénique
S 700	**splenic homogenate,** lineal homogenate	Milzhomogenat *n*	homogénat *m* splénique
S 701	**splenic punctate,** lineal punctate	Milzpunktat *n*	produit *m* de ponction splénique
S 702	**splenic puncture,** lineal puncture	Milzpunktion *f*	ponction *f* splénique
S 703	**splenic tissue,** lineal tissue	Milzgewebe *n*	tissu *m* splénique
	splenocyte	*s.* S 699	
S 704	**split / to,** to cleave; to decompose, to break *(chemistry)*; to fissure *(nuclear medicine)*	spalten	fendre, cliver, couper, décomposer, dissocier, briser, provoquer une fission
S 705	**splitting,** cleavage; decomposition, breakdown *(chemistry)*; fission *(nuclear medicine)*	Spaltung *f*	coupure *f*, ouverture *f*, décomposition *f*, craquage *m*, fission *f*
S 706	**splitting enzyme (ferment)**	Abbauenzym *n*	enzyme *m* de décomposition
	splitting of fat	*s.* L 300	
	splitting of protein	*s.* P 1106	
S 707	**splitting product,** cleavage product; breakdown product *(chemistry)*; fission product, product of fission *(nuclear medicine)*	Spaltprodukt *n*	produit *m* de coupure, produit de désintégration, produit de fission
S 708	**spodogram**	Aschenbild *n*, Spodogramm *n*	spodogramme *m*
	sponge	*s.* S 1156	
S 709	**sponge biopsy**	Schwammbiopsie *f*	biopsie *f* d'éponge
	sponge-like	*s.* S 711	
	spongiform	*s.* S 711	
S 710	**spongin**	Spongin *n*	spongine *f*, spongosine *f*
	spongioblast	*s.* G 232	
	spongiocyte	*s.* G 228	
	spongioid	*s.* S 711	
S 711	**spongy,** spongiform, spongioid, sponge-like	schwammartig, schwammförmig, schwammähnlich, schwammig, spongiform	spongiforme, spongioïde, spongoïde, spongieux
S 712	**spontaneity**	Spontanität *f*	spontanéité *f*
S 713	**spontaneous**	spontan	spontané
S 714	**spontaneous agglutination**	Spontanagglutination *f*	agglutination *f* spontanée
S 715	**spontaneous antibody**	Spontanantikörper *m*	anticorps *m* spontané
S 716	**spontaneous clotting (coagulation) time**	Spontangerinnungszeit *f*	temps *m* de coagulation spontanée
S 717	**spontaneous fibrinolysis**	Spontanfibrinolyse *f*	fibrinolyse *f* spontanée
	spontaneous platelet aggregation	*s.* S 719	
S 718	**spontaneous serum**	Spontanserum *n*	sérum *m* spontané
S 719	**spontaneous thrombocyte aggregation,** spontaneous platelet aggregation	Thrombozytenspontanaggregation *f*	agrégation *f* des thrombocytes spontanée
S 720	**spontaneous urine**	Spontanurin *m*	urine *f* spontanée
S 721	**spoon** *(laboratory)*	Löffel *m*	cuiller *f*, spatule *f*
S 722	**sporadic**	sporadisch	sporadique
S 723	**spore**	Spore *f*	spore *f*
	spore formation	*s.* S 731	
S 724	**spore staining**	Sporenfärbung *f*	coloration *f* de[s] spores
S 725	**sporoblast**	Sporoblast *m*	sporoblaste *m*
S 726	**sporocyst**	Sporozyste *f*	sporocyste *m*
S 727	**sporocyte**	Sporozyt *m*	sporocyte *m*
	sporogenesis	*s.* S 731	
S 728	**sporotrichin**	Sporotrichin *n*	sporotrichine *f*
	sporozoan	*s.* S 730	
S 729	**sporozoite**	Sporozoit *m*, Sichelkeim *m*	sporozoïte *m*
S 730	**sporozoon,** sporozoan	Sporozoon *n*, Sporentierchen *n*	sporozoaire *m*

S 731	**sporulation,** spore formation, formation of spores, sporogenesis	Sporenbilding *f*	formation *f* des spores
	spot / to	*s.* A 959 b	
S 732	**spot**	Fleck *m*	spot *m*
S 733	**spot analysis,** spot test analysis, drop [test] analysis	Tüpfelanalyse *f*	analyse *f* par goutte
S 734	**spot diameter**	Fleckendurchmesser *m*	diamètre *m* du spot
S 735	**spot plate**	Tüpfelplatte *f*	plaque *f* aux sports
S 736	**spotted fever rickettsia,** Rickettsia prowazeki[i]	Fleckfieberrickettsie *f*	rickettsie *f* prowazeki
S 737	**spot test,** drop test	Tüpfeltest *m,* Tüpfelprobe *f*	réaction *f* à la goutte
	spot test analysis	*s.* S 733	
S 738	**spray / to**	besprühen	asperger
	spray / to	*s. a.* A 1104	
	sprayer	*s.* A 1105	
S 739	**spraying**	Besprühen *n*	aspersion *f*
	spraying	*s. a.* A 1103	
S 740	**spray reagent**	Sprühreagens *n*	réactif *m* à asperger
	spread / to	*s.* D 624	
	spread	*s.* D 626, S 101	
	spreaded	*s.* D 625	
	spreader	*s.* W 78	
	spreading	*s.* D 626, S 101	
	spreading agent	*s.* W 78	
S 741	**spreading factor**	Ausbreitungsfaktor *m,* Verbreitungsfaktor *m*	facteur *m* de propagation
	spreading factor	*s. a.* H 457	
	spread out / to	*s.* D 624	
S 742	**spring balance**	Federwaage *f*	balance *f* à ressort
	spring lancet	*s.* F 358	
S 743	**spur cell**	Dornenzelle *f*	cellule *f* «à épines», cellule épineuse
S 744	**sputum,** expectoration, expectorant	Sputum *n,* Auswurf *m*	crachat *m,* expectoration *f*
	sputum analysis	*s.* S 748	
S 745	**sputum bottle,** sputum glass	Sputumglas *n,* Sputumflasche *f,* Auswurfglas *n*	verre *m* à expectoration
S 746	**sputum culture**	Sputumkultur *f*	culture *f* d'expectorations
S 747	**sputum cytodiagnostics**	Sputumzytologie *f*	cytologie *f* de crachat
S 748	**sputum examination,** sputum analysis	Sputumuntersuchung *f*	examen *m* du crachat
S 749	**sputum findings**	Sputumbefund *m*	résultat *m* de l'examen du crachat
S 750	**sputum flock**	Sputumflöckchen *n*	flocon *m* de crachat
	sputum glass	*s.* S 745	
S 751	**sputum quantity**	Sputummenge *f*	quantité *f* du crachat
S 752	**sputum smear**	Sputumausstrich *m*	frottis *m* du crachat
S 753	**squalene**	Squalen *n*	squalène *m*
S 754	**squama, squame**	Squama *f,* Schuppe *f*	squame *f*
S 755	**squamous cell (epithelium)**	Plattenepithelzelle *f*	cellule *f* de l'épithélium pavimenteux
	Sr	*s.* S 975	
	SRF	*s.* S 582	
	SRH	*s.* S 582	
	SRS	*s.* S 453	
	stab	*s.* P 568	
S 756	**stab cell,** staff cell, stab leucocyte	stabkerniger Leukozyt *m,* Stabkerniger *m*	granulocytes *mpl* neutrophiles non segmentés
S 757	**stab culture,** thrust culture, needle culture	Stichkultur *f*	culture *f* en piqûre
S 758	**stabilisation,** stabilising	Stabilisierung *f*, Stabilisation *f*, Stabilisieren *n*	stabilisation *f*
S 759	**stabilise / to**	stabilisieren	stabiliser
S 760	**stabiliser,** stabilising agent, balancer	Stabilisator *m*, Stabilisierungsmittel *n*	stabilisateur *m,* stabilisant *m*
	stabilising	*s.* S 758	
	stabilising agent	*s.* S 760	
S 761	**stability,** permanence	Stabilität *f,* Beständigkeit *f*	stabilité *f,* permanence *f*
	stability in storage	*s.* S 943	
	stability to acids	*s.* A 141	
	stability to alkalies	*s.* A 493	
S 762	**stab incision**	Stichinzision *f*	incision-piqûere *f*
S 763	**stable,** permanent	stabil, beständig	stable, permanent
S 764	**stable equilibrium**	stabiles Gleichgewicht *n*	équilibre *m* stable
S 765	**stable in air**	luftbeständig	stable à l'air
S 766	**stable isotope,** non-radioactive isotope	stabiles Isotop *n*	isotope *m* stable
	stable state	*s.* S 843	
	stable to acids	*s.* A 139	
	stable to alkalies	*s.* A 494	
	stab leucocyte	*s.* S 756	
S 767	**stab thermometer**	Stabthermometer *n*	thermomètre *m* à tige
	stadium	*s.* P 292	
	staff cell	*s.* S 756	
S 768	**stage,** step, grade *(qualitative)*	Stufe *f*, Schritt *m*	étape *f*, stade *m*

S 769	**stage micrometer**	Objektmikrometer *n*	micromètre *m* d'objet
	stain / to	*s.* C 771	
	stain ,	*s.* D 814	
	stain	*s.* S 774	
S 770	**stainability,** dyeability, tingibility	Färbbarkeit *f,* Anfärbbarkeit *f*	colorabilité *f*
S 771	**stainable,** dyeable, tingible, tinctable	färbbar, anfärbbar, tingierbar, tingibel	colorable, qui peut être teint
S 772	**stain again / to,** to dye again	nachfärben	reteindre
	stain dilution curve	*s.* D 816	
	stain dilution method	*s.* D 817	
S 773	**stained preparation**	gefärbtes Präparat *n*	préparation *f* colorée
S 774	**staining,** stain *(process),* dyeing *(solution),* colouring *(general)*	Färbung *f,* Färben *n,* Anfärbung *f,* Anfärben *n*	coloration *f*
S 775	**staining cuvette**	Färbeküvette *f*	cuvette *f* pour coloration
S 776	**staining method,** staining technique (procedure)	Färbeverfahren *n,* Färbetechnik *f,* Färbemethode *f*	procédé *m* (technique *f,* méthode *f*) de coloration
	staining of bacteria	*s.* B 36	
S 777	**staining of medullary sheath**	Markscheidenfärbung *f,* Spielmeyer-Färbung *f*	coloration *f* de Spielmeyer
	staining procedure	*s.* S 776	
S 778	**staining solution**	Färbelösung *f*	solution *f* colorante (tinctoriale)
	staining technique	*s.* S 776	
	staining with methylene blue	*s.* M 398	
S 779	**stainless,** rustless, non-rusting	rostfrei	inoxydable
S 780	**stalagmometer,** drop counter	Stalagmometer *n,* Tröpfchenzähler *m*	stalagmomètre *m*
	stamp / to	*s.* P 1173	
S 781	**stand,** retort stand	Stativ *n,* Ständer *m*	support *m,* statif *m*
S 782	**standard,** norm	Standard *m,* Norm *f*	standard *m,* norme *f*
	standard bicarbonate	*s.* A 492	
S 783	**standard buffer**	Standardpuffer *m*	tampon *m* standard
S 784	**standard condition,** standardised (normal) condition	Standardbedingung *f,* Normalbedingung *f*	condition *f* standard, condition normale
S 785	**standard curve**	Standardkurve *f*	courbe *f* standard
	standard curve	*s. a.* C 54	
S 786	**standard deviation,** SD	Standardabweichung *f,* Mittelwertabweichung *f*	déviation *f* normale, écart-type *m,* écart *m* étalon, dispersion *f* standard, déviation standard [de la moyenne]
	standard electrode	*s.* R 231	
	standard electrode potential	*s.* S 795	
S 787	**standard equipment**	Standardausrüstung *f*	équipement *m* standard
	standard equipment	*s. a.* B 115	
S 788	**standard error,** mean (root-mean-square) error	Standardfehler *m,* mittlerer Fehler *m,* Normalfehler *m,* Unsicherheitsmaß *n*	erreur *f* standard, erreur type, incertitude *f* quadratique moyenne
S 789	**standard ground joint**	Normschliff *m (Laboratorium)*	affûtage *m* normalisé
S 790	**standardisation**	Standardisierung *f,* Standardisation *f,* Normierung *f*	standardisation *f,* normalisation *f*
S 791	**standardise / to**	standardisieren, normen	standardiser, normaliser
S 792	**standardised**	standardisiert, genormt	standardisé, normalisé
	standardised condition	*s.* S 784	
S 793	**standardised normal distribution**	standardisierte Normalverteilung *f*	distribution *f* normale réduite
	standard method	*s.* R 235	
S 794	**standard plasma,** normal plasma	Standardplasma *n,* Normalplasma *n*	plasma *m* standard (normalisé)
S 795	**standard potential,** standard electrode potential	Standardpotential *n*	potentiel *m* standard (normal)
S 796	**standard preparation,** reference preparation	Standardpräparat *n,* Vergleichspräparat *n,* Referenzpräparat *n*	préparation *f* standard (de référence), échantillon-type *m,* étalon *m*
	standard pressure	*s.* N 235	
S 797	**standard serum,** normal serum	Standardserum *n,* Normalserum *n*	sérum *m* standard (normal)
S 798	**standard solution,** reference (volumetric) solution	Standardlösung *f,* Bezugslösung *f,* Vergleichslösung *f,* Referenzlösung *f*	solution *f* standard (de référence), solution-type *f*
	standard solution	*s. a.* T 382	
S 799	**standard temperature,** normal temperature	Standardtemperatur *f,* Normaltemperatur *f,* Bezugstemperatur *f,* Vergleichstemperatur *f,* Referenztemperatur *f*	température *f* standard (normale, de référence)
S 800	**standard titrimetric substance,** titrimetric standard	Urtitersubstanz *f*	substance *f* étalon (de référence)
	standard value	*s.* R 240	
	stand-by duty	*s.* E 178	
	stand-by service	*s.* E 178	
S 801	**stand clamp,** apparatus clamp	Stativklemme *f*	pince *f* de statif
S 802	**stand ring**	Stativring *m*	anneau *m* de statif
	stannic chloride	*s.* T 350	
	stannous chloride	*s.* T 349	
S 803	**Stansfeld-Webb method**	Stansfeld-Webb-Verfahren *n*	méthode *f* de Stansfeld-Webb
S 804	**staphylocoagulase, staphylococcal coagulase**	Staphylokoagulase *f*	staphylocoagulase *f*
S 805	**Staphylococcus**	Staphylococcus *m*	staphylocoque *m*

S 806	**Staphylococcus aureus,** Staphylococcus pyogenes, Micrococcus aureus	Staphylococcus *m* aureus, Staphylococcus pyogenes, Micrococcus *m* aureus	Staphylococcus aureus, staphylocoque *m* doré
	staphylococcus toxin	*s.* S 808	
S 807	**staphylokinase, staphylolysin**⁺	Staphylokinase *f*, Staphylolysin⁺ *n*	staphylokinase *f*, staphylolysine *f*
S 808	**staphylotoxin,** staphylococcus toxin	Staphylotoxin *n*, Staphylokokkentoxin *n*	staphylotoxine *f*, toxine *f* de staphylocoques
S 809	**starch,** amylum	Stärke *f (ein Polysaccharid)*, Amylum *n*	amidon *m*
S 810	**starch agar**	Stärkeagar *m*	gélose *f* à l'amidon
S 811	**starch block electrophoresis**	Stärkeblockelektrophorese *f*	électrophorèse *f* sur bloc d'amidon
	starch-containing	*s.* A 685	
S 812	**starch content**	Stärkegehalt *m*	teneur *f* en amidon
S 813	**starch gel**	Stärkegel *n*	gel *m* d'amidon
S 814	**starch gel electrophoresis**	Stärkegelelektrophorese *f*	électrophorèse *f* sur (en) gel d'amidon
S 815	**starch medium**	Stärkenährboden *m*	milieu *m* d'amidon
	starch-reducing enzyme	*s.* A 697	
S 816	**starch solution**	Stärkelösung *f*	solution *f* d'amidon
	starch-splitting	*s.* A 696	
	starch sugar	*s.* G 270	
	starchy	*s.* A 685	
	star-shaped	*s.* S 854	
S 817	**start / to,** to initiate *(e.g. a reaction)*	starten	démarrer, amorcer
S 818	**start,** initiation *(e.g. of a reaction)*	Start *m*	démarrage *m*, départ *m*
S 819	**starter,** initiator	Starter *m*	démarreur *m*
S 820	**starting line**	Startlinie *f*, Ausgangslinie *f*	ligne *f* de départ
S 821	**starting material,** initial substance (product)	Ausgangssubstanz *f*, Ausgangsmaterial *n*, Ausgangsstoff *m*, Ausgangsprodukt *n*	substance (matière) *f* initiale, produit *m* initial (de départ)
	starting material	*s. a.* I 282	
	starting molecule	*s.* P 929	
S 822	**starting point**	Startpunkt *m*, Ausgangspunkt *m*	point *m* de départ
S 823	**starting reaction,** initiating (primary) reaction	Startreaktion *f*, Primärreaktion *f*	réaction *f* initiale (primaire)
S 824	**starting zone**	Startzone *f*	zone *f* de départ
	stasis	*s.* S 934	
S 825	**state,** condition, status	Zustand *m*, Status *m*	état *m*
S 826	**state of aggregation**	Aggregatzustand *m*	état *m* physique
	state of equilibrium	*s.* E 379	
	state of health	*s.* P 451	
S 827	**state of rest,** resting state	Ruhezustand *m*	état *m* de repos
	statin	*s.* C 346	
S 828	**stationary,** hospitalised	stationär *(Medizin)*	hospitalisé
	stationary	*s. a.* I 47	
S 829	**stationary care,** hospital care	stationäre Betreuung *f*	soins *mpl* à l'hôpital
	stationary condition	*s.* S 843	
S 830	**stationary equilibrium**	stationäres Gleichgewicht *n*	équilibre *m* stationnaire
S 831	**stationary phase,** immobile (nonmobile) phase	stationäre Phase *f*	phase *f* stationnaire
S 832	**statistic[al]**	statistisch	statistique
S 833	**statistical analysis**	statistische Analyse *f*	analyse *f* statistique
S 834	**statistical decision [making] problem**	statistisches Entscheidungsproblem *n*	problème *m* des décisions statistiques
S 835	**statistical error**	statistischer Fehler *m*	erreur *f* statistique
	statistical estimate	*s.* E 465	
S 836	**statistical method**	statistisches Verfahren *n*, statistische Methode *f*	méthode *f* statistique
S 837	**statistical probability**	statistische Wahrscheinlichkeit *f*	probabilité *f* statistique
S 838	**statistical quality control**	statistische Qualitätskontrolle *f*	contrôle *m* statistique de qualité
S 839	**statistical test**	statistischer Test *m*	test *m* statistique
S 840	**statistical testing procedure**	statistisches Prüfverfahren *n*	test *m* d'une hypothèse statistique
S 841	**statistical uncertainty**	statistische Unsicherheit *f*	incertitude *f* statistique
S 842	**statistics**	Statistik *f*	statistique *f*
	status	*s.* S 825	
	Staub-Traugott test	*s.* D 738	
S 843	**steady state,** stationary condition, stable state	stationärer (stabiler) Zustand *m*	état *m* stationnaire, état stable
S 844	**steam,** vapour, water vapour	Wasserdampf *m*	vapeur *f* d'eau
	steam	*s. a.* V 39	
	steam autoclave	*s.* A 1130	
S 845	**steam bath**	Dampfbad *n*	bain *m* de vapeur
S 846	**steam disinfection**	Dampfdesinfektion *f*	désinfection *f* à la vapeur
S 847	**steam distillation**	Wasserdampfdestillation *f*	distillation *f* à la vapeur
S 848	**steam sterilisation,** sterilisation by steam	Dampfsterilisation *f*, Dampfsterilisierung *f*	stérilisation *f* à la vapeur
	steam steriliser	*s.* A 1130	
	steapsin	*s.* L 280	
S 849	**steapsinogen**	Steapsinogen *n*	stéapsinogène *m*
S 850	**stearate**	Stearat *n*	stéarate *m*
S 851	**stearic acid,** octadecanoic acid	Stearinsäure *f*, Oktadekansäure *f*	acide *m* stéarique (octadécanoïque)

S 852	**stearin**	Stearin *n*	stéarine *f*
S 853	**steel**	Stahl *m*	acier *m*
	steep / to	*s.* W 18	
	steeping	*s.* W 28	
	Steffen's test	*s.* A 873	
	stellar	*s.* S 854	
S 854	**stellate,** stellar, star-shaped	sternförmig, sternartig	étoilé, en étoile
	stellate cell	*s.* A 1082	
	stellate cell of the liver	*s.* K 87	
S 855	**stem cell,** mother (maternal, parent) cell	Stammzelle *f,* Mutterzelle *f*	cellule *f* souche, cellule mère
	step	*s.* S 768	
	step-by-step	*s.* S 858	
	step in incubation	*s.* I 171	
S 856	**step reaction,** stepwise (successive) reaction	Stufenreaktion *f*	réaction *f* par échelons
S 857	**step section**	Stufenschnitt *m*	coupe *f* par étapes
S 858	**stepwise,** step-by-step, gradual *(qualitative)*	stufenweise	pas-à-pas, par étapes (paliers)
	stepwise reaction	*s.* S 856	
	steran	*s.* S 859	
S 859	**steranol,** steran	Steran *n*	stérane *m,* gouane *m*
S 860	**stercobilin**	Stercobilin *n*	stercobiline *f*
S 861	**stercobilinogen**	Stercobilinogen *n*	stercobilinogène *m*
	stercolith	*s.* F 11	
S 862	**stercoporphyrin**	Stercoporphyrin *n*	stercoporphyrine *f*
	stercoral odour	*s.* F 12	
S 863	**stereochemical**	stereochemisch	stéréochimique
S 864	**stereoisomerism,** space isomerism	Stereoisomerie *f,* Raumisomerie *f*	stéréo-isomérie *f,* isomérie *f* spatiale
S 865	**stereomicroscope,** stereoscopic microscope	Stereomikroskop *n*	microscope *m* stéréoscopique
S 866	**stereomicroscopy**	Stereomikroskopie *f*	microscopie *f* stéréoscopique
	stereoscopic microscope	*s.* S 865	
S 867	**sterile,** sterilised, aseptic, germ-free, abacterial, amicrobic	steril, keimfrei, aseptisch, amikrobiell	stéril, stérilisé, aseptique, amicrobien
S 868	**sterilisable**	sterilisierbar	stérilisable
S 869	**sterilisation**	Sterilisation *f,* Sterilisierung *f,* Entkeimung *f*	stérilisation *f*
	sterilisation by filtration	*s.* F 153	
	sterilisation by steam	*s.* S 848	
S 870	**sterilisation chamber**	Sterilisationskammer *f,* Sterilisierkammer *f*	chambre *f* de stérilisation
S 871	**sterilisation method,** method of sterilisation	Sterilisationsverfahren *n,* Sterilisationsmethode *f*	méthode *f* de stérilisation
	sterilisation of instruments	*s.* I 333	
S 872	**sterilisation temperature**	Sterilisiertemperatur *f*	température *f* de stérilisation
S 873	**sterilise / to,** to render sterile (aseptic), to degerm	sterilisieren, entkeimen, keimfrei (aseptisch) machen	stériliser, rendre stérile (aseptique), aseptiser
	sterilise / to	*s. a.* B 467	
S 874	**sterilised**	sterilisiert, entkeimt	stérilisé, aseptisé
	sterilised	*s. a.* S 867	
S 875	**sterilised filter**	Sterilfilter *n,* Entkeimungsfilter *n*	filtre *m* stérilisant
S 876	**sterilised material**	Sterilisiergut *n*	matériel *m* à stériliser
S 877	**steriliser, sterilising apparatus**	Sterilisator *m,* Sterilisationsapparat *m*	stérilisateur *m*
	sterilising box	*s.* S 879	
S 878	**sterilising cycle**	Sterilisierzyklus *m*	cycle *m* de stérilisation
S 879	**sterilising drum,** drum steriliser, sterilising box	Sterilisiertrommel *f*	boîte *f* pour la stérilisation
	sterilising period	*s.* S 880	
S 880	**sterilising time,** sterilising period	Sterilisierzeit *f,* Sterilisierdauer *f,* Entkeimungszeit *f*	temps *m* (durée *f*) de stérilisation
S 881	**sterility,** asepsis	Sterilität *f,* Keimfreiheit *f,* Asepsis *f*	stérilité *f,* asepsie *f*
	sternal biopsy specimen	*s.* S 883	
S 882	**sternal marrow**	Sternalmark *n*	moelle *f* sternale
	sternal needle	*s.* S 885	
S 883	**sternal punctate,** sternal biopsy specimen	Sternalpunktat *n*	liquide *m* obtenu par ponction sternale
S 884	**sternal puncture**	Sternalpunktion *f*	ponction *f* sternale
S 885	**sternal puncture needle,** sternal needle	Sternalkanüle *f*	canule *f* pour ponction sternale
	Sternberg giant cell	*s.* S 886	
	Sternberg cell	*s.* S 886	
S 886	**Sternberg-Reed cell,** Sternberg [giant] cell	Sternberg-Reed-Zelle *f,* Sternberg-Riesenzelle *f*	cellule *f* de Sternberg (Reed, Hodgkin)
S 887	**Sternheimer-Malbin cell,** glitter cell	Sternheimer-Malbin-Zelle *f,* Sternheimer-Zelle *f,* Glitzerzelle *f*	cellule *f* de Sternheimer
S 888	**Sternheimer-Malbin staining**	Sternheimer-Malbin-Färbung *f*	coloration *f* de Sternheimer
S 889	**steroid**	Steroid *n*	stéroïde *m*
S 890	**steroid[al]**	steroidisch	stéroïde, stéroïdique

S 891	**steroid chemistry**	Steroidchemie *f*	chimie *f* stéroïdique
S 892	**steroid compound**	Steroidverbindung *f*	composé *m* stéroïde
S 893	**steroid hormone**	Steroidhormon *n*	hormone *f* stéroïde
S 894	**steroid hydroxylase**	Steroidhydroxylase *f*	stéroïde-hydroxylase *f*
S 895	**steroid receptor**	Steroidrezeptor *m*	récepteur *m* de stéroïde
S 896	**sterol**	Sterol *n*	stérol *m*
S 897	**sterol sulphatase**	Sterolsulfatase *f*	stérol-sulfatase *f*
S 898	**sterone**	Steron *n*	stérone *f*
	STH	*s.* S 586	
	sticking plaster	*s.* A 275	
S 899	**stilbene**	Stilben *n*	stilbène *m*
S 900	**stilbestrol**	Stilbestrol *n*	stilbœstrol *m*
	stilette	*s.* M 95	
	still	*s.* R 370	
	still head	*s.* D 644	
	still pot	*s.* D 654	
	still residue	*s.* D 647	
S 901	**stimulant [agent],** stimulatory drug, stimulator	Stimulans *n*, stimulierendes (anregendes) Mittel *n*, Reizmittel *n*, Stimulator *m*	stimulant *m*, stimulateur *m*, agent *m* stimulant, substance *f* stimulatrice
S 902	**stimulate / to,** to animate	stimulieren, anregen	stimuler, animer
S 903	**stimulation**	Stimulation *f*, Stimulierung *f*, Anregung *f*	stimulation *f*, animation *f*
S 904	**stimulation test**	Stimulationstest *m*	épreuve *f* de stimulation
	stimulator	*s.* S 901	
	stimulatory drug	*s.* S 901	
S 905	**stipple cell**	Tüpfelzelle *f*	cellule *f* pointillée
S 906	**stippling**	Tüpfelung *f*	pointillage *m*
S 907	**stir / to,** to stir up	rühren, umrühren	agiter, remuer
S 908	**stirrer, stirring apparatus**	Rührer *m*, Rührapparat *m*, Rührwerk *n*	agitateur *m*, appareil *m* d'agitation, agitateur mécanique
S 909	**stirring method**	Umrührverfahren *n (Helminthologie)*	methode *f* d'agitation
	stir up / to	*s.* S 907	
S 910	**stochastic**	stochastisch	stochastique
S 911	**stock culture,** mother (initial, first) culture	Stammkultur *f*, Mutterkultur *f*, Ausgangskultur *f*	culture *f* souche, culture mère, culture initiale
S 912	**stock culture collection**	Stammkultursammlung *f*, Stammsammlung *f*	collection *f* de cultures souche
S 913	**stock solution,** initial (parent, original) solution	Stammlösung *f*, Mutterlösung *f*, Ausgangslösung *f*	solution *f* fondamentale (de base, initiale, mère)
S 914	**stoichiometric**	stöchiometrisch	stœchiométrique
S 915	**stoichiometry**	Stöchiometrie *f*	stœchiométrie *f*
S 916	**stomach,** gaster	Magen *m*, Gaster *m*	estomac *m*
S 917	**stomach biopsy**	Magenbiopsie *f*, Gastrobiopsie *f*	biopsie *f* gastrique, gastrobiopsie *f*, biopsie de l'estomac
	stomach contents	*s.* C 565	
S 918	**stomach pump**	Magenpumpe *f*	pompe *f* stomacale
	stomach tube	*s.* G 91	
S 919	**stomatocyte**	Stomatozyt *m*	stomatocyte *m*
	stone	*s.* C 867	
S 920	**stone analysis**	Steinanalyse *f*	analyse *f* de calcul
S 921	**stool amount,** amount of stools	Stuhlmenge *f*, Kotmenge *f*	quantité *f* des fèces (selles)
S 922	**stool character**	Stuhlbeschaffenheit *f*	consistance *f* de[s] selles
S 923	**stool colour**	Stuhlfarbe *f*, Kotfarbe *f*	couleur *f* des fèces
S 924	**stool crystal,** faecal crystal	Stuhlkristall *n*	cristal *m* fécal
S 925	**stool culture,** coproculture	Stuhlkultur *f*, Kotkultur *f*, Koprokultur *f*	culture *f* des fèces, coproculture *f*
S 926	**stool fat,** faecal fat	Stuhlfett *n*	graisse *f* des selles, graisses *fpl* dans les selles
S 927	**stool findings**	Stuhlbefund *m*	résultat *m* de l'examen des fèces
S 928	**stool investigation,** faecal investigation, coproscopy	Stuhluntersuchung *f*, Kotuntersuchung *f*, koprologische Untersuchung *f*, Koproskopie *f*	examen *m* des selles, examen coprologique, coproscopie *f*
	stools	*s.* F 13	
S 929	**stool smear**	Stuhlausstrich *m*, Kotausstrich *m*	frottis *m* des selles
S 930	**stool specimen,** specimen of stool, faecal specimen	Stuhlprobe *f*, Kotprobe *f*	échantillon *m* des selles
S 931	**stool tube**	Stuhlröhrchen *n*	tube *m* à selles
S 932	**stool weight**	Stuhlgewicht *n*	poids *m* des selles
S 933	**stop / to**	stoppen	stopper
	stop cock	*s.* T 15	
S 934	**stoppage,** congestion, stasis	Stauung *f*, Stase *f*	stase *f*, congestion *f*, engorgement *m*
S 935	**stopper / to,** to cork, to plug	zustöpseln, verkorken	boucher
S 936	**stopper,** cork, plug	Stopfen *m*, Stöpsel *m*, Pfropf[en] *m*	bouchon *m*, fiche *f*
	stopper	*s. a.* P 607	
	stopping agent	*s.* I 276	
S 937	**stop valve,** block (cut-off, shut-off) valve	Absperrventil *n*	soupape *f* d'arrêt
S 938	**stop-watch**	Stoppuhr *f*	compte-secondes *m*

No.	English	German	French
S 939	**storage,** storing, keeping	Lagerung *f,* Aufbewahrung *f*	stockage *m,* conservation *f*
S 940	**storage cell**	Speicherzelle *f*	cellule *f* de dépôt
S 941	**storage conditions**	Lagerungsbedingungen *fpl*	conditions *fpl* de stockage
	storage of specimens	*s.* S 631	
S 942	**storage period**	Lagerungszeit *f,* Lagerzeit *f,* Aufbewahrungszeit *f,* Aufbewahrungsdauer *f*	durée *f* de stockage, durée de conservation
S 943	**storage stability,** stability in storage, resistance to storage	Lagerungsstabilität *f,* Lagerstabilität *f*	stabilité *f* de conservation
	storage tank	*s.* C 735	
S 944	**storage temperature**	Lager[ungs]temperatur *f,* Aufbewahrungstemperatur *f*	température *f* du stockage, température de la conservation
S 945	**store / to,** to keep	lagern, aufbewahren	stocker, conserver
	store cool / to	*s.* K 21	
S 946	**stored blood,** banked (conserved) blood	Blutkonserve *f*	conserve *f* de sang, sang *m* conservé
	stored energy	*s.* B 510	
S 947	**stored iron,** depot iron	Speichereisen *n*	fer *m* de dépôt
	store dry / to	*s.* K 23	
	storing	*s.* S 939	
	straight chain	*s.* U 46	
S 948	**straight line**	Gerade *f*	ligne *f* droite, droite *f*
S 949	**strain**	Stamm *m*	souche *f*
	strainer	*s.* S 373	
S 950	**strain of bacteria**	Bakterienstamm *m*	souche *f* de bactéries
	stratified	*s.* L 84	
	stratified	*s.* M 773	
S 951	**Strauss' test**	Strauß-Probe *f*	test *m* de Strauss
S 952	**streak culture,** stroke culture	Strichkultur *f*	culture *f* en stries
S 953	**stream**	Strahl *m (z.B. Flüssigkeiten)*	jet *m,* filet *m*
	stream of water	*s.* W 29	
	stream through / to	*s.* F 239	
	strength	*s.* C 858	
	strength	*s.* P 821	
	strength acid	*s.* C 858	
S 954	**streptococcal agglutination**	Streptokokkenagglutination *f*	agglutination *f* des streptocoques
S 955	**streptococcal antigen**	Streptokokkenantigen *n*	antigène *m* streptococcique
	streptococcal deoxyribonuclease	*s.* S 961	
	streptococcal DNase	*s.* S 961	
S 956	**Streptococcus**	Streptococcus *m*	streptocoque *m*
S 957	**Streptococcus faecalis**	Streptococcus *m* faecalis	entérocoque *m*
	Streptococcus haemolyticus	*s.* H 82	
S 958	**Streptococcus lactis**	Streptococcus *m* lactis	Streptococcus lactis, Bacillus acidi lactici, Streptococcus acidi lactici
	Streptococcus pneumoniae	*s.* F 352	
	Streptococcus pyogenes	*s.* H 82	
	Streptococcus pyogenes humanus	*s.* H 82	
S 959	**streptococcus toxin**	Streptokokkentoxin *n*	toxine *f* streptococcique
S 960	**Streptococcus viridans**	Streptococcus *m* viridans	Streptococcus viridans
S 961	**streptodornase,** streptococcal deoxyribonuclease (DNase)	Streptodornase *f,* Streptokokken-Desoxyribonuclease *f*	streptodornase *f,* désoxyribonucléase *f* streptococcique
S 962	**streptokinase**	Streptokinase *f*	streptokinase *f*
S 963	**streptokinase resistance test**	Streptokinaseresistenztest *m*	test *m* de résistance à la streptokinase
S 964	**streptokinase-streptodornase**	Streptokinase-Streptodornase *f*	streptokinase-streptodornase *f*
S 965	**streptolysin**	Streptolysin *n*	streptolysine *f,* streptococcolysine *f*
S 966	**streptomycete**	Streptomyzet *m*	streptomycète *m*
S 967	**streptomycin**	Streptomycin *n*	streptomycine *f*
S 968	**strip**	Streifen *m*	bande *f*
S 969	**strip-chart recorder,** tape recorder	Bandschreiber *m*	enregistreur *m* sur bande
	stroke culture	*s.* S 952	
S 970	**stroma**	Stroma *n*	stroma *m*
S 971	**stromatin**	Stromatin *n*	strom[at]ine *f*
S 972	**strongly acid,** superacid	stark sauer	fort acide
S 973	**strongly alkaline (basic),** superalkaline	stark alkalisch (basisch)	fort alcalin, fort basique
	Strongyloides intestinalis	*s.* S 974	
	Strongyloides stercoralis	*s.* S 974	
S 974	**strongyloid threadworm,** Strongyloides stercoralis, Strongyloides intestinalis	Kotälchen *n,* Zwergfadenwurm *m*	strongyloïdé *m,* aiguillule *f*
S 975	**strontium,** Sr	Strontium *n,* Sr	strontium *m,* Sr
S 976	**strophanthin**	Strophanthin *n*	strophantine *f*
S 977	**structural**	strukturell	structural, structurel
S 978	**structural formula**	Strukturformel *f*	formule *f* développée (de constitution)
S 979	**structural gene**	Strukturgen *n*	gène *m* structural
S 980	**structural picture**	Strukturbild *n*	image *f* structurale
S 981	**structural protein**	Strukturprotein *n,* Struktureiweiß *n*	protéine *f* de structure
S 982	**structure,** constitution	Struktur *f,* Aufbau *m*	structure *f,* constitution *f*
S 983	**structure analysis**	Strukturanalyse *f*	analyse *f* de structure
	structureless	*s.* A 670	
	structure of antibody	*s.* A 832	

	structure of antigen	*s.* A 870	
S 984	**struvite**	Struvit *n*	struvite *f*
S 985	**strychnine**	Strychnin *n*	strychnine *f*
	Stuart-Prower factor	*s.* C 642	
	Student's distribution	*s.* T 36	
	Student's test	*s.* T 629	
	study / to	*s.* I 433	
	study	*s.* I 434	
	stylet	*s.* M 95	
	styptic	*s.* H 107	
	styrene	*s.* S 986	
S 986	**styrol,** styrene, phenylethylene	Styrol *n*, Phenylethylen *n*	styrol *m*, styrène *m*, styrolène *m*, phényl-éthylène *m*
	subacid	*s.* W 51	
	subalkaline	*s.* A 475	
S 987	**subcellular**	subzellulär	subcellulaire
S 988	**subcellular fractionation**	subzelluläre Fraktionierung *f*	fractionnement *m* subcellulaire
S 989	**subclone**	Subklon *n*	sous-clone *m*
S 990	**subcloning**	Subklonierung *f*	sous-clonage *m*
S 991	**subcultivation**	Subkultivierung *f*, Subkultivation *f*	subcultivation *f*
S 992	**subculture**	Subkultur *f*	subculture *f*
S 993	**subcutaneous, subdermal,** hypoderm[at]ic	subkutan	sous-cutané, hypodermique
S 994	**subfraction**	Subfraktion *f*, Unterfraktion *f*	sousfraction *f*
S 995	**subfractionation**	Subfraktionierung *f*	sousfractionnement *m*
S 996	**subgroup**	Untergruppe *f*	sous-ensemble *m*
S 997	**sublayer,** lower layer	Unterschicht *f*	couche *f* inférieure
	sublimate / to	*s.* S 1001	
S 998	**sublimate**	Sublimat *n*	sublimé *m*
S 999	**sublimation**	Sublimation *f*, Sublimieren *n*, Sublimierung *f*	sublimation *f*
S 1000	**sublimation point**	Sublimationspunkt *m*	point *m* de sublimation
S 1001	**sublime / to,** to sublimate	sublimieren	sublimer
S 1002	**sublingual saliva**	Sublingualspeichel *m*	salive *f* sublinguale
S 1003	**submandibular saliva**	Submandibularisspeichel *m*	salive *f* sous-mandibulaire
	submerge / to	*s.* D 513	
S 1004	**submerged**	submers	submergé
	submergence	*s.* D 514	
S 1005	**submersion**	Submersion *f*, Untertauchen *n*	submersion *f*
S 1006	**submersion culture**	Submerskultur *f*, Tiefenkultur *f*	culture *f* en profondeur
S 1007	**submicroscopic[al]**	submikroskopisch	sous-microscopique
	subnuclear particle	*s.* E 148	
S 1008	**suboccipital liquor**	Subokzipitalliquor *m*	liquide *m* sous-occipital
S 1009	**suboccipital puncture,** cisternal puncture	Subokzipitalpunktion *f*, Zisternenpunktion *f*	ponction *f* sous-occipitale, ponction cisternale
S 1010	**subsample**	Teilstichprobe *f*	sous-échantillon *m*
S 1011	**subspecies**	Subspezies *f*, Unterart *f*	sous-espèce *f*
S 1012	**substance,** material *(for compounds)*, matter	Substanz *f*, Stoff *m*, Material *n*	substance *f*, matière *f*, corps *m*
S 1013	**substance amount,** amount of substance	Substanzmenge *f*	quantité *f* de substance
S 1014	**substance concentration**	Stoffmengenkonzentration *f*	concentration *f* de substance
S 1015	**substance identification**	Substanzidentifizierung *f*	identification *f* de[s] substance[s]
S 1016	**substantial,** material	substantiell	substantiel
	substantive dye	*s.* D 552	
S 1017	**substituent**	Substituent *m*	substituant *m*
S 1018	**substitutability,** replaceability	Substituierbarkeit *f*, Ersetzbarkeit *f*	aptitude *f* àla substitution, aptitude au remplacement
S 1019	**substitutable,** replaceable	substituierbar, ersetzbar	substituable, remplaçable
S 1020	**substitute**	Substitut *n*, Austauschstoff *m*, Ersatzstoff *m*	substitut *m*, produit *m* de remplacement, ersatz *m*
S 1021	**substitute / to,** to replace	substituieren, ersetzen	substituer, remplacer
S 1022	**substitution,** replacement	Substitution *f*, Substituierung *f*, Substituieren *n*, Ersatz *m*, Ersetzen *n*	substitution *f*, remplacement *m*
S 1023	**substitution method**	Substitutionsmethode *f*	méthode *f* de substitution
S 1024	**substitution product**	Substitutionsprodukt *n*	produit *m* de substitution
S 1025	**substitution reaction,** replacement reaction	Substitutionsreaktion *f*	réaction *f* de substitution
	substitution transfusion	*s.* E 536	
S 1026	**substrate**	Substrat *n*	substrat *m*, substratum *m*
S 1027	**substrate concentration**	Substratkonzentration *f*	concentration *f* de substrat
S 1028	**substrate inactivation**	Substratinaktivierung *f*	inactivation *f* de substrat
S 1029	**substrate saturation**	Substratsättigung *f*	saturation *f* par le substrat
S 1030	**substrate solution**	Substratlösung *f*	solution *f* de substrat
S 1031	**substrate specificity**	Substratspezifität *f*	spécificité *f* de substrat
S 1032	**subtype**	Subtyp *m*	sous-type *m*
S 1033	**subtyping**	Subtypisierung *f*	sous-typage *m*

No.	English	German	French
S 1034	**subunit**	Untereinheit *f*	sous-unité *f*, subunité *f*
	subvirus	*s.* S 80	
	successive reaction	*s.* S 856	
S 1035	**succinamide**	Succinamid *n*	succinamide *m*
S 1036	**succinate**	Succinat *n*	succinate *m*
S 1037	**succinate dehydrogenase,** succinic [acid] dehydrogenase, succinodehydrogenase, fumarate reductase (hydrogenase)	Succinatdehydrogenase *f*, Bernsteinsäuredehydrogenase *f*, Fumarsäurehydrogenase *f*, Fumaratreductase *f*	succinate-déshydrogénase *f*, succinodéshydrogénase *f*, fumarate-réductase *f*, fumarate-hydrogénase *f*
S 1038	**succinate-ubiquinone reductase**	Succinat-Ubichinon-Reductase *f*	succinate-ubiquinone-réductase *f*
S 1039	**succinic acid**	Bernsteinsäure *f*, Succinsäure *f*	acide *m* succinique (éthanedicarboxylique, butanedioïque)
	succinic acid dehydrogenase	*s.* S 1037	
	succinic dehydrogenase	*s.* S 1037	
	succinodehydrogenase	*s.* S 1037	
	succinyl-CoA	*s.* S 1040	
S 1040	**succinyl coenzyme A,** succinyl-CoA	Succinyl-Coenzym *n* A, Succinyl-CoA	succinyl-coenzyme *m* A, succinyl-CoA
	suck / to	*s.* A 1069	
	sucking	*s.* S 1042	
	suckling	*s.* I 233	
S 1041	**suck [off] / to,** to draw off, to withdraw, to siphon [off], to exhaust	absaugen	aspirer, prélever par aspiration
	sucrase	*s.* F 407	
	sucrose	*s.* S 7	
S 1042	**suction,** sucking *(with the mouth)*, withdrawal, siphoning, exhaustion	Absaugen *n*	aspiration *f*, exhaustion *f*
	suction	*s. a.* A 1071	
	suction apparatus	*s.* A 1073	
	suction bottle	*s.* S 1048	
S 1043	**suction cannula**	Absaugkanüle *f*	canule *f* d'aspiration
S 1044	**suction catheter**	Absaugkatheter *m*	cathéter *m* d'aspiration
S 1045	**suction curettage**	Saugkürettage *f*	curetage *m* à aspiration
S 1046	**suction curette**	Saugkürette *f*	curette *f* à aspiration
S 1047	**suction cuvette**	Absaugküvette *f*	cuvette *f* à aspiration
	suction device	*s.* A 1073	
S 1048	**suction flask,** suction (filter aspirator) bottle	Saugflasche *f*	essoreuse *f*, aspirateur *m*, fiole *f* à vide
	suction pipe	*s.* S 1050	
S 1049	**suction pump**	Saugpumpe *f*, Absaugpumpe *f*	pompe *f* aspirante
S 1050	**suction tube,** suction pipe	Saugrohr *n*	tube *m* d'aspiration
S 1051	**suction tubing**	Saugschlauch *m*	tuyau *m* aspirateur
S 1052	**suction valve**	Saugventil *n*	soupape *f* d'aspiration
	Sudan	*s.* S 1054	
S 1053	**Sudan black B**	Sudanschwarz *n* B	noir *m* Soudan
S 1054	**Sudan dye,** Sudan	Sudanfarbstoff *m*	Soudan *m*
S 1055	**Sudan red**	Sudanrot *n*	rouge *m* Soudan
	sudor	*s.* S 1159	
S 1056	**sugar**	Zucker *m*	sucre *m*
S 1057	**sugar acid,** saccharic acid	Zuckersäure *f*	acide *m* saccharique
S 1058	**sugar-gelatin medium**	Zucker-Gelatine-Nährboden *m*	milieu *m* au sucre-gélatine
S 1059	**sugar nutrient medium**	Zuckernährboden *m*	milieu *m* de culture sucré
	sugar of lead	*s.* L 131	
S 1060	**sugar phosphate**	Zuckerphosphat *n*	phosphate *m* de sucre
S 1061	**sugar test**	Zuckerprobe *f*	épreuve *f* diabétique
S 1062	**sugar threshold**	Zuckerschwelle *f*	seuil *m* de sucre
S 1063	**sulcus fluid**	Sulcusflüssigkeit *f*	liquide *m* de sillon
S 1064	**sulfhydryl group,** thiol group, SH group	Sulfhydrylgruppe *f*, Thiolgruppe *f*, SH-Gruppe *f*	groupe[ment] *m* sulfhydryle, groupe thiol, sulfhydryle *m*, groupe SH
S 1065	**Sulkowitsch's test**	Sulkowitsch-Probe *f*	test *m* de Sulkowitsch
S 1066	**sulphacetamide**	Sulfacetamid *n*	sulfacétamide *m*
	sulphadimethylpyrimidine	*s.* S 1069	
S 1067	**sulphaguanidine,** sulphanilylguanidine	Sulfaguanidin *n*	sulfa[nilyl]guanidine *f*, sulgine *f*
S 1068	**sulphamerazine**	Sulfamerazin *n*	sulfamérazine *f*, méthylsulfadiazine *f*
S 1069	**sulphamethazine,** sulphadimethylpyrimidine	Sulfamethazin *n*, Sulfadimethylpyrimidin *n*	sulfaméthazine *f*, sulfadiméthylpyrimidine *f*, diméthylsulfadiazine *f*, sulfadimidine *f*
S 1070	**sulphanilamide,** *p*-aminobenzene sulphonamide	Sulfanilamid *n*, *p*-Aminobenzensulfamid *n*	sulfanilamide *m*, *p*-aminobenzène-sulfonamide *m*
S 1071	**sulphanilic acid**	Sulfanilsäure *f*	acide *m* sulfanilique
	sulphanilylguanidine	*s.* S 1067	
S 1072	**sulphapyridine,** sulphidine	Sulfapyridin *n*, Sulfidin *n*	sulfa[pyri]dine *f*, sulfamidopyridine *f*
	sulphatase	*s.* A 1030	
	sulphate / to	*s.* S 1078	
S 1073	**sulphate**	Sulfat *n*	sulfate *m*
	sulphated	*s.* S 1079	
S 1074	**sulphate ester**	Sulfatester *m*	sulfate-ester *m*
S 1075	**sulphathiazole**	Sulfathiazol *n*	sulfathiazol *m*
S 1076	**sulphatide**	Sulphatid *n*	sulfatide *m*

S 1077	**sulphation,** sulphatising	Sulfatierung *f*, Sulfatieren *n*, Sulfatation *f*	sulfatation *f*
S 1078	**sulphatise / to,** to sulphate	sulfatieren	sulfater
S 1079	**sulphatised,** sulphated	sulfatiert	sulfaté
	sulphatising	*s.* S 1077	
S 1080	**sulphhaemoglobin,** sulphmethaemoglobin, verdoglobin S	Sulfhämoglobin *n*, Verdoglobin *n* S	sulf[mét]hémoglobine *f*, verdoglobine *f* S
S 1081	**sulphide**	Sulfid *n*	sulfure *m*
S 1082	**sulphide silver reaction**	Sulfid-Silber-Reaktion *f*	réaction *f* au sulfure d'argent
	sulphidine	*s.* S 1072	
S 1083	**sulphite**	Sulfit *n*	sulfite *m*
S 1084	**sulphite oxidase**	Sulfitoxidase *f*	sulfite-oxydase *f*
	sulphmethaemoglobin	*s.* S 1080	
	sulpho acid	*s.* S 1090	
S 1085	**sulphochymotrypsinogen**	Sulfochymotrypsinogen *n*	sulfochymotrypsinogène *m*
	sulphokinase	*s.* A 1031	
S 1086	**sulpholipid**	Sulfolipid *n*	sulfolipide *m*
S 1087	**sulphonamide,** sulphonic amide	Sulf[on]amid *n*, Sulfonsäureamid *n*	sulf[on]amide *m*
	sulphonamide gravel	*s.* S 1088	
S 1088	**sulphonamide grit (sand),** sulphonamide gravel	Sulfonamidgrieß *m*, Sulfonamidsand *m*	sable *m* de sulfonamide
S 1089	**sulphonate**	Sulfonat *n*	sulfonate *m*
S 1090	**sulphonic acid,** sulpho acid	Sulfonsäure *f*	acide *m* sulfonique
	sulphonic amide	*s.* S 1087	
S 1091	**sulphonyl urea**	Sulfonylharnstoff *m*	sulfonylurée *f*
S 1092	**sulphopolysaccaride**	Sulfopolysaccharid *n*	sulfopolysaccharide *m*
S 1093	**sulphosalicylic acid**	Sulfosalicylsäure *f*	acide *m* sulfosalicylique
S 1094	**sulphosalicylic acid test**	Sulfosalicylsäureprobe *f*	épreuve *f* d'acide sulfosalicylique
	sulphourea	*s.* T 238	
S 1095	**sulphoxide**	Sulfoxid *n*	sulfoxyde *m*, sulfinone *m*
S 1096	**sulphur,** S	Schwefel *m*, Sulfur *n*, S	soufre *m*, S
S 1097	**sulphur bacterium,** thiobacterium	Schwefelbakterie *f*, Thiobakterie *f*	sulfobactérie *f*, thiobactérie *f*
S 1098	**sulphur compound**	Schwefelverbindung *f*	composé *m* soufré
S 1099	**sulphur-containing,** sulphur[e]ous	schwefelhaltig, schweflig	sulfuré, sulfureux
S 1100	**sulphur content**	Schwefelgehalt *m*	teneur *f* en soufre
S 1101	**sulphur dioxide,** sulphurous anhydride	Schwefeldioxid *n*, Schwefelsäureanhydrid *n*	dioxyde (bioxyde) *m* de soufre, anhydre *m* sulfureux
	sulphureous	*s.* S 1099	
S 1102	**sulphuric acid**	Schwefelsäure *f*	acide *m* sulfurique
S 1103	**sulphuric acid ester**	Schwefelsäureester *m*	ester *m* sulfurique
S 1104	**sulphur-iron protein**	Schwefel-Eisen-Protein *n*	protéine *f* de soufre-fer
S 1105	**sulphur-lead test,** lead-sulphide test	Schwefelbleiprobe *f*	épreuve *f* au bleu de plomb
	sulphurous	*s.* S 1099	
S 1106	**sulphurous acid**	schweflige Säure *f*	acide *m* sulfureux
	sulphurous anhydride	*s.* S 1101	
S 1107	**sunlight**	Sonnenlicht *n*	lumière *f* solaire (du soleil)
	superacid	*s.* S 972	
	superalkaline	*s.* S 973	
S 1108	**superantigen**	Superantigen *n*	superantigène *m*
S 1109	**supercentrifuge**	Superzentrifuge *f*	ultracentrifugeuse *f*
S 1110	**supergene**	Supergen *n*	supergène *m*
	superimpose / to	*s.* A 959 b	
	superimposing	*s.* A 959 a	
S 1111	**supernatant, supernatant fluid**	Überstand *m*, Supernatant *m*	surnageant *m*, liquide *m* surnageant
	superoxide	*s.* P 259	
	superpure	*s.* H 288	
S 1112	**supersaturate / to,** to oversaturate	übersättigen	sursaturer
S 1113	**supersaturated,** oversaturated	übersättigt	sursaturé
S 1114	**supersaturation,** oversaturation	Übersättigung *f*, Übersättigen *n*	sursaturation *f*
	supervirulent	*s.* H 294	
	supine position	*s.* D 715	
	supplement test	*s.* C 754	
	support	*s.* C 159	
	support clamp	*s.* J 8	
	support-free	*s.* C 164	
S 1115	**supporting adsorbent**	Trägeradsorbens *n*	adsorbant-support *m*
	supporting material	*s.* C 159	
	supporting substance	*s.* C 159	
S 1116	**support layer**	Trägerschicht *f*	couche *f* porteuse
S 1117	**suppression test**	Suppressionstest *m*	test *m* de suppression
S 1118	**suppressor cell,** suppressor lymphocyte	Suppressorzelle *f*, Suppressorlymphozyt *m*	cellule *f* suppressive (suppresseuse), lymphocyte *m* suppresseur
S 1119	**suppressor gene**	Suppressorgen *n*	gène *m* suppresseur
	suppressor lymphocyte	*s.* S 1118	
S 1120	**suprapubically punctated urine**	Blasenpunktionsurin *m*	urine *f* obtenue par ponction de la vessie
S 1121	**suprapubic puncture**	suprapubische Punktion *f*	ponction *f* sus-pubienne
	suprarenal body	*s.* A 292	

	suprarenal function test	*s.* A 291	
	suprarenal gland	*s.* A 292	
	suprarenin	*s.* A 294	
S 1122	**supravital staining**	Supravitalfärbung *f*	coloration *f* supravitale
S 1123	**surface**	Oberfläche *f*	surface *f*
S 1124	**surface-active**	oberflächenaktiv, grenzflächenaktiv	tensio-actif, actif en surface
	surface-active agent	*s.* D 251	
	surface-active substance	*s.* D 251	
S 1125	**surface activity**	Oberflächenaktivität *f*, Grenzflächenaktivität *f*	tensio-activité *f*, activité *f* superficielle
S 1126	**surface adsorption**	Oberflächenadsorption *f*	adsorption *f* superficielle
S 1127	**surface antigen**	Oberflächenantigen *n*	antigène *m* de surface
	surface area	*s.* A 977	
S 1128	**surface biopsy,** surface cell biopsy	Oberflächen[zell]biopsie *f*	biopsie *f* [cellulaire] de surface
S 1129	**surface cell,** cover cell	Deckzelle *f*	cellule *f* de revêtement
	surface cell biopsy	*s.* S 1128	
S 1130	**surface concentration**	Oberflächenkonzentration *f*	concentration *f* superficielle
S 1131	**surface culture**	Oberflächenkultur *f*	culture *f* en surface
S 1132	**surface diffusion**	Oberflächendiffusion *f*	diffusion *f* superficielle
S 1133	**surface disinfection**	Oberflächendesinfektion *f*	désinfection *f* superficielle
S 1134	**surface film**	Oberflächenfilm *m*	pellicule *f* superficielle, pellicule de surface
S 1135	**surface-inactive**	oberflächeninaktiv, grenzflächeninaktiv	tensio-inactif, inactif en surface
S 1136	**surface layer**	Oberflächenschicht *f*	couche *f* superficielle
S 1137	**surface potential**	Oberflächenpotential *n*	potentiel *m* de surface
S 1138	**surface properties**	Oberflächenbeschaffenheit *f*	état *m* de surface
S 1139	**surface reaction**	Oberflächenreaktion *f*, Grenzflächenreaktion *f*	réaction *f* de surface, réaction superficielle
S 1140	**surface sterilisation**	Oberflächensterilisation *f*	stérilisation *f* superficielle
S 1141	**surface structure**	Oberflächenstruktur *f*	structure *f* superficielle
S 1142	**surface temperature**	Oberflächentemperatur *f*	température *f* superficielle
S 1143	**surface tension**	Oberflächenspannung *f*	tension *f* superficielle
	surfactant	*s.* D 251	
S 1144	**surfactant factor,** lung surfactant	Surfactantfaktor *m*, Antiatelektasefaktor *m*, Lungensurfactant *m*	surfactant *m* [pulmonaire], substance *f* liquéfiante, facteur *m* d'atélectasie
	surgical knife	*s.* S 94	
	surgical spoon	*s.* C 1181	
	surplus	*s.* E 527, E 528	
	susceptibility	*s.* S 221	
	susceptibility test	*s.* S 225	
S 1145	**suspend / to**	suspendieren, aufschwemmen, aufschlämmen	mettre en suspension
	suspended material	*s.* S 1146	
S 1146	**suspended particle,** suspended material	Schwebstoff *m*	corps *m* suspendu, particule *f* suspendue
S 1147	**suspended thermostat**	Einhängethermostat *m*	thermostat *m* à suspension
S 1148	**suspending agent, suspending medium**	Suspensionsmittel *n*, Suspensionsmedium *n*	milieu (agent) *m* de suspension
S 1149	**suspension**	Suspension *f*, Aufschwemmung *f*, Aufschlämmung *f*	suspension *f*
S 1150	**suspension culture**	Suspensionskultur *f*	culture *f* de suspension
S 1151	**suspension of mitochondria**	Mitochondriensuspension *f*	suspension *f* de mitochondries
S 1152	**Svartz-Schlossmann reaction**	Svartz-Schlossmann-Reaktion *f*	réaction *f* de Svartz-Schlossmann
S 1153	**Svedberg's flotation method**	Svedberg-Methode *f*	méthode *f* de Svedberg
S 1154	**Svedberg unit**	Svedberg-Einheit *f*	unité *f* Svedberg
	Swaarts' stain	*s.* L 63	
	swab / to	*s.* D 1	
S 1155	**swab;** smear	Abstrich *m*	frottis *m*, étalement *m*
S 1156	**swab,** sponge, gauze pad, pledget, pack	Tupfer *m*	tampon *m*, bourdonnet *m*, coton *m*
S 1157	**swab from wound,** wound smear	Wundabstrich *m*	prélèvement de plaie
S 1158	**swarming plate**	Schwärmplatte *f*	plaque *f* à essaimer
S 1159	**sweat,** sudor, perspiration	Schweiß *m*, Sudor *m*	sueur *f*, transpiration *f*, sudation *f*
S 1160	**sweat collection**	Schweißsammlung *f*	recueil *m* de la sueur
S 1161	**sweat test**	Schweißtest *m*	épreuve *f* de la sueur
S 1162	**swell / to,** to swell up	quellen, aufquellen	gonfler
S 1163	**swelling** *(of the human agent)*, quellung	Quellung *f*, Quellen *n*, Aufquellung *f*, Aufquellen *n*	gonflement *m*, gonflage *m*
S 1164	**swelling agent (substance)**	Quellmittel *n*, Quellstoff *m*	gonflant *m*, agent *m* gonflant
	swell up / to	*s.* S 1162	
	swine	*s.* P 474	
S 1165	**swing / to, swirl / to**	schwenken	agiter
S 1166	**switch gene**	„switch"-Gen *n*	gène *m* de transfert
S 1167	**symmetric[al]**	symmetrisch	symétrique
S 1168	**symmetry**	Symmetrie *f*	symétrie *f*
S 1169	**sympathetic saliva**	Sympathikusspeichel *m*	salive *f* sympathique
S 1170	**sympathin**	Sympathin *n*	sympathine *f*, lévartévénol *m*

S 1171	**sympatholytic, sympatholytic agent (drug)**	Sympathikolytikum *n*	sympathicolytique *m*, sympatholytique *m*
S 1172	**symptom,** sign	Symptom *n*, Anzeichen *n*, Erscheinung *f (Krankheit)*, Krankheitszeichen *n*	symptôme *m*, signe *m*, signe de maladie
S 1173	**symptomatic**	symptomatisch	symptomatique
	syncytial trophoblast	*s.* S 1174	
S 1174	**syncytiotrophoblast,** syntrophoblast, syncytial trophoblast, plasmodiotrophoblast	Synzytiotrophoblast *m*, Plasmodiotrophoblast *m*	syncytiotrophoblaste *m*, plasmodiotrophoblaste *m*
	synovia	*s.* S 1175	
	synovial bursa punctate	*s.* B 608	
S 1175	**synovial fluid,** synovia, joint fluid	Synovialflüssigkeit *f*, Synovia *f*, Gelenkflüssigkeit *f*, Gelenkschmiere *f*	liquide *m* synovial, fluide *m* synovial, synovia *f*, synovie *f*
S 1176	**synovianalysis**	Synovialanalyse *f*	analyse *f* synoviale
S 1177	**synovioblast**	Synovioblast *m*	synovioblaste *m*
S 1178	**synoviocyte**	Synoviozyt *m*, Synovialzelle *f*	synoviocyte *m*, cellule *f* synoviale
S 1179	**synthesis**	Synthese *f*	synthèse *f*
S 1180	**synthesise / to,** to synthetise	synthetisieren, synthetisch herstellen	synthétiser
	synthetase	*s.* L 236	
S 1181	**synthetic[al]**	synthetisch	synthétique
S 1182	**synthetic [culture] medium**	synthetischer Nährboden *m*, synthetisches Nährmedium *n*	milieu *m* de culture synthétique
	synthetic resin	*s.* A 1027	
	synthetise / to	*s.* S 1180	
	syntrophoblast	*s.* S 1174	
S 1183	**syphilis test,** serologic test for syphilis	Syphilistest *m*, Syphilisreaktion *f*	réaction *f* de [Bordet-]Wassermann
	syphon	*s.* S 426	
S 1184	**syringe**	Spritze *f*	seringue *f*
S 1185	**syringe barrel**	Spritzenzylinder *m*	corps *m* cylindrique de seringue
	syringe needle	*s.* I 289	
S 1186	**system**	System *n*	système *m*
S 1187	**systematic**	systematisch	systématique
S 1188	**systematic error,** bias, regular (constant) error	systematischer Fehler *m*, Bias *m*	erreur *f* systématique (régulière, biaisée, fixe), biais *m*
S 1189	**systematics**	Systematik *f*	systématique *f*
S 1190	**systematisation**	Systematisierung *f*	systématisation *f*
S 1191	**systematise / to**	systematisieren	systématiser
	system of coordinates	*s.* C 995	
S 1192	**system of international units,** SI	Internationales Einheitensystem *n*, SI-System *n*	système *m* international d'unités, système SI

T

	T	*s.* T 75, T 590	
	T_3	*s.* T 561	
	T_4	*s.* T 338	
T 1	**table**	Tabelle *f*	tableau *m*, table *f*
T 2	**table centrifuge**	Tischzentrifuge *f*	centrifugeuse *f* de table
T 3	**tablet**	Tablette *f*	comprimé *m*
T 4	**tachysterol**	Tachysterol *n*	tachystérol *m*
	Taenia	*s.* T 16	
	Taenia crassiocollis	*s.* C 216	
	Taenia echinococcus	*s.* H 471	
	Taeniarhynchus saginatus	*s.* B 149a	
	Taenia saginata	*s.* B 149a	
	Taenia solium	*s.* P 733	
	tag / to	*s.* M 117	
	tag	*s.* M 118	
	tagged	*s.* L 2	
	tagged compound	*s.* L 5	
	tagging	*s.* M 122	
T 5	**tail,** trailing edge *(chromatography)*	Schwanz *m*, Schweif *m*	queue *f*, frontière *f* arrière, limite *f* arrière traînante, traînée *f*
T 6	**tailing,** trailing *(chromatography)*	Schwanzbildung *f*, Schweifbildung *f*, Kometbildung *f*, Tailing *n*	formation *f* de traînées (queus, comètes)
T 7	**Takata-Ara reaction, Takata-Ara test,** Jezler-Takata test	Takata-Ara-Reaktion *f*, Takata-Reaktion *f*	réaction *f* de Takata-Ara
T 8	**take / to,** to take off, to discharge, to withdraw *(blood)*, to take out *(glass)*	entnehmen	prélever
T 9	**take a smear / to**	einen Abstrich machen	faire un frottis
	take effect / to	*s.* A 189	
	take off / to	*s.* T 8	
	take out / to	*s.* T 8	
	take-out	*s.* T 10	
	take-out glass	*s.* T 10	
T 10	**taking,** discharge, withdrawal *(blood)*, take-out *(glass)*	Entnahme *f*, Entnehmen *n*	prélèvement *m*, prise *f*

	taking of blood samples	*s.* W 95	
	taking of temperature	*s.* T 59	
	taking of the mean	*s.* A 1174	
	taking of urine specimen	*s.* U 154	
T 11	**talc, talcum**	Talkum *n*, Talk *m*	talc *m*
	tallow	*s.* S 144	
	tallowy	*s.* S 141	
T 12	**talose**	Talose *f*	talose *m*
T 13	**tannase**	Tannase *f*	tannase *f*
	tannic acid	*s.* T 14	
T 14	**tannin,** tannic acid	Tannin *n*, Tanninsäure *f*, Gerbsäure *f*	tannin *m*, tanin *m*, acide *m* tannique
	T antigen	*s.* T 241	
	T antigen	*s.* T 516	
	T antigen	*s.* T 652	
	tap / to	*s.* P 1181	
T 15	**tap,** cock, stop cock	Hahn *m*	robinet *m*
	tape recorder	*s.* S 969	
	tapered joint	*s.* C 902	
T 16	**tapeworm,** Taenia	Bandwurm *m*	tænia *f*, ténia *f*
	tapeworm segment	*s.* P 971	
	tapping	*s.* P 1182	
T 17	**tap water**	Leitungswasser *n*	eau *f* de robinet
T 18	**tar**	Teer *m*	goudron *m*
T 19	**tare / to**	tarieren	tarer
T 20	**target cell,** pessary corpuscle, hat cell, leptocyte	Targetzelle *f*, Zielzelle *f*, Kokardenzelle *f*, Schießscheibenzelle *f*, Leptozyt *m*	cellule-cible *f*, cellule en cocarde, leptocyte *m*, platycyte *m*
T 21	**tarry**	teer[art]ig, teerähnlich	goudronneux
T 22	**tartaric acid**	Weinsäure *f*, Weinsteinsäure *f*	acide *m* tartrique (dioxysuccinique)
T 23	**Tart cell**	Tart-Zelle *f*	«tart-cell» *f*
T 24	**tartrate**	Tartrat *n*	tartrate *m*
T 25	**tartrate labile**	tartratlabil	instable au tartrate
T 26	**tartrate stable**	tartratstabil	stable au tartrate
T 27	**tartrazine,** hydrazine yellow O	Tartrazin *n*, Hydrazingelb *n* O	tartrazine *f*, jaune *m* hydrazine O
T 28	**taste,** flavour	Geschmack *m*	goût *m*, saveur *f*
T 29	**tasteless,** flavourless, insipid, free from taste	geschmacklos	sans goût, sans saveur
T 30	**taurine,** amino-ethylsulphonic acid	Taurin *n*, Aminoethansulfonsäure *f*	taurine *f*, acide *m* aminoéthylsulfonique
T 31	**taurocholate**	Taurocholat *n*	taurocholate *m*
T 32	**taurocholic acid**	Taurocholsäure *f*	acide *m* taurocholique
T 33	**tautomeric**	tautomer	tautomère
T 34	**tautomerism, tautomery,** dynamic isomerism	Tautomerie *f*	tautomérie *f*
T 35	**taxonomy**	Taxonomie *f*	taxinomie *f*, taxonomie *f*
	TBG	*s.* T 339	
	Tc	*s.* T 38	
	TCA	*s.* T 543	
	T cell	*s.* T 395	
T 36	**t-distribution,** Student's distribution	t-Verteilung *f*, Student-Verteilung *f*	distribution *f* de t (Student), distribution [de] t, loi *f* de Student
	TDP	*s.* T 306	
	Te	*s.* T 45	
T 37	**teased-out preparation**	Zupfpräparat *n*	préparation *f* par dissociation
T 38	**technetium,** Tc	Technetium *n*, Tc	technétium *m*, Tc
	technique	*s.* M 372	
	tee	*s.* T 627	
	tee connector	*s.* T 627	
	tee piece	*s.* T 627	
	tegument	*s.* E 347	
	tegumentary epithelium	*s.* E 347	
T 39	**Teichmann's crystal,** haemin (blood) crystal	Teichmann-Kristall *n*, Häminkristall *n*, Blutkristall *n*, Salzsäurehämatin *n*	cristal *m* de Teichmann, cristal d'hémine
T 40	**teknocyte**	Teknozyt *m*	teknocyte *m*
T 41	**Telemann's method**	Telemann-Methode *f*	méthode *f* de Telemann
T 42	**telluric acid**	Tellursäure *f*	acide *m* tellurique
T 43	**tellurite**	Tellurit *n*	tellurite *m*
T 44	**tellurite culture medium**	Telluritnährboden *m*	gélose *f* au tellurite
T 45	**tellurium,** Te	Tellur *n*, Te	tellurium *m*, Te
	TEM	*s.* T 504	
T 46	**temper / to**	temperieren	tempérer
T 47	**temperature**	Temperatur *f*	température *f*
T 48	**temperature coefficient**	Temperaturkoeffizient *m*	coefficient *m* de température, coefficient thermométrique
T 49	**temperature control,** temperature monitoring	Temperaturkontrolle *f*, Temperaturüberwachung *f*	contrôle *m* (surveillance *f*) de température
	temperature controller	*s.* T 185	
	temperature curve	*s.* T 154	
T 50	**temperature dependence**	Temperaturabhängigkeit *f*	dépendance *f* de la température
T 51	**temperature-dependent**	temperaturabhängig	dépendant de la température

T 52	**temperature difference**	Temperaturunterschied m, Temperaturdifferenz f	différence f de température
T 53	**temperature distribution**	Temperaturverteilung f	distribution (répartition) f de la température
T 54	**temperature drop,** drop (fall, decrease) in temperature	Temperaturabnahme f, Temperaturabfall m, Temperaturerniedrigung f, Temperaturgefälle n, Temperatursenkung f	abaissement m (chute f, baisse f) de température
T 55	**temperature effect**	Temperatureffekt m	effet m de température
T 56	**temperature gradient**	Temperaturgradient m	gradient m de température, gradient thermique
T 57	**temperature-independent**	temperaturunabhängig	indépendant de la température
T 58	**temperature influence,** influence of temperature	Temperatureinfluß m, Temperatureinwirkung f	influence f de la température
T 59	**temperature measurement,** measuring (taking) of temperature	Temperaturmessung f	mesure f de la température
	temperature monitoring	s. T 49	
T 60	**temperature optimum**	Temperaturoptimum n	optimum m de température
T 61	**temperature range,**range of temperature	Temperaturbereich m	gamme f de températures
	temperature recorder	s. T 155	
	temperature resistance	s. T 65	
	temperatureresistant	s. T 66	
T 62	**temperature rise,** rise of temperature, increase in temperature	Temperaturerhöhung f, Temperaturzunahme f, Temperaturanstieg m, Temperatursteigerung f	hausse (augmentation) f de température, élévation f de la température
T 63	**temperature-sensitive,** sensitive of temperature	temperaturempfindlich	sensible à la température
T 64	**temperature sensitivity**	Temperaturempfindlichkeit f	sensibilité f à la température
T 65	**temperature stability,** temperature resistance	Temperaturbeständigkeit f, Temperaturstabilität f, Temperaturresistenz f	thermostabilité f, résistance (insensibilité) f à la température, résistance à chaud, résistance aux variations de température
T 66	**temperature-stable,** temperature-resistant	temperaturbeständig, temperaturstabil, temperaturresistent	thermostable, insensible (résistant) à la température, insensible aux variations thermiques
T 67	**temperature variation,** variation of temperature	Temperaturänderung f	variation f de température
	tendency	s. T 530	
	tenside	s. D 251	
T 68	**tensiometer**	Tensiometer n	tensiomètre m
T 69	**tentative diagnosis**	Verdachtsdiagnose f	diagnostic m de présomption
T 70	**terminal, terminal unit**	Terminal n	terminal m
T 71	**terminal**	endständig, terminal	terminal
	terminal group	s. E 197	
	terminal point	s. E 231	
	terminal stage	s. F 157	
	terminal state	s. F 158	
	terminal unit	s. T 70	
T 72	**terminal urine**	Sekundärharn m	urine f secondaire
T 73	**terpene**	Terpen n	terpène m
T 74	**tertian parasite,** Plasmodium vivax, Plasmodium tertianae	Tertianaparasit m	plasmodium m de la tierce
T 75	**tesla,** T	Tesla n, T	tesla m, T
T 76	**test / to,** to assay, to try	testen, erproben, prüfen	tester, éprouver, mettre à l'épreuve, examiner, essayer
T 77	**test,** testing, assay, trial	Test m, Erprobung f, Probe f, Prüfung f	test m, épreuve f, essai m, examen m
	χ^2-test	s. a. C 423	
T 78	**test abrasion,** diagnostic curettage	Probeabrasio f, Probeausschabung f	abrasion f exploratrice, curetage m explorateur
T 79	**test agglutination**	Testagglutination f	agglutination f d'épreuve
	testane	s. E 513	
	test animal	s. E 571	
T 80	**test antigen**	Testantigen n	antigène m d'épreuve
T 81	**test bacterium**	Testbakterie f	bactérie f d'épreuve
T 82	**test breakfast**	Probefrühstück n	repas m d'épreuve
T 83	**test cell**	Testzelle f	cellule f de test
T 84	**test combination**	Testkombination f	combinaison f des tests
T 85	**test condition,** experimental condition	Versuchsbedingung f, Testbedingung f	condition[s] f[pl] d'épreuve, condition f de l'expérience, condition de test
T 86	**test diet**	Probekost f, Probediät f	diète f (repas m) de test
T 87	**test erythrocyte**	Testerythrozyt m	érythrocyte m de test
	test for arsenic	s. A 1016	
	test for blood	s. B 429	
	test germ	s. T 96	
	test glass	s. T 108	
T 88	**test goodness of fit,** smooth test	Anpassungstest m	test m de validité de l'ajustement, test de bon ajustement, test d'accord

No.	English	German	French
T 89	**testicle,** testis, seminal gland, male gonad	Hoden *m*, Testis *m*, Testikel *m* , männliche Keimdrüse *f*	testicule *m*, testis *m*, gonade *f* mâle
T 90	**testicular biopsy**	Hodenbiopsie *f*	biopsie *f* testiculaire
T 91	**testicular hormone,** testis hormone	Hodenhormon *n*	hormone *f* testiculaire
	test incision	*s.* E 581	
	testing	*s.* T 77	
	testing material	*s.* S 629	
	testing method	*s.* T 94	
	testing procedure	*s.* T 94	
	testis	*s.* T 89	
	testis hormone	*s.* T 91	
T 92	**test kit,** kit	Testpackung *f*,Testkit *m*, Kit *m*	kit *m* [de test]
	test material	*s.* S 629	
T 93	**test meal**	Probemahlzeit *f*, Testmahlzeit *f*	repas *m* d'épreuve
T 94	**test method,** testing method, test[ing] procedure, examination method, method of examination	Untersuchungsmethode *f*, Prüfmethode *f*, Testmethode *f*, Untersuchungsverfahren *n*, Prüfverfahren *n*, Testverfahren *n*	méthode *f* d'examen, méthode d'épreuve, méthode d'étude, méthode de test, procédé *m* d'investigation
	test microorganism	*s.* T 96	
T 95	**test object**	Testobjekt *n*	objet *m* d'épreuve
	test of significance	*s.* S 381	
T 96	**test organism,** test microorganism (germ)	Testkeim *m*, Testorganismus *m*, Testmikroorganismus *m*	germe (organisme, micro-organisme) *m* d'épreuve
T 97	**testosterone**	Testosteron *n*	testostérone *f*
T 98	**testosterone glucuronide**	Testosteronglucuronid *n*	glucuronide *m* de testostérone
T 99	**testosterone propionate**	Testosteronpropionat *n*	propionate *m* de testostérone
T 100	**test paper,** indicator paper, reaction paper *(US)*	Indikatorpapier *n*, Reagenzpapier *n*	papier *m* indicateur, papier réactif
	test parameter	*s.* P 80	
	test person	*s.* P 945	
	test probe	*s.* M 208	
	test procedure	*s.* T 94	
	test rack	*s.* M 206	
T 101	**test reagent**	Testreagens *n*	réactif *m* de test
	test record	*s.* R 189	
T 102	**test result,** experimental result, result of experiment	Versuchsergebnis *n*, Testergebnis *n*	résultat *m* d'expérience, résultat d'épreuve, résultat de test
	test series	*s.* E 574	
T 103	**test serum**	Testserum *n*	sérum *m* de test, sérum d'épreuve
T 104	**test set**	Testbesteck *n*	trousse *f* de test
T 105	**test solution**	Versuchslösung *f*, Probelösung *f*, Testlösung *f*	solution *f* de test, solution d'épreuve, solution d'échantillon
T 106	**test strip,** reagent strip	Teststreifen *m*, Reagenzstreifen *m*	bandelette *f* de réaction
T 107	**test system**	Testsystem *n*	système *m* de test, système d'épreuve
T 108	**test tube,** test glass	Reagenzglas *n*, Prüfglas *n*, Probierglas *n*, Reagenzröhrchen *n*, Prüfröhrchen *n*, Probierröhrchen *n*	éprouvette *f*, tube à essai[s], verre *m* à expérience, verre d'essai
T 109	**test tube clamp, test tube holder**	Reagenzglasklammer *f*, Reagenzglasklemme *f*, Reagenzglashalter *m*	pince *f* pour tubes à essai
T 110	**test tube rack,** test tube stand (support)	Reagenzglasständer *m*, Reagenzglasgestell *n*	support *m* de (pour) tubes à essai
T 111	**tetanus bacillus,** tetanus clostridium, Clostridium tetanus	Tetanusbacillus *m*, Tetanus *m* clostridium	Clostridium *m* tetanus, Clostridium tetani, bacille *m* tétanique, bacille de Nicolaier
T 112	**tetanus toxin**	Tetanustoxin *n*	toxine *f* tétanique
	tetrabromofluorescein	*s.* E 323	
	tetrachlormethane	*s.* C 127	
T 113	**tetrachloroethane**	Tetrachlorethan *n*	tétrachlor[o]éthane *m*
T 114	**tetrachloroethylene,** perchloroethylene	Tetrachlorethylen *n*, Perchlorethylen *n*	tétrachlor[o]éthylène *m*, perchloréthylène *m*
	tetracosanoic acid	*s.* L 252	
T 115	**tetracycline**	Tetracyclin *n*	tétracycline *f*
T 116	**tetraethyl lead**	Tetraethylblei *n*	plomb *m* tétraéthyle
T 117	**tetrahydroaldosterone**	Tetrahydroaldosteron *n*	tétrahydroaldostérone *f*
T 118	**tetrahydrobiopterin**	Tetrahydrobiopterin *n*	tétrahydrobioptérine *f*
T 119	**tetrahydrocannabiol**	Tetrahydrocannabiol *n*	tétrahydrocannabiol *m*
T 120	**tetrahydrocortisol**	Tetrahydrocortisol *n*	tétrahydrocortisol *m*, urocortisol *m*
T 121	**tetrahydrofolic acid**	Tetrahydrofolsäure *f*	acide *m* tétrahydrofolique
T 122	**tetrahydrofuran, tetrahydrofurane**	Tetrahydrofuran *n*	tétrahydrofuranne *m*
	tetraiodothyronine	*s.* T 338	
T 123	**tetrapeptide**	Tetrapeptid *n*	tétrapeptide *m*
T 124	**tetrasaccharide**	Tetrasaccharid *n*	tétrasaccharide *m*
T 125	**tetrathionate**	Tetrathionat *n*	tétrathionate *m*
T 126	**tetrathionate enrichment method**	Tetrathionatanreicherungsverfahren *n*	méthode *f* d'enrichissement de tétrathionate
T 127	**tetrazole**	Tetrazol *n*	tétrazole *m*, pyrrotriazole *m*
T 128	**tetrose**	Tetrose *f*	tétrose *m*
	T factor	*s.* T 489	

No.	English	German	French
	TG	*s.* T 559	
T 129	**T globulin,** tumour globulin	T-Globulin *n*, Tumor-Globulin *n*	globuline *f* tumorale
T 130	**thallium,** Tl	Thallium *n*, Tl	thallium *m*, Tl
	Tham buffer	*s.* T 587	
T 131	**thaw / to,** to defrost	tauen, auftauen	dégeler, faire fondre
T 132	**thawing,** defrosting	Tauen *n*, Auftauen *n*	fonte *f*, dégel *m*
T 133	**theca lutein cell**	Thekaluteinzelle *f*	cellule *f* lutéale thécale, cellule thécale lutéinisée
	theine	*s.* C 10	
T 134	**theophylline**	Theophyllin *n*	théophylline *f*, théocine *f*
T 135	**therapeutic, therapeutical**	therapeutisch	thérapeutique
T 136	**therapy,** treatment *(medicine)*	Therapie *f*, Behandlung *f*	thérapie *f*, thérapeutique *f*, traitement *m*
T 137	**therapy control,** control of therapy, therapy monitoring	Therapiekontrolle *f*, Therapieüberwachung *f*	contrôle *m* de thérapie, surveillance *f* de thérapie
	therapy monitoring	*s.* T 137	
T 138	**thermal**	thermisch	thermique
T 139	**thermal analysis,** thermoanalysis	Thermoanalyse *f*, thermische Analyse *f*	thermoanalyse *f*, analyse *f* thermique
	thermal coagulation	*s.* H 167	
T 140	**thermal conductivity,** heat conductivity	Wärmeleitfähigkeit *f*	thermoconductivité *f*, conductibilité *f* thermique
T 141	**thermal diffusion,** thermodiffusion	Thermodiffusion *f*	thermodiffusion *f*
T 142	**thermal dissociation**	thermische Dissoziation *f*, Thermodissoziation *f*	thermodissociation *f*, dissociation *f* thermique
T 143	**thermal energy,** heat energy	Wärmeenergie *f*, thermische Energie *f*	énergie *f* thermique (calorique)
T 144	**thermal equilibrium**	Wärmegleichgewicht *n*, thermisches Gleichgewicht *n*	équilibre *m* thermique
	thermal inactivation	*s.* H 173	
	thermal instability	*s.* T 162	
	thermally stable	*s.* T 183	
T 145	**thermal radiation,** heat radiation	Wärmestrahlung *f*	radiation *f* calorifique (de la chaleur)
	thermal resistance	*s.* T 181	
	thermal stability	*s.* T 181	
	thermal transfer	*s.* H 187	
	thermal transmission	*s.* H 187	
	therminal luminescence	*s.* T 163	
	thermoanalysis	*s.* T 139	
T 146	**thermoanalytical**	thermoanalytisch	thermoanalytique
T 147	**thermochemical**	thermochemisch	thermochimique
T 148	**thermochemistry, chemical thermodynamics**	Thermochemie *f*	thermochimie *f*, chimie *f* thermique
T 149	**thermocouple,** thermoelement	Thermoelement *n*, Thermopaar *n*	thermo-élément *m*, thermocouple *m*
	thermodiffusion	*s.* T 141	
T 150	**thermodilution method**	Thermodilutionsmethode *f*	méthode *f* de thermodilution
	thermoduric	*s.* T 183	
T 151	**thermodynamic[al]**	thermodynamisch	thermodynamique
	thermodynamic equilibrium	*s.* C 384	
T 152	**thermodynamics**	Thermodynamik *f*	thermodynamie *f*
T 153	**thermodynamic temperature**	thermodynamische Temperatur *f*	température *f* thermodynamique
	thermoelement	*s.* T 149	
T 154	**thermogram,** temperature curve	Thermogramm *n*, Temperaturkurve *f*	thermogramme *m*, courbe *f* thermique
T 155	**thermograph,** temperature recorder	Thermograph *m*, Temperaturschreiber *m*	thermographe *m*, enregistreur *m* de température, thermoscripteur *m*
T 156	**thermographic**	thermographisch	thermographique
T 157	**thermography**	Thermographie *f*	thermographie *f*
T 158	**thermogravimetric**	thermogravimetrisch	thermogravimétrique
	thermogravimetric analysis	*s.* T 159	
T 159	**thermogravimetry,** thermogravimetric analysis	Thermogravimetrie *f*, thermogravimetrische Analyse *f*	thermogravimétrie *f*, analyse *f* thermogravimétrique
T 160	**thermolabile,** heat-labile, heat-sensitive	thermolabil, hitzeempfindlich, hitzeunbeständig, wärmeempfindlich, wärmeunbeständig	thermolabile, sensible à la chaleur, thermosensible
T 161	**thermolabile antigen**	thermolabiles (wärmeempfindliches) Antigen *n*	antigène *m* thermolabile
T 162	**thermolability,** heat lability, heat sensitivity, thermal instability	Thermolabilität *f*, Hitzeempfindlichkeit *f*, Hitzeunbeständigkeit *f*, Wärmeempfindlichkeit *f*, Wärmeunbeständigkeit *f*, thermische Instabilität *f*	instabilité *f* à la chaleur, instabilité thermique, sensibilité *f* à la chaleur, thermosensibilité *f*
T 163	**thermoluminescence,** therminal luminescence	Thermolumineszenz *f*	thermoluminescence *f*
T 164	**thermolysin**	Thermolysin *n*	thermolysine *f*
T 165	**thermolysis**	Thermolyse *f*	thermolyse *f*, pyrolyse *f*
T 166	**thermolytic**	thermolytisch, wärmeableitend	thermolytique
T 167	**thermometer**	Thermometer *n*, Temperaturmesser *m*	thermomètre *m*
T 168	**thermometric**	thermometrisch	thermométrique
T 169	**thermometry**	Thermometrie *f*	thermométrie *f*
T 170	**thermophil[ic]**	thermophil, wärmeliebend	thermophile
T 171	**thermophilic bacterium**	thermophile Bakterie *f*	bactérie *f* thermophile

No.	English	German	French
T 172	**thermophore**	Thermophor *m*	thermophore *m*
T 173	**thermoplastic [material]**	Thermoplast *m*	thermoplaste *m*, matière *f* thermoplastique
T 174	**thermoprecipitation**	Thermopräzipitation *f*, Wärmepräzipitation *f*	thermoprécipitation *f*, précipitation *f* thermique
T 175	**thermoprecipitin**	Thermopräzipitin *n*	thermoprécipitine *f*
T 176	**thermoprecipitinogen**	Thermopräzipitinogen *n*	thermoprécipitinogène *m*
T 177	**thermoprecipitin test**	Thermopräzipitintest *m*	test *m* de thermoprécipitation
T 178	**thermoprotein**	Thermoprotein *n*	thermoprotéine *f*
T 179	**thermoregulation,** heat regulation	Thermoregulation *f*, Wärmeregulation *f*	thermorégulation *f*, régulation *f* thermique
	thermoregulator	*s.* T 185	
	thermoresistance	*s.* T 181	
	thermoresistant	*s.* T 183	
T 180	**thermos [flask]**	Thermosflasche *f*	bouteille *f* isolante
T 181	**thermostability,** thermoresistance, thermal (heat) stability, thermal (heat) resistance, thermotolerance *(microorganisms)*	Thermostabilität *f*, Hitzebeständigkeit *f*, Hitzestabilität *f*, Hitzeresistenz *f*, Hitzefestigkeit *f*, Wärmebeständigkeit *f*, Wärmestabilität *f*, Wärmeresistenz *f*, Wärmefestigkeit *f*, Thermoresistenz *f*, thermische Stabilität *f*	thermostabilité *f*, résistance *f* à la chaleur, résistance à chaud, thermorésistance *f*
T 182	**thermostability test**	Wärmeresistenztest *m*	épreuve *f* de la thermostabilité
T 183	**thermostable,** thermally stable, thermoresistant, heat-stable, heat-resistant, heat-proof; thermoduric, thermotolerant *(microorganisms)*	thermostabil, hitzebeständig, hitzestabil, hitzeresistent, hitzefest, wärmebeständig, wärmestabil, wärmeresistent, wärmefest, thermoresistent, thermisch stabil	thermostable, résistant à la chaleur, thermorésistant, insensible à la chaleur, résistant (stable) à chaud
T 184	**thermostable antigen**	thermostabiles (wärmebeständiges) Antigen *n*	antigène *m* thermostable
T 185	**thermostat,** thermoregulator, temperature controller	Thermostat *m*, Temperaturregler *m*, Temperaturregulator *m*	thermostat *m*, thermorégulateur *m*
T 186	**thermothyrin**	Thermothyrin *n*	thermothyrine *f*
	thermotolerance	*s.* T 181	
	thermotolerant	*s.* T 183	
T 187	**theta antigen**	Theta-Antigen *n*	antigéne *m* théta
T 188	**thiaminase,** aneurinase	Thiaminase *f*, Aneurinase *f*	thiaminase *f*, aneurinase *f*
	thiaminase I	*s.* T 192	
T 189	**thiamine,** vitamin B_1, aneurin, antineuritic vitamin	Thiamin *n*, Vitamin *n* B_1, Aneurin *n*, antineuritisches Vitamin *n*	thiamine *f*, vitamine *f* B_1, aneurine *f*, vitamine (facteur *m*) antinévritique
	thiamine diphosphate	*s.* T 194	
T 190	**thiamine diphosphate kinase**	Thiamindiphosphatkinase *f*	thiamine-diphosphokinase *f*
T 191	**thiamine kinase**	Thiaminkinase *f*	thiamine-kinase *f*
T 192	**thiamine pyridinylase,** pyrimidine transferase, thiaminase I	Thiaminpyridinylase *f*, Pyrimidintransferase *f*, Thiaminase *f* I	thiamine-pyridinylase *f*, pyrimidine-transférase *f*, thiaminase *f*
T 193	**thiamine pyrophosphatase**	Thiaminpyrophosphatase *f*	thiamine-pyrophosphatase *f*
T 194	**thiamine pyrophosphate,** thiamine diphosphate, cocarboxylase, TPP	Thiaminpyrophosphat *n*, Thiamindiphosphat *n*, Cocarboxylase *f*, Aneurinphosphat *n*, TPP	pyrophosphate *m* de thiamine, thiamine-pyrophosphate *m*, diphosphate *m* de thiamine, cocarboxylase *f* TPP
T 195	**thiazole**	Thiazol *n*	thiazole *m*
T 196	**thiazole dye**	Thiazolfarbstoff *m*	colorant *m* de thiazole, colorant thiazolique
T 197	**thick drop**	dicker Tropfen *m*	grosse goutte
T 198	**thickness**	Dicke *f*	épaisseur *f*
	thickness of layer	*s.* L 126	
T 199	**thick-walled**	dickwandig	à paroi épaisse
	thin / to	*s.* D 472	
T 200	**thin**	dünn	mince
	thin	*s. a.* T 201	
	thin film	*s.* T 202	
	thin-film chromatography	*s.* T 206	
T 201	**thin-fluid,** thin	dünnflüssig	mobile, fluide
T 202	**thin layer,** thin film	dünne Schicht *f*	couche *f* mince
T 203	**thin-layer chromatogram**	Dünnschichtchromatogramm *n*	chromatogramme *m* en couche mince
T 204	**thin-layer chromatograph**	Dünnschichtchromatograph *m*	chromatographe *m* en couche mince
T 205	**thin-layer chromatographic**	dünnschichtchromatographisch	par chromatographie en couche mince, en chromatographie sur couche mince
T 206	**thin-layer chromatography,** thin-film chromatography, TLC	Dünnschichtchromatographie *f*, Dünnfilmchromatographie *f*	chromatographie *f* en (sur) couche mince
T 207	**thin-layer electrophoresis**	Dünnschichtelektrophorese *f*	électrophorèse *f* sur couche mince
T 208	**thin-layer gel chromatography, thin-layer gel filtration**	Dünnschicht-Gelchromatographie *f*, Dünnschicht-Gelfiltration *f*	chromatographie (filtration) *f* sur gel en couche mince
T 209	**thin-layer plate**	Dünnschichtplatte *f*	plaque *f* à couche mince
	thinner	*s.* D 471	
	thinning agent	*s.* D 471	
	thin section	*s.* M 534	
	thin-sheet plastic	*s.* P 562	
T 210	**thin smear**	dünner Ausstrich *m*	étalement *m* mince

T 211	**thin-walled**	dünnwandig	à paroi mince
T 212	**thioacetamide**	Thioacetamid *n*	thioacétamide *m*
T 213	**thioacetic acid**	Thioessigsäure *f*	acide *m* thioacétique
T 214	**thioacid**	Thiosäure *f*	thioacide *m*, acide *m* thioloïque
	thioalcohol	*s.* M 296	
	thiobacterium	*s.* S 1097	
T 215	**thiobarbiturate**	Thiobarbiturat *n*	thiobarbiturique *m*
	thiocarbamide	*s.* T 238	
T 216	**thiocarbanilide**	Thiocarbanilid *n*	thiocarbanilide *m*, sulfocarbanilide *m*
T 217	**thiocarbonate,** trithiocarbonate	Thiocarbonat *n*, Trithiocarbonat *n*	thiocarbonate *m*, trithiocarbonate *m*, sulfocarbonate *m*
T 218	**thiochrome**	Thiochrom *n*	thiochrome *m*
T 219	**thiocyanate,** rhodanide	Thiocyanat *n*, Rhodanid *n*	thiocyanate *m*, sulfocyanate *m*, rhodanate *m*
T 220	**thioester**	Thioester *m*	thioester *m*
T 221	**thioferase**	Thioferase *f*	thioférase *f*
T 222	**thioflavin, thioflavine**	Thioflavin *n*	thioflavine *f*, jaune *m* de méthylène
T 223	**thioglycolate**	Thioglycolat *n*	thioglycolate *m*
T 224	**thioglycollic acid,** mercaptoacetic acid	Thioglycolsäure *f*, Mercaptoessigsäure *f*	acide *m* thioglycolique (mercapto-acétique)
T 225	**thioguanine**	Thioguanin *n*	thioguanine *f*
T 226	**thiokinase**	Thiokinase *f*	thiokinase *f*
	thiol	*s.* M 296	
	thiolase	*s.* A 102	
T 227	**thiolenzyme**	Thiolenzym *n*	thiol-enzyme *m*
T 228	**thiolesterase**	Thiolesterase *f*	thiolestérase *f*
	thiol group	*s.* S 1064	
T 229	**thiolmethyltransferase**	Thiolmethyltransferase *f*	thiolméthyltransférase *f*
	β-thionase	*s.* C 1224	
	thioneine	*s.* E 392	
T 230	**thionine**	Thionin *n*, Lauth-Violett *n*	thionine *f*, violet *m* de Lauth
T 231	**thiophene**	Thiophen *n*, Thiofuran *n*	thiophène *m*, thiofène *m*, thiofuranne *m*
T 232	**thiopurine**	Thiopurin *n*	thiopurine *f*
T 233	**thiosalicylic acid,** *o*-mercaptobenzoic acid	Thiosalicylsäure *f*, *o*-Mercaptobenzoesäure *f*	acide *m* thiosalicylique (*o*-mercaptobenzoïque)
T 234	**thiosemicarbazide,** aminothiourea	Thiosemicarbazid *n*	thiosemicarbazide *m*
T 235	**thiosulphate**	Thiosulfat *n*	thiosulfate *m*, hyposulfite *m*
T 236	**thiosulphuric acid**	Thioschwefelsäure *f*, Thiosulfursäure *f*	acide *m* thiosulfurique (hyposulfureux)
T 237	**thiouracil**	Thiouracil *n*	thio-uracile *m*
T 238	**thiourea,** thiocarbamide, sulphourea	Thioharnstoff *m*, Thiocarbamid *n*, Schwefelharnstoff *m*	thio-urée *f*, thiocarbamide *m*, sulfocarbamide *m*, sulfo-urée *f*
	thirst test	*s.* C 866	
T 239	**thiuram**	Thiuram *n*	thiurame *m*, thiuramyl *m*
	Thoma-Zeiss cell	*s.* T 240	
	Thoma-Zeiss chamber	*s.* T 240	
	Thoma-Zeiss counting cell	*s.* T 240	
T 240	**Thoma-Zeiss counting chamber,** Thoma-Zeiss chamber (counting cell, cell)	Thoma-Zeiss-Zählkammer *f*	cellule (chambre) *f* de Thoma-Zeiss
T 241	**Thomsen antigen,** T antigen, Thomsen receptor, T receptor	Thomsen-Antigen *n*, T-Antigen *n*, Thomsen-Rezeptor *m*, T-Rezeptor *m*	antigène *m* de Thomsen, antigène T, récepteur *m* T
	Thomsen receptor	*s.* T 241	
	thoracentesis	*s.* P 602	
	thoracocentesis	*s.* P 602	
T 242	**Thorn test**	Thorn-Test *m*, Thorn-Probe *f*, ACTH-Eosinophilen-Test *m*	test *m* (épreuve *f*) de Thorn
	Thr	*s.* T 249	
	thread fungus	*s.* H 572	
T 243	**thread-like,** fileform, filamentous, filamentary	fadenförmig, filiform	filiforme, en forme de fil
T 244	**thread-like bacterium,** filamentous (filamentary) bacterium	Fadenbakterie *f*	bactérie *f* filiforme
	threadworm	*s.* N 62, O 255	
T 245	**three-glass test**	Dreigläserprobe *f*	épreuve *f* des trois verres
T 246	**three-layer sputum**	Dreischichtensputum *n*	expectoration *f* en trois couches
T 247	**three-neck bottle, three-necked flask**	Dreihalskolben *m*	tricol *m*, ballon *m* à trois tubulures
T 248	**three-way [stop]cock, three-way tap**	Dreiwegehahn *m*	robinet *m* à trois voies
T 249	**threonine,** α-amino-β-hydroxybutyric acid, Thr	Threonin *n*, α-Amino-β-hydroxybuttersäure *f*, Thr	thréonine *f*, acide *m* α-amino-β-hydroxybutyrique, Thr
	threonine aldolase	*s.* S 266	
	threonine deaminase	*s.* T 250	
T 250	**threonine dehydratase,** threonine deaminase, *L*-serine dehydratase, serine deaminase	Threonindehydratase *f*, Threonindesaminase *f*, *L*-Serindehydratase *f*, Serin-desaminase *f*	thréonine-déshydratase *f*, thréonine-désaminase *f*, *L*-sérine-déshydratase *f*
T 251	**threonine synthase**	Threoninsynthase *f*	thréonine-synthase *f*
T 252	**threose**	Threose *f*	thréose *m*
T 253	**threshold**	Schwelle *f*	seuil *m*

No.	English	German	French
T 254	**threshold concentration**	Schwellenkonzentration *f*	concentration *f* [de] seuil
T 255	**threshold dose**	Schwellendosis *f*	dose *f* de seuil, dose de tolérance, dose limite
	threshold of sensitivity	*s.* S 223	
	threshold of tolerance	*s.* T 405	
T 256	**threshold value,** liminal value	Schwell[en]wert *m*	valeur *f* de seuil
T 257	**throat mucus,** pharyngeal mucus	Rachenschleim *m*	mucus *m* pharyngien
T 258	**throat swab,** pharyngeal swab	Rachenabstrich *m*	prélèvement *m* de la gorge (pharyngien)
	thrombase	*s.* T 262	
T 259	**thrombelastogram**	Thrombelastogramm *n*	thromb[o]élastogramme *m*
T 260	**thrombelastograph**	Thrombelastograph *m*	thromb[o]élastographe *m*
T 261	**thrombelastography**	Thrombelastographie *f*	thromb[o]élastographie *f*
T 262	**thrombin,** fibrinogenase, thrombase	Thrombin *n*, Fibrinogenase *f*, Thrombase *f*	thrombine *f*, fibrinogénase *f*, thrombine *f*
T 263	**thrombin activity**	Thrombinaktivität *f*	activité *f* de thrombine
T 264	**thrombin coagulase time**	Thrombinkoagulasezeit *f*	temps *m* de thrombine-coagulase
T 265	**thrombin generation test**	Thrombingenerationstest *m*, Thrombinbildungstest *m*	test *m* de la thrombinoformation
T 266	**thrombin inhibitor**	Thrombininhibitor *m*	inhibiteur *m* de thrombine
	thrombinogen	*s.* C 632	
T 267	**thrombin test,** Crosby test	Thrombintest *m*, Crosby-Test *m*	test *m* à la thrombine
T 268	**thrombin time,** antithrombin time	Thrombinzeit *f*, Antithrombinzeit *f*	temps *m* de thrombine, temps d'antithrombine
	thromboblast	*s.* M 249	
	thromboclastic	*s.* T 296	
T 269	**thrombocyte,** blood platelet, platelet, blood plate	Thrombozyt *m*, Blutplättchen *n*, Plättchen *n*	thrombocyte *m*, plaquette *f* sanguine, particule *m* de Zimmermann
	thrombocyte adherence	*s.* T 270	
T 270	**thrombocyte adhesion,** thrombocyte adherence, platelet adhesion	Thrombozytenadhäsion *f*	adhésion *f* de thrombocytes
T 271	**thrombocyte agglutination**	Thrombozytenagglutination *f*, Plättchenagglutination *f*	agglutination *f* des thrombocytes, agglutination de plaquettes
T 272	**thrombocyte agglutinin,** platelet agglutinin	Thrombozytenagglutinin *n*, Thromboagglutinin *n*, Plättchenagglutinin *n*	agglutinine *f* thrombocytaire (plaquettaire), thromboagglutinine *f*
T 273	**thrombocyte aggregate,** platelet aggregate	Thrombozytenaggregat *n*, Plättchenaggregat *n*	agrégat *m* de thrombocytes, agrégat plaquettaire
T 274	**thrombocyte aggregation,** platelet aggregation	Thrombozytenaggregation *f*, Plättchenaggregation *f*	agrégation *f* de thrombocytes, agrégation plaquettaire (thrombocytaire), agrégation des plaquettes
	thrombocyte aggregation test	*s.* P 573	
T 275	**thrombocyte antibody,** platelet antibody	Thrombozytenantikörper *m*, Plättchenantikörper *m*	anticorps *m* thrombocytaire (plaquettaire)
T 276	**thrombocyte antigen,** platelet antigen	Thrombozytenantigen *n*, Plättchenantigen *n*, Thrombozytenrezeptor *m*	antigène *m* thrombocytaire (plaquettaire)
	thrombocyte antigen	*s. a.* P 574	
	thrombocyte cofactor	*s.* P 575	
T 277	**thrombocyte count,** platelet count	Thrombozytenzahl *f*, Plättchenzahl *f*	nombre *m* des thrombocytes (plaquettes)
	thrombocyte count	*s. a.* T 278	
T 278	**thrombocyte counting,** platelet counting, thrombocyte count, platelet count	Thrombozytenzählung *f*, Blutplättchenzählung *f*, Plättchenzählung *f*	comptage *m* thrombocytaire (plaquettaire), formule thrombocytaire
T 279	**thrombocyte distribution curve**	Thrombozytenverteilungskurve *f*	courbe *f* de distribution thrombocytaire
T 280	**thrombocyte extract,** platelet extract	Thrombozytenextrakt *m*	extrait *m* thrombocytaire
T 281	**thrombocyte factor,** platelet factor	Thrombozytenfaktor *m*, Plättchenfaktor *m*	facteur *m* thrombocytaire (plaquettaire)
	thrombocyte factor 4	*s.* A 879	
	thrombocyte resistance	*s.* P 578	
	thrombocyte resistance test	*s.* P 579	
	thrombocyte retention	*s.* P 580	
	thrombocyte retention test	*s.* P 581	
T 282	**thrombocyte spreading**	Thrombozytenausbreitung *f*	propagation *f* de thrombocytes
T 283	**thrombocyte spreading test**	Thrombozytenausbreitungstest *m*	test *m* de propagation de thrombocytes
	thrombocyte survival time	*s.* P 582	
T 284	**thrombocytobarine**	Thrombozytobarin *n*	thrombocytobarine *f*
T 285	**thrombocytogram**	Thrombozytogramm *n*	thrombocytogramme *m*
T 286	**thrombocytolysin**	Thrombozytolysin *n*	thrombocytolysine *f*
T 287	**thrombocytolysis**	Thrombozytolyse *f*, Blutplättchenauflösung *f*	thrombocytolyse *f*
T 288	**thrombocytolytic**	thrombozytolytisch	thrombocytolytique
	thrombocytopenic factor	*s.* T 297	
T 289	**thrombocytosine**	Thrombocytosin *n*	thrombocytosine *f*
	thrombogen	*s.* C 635	
T 290	**thromboglobulin**	Thromboglobulin *n*	thromboglobuline *f*
T 291	**thromboglobulin level**	Thromboglobulinspiegel *m*	taux *m* de thromboglobuline
	thrombokinase	*s.* T 298	
T 292	**thrombokinetic**	thrombokinetisch	thrombocinétique

T 293	**thrombokinetics**	Thrombokinetik *f*, Thrombozytenkinetik *f*	thrombocinétique *f*
T 294	**thrombokinetogram**	Thrombokinetogramm *n*	thrombocinétogramme *m*
T 295	**thrombolysis**	Thrombolyse *f*, Thrombenauflösung *f*	thrombolyse *f*, thromboclasie *f*
T 296	**thrombolytic,** thromboclastic	thrombolytisch	thrombolytique
	thrombolytic	*s. a.* F 97	
	thrombolytic agent	*s.* F 97	
	thrombolytic drug	*s.* F 97	
T 297	**thrombopenic index,** thrombocytopenic factor	thrombo[zyto]penischer Index *m*	indice *m* thrombo[cyto]pénique
T 298	**thromboplastin,** thrombokinase	Thromboplastin *n*, Thrombokinase *f*	thromboplastine *f*, thrombokinase *f*
T 299	**thromboplastin generation test,** Biggs' test	Thromboplastinbildungstest *m*, Thromboplastingenerationstest *m*, Thromboplastinregenerationstest *m*, Biggs-Test *m*	test *m* de génération de la thromboplastine, test de Biggs et Douglas, TGT, test de la thromboplastinoformation
	thromboplastinogen	*s.* C 639	
	thromboplastin time	*s.* P 1118	
T 300	**thrombopoietin**	Thrombopo[i]etin *n*	thrombopoïétine *f*
	thrombosin	*s.* C 632	
T 301	**thrombosthenin**	Thrombosthenin *n*	thrombosthénine *f*
T 302	**thrombotest**	Thrombotest *m*	thrombotest *m*, test *m* d'Owen
T 303	**thromboxane**	Thromboxan *n*	thromboxane *m*
	thrombus	*s.* B 367	
	through the skin	*s.* P 217	
	throw-away product	*s.* D 613	
T 304	**thrush fungus,** Candida albicans	Soorpilz *m*	agent *m* de soor
	thrust culture	*s.* S 757	
T 305	**thymidine,** deoxythymidine, thymosin *(nucleotide)*, dThd	Thymidin *n*, Desoxythymidin *n*, Thymosin *n*, dThd	thymidine *f*, désoxythymidine *f*, thymosine *f*
T 306	**thymidine-5'-diphosphate,** TDP	Thymidin-5'-diphosphat *n*, TDP *n*	thymidine-5'-diphosphate *m*, TDP *m*
T 307	**thymidine kinase**	Thymidinkinase *f*	thymidine-kinase *f*
T 308	**thymidine-5'-monophosphate, thymidine-5'-phosphate,** TMP	Thymidin-5'-monophosphat *n*, Thymidin-5'-phosphat *n*, TMP	thymidine-5'-monophosphate *m*, thymidine-5'-phosphate *m*, TMP
T 309	**thymidine-5'-triphosphate,** TTP	Thymidin-5'-triphosphat *n*, TTP	thymidine-5'-triphosphate *m*, TTP
T 310	**thymidine triphosphoric acid**	Thymidintriphosphorsäure *f*	acide *m* thymidine-triphosphorique
T 311	**thymine**	Thymin *n*	thymine *f*
	thyminose	*s.* D 189	
T 312	**thymocyte**	Thymozyt *m*	thymocyte *m*
T 313	**thymol**	Thymol *n*	thymol *m*
T 314	**thymol blue,** thymolsulphonphthalein	Thymolblau *n*, Thymolsulfophthalein *n*	bleu *m* de thymol, thymolsulfonephtaléine *f*
	thymoleptic	*s.* A 842	
	thymoleptic agent	*s.* A 842	
	thymol flocculation test	*s.* T 317	
T 315	**thymolisopropanol**	Thymolisopropanol *n*	thymolisopropanol *m*
T 316	**thymolphthalein**	Thymolphthalein *n*	thymolphtaléine *f*, bleu *m* de thymol
	thymolsulphonphthalein	*s.* T 314	
T 317	**thymol turbidity test,** thymol flocculation test	Thymoltrübungstest *m*, Thymolflokkungstest *m*, Thymoltest *m*	test *m* de turbidité au thymol, test de MacLagan, réaction *f* au thymol de MacLagan, épreuve *f* d'opacification de thymol
T 318	**thymolysin**	Thymolysin *n*	thymolysine *f*
T 319	**thymopoietin**	Thymopoietin *n*, Thymopoetin *n*	thymopoïétine *f*
T 320	**thymosin** *(hormone)*	Thymosin *n*	thymosine *f*
	thymosin	*s. a.* T 305	
T 321	**thymotoxin**	Thymotoxin *n*	thymotoxine *f*
	thymus-dependent lymphocyte	*s.* T 395	
T 322	**thymus humoral factor**	Thymushumoralfaktor *m*	facteur *m* de thymus humoral
T 323	**thymus-specific antigen**	thymusspezifisches Antigen *n*	antigène *m* spécifique de thymus
	thyrocalcitonin	*s.* C 19	
T 324	**thyrocolloid**	Schilddrüsenkolloid *n*	colloïde *m* thyroïdien, thyrocolloïde *m*
T 325	**thyrocyte**	Thyreozyt *m*	thyrocyte *m*
T 326	**thyroglobulin,** thyroid-binding globulin	Thyreoglobulin *n*	thyroglobuline *f*, [iodo]thyréoglobuline *f*
	thyroid	*s.* T 330	
T 327	**thyroid autoantibody**	Schilddrüsenautoantikörper *m*	autoanticorps *m* thyroïdien
	thyroid-binding globulin	*s.* T 326	
T 328	**thyroid biopsy**	Schilddrüsenbiopsie *f*	biopsie *f* de la glande thyroïde
T 329	**thyroid function test**	Schilddrüsenfunktionstest *m*	épreuve *f* de la fonction thyroïdienne, épreuve de la thyroïde
T 330	**thyroid gland,** thyroid	Schilddrüse *f*	glande *f* (corps *m*) thyroïde, thyroïde *f*
T 331	**thyroid hormone**	Schilddrüsenhormon *n*	hormone *f* thyroïdienne
	thyroid-stimulating hormone	*s.* T 337	
T 332	**thyroliberin,** thyrotropin-releasing hormone, thyrotropin-releasing factor, TRH, TRF	Thyreoliberin *n*, Thyreotropin-Releasing-hormon *n*, Thyreotropin-Releasingfaktor *m*, Thyreotropin-Freisetzungsfaktor *m*, Thyreotropin-Freisetzungshormon *n*, Thyreotropin-Ausschüttungsfaktor *m*	thyrolibérine *f*, hormone *f* de libération de la thyrotrophine, TRH

T 333	**thyronine**	Thyronin *n*	thyronine *f*
T 334	**thyrophagocyte**	Thyreophagozyt *m*	thyrophagocyte *m*
T 335	**thyroprotein**	Thyreoprotein *n*	thyroprotéine *f*
T 336	**thyrotoxin**	Thyreotoxin *n*	thyréotoxine *f*
	thyrotropic hormone	*s.* T 337	
T 337	**thyrotropin,** thyroid-stimulating hormone, thyrotropic hormone, TSH	Thyreotropin *n,* Thyreoidea stimulierendes Hormon *n,* thyreotropes Hormon, TSH	thyr[é]otrop[h]ine *f,* thyr[é]ostimuline *f,* hormone *f* thyréotrope, TSH
	thyrotropin-releasing factor	*s.* T 332	
	thyrotropin-releasing hormone	*s.* T 332	
T 338	**thyroxine,** tetraiodothyronine, T_4	Thyroxin *n,* Tetraiodthyronin *n,* T_4	thyroxine *f,* tétraiodo-thyroxine *f,* T_4
T 339	**thyroxine-binding globuline,** TBG	thyroxinbindendes Globulin *n,* TBG	globuline *f* liant la thyroxine, TBG
	thyroxine-binding prealbumin	*s.* A 146	
	TIBC	*s.* T 429	
T 340	**tibial punctate**	Tibiapunktat *n*	liquide *m* obtenu par ponction du tibia
T 341	**tibial puncture**	Tibiapunktion *f*	ponction *f* du tibia
T 342	**tick,** Ixodes	Zecke *f*	ixode *m,* tique *f*
	tidal air	*s.* B 530	
	tight	*s.* I 135	
	tightness	*s.* I 134	
	tigroid body	*s.* N 149	
	Tillmann's reagent	*s.* D 348	
T 343	**time constant**	Zeitkonstante *f*	constante *f* de temps
T 344	**time-dependent**	zeitabhängig	dépendant du temps
T 345	**time interval**	Zeitintervall *n*	intervalle *m* de temps
T 346	**time measurement**	Zeitmessung *f*	mesure *f* du temps
	time of contact	*s.* C 937	
	time of measurement	*s.* M 214	
T 347	**time unit,** unit of time	Zeiteinheit *f*	unité *f* de temps
T 348	**tin,** Sn	Zinn *n*	étain *m*
T 349	**tin(II) chloride,** tin dichloride, stannous chloride	Zinn(II)-chlorid *n,* Zinndichlorid *n*	bichlorure *m* d'étain, chlorure *m* stanneux
T 350	**tin(IV) chloride,** tin tetrachloride, stannic chloride	Zinn(IV)-chlorid *n,* Zinntetrachlorid *n*	tétrachlorure *m* d'étain
	tinctable	*s.* S 771	
T 351	**tincture**	Tinktur *f*	teinture *f*
T 352	**tincture of iodine,** iodine tincture	Iodtinktur *f*	teinture *f* d'iode
	tin dichloride	*s.* T 349	
T 353	**tin foil**	Stanniol *n*	feuille *f* d'étain
	tingibility	*s.* S 770	
	tingible	*s.* S 771	
	tin tetrachloride	*s.* T 350	
T 354	**tip,** point	Spitze *f*	pointe *f*
	tippler	*s.* A 432	
T 355	**tissue**	Gewebe *n*	tissu *m*
T 356	**tissue activator**	Gewebeaktivator *m*	activateur *m* tissulaire
T 357	**tissue antibody**	Gewebeantikörper *m*	anticorps *m* tissulaire
T 358	**tissue antigen,** histoantigen	Gewebeantigen *n,* Histoantigen *n*	antigène *m* tissulaire, histoantigène *m*
T 359	**tissue bank**	Gewebebank *f*	banque *f* des tissus
T 360	**tissue cell**	Gewebezelle *f*	cellule *f* tissulaire
T 361	**tissue culture**	Gewebekultur *f*	culture *f* de tissu[s], culture tissulaire
T 362	**tissue enzyme**	Gewebsenzym *n*	enzyme *m* tissulaire
T 363	**tissue extract**	Gewebsextrakt *m*	extrait *m* de tissu
T 364	**tissue factor**	Gewebefaktor *m*	facteur *m* du tissu
T 365	**tissue fluid,** tissue juice, tissue lymphe	Gewebeflüssigkeit *f,* Gewebewasser *n,* Gewebesaft *m,* Gewebelymphe *f*	liquide *m* de tissu, lymphe *f* interstitielle
T 366	**tissue fragment**	Gewebefragment *n*	fragment *m* tissulaire
T 367	**tissue homogenate**	Gewebehomogenat *n*	homogénat *m* de tissu
T 368	**tissue hormone**	Gewebehormon *n,* Histohormon *n*	hormone *f* tissulaire, hormone du tissu, histohormone *f*
	tissue juice	*s.* T 365	
	tissue kinase	*s.* T 380	
T 369	**tissue level**	Gewebespiegel *m*	taux *m* tissulaire
	tissue-like	*s.* H 340	
	tissue lymphe	*s.* T 365	
T 370	**tissue oxidase reaction, tissue oxidase test**	Gewebsoxidasereaktion *f*	réaction *f* d'oxydase tissulaire
T 371	**tissue parasite**	Gewebeparasit *m*	parasite *m* tissulaire, histosite *m*
T 372	**tissue particle,** particle of tissue	Gewebestückchen *n,* Gewebeteilchen *n*	particule *f* de tissu
T 373	**tissue preparation,** histological preparation	Gewebepräparat *n,* histologisches Präparat *n*	préparation *f* tissulaire (histologique)
T 374	**tissue preservation**	Gewebekonservierung *f*	conservation *f* de tissu
T 375	**tissue protein**	Gewebeproteinn, Gewebeeiweiß *n*	protéine *f* tissulaire
T 376	**tissue reaction**	Gewebereaktion *f*	réaction *f* tissulaire, réponse *f* du tissu
T 377	**tissue section,** histological section, tissue slide, histotomy	Gewebeschnitt *m,* histologischer Schnitt *m,* Histotomie *f*	coupe *f* de tissu, coupe tissulaire (histologique), histotomie *f*
	tissue slide	*s.* T 377	
T 378	**tissue smear**	Gewebsabstrich *m*	prélèvement *m* de tissu

T 379	**tissue specimen,** bioptat	Gewebeprobe *f*, Bioptat *n*	échantillon *m* tissulaire (de tissu)
	tissue thrombokinase	*s.* T 380	
T 380	**tissue thromboplastin,** tissue thrombokinase, tissue kinase	Gewebethromboplastin *n*, Gewebethrombokinase *f*, Gewebekinase *f*	thromboplastine (thrombokinase) *f* tissulaire, thrombokinase des tissus
T 381	**tissue typing**	Gewebetypisierung *f*	typisation *f* des tissus
	titer	*s.* T 391	
	titrable	*s.* T 383	
	titrable acidity	*s.* T 384	
T 382	**titrant,** titrating solution, standard solution *(titration)*	Titrierlösung *f*, Titrationslösung *f*,Titerlösung *f*, Titrationsflüssigkeit *f*, Standardlösung *f (Titration)*	solution *f* titrée, étalon*m*, liqueur *f* titrée, solution titrante, solution standard, solution[-]étalon
T 383	**titratable,** titrable	titrierbar	titrable
T 384	**titratable acidity,** titrable (available) acidity	titrierbare Acidität *f*, Titrationsacidität *f*	acidité *f* titrable (de titration)
T 385	**titrate / to**	titrieren	titrer
T 386	**titrate back / to,** to retitrate	rücktitrieren	titrer en retour
	titrating apparatus	*s.* T 392	
	titrating solution	*s.* T 382	
T 387	**titration**	Titration *f*, Titrierung *f*, Titrieren *n*	titrage *m*, titration *f*
	titration apparatus	*s.* T 392	
T 388	**titration curve**	Titrationskurve *f*, Titerkurve *f*	courbe *f* de titrage
T 389	**titration flask**	Titrierkolben *m*	fiole *f* de titration
T 390	**titration method,** volumetric method	Titrationsverfahren *n*, Titrationsmethode *f*, volumetrische Methode *f*	méthode *f* de titrage (titration), méthode volumétrique
	titrator	*s.* T 392	
T 391	**titre,** titer *(US)*	Titer *m*	titre *m*
	titrimetric standard	*s.* S 800	
T 392	**titrimeter,** titrator, titrating apparatus, apparatus for titration, titration apparatus	Titrimeter *n*, Titrator *m*, Titriergerät *n*, Titrierapparat *m*	titrimètre *m*, appareil *m* de titrage
T 393	**titrimetric,** volumetric	titrimetrisch, volumetrisch, maßanalytisch	titrimétrique, volumétrique
	titrimetric analysis	*s.* T 394	
T 394	**titrimetry,** titrimetric analysis, volumetry, volumetric analysis, mensuration analysis	Titrimetrie *f*, Titrieranalyse *f*, Titrationsanalyse *f*, titrimetrische (volumetrische) Analyse *f*, Volumetrie *f*, Maßanalyse *f*	titrimétrie *f*, analyse *f* volumétrique, volumétrie *f*, analyse titrimétrique
	TI	*s.* T 130	
	TLC	*s.* T 206	
T 395	**T lymphocyte,** T cell, thymus-dependent lymphocyte	T-Lymphozyt *m*, T-Zelle *f*, thymusabhängiger Lymphozyt *m*	lymphocyte *m* T, cellule *f* T, lymphocyte dépendant du thymus
	TMP	*s.* T 308	
	toadstool	*s.* P 617	
T 396	**toad test,** frog test, Galli-Mainini reaction	Krötentest *m*, Galli-Mainini-Reaktion *f*	réaction *f* de Galli-Mainini, réaction de Hogben
T 397	**tobacco mosaic virus**	Tabakmosaikvirus *n*	virus *m* de la mosaïque du tabac
T 398	**tocopherol,** vitamin E, antisterility (fertility) vitamin, antisterility factor	Tokopherol *n*, Vitamin *n* E, Antisterilitätsvitamin *n*, Fertilitätsvitamin *n*	tocophérol *m*, vitamine *f* E, facteur *m* de fecondité, vitamine de fertilité
T 399	**toenail**	Zehennagel *m*	ongle *m* d'orteil
T 400	**Toepfer's reagent**	Töpfer-Reagens *n*	réactif *m* de Toepfer
T 401	**togavirus**	Togavirus *n*	togavirus *m*
T 402	**tolbutamide**	Tolbutamid *n*	tolbutamide *m*
T 403	**tolbutamide test**	Tolbutamidtest *m*	épreuve *f* au tolbutamide, épreuve d'Unger et Madison
T 404	**tolerance,** allowance *(technical science)*	Toleranz *f*	tolérance *f*
T 405	**tolerance level,** tolerance threshold, threshold of tolerance	Toleranzschwelle *f*	seuil *m* de tolérance
T 406	**tolerance limit,** limit of tolerance	Toleranzgrenze *f*	limite *f* de tolérance
T 407	**tolerance range (region)**	Toleranzbereich *m*	zone *f* de tolérance
T 408	**tolerance test**	Toleranztest *m*, Toleranzprobe *f*, Toleranzversuch *m*, Belastungstest *m*	épreuve *f* (test *m*) de tolérance, épreuve de [la] surcharge
	tolerance threshold	*s.* T 405	
T 409	**Tollens' test**	Tollens-Probe *f*	réaction *f* de Tollens, épreuve *f* à la phloroglycine
T 410	**toluene,** methylbenzene, phenylmethane	Toluen *n*, Methylbenzen *n*, Phenylmethan *n*	toluène *m*, méthylbenzène *m*, phénylméthane *m*
T 411	**toluidine,** aminotoluol, aminotoluene, methylaniline	Toluidin *n*, Aminotoluol *n*, Methylanilin *n*	toluidine *f*, aminotoluène *m*, méthylaniline *f*
T 412	**toluidine blue**	Toluidinblau *n*	bleu *m* de toluidine
T 413	**toluidine blue test**	Toluidinblauprobe *f*	épreuve *f* de bleu de toluidine
	tongue depressor	*s.* M 740	
	tongue spatula	*s.* M 740	
T 414	**tonsillar smear**	Tonsillenabstrich *m*	frottis *m* tonsillaire
T 415	**topochemical**	topochemisch	topochimique
T 416	**topochemistry**	Topochemie *f*	topichimie *f*
T 417	**torsion balance**	Torsionswaage *f*	balance *f* de torsion
T 418	**total acidity**	Gesamtacidität *f*	acidité *f* totale

	total amount	*s.* T 436	
T 419	**total analysis,** complete analysis	Gesamtanalyse *f*	analyse *f* totale
T 420	**total bacterial count,** total germ count	Gesamtkeimzahl *f*	nombre *m* total des germes
T 421	**total bilirubin**	Gesamtbilirubin *n*	bilirubine *f* totale
T 422	**total blood clearance,** total clearance	Gesamtblut-Clearance *f,* totale Clearance *f*	clearance *f* du sang total, clearance totale
	total blood type	*s.* B 381	
	total blood volume	*s.* B 440	
T 423	**total body water**	Gesamtkörperwasser *n*	eau *f* totale du corps
T 424	**total capacity**	Gesamtkapazität *f*	capacité *f* totale
T 425	**total cholesterol**	Gesamtcholesterol *n*	cholestérol *m* total
	total clearance	*s.* T 422	
T 426	**total concentration**	Gesamtkonzentration *f*	concentration *f* totale
T 427	**total energy**	Gesamtenergie *f*	énergie *f* totale
T 428	**total fat**	Gesamtfett *n*	graisse *f* totale
	total germ count	*s.* T 420	
T 429	**total iron-binding capacity,** TIBC	totale Eisenbindungskapazität *f,* TEBK	capacité *f* totale de fixation du fer
T 430	**total leucocyte count,** total white count	Gesamtleukozytenzahl *f*	nombre*m* total de leucocytes
T 431	**total lipids**	Gesamtlipide *npl*	lipides *mpl* totaux
T 432	**total molecular formula,** empirical formula	Summenformel *f,* empirische Formel *f*	formule *f* brute, formule condensée
T 433	**total nitrogen**	Gesamtstickstoff *m,* Gesamt-N *m*	azote *m* total, N total
T 434	**total phosphorus [content]**	Gesamtphosphor *m*	phosphore *m* total
	total population	*s.* P 108	
T 435	**total protein**	Gesamtprotein *n,* Gesamteiweiß *n*	protéine *f* totale
T 436	**total quantity,** total amount	Gesamtmenge *f*	quantité *f* totale
	total reaction	*s.* C 839	
T 437	**total result**	Gesamtergebnis *n*	résultat *m* total, résultat global
T 438	**total volume**	Gesamtvolumen *n*	volume *m* total
	total white count	*s.* T 430	
T 439	**tourniquet,** compression bandage (tube)	Staubinde *f*, Stauschlauch *m*	tourniquet *m,* bande *f* hémostatique, garrot *m*
T 440	**tourniquet test,** Rumpel-Leede	Stauungstest *m,* Rumpel-Leede-Test *m*	test *m* de Rumple-Leede
T 441	**toxalbumin**	Toxalbumin *n*	toxalbumine *f*
T 442	**toxic, toxical,** poisonous; venenous, venomous *(animals)*	toxisch, giftig	toxique, toxinique, vénéneux
	toxic	*s. a.* T 453	
	toxical	*s.* T 442	
	toxicant	*s.* T 453	
T 443	**toxic concentration**	toxische Konzentration *f*	concentration *f* toxique
T 444	**toxic dose**	toxische Dosis *f*	dose *f* toxique
T 445	**toxicity,** toxity, poisonousness	Toxizität *f,* Giftigkeit *f*	toxicité *f*
T 446	**toxicity degree**	Toxizitätsgrad *m*	degré *m* de toxicité
T 447	**toxicity index**	Toxizitätsindex *m*	indice *m* de toxicité
T 448	**toxicity test**	Toxizitätstest *m*	test *m* de la toxicité
T 449	**toxicologic[al]**	toxikologisch	toxicologique
T 450	**toxicological analysis**	toxikologische Analyse *f*	analyse *f* toxicologique
T 451	**toxicologist**	Toxikologe *m*	toxicologiste *m,* toxicologue *m*
T 452	**toxicology**	Toxikologie *f*	toxicologie *f*
	toxic substance	*s.* T 453	
	toxicum	*s.* T 453	
T 453	**toxin,** toxicant, toxicum, toxic [substance], poison	Toxin *n*, Gift *n*, Giftstoff *m*	toxine *f*, poison *m,* venin *m* , toxique *m*
T 454	**toxin-antitoxin**	Toxin-Antitoxin *n*	toxine-antitoxine *f*
T 455	**toxin-antitoxin reaction**	Toxin-Antitoxin-Reaktion *f*	réaction *f* de toxine-antitoxine
T 456	**toxisterol**	Toxisterol *n,* Toxisterin *n*	toxistérol *m*
	toxity	*s.* T 445	
T 457	**toxoallergen**	Toxoallergen *n*	toxoallergène *m*
T 458	**toxoid**	Toxoid *n*	toxoïde *f*
T 459	**Toxoplasma**	Toxoplasma *n*	toxoplasme *m*
T 460	**toxoplasmin**	Toxoplasmin *n*	toxoplasmine *f*
T 461	**toxoplasmin [skin] test**	Toxoplasmintest *m,* Toxoplasminhauttest *m*	intradermoréaction *f* à la toxoplasmine
	TPE group	*s.* T 698	
	TPHA test	*s.* T 536	
	t-piece	*s.* T 627	
	TPI test	*s.* N 61	
	TPN$^+$	*s.* N 136	
	TPP	*s.* T 194	
	Tpt	*s.* T 622	
T 462	**trace**	Spur *f (kleine Menge)*	trace *f*
	traceable	*s.* D 245	
T 463	**trace analysis**	Spurenanalyse *f*	analyse *f* des traces
	trace concentration	*s.* M 472	
T 464	**trace element,** microelement	Spurenelement *n,* Mikroelement *n*	oligo-élément *m,* élément de trace
	tracer	*s.* R 44	
T 465	**tracer chemistry**	Tracerchemie *f*	chimie *f* des traceurs

T 466	**tracer method (technique),** indicator method	Tracermethode *f*, Indikatormethode *f*	méthode *f* [utilisant] des traceurs, méthode des indicateurs (éléments marqués)
T 467	**traces of heavy metals**	Schwermetallspuren *fpl*	traces *fpl* des métaux lourds
T 468	**tracheal lavage fluid (water)**	Trachealspülflüssigkeit *f*	liquide *m* de lavage trachéal
	tracheal liquid	*s.* T 469	
	tracheal mucus	*s.* T 469	
T 469	**tracheal secretion,** tracheal liquid (mucus)	Trachealsekret *n*, Trachealschleim *m*	sécrétion *f* trachéale, mucus *m* trachéal
T 470	**tracheobronchial secretion**	Tracheobronchialsekret *n*	sécrétion *f* trachéobronchique
	trachoma chlamydozoon	*s.* T 471	
T 471	**trachoma virus,** trachoma chlamydozoon	Trachomvirus *n*	chlamydozoon *m* de trachome, Chlamydozoon trachomatis
	trailing	*s.* T 6	
	trailing edge	*s.* T 5	
T 472	**tranquiliser, tranquilliser**	Tranquilizer *m*	tranquilisant *m*
	transacetylase	*s.* A 233	
T 473	**transacetylation**	Transacetylierung *f*	transacétylation *f*
T 474	**transaldolase,** dihydroxyacetone transferase	Transaldolase *f*, Dihydroxyacetontransferase *f*	transaldolase *f*, dihydroxyacétone-transférase *f*
T 475	**transamidate / to**	transamidieren	transamider
T 476	**transamidination**	Transamidierung *f*, Transamidieren *n*	transamidation *f*
	transaminase	*s.* A 624	
T 477	**transaminate / to**	transaminieren	transaminer
T 478	**transamination**	Transaminierung *f*, Transamination *f*	transamination *f*
T 479	**transbronchial biopsy**	transbronchiale Biopsie *f*	biopsie *f* transbronchique (perbronchique)
T 480	**transcarbam[o]ylase,** carbam[o]yl-transferase	Transcarbamylase *f*, Carbamyltransferase *f*	transcarbamylase *f*, carbamyltransférase *f*
T 481	**transcellular fluid**	transzelluläre Flüssigkeit *f*	liquide (fluide) *m* transcellulaire
T 482	**transcobalamine,** vitamin B_{12}-binding globulin	Transcobalamin *n*, Vitamin B_{12} bindendes Globulin *n*	transcobalamine *f*, globuline *f* liant la vitamine B_{12}
T 483	**transcortin,** corticosteroid-binding globulin	Transcortin *n*, Corticosteroid bindendes Globulin *n*	transcortine *f*, «cortisol-binding globuline» *f*, CBG
	transcriptase	*s.* R 464	
T 484	**transcription**	Transkription *f*	transcription *f*
	transcutaneous	*s.* P 217	
T 485	**transducer,** transformer	Wandler *m*, Umformer *m*, Transformator *m*	transformateur *m*, transfo *m*
T 486	**transduction**	Transduktion *f*	transduction *f*
T 487	**transfer,** transference	Transfer *m*, Übertragung *f*	transfert *m*
T 488	**transferase**	Transferase *f*	transférase *f*
	transference	*s.* T 487	
T 489	**transfer factor,** T factor	Transferfaktor *m*, T-Faktor *m*	facteur *m* de transfert, facteur T
	transfer ribonucleic acid	*s.* T 491	
T 490	**transferrin,** siderophilin	Transferrin *n*, Siderophilin *n*	transferrine *f*, sidérophiline *f*
T 491	**transfer RNA,** transfer ribonucleic acid, acceptor RNA, tRNA	Transfer-RNA *f*, Transfer-Ribonucleinsäure *f*, Transport-RNA *f*, Akzeptor-RNA *f*, tRNA *f*	acide *m* ribonucléique de transfert, t-ARN, ARN de transfert, RNA de transfert, t-RNA, ARN-accepteur *m*, RNA-accepteur *m*
T 492	**transform / to**	transformieren, umwandeln	transformer
T 493	**transformation**	Transformation *f*, Umwandlung *f*	transformation *f*
	transformation of energy	*s.* E 242	
	transformer	*s.* T 485	
T 494	**transformylation**	Transformylierung *f*	transformylation *f*
T 495	**transfuse / to,** to make a transfusion *(blood)*	transfundieren, übertragen *(Blut)*, Blut übertragen	transfuser, faire une transfusion sanguine
	transfusion serology	*s.* B 434	
	transglycosylase	*s.* G 386	
	transhydrogenase	*s.* N 6	
T 496	**transhydrogenase reaction**	Transhydrogenasereaktion *f*	réaction *f* transhydrogénasique
T 497	**transitional (transitory) milk**	transitorische Frauenmilch *f*, Zwischenmilch *f*	lait *m* transitoire
	transition interval	*s.* C 352	
T 498	**transketolase,** glycerolaldehyde transferase	Transketolase *f*, Glycerolaldehydtransferase *f*	transcétolase *f*, glycérolaldéhyde-transférase *f*
T 499	**transketolase reaction**	Transketolasereaktion *f*	réaction *f* transcétolasique
T 500	**translation**	Translation *f*	translation *f*
T 501	**translation factor**	Translationsfaktor *m*	facteur *m* de translation
T 502	**translocation**	Translokation *f*	translocation *f*
	translucence	*s.* T 509	
	translucent	*s.* T 510	
	transmethylase	*s.* M 426	
T 503	**transmethylation**	Transmethylierung *f*, Transmethylation *f*	transméthylation *f*
T 504	**transmission electron microscope,** TEM	Transmissionselektronenmikroskop *n*, TEM	microscope *m* électronique par (à) transmission, microscope de transmission

T 505	**transmission electron microscopy**	Transmissionselektronenmikroskopie *f*	microscopie *f* électronique par (à) transmission
T 506	**transmission oxymetry**	Transmissionsoxymetrie *f*	oxymétrie *f* basée sur un système photométrique
	transmit by inoculation / to	*s.* I 294	
T 507	**transmitted light**	durchfallendes Licht *n*	lumière *f* traversante
T 508	**transmitted-light microscope**	Durchlichtmikroskop *n*	microscope *m* de transparence
	transmitter	*s.* M 226	
	transmitter substance	*s.* M 226	
T 509	**transparence, transparency,** translucence, light transmission, light transmittance *(quantitative)*	Lichtdurchlässigkeit *f,* Transparenz *f,* Durchsichtigkeit *f*	transparence *f,* translucidité *f,* diaphanéité *f*
T 510	**transparent,** translucent	lichtdurchlässig, transparent, durchsichtig	transparent, translucide, diaphane
	transphosphoribosidase	*s.* A 247	
T 511	**transphosphorylase,** phosphopherase	Transphosphorylase *f,* Phosphopherase *f*	transphosphorylase *f,* phosphophérase *f*
T 512	**transphosphorylation**	Transphosphorylierung *f*	transphosphorylation *f*
T 513	**transplant / to,** to graft	transplantieren, verpflanzen	transplanter, greffer, faire une transplantation
T 514	**transplant,** graft	Transplantat *n*	transplant *m,* greffon *m*
T 515	**transplantation,** grafting	Transplantation *f,* Verpflanzung *f*	transplantation *f,* greffe *f*
T 516	**transplantation antigen,** histocompatibility antigen, T antigen *(transplantation)*	Transplantationsantigen *n,* Histokompatibilitätsantigen *n,* T-Antigen *n*	antigène *m* de transplantation, antigène d'histocomptabilité, antigène T
T 517	**transplantation immunology,** graft immunology	Transplantationsimmunologie *f*	immunologie *f* de transplantation
T 518	**transplantat preservation,** graft conservation	Transplantatkonservierung *f*	conservation *f* du transplant, conservation des transplants
T 519	**transport / to**	transportieren	transporter
T 520	**transport,** transportation	Transport *m,* Transportieren *n*	transport *m*
	transportable	*s.* P 746	
	transportation	*s.* T 520	
T 521	**transport iron**	Transporteisen *n*	fer *m* de transport
T 522	**transport maximum**	Transportmaximum *n*	maximum *m* de transport
T 523	**transport medium**	Transportmedium *n*	moyen *m* de transport
	transport of specimens	*s.* S 632	
T 524	**transport protein**	Transportprotein *n*	protéine *f* de transport
T 525	**transudate**	Transsudat *n*	transsudat *m*
T 526	**trapeziform, trapezoid[al]**	trapezförmig, trapezoid	trapéziforme, trapézoïdal, trapézoïde
	travel rate	*s.* M 561	
T 527	**treat / to**	behandeln	traiter
	treatment	*s.* T 136	
	T receptor	*s.* T 241	
T 528	**trehalose**	Trehalose *f*	tréhalose *m*
T 529	**trematode,** fluke	Trematode *f,* Saugwurm *m*	trématode *m,* distome *m*
T 530	**trend,** tendency	Trend *m,* Tendenz *f*	trend *m,* tendance *f*
T 531	**trepanation,** trephination, trepanning	Trepanation *f,* Trepanieren *n*	trépanation *f,* thréphination *f*
T 532	**trepanation biopsy**	Trepanobiopsie *f*	trépanobiopsie *f*
T 533	**trepane / to, to trepanise,** to trephine	trepanieren	trépaner
	trepanning	*s.* T 531	
	trephination	*s.* T 531	
	trephine / to	*s.* T 533	
	Treponema	*s.* S 694	
	treponemal immobilisation test	*s.* N 61	
T 534	**Treponema pallidum,** Spirochaeta pallida	Syphilisspirochäte *f*	tréponème *m* pâle, spirochète *m* pâle
T 535	**Treponema pallidum complement fixation test, Treponema pallidum complement reaction**	Treponema pallidum-Komplementbindungstest *m,* Treponema pallidum-Komplementfixationstest *m,* Treponema pallidum-Komplementreaktion *f*	réaction *f* de fixation du complément de tréponème pâle, test *m* de fixation du complément de tréponème
T 536	**Treponema pallidum haemagglutination test,** TPHA test	Treponema pallidum-Hämagglutinationstest *m,* TPHA-Test	épreuve *f* d'hémagglutination de Treponema pallidum, épreuve d'hémagglutination de tréponème pâle
	Treponema pallidum immobilisation test	*s.* N 61	
T 537	**Treponema pertenue**	Frambösieerreger *m,* Frambösiespirochäte *f*	tréponème *m* pertenue, spirochète *m* tendre
	TRF	*s.* T 332	
	TRH	*s.* T 332	
	triacylglycerol lipase	*s.* L 280	
	trial	*s.* T 77	
	triarylmethane dye	*s.* T 574	
	tributyrase	*s.* L 280	
T 538	**tricalcium [ortho]phosphate**	Tricalcium[ortho]phosphat *n*	phosphate (orthophosphate) *m* tricalcique
T 539	**tricarboxylic acid**	Tricarbonsäure *f*	acide *m* tricarbonique

T 540	**trichina,** intestinal trichinella, spiral trichinella, Trichinella spiralis	Trichine *f*, Darmtrichine *f*	trichine *f*
	Trichinella spiralis	*s.* T 540	
T 541	**trichloride**	Trichlorid *n*	trichlorure *m*
T 542	**trichloroacetaldehyde hydrate,** chloral hydrate	Trichloracetaldehydhydrat *n*, Chloralhydrat *n*	hydrate *m* de trichloroacétaldéhyde (de chloral)
T 543	**trichloroacetic acid,** TCA	Trichloressigsäure *f*, Trichlorethansäure *f*, TCE	acide *m* trichloracétique, TCA
T 544	**trichloroacetic acid precipitation**	Trichloressigsäurefällung *f*	précipitation *f* trichloracétique
T 545	**trichloroacetic aldehyde,** chloral	Trichlor[acet]aldehyd *m*, Trichlorethanal *n*, Chloral *n*	acétaldéhyde (aldéhyde) *m* trichloré, trichloraldéhyde *m*, trichloréthanal *m* , chloral *m*
T 546	**trichloroethanol**	Trichlorethanol *n*	trichloréthanol *m*
T 547	**trichloroethylene**	Trichloreth[yl]en *n*, Tri *n*	trichlor[o]éthylène *m*, trichloroéthène *m*, trichlorure *m* d'éthinyle
	trichloromethane	*s.* C 440	
T 548	**Trichobilharzia**	Trichobilharzia *f*, Pseudobilharzia *f*	Trichobilharzia
	Trichocephalus dispar	*s.* W 80	
	Trichomomonas vaginalis	*s.* V 21	
T 549	**trichomonad, Trichomonas**	Trichomonas *f*	trichomonas *m*
T 550	**Trichomonas hominis,** Trichomonas intestinalis	Trichomonas *f* hominis, Trichomonas intestinalis	Trichomonas hominis, Trichomonas intestinalis
T 551	**trichophyte,** Trichophyton	Trichophyton *n*	Trichophyton, Trichomyces
T 552	**trichophytin**	Trichophytin *n*	trichophytine *f*, dermatomycine *f*
	Trichophyton	*s.* T 551	
T 553	**Trichostrongylus**	Trichostrongylus *m*	Trichostrongylus
	Trichuris trichiura	*s.* W 80	
	trickle / to	*s.* D 764	
	trickle off / to	*s.* D 769	
T 554	**tricresol**	Tricresol *n*	tricrésol *m*
T 555	**tricresyl phosphate**	Tricresylphosphat *n*, Phosphorsäuretricresylester *m*	phosphate *m* de tricrésyle, tricrésylphosphate *m*, ester *m* phosphorique tricrésylique, TCP
T 556	**triethanolamine**	Triethanolamin *n*	triéthanolamine *f*, trihydroxytriéthylamine *f*
T 557	**triethylamine**	Triethylamin *n*	triéthylamine *f*
T 558	**triethylene glycol,** triglycol	Triethylenglycol *n*, Triglycol *n*	triéthylèneglycol *m*, glycol *m* triéthylénique, TEG
T 559	**triglyceride,** TG	Triglycerid *n*, TG	triglycéride *m*, TG
	triglyceride lipase	*s.* L 280	
	triglycol	*s.* T 558	
	1,3,5-trihydroxybenzene	*s.* P 346	
	trihydroxymethylaminomethane buffer	*s.* T 587	
T 560	**triiodide**	Triiodid *n*	triiodure *m*
	triiodomethane	*s.* I 455	
T 561	**triiodothyronine,** T_3	Triiodthyronin *n*, T_3	triiodothyronine *f*, T_3
T 562	**trimethoprim**	Trimethoprim *n*	triméthoprime *m*
T 563	**trimethylamine**	Trimethylamin *n*	triméthylamine *f*
T 564	**trimethylbenzene**	Trimethylbenzen *n*	triméthylbenzène *m*
	trimethylglycine	*s.* B 190	
	trimethylpyridine	*s.* C 738	
	1,3,7-trimethylxanthine	*s.* C 10	
T 565	**trinitrate**	Trinitrat *n*	trinitrate *m*
	2,4,6-trinitrophenol	*s.* P 469	
T 566	**trinucleotide**	Trinucleotid *n*	trinucléotide *m*
T 567	**triolein**	Triolein *n*	trioléine *f*, oléine *f*
T 568	**triose**	Triose *f*	triose *m*
T 569	**triosephosphate,** phosphotriose	Triosephosphat *n*, Phosphotriose *f*	triosephosphate *m*, phosphotriose *m*
	triosephosphate dehydrogenase	*s.* G 330	
	triosephosphate mutase	*s.* T 577	
	2,6,8-trioxypurine	*s.* U 113	
T 570	**tripalmitin**	Tripalmitin *n*	tripalmitine *f*, tripalmitide *m*
T 571	**tripeptide**	Tripeptid *n*	tripeptide *m*
T 572	**tripeptide aminopeptidase**	Tripeptidaminopeptidase *f*	tripeptide-aminopeptidase *f*
T 573	**triphenylmethane**	Triphenylmethan *n*	triphénylméthane *m*, tritane *m*
T 574	**triphenylmethane dye,** triarylmethane dye	Triphenylmethanfarbstoff *m*, Triarylmethanfarbstoff *m*	colorant *m* de triphénylméthane, colorant de triarylméthane
T 575	**2,3,5-triphenyltetrazole chloride,** TTC	2,3,5-Triphenyltetrazoliumchlorid *n*, TTC	chlorure *m* de triphényl-2,3,5-tétrazole, rouge *m* de tétrazole, TTC
T 576	**triphosphate**	Triphosphat *n*	triphosphate *m*
T 577	**triphosphate isomerase,** phosphotriose isomerase, triosephosphate mutase	Triosephosphatisomerase *f*, Phosphotrioseisomerase *f*, Triosephosphatmutase *f*	triosephosphate-isomérase *f*, phosphotriose-isomérase *f*, triosephosphate-mutase *f*
	triphosphopyridine nucleotide$^+$	*s.* N 136	
T 578	**triple bond,** triple link[age]	Dreifachbindung *f*	liaison *f* triple
	triple determination	*s.* T 583	
	triple link	*s.* T 578	
	triple linkage	*s.* T 578	

T 579	**triple phosphate crystal,** coffin-lid crystal	Sargdeckelkristall *n*, Tripelphosphatkristall *n*	phosphate *m* cristallisé dans le système basaltique
T 580	**triple staining**	Dreifachfärbung *f*	coloration *f* triple
T 581	**triplet**	Triplett *n*	triplet *m*
T 582	**triplet code**	Triplettcode *m*	code *m* de triplets
T 583	**triplicate,** triple determination	Dreifachbestimmung *f*	détermination *f* triple
T 584	**tripod** *(laboratory)*	Dreifuß *m*	trépied *m*
T 585	**trisaccharide**	Trisaccharid *n*	trisaccharide *m*
T 586	**trisazo dye**	Trisazofarbstoff *m*	colorant *m* triazo
T 587	**Tris buffer,** trihydroxymethylaminomethane buffer, Tham buffer	Tris-Puffer *m*, Trishydroxymethylaminomethanpuffer *m*, Trisaminomethanpuffer *m*, Tham-Puffer *m*	tampon *m* tris, tampon trishydroxyméthylaminométhane, tampon THAM
T 588	**trisodium [ortho]phosphate**	Trinatrium[ortho]phosphat *n*	[ortho]phosphate *m* trisodique, phosphate neutre de sodium
T 589	**tristearin**	Tristearin *n*	tristéarine *f*
	trithiocarbonate	*s.* T 217	
T 590	**tritium,** T	Tritium *n*, überschwerer Wasserstoff *m*, T	tritium *m*, T, tritérium *m*
T 591	**triton**	Triton *n*	triton *m*
	tritoxin	*s.* P 1128	
	triturate / to	*s.* P 1171	
T 592	**trivalence, trivalency**	Dreiwertigkeit *f*, Trivalenz *f*	trivalence *f*
T 593	**trivalent**	dreiwertig, trivalent	trivalent
T 594	**trivial name,** common (unsystematic) name	Trivialname *m*	nom *m* trivial, non courant
	tRNA	*s.* T 491	
T 595	**Trommer's test**	Trommer-Probe *f*	réaction *f* de Trommer
T 596	**tropaeolin**	Tropäolin *n*	tropéoline *f*, tropæoline *f*
	tropaeolin D	*s.* M 417	
	tropaeolin G	*s.* M 358	
	tropaeolin O	*s.* R 341	
T 597	**trophoblast**	Trophoblast *m*	trophoblaste *m*
T 598	**trophocyte**	Trophozyt *m*, Ernährungszelle *f*	throphocyte *m*
T 599	**trophoplasm[a]**	Trophoplasma *n*	trophoplasma *m*
T 600	**trophozoite**	Trophozoit *m*	trophozoïte *m*
T 601	**tropine**	Tropin *n*	tropine *f*
T 602	**tropocollagen**	Tropokollagen *n*	tropocollagène *m*
T 603	**tropoelastin**	Tropoelastin *n*	tropoélastine *f*
T 604	**tropomyosin**	Tropomyosin *n*	tropomyosine *f*
T 605	**troponin**	Troponin *n*	troponine *f*
	troubling factor	*s.* D 661	
	trough	*s.* T 632	
T 606	**true negative**	richtig negativ	vrai négatif
T 607	**true positive**	richtig positiv	vrai positif
	true protein	*s.* P 1196	
T 608	**true value**	wahrer Wert *m*	valeur *f* vraie
	try / to	*s.* T 76	
	Try	*s.* T 622	
T 609	**trypan blue**	Trypanblau *n*	bleu *m* trypan (de naphtamine, Niagara)
T 610	**trypanolysin**	Trypanolysin *n*	trypanolysine *f*
	Trypanosoma	*s.* T 611	
T 611	**trypanosome,** Trypanosoma	Schraubengeißling *m*	trypanosome *m*
T 612	**trypan red**	Trypanrot *n*	rouge *m* trypan
T 613	**trypsin,** tryptase	Trypsin *n*, Tryptase *f*	trypsine *f*, tryptase *f*
T 614	**trypsin bouillon**	Trypsinbouillon *f*	bouillon *m* de trypsine
T 615	**trypsin inhibitor,** antitrypsin, antitryptase	Trypsininhibitor *m*, Antitrypsin *n*, Antitryptase *f*	inhibiteur *m* de [la] trypsine, antitrypsine *f*, antitryptase *f*
T 616	**trypsinogen,** protrypsin	Trypsinogen *n*, Protrypsin *n*	
T 617	**tryptamine**	Tryptamin *n*	tryptamine *f*
	tryptase	*s.* T 613	
T 618	**tryptic**	tryptisch	trypsique
T 619	**tryptic cleavage**	tryptische Spaltung *f*	clivage *m* trypsique
T 620	**tryptic peptide**	tryptisches Peptid *n*	peptide *m* trypsique
T 621	**tryptone**	Trypton *n*	tryptone *m*
T 622	**tryptophan,** Try, Tpt, α-amino-β-indolylpropionic acid, β-indolyl-α-alanine	Tryptophan *n*, Try, Tpt, α-Amino-β-indolpropionsäure *f*, β-Indolyl-α-alanin *n*	tryptophane *m*, Try, Tpt, acide *m* α-amino-β-indolylpropionique, β-indolyl-α-alanine *f*
T 623	**tryptophanase**	Tryptophanase *f*	tryptophanase *f*
	tryptophan decarboxylase	*s.* D 710	
T 624	**tryptophan-2,3-dioxygenase,** tryptophan oxygenase (pyrrolase)	Tryptophan-2,3-dioxygenase *f*, Tryptophanoxygenase *f*, Tryptophanpyrrolase *f*	tryptophane-2,3-dioxygénase *f*, tryptophane-oxygénase *f*, tryptophane-pyrrolase *f*
	tryptophan-5-hydroxylase	*s.* T 625	
T 625	**tryptophan-5-monooxygenase,** tryptophan-5-hydroxylase	Tryptophan-5-monooxygenase *f*, Tryptophan-5-hydroxylase *f*	tryptophane-5-mono-oxygénase *f*, tryptophane-5-hydroxylase *f*
	tryptophan oxygenase	*s.* T 624	
	tryptophan pyrrolase	*s.* T 624	
T 626	**tryptophan tolerance test**	Tryptophanbelastungstest *m*	épreuve *f* au tryptophane

No.	English	German	French
	tsetse	*s.* G 252	
	tsetse fly	*s.* G 252	
	TSH	*s.* T 337	
T 627	**T-shape connecting tube,** t-type connector, t-piece, tee, tee connector (piece)	T-Stück *n*	assemblage *m* en T, assemblage en té
T 628	**TSH test**	TSH-Test *m,* TSH-Stimulationstest *m*	test *m* à TSH, épreuve *f* à TSH
	TTC	*s.* T 575	
T 629	**t-test,** Student's test	t-Test *m,* Student-Test *m*	test *m* [de] t, test de Student
T 630	**T_3 test**	T_3-Test *m*	épreuve *f* de T_3
T 631	**T_4 test**	T_4-Test *m*	épreuve *f* de T_4
	TTP	*s.* T 309	
	t-type connector	*s.* T 627	
T 632	**tub,** trough	Wanne *f*	cuve *f*
T 633	**tube,** pipe	Rohr *n*	tube *m,* tuyau *m*
T 634	**tube,** tubus *(optics)*	Tubus *m*	tube *m*
	tube cast	*s.* U 131	
T 635	**tube culture**	Reagenzglaskultur *f*	culture *f* en tube
T 636	**tubercle bacillus,** Koch's bacillus, Koch's tubercle bacillus, Mycobacterium tuberculosis, Bacillus tuberculosis	Tuberkelbakterie *f*, Tuberkulosebakterie *f*, Koch-Bacillus *m*	bacille *m* de la tuberculose, mycobactérie *f* de la tuberculose, bacille de Koch, bacille tuberculeux
T 637	**tuberculin**	Tuberkulin *n*	tuberculine *f*
T 638	**tuberculin patch test**	Tuberkulin-Pflasterprobe *f*	méthode *f* de timbre tuberculinique
T 639	**tuberculin test**	Tuberkulinprobe *f*, Tuberkulintest *m*	test *m* cutané à la tuberculine
T 640	**tuberculostatic [agent],** antituberculous drug	Tuberkulostatikum *n,* Tuberkulosemittel *n*, Antituberkulosemittel *n*	tuberculostatique *m,* antituberculeux *m*
T 641	**tuberculostearic acid**	Tuberkulostearinsäure *f*	acide *m* tuberculostéarique
T 642	**tube test**	Reagenzglastest *m,* Röhrchentest *m*, Reagenzglasversuch *m*, in vitro-Test *m*	épreuve *f* de tube à essai, test *m* in vitro
T 643	**tubing,** flexible tube, hose	Schlauch *m*	tuyau *m,* tube *m* flexible
T 644	**tubing connector,** hose connector (coupling) *(laboratory)*	Olive *f*	olive *f*
T 645	**tubular**	schlauchförmig, schlauchartig	tubulaire
	tubule	*s.* C 75	
T 646	**tubulin**	Tubulin *n*	tubuline *f*
	tubus	*s.* T 634	
T 647	**Tuerk's counting cell [chamber]**	Türk-Zählkammer *f*	cellule *f* de Türk
T 648	**Tuerk solution**	Türk-Lösung *f*	solution *f* de Türk
T 649	**tularin**	Tularin *n*	tularine *f*
T 650	**tularin reaction**	Tularinreaktion *f*	tularinoréaction *f*
T 651	**tumour antibody**	Tumorantikörper *m*	anticorps *m* tumoral
T 652	**tumour antigen,** T antigen *(tumour)*	Tumorantigen *n,* T-Antigen *n*	antigène *m* de tumeurs, antigène T
T 653	**tumour-associated antigen**	tumorassoziiertes Antigen *n*	antigène *m* associé à tumeur
T 654	**tumour cell,** neoplastic cell	Tumorzelle *f*, neoplastische Zelle *f*	cellule *f* tumorale
	tumour gene	*s.* O 40	
	tumour globulin	*s.* T 129	
T 655	**tumour marker**	Tumormarker *m*	marqueur *m* de tumeurs
T 656	**tumour necrosis factor**	Tumornekrosefaktor *m*	facteur *m* de nécrose de tumeur
T 657	**tumour puncture**	Tumorpunktion *f*	ponction *f* de tumeur
T 658	**tumour tissue**	Tumorgewebe *n*	tissu *m* tumoral (tumoreux)
T 659	**tumour virus,** oncogenic virus	Tumorvirus *n,* onkogenes Virus *n*	virus *m* tumoreux, virus oncogène
	Tunga penetrans	*s.* S 66	
T 660	**tungstate,** wolframate	Wolframat *n*	tungstate *m,* wolframate *m*
T 661	**tungsten,** wolfram, W	Wolfram *n,* W	tungstène *m,* wolfram *m*, W
T 662	**tungsten lamp,** wolfram lamp	Wolframlampe *f*	lampe *f* à filament en tungstène
T 663	**tungstic acid,** wolframic acid	Wolframsäure *f*	acide *m* tungstique
	tunnel worm	*s.* O 28	
T 664	**turbid,** cloudy *(e.g. urine)*	trüb, getrübt	trouble
T 665	**turbidimeter,** turbidometer	Turbidimeter *n,* Trübungsmesser *m*	turbidimètre *m*
T 666	**turbidimetric**	turbidimetrisch	turbidimétrique
	turbidimetric analysis	*s.* T 668	
	turbidimetric measurement	*s.* T 668	
T 667	**turbidimetric method**	turbidimetrische Methode *f*, turbidimetrisches Verfahren *n*	méthode *f* turbidimétrique
T 668	**turbidimetry,** turbidimetric (turbidity) measurement, turbidimetric analysis	Turbidimetrie *f*, Trübungsmessung *f*, turbidimetrische Analyse *f*, turbidimetrische Untersuchung *f*	turbidimétrie *f*, analyse *f* (examen *m*) turbidimétrique
T 669	**turbidity,** clouding *(e.g. of urine)*	Trübung *f*	turbidité *f*, trouble *m*
	turbidity measurement	*s.* T 668	
	turbidity reaction	*s.* T 670	
T 670	**turbidity test,** turbidity reaction	Trübungstest *m,* Trübungsreaktion *f*	test *m* de turbidité, réaction *f* de turbidimétrie
T 671	**turbidity unit**	Trübungseinheit *f*	unité *f* de turbidité
	turbidometer	*s.* T 665	
T 672	**turnover**	Umsatz *m*	taux *m* de renouvellement, taux d'échange, turnover *m*

No.	English	German	French
	twice	*s.* D 726	
	twin column	*s.* D 733	
T 673	**two-colour culture medium**	Zweifarbennährboden *m*	milieu *m* à deux couleurs
T 674	**two-dimensional,** bidimensional	zweidimensional	bidimensionnel
T 675	**two-dimensional chromatography,** bidimensional chromatography	zweidimensionale Chromatographie *f*	chromatographie *f* bidimensionnelle (bidirectionnelle, en deux dimensions)
T 676	**two-dimensional electrophoresis,** bidimensional electrophoresis	zweidimensionale Elektrophorese *f*	électrophorèse *f* bidimensionnelle
T 677	**two-dimensional paper chromatography,** bidimensional paper chromatography	zweidimensionale Papierelektrophorese *f*	électrophorèse *f* bidimensionnelle sur papier
T 678	**two-dimensional separation,** bidimensional separation	zweidimensionale Trennung *f*	séparation *f* bidimensionnelle
	twofold	*s.* D 726	
T 679	**two-glass test**	Zweigläserprobe *f*	épreuve *f* de deux verres
T 680	**two-neck flask**	Zweihalskolben *m*, Doppelhalskolben *m*	ballon *m* à deux tubulures
T 681	**two-phase determination**	Zweiphasenbestimmung *f*	détermination *f* à deux phases
T 682	**two-phase ion exchange column**	Zweiphasen-Ionenaustauschersäule *f*	colonne *f* d'échangeur d'ions à deux phases
T 683	**two-phase system,** biphase system	Zweiphasensystem *n*	système *m* à deux phases
T 684	**two-point method**	Zweipunktmethode *f*	méthode *f* à deux points
T 685	**two-stage test, two-step test (procedure)**	Zweistufentest *m*, Zweischrittverfahren *n*	test *m* en deux étapes
T 686	**two-way [stop]/cock,** plug cock	Zweiwegehahn *m*	robinet *m* à deux voies
T 687	**Tyndall effect,** Tyndall phenomenon	Tyndall-Effekt *m*, Tyndall-Phänomen *n*	effet *m* [de] Tyndall, phénomène *m* de Tyndall
T 688	**tyndallisation**	Tyndallisation *f*, Tyndallisierung *f*, Tyndallisieren *n*, fraktionierte Sterilisation *f*	tyndallisation *f*, stérilisation *f* fractionnée
	Tyndall meter	*s.* T 689	
T 689	**tyndallometer,** Tyndall meter	Tyndallometer *n*	tyndallomètre *m*
T 690	**tyndallometry**	Tyndallometrie *f*	tyndallométrie *f*
	Tyndall phenomenon	*s.* T 687	
T 691	**type**	Typ *m*, Typus *m*	type *m*
T 692	**type of bacteria,** bacterial species (group)	Bakterienart *f*	espèce *m* de bactérie[s]
T 693	**type of cell**	Zellart *f*	type *m* de cellule
T 694	**type of tissue**	Gewebetyp *m*, Gewebsart *f*	type *m* de tissu
T 695	**typhimurine salmonella,** Salmonella typhimurium	Mäusetyphuserreger *m*	bactérie *f* typhimurine, bacille *m* Breslau
T 696	**typhoid antigen**	Typhusantigen *n*	antigène *m* typhoïde
T 697	**typhoid bacillus,** Salmonella typhi, Salmonella typhosa, Bacterium typhosum, Bacillus typhi	Typhusbacterium *n*	bacille *m* d'Eberth, ébertelle *f* de fièvre typhoïde
T 698	**typhoid-paratyphoid-enteritis group, TPE group, Salmonella**	Typhus-Paratyphus-Enteritis-Bakterien *fpl*, TPE-Bakterien *fpl*, TPE-Gruppe *f*	bactéries *fpl* d'entérides typhoïdes et parathyphoïdes
T 699	**typing**	Typisierung *f*, Typisieren *n*	typisation *f*
	typing of the blood	*s.* B 395	
	Tyr	*s.* T 701	
	tyraminase	*s.* M 670	
T 700	**tyramine,** tyrosamine, *p*-hydroxyphenylethylamine	Tyramin *n*, Tyrosamin *n*, *p*-Hydroxyphenylethylamin *n*	tyramine *f*, tyrosamine *f*, *p*-hydroxyphényléthylamine *f*, aminoéthylphénol *m*
	tyramine oxidase	*s.* M 670	
	tyrosamine	*s.* T 700	
	tyrosinase	*s.* M 702	
T 701	**tyrosine,** α-amino-β-(*p*-hydroxyphenyl)propionic acid, Tyr	Tyrosin *n*, α-Amino-β-(*p*-hydroxyphenyl)propionsäure *f*, Tyr	tyrosine *f*, acide *m* α-amino-β-(*p*-hydroxyphényl-)propionique, Tyr
T 702	**tyrosine aminotransferase**	Tyrosinaminotransferase *f*	tyrosine-aminotransférase *f*
T 703	**tyrosine crystal**	Tyrosinkristall *n*	cristal *m* de tyrosine
T 704	**tyrosine hydroxylase**	Tyrosinhydroxylase *f*	tyrosine-hydroxylase *f*
T 705	**tyrosine tolerance test**	Tyrosinbelastungstest *m*	test *m* de tolérance à la tyrosine
T 706	**tyrosol**	Tyrosol *n*	tyrosol *m*
T 707	**Tzanck cell,** acantholytic cell	Tzanck-Zelle *f*	cellule *f* de Tzanck
	Tzanck smear test	*s.* T 708	
T 708	**Tzanck's test,** Tzanck smear test	Tzanck-Test *m*	test *m* de Tzanck

U

No.	English	German	French
U 1	**ubiquinone,** coenzyme Q	Ubichinon *n*, Coenzym *n* Q	ubiquinone *f*, coenzyme *f* Q
	UCG test	*s.* U 146	
	UDP	*s.* U 119	
U 2	**UDP acetylglucosamine,** uridine diphosphate acetylglucosamine	UDP-Acetylglucosamin *n*	UDP-acétylglucosamine *f*, uridine-diphosphate-acétylglucosamine *f*
	UDPG	*s.* U 4	
U 3	**UDP galactose,** uridine-5'-diphosphate galactose	UDP-Galactose *f*, Uridin-5'-diphosphatgalactose *f*	UDP-galactose *m*, uridine-5'-diphosphogalactose *m*

U 4	**UDP glucose,** uridine-5'-diphosphate glucose, UDPG	UDP-Glucose *f,* Uridin-5'-diphosphat-glucose *f*, UDPG	UDP-glucose *m,* uridine-5'-diphospho-glucose, UDPG
U 5	**UDP glucose-4-epimerase**	UDP-Glucose-4-epimerase *f*	UDP-glucose-4'-épimérase *f*
	UDP glucose pyrophosphorylase	*s.* G 288	
U 6	**UDP glucuronic acid,** uridine-5'-diphosphate glucuronic acid	UDP-Glucuronsäure *f,* Uridin-5'-diphosphatglucuronsäure *f*	acide *m* UDP-glucuronique, acide uridine-5'-diphosphoglucuronique
U 7	**Uffelmann's test**	Uffelmann-Test *m,* Uffelmann-Reaktion *f*	test *m* (réaction *f*) d'Uffelmann
	ultimate analysis	*s.* E 145	
U 8	**ultraamylopectin,** sodium carboxyamylopectin	Ultraamylopectin *n,* Natriumcarboxyamylopectin *n*	ultramylopectine *f,* carboxyamylopectine *f*
U 9	**ultracentrifugation,** high-speed centrifugation	Ultrazentrifugation *f,* Ultrazentrifugierung *f*, Ultrazentrifugieren *n*	ultracentrifugation *f*
U 10	**ultracentrifuge,** high-speed centrifuge	Ultrazentrifuge *f*	ultracentrifugeuse *f*
U 11	**ultrachromatography**	Ultrachromatographie *f*	ultrachromatographie *f*
U 12	**ultrafilter / to**	ultrafiltrieren	ultrafiltrer
U 13	**ultrafilter,** millipore filter	Ultrafilter *n*	ultrafiltre *m*
U 14	**ultrafiltrate**	Ultrafiltrat *n*	ultrafiltrat *m*
U 15	**ultrafiltration**	Ultrafiltration *f*, Ultrafiltrieren *n*	ultrafiltration *f*
	ultramicroanalysis	*s.* M 501	
U 16	**ultramicrochemical**	ultramikrochemisch	ultramicrochimique
U 17	**ultramicrochemistry**	Ultramikrochemie *f*	ultramicrochimie *f*
U 18	**ultramicrodetermination**	Ultramikrobestimmung *f*	ultramicrodétermination *f*, ultramicrodosage *m*
U 19	**ultramicromethod**	Ultramikromethode *f*	ultramicrométhode *f*
U 20	**ultramicron**	Ultramikron *n*	ultramicron *m*
	ultramicropipet	*s.* U 21	
U 21	**ultramicropipette,** ultramicropipet *(US)*	Ultramikropipette *f*	ultra[-]micropipette *f*
U 22	**ultramicroscope**	Ultramikroskop *n*	ultramicroscope *m*
U 23	**ultramicroscopic[al]**	ultramikroskopisch	ultramicroscopique
U 24	**ultramicroscopy**	Ultramikroskopie *f*	ultramicroscopie *f*
U 25	**ultramicrosome**	Ultramikrosom *n*	ultramicrosome *m*
U 26	**ultramicrotome**	Ultramikrotom *n*	ultramicrotome *m*
U 27	**ultramorphology**	Ultramorphologie *f*	ultramorphologie *f*
	ultrapure	*s.* H 288	
	ultrared	*s.* I 249	
	ultrasonics	*s.* U 28	
	ultrasonic sound	*s.* U 28	
U 28	**ultrasound,** ultrasonic sound, ultrasonics	Ultraschall *m*	ultrason *m,* vibration *f* ultrasonore
U 29	**ultrasterile**	ultrasteril, hochsteril	ultrastérile
U 30	**ultrastructure**	Ultrastruktur *f*	ultrastructure *f*
U 31	**ultrathin layer**	Ultradünnschicht *f*	couche *f* ultramince
U 32	**ultrathin section**	Ultradünnschnitt *m*	coupe *f* ultramince
U 33	**ultraviolet**	ultraviolett	ultra[-]violet
	ultraviolet	*s. a.* U 38	
U 34	**ultraviolet filter,** UV filter	Ultraviolettfilter *n,* UV-Filter *n*	filtre *m* ultraviolet, filtre UV
U 35	**ultraviolet light,** UV light	ultraviolettes Licht *n,* UV-Licht *n*	lumière *f* ultraviolette, lumière UV
U 36	**ultraviolet microscope,** UV microscope	Ultraviolettmikroskop *n,* UV-Mikroskop *n*	microscope *m* ultraviolet, microscope UV
U 37	**ultraviolet microscopy,** UV microscopy	Ultraviolettmikroskopie *f,* UV-Mikroskopie *f*	microscopie *f* ultraviolette, microscopie UV
U 38	**ultraviolet radiation,** UV radiation, ultraviolet	Ultraviolettstrahlung *f,* UV-Strahlung *f,* Ultraviolett *n*	rayonnement *m* ultraviolet, rayonnement UV, ultraviolet *m*
U 39	**ultraviolet ray,** UV ray	ultravioletter Strahl *m,* UV-Strahl *m*	rayon *m* ultraviolet, rayon UV
U 40	**ultraviolet spectrophotometry,** UV spectrophotometry	Ultraviolettspektrophotometrie *f,* UV-Spektrophotometrie *f*	spectrophotométrie *f* [en lumière] ultraviolette, spectrophotométrie dans l'ultraviolet, spectrophotométrie UV
U 41	**ultraviolet spectroscopy,** UV spectroscopy	Ultraviolettspektroskopie *f,* UV-Spektroskopie *f*	spectroscopie *f* ultraviolette, spectroscopie UV
U 42	**ultraviolet spectrum,** UV spectrum	Ultraviolettspektrum *n,* UV-Spektrum *n*	spectre *m* ultraviolet, spectre UV
U 43	**ultraviolet sterilisation,** UV sterilisation	Ultraviolettsterilisation *f,* UV-Sterilisation *f*	stérilisation *f* par rayons ultraviolets
U 44	**ultraviolet test,** UV test	Ultraviolettest *m,* UV-Test *m*	test *m* à l'ultraviolet
U 45	**ultravirus**	Ultravirus *n*	ultravirus *m*
	umbilical cord blood	*s.* C 1011	
	UMP	*s.* U 120	
	unarmed tapeworm	*s.* B 149a	
	unbound	*s.* F 359	
U 46	**unbranched chain,** straight (linear) chain	unverzweigte Kette *f*	chaîne *f* non ramifiée
U 47	**uncertainty,** undeterminacy	Unsicherheit *f,* Unbestimmtheit *f*	incertitude *f*, indétermination *f*, vague *m*
	unchanged	*s.* C 927	
U 48	**uncharged**	ungeladen	non-chargé
U 49	**unconjugated**	unkonjugiert	non conjugué
	unconjugated bilirubin	*s.* I 200	
U 50	**uncoupler**	Entkoppler *m*	découpleur *m*
U 51/2	**underlay / to**	unterschichten	verser un liquide sous un autre

	undeterminacy	*s.* U 47	
U 53	**undifferentiated,** not differentiated	undifferenziert, nicht differenziert	non différencié, indifférencié
U 54	**undiluted**	unverdünnt	non dilué
U 55	**undissociated**	undissoziiert	non dissocié
U 56	**undissolved**	ungelöst	non résolu (fondu, dissous)
	undyed	*s.* U 78	
U 57	**unesterified**	unverestert	non estérifié
	unesterified fatty acid	*s.* F 363	
	unguis	*s.* N 8	
	unhealthy	*s.* I 292	
	unicellular	*s.* M 676	
	unicellular	*s.* P 1131	
	unicellular culture	*s.* S 414	
U 58	**uniform distribution,** continuous uniform distribution, equidistribution, equipartition	Gleichverteilung *f*	équipartition *f*, distribution *f* uniforme
	unimolecular	*s.* M 697	
	unimolecular film	*s.* M 691	
	unimolecular layer	*s.* M 691	
	uninuclear	*s.* M 698	
U 59	**unit**	Einheit *f*	unité *f*
	unit of activity	*s.* A 219	
	unit of measurement	*s.* M 142	
	unit of time	*s.* T 347	
	univalence	*s.* M 708	
	univalency	*s.* M 708	
	univalent	*s.* M 709	
U 60	**universal antigen**	Universalantigen *n*	antigène *m* universel
U 61	**universal buffer**	Universalpuffer *m*	tampon *m* universel
U 62	**universal centrifuge**	Universalzentrifuge *f*	centrifugeuse *f* universelle
U 63	**universal indicator**	Universalindikator *m*	indicateur *m* universel
U 64	**universal indicator paper**	Universalindikatorpapier *n*	papier-indicateur *m* universel
U 65	**universal separation chamber**	Universaltrennkammer *f*	chambre *f* de séparation universelle
U 66	**universal test**	Universaltest *m*	test *m* universel
U 67	**unlabelled**	unmarkiert, nichtmarkiert	non marqué
U 68	**unpaired**	unpaarig	impair
U 69	**unpurified**	ungereinigt	non purifié
U 70	**unsaturated**	ungesättigt	non saturé, insaturé
U 71	**unsaturated alcohol**	ungesättigter Alkohol *m*	alcool *m* non saturé
U 72	**unsaturated fatty acid**	ungesättigte Fettsäure *f*	acide *m* gras non saturé
U 73	**unsaturated solution**	ungesättigte Lösung *f*	solution *f* non saturée
U 74	**unspecific,** non-specific	unspezifisch, nichtspezifisch	non spécifique
U 75	**unspecific esterase,** non-specific esterase	unspezifische Esterase *f*	estérase *f* non spécifique
U 76	**unspecific method,** non-specific method	unspezifische Methode *f*	méthode *f* non spécifique
	unstable	*s.* L 7	
U 77	**unstable haemoglobin,** instable (not stable) haemoglobin	instabiles Hämoglobin *n*	hémoglobine *f* instable
	unstableness	*s.* L 8	
U 78	**unstained,** undyed	ungefärbt	incoloré
	unsterile	*s.* N 221	
	unsystematic name	*s.* T 594	
	uptake of water	*s.* W 20	
U 79	**uracil,** 2,4-dihydroxypyrimidine	Uracil *n*, 2,4-Dihydroxypyrimidin *n*	uracile *m*, dihydroxy-2,4-pyrimidine *f*
	uracil-4-carboxylic acid	*s.* O 119	
	uracil riboside	*s.* U 118	
U 80	**uraminobenzoic acid**	Uraminobenzoesäure *f*	acide *m* uraminobenzoïque
U 81	**uranium**	Uran *n*, U	uranium *m*, U
U 82	**uranyl acetate**	Uranylacetat *n*, Uranacetat *n*	acétate *m* d'uranyle, acétate uranique (basique d'uranium)
U 83	**urate**	Urat *n*	urate *m*
U 84	**urate calculus,** uric acid calculus	Uratstein *m*, Harnsäurestein *m*	calcul *m* uratique, calcul urique
	urate cast	*s.* U 115	
	urate crystal	*s.* U 115	
	urate oxidase	*s.* U 116	
U 85	**urate sediment**	Uratsediment *n*	sédiment *m* uratique
U 86	**urea,** carbamide	Harnstoff *m*, Carbamid *n*, Urea *f*	urée *f*, carbamide *m*, carbonyldiamide *m*
U 87	**urea agar**	Harnstoffagar *m*	gélose *f* à urée
U 88	**urea clearance**	Harnstoff-Clearance *f*	clearance *f* de l'urée, clearance d'urée, clearance uréique
U 89	**urea concentration,** blood urea concentration	Harnstoffkonzentration *f*	concentration *f* d'urée, concentration uréique
U 90	**urea culture medium**	Harnstoffnährboden *m*	milieu *m* à urée
U 91	**urea electrode**	Harnstoffelektrode *f*	électrode *f* d'urée
	ureameter	*s.* U 100	
	ureametry	*s.* U 101	

U 92	**urea nitrate**	Harnstoffnitrat *n*	nitrate *m* d'urée
U 93	**urea nitrogen**	Harnstoff-Stickstoff *m*	azote *m* uréique
U 94	**urease**	Urease *f*	uréase *f*
U 95	**urease test**	Ureasetest *m*	épreuve *f* à l'uréase
U 96	**urea synthesis**	Harnstoffsynthese *f*	synthèse *f* de l'urée
U 97	**urea test**	Harnstoffbelastungsprobe *f*, Ureaprobe *f*	épreuve *f* de l'urée
U 98	**ureide**	Ureid *n*	uréide *m*
U 99	**ureidoprotein**	Ureidoprotein *n*	uréidoprotéine *f*
	ureidosuccinic acid	*s.* C 106	
U 100	**ureometer,** ureameter	Ureometer *n*, Ureameter *n*, Harnstoffmeßgerät *n*	uréomètre *m*
U 101	**ureometry,** ureametry	Ureometrie *f*, Ureametrie *f*, Harnstoffmessung *f*, Harnstoffbestimmung *f*	uréométrie *f*, estimation *f* d'urée
U 102	**ureteral calculus,** ureterolith	Harnleiterstein *m*, Ureterstein *m*, Ureterkonkrement *n*, Ureterolith *m*	urétérolithe *m*, calcul *m* urétéral
U 103	**ureteral catheter**	Harnleiterkatheter *m*, Ureterkatheter *m*	cathéter *m* urétéral, catheter urétérique, sonde *f* urétérale
	ureterolith	*s.* U 102	
U 104	**urethane**	Urethan *n*	uréthanne *m*, éthyluréthanne *m*
U 105	**urethral catheter**	Harnröhrenkatheter *m*, Urethralkatheter *m*	cathéter *m* urétral, sonde *f* urétrale
U 106	**urethral secretion**	Harnröhrensekret *n*, Urethralsekret *n*	sécrétion *f* urétrale
U 107	**urethral smear**	Harnröhrenabstrich *m*, Urethralabstrich *m*	prélèvement *m* urétral
U 108	**urethral thread,** urinary thread	Harnfilament *n*, Harnfaden *m*, Urethralfaden *m*	filament *m* urétral (urinaire)
U 109	**urgency**	Dringlichkeit *f*	urgence *f*
U 110	**urgent**	dringlich	urgent
U 111	**urgent diagnosis**	dringliche Diagnostik *f*	diagnostic *m* urgent
U 112	**urgent laboratory diagnosis**	dringliche Laboratoriumsdiagnostik *f*	diagnostic *m* du laboratoire urgent
U 113	**uric acid,** 2,6,8-trioxypurine	Harnsäure *f*, 2,6,8-Trihydroxypurin *n*	acide *m* urique, trihydroxy-2,6,8-purine *f*
	uric acid calculus	*s.* U 84	
U 114	**uric acid clearance**	Harnsäure-Clearance *f*	clearance *f* d'acide urique
U 115	**uric acid crystal,** urate crystal (cast)	Harnsäurekristall *n*, Uratkristall *n*, Harnsäurezylinder *m*, Uratzylinder *m*	cristal *m* d'acide urique, cristal d'urate[s], cylindre *m* uratique
U 116	**uricase,** urate oxidase	Uricase *f*, Uratoxidase *f*	uricase *f*, urate-oxydase *f*
U 117	**uricometer**	Urikometer *n*, Harnsäuremesser *m*	uricomètre *m*
U 118	**uridine,** uracil riboside	Uridin *n*, Uracilribosid *n*	uridine *f*, uracide-riboside *m*
U 119	**uridine-5'-diphosphate,** UDP	Uridin-5'-diphosphat *n*, UDP	uridine-5'-diphosphate *m*, UDP
	uridine diphosphate acetylglucosamine	*s.* U 2	
	uridine-5'-diphosphate galactose	*s.* U 3	
	uridine-5'-diphosphate glucose	*s.* U 4	
	uridine-5'-diphosphate glucuronic acid	*s.* U 6	
U 120	**uridine-5'-monophosphate,** UMP	Uridin-5'-monophosphat *n*, UMP	uridine-5'-monophosphate *m*, UMP
U 121	**uridine nucleotide**	Uridinnucleotid *n*	uridine-nucléotide *m*
U 122	**uridine-5'-triphosphate,** UTP	Uridin-5'-triphosphat *n*, UTP	uridine-5'-triphosphate *m*, UTP
U 123	**uridylic acid**	Uridylsäure *f*	acide *m* uridylique
U 124	**urinacidometer,** uroacidimeter	Urinacidometer *n*, Urin-pH-Meßgerät *n*, Harn-pH-Wert-Meßgerät *n*	pH-mètre *m* d'urine
U 125	**urinal,** urine bottle	Uringlas *n*, Urinflasche *f*, Urinal *n*, Harnglas *n*, Harnflasche *f*	urinal *m*, bocal *m* urine
U 126	**urinalysis,** urine findings, urinary findings	Harnanalyse *f*, Harnbefund *m*, Harnstatus *m*, Urinanalyse *f*	analyse *f* d'urine, analyse des urines, status *m* urinaire
U 127	**urinary amylase,** urine amylase	Harnamylase *f*, Urinamylase *f*	amylase *f* d'urine
U 128	**urinary bladder**	Harnblase *f*, Blase *f*	vessie *f*
U 129	**urinary calculus,** urinary stone (concrement), urolith	Harnstein *m*, Harnkonkrement *n*, Urolith *m*	calcul *m* urinaire, urolithe *m*, concrétion *f* d'urine
U 130	**urinary calculus analysis**	Harnsteinanalyse *f*	analyse *f* de calcul urinaire
U 131	**urinary cast,** renal (tube) cast, cylindroid	Harnzylinder *m*, Nierenzylinder *m*	cylindre *m* urinaire, cylindre rénal
U 132	**urinary colloid**	Harnkolloid *n*	colloïde *m* urinaire
	urinary concrement	*s.* U 129	
U 133	**urinary constituent**	Harnbestandteil *m*, Urinbestandteil *m*	constituant *m* urinaire (de l'urine)
U 134	**urinary crystal**	Harnkristall *n*	cristal *m* urinaire
U 135	**urinary diagnosis,** diagnosis by examination of the urine	Harndiagnostik *f*, Urindiagnostik *f*	diagnostic *m* urinaire
U 136	**urinary electrolyte,** urine elctrolyte	Harnelektrolyt *m*	électrolyte *m* urinaire
U 137	**urinary enzyme,** urine enzyme	Harnenzym *n*	enzyme *m* urinaire
	urinary findings	*s.* U 126	
	urinary glucose	*s.* U 143	
	urinary gravel	*s.* U 141	
U 138	**urinary nitrogen**	Harnstickstoff *m*	azote *m* urinaire
	urinary output	*s.* U 156	
U 139	**urinary pH,** urine pH	Harn-pH *m*	pH *m* urinaire

U 140	**urinary protein,** urine protein	Harnprotein *n*, Harneiweiß *n*, Uroprotein *n*	protéine *f* urinaire, uroprotéine *f*
U 141	**urinary sand,** urinary gravel, urocheras	Harngrieß *m*, Harnsand *m*, Urinsand *m*	gravelle *f* (sable *m*) urinaire
U 142	**urinary sediment,** urine sediment	Harnsediment *n*, Urinsediment *n*	sédiment *m* urinaire, matière *f* sédimentaire de l'urine
	urinary stone	*s.* U 129	
U 143	**urinary sugar,** urinary glucose	Harnzucker *m*, Harnglucose *f*	glucose *m* urinaire, sucre *m* urinaire diabétique
	urinary thread	*s.* U 108	
	urinative	*s.* D 670	
	urinative agent	*s.* D 670	
U 144	**urine**	Urin *m*, Harn *m*	urine *f*
U 145	**urine agar**	Harnagar *m*	gélose *f* urine
	urine amount	*s.* U 156	
	urine amylase	*s.* U 127	
	urine bottle	*s.* U 125	
U 146	**urine chorionic gonadotropin test,** UCG test	Urin-Choriongonadotropin-Test *m*, UCG-Test *m*	épreuve *f* à la gonadotrophine chorionique
U 147	**urine collection**	Harnsammlung *f*, Urinsammlung *f*	recueil *m* de l'urine, recueil des urines
	urine concentration test	*s.* V 153	
U 148	**urine culture**	Harnkultur *f*, Urinkultur *f*	culture *f* d'urine, uroculture *f*
	urine elctrolyte	*s.* U 136	
	urine enzyme	*s.* U 137	
	urine excretion	*s.* D 669	
	urine findings	*s.* U 126	
U 149	**urine odour**	Harngeruch *m*, Uringeruch *m*	odeur *f* de l'urine, odeur urinaire
	urine pH	*s.* U 139	
U 150	**urine-plasma coefficient**	Urin-Plasma-Quotient *m*	quotient *m* urine-plasma
	urine protein	*s.* U 140	
U 151	**urine salt**	Harnsalz *n*	sel *m* urinaire
	urine sample	*s.* U 152	
	urine sediment	*s.* U 142	
U 152	**urine specimen (for analysis),** urine sample	Harnprobe *f*, Urinprobe *f*	échantillon *m* d'urine
U 153	**urine taken from the renal pelvis**	Nierenbeckenurin *m*	urine *f* du bassinet
U 154	**urine taking,** taking of urine specimen	Harnentnahme *f*, Urinentnahme *f*	prélèvement *m* d'urine
U 155	**urine turbidity**	Harntrübung *f*	turbidité *f* d'urine
U 156	**urine volume,** urine amount, urinary output	Harnmenge *f*, Harnvolumen *n*, Urinmenge *f*, Urinvolumen *n*	volume *m* d'urine, quantité *f* d'urine
U 157	**urinoglucosometer**	Uroglucometer *n*	uroglucosomètre *m*
U 158	**urinometer,** urometer, urogravimeter	Urometer *n*, Harnspindel *f*, Harnwaage *f*, Harndichtemesser *m*	uromètre *m*, urinomètre *m*, urodensitomètre *m*
U 159	**urinometric,** urometric	urometrisch	urométrique
U 160	**urinometry,** urometry	Urometrie *f*, Harndichtemessung *f*	urométrie *f*
	urinoscopic	*s.* U 202	
	urinoscopy	*s.* U 203	
	urinose	*s.* U 161	
U 161	**urinous,** urinose	urinartig, urinähnlich, harnartig, harnähnlich	urineux, urinoïde
	uroacidimeter	*s.* U 124	
U 162	**uroazotometer**	Uroazotometer *n*, Harnstickstoffmeßgerät *n*	uroazotomètre *m*
U 163	**urobilin**	Urobilin *n*	urobiline *f*
U 164	**urobilinogen**	Urobilinogen *n*	urobilinogène *m*
U 165	**urobilinoid**	Urobilinoid *n*	urobilinoïde *m*
U 166	**urobilin quotient**	Urobilinquotient *m*	quotient *m* d'urobiline
U 167	**urocanase, urocanate hydratase**	Urocanase *f*, Urocanathydratase *f*	urocanase *f*, urocanate-hydratase *f*
U 168	**urocanic acid,** urocaninic acid	Urocaninsäure *f*, Urocansäure *f*	acide *m* urocanique (iminozolylacrylique)
	urocheras	*s.* U 141	
U 169	**urochrome**	Urochrom *n*	urochrome *m*
U 170	**urochromogen**	Urochromogen *n*	urochromogène *m*
U 171	**urocortisol**	Urocortisol *n*	urocortisol *m*
U 172	**urocortisone**	Urocortison *n*	urocortisone *f*
U 173	**urocytogram**	Urozytogramm *n*	urocytogramme *m*
U 174	**urocytology**	Urozytologie *f*, Harnzytologie *f*	urocytologie *f*
U 175	**uroerythrin**	Uroerythrin *n*	uroérythrine *f*
U 176	**uroflavin, uroflavine**	Uroflavin *n*	uroflavine *f*
U 177	**urofuscin**	Urofuszin *n*	urofuscine *f*
U 178	**urogastrone**	Urogastron *n*	urogastrone *f*
	urogravimeter	*s.* U 158	
U 179	**urohaematin**	Urohämatin *n*	urohématine *f*
U 180	**urohaematoporphyrin**	Urohämatoporphyrin *n*	urohématoporphyrine *f*
U 181	**urokinase**	Urokinase *f*	urokinase *f*
U 182	**urokinase activity**	Urokinaseaktivität *f*	activité *f* d'urokinase
U 183	**urokinase inhibitor**	Urokinaseinhibitor *m*	inhibiteur *m* d'urokinase
U 184	**urokinin**	Urokinin *n*	urokinine *f*
	urolith	*s.* U 129	

U 185	**urolutein**	Urolutein *n*	urolutéine *f*
U 186	**uromelanin**	Uromelanin *n*	uromélanine *f*
	urometer	*s.* U 158	
	urometric	*s.* U 159	
	urometry	*s.* U 160	
U 187	**uromucoid**	Uromucoid *n*	uromucoïde *m*
U 188	**uronic acid**	Uronsäure *f*	acide *m* uronique
U 189	**uropepsin**	Uropepsin *n*	uropepsine *f*
U 190	**uropepsinogen**	Uropepsinogen *n*	uropepsinogène *m*
U 191	**urophage**	Urophage *m*	urophage *m*
U 192	**uroporphyrin**	Uroporphyrin *n*	uroporphyrine *f*
U 193	**uroporphyrinogen**	Uroporphyrinogen *n*	uroporphyrogène *m*
U 194	**uroporphyrinogen decarboxylase**	Uroporphyrinogendecarboxylase *f*	uroporphyrinogène-décarboxylase *f*
U 195	**uroporphyrinogen-I-synthetase**	Uroporphyrinogen-I-synthetase *f*	uroporphyrinogène-I-synthétase *f*
	uropterin	*s.* X 11	
U 196	**urorosein**	Urorosein *n*	uroroséine *f*
U 197	**urorrhodin**	Urorrhodin *n*	urorrhodine *f*
U 198	**urorrhodinogen**	Urorrhodinogen *n*	urorrhodinogène *m*
U 199	**urorubin**	Urorubin *n*	urobine *f*
U 200	**urorubinogen**	Urorubinogen *n*	urobinogène *m*
U 201	**urosaccharometry**	Urosaccharometrie *f*	urosaccharométrie *f*
U 202	**uroscopic,** urinoscopic	uroskopisch	uroscopique, urinoscopique
U 203	**uroscopy,** urinoscopy	Uroskopie *f*, Harnschau *f*, Urinschau *f*, Harnuntersuchung *f*, Urinuntersuchung *f*	uroscopie *f*, urinoscopie *f*
	urostealith	*s.* F 42	
U 204	**urosympathin**	Urosympathin *n*	urosympathine *f*
U 205	**urothione**	Urothion *n*	urothion *m*
U 206	**urotoxic coefficient,** Bouchard's coefficient	urotoxischer Koeffizient *m*, Bouchard-Koeffizient *m*	coefficient *m* (unité *f*) urotoxique, coefficient de Bouchard
U 207	**urotoxin**	Urotoxin *n*, Harngift *n*	urotoxine *f*
U 208	**uroxanthine**	Uroxanthin *n*	uroxanthine *f*
U 209	**urticarial test,** McClure-Aldrich test	Quaddeltest *m*, Quaddelprobe *f*, Quaddelreaktion *f*, McClure-Aldrich-Test *m*	épreuve *f* urticarienne, épreuve d'Aldrich et McClure
U 210	**usability,** applicability	Anwendbarkeit *f*, Verwendbarkeit *f*	possibilité *f* d'utilisation, applicabilité *f*
U 211	**usable,** applicable	anwendbar, verwendbar	usable, applicable
	Uschinsky's culture medium	*s.* P 1087	
U 212	**use / to,** to apply	anwenden, verwenden	utiliser, appliquer
U 213	**use,** application	Anwendung *f*, Anwenden *n*, Verwendung *f*, Verwenden *n*	utilisation *f*, application *f*
U 214	**U-shaped**	U-förmig	en forme d'U
	uterine cervix biopsy	*s.* C 339	
	uterine mucosa	*s.* E 206	
U 215	**uterine tube,** oviduct, Fallopian tube	Eileiter *m*	trompe *f* utérine, trompe de Fallope
	U-test	*s.* W 90	
U 216	**utilisation,** exploitation	Utilisation *f*, Ausnutzung *f*, Verwertung *f*	utilisation *f*, exploitation *f*
U 217	**utilise / to**	verwerten, ausnutzen	utiliser, exploiter
	UTP	*s.* U 122	
	UV filter	*s.* U 34	
U 218	**uviol glass**	Uviolglas *n*	verre *m* uviol
	UV light	*s.* U 35	
	UV microscope	*s.* U 36	
	UV microscopy	*s.* U 37	
	UV radiation	*s.* U 38	
	UV ray	*s.* U 39	
	UV spectrophotometry	*s.* U 40	
	UV spectroscopy	*s.* U 41	
	UV spectrum	*s.* U 42	
	UV sterilisation	*s.* U 43	
	UV test	*s.* U 44	

V

	V	*s.* V 34, V 155	
	VA	*s.* M 381	
V 1	**vaccinate / to,** to inoculate *(medicine)*, to immunise *(with antibodies)*	impfen, vakzinieren	vacciner, inoculer un vaccin
V 2	**vaccination,** inoculation *(medicine)*, immunisation *(with antibodies)*	Impfung *f*, Impfen *n*, Vakzination *f*, Vaktionierung *f*	vaccination *f*
V 3	**vaccination lancet,** vaccinator, vaccinostyle	Impflanzette *f*, Impffeder *f*, Impfmesserchen *n*	vaccinostyle *m*, lancette *f* à (de) vaccination, aiguille *f* à (de) vaccination, plume *f* (couteau *m*) à vaccination
	vaccination needle	*s.* I 296	
V 4	**vaccination set**	Impfbesteck *n*	instruments *mpl* de vaccination
	vaccinator	*s.* V 3	

V 5	**vaccine,** inoculating agent, immunising agent *(with antibodies)*	Impfstoff *m*, Vakzine *f*, Vakzin *n*	vaccin *m*
	vaccinostyle	*s.* V 3	
V 6	**vacuole**	Vakuole *f*	vacuole *f*
V 7	**vacuum,** absolute vacuum, evacuated space	Vakuum *n*, luftleerer Raum *m*	vacuum *m*, vide *m*
	vacuum biopsy	*s.* A 1072	
	vacuum desiccator	*s.* V 11	
V 8	**vacuum distillation,** distillation under reduced pressure	Vakuumdestillation *f*	distillation *f* sous vide, distillation dans le vide
V 9	**vacuum drying**	Vakuumtrocknung *f*	séchage *m* à vide
	vacuum drying cabinet	*s.* V 10	
V 10	**vacuum drying oven,** vacuum oven (drying cabinet)	Vakuumtrockenschrank *m*	étuve *f* sous vide
V 11	**vacuum exsiccator,** vacuum desiccator	Vakuumexsikkator *m*	dessiccateur *m* à vide
V 12	**vacuum filtration**	Vakuumfiltration *f*	filtration *f* à vide
	vacuum oven	*s.* V 10	
V 13	**vacuum pump**	Vakuumpumpe *f*	pompe *f* à vide
V 14	**vacuum still**	Vakuumdestillationsapparat *m*	appareil *m* de distillaton sous vide
V 15	**vacuum tubing,** pressure tubing	Vakuumschlauch *m*	tube *m* de vide, conduite *f* de (sous) vide
V 16	**vacuum vessel**	Vakuumgefäß *n*	récipient *m* sous vide
	vaginal cytology	*s.* C 791	
V 17	**vaginal flora**	Scheidenflora *f*	flore *f* vaginale
	vaginal fluid	*s.* V 19	
V 18	**vaginal mucosa,** mucous membrane of the vagina	Vaginalschleimhaut *f*, Scheidenschleimhaut *f*	muqueuse *f* vaginale
V 19	**vaginal secretion,** vaginal fluid	Vaginalsekret *n*, Scheidensekret *n*	sécrétion *f* vaginale
V 20	**vaginal smear**	Vaginalabstrich *m*, Scheidenabstrich *m*	frottis *m* vaginal
V 21	**vaginal trichomonas,** Trichomomonas vaginalis	Trichomonas *f* vaginalis	Trichomonas vaginalis
	Val	*s.* V 27	
	valence	*s.* V 23	
	valence bond	*s.* V 24	
	valence link	*s.* V 24	
	valence linkage	*s.* V 24	
	valence number	*s.* V 22	
V 22	**valence value** *(nephrology)*, valence number	Valenzwert *m*, Valenzzahl *f*	nombre *m* de valence
V 23	**valency,** valence *(US)*	Valenz *f*, Wertigkeit *f*	valence *f*
V 24	**valency bond,** valence bond (link, linkage)	Valenzbindung *f*	liaison *f* de valence
	valerianic acid	*s.* V 25	
V 25	**valeric acid,** valerianic acid	Valeriansäure *f*	acide *m* valérianique
V 26	**validity**	Validität *f*	validité *f*
V 27	**valine,** Val, α-aminoisovaleric acid	Valin *n*, Val, α-Aminoisovaleriansäure *f*	valine *f*, Val, acide *m* α-amino-isovalérianique
V 28	**valuation**	Bewertung *f*, Wertung *f*	évaluation *f*, estimation *f*
V 29	**value / to**	bewerten, werten	évaluer, estimer
V 30	**value**	Wert *m*	valeur *f*
	value of pigmental concentration in urine	*s.* V 31	
V 31	**value of the urine colour,** value of pigmental concentration in urine	Harnfarbwert *m*	valeur *f* de la couleur d'urine
V 32	**valve**	Ventil *n*	soupape *f*, valve *f*
V 33	**vanadic acid**	Vanadinsäure *f*	acide *m* vanadique
V 34	**vanadium,** V	Vanadium *n*, Vanadin *n*, V	vanadium *m*, V
	vanillic acid	*s.* M 381	
V 35	**vanillin**	Vanillin *n*	vanilline *f*, hydroxy-4-méthoxy-3-benzaldéhyde
	vanilylmandelic acid	*s.* M 382	
V 36	**van Slyke apparatus**	van Slyke-Apparat *m*	appareil *m* de van Slyke
V 37	**van Slyke method**	van Slyke-Methode *f*	méthode *f* de van Slyke
V 38	**van't Hoff's law, van't Hoff's rule**	van't Hoff-Gesetz *n*, Reaktions-Geschwindigkeits-Temperatur-Regel *f*, RGT-Regel *f*	loi *f* de van't Hoff, règle *f* de van't Hoff
	vaporisation	*s.* E 524	
	vaporise / to	*s.* E 520	
	vaporiser	*s.* E 525	
V 39	**vapour,** steam *(water)*	Dampf *m*	vapeur *f*
	vapour	*s. a.* S 844	
V 40	**vapourous**	dampfförmig	à l'état de vapeur
V 41	**vapour pressure (tension)**	Dampfdruck *m*	tension *f* de vapeur
V 42	**variability**	Variabilität *f*, Veränderlichkeit *f*	variabilité *f*
V 43	**variable**	Variable *f*, Veränderliche *f*, veränderliche Größe *f*	variable *f*
V 44	**variable**	variabel, veränderlich	variable
V 45	**variance,** dispersion *(statistics)*	Varianz *f*, Dispersion *f*	variance *f*, dispersion *f*

V 46	**variance analysis,** analysis of variance, ANOVA	Varianzanalyse *f*, Dispersionsanalyse *f*, ANOVA	analyse *f* de variance (dispersion), analyse dispersonnelle
V 47	**variant**	Variante *f*	variante *f*
V 48	**variate,** random variable (number)	Zufallsgröße *f*, Zufallsvariable *f*	variable *f* aléatoire
V 49	**variation**	Variation *f*	variation *f*
	variation of temperature	*s.* T 67	
	variation of volume	*s.* V 160	
	varicella virus	*s.* V 50	
V 50	**varicella-zoster virus,** varicella virus, V-Z virus, Herpesvirus varicellae	Varicella-Zoster-Virus *n*, Zostervirus *n*	virus *m* de la varicelle, virus de zoster
V 51	**variola virus,** poxvirus, smallpox virus	Variolavirus *n*, Poxvirus *n*, Pockenvirus *n*, Blatternvirus *n*	virus *m* de la variole, pox[-]virus *m*
V 52	**vasoactive intestinal polypeptide,** VIP	vasoaktives intestinales Polypeptid *n*, VIP	peptide *m* vasoactif intestinal, PVI, vasoactive intestinal peptide *m*, VIP
	vasopressin	*s.* A 846	
V 53	**vasopressin test**	Vasopressintest *m*	test *m* à la vasopressine
V 54	**vasopuncture**	Samenleiterpunktion *f*, Samenstrangpunktion *f*, Vasopunktion *f*	vasoponction *f*, vasopuncture *f*, vasocentèse *f*, ponction *f* du canal déférent
V 55	**vasotocin**	Vasotocin *n*	vastocine *f*
V 56	**VDRL slide reaction, VDRL test**	VDRL-Test *m*, VDRL-Slide-Reaktion *f*	test *m* VDRL
V 57	**vegetable fat,** plant fat	Pflanzenfett *n*, pflanzliches Fett *n*	graisse *f* végétale
V 58	**Veillonella**	Veillonella *f*	microcoque *m* de Veillon
	vein catheter	*s.* V 68	
V 59	**velocity,** rate, speed *(rotating parts)*	Geschwindigkeit *f*	vitesse *f*, vélocité *f*
V 60	**velocity constant**	Geschwindigkeitskonstante *f*	constante *f* de vitesse
V 61	**velocity gradient**	Geschwindigkeitsgradient *m*, Geschwindigkeitsgefälle *n*	gradient *m* de vitesse
	velocity of diffusion	*s.* D 416	
V 62	**velocity of dissociation**	Dissoziationsgeschwindigkeit *f*	vitesse *f* de dissociation
	velocity of flow	*s.* F 236	
	velocity of migration	*s.* M 561	
	venene	*s.* S 476	
	venenous	*s.* T 442	
	venepuncture	*s.* V 63	
	venin	*s.* S 476	
V 63	**venipuncture,** venepuncture	Venenpunktion *f*	ponction *f* veineuse
	venom	*s.* A 792	
	venomous	*s.* T 442	
V 64	**venomous snake**	Giftschlange *f*	serpent *m* venimeux
V 65	**venostasis,** venous stasis, phlebostasis	venöse Blutstauung *f*	stase *f* veineuse, phlébostase *f*
V 66	**venous**	venös	veineux
V 67	**venous blood**	venöses Blut *n*, Venenblut *n*	sang *m* veineux
V 68	**venous catheter,** vein catheter	Venenkatheter *m*	cathéter *m* veineux
	venous stasis	*s.* V 65	
V 69	**ventilate / to,** to air	lüften, ventilieren	ventiler, aérer
V 70	**ventilation**	Lüftung *f*, Lüften *n*, Ventilation *f*, Ventilieren *n*	ventilation *f*, aération *f*
	ventilator	*s.* F 19	
V 71	**ventricular fluid**	Ventrikelliquor *m*, Hirnkammerflüssigkeit *f*	liquide *m* ventriculaire
	ventricular puncture	*s.* V 72	
V 72	**ventriculopuncture,** ventricular puncture, cranial puncture *(brain)*	Ventrikelpunktion *f*, Hirnkammerpunktion *f*	ponction *f* ventriculaire
V 73	**verdochromogen**	Verdochromogen *n*, grünes Hämin *n*	verdochromogène *m*
V 74	**verdoglobin**	Verdoglobin *n*	verdoglobine *f*, choléglobine *f*
	verdoglobin S	*s.* S 1080	
V 75	**verdohaemin**	Verdohämin *n*	verdohémine *f*
V 76	**verdohaemochromogen**	Verdohämochromogen *n*	verdohémochromogène *m*
V 77	**verdoperoxidase**	Verdoperoxidase *f*	verdoperoxydase *f*
	vermicular	*s.* W 109	
	vermiform	*s.* W 109	
	vermifuge	*s.* A 810	
	vermifuge agent	*s.* A 810	
V 78	**veronal buffer**	Veronalpuffer *m*	tampon *m* véronal
V 79	**vertical**	vertikal, senkrecht	vertical
	very high density lipoprotein	*s.* V 86	
	very low density lipoprotein	*s.* V 147	
	very slightly soluble	*s.* E 620	
V 80	**very soluble,** highly soluble	sehr leicht löslich	très facilement soluble
	vesical calculus	*s.* B 332	
	vesical paracentesis	*s.* V 81	
V 81	**vesical puncture,** puncture of the bladder, paracentesis of the bladder, vesical paracentesis	Blasenpunktion *f*, Harnblasenpunktion *f*	ponction *f* vésicale (de la vessie)
V 82	**vesicle,** small blister	Bläschen *n*	vésicule *f*
	vesicle content	*s.* V 83	
V 83	**vesicular content,** vesicle content	Bläscheninhalt *m*	contenu *m* de la vésicule

No.	English	German	French
V 84	**vessel,** receptacle, basin *(laboratory);* container	Gefäß *n*	récipient *m,* vase *m*
V 85	**vesuvin, vesuvine,** vesuvine brown	Vesuvin *n*	vésuvine *f,* brun *m* de Bismarck
	vesuvine brown	*s.* V 85	
V 86	**VHDL,** very high density lipoprotein	VHDL *n,* Lipoprotein *n* sehr hoher Dichte	VDHL, lipoprotéine *f* de (à une) densité très élevée
V 87	**Vi agglutination**	Vi-Agglutination *f*	agglutination *f* Vi
	vial	*s.* A 682, S 454	
	Vi-antigen	*s.* V 107	
V 88	**vibration**	Vibration *f*	vibration *f*
V 89	**Vibrio**	Vibrio *m*	vibrion *m*
	Vibrio cholerae	*s.* C 811	
	Vibrio comma	*s.* C 811	
	Vibrio El Tor	*s.* E 153	
V 90	**vibrion septique,** Clostridium septicum	Pararauschbrandbacillus *m*	clostridium *m* septique, bacille *m* de Ghon-Sachs
	view / to	*s.* O 10	
	viewing	*s.* O 7	
V 91	**villikinin**	Villikinin *n*	villikinine *f*
V 92	**vinblastine**	Vinblastin *n*	vinblastine *f,* vincaleucoblastine *f*
V 93	**vincristine**	Vincristin *n*	vincristine *f,* leucocristine *f*
V 94	**vinegar**	Essig *m*	vinaigre *m*
V 95	**vinyl acetate**	Vinylacetat *n*	acétate *m* de vinyle
V 96	**vinyl alcohol,** ethenol	Vinylalkohol *m,* Ethenol *n*	alcool *m* vinylique, éthénol *m*
V 97	**vinyl chloride,** chloroeth[yl]ene	Vinylchlorid *n,* Chloreth[yl]en *n*	chlorure *m* de vinyle, chloroéthylène *m* , éthylène *m* monochloré
V 98	**violet**	violett	violet
	VIP	*s.* V 52	
V 99	**viral**	viral	viral
V 100	**viral protein**	Virusprotein *n,* virusspezifisches Protein *n*	protéine *f* virale
	viral strain	*s.* V 118	
	Virchow's cell	*s.* L 162	
V 101	**virocyte**	Virozyt *m*	virocyte *m*
V 102	**virological**	virologisch	virologique
V 103	**virological laboratory**	virologisches Labor *n*	laboratoire *m* viroloqique
V 104	**Virologist**	Virologe *m*	virologiste *m,* virologue *m*
V 105	**virology**	Virologie *f*	virologie *f*
V 106	**virulence**	Virulenz *f*	virulence *f*
V 107	**virulence antigen,** Vi-antigen	Virulenzantigen *n,* Vi-Antigen *n*	antigène *m* Vi (de virulence)
V 108	**virulence test**	Virulenztest *m*	épreuve *f* de [la] virulence
V 109	**virulent**	virulent	virulent
V 110	**virulent bacteriophage (phage)**	virulenter Bakteriophage (Phage) *m*	bactériophage (phage) *m* virulent
V 111	**virus**	Virus *n (m)*	virus *m*
V 112	**virus antigen**	Virusantigen *n,* V-Antigen *n*	antigène *m* viral (V)
V 113	**virus classification**	Virusklassifikation *f*	classification *f* de[s] virus
V 114	**virus isolation**	Virusisolierung *f,* Virusisolation *f*	isolation *f* de virus
V 115	**virus-like,** virusoid	virusähnlich, virusartig	virusoïde
V 116	**virus neutralisation**	Virusneutralisation *f*	neutralisation *f* de virus
	virusoid	*s.* V 115	
V 117	**virus particle**	Viruspartikel *f*	particule *f* virale
V 118	**virus strain,** viral strain	Virusstamm *m*	souche *f* de virus
V 119	**virus titration**	Virustitration *f*	titrage *m* de virus
V 120	**virus titre**	Virustiter *m*	titre *m* de virus
	viscid	*s.* V 127	
	viscidity	*s.* V 125	
	viscometer	*s.* V 122	
	viscometry	*s.* V 124	
V 121	**viscose**	Viskose *f*	viscose *f*
V 122	**viscosimeter,** viscometer	Viskosimeter *n*	viscosimètre *m*
V 123	**viscosimetric**	viskosimetrisch	viscosimétrique
V 124	**viscosimetry,** viscometry	Viskosimetrie *f,* Viskositätsmessung *f*	viscosimétrie *f*
V 125	**viscosity,** viscidity	Viskosität *f,* Zähflüssgikeit *f,* Dickflüssigkeit *f*	viscosité *f*
V 126	**viscosity coefficient**	Viskositätskoeffizient *m,* Viskositätskonstante *f*	coefficient *m* de viscosité
	viscosity pipette	*s.* C 89	
V 127	**viscous,** viscid, semiliquid, semifluid, sirupy	viskos, zähflüssig, dickflüssig	visqueux, épais
V 128	**visible**	sichtbar	visible
V 129	**visible light**	sichtbares Licht *n*	lumière *f* visible
V 130	**visual**	visuell	visuel
V 131	**visualisation**	Sichtbarmachung *f*	visualisation *f*
V 132	**visualise / to,** to show, to demonstrate	sichtbar machen	visualiser
	visual purple	*s.* R 409	
	visual substance	*s.* R 409	
V 133	**vital cytology**	Vitalzytologie *f*	cytologie *f* vitale
V 134	**Vitali's test**	Vitali-Probe *f*	épreuve *f* de Vitali

V 135	**vital microscopy**	Vitalmikroskopie *f*	microscopie *f* vitale
V 136	**vital preparation**	Vitalpräparat *n*	préparation *f* vitale
V 137	**vital stain,** intravital (dye) stain	Vitalfarbstoff *m*	colorant *m* vital
V 138	**vital staining,** intravital staining	Vitalfärbung *f*	coloration *f* vitale
V 139	**vitamin,** vitamine	Vitamin *n*	vitamine *f*
	vitamin A	*s.* R 367	
	vitamin A_2	*s.* D 119	
	vitamin B_1	*s.* T 189	
	vitamin B_2	*s.* R 413	
	vitamin B_3	*s.* P 42	
	vitamin B_6	*s.* P 1249	
	vitamin B_{12}	*s.* C 678	
	vitamin B_{12}-binding globulin	*s.* T 482	
V 140	**vitamin B complex**	Vitamin-B-Komplex *m*	complexe *m* vitaminique B
	vitamin B_{12} resorption test	*s.* S 115	
	vitamin B_T	*s.* C 150	
	vitamin C	*s.* A 1051	
	vitamin D	*s.* C 14	
	vitamin D_2	*s.* E 389	
	vitamin D_3	*s.* C 453	
	vitamin D_4	*s.* D 441	
	vitamin E	*s.* T 398	
	vitamine	*s.* V 139	
V 141	**vitamin F**	Vitamin *n* F	vitamine *f* F
	vitamin H	*s.* B 308	
	vitamin K	*s.* N 17	
	vitamin K_1	*s.* P 448	
	vitamin K_2	*s.* M 288	
	vitamin K_3	*s.* M 287	
	vitamin K_4	*s.* M 286	
V 142	**vitamin K test**	Vitamin K-Test *m*	test *m* de vitamine K
V 143	**vitaminoid**	Vitaminoid *n*	vitaminoïde *m*
	vitamin P	*s.* F 214	
	vitamin precursor	*s.* P 1134	
V 144	**vitreous,** glassy	gläsern	vitré
V 145	**vitreous [body] biopsy**	Glaskörperbiopsie *f*	biopsie *f* du corps vitré
V 146	**vitriol**	Vitriol *n*	vitriol *m*
V 147	**VLDL,** very low density lipoprotein, pre-β-lipoprotein	VLDL *n,* Lipoprotein *n* sehr niedriger Dichte, „leichtes" Lipoprotein, prä-β-Lipoprotein	VLDL, lipoprotéine *f* de densité très faible, pré-β-lipoprotéine *f*
	VMA	*s.* M 382	
V 148	**Voges-Proskauer reaction**	Voges-Proskauer-Reaktion *f*	réaction *f* de Voges-Proskauer
	void of air	*s.* E 551	
V 149	**volatile,** fugitive	flüchtig	volatil, volatilisable
	volatile	*s. a.* H 296	
	volatile oil	*s.* E 455	
V 150	**volatilisation**	Verflüchtigung *f*	volatilisation *f*
V 151	**volatilise / to,** to volatise	sich verflüchtigen	se volatiliser
V 152	**volatility,** fugacity	Flüchtigkeit *f*	volatilité *f*
	volatise / to	*s.* V 151	
V 153	**Volhard's concentration test,** Volhard's test *(concentration test),* urine concentration test	Volhard-Konzentrationsversuch *m*	épreuve *f* de Volhard, épreuve de la concentration de Volhard
V 154	**Volhard's dilution test,** Volhard's test *(dilution test),* dilution test	Volhard-Verdünnungsversuch *m,* Volhard-Wassertrinkversuch *m*	épreuve *f* de [la] dilution de Volhard
	Volhard's test	*s.* V 153, V 154	
V 155	**volt,** V	Volt *n,* V	volt *m,* V
V 156	**voltammetric**	voltammetrisch	voltamétrique
V 157	**voltammetry**	Voltammetrie *f*	voltamétrie *f*
V 158	**voltmeter**	Voltmeter *n*	voltmètre *m*
	volumetric solution	*s.* S 798	
V 159	**volume**	Volumen *n*	volume *m*
V 160	**volume change,** change (variation) of volume	Volumenänderung *f*	changement *m* (variation *f*) de volume
V 161	**volume concentration**	Volumenkonzentration *f*	concentration *f* volumétrique
V 162	**volume dose**	Volumendosis *f*	dose *f* en volume
	volume expander	*s.* P 545	
V 163	**volume fraction**	Volumenfraktion *f*	fraction *f* en volume, fraction volumique
	volumetry	*s.* T 394	
	volume of liquid	*s.* F 248	
V 164	**volume percentage,** percentage (per cent) by volume, per cent v/v	Volumenprozent *n,* Vol.-%	pourcentage *m* en volume, pourcentage volumique
	volumetric	*s.* T 393	
	volumetric analysis	*s.* T 394	
V 165	**volumetric flask,** graduated (measuring) flask	Meßkolben *m,* Meßflasche *f*	ballon *m* (fiole *f*) jaugée
	volumetric method	*s.* T 390	
V 166	**volume unit**	Volumeneinheit *f*	unité *f* de volume

V 167	**voluminous**	voluminös	volumineux
V 168	**vomit, vomited matter**	Erbrochenes *n*, Emesma *n*	matières *fpl* vomies
	von Willebrand's factor	*s.* C 640	
	V-Z virus	*s.* V 50	

W

	W	*s.* T 661	
	W	*s.* W 43	
W 1	**Waaler-Rose test**	Waaler-Rose-Test *m*, Waaler-Rose-Reaktion *f*	réaction *f* de Waaler-Rose, test *m* de l'hémagglutination de Waaler-Rose
	wad of cotton-wool	*s.* C 1045	
	Waldenstroem's protein	*s.* P 1091	
W 2	**wall thickness**	Wanddicke *f*	épaisseur *f* de paroi
W 3	**wandering cell,** migrating cell	Wanderzelle *f*	cellule *f* migratrice
	WaR	*s.* W 14	
W 4	**Warburg [gas analysis] apparatus**	Warburg-Apparat *m*	appareil (respiromètre) *m* de Warburg
	Warburg's respiratory enzyme	*s.* C 1253	
W 5	**ward** *(medicine)*	Station *f*	division *f*
W 6	**warm / to,** to warm up, to heat [up]	erwärmen, anwärmen, wärmen	chauffer
W 7	**warm antibody**	Wärmeantikörper *m*	anticorps *m* chaud
W 8	**warm autoantibody**	Wärmeautoantikörper *m*	auto-anticorps *m* chaud
W 9	**warming,** heating	Erwärmung *f*, Erwärmen *n*, Anwärmung *f*, Anwärmen *n*	échauffement *m*, chauffage *m*
	warming	*s. a.* P 880	
	warming-up	*s.* P 880	
	warm-up / to	*s.* P 879	
	warm up / to	*s.* W 6	
	warning lamp	*s.* P 483	
W 10	**warning limit,** attention limit	Warngrenze *f*	limite *f* d'avertissement
	warning sign	*s.* A 416	
	warning signal	*s.* A 416	
	Warthin-Finkeldey cell	*s.* M 179	
	Warthin-Finkeldey giant cell	*s.* M 179	
	wart virus	*s.* C 815	
W 11	**wash / to**	waschen	laver
	wash bottle	*s.* W 12	
	washer	*s.* W 13	
W 12	**washing bottle,** wash bottle, bubbler	Waschflasche *f*, Spritzflasche *f*	flacon *m* laveur, pissette *f*
W 13	**washing machine,** washer	Waschmaschine *f*	machine *f* à laver, laveuse *f*
	washing-out	*s.* E 157	
	wash out / to	*s.* E 156	
W 14	**Wassermann reaction (test),** WaR	Wassermann-Reaktion *f*, WaR	réaction *f* de [Bordet-]Wassermann
	waste	*s.* W 16	
W 15	**waste product**	Abfallprodukt *n*	déchets *mpl*
W 16	**waste water,** waste, sewage, effluent water	Abwasser *n*	eaux *fpl* usées, eaux résiduaires
	watch / to	*s.* O 10	
W 17	**watch glass**	Uhrglas *n*, Uhrglasschale *f*	verre *m* de montre
W 18	**water / to,** to steep, to soak	wässern, einwässern	faire tremper
W 19	**water,** hydrogen oxide	Wasser *n*, Wasserstoffoxid *n*	eau *f*, oxyde d'hydrogène
W 20	**water absorption,** uptake of water	Wasseraufnahme *f*	absorption *f* d'eau
W 21	**water bath**	Wasserbad *n*	bain-marie *m*
W 22	**water-blue,** water-soluble aniline blue	Wasserblau *n*, wasserlösliches Anilinblau *n*	bleu *m* à l'eau, bleu d'aniline hydrosoluble
W 23	**water calorimeter**	Flüssigkeitskalorimeter *n*	calorimètre *m* de liquide
W 24	**water content**	Wassergehalt *m*	teneur *f* en eau
W 25	**water-cooled**	wassergekühlt	refroidi à l'eau
W 26	**water glass,** soluble glass, liquid glass *(a silicate)*	Wasserglas *n*	verre *m* soluble, orthosilicate *m* de l'eau, silicate *m* soluble
W 27	**water hardness**	Wasserhärte *f*	dureté *f* de l'eau
W 28	**watering,** steeping, soaking	Wässern *n*, Wässerung *f*, Einwässern *n*	trempage *m*
	water-insoluble	*s.* I 324	
W 29	**water jet,** stream of water *(thick)*	Wasserstrahl *m*	jet *m* d'eau
W 30	**water jet pump,** water [suction] pump	Wasserstrahlpumpe *f*	pompe *f* à jet d'eau
W 31	**water level**	Wasserstand *m*, Wasserspiegel *m*	niveau *m* d'eau, hauteur *f* de l'eau
W 32	**water loading test,** drinking test	Wasserbelastungsversuch *m*, Wasserversuch *m*, Wassertrinkversuch *m*	épreuve *f* de la surcharge hydrique
W 33	**water loss,** loss of water	Wasserverlust *m*	perte *f* d'eau
	water phase	*s.* A 969	
W 34	**water-proof,** water-tight, impermeable to water	wasserdicht, wasserundurchlässig	imperméable à l'eau, étanche à l'eau
	water pump	*s.* W 30	
	water-repellent	*s.* H 517	
W 35	**water requirements**	Wasserbedarf *m*	besoin *m* en eau
W 36	**water-saturated**	wassergesättigt	saturé en eau

W 37	**water solubility,** solubility in water, aqueous solubility	Wasserlöslichkeit *f*	solubilité *f* dans l'eau
W 38	**water-soluble,** hydrosoluble, soluble in water	wasserlöslich	soluble dans l'eau, hydrosoluble
	water-soluble aniline blue	*s.* W 22	
W 39	**water-soluble vitamin**	wasserlösliches Vitamin *n*	vitamine *f* hydrosoluble
	water solution	*s.* A 970	
	water suction pump	*s.* W 30	
	water suspension	*s.* A 971	
W 40	**water temperature**	Wassertemperatur *f*	température *f* d'eau
	water-tight	*s.* W 34	
	water vapour	*s.* S 844	
W 41	**water-white**	wasserhell	limpide
W 42	**Watson-Schwarz test**	Watson-Schwarz-Test *m*	épreuve *f* de Watson-Schwarz
W 43	**watt,** W	Watt *n,* W	watt *m,* W
W 44	**wave**	Welle *f*	onde *f*
W 45	**wavelength**	Wellenlänge *f*	longueur *f* d'onde
W 46	**wax**	Wachs *n*	cire *f*
W 47	**waxed paper,** wax paper	Wachspapier *n*	papier *m* ciré
W 48	**wax-like,** waxy, ceraceous	wachsartig, wachsähnlich	cireux
	wax paper	*s.* W 47	
	waxy	*s.* W 48	
W 49	**waxy cast**	Wachszylinder *m*	cylindre *m* cireux
	WBC	*s.* L 182	
	WBC count	*s.* L 189	
W 50	**W chromosome**	W-Chromosom *n*	chromosome *m* W
W 51	**weakly acid,** subacid	schwach sauer	faiblement acide
	weakly alkaline	*s.* A 475	
W 52	**weakly positive**	schwach positiv	faiblement positif
	weed control agent	*s.* H 237	
	weed killer	*s.* H 237	
W 53	**week of pregnancy,** gestation week	Schwangerschaftswoche *f*	semaine *f* de grossesse
W 54	**weigh / to,** to balance, to weigh out	wägen, wiegen, abwägen, abwiegen	peser
W 55	**weighed portion**	Einwaage *f*	pesée *f*
W 56	**weighing**	Wägung *f*, Wägen *n*, Wiegen *n*, Abwägen *n*, Abwiegen *n*	pesée *f*
W 57	**weighing bottle**	Wägeglas *n*	récipient *m* de pesée
W 58	**weighing burette**	Wägebürette *f*	burette *f* de pesée
W 59	**weighing error**	Wägefehler *m*	erreur *f* de pesée
W 60	**weighing room,** balance room	Wägeraum *m*, Wägezimmer *n*	salle *f* des balances
	weigh out / to	*s.* W 54	
W 61	**weight**	Gewicht *n*	poids *m*
	weight at birth	*s.* B 315	
	weight analysis	*s.* G 450	
W 62	**weight percentage,** percentage (percent) by weight	Masseprozent *n,* Gewichtsprozent *n*	pourcentage *m* en poids
W 63	**Weil-Felix reaction (test)**	Weil-Felix-Reaktion *f*	réaction *f* de Weil-Felix
W 64	**Welch's bacillus,** gas gangrene bacillus, Clostridium perfringens	Welch-Fränkel-Gasbacillus *m,* Gasbranderreger *m*, Emphysembacillus *m*	clostridium *m* perfringent, bacille *m* de Welch
W 65	**Weltmann's reaction**	Weltmann-Reaktion *f*	réaction *f* de Weltmann
W 66	**Wenyon's medium**	Wenyon-Medium *n*	milieu *m* de Noguchi-Wenyou
W 67	**Westergreen pipette,** pipette to determine the speed of blood sedimentation	Westergreen-Pipette *f*	pipette *f* [de] Westergreen, pipette à déterminer la vitesse de sédimentation des globules du sang
W 68	**Western deer fly,** deer fly, Chrysops discalis	Amerikanische Pferdebremse *f*	Chrysops discalis
W 69	**West Nile virus**	West-Nile-Virus *n*	virus *m* West Nile, virus W N
W 70	**Westphal's serum agar**	Westphal-Serumagar *m*	gélose *f* de Westphal
W 71	**wet / to,** to moisten, to damp[en], to humidify, to dew	benetzen, befeuchten, anfeuchten	humecter, mouiller
	wet	*s.* M 632	
W 72	**wet analysis**	Naßanalyse *f*	analyse *f* par voie humide
	wet chamber	*s.* M 633	
W 73	**wet chemistry**	Naßchemie *f*	chimie *f* à voie humide
W 74	**wet [fire] extinguisher**	Naßfeuerlöscher *m*	extincteur *m* à eau
	wetness	*s.* M 634	
W 75	**wettability**	Benetzbarkeit *f*	mouillabilité *f*
W 76	**wettable**	benetzbar	mouillable
	wetter	*s.* W 78	
W 77	**wetting,** moistening, damping, dampening, humidification, dewing	Benetzung *f*, Benetzen *n*, Befeuchtung *f*, Befeuchten *n*, Anfeuchtung *f*, Anfeuchten *n*	mouillage *m*, humectation *f*, imprégnation *f*
W 78	**wetting agent, wetting aid,** wetter, spreading agent, spreader	Netzmittel *n*, Benetzungsmittel *n*	agent *m* détergent, [agent *m*] mouillant *m*
W 79	**wet weight**	Feuchtgewicht *n*	poids *m* humide
W 80	**whipworm,** Trichuris trichiura, Trichocephalus dispar	Peitschenwurm *m*, Tönnchenwurm *m*	trichocéphale *m*

W 81	**white**	weiß	blanc
	white arsenic	*s.* A 1017	
	white blood cell	*s.* L 182	
	white blood cell count	*s.* L 189	
	white blood corpuscle	*s.* L 182	
	white cell	*s.* L 182	
	white cell cast	*s.* L 187	
	white cell count	*s.* L 189	
	white cell counting	*s.* L 190	
	white corpuscle	*s.* L 182	
W 82	**white mouse**	weiße Maus *f*	souris *f* blanche
W 83	**white rat**	weiße Ratte *f*	rat *m* blanc
	white vitriol	*s.* Z 11	
	white zinc	*s.* Z 9	
	WHO	*s.* W 107	
W 84	**whole blood**	Vollblut *n*	sang *m* total
	whole blood clotting time	*s.* G 233	
W 85	**whole blood preserve**	Vollblutkonserve *f*	sang *m* total conservé
W 86	**Widal reaction, Widal test**	Widal-Reaktion *f*, Widal-Probe *f*	réaction *f* de Widal, sérodiagnostic *m* de Widal
W 87	**wide-meshed,** with wide meshes, large-meshed, coarse-mesh[ed]	weitmaschig, weitporig	à larges (grandes) mailles, à larges pores
	wide meshes / with	*s.* W 87	
	wide-mouth flask	*s.* W 88	
W 88	**wide-neck flask,** wide-mouth flask	Weithalskolben *m*	ballon *m* à col large, ballon à extraction
W 89	**width**	Breite *f*	largeur *f*
W 90	**Wilcoxon's test,** U-test	Wilcoxon-Test *m*, U-Test *m*	test *m* W de Wilcoxon, test U de Mann-Whitney
W 91	**wing cannula,** butterfly needle	Flügelkanüle *f*	canule *f* à ailettes
W 92	**wire**	Draht *m*	fil *m*
	wire loop for microscopy	*s.* S 464	
W 93	**wire net**	Drahtnetz *n*	toile *f* métallique
W 94	**Wistar rat**	Wistar-Ratte *f*	rat *m* Wistar
	withdraw / to	*s.* S 1041, T 8	
	withdrawal	*s.* S 1042, T 10	
W 95	**withdrawal of blood,** taking of blood samples, blood-taking	Blutentnahme *f*, Blutabnahme *f*	prélèvement *m* (prise *f*) de sang
W 96	**withdraw blood / to,** to draw blood	Blut entnehmen	prélever du sang
W 97	**Woehlk's test**	Wöhlk-Probe *f*	épreuve *f* de Wöhlk
W 98	**Wohlgemuth's test**	Wohlgemuth-Methode *f*	méthode *f* de Wohlgemuth
	wolfram	*s.* T 661	
	wolframate	*s.* T 660	
	wolframic acid	*s.* T 663	
	wolfram lamp	*s.* T 662	
	woman	*s.* F 52	
	wood charcoal	*s.* C 356	
W 99	**wooden spatula**	Holzspatel *m*	spatule *f* de bois
	wood pulp	*s.* C 292	
	wood sugar	*s.* X 40	
	workday	*s.* W 101	
W 100	**working buffer**	Arbeitspuffer *m*	tampon *m* de travail
W 101	**working day,** workday *(US)*	Arbeitstag *m*	journée *f* de travail
W 102	**working electrode**	Arbeitselektrode *f*	électrode *f* de travail
W 103	**working solution,** solution for use	Gebrauchslösung *f*, Arbeitslösung *f*	solution *f* d'emploi
	working temperature	*s.* O 54	
W 104	**working time**	Arbeitszeit *f*	durée *f* de travail
W 105	**working titre**	Arbeitstiter *m*	titre *m* de travail
W 106	**working voltage**	Arbeitsspannung *f*, Betriebsspannung *f*	tension *f* de service
W 107	**World Health Organisation,** WHO	Weltgesundheitsorganisation *f*, WHO *f*	Organisation Mondiale de la Santé, OMS
W 108	**worm**	Wurm *m*	ver *m*, vermis *m*
	worm-like	*s.* W 109	
W 109	**worm-shaped,** worm-like, vermiform, vermicular	wurmförmig, wurmartig, vermiform	vermiforme, vermiculaire, en forme de ver
	wort	*s.* B 153	
	wort agar	*s.* B 154	
W 110	**wound**	Wunde *f*	plaie *f*
W 111	**wound exudate,** ichor, sanies	Wundsekret *n*, Wundflüssigkeit *f*, Wundabsonderung *f*, Ichor *m*	ichor *m*, exsudats *m* de blessures
W 112	**wound parasite**	Wundparasit *m*	parasite *m* de blessure
	wound smear	*s.* S 1157	
W 113	**Wright's staining**	Wright-Schnellfärbung *f*	coloration *f* de Wright
W 114	**wrong dosage**	Dosierfehler *m*	erreur *f* de dosage
	Wuchereria bancrofti	*s.* B 76	

X

No.	English	German	French
X 1	**xanthene,** dibenzopyran	Xanthen *n*, Xanthan *n*, Dibenzopyran *n*	xanthène *m*, xanthane *m*, dibenzopyranne *m*
X 2	**xanthene dye[stuff]**	Xanthenfarbstoff *m*	colorant *m* de xanthène
X 3	**xanthic calculus,** xanthine calculus	Xanthinstein *m*, Xanthinkonkrement *n*	calcul *m* de xanthine
X 4	**xanthine,** 2,6-dihydroxypurine	Xanthin *n*, 2,6-Dihydroxypurin *n*	xanthine *f*, dihydroxy-2,6-purine *f*
	xanthine calculus	*s.* X 3	
X 5	**xanthine dehydrogenase**	Xanthindehydrogenase *f*	xanthine-déshydrogénase *f*
X 6	**xanthine oxidase,** hypoxanthine oxidase, Schardinger enzyme	Xantinoxidase *f*, Hypoxanthinoxidase *f*, Schardinger-Enzym *n*	xanthine-oxhyd[r]ase *f*, hypoxanthine-oxydase *f*, réductase *f* (enzyme *m*) de Schardinger
X 7	**xanthocyte,** yellow-pigmented cell	Xanthozyt *m*	xantocyte *m*
X 8	**xanthoma cell,** foam cell	Xanthomzelle *f*, Schaumzelle *f*	cellule *f* de xanthome, cellule spumeuse
X 9	**xanthoprotein**	Xanthoprotein *n*	xanthoprotéine *f*
X 10	**xanthoprotein reaction**	Xanthoproteinreaktion *f*	réaction *f* xanthoprotéique
X 11	**xanthopterin,** uropterin	Xanthopterin *n*, Uropterin *n*	xanthoptérine *f*, amino-2-dihydroxy-4,6-ptéridine *f*
X 12	**xanthosine,** ribosyl xanthine	Xanthosin *n*, Ribosylxanthin *n*	xanthosine *f*, ribosylxanthine *f*
X 13	**xanthosine-5'-diphosphate,** XDP	Xanthosin-5'-diphosphat *n*, XDP	xanthosine-5'-diphosphate *m*, XDP
X 14	**xanthosine monophosphate, xanthosine-5'-phosphate,** xanthylic acid, XMP	Xantosinmonophosphat *n*, Xanthosin-5'-phosphat *n*, Xanthylsäure *f*, XMP	xanthosine-monophosphate *m*, xanthosine-5'-phosphate *m*, acide *m* xanthylique, XMP
X 15	**xanthosine-5'-triphosphate,** XTP	Xanthosin-5'-triphosphat *n*, XTP	xanthosine-5'-triphosphate, XTP
X 16	**xanthurenic acid**	Xanthurensäure *f*	acide *m* xanthurénique
X 17	**xanthydrol**	Xanthydrol *n*	xanthydrol *m*, xanthanol *m*
	xanthylic acid	*s.* X 14	
	x-axis	*s.* A 15	
X 18	**X chromosome**	X-Chromosom *n*	chromosome *m* X
	XDP	*s.* X 13	
	Xe	*s.* X 23	
	xenoantibody	*s.* H 246	
X 19	**xenoantigen,** xenogenic antigen	Xenoantigen *n*, xenogenes Antigen *n*	xénoantigène *m*, antigène xénogène
X 20	**xenodiagnosis**	Xenodiagnose *f*	xénodiagnostic *m*
X 21	**xenodiagnostic**	xenodiagnostisch	xénodiagnostique
X 22	**xenogenic,** xenogenous, foreign	xenogen, xenogenetisch, artfremd	xénogène, étranger
	xenogenic antibody	*s.* H 246	
	xenogenic antigen	*s.* X 19	
	xenogenous	*s.* X 22	
X 23	**xenon,** Xe	Xenon *n*, Xe	xénon *m*, Xe
	Xenopsylla cheopis	*s.* P 512	
	XMP	*s.* X 14	
	X-ray contrast medium	*s.* C 953	
X 24	**X-ray diffraction**	Röntgendiffraktion *f*	diffraction *f* des rayons X
X 25	**X-ray diffraction analysis**	Röntgendiffraktionsanalyse *f*	analyse *f* par diffraction des rayons X
X 26	**X-ray diffractometer**	Röntgendiffraktometer *n*	diffractomètre *m* à rayons X
X 27	**X-ray diffractometry**	Röntgendiffraktometrie *f*	diffractométrie *f* à rayons X
X 28	**X-ray film**	Röntgenfilm *m*	film *m* radiographique (pour rayons X)
X 29	**X-ray fluorescence analysis**	Röntgenfluoreszenzanalyse *f*	analyse *f* par fluorescence de rayons X
X 30	**X-ray microanalysis**	Röntgenstrahlmikroanalyse *f*	microanalyse *f* à rayons X
X 31	**X-ray microscope**	Röntgenmikroskop *n*	microscope *m* à rayons X
X 32	**X-ray microscopy**	Röntgenmikroskopie *f*	microscopie *f* à rayons X
	X-ray protection	*s.* R 15	
X 33	**X-rays,** roentgen rays	Röntgenstrahlen *mpl*	rayons *mpl* X
X 34	**X-ray spectrometry**	Röntgenspektrometrie *f*	spectrométrie *f* X
X 35	**X-ray spectroscopy**	Röntgenspektroskopie *f*	spectroscopie *f* à rayons X
X 36	**X-ray spectrum,** roentgen spectrum	Röntgenspektrum *n*	spectre *m* X
X 37	**X-ray spectrum analysis**	Röntgenspektralanalyse *f*	analyse *f* spectrale (spectroscopique) par rayons X
X 38	**X-ray structure analysis**	Röntgenstrukturanalyse *f*	analyse *f* cristallographique aux rayons X
	XTP	*s.* X 15	
X 39	**xylitol**	Xylitol *n*, Xylit *n*	xylitol *m*, xylite *f*
X 40	**xylose,** aldopentose, wood sugar	Xylose *f*, Aldopentose *f*, Holzzucker *m*	xylose *m*, aldopentose *m*, sucre *m* de bois, silvose *m*
	xylose absorption test	*s.* X 41	
X 41	**xylose tolerance test,** xylose absorption test	Xylosetoleranztest *m*, Xyloseresorptionstest *m*, Xylosetest *m*	test *m* au xylose, épreuve *f* de tolérance au xylose, test de résorption de xylose
X 42	**xylulose**	Xylulose *f*	xylulose *m*, xylocétose *m*
X 43	**xylulose-5'-phosphate**	Xylulose-5'-phosphat *n*	xylulose-5'-phosphate *m*, phospho-5'-xylulose *m*
	X-Y recorder	*s.* C 994	

Y

No.	English	German	French
	y-axis	*s.* O 94	
Y 1	**Y chromatin**	Y-Chromatin *n*	chromatine *f* Y
Y 2	**Y chromosome**	Y-Chromosom *n*	chromosome *m* Y
	yeast / to	*s.* F 55	
Y 3	**yeast**	Hefe *f*	levure *f*
	yeast autolysate	*s.* Y 6	
Y 4	**yeast cell**	Hefezelle *f*	cellule *f* de levure
Y 5	**yeast culture**	Hefekultur *f*	culture *f* de levure
Y 6	**yeast extract,** yeast autolysate	Hefeextrakt *m*, Hefeautolysat *n*	extrait (autolysat) *m* de levure
Y 7/8	**yeast extract agar**	Hefeextrakt-Agar *m*	gélose *f* à l'extrait de levure
	yeast fungus	*s.* S 6	
	yeast-like fungus	*s.* B 342	
Y 9	**yeast nucleic acid**	Hefenucleinsäure *f*	acide *m* nucléique de levure
Y 10	**yeast water**	Hefewasser *n*	eau *f* de levure
Y 11	**yellow**	gelb	jaune
Y 12	**yellow aspergillus,** Aspergillus flavus	gelber Kolbenschimmel *m*	Aspergillus flavus
	yellow enzyme	*s.* F 210	
Y 13	**yellow fever virus,** YF virus	Gelbfiebervirus *n*	virus *m* de la fièvre jaune, virus amaril
	yellow-pigmented cell	*s.* X 7	
	yellow potassium prussiate	*s.* P 781	
	yellow prussiate of potash	*s.* P 781	
	Yersinia pestis	*s.* P 511	
Y 14	**Yersinia pseudotuberculosis,** Pasteurella pseudotuberculosis, Bacterium pseudotuberculosis	Pseudotuberkulosestäbchen *n*	bacille *m* de Malassez et Vigual
	Yersin's bacillus	*s.* P 511	
	YF virus	*s.* Y 13	
	yield	*s.* R 191	
Y 15	**yohimbine,** quebrachine	Yohimbin *n*, Quebrachin *n*	yohimbine *f*, québrachine *f*, aphrodine *f*, corynine *f*
Y 16	**yolk,** egg yolk	Eigelb *n*, Eidotter *n*	jaune *m* d'œuf
	young monocyte	*s.* P 1003	

Z

No.	English	German	French
Z 1	**Z chromosome**	Z-Chromosom *n*	chromosome *m* Z
	zero adjustment	*s.* Z 4	
Z 2	**zero group**	Null-Gruppe *f*	groupe *m* zéro
Z 3	**zero point,** null point	Nullpunkt *m*	point *m* zéro
Z 4	**zero position,** zero adjustment	Nullstellung *f*	position *f* de zéro
	zeta potential	*s.* E 82	
Z 5	**Ziehl-Neelsen staining (method)**	Ziehl-Neelsen-Färbung *f*	coloration (méthode) *f* de Ziehl-Neelsen
Z 6	**zinc,** Zn	Zink *n*, Zn	zinc *m*, Zn
Z 7	**zinc acetate**	Zinkacetat *n*	acétate *m* de zinc
Z 8	**zinc chloride**	Zinkchlorid *n*	chlorure *m* de zinc
Z 9	**zinc oxide,** white zinc	Zinkoxid *n*, Zinkweiß *n*	oxyde *m* (blanc *m*, fleurs *fpl)* de zinc
Z 10	**zinc phosphate**	Zinkphosphat *n*	phosphate *m* de zinc
Z 11	**zinc sulphate,** zinc (white) vitriol	Zinksulfat *n*, Zinkvitriol *n*	sulfate *m* de zinc, couperose *f* blanche, vitriol *m* blanc
Z 12	**zinc sulphate turbidity test**	Zinksulfattrübungstest *m*	test *m* de turbidité de sulfate de zinc
	zinc vitriol	*s.* Z 11	
	Zn	*s.* Z 6	
	zona	*s.* Z 13	
Z 13	**zone,** zona	Zone *f*	zone *f*
Z 14	**zone centrifugation**	Zonenzentrifugation *f*	centrifugation *f* zonale
Z 15	**zone electrophoresis**	Zonenelektrophorese *f*	électrophorèse *f* de zone, électrophorèse zonale
Z 16	**Zschucke's chamber**	Zschucke-Kammer *f*	
Z 17	**zygote**	Zygote *f*	zygote *m*
Z 18	**zymase**	Zymase *f*	zymase *f*, alcoolase *f*
Z 19	**zymogen[e],** proenzyme, proferment	Zymogen *n*, Enzymogen *n*, Proferment *n*	zymogène *m*, proenzyme *m*, proferment *m*
Z 20	**zymogram**	Zymogramm *n*	zymogramme *m*
	zymohexase	*s.* A 455	

Deutsches Register

A

A-Antigen A 1
AAP A 411
AAR A 862
AAV A 248
abakteriell A 2
Abbauenzym S 706
Abbaupigment L 291
Abbauprodukt C 182
Abbaustoffwechsel C 181
Abbauzelle P 271
Abdampfschale E 523
Abderhalden-Abwehrferment P 1058
Abderhalden-Reaktion A 3
Abdominalparazentese A 4
Abdominozentese A 4
Abfallprodukt W 15
abfiltrieren F 138
abfließen F 235
Abflußhahn D 563
Abflußrohr D 567
Abflußstutzen D 567
Abführmittel L 123
abgeschwächtes Virus A 1113
abgestorbenes Gewebe N 45
abgießen P 816
abhebern S 425
Abklatschpräparat I 141
Abkochung D 55
Abkömmling D 220
abkratzen S 132
abkühlen C 981
abkühlen / auf Raumtemperatur B 539
abkühlen lassen A 534
Abkühlung C 983
Abkühlungszeit C 988
ablagern / sich S 157
Ablagern S 159
Ablagerung S 158, S 159
Ablagerungsgeschwindigkeit S 170
Ablaßhahn D 563
Ablastin A 6
ablaufen F 235
Ablaufhahn D 563
Ablaufrohr D 567
Ablauftrichter D 564
Ablenkung D 78
Ablesegenauigkeit A 57
Ablesung R 161
Abmessung D 479
abnorm A 7
abnormal A 7
ABO-Blutgruppensystem A 8
Abortin A 9
Abortinprobe A 10
Abortintest A 10
ABO-System A 8
Abrasio A 11
Abrasiolöffel A 13
Abrasion A 11
Abrasionsmaterial A 12
Absättigungsversuch C 177
absaugen S 1041
Absaugen S 1042
Absauggerät A 1073
Absaugkanüle S 1043
Absaugkatheter S 1044
Absaugküvette S 1047
Absaugpumpe S 1049
abschaben S 132
Abschabsel A 12
Abschabung A 11
Abschilferung E 549
Abschuppung D 241
absetzen / sich S 157
Absetzen S 159
Absetzungsgeschwindigkeit S 170
Absinkgeschwindigkeit S 170
Absolutbetrag A 20
absolute Atommasse A 1098
absoluter Alkohol A 16
absoluter Fehler A 17
absoluter Nullpunkt A 21
absolutes Atomgewicht A 1098
absolute Temperatur A 18
absolute Toxizität A 19
Absolutwert A 20
Absonderung S 150, S 151
Absorbens A 24
Absorber A 25
Absorbierbarkeit A 23
absorbieren A 22
Absorbieren A 28
absorbierend A 26
Absorptiometer A 27
Absorption A 28
Absorptionsapparat A 25
Absorptionsbande A 29
Absorptionsfähigkeit A 48
Absorptionsfaktor A 31
Absorptionsfilter A 34
Absorptionsflammenphotometer A 35
Absorptionsflammenphotometrie A 36
Absorptionsflüssigkeit A 39
Absorptionsgefäß A 47
Absorptionsgeschwindigkeit A 46a
Absorptionsgrad A 31
Absorptionskoeffizient A 31
Absorptionskolonne A 32
Absorptionskurve A 33
Absorptionsküvette A 30
Absorptionslinie A 38
Absorptionslösung A 39
Absorptionsmaximum A 40
Absorptionsmessung A 41
Absorptionsmittel A 24
Absorptionsphotometer A 27
Absorptionsphotometrie A 42
Absorptionssäule A 32
Absorptionsspektralanalyse A 43
Absorptionsspektrometer A 44
Absorptionsspektroskopie A 45
Absorptionsspektrum A 46
Absorptionsvermögen A 48
Absorptionswaschflasche A 37
Absperrventil S 937
absteigende Chromatographie D 230
Abstrich S 1155
Abstrich machen / einen T 9
Abstrichnadel S 465
Abstrichöse S 464
Abszeßeiter P 1221
Abszeßpunktat A 14
Abszisse A 15
Abszissenachse A 15
abtöten K 62
abtrennen S 230
abtrennen/durch Filtration S 234
abtrennen / durch Zentrifugation S 232
abtrennen / eine Fraktion S 231
Abtrennung S 240
abtropfen D 769
abtupfen D 1
abwägen W 54
Abwägen W 56
Abwasser W 16
Abwehrenzym P 1058
abwiegen W 54
Abwiegen W 56
abzentrifugieren C 307
Abzug E 552
Abzugskanal E 552
Abzugsschrank E 552
Abzugsventil D 126
Ac A 192
Accelerator-Globulin C 635
Accelerin C 636
ACD-Stabilisator A 58
ACE D 518
Acetal A 60
Acetaldehyd A 61
Acetaldehyddehydrogenase A 62
Acetaldol A 454
Acetalphosphatid P 536
Acetamid A 63
Acetaminophen A 64
Acetanhydrid A 74
Acetanilid A 65
Acetat A 66
Acetatagar A 67
Acetatkinase A 69
Acetatpuffer A 68
Acetatthiokinase A 70
acetessigsauer A 78
Acetessigsäure A 79
Acetoacetat A 76
Acetoacetatdecarboxylase A 77
Acetoacetyl-CoA A 80
Acetoacetyl-CoA-reductase A 81
Acetoacetyl-Coenzym A A 80
Acetoin A 82
Acetoindehydrogenase A 83
Acetokinase A 69
Acetomorphin H 238
Aceton A 84
Acetonitril A 89
Acetonitrilprobe A 90
Acetonkörper A 85
acetonlöslich A 87
Acetonprobe A 88
Acetontrockenpulver A 86
Acetphenetidin P 302
Acetsäure A 72
Acetyl A 91
Acetylaceton A 92
Acetylase A 93
Acetylcarnitin A 97
Acetylcellulose C 286
Acetylchlorid A 98
Acetylcholin A 99
Acetylcholinesterase A 100
Acetyl-CoA A 101
Acetyl-CoA-acetyltransferase A 102
Acetyl-CoA-acyltransferase A 103
Acetyl-CoA-carboxylase A 104
Acetyl-CoA-synthetase A 70
Acetyl-Coenzym A A 101
Acetylcystein A 105
Acetyldigitoxin A 106
Acetylen A 107
Acetylessigsäure A 79
Acetylesterase A 108
N-Acetylgalactosamin A 109
N-Acetylglucosamin A 110
β-*N*-Acetyl-glucosaminidase A 111
N-Acetylglutaminsäure A 112
β-*N*-Acetyl-hexosaminidase A 113
N-Acetylhistamin A 114
acetylieren A 94
Acetylieren A 96
Acetylierung A 96
Acetylierungsmittel A 95
Acetyllysin A 115
N-Acetyl-mannosamin A 116
Acetylmethylcarbinol A 82
N-Acetylmuraminsäure A 117
N-Acetylnaphthylamin A 118
Acetylneuraminsäure S 351
Acetylphenylhydrazin A 119
Acetylphosphatase A 231
Acetylsalicylsäure A 120
N-Acetylspermidin A 121
N-Acetyltryptophan A 122
AChE A 100
achlorhydrisch A 123
Achromatin A 124
achromatophil A 125
Achromatozyt A 126
Achromozyt A 126
Achroodextrin A 127
Achse A 1178
Acidimeter A 151
Acidimetrie A 153
acidimetrisch A 152
Acidität A 155
Aciditätsbestimmung A 153
Aciditätsgrad D 85
Aciditätskonstante A 156
Acidobacterium L 53
acidophil A 159
acidophile Zelle A 160
Acidotest A 161
Aconitase A 171
Aconitathydratase A 171
Aconitin A 173
Aconitsäure A 172
Acridin A 174
Acridinfarbstoff A 175
Acridingelb A 177
Acridinorange A 176
Acriflavin A 178
Acroblast A 179
Acrolein A 180
Acrosin A 181
Acrylagglutinationstest A 184
Acrylaldehyd A 180
Acrylamid A 183
Acrylamidgel A 185
Acrylamidgelelektrophorese A 186
Acrylfixationstest A 184
Acrylgel A 188
Acrylsäure A 187
Acrylsäureamid A 183
ACTH C 1035
ACTH-Eosinophilen-Test T 242
α-Actinin A 191
Actinium A 192
Actinomycetin A 194
Actinomycin A 195
Actinomyosin A 220
Actomyosin A 220
acyclisch A 224
Acyladenylat A 225
Acylamidase A 573
Acylase A 573
Acylcarnitin A 228
Acyl-CoA A 229
Acyl-CoA-dehydrogenase A 230
Acylcoenzym A A 229
acylieren A 226
Acylieren A 227
Acylierung A 227
Acylphosphat A 232
Acylphosphatase A 231
Acyltransferase A 233
Adamkiewicz-Probe A 234
Adaptation A 236

adaptieren A 235
adaptiert A 237
Adaption A 236
Addend L 234
Addis-Sediment A 239
Addis-Test A 239
Adenase A 245
Adenin A 243/4
Adenindesaminase A 245
Adeninnucleotid A 246
Adeninphosphoribosyltransferase A 247
adeno-assoziiertes Virus A 248
Adenoblast A 249
Adenohypophysenhormon A 251
Adenosin A 252
Adenosinase A 257
Adenosindesaminase A 253
Adenosindesoxyribosid D 154
Adenosindiphosphat A 254
Adenosindiphosphatase A 964
Adenosindiphosphorsäure A 254
Adenosinkinase A 255
Adenosinmonophosphat A 256
Adenosinmonophosphorsäure A 256
Adenosinnucleosidase A 257
Adenosin-3'-phosphat-5'-phosphosulfat A 213
Adenosinphosphorsäure A 256
Adenosin-5'-phosphosulfat A 258
Adenosinpolyphosphat A 259
Adenosinpyrophosphorsäure A 254
Adenosintriphosphat A 261
Adenosintriphosphatase A 260
Adenosintriphosphorsäure A 261
S-Adenosylmethionin A 262
Adenosylmethionindecarboxylase A 263
Adenovirus A 264
Adenozyt A 250
Adenylat A 265
Adenylatcyclase A 266
Adenylatkinase A 267
Adenylcyclase A 266
Adenylpyrophosphatase A 260
Adenylpyrophosphorsäure A 261
Adenylsäure A 256
Adenylsäuredesaminase A 268
Adenylsuccinase A 269
Adenylsuccinatlyase A 269
Adermin P 1249
Adernegel S 118
adhärent A 272
Adhäsion A 270
adhäsionsfähig A 272
Adhäsionsfähigkeit A 274
Adhäsionsvermögen A 274
adhäsiv A 272
Adhäsivität A 274
Adhäsivitätsindex A 271
ADH-Test A 277
ADH-Verfahren A 277
Adiaspore A 278
Adipinsäure A 279
Adipozyt F 28
Adiuretin A 846
Adjuvans A 285
Adonit H 412
ADP A 254
ADPase A 964
Adrenalin A 294
Adrenalinoxidase M 670
Adrenalinprobe A 295
Adrenalintest A 295
Adrenochrom A 296
adrenocorticotropes Hormon C 1035
Adrenocorticotropin C 1035
Adrenodoxin A 298
Adrenolytikum A 299
Adrenosteron A 300
Adsorbat A 304
Adsorbens A 305
adsorbierbar A 303
Adsorbierbarkeit A 302
adsorbieren A 301
Adsorbieren A 306
adsorbierter Stoff A 304
adsorbierte Substanz A 304
Adsorption A 306
Adsorptionsaffinität A 308
Adsorptionsaktivität A 307
Adsorptionsanalyse A 309
Adsorptionschromatographie A 310
adsorptionsfähig A 303
Adsorptionsfähigkeit A 302
Adsorptionsfiltration A 316
Adsorptionsgeschwindigkeit A 322
Adsorptionsgleichgewicht A 315
Adsorptionsgrad A 311
Adsorptionsindikator A 317
Adsorptionsisotherme A 318
Adsorptionskoeffizient A 311
Adsorptionskohle A 200
Adsorptionskolonne A 312
Adsorptionskurve A 314
Adsorptionsmittel A 305
Adsorptionspotential A 321
Adsorptionssäule A 312
Adsorptionssäulenchromatographie A 313
Adsorptionsschicht A 319
Adsorptionsvermögen A 302
Adsorptiv A 304
Adsorptivplasma A 323
Adstringens A 1080
adstringierendes Mittel A 1080
adultes Hämoglobin H 56
Adventitiazelle A 326
AD-Virus A 264
aerob A 330
Aerobacter E 261
aerobe Bakterie A 331
aerobe Kultur A 332
aerobes Bakterium A 331
Aerobier A 329
Aerobiont A 329
aerophil A 333
Aerosol A 334
Aerosolapparat A 335
Aerosolsputum A 336
Aesculin A 337
Affe M 667
Affinität A 340
Affinitätschromatographie A 341
Aflatoxin A 342
AFP F 76
AFP-Test F 78
Aftermade O 255
Afterwurm O 255
Ag A 859, S 395
A-Galle A 5
Agamet A 347
Agar A 348
Agar-Agar A 348
Agarbedeckungsmethode A 349
Agardiffusion A 350
Agardiffusionsmethode G 125
Agardiffusionstest G 125
Agar-Doppeldiffusionstest A 351
Agargel A 352
Agargeldiffusionsmethode G 125
Agargeldiffusionstest G 125
Agargelelektrophorese A 353
Agargelpräzipitation A 354
Agarkultur A 356
Agarlösung A 362
Agarnährboden A 356
Agarose A 357
Agarosegel A 358
Agarosegeldiffusionsmethode A 359
Agarosegeldiffusionstest A 359
Agarosegelelektrophorese A 360
Agarplatte A 361
Agarschichtenmethode A 355
Agglomerat A 365
Agglomerin A 366
Agglugen A 380
Agglutinat A 370
Agglutination A 372
agglutinationsfähig A 368
Agglutinationsfähigkeit A 367
agglutinationshemmend A 373
Agglutinationshemmungsreaktion A 374
Agglutinationsprobe A 376
Agglutinationsreaktion A 376
Agglutinationstest A 376
Agglutinationstiter A 377
Agglutinationsvermögen A 367
agglutinierbar A 368
agglutinieren A 369
agglutinierend A 378
agglutinierender Antikörper A 371
Agglutinierung A 372
Agglutinin A 379
Agglutininabsättigungsversuch C 177
Agglutininabsprengung E 164
Agglutinogen A 380
Agglutinoid A 381
Agglutinoskop A 382
Agglutiunationshemmung A 375
Aggregation A 383
Aggregationstest A 384
Aggregatzustand S 826
Aggregometer A 385
Aggressin A 386
aggressiv A 387
Aggressivität A 388
AGK-Test A 873
Aglycon A 390
Agmatin A 391
agranulär A 392
agranulärer Leukozyt A 393
Agranulozyt A 393
A-H-Reihe A 626
AIDS A 393 a
Aids-Virus H 365 a
Ak A 828
Akanthozyt A 50
Akaryozyt A 409
Aknebakterie A 170
A-Kohle A 200
Akrosom A 182
Aktin A 190
Aktinomyzet A 193
aktiv A 211
Aktivator A 210
Aktivatorvorstufe P 937
aktive Malonsäure M 86
aktiver Stoff A 364
aktives Methionin A 262
aktives Sulfat A 213
aktive Verbindung A 212
aktivieren A 198
Aktivieren A 205
aktiviert A 199
„aktivierte Essigsäure" A 101
aktivierte Fettsäure A 202
aktivierte Gerinnungszeit A 201
aktivierte Koagulationszeit A 201
aktivierte partielle Thromboplastinzeit A 203
„aktiviertes Acetat" A 101
Aktivierung A 205
Aktivierungsanalyse A 206
Aktivierungsenergie A 207
Aktivierungsenzym A 204
Aktivierungsmethode A 208
Aktivierungsmittel A 210
Aktivierungstemperatur A 209
Aktivität A 214
Aktivitätsbestimmung D 256
Aktivitätseinheit A 219
Aktivitätsfaktor A 215
Aktivitätskoeffizient A 215
Aktivitätskurve A 216
Aktivkohle A 200
aktueller Wert A 221
akut A 222
Akute-Phase-Protein A 223
Akzeptor A 55
Akzeptor-RNA T 491
Al A 550
Ala A 410
Alanin A 410
Alaninaminopeptidase A 411
Alaninaminotransferase A 412
Alaninhydrazid A 413
β-Alanylhistidin C 153
Alarmreaktion A 415
Alarmsignal A 416
Alarmvorrichtung A 414
Alarmzeichen A 416
Alastrimvirus A 417
ALAT A 412
Alaun A 549
Albumin A 418
albuminartig A 425
Albuminat A 419
Albuminfraktion A 420
Albumin-Globulin-Quotient A 421
Albuminoid S 128
Albuminolysin A 422
Albuminometer A 423
Albuminometrie A 424
Albumose A 427
Albumoskop A 426
Aldehyd A 447
Aldehyddehydrogenase A 448
Aldehyddismutation A 449
Aldehydnachweis A 451
Aldehydoxidase A 450
Aldehydprobe A 451
Aldehydzucker A 458
Aldoheptose A 452
Aldohexose A 453
Aldoketonmutase L 69
Aldol A 454
Aldolase A 455
Aldolreaktion A 456
L-3-Aldonatdehydrogenase G 502
Aldonsäure A 457
Aldopentose X 40
Aldose A 458
Aldosteron A 459
aldosteronbindendes Protein A 460
Aldotetrose A 461
Aldotriose A 462
Alexin A 463
Aliesterase C 135
aliphatisch A 464

aliphatische Verbindung A 465
aliquot A 466
Alizarinblau A 467
Alizarincyanin A 468
Alizarinfarbstoff A 469
Alizaringelb A 474
Alizarinorange A 470
Alizarinprobe A 472
Alizarinrot A 471
Alizarinviolett A 473
alkalibeständig A 494
Alkalibeständigkeit A 493
Alkaliblau A 476
alkaliempfindlich A 497
Alkaliempfindlichkeit A 498
Alkalien A 477
alkalifest A 494
Alkalifestigkeit A 493
alkalifrei A 478
Alkaligehaltsmessung A 482
alkalilöslich A 500
Alkalilöslichkeit A 499
Alkalimetall A 479
Alkalimeter A 480
Alkalimetrie A 482
alkalimetrisch A 481
alkalinisieren A 496
Alkalinisierung A 495
Alkalinität A 491
Alkalireserve A 492
alkaliresistent A 494
Alkaliresistenz A 493
Alkalisation A 495
alkalisch A 483
alkalische Granulozytenphosphatase A 485
alkalische Leukozytenphosphatase A 486
alkalische Phosphatase A 488
alkalische Reaktion A 489
alkalische Serumphosphatase A 490
alkalisches Peptonwasser A 487
alkalisieren A 496
Alkalisierung A 495
Alkalität A 491
Alkaliüberschuß B 110
Alkaloid A 501
Alkaloidprobe A 502
Alkamin A 602
Alkan A 503
Alkapton H 386
Alken A 504
Alkin A 505
Alkohol E 480
Alkoholase A 431
Alkoholat A 429
Alkoholdehydrogenase A 431
Alkoholfällung A 443
alkoholfrei N 196
Alkoholgehalt A 430
Alkoholgehaltsbestimmung A 442
Alkoholiker A 432
alkoholisch A 433
alkoholische Gärung A 434
alkoholische Lösung A 435
alkohollöslich A 445
Alkohollöslichkeit A 444
Alkoholmesser A 440
Alkoholometer A 440
Alkoholometrie A 442
alkoholometrisch A 441
Alkoholprobe A 446
Alkoholprobefrühstück A 436
Alkoholprobetrunk A 436
Alkoholtest A 446
alkoholunlöslich A 439
Alkoholunlöslichkeit A 438
Alkylans A 509
Alkylarylsulfonat A 506
Alkylat A 508
Alkylation A 510
alkylieren A 507
Alkylieren A 510
Alkylierung A 510
Alkylierungsmittel A 509
Alkylphosphat A 511
Alkylsulfonat A 512
Allantoin A 514
Allantoisflüssigkeit A 513
Allel A 515
Allelogen A 515
Allelomorph A 515
Allergen A 516
allergen A 518
Allergenextrakt A 517
Allergentest A 521
allergieauslösend A 518
Allergin A 520
allergische Reaktion A 519
Allergometrie A 521
Allgemeinmedizin G 145
Alloantigen A 525
Alloantikörper A 524
allogen H 387
Alloplasma A 527
Allopregnandiol A 528
Alloprotein A 529
Allose A 530
Allosom S 329
Allosterie A 532
allosterisch A 531
Allotyp A 533
Alloxan A 536
Alloxazin A 537
Alloxyproteinsäure A 538
Allylalkohol A 539
Aloin A 540
Alointest A 541
Alphavirus A 543
Alphazelle A 542
Alsever-Lösung A 544
Altern A 389
Alternativhypothese A 545
Alternativmethode A 546
Altersgruppe A 363
Alterspigment L 291
Alterung A 389
Altmann-Methode A 547
Altrose A 548
Alufolie A 553
Alumen A 549
Aluminium A 550
Aluminiumacetat A 551
Aluminiumchlorid A 552
Aluminiumfolie A 553
Aluminiumhydroxid A 554
Aluminiumoxid A 555
Aluminiumoxidgel A 556
Aluminiumsalz A 558
Aluminiumsilicat B 163
Aluminiumsulfat A 559
Alveokokke E 17
Alveolargas A 561
Alveolargasanalyse A 562
Alveolarluft A 561
Alveolarphagozyt A 563
Alveolarzelle A 560
Alzheimer-Körperchen A 564
Alzheimer-Zelle A 564
Alzianblau A 428
α-Amanitin A 565
Amato-Körperchen A 566
Amberlit A 567
Ambozeptor A 569
ambulant A 570
ambulante Betreuung A 571
ambulanter Patient O 168
Ameisensäure F 331
Ameisensäurealdehyd F 323
Amerikanische Pferdebremse W 68
Amerikanischer Hakenwurm A 572
Amethopterin M 380
Amid A 576
Amidase A 573
amidieren A 574
Amidieren A 575
Amidierung A 575
Amidin A 577
Amidoschwarz B A 578
Amidoschwefelsäure A 579
amikrobiell S 867
Amin A 582
Aminase A 573
aminieren A 580
Aminieren A 581
Aminierung A 581
Aminoacyladenylat A 596
Aminoacyl-AMP A 596
Aminoacylase A 597
Aminoacylhistidindipeptidase A 598
Aminoacyl-tRNA A 599
Aminoacyl-tRNA-ligase A 600
Aminoacyl-tRNA-synthetase A 600
α-Aminoadipinsäure A 601
Aminoalkohol A 602
Aminobenzen A 780
p-Aminobenzensulfamid S 1070
p-Aminobenzoesäure A 603
Aminobernsteinsäure A 1064
α-Aminobernsteinsäuremonoamid A 1058
γ-Aminobuttersäure A 604
α-Aminocapronsäure N 226
Aminoessigsäure G 347
β-Aminoethanol C 713
Aminoethansäure G 347
Aminoethansulfonsäure T 30
Aminoethylcellulose A 606
Aminoferase A 624
Aminoglucose G 269
α-Aminoglutarsäure G 307
Aminoglycosid A 607
Aminogruppe A 608
α-Amino-σ-guanidinovaleriansäure A 985
Aminoharnstoff S 200
p-Aminohippursäure A 609
p-Aminohippursäure-Clearance A 610
Aminohydroxybenzoesäure A 623
α-Amino-β-hydroxybuttersäure T 249
α-Amino-β-(*p*-hydroxyphenyl)propionsäure T 701
α-Amino-β-hydroxypropionsäure S 263
2-Amino-6-hydroxypurin G 488
α-Amino-β-imidazolylpropionsäure H 324
α-Amino-β-indolpropionsäure T 622
β-Aminoisobuttersäure A 611
α-Aminoisocapronsäure L 173
α-Aminoisovaleriansäure V 27
Aminolävulinatdehydratase P 739
δ-Aminolävulinsäure A 612
Aminolipid A 613
α-Amino-β-mercaptopropionsäure C 1227
Aminomethanamidin G 486
α-Amino-γ-methylthiobuttersäure M 369
α-Amino-β-methylvaleriansäure I 566
Aminonaphthalin N 20
Aminooxidase M 670
Aminooxidasehemmer M 671
Aminopeptid A 616
Aminopeptidase A 615
Aminophenazon A 617
Aminophenol A 618
α-Amino-β-phenylpropionsäure P 322
Aminopolypeptidase A 619
Aminopolysaccharid A 620
α-Aminopropionsäure A 410
α-Amino-β-(*p*-hydroxyphenyl)propionsäure T 701
Aminopterin A 621
6-Aminopurin A 243/4
Aminopurin A 622
Aminopyrin A 617
p-Aminosalicylsäure A 623
Aminosäure A 583
Aminosäureanalysator A 584
Aminosäureanalyse A 585
Aminosäure-Clearance A 587
Aminosäuredecarboxylase A 589
Aminosäuredehydratase A 590
Aminosäuredehydrogenase A 591
Aminosäuregemisch A 592
Aminosäuregleichgewicht A 586
Aminosäurekode G 150
Aminosäureoxidase A 593
Aminosäurerest A 594
Aminosäuresequenz A 595
Aminosäurestickstoff A 614
Aminosäurezusammensetzung A 588
Aminostickstoff A 614
α-Amino-γ-thiobuttersäure H 376
Aminotoluol T 411
Aminotransferase A 624
α-Amino-σ-ureidovaleriansäure C 588
α-Aminovaleriansäure N 245
Aminoverbindung A 605
Aminozucker H 272
Ammon-Hottinger-Reihe A 626
Ammoniak A 627
ammoniakalisch A 628
Ammoniaklösung A 630
Ammoniaksalpeter A 651
Ammoniakstickstoff A 629
Ammoniakwasser A 631
Ammonium A 632
Ammoniumacetat A 633
Ammoniumbase A 634
Ammoniumbromid A 635
Ammoniumcarbonat A 636
Ammoniumchlorat A 637
Ammoniumchlorid A 638
Ammoniumcitrat A 639
Ammoniumdihydrogenphosphat A 641
Ammoniumeisensulfat A 648
Ammoniumelektrode A 642
Ammoniumformiat A 643
Ammoniumheparinat A 644
Ammoniumhydroxid A 645
Ammoniumiodid A 646
Ammoniumion A 647
Ammoniummagnesiumphosphat A 649

Ammoniummolybdat A 650
Ammoniumnitrat A 651
Ammoniumoxalat A 652
Ammoniumphosphat A 653
Ammoniumrhodanid A 658
Ammoniumsalicylat A 654
Ammoniumsalz A 655
Ammoniumsulfat A 656
Ammoniumsulfat-Reaktion N 212
Ammoniumsulfid A 657
Ammoniumthiocyanat A 658
Ammoniumurat A 659
Ammoniumverbindung A 640
Amnionflüssigkeit A 665
Amniongewebe A 667
Amnionpunktion A 660
Amnionzelle A 663
Amnionzellkultur A 664
Amnioskopie A 662
amnioskopisch A 661
Amniozentese A 660
Amöbe A 668
amorph A 670
Amorphie A 669
AMP A 256
3',5'-AMP C 1205
AMP-desaminase A 268
Amperemeter A 625
Amperometrie A 675
amperometrisch A 672
amperometrische Messung A 673
amperometrische Titration A 674
amperometrische Titrierung A 674
Amphetamin A 676
Amphizyt A 677
Ampholyt A 678
amphophil A 679
amphoter A 680
amphoterer Elektrolyt A 678
Ampicillin A 681
AMP-Pyrophosphorylase A 247
Ampulle A 682
Ampullenfeile A 683
Ampullensäge A 683
Amygdalase G 294
Amygdalin A 684
Amylacetat A 686
Amylalkohol A 687
α-Amylase A 688
β-Amylase A 689
γ-Amylase G 259
Amylnitrit A 690
Amylodextrin A 691
Amyloglucosidase G 259
Amylo-1,6-glucosidase A 692
Amyloid A 693
amyloid A 694
Amyloidkörperchen A 695
amylolytisch A 696
amylolytisches Enzym A 697
Amylopectin A 698
Amylophosphorylase P 409
Amylopsin P 22
Amylose A 699
Amylo(1,4→1,6)transglucosylase G 254
Amylum S 809
ANA A 904
anabol A 701
anaboler Effekt A 702
anaboles Steroid A 703
Anabolikum A 700
anabolisch A 701
anabolisches Mittel A 700
Anabolismus A 704
Anabolit A 700, A 705
anaerob A 707
anaerobe Bakterie A 708
Anaerobier A 706
Anaerobierkultur A 709
Anaerobiont A 706
Anaerostat A 710
Analabstrich A 716
Analeptikum A 712
analeptisches Mittel A 712
Analgetikum A 713
analgetisches Mittel A 713
Analogon A 714
Analogstoff A 714
Analregion A 715
Analysator A 719
Analyse A 721
Analysenautomat A 1123
Analysenergebnis A 739
Analysenfehler A 730
Analysengerät A 719
Analysengeschwindigkeit S 663
Analysenlampe A 735
Analysenmeßtechnik C 378
Analysenmethode A 733
Analysenprobe A 740
Analysenquarzlampe A 735
analysenrein R 165
Analysensäule A 728
Analysensystem A 720
Analysentrichter A 731
Analysenvorschrift I 330
Analysenwaage A 726
Analysenwert A 743
analysierbar A 717
analysieren A 718
Analyt A 724
Analytik A 727
Analytiker A 723
analytisch A 725
analytische Chemie A 727
analytische Empfindlichkeit A 741
analytische Methode A 733
analytische Qualität A 734
analytische Reaktion A 737
analytische Reihe A 736
analytisches Gleichgewicht A 729
analytisches Laboratorium A 732
analytische Spezifität A 742
analytische Zuverlässigkeit A 738
Anamnese A 744
Anaphorese A 745
Anaphylactogen A 747
anaphylaktischer Antikörper A 746
Anaphylatoxin A 748
Anaphylaxin A 749
Anästhetikum A 711
Anatoxin A 750
Androcorticoid A 752
Androgen A 753
androgen A 755
androgenbindendes Steroid A 754
androgenes Hormon A 753
Androsom A 756
Androspermium A 757
Androstan A 758
Androstandiol A 759
Androstanolon D 453
Androsten A 760
Androstendiol A 761
Androstendion A 762
Androsteron A 763
Androsteronglucuronid A 764
Anerythrozyt A 765
Aneurin T 189
Aneurinase T 188
Aneurinphosphat T 194
ANF A 904
Anfangsdosis I 281
Anfangsgeschwindigkeit I 283
Anfangskonzentration I 280
Anfangsstadium I 284
Anfangstemperatur I 285
Anfangswert I 286
anfärbbar S 771
Anfärbbarkeit S 770
anfärben C 771
Anfärben S 774
Anfärbung S 774
anfeuchten W 71
Anfeuchten W 77
Anfeuchtung W 77
angeboren C 893
angepaßt A 237
angeregter Zustand E 541
angereichert E 250
angereichertes Material E 251
angezeigt I 182
Angioblast A 766
Angiohelminth A 767
Angiotensin A 769
Angiotensinase A 770
Angiotensin-converting enzyme D 518
Angiotensinogen A 771
Angiotonin A 769
Angriffsstoff A 386
anhaftend A 272
Anhydrase A 776
Anhydrid A 777
Anilid A 779
Anilin A 780
Anilinblau A 781
Anilinfarbstoff A 782
Anilingelb A 785
Anilinhydrochlorid A 783
Anilinphthalat A 784
Anilinsalz A 783
Anion A 794
Anionenaustausch A 795
Anionenaustauscher A 798
Anionenaustauschharz A 799
Anionenaustauschmembran A 796
Anionenaustauschverfahren A 797
anionisch A 800
Anisochromie A 801
Anisogamet H 250
Anisol A 803
anisotrop A 804
Anisozyt A 802
Anitschkow-Myozyt M 835
Anitschkow-Zelle M 835
Anlagerungsreaktion A 241
Anode A 805
anodisch A 806
anomal A 7
Anomalie A 807
Anopheles A 808
anorganisch I 300
anorganische Analyse I 301
Anorganische Chemie I 302
anorganische Pyrophosphatase I 306
anorganischer Ionenaustauscher I 303
anorganischer Phosphor I 305
anorganisches Diphosphat I 307
anorganisches Lösungsmittel I 308
anorganisches Phosphat I 304
anorganisches Pyrophosphat I 307
anorganische Substanz I 309
anormales Hämoglobin I 532
ANOVA V 46
anpassen A 235
Anpassung A 236
Anpassungstest T 88
anregen S 902
anregendes Mittel S 901
Anregung S 903
Anregungsenergie E 540
anreichern E 249
Anreicherung E 252
Anreicherungsfaktor E 254
Anreicherungskoeffizient E 254
Anreicherungskultur E 253
Anreicherungsverfahren E 255
ansäuern A 150
Ansäuern A 149
ansaugen A 1069
Ansaugen A 1071
Ansaugung A 1071
Anschlußstück F 182
Anserin A 809
Ansprechzeit R 347
anstecken I 234
Ansteckung I 235
Antemetikum A 848
antenatal P 890
Anthelminthikum A 810
Anthelon A 811
Anthrachinon A 814
Anthranilsäure A 813
Anthraxbazille A 815
Anthrazen A 812
Anthron A 816
Anthropodesoxycholsäure C 417
Anthropoid A 817
Antiagglutinin A 818
Antiaggressin A 819
Antialbumin A 820
Antiallergikum A 821
Antianaphylactin A 822
Anti-Antikörper A 823
Antiarrhythmikum A 824
Antiasthmatikum A 825
Antiatelektasefaktor S 1144
Antibiogramm A 826
Antibiotikatestung A 826
Antibiotikum A 827
α_1-Antichymotrypsin A 835
Anticodon A 838
Antidepressivum A 842
Antidiabetikum A 843
antidiabetisches Hormon I 335
Antidiarrhoikum A 844
Antidiuretikum A 845
antidiuretisches Hormon A 846
Antidot A 847
Antiemetikum A 848
antiendothelialer Antikörper A 849
Antienzym A 850
Antiepileptikum A 851
antierythrozytärer Antikörper A 852
antierythrozytärer Autoantikörper A 853
Antifaktor A 854
Antiferment A 850
Antifibrinolysin A 908
Antifibrinolysinreaktion A 855
Antifibrinolysintest A 855
Antifibrinolytikum A 856
Antiformin A 857
Antiforminverfahren A 858
Antigen A 859

antigen A 865
Antigenaktivität A 860
Antigen-Antikörper-Komplex A 861
Antigen-Antikörper-Reaktion A 862
antigenbindend A 863
Antigendeterminante A 866
Antigendrift A 867
Antigeneinheit A 871
Antigenformel A 864
Antigen Hu H 433
Antigenität A 868
Antigenmosaik A 869
Antigenmuster A 869
Antigenshift A 867
Antigenspezifität S 622
Antigenstruktur A 870
Antiglobulin A 872
Antiglobulinkonsumptionstest A 873
Antiglobulintest A 874
Antihämagglutinin A 875
Antihämolysin A 876
antihämolytisch A 877
antihämophiler Faktor A C 639
antihämophiler Faktor B C 641
antihämophiler Faktor C C 644
antihämophiles Globulin A C 639
antihämophiles Globulin B C 641
antihämophiles Globulin C C 644
antihämophiles Plasma A 878
antihämorrhagisches Vitamin N 17
Antiheparinfaktor A 879
Antihistaminikum A 880
Antihormon A 881
Antihumanglobulinserum A 882
Antihumanglobulintest A 874
Antihyaluronidase A 883
Antihyaluronidasereaktion A 884
Antihyaluronidasetest A 884
Antihypertensivum A 885
Antihypertonikum A 885
Antiimmunoglobulin A 886
antiketogen A 888
antiketogene Substanz A 887
Antikinase A 889
Antikoagulans A 836
Antikoagulanzienüberwachung A 837
Antikoagulationsmittel A 836
Antikollagenase A 839
Antikomplement A 840
antikomplementär A 841
Antikonvulsivum A 851
Antikonzeptionsmittel C 949
Antikörper A 828
Antikörperabsprengung E 164
Antikörperaktivität A 829
Antikörperbildung A 830
Antikörper gegen glatte Muskulatur S 475
antikörperhaltig C 938
Antikörperreinigung A 831
Antikörperspezifität S 621
Antikörperstruktur A 832
Antikörpertiter A 833/4
Antilymphozytenglobulin A 890
Antilymphozytenserum A 891
Antilysin A 892
Antimakrophagenglobulin A 893
Antimakrophagenserum A 894
antimetabolisch A 895
Antimetabolit A 896
antimikrosomaler Antikörper A 897
antimitochondrialer Antikörper A 898
Antimon A 899
Antimontrichlorid A 900
Antimycin A 901
Antimykotikum A 902
antimyokardialer Antikörper A 903
antineuritisches Vitamin T 189
antinukleärer Antikörper A 904
antinukleärer Faktor A 904
Antioxidans A 905
Antioxidationsmittel A 905
Antioxygen A 905
Antipellagrafaktor N 139
Antiperniziosa-Faktor C 678
Antiphlogistikum A 906
antiphlogistisches Hormon A 907
Antiplasmin A 908
Antipode A 910
Antipräzipitin A 911
Antiproaccelerin A 912
Antiprothrombin A 913
Antiprothrombin-Antikörper A 914
Antipyretikum A 915
Antipyrin P 306
antirachitisches Vitamin C 14
antirenaler Antikörper A 916
Anti-Rh-Agglutinin A 917
Antirheumatikum A 918
Anti-Rh-Serum A 919
Antischwärmplatte A 932
Antiseptikum A 920
antiseptisches Mittel A 920
Antiserum A 921
antiskorbutisches Vitamin A 1051
Antisomatogen A 859
Antistaphylohämolysin A 923
Antistaphylokokkenglobulin A 922
Antistaphylolysin A 923
Antistaphylolysinreaktion A 924
Antistaphylolysintiter A 925
Antisterilitätsvitamin T 398
Antistreptodornase A 926
Antistreptohämolysin A 929
Antistreptokinase A 927
Antistreptokinasereaktion A 928
Antistreptolysin A 929
Antistreptolysinreaktion A 930
Antistreptolysintiter A 931
Anti-T-Antikörper A 933
Antithrombin A 934
Antithrombin III A 935
Antithrombinzeit T 268
Antithrombokinase A 936
Antithromboplastin A 936
Antithrombotikum A 937
antithrombozytärer Antikörper A 909
Antithymozytenserum A 938
antithyreotropes Hormon A 940
Antithyreotropin A 940
Antitoxin A 943
antitoxisch A 941
antitoxischer Antikörper A 942
Antitrypsin T 615
α_1-Antitrypsin A 944
Antitryptase T 615
Antituberkulosemittel T 640
Antitussivum A 945
Antivirus A 946
Antivitamin A 947
Anulozyt A 948
anwärmen W 6
Anwärmen W 9
Anwärmung W 9
Anweisung I 329
anwendbar U 211
Anwendbarkeit U 210
anwenden U 212
Anwenden U 213
Anwendung U 213
Anwendungsbereich F 119
Anwendungsgebiet F 119
Anwendungsmodus M 630
Anwendungsweise M 630
Anzeichen S 1172
Anzeige I 183
Anzeigegerät I 184
Anzeigeinstrument I 184
anzeigen I 181
anzüchten C 1161
Anzüchtung C 1163
AP A 488
apathogen A 949
Apatit A 950
APC-Virus A 264
Äpfelsäure M 76
Äpfelsäuredehydrogenase M 70
aplastische Lymphe A 951
Apo A 955
Apoenzym A 953
Apoferritin A 954
apokriner Schweiß A 952
apolar N 216
Apolipoprotein A 955
Apomorphin A 956
Apoprotein A 957
Apotransferrin A 958
Apozymase A 959
Apparat D 266
Approximation A 961
Approximationsverfahren A 962
APUD-Zelle A 963
Apyrase A 964
Aqua destillata D 650
äquilibrieren E 372
Äquilibrieren E 373
Äquilibrierung E 373
äquimolar E 380
äquimolekular E 380
Äquivalent E 385
äquivalent E 386
Äquivalentgewicht E 387
Äquivalentmasse E 387
Äquivalenz E 383
Äquivalenzpunkt E 384
Ar A 996
Arabinose A 972
Arabinose-5'-phosphat A 973
Arachidonsäure A 975
Arachinsäure A 974
Aräometer D 143
aräometrisch D 144
Arbeitsaufwand E 567
Arbeitselektrode W 102
Arbeitslösung W 103
Arbeitsmedizin I 228
Arbeitsorganisation O 106
Arbeitsplatz P 510
Arbeitspuffer W 100
Arbeitsschutz P 1053
Arbeitsschweiß L 42
Arbeitsspannung W 106
Arbeitstag W 101
Arbeitstemperatur O 54
Arbeitstiter W 105
Arbeitszeit W 104
Arborvirus A 976
Arbovirus A 976
ARD-Virus A 264
Areal A 977
Arenavirus A 978
Arg A 985
argentaffin A 979
argentaffine Zelle A 980
Argentaffinität A 981
Argentometrie A 983
argentometrisch A 982
argentophil A 997
Argentophilie A 998
Arginase A 984
Arginin A 985
Argininamidinase A 984
Argininbernsteinsäure A 995
Arginindecarboxylase A 986
Arginindeiminase A 987
Arginindihydrolase A 987
Argininmonohydrochlorid A 988
Argininphosphat A 989
Argininprovokationstest A 990
Argininsuccinase A 993
Argininsuccinat A 992
Argininsuccinatlyase A 993
Argininsuccinatsynthetase A 994
Arginin-Vasopressin A 991
Argon A 996
argyrophil A 997
Argyrophilie A 998
arithmetisches Mittel A 999
Arnold-Probe A 1000
aromatisch A 1001
aromatische Aminosäure A 1004
aromatischer Kohlenwasserstoff A 1006
aromatisches Amin A 1003
aromatische Säure A 1002
aromatische Verbindung A 1005
Arsen A 1007
Arsenchlorid A 1010
Arsengehalt A 1012
arsenhaltig A 1009
Arsenik A 1017
Arsenit A 1018
Arsenprobe A 1016
Arsensalz A 1015
Arsensäure A 1008
Arsenspiegel A 1014
Arsentrioxid A 1017
Arsenverbindung A 1011
Arsenwasserstoff A 1013
Arsin A 1013
Art S 609
Artefakt A 1019
artefiziell A 1026
arteigen S 610/12
arteigenes Eiweiß C 355
arteigenes Protein C 355
Arterenol N 225
arteriell A 1020
arterielle Sauerstoffsättigung A 1022
arterielles Blut A 1021
Arterienblut A 1021
Arterienpunktion A 1023
arteriovenöse Sauerstoffdifferenz A 1024
artfremd X 22
Arthrospore A 1025
Arthrozentese P 1187
artifiziell A 1026
artspezifisches Antigen C 354
artspezifisches Protein C 355
Arylaminacetylase A 1028
Arylaminacetyltransferase A 1028
Arylaminazetokinase A 1028
Arylesterase A 1029
Arylsulfatase A 1030
Arylsulfotransferase A 1031
Arzneibuch P 288
Arzneimittel D 780

Arzneimittelchemie P 280
Arzt P 452
ärztliche Untersuchung M 235
As A 1007
ASAT A 1061
Asbest A 1032
Asbestdrahtnetz A 1034
Asbestfilter A 1033
Asbestplatte A 1035
Asbestwolle A 1036
Asche A 1053
Aschegehalt A 1055
Aschenbild S 708
Aschheim-Zondek-Reaktion A 1039
Ascoli-Reaktion A 1045
Ascomyzet A 1046
Ascorbat A 1047
Ascorbinsäure A 1051
Ascorbinsäureoxidase A 1048/50
Asepsis S 881
aseptisch S 867
aseptisch machen S 873
Ashby-Agar A 1054
Asn A 1058
Asp A 1064
Asparagin A 1058
Asparaginase A 1057
Asparaginsäure A 1064
Aspartase A 1059
Aspartat A 1060
Aspartataminotransferase A 1061
Aspartat-Ammoniak-Lyase A 1059
Aspartatcarbamoyltransferase A 1062
Aspartatkinase A 1063
Aspartattranscarbamylase A 1062
Aspartylglycosylamin A 1065
Aspirat A 1070
Aspiration A 1071
Aspirationsbiopsie A 1072
Aspirator A 1073
aspirieren A 1069
Aspirin A 120
Assimilation A 1075
Assimilationsprodukt P 960
assimilieren A 1074
Assoziation A 1077
Assoziationskonstante A 1078
assoziieren A 1076
Asteroidkörperchen A 1079
Asthmakristall C 357
Astroblast A 1081
Astrozyt A 1082
Astrup-Methode A 1083
Asymmetrie A 1085
asymmetrisch A 1084
Aszitesagar A 1043
Aszitesbouillon A 1040
Aszitesflüssigkeit A 1044
Aszitespunktion A 1042
Asziteszelle A 1041
Atemalkohol A 437
Atemgas R 342
Atemgasanalysator R 343
Atemgasanalyse R 344
Atemluft B 530
Ätioporphyrin A 339
Atmungsenzym C 1253
Atmungsferment C 1253
Atom A 1088
Atomabsorption A 1090
Atomabsorptions-Flammenspektrometrie A 1091
Atomabsorptionsspektralanalyse A 1092
Atomabsorptionsspektralphotometer A 1094
Atomabsorptionsspektrometrie A 1093
Atomabsorptionsspektrophotometrie A 1095
Atomabsorptionsspektroskopie A 1096
atomar A 1089
Atombindung C 1075
Atomfluoreszenzspektrometrie A 1097
Atomgewicht A 1102
Atomnummer A 1099
Atomspektralanalyse A 1100
Atomspektroskopie A 1101
atopischer Antikörper R 169
atoxisch A 1106
ATP A 261
ATPase A 260
ATP-Citratlyase A 1107
ATP-diphosphatase A 964
ATP-Pyrophosphatase A 1108
atrophische Zelle A 1109
Atropin A 1110
Atropinsulfat A 1111
Atropintest A 1112
attenuiertes Virus A 1113
Atypie A 1114
atypisch A 1115
Ätzkali P 785
Ätznatron S 514
Au G 400
Auer-Körperchen A 1116
Aufbau S 982
aufbereiten P 906
Aufbereitung P 895
aufbewahren S 945
aufbewahren / im Dunkeln K 22
aufbewahren/lichtgeschützt K 24
aufbewahren / trocken K 23
aufbewahren / unter Verschluß K 25
aufbewahren/vor Licht geschützt K 24
Aufbewahrung S 939
Aufbewahrungsdauer S 942
Aufbewahrungstemperatur S 944
Aufbewahrungszeit S 942
aufbringen A 959 b
Aufbringen A 959 a
Aufeinanderfolge S 251
aufeinanderfolgende Peaks C 921
auffangen C 193
Auffanggefäß C 194
Auffangschale C 194
aufgelöst D 638
aufkochen B 468
Aufkochen B 465
Auflichtmikroskop D 553
Auflichtmikroskopie D 554
auflösbar S 569
auflösen D 636, L 499
auflösen / sich D 637
Auflösen D 634
auflösend L 523
Auflösung D 634, L 500
Auflösungsvermögen S 578
aufquellen S 1162
Aufquellen S 1163
Aufquellung S 1163
aufsaugen A 22
Aufsaugen A 28
aufsaugend A 26
Aufsaugung A 28
aufschlämmen S 1145
Aufschlämmung S 1149
aufschließbar D 419
aufschließen D 418
Aufschließung D 420
Aufschluß D 420
aufschwemmen S 1145
Aufschwemmung S 1149
aufsteigende Chromatographie A 1038
auftauen T 131
Auftauen T 132
Auftragen A 959 a
auftragen A 959 b
Auftragung A 959 a
aufträufeln D 770
Aufträufeln D 775
auftrennen S 230
Auftrennung S 240
auftropfen D 770
Auftropfen D 775
aufzeichnen R 185
Aufzeichnung R 187
Augenkammerwasser O 16
Augenwurm L 387 a
Auramin A 1117
Ausbeute R 191
ausbreiten D 624
Ausbreiten D 626
Ausbreitung D 626
Ausbreitungsfaktor S 741
ausfällbar P 829
Ausfällbarkeit P 828
ausfällen P 831
Ausfällen P 833
Ausfallen S 159
Ausfällung P 832, P 833
Ausflockung F 220
Ausflockungstest F 222
Ausgangsdaten P 927
Ausgangskonzentration I 280
Ausgangskultur S 911
Ausgangslinie S 820
Ausgangslösung S 913
Ausgangsmaterial S 821
Ausgangsprodukt I 282, S 821
Ausgangspunkt S 822
Ausgangssignal O 169
Ausgangsstamm B 118
Ausgangsstoff S 821
Ausgangssubstanz S 821
Ausgangsverbindung P 107
Ausgangswert I 286
ausgewählt S 182
ausgleichen E 372
Ausgleichsgefäß L 227
auskochen B 467
auskratzen S 130
Auskristallisation C 1148
auskristallisieren C 1150
Auslaßventil D 126
Auslaufpipette D 125
Auslese S 181
ausnutzen U 217
Ausnutzung U 216
ausräumen S 130
Ausräumung A 11
ausrechnen C 48
Ausrechnung C 49
Ausreißer O 166
Ausreißertest O 167
ausrüsten E 381
Ausrüstung E 382
Aussalzen S 44
aussalzen S 45
Aussalzung S 44
ausschaben S 130
Ausschabung A 11
Ausscheidung E 543, E 544, E 545, S 150
Ausscheidungsprodukt E 543, E 544, S 151
Ausschlußdiagnostik E 542
ausschneiden E 537
Ausschneidung E 538
Außendurchmesser O 165
Außenschmarotzer E 27
ausstatten E 381
Ausstattung E 382
ausstrahlen E 188
Ausstrahlung E 180
Ausstrich S 462
Ausstrichfärbung S 466
Ausstrichpräparat S 462
Ausstrichzytologie S 463
Ausströmventil D 126
Austausch E 530
Austauschadsorption E 533
austauschbar E 532
Austauschbarkeit E 531
austauschen E 529
Austauschen E 530
Austauschgeschwindigkeit E 534
Austauschharz I 470
Austauschreaktion E 535
Austauschstoff S 1020
Austauschtransfusion E 536
Australia-Antigen H 224
Austrittsspalt E 553
Auswahl S 181
auswählen S 180
Auswahlnährboden E 53
Auswahlzytologie S 183
auswaschen E 156
Auswaschen E 157
auswerfen E 565
Auswerfen E 566
Auswurf S 744
Auswurfglas S 745
Auszug E 606
Autenrieth- Kolorimeter A 1118
Autenrieth-Königsberger Kolorimeter A 1118
Autoagglutination A 1119
Autoagglutinin A 1120
autoaggressiver Antikörper A 1121
Autoallergen A 1122
Autoanalyzer A 1123
Autoantigen A 1125
Autoantikörper A 1124
Autofluoreszenz A 1132
Autohämagglutination A 1119
Autohämagglutinin A 1120
Autohämolyse A 1134
Autohämolysetest A 1135
Autohämolysin A 1133
autohämolytisch A 1136
autoimmun A 1137
autoimmuner Antikörper A 1138
Autokatalysator A 1127
Autokatalyse A 1126
autokatalytisch A 1128
Autoklav A 1130
Autoklaven behandeln/im A 1129
autoklavieren A 1129
Autoklavieren A 1131
Autoklavierung A 1131
autolog H 387
Autolysat A 1140
Autolyse A 1143
autolysieren A 1141
Autolysin A 1142
autolytisch A 1144
autolytisches Enzym A 1145
automatische Analyse A 1146

automatische Bürette A 1148
automatische Pipette A 1149
automatische Probennahme A 1158
automatische Waage A 1147
Automatisierungsgrad D 86
autonom A 1152
Autopräzipitin A 1153
Autoprothrombin A 1154
Autopsie O 3
Autopsiematerial D 623
autopsieren D 616
Autoradiogramm A 1155
Autoradiographie A 1157
autoradiographisch A 1156
Autosom A 1161
autosomal A 1159
autosomales Gen A 1160
autotroph A 1162
autotrophe Bakterie A 1163
Autoxidation A 1164
Auxanogramm A 1165
Auxochrom A 1170
Avidin A 1175
avirulent A 1176
Avogadro-Zahl A 1177
Axerophthol R 367
Ayre-Biopsie A 1179
Azacytidin A 1180
Azaguanin A 1181
Azanfärbung A 1182
Azaserin A 1183
Azathymin A 1184
Azauracil A 1185
Azauridin A 1186
A-Zelle A 59
azeotrop A 1187
azeotropes Gemisch A 1188
Azid A 1189
Azobilirubin A 1190
Azofarbstoff A 1194
Azokarmin A 1191
Azokupplung A 1193
Azorubin-Clearance A 1195
Azorubin S A 1196
Azorubin-S-Test A 1195
Azotometer A 1197
Azoverbindung A 1192
AZR A 1039
Azur A 1198
Azurgranula A 1199
azurophil A 1200
azurophile Granula A 1199

B

B B 496
Ba B 89
Babes-Ernst-Körperchen B 1
Bachmann-Hauttest B 2
Bachmann-Intrakutanreaktion B 2
Bacillus R 470
Bacillus paratyphosus A S 35
Bacillus paratyphosus B S 36
Bacillus paratyphosus C S 33
Bacillus vulgaris P 1113
Bacterium paratyphosum A S 35
Bacterium paratyphosum B S 36
Bacterium paratyphosum C S 33
Bad B 136
Bakterie B 67
bakteriell B 9
bakterielle Zersetzung B 55
Bakterienagglutination B 10
bakterienähnlich B 68
Bakterienallergen B 11
Bakterienanreicherung B 26
Bakterienantigen B 12
Bakterienart T 692
bakterienartig B 68
bakterienauflösend B 56
Bakterienauflösung B 55
Bakterienaufschwemmung B 38
bakteriendicht B 39
Bakteriendichte B 23
bakteriendichtes Filter B 8
Bakteriendifferenzierung B 25
Bakterieneiweiß B 34
Bakterienenzym B 27
Bakterienfarbstoff B 32
Bakterienfärbung B 36
Bakterienfilter B 8
Bakterienflora B 28
Bakteriengehalt B 18
Bakteriengift B 65
bakterienhaltig B 6
bakterienhemmend B 63
Bakterienkapsel B 13
Bakterienklassifikation C 593
Bakterienkolonie B 17
Bakterienkultivierung B 20
Bakterienkultur B 21
Bakteriennachweis B 24
Bakteriennährboden B 22
Bakterienphosphatase B 30/1
Bakterienpigment B 32
Bakterienpolysaccharid B 33
Bakterienprotein B 34
bakterienreich R 440
Bakterienresistenz B 35
Bakterienstamm S 950
Bakterienstein B 37
Bakteriensuspension B 38
bakterientötend B 40
bakterienvernichtend B 40
Bakterienvirus B 57
Bakterienwachstum B 29
Bakterienzählkammer B 7
Bakterienzählung B 19
Bakterienzelle B 15
Bakterienzellwand B 16
Bakterienzüchtung B 20
Bakterienzylinder B 14
Bakterioerythrin B 44
Bakteriofluoreszein B 45
bakteriogen B 46
Bakteriohämagglutinin B 47
Bakteriohämolysin B 48
Bakteriologe B 52
Bakteriologenöse P 589
Bakteriologie B 53
bakteriologisch B 49
bakteriologisches Labor B 51
bakteriologische Untersuchung B 50
Bakteriolyse B 55
Bakteriolysin B 54
bakteriolytisch B 56
bakteriophag B 58
Bakteriophage B 57
Bakteriophagentypisierung P 270
Bakteriopräzipitin B 59
Bakterioskopie B 61
bakterioskopisch B 60
Bakteriostase B 62
bakteriostatisch B 63
Bakteriotoxin B 65
bakteriotoxisch B 64
bakteriotrop B 66
Bakteriotropin O 64
Bakteriotropintest O 65
Bakteriozidin B 42
Bakteriozyt B 43
Bakterium B 67
Bakterizid B 41
bakterizid B 40
Bakterizidin B 42
Bakteroid B 69
bakteroid B 68
Balantidium coli B 73
Balkenwaage B 143
Ballaststoff B 596
Ballon B 75
Bancroftfilarie B 76
Bandbreite B 78
Bandenspektrum B 77
Bandschreiber S 969
Bandwurm T 16
Bandwurmglied P 971
Bandwurmkopf S 129
Bang-Bakterie B 79
Bang-Bakterien-Aufschwemmung A 9
Bangin A 9
Bang-Probe B 80
B-Antigen B 81
BAO B 100
Baranowski-Enzym G 338
Barbital B 82
Barbitalpuffer B 83
Barbiturase B 84
Barbiturat B 85
barbiturfreies Schlafmittel B 87
Barbitursäure B 86
barbitursäurefreies Schlafmittel B 87
Barcroft-Haldane-Methode B 88
Barium B 89
Bariumchlorid B 90
Bariumchromat B 91
Bariumhydroxid B 92
Bariumnitrat B 93
Bariumoxid B 94
Bariumsulfat B 95
Barr-Chromatin-Körperchen S 328
Barr-Kernanalyse B 97
Barr-Körperchen S 328
Bartonella B 98
basal B 99
Basalkörperchen B 101
Basalmembran B 104
Basalmembranantigen B 105
Basalschicht B 103
Basalsekretion B 100
Basalstoffwechselrate B 106
Basalumsatz B 106
Basalzelle B 102
Base B 107
Basenanaloges B 108
Basendefizit B 109
Basenexzeß B 110
Basensequenz B 113
Basenüberschuß B 110
Basidiomyzet B 120
Basilemm B 104
basisch A 483
basische Reaktion A 489
basisches Eiweiß B 117
basisches Protein B 117
Basisdiagnostik B 114
Basiseinheit B 119
Basislinie B 111
Basispeak B 112
Basizität A 491
basophil B 124
Basophiler B 129
basophiler Erythroblast B 126
basophiler Erythrozyt B 127
basophiler Granulozyt B 128
basophiler Leukozyt B 129
basophiler Myelozyt B 130
basophiler Normoblast B 131
basophiles Virus B 133
basophile Tüpfelung B 132
basophile Zelle B 125
Basophilie B 123
Basophiloblast B 134
Basozyt B 129
Batch-Verfahren B 135
Bathocuproin B 137
Bauchhöhlenexsudat P 243
Bauchhöhlenpunktion A 4
Bauchpunktion A 4
Bauchspeichel P 29
Bauchspeicheldrüse P 21
Bauchspeicheldrüsenhormon P 28
Bauchspeicheldrüsenstein P 23
Bayes' Satz B 138
Bayessche Formel B 138
Bayes' Theorem B 138
Bazille R 470
BB B 412
BCG B 3
BCG-Test B 140
BE B 110
Be B 185
bebrüten I 165
Bebrüten I 166
Bebrütung I 166
Becherglas B 141
Becher-Zahl B 145
Becherzelle G 399
Beckenkammpunktat I 21
Beckenkammpunktion I 22
Becquerel B 146
Bedarf R 317
Bedienungsanweisung O 53
Bedienungsvorschrift O 53
bedingte Wahrscheinlichkeit C 875
Bedingung C 874
Bedside-Diagnostik B 148
Bedside-Methode B 149
Bedside-Test B 149
Beer-Lambert-Gesetz B 151
befeuchten W 71
Befeuchten W 77
Befeuchtung W 77
Befund F 162
Befundbewertung I 377
Befundinterpretation I 377
behandeln T 527
behandeln/im Autoklaven A 1129
Behandlung T 136
Behensäure B 155
BEI B 610
Beimengung A 242
Beimischung A 242
beimpfen I 294
Beimpfen I 297
Beimpfung I 297
Beize M 720
beizen M 719
Beizen M 721
Beizmittel M 720
Beizstoff M 720
Beizung M 721
Belastungstest T 408
Belegzellantikörper P 111
Belegzelle P 110
belichten E 586
Belichten E 587
Belichtung E 587
belüften A 327
Belüften A 328
Belüftung A 328
Bence-Jones-Eiweißkörper B 156

Bence-Jones-Protein B 156
Bence-Jones-Reaktion B 157
Bence-Jones-Zylinder B 156
Benedict-Glucoseprobe B 160
Benedict-Lösung B 159
Benedict-Probe B 160
Benedict-Zuckerreagens B 158
benetzbar W 76
Benetzbarkeit W 75
benetzen W 71
Benetzen W 77
Benetzung W 77
Benetzungsmittel W 78
Bengalrosa R 475
benigne B 161
Bennhold-Färbung B 162
Bentonit B 163
Bentonit-Flockungsreaktion B 164
Bentonit-Flockungstest B 164
Benzaldehyd B 165
Benzaldehydprobe B 166
Benzamidase A 597
Benzen B 167
Benzencarbonsäure B 174
Benzendicarbonsäure P 446
Benzidin B 168
Benzidinblau B 169
Benzidinprobe B 170
Benzin B 171
Benzoat B 172
Benzodiazepin B 173
Benzoesäure B 174
Benzoesäurebenzylester B 178
Benzoesäuremethylester M 392
Benzoesäuresulfimid S 5
Benzol B 167
1,2-Benzopyron C 1052
Benzoylaminoessigsäure H 313
Benzoylchlorid B 175
Benzoylglycin H 313
Benzoylglycocoll H 313
Benzoylperoxid B 176
2,3-Benzpyrrol I 211
Benzylalkohol B 177
Benzylbenzoat B 178
Benzylpenicillin B 179
beobachten O 10
Beobachtung O 7
Beobachtungsfehler O 8
Beobachtungszeit O 9
Berberin B 180
berechnen C 48
Berechnung C 49
Bereich R 105
Bereitschaftsdienst E 178
berichtigen C 1022
Berkefeld-Filter B 181
Berliner Blau B 182
Berliner-Blau-Reaktion B 183
Bernsteinsäure S 1039
Bernsteinsäuredehydrogenase S 1037
Berthelot-Reaktion B 184
Berufskrankheit O 13
Beryllium B 185
beschichten C 675
Beschichten C 677
Beschichtung C 676, C 677
beschleunigen A 52
Beschleuniger A 54
Beschleunigung A 53
besprühen S 738
Besprühen S 739
Besredka-Antigen B 186
beständig S 763
Beständigkeit S 761
Bestandteil C 847
Besteck S 326
bestehen aus C 925
B-Esterase C 135
Best-Färbung B 187
bestimmbar D 252
bestimmen D 257
Bestimmung D 254
Bestimmungsmethode D 255
Bestimmungsverfahren D 255
Best-Methode B 187
bestrahlen I 527
Bestrahlen I 528
Bestrahlung I 528
Betain B 190
Betainaldehyddehydrogenase B 191
Betain-Homocystein-Methyltransferase B 192
Betakörperchen L 325
Betastrahlen B 194
Betastrahler B 189
Betastrahlung B 193
Betäubungsmittel A 711
Beta-Zelle B 188
Betriebsspannung W 106
Betriebsstörung A 1173
Betriebstemperatur O 54
betropfen D 770
Bettruhe B 147
Bettvolumen C 805
Bettwanze C 814
Betz-Riesenpyramidenzelle G 182
Beugung D 395
Beugungsgitter D 396
Beugungsmeßgerät D 399
Beugungsspektrum D 398
Beutel B 70
Beutler-Test B 195
Bewaffneter Bandwurm P 733
beweglich M 621
Beweglichkeit M 627
bewerten V 29
Bewertung V 28
Beziehung R 277
Bezugselektrode R 231
Bezugskurve C 54
Bezugslösung S 798
Bezugsprobe R 238
Bezugspunkt R 236
Bezugssystem R 239
Bezugstemperatur S 799
Bezugswert R 240
B-Galle B 139
Bi B 317/8
Biacetyl B 196
Bial-Probe B 198
Bial-Reagens B 197
Bias S 1188
Bicarbonat H 497
Bicarbonatpuffer B 199
Bidestillat D 737
bidestilliert D 736
bidestilliertes Wasser D 737
Bienengift B 150
Bierprobe B 152
Bierwürze B 153
Bierwürze-Agar B 154
Bifidusbakterie B 200
Bifidus-Faktor L 55
Biggs-Test T 299
Biguanid B 201
Bildschirmeinheit D 610
Bildungswärme H 181
Bilicyanin B 215
Biliflavin B 216
Bilifuszin B 217
Bilileukan B 218
Bilin B 219
Bilineurin C 471
Bilinogen B 220
Biliprasin B 221
Bilipurpurin B 222
Bilirubin B 223
Bilirubinat B 224
Bilirubinausscheidungsquotient B 227
Bilirubinester B 226
Bilirubinglucuronid B 228
Bilirubinindex B 230
Bilirubinoid B 231
Bilirubinometer B 232
Bilirubinquotient B 230
Bilirubinsäure B 229
Bilirubinspiegel B 233
Bilirubinsulfat B 234
Bilirubinzylinder B 225
Biliverdin B 235
Biliverdinat B 236
Bilixanthin B 237
Bindegewebe C 918
Bindegewebszelle C 919
Bindehaut C 914
Bindehautabschabung C 916
Bindehautabstrich C 917
Bindemittel B 239
binden B 470
Binder B 239
Bindung B 238, B 471
Bindungsenergie B 240
Bindungsfähigkeit B 472
Bindungskapazität B 472
Bindungsort B 241
Bindungsreaktion B 473
Bindungsstelle B 241
Bindungsvermögen B 472
Binokularmikroskop B 242
Binomialverteilung B 243
binukleär B 244
Bioassay B 246
Biochemie B 263
Biochemikalie B 251
Biochemiker B 262
Biochemilumineszenz B 261
biochemisch B 252
biochemische Analyse B 253
biochemische Genetik B 254
biochemische Individualität B 255
biochemische Mutante B 257
biochemischer Test B 259
biochemisches Labor B 256
biochemisches Präparat B 251
biochemisches Profil B 258
Biochemotypie B 260
Biofilter B 264
biogen B 265
biogenes Amin B 266
biogenes Peptid B 267
Biokatalysator B 249
Biokatalyse B 248
biokatalytisch B 250
Biokinetik B 269
biokinetisch B 268
Biologie B 277
biologisch B 270
biologisch aktive Substanz B 245
biologische Aktivität B 271
biologische Flüssigkeit B 273
biologische Leukozytenkurve B 272
biologische Oxidation B 275
biologischer Test B 246
biologisches Material B 274
biologische Vorprobe B 276
Biolumineszenzassay B 278
Biomakromolekül B 291
Biomathematik B 280
biomathematisch B 279
Biomedizin B 281
Biomembran B 282
Biometrie B 284
biometrisch B 283
Biomikroskop B 285
Biomikroskopie B 287
biomikroskopisch B 286
Biophosphat B 288
biophysikalisch B 289
Biopolymer B 291
Biopolymeres B 291
Biopotential B 292
Biopsie B 293
Biopsiekürette B 294
Biopsiematerial B 296
Biopsienadel B 297
Biopsiestanze B 298
Biopsiezange B 295
Bioptat T 379
Biopterin B 299
Biorhythmus C 572
Biose B 300
Bios I I 316
Bios IIa P 42
Bios II b B 308
Biosid B 301
Biostatistik B 303
biostatistisch B 302
Biosynthese B 304
biosynthetisch B 305
Biotelemetrie B 306
biotellurische Reaktion B 307
Biotest B 246
Biotin B 308
Biotincarboxylase B 309
Biotinidase B 310
Biotransformation B 311
Biotyp B 312
Bioverfügbarkeit B 247
Biphysik B 290
bipolar B 313
bipolare Färbung B 314
Bischoff-Probe B 205
Bismut B 317/8
Bismutcarbonat B 319
Bismutchlorid B 320
Bismutiodid B 321
Bismutnitrat B 322
bitter B 324
Biuret B 325
Biuretreaktion B 326
bivalent B 328
bivalenter Antikörper C 836
Bivalenz B 327
BKS E 422
Bläschen V 82
Bläscheninhalt V 83
Blase U 128
Blasengalle B 139
Blasenkatheter B 330
Blasenkatheterisierung B 331
Blasenkatheterung B 331
Blasenkatheterurin C 205
Blasenpärchenegel S 116/7
Blasenpunktion V 81
Blasenpunktionsurin S 1120
Blasenstein B 332
Blasenurin B 333
Blasenwurm B 334
Blast B 339
blastogener Faktor B 341
Blastomycin B 343
Blastomycinhauttest B 344
Blastomyzet B 342
Blastospore B 345
Blastozyt B 340

Blättchentest M 771
Blatternvirus V 51
blau B 446
Blaugel S 384
blaugrün G 227
Blausäure H 486
Blauvitriol C 1002
Blei L 130
Bleiacetat L 131
Bleiacetatagar L 132
Bleiacetatwatte L 133
bleichen D 59
Bleichen D 58
Bleichmittel D 56
Bleichromgelb C 529
Bleicitrat L 134
Bleigummi L 140
Blei-Hämatoxylin-Färbung L 137
Bleinachweis L 136
Bleinitrat L 138
Bleioxid L 139
Bleisalz L 141
Bleisulfat L 142
Bleitetraacetat L 143
Bleiverbindung L 135
Bleizucker L 131
Blende D 320
Blendfilarie O 36
Bleomycin B 349
Blindbiopsie B 350
Blindlösung B 337
Blindversuch B 338
Blindwert B 335
Blockfärbung B 355
blockierender Antikörper I 163
Blockierung B 353
Blockimprägnation B 352
Blockingtest B 354
Blot B 443
blotten B 442
Blotting B 444
Blut B 356
Blutabnahme W 95
Blutagar B 357
Blutagarplatte B 358
Blutalkohol B 359
Blutalkoholgehalt B 360
Blutanalyse B 361
Blutausstrich B 423
Blutbank B 362
Blutbeimengung A 289
Blutbestandteil B 371
Blutbild B 412
blutbildende Zelle H 92
Blutbouillon B 363
Blutderivat B 374
Blutdiagnose H 47
Blutdialysat H 48
Blutdialyse H 50
Blutdialysegerät H 49
Blutdruck B 417
Blutdruckmessung B 418
Blutegel L 149
Bluteisen B 401
Bluteiweiß B 419
bluten B 346
Bluten B 347
Blütenstaub P 642
Blutentnahme W 95
Blutentnahmenadel B 402
Blut entnehmen W 96
Blutenzym B 377
Blutersatzmittel B 426
Blutfaktor B 378
Blutfarbe B 369
Blutfarbstoff H 55
Blutfilarie B 379
Blutfilm B 423
Blutfixierung B 380
Blutfleck B 424
Blutformel B 381
Blutgas B 382
Blutgasanalysator B 383
Blutgasanalyse B 384
Blutgaschromatographie B 385
Blutgaselektrode B 386
Blutgasmessung B 387
Blutgefäß B 438
Blutgerinnsel B 367
Blutgerinnselretraktion C 628
Blutgerinnung B 368
Blutgerinnungsfaktor C 630
Blutgerinnungszeit C 647
Blutgift H 110
Blutglucose B 388
Blutglucosespiegel B 389
Blutgruppe B 390
Blutgruppenantigen B 392
Blutgruppenantikörper B 391
Blutgruppenbestimmung B 395
Blutgruppeninkompatibilität B 394
Blutgruppenklassifikation B 393
Blutgruppenmerkmal B 392
Blutgruppenserologie B 396
blutgruppenspezifisch B 397
Blutgruppensystem B 398
Blutgruppentestserum B 399
Blutgruppenunverträglichkeit B 394
Bluthamstoff B 437
Blutkonserve S 946
Blutkonservierung B 416
Blutkörperchen B 366
Blutkörperchenauflösung H 76
Blutkörperchenschatten G 177
Blutkörperchensenkungsgeschwindigkeit E 422
Blutkörperchensenkungsreaktion E 422
Blutkörperchenzähler C 1064
Blutkörperchenzählung H 45
Blutkristall T 39
Blutkuchen B 367
Blutkultur B 373
Blutkupfer B 372
Blutlipid B 404
Blutmastzelle B 128
Blutmenge B 440
Blutmischpipette B 406
Blutnachweis B 429
Blutnährboden B 405
Blutparasit B 410
Blutpfropf B 367
Blut-pH B 411
Blutpigment H 55
Blutplasma B 413
Blutplättchen T 269
Blutplättchenauflösung T 287
Blutplättchenzählung T 278
Blutplatte B 358
Blutpool B 414
Blutpräparat B 415
Blutpräzipitin H 94
Blutprobe B 420
Blutprotein B 419
Blutpuffer B 364
Blutsauerstoff B 407
Blutsauerstoffdissoziationskurve B 409
Blutsauerstoffgehalt B 408
Blutsenkungsgeschwindigkeit E 422
Blutsenkungsreaktion E 422
Blutserum B 421
Blutspender B 375
Blutspende- und Transfusionswesen B 435
Blutspendezentrale B 376
Blutspiegel B 403
Blutstammzelle H 43
Blutstauung B 425
Blutstillungsmittel H 107
Blutstuhl B 400
Blut-Tellurit-Agar B 428
Blutthrombokinase C 643
Blutthromboplastin C 643
Bluttiter B 430
Bluttransfusion B 431
Bluttransfusionsapparat B 432
Bluttransfusionsgerät B 432
Bluttransfusionskanüle B 433
Bluttransfusionsserologie B 434
Bluttrichine B 436
Bluttropfen D 768
Blut übertragen T 495
Blutübertragung B 431
Blutung B 347
Blutungsdauer B 348
Blutungszeit B 348
Blutuntersuchung B 361
Blutviskosität B 439
Blutvolumen B 440
Blutvolumenbestimmung B 441
Blutzelle B 366
Blutzellenprüfer H 51
Blutzellzählung H 45
Blutzentrifuge H 21
Blutzersetzung H 76
Blutzucker B 388
Blutzuckerkontrolle B 427
Blutzuckerspiegel B 389
Blutzusammensetzung B 370
Blutzylinder B 365
B-Lymphozyt B 447
Bodensatz S 158
Bodensatz bilden / einen S 157
Boettcher-Kristall S 671
Bombesin B 469
Boostern B 485
Boosterung B 485
Bor B 496
Boran B 497
Borat B 486
Boratpuffer B 487
Borax B 488
Bordet-Antikörper B 493
Bordetella B 489
Bordet-Gengou-Agar B 491
Bordet-Gengou-Bacillus B 492
Borhydrid B 497
Borke C 1126
Borsäure B 494
Borsäurelösung B 495
Borwasserstoff B 497
bösartig M 78
Bösartigkeit M 77
Boten-RNA M 325
Botulin B 502
Botulinustoxin B 502
Botulismusclostridium B 503
Bouchard-Koeffizient U 206
Bouillon B 504
Bouillonfiltrat B 506
Bouillonkultur B 505
Bouillonsuspension B 507
Boyden-Test B 513
Bozděch-Methode B 514
Bq B 146
Br B 544
Bradykinin B 515
Bradykininogen B 516
Branching-Enzym G 254
Brandschutz F 176
Brasilin B 528
braun B 566
Brechkrafteinheit D 508
Brechung R 251
Brechungsindex R 254
Brechungskoeffizient R 254
Brechungswinkel R 252
Brechungszahlmesser R 255
Brechzahlmessung R 257
Breite W 89
Breiter Bandwurm F 179
brennbar C 808
Brennbarkeit C 807
Brenner B 604
Brenngas C 809
Brennspiritus D 138
Brenzcatechin P 1259
Brenztraubensäure P 1282
Brenztraubensäurealdehyd M 403
Brenztraubensäurecarboxylase P 1277
Brenztraubensäuredecarboxylase P 1278
Brenztraubensäuredehydrogenase P 1279
Brenztraubensäurekinase P 1280
Brillantgelb B 538
Brillantgrün B 537
Brillantkresylblau B 536
Brom B 544
Bromanilin B 548
Bromat B 540
Bromatometrie B 553
bromatometrisch B 552
Brombenzol B 549
Bromchlorphenolblau B 541
Bromelain B 542
Bromethan E 496
bromhaltig B 546
Bromid B 543
Bromkresolgrün B 550
Bromkresolpurpur B 551
Bromlaugenmethode B 547
Bromometrie B 553
bromometrisch B 552
Bromphenolblau B 554
Bromphenolrot B 555
Bromsilber S 397
Bromsuccinimid B 556
Bromsulfophthalein B 557
Bromsulfophthaleintest B 558
Bromthymolblau B 559
Bromuracil B 560
Bromverbindung B 545
Bronchialabstrich B 563
Bronchialschleim B 562
Bronchialsekret B 562
Bronchialspülflüssigkeit B 564
Bronchialspülung B 561
Bronchoalveolarspülung B 565
Brucella B 567
Brucellin B 568
Brucellinhauttest B 569
Bruchstück F 353
Brucin B 570
Brücke B 532
Brückenthermostat B 533
Brugsch-Reaktion B 571
Brühe B 504
Brushit B 574
Brustdrüsengewebe M 91
Brustmilch H 444
Brutapparat I 175
Brutschrank I 175
BSG E 422
BSR E 422
Buboneneiter B 575

Büchner-Filter B 576
Büchner-Nutsche B 576
Büchner-Trichter B 576
Buffy coat B 592
Bufotoxin B 593
Bulbogastron B 595
Bunsenbrenner B 597
„Bunte Reihe" D 370
Bürette B 598
Bürette mit automatischer Nullpunkteinstellung A 1151
Bürettenhahn B 601
Bürettenhalter B 599
Bürettenklemme B 599
Bürettentrichter B 600
Bürker-Zählkammer B 577
Burri-Tuscheverfahren B 607
Burri-Verfahren B 607
Bursapunktat B 608
Bürste B 572
Bürstensaumenzym B 573
Butanol B 609
butanolextrahierbares Iod B 610
Butanon B 611
Butansäure B 614
Buttergelb D 487
Buttersäure B 614
Buttersäurebakterie B 615
Butylacetat B 612
Butylalkohol B 609
Butyrat B 613
Butyrylcholinestérase C 479
Butyryl-CoA-dehydrogenase B 616
Butyryldehydrogenase B 616
Butyrylthiocholin B 617
B-Zelle B 188, B 447

C

C C 116, C 1048
°C D 83
Ca C 21
Cadaverin C 2
Cadmium C 3
Cadmiumchlorid C 4
Cadmiumoxid C 5
Cadmiumsulfat C 6
Cadmiumsulfatreaktion C 7
Cadmiumsulfattest C 7
Caeruloplasmin C 8
Caesium C 9
Cajal-Methode C 11
Cajal-Silberimprägnierung C 11
Calcein C 13
Calciferol C 14
Calcimeter C 15
Calcit C 18
Calcitonin C 19
calcitoninbildende parafollikuläre Zelle C 220
Calcitriol C 20
Calcium C 21
Calciumacetat C 22
Calciumbelastungstest C 47
calciumbindendes Protein C 23
Calciumblutspiegel C 24
Calciumbromid C 25
Calciumcarbonat C 26
Calciumcarbonatstein C 27
Calciumchlorid C 28
Calciumcitrat C 29
Calciumgluconat C 30
Calciumhydroxid C 31
Calciumhypochlorit C 32
Calciumiodid C 33
Calcium-Ionen C 634
Calciumnitrat C 35
Calciumorthophosphat C 36
Calciumoxalat C 37
Calciumoxalatstein C 38
Calciumoxid C 39
Calciumpermanganat C 40
Calciumphosphat C 41
Calciumphosphatstein C 42
Calcium-Phosphor-Quotient C 43
Calciumsalz C 44
Calciumspiegel C 34
Calciumsulfat C 45
Calciumthiosulfat C 46
Calciumtoleranztest C 47
Calculus C 867
California-Encephalitis-Virus C 61
Calmette-Guérin-Bacillus B 3
Calmodulin C 23
Calomel C 62
Calomelelektrode C 63
cAMP C 1205
CAMP-Test C 67
Canavanase A 984
Candida C 73
Candida tropicalis C 74
Cannizzaro-Reaktion A 449
Caprinsäure C 90
Capronsäure C 91
Caprylsäure C 92
Carbamat C 100
Carbamatkinase C 101
Carbamazepin C 102
Carbamid U 86
Carbamidin G 486
Carbamidsäure C 103
Carbaminohämoglobin C 104
Carbaminsäure C 103
Carbamylasparaginsäure C 106
Carbamylaspartat C 105
Carbamylaspartotranskinase A 1062
Carbamylphosphat C 107
Carbamylphosphatsynthetase C 108
Carbamyltransferase T 480
Carboanhydrase C 120
Carbohydrat C 109
Carboligase C 115
Carbonat C 117
Carbonatanhydratase C 120
Carbonatdehydratase C 120
Carbonation C 121
Carbonatpuffer C 118
Carbonatstein C 119
Carboneum C 116
Carbonsäure C 136
Carbonylchlorid P 352
Carbonylgruppe C 128
Carbot-Ring C 129
γ-Carboxyglutaminsäure C 130
Carboxyhämoglobin C 131
Carboxyhämoglobinometer C 132
Carboxykathepsin D 518
Carboxylesterase C 135
carboxylieren C 133
Carboxylieren C 134
Carboxylierung C 134
Carboxymethylcellulose C 137
Carboxymyoglobin C 138
Carboxypeptidase C 139
Carboxypeptidase B C 140
Cardiolipin C 144
Cardiolipin-Mikroflockungstest C 145
Carnitin C 150
Carnitinacetyltransferase C 151
Carnitinpalmitoyltransferase C 152
Carnosin C 153
Carnosinase A 598
Carnosinsynthetase C 154
Carnoy-Lösung C 155
Carotin C 156
Carotinoid C 157
Carrel-Flasche C 158
Carrier C 159
Carrier-Kultur C 161
Carr-Price-Reaktion C 168
Carr-Price-Test C 168
Carter-Robbins-Test C 169
Cartilago C 170
Casein C 171
Caseinnährboden C 172
Caseinogen C 173
Casoni-Hautprobe C 175
Casoni-Test C 175
Castaneda-Färbung C 176
Castellani-Absättigung C 177
Castle-Faktor I 418
Catecholamin C 195
Catechol-1,2-dioxygenase C 196
Catecholmethyltransferase C 197
Catecholoxidase C 198
CA-Virus P 73
C-Chromosom C 221
cCMP C 1206
Cd C 3
CDP C 1239
CDP-cholin C 1240
CDP-ethanolamin C 1241
Ce C 334
CEA C 141
Cellobiase G 294
Cellobiose C 260
Celloidin C 262
Cellose C 260
Cellula C 284
Cellulase C 283
Cellulose C 285
Celluloseacetat C 286
Celluloseacetatelektrophorese C 287
Celluloseacetatfolie C 288
Cellulosefolie C 289
Celluloseionenaustauscher I 464
Cellulosephosphat C 290
Cellulosepulver C 291
CELO-Virus C 295
Cephalosporin C 317
Cephalosporinase P 172
Ceramid C 320
Ceramidase C 319
Ceramidcholinphosphotransferase C 321
Ceramidpolyhexosid C 322
Ceramidtrisaccharid C 323
Cerebron C 325
Cerebronsäure C 326
Cerebrose G 13
Cerebrosid C 327
Cerimetrie C 333
Cerium C 334
Ceriumammoniumsulfat C 335
Ceroid C 337
Ceroidpigment C 338
Cersulfat C 336
Cerumen E 12
Cetylsäure P 15
C-Faktor F 5
C-Galle C 219
cGMP C 1207
Chalon C 346
Chamberland-Filter C 348
Charcot-Leyden-Kristall C 357
CHE C 465
Chediak-Trockenblutreaktion C 363
Chelat C 365
Chelatbildner C 368
Chelatharz C 367
Chelatkomplex C 366
Chelatometrie C 370
chelatometrisch C 369
chelatometrische Titration C 370
Chelator C 368
Chelatverbindung C 366
Chelon C 368
Chemie C 407
Chemikalie C 371
Chemiker C 406
Chemilumineszenz C 404
Chemilumineszenzimmunoassay C 405
chemisch C 372
chemisch aktiv C 388
chemisch beständig C 392
chemische Adsorption C 409
chemische Aktivität C 373
chemische Analyse C 374
chemische Bindung C 375
chemische Desinfektion C 380
chemische Eigenschaft C 398
chemische Energie C 382
chemische Formel C 386
chemische Gleichung C 383
chemische Kinetik C 387
chemische Mikroanalyse C 393
chemische Mikromethode C 394
chemische Reaktion C 400
chemische Reinheit C 399
chemischer Prozeß C 397
chemisches Äquivalent C 385
chemisches Element C 381
chemisches Gleichgewicht C 384
chemisches Potential C 395
chemisches Präparat C 396
chemische Sterilisation C 402
chemische Sterilisierung C 402
chemische Struktur C 403
chemische Trennung C 401
chemische Verbindung C 379
chemische Verbrennung C 376
chemische Zusammensetzung C 377
chemisch instabil C 389
chemisch rein C 390
chemisch reine Substanz C 391
chemisch stabil C 392
chemisch unbeständig C 389
Chemisorption C 409
Chemolumineszenz C 404
Chemorezeptor C 408
Chemosorption C 409
Chemostat C 410
Chemosynthese C 411
chemotaktischer Faktor C 412
Chemotaxis C 413
Chemotherapeutikum C 414
chemotherapeutisch C 415
chemotherapeutisches Mittel C 414
Chemotherapie C 416
Chemozeptor C 408
Chenodesoxycholsäure C 417
Chenosäure C 417
Chinaldinsäure Q 31
Chinesischer Leberegel C 421
Chinidin Q 32
Chinin Q 33
Chinolin Q 34
Chinolinsäure Q 35

Chinon Q 36
Chi-Quadrat-Test C 423
Chi-Quadrat-Verteilung C 422
chirurgisches Messer S 94
Chi-Test C 423
Chitin C 424
Chitosamin G 269
Chlamydia C 425
Chlamydospore C 426
Chlor C 434
Chloral T 545
Chloralhydrat T 542
Chloramin C 427
Chloramphenikol C 428
Chloramphenikolacetyltransferase C 429
Chlorat C 430
Chlorbenzen C 438
Chlorelektrode C 436
Chlorethan E 498
2-Chlorethanol E 500
Chlorethen V 97
Chlorethylen E 498, V 97
chlorhaltig C 435
Chlorhämin H 20
Chlorid C 432
Chloridbestimmung C 433
Chloridometrie C 433
chlorige Säure C 446
Chlorit C 437
p-Chlormerkuribenzoat C 441
Chlormethan M 393
Chloroform C 440
Chlorozyt C 439
Chlorphenolrot C 442
Chlorpromazin C 443
Chlorsäure C 431
Chlortetracyclin C 447
Chlorthiazid C 444
Chlorthymol C 445
Chlorwasserstoff H 498
Chlorwasserstoffsäure H 483
Cholan C 449
Cholansäure C 450
Cholat C 451
Cholatthiokinase C 480
Cholebilirubin C 452
Cholecalciferol C 453
Cholecyanin B 215
Cholecystokinin C 454
Cholecystokinin-Pankreozymin C 455
Choleglobin C 456
Cholehämatin B 222
Choleinsäure C 457
Cholelith G 28
Choleprasin B 221
Choleraantigen C 458
Choleraerreger C 811
Cholestan C 459
Cholestanol D 439
Cholesterase C 465
Cholesterol C 460
Cholesterolacyltransferase C 461
Cholesterolester C 464
Cholesterolesterase C 465
Cholesterolgehalt C 463
Cholesterolglucuronid C 466
Cholesteroloxidase C 467
Cholesterol-Phosphatid-Quotient C 468
Cholesterol-Pigment-Kalkstein C 12
Cholesterolstein C 462
Cholestokinin C 469
Choleverdin B 235
Cholin C 471
Cholinacetylase C 472
Cholinacetyltransferase C 472
Cholindehydrogenase C 473
Cholinester C 474
Cholinesterase C 479
Cholinkinase C 475
Cholinoxidase C 476
Cholinphosphat-cytidyltransferase C 477
Cholinphosphotransferase C 478
Choloyl-CoA-synthetase C 480
Cholsäure C 470
Chondrin C 481
Chondroblast C 482
Chondroitin C 486
Chondroitinsäure C 485
Chondroitinschwefelsäure C 488
Chondroitinsulfat C 487
Chondroklast C 483
Chondromucoid C 489
Chondroplast C 482
Chondroproteid C 490
Chondroprotein C 491
Chondrosamin G 12
Chondrozyt C 484
Chordaspeichel C 492
Chorionbiopsie C 493
choriongonadotropes Hormon C 495
Choriongonadotropin C 495
Chorionsomatomammotropin P 508
Chorionsomatotropin P 508
Chorionthyreotropin C 496
Chorionzelle C 494
Christie-Atkins-Munch-Petersen-Test C 67
Christmas-Faktor C 641
Chrom C 531
chromaffin C 497
chromaffines Gewebe C 500
chromaffine Zelle C 498
Chromaffinität C 499
Chromalaun C 528
Chromat C 501
Chromatid C 503
Chromatide C 503
Chromatin C 504
Chromatinkörnchen C 505
Chromatinkörperchen C 505
Chromatinstaub C 506
chromatisch C 502
Chromatofokussierung C 507/8
Chromatogramm C 509
Chromatogrammauswertung C 510
Chromatograph C 512
Chromatographie C 526
Chromatographiegefäß C 523
Chromatographiegerät C 512
Chromatographiekammer C 516
Chromatographiepapier C 519
Chromatographieplatte C 520
chromatographieren C 511
Chromatographieren C 521
Chromatographierohr C 524
Chromatographiesäule C 517
chromatographisch C 513
chromatographisch auftrennen C 511
chromatographische Analyse C 514
chromatographische Auftrennung C 521
chromatographische Methode C 518
chromatographische Säule C 517
chromatographisches Bett C 515
chromatographisches Trennungsbild C 522
chromatographisches Verfahren C 518
chromatographische Trennung C 521
chromatographische Untersuchung C 514
chromatographische Zone C 525
chromatophil C 540
Chromatophiler C 539
chromatophob C 542
Chromatophor C 534
Chromatoplasma C 527
Chromchlorid C 532
Chromgelb C 529
Chromobacterium C 533a
Chromogen C 535
chromogen C 536
chromogenes Substrat C 537
Chromomer C 538
chromophil C 540
Chromophiler C 539
chromophile Zelle C 539
chromophob C 542
Chromophober C 541
chromophobe Zelle C 541
Chromophor C 543
chromophor C 544
Chromoplasma N 255
Chromoprotein C 545
Chromosom C 547
chromosomal C 546
Chromosomenaberration C 548
Chromosomenanalyse C 549
Chromosomenarm C 550
Chromosomenaustausch C 552
Chromosomenbruch C 551
Chromosomenfaden C 559
Chromosomenfragment C 553
Chromosomenfusion F 434
Chromosomengröße C 557
Chromosomenkarte C 554
Chromosomensatz C 556
Chromosomenstruktur C 558
Chromosomentranslokation C 560
Chromosomenverschmelzung F 434
Chromosomenzahl C 555
Chromoxid C 533
Chromozyt C 534
Chromsäure C 530
Chromschwefelsäure C 561
Chromsilber S 399
chronisch C 562
Chylomicron C 564
Chylus C 563
Chyluskorn C 564
Chymase C 566
Chymosin C 566
Chymotrypsin C 567
Chymotrypsinogen C 568/9
chymotryptisches Peptid C 570
Chymus C 565
Ci C 1182
cIMP C 1207a
C1-Inaktivator C 571
C1-Inhibitor C 571
cis-trans-Isomerie C 578
Citochol-Reaktion S 9
Citodiagnostik E 174
Cito-Laboratorium E 176
Citrase C 583
Citrat C 579
Citratase C 583
Citratblut C 581
Citratlyase C 583
Citratplasma C 582
Citratpuffer C 580
citratspaltendes Enzym A 1107
Citratsynthase C 584
Citrin C 586
Citrogenase C 584
Citronensäure C 585
Citrovorumfaktor C 587
Citrullin C 588
Citrullinphosphorylase O 116
Cl C 434
Clark-Elektrode C 590
Clauberg-Nährboden C 595
Clearance C 596
Clearance-Test C 597
Clomiphen C 618
Clostridium C 623
Clot-observation-Test C 626
Clot-resistance-Test C 627
Clue cell C 649
Clumping-Faktor C 650
Clupanodonsäure C 651
Clupein C 652
Cluster C 653
CM-Cellulose C 137
CMFT C 145
3',5'-CMP C 1206
CMP C 1242
Co C 680
CoA C 706
CoA-SH C 706
Coat C 93
Cobalamin C 678
cobalaminbindendes Protein C 679
Cobalt C 680
Cobaltacetat C 681
Cobaltnitrat C 682
Cobaltsulfat C 683
Cobamid C 684
Cobinamid E 515
Cocain C 685
Cocarboxylase T 194
Code C 691
Codecarboxylase C 692
Codehydrogenase I N 135
Codehydrogenase II N 136
Codein C 693
Coenzym C 705
Coenzym A C 706
Coenzym I N 135
Coenzym II N 136
Coenzym Q U 1
Coerulein C 707
Coeruloplasmin C 8
Coevirus C 1082
Cofaktor C 708
Coferment C 705
Coffein C 10
CO-Hämoglobin C 131
Cohn-Fraktionierung C 711
Colamin C 713
Colchicin C 714
Colicin C 725
Colipase C 727
Collidin C 738
Collodium C 739
Collodiummembran C 740
Collodiumwolle C 755
Colloxylin C 755
Colonozyt C 758
Common-Wart-Virus C 815
Concanavalin A C 853
Conjunctiva C 914
Convertin C 638
Converting enzyme C 977
Conway-Diffusionsgefäß C 978
Conway-Methode C 979

Conway-Mikrodiffusion C 979
Coomassieblau C 990
Coomassie-Brillantblau C 991
Coombs-Serum A 882
Coombs-Test A 874
Copräzipitation C 1003
Cor H 160
Cori-Ester G 284
Cornea C 1013
Cornet-Pinzette C 1015
Coronavirus C 1017
Corpus-luteum-Hormon P 969
Corrin C 1028
Cortexolon D 162
Cortexon C 1030
Corticoid C 1032
Corticoliberin C 1031
Corticosteroid C 1032
Corticosteroid bindendes Globulin T 483
Corticosteroidsulfat C 1033
Corticosteron C 1034
Corticotropin C 1035
corticotropinfreisetzendes Hormon C 1031
Corticotropin-Releasingfaktor C 1031
Corticotropin-Releasinghormon C 1031
Cortin C 1036
Cortisol C 1037
cortisolbindendes Globulin C 1038
Cortison C 1039
Cortisonacetat C 1040
Cortisonprobe C 1041
Corynebacterium C 1041a
Cotinin C 1042
Coulomb C 1048
Coulometrie C 1051
coulometrisch C 1049
coulometrische Titration C 1050
Councilman-Körper C 1053
Councilman-Zelle C 1053
Coxsackie-Virus C 1082
Cozymase N 135
C-Peptid C 1083
CPK-Isoenzym C 1084
C_3-Proaktivator G 356
Cr C 531
C-reaktives Protein C 1085
Cresol C 1096
Cresolphthalein C 1097
Cresolpurpur C 1098
Cresolrot C 1099
Cresolschwefelsäure C 1100
Cresylechtviolett C 1101
CRF C 1031
Cristapunktat I 21
Cristapunktion I 22
Crosby-Test T 267
Crossing-over C 1111
Crossing-over-Wert C 1112
Crotonaldehyd C 1118
Crotonase E 248
CRP C 1085
CRP-Test C 1120
Cs C 9
C-Substanz C 1158
CTP C 1244
Cu C 998
Cumarin C 1052
cUMP C 1209
Cuprein C 1179
Curare C 1180
Curie C 1182
Curschmann-Spiralen C 1184
Cutis S 431
C-Virus C 1082
Cyan C 1200
Cyanamid C 1192
Cyanat C 1193
Cyanhämatin C 1194
Cyanhämiglobin C 1202
Cyanhydrin C 1203
Cyanid C 1196
Cyanin C 1197
Cyankali P 774
Cyanmethämoglobin C 1198
Cyanocobalamin C 1199
Cyansäure C 1195
Cyanverbindung C 1201
Cyanwasserstoff H 499
Cyanwasserstoffsäure H 486
Cyclohexan C 1212
Cycloheximid C 1213
Cycloserin C 1214
Cyclosporin C 1215
Cyd C 1237
Cys C 1227
Cystamin C 1220
Cystathion C 1221
Cystathionase C 1223
Cystathionin C 1222
Cystathionin-γ-lyase C 1223
Cystathionin-β-synthase C 1224
Cysteamin C 1225
Cystein C 1227
Cysteinsäure C 1226
Cysticercoid C 1228
Cystin C 1232
Cystinkristall C 1234
Cystinstein C 1233
Cystolith B 332
Cystylaminopeptidase C 1235
Cytase C 1236
Cytidin C 1237
Cytidindesaminase C 1238
Cytidin-5'-diphosphat C 1239
Cytidindiphosphatcholin C 1240
Cytidindiphosphatethanolamin C 1241
Cytidin-5'-monophosphat C 1242
Cytidinnucleotid C 1243
Cytidin-5'-triphosphat C 1244
Cytidylnucleotid C 1245
Cytochrom C 1252
Cytochrom-c-oxidase C 1253
Cytochrom-c-reductase N 1
Cytochromoxidase C 1253
Cytochromperoxidase C 1254
Cytosin C 1295
Cytosinnucleotid C 1296
Cytosolaminopeptidase L 174
C-Zelle C 220

D

dADP D 155
Dahllit D 2
dAMP D 156
Dampf V 39
Dampfbad S 845
Dampfdesinfektion S 846
Dampfdruck V 41
Dampfdrucktopf A 1130
dampfförmig V 40
Dampfsterilisation S 848
Dampfsterilisator A 1130
Dampfsterilisierung S 848
Dampftopf A 1130
Dansylierung D 10
Darmamöbe I 383
Darmbakterien I 388
Darmbiopsie I 384
Darmegel G 180
Darmenzym I 386
Darmepithel I 387
Darmflora I 388
Darmhormon I 389
Darminhalt I 385
Darmlipase I 391
Darmlymphe C 563
Darmmukosa I 392
Darmparasit I 394
Darmpech M 223
Darmprotozoen I 396
Darmpunktion I 397
Darmsaft I 390
Darmschleim I 393
Darmschleimhaut I 392
Darmsekret I 390
Darmsonde I 395
Darmspirochäte I 399
Darmtrichine T 540
Darmvirus E 271
Datenauswertung D 20
Datenbank D 18
Datenerfassungssystem D 17
Datenprüfung D 19
Datensichtgerät D 610
Datenspeicherung D 21
Datenübertragung D 22
dATP D 157
Dauerkatheter C 946
Dauerkultur P 245
Dauerpräparat P 246
Dauersonde P 999
Dauerüberwachung L 409
Dauerversuch L 408
Davenport-Nomogramm D 26
dCDP D 164
dCMP D 165
dCTP D 167
DD D 380
DDT D 346
DEAE-Cellulose D 360
Debranching enzyme A 692
Decarboxylase D 49
Decarboxylation D 51
decarboxylieren D 50
Decarboxylierung D 51
Deckglas C 1078
Deckglasausstrich C 1081
Deckglaskultur C 1079
Deckglaspinzette C 1080
Deckglaspräparat C 1081
Deckzelle S 1129
Deen-Böttcher-Kristalle D 68
defektives Virus D 71
defibrinieren D 73
defibriniertes Blut D 74
Defibrinierung D 75
Degranulationstest D 79
Dehalogenase D 102
dehalogenieren D 103
Dehalogenieren D 104
Dehalogenierung D 104
Dehydrase D 116
Dehydratase H 510
Dehydratation D 106
Dehydratationsmittel D 107
Dehydration D 106
dehydratisieren D 105
Dehydratisieren D 106
Dehydratisierung D 106
Dehydratisierungsmittel D 107
dehydrieren D 117
Dehydrieren D 118
Dehydrierung D 118
Dehydroacyl-Coenzym A D 108
Dehydroandrosteron D 109
Dehydroascorbinsäure D 110
Dehydrobilirubin B 235
Dehydrocholattest D 111
7-Dehydrocholesterol D 112
Dehydrocholsäure D 113
11-Dehydrocorticosteron D 114
Dehydroepiandrosteron D 115
Dehydrogenase D 116
Dehydrogenierung D 118
Dehydrogenisierung D 118
Dehydroisoandrosteron D 115
Dehydropeptidase II A 597
3-Dehydroretinol D 119
Deiodase D 120
Deiodinase D 120
Deionisation D 121
deionisieren D 122
deionisiertes Wasser D 123
Deionisierung D 121
Dekahydronaphthalin D 43
Dekalin D 43
Dekalzifikation D 41
dekalzifizieren D 42
Dekalzifizierung D 41
Dekalzination D 41
dekalzinieren D 42
Dekandisäure S 143
Dekansäure C 90
Dekantation D 45
dekantieren D 44
Dekantieren D 45
Dekantiergefäß D 46
Dekantiertopf D 46
Dekantierung D 45
Dekapeptid D 47
Dekapsulationstest D 48
deklarierter Wert D 54
Dekokt D 55
Dekonjugation D 67
dekonjugieren D 66
Dekonjugieren D 67
Deletion D 124
Delta-Zelle D 127
Demaskieren D 128
Demaskierung D 128
demethylieren D 129
Demethylieren D 130
Demethylierung D 130
Demineralisation D 132
Demineralisationskoeffizient C 699
demineralisieren D 133
denaturieren D 136
Denaturieren D 135
denaturiert D 137
denaturierter Alkohol D 138
denaturiertes Protein D 139
Denaturierung D 135
Denaturierungsmittel D 134
Dengue-Virus D 140
Denitration D 142
denitrieren D 141
Denitrieren D 142
Denitrierung D 142
Densimeter D 143
Densimetrie D 145
densimetrisch D 144
Densitogramm D 146
Densitometer D 147
Densitometrie D 149
densitometrisch D 148
Densometer D 147
Dentin D 153
dephosphorylieren D 205
Dephosphorylieren D 206
Dephosphorylierung D 206
Depolarisation D 207
Depolarisator D 209
depolarisieren D 208

Depolarisierung D 207
Depolymerase D 210
Depolymerisation D 211
depolymerisieren D 212
Depolymerisierung D 211
Depotfett D 213
Depotinsulin D 214/5
deproteinisieren D 217
Deproteinisieren D 216
Deproteinisierung D 216
Deprothrombinisierung D 218
de-Ritis-Quotient D 219
Derivat D 220
Derma S 431
dermal C 1186
Dermatansulfat D 221
Dermatogen D 222
Dermatom D 223
Dermatophyt D 224
Dermatozoon D 225
Dermolysin D 226
Dermoreaktion S 437
desaktivieren I 144
Desaktivierung I 146
Desamidase A 573
desamidieren D 35
Desamidieren D 36
Desamidierung D 36
Desaminase D 37
desaminieren D 38
Desaminieren D 39
Desaminierung D 39
desensibilisieren D 232
Desensibilisieren D 231
Desensibilisierung D 231
Desferaltest D 72
Desferroxamintest D 72
Desikkation D 106
Desikkator E 592
Desinfektion D 582
Desinfektionsapparat D 583
Desinfektionslösung D 581
Desinfektionsmittel D 580
Desinfiziens D 580
desinfizieren D 579
Desinfizieren D 582
Desinfizierung D 582
desmoid F 114
Desmoidprobe D 234
Desmolase D 235
Desmolyse D 236
Desmosin D 237
Desmosom D 238
Desmozyt F 109
desorbieren D 239
Desorption D 240
Desose D 191
Desoxidation R 225
Desoxidationsmittel R 222
desoxidieren R 214
Desoxidieren R 225
Desoxyadenosin D 154
Desoxyadenosin-5'-diphosphat D 155
Desoxyadenosin-5'-monophosphat D 156
Desoxyadenosin-5'-triphosphat D 157
Desoxyadenylsäure D 158
Desoxycholat D 159
Desoxycholsäure D 160
11-Desoxycorticosteron C 1030
Desoxycorticosteronacetat D 161
11-Desoxycortisol D 162
Desoxycytidin D 163
Desoxycytidin-5'-diphosphat D 164
Desoxycytidin-5'-monophosphat D 165
Desoxycytidin-5'-monophosphorsäure D 166
Desoxycytidin-5'-triphosphat D 167
Desoxycytidylatdesaminase D 168
Desoxycytidylsäure D 166
Desoxyephedrin M 364
Desoxyglucose D 169
Desoxyguanosin D 170
Desoxyguanosin-5'-diphosphat D 171
Desoxyguanosin-5'-monophosphat D 172
Desoxyguanosin-5'-triphosphat D 173
Desoxyguanylatkinase G 497
Desoxyguanylsäure D 174
Desoxyhämoglobin D 175
Desoxy-Hb D 175
Desoxyinosin D 176
Desoxyinosin-5'-diphosphat D 177
Desoxyinosin-5'-monophosphat D 178
Desoxyinosinsäure D 180
Desoxyinosin-5'-triphosphat D 179
Desoxynucleosidtriphosphat D 181
Desoxynucleotid D 182
Desoxypentose D 183
Desoxyribonuclease D 184
Desoxyribonucleinsäure D 185
Desoxyribonucleoprotein D 186
Desoxyribonucleosid D 187
Desoxyribonucleotid D 188
Desoxyribose D 189
Desoxyribotid D 190
Desoxythymidin T 305
Desoxythymidin-5'-diphosphat D 192
Desoxythymidin-5'-monophosphat D 193
Desoxythymidin-5'-triphosphat D 194
Desoxyuridin D 195
Desoxyuridin-5'-diphosphat D 196
Desoxyuridin-5'-monophosphat D 197
Desoxyuridin-5'-triphosphat D 198
Desoxyxanthosin D 199
Desoxyxanthosin-5'-diphosphat D 200
Desoxyxanthosin-5'-monophosphat D 201
Desoxyxanthosin-5'-triphosphat D 202
Desoxyzucker D 191
Desquamation D 241
Destillat D 642
Destillation D 643
Destillationsanlage D 648
Destillationsapparat D 651
Destillationsgefäß D 654
Destillationsgerät D 651
Destillationskolonne D 652
Destillationsmaterial D 641
Destillationsprodukt D 642
Destillationsprozeß D 646
Destillationsrückstand D 647
Destillationsverfahren D 645
Destillierapparat D 651
Destillieraufsatz D 644
destillieren D 640
Destillieren D 643
Destilliergerät D 651
Destilliergut D 641
Destillierkolben D 653
Destilliersäule D 652
destilliert D 649
destilliertes Wasser D 650
Desulfhydrase D 242
Desulfurase D 242
Detektion D 246
Detektor D 250
Detergens D 251
Determinante D 253
Deuterium D 258
Deuteriumlampe D 259
Deuterohämin D 260
Deuteroplasma D 261
Deuteroporphyrin D 262
Deutoplasma D 261
Deviabilität D 265
Dewar-Gefäß D 267
Dexamethason D 269
Dexamethason-Hemmtest D 270
Dexamethason-Suppressionstest D 270
Dexamethasontest D 270
Dextran D 271
Dextranase D 272
Dextrangel D 273
Dextransulfat D 274
Dextrin D 275
-Dextrin D 276
Dextrin-1,6-glucosidase A 692
dextrogyr D 279
Dextromaltose D 277
Dextronsäure G 266
Dextrose G 270
Dextroseagar G 271
Dextrose-Pepton-Lösung D 280
Dextrostix D 281
Dezentralisation D 52
Dezentralisierung D 52
Dezimalwaage D 53
DFP D 469
dGDP D 171
dGMP D 172
dGTP D 173
DHEA D 115
Diabetes-Suchtest D 282
diabetogenes Hormon D 283
Diacetat D 284
Diacetyl B 196
Diacetylmonoxim D 285
Diacetylmorphin H 238
Diacetylreductase A 83
Diacylglycerolacyltransferase D 286
Diagnose D 289
Diagnose stellen / eine D 288
Diagnosestellung M 64
Diagnosestrategie D 302
Diagnostik D 297
Diagnostiker D 294
Diagnostikum D 295
diagnostisch D 291
diagnostische Effektivität D 292
diagnostische Empfindlichkeit D 298
diagnostischer Fehler D 293
diagnostischer Test D 303
diagnostische Sensibilität D 298
diagnostische Sensitivität D 298
diagnostische Signifikanz D 300
diagnostische Spezifität D 301
diagnostisches Serum D 299
diagnostische Zuverlässigkeit D 296
diagnostizierbar D 287
diagnostizieren D 288
Diagramm D 304
Dialdehyd D 305
Dialysance D 308
Dialysat D 309
Dialysator D 311
Dialyse D 313
Dialyseapparat D 311
Dialysegerät D 311
Dialysemembran D 312
Dialyseverfahren D 314
dialysierbar D 307
Dialysierbarkeit D 306
dialysieren D 310
Dialysierflüssigkeit D 309
Dialysierlösung D 309
Diameter D 315
Diamid H 477
Diamin D 316
Diaminblau D 317
1,4-Diaminobutan P 1226
2,6-Diaminocapronsäure L 504
Diaminooxidase H 318
1,5-Diaminopentan C 2
Diaminopurin D 319
Diaminosäure D 318
2,5-Diaminovaleriansäure O 114
Diamorphin H 238
Diaphorase D 446
Diaphragma M 271
Diastase A 688
Diät D 357
Diazepam D 322
1,3-Diazin P 1253
Diazingrün S D 323
Diazofarbstoff D 326
Diazogruppe D 327
Diazokörper D 324
1,3-Diazol I 24
Diazolösung D 331
Diazoniumsalz D 328
Diazopapier D 337
Diazoreagens D 330
Diazoreaktion D 329
Diazotat D 332
diazotierbar D 333
diazotieren D 335
Diazotieren D 334
diazotiert D 336
Diazotierung D 334
Diazoverbindung D 325
Dibenzopyran X 1
Dibenzopyrazin P 305
Dibromid D 338
Dibucain D 339
Dibucainhydrochlorid D 340
Dicarbonsäure O 191
Dicarboxyporphyrin D 341
Dichloracetat D 344
Dichlordiphenyltrichlorethan D 346
Dichloressigsäure D 345
Dichlorethan D 347
Dichlorethansäure D 345
Dichlorid D 342
Dichlormethan D 343
Dichlorphenolindophenol D 348
Dichromat D 349
Dichte D 150
Dichtegradient D 151
Dichtegradientenzentrifugation D 152
Dichtemesser D 143
Dichtemessung D 145
Dickdarm L 91
Dickdarmschleimhaut C 757
Dicke T 198

dicker Tropfen T 197
dickflüssig V 127
Dickflüssigkeit V 125
Dickie-Körper D 350
Dick-Test D 351
dickwandig T 199
Dicumarol D 352
dIDP D 177
Dielektrizitätskonstante D 354
Dienkonjugat D 355
Diesterase D 356
Diethanolamin D 358
Diethylamin D 359
Diethylaminoethyl-Cellulose D 360
Diethylbarbitursäure D 361
Diethyldithiocarbamat D 362
Diethylenglycol D 363
Diethylenimidoxid M 727
Diethylether D 364
Diethylketon D 365
Diethylmalonylharnstoff D 361
Diethylstilbestrol D 366
Dieudonné-Agar D 367
Differentialagglutinationstest D 371
Differentialausstrich D 387
Differentialblutbild D 372
Differentialblutsenkung D 373
Differentialdestillation D 382
Differentialdetektor D 379
Differentialdiagnose D 380
Differentialdiagnostik D 381
Differentialfärbung D 388
Differentialfraktionierung D 384
Differentialgleichung D 383
Differentialkalorimeter D 374
Differentialphotometrie D 385
Differentialquotient D 386
Differentialthermoanalyse D 389
Differentialthermometer D 390
Differentialtitration D 391
Differentialzellbild D 375
Differentialzentrifugation D 376
Differentialzytologie D 378
differenzieren D 392
Differenzieren D 393
Differenzierung D 393
Differenzierungsantigen D 394
Differenzierungsnährboden D 377
Differenzspektrophotometrie D 368
Differenzspektrum D 369
Diffraktion D 395
Diffraktionsgitter D 396
Diffraktionsmessung D 397
Diffraktionsspektrum D 398
Diffraktometer D 399
diffundieren D 401
Diffundieren D 408
diffus D 402
Diffusat D 400
diffuse Färbung D 405
diffuse Reflexion D 404
Diffuseur D 403
Diffusion D 408
Diffusionsapparat D 403
diffusionsfähig D 407
Diffusionsfähigkeit D 406
Diffusionsgeschwindigkeit D 416
Diffusionsgleichgewicht D 412
Diffusionskammer D 409
Diffusionskoeffizient D 410
Diffusionskonstante D 411
Diffusionsmethode D 413
Diffusionspotential D 414
Diffusionspumpe D 415
Diffusionstest D 417
Diffusionsverfahren D 413
Digitalis D 424
Digitalisglycosid D 425
Digitalthermometer D 427
Digitonin D 428
Digitoxigenin D 429
Digitoxin D 430
Diglycerid D 431
Diglyceridacylase D 286
Diglyceridacyltransferase D 286
Diglyceridkinase D 432
Diglyceridlipase L 313
Digoxigenin D 433
Digoxin D 434
Digoxosid D 434
Dihexose D 435
Dihexosid D 436
Dihydrobilirubin D 437
Dihydrobiopterin D 438
Dihydrocholesterol D 439
Dihydrodigoxin D 440
22-Dihydroergocalciferol D 441
22,23-Dihydroergosterol D 442
Dihydroergotamin D 443
Dihydrofolsäure D 444
Dihydrogenphosphat D 445
Dihydrolipoamidreductase (NAD⁺) D 446
Dihydroliponsäure D 447
Dihydroorotsäure D 448
Dihydropteridinreductase D 449
Dihydropyrimidinase D 450
Dihydrostreptomycin D 451
Dihydrotachysterol D 452
Dihydrotestosteron D 453
Dihydrothymin D 454
Dihydrouracil D 455
Dihydrouracildehydrogenase D 456
Dihydrouridin D 457
Dihydroxyaceton D 458
Dihydroxyacetonphosphat D 459
Dihydroxyacetontransferase T 474
1,2-Dihydroxybenzen P 1259
Dihydroxybuttersäure D 460
20,22-Dihydroxycholesterol D 461
3,4-Dihydroxymandelsäure D 462
2,5-Dihydroxyphenylacetat D 463
Dihydroxyphenylalanin D 464
2,5-Dihydroxyphenylessigsäure H 386
3,4-Dihydroxyphenylglycol D 465
2,3-Dihydroxypropanal G 328
1,3-Dihydroxypropanon D 458
2,3-Dihydroxypropionsäure G 332
2,6-Dihydroxypurin X 4
4-Dihydroxypyrimidin U 79
3,5-Dihydroxytoluen O 92
Diiodid D 466
Diiodthyronin D 467
Diiodtyrosin D 468
Diisopropylfluorphosphat D 469
Diketon D 470
diluieren D 472
Dilution D 474
Dilutionsmethode D 476
Dilutor D 478
Dimension D 479
Dimer D 480
dimer D 482
Dimercaprol D 481
2,3-Dimercaptopropanol D 481
Dimeres D 480
Dimerisation D 483
Dimerisierung D 483
3,4-Dimethoxyphenylethylamin D 484
Dimethylallyltransferase D 485
Dimethylamin D 486
p-Dimethylaminoazobenzol D 487
p-Dimethylaminobenzaldehyd D 488
Dimethylaminophenazon A 617
Dimethylarginin D 489
Dimethylcarbinol I 582
Dimethylether D 490
Dimethylformamid D 491
Dimethylguanidin D 492
Dimethylguanin D 493
Dimethylketol A 82
Dimethylketon A 84
Dimethylphenylendiamin D 494
Dimethylsulfat D 495
Dimethylsulfoxid D 496
Dimethylthetin-homocystein-methyltransferase D 497
Dimethylxanthin D 498
dimorph D 499
dIMP D 178
Dinatriumsalz D 594
Dinitrobenzen D 500
Dinitrochlorbenzentest D 501
4,6-Dinitro-cresol D 503
Dinitrofluorbenzen D 502
Dinitrophenol D 504
Dinitrophenylhydrazin D 505
Dinitrophenylhydrazintest D 506
Dinucleotid D 507
Diol G 366
Dioptrie D 508
Dioxan D 509
Dioxid D 510
Dioxygenase D 511
Dioxyphenylamin D 512
Dip-and-read-Test D 515
Dipeptid D 517
Dipeptidase D 516
Dipeptidhydrolase D 516
Dipeptidylcarboxypeptidase D 518
o-Diphenolase C 198
Diphenoloxidase C 198
Diphenylamin D 519
Diphenylaminreaktion D 521
Diphenylaminsulfat D 520
Diphenylcarbazon D 522
4,4'-Diphenyldiamin B 168
Diphenylether D 523
Diphenylharnstoff D 527
Diphenylhydantoin D 524
Diphenylmethan D 525
Diphenylmethanfarbstoff D 526
Diphenylthiocarbazon D 667
Diphosphat P 1267
Diphosphatase D 528
Diphosphatidylglycerol C 144
2,3-Diphosphoglycerat D 530
Diphosphoglyceratphosphatase D 531
Diphosphoglycerinaldehyd D 529
Diphosphoglycerinsäure D 532
Diphosphoinositol D 534
Diphosphonat D 533
Diphosphopyridinnucleotid⁺ N 135
Diphosphorsäure P 1269
Diphtheriebacillus L 396
Diphtherietoxin D 535
Diplobakterie D 536
Diplochromosom D 537
diploid D 539
diploide Zelle D 540
Diplokokke D 538
Dipol D 541
dipolar B 313
Diptera D 547
Dipyrromethen D 548
direkte Färbung D 556
direkter Coombstest D 550
direkter Test D 557
direktes Bilirubin D 549
Direktfarbstoff D 552
Direktkopplung D 551
direkt proportional D 555
Disaccharid D 559
Disaccharidase D 558
Disaccharidtoleranztest D 560
Disazofarbstoff B 316
Dische-Reagens D 568
Dische-Reaktion D 569
Diskelektrophorese D 591
Diskette D 592
diskontinuierlich D 571
diskontinuierlicher Analysenautomat D 572
Diskontinuität D 570
diskret D 573
diskreter Analysenautomat D 574
Diskriminanzanalyse D 575
Diskriminanzfunktion D 576
Dismutation D 593
Dispensaire D 595
Dispenser D 596
Dispergens D 602
dispergierbar D 601
Dispergierbarkeit D 600
dispergieren D 597
dispers D 598
disperse Phase D 598a
disperses System D 599
Dispersion D 603, V 45
Dispersionsanalyse V 46
Dispersionsgrad D 89
Dispersionskolloid D 604
Dispersionsmittel D 602
Dispersitätsgrad D 89
Display D 610
Disproportionierung D 593
Dissemination D 626
disseminieren D 624
disseminiert D 625
Dissimilation C 181
Dissoziation D 629
Dissoziationsgeschwindigkeit V 62
Dissoziationsgleichgewicht D 632
Dissoziationsgrad D 90
Dissoziationskonstante D 630
Dissoziationskurve D 631
Dissoziationsvermögen D 633
dissoziieren D 627
dissoziiert D 628
Distribution D 656
Disulfat D 662
Disulfid D 663
Disulfidbrücke D 664
Dithionit D 665
Dithiotreitol D 666
Dithizon D 667
Dithizonprobe D 668
dITP D 179
Diurese D 669
Diuretikum D 670
diuretisch D 671
dizygot D 672
DMSO D 496
DNA D 185
DNA-abhängig D 677

DNA-Antikörper D 673
DNA-bindendes Protein D 674
DNA-Fragment D 678
DNA-Kette D 675
DNA-Klonierung D 676
DNA-Matrix D 679
DNA-Nucleotidyltransferase D 680
DNA-Polymerase D 680
DNase D 184
DNase II A 136
DNA-Sonde D 681
DNA-Virus D 682
DNCB-Test D 501
DNOC D 503
DNS D 185
Docosansäure B 155
Dodecansäure L 120
Dodecylsulfat D 683
Döderlein-Stäbchen D 684
Döhle-Einschlußkörperchen D 685
Döhle-Körper D 685
Dold-Färbung D 687
Domäne D 688
dominant D 691
Dominante D 690
Dominanz D 689
Dominanzgrad D 91
dominieren D 692
Dominieren D 689
dominierend D 691
Donath-Landsteiner-Antikörper D 693
Donath-Landsteiner-Test D 694
Donator D 699
Donnan-Gleichgewicht D 697
Donnan-Verteilung D 696
Donné-Körperchen D 698
Donor D 699
Donor-DNA D 702
Donorstamm D 707
Donovan-Körperchen D 709
Dopa D 464
Dopachinon D 713
Dopa-Decarboxylase D 710
Dopamin D 711
Dopamin-β-hydroxylase D 712
Dopamin-β-monooxygenase D 712
Dopase D 712
Dopingmittel D 714
Doppelantikörper D 727
Doppelantikörpermethode D 729
Doppelantikörperpräzipitation D 728
Doppelbestimmung D 734
Doppelbindung D 732
Doppelblindversuch D 731
Doppelbrechung D 745
Doppeldiffusion D 735
Doppelfärbung D 747
Doppelhalskolben T 680
Doppelhelix D 739
Doppelimprägnation D 740
Doppelmarkierung D 741
Doppelsalz D 746
Doppelsäule D 733
Doppelschicht D 742
Doppelsonde D 743
Doppelstrahlspektralphotometer D 730
doppelt D 726
doppelt destilliertes Wasser D 737
doppelte Radialimmundiffusion D 744
doppelwandig D 748
Dornenzelle S 743
Dosierapparat D 723
dosieren D 717
Dosieren D 716
Dosierer D 723
Dosierfehler W 114
Dosiergerät D 723
Dosierpumpe D 724
Dosierspritze D 725
Dosierung D 716
Dosimeter D 720
Dosimetrie D 722
dosimetrisch D 721
Dosis D 718
Dosisleistung D 719
Dosismesser D 720
Dosismessung D 722
Dosisrate D 719
Douglas-Kanüle D 748a
Douglas-Punktat P 1178
Douglas-Punktion P 1188
DPA D 519
DPN⁺ N 135
Drabkin-Lösung D 749
Drachenwurm D 750
Draht W 92
Drahtnetz W 93
Drain D 751
Drainage D 752
Drainagerohr D 751
drehen / sich R 480
Drehungswinkel A 774
Drehwurm C 704
Drehzahl N 320
Dreifachbestimmung T 583
Dreifachbindung T 578
Dreifachfärbung T 580
Dreifuß T 584
Dreigläserprobe T 245
Dreihalskolben T 247
Dreischichtensputum T 246
Dreiwegehahn T 248
dreiwertig T 593
Dreiwertigkeit T 592
Drepanozyt D 753
Drift D 758
driften D 757
Drigalski-Conradi-Agar D 759
Drigalski-Schale D 760
Drigalski-Spatel D 761
dringlich U 110
dringliche Diagnostik U 111
dringliche Laboratoriumsdiagnostik U 112
Dringlichkeit U 109
Druck P 914
Druckfilter P 916
Druckflasche P 915
Druckgasflasche P 915
Druckgefäß P 919
Druckluft C 852
Druckmesser M 109
Druckmessung M 111
Druckminderungsventil R 221
Druckpumpe P 917
Drucksterilisation A 1131
Druckventil P 918
Drumstick D 781
Drüsengewebe G 197
Drüsenpunktat G 194
Drüsenpunktion G 195
Drüsensekret G 196
Drüsenzelle G 193
dTD D 192
dThd T 305
dTMP D 193
dTTP D 194
dUDP D 196
Dulcit G 4
dUMP D 197
Dunkelfeld D 12
Dunkelfeldbeleuchtung D 13
Dunkelfeldmikoskop D 14
Dunkelfeldmikroskopie D 15
Dunkeln aufbewahren / im K 22
Dunkelreaktion D 16
Dunkelstrom D 11
dünn T 200
Dünndarmbiopsie S 455
Dünndarmenzym S 457
Dünndarminhalt S 456
Dünndarmintubation S 458
Dünndarmschleimhaut S 459
dünner Ausstrich T 210
dünne Schicht T 202
Dünnfilmchromatographie T 206
dünnflüssig T 201
Dünnschichtchromatogramm T 203
Dünnschichtchromatograph T 204
Dünnschichtchromatographie T 206
dünnschichtchromatographisch T 205
dünnschichtchromatographisch getrennt S 235
Dünnschichtelektrophorese T 207
Dünnschicht-Gelchromatographie T 208
Dünnschicht-Gelfiltration T 208
Dünnschichtplatte T 209
Dünnschliff M 534
Dünnschnittverfahren M 551
dünnwandig T 211
Duodenalinhalt D 806
Duodenalsaft D 807
Duodenalsonde D 808
Duodenalsondierung P 949
Duokrinin D 805
Duplicase R 304
Duplikation D 809
durchdringen P 252
Durchdringung P 253
durchfallendes Licht T 507
durchfärben D 822
Durchfärben P 169
Durchfärbung P 169
durchfließen F 239
Durchfließen F 228
Durchfluß F 228
Durchflußchromatogramm F 242
Durchflußchromatographie F 243
Durchflußelektrophorese F 245
Durchflußgeschwindigkeit F 236
Durchflußkolorimeter F 244
Durchflußküvette F 240
Durchflußmesser F 234
Durchflußpolarimeter F 246
Durchflußzählrohr F 229
Durchflußzelle F 240
Durchflußzentrifuge F 241
Durchflußzytometer F 230
Durchflußzytometrie F 231
durchlässig P 250, P 735
Durchlässigkeit P 249, P 734
Durchlässigkeitskoeffizient C 701
Durchlaufchromatographie C 947
Durchlichtmikroskop T 508
Durchmesser D 315
Durchsatzgeschwindigkeit F 236
durchschnittliche Abweichung M 174
Durchschnittswert M 176
durchsichtig T 510
Durchsichtigkeit T 509
Durchströmen F 228
durchströmen F 239
Durchströmung P 224
Durchströmungsgeschwindigkeit F 236
Durchströmungsmesser F 234
durchtränken I 136
Durchtränkung I 138
Durstversuch C 866
Düse N 252
dUTP D 198
dXDP D 200
dXMP D 201
dXTP D 202
Dynamik D 825
dynamisch D 823
dynamisches Gleichgewicht D 824
Dynein D 826
Dysenteriebakterie D 827
dysgonische Kultur D 828
D-Zelle D 127

E

EAC-Rosettenbildungstest E 1
Eagle-Lösung E 2
„early immune antibody" E 5
Eaton-Virus P 609
EBK I 506
Ebola-Virus E 14
Ebullioskopie E 15
EBV E 369
Echinokokke C 174
Echinokokkenantigen E 18
Echinokokkenblase E 19
Echinokokkenzyste E 19
Echinozyt E 20
ECHO-Virus E 21
E-Chromosom E 22
Echtgelb F 26
Edelgas I 230
Edelmetall N 192
EDTA E 503
EDTA-Blut E 32
EDTA-Clearance E 34
EDTA-Plasma E 35
EDTA-Puffer E 33
effektive Thyroxinrate F 366
Effektivität E 38
Effektor E 36
Effektorzelle E 37
Ehrlich-Fingerversuch F 171
Ehrlich-Reagens E 43
Ehrlich-Reaktion E 42
Ei E 39
EIA E 299
Eialbumin O 170
eiartig O 180
eichen , A 281
Eichen , A 282
eichen C 51
Eichen C 52
Eichfaktor C 56
Eichfehler C 55
Eichkoeffizient C 56
Eichkurve C 54
Eichlösung C 59
Eichmarke C 57
Eichmaß G 106
Eichmaterial C 58
Eichpuffer C 53
Eichstrich C 57
Eichsubstanz C 58
Eichung A 282, C 52

Eicosanpentaensäure E 44
Eicosansäure A 974
Eicosantetraensäure A 975
Eidotter Y 16
Eierstock O 173
Eierstockpunktion O 172
eiförmig O 180
Eigelb Y 16
Eigelbagar E 41
Eigenabsorption S 191
Eigenblut P 158
Eigenfluoreszenz A 1132
Eigenhemmung A 1139
Eikultur C 1167
Eileiter U 215
Einährboden E 40
einbetten E 165
einbetten / in Paraffin E 168
Einbettung E 166
Einbettungsmasse E 167
Einbettungsmittel E 167
einbrennen B 605
Einbrennen B 606
einbringen I 419
Einbringen I 420
eindampfen / im Vakuum E 522
eindampfen / zur Trockne E 521
eindimensionale Chromatographie O 43
Einfachbindung S 412
einfache Destillation S 406
einfache Diffusion F 360
einfache radiale Immundiffusion M 94
einfaches Eiweiß S 407
einfaches Protein S 407
Einfachfärbung S 408
Einfachzucker M 704
Einfallswinkel A 773
einfarbig M 678
einfrieren F 367
Einfrieren F 370
Einfülltrichter F 124
Eingeweidewurm H 200
Einhängethermostat S 1147
Einheit U 59
Einheitsmembran E 147
Einkanalanalysator S 415
Einkanalgerät S 416
einkernig M 698
Einlaßventil I 293
Einmalgebrauchsartikel D 613
Einmalgebrauchskanüle D 612
Einmalgebrauchsküvette D 611
Einmalgebrauchsreagenzröhrchen D 615
Einmalgebrauchsspritze D 614
einmolare Lösung M 645
Einphasenbestimmung O 44
Einphasensystem H 382
einphasisch M 701
Einrichtung E 382
einritzen S 131
einsaugen A 22
Einsaugen A 28
Einschalenanalysenwaage S 420
Einschichtgewebekultur M 693
Einschichtzellkultur M 692
Einschluß I 155
Einschlußkörperchen I 156
Einschlußverbindung I 157
Einsporenkultur M 706
einspritzen I 287
Einspritzung I 288
einstellen / auf Null A 284
einstellen / auf pH . . . A 283
Einstichstelle P 1191
Einströmventil I 293
Einstufenmethode O 44
Eintauchelektrode D 542
eintauchen D 513
Eintauchen D 514
Eintauchkolorimeter D 543
Eintauchrefraktometer D 544
Eintauchthermostat D 546
einträufeln I 326
Einträufeln I 327
Eintrittsspalt E 275
eintröpfeln I 326
Eintröpfelung I 327
Einwaage W 55
einwässern W 18
Einwässern W 28
Einwegartikel D 613
Einweghahn S 423
Einwegkanüle D 612
Einwegküvette D 611
Einwegmaterial D 613
Einwegreagenzröhrchen D 615
Einwegspritze D 614
einwertig M 709
Einwertigkeit M 708
einwirken A 189
Einwirkung A 196
Einwirkungsdauer E 589
Einwirkungszeit E 589
Einwirkzeit E 589
Einzelanalyse S 411
Einzelbestimmung S 417
Einzeldestillation S 418
Einzeldosis S 419
Einzeller P 1131
einzellig M 676
Einzellkultur S 414
Einzelprobe S 421
Einzeltest S 422
Einzelzelle S 413
Eisbad I 2
Eisen I 503
Eisenagar K 78
Eisenalbuminat I 504
Eisenbakterie I 505
eisenbindendes β_1-Globulin I 507
Eisenbindungskapazität I 506
Eisenbindungsreaktion I 508
Eisen(II)-chlorid I 509
Eisen(III)-chlorid I 510
Eisenchloridprobe F 60
Eisenclearance I 511
Eisendichlorid I 509
Eisengehalt I 514
Eisenhämatoxylin I 516
Eisen-Hämatoxylin-Färbung I 517
Eisen(II)-hämoglobin H 55
Eisen(III)-hämoglobin H 35
Eisen(II)-iodid I 518
Eisen(II)-lactat I 519
Eisennachweis I 515
Eisen(II)-nitrat I 520
Eisen(III)-nitrat I 521
Eisenoxid I 522
Eisenphosphat I 523
Eisenporphyrin I 524
Eisen(II)-protoporphyrin H 1
Eisen(III)-protoporphyrin H 37
eisenreich R 442
Eisenresorptionstest I 525
Eisensulfat I 526
Eisentrichlorid I 510
Eisen(II)-Verbindung I 512
Eisen(III)-Verbindung I 513
Eisessig G 189
eisgekühlt I 3
Eiswasser I 4
Eiter P 1219
Eiterbläschen P 1222
Eitererreger P 1230
Eiterexsudat P 1217
Eiterkörperchen P 1220
Eitersediment P 1218
Eitertropfen P 1216
Eiterzelle P 1220
eitrig P 1215
Eiweiß P 1065
Eiweißabbau P 1106
eiweißabbauend P 1108
eiweißabbauendes Enyzm P 1067
Eiweißanalyse P 1066
Eiweißbestimmung P 1079
Eiweißchemie P 1071
Eiweißdenaturierung P 1078
Eiweißelektrophorese P 1081
Eiweißextrakt P 1082
Eiweißfaktor P 1083
Eiweißfällung P 1097
Eiweißfraktion P 1084
Eiweißfraktionierung P 1085
eiweißfrei P 1086
eiweißfreies Filtrat P 1088
Eiweißgehalt P 1077
eiweißhaltig P 1076
Eiweißhormon P 1103
Eiweißhydrolysat P 1089
Eiweißkette P 1070
Eiweißkomponente P 1072
Eiweißkonzentration P 1074
Eiweißkörper P 1065
Eiweißlösung P 1098
Eiweißmolekül P 1092
Eiweißnachweis P 1101
Eiweißprobe P 1101
Eiweißpuffer P 1069
Eiweißquotient A 421
eiweißspaltend P 1108
Eiweißspaltung P 1106
Eiweißstein P 1075
Eiweißstickstoff P 1093/4
Eiweißstruktur P 1099
Eiweißsubstrat P 1100
Eiweißverbindung P 1073
Eiweißzerfall P 1106
Eizelle O 184
Ejakulat E 45
ekkriner Schweiß E 16
Ektoantigen E 24
Ektoantikörper E 23
Ektoenzym E 25
Ektohämolysin E 26
Ektoparasit E 27
Ektophyt E 28
Ektoplasma E 29
Ektoplast E 29
Ektosit E 27
Ektotoxin E 30
Ektozoon D 225
Ektozytoplasma E 29
Elaidinsäure E 46
Elainsäure E 46
Elast E 52
Elastase E 47
Elastikafärbung E 49
Elastin E 51
Elastinase E 47
elastisch E 48
Elastizität E 50
Elastomer E 52
Elastomeres E 52
Eleidin E 141
Elek-Test E 142
Elektivfärbung E 54
Elektivnährboden E 53
elektrisch E 55
elektrische Energie E 57
elektrische Leitfähigkeit E 56
elektrischer Widerstand E 61
elektrisches Feld E 58
elektrische Spannung E 62
elektrisches Potential E 60
Elektrizität E 59
Elektroanalyse E 63
Elektroblotting E 64
Elektrochemie E 68
elektrochemisch E 65
elektrochemische Analyse E 66
elektrochemisches Potential E 67
Elektrochromatographie E 69
Elektrode E 71
Elektrodekantation E 73
Elektrodekantierung E 73
Elektrodenabstand I 349
Elektrodenoberfläche E 76
Elektrodenpotential E 74
Elektrodenpuffer E 72
Elektrodermatom E 75
Elektrodialysator E 77
Elektrodialyse E 78
Elektrodialysegerät E 77
Elektroendosmose E 122
Elektrofokussierung E 79
Elektroimmundiffusion E 81
Elektroimmunoassay E 80
elektrokinetisches Potential E 82
Elektrokoagulographie E 70
Elektrolyse E 83
Elektrolysezelle E 87
Elektrolyt E 84
elektrolytisch E 86
elektrolytische Dissoziation E 89
elektrolytische Leitfähigkeit E 88
elektrolytische Trennung E 90
elektrolytische Zelle E 87
Elektrolytlösung E 85
elektromagnetisches Feld E 91
elektromagnetische Strahlung E 92
Elektrometer E 93
elektrometrisch E 94
elektromotorische Kraft E 95
Elektron E 96
elektronegativ E 101
Elektronenabgabe D 695
Elektronenabtastmikroskop S 95
Elektronenabtastmikroskopie S 96
Elektronenakzeptor E 97
Elektronenaustausch E 102
Elektronenaustauschchromatographie E 103
Elektronenaustauscher E 104
Elektronenaustauschharz E 104
Elektroneneinfang E 99
Elektronenemission D 695
Elektronenmikroskop E 111
Elektronenmikroskopie E 112
Elektronenpaar E 113
Elektronenresonanz E 117
Elektronenspektroskopie E 109
Elektronenspektrum E 110
Elektronenspin E 118
Elektronenspinresonanz E 114
Elektronenspinresonanzspektroskopie E 115
Elektronenspinresonanzspektrum E 116
Elektronenstrahl E 98
Elektronentransportpartikel E 120
Elektronenüberträger E 100
Elektronenübertragung E 119
Elektronenvolt E 121
Elektronik E 108

elektronisch E 105
elektronische Mikrowaage E 107
elektronischer Zähler E 106
Elektroosmose E 122
elektroosmotische Beweglichkeit E 123
Elektropherogramm E 124
Elektropherographie E 125
Elektrophorese E 126
Elektrophoresegerät E 127
Elektrophoresekammer E 128
Elektrophoresesäule E 129
Elektrophoreseverfahren E 131
elektrophoretisch E 130
elektrophoretisch auftrennen S 233
elektrophoretische Auftrennung E 135
elektrophoretische Beweglichkeit E 133
elektrophoretisches Potential E 134
elektrophoretische Trennung E 135
elektrophoretische Wanderungsgeschwindigkeit E 132
elektrophoretisch trennen S 233
Elektrophotometer E 136
elektropositiv E 137
Elektropräzipitation E 138
Elektrorheophorese E 139
Elektrosynärese E 140
Elektrosynhärese E 140
Element E 143
elementar E 144
Elementaranalyse E 145
elementarer Phosphor E 149
Elementarkörperchen E 146
Elementarmembran E 147
Elementarteilchen E 148
ELIA E 150
ELISA E 151
Elliptozyt E 152
Elternstamm P 109
El-Tor-Vibrio E 153
Eluat E 154
Eluent E 155
eluieren E 156
Eluieren E 157
Eluierungstechnik E 163
Elution E 157
Elutionsanalyse E 158
Elutionsbande E 159
Elutionschromatographie E 160
Elutionskurve E 161
Elutionsmittel E 155
Elutionstechnik E 163
Elutionsvermögen E 162
Embryo E 169
embryonal E 170
Embryonalgewebe E 172
Embryonalzelle E 171
EMC-Virus E 196
Emesma V 168
Emetin E 179
Emission E 180
Emissionsmikroskop E 181
Emissionsspektralanalyse E 187
Emissionsspektrographie E 182
Emissionsspektrometer E 183
Emissionsspektrometrie E 184
Emissionsspektroskopie E 185
Emissionsspektrum E 186
emittieren E 188
EMK E 95
Emmons-Test E 189
Empfängerblut R 178
Empfängerplasma R 179
Empfängerserum R 180
empfängnisverhütendes Mittel C 949
Empfehlung R 184
empfindlich S 220
Empfindlichkeit S 221
Empfindlichkeitsbereich S 224
Empfindlichkeitsfaktor S 222
Empfindlichkeitsgrad D 100
Empfindlichkeitsgrenze S 223
Empfindlichkeitsschwelle S 223
Empfindlichkeitstest S 225
Emphysembacillus W 64
empirisch E 190
empirische Formel T 432
Emplastrum P 558
Emulgator E 192
Emulgens E 192
Emulgieren E 191
emulgieren E 193
Emulgiermittel E 192
Emulgierung E 191
Emulsion E 194
Emulsionskolloid E 195
Emulsoid E 195
Encephalon B 517
Enddarm R 200
Endergebnis F 156
Endgruppe E 197
Endkonzentration F 154
Endo-Agar E 215
Endoallergen E 198
Endoantigen E 199
endobronchiale Biopsie E 200
Endoenzym C 282
endogen E 203
endokrin E 201
Endokrinologie E 202
Endolysin E 204
Endometrium E 206
Endometriumbiopsie E 205
Endometriumzytologie E 207
Endonuclease E 208
Endoparasit E 209
Endopeptidase E 210
Endophyt E 211
Endoplasma E 212
endoplasmatisch E 213
Endoprotease E 210
Endoradiosonde I 398
Endorphin E 214
Endosit E 209
Endoskop E 216
endoskopische Biopsie E 217
Endosmose E 218
endosmotisch E 219
Endospore E 220
Endothel E 224
endothelial E 221
endothelialer Leukozyt E 222
Endotheliozyt E 223
Endothelzelle E 223
endotherm E 225
endotherme Reaktion E 226
endothermisch E 225
Endotoxin E 227
Endotoxintest E 228
Endotrichophytin E 229
Endotrypsin E 230
Endozyt K 87
Endozytoplasma E 212
Endprodukt F 155
Endpunkt E 231
Endpunktbestimmung E 232
Endresultat F 156
Endstadium F 157
endständig T 71
Endtemperatur F 159
Endtiter F 160
Endvolumen F 161
Endzustand F 158
Energie E 233
Energiebedarf E 238
Energiebilanz E 234
Energieniveau E 236
Energiepotential E 237
Energiequelle E 239
Energietransformation E 242
Energietransport E 241
Energieübertragung E 241
Energieumformung E 242
Energieumsatz E 243
Energieumwandlung E 242
Energieverbrauch E 235
Energieverlust L 413
Energiezufuhr E 240
Enghalsflasche N 24
Enghalsmeßkolben N 25
Engler-Kolben E 244
engporig F 168
Enkephalin E 245
Enol E 246
Enolase E 247
Enoyl-CoA-hydratase E 248
Enoylhydratase E 248
entaktivieren I 144
Entaktivierung I 146
Entamoeba E 256
Entamoeba coli E 257
Entamoeba hartmanni E 259
Entamoeba tenuis E 259
enteiweißen D 217
Enteiweißen D 216
Enteiweißung D 216
enterales Hormon G 98
Enteramin S 289
Enterobiopsie S 455
enterochromaffine Zelle E 262
Enterogastrin E 266
Enterogastron E 267
Enteroglucagon E 268
Enterohormon G 98
Enterokinase E 269
Enterokokke E 263
Enterokrinin E 264
Enteropeptidase E 269
Enterotoxin E 270
Enterovirus E 271
Enterozentese I 397
Enterozoon I 394
Enterozyt E 265
entfärben D 59
Entfärben D 58
entfärbt D 57
Entfärbung D 58
Entfärbungsflüssigkeit D 60
Entfärbungsgrad D 87
Entfärbungslösung D 60
Entfärbungsmittel D 56
entfetten D 80
Entfetten D 81
Entfettung D 81
Entfettungsmittel D 82
Entfeuchter E 592
entflammbar I 243
Entflammbarkeit I 242
entflammen I 19
Entflammen I 20
enthaaren E 350
Enthaarung E 352
Enthalpie E 272
enthärten S 549
Enthärten S 550
Enthärter S 551
Enthärtung S 550
Enthärtungsmittel S 551
entionisieren D 122
entionisiertes Wasser D 123
Entionisierung D 121
entkalken D 42
Entkalkung D 41
entkeimen S 873
entkeimt S 874
Entkeimung S 869
Entkeimungsfilter S 875
Entkeimungsfiltration F 153
Entkeimungszeit S 880
Entkoppler U 50
Entladung D 562
entlüften D 32
Entlüften D 33
Entlüfter D 34
Entlüftung D 33
Entnahme T 10
Entnahmestelle D 566
Entnahmetechnik D 565
entnehmen T 8
entnehmen / eine Probe S 46
Entnehmen T 10
Entomologie E 273
entparaffinieren D 204
Entparaffinieren D 203
Entparaffinierung D 203
Entropie E 276
entsalzen D 228
Entsalzen D 229
Entsalzung D 229
entseuchen D 579
Entseuchen D 582
Entseuchung D 582
Entwässerer D 107
entwässern D 105
Entwässern D 106
Entwässerung D 106
Entwässerungsmittel D 107
entwickeln D 263
Entwicklung D 264
entzündbar I 243
Entzündbarkeit I 242
entzünden I 19
Entzünden I 20
entzündungshemmendes Mittel A 906
Entzündungszelle I 244
Enzephalomyokarditisvirus E 196
Enzym E 285
Enzymaktivator E 287
Enzymaktivierung E 286
Enzymaktivität E 288
Enzymanalysator E 289
Enzym-Antikörper-Konjugat E 290
Enzym-Antikörper-Technik E 291
enzymatisch E 277
enzymatische Aktivität E 288
enzymatische Analyse E 278
enzymatische Aufspaltung E 279
enzymatische Einheit E 320
enzymatische Hydrolyse E 280
enzymatische Methode E 282
enzymatische Reaktion E 312
enzymatische Spaltung E 279
enzymatisches Verfahren E 282
enzymatische Untersuchung E 281
Enzymblock E 302
Enzymdiagnostik E 297
Enzymeinheit E 320
Enzymelektrode E 298
Enzymfreisetzung E 313
enzymgebundener Immunosorbent-Test E 151
Enzymgruppe G 470
Enzymhemmer E 303

Enzymhemmung E 302
Enzymimmunelektrophorese E 321
Enzymimmunoassay E 299
Enzymimmunologie E 300
Enzyminaktivierung I 147
Enzyminduktion E 301
Enzyminhibierung E 302
Enzyminhibitor E 303
Enzymisolierung E 304
Enzymkette E 293
Enzymkinetik E 305
Enzymkomplex E 294
Enzymkonjugat E 296
Enzymkonzentration E 295
Enzymmarker E 306
enzymmarkierter Immunoassay E 150
Enzymmuster E 283
Enzymnomenklatur E 307
Enzymnummer E 308
Enzymogen Z 19
Enzymologie E 322
Enzympräparat E 309
Enzymprofil E 283
Enzymprotein E 284
Enzymquotient E 311
Enzymreaktion E 312
Enzymreinigung E 310
Enzymspezifität E 314
Enzymstabilität E 315
Enzym-Substrat-Gemisch E 317
Enzym-Substrat-Komplex E 316
Enzym-Substrat-Reaktion E 318
Enzymsystem E 319
Enzymtest E 292
Eosin E 323
Eosin-Latex-Fixationstest E 324
Eosin-Methylenblau E 325
Eosin-Methylenblau-Färbung E 326
Eosinoblast E 336
eosinophil E 330
Eosinophilenzahl E 328
Eosinophilenzählung E 329
Eosinophiler E 333
eosinophiler chemotaktischer Faktor E 327
eosinophiler Erythroblast E 331
eosinophiler Granulozyt E 332
eosinophiler Leukozyt E 333
eosinophiler Myelozyt E 334
eosinophiler Promyelozyt E 335
Eosinophiloblast E 336
Eosinophilopoetin E 337
Eosinophilopoietin E 337
Eosinozyt E 332
Eosintest E 338
Eosin-Vitalitätstest E 338
Ependymozyt E 339
Ependymzelle E 339
EPF E 559
Ephedrin E 340
Ephedrinhydrochloridlösung E 341
Epiandrosteron E 342
Epidemiologie E 345
epidemiologisch E 344
Epidermis E 347
Epidermiszelle E 346
Epidermoidzelle E 348
Epidermophyt E 349
Epikutanprobe E 343
Epilation E 352
Epilationspinzette E 351
epilieren E 350
Epilierung E 352
Epimerase E 353
Epimerie E 354
Epinephrin A 294
Epinephron A 292
Epiphysenhormon E 355
Epiphyt E 349
Episom E 356
Epithel E 361
Epithelgewebe E 361
epithelial E 357
Epithelkörperchen P 100
Epitheloidzelle E 362
Epithelschutzvitamin R 367
Epithelzelle E 359
Epithelzellkultur E 360
Epithelzylinder E 358
Epitop E 363
Epizoon E 364
Epizyt E 359
Epoxid E 365
Epoxidharz E 367
Epoxidhydrolase E 366
Epsilon-Zelle E 368
Epstein-Barr-Virus E 369
Erbanlage G 131
Erbeinheit G 131
Erbfaktor G 131
Erbinformation G 153
Erbrochenes V 168
Erdalkalimetall A 484
erforschen I 433
Erforschung I 434
Ergamin H 319
Ergastoplasma E 388
Ergebnis R 352
Ergocalciferol E 389
Ergosom P 706
Ergosterol E 390
Ergotamin E 391
Ergothionein E 392
Erhaltungsmedium M 61
erhitzen H 163
Erhitzen H 174
Erhitzen im Wasserbad H 176
Erhitzung H 174
Eriochromcyanin E 394
Eriochromschwarz T E 393
erkalten lassen A 534
erkrankt I 23
Erkrankung D 577
Erkrankungshäufigkeit M 717
Erkrankungsrate M 718
Erkrankungsziffer M 718
Erlenmeyer-Kolben E 395
ermitteln D 257
Ermittlung D 254
Ernährung N 325
Ernährungszelle T 598
Ernährungszustand N 326
erproben T 76
Erprobung T 77
errechnen C 48
Errechnung C 49
Erreger P 150
Erregernachweis G 169
Ersatz S 1022
Ersatzstoff S 1020
Erscheinung S 1172
ersetzbar S 1019
Ersetzbarkeit S 1018
ersetzen S 1021
Ersetzen S 1022
Erste Hilfe F 177
Erstmilch C 770
Erucasäure E 398
erwachsen A 325
Erwachsener A 324
erwärmen H 163, W 6
Erwärmen W 9
Erwärmung W 9
Erwartungswert E 564
erworbenes Immundefektsyndrom A 393 a
Ery E 402
Erysipelothrix E 399
Erythrit E 400
Erythroblast E 401
Erythrocuprein H 41
Erythrodextrin E 436
Erythrogenin E 437
Erythrogranulose D 276
Erythrohämometer E 432
Erythrokaryozyt E 438
Erythrokinetik E 439
Erythrolysin H 74
Erythromycin E 440
Erythrophage E 441
erythrophil E 442
Erythroplastin E 431
Erythropoesefaktor E 443
Erythropoetin E 443
Erythropoietin E 443
Erythropsin R 409
Erythrose E 444
Erythrose-4-phosphat E 445
Erythrosin E 446
Erythrothionein E 392
Erythrotoxin E 447
Erythrozyt E 402
erythrozytär E 430
Erythrozytenagglutination H 6
Erythrozytenaggregation B 422
Erythrozytenantigen E 404
Erythrozytenantikörper E 403
Erythrozytenautoantikörper E 405
erythrozytenbeladener Makrophage E 441
Erythrozytendurchmesser E 411
Erythrozytenenzym E 413
Erythrozytenfärbeindex E 407
Erythrozytenfärbung E 425
Erythrozytenform E 423
Erythrozytenfragilität E 414
Erythrozytenfragment E 415
Erythrozytenfreßzelle H 88
Erythrozytengröße E 424
Erythrozyteninnenkörper H 194
Erythrozytenkonzentrat E 408
Erythrozytenlebensdauer E 417
Erythrozytenlipid E 418
Erythrozytenmarkierungsverfahren E 416
Erythrozytenmembran E 419
Erythrozytenresistenz E 420
Erythrozytenrestkonzentrat E 408
Erythrozytenresuspension E 421
Erythrozytenschatten G 177
Erythrozytensenkungsgeschwindigkeit E 422
Erythrozytenstroma E 426
Erythrozytensuspension E 428
Erythrozytenüberlebenszeit E 427
Erythrozytenverteilungskurve E 412
Erythrozytenvolumen E 429
Erythrozytenzahl E 409
Erythrozytenzählung E 410
Erythrozytenzerfall H 76
Erythrozytenzylinder E 406
Erythrozytin E 431
Erythrozytoblast E 401
Erythrozytolyse H 76
Erythrozytolysin H 74
Erythrozytometer E 432
Erythrozytometrie E 434
erythrozytometrisch E 433
Erythrozytopoese-Inhibitionsfaktor E 435
Erythrulose E 448
Esbach-Probe E 449
Esbach-Reagens E 450
Escherichia E 451
Eserin P 460
ESR E 114
ESR-Spektroskopie E 115
essentiell E 452
essentielle Aminosäure E 453
essentielle Fettsäure E 454
Essig V 94
Essigester E 493
essigsauer A 71
Essigsäure A 72
Essigsäurealdehyd A 61
Essigsäureamid A 63
Essigsäureamylester A 686
Essigsäureanhydrid A 74
Essigsäurebildung A 75
Essigsäurebutylester B 612
Essigsäureethylester E 493
Essigsäuremethylester M 383
Essigsäureprobe A 73
Ester E 456
Esterase E 457
Esterbilirubin D 549
Estercholesterol E 461
Esterfettsäure E 462
Estetrol E 464
Estradiol E 466
Estradiol-17β-dehydrogenase E 467
Estradioldipropionat E 468
Estran E 469
Estriol E 470
Estriolglucuronid E 471
Estrogen E 472
estrogenbindendes Protein E 473
estrogenes Steroid E 474
Estrogenspiegel E 475
Estron E 476
Estronsulfat E 477
Estronsulfotransferase E 478
Etalon G 106
Ethan E 479
Ethanal A 61
Ethanamid A 63
1,2-Ethandiamin E 501
1,2-Ethandiol E 504
Ethandisäure O 191
Ethanol E 480
Ethanolamin E 481
Ethanolfällung E 482
Ethanoltest E 483
Ethansäure A 72
Ethen E 499
Ethenol V 96
Ether E 484
Etherextraktion E 486
etherische Lösung E 485
etherisches Öl E 455
etherlöslich E 490
Etherlöslichkeit E 489
Etherprobe E 491
Etherschwefelsäure E 511
etherunlöslich E 488
Etherunlöslichkeit E 487
Ethin A 107
Ethinylestradiol E 492
Ethoxyethan D 364
Ethylacetat E 493
Ethylalkohol E 480
Ethylamin E 494

Ethylbenzen E 495
Ethylbromid E 496
Ethylbutyrat E 497
Ethylchlorid E 498
Ethylen E 499
Ethylenchlorhydrin E 500
Ethylendiamin E 501
Ethylendiaminotetraessigsäure E 503
Ethylendiamintetraacetat E 502
Ethylenglycol E 504
Ethylenoxid E 505
Ethylenreductase B 616
Ethylmalonsäure E 506
Ethylnitrat E 507
Ethylnitrit E 508
Ethylorange E 509
Ethylrot E 510
Ethylschwefelsäure E 511
Ethylviolett E 512
Etikett L 1
Etikettierung R 35
Etiocholan E 513
Etiocholanolon E 514
Etiocobalamin E 515
Etioporphyrin E 516
ETR F 366
Euchromatin E 517
Euchromosom A 1161
Euglobulin E 518
Euglobulintest E 519
Eukokzidie C 688
eV E 121
Evaporation E 524
Evaporator E 525
evaporieren E 520
Exfoliation E 549
Exfoliativzytologie E 550
Exitus D 40
Exkrement E 543
Exkret E 544
Exkretion E 545
Exkretionsenzym E 546
Exkretionsindex E 547
exkretorisch E 555
Exoallergen E 554
Exoantigen E 24
Exoantikörper E 23
Exoenzym E 25
exogen E 556
exogenes Allergen E 554
Exohämolysin E 26
exokrin E 555
Exonuclease E 557
Exopeptidase E 558
exophthalmusproduzierender Faktor E 559
Exoplasma E 29
Exosmose E 560
Exospore E 561
exotherm E 562
exotherme Reaktion E 563
exothermisch E 562
Exotoxin E 30
Expektoration E 566
expektorieren E 565
Experiment E 569
experimentell E 570
experimentelle Daten E 576
experimentelle Medizin E 573
experimenteller Fehler E 572
experimentieren E 568
Experimentieren E 577
Explantat E 578
Explantation E 579
Explantatkultur E 580
Explosionsgefahr H 152
Exponent E 583
Exponentialfunktion E 585
Exponentialkurve E 584
Expositionsdauer E 589
Expositionstest E 588
Expositionszeit E 589
Expreßanalyse R 112
Expreßdiagnostik R 114
Exprimat E 591
Exsikkation D 794
Exsikkator E 592
Exsudat E 623
Exsudatabsonderung E 624
Exsudation E 624
externe Qualitätskontrolle E 594
Extinktion E 595
Extinktionsdifferenz E 599
Extinktionsindex E 600
Extinktionskoeffizient E 596
Extinktionskonstante E 597
Extinktionskurve E 598
Extinktionsmessung E 601
Extinktionsmodul E 597
Extrachromosom E 604
extrahierbar E 608
Extrahierbarkeit f E 607
extrahieren E 605
Extrahieren E 610
Extrahierung E 610
Extrakt E 606
Extrakteur E 612
Extraktion E 610
Extraktionsanalyse E 611
Extraktionsapparat E 612
Extraktionschromatographie E 613
extraktionsfrei E 614
Extraktionsmethode E 615
Extraktionsmittel E 609
Extraktionsverfahren E 615
extraktive Destillation E 616
Extraktor E 612
Extrapolation E 619
extrapolieren E 618
Extrapolieren E 619
extrazellulär E 602
extrazelluläre Flüssigkeit E 603
extrazelluläres Enzym E 25
Extremum E 621
Extremwert E 621
Extremwertkontrolle E 622
Extrinsic-Faktor C 678
exzidieren E 537
Exzision E 538
Exzisionsbiopsie E 539
E-Zelle E 368

F

F F 281
Fab-Anteil F 1
Fab-Fragment F 1
Facharzt S 605
FAD F 208
Fadenbakterie T 244
fadenförmig T 243
Fadenpilz H 572
Fadenwurm N 62
Faeces F 13
Fäkalstein F 11
Faktor F 3
Faktor B E 515
Faktorenanalyse F 4
Faktorenserum F 7
fakultativ F 8
fällbar P 829
Fällbarkeit P 828
fällen P 831
Fällung P 833
Fällungsanalyse P 834
Fällungschromatographie P 835
Fällungsmittel P 830
Fällungsreagens P 830
Fällungsreaktion P 837
Fällungstitration P 834
Fällungszone P 838
falsch F 14
falsch negativ F 15
falsch positiv F 16
Faltenfilter P 513
Faltungsindex F 306
familiäres Antigen I 207
F-Antigen F 20
Farbänderung C 773
Farbausscheidungstest D 818
färbbar S 771
Färbbarkeit S 770
farbbeständig C 775
Farbbeständigkeit C 776
farbbildend C 536
Farbbildner C 535
Farbe C 772
Färbeautomat D 819
Färbebad D 815
Färbekoeffizient M 172
Färbeküvette S 775
Färbelösung S 778
Färbemethode S 776
Färbemittel D 814
farbempfindlich C 786
Farbempfindlichkeit C 787
färben C 771
Färben S 774
Farbentwicklung C 774
Färbetechnik S 776
Färbeverfahren S 776
Farbfilter C 777
Farbfleck C 788
Farbindikator C 778
Farbintensität C 779
farblos C 780
Farblosigkeit C 781
Farblösung D 821
Farbreagens C 785
Farbreaktion C 784
Farbskala C 783
farbstabil C 775
Farbstabilität C 776
Farbstandard C 789
Farbstärke C 779
Farbstoff D 814
Farbstofflösung D 821
Farbstoffmethode D 817
Farbstoffsediment D 820
farbstofftragend C 544
Farbstoffträger C 543
Farbstoffverdünnungskurve D 816
Farbstoffverdünnungsmethode D 817
Farbumschlag C 773
Färbung S 774
Farbzelle C 534
Fasereiweiß F 115
Fasergewebe F 116
faserig F 114
faseriges Protein F 115
Faserprotein F 115
Faserzelle F 82
Fassungsvermögen C 77
Fasten F 21
FAT F 268
Fäulnisbakterie P 1225
Faust-Methode F 43
Fäzes F 13
Fäzesexkretionstest F 9
Fc-Anteil F 44
Fc-Fragment F 44
F-Chromosom F 45
Fd-Anteil F 47
Fd-Fragment F 47
fd-Phage F 46
Fe I 503
Federwaage S 742
Fehler E 396
Fehlergrenze L 262
fehlerhaft F 14
Fehlerquelle S 596
Fehlerrate E 397
Fehlerwahrscheinlichkeit E 397
Fehling-Lösung F 49
Fehling-Probe F 50
Feile F 123
Feinchemikalie F 163
Feinfilter F 164
feinkörnig F 165
feinmaschig F 166
Feinnadelbiopsie F 167
feinporig F 168
Feinstruktur M 544
fein verteilen D 597
fein verteilt D 598
Feld F 117
Feldelektronenmikroskop F 118
Feldemissonsmikroskop F 118
Feldversuch F 120
Felix-Weil-Reaktion F 51
feminin F 53
Ferment E 285
Fermentation F 56
fermentativ E 277
Fermenteiweiß E 284
fermentieren F 55
Fermentieren F 56
Fermentierung F 56
Fermentreaktion E 312
Ferredoxin F 59
Ferricytochrom F 61
Ferrihämoglobin H 35
Ferrioxamin F 62
Ferrioxidase C 8
Ferritin F 63
Ferrobakterie I 505
Ferrochelatase F 64
Ferroflokkulation F 65
Ferroin F 66
Ferrokinetik F 67
Ferroprotoporphyrin H 1
Ferrozyt S 368
Fertigmedium F 172
Fertignährboden F 172
Fertigpräparat F 173
Fertigreagens P 893
Fertilisationsantigen F 20
Fertilitätsdiagnostik F 68
Fertilitätsindex F 69
Fertilitätsvitamin T 398
feste Phase S 556
fester Nährboden S 554
fester Träger S 562
fester Zustand S 561
Fest-Flüssig-Chromatographie S 555
Festkörper S 553
Festphase S 556
Festphasenfluoroimmunoassay S 558
Festphasenimmunoassay S 559
Festphasen-Komplementbindungstest S 557
Festphasenradioimmunoassay S 560
Fet F 79
fetal F 70

Fetalblutanalyse F 72
fetales Blut F 71
fetales Gewebe F 74
fetales Hämoglobin H 62
fetale Zelle F 73
fetopankreatisches Antigen F 75
α-Fetoprotein F 76
γ-Fetoprotein F 77
α-Fetoproteintest F 78
Fett F 27
Fettabbau L 300
fettähnlich L 295
Fettalkohol F 40
fettarm P 720
fettartig L 295
fettaufnehmend L 306
Fettbelastungstest F 31
Fettentzug D 81
Fettfarbstoff L 290
Fettfärbung F 35
fettfrei F 30
Fettgehalt F 29
Fettgewebe A 280
fetthaltig L 282
Fettkörnchenzylinder F 41
fettlöslich L 307
fettlöslicher Farbstoff F 32
fettlösliches Vitamin F 33
Fettlöslichkeit L 317
Fettlösungsmittel F 34
fettreich R 441
Fettsäure F 36
Fettsäureamid F 37
Fettsäureester F 39
Fettsäurekristall F 38
Fettsäurenadel F 38
fettspaltend L 301
fettspaltendes Enyzm L 303
Fettspaltung L 300
Fettstein F 42
Fettzelle F 28
Fettzylinder F 41
Fetus F 79
feucht M 632
Feuchte M 634
Feuchtegrad D 95
feuchte Kammer M 633
Feuchtgewicht W 79
Feuchtigkeit M 634
feuchtigkeitsbeständig M 637
Feuchtigkeitsgehalt M 635
Feuchtigkeitsgrad D 95
Feuchtigkeitsmesser H 563
Feuchtigkeitsverlust M 636
feuchtwarm D 8
feuerbeständig F 175
feuerfest F 175
feuergefährlich H 287
Feuerlöscher F 174
Feuerlöschgerät F 174
Feulgen-Lösung F 81
Feulgen-Reaktion F 80
FFS F 363
FIA F 233
Fibrille F 83
Fibrin F 84
Fibrinabbauprodukt F 108
Fibrinase C 646
Fibrinauflösung F 94
Fibrindegenerationsprodukt F 108
Fibringerinnsel F 86
Fibrinkonkrement F 85
fibrinlösend F 98
Fibrinmonomer F 87
Fibrinmonomerkomplex F 88
Fibrinogen C 631
Fibrinogenase T 262
Fibrinogenauflösung F 89
Fibrinogendegenerationsprodukt F 91
Fibrinogenolyse F 89
fibrinogenolytisch F 90
Fibrinogenspaltprodukt F 91
Fibrinoid F 92
Fibrinokinase F 93
Fibrinoligase C 646
Fibrinolyse F 94
Fibrinolyseinhibitor F 95
Fibrinolyseproaktivator P 552
Fibrinolysetest F 96
Fibrinolysin P 550
Fibrinolysininhibitor A 908
Fibrinolysokinase F 93
Fibrinolytikum F 97
fibrinolytisch F 98
fibrinolytische Aktivität F 99
fibrinolytisches Enzym F 100
fibrinolytisches Mittel F 97
fibrinolytisches Potential F 101
Fibrinopeptid F 102
Fibrinoplastin F 103
fibrinös F 104
fibrinöse Lymphe F 106
Fibrinpfropf F 86
Fibrinpolymer F 107
Fibrinspaltprodukt F 108
fibrinstabilisierender Faktor C 646
Fibrinstein F 85
Fibrinzylinder F 105
Fibroblast F 109
Fibroblastenkultur F 110
Fibroblastenwachstumsfaktor F 111
Fibronectin F 113
Fibroplastin F 103
fibrös F 114
fibröses Gewebe F 116
Fibrozyt F 112
Fiebermittel A 915
Fiebermücke A 808
fiebersenkendes Mittel A 915
Filament F 121
Filarie F 122
filiform T 243
Film F 125
Filmdicke F 128
Filmdosimeter F 126
Filmoxygenator F 127
Filter F 130
Filterkammer F 134
Filterkuchen F 133
Filtermittel F 137
filtern F 129
Filtern F 147
Filternutsche N 330
Filterpapier F 139
Filterphotometer F 141
Filterrückstand F 152
Filtersieb F 143
Filtertrichter F 136
Filterung F 147
Filtrat F 146
Filtratfaktor P 42
Filtration F 147
Filtration abtrennen/durch S 234
Filtrationsdruck F 150
filtrationsfähig F 144
Filtrationsfähigkeit F 131
Filtrationsfraktion F 149
Filtrationsgeschwindigkeit F 151
Filtrationskoeffizient F 148
Filtrierapparat F 132
filtrierbar F 144
filtrierbares Virus F 145
Filtrierbarkeit F 131
filtrieren F 129
Filtrieren F 147
filtrierfähig F 144
Filtrierfähigkeit F 131
Filtriergefäß F 135
Filtriergerät F 132
Filtriergeschwindigkeit F 151
Filtriermaterial F 137
Filtrierpapier F 139
Filtrierpapierkultur F 140
Filtrierrückstand F 152
Filtrierstativ F 142
Filtriertrichter F 136
Filzlaus M 726
Fingerbeere D 426
Fingerblut C 82
Fingernagel F 169
„fingerprint"-Methode F 170
„fingerprint"-Technik F 170
Fingerversuch F 171
Fischbandwurm F 179
Fischer-Baer-Ester G 329
Fischer-Ester G 329
Fischgift F 178
Fisteleiter F 180
Fistelmesser S 98
Fistelsekret F 181
FITC F 255
Fixation F 185
Fixierbad F 188
fixieren F 184
Fixierlösung F 189
Fixierpinzette F 187
Fixierung F 185
Fixiervorrichtung F 186
Fläche A 977
Flächenchromatographie P 514
Flagellaten F 191
Flagellum F 192
Flamme F 193
Flammenfärbung F 195
Flammenionisationsdetektor F 196
Flammenphotometer F 197
Flammenphotometrie F 199
flammenphotometrische Bestimmung F 198
Flammenspektralanalyse F 200
Flammenspektralphotometer F 197
Flammenspektrometrie F 199
Flammenspektrophotometrie F 199
Flammenspektroskopie F 201
Flammenspektrum F 202
Flammenzelle F 194
Flammpunkt F 204
Fläschchen S 454
Flasche B 499
Flaschenhals B 501
Flaschenverschluß B 500
Flavin F 207
Flavinadenindinucleotid F 208
Flavincoenzym F 209
Flavinenzym F 210
Flavinmononucleotid F 211
Flavinnucleotid F 212
Flavobakterium F 213
Flavonoid F 214
Flavoprotein F 210
Flavovirus F 215
Fleck S 732
Fleckendurchmesser S 734
Fleckfieberrickettsie S 736
Fleischextrakt M 216
Fleisch-Pepton-Agar M 218
Fleischwasser M 217
Flexner-Bacterium P 61
Fliege F 290
Fliehkraft C 301
Fließbild F 237
fließen F 227
fließendem Wasser spülen/in R 454
fließendes Wasser R 506
Fließgeschwindigkeit F 236
Fließinjektionsanalyse F 233
Fließpapier B 445
Fließschema F 237
Flockung F 220
Flockungsmittel F 219
Flockungsreaktion F 221
Flockungstest F 222
Floh F 216
Flotation F 223
Flotationsmittel F 218
Flotationsreagens F 218
Flotationsverfahren F 225
flotieren F 217
Flotieren F 223
Flotolanreicherungsverfahren F 226
Flowmeter F 234
flüchtig V 149
Flüchtigkeit V 152
Flügelkanüle W 91
Fluor F 281
Fluorescamin F 249
Fluoressigsäure F 283
Fluoreszein F 251
Fluoreszeindilaurat F 252
Fluoreszeinfarbstoff F 253
Fluoreszeinisocyanat F 254
Fluoreszeinisothiocyanat F 255
Fluoreszeintest F 256
Fluoreszein-Vitalfärbung F 257
Fluoreszenz F 258
Fluoreszenzanalyse F 259
Fluoreszenzantikörpertechnik F 268
Fluoreszenzfärbung F 272
Fluoreszenzimmunoassay F 287
Fluoreszenzindikator F 269
Fluoreszenzlicht F 270
Fluoreszenzmesser F 277
Fluoreszenzmikroskop F 260
Fluoreszenzmikroskopie F 261
Fluoreszenzphotometrie F 262
Fluoreszenzpolarisation F 263
Fluoreszenzspektroskopie F 264
Fluoreszenzspektrum F 265
Fluoreszenzstrahlung F 271
fluoreszieren F 250
fluoreszierend F 266
fluoreszierender Antikörper F 267
fluoreszierender Erythrozyt F 275
fluoreszierender Farbstoff F 285
fluoreszierender Stoff F 273
Fluoreszin F 274
Fluoreszyt F 275
Fluorid F 276
Fluorimeter F 277
Fluorimetrie F 280
fluorimetrisch F 278
fluorimetrische Titration F 279
Fluorkohlenwasserstoff F 284
Fluorochrom F 285
Fluorochromfärbung F 272
Fluorochromierung F 272
Fluorogen F 286
fluorogenes Substrat F 286
Fluorometer F 277
Fluorometrie F 280
fluorometrisch F 278

Gamma-Zelle G 35
Gamozyt G 32
Ganglienblocker G 43
Ganglienzelle G 42
Ganglioblast G 41
Ganglionikum G 43
Ganglioplegikum G 43
Gangliosid G 44
Gangliotropikum G 43
Gangliozyt G 42
Ganzglasspritze A 522
Ganzmetallspritze A 523
gären F 55
Gärprobe F 57
Gärröhrchen F 58
Gärtner-Bacillus G 1
Gärung F 56
Gärungsprobe F 57
Gas G 45
Gas-Adsorptionschromatographie G 76
Gasadsorptionssäule G 46
Gasanalysator G 47
Gasanalyse G 48
Gasanalyseapparat G 47
Gasbildung G 64
Gasblase G 49
Gasbranderreger W 64
Gasbrenner G 51
Gasbürette G 50
Gaschromatogramm G 52
Gaschromatograph G 53
Gaschromatographie G 55
gaschromatographische Analyse G 54
gasdicht G 79
Gasdruck G 74
Gasdurchflußzähler G 63
gasdurchlässig P 251
Gasdurchlässigkeit G 71
Gaselektrode G 58
Gas-fest-Chromatographie G 76
Gasfilter G 61
Gasflasche G 57
Gas-flüssig-Chromatographie G 65
Gas-flüssig-fest-Chromatographie G 66
gasförmig G 59
gasförmige Phase G 72
gasförmiger Zustand G 60
Gasgemisch G 68
Gaskonstante G 56
Gasometrie G 70
gasometrisch G 69
Gasphase G 72
Gaspipette G 73
Gassner-Dreifachnährboden G 75
Gassterilisation G 77
Gassterilisator G 78
Gasströmung G 62
Gaster S 916
Gastrin G 93
Gastrinstimulationstest G 94
gastrisches inhibitorisches Peptid G 84
Gastrobiopsie S 917
Gastroferrin G 97
Gastrointestinalabsaugung G 99
gastrointestinales Hormon G 98
Gastrolavage G 88
Gastromucoprotein G 100
Gastron G 101
gastroskopische Biopsie G 102
Gastrotest A 161
Gastrozytogramm G 95
Gastrozytographie G 96
gasundurchlässig G 79
Gasvolumen G 103
Gaswaschflasche G 104
Gaszähler G 67
Gaucher-Zelle G 105
Gaumenabstrich P 12
Gauß-Kurve G 107
Gauß-Normalverteilung N 231
Gauß-Papier P 943
Gaußsche Verteilungskurve G 107
Gauß-Verteilung N 231
Gay-Lussacsches Gesetz G 111
Gaze G 108
Gazestreifen G 109
Gc-Globulin G 472
Gc-Gruppe G 472
GDP G 330, G 493
Gebärmutterschleimhaut E 206
Gebärmutterschleimhautbiopsie E 205
Gebrauchsanweisung O 53
gebrauchsfertig R 162
Gebrauchslösung W 103
gebunden B 508
gebundene Energie B 510
Geburtsgewicht B 315
Gefahrenklasse D 9
gefärbtes Präparat S 773
Gefäß V 84
Gefäßbildungszelle A 766
geflammte Plasmazelle F 194
Gefrierätzung F 369
gefrieren F 367
Gefrieren F 370
gefriergetrocknet L 495
Gefrierkonservierung C 1134
Gefriermikrotom F 371
Gefrierpunkt F 372
Gefrierpunktbestimmung C 1138
Gefrierpunktmesser C 1136
Gefrierpunktserniedrigung F 373
Gefrierschnitt F 397
Gefriersubstitution F 374
gefriertrocknen L 494
Gefriertrockner F 368
Gefriertrocknung L 493
Gefriertrocknungsanlage F 368
Gegenanzeige C 951
Gegendiffusion C 1061
Gegenfärbung C 954
Gegengift A 847
Gegenmittel A 847
Gegenstrom C 1057
Gegenstromdestillation R 198
Gegenstromelektrophorese C 1062
Gegenstromionophorese C 1059
Gegenstromprinzip C 1060
Gegenstromverteilung C 1058
Gegenwirkung C 1056
Gehirn B 517
Gehirnblasenwurm C 704
Gehirnquese C 704
Gehörgangsspülung E 11
Geiger-Müller-Zählrohr G 112
Geiger-Zähler G 112
G-E-Index G 441
Geißel F 192
Geißelantigen F 190
Geißelfaden F 192
Geißeltierchen F 191
gekoppelte Reaktion C 1069
gekoppelte Säulen C 1068
gekörnt G 431
gekörntes Gel G 435
gekreuzt C 1109
Gel G 113
geladen C 359
geladenes Teilchen C 360
gelartig G 129
Gelatinase G 117
Gelatinasetest G 118
Gelatine G 114
Gelatineagar G 115
Gelatineantikörper G 116
gelatineartig G 123
Gelatineeinbettung G 120
Gelatinenährboden G 119
Gelatineschicht G 122
Gelatinetest G 124
gelatinös G 123
gelb Y 11
gelber Kolbenschimmel Y 12
gelbes Blutlaugensalz P 781
gelbes Ferment F 210
Gelbfiebervirus Y 13
Gelbkörperhormon P 969
Gelbkörperreifungshormon L 460
Geldiffusionstest G 125
Geldrollenbildung der Erythrozyten B 422
Gelee G 114
geleeähnlich G 123
geleeartig G 123
Gelelektrophorese G 126
Gelenkflüssigkeit S 1175
Gelenkpunktion P 1187
Gelenkschmiere S 1175
Gelextraktion G 127
Gelfiltration G 128
Gelfiltrationschromatographie G 128
gelförmig G 129
Gelierungsmittel G 121
Gelose A 348
gelöst D 638
gelöster Stoff D 639
Gelpermeationschromatographie G 128
Gelpräzipitation G 130
Gemisch M 619
gemischt M 603
gemischte Lymphozytenkultur M 608
Gen G 131
Genaktivität G 132
Genanalyse G 133
Genauigkeit P 843
Genbank G 134
Genetik G 157
Genetiker G 154
genetisch G 149
genetische Information G 153
genetische Karte C 554
genetische Konstitution G 160
genetische Kopplung G 151
genetischer Faktor G 131
genetischer Kode G 150
genetischer Marker G 155
genetisches Material G 156
Genfrequenz G 136
Genin A 390
Genisolierung G 137
Genkarte C 554
Genkartierung G 140
Genkomplex G 135
Genkopplung G 151
Genlocus G 139
Genlokalisation G 138
Genmutation G 141
Genoblast G 158
Genom G 159
genormt S 792
Genort G 139
Genotyp G 160
Genpaar G 142
Genpool G 143
Gensonde G 144
Genstruktur G 146
Gensubstitution G 147
Gensuppressor G 148
Gentamicin G 161
Gentechnik G 152
Gentechnologie G 152
Gentianaviolett G 162
Gentiobiase G 294
Gentisinsäure G 163
Genzahl N 318
Geohelminth G 164
gepaartes Bilirubin D 549
gepackte Kapillarsäule P 4
gepackte Säule P 6
gepooltes Plasma P 718
gepooltes Serum P 719
gepuffert B 583
Gerade S 948
geradlinig L 264
Gerät D 266
Gerätefehler I 331
Gerbsäure T 14
gereinigt P 1200
Gerhardt-Probe G 165
Gerichtsmedizin F 321
gerinnbar C 656
Gerinnbarkeit C 655
gerinnen C 659
Gerinnen C 661
Gerinnsel C 624
Gerinnselretraktion C 628
Gerinnselretraktionszeit C 629
Gerinnung B 368, C 661
Gerinnungsaktivität C 662
Gerinnungsanalytik C 663
gerinnungsfähig C 656
Gerinnungsfähigkeit C 655
Gerinnungsfaktor C 630
Gerinnungsfaktor I C 631
Gerinnungsfaktor II C 632
Gerinnungsfaktor III C 633
Gerinnungsfaktor IV C 634
Gerinnungsfaktor V C 635
Gerinnungsfaktor VI C 636
Gerinnungsfaktor VII C 637
Gerinnungsfaktor VIIa C 638
Gerinnungsfaktor VIII C 639
Gerinnungsfaktor VIIIa C 640
Gerinnungsfaktor IX C 641
Gerinnungsfaktor X C 642
Gerinnungsfaktor Xa C 643
Gerinnungsfaktor XI C 644
Gerinnungsfaktor XII C 645
Gerinnungsfaktor XIII C 646
Gerinnungshemmer A 836
Gerinnungslaboratorium C 664
Gerinnungsmittel C 657
Gerinnungsstatus C 667
Gerinnungstest C 665
Gerinnungsvermögen C 655
Gerinnungsvitamin N 17
Gerinnungszeit C 647, C 666
Gerinnungszeitmeßgerät C 668
Germinoblast G 172
Germinozyt G 173
geronnen C 660
Geruch S 469
geruchlos I 299
geruchsfrei I 299
Gerüsteiweiß S 128
Gesamtacidität T 418
Gesamtanalyse T 419
Gesamtbilirubin T 421
Gesamtblut-Clearance T 422

Gesamtblutvolumen B 440
Gesamtcholesterol T 425
Gesamteiweiß T 435
Gesamtenergie T 427
Gesamtergebnis T 437
Gesamterythrozytenvolumen P 5
Gesamtfett T 428
Gesamtkapazität T 424
Gesamtkeimzahl T 420
Gesamtkonzentration T 426
Gesamtkörperwasser T 423
Gesamtleukozytenzahl T 430
Gesamtlipide T 431
Gesamtmenge T 436
Gesamt-N T 433
Gesamtphosphor T 434
Gesamtprotein T 435
Gesamtstickstoff T 433
Gesamtvolumen T 438
gesättigte Fettsäure S 82
gesättigte Lösung S 83
Geschabsel A 12
geschichtet L 84
Geschlecht S 327
Geschlechtsbestimmung S 330
Geschlechtschromatin S 328
Geschlechtschromosom S 329
Geschlechtshormon S 331
Geschlechtsreife P 1164
Geschlechtszelle G 32
geschlossene Destillation E 378
Geschmack T 28
geschmacklos T 29
Geschwindigkeit V 59
Geschwindigkeitsgefälle V 61
Geschwindigkeitsgradient V 61
Geschwindigkeitskonstante V 60
Gesichtsmaske F 2
Gestagen G 174
Gestagentest G 175
Gestalt F 322
gestaltlos A 670
Gestaltlosigkeit A 669
Gestationsalter G 176
gestaut C 894
gesund H 158
Gesunde H 159
Gesundheit H 156
gesundheitsschädigend I 292
gesundheitsschädlich I 292
Gesundheitsschutz H 157
Gesundheitszustand P 451
getrübt T 664
Gewebe T 355
gewebeähnlich H 340
Gewebeaktivator T 356
Gewebeantigen T 358
Gewebeantikörper T 357
gewebeartig H 340
Gewebeauflösung H 347
Gewebebank T 359
Gewebeeiweiß T 375
Gewebefaktor T 364
Gewebefluoreszenz H 337
Gewebeflüssigkeit T 365
Gewebefragment T 366
Gewebehomogenat T 367
Gewebehormon T 368
Gewebekinase T 380
Gewebekonservierung T 374
Gewebekultur T 361
Gewebelehre H 346
Gewebelymphe T 365
Gewebemorphologie H 349
Gewebeparasit T 371
Gewebephysiologie H 356
Gewebepräparat T 373
Gewebeprobe T 379
Gewebeprotein T 375
Gewebereaktion T 376
Gewebesaft T 365
Gewebeschnitt T 377
Gewebeschnittmesser H 360
Gewebespiegel T 369
Gewebestückchen T 372
Gewebeteilchen T 372
Gewebethrombin H 359
Gewebethrombokinase T 380
Gewebethromboplastin T 380
Gewebetyp T 694
Gewebetypisierung T 381
Gewebewasser T 365
Gewebezelle T 360
Gewebezerfall H 347
Gewebsabstrich T 378
Gewebsart T 694
Gewebsenzym T 362
Gewebsextrakt T 363
Gewebsoxidasereaktion T 370
Gewebswanderzelle H 329
Gewicht W 61
Gewichtsanalyse G 450
Gewichtsprozent W 62
GFR G 250
GGT G 313
Ghost G 177
Giemsa-Färbung G 184
Gieson-Färbung G 185
Gießkannenschimmel A 1066
GIF S 585
Gift T 453
giftig T 442
Giftigkeit T 445
Giftpflanze P 618
Giftpilz P 617
Giftschlange V 64
Giftstoff T 453
Gigantoblast G 186
Gigantozyt G 178
GIH S 585
Gingivalflüssigkeit G 187
GIP G 84
Gipfelpunkt P 161
Gitter G 447, L 118
glandotropes Hormon G 192
Glandula suprarenalis A 292
Glanzkörper G 253
Glas G 198
Glasampulle G 199
Glaselektrode G 209
gläsern V 144
Glasfaser G 210
Glasfilter G 211
Glasfiltertiegel G 212
Glasflasche G 202
Glasgefäß G 223
Glasgeräte G 225
Glasglocke G 201
Glaskapillare G 203
Glaskapillarsäule G 204
Glaskatheter G 205
Glaskolben G 213
Glaskörperbiopsie V 145
Glaskörperpunktion P 1190
Glaskugel G 200
Glasmesser G 215
Glasperle G 200
Glaspipette G 216
Glasplatte G 217
Glasrohr G 222
Glasröhrchen G 222
Glassäule G 206
Glasschale G 208
Glasspritze G 220
Glasstab G 218
Glasstopfen G 219
Glasstöpsel G 219
Glastrichter G 214
Glaswanne G 221
Glaswaren G 225
Glaswatte G 224
Glaswolle G 226
Glaszylinder G 207
glatt S 472
glattes Muskelgewebe S 474
Glattform S 473
Glaubersalz S 539
GLDH G 304
gleichartig H 381
Gleichartigkeit H 380
gleichen Teilen / zu E 370
gleichfarbig I 549
gleichgestaltig I 577
Gleichgewicht E 374
Gleichgewichtsbedingung E 376
Gleichgewichtsdestillation E 378
Gleichgewichtskonstante E 377
Gleichgewichtskonzentration E 375
Gleichgewichtsreaktion B 72
Gleichgewichtsverschiebung S 343
Gleichgewichtszustand E 379
Gleichheit I 13
Gleichung E 371
Gleichverteilung U 58
gleichwertig E 386
Gleichwertigkeit E 383
gleichzeitig S 409
Gliadin G 229
Gliadinantikörper G 230
Gliazelle G 228
Glibenclamid G 231
Gliederwürmer S 178
Glioblast G 232
Gliozyt G 228
Glitzerzelle S 887
Gln G 309
globale Gerinnungszeit G 233
Globaltest G 234
Globin G 235
Globinhämochrom G 236
Globoidzelle G 237
Globosid G 238
globuläres Protein G 240
Globulin G 241
α-Globulin G 242
β-Globulin G 243
Globulinfraktion G 244/5
Globulinreaktion G 246
Glockenkurve G 107
glomeruläre Clearance G 247
glomeruläre Filtration G 249
glomeruläre Filtrationsrate G 250
glomeruläres Filtratvolumen G 250
Glomerulotropin G 251
Glomerulusfiltrat G 248
Glossina G 252
Glu G 307
Glucagon G 255
Glucagonbelastungstest G 257
Glucagon-Insulin-Quotient G 256
Glucagontest G 257
Glucan G 258
1,4α-Glucan-Branching-Enzym G 254
Glucit S 590
Glucitol S 590
Glucoamylase G 259
Glucocerebrosid G 260
Glucocorticoid G 261
Glucocorticosteroid G 261
Glucofuranose G 262
Glucoinvertase G 293
Glucokinase G 263
Glucolipoid G 264
Gluconat G 265
Gluconokinase G 267
Gluconsäure G 266
Glucopyranose G 268
Glucosamin G 269
D-Glucose G 270
Glucoseagar G 271
Glucoseäquivalent G 276
Glucoseassimilationskoeffizient G 272
Glucosebelastungsprobe G 291
Glucosedehydrogenase G 273
Glucose-1,6-diphosphat G 274
Glucose-Doppelbelastungstest D 738
Glucose-Eiweiß-Quotient G 290
Glucoseelektrode G 275
Glucose-Insulin-Belastungstest G 277
Glucosenährbouillon G 279
Glucoseoxidase G 280
Glucoseoxidasemethode G 281
Glucoseoxidasepapier G 282
Glucose-1-phosphat G 284
Glucose-6-phosphat G 285
Glucose-6-phosphatase G 283
Glucose-6-phosphatdehydrogenase G 286
Glucosephosphatisomerase G 287
Glucose-1-phosphat-uridylyltransferase G 288
Glucosephosphomutase P 379
Glucoseprofil G 289
Glucosespiegel G 278
Glucosetoleranztest G 291
Glucoseverwertung G 292
Glucosid G 295
α-Glucosidase G 293
β-Glucosidase G 294
Glucosteroid G 261
Glucuronat G 296
Glucuronid G 298
β-Glucuronidase G 297
Glucuronolacton G 299
Glucuronolactonreductase G 300
Glucuronosid G 298
Glucuronyltransferase G 301
Glu-NH_2 G 309
Glutamat G 302
Glutamatdecarboxylase G 303
Glutamatdehydrogenase G 304
Glutamatformiminotransferase G 305
Glutamat-Oxalacetat-Transaminase+ A 1061
Glutamat-Pyruvat-Transaminase+ A 412
Glutamatracemase G 306
Glutamin G 309
Glutaminase G 308
Glutaminsäure G 307
Glutaminsäuredehydrase G 304
Glutaminsynthetase G 310
γ-Glutamylcysteinsynthetase G 311
γ-Glutamylhydrolase G 312
γ-Glutamyltransferase G 313
Glutamyltranspeptidase G 313
Glutaraldehyd G 314
Glutarat G 315
Glutardialdehyd G 314
Glutarsäure G 316
Glutarsäuredialdehyd G 314

Glutaryl-CoA-dehydrogenase G 317
Glutaryl-CoA-synthetase G 318
Glutathion G 319
Glutathionperoxidase G 320
Glutathionreductase G 321
Glutathionstabilitätstest G 322
Glutathionsynthetase G 323
Glutathiontransferase G 324
Gluten G 325
Glutethimid G 326
Glutinin G 327
Glycan P 705
Glyceraldehyd G 328
Glyceraldehyd-3-phosphat G 329
Glyceraldehydphosphatdehydrogenase G 330
Glycerat G 331
Glyceratphosphomutase P 387
Glycerid G 333
Glycerol G 334
Glycerolaldehydtransferase T 498
Glycerolbouillon G 335
Glyceroldehydrogenase G 336
Glycerolkinase G 337
Glycerol-1-phosphatdehydrogenase G 338
Glycerolphosphorsäure G 345
Glycerolsäure G 332
Glyceroltrinitrat G 339
Glycerophosphat G 341
Glycerophosphatacyltransferase G 342
Glycerophosphatase G 340
Glycerophosphatid G 343
Glycerophospholipid G 344
Glycerophosphorylcholin G 346
Glycin G 347
Glycinacyltransferase G 348
Glycinamid G 349
Glycinamidinotransferase G 350
Glycinamidribonucleotid G 351
Glycinamidribotid G 351
Glycinaminotransferase G 352
Glycindehydrogenase G 354
Glycinoxidase G 355
Glycinpuffer G 353
glycinreiches β-Globulin G 356
Glycintoleranztest G 357
Glycintransamidinase G 350
Glycocholsäure G 358
Glycocoll G 347
Glycodesoxycholsäure G 359
Glycogen G 360
Glycogenabbau G 361
glycogenabbauend G 362
Glycogenase A 689
Glycogenolyse G 361
glycogenolytisch G 362
Glycogenphosphorylase G 363
glycogenspaltend G 362
Glycogenspaltung G 361
Glycogensynthase G 364
Glycohämoglobin G 365
Glycol G 366
Glycolaldehyd G 367
Glycolat G 368
Glycolipid G 370
Glycolsäure G 369
Glycolylharnstoff H 468
N-Glycolylneuraminsäure G 371
Glycolyse G 372
glycolytisch G 373
glycolytisches Enzym G 374
Glycopeptid G 375
Glycophorin G 376
Glycoproteid G 377
Glycoprotein G 378
Glycosaminoglycan G 379
Glycosid G 381
Glycosidase G 380
glycosidisch G 382
Glycosphingolipid G 383
Glycosphingosid G 384
glycosyliertes Hämoglobin H 57
Glycosylierung G 385
Glycosyltransferase G 386
Glycylalanin G 387
Glycylglycin G 388
Glycylglycindipeptidase G 389
Glycylleucindipeptidase G 390
Glycylprolin G 391
Glycyltryptophan G 392
Glykokoll G 347
Glyoxalase G 393
Glyoxalase I L 69
Glyoxalat G 394
Glyoxalin I 24
Glyoxalsäure G 395
Glyoxylsäure G 395
Gmelin-Probe G 396
GMP G 494
3',5'GMP C 1207
GOD G 280
Gold G 400
Goldberg-Enyzm F 64
Goldchlorid G 401
Goldchloridfärbung G 402
Goldsol C 744
Goldsolreaktion C 745
Golgi-Apparat G 403
Golgi-Färbung G 406
Golgi-Komplex G 403
Golgi-Methode G 406
Golgi-Reagens G 405
Golgi-Zelle G 404
Gonadoliberin G 407
gonadotropes Hormon G 408
Gonadotropin G 408
gonadotropinfreisetzendes Hormon G 407
Gonadotropin-Releasingfaktor G 407
Gonadotropin-Releasinghormon G 407
Goniometer G 409
Gonococcus G 411
Gonodeviation G 412
Gonokokkenantigen G 410
Gonokokkenreaktion G 412
Gonoreaktion G 412
Gonorrhoeerreger G 411
Gonosom S 329
Gonozyt G 32
Gordon-Test P 715
GOT+ A 1061
Gottsacker-Nährboden G 414
GPT+ A 412
Grabmilbe S 75
Grad Celsius D 83
Gradient G 415
Gradienten-Dünnschichtchromatographie G 418
Gradientenelution G 417
Gradientenzentrifugation G 416
graduieren G 419
Graduierung G 420
Graffi-Leukose-Virus G 422
Graft-versus-host-Reaktion G 423
Gram-Färbung G 430
Gramm G 425
Grammäquivalent G 427
Grammatom G 426
Grammolekül M 647
gramnegativ G 428
grampositiv G 429
granulär G 431
Granulat G 433
Granulation G 436
Granulationsgewebe G 438
Granulationszelle G 437
granulieren G 434
Granulieren G 436
granulierter Leukozyt G 440
granulierter Zylinder G 432
granuliertes Gel G 435
Granulierung G 436
Granuloblast M 825
granuloerythrozytärer Index G 441
Granulomer G 442
Granulopoetin G 443
Granulopoietin G 443
granulös G 431
Granulosazelle G 444
Granulozyt G 440
Granulum G 439
Graph D 304
graphisch G 445
Graphit G 446
grau G 454
gravid P 874
Gravida P 875
Gravidität P 863
Gravimetrie G 450
gravimetrisch G 448
gravimetrische Analyse G 450
gravimetrische Methode G 449
Gravitation G 451
Gravitationsfeld G 452
Grawitz-Zelle S 442
Greis O 27
Greisenalter O 26
Grenzdextrin D 276
grenzflächenaktiv S 1124
grenzflächenaktiver Stoff D 251
Grenzflächenaktivität S 1125
grenzflächeninaktiv S 1135
Grenzflächenreaktion S 1139
Grenzschicht B 509
Grenzwert L 260
Grenzwertüberwachung L 263
GRF G 407
GRH G 407
Grieß-Probe G 457
Grieß-Reagens G 456
Grippevirus I 246
grob C 669
grobdispers C 670
grobdisperses System C 671
grober Fehler G 459
grobfaserig C 672
grobkörnig C 673
Grobkörnigkeit C 674
große Freßzelle M 23
Großer Darmegel G 180
Großer Leberegel C 814a
großporig L 92
Grubengas M 365
Grubenkopfbandwurm F 179
Grubenwurm O 28
Gruber-Widal-Reaktion G 481
grün G 453
Grundausrüstung B 115
Grundausstattung B 115
Grundgesamtheit P 108
Grundlinie B 111
Grundmenge P 108
Grundsatz P 934
Grundschicht B 103
Grundsubstanz G 462
Grundumsatz B 106
Grundumsatzbestimmung M 331
Grundumsatzmeßgerät M 330
grünes Hämin V 73
Gruppe G 463
Gruppenagglutination G 464
Gruppenagglutinin G 465
Gruppenagglutinogen G 466
Gruppenantigen G 467
Gruppenextrakt G 468
gruppenspezifisch G 471
gruppenspezifische Komponente G 472
gruppenspezifisches Eiweiß G 473
gruppenspezifisches Protein G 473
gruppenspezifische Substanz G 474
Gruppentransfer G 475
Gruppenübertragung G 475
Gruppierung G 469
Grütz-Agar G 482
GSH G 319
GTP G 495
Guajacol G 483
Guajacprobe G 485
Guajacsäure G 484
Guanase G 489
Guanidin G 486
Guanidinoessigsäure G 487
Guanin G 488
Guaninaminase G 489
Guanindesaminase G 489
Guanindesoxyribosid D 170
Guaninnucleotid G 490
Guaninribosid G 491
Guanosin G 491
Guanosinaminase G 492
Guanosindesaminase G 492
Guanosin-5'-diphosphat G 493
Guanosin-5'-monophosphat G 494
Guanosin-5'-triphosphat G 495
Guanylatcyclase G 496
Guanylatkinase G 497
Guanylsäure G 494
Guanylylcyclase G 496
Guarnieri-Einschlußkörperchen G 498
Guineawurm D 750
L-Gulonatdehydrogenase G 502
Gulonsäure G 503
Gulose G 504
Gummi R 498
Gummihandschuh R 501
Gummikatheter R 499
Gummimanschette R 500
Gummischlauch R 503
Gummistopfen R 502
Gurkenkernbandwurm D 686
Gußplatte C 178
gutartig B 161
Guthrie-Test G 505
G-Zelle G 35

H

h H 430
H H 489
Haar H 119
Haarbalgmilbe H 121
Haarzelle H 120
Haemophilus ducreyi H 91
Haemosporidium H 104
Haemostatikum H 107
Haemostyptikum H 107
haemotropes Serum H 112

Haftfähigkeit A 274
Haftvermögen A 274
Hagedorn-Jensen-Verfahren H 117
Hageman-Faktor C 645
H-Agglutination H 118
Hahn T 15
Hahnküken P 607
Hakenwurm H 405
Halbacetal S 196
Halballergen S 198
Halbantigen H 141
halbautomatisch S 199
halbdurchlässig S 208
Halbdurchlässigkeit S 207
Halberstädter-Prowazek-Körperchen H 122
halbflüssiger Nährboden S 202
Halbhapten H 142
Halbmikroanalyse S 203
Halbmikromethode S 205
Halbmikrowaage S 204
Halbmondkörperchen D 131
Halbmondzelle D 131
halbquantitativ S 211
halbsynthetischer Nährboden S 212
Halbwertsbreite H 125
Halbwertszeit H 124
Haldane-Apparat H 123
Hallsches Röhrchen H 127
Halluzinogen H 128
Halogen H 130
Halogenid H 126
halogenieren H 131
Halogenkohlenwasserstoff H 132
Halogenlampe H 133
Halogenverbindung H 129
Halometrie H 134
haltbar machen P 912
Haltbarmachung P 909
Halteklemme J 8
Haltevorrichtung H 369
Häm H 1
Hämadsorption H 2
Hämadsorptionshemmtest H 3
Hämadsorptionstest H 4
Hämadsorptionsvirus H 5, S 214
Hämagglutination H 6
Hämagglutinationsfaktor H 7
Hämagglutinationshemmtest H 9
Hämagglutinationshemmung H 8
Hämagglutinationshemmungsreaktion H 9
Hämagglutinationsreaktion H 10
Hämagglutinationstest H 10
Hämagglutinin H 11
Hämagglutinintitration H 12
Hämagglutinogen H 13
Hämaggregation H 14
Hämaggregationstest H 15
Hämaggressin H 16
Hämalaun H 17
Hämangioblast H 18
Hämatein H 19
Hämatin H 20
Hämatinometer H 64
Hämatoblast H 43
Hämatokrit P 5
Hämatokritmessung H 22
Hämatokritzentrifuge H 21
Hämatologe H 27
Hämatologie H 28
hämatologisch H 23
hämatologischer Automat H 24
hämatologisches Laboratorium H 26
hämatologische Zytochemie H 25
Hämatometer H 64
Hämatometrie H 66
Hämatomyelogramm H 83
Hämatophage H 88
Hämatophor H 29
Hämatopoetin E 443
Hämatopoietin E 443
hämatopoietische Zelle H 92
Hämatoporphyrin H 93
Hämatopräzipitin H 94
Hämatospektroskop H 102
Hämatospektroskopie H 103
Hämatotoxin H 110
hämatotoxisch H 109
hämatotrop H 111
Hämatoxylin H 30
Hämatoxylin-Eosin-Färbung H 32
Hämatoxylinkörperchen H 31
Hämatoxylinprobe H 33
Hämatozoon B 410
Hämatozyt B 366
Hämatozytologie H 44
Hämeisen H 38
Hämenzym H 34
Hämichlorid H 20
Hämiglobin H 35
Hämiglobincyanid C 1198
Hämiglobinhydroxid H 36
Hämin H 37
Häminkristall T 39
Hämoanalyse B 361
Hämoblast H 43
Hämochrom H 39
Hämochromogen H 40
Hämochromometer H 64
Hämochromometrie H 66
Hämocuprein H 41
Hämocyanin H 42
Hämodiagnose H 47
Hämodialysat H 48
Hämodialysator H 49
Hämodialyse H 50
Hämodiffraktometer H 51
Hämoerythrin H 52
Hämofiltration H 53
Hämofuszin H 54
Hämoglobin H 55
Hämoglobin A H 56
Hämoglobin A_{1c} H 57
Hämoglobincyanid-Methode H 61
Hämoglobin F H 62
Hämoglobingehalt H 60
Hämoglobin-Haptoglobin-Komplex H 63
Hämoglobinkoeffizient M 172
Hämoglobinkonzentration H 59
hämoglobinloser Erythrozyt A 765
Hämoglobinmeßgerät H 64
Hämoglobinometer H 64
Hämoglobinometrie H 66
hämoglobinometrisch H 65
Hämoglobin S H 67
Hämoglobintyp H 68
Hämoglobinzylinder H 58
Hämogramm B 412
Hämohistioblast H 69
Hämokultur B 373
Hämolipokrit H 70
Hämolysat H 71
Hämolyse H 76
Hämolyseauslösung H 72
hämolysehemmend A 877
Hämolysehemmungsreaktion H 77
hämolysieren H 73
Hämolysierung H 72
Hämolysin H 74
Hämolysinreaktion H 75
Hämolysoid H 78
hämolytisch H 79
hämolytische Aktivität H 80
hämolytisches Serum H 81
Hämometer H 64
Hämometrie H 66
Hämomyelogramm H 83
Hämomyochromogen H 84
Hämopeptid H 85
Hämoperfusion H 86
Hämopexin H 87
Hämophage H 88
Hämophagozyt H 88
hämophil H 89
hämophile Bakterie H 90
Hämophilin H 87
Hämopoetin E 443
Hämopoietin E 443
hämopoietische Zelle H 92
Hämoporphyrin H 93
Hämopräzipitin H 94
Hämoproteid H 95
Hämoprotein H 96
Hämoproteinzylinder H 97
Hämopsonin H 98
Hämoreflektor H 99
Hämorrhagin H 100
Hämosiderin H 101
Hämosiderophage S 370
Hämosit B 410
Hämospektroskop H 102
Hämospektroskopie H 103
Hämostase B 425
Hämostaseogramm H 105
Hämostaseologie H 106
Hämotachogramm H 108
Hämotensiometer H 116
Hämotoxin H 110
hämotoxisch H 109
hämotrop H 111
Hämovirus H 113
Hämovolumetrie B 441
Hämoxygenase H 114
Hämoxymeter H 115
Hämoxytensiometer H 116
Hämozyt B 366
Hämozytoblast H 43
Hämozytologie H 44
Hämozytolyse H 76
Hämozytometer C 1064
Hämozytometrie H 45
Hämozytopherogramm H 46
Hamster H 135
Hämsynthetase F 64
Händedesinfektion H 136
hängender Tropfen H 137
Hanger-Test C 313
Hank-Lösung H 138
Hank-Salzlösung H 138
Hansen-Bacillus L 161
H-Antigen F 190
Haploid H 139
haploid H 140
Hapten H 141
Haptid H 142
Haptoglobin H 143
Haptoglobulin H 143
Haptophor H 144
haptophore Gruppe H 144
HAR H 10
Harden-Young-Ester F 403
Harn U 144
Harnagar U 145
harnähnlich U 161
Harnamylase U 127
Harnanalyse U 126
harnartig U 161
Harnausscheidung D 669
Harnbefund U 126
Harnbestandteil U 133
Harnblase U 128
Harnblasenkatheter B 330
Harnblasenkatheterisierung B 331
Harnblasenkonkrement B 332
Harnblasenpunktion V 81
Harnblasenstein B 332
Harndiagnostik U 135
Harndichtemesser U 158
Harndichtemessung U 160
Harneiweiß U 140
Harnelektrolyt U 136
Harnentnahme U 154
Harnenzym U 137
Harnfaden U 108
Harnfarbe C 782
Harnfarbwert V 31
Harnfilament U 108
Harnflasche U 125
Harngeruch U 149
Harngift U 207
Harnglas U 125
Harnglucose U 143
Harngrieß U 141
Harnkolloid U 132
Harnkonkrement U 129
Harnkristall U 134
Harnkultur U 148
Harnleiterkatheter U 103
Harnleiterstein U 102
Harnmenge U 156
Harn-pH U 139
Harn-pH-Wert-Meßgerät U 124
Harnprobe U 152
Harnprotein U 140
Harnröhrenabstrich U 107
Harnröhrenkatheter U 105
Harnröhrensekret U 106
Harnsalz U 151
Harnsammlung U 147
Harnsand U 141
Harnsäure U 113
Harnsäure-Clearance U 114
Harnsäurekristall U 115
Harnsäuremesser U 117
Harnsäurestein U 84
Harnsäurezylinder U 115
Harnschau U 203
Harnsediment U 142
Harnspindel U 158
Harnstatus U 126
Harnstein U 129
Harnsteinanalyse U 130
Harnstickstoff U 138
Harnstickstoffmeßgerät U 162
Harnstoff U 86
Harnstoffagar U 87
Harnstoffbelastungsprobe U 97
Harnstoffbestimmung U 101
Harnstoff-Clearance U 88
Harnstoffelektrode U 91
Harnstoffkonzentration U 89
Harnstoffmeßgerät U 100
Harnstoffmessung U 101
Harnstoffnährboden U 90
Harnstoffnitrat U 92
Harnstoff-Stickstoff U 93
Harnstoffsynthese U 96
Harntrübung U 155
Harnuntersuchung U 203
Harnvolumen U 156
Harnwaage U 158
Harnzucker U 143
Harnzylinder U 131

Harnzytologie U 174
Harrison-Test H 146
Härte H 145
Harz R 331
Haschisch H 147
Häufigkeit F 376
Häufigkeitsrate I 154
Häufigkeitsverteilung F 378
Hauptbestandteil M 59
Hauptgen P 933
Hauptreaktion M 60
Hauptzelle C 419
Hausbesuch H 372
Hausfliege H 431
Haut S 431
Hautabstrich S 438
Hautallergen P 932
Hautantigen D 222
Hautbiopsie S 432
Häutchenpräparat C 1188
Hautdesinfektion S 434
Hautdesinfektionsmittel S 433
Hautflora S 435
Hautmesser D 223
Haut-pH S 436
Hautpilz D 224
Hautprobe S 439
Hautprobe nach Burnet A 10
Hautreaktion S 437
Hautritzung S 97
Hautschuppe C 1187
Hauttalg S 142
Hauttest S 439
Hautvirus D 227
Havarie A 1173
Hayem-Hämatoblast H 149
Hayem-Körperchen H 149
Hayem-Lösung H 150
Hay-Schwefelblumenprobe H 151
Hb H 55
Hb_E M 172
Hb-Hp-Komplex H 63
H-Brücke H 496
HB_sAg H 224
HCG C 495
Hcy H 376
HDL H 153
HDL-Cholesterol H 154
He H 196
Heber S 426
hebern S 425
Hefe Y 3
Hefeautolysat Y 6
Hefeextrakt Y 6
Hefeextrakt-Agar Y 7/8
Hefekultur Y 5
Hefenucleinsäure Y 9
Hefepilz S 6
Hefewasser Y 10
Hefezelle Y 4
Heftpflaster A 275
Heidelberger Kapsel I 398
Heidelberger Kurve P 836
Heidenhain-Färbung H 191
Heilanzeige I 183
Heinz-Ehrlich-Körperchen H 194
Heinz-Innenkörper H 194
Heinz-Körperchen H 194
Heinz-Körper-Test H 193
Heißluftdesinfektion H 428
Heißluftsterilisator H 429
Heizbad H 175
Heizmantel H 177
Heizplatte H 178
HeLa-Zelle H 195
Helfervirus H 206
Helferzelle H 205
Helium H 196
Helix H 197
Helixstruktur H 198
hell L 238
Heller-Probe H 199
helle Zelle L 239
Hellfeldbeleuchtung B 534
Helligkeit B 535
Helminth H 200
Helminthenstadium H 203
Helminthologie H 204
Hemizygote H 207
Hemmeffekt I 278
hemmen I 270
hemmend I 277
Hemmfaktor I 272
Hemmhoftest I 271
Hemmkonstante I 274
Hemmkörper I 276
Hemmstoff I 276
Hemmsubstanz I 276
Hemmtest I 275
Hemmung I 273
Hemmungsreaktion I 279
Hemmwirkung I 278
Henderson-Hasselbalch-Gleichung H 208
Henry-Reaktion M 257
Hepar L 368
Heparansulfat H 210
Heparin H 211
Heparinase H 212
Heparinat H 213
Heparinblut H 217
Heparin-Cofaktor A 935
heparinisieren H 215
Heparinisieren H 214
heparinisiert H 216
Heparinisierung H 214
Heparinlyase H 212
Heparinoid H 219
Heparinozyt H 218
Heparinspeicherzelle H 218
Heparintoleranztest H 221
Heparinzeit H 220
Hepatitisantigen H 223
Hepatitisantikörper H 222
hepatitisassoziiertes Antigen H 224
Hepatitis B-Oberflächen-Antigen H 224
Hepatitisvirus H 225
Hepatocuprein H 226
Hepato-Enzephalomyelitis-Virus H 227
Hepatoflavin H 228
hepatogenes Pigment H 229
Hepatogramm H 230
Hepatolysin H 231
Hepatophage H 232
Hepatotoxin H 233
hepatotropes Virus H 234
Hepatozyt L 372
Heptose H 236
HEp-2-Zelle H 235
herausschneiden E 537
Herausschneiden E 538
Herausschneidung E 538
herausziehen E 605
Herbizid H 237
Heroin H 238
Herpes-simplex-Virus H 240
Herpesvirus H 241
Herpeszelle H 239
Hertz H 242
Herz H 160
Herzbeutelpunktion P 228
Herzfehlerzelle H 162
Herzglycosid C 143
Herzkammerpunktion C 146
Herzmuskelbiopsie M 832
Herzmuskelextrakt M 834
Herzmuskelgewebe M 836
Herzmuskelzelle M 833
Herzpunktion C 146
Herzventrikelpunktion C 146
Herzzelle H 161
Heteroagglutination H 243
Heteroagglutinin H 244
Heteroallel H 245
Heteroantigen H 247
Heteroantikörper H 246
Heteroauxin I 210
Heterochromatin H 248
Heterochromosom S 329
heterocyclische Verbindung H 249
Heterogamet H 250
heterogen H 252
heterogener Antikörper H 246
heterogenes Antigen H 247
Heterogenität H 251
Heteroglycan H 259
Heterohämagglutinin H 244
Heteroimmunantikörper H 246
heterologer Antikörper H 246
heterologes Antigen H 247
heterologes Serum H 253
Heterolysin H 254
heteromorph H 255
heterophil H 256
heterophiler Antikörper H 246
heterophiles Agglutinin H 244
Heterophosphatase H 269
heteroploid H 258
Heteropolysaccharid H 259
Heteroprotein H 260
Heterosaccharid H 261
Heteroserum H 253
Heterosom S 329
Heterotoxin H 262
heterozygot H 265
Heterozygote H 263
Heterozygotentest H 264
Heubazille H 148
Hexachlorethan H 266
Hexadecansäure P 15
Hexahydropyridin P 488
Hexahydroxycyclohexan I 316
Hexamethylentetramin H 267
Hexamin H 267
Hexan H 268
Hexansäure C 91
Hexokinase H 269
Hexokinasereaktion H 270
Hexonsäure H 271
Hexosamin H 272
Hexosaminidase H 273
Hexosan H 274
Hexose H 275
Hexosediphosphat F 403
Hexosediphosphatase F 402
Hexosephosphatisomerase G 287
Hexosemonophosphat H 276
Hexosephosphorsäure H 277
Hexosidase H 278
Hexuronsäure H 279
H-Faktor H 280
Hfr-Zelle H 282
Hg M 303
HGPRT H 581
H-Hämagglutinin H 244
HHL-Hormon P 757
Hibler-Hirnbrei H 281
Hibler-Nährboden H 281
5-HIE H 534
High-Density-Lipoprotein H 153
Hilfsenzym A 1167
Hilfsreagens A 1169
Hilfsreaktion A 1168
Hilfsstoff A 1166
Hiluszelle H 311
hinzufügen A 238
Hinzufügung A 240
hinzugeben A 238
hinzusetzen A 238
Hinzusetzen A 240
Hippurat H 312
Hippuricase A 597
Hippursäure H 313
Hippursäureausscheidungsprobe H 314
Hirn B 517
Hirnbiopsie B 518
Hirnblasenwurm C 704
Hirngewebe B 522
Hirnkammerflüssigkeit V 71
Hirnkammerpunktion V 72
Hirnprotein B 521
Hirnpunktion C 316
Hirnpunktionsnadel B 520
Hirn-Rückenmark-Flüssigkeit C 328
Hirnzelle B 519
Hirnzucker G 13
Hirschhornsalz A 636
Hirst-Test H 315
Hirudin H 316
Hirudintest H 317
Hirudintoleranztest H 317
Histamin H 319
Histaminase H 318
Histaminazoprotein H 320
Histamin-Latex-Reaktion H 321
Histamintest H 322
Histidase H 323
Histidin H 324
Histidinammoniaklyase H 323
Histidinase H 323
Histidinbelastungstest H 327
Histidindecarboxylase H 325
Histidindesaminase H 323
Histidinmonohydrochlorid H 326
Histioblast H 328
Histiogen H 334
Histiometrie H 330
Histiozyt H 329
Histoantigen T 358
Histoblast H 328
Histochemie H 333
histochemisch H 331
histochemische Reaktion H 332
Histodiagnose H 336
Histofluoreszenz H 337
Histogramm H 338
Histohämatin H 339
Histohämin H 339
Histohormon T 368
histoid H 340
Histokompatibilitätsantigen T 516
Histokompatibilitätsgen H 334
Histokompatibilitätstest H 335
Histologe H 345
Histologie H 346
histologisch H 341
histologische Diagnose H 342
histologischer Befund H 343
histologischer Schnitt T 377
histologisches Labor H 344
histologisches Präparat T 373
Histolyse H 347
Histomorphologie H 349
histomorphologisch H 348

Histon H 350
Histontest H 351
Histopathologie H 353
histopathologisch H 352
Histopepton H 354
Histophagozyt H 355
Histophysiologie H 356
Histoplasmin H 357
Histoplasmintest H 358
Histothrombin H 359
Histotom H 360
Histotomie T 377
Histotopochemie H 362
histotopochemisch H 361
Histotopogramm H 363
Histotopographie H 365
histotopographisch H 364
Histozym A 597
Histozyt H 329
hitzebeständig T 183
Hitzebeständigkeit T 181
Hitzedenaturierungstest H 168
hitzeempfindlich T 160
Hitzeempfindlichkeit T 162
hitzefest T 183
Hitzefestigkeit T 181
Hitzefibrin H 171
Hitzefixierung H 172
Hitzeinaktivierung H 173
Hitzekoagulation H 167
Hitzelabilitätstest H 168
Hitzepräzipitation H 183
hitzeresistent T 183
Hitzeresistenz T 181
hitzestabil T 183
Hitzestabilität T 181
Hitzestabilitätstest H 168
Hitzesterilisation H 186
hitzeunbeständig T 160
Hitzeunbeständigkeit T 162
HIV-Virus H 365 a
H-Kette H 188
Hkt P 5
HMG H 443
hochaktiv H 283
hochauflösende Elektrophorese H 302
hochauflösende Gaschromatographie H 303
hochdispers H 285
Hochdruckflüssigchromatographie H 301
hochempfindlich H 291
hochgereinigt H 289
hochgereinigte Substanz H 290
Hochgeschwindigkeits-Gaschromatographie H 305
hochgiftig H 293
hochkonzentriert H 284
Hochleistungschromatographie H 299
Hochleistungs-Dünnschichtchromatographie H 300
Hochleistungsflüssigchromatographie H 301
hochmolekular H 297, M 16
hochrein H 288
hochsensitiv H 291
Hochspannung H 309
Hochspannungselektrophorese H 310
hochspezialisierte Diagnostik H 304
hochspezifisch H 292
Höchstdosis M 164
hochsteril U 29
Höchstwert M 161
Hochtemperaturchromatographie H 306
hochtoxisch H 293
Hochvakuum H 307
Hochvakuumdestillation H 308
hochvirulent H 294
hochviskos H 295
hochwirksam H 286
Hoden T 89
Hodenbiopsie T 90
Hodenhormon T 91
Hodenzwischenzelle I 379
Hofmann-Bacillus H 366
Hofmeister-Reihen H 367
Höhe H 192
Hohlnadel C 75
Hohn-Kultur H 368
Hohn-Nährboden H 368
Hollander-Zelle R 392
Holoenzym H 370
Holoferment H 370
Holoprotein H 371
Holzkohle C 356
Holzspatel W 99
Holzzucker X 40
Homoarginin H 373
Homocarnosin H 374
Homocitrullin H 375
Homocystein H 376
Homocysteinmethyltransferase H 377
Homocystin H 378
homogen H 381
Homogenat H 379
homogenes System H 382
Homogenisat H 379
Homogenisation H 383
Homogenisator H 385
Homogenisieren H 383
homogenisieren H 384
Homogenisierung H 383
Homogenität H 380
Homogentisinsäure H 386
Homoglycan H 398
homolog H 387
Homolog H 394
homologer Antikörper H 388
homologe Reihe H 392
Homologes H 394
homologes Antigen H 389
homologes Chromosom H 390
homologes Protein H 391
homologes Serum H 393
Homolyse H 395
homolytisch H 396
homöopolare Bindung C 1075
Homopolymer H 397
Homopolymeres H 397
Homopolysaccharid H 398
Homoserin H 399
Homoserindehydrogenase H 400
Homovanillin H 402
Homovanillinsäure H 401
homozygot H 404
Homozygote H 403
Hopkins-Methode H 406
horizontal H 407
horizontale Chromatographie H 408
Hormon H 410
hormonähnlich H 414
hormonal H 409
Hormonanalytik H 411
Hormonantagonist A 881
hormonartig H 414
Hormonbehandlung H 418
Hormonbiogramm H 412
hormonell H 409
Hormonpräparat H 415
Hormonrezeptor H 416
hormonspezifisch H 417
Hormonspiegel H 413
Hormontherapie H 418
Hornhaut C 1013
Hornhautpunktion K 31
Hornstoff K 29
Hornzelle H 419
Hospitalkeim H 424
Howell-Jolly Körper J 9
HPL H 445
H-Stamm H 432
HSV H 240
Hühnerei H 209
Hühnerembryo C 418
Hühnerembryokultur C 1167
Hühnersarkomvirus R 493
Huhner-Sims-Test H 434
Huhner-Test H 434
Hülsenwurm E 19
Humanalbumin H 436
Human-Choriongonadotropin C 495
Human-Chorionsomatomammotropin P 508
humanes Immunodefizienz-Virus H 365 a
humanes Plazentalactogen H 445
humanes Wachstumshormon S 586
Humanfibrinogen H 437
Humangenetik H 439
Humanglobulin H 440
Humanmedizin H 442
Humanmilch H 444
Humanplasma H 446
Human-Plasmafraktion P 527
Human-Plazenta-Lactogen H 445
Humanserum H 447
Humanserumalbumin H 436
humoral H 448
humoraler Antikörper H 449
Hundebandwurm D 686, H 471
Hundehakenwurm A 751
Hungern F 21
Hunter-Antigen H 433
Hunter-Faktor H 433
Hustenmittel A 945
Hustenplatte C 1047
HVL-Hormon A 251
HWZ H 124
Hyalin H 450
Hyalinknorpelzelle H 452
Hyalinzylinder H 451
Hyalomucoid H 453
Hyaloplasma H 454
Hyalozyt H 452
Hyaluronat H 455
Hyaluronglucuronidase H 457
Hyaluronidase H 457
Hyaluronsäure H 456
H-Y-Antigen H 458
hybrid H 460
Hybridantikörper H 461
Hybride H 459
Hybridisation H 463
hybridisieren H 464
Hybridisierung H 463
Hybridom H 465
Hybridomzelle H 466
Hybridomzellinie H 467
Hybridzelle H 462
Hydantoin H 468
Hydantoinase D 450
Hydatide E 19
Hydatidenblase E 19
Hydatidenflüssigkeit H 469
Hydatidensand H 470
Hydatidenzyste E 19
Hydrase H 472
Hydrat H 474
Hydratase H 472
Hydratation H 475
Hydration H 475
hydratisieren H 473
Hydratisierung H 475
Hydrazid H 476
Hydrazin H 477
Hydrazingelb O T 27
Hydrazinsulfat H 478
Hydrazon H 479
Hydrid H 480
hydrieren H 493
Hydrieren H 494
Hydrierung H 494
Hydrochinon H 518
Hydrochlorid H 485
Hydrocortison C 1037
Hydrogel H 488
Hydrogenase H 492
Hydrogencarbonat H 497
Hydrogenchlorid H 498
Hydrogeniodid H 503
hydrogenisieren H 493
Hydrogenisieren H 494
Hydrogenperoxid H 508
Hydrogenselenid S 190
Hydrogensulfid H 509
Hydrolase H 510
Hydrolysat H 511
Hydrolyse H 513
Hydrolysegrad D 93
hydrolysieren H 512
hydrolytisch H 514
hydrolytisches Enzym H 510
hydrolytische Spaltung H 515
hydrophil H 516
hydrophob H 517
Hydroxamsäure H 519
Hydroxid H 520
β-Hydroxyalanin S 263
11β-Hydroxyandrostendion H 521
Hydroxyanilin A 618
β-Hydroxyanthranilsäure H 522
Hydroxybenzen P 309
o-Hydroxybenzoesäure S 23
Hydroxybernsteinsäure M 76
β-Hydroxybuttersäure H 525
β-Hydroxybutyrat H 523
β-Hydroxybutyratdehydrogenase H 524
25-Hydroxycalciferol H 526
Hydroxycapronsäure H 527
Hydroxycarbonsäure H 528
Hydroxycholansäure H 529
Hydroxycobalamin H 530
11-Hydroxycorticosteroid H 531
6β-Hydroxycortisol H 532
Hydroxyessigsäure G 369
16α-Hydroxyestron H 533
Hydroxyethanal G 367
3-Hydroxyindol I 220
5-Hydroxyindolessigsäure H 534
5-Hydroxyindolylessigsäure H 534
β-Hydroxyisobuttersäure H 535
β-Hydroxyisovaleriansäure H 536
α-Hydroxyketon H 537
β-Hydroxykynurenin H 538
Hydroxylamin H 539
Hydroxylapatit H 540
Hydroxylase H 541
Hydroxylgruppe H 544
hydroxylieren H 542

Hydroxylieren H 543
Hydroxylierung H 543
Hydroxylysin H 545
5-Hydroxymethylcytosin H 546
Hydroxymethylglutaryl-CoA H 549
β-Hydroxymethylglutaryl-CoA-reductase H 547
Hydroxymethylglutaryl-CoA-synthase H 548
Hydroxymethylglutaryl-Coenzym A H 549
Hydroxynervon H 550
Hydroxynervonsäure H 551
p-Hydroxyphenylbrenztraubensäure H 555
α-Hydroxyphenylessigsäure H 552
p-Hydroxyphenylethylamin T 700
p-Hydroxyphenylmilchsäure H 553
p-Hydroxyphenylpropionsäure H 554
p-hydroxyphenylpropionsäure T 701
17-Hydroxyprogesteron H 556
Hydroxyprolin H 557
Hydroxypropionsäure L 52
6-Hydroxypurin H 580
Hydroxysäure H 528
Hydroxysteroid H 558
Hydroxysteroiddehydrogenase H 559
Hydroxytoluol C 1096
5-Hydroxytryptamin S 289
5-Hydroxytryptophan H 560
Hydroxytryptophandecarboxylase D 710
Hydroxytyramin D 711
Hygiene H 561
hygienisch H 562
Hygrometer H 563
hygroskopisch H 564
Hylys H 545
hyperämisieren H 566
Hyperämisierung H 565
hyperchrom H 567
hyperglykämischer Faktor G 255
Hyperoxid P 259
Hypersensibilisierung H 568
Hypertensin A 769
Hypertensinase H 569
Hypertensinogen A 771
hyperton H 570
hypertonisch H 570
Hyphe H 571
Hyphomyzet H 572
Hypochlorit H 573
hypochrom H 574
Hypophosphat H 575
hypophysäres Gonadotropin H 441
Hypophysenhinterlappenhormon P 757
Hypophysenhormon H 576
Hypophysenvorderlappenhormon A 251
Hypotensivum A 885
Hypothalamushormon H 577
hypoton H 578
hypotone Lösung H 579
hypotonisch H 578
Hypoxanthin H 580
Hypoxanthin-Guanin-Phosphoribosyltransferase H 581
Hypoxanthinoxidase X 6
Hypoxanthinribosid I 310
Hypoxanthosin I 310
Hypro H 557
Hysterotonin H 582
Hz H 242

I

I I 443
I-chlorid C 62
Ichor W 111
Identifikation I 11
identifizieren I 12
Identifizierung I 11
identisch I 10
Identität I 13
Identitätsperiode I 14
Idiogramm K 12
Idiotyp I 15
IDL I 16
IDP I 311
L-Iditoldehydrogenase S 591
L-Iduronidase I 18
L-Iduronsäure I 17
IE I 375
IFCC I 374
Ig I 99
IgA I 100
IgD I 103
IgE I 104
IgG I 107
IgM I 108
ikterisch I 5
ikterisches Plasma I 6
ikterisches Serum I 7
Ikterusindex I 9
Ikteruszylinder I 8
Ileu I 566
i.m. I 412
Imid I 30
Imidazol I 24
Imidazolbrenztraubensäure I 29
Imidazolessigsäure I 25
β-Imidazolethylamin H 319
Imidazolmilchsäure I 27
Imidazolpropionsäure I 28
Imidazolpuffer I 26
β-Imidazolyl-α-alanin H 324
Imidol P 1272
Imin I 31
Iminogruppe I 33
Iminoharnstoff G 486
Iminopropionsäure I 34
Iminosäure I 32
Immersion I 38
Immersionsflüssigkeit I 41
Immersionslinse I 40
Immersionsmikroskop I 42
Immersionsmikroskopie I 43
Immersionsobjektiv I 44
Immersionsöl I 45
immobil I 47
Immobilisation I 48
Immobilisationstest I 49
immobilisieren I 50
immobilisiert I 51
Immobilisierung I 48
Immobilisin I 52
Immobilität I 53
immun I 54
Immunadhärenz I 55
Immunadsorbens I 69
Immunadsorptionschromatographie I 70
Immunagglutination I 71
Immunagglutinin I 56
Immunantigen I 58
Immunantikörper I 57
Immunantwort I 127
Immunbiologie I 74
immunbiologisch I 73
Immunbiolumineszenzassay I 75
Immunblotting I 77
Immunchemie I 80
immunchemisch I 78
immunchemische Methode I 79
Immunclearance I 81
Immundiagnostik I 84
Immundiffusion I 85
Immunelektronenmikroskopie I 86
Immunelektrophorese I 87
Immunenzymtechnik I 88
Immunfaktor I 60
Immunferritintechnik I 89
Immunfiltration I 90
Immunfixation I 91
Immunfluoreszenz I 92
Immunfluoreszenzantikörper I 93
Immunfluoreszenztest I 94
Immunfluorimetrie I 95
Immunfluorometrie I 95
Immungammaglobulin I 107
Immungenetik I 97
Immunglobulin I 99
Immunglobulin A I 100
Immunglobulinbindungsfaktor I 101
Immunglobulin D I 103
Immunglobulin E I 104
Immunglobulinfragment I 106
Immunglobulinfraktion I 105
Immunglobulin G I 107
Immunglobulinkette I 102
Immunglobulin M I 108
Immunglobulinrezeptor I 109
Immunhämatologie I 111
immunhämatologisch I 110
Immunhämolysin I 61
Immunhistochemie I 113
immunhistochemisch I 112
immunhistologisch I 114
Immunisation I 64
immunisieren I 66
immunisiert I 67
Immunisierung I 64
Immunisierungsverfahren I 65
Immunität I 68
immunkompetente Zelle I 82
Immunkomplex A 861
Immunkonglutinin I 59
Immunkörper A 828
Immunnephelometrie I 119
immunnephelometrisch I 118
Immunoadhärenz I 55
Immunoagglutination I 71
Immunoagglutinin I 56
Immunoassay I 72
Immunoblast I 76
Immunochemie I 80
immunochemisch I 78
Immunodiagnostik I 84
Immunodiffusion I 85
Immunoelektronenmikroskopie I 86
Immunoelektrophorese I 87
Immunofiltration I 90
Immunofixation I 91
Immunofluoreszenz I 92
Immunofluorimetrie I 95
Immunofluorometrie I 95
Immunogen I 96
immunogen I 98
Immunogenität A 868
Immunohämatologie I 111
Immunohämolysin I 61
Immunohistochemie I 113
Immunokonglutinin I 59
Immunologe I 116
Immunologie I 117
immunologisch I 115
immunologisches System I 62
immunologisch meßbares Insulin I 125
Immunopräzipitat I 120
Immunopräzipitation I 121
Immunoprotein I 122
Immunosorption I 129
Immunosuppression I 131
Immunozyt I 82
Immunpräzipitat I 120
Immunpräzipitation I 121
Immunprotein I 122
Immunreaktion I 123
immunreaktiv I 124
immunreaktives Insulin I 125
Immunreaktivität I 126
immunserologisch I 128
Immunserum A 921
Immunsorption I 129
immunspezifisch I 130
Immunsuppression I 131
immunsuppressiv I 132
immunsuppressiver Faktor I 133
Immunsystem I 62
Immuntest I 72
Immuntoleranz I 63
Immunzelle I 82
Immunzytochemie I 83
IMP I 313
3',5'-IMP C 1207a
impermeabel I 135
Impermeabilität I 134
Impfbesteck V 4
impfen V 1
Impfen V 2
Impffeder V 3
Impflanzette V 3
Impfmaterial I 298
Impfmesserchen V 3
Impfnadel I 296
Impföse I 295
Impfstoff V 5
Impfung V 2
Imprägnation I 138
imprägnieren I 136
Imprägnieren I 138
Imprägniermittel I 137
Imprägnierung I 138
Imprägnierungsgrad I 139
Imprägnierungsmittel I 137
Imprintpräparat I 141
Impuls I 142
Impulsfrequenz I 143
Impulsrate I 143
In I 206
inagglutinabel I 151
inaktiv I 148
inaktives Hämoglobin I 149
inaktives Plasmin P 552
inaktive Vorstufe I 150
inaktivieren I 144
Inaktivieren I 146
inaktiviert I 145
Inaktivierung I 146
Index I 177
Indigo I 195
Indigoblau I 195
Indigofarbstoff I 198
Indigokarmin I 196
Indigokarminprobe I 197
Indigosol I 199
Indigotin I 195
Indikan I 179
Indikanprobe I 180

Indikanreaktion I 180
Indikantest I 180
Indikation I 183
Indikator I 185
Indikatorelektrode I 190
Indikatorenzym I 191
Indikatorkonstante I 187
Indikatorlösung I 193
Indikatormethode T 466
Indikatornährboden I 188
Indikatorpapier T 100
Indikatorreaktion I 192
Indikatorumschlag I 186
Indikatorverdünnungsmethode I 189
Indikatorzone I 194
indirekte Hämagglutination I 202
indirekte Immunfluoreszenz I 203
indirekter Antiglobulintest I 201
indirekter Coombs-Test I 201
indirekter Immunfluoreszenztest I 204
indirekter Test I 205
indirektes Bilirubin I 200
Indium I 206
Individualantigen I 207
indizieren I 181
indiziert I 182
Indocyaningrün I 208
Indocyaningrün-Ausscheidung I 209
Indol I 211
Indolamin I 212
Indolbrenztraubensäure I 215
β-Indolessigsäure I 210
Indolmelanogen I 214
Indolmilchsäure I 213
Indolprobe I 216
Indoltest I 216
Indolylacetylglutamin I 217
β-Indolyl-α-alanin T 622
Indolylbrenztraubensäure I 215
β-Indolylessigsäure I 210
Indolylmilchsäure I 213
Indophenol I 218
Indophenolase C 1253
Indophenolblau I 219
Indophenoloxidase C 1253
Indoxyl I 220
Indoxylglucuronsäure I 221
Indoxylschwefelsäure I 222
Induktion I 225
induktiv I 226
Induktor I 227
induzieren I 223
inert I 229
Inertgas I 230
Infektion I 235
Infektionserreger I 237
Infektionsquelle S 597
infektiös I 236
infektiöses Material I 238
Infiltrat I 240
Infiltration I 241
infiltrieren I 239
infizieren I 234
Influenzavirus I 246
Informationsgehalt I 247
Informationsverarbeitung I 248
infrarot I 249
Infrarotabsorption I 250
Infrarotabsorptionsspektrum I 251
Infrarotlampe I 255
Infrarotmikroskop I 252
Infrarotmikroskopie I 253
Infrarotspektralanalyse I 257
Infrarotspektralphotometer I 259
Infrarotspektrometrie I 258
Infrarotspektrophotometrie I 260
Infrarotspektroskopie I 261
Infrarotspektrum I 262
Infrarotstrahlen I 256
Infrarotstrahler I 255
Infrarotstrahlung I 254
infundieren I 263
Infusion I 264
Infusionsapparat I 265
Infusionsgerät I 265
Infusionslösung I 266
Ingrediens I 267
Ingredienz I 267
Inhalationsallergen I 268
inhibieren I 270
inhibierend I 277
Inhibin I 269
Inhibiting-Faktor I 272
Inhibiting-Hormon I 272
Inhibition I 273
Inhibitionskonstante I 274
Inhibitor I 276
inhibitorisch I 277
Inhibitorwirkung I 278
inhomogen H 252
Inhomogenität H 251
Initialdosis I 281
Initialstadium I 284
Injektion I 288
Injektionskanüle I 289
Injektionsnadel I 289
Injektionsspritze I 291
Injektionsstelle I 290
injizieren I 287
Inklusion I 155
inkompatibel I 161
Inkompatibilität I 160
inkomplett I 162
inkompletter Antikörper I 163
inkomplettes Virus I 164
inkretorisch E 201
Inkubation I 166
Inkubationsapparat I 175
Inkubationsbedingung I 167
Inkubationsdauer I 173
Inkubationsgefäß I 174
Inkubationslösung I 169
Inkubationsmedium I 168
Inkubationsschritt I 171
Inkubationsstadium I 170
Inkubationstemperatur I 172
Inkubationszeit I 173
Inkubator I 175
inkubieren I 165
Inkubieren I 166
Innendruck I 371
Innendurchmesser L 437
Innenkörper H 194
Innere Medizin I 370
innerer Durchmesser L 437
innerlich I 369
innermolekular I 411
innersekretorisch E 201
Ino I 310
Inoblast F 109
Inokulation I 297
inokulieren I 294
Inokulum I 298
Inosin I 310
Inosin-5'-diphosphat I 311
Inosin-5'-diphosphorsäure I 312
Inosin-5'-monophosphat I 313
Inosinpyrophosphorsäure I 312
Inosinsäure I 315
Inosin-5'-triphosphat I 314
Inositol I 316
Inositolphosphatid I 317
Inozyt F 112
Insektenbekämpfungsmittel I 319
Insektizid I 319
Inselhormon I 335
Inselzelle B 188
insolubel I 323
Insolubilität I 322
instabil L 7
instabiles Hämoglobin U 77
Instabilität L 8
Instillation I 327
Instillator I 328
instillieren I 326
Instruktion I 329
Instrument D 266
Instrumentarium I 332
Instrumentenbesteck I 332
Instrumentenfehler I 331
Instrumentensterilisation I 333
Instrumentensterilisator I 334
Insulin I 335
insulinähnliche Aktivität I 337
Insulinase I 336
insulinfreisetzendes Peptid I 338
Insulinnüchternversuch I 339
Insulin-Releasing-Peptid I 338
Insulintoleranztest I 339
Insulozyt B 188
Intensität I 340
Intensivmedizin I 341
Interaktion I 342
Inter-Alphaglobulin I 343
Inter-Alphatrypsininhibitor I 344
Interchromomer I 348
Interface I 350
Interferenz I 351
Interferenzfilter I 352
Interferenzmikroskop I 353
Interferenzmikroskopie I 354
Interferometer I 355
Interferometrie I 356
Interferon I 357
interindividuell I 358
Interleukin I 359
intermediär I 361
Intermediärfilament I 362
Intermediärprodukt I 360
Intermediat I 360
intermolekular I 368
Internationale Einheit I 375
Internationales Einheitensystem S 1192
interne Qualitätskontrolle I 372
interner Standard I 373
Interpolation I 376
Interrenin I 378
Interstitialflüssigkeit I 380
Interstitialgewebe I 381
interstitialzellenstimulierendes Hormon L 460
interstitielle Flüssigkeit I 380
Intervall I 382
interzellulär I 345
interzelluläre Flüssigkeit I 346
interzelluläre Substanz I 347
Intestinalbiopsie I 384
Intestinalhormon I 389
Intestinalsender I 398
Intoxikation I 402
intradermal I 406
Intradermaltest I 408
intraindividuell I 409
intrakutan I 406
Intrakutanprobe I 408
Intrakutanreaktion I 407
Intrakutantest I 408
intramitochondrial I 410
intramolekular I 411
intramuskulär I 412
intravenös I 413
intravenöser Glucosetoleranztest I 414
intravitale Zellfluorochromierung I 416
Intravitalfärbung I 417
Intravitalfluoreszenz I 415
intrazellulär I 403
intrazelluläre Flüssigkeit I 405
intrazelluläres Enzym C 282
intrazelluläres Lysin E 204
intrazelluläre Verteilung I 404
Intrazellularflüssigkeit I 405
Intrinsic-Faktor I 418
Inulase I 422
Inulin I 421
Inulinase I 422
Inulin-Clearance I 423
Invasion I 424
Invasionsallergen I 425
Invasionskeim I 426
invasiv I 427
Invasivität I 428
Inversion I 430
Invertase F 407
Invertin F 407
Invertose I 431/2
Invertzucker I 431/2
in vitro I 435
in vitro-Test T 642
in vivo I 436
Inzidenz I 153
Inzidenzrate I 154
Inzisionsmesser S 94
Inzuchtstamm I 152
Iod I 443
Iodacetamid I 444
Iodacetat I 453
Iodalbumin I 445
Iodase I 440
Iodat I 437
Iodessigsäure I 454
iodhaltig I 446
Iodid I 439
Iodidpermease I 440
Iodidperoxidase I 441
iodieren I 451
Iodieren I 442
iodiert I 452
Iodierung I 442
Iodimprägnation I 447
Iodinase I 441
Iod-Iodkalium-Lösung L 429
Iodkaliumstärkepapier P 789
Iodlösung I 450
Iodoform I 455
Iodometrie I 457
iodometrisch I 456
Iodsäure I 438
Iod-Stärke-Probe I 449
Iod-Stärke-Reaktion I 449
Iodthyronin I 458
Iodtinktur T 352
Iodtyrosin I 459
Iodwasserstoff H 503
Iodzahl I 448
Ion I 460
Ionenadsorption A 320
Ionenaktivität I 475
Ionenausschlußchromatographie I 474
Ionenaustausch I 462
Ionenaustauschchromatographie I 465
Ionenaustauschelektrode I 466
Ionenaustauscher I 470
Ionenaustauscherrohr I 473

Ionenaustauschersäule I 471
Ionenaustauschfilter I 467
Ionenaustauschharz I 470
Ionenaustauschkapazität I 463
Ionenaustauschmembran I 468
Ionenaustauschreaktion I 472
Ionenaustauschverfahren I 469
Ionenbeweglichkeit I 479
Ionengleichgewicht I 477
Ionenkonzentration I 461
Ionenladung I 476
Ionenpaar I 498
Ionenpermeabilität I 480
Ionenprodukt I 481
Ionenreaktion I 482
ionenselektive Elektrode I 499
Ionenselektivität I 483
Ionenstärke I 484
Ionenwanderung I 478
Ionenzähler I 495
Ionenzählung I 497
Ionisation I 485
Ionisationsdosimeter I 487
Ionisationsgrad D 94
Ionisationskammer I 486
Ionisationspotential I 488
ionisieren I 489
ionisierende Strahlung I 493
ionisiert I 490
ionisierter Zustand I 492
ionisiertes Calcium I 491
Ionisierung I 485
Ionisierungskammer I 486
Ionogramm I 494
Ionometer I 495
Ionometrie I 497
ionometrisch I 496
Ionophorese I 500
Iontophorese I 500
Iontophoresegerät I 501
Ir I 502
IR-Absorption I 250
IR-Absorptionsspektrum I 251
IRI I 125
Iridium I 502
IR-Mikroskop I 252
IR-Mikroskopie I 253
IRP I 338
irregulär I 529
irregulärer Antikörper I 531
irreguläres Agglutinin I 530
Irregularität I 533
irreversibel I 535
Irreversibilität I 534
irreversible Reaktion I 536
Irrtumswahrscheinlichkeit E 397
IR-Spektralanalyse I 257
IR-Spektralphotometer I 259
IR-Spektrometrie I 258
IR-Spektrophotometrie I 260
IR-Spektroskopie I 261
IR-Spektrum I 262
IR-Strahlen I 256
IR-Strahler I 255
IR-Strahlung I 254
Isatin I 539
ISE I 499
Isoagglutination I 540
Isoagglutinin I 541
Isoagglutinogen I 542
Isoalloxazin F 207
Isoamylalkohol I 543
Isoamylase I 544
Isoandrosteron E 342
Isoantigen I 546
Isoantikörper I 545
Isobutanol I 547
Isobuttersäure I 548
Isobutylalkohol I 547
isochrom I 549
isochromatisch I 549
Isochromosom I 550
Isocitrase I 553
Isocitrat I 551
Isocitratase I 553
Isocitratdehydrogenase I 552
Isocitratlyase I 553
Isocitronensäure I 554
Isocyanat I 556
Isocyanid I 557
Isodextrosamin F 399
isoelektrische Fokussierung I 558
isoelektrische Präzipitation I 560
isoelektrischer Punkt I 559
Isoelektrofokussierung I 558
Isoenzym I 561
Isoenzymmuster I 562
Isoferritin I 563
Isogamet I 564
Isoglycosamin F 399
Isohämagglutination I 540
Isohämagglutinin I 541
Isohämolysin I 565
Isoharnstoff I 602
Isokomplement I 555
Isolation S 240
Isoleucin I 566
Isoleucinaminotransferase I 567
isolieren S 230
Isolierung S 240
isologer Antikörper I 545
Isolysin I 568
Isomaltase O 31
Isomaltose I 569
Isomer I 570
isomer I 572
Isomerase I 571
Isomeres I 570
isomere Verbindung I 570
Isomerie I 575
Isomerisation I 573
Isomerisieren I 573
isomerisieren I 574
Isomerisierung I 573
isomorph I 577
Isomorphie I 576
Isomorphismus I 576
Isoniazid I 578
Isonicotinsäurehydrazid I 578
Isonitril I 557
isoosmotisch I 590
isoosmotische Lösung I 591
Isopentenylpyrophosphat I 579
Isopentenylpyrophosphatisomerase I 580
Isopräzipitin I 581
Isopropylalkohol I 582
Isopropylessigsäure I 603
2-Isopropylmalatsynthase I 583
isosmotisch I 590
Isospora I 584
Isotachophorese I 585
isotherm I 587
Isotherme I 586
isothermisch I 587
Isothiocyanat I 588
isoton I 590
isotone Kochsalzlösung I 592
isotone Lösung I 591
isotone Natriumchloridlösung I 592
Isotonie I 589
isotonisch I 590
Isotop I 593
isotop I 597
Isotopendilution I 594
Isotopenindikator I 600
Isotopenlaboratorium I 599
Isotopenmarkierung I 598
Isotopenverdünnung I 594
Isotopenverdünnungsanalyse I 595
Isotopenverdünnungsmethode I 596
isotopisch I 597
Isotypie I 601
Isovaleriansäure I 603
Isovaleryl-CoA-dehydrogenase I 604
Isozym I 561
Istwert A 221
I-System I 1
ITP I 314
i.v. I 413
IZSH L 460

J

J J 10
Jaffé-Reaktion J 1
Jaksch-Probe J 2
Janusgrün J 3
Janusgrün-Färbung f J 4
Japan-B-Enzephalitis-Virus J 5
Jaworski-Kern J 6
JBE-Virus J 5
Johnson-Medium J 7
Jolly-Körperchen J 9
Joule J 10
jugendlich J 11
jugendliche Fettzelle L 288
jugendliche Zelle J 12
Junge B 512
justieren A 281
Justieren A 282
Justierung A 282
juvenile Zelle J 12

K

K D 84, P 763
Kaffee C 709
K-Agglutination K 1
Kahn-Flockungsreaktion K 2
Kahn-Reaktion K 2
Kahn-Test K 2
Kalb C 50
Kalibration C 52
Kalibrator C 60
kalibrieren C 51
Kalibrieren C 52
Kalibrierfaktor C 56
Kalibrierfehler C 55
Kalibrierkurve C 54
Kalibrierlösung C 59
Kalibriermaterial C 58
Kalibrierung C 52
Kalilauge P 786
Kalisalpeter P 792
Kalium P 763
Kaliumacetat P 764
Kaliumaluminiumsulfat A 557
Kaliumbicarbonat P 781a
Kaliumbromat P 765
Kaliumbromid P 766
Kalium-Calcium-Quotient P 767
Kaliumcarbonat P 768
Kaliumchlorat P 769
Kaliumchlorid P 770
Kaliumchromalaun C 528
Kaliumchromat P 771
Kaliumcitrat P 772
Kaliumcyanat P 773
Kaliumcyanid P 774
Kaliumcyanidtest P 775
Kaliumdichromat P 776
Kaliumdihydrogenorthophosphat P 777
Kaliumdihydrogenphosphat P 777
Kaliumdisulfit P 778
Kaliumfluorid P 779
Kaliumheparinat P 780
Kaliumhexacyanoferrat(II) P 781
Kaliumhydrogencarbonat P 781a
Kaliumhydrogenphthalat P 782
Kaliumhydrogensulfat P 783
Kaliumhydrogentartrat P 784
Kaliumhydroxid P 785
Kaliumhydroxidlösung P 786
Kaliumiodat P 787
Kaliumiodid P 788
Kaliumionen P 790
Kaliumnatriumtartrat P 799
Kaliumnitrat P 792
Kaliumnitrit P 793
Kaliumorthophosphat P 794
Kaliumoxalat P 795
Kaliumperchlorat P 796
Kaliumpermanganat P 797
Kaliumphosphatpuffer P 798
Kaliumrhodanid P 802
Kaliumspiegel P 791
Kaliumsulfat P 800
Kaliumtetraoxalat P 801
Kaliumthiocyanat P 802
Kaliumurat P 803
Kalk L 256
Kalkkonkrement L 258
Kalkmilch L 257
Kalkspat C 18
Kalkstein L 258
Kallidin K 3
Kallidinogen K 4
Kallikrein K 5
Kallikreininaktivator K 6
Kallikreininhibitor K 6
Kallikreinogen K 7
Kalorimeter C 64
Kalorimetrie C 66
kalorimetrisch C 65
Kälte C 715/6
Kälteagglutination C 717
Kälteagglutinin C 718
Kälteantikörper C 719
kältebeständig C 722
Kältebeständigkeit C 721
kältefest C 722
Kältefestigkeit C 721
Kältefibrinogen C 1130
Kälteglobulin C 1131
Kältehämagglutination C 717
Kältehämagglutinin C 718
Kältehämolysin C 720
Kältemesser C 1132
Kältemittel C 984
Kältepräzipitat C 1133
kälteresistent C 722
Kälteresistenz C 721
kälteunlösliches Globulin F 113
Kaltsterilisation C 723
Kalzination C 16
Kalzinieren C 16
kalzinieren C 17
Kalzinierung C 16
Kammer C 347
Kammerwasser O 16
Kanal C 353
Kanamycin K 8

Kaninchen R 1
Kaninchenblutagar R 2
K-Antigen C 95
Kanüle C 75
Kanzerogen C 69
kanzerogen C 70
kanzerogene Substanz C 69
Kaolin K 9
Kapazität C 77
Kapazitätsfaktor C 78
kapillar C 80
Kapillarblut C 81
Kapillarchromatographie C 83
Kapillare C 88
Kapillargaschromatographie C 85
Kapillarität C 79
Kapillarpipette C 86
Kapillarpunktion C 87
Kapillarröhrchen C 88
Kapillarsäule C 84
Kapillarviskosimeter C 89
Kapsel C 98
Kapselantigen C 95
kapselartig C 94
Kapselbakterie C 96
Kapselfärbung C 99
kapselförmig C 94
Kapsid C 93
kapsuliertes Enzym C 97
Karbolfuchsin C 113
Karbolfuchsinfärbung C 114
Karbolsäure P 309
Kardiakum C 142
Kardiomyozyt M 833
Kardiovirus E 196
Kardiozentese C 146
Karmin C 147
Karminprobe C 149
Karminzelle C 148
Kartierung M 116
Kartoffelagar P 804
Kartoffel-Blut-Agar P 805
Kartoffelnährboden P 806
Kartoffelstärke P 807
Karyoblast K 10
Karyogramm K 12
karyokinetischer Index K 13
Karyolymphe N 266
Karyometrie K 14
Karyon N 312
Karyophage K 15/6
Karyoplasma N 291
Karyopyknose-Index K 17
karyotropes Virus K 18
Karyotyp K 19
Karyozyt K 11
karzinoembryonales Antigen C 141
Karzinogen C 69
karzinogen C 70
Karzinomzelle C 68
Käsefliege C 364
kat K 20
katabol C 179
kataboles Hormon C 180
katabolisch C 179
Katabolismus C 181
Katabolit C 182
Katal K 20
Katalase C 183
Katalaseaktivität C 184
Katalysator C 187
Katalyse C 186
katalysieren C 185
katalytisch C 188
katalytische Aktivität C 189
katalytische Reaktion C 190
Kataphorese C 191
kataphoretisch C 192
Kathepsin C 199
Katheter C 200
Katheterbiopsie C 201
Katheterblut C 202
Katheterisation C 203
katheterisieren C 204
Katheterisierung C 203
Katheterung C 203
Katheterurin C 205
Kation C 207
Kationenaustausch C 208
Kationenaustauscher C 212
Kationenaustauschharz C 213
Kationenaustauschmembran C 209
Kationenaustauschpapier C 211
Kationenaustauschverfahren C 210
kationisch C 214
Katode C 206
Katzenbandwurm C 216
Katzenkratzvirus L 464
Katzenleberegel C 215
Katzenwurm P 686
Kautschuk C 76
Kavernenpunktion C 217/8
KCN-Empfindlichkeitstest P 775
KCN-Test P 775
Kegel C 883
kegelförmig C 901
Kegelschliff C 902
Kehlkopfpunktion L 96
Keim G 166
Keimdrüsenhormon S 331
keimen G 170
Keimen G 171
keimfrei S 867
Keimfreiheit S 881
keimfrei machen S 873
Keimgehalt G 167
Keimung G 171
Keimzahl G 168
Keimzelle G 32
Kell-Blutgruppensystem K 26
Kelvin D 84
Kephalin C 312
Kephalin-Cholesterol-Flockungsreaktion C 313
Kephalin-Cholesterol-Reaktion C 313
Kephalinflockung C 314
Kephalinfraktion C 315
Keramikfilter C 318
Kerasin K 27
Keratansulfat K 28
Keratin K 29
Keratoblast K 30
Keratohyalin K 33
Keratoprotein K 34/5
Keratozentese K 31
Keratozyt K 32
Kernchromatin N 255
Kern-DNA N 256
Kerneiweiß N 294
Kernfarbstoff N 269
Kernfärbung N 270
kernförmig N 279
Kernfragment N 257
Kerngröße N 268
kernhaltig N 273
Kernhülle N 262
Kern-Kernkörperchen-Relation N 313
Kernkörperchen N 287
kernlos A 51
kernlose Zelle A 409
kernmagnetische Resonanz N 259
kernmagnetische Resonanzspektroskopie N 264
kernmagnetisches Resonanzspektrum N 260
Kernmembran N 262
Kernplasma N 291
Kern-Plasma-Relation N 283
Kernprotein N 294
Kernresonanz N 263
Kernresonanzspektroskopie N 264
Kernresonanzspektrum N 260
Kern-RNA N 265
Kernsaft N 266
Kernschleife C 547
Kernstruktur N 271
Kernverschiebungsindex N 267
Kernwand N 262
α-Ketoadipinsäure K 37
Ketobernsteinsäure O 195
α-Ketobuttersäure K 38
Ketocarbonsäure K 36
ketogen K 39
α-Ketoglutarat K 40
α-Ketoglutaratdehydrogenase O 219
ketoglutarsäure K 41
Ketogruppe C 128
Ketoheptose K 42
Ketohexokinase K 43
Ketohexose K 44
Ketokinase K 43
Ketokörper A 85
Ketol K 45
Keton K 46
Ketonaldehydmutase L 69
Ketonalkohol K 45
Ketonkörper A 85
Ketonsäure K 36
Ketonzucker K 50
Ketopentose K 47
Ketophenylbutazon K 48
α-Ketopropionsäure P 1282
Ketoreductase K 49
Ketosäure K 36
α-Ketosäurecarboxylase P 1278
Ketose K 50
Ketose-1-phosphataldolase K 51
Ketosid K 52
Ketosteroid K 53
β-Ketothiolase A 103
Ketozucker K 50
Kette C 343
Kettenlänge C 344
Kettenreaktion C 345
Keuchhustenbakterie B 492
KH C 109
KHE C 112
Kidd-Blutgruppensystem K 55
Kieselerde S 394
Kieselgel S 384
Kieselgur K 61
Kieselsäure S 386
Kieselsäuregel S 384
Killerlymphozyt K 63
Killerzelle K 63
Kinase K 64
Kind C 420
Kinderheilkunde P 8
Kindspech M 223
Kinetik K 67
kinetisch K 65
kinetische Energie K 66
Kinin K 68
Kininase K 69
Kininogen K 70
Kirchner-Nährmedium K 71
Kit T 92
Kjeldahl-Analyse K 75
Kjeldahl-Apparatur K 72
Kjeldahl-Faktor K 73
Kjeldahl-Kolben K 74
Kjeldahl-Methode K 75
Kjeldahlometrie K 75
Klammer C 589
Klärfaktor C 598
Klärungsfaktor C 598
Klasmatozyt C 591
Klassifikation C 592
klassifizieren C 594
Klassifizierung C 592
Klatschpräparat I 141
Klebeband A 276
Klebeetikett A 273
Klebereiweiß G 325
Klebsiella K 76
Klebs-Loeffler-Bacillus L 396
Klebstreifen A 276
Kleesalz S 595
Kleesäure O 191
Kleiderlaus B 452
kleine Freßzelle M 516
Kleiner Leberegel D 353
kleine Zelle C 284
Kleinkindalter I 232
kleinporiges Gel S 460
Kleinstkind I 233
Klemme C 589
Kligler-Agar K 78
Klimakterium C 599
Klimax C 599
Klinik C 600
Kliniker C 614
klinisch C 601
klinisch-chemisch C 615
klinisch-chemisches Laboratorium C 616
klinisch-diagnostisches Laboratorium C 617
klinische Anwendung C 602
klinische Biochemie C 603
klinische Chemie C 605
klinische Daten C 606
klinische Diagnose C 607
klinische Erprobung C 604
klinische Laboratoriumsdiagnostik C 609
klinische Mikrobiologie C 610
klinische Mikroskopie C 611
klinische Morphologie C 612
klinische Pharmakologie C 613
klinisches Laboratorium C 608
Klon C 621
klonieren C 620
Klonieren C 622
Klonierung C 622
Klonkultur C 619
KMK C 1102
Knabe B 512
Knäuelfilarie O 36
Knickpunkt P 616
Kniegelenkpunktat P 1179
Kniegelenkpunktion P 1189
Knochen B 474
Knochenbiopsie B 475
Knochenfreßzelle O 160
Knochengewebe B 484
Knochenkonservierung B 483
Knochenmark B 476
Knochenmarkausstrich B 482
Knochenmarkbiopsie B 477
Knochenmarkdifferenzierung H 83
Knochenmarkkultur B 478

Knochenmarkpunktat B 480
Knochenmarkpunktion B 481
Knochenmarkriesenzelle M 249
Knochenmarkzelle M 827
Knochenmarkzytologie B 479
Knochenstammzelle O 159
Knochenzelle O 161
Knorpel C 170
Knorpelbildungszelle C 482
Knorpelfreßzelle C 483
Knorpelgewebe C 170
Knorpelleim C 481
Knorpelzelle C 484
Knötchenwurm O 19
Koagulans C 657
Koagulase C 658
Koagulat C 624
Koagulation C 661
koagulationsfähig C 656
Koagulationsfähigkeit C 655
Koagulationsfaktor C 630
Koagulationsmittel C 657
Koagulationstest C 665
Koagulationsvermögen C 655
Koagulationsvitamin N 17
Koagulationszeit C 666
Koagulator C 657
koagulierbar C 656
Koagulierbarkeit C 655
koagulieren C 659
Koagulieren C 661
koaguliert C 660
Koagulogramm C 667
Koagulometer C 668
Koagulum C 624
Koazervat C 654
Kober-Test K 80
Koch-Bacillus T 636
kochen B 458
Kochen B 459
Kochen bringen/zum R 100
kochendes Wasser B 466
Kocher C 980
Koch-Körperchen K 81
Kochprobe B 464
Kochpunkt B 460
Kochsalz S 491
Kochsalzagar S 492
Kochsalz-Auftrieb-Methode F 224
Kochsalzlösung S 493
Kochsalztoleranztest S 494
Koch-Weeks-Bacillus K 82
Kode C 691
kodieren C 690
Kodieren C 694
Kodierung C 694
Kodon C 695
Koeffizient C 696
Kohäsion C 710
Kohlendioxid C 122
Kohlendioxidpartialdruck C 123
Kohlendioxidschnee D 793
Kohlenhydrat C 109
Kohlenhydrateinheit C 112
kohlenhydrathaltig C 110
Kohlenhydratrest C 111
Kohlenmonoxid C 126
Kohlenmonoxidhämoglobin C 131
Kohlenmonoxidmyoglobin C 138
Kohlenoxid C 126
Kohlenoxidchlorid P 352
Kohlensäure C 125
Kohlensäureanhydrase C 120
Kohlensäureanhydrid C 122
Kohlensäureschnee D 793
Kohlenstoff C 116
Kohlenstoffdisulfid C 124
Kohlenwasserstoff H 481
Kohlenwasserstoffverbindung H 482
Köhler-Beleuchtungsanordnung K 83
Köhler-Prinzip K 83
Koinzidenz C 712
Koinzidenzkoeffizient C 697
Kokardenzelle T 20
Kokarzinogen C 686
Kokke C 689
Kokzidie C 688
Kokzidioidin C 687
Kolben F 205, P 498
Kolbenbürette P 499
Kolbenpipette P 500
Kolbenschimmel A 1066
Kolibakterie C 724
Koligruppe C 726
Kolitoxin C 728
Kollagen C 729
kollagen C 732
Kollagenase C 730
Kollagenfaser C 731
Koller-Test K 84
Kolloid C 741
kolloidal C 742
kolloidale Lösung C 746
kolloidales Gold C 744
kolloidale Verteilung C 743
Kolloidalgoldprobe C 745
Kolloidchemie C 747
kolloiddispers C 749
kolloiddisperses System C 750
kolloides System C 750
Kolloidkurve C 748
Kolloidlösung C 746
kolloidosmotisch C 751
kolloidosmotischer Druck C 752
Kolloidreaktion C 753
Kolloidtest C 754
Kolon C 756
Kolonie C 759
kolonieformende Einheit C 760
Kolonie-Inhibitionstest C 761
koloniestimulierender Faktor C 762
Kolonne C 795
Kolonnendurchmesser C 800
Kolonpunktion C 763
Kolorimeter C 764
Kolorimetrie C 769
kolorimetrisch C 765
kolorimetrische Analyse C 766
kolorimetrische Methode C 767
kolorimetrische Titration C 768
Kolostralmilch C 770
Kolostrum C 770
Kolozentese C 763
Kolpomikroskop C 792
Kolpomikroskopie C 794
kolpomikroskopisch C 793
Kolpozytogramm C 790
Kolpozytologie C 791
Komazylinder C 806
Kombinationskonkrement M 605
Kombinationsstein M 605
Kometbildung T 6
Kommabakterie C 811
kommerziell C 812
kommerzieller Test C 813
Komparator C 817
Kompartiment C 821
kompatibel C 823
Kompatibilität C 822
Kompetition C 824
kompetitiv C 825
kompetitiver Enzymimmunoassay C 826
Komplement C 827
Komplementablenkungsreaktion C 832
komplementär C 828
Komplementärfarbe C 829
komplementbindend C 833
komplementbindender Antikörper C 834
Komplementbindungsreaktion C 832
Komplementfaktor C 831
Komplementfixationsreaktion C 832
Komplementfixationstest C 832
Komplementkomponente C 830
Komplementtiter C 835
kompletter Antikörper C 836
komplettes Antigen C 837
Komplex C 840
Komplexbildner C 368
komplexer Nährboden C 842
Komplexometrie C 844
komplexometrisch C 843
komplexometrische Titration C 844
Komplexreaktion C 845
Komplexsalz C 846
Komplexverbindung C 841
Komponente C 847
Kondensat C 868
Kondensation C 869
Kondensationsmittel C 873
Kondensationsprodukt C 868
Kondensationsreaktion C 870
Kondensieren C 869
kondensieren C 871
Kondensierung C 869
Konduktometer C 879
Konduktometrie C 882
konduktometrisch C 880
konduktometrische Titration C 881
Konfektionieren C 884
Konfektionierung C 884
Konfidenzgrenze C 887
Konfidenzintervall C 886
Konfidenzkoeffizient C 885
Konfiguration C 889
Konformation C 890
Konformationsanalyse C 891
Konformationsdeterminante C 892
kongenital C 893
Konglomerat C 895
Konglutin C 896
Konglutination C 897
konglutinierender Antikörper I 163
Konglutinin C 898
Kongorot C 899
Kongorotpapier C 900
konisch C 901
Konjugase G 312
Konjugat C 904
Konjugation C 911
Konjugationsprodukt C 912
Konjugationsreaktion C 913
konjugieren C 903
Konjugieren C 911
konjugiert C 905
konjugierte Bindung C 907
konjugierte Doppelbindung C 908
konjugiertes Antigen C 906
konjugiertes Bilirubin D 549
konjugiertes Estrogen C 909
konjugiertes Protein C 910
Konjugierung C 911
Konjunktivalabstrich C 917
Konjunktivalprobe C 915
Konjunktivalreaktion C 915
Konkrement C 867
Konserve P 913
konservieren P 912
Konservieren P 909
Konservierung P 909
Konservierungsmittel P 911
Konservierungsverfahren P 910
konsistent C 924
Konsistenz C 923
konstant C 927
Konstante C 926
konstante Größe C 926
konstitutives Enzym C 928
Konstriktionspipette C 929
Kontakt C 933
Kontaktallergen C 934
Kontaktdauer C 937
Kontaktgift C 935
Kontaktthermometer C 936
Kontaktzeit C 937
Kontaminant C 939
Kontamination C 942
kontaminieren C 940
kontaminiert C 941
Kontingenztafel C 943
kontinuierlich C 945
kontinuierlicher Analysenautomat F 238
kontinuierliche Trennung C 948
Kontinuität C 944
Kontraindikation C 951
kontrainsulinäres Hormon D 283
kontraktiles Protein C 950
Kontrast C 952
Kontrastfärbung C 954
Kontrastmittel C 953
Kontrazeptivum C 949
Kontrollaboratorium C 961
Kontrollampe P 483
Kontrollanalyse C 361
Kontrolle C 956
Kontrollexperiment C 959
Kontrollgrenze C 963
Kontrollgruppe C 960
kontrollieren C 955
Kontrollieren C 956
Kontrollkarte C 958
Kontrollmaterial C 964
Kontrollmechanismus C 965
Kontrollperiode C 967
Kontrollplasma C 968
Kontrollprobe C 969
Kontrollserum C 970
Kontrollsystem C 971
Kontrolltest C 959
Kontrolltier C 957
Kontrolluntersuchung C 362
Kontrollurin C 972
Kontrollversuch C 959
Konus C 883
konusartig C 901
Konusbiopsie R 449
konzentierte Lösung C 857
Konzentrat C 855
Konzentration C 858
konzentrationsabhängig C 860
Konzentrationsänderung C 859
Konzentrationsbereich C 864
Konzentrationsgefälle C 862
Konzentrationsgradient C 862
Konzentrationsprofil C 863
Konzentrationsunterschied C 861

Konzentrationsverhältnis C 865
Konzentrationsversuch C 866
konzentrieren C 854
konzentriert C 856
Konzentrierung C 858
Konzeptionsverhütungsmittel C 949
Koordinate C 992
Koordinatenachse C 993
Koordinatenschreiber C 994
Koordinatensystem C 995
Koordination C 996
koordinative Bindung C 997
Koordinierung C 996
Kopflaus H 155
Kopfschimmel M 753
Koppelglied I 350
koppeln C 1067
Koppeln C 1070
Kopplung C 1070
Kopplungsfaktor C 1071
Kopplungsmechanismus C 1072
Kopplungsreaktion C 1069
Kopratin D 260
Koproantikörper C 1004
Koprochrom C 1005
Koprokultur S 925
Koprolith F 11
koprologische Untersuchung S 928
Koproporphyrin C 1006
Koproporphyrinogen C 1007
Koproporphyrinogenase C 1008
Koproporphyrinogenoxidase C 1008
Koproskopie S 928
Koprostanol C 1009
Koprosterin C 1009
Koprozoon C 1010
Korbflasche B 121
Korbzelle B 122
Korken C 1012
Korkstopfen C 1012
Körnchen G 439
Kornealtest C 1014
Kornealversuch C 1014
körnerlos A 392
Korngröße G 424
körnig G 431
Körnung G 436
Körper B 448
Körperantigen O 2
Körperchen C 1019
Körperfett B 450
Körperflüssigkeit B 456
körperfremdes Eiweiß F 320
Körpergewicht B 457
Körpergröße B 451
Körperlage B 453
körperliche Belastung E 548
Körperoberfläche B 454
Körpertemperatur B 455
Körperwasser B 456
Körperzelle B 449
Korpuskel C 1019
korpuskulär C 1020
korpuskulärer Bestandteil C 1021
Korrektur C 1023
Korrekturfaktor C 1024
Korrekturkoeffizient C 1024
Korrelation C 1025
Korrelationsanalyse C 1026
Korrelationsfunktion C 1027
Korrelationskoeffizient C 698
korrigieren C 1022
Korrosionspräparat C 1029
Koschuraschoff-Probe M 566
Kot F 13
Kotälchen S 974
Kotausstrich S 929
Kotfarbe S 923
Kotfarbstoff C 1005
Kotgeruch F 12
Kotkultur S 925
Kotmenge S 921
Kotprobe S 930
Kotstein F 11
Kotuntersuchung S 928
kovalent C 1074
kovalente Bindung C 1075
Kovalenz C 1073
Kovarianz C 1076
Kovarianzanalyse C 1077
Kr K 85
krampflösendes Mittel S 600
krank I 23
Krankengeschichte A 744
Krankenhaus H 423
krankhaft P 151
Krankheit D 577
krankheitserregend P 147
Krankheitserreger P 150
Krankheitslehre P 156
Krankheitszeichen S 1172
Krätzemilbe S 76
Kratzer A 49
Kratztest S 133
Kratzwurm A 49
Kreatin C 1087
Kreatinase C 1086
Kreatinin C 1090
Kreatinin-Clearance C 1091
Kreatininkoeffizient C 1092
Kreatininstickstoff C 1093
Kreatinintest C 1094
Kreatinkinase C 1088
Kreatinkinase-Isoenzym C 1084
Kreatinphosphat C 1089
Kreatinphosphokinase C 1088
Kreatinphosphorsäure C 1089
krebserzeugend C 70
Krebsgen O 40
Krebsgewebe C 72
Krebstest C 71
Krebszelle C 68
Krenozyt C 1095
Kreuzagglutination C 1108
kreuzen C 1107
Kreuzimmunelektrophorese C 1110
Kreuzprobe C 1113
Kreuzreaktion C 1117
kreuzreaktiver Antikörper C 1114
kreuzreaktives Antigen C 1115
kreuzreaktives Material C 1116
Kreuztest C 1113
Kreuzversuch C 1113
Kristall C 1143
Kristallbildung C 1148
Kristallform C 1144
Kristallgitter C 1145
kristallin C 1146
Kristallisation C 1148
Kristallisationstest C 1149
kristallisierbar C 1147
kristallisieren C 1150
Kristallisieren C 1148
Kristallisierschale C 1151
Kristallisierung C 1148
kristallographische Methode C 1152
Kristalloid C 1153
Kristallstruktur C 1154
Kristallsuspension C 1155
Kristallviolett C 1156
Kristallviolettlösung C 1157
kritische Mizellkonzentration C 1102
kritischer Bereich C 1104
kritischer Punkt C 1103
kritisches Volumen C 1106
kritische Temperatur C 1105
Krötentest T 396
Kruppvirus C 1119
Kruse-Sonne-Bacterium M 341
Kruste C 1126
Kryoagglutinin C 718
Kryobiologie C 1127
Kryodesikkation C 1128
Kryoenzymologie C 1129
Kryofibrinogen C 1130
Kryoglobulin C 1131
Kryokonservierung C 1134
Kryometer C 1132
Kryopräzipitat C 1133
Kryoprotein C 1135
Kryoskop C 1136
Kryoskopie C 1138
kryoskopisch C 1137
Kryostat C 1139
Kryotom C 1139
Kryptoagglutinoid C 1140
Kryptoantigen C 1141
Krypton K 85
Kryptoxanthin C 1142
kugelartig G 239
Kugelbakterie C 689
kugelförmig G 239
Kugelmühle B 74
Kugelschliff S 676
Kugelzelle S 677
kühl C 982
Kühlanlage C 987
kühl aufbewahren K 21
kühlen C 981
Kühlen C 983
Kühler C 872
Kühlflüssigkeit C 986
Kühlkammer C 985
kühl lagern K 21
Kühlmedium C 984
Kühlmittel C 984
Kühlraum C 985
Kühlschrank R 259
Kühlung C 983
Kühlwasser C 989
Kühlzelle C 985
Kühlzentrifuge R 258
Kuhpockenvirus S 461
kultivierbar C 1160
kultivieren C 1161
Kultivieren C 1163
kultiviert C 1162
Kultivierung C 1163
Kultur C 1164
Kulturboden C 1169
Kulturfiltrat C 1165
Kulturflasche C 1166
Kulturflüssigkeit N 324
Kulturhefe C 1174
Kulturkolben C 1166
Kulturlösung N 324
Kulturmedium C 1169
Kulturplatte C 1171
Kulturröhrchen C 1172
Kulturschale P 265
Kulturtyp C 1173
Kulturverfahren C 1170
Külz-Zylinder C 806
Kumulation C 1175
kumulativ C 1176
kumulative Häufigkeit C 1177
Kumulierung C 1175
Kunstharz A 1027
künstlich A 1026
künstliche Radioaktivität I 224
Kunstprodukt A 1019
Kunststoff P 559
Kunststoffampulle P 560
Kunststoffflasche P 561
Kunststoffolie P 562
Kunststoffröhrchen P 565
Kunststoffspritze P 564
Kunststoffstopfen P 563
Kupfer C 998
Kupfer(II)-chlorid C 999
Kupferenzym C 1000
Kupfer(II)-nitrat C 1001
Kupferron C 1178
Kupfer(II)-sulfat C 1002
Kupfervitriol C 1002
Kupffersche Sternzelle K 87
kuppeln C 1067
Kupplung C 1070
Kürettage A 11
Kürette C 1181
kürettieren S 130
Kürettierung A 11
Kurve C 1185
Kurvendarstellung D 304
Kurzhalskolben S 349
kurzkettig S 347
kurzlebiges Isotop S 348
Kurznarkose S 346
Kurzrock-Miller-Test K 88
Küster-Schale K 86
kutan C 1186
Kutanreaktion S 437
Kutantest S 439
Küvette C 1189
Küvettenhalter C 1190
Küvettenoxymeter C 1191
Kveim-Antigen K 89
Kveim-Test K 90
Kynurenin K 93
Kynureninaminotransferase K 94
Kynureninase K 92
Kynurensäure K 91

L

l L 367
La L 88
labil L 7
labiler Faktor C 635
Labilität L 8
Labilitätsreaktion S 324
Labor L 9
Laborant L 11
Laborapparat L 10
Laborarzt L 32
Laboratorium L 9
Laboratoriumsdiagnostik L 20
Laboratoriumsmethode L 30
Laborausrüstung L 23
Laborausstattung L 23
Laborautomatisation L 12
Laborautomatisierung L 12
Laborbedingung L 16
Laborbefund L 24
Laborchemikalie f L 15
Labordaten L 24
Labordiagnose L 17
Labordiagnostik L 20
Labordiagnostikum L 21
labordiagnostisch L 18
labordiagnostisches Stufenprogramm L 19
Laboreinrichtung L 23
Laborergebnis L 24
Laborexperiment L 40

Laborgerät L 10
Laborinfektion L 26
Laborinformationssystem L 27
Laborleiter L 29
Labormethode L 30
Labormöbel L 25
Labororganisation L 31
Laborpersonal L 37
Laborporzellan L 33
Laborpraxis L 34
Laborpumpe L 35
Laborsicherheit L 36
Laborstatistik L 38
Labortechnik L 22
Labortest L 40
Labortier E 571
Labortisch L 39
Labortyp L 41
Laboruntersuchung L 28
Laborverfahren L 30
Laborversuch L 40
Laborwaage L 13
Laborwert L 24
Laborzentrifuge L 14
Labrozyt M 143
Laccase L 43
Lackmoid R 338
Lackmus L 365
Lackmuspapier L 366
Lactalbumin L 45
Lactalbuminhydrolysat L 46
β-Lactamase P 172
Lactaminsäure L 47
Lactase G 20
Lactat L 48
Lactatdehydrogenase L 49
Lactationshormon P 985
Lactat-Pyruvat-Quotient L 50
Lactatracemase L 51
Lactid L 54
Lactobacillus-bifidus-Faktor L 55
Lactobacillus-casei-Faktor F 307
Lactobacterium L 53
Lactobiose L 66
Lactodensimeter L 59
Lactoferrin L 57
Lactoflavin R 413
lactogenes Hormon P 985
Lactoglobulin L 58
Lactokultur L 56
Lactometer L 59
Lacton L 60
Lactoperoxidase L 61
Lactophenol L 62
Lactophenol-Methylenblau-Färbung L 63
Lactoprotein L 64
Lactose L 66
Lactoseagar L 67
Lactosebelastungstest L 68
Lactosebouillon L 67
Lactoskop L 65
Lactotest M 566
lactotropes Hormon P 985
Lactoylglutathionlyase L 69
Lactulose L 70
Ladung C 358
Lagerlöf-Sonde L 77
lagern S 945
Lagerstabilität S 943
Lagertemperatur S 944
Lagerung S 939
Lagerungsbedingungen S 941
Lagerungsstabilität S 943
Lagerungstemperatur S 944
Lagerungszeit S 942
Lagerzeit S 942
L-Agglutination L 78
Lag-Periode L 79
Lag-Phase L 79
LAI-Test L 183
Lakunarzelle L 71
Lambda-Kette L 80
Lambert-Beer-Gesetz L 81
Lambilia L 82
Lamelle L 83
laminar L 84
Lampe L 85
Langerhans'-Inselzelle B 188
langfaserig L 403
langfasrig L 403
Langhalskolben L 407
Langhalsrundkolben R 492
Langhans-Riesenzelle L 87
langkettig L 401
langkettige Fettsäure L 402
langlebig L 405
langlebiges Isotop L 406
langsam reagierende Substanz S 453
Längsschnitt L 404
Langzeitbeobachtung L 409
Langzeitpräparat P 246
Langzeitregistrierung L 410
Langzeitstabilität L 411
Langzeitüberwachung L 409
Langzeitversuch L 408
Lanthan L 88
Lanthionin L 89
L-Antigen L 90
Lanzette L 86
Lanzettegel D 353
LAP L 174
Larve L 93
Larvenkultur L 94
Larvoskopie L 95
Laryngozentese L 96
Laser L 97
Lasermikroskop L 98
Lasermikroskopie L 99
Lasernephelometer L 100
Lasernephelometrie L 101
Laserspektroskop L 104
Laserspektroskopie L 105
Laserstrahl L 103
Laserstrahlung L 102
latent L 108
latente Eisenbindungskapazität L 109
Latenz L 107
Latex L 112
Latexagglutinationstest L 115
Latexfixationstest L 115
Latexpartikel L 114
Latexschnelltest L 113
Latexteilchen L 114
Latextest L 115
Latextropfentest L 113
LATS L 116
Lattes-Deckglasmethode L 117
Lattes-Verfahren L 117
lau L 430
Laufgeschwindigkeit M 561
Laufmittel M 624
Laufrichtung F 232
Laufstrecke L 157
Lauge B 107
laugenbeständig A 494
Laugenbeständigkeit A 493
laugenlöslich A 500
Laugenlöslichkeit A 499
laugenresistent A 494
Laugenresistenz A 493
Laurell-Technik L 119
Laurinsäure L 120
Laurylsulfat L 121
Laus L 415
Läusetest L 416
Lauth-Violett T 230
lauwarm L 430
lävogyr L 73
Lävothyroxin L 74
Lävulin L 75
Lävulinsäure L 76
Lävulose F 401
Lävuloseprobe F 406
Laxans L 123
Laxativum L 123
LCAT L 145
LCM-Virus L 476
LDH L 49
LDL L 128
LDL-Chol L 129
LDL-Cholesterol L 129
lebenden Organismus / im I 436
Lebendgewicht L 386
Lebensmittel F 315
Leber L 368
Leberbiopsie L 369
Leberbiopsienadel L 370
Leberblindpunktion B 351
Leberbouillon L 371
Leberegel L 376, L 452
Leberenzym L 373
Leberenzymmuster L 374
Leberepithelzelle L 372
Leberextrakt L 375
Leberfunktionsprobe L 377
Lebergalle A 5
Lebergewebe L 385
Lebergift H 233
Leberglycogen L 378
Leberhomogenat L 379
Lebermikrosomen L 380
Leberparasit L 381
Leberparenchym L 382
Leberphosphorylase L 383
Leberpunktat L 384
Leberpunktion L 369
Leberstärke G 360
Leberzelle L 372
LEBK L 109
Lecithin L 144
Lecithinacyltransferase L 145
Lecithinase P 391
Lecithin-Cholesterol-Acyltransferase L 145
Lecithinkörnchen L 146
Lecithin-Sphingomyelin-Quotient L 147/8
Lectin P 462
Leeransatz B 336
Leerlösung B 337
Leerprobe B 336
Leerversuch B 338
Leerwert B 335
LE-Faktor L 455
Legal-Probe L 151
Legal-Reaktion L 151
Leiche C 1018
Leichenblut C 1
leichte Kette L 240
„leichtes" Lipoprotein V 147
leicht färbbar C 540
leicht färbbare Zelle C 539
leichtflüchtig H 296
leichtlöslich R 160
Leifson-Agar L 152
Leimzucker G 347
Leishmania L 153
Leishmanin L 154
Leishman-Zelle L 155
Leitallergen P 932
Leitfähigkeit C 877
Leitfähigkeitsmessung C 878
Leitungswasser T 17
Lemmoblast L 156
Lemnoblast L 156
Lepehne-Färbung L 159
Lepore-Hämoglobin L 160
Leprabacterium L 161
Leprazelle L 162
Leprolin L 163
Leprolinreaktion L 164
Leprolintest L 164
Lepromin L 165
Leprominreaktion L 166
Lepromintest L 166
leptochrom L 167
leptochromatisch L 167
Leptospira f L 168
Leptozyt T 20
letal L 169
Letaldosis L 170
Letalfaktor L 171
Letalität L 172
Leu L 173
Leuchtbakterie P 421
Leuchtstoff L 447
Leucin L 173
Leucinaminopeptidase L 174
Leucinaminotransferase L 175
Leucindehydrogenase L 176
Leucintest L 177
Leucylalanin L 221
Leucylglycin L 222
Leukämievirus L 220
Leukämiezelle L 223
Leukin L 224
Leukoagglutinin L 178
Leukobase L 180
Leukoblast L 179
Leukogen L 203
Leukogramm L 204
Leukokinin L 205
Leukokininase L 206
Leukokrit L 181
Leukolyse L 208
Leukolysetest L 209
Leukolysin L 207
Leukomethylenblau L 210
Leukopenin L 212
leukopenischer Index L 211
Leukopherese L 213
Leukopoetin L 214
Leukopoietin L 214
Leukoporphyrin L 215
Leukoprotease L 216
Leukopterin L 217
Leukotaxin L 218
Leukotoxin L 219
Leukoverbindung L 180
Leukovirus L 220
Leukovorin C 587
Leukozyt L 182
Leukozytenadhärenzinhibitions-Test L 183
Leukozytenagglutinationstest L 184
Leukozytenantigen L 186
Leukozytenantikörper L 185
Leukozytenauflösung L 208
Leukozytendegranulationstest L 191
Leukozytendifferentialbild L 204
Leukozytenenzym L 192
Leukozytenformel L 204
Leukozytenindex L 193
Leukozytenkonzentrat L 188
Leukozytenkreuzung L 199
Leukozytenmanschette B 592
Leukozytenmigration L 194

Leukozytenmigrationshemmtest L 195
Leukozytennomogramm L 196
Leukozytenstammzelle L 179
Leukozytentypisierung L 198
Leukozytenüberlebenszeit L 197
Leukozytenwanderung L 194
Leukozytenzahl L 189
Leukozytenzählkammer L 200
Leukozytenzählung L 190
Leukozytenzerfall L 208
Leukozytenzylinder L 187
Leukozytoblast L 179
Leukozytolyse L 208
Leukozytolysereaktion L 209
Leukozytolysetest L 209
Leukozytolysin L 207
Leukozytometer L 200
Leukozytosefaktor L 201
leukozytoseinduzierender Faktor L 201
Leukozyturietest L 202
Levaditi-Methode L 225
Levinthal-Agar L 228
Levinthal-Kochblutagar L 228
Lewis-Antikörper L 229
Lewis-Blutgruppensystem L 230
Leydig-Zelle I 379
LE-Zelle L 453
LE-Zellen-Nachweis L 454
LE-Zell-Test L 454
LH L 460
LH-freisetzender Faktor L 431
LH-freisetzendes Hormon L 431
LH-Releasingfaktor L 431
LH-Releasinghormon L 431
LH-RF L 431
LH-RH L 431
Li L 354
LIA L 441
Liberin R 287
Licht L 237
lichtbrechend L 247
Lichtbrechung R 253
lichtdurchlässig T 510
Lichtdurchlässigkeit T 509
lichtempfindlich L 248
Lichtempfindlichkeit L 249
Lichtfilter L 241
lichtgeschützt P 1051
Licht geschützt aufbewahren/vor K 24
lichtgeschützt lagern K 24
Lichtintensität L 242
Lichtmikroskop L 243
Lichtmikroskopie L 244
Lichtquelle L 250
Lichtreaktion P 439
Lichtschutz L 245
Lichtstärke L 242
Lichtstärkemessung P 436
Lichtstrahl L 246
Lichtwelle L 251
Lidocain L 232
Liebermann-Burchardt-Reaktion L 233
Lien S 698
LIF L 201
Ligand L 234
Ligandin L 235
Ligase L 236
Lignocerinsäure L 252
Ligroinmethode L 253
Likelihoodquotient L 255
limitierender Faktor L 259
linear L 264
lineare Diskriminanzanalyse L 265
lineare Regression L 267
lineare Regressionsanalyse L 268
Linearität L 266
Linienbreite L 270
Linienspektrum L 269
linksdrehend L 73
Linksdrehung L 72
Linksverschiebung L 150
Linolensäure L 276
Linolsäure L 275
Linse L 158
lipämisch L 277
lipämisches Plasma L 278
lipämisches Serum L 279
Lipase L 280
Lipid L 281
Lipidelektrophorese L 283
Lipidextrakt E 617
Lipidfaktor L 284
Lipidfraktion L 285
lipidhaltig L 282
Lipidinhibitor L 286
lipidlöslich L 307
Lipidmolekül L 287
Lipoamiddehydrogenase (NADH) D 446
Lipoamidreductase (NADH) D 446
Lipoblast L 288
Lipocainfaktor L 289
Lipochrom L 290
Lipofuszin L 291
lipogen L 292
Lipoid L 294
lipoid L 295
Lipoidantigen L 297
Lipoidantikörper L 296
Lipoidbindungsreaktion L 298
Lipoidpigment L 290
Lipolyse L 300
Lipolysin L 299
lipolytisch L 301
lipolytische Aktivität L 302
lipolytisches Enzym L 303
Lipomicron C 564
Liponsäure L 293
Lipopeptid L 304
lipophag L 306
Lipophage L 305
lipophil L 307
lipophiles Enzym L 308
Lipopigment L 309
Lipopolysaccharid L 310
Lipoproteid L 311
Lipoproteidmembran E 147
β-Lipoprotein L 128
Lipoprotein L 312
Lipoprotein hoher Dichte H 153
Lipoproteinlipase L 313
Lipoprotein mittlerer Dichte I 16
Lipoprotein niedriger Dichte L 128
Lipoprotein sehr hoher Dichte V 86
Lipoprotein sehr niedriger Dichte V 147
Lipoproteintrübungstest L 314
Lipoprotein X L 315
Liposaccharid L 316
Liposom L 318
Lipothiamid L 319
Lipothiamidpyrophosphat L 320
lipotroper Faktor L 321
lipotroper Pankreasfaktor L 289
lipotropes Hormon L 322
Lipotropin L 322
Lipoxanthin L 323
Lipoxidase L 324
Lipoxygenase L 324
Lipozyt F 28
Lipschütz-Körperchen L 325
Liquefaktion L 327
liquid L 330
Liquorbefund S 685
Liquor cerebrospinalis C 328
Liquordiagnostik L 349
Liquordruck C 330
Liquoreiweiß C 331
Liquorelektrophorese L 350
Liquorglucose C 329
Liquorprotein C 331
Liquorsediment C 332
Liquorzucker C 329
Listerella L 352
Listeria L 352
Listeria monocytogenes L 353
Liter L 367
Lithium L 354
Lithiumbenzoat L 355
Lithiumbromid L 356
Lithiumcarbonat L 357
Lithiumcitrat L 359
Lithiumhydroxid L 360
Lithiumkarmin L 358
Lithiumsalicylat L 361
Lithiumsalz L 362
Lithocholsäure L 363
lithogener Index L 364
Litmus L 365
L-Kette L 240
Lobelin L 388
Lobozyt L 389
Lochia L 394
Lochialsekret L 394
Lochialzelle L 395
Lochien L 394
Lochiozyt L 395
Locus G 139
Loeffler-Bacillus L 396
Loeffler-Nährboden L 397
Loeffler-Pseudodiphtheriebacillus H 366
Löffel S 721
logarithmische Normalverteilung L 400
Logarithmus L 399
Lognormalverteilung L 400
Lokalanästhesie L 390
Lokalanästhetikum L 391
Lokalbetäubung L 390
Lokalisation L 392
lokalisieren L 393
Lokalisieren L 392
Lokalisierung L 392
long-acting thyroid stimulator L 116
Loschmidtsche Zahl A 1177
lösen D 636
lösen / sich D 637
löslich S 569
lösliches Antigen S 570
Löslichkeit S 563
Löslichkeitsgleichgewicht S 566
Löslichkeitskoeffizient S 564
Löslichkeitskonstante S 564
Löslichkeitskurve S 565
Löslichkeitsprodukt S 567
Löslichkeitstest S 568
Lösung D 634, S 571
Lösung gehen / in D 637
Lösungsdruck S 572
Lösungsgeschwindigkeit D 635
Lösungsmittel S 576
Lösungsmittelextraktion S 577
Lösungsprozeß D 634
Lösungstemperatur S 573
Lösungsvermögen S 578
Lösungsvorgang D 634
Lösungswärme H 182
Low-Density-Lipoprotein L 128
Löwenstein-Eiernährboden L 398
Löwenstein-Nährboden L 398
LPH L 322
LSD L 502
L/S-Ratio L 147
LTH P 985
Lubarsch-Kristall L 424
Lubenau-Nährboden L 425
Luciferase L 426
Luciferin L 427
Luetinreaktion L 428
Luftabscheider A 407
Luftbad A 394
luftbeständig S 765
Luftblase A 395
luftblasenfrei F 364
Luftdesinfektion A 397
luftdicht A 404
luftdurchlässig A 406
Luftdurchlässigkeit A 405
Lufteinwirkung / unter E 590
lüften V 69
Lüften V 70
Luftentkeimung A 397
Lüfter F 19
Luftfeuchte A 1087
Luftfeuchtigkeit A 1087
Luftfilter A 401
luftgekühlt A 396
luftgetrocknet A 398
Luftkeim A 1086
luftleer E 551
luftleerer Raum V 7
Luftstrom A 402
Luftstrom trocknen / im A 399
Lufttrocknung A 400
luftundurchlässig A 404
Luftundurchlässigkeit A 403
Lüftung V 70
Luftzufuhr A 408
Lugol-Lösung L 429
Luliberin L 431
Lumbalkanüle L 435
Lumballiquor L 432
Lumbalnadel L 435
Lumbalpunktat L 433
Lumbalpunktion L 434
Lumbalpunktionskanüle L 435
Lumen L 437
Lumineszenz L 439
Lumineszenzanalyse L 440
Lumineszenzimmunoassay L 441
Lumineszenzmikroskop L 442
Lumineszenzmikroskopie L 443
Lumineszenzspektralanalyse L 445
Lumineszenzspektrometrie L 444
Lumineszenzspektrum L 446
lumineszieren L 438
Luminophor L 447
Lumirhodopsin L 448
Lundh-Test L 449
Lunge L 450
Lungenbiopsie L 451
Lungengewebe P 1168
Lungenpunktion P 1167
Lungensurfactant S 1144
Luotest L 428
Lupe L 414
Lupozyt L 453
Lupus-erythematodes-Faktor L 455
Lupus-erythematodes-Zelle L 453

Lutein L 456
Luteinisierungshormon L 460
Luteinzelle L 457
Luteohormon P 969
Luteolysin L 458
luteomammotropes Hormon P 985
luteotropes Hormon P 985
Luteotropin P 985
Luteozyt L 457
Lutheran-Blutgruppensystem L 459
Lutropin L 460
Lux L 461
lx L 461
Lyase L 462
Lymphadenitisvirus L 464
lymphartig L 478
lymphatisch L 465
Lymphdrüse L 467
Lymphe L 463
Lymphflüssigkeit L 463
Lymphgewebe L 466
Lymphknoten L 467
Lymphknotenbiopsie L 468
Lymphknotenpunktat L 469
Lymphknotenpunktion L 470
Lymphkörperchen L 472
Lymphoblast L 471
lymphoid L 478
Lymphoidozyt L 479
Lymphoidzelle L 479
Lymphokin L 480
Lymphomyelozyt L 481
Lymphopoetin L 482
Lymphopoietin L 482
Lymphoprotease L 483
lymphoretikuläres Gewebe L 484
Lymphotoxin L 485
Lymphozyt L 472
lymphozytär L 475
lymphozytäres Choriomeningitis-Virus L 476
Lymphozytenmischkultur M 608
Lymphozytenpool P 717
Lymphozytentoxizitätstest L 477
Lymphozytentransformation L 473
Lymphozytentransformationstest L 474
Lymphozytoblast L 471
Lymphzelle L 472
Lyochrom L 486
Lyoenzym L 487
Lyogel L 488
Lyoglycogen L 489
lyophil L 490
lyophiles Kolloid L 491
Lyophilisat L 492
Lyophilisation L 493
Lyophilisationsapparatur F 368
lyophilisieren L 494
lyophilisiert L 495
Lyophilisierung L 493
lyophob L 496
lyophobes Kolloid L 497
Lys H 545, L 504
Lysat L 498
Lyse L 500
Lysergamid L 502
Lysergsäure L 501
Lysergsäurediethylamid L 502
Lysezeit L 510
lysieren L 499
Lysin L 503, L 504
α-Lysin A 463
Lysindecarboxylase L 505
Lysinhydroxylase L 506
Lysinogen L 509
Lysinracemase L 507
Lysin-Vasopressin-Test L 508
Lysis L 500
Lysochrom F 32
Lysokephalin L 511
Lysokinase L 512
Lysolecithin L 513
Lysophosphatid L 514
Lysophosphatidylcholin L 513
Lysophosphoglycerid L 515
Lysosom L 518
lysosomal L 516
lysosomale Hydrolase L 517
lysosomales Enzym L 519
Lysosomenhydrolase L 517
Lysozym L 519
Lyssavirus L 520
Lysylaldehyd L 521
Lysylbradykinin K 3
Lysyloxidase L 522
lytisch L 523
lytischer Bakteriophage L 524
L-Zelle L 127

M

Macrophage chemotactic factor M 26
Macrophage cytotoxicity factor M 28
Mädchen G 188
Madenwurm O 255
MAF M 24, M 25
Magen S 916
Magenabsaugung G 81
Magenausheberung G 81
Magenbiopsie S 917
Magenchromoskopie G 82
Magen-Darm-Absaugung G 99
Magenfunktionsprobe G 83
Mageninhalt C 565
Magenpumpe S 918
Magensaft G 85
Magensaftanalyse G 86
Magensaftfraktion G 87
Magensäure G 80
Magenschlauch G 91
Magenschleim G 90
Magenschleimhaut G 89
Magensekretin G 93
Magensonde G 91
Magensondierung P 950
Magenspülflüssigkeit G 92
Magenspülung G 88
Magenspülwasser G 92
Magnesia M 48
Magnesium M 40
Magnesiumacetat M 41
Magnesiumcarbonat M 42
Magnesiumchlorid M 43
Magnesiumcitrat M 44
Magnesiumhydrogenorthophosphat M 45
Magnesiumhydrogenphosphat M 45
Magnesiumhydroxid M 46
Magnesiumiodid M 47
Magnesiumoxid M 48
Magnesiumperchlorat M 49
Magnesiumsulfat M 50
Magnesiumsulfatanreicherung M 51
Magnet M 52
magnetisches Feld M 53
Magnetoelektrophorese M 54
Magnetrührer M 55
mahlen G 458
Maismehlagar M 62
Maisquellwasser C 1016
Maisstärke M 63
Makroamylase M 1
Makroanalyse M 2
Makrobakterie M 3
Makroblast M 4
Makroerythroblast M 4
Makroerythrozyt M 5
Makrofilarie M 7
Makrogamet M 8
Makrogametozyt M 9
Makroglia M 10
Makroglobulin M 11
Makroglobulin Waldenström P 1091
Makrokoproskopie M 12
Makrolipid M 13
Makrolymphozyt M 14
Makromethode M 15
Makromolekül M 17
makromolekular M 16
Makromonozyt M 18
Makromyeloblast M 19
Makronormoblast M 20
Makroparasit M 21
Makropeptid M 22
Makrophag M 23
Makrophage M 23
Makrophagenaggregationsfaktor M 25
makrophagenaktivierender Faktor M 24
Makrophagenaktivität A 217
Makrophagen-Elektrophorese-Mobilitätstest M 29
Makrophagenkultur M 27
Makrophagen-Migrationstest M 30
Makrophagozyt M 23
Makroplanozyt M 31
Makropolyzyt M 32
Makropromyelozyt M 33
Makroskopie M 35
makroskopisch M 34
Makrospore M 36
Makrostruktur M 37
Makrothrombozyt M 38
Makrotom M 39
Makrozyt M 5
makrozytär M 6
Malachitgrün M 65
Malachitgrünagar M 66
Malariaerreger M 67
Malariamelanin M 68
Malariamücke A 808
Malariaparasit M 67
Malariapigment M 68
Malat M 69
Malatdehydrogenase M 70
Malatsynthase M 71
Malatsynthetase M 71
Maleat M 73
Maleinat M 73
Maleinsäure M 74
maligne M 78
maligne Zelle M 79
Malignität M 77
Malinsäure M 76
Mallein M 80
Malleinprobe M 81
Malleinreaktion M 81
Mallory-Körperchen M 82
Malonat M 84
Malonsäure M 85
Malonyl-Coenzym A M 86
Malonylharnstoff B 86
Maltase G 293
Maltobiose M 88
Maltodextrin M 89
Maltose M 88
Maltosedextrin M 89
Maltose-Pepton-Agar M 90
Malzextrakt M 87
Malzzucker M 88
mammotropes Hormon P 985
Mammotropin P 985
Mancini-Technik M 94
Mandelsäure H 552
Mandrin M 95
Mangan M 97
Manganat M 96
Manganchlorid M 98
Manganometrie M 100
Mangansulfat M 99
Mangelnährboden D 76
Mangelserum D 77
Mann M 92
Mannanase M 107
Mannase M 107
Mannit M 101
Mannitol M 101
Mannitol-Clearance M 102
Mannitol-Salz-Agar M 103
männlich M 72
männliche Keimdrüse T 89
männliches Sexualhormon M 75
Mannosamin M 104
Mannose M 105
Mannose-6-phosphat M 106
Mannosid M 108
β-Mannosidase M 107
Manometer M 109
Manometrie M 111
manometrisch M 110
MANOVA M 785
Manschette C 1159
Mansonella M 112
Mantelzelle A 677
Mantoux-Reaktion M 113
manuell M 114
manuelle Methode M 115
MAO M 160
MAO-Hemmer M 671
Marker M 119
Markerchromosom M 120
Markergen M 121
Markersubstanz M 119
markieren M 117
Markieren M 122
markiert L 2
markierter Antikörper L 3
markiertes Antigen L 4
markiertes Molekül L 6
markierte Verbindung L 5
Markierung M 118, M 122
Markierungsgen M 121
Markscheidenfärbung S 777
Markzelle M 827
Martin-Bouillon M 123
Masernantigen M 178
Masernantikörper M 177
Masernriesenzelle M 179
Masernvirus M 180
maskieren M 124
Maskieren M 125
Maskierung M 125
maskulin M 72
Maßanalyse T 394
maßanalytisch T 393
Maßeinheit M 142
Massenabsorptionskoeffizient M 126
Massenfragmentographie M 128
Massenkonzentration M 127

Massenscreening M 131
Massenspektralanalyse M 132
Massenspektrogramm M 133
Massenspektrograph M 134
Massenspektrographie M 135
Massenspektrometer M 136
Massenspektrometrie M 138
massenspektrometrisch M 137
Massenspektroskop M 139
Massenspektroskopie M 140
Massenspektrum M 141
Massenverhältnis M 130
Massenwirkungsgesetz L 122
Massenwirkungskonstante E 377
Massenzahl M 129
Masseprozent W 62
Mastdarm R 200
Mastdarmbiopsie R 195
Mastix M 145
Mastixprobe M 146
Mastixreaktion M 146
Mastoidzelle M 147
Mastozyt M 143
Masturbat M 148
Mastzelle M 143
Mastzellenkultur M 144
Material S 1012
Matrix M 153
Maurer-Flecken M 159
Maurer-Körnelung M 159
Maurer-Tüpfel M 159
Maus M 739
Mäusetyphuserreger T 695
maximal M 162
Maximalaktivität M 163
Maximaldosis M 164
maximale Reaktionsgeschwindigkeit M 165
maximale Salzsäureausscheidung M 160
maximale Säuresekretion M 160
Maximalthermometer M 166
Maximalwert M 161
Maximum M 161
Maximumthermometer M 166
May-Grünwald-Färbung M 167
McClure-Aldrich-Test U 209
MCHC M 173
McMaster-Kammer M 168
mechanische Erythrozytenresistenz M 219
mechanisieren M 220
Mechanismus M 221
Meconsäure M 222
MED M 175
Median M 224
Medianwert M 224
Mediastinalbiopsie M 225
Mediator M 226
Mediatorsubstanz M 226
Medikament D 780
medikamentös M 241
medikamentöse Behandlung P 289
Medikation M 243
Medinawurm D 750
Medizin M 244
Mediziner P 452
medizinisch M 227
medizinische Anforderung M 231
medizinische Betreuung M 229
medizinische Biochemie M 228
medizinische Chemie M 230
medizinische Daten C 606
medizinische Einrichtung M 234
medizinische Elektronik M 232
medizinische Grundbetreuung B 116
medizinische Kontrolle M 240
medizinische Mikrobiologie M 239
Medizinischer Blutegel M 238
medizinische Seife M 242
medizinisches Laboratorium M 236
medizinische Statistik M 245
medizinische Überwachung M 240
medizinische Untersuchung M 235
Medizintechnik M 233
medizin-technische Laborassistentin M 237
Meerrettichperoxidase H 421
Meerschweinchen G 500
Meerschweinchenkomplement G 501
Megakaryoblast M 248
Megakaryozyt M 249
Megaloblast M 250
Megalokaryoblast M 248
Megalokaryozyt M 249
Megalozyt M 251
Mehrfachbestimmung M 777
Mehrfach-Dünnschichtchromatographie M 779
Mehrfachfärbung M 778
mehrfach ungesättigte Fettsäure P 709
mehrfarbig P 656
Mehrkanalanalysengerät M 767
mehrkernig P 688
mehrkernige Zelle P 673
Mehrkomponentenanalyse M 768
Mehrkomponentengemisch M 769
Mehrkomponentensystem M 770
Mehrphasensystem M 776
mehrphasig M 775
Mehrschichtfilm M 774
mehrschichtig M 773
Mehrschrittreaktion M 781
mehrstufig M 780
mehrstufige Trennung M 782
Mehrwegehahn M 786
mehrwertig M 784
mehrwertiger Alkohol P 693
Mehrwertigkeit M 783
mehrzellig M 765
Meinicke-Klärungsreaktion M 252
Meinicke-Trübungsreaktion M 253
Mekonium M 223
Melanin M 254
Melaninfreßzelle M 261
Melanoblast M 255
Melanoflokkulation M 257
Melanogen M 258
Melanoliberin M 259
Melanomzelle M 260
Melanophage M 261
Melanophor M 262
Melanophorenhormon M 264
Melanostatin M 263
melanotropes Hormon M 264
Melanotropin M 264
melanotropinfreisetzungshemmender Faktor M 263
melanotropinfreisetzungshemmendes Hormon M 263
Melanotropin-Releasingfaktor M 259
Melanotropin-Releasinghormon M 259
Melanozyt M 256
melanozytenstimulierendes Hormon M 264
Melatonin M 265
Meldepflicht D 812
meldepflichtig N 250
Melibiase G 19
Melibiose M 266
Melitose R 99
Melitriose R 99
Melkerknotenvirus M 564
Membran M 271
Membranantigen M 272
membranartig M 285
Membranchromatographie M 275
Membranelektrode M 277
Membranenzym M 274
Membranfilter M 278
Membranfraktion M 279
membrangebunden M 273
membrangebundenes Antigen M 272
Membrangel M 280
Membrangradient M 281
Membrankultur M 276
membranös M 285
Membranpermeabilität M 282
Membranpotential M 283
Membranpumpe D 321
Membranstruktur M 284
MEM-Test M 29
Menachinon M 288
Menadiol M 286
Menadion M 287
Mendel-Mantoux-Tuberkulinprobe M 113
Menge Q 18
mengenmäßig Q 13
Mengenverhältnis Q 19
Menghini-Nadel M 289
Meniskozyt D 753
Meniskus M 290
Menopause M 291
Menopausengonadotropin H 443
Menotropin H 443
Mensch H 435, M 93
Menschenaffe A 817
Menschenfloh H 438
Menses M 294
Menstrualblut M 292
Menstruation M 294
Menstruationszyklus M 293
Meopterin M 295
meq M 569
Mercaptan M 296
Mercaptoacetat M 297
o-Mercaptobenzoesäure T 233
Mercaptoessigsäure T 224
Mercaptoethanol M 298
Mercaptoimidazol M 299
Mercaptopurin M 300
Merkmal S 374
Merkurimetrie M 302
merkurimetrisch M 301
Merozoit M 311
Mescalin M 312
Mesenchymzelle M 313
Mesobilifuszin M 314
Mesobilin M 315
Mesobilinogen M 316
Mesobilirubin M 317
Mesobilirubinogen M 318
Mesobiliviolin M 319
Mesobiliviolinprobe M 320
meso-Inosit I 316
Mesomerie M 321, R 336
mesophil M 322
Mesoporphyrin M 323
Mesotheliozyt M 324
Mesothelzelle M 324
Meßapparat M 201
meßbar M 182
Meßbarkeit M 181
Meßbereich M 209
Meßbürette M 191
Meßeinrichtung M 198
Meßelektrode M 199
Meßempfindlichkeit M 211
messen M 183
messen / im Photometer M 186
messen / im Spektralphotometer M 188
messen / mit dem Polarimeter M 187
messen / photometrisch M 186
messen / polarimetrisch M 187
messen / spektrophotometrisch M 188
Messen M 185
Messenger-Ribonucleinsäure M 325
Messenger-RNA M 325
Meßergebnis M 210
Meßfehler M 200
Meßflasche V 165
Meßfühler S 227
Meßgefäß M 215
Meßgenauigkeit M 189
Meßgerät M 201
Meßglas M 197
Messingkörperchen B 529
Meßinstrument M 201
Meßkammer M 194
Meßkanal M 195
Meßkette M 193
Meßkolben V 165
Meßküvette M 196
Meßmethode M 202
Meßmikroskop M 203
Meßpipette M 204
Meßplatz M 206
Meßprinzip M 207
Meßpunkt M 205
Meßreihe S 262
Meßsignal M 212
Meßsonde M 208
Meßstelle M 205
Meßtechnik M 213
Messung M 185
Meßverfahren M 202
Meßverstärker M 190
Meßvorrichtung M 198
Meßwert M 184
Meßzeit M 214
Meßzelle M 192
Meßzylinder M 197
Met M 369
Meta M 343
Metabolimetrie M 331
metabolisch M 326
Metabolismus M 332
Metabolit M 333
Metabolometer M 330
Metachromasie M 335
Metachromatin M 339
metachromatisch M 336
metachromatische Aktivität M 337
metachromatischer Index M 338
metachromatophil M 340
Metachromie M 335
Metadysenteriebakterie M 341
Metagonimusegel H 257
Metalbumin M 744
Metaldehyd M 343
Metall M 342
Metallelektrode M 344

Metallenzym M 350
Metall-Enzym-Komplex M 345
Metallergen M 348
Metallflavoprotein M 351
Metallfolie M 346
Metallgefäß M 349
Metallimprägnation I 140
Metallion M 347
Metalloenzym M 350
Metalloprotease M 353
Metalloprotein M 354
Metallothionein M 355
Metallporphyrin M 352
Metallprotease M 353
Metallprotein M 354
Metallthionein M 355
Metamyelozyt M 356
Metanephrin M 357
Metanilgelb M 358
Metaplasma M 359
Metapyrontest M 431
Metathrombin M 360
Metazerkarie M 334
Metazoon M 361
Meter M 432
Methacrylat M 362
Methämoglobin H 35
Methämoglobinometer M 363
Methämometer M 363
Methamphetamin M 364
Methan M 365
Methanal F 323
Methandicarbonsäure M 85
Methanol M 366
Methansäure F 331
Methanthiol M 367
Methaqualon M 368
Met-Hb H 35
Methionin M 369
Methioninadenosyltransferase M 370
Methioninracemase M 371
Methode M 372
Methode der Wahl M 378
Methodenvergleich M 373
Methodenvorschrift M 375
methodisch M 374
methodische Empfindlichkeit M 376
methodische Spezifität M 377
Methotrexat M 380
Methoxybenzen A 803
3-Methoxy-4-hydroxybenzoesäure M 381
3-Methoxy-4-hydroxymandelsäure M 382
3-Methoxy-4-hydroxyphenylessigsäure H 401
Methylacetat M 383
Methyladenin M 384
β-Methyladipinsäure M 385
Methylalkohol M 366
Methylamin M 386
Methylaminoessigsäure S 77
Methylanilin T 411
Methylarginin M 387
Methylat M 389
Methylbenzen T 410
Methylbenzoat M 392
Methylbutyrase C 135
Methylchlorid M 393
Methylcitrat M 394
3-Methylcrotonyl-CoA-carboxylase M 395
Methylen M 396
Methylenblau M 397
Methylenblaufärbung M 398
Methylenblauprobe M 399
Methylenblaureduktionsprobe M 399
Methylenchlorid D 343
Methylenviolett M 400
Methylgelb D 487
Methylglutaconyl-CoA-hydratase M 401
Methylglutarsäure M 402
Methylglycocyamin C 1087
Methylglyoxal M 403
Methylglyoxalase L 69
Methylgrün M 404
Methylguanidin M 405
Methylhistamin M 406
Methylhistidin M 407
methylieren M 388
Methylieren M 391
methyliert M 390
Methylierung M 391
3-Methylindol S 430
Methylkallidin M 408
Methyllysin M 409
Methylmalonat M 410
Methylmalonsäure M 411
Methylmalonyl-CoA M 414
Methylmalonyl-CoA-mutase M 412
Methylmalonyl-CoA-racemase M 413
Methylmalonyl-Coenzym A M 414
Methylmercaptan M 367
Methylmethacrylat M 415
Methylmorphin C 693
Methylnicotinamid M 416
Methylorange M 417
Methylpentose M 418
Methylphenol C 1096
Methylphenylether A 803
Methylpropionat M 419
Methylpurin M 420
5-Methylresorcin O 92
Methylrot M 421
Methylsalicylat M 422
Methyltestosteron M 423
Methylthiouracil M 424
Methylthymolblau M 425
Methyltransferase M 426
Methylumbelliferon M 427
Methylviolett M 428
Methylviolett B G 162
Methylxanthin M 429
Metmyoglobin M 430
Metopirontest M 431
metrischer Test M 434
metrisches System M 433
Mevalonat M 435
Mevalonsäure M 436
Mg M 40
mg M 570
MG M 660
Micelle M 437
Michaelis-Gutmann-Körper M 440
Michaelis-Konstante M 439
Michaelis-Menten-Gleichung M 441
Michaelis-Menten-Konstante M 439
Michaelis-Menten-Theorie M 442
Michaelis-Puffer M 438
Micrococcus aureus S 806
Micrococcus catarrhalis N 58b
Microsporon M 543
Microsporum M 543
MIF M 559
MIFC-Methode M 556
Migration M 558
Migrationshemmfaktor M 559
Migrationshemmtest M 560
Migrationsinhibitionsfaktor M 559
Migrationsinhibitionstest M 560
Mikroanalysator M 443
Mikroanalyse M 444
Mikroanalysegerät M 443
Mikroanalysenwaage M 448
mikroanalytisch M 445
Mikrobakterie M 447
Mikrobe M 513
Mikrobenfärbung M 449
Mikrobestimmung M 479
mikrobiell M 450
Mikrobiologe M 456
Mikrobiologie M 457
mikrobiologisch M 451
mikrobiologische Diagnostik M 453
mikrobiologische Methode M 455
mikrobiologischer Test M 452
mikrobiologisches Labor M 454
mikrobiologisches Verfahren M 455
Mikroblast M 458
Mikrobürette M 459
Mikrochemie M 466
mikrochemisch M 464
mikrochemische Methode M 465
Mikrochromatographie M 467
Mikrodensitometer M 477
Mikrodermatom M 478
Mikrodestillation M 481
Mikrodichtemesser M 477
Mikrodiffusion M 480
Mikrodosiergerät M 483
Mikrodosierung M 482
Mikroelektrode M 484
Mikroelektrophorese M 485
Mikroelement T 464
Mikroerythroblast M 458
Mikroerythrozyt M 476
Mikrofilarie M 486
Mikrofilter M 487
Mikrofiltration M 488
Mikrofiltrierung M 488
Mikroflora M 489
Mikrofluorimetrie M 490
Mikrogamet M 491
Mikrogametozyt M 492
Mikrogliazelle M 493
Mikrogliozyt M 493
Mikroglobulin M 494
Mikrogrammbereich M 495
Mikrohämagglutination M 496
Mikrohämagglutinationstest M 497
Mikrohämatokrit M 498
Mikroiontophorese M 499
Mikrokalorimeter M 460
Mikrokalorimetrie M 462
mikrokalorimetrisch M 461
Mikrokokke M 468
Mikrokolonie M 469
Mikrokonzentration M 472
mikrokristallin M 473
Mikrokultur M 474
Mikroküvette M 475
Mikroleukoblast M 500
Mikroliterspritze M 545
Mikrolitertechnik M 501
Mikromanometer M 502
Mikrometer M 503
Mikrometerschraube M 504
Mikromethode M 505
Mikrometrie M 506
Mikromodifikation M 446
Mikromolekül M 508
mikromolekular M 507
Mikromyeloblast M 509
Mikromyelozyt M 510
Mikronadel M 511
Mikrookular M 512
Mikroorganismus M 513
Mikroparaprotein M 514
Mikroparasit M 515
Mikrophag M 516
Mikrophage M 516
Mikropipette M 517
Mikropipettiergerät M 518
Mikroplanozyt M 519
mikroporös F 168
Mikropräparation M 521
mikropräparative Chromatographie M 522
Mikropräparierung M 521
Mikropräzipitaton M 520
mikroprozessorgesteuerter Chromatograph M 523
Mikropumpe M 524
Mikropunktion M 525
Mikrorechner M 471
Mikrosäulenchromatographie M 470
Mikroskop M 527
Mikroskopie M 532
mikroskopieren M 526
mikroskopisch M 529
mikroskopischer Befund M 533
mikroskopisches Präparat M 531
mikroskopische Untersuchung M 530
Mikrosom M 540
mikrosomal M 535
mikrosomaler Antikörper M 536
mikrosomales Antigen M 537
mikrosomales Enzym M 538
Mikrosomenfraktion M 539
Mikrosonde M 553
Mikrospektroskop M 541
Mikrosphärozyt M 542
Mikrospritze M 545
Mikrostruktur M 544
Mikrotiterplatte M 548
Mikrotitration M 546
Mikrotitrator M 547
Mikrotom M 549
Mikrotomschnitt M 550
Mikrowaage M 448
Mikrozentrifuge M 463
Mikrozonenelektrophorese M 554
Mikrozyt M 476
Miktrotomie M 551
Miktrotonometer M 552
Milbe M 594
Milch M 563
Milchalbumin L 45
milchartig M 567
Milcheiweiß L 64
Milchglobulin L 58
milchig M 567
Milchkultur L 56
Milchprotein L 64
Milchsaft C 563
Milchsäure L 52
Milchsäuredehydrogenase L 49
Milchserum M 565
Milchstäbchen L 53
Milchwaage L 59
Milchzucker L 66
Miliartuberkel M 562
Milliäquivalent M 569
Milligramm M 570
Milligrammäquivalent M 569
Milliliter M 571

Millimeter M 572
Millimeterpapier M 573
Millon-Probe M 575
Millon-Reagens M 574
Millon-Reaktion M 575
Milz S 698
Milzbrandbazille A 815
Milzbranderreger A 815
Milzgewebe S 703
Milzhomogenat S 700
Milzpunktat S 701
Milzpunktion S 702
Milzzelle S 699
min M 591
Mineral M 576
Mineralcorticoid M 581
Mineralcorticosteroid M 581
Mineralisation M 579
mineralisch M 577
mineralisieren M 580
Mineralisierung M 579
Mineralsalz M 582
Mineralsäure M 578
miniaturisiert M 584
Miniaturisierung M 583
minimal M 587
Minimaldosis M 588
minimale Hemmkonzentration M 585
Minimaltemperatur M 589
Minimalwert M 586
Minimum M 586
Minor-Test M 590
Minuspol N 54
Minuszeichen N 56
Minute M 591
mischbar M 593
Mischbarkeit M 592
Mischbehälter M 618
mischen M 602
Mischen M 613
Mischer M 612
Mischfärbung M 611
Mischgefäß M 618
Mischgerät M 612
Mischindikator M 607
Mischkammer M 614
Mischkultur M 606
Mischphase M 609
Mischpipette M 616
Mischplasma P 718
Mischserum P 719
Mischspeichel M 610
Mischstein M 605
Mischung M 613, M 619
Mischungsverhältnis M 617
Mischzellagglutination M 604
Mischzylinder M 615
mitochondrial M 595
mitochondrialer Antikörper M 596
mitochondriales Enzym M 597
Mitochondriensuspension S 1151
Mitochondrium M 598
mitogener Faktor M 599
Mitose M 600
Mitoseindex M 601
mittelkettiges Triglycerid M 246
Mitteln A 1174
Mittelstrahlurin M 555
Mittelung A 1174
Mittelwert M 176
Mittelwertabweichung S 786
Mittelwertbildung A 1174
mittlere Abweichung M 174
mittlere Erythrozytendicke M 170
mittlere korpuskuläre Hämoglobinkonzentration M 173
mittlerer Erythrozytendurchmesser M 175
mittlerer Fehler S 788
mittlerer korpuskulärer Hämoglobingehalt M 172
mittlerer Zelldurchmesser M 169
mittleres Zellvolumen M 171
mixen M 602
Mixgerät M 612
Mixtur M 619
M-Komponente P 1091
MKR M 252
MKS-Virus F 316
ml M 571
mm M 572
Mn M 97
MNSs-Blutgruppensystem M 620
Mo M 665
mobil M 621
mobile Phase M 623
mobiles Laboratorium M 622
Mobilisation M 625
mobilisieren M 626
Mobilisierung M 625
Mobilität M 627
Modell M 628
Modellversuch M 629
Modifikation M 631
Modifizierung M 631
Mol M 647
molal M 638
molale Lösung M 640
Molalität M 639
molar M 641
molarer Extinktionskoeffizient M 642
molares Verhältnis M 644
Molarität M 643
Molarkonzentration M 643
Molekül M 661
molekular M 648
Molekularbiologie M 649
molekulardisperses System M 651
Molekulardispersion M 652
molekulare Bindung M 650
Molekularformel M 653
Molekulargenetik M 654
Molekulargewicht M 660
Molekularmasse M 660
Molekularsieb M 655
Molekularsiebeffekt M 656
Molekularspektrum M 658
Molekularstruktur M 659
Molekularvolumen M 646
Molekülgröße M 657
Molekülstruktur M 659
Molisch-Reaktion M 663
Molisch-Zuckerprobe M 663
Molprozent M 662
Molsieb M 655
Molverhältnis M 644
Molvolumen M 646
Molybdän M 665
Molybdänblau M 666
Molybdat M 664
Molzahl N 319
Monamid M 668
Monamin M 669
Monatsblutung M 294
Monoamid M 668
Monoamin M 669
Monoaminodicarbonsäure M 672
Monoaminomonocarbonsäure M 673
Monoaminooxidase M 670
Monoaminooxidasehemmer M 671
Monoblast M 674
Monocarbonsäure M 675
Monochloressigsäure M 677
Monochlormethan M 393
monochrom M 678
monochromatisch M 678
monochromatisches Filter M 679
monochromatisches Licht M 680
Monochromator M 681
monodispers M 688
Monoethanolamin C 713
Monoglycerid M 689
Monoiodtyrosin M 690
monoklonal M 682
monoklonaler Antikörper M 683
monokulares Mikroskop M 684
Monokultur M 685
Monolayer-Kultur M 692
Monomakrophage M 694
Monomer M 695
monomer M 696
Monomeres M 695
monomolekular M 697
monomolekulare Schicht M 691
Mononucleotid M 699
mononukleär M 698
Monooxygenase M 700
Monophagozyt M 694
monophasisch M 701
Monophenolmonooxygenase M 702
Monophenoloxidase M 702
Monophosphat M 703
Monosaccharid M 704
Monose M 704
monospezifisch M 705
Monotest M 707
monovalent M 709
monovalenter Antikörper M 710
Monovalenz M 708
Monoxid M 711
monozellulär M 676
monozygot M 713
Monozygote M 712
Monozyt M 686
monozytär M 687
Morax-Axenfeld-Diplobacillus M 715
Moraxella M 716
Morbidität M 717
Morbiditätsrate M 718
Morbus D 577
Morgan-Bacillus P 1111
Morgenurin M 723
Morin M 722
Morphin M 724
Morphinsulfat M 725
Morphinum M 724
Morphio M 726
Morpholin M 727
Morphologe M 731
Morphologie M 732
morphologisch M 728
morphologische Daten M 730
morphologische Diagnose M 729
morphologischer Befund M 730
morphologisches Element F 330
Mörser M 735
Mörserkeule P 263
Mortalität M 733
Mortalitätsrate M 734
motil M 621
Motilin M 737
Motilität M 627
M-Protein P 1091
mRNA M 325
MSH M 264
MSH-RF M 259
MSH-RH M 259
MSH-RIF M 263
MSH-RIH M 263
MTLA M 237
MTR M 253
Mucin M 742
Mucinase H 457
Mucinogen M 743
Mucinsäure M 741
Mücke G 397
Mucoid M 744
Mucoitinschwefelsäure M 745
Mucolipid M 746
Muconsäure M 747
Mucopeptid M 748
Mucopolysaccharid M 749
Mucoproteid M 750
Mucoprotein M 751
Mucozyt M 759
Mucus M 763
Mühle M 568
mukös M 757
Mukosa M 754
Mull M 764
Mulltupfer G 110
Multienzymkomplex M 772
multiform P 681
Multikomponentenanalyse M 768
multivalent M 784
Multivalenz M 783
Multivarianzanalyse M 785
multivariate Varianzanalyse M 785
multizellulär M 765
Mumienzelle S 442
Mumpsvirus M 787
Mundamöbe E 258
Mundepitheltest O 85
Mundschleim O 88
Mundschleimhaut O 87
Mundspatel M 740
Mundspirochäte O 89
Muramidase L 519
Muraminsäure M 788
Murein M 789
Murexid M 790
Murexidprobe M 791
Murexidreaktion M 791
Murray-Valley-Enzephalomyelitis-Virus M 792
Muscarin M 793
Musculus M 794
Muskel M 794
Muskelbiopsie M 795
Muskeleiweiß M 841
Muskelextrakt M 797
Muskelfaser M 798
Muskelfreßzelle M 840
Muskelgewebe M 802
Muskelglycogen M 799
Muskelhämoglobin M 839
Muskelphosphorylase M 800
Muskelplasma M 801
Muskelprotein M 841
Muskeltrichine M 803
Muskelzelle M 796
muskulär M 804
Mutagen M 805
mutagen M 806
mutagenes Agens M 805
mutagene Substanz M 805
mutant M 808
Mutante M 807
Mutase M 809
Mutation M 810
Mutationseinheit M 812

Mutationsrate M 811
Muton M 812
Mutterkuchen P 504
Mutterkultur S 911
mütterlich M 149
mütterlicher Antikörper M 150
mütterliches Blut M 151
mütterliches Serum M 152
Mutterlösung S 913
Muttermilch H 444
Muttermilchfaktor M 736
Mutterzelle S 855
MWG L 122
Mycobacterium M 814
Mycobacterium bovis M 815
Mycoplasma M 819
Myelin M 822
Myelinkorn M 823
Myelinosin M 824
Myelintropfen M 823
Myeloblast M 825
Myelogramm M 828
Myeloklast M 826
Myelokultur B 478
Myeloperoxidase M 829
Myelozyt M 827
Mykologe M 817
Mykologie M 818
mykologisch M 816
mykotisch M 820
Mykotoxin M 821
Myobilin M 830
Myoblast M 831
Myochrom M 839
Myofibroblast M 837
Myogen M 838
Myoglobin M 839
Myohämatin M 839
Myohämoglobin M 839
myo-Inosit I 316
Myokardretikulozyt M 835
Myokinase A 267
Myophag M 840
Myophage M 840
Myoplasma M 801
Myoprotein M 841
Myosiderin M 842
Myosin M 843
Myozyt M 796
Myristinsäure M 844
Myxomyzet M 845
Myxovirus M 846
Myxoxanthin M 847
Myxozyt M 759
Myzel M 813
Myzelfaden H 571
Myzet F 426
Myzetologie M 818

N

N N 131, N 173
Na S 479
Nabelschnurblut C 1011
Nachblutung A 343
nachfärben S 772
Nachfärbung A 346
nachfüllen R 302
Nachfüllen R 303
Nachfüllung R 303
Nachgeburt P 504
nachgießen R 302
Nachgießen R 303
nachprüfen C 955
Nachreinigung A 345
nachschütten R 302
Nachschütten R 303
Nachtdienst N 141
Nachweis D 246
nachweisbar D 245
Nachweisbarkeit D 244
Nachweisempfindlichkeit D 249
nachweisen D 243
Nachweisgrenze L 261
Nachweismethode D 247
Nachweisreaktion D 248
Nachweisverfahren D 247
Nachwirkung A 344
NAD N 135
NADase N 4
Nadel N 47
nadelartig N 50
Nadelbiopsie N 48
nadelförmig N 50
Nadelhalter N 49
NADH-Dehydrogenase N 1
NAD⁺-Nucleosidase N 4
NAD⁺-Peroxidase N 5
Nadireagens N 3
Nadireaktion N 2
NADP N 136
NAD(P)⁺-transhydrogenase N 6
Naevuszelle N 7
Nagel N 8
Näherung A 961
Näherungsverfahren A 962
Näherungswert A 960
Nähragar N 323
Nährboden C 1169
Nährbodenflasche C 1166
Nährbodenküche C 1168
Nährbouillon N 324
Nährflüssigkeit N 324
Nährgelatine G 119
Nährlösung N 324
Nährmedium C 1169
Nährstoff N 322
nährstoffarm P 721
nährstoffreich N 327
Nährsubstrat C 1169
Nahrungsallergen N 328
Nahrungskarenz F 21
Nahrungsmittel F 315
Nahrungsmittelallergen N 328
Nahrungsstoff N 322
Nährwert N 329
Nalidixinsäure N 9
Naphthalin N 10
Naphthalinsulfonsäure N 11
Naphthochinon N 17
Naphthol N 12
α-Naphtholblau I 219
Naphtholorange N 13
Naphtholphthalein N 14
Naphtholreaktion N 15
Naphtholviolett N 16
Naphthylacetat N 18
α-Naphthylacetatesterase N 19
Naphthylamin N 20
α-Naphthylbutyratesterase N 21
Naphthylisothiocyanat N 22
Narkotikum A 711
Nasenabsonderung N 28
Nasenabstrich N 246
Nasennebenhöhlensekret P 86
Nasenrachenabstrich N 31
Nasenrachenschleim N 30
Nasenrachenspülung N 29
Nasenschleim N 28
Nasenschleimhautabstrich N 246
Nasensekret N 28
Nasenspülflüssigkeit N 27
Nasenspülung N 26
Nasenwurm L 274
Nasopharyngealabstrich N 31
Nasopharyngealsekret N 30
naß M 632
Naßanalyse W 72
Naßchemie W 73
Nässe M 634
Naßfeuerlöscher W 74
nativ N 32
Nativblut N 33
native Ovoskopie F 387
natives Protein N 35
Nativpräparat N 34
Nativurin N 36
Natrium S 479
Natriumacetat S 480
Natriumacetatpuffer S 481
Natriumamid S 482
Natriumanthrachinon-2-sulfonat S 483
Natriumarsenit S 484
Natriumazid S 485
Natriumbarbiturat S 486
Natriumbenzoat S 487
Natriumbicarbonat S 509
Natriumbromid S 488
Natriumcarbonat S 489
Natriumcarboxyamylopectin U 8
Natriumchlorat S 490
Natriumchlorid S 491
Natriumchloridlösung S 493
Natriumchromat S 495
Natriumcitrat S 496
Natrium-Clearance S 497
Natriumcyanid S 498
Natriumdesoxycholat S 499
Natriumdichromat S 500
Natriumdiethylbarbiturat S 501
Natriumdihydrogenorthophosphat S 502
Natriumdihydrogenphosphat S 502
Natriumdithionit S 503
Natriumdodecylsulfat S 504
Natriumfluorid S 505
Natriumformiat S 506
Natriumglycerophosphat S 507
Natriumheparinat S 508
Natriumhydrogencarbonat S 509
Natriumhydrogenoxalat S 510
Natriumhydrogensuccinat S 511
Natriumhydrogensulfat S 512
Natriumhydrogensulfit S 513
Natriumhydroxid S 514
Natriumhydroxidlösung S 515
Natriumhypochlorit S 516
Natriumiodat S 517
Natriumiodid S 518
Natriumion S 519
Natrium-Kalium-Quotient S 535
Natriumlactat S 520
Natriumlaurylsulfat S 504
Natriummalat S 522
Natriummalonat S 523
Natriummetaperiodat S 531
Natriummolybdat S 524
Natriumnitrat S 525
Natriumnitrit S 526
Natriumnitroprussid S 527
Natriumorthophosphat S 528
Natriumoxalat S 529
Natriumpentobarbiturat S 530
Natriumperiodat S 531
Natriumpermanganat S 532
Natriumperoxid S 533
Natriumphosphat S 528
Natriumphthalat S 534
Natriumpyruvat S 536
Natriumsalicylat S 537
Natriumsalz S 538
Natriumspiegel S 521
Natriumsulfat S 539
Natriumsulfid S 540
Natriumsulfit S 541
Natriumtartrat S 542
Natriumtellurit S 543
Natriumtetraborat S 544
Natriumthiosulfat S 545
Natriumurat S 546
Natriumvanadat S 547
Natronlauge S 515
Natronsalpeter S 525
natürlich N 32
natürliche Radioaktivität N 39
natürlicher Antikörper N 37
natürliches Nährmedium N 38
NBT N 169
NBT-Test N 170
Ne N 65
Nebenniere A 292
Nebennierenfunktionstest A 291
Nebennierenhormon A 293
Nebennierenmarkhormon M 247
Nebennierenrindenextrakt C 1036
Nebennierenrindenhormon A 297
Nebennierenrindensteroid A 290
Nebenprodukt B 618
Nebenreaktion S 363
Nebenschilddrüse P 100
Nebenschilddrüsenextrakt P 99
Nebenschilddrüsengewebe P 101
Nebenschilddrüsenhormon P 98
Nebenwirkung S 362
negativ N 51
negative Elektrode C 206
negative Ladung N 52
negative Reaktion N 55
negativer Pol N 54
negatives Vorzeichen N 56
Negativfärbung N 57
Negativkontrastfärbung N 57
Negativkontrastierung N 57
Negativverfahren N 53
Negri-Körperchen N 58
Neisseria N 58a
Neisseria catarrhalis N 58b
Neisser-Methode N 59
Neisser-Polkörperchenfärbung N 59
Nekrobiont N 40
Nekrohormon N 42
Nekrosefaktor N 44
Nekrosin N 43
nekrotisches Gewebe N 45
Nekrotoxin N 46
Nekrozyt N 41
Nelkenöl C 648
Nelson-Nährboden N 60
Nelson-Test N 61
Nematode N 62
Neoantigen N 63
Neomycin N 64
Neon N 65
neonatal N 66
Neonatologie N 67
neoplastische Zelle T 654
Nephelometer N 68
Nephelometrie N 72
nephelometrisch N 69
nephelometrische Analyse N 70
nephelometrische Titration N 71
nephelometrische Untersuchung N 70
Nephrolith R 290

Nephrologie N 73
Nephrolysin N 74
Nephrotoxin N 75
Nernst-Gleichung N 76
Nervenbiopsie N 77
Nervengewebe N 79
Nervengift N 104
Nervenmark M 822
Nervenzelle N 78
Nervon N 80
Nervonsäure N 81
Neßler-Reagens N 82
Netzmittel W 78
Neubauer-Zählkammer N 83
Neuberg-Ester F 405
Neugeborenes N 129
Neuraminidase N 85
Neuraminsäure N 84
Neurin N 86
α_2-Neuroaminoglycoprotein C 571
Neuroblast N 87
Neurochemie N 88
Neurohistologie N 91
Neurohormon N 92/3
neurohypophysäres Hormon P 757
Neurokeratin N 94
Neurokinin N 95
Neurokrin N 89
Neuroleptikum N 96
Neurolymphe C 328
Neurolysin N 97
Neuron N 78
neuronenspezifische Enolase N 98
Neuropeptid N 99
Neurophysin N 100
Neuroplasma N 101
Neurosekret N 92/3
neurosekretorische Zelle N 102
Neurotensin N 103
Neurotoxin N 104
neurotropes Virus N 105
Neurozyt N 78
Neurozytologie N 90
neutral N 106
neutrale Lösung N 121
Neutralfett N 107
Neutralisation N 108
Neutralisationsmittel N 113
Neutralisationsreaktion N 109
Neutralisationstest N 110
Neutralisationstitration N 111
Neutralisationszahl A 158
Neutralisieren N 108
neutralisieren N 112
neutralisierend N 114
neutralisierender Antikörper N 115
Neutralisierung N 108
Neutralisierungsmittel N 113
Neutralität N 116
Neutralpunkt N 117
Neutralrot N 118
Neutralrottest N 119
Neutralsalz N 120
Neutralschwefel N 122
Neutron N 123
Neutronenaktivierungsanalyse N 124
neutrophil N 126
Neutrophiler N 125
neutrophiler chemotaktischer Faktor N 127
Neutrophiloblast N 128
Newcastle-Virus N 130
Newton N 131
Ni N 133
Niacin N 139
Niacinamid N 134
Niacintest N 132
nichtbakteriell A 2
nicht beweglich I 47
nichtchromaffin N 200
nicht differenziert U 53
nichtdominant N 203
Nichteiweißfraktion N 217
Nichteiweißstickstoff N 218
nichtenzymatisch N 204
nichtessentiell N 205
nichtextrahierbar N 206
nicht färbbar A 125
nichtflüchtig N 224
Nichthistonprotein N 207
nichtkompetitiv N 201
nichtkristallin N 202
nichtlinear N 208
nichtlineare Regressionsanalyse N 210
nichtlineare Verteilung N 209
nicht löslich I 323
nichtmarkiert U 67
nichtmetallisch N 211
nicht mischbar I 46
nicht nachweisbar N 249
nichtparametrischer Test N 213
nichtparasitär N 214
nichtpathogen N 215
nichtpolar N 216
Nichtproteinfraktion N 217
Nichtproteinstickstoff N 218
Nichtraucher N 220
nichtreproduzierbar N 219
nichtspezifisch U 74
nicht umkehrbar I 535
nichtveresterte Fettsäure F 363
nichtwäßrig N 197
nichtwäßrige Lösung N 199
nichtwäßrige Phase N 198
nichtzyklisch A 224
Nickel N 133
Nickerson-Kveim-Test K 90
Nicotin N 137
Nicotinamid N 134
Nicotinamid-adenin-dinucleotid N 135
Nicotinamid-adenin-dinucleotid-phosphat N 136
Nicotinsäure N 139
Nicotinsäureamid N 134
Nicotintest N 138
niedermolekular L 417
Niederschlag S 158
Niederschlagen S 159
niederschlagen / sich S 157
Niederspannungselektrophorese L 423
Niemann-Pick-Zelle N 140
Niere K 56
Nierenantikörper K 57
Nierenbeckenurin U 153
Nierenbiopsie R 289
Nieren-Clearance R 292
Nierenfunktionstest R 293
Nierengewebe R 297
Nierengift N 75
Nierenkonkrement R 290
Nierenparenchym R 294
Nierenschale K 58
Nierenschwelle R 296
Nierenstein R 290
Nierenwurm K 60
Nierenzelle R 291
Nierenzellkultur K 59
Nierenzylinder U 131
Nigrosin N 142
Nilblau N 143
Nilblaufärbung N 144
Nilblausulfat N 145
Nilblausulfatfärbung N 146
Ninhydrin N 147
Ninhydrinreaktion N 148
Nissl-Färbung N 150
Nissl-Körperchen N 149
Nissl-Scholle N 149
Nissl-Substanz N 149
Nitrat N 152
Nitratbakterie N 153
Nitratbildner N 153
Nitratbouillon N 154
Nitratreductase N 155
Nitrazepam N 157
Nitrid N 161
nitrieren N 151
Nitrieren N 156
Nitrierung N 156
Nitrifikation N 162
nitrifizieren N 163
Nitrifizierung N 162
Nitrit N 164
Nitritbakterie N 165
Nitritbildner N 165
Nitroanilin N 166
Nitrobenzen N 167
Nitrobenzoesäure N 168
Nitroblautetrazolium N 169
Nitroblautetrazoliumtest N 170
Nitro-BT N 169
Nitrofurantoin N 172
Nitrogenase N 174
Nitroglycerol G 339
Nitrometer A 1197
Nitromethan N 183
Nitrophenol N 184
Nitrophenylglycerol N 185
Nitrophenylphosphat N 186
Nitroprussid N 187
Nitroprussidnatrium S 527
Nitroprussidprobe N 188
Nitrosamin N 189
Nitrosaminrot N 190
Nitrosobakterie N 165
Nitroverbindung N 171
Niveau L 226
Niveauflasche L 227
Niveaugefäß L 227
NNM-Hormon M 247
NNR-Hormon A 297
Nomenklatur N 193
Nomogramm N 195
Nonne-Apelt-Reaktion N 212
Nonne-Apelt-Schumm-Reaktion N 212
Noradrenalin N 225
Norepinephrin N 225
Norleucin N 226
Norm S 782
normal N 227
Normalallel N 228
Normalantikörper N 37
Normalbedingung S 784
Normaldruck N 235
normales Salz N 120
Normalfärbbarkeit N 240
normalfärbend N 241
Normalfehler S 788
normalgroßer Erythrozyt N 243
Normalisierung N 233
Normalität N 234
Normalkost N 230
Normalkurve G 107
Normalplasma S 794
Normalpufferbase N 229
Normalreihe N 236
Normalserum S 797
Normaltemperatur S 799
Normalverteilung N 231
Normalverteilungskurve G 107
Normalwasserstoffelektrode N 232
Normalwert N 237
normen S 791
Normetanephrin N 238
Normierung S 790
Normoblast N 239
normochrom N 241
normochromatisch N 241
normochromer Erythrozyt N 242
Normochromie N 240
Normozyt N 243
Normschliff S 789
Nortryptylin N 244
Norvalin N 245
Nosoparasit N 247
Notatin N 248
Notdienst E 178
Notfall E 173
Notfalldiagnostik E 174
Notfallmedizin E 177
Notstromaggregat E 175
Novocain P 952
Noxe N 251
N-terminal N 253
nüchtern F 22
Nüchternblutzucker F 23
Nüchterninhalt des Magens F 24
Nüchternsekret F 24
Nüchternspeichel R 348
Nüchternwert F 25
nuclear N 254
Nuclease N 272
Nucleid N 278
nucleiform N 279
Nuclein N 280
Nucleinase N 281
Nucleinbase N 277
Nucleinsäure N 274
Nucleinsäuremethylase N 275
Nucleinsäurepolymerase N 276
Nucleoalbumin N 282
Nucleoglucoprotein N 284
Nucleohiston N 285
Nucleoid N 286
Nucleolus N 287
Nucleopeptid N 288
nucleophil N 289
nucleophile Reaktion N 290
Nucleoplasma N 291
Nucleoprotamin N 292
Nucleoproteid N 293
Nucleoprotein N 294
Nucleoprotein-Latex-Agglutinationstest N 258
Nucleosid N 296
Nucleosidase N 295
Nucleosiddiphosphat N 298
Nucleosiddiphosphatase N 297
Nucleosiddiphosphatkinase N 299
Nucleosidkinase N 300
Nucleosidmonophosphat N 301
Nucleosidmonophosphatkinase N 302
Nucleosidphosphorylase N 303
Nucleosidpolyphosphat N 304
Nucleosidribosyltransferase N 305
Nucleosidtriphosphat N 306
Nucleotid N 308
Nucleotidase N 307

Nucleotidpyrophosphatase N 309
Nucleotidpyrophosphorylase N 310
Nucleotidylcyclase N 311
Nucleus N 312
nukleär N 254
Nuklearmedizin N 261
Nuklearreaktion F 80
Nuklid N 314
Null-Gruppe Z 2
Nullhypothese N 316
Null-Lymphozyt N 315
Nullpunkt Z 3
Nullstellung Z 4
Null-Zelle N 315
numerischer Wert N 321
Nutsche N 330
Nylander-Probe N 332
Nylander-Reagens N 331
Nystatin N 333

O

O O 221
O-Agglugen O 2
O-Agglutination O 1
O-Agglutinin A 371
O-Antigen O 2
Obduktion O 3
Obduktionsmaterial D 623
obduzieren D 616
Oberfläche S 1123
Oberflächenadsorption S 1126
oberflächenaktiv S 1124
oberflächenaktiver Stoff D 251
Oberflächenaktivität S 1125
Oberflächenantigen S 1127
Oberflächenbeschaffenheit S 1138
Oberflächenbiopsie S 1128
Oberflächendesinfektion S 1133
Oberflächendiffusion S 1132
Oberflächenfilm S 1134
oberflächeninaktiv S 1135
Oberflächenkonzentration S 1130
Oberflächenkultur S 1131
Oberflächenpotential S 1137
Oberflächenreaktion S 1139
Oberflächenschicht S 1136
Oberflächenspannung S 1143
Oberflächensterilisation S 1140
Oberflächenstruktur S 1141
Oberflächentemperatur S 1142
Oberflächenzellbiopsie S 1128
Oberhaut E 347
Obermayer-Probe O 4
Objektiv O 5
Objektmikrometer S 769
Objekttisch M 528
Objektträger S 443
Objektträgeragglutination S 444
Objektträgerausstrich S 448
Objektträgerkultur S 445
Objektträgerpinzette S 446
Objektträgerpräparat S 447
Objektträgertest S 449
obligatorisch O 6
obsolet O 11
Obstipantium A 844
Ochsengalle O 199
Ödemflüssigkeit E 31
offene Destillation D 382
offenes System O 52
OGTT O 86
OH-Gruppe H 544
OHLys H 545
OHPro H 557
Ohrabstrich E 10
Ohrenschmalz E 12
Ohrenspülung E 11
Ohroxyhämometer E 8
Ohroxyhämometrie E 9
Ohroxymeter E 8
Ohroxymetrie E 9
okkultes Blut O 12
Oktadekansäure S 851
Oktansäure C 92
Okular O 14
Okularmikrometer O 17
Okularzählfenster O 15
Öl O 20
ölartig O 25
Ölbad O 21
Oleandomycin O 29
Oleinsäure O 30
Oleolith O 23
Oleum O 20
ölig O 25
Oligase G 380
Oligo-1,6-Glucosidase O 31
Oligonucleotid O 32
Oligopeptid O 33
Oligosaccharid O 34
Ölimmersion O 22
Olive T 644
Olivenöl O 35
Ölprobe O 24
Ölsäure O 30
Ölstein O 23
Oncodnavirus O 38
Oncornavirus O 41
onkofetales Antigen O 39
onkofetales Protein O 39
Onkogen O 40
onkogenes Virus T 659
onkotisch C 751
onkotischer Druck C 752
Onkozyt O 37
Onyx N 8
Ookinet O 45
Oomyzet O 46
Oospore O 47
Oozyt O 184
opak N 223
Opaleszenz O 50
opaleszieren O 49
opaleszierend O 51
Opazität N 222
Operation O 55
Operatorgen O 56
Operon O 57
ophthalmotropes Virus O 58
Opiat O 59
Opisthorchis O 60
Opium O 61
Opiumsäure M 222
Opsin O 62
opsonieren O 66
Opsonin O 64
Opsoninindex O 63
Opsonintest O 65
Optik O 75
optimal O 78
optimale Dosis O 79
Optimaltemperatur O 80
Optimalwert O 77
Optimierung O 76
Optimum O 77
optisch O 67
optisch aktiv O 69
optisch aktive Substanz O 70
optische Aktivität O 68
optische Dichte E 595
optische Drehung O 72
optischer Test O 74
optisches Drehungsvermögen O 68
optisches Drehvermögen O 68
optisches System O 73
optisch inaktiv O 71
Optochinbouillon O 81
Optochintest O 82
oral O 83
oraler Glucosetoleranztest O 86
orales Kontrazeptivum O 84
orange O 90
Orbivirus O 91
Orcin O 92
Orcinfärbung O 93
Orcinprobe B 198
Ordinate O 94
Ordinatenachse O 94
Ordnungszahl A 1099
Organ O 95
Organelle O 97
Organisation O 105
organisch O 98
organische Analyse O 100
organische Base O 101
organische Chemie O 102
organische Säure O 99
organisches Lösungsmittel O 104
organische Verbindung O 103
Organismus O 107
Organkonservierung O 110
Organkultur O 96
Organozoon O 109
Organparasit O 109
organspezifisches Antigen O 111
orientierender Test O 113
Orientierungswert G 499
Orn O 114
Ornithin O 114
Ornithinaminotransferase O 115
Ornithincarbamyltransferase O 116
Ornithindecarboxylase O 117
Ornithintranscarbamylase O 116
Ornithosevirus P 1157
Orosomucoid A 146
Orotat O 118
Orotidin O 120
Orotidin-5'-phosphat O 121
Orotsäure O 119
orthochrom O 123
Orthochromasie O 122
orthochromatisch O 123
Orthomyxovirus O 124
Orthophosphat O 125
Orthotolidin O 126
Orthotolidinprobe O 127
Orthotoluidin O 128
örtliche Betäubung L 390
Os B 474, O 139
Osazon O 129
Osazonprobe O 130
Öse L 412
Osmium O 139
Osmium(VIII)-oxid O 140
Osmiumtetroxid O 140
Osmol O 141
osmolal O 142
osmolale Clearance O 143
Osmolalität O 144
osmolar O 145
osmolare Lösung O 147
Osmolarität O 146
Osmometer O 148
Osmometrie O 149
Osmose O 150
osmotisch O 151
osmotische Clearance O 152
osmotische Erythrozytenresistenz O 154
osmotischer Druck O 155
osmotische Resistenz O 156
osmotisches Gleichgewicht O 153
Ösophagobiopsie O 18
Ossein O 157
Osseomucoid O 158
Ostasiatischer Lungenegel E 13
Osteoblast O 159
Osteoid O 162
Osteoklast O 160
Osteophage O 160
Osteoplast O 159
Osteozyt O 161
Ostwald-Verdünnungsgesetz O 163
Oszillogramm O 131
Oszillograph O 132
Oszillographie O 134
oszillographisch O 133
Oszillometer O 135
Oszillometrie O 137
oszillometrisch O 136
Oszilloskop O 138
Ouchterlony-Test O 164
Ovalbumin O 170
Ovalozyt E 152
Ovar O 173
Ovarialhormon O 171
Ovarialpunktion O 172
Ovariozentese O 172
ovoid O 180
Ovomucoid O 181
Ovoskopie O 182
Ovozyt O 184
Ovulationshemmer C 949
Ovulationshormon O 183
Oxalacetat O 193
Oxalacetatdecarboxylase O 194
Oxalat O 185
Oxalatblut O 187
Oxalatdecarboxylase O 188
Oxalatoxidase O 190
Oxalatplasma O 189
Oxalatstein O 186
Oxalbernsteinsäure O 196
Oxalessigsäure O 195
Oxaloacetase O 192
Oxalsäure O 191
Oxamsäure O 197
Oxazol O 198
Oxid O 210
Oxidans O 200
Oxidase O 201
Oxidasereaktion O 202
Oxidation O 203
Oxidationsenzym O 201
Oxidationshemmer A 905
Oxidationsmittel O 200
Oxidationsprodukt O 204
Oxidationsreaktion O 205
Oxidations-Reduktions-Gleichgewicht R 206
Oxidations-Reduktions-Potential R 209
Oxidations-Reduktions-Reaktion R 210
Oxidations-Reduktions-Status R 211
Oxidations-Reduktions-System R 212
Oxidations-Reduktions-Titration R 213
oxidativ O 206

oxidative Decarboxylierung O 208
oxidative Desaminierung O 207
oxidative Phosphorylierung O 209
oxidierbar O 214
Oxidierbarkeit O 213
oxidieren O 215
Oxidieren O 203
oxidiertes Glutathion O 216
Oxidierung O 203
Oxidimetrie R 213
oxidimetrisch O 212
oxidisch O 211
Oxidoreductase O 217
Oxim O 218
α-Oxoglutarat K 40
Oxoglutaratdehydrogenase O 219
Oxoglutarsäure K 41
Oxoisomerase G 287
Oxosteroid K 53
oxybiontisch A 330
Oxychromatin O 220
Oxygenase O 223
Oxygenator O 225
oxygenieren O 224
Oxygramm O 243
Oxyhämatoporphyrin O 241
Oxyhämoglobin O 242
Oxyhämogramm O 243
Oxyhämograph O 244
Oxyhämographie O 245
Oxyhämometer O 246
Oxyhämometrie O 248
Oxy-Hb O 242
Oxymeter O 246
Oxymetrie O 248
oxymetrisch O 247
Oxymyoglobin O 249
Oxyneurin B 190
p-Oxyphenylpropionsäure O 250
Oxytensiometer O 251
Oxytensiometrie O 252
Oxytocin O 253
Oxytocinase C 1235
Oxytocin-Empfindlichkeitstest O 254
Oxytocintest O 254
Ozon O 256

P

P P 407
Pa P 134
Paar P 10
Paarvergleich P 11
Pachozyt P 1
Pachyzyt P 1
packen P 2
Packung P 7
Pädiatrie P 8
PAF P 572
Paget-Zelle P 9
PAH A 609
PAH-Clearance A 610
Palisadenwurm K 60
Pallidaantigen P 13
Palmin P 16
Palmitat P 14
Palmitin P 16
Palmitinsäure P 15
Palmitoleinsäure P 17
Panagglutination P 18
Panagglutinin P 19
Panchromfärbung P 20
Pandy-Probe P 40
Pandy-Reaktion P 40
Pandy-Test P 40
Pankreas P 21
Pankreasamylase P 22
Pankreasendopeptidase P 24
Pankreasenzym P 25
Pankreasexopeptidase P 26
Pankreasfunktionstest P 27
Pankreasgewebe P 36
Pankreashormon P 28
Pankreaslipase P 30
Pankreaspeptidase P 32
Pankreaspolypeptid P 33
Pankreasprotease P 34
Pankreasribonuclease P 35
Pankreas-RNase P 35
Pankreassaft P 29
Pankreassekret P 29
Pankreasstein P 23
Pankreatin P 37
pankreatisches onkofetales Antigen P 31
Pankreatolith P 23
Pankreatopeptidase E E 47
Pankreozymin P 38
Pankreozymin-Secretin-Test P 39
panoptische Färbung P 41
Pantothensäure P 42
Papain P 43
Papainase P 43
Papaintest P 44
Papanicolaou-Färbung P 45
Papaverin P 46
Papierchromatogramm P 47
Papierchromatograph P 48
Papierchromatographie P 50
papierchromatographisch P 49
Papierelektrophorese P 51
Papierfilter P 52
Papierstreifen P 53
Papillomavirus P 54
Papovavirus P 55
Pappenheimer-Körperchen P 56
Pappenheim-Färbung P 57
Paraacetaldehyd P 75
Paraagglutination P 70
Paraamyloid P 58
Paraantikörper P 59
Paradiphtheriebacterium C 1041b
paradoxe Agglutination P 60
Paradysenteriebakterie P 61
Paraerythroblast P 62
Paraffin P 64
Paraffin einbetten / in E 168
Paraffineinbettung P 65
paraffinieren P 63
Paraffinieren P 66
Paraffinierung P 66
Paraffinöl P 67
Paraffinschnitt P 68
Parafuchsin P 69
Paragglutination P 70
Parainfluenzabacterium P 71
Parainfluenzavirus P 72, S 214
Parainfluenzavirus vom Typ 2 P 73
Paralbumin P 74
Paraldehyd P 75
Paraleukoblast P 76
Parallelbestimmung P 77
Parallelprobe P 79
Parallelversuch P 78
paramagnetische Elektronenresonanz E 114
paramagnetische Elektronenresonanzspektroskopie E 115
paramagnetisches Elektronenresonanzspektrum E 116
Parameter P 80
parameterfreier Test N 213
parametrischer Test P 81
Paramyeloblast P 82
Paramyelozyt P 83
Paramyloid P 58
Paramyosinogen P 84
Paramyxovirus P 85
Paranuclein P 87
Paranucleoprotein P 87
Parapertussisbacillus B 490
Parapoxvirus P 88
Paraprotein P 89
Pararauschbrandbacillus V 90
Parasit P 90
parasitär P 92
parasitenfrei N 214
Parasitenindex P 91
parasitieren P 93
parasitisch P 92
Parasitoid P 94
Parasitologe P 96
Parasitologie P 97
parasitologisches Laboratorium P 95
Parathormon P 98
Parathyreoidea P 100
parathyreotropes Hormon P 98
Parathyrin P 98
Paravakzinevirus P 102
Paravirus P 103
Parazentese P 1182
Pärchenegel S 118
Parenchym P 104
Parenchymgewebe P 106
Parenchymzelle P 105
Parietalzelle P 110
Pariser Grün P 112
Parotisspeichel P 113
Parotitisvirus M 787
Partialantigen P 117
Partialdruck P 120
partiell P 116
partielle Thromboplastinzeit P 122
Partikel P 123
Partikelgröße P 129
Partikelkonzentration P 125
Partikelzählgerät P 126
Partikelzählung P 127
PAS A 623
Pascal P 134
Paschen-Elementarkörperchen P 135
Paschen-Körperchen P 135
PAS-Reaktion P 237
Passage P 136
passiv I 148
passive Diffusion F 360
passive Hämagglutination I 202
Paste P 137
pastenartig P 138
Pasteurella P 139
Pasteurisation P 140
Pasteurisator P 142
Pasteurisierapparat P 142
Pasteurisieren P 140
pasteurisieren P 141
Pasteurisierung P 140
Pasteur-Pipette P 143
pastös P 138
PAT P 573
Pathobiochemie P 152
Pathochemie P 153
pathogen P 147
pathogene Bakterie P 148
pathogener Keim P 150
pathogenetisch P 147
Pathogenität P 149
Pathohistologie P 154
Pathologe P 155
Pathologie P 156
pathologisch P 151
pathologische Biochemie P 152
pathologische Chemie P 153
pathologische Histologie P 154
pathologisches Hämoglobin I 532
Patient P 157
Paul-Bunnell-Reaktion P 160
Pb L 130
pCO_2 C 123
Peak P 161
Peakbreite P 166
Peakfläche P 162
Peakhöhe P 163
Peakidentifizierung P 164
Peakmaximum P 165
Peitschenwurm W 80
Pektinase P 167
Pektindepolymerase P 167
Pektingel P 168
Pektingelee P 168
Pellagraschutzstoff N 139
Penicillamin P 170
Penicillase P 172
Penicillin P 171
Penicillinase P 172
Pentagastrin P 174
Pentagastrintest P 175
Pentamethylendiamin C 2
Pentanol A 687
Pentapeptid P 176
Pentdyopent P 177
Pentdyopentprobe P 178
Pentdyopentreaktion P 178
Pentosan P 179
Pentose P 180
Pentosenucleinsäure P 182
Pentosephosphat P 181
Pentoxid P 183
Pepsin P 184
Pepsininhibitor P 185
Pepsinogen P 186
Peptid P 189
Peptidase P 188
Peptidbindung P 190
Peptidfragment P 192
Peptidgemisch P 195
Peptidhormon P 193
Peptidkarte P 194
Peptidkette P 191
Peptidsequenz P 196
Peptidstruktur P 197
Peptidsynthetase P 198
Peptidylpeptidhydrolase E 210
Peptidyltransferase P 199
Peptisation P 200
peptisch P 187
peptisieren P 201
Peptisierung P 200
Peptococcus P 202
Pepton P 203
Peptonbouillon P 204
peptonisieren P 206
Peptonisieren P 205
Peptonisierung P 205
Peptonwasser P 204
Peptostreptococcus P 207
Perborat P 209
perbronchiale Punktionsbiopsie P 210
Perchlorat P 213
Perchlorethan H 266
Perchlorethylen T 114

Perchlorid P 215
Perchlormethan C 127
Perchlorsäure P 214
Perchromat P 216
Peressigsäure P 208
Perforation P 221
Perforieren P 221
perfundieren P 223
Perfusat P 222
Perfusion P 224
Perfusionskultur P 225
Perfusionspumpe P 226
Perfusionssystem P 227
Perikardflüssigkeit P 229
Perikardiozentese P 228
Perikardpunktion P 228
Perilymphe P 230
perinatal P 231
Perinatologie P 232
Periodat P 234
Periode M 294, P 233
periodisch P 235
Periodizität P 238
Periodsäure P 236
Periodsäure-Schiff-Reaktion P 237
peripheres Blut P 239
Peripherie P 240
Peritonealdialysat P 241
Peritonealdialyse P 242
Peritonealflüssigkeit P 244
Perizyt A 326
perkutan P 217
Perkutanallergen P 218
Perkutanantigen P 219
perkutane Nierenbiopsie R 299
Perkutanprobe P 220
Perkutanreaktion P 220
Permanganat P 247
Permangansäure P 248
permeabel P 250
Permeabilität P 249
Permeabilitätsfaktor F 214
Permeabilitätskoeffizient C 701
Permeation P 253
Permeationschromatographie P 254
Permeationsgeschwindigkeit S 664
permeieren P 252
Peroxid P 259
Peroxidase P 257
Peroxidasereaktion P 258
Persulfat P 260
Persulfid P 261
Perzentil P 212
Pestbakterie P 511
Pesterreger P 511
Pestfloh P 512
Pestizid P 262
Petragnani-Nährboden P 264
Petrischale P 265
Petrolether P 266
Pettenkofer-Reaktion P 267
Pfeiffer-Bacillus I 245
Pferd H 420
Pferdeserum H 422
Pflanzenfett V 57
Pflanzengift P 464/5
pflanzliches Fett V 57
Pflaster P 558
Pfriemschwanz O 255
Pfropf S 936
Pfropfen S 936
pH P 447
Phage B 57
Phagen-Desoxyribonucleinsäure P 269
Phagen-DNA P 269
Phagentypisierung P 270
Phagozyt P 271
phagozytär P 272
phagozytieren P 275
phagozytierende Zelle P 276
Phagozytin P 274
Phagozytoblast P 277
Phagozytoseindex P 273
Phallotoxin P 278
Phänotyp P 320
Phäochrom P 341
Phäochromoblast P 268
Phäochromozyt P 342
Pharmakochemie P 280
Pharmakodiagnose P 281
Pharmakodynamik P 283
pharmakodynamisch P 282
Pharmakokinetik P 285
pharmakokinetisch P 284
Pharmakologie P 287
pharmakologisch P 286
Pharmakon D 780
Pharmakotherapie P 289
pharmazeutisch P 279
pharmazeutische Chemie P 280
Pharmazie P 290
Phase P 292
Phasenchromatographie P 293
Phasenkontrast P 294
Phasenkontrastmikroskop P 296
Phasenkontrastmikroskopie P 297
Phasenkontrastverfahren P 295
Phasentitration P 300
Phasenumkehrung P 299
Phasenverschiebung P 298
pH-Bereich P 440
Phe P 322
pH . . . einstellen / auf A 283
pH-Elektrode P 301
Phenacetin P 302
Phenanthren P 303
Phenanthrolin P 304
Phenazin P 305
Phenazon P 306
β-Phenethylamin P 307
Phenobarbital P 308
Phenol P 309
Phenolase L 43, M 702
Phenolat P 310
Phenoloxidase P 311
Phenolpapier P 312
Phenolphthalein P 313
Phenolphthaleinprobe P 314
Phenolphthaleintest P 314
Phenolreaktion P 315
Phenolrot P 316
Phenolrotprobe P 317
Phenolrottest P 317
Phenolschwefelsäure P 318
Phenolsulfonphthalein P 316
Phenolsulfonphthaleintest P 317
Phenolsulfotransferase A 1031
Phenothiazin P 319
Phenylacetamid A 65
Phenylacetylglutamin P 321
Phenylalanin P 322
Phenylalaninase P 323
Phenylalanin-4-hydroxylase P 323
Phenylalanin-4-monooxygenase P 323
Phenylamin A 780
Phenylanilin D 519
Phenylbrenztraubensäure P 337
Phenylbutansäure P 325
Phenylbutazon P 324
Phenylbuttersäure P 325
Phenylcarbinol B 177
Phenylendiamin P 326
Phenylethan E 495
Phenylethanol P 327
Phenylethylalkohol P 327
Phenylethylamin P 328
Phenylethylen S 986
Phenylhydrazin P 329
Phenylhydrazinprobe P 330
Phenylhydrazintest P 330
Phenylhydrazon P 331
Phenylmethan T 410
Phenylmilchsäure P 332
Phenylphosphat P 333
Phenylpropionsäure P 334
Phenylpropionsäuretest P 335
Phenylpyruvat P 336
Phenylsalicylat P 338
Phenylschwefelsäure P 339
Phenytoin P 340
Pherogramm E 124
Philadelphia-Chromosom P 343
pH-Indikator A 133
PHLA P 758
Phloridzin P 344
Phloridzinprobe P 345
Phloridzintest P 345
Phlorizin P 344
Phlorizinprobe P 345
Phlorizintest P 345
Phloroglucin P 346
Phloxin P 347
Phloxinfärbung P 348
pH-Meßgerät P 350
pH-Messung P 349
pH-Meter P 350
pH-Optimum P 351
Phosgen P 352
Phosphoglucoseisomerase G 287
Phosphagen C 1089
Phosphat P 355
Phosphatacetyltransferase P 416
Phosphatase P 353
Phosphatasereaktion P 354
Phosphatasetest P 354
Phosphat-Citrat-Puffer P 359
phosphatgepufferte Salzlösung P 357
Phosphatid P 361
Phosphatidsäure P 362
Phosphatidylcholin P 363
Phosphatidylethanolamin C 312
Phosphatidylglycerol P 364
Phosphatidylinosit I 317
Phosphatidylserin P 365
Phosphatpuffer P 356
Phosphatrest P 360
Phosphatstein P 358
Phosphin P 408
Phosphoacylase P 416
Phosphoadenosinphosphosulfat P 366
Phosphoadenylat-3'-nucleotidase P 367
Phosphoamid P 369
Phosphoamidase P 368
Phosphoaminolipid P 370
Phosphoarginin A 989
Phosphodiester P 371
Phosphodiesterase P 372
Phosphodiglycerid P 373
Phosphoenolbrenztraubensäure P 376
Phosphoenolpyruvat P 374
Phosphoenolpyruvatcarboxylase P 375
Phosphoenolpyruvatkinase P 1280
6-Phosphofructokinase P 377
Phosphoglucokinase P 378
Phosphoglucomutase P 379
6-Phosphogluconat P 380
Phosphogluconatdehydrogenase P 381
6-Phosphogluconsäure P 382
3-Phosphoglyceraldehyd G 329
Phosphoglyceratkinase P 383
Phosphoglyceratmutase P 387
Phosphoglyceratphosphomutase P 384
Phosphoglycerid P 386
Phosphoglycerinsäure P 385
Phosphohexokinase P 377
Phosphohexoseisomerase G 287
Phosphohexosemutase G 287
Phosphohomoserin P 388
Phosphoketolase P 389
Phosphokinase P 390
Phosphokreatin C 1089
Phospholipase P 391
Phospholipid P 361
Phosphomolybdat P 392
Phosphomonoesterase P 394
Phosphomutase P 395
Phosphopentoisomerase R 426
Phosphopeptid P 396
Phosphopherase T 511
Phosphoproteid P 397
Phosphoprotein P 398
Phosphopyruvathydratase E 247
Phosphor P 407
Phosphorentzug D 206
Phosphoreszenz P 400
phosphoreszieren P 399
Phosphoreszieren P 400
phosphoreszierend P 401
phosphoreszierende Bakterie P 421
phosphorhaltig P 406
Phosphoriboisomerase R 426
5-Phosphoribosylamin P 402
5-Phosphoribosyl-1-pyrophosphat P 403
phosphorige Säure P 405
Phosphormolybdänsäure P 393
phosphororganische Verbindung O 108
Phosphorsäure P 404
Phosphorsäuretricresylester T 555
Phosphorwasserstoff P 408
Phosphorwolframsäure P 418
Phosphorylase P 409
Phosphorylasereaktion P 410
Phosphorylcholin P 413
Phosphorylcholintransferase C 477
Phosphorylethanolamin P 414
phosphorylieren P 411
Phosphorylieren P 412
Phosphorylierung P 412
Phosphosaccharomutase G 287
Phosphoserin P 415
Phosphotransacetylase P 416
Phosphotransferase P 417
Phosphotriose T 569
Phosphotrioseisomerase T 577
Phosvitin P 419
Photoallergen P 420
Photobakterie P 421
Photochemie P 424
photochemisch P 423
photochemische Reaktion P 439
photochromogener Stamm P 425

photoelektrisch P 429
Photoelektronenvervielfacher P 437
Photoemulsion P 430
Photokolorimeter P 426
Photokolorimetrie P 428
photokolorimetrisch P 427
Photolumineszenz P 431
Photometer P 432
Photometer messen / im M 186
Photometrie P 436
photometrieren M 186
photometrisch P 433
photometrische Methode P 434
photometrische Titration P 435
Photomultiplier P 437
Photophorese P 438
Photoreaktion P 439
Photozelle P 422
Phrenosin C 325
Phrenosinsäure C 326
Phthalat P 442
Phthalatpuffer P 443
Phthalein P 444
Phthaleinpurpur P 445
Phthalsäure P 446
pH-Verschiebung P 441
pH-Wert P 447
pH-Wert-Meßelektrode P 301
Phyllochinon P 448
Physik P 454
physikalisch P 449
physikalisch-chemisch P 453
physikalische Chemie P 450
physikochemisch P 453
Physiologe P 458
Physiologie P 459
physiologisch P 455
physiologische Chemie P 456
physiologische Kochsalzlösung P 457
physiologische Natriumchloridlösung P 457
Physostigmin P 460
Phytansäure P 461
Phytoagglutinin P 462
Phytohämagglutinin P 463
Phytotoxin P 464/5
Picornavirus P 467
PIF P 987
Pigment P 475
Pigmentation P 476
Pigmentierung P 476
Pigmentkörperchen P 477
Pigmentzelle C 534
PIH P 987
Pikolinsäure P 466
Pikraminsäure P 468
Pikrinsäure P 469
Pikrofuchsin P 471
Pikroindigokarmin P 472
Pikrokarmin P 470
Pikronigrosin P 473
Pilocarpin P 478
Pilocarpinhydrochlorid P 479
Pilocarpin-Iontophorese P 480
Pilocarpinlösung P 481
Pilocarpinschweiß P 482
Pilus H 119
Pilz F 426
Pilzfaden H 571
Pilzgift M 821
Pilzkultur F 427
Pilzkunde M 818
Pimelinsäure P 484
Pinozyt P 487
Pinselschimmel P 173
Pinzette P 485
Piperidin P 488
Piperidinsäure A 604
Pipette P 490
Pipettenspitze P 493
Pipettenspüler P 491
Pipettenständer P 492
pipettieren P 489
Pipettieren P 494
Pipettierfehler P 495
Pipettiermethode P 496
Pipettierspritze D 725
Pipettierung P 494
Pirquet-Reaktion P 497
Pirquet-Test P 497
Pistill P 263
Pituitrintest O 254
Pituizyt P 501
pK P 502
pK-Wert P 502
Planarchromatographie P 514
Plaque P 517
Plaquetest P 518
Plasmaalbumin P 519
Plasmabicarbonat P 520
Plasmacofaktor P 524
Plasmaeisen P 531
Plasmaeisen-Clearance P 532
Plasmaeisen-Umsatzrate P 533
Plasmaeiweiß P 540
Plasmaenzym P 526
Plasmaersatzmittel P 545
Plasmaersatzstoff P 545
Plasmaexpander P 545
Plasmafaktor C 630
Plasmafraktion P 527
Plasmafraktionierung P 528
Plasmagammaglobulin P 529
Plasmagen P 530
Plasmagerinnungszeit P 522
Plasma-Kartentest P 542
Plasmakinin P 534
Plasmakoagulase P 523
Plasmakrittest P 525
Plasmalemm C 258
Plasmalemma C 258
Plasmalipoprotein P 535
Plasmalogen P 536
Plasmalreaktion F 80
Plasmamembran C 258
Plasmapexin P 538
Plasmapherese P 539
Plasmaphorese P 539
Plasmaprotein P 540
Plasmaproteinfraktion P 527
Plasmaproteinlösung P 541
Plasma-Reagin-Kartentest P 542
Plasmarenin P 543
Plasmareninaktivität P 544
Plasmathromboplastin C 642
Plasma-Thromboplastin-Antecedent C 644
Plasmathromboplastin-Generationstest P 546
plasmatisch P 548
Plasmavolumen P 547
Plasmavolumenexpander P 545
Plasmazelle P 521
Plasmid P 549
Plasmin P 550
Plasmininhibitor P 551
Plasminogen P 552
Plasminogenaktivator P 553
Plasminogenproaktivator P 552
Plasmoblast P 554
Plasmodien-Index P 555
Plasmodiotrophoblast S 1174
Plasmodium falciparum A 338/9
Plasmolyse P 537
Plasmolysetest P 556
Plasmosom M 540
Plasmozyt P 521
Plast P 559
Plastein P 557
Plastid P 566
Plastogen P 567
Plateau P 569
Plathelminth P 594
Platin P 585
Platindraht P 592
Platinelektrode P 588
Platinnadel P 590
Platinöse P 589
Platinschale P 587
Platinspatel P 591
Platintiegel P 586
Plättchen T 269
Plättchenagglutination T 271
Plättchenagglutinin T 272
Plättchenaggregat T 273
Plättchenaggregation T 274
Plättchenaggregationstest P 573
plättchenaktivierender Faktor P 572
Plättchenakzelerator P 571
Plättchenantigen P 574, T 276
Plättchenantikörper T 275
Plättchencofaktor P 575
Plättchencofaktor II C 641
Plättchenfaktor P 577, T 281
Plättchenfaktor 4 A 879
Plättchenresistenz P 578
Plättchenresistenztest P 579
Plättchenretention P 580
Plättchenretentionstest P 581
Plättchenüberlebenszeit P 582
Plättchenzahl T 277
Plättchenzählung T 278
Platte P 568
Plattenepithelzelle S 755
plattenförmig P 583
Plattenkultur P 570
Plattentest P 584
Plattwurm P 594
Platulozyt P 593
Plausibilität L 254
Plausibilitätskontrolle P 595
Plaut-Vincent-Spirochäte B 498
Plazebo P 503
Plazenta P 504
Plazentablut P 505
Plazentaextrakt P 506
Plazentagewebe P 509
Plazentagonadotropin C 495
Plazentahormon P 507
Plazentalactogen P 508
Pleokaryozyt P 596
pleomorph P 681
Pleomorphismus P 682
Plerocerkoid P 597
Pleurabiopsie P 598
Pleuraexsudat P 599
Pleuraflüssigkeit P 600
Pleuralpunktat P 601
Pleurapunktion P 602
Pleuratranssudat P 603
Pleurazentese P 602
Plexiglas P 604
Plexuszelle P 605
PLT-Viren P 606
Pluspol P 752
Pluszeichen P 754
Pneumobacillus F 395
Pneumokokke P 608
Pneumonie-Kapselbakterie F 395
Pneumonievirus P 609
Pneumozentese P 1167
pO_2 O 237
POA P 31
Pockenvirus V 51
Podozyt P 610
Poikiloblast P 611
Poikilothrombozyt P 613
Poikilozyt P 612
Poisson-Verteilung P 619
Pol P 640
polar P 620
polare Agglutination O 1
Polarimeter P 621
Polarimeter messen / mit dem M 187
Polarimetrie P 623
polarimetrieren M 187
polarimetrisch P 622
Polarisation P 624
Polarisationsfilter P 626
Polarisationsgrad D 96
Polarisationsimmunofluorimetrie P 627
Polarisationsmessung P 623
Polarisationsmikroskop P 631
Polarisationsmikroskopie P 632
Polarisationswinkel P 625
Polarisator P 630
polarisieren P 628
Polarisieren P 624
polarisiertes Licht P 629
Polarisierung P 624
Polarität P 633
Polarogramm P 634
Polarograph P 635
Polarographie P 638
polarographisch P 636
polarographische Analyse P 637
Polaroid P 626
Polfärbung P 639
Poliomyelitisvirus P 641
Poliovirus P 641
Polkörperchen P 645
Pollen P 642
Pollenallergen P 643
Polmer P 676
Polmeres P 676
Polozyt P 645
Polyacrylamid P 646
Polyacrylamidgel P 647
Polyacrylamidgelelektrophorese P 648
Polyalkohol P 693
Polyamid P 649
Polyamidpulver P 650
Polyamin P 651
Polyaminosäure P 652
Polyase P 653
Polyblast P 654
Polycarbonat P 655
polychrom P 656
polychromatisch P 656
polychromatischer Erythroblast P 657
Polychromatozyt P 658
polydispers P 662
Polydispersität P 663
Polyen P 664
Polyensäure P 665
Polyester P 666
Polyethen P 667
Polyethylen P 667
Polyethylenfolie P 668
Polyethylenglycol P 669
Polyethylenoxid P 669
Polygalacturonase P 167
Polyglycerophosphatid P 670
Polyglycol P 669
Polyglycosid P 671

Polyiodthyronin P 672
Polykaryozyt P 673
Polyketon P 674
polyklonal P 659
polyklonaler Antikörper P 660
Polylobozyt P 675
polymer P 678
Polymerase P 677
Polymerisation P 679
Polymerisationsgrad D 97
polymerisieren P 680
Polymerisieren P 679
Polymerisierung P 679
polymorph P 681
Polymorpher P 684
Polymorphie P 682
Polymorphismus P 682
polymorphkernig P 685
polymorphkernige Zelle P 684
Polymorphozyt P 684
polymorphzellig P 683
Polymyxin P 687
Polynucleotid P 690
Polynucleotidase P 689
Polynucleotidligase P 691
Polynucleotidphosphorylase P 692
polynukleär P 688
Polyol P 693
Polyoldehydrogenase S 591
Polyomavirus P 694
Polyose P 705
Polypeptid P 696
Polypeptidase P 695
Polypeptidhormon P 698
Polypeptidkette P 697
Polypeptidstickstoff P 699
Polyphenoloxidase L 43
Polyphenylalanin P 700
Polyphosphat P 701
Polyphosphorylase P 409
Polypropylen P 702
Polyribonucleotid P 703
Polyribonucleotid-nucleotidyl-transferase P 704
Polyribonucleotidphosphorylase P 704
Polyribosom P 706
Polysaccarid P 705
Polysom P 706
Polystyren P 707
Polystyrenplatte P 708
Polyurethan P 710
Polyuridin P 711
polyvalent M 784
Polyvalenz M 783
Polyvinylalkohol P 712
Polyvinylchlorid P 713
Polyvinylpyrrolidon P 714
Polyvinylpyrrolidontest P 715
polyzellulär M 765
polyzyklisch P 661
Polzelle P 645
Pool P 716
Population P 108, P 722
Pore P 730
Porendurchmesser P 731
Porengröße P 732
porös P 735
Porosität P 734
Porphin P 736
Porphobilin P 737
Porphobilinogen P 738
Porphobilinogensynthase P 739
Porphyrin P 740
Porphyrin-Eisen-Komplex P 741
Porphyrinogen P 742
Porphyroblast P 743
Porphyropsin P 745
Porphyrozyt P 744
Porteoglycan P 1102
Porter-Silber-Chromogen P 747
Portion P 748
portionsweise P 749
Porzellanerde K 9
Porzellanfilter P 725
Porzellanlöffel P 729
Porzellanmörser P 727
Porzellanschale P 724
Porzellanspatel P 728
Porzellantiegel P 723
Porzellantrichter P 726
positiv P 750
positive Elektrode A 805
positive Ladung P 751
positive Reaktion P 753
positiver Pol P 752
positives Elektron P 755
positives Vorzeichen P 754
Positron P 755
Postalbumin P 756
Postheparin-lipolytische Aktivität P 758
Postheparinplasma P 759
Postkoitaltest H 434
postnatal P 760
postoperativ P 761
postprandial P 762
Potential P 808
Potentialdifferenz P 809
Potentialenergie P 810
Potentialgradient P 811
Potentiometer P 812
Potentiometrie P 815
potentiometrische Analyse P 813
potentiometrische Titration P 814
Pottasche P 768
Poxvirus V 51
PP-Faktor N 139
Präalbumin P 825
präanalytischer Faktor P 826
Präantigen P 939
Präcalciferol P 827
prädiktiver Wert P 854
prähepatisches Bilirubin I 200
Präkallikrein P 884
Präkursor P 853
prä-β-Lipoprotein V 147
Prämyeloblast P 889
pränatal P 890
pränatale Diagnose P 891
präoperativ P 892
Präparat P 894
Präparation P 895
Präparationsmittel P 896
präparativ P 897
präparative Adsorptionschromatographie P 898
präparative Chemie P 899
präparative Extraktion P 901
präparative Gewinnung P 901
präparative Methode P 903
präparative Säule P 900
präparative Schicht P 902
präparative Trennung P 904
präparative Ultrazentrifugation P 905
Präparierbesteck D 618
Präparieren P 895
präparieren P 906
Präparierklemme D 617
Präpariermesser D 619
Präpariermikroskop D 620
Präpariernadel D 621
Präparierschere D 622
Präskalenusbiopsie S 93
Prausnitz-Küstner-Reaktion P 824
Prävalenz P 922
Präventivmedizin P 923
Präzipitans P 830
Präzipitat P 832
Präzipitatbildung P 833
Präzipitation P 833
Präzipitationskurve P 836
Präzipitationsmittel P 830
Präzipitationsreaktion P 837
Präzipitationstitration P 834
präzipitierbar P 829
Präzipitierbarkeit P 828
präzipitieren P 831
Präzipitieren P 833
präzipitierender Antikörper P 839
präzipitierendes Antigen P 840
Präzipitiermittel P 830
Präzipitin P 839
Präzipitinogen P 840
Präzipitinoid P 841
Präzipitinprobe P 842
Präzipitinreaktion P 842
Präzipitintest P 842
Präzision P 843
Präzision in der Serie S 258
Präzisionsdosierung P 847
Präzisionskontrolle P 845
Präzisionskontrollserum P 846
Präzisionswaage P 844
Prednisolon P 855
Prednison P 856
Prednisonprovokationstest P 857
Pregl-Lösung P 862
Pregnan P 869
Pregnandiol P 870
Pregnandiolglucuronid P 871
Pregnandion P 872
Pregnantriol P 873
Pregnen P 876
Pregnendiol P 877
4-Pregnen-3,20-dion P 969
Pregnenolon P 878
Preßluft C 852
PRF P 986
Price-Jones-Kurve P 924
Pricktest P 925
Primärdaten P 927
primäre Fluoreszenz A 1132
primäre Gewebekultur E 580
primäres Bilirubin I 200
Primärharn G 248
Primärkultur P 926
Primärreaktion S 823
Primärstruktur P 928
Primer P 929
Primidon P 930
Primulingelb P 931
Prinzip P 934
Prisma P 935
Prismenspektrometer P 936
privates Antigen I 207
Pro H 557, P 994
Proaccelerin C 635
Proaktivator P 937
Proandrogen P 938
Proantigen P 939
Proband P 945
Probe S 629, T 77
Probeabrasio T 78
Probeausschabung T 78
Probediät T 86
Probe entnehmen / eine S 46
Probeexzision B 293
Probefrühstück T 82
Probeinzision E 581
Probekost T 86
Probelösung T 105
Probemahlzeit T 93
Probemenge S 59
Probenaufbereitung S 53
Probenaufbewahrung S 631
Probenentnahme S 60
Probenentnehmer S 55
Probenflüssigkeit S 50
Probenfrequenz S 51
Probengewinnung S 60
Probenidentifikation S 52
Probenidentifizierung S 52
Probenmaterial S 629
Probennahme S 60
Probennahmegerät S 55
Probennehmer S 55
Probensammlung S 630
Probenspeicherung S 631
Probentransport S 632
Probenverarbeitung S 54
Probenverteilung S 49
Probenvorbereitung S 53
Probenwechsler S 48
Probepunktion E 582
Probe-Reagens-Dosierung S 56
Probevolumen S 59
Probierglas T 108
Probierröhrchen T 108
Procain P 952
Procainamid P 951
Procainesterase C 135
Procarboxypeptidase P 953
Procerkoid P 597
Prochromosom P 955
Prochymosin P 956
Prochymotrypsin C 568/9
Proconvertin C 637
Proelastase P 961
Proelastin P 962
Proerythroblast P 963
Proerythrozyt R 360
Proestrogen P 964
Proferment Z 19
Profibrin P 965
Profibrinolysin P 552
Profil P 966
Proflavin P 967
Progestagen P 968
Progesteron P 969
Progesterontest P 970
Proglottide P 971
Proglottis P 971
Proglucagon P 972
Prognose P 974
prognostisch P 975
prognostizieren P 973
Programm P 976
Programmierung P 977
Progranulozyt P 1005
Progressivfärbung P 979
Progressivinhibitor P 978
Prohormon P 980
Proinsulin P 981
Prokaryozyt P 982
Prokeratin P 983
Prokinase P 984
Prokollagen P 957
Prokollagenase P 958
Prokollagenpeptidase P 959
Prolactin P 985
Prolactin-Freisetzungsfaktor P 986
prolactinfreisetzungshemmender Faktor P 987
prolactinfreisetzungshemmendes Hormon P 987
Prolactin-Freisetzungshormon P 986

Prolactin-Releasingfaktor P 986
Prolactin-Releasinghormon P 986
Prolactoliberin P 986
Prolactostatin P 987
Prolamin P 988
Prolan P 989
Prolan A F 312
Prolan B L 460
Proleukozyt L 179
Prolidase P 995
Proliferation P 991
proliferativ P 992
proliferieren P 990
Prolin P 994
Prolinase P 993
Prolindipeptidase P 995
Prolinhydroxylase P 996
Prolinracemase P 997
Prolipase P 998
Prolyldipeptidase P 993
Prolymphozyt L 471, P 1000
Promegakaryozyt P 1001
Promegaloblast P 1002
Promonozyt P 1003
Promotor P 1004
Promyelozyt P 1005
Pronase P 1006
Pronormoblast P 1007
Pronormozyt P 1008
Prontosilentfärbung P 1009
Propan P 1010
1,2-Propandiol P 1033
Propanol P 1011
Propanolamin P 1012
Propanon A 84
Propansäure P 1020
Propargylalkohol P 1013
Propen P 1032
Propenal A 180
Propenamid A 183
Propensäure A 187
Propepsin P 186
Properdin P 1014
Prophage P 1015
prophylaktisch P 1016
Prophylaxe P 1017
β-Propiolacton P 1018
Propiolalkohol P 1013
Propionat P 1019
Propionsäure P 1020
Propionyl-CoA P 1021
Propionyl-CoA-carboxylase P 1022
Propionyl-Coenzym A P 1021
Proplasmoblast P 1023
Proplasmozyt P 1024
Proportion P 1025
proportional P 1026
Proportionalität P 1028
Proportionalitätsfaktor F 6
Proportionalitätskoeffizient F 6
Proportionalzähler P 1027
Proportionalzählrohr P 1027
Propylacetat P 1030
Propylalkohol P 1011
Propylchlorid P 1031
Propylen P 1032
Propylenglycol P 1033
Propylrot P 1034
Propylthiolpropionat P 1035
Propylthiouracil P 1036
Prorennin P 956
Prosecretin P 1037
Proserozym C 637
Prostacyclin P 1038
Prostaglandin P 1039
Prostaglandinsynthase P 1040
Prostata P 1041
Prostataexprimat P 1042
Prostatagewebe P 1043
Prostatasekret P 1042
prosthetische Gruppe P 1044
Prostigmintest P 1045
Protagon P 1046
Protamin P 1047
Protaminase C 140
Protaminsulfat P 1048
Protaminsulfattest P 1049
Protamin-Zink-Insulin P 1050
Protease P 1067
Proteid P 1064
Protein P 1065
Proteinabbau P 1106
proteinabbauend P 1108
Proteinanalyse P 1066
Proteinase P 1067
Proteinbestimmung P 1079
Proteinchemie P 1071
Proteindenaturierung P 1078
Proteindisulfidreductase P 1080
Proteinelektrophorese P 1081
Proteinextrakt P 1082
Proteinfaktor P 1083
Proteinfällung P 1097
Proteinfraktion P 1084
Proteinfraktionierung P 1085
proteinfrei P 1086
proteinfreies Filtrat P 1088
proteinfreies Kulturmedium P 1087
proteingebundenes Iod P 1068
Proteingehalt P 1077
proteinhaltig P 1076
Proteinhormon P 1103
Proteinhydrolysat P 1089
Proteinkette P 1070
Proteinkinase P 1090
Proteinkomponente P 1072
Proteinkonkrement P 1075
Proteinkörper P 1065
Proteinlösung P 1098
Proteinmolekül P 1092
Proteinnachweis P 1101
Proteinochrom P 1095
Proteinoid P 1096
Proteinphosphokinase P 1090
Proteinprobe P 1101
Proteinquotient A 421
proteinspaltend P 1108
Proteinspaltung P 1106
Proteinstein P 1075
Proteinstickstoff P 1093/4
Proteinstruktur P 1099
Proteinsubstrat P 1100
Proteinverbindung P 1073
Proteinzerfall P 1106
protektives Nährmedium P 1057
Proteohormon P 1103
Proteolipid P 1104
Proteolyse P 1106
Proteolysin P 1105
Proteolyt P 1107
proteolytisch P 1108
proteolytische Aktivität P 1109
proteolytisches Enyzm P 1067
Proteose A 427
Proteusbakterie P 1110
Proteus entericus P 1112
Proteus rettgeri P 1112
Proteus vulgaris P 1113
Prothrombin C 632
Prothrombinbestimmung nach Quick Q 30
Prothrombinfaktor N 17
Prothrombinindex P 1116
Prothrombinkomplex P 1114
Prothrombinkonsumptionstest P 1115
Prothrombinkonsumtionstest P 1115
Prothrombinogen C 637
Prothrombin-Proconvertin-Test P 1117
Prothrombinverbrauchstest P 1115
Prothrombinzeit P 1118
Prothrombokinase C 639
Prothromboplastin C 642
Protohäm P 1119
Protokollagenhydroxylase P 996
Proton P 1120
Protoplasma P 1121
protoplasmatisch P 1122
Protoplast P 1123
Protoporphyrin P 1124
Protoporphyrin IX H 93
Protoporphyrinogen P 1125
Protoporphyrinogenoxidase P 1126
Protosiderin P 1127
Protoxin P 1128
Protozoenkultur P 1129
Protozoenzyste P 1130
Protozoologie P 1132
Protozoon P 1131
Protrypsin T 616
Provirus P 1133
Provitamin P 1134
Provitamin A C 156
Provitamin D_2 E 390
Provitamin D_3 D 112
Provitamin D_4 D 442
Provokationsmethode M 379
Provokationstest P 1135
Prozentgehalt P 211
Prozeß P 954
PRPP P 403
prüfen C 955, T 76
Prüfglas T 108
Prüfgröße P 80
Prüfkomponente P 80
Prüfmaterial S 629
Prüfmethode T 94
Prüfröhrchen T 108
Prüfung C 956, T 77
Prüfverfahren T 94
Pryce-Mikrokultur P 1136
Psammomkorn P 1137
Psammomkörperchen P 1137
Psammomkugel P 1137
Pseudoagglutination P 1138
Pseudobilharzia T 548
Pseudocholinesterase C 479
Pseudochromatin P 87
Pseudodiphtheriebacterium H 366
Pseudogonokokke P 1141
Pseudoisocyanin P 1142
Pseudoisoenzym P 1143
Pseudokatalase P 1140
Pseudokeratin P 1144
Pseudomeningokokke P 1145
Pseudomucin M 744
Pseudonuclein P 87
Pseudoparasit P 1148
Pseudoperoxidase P 1149
Pseudoplasmalreaktion P 1150
Pseudopoliomyelitisvirus C 1082
Pseudoreaktion P 1151
Pseudorotzbakterie P 1147
Pseudospirochäte P 1152
Pseudotuberkulosestäbchen Y 14
Pseudouridin P 1153
Pseudovirus P 1154
Pseudovitamin P 1155
Pseudoxanthomzelle P 1156
Pseudozylinder P 1139
Psittakose-Lymphogranuloma-Trachoma-Gruppe P 606
Psittakosevirus P 1157
Psychopharmakon P 1158
P-System P 1159
Pt P 585
Pteridin P 1160
Pterin P 1161
Pteroinsäure P 1162
Pteroylglutaminsäure F 307
Ptyalin P 1163
Ptyalolith S 26
PTZ P 122
Pubertät P 1164
Puffer B 579
Pufferbase B 581
Puffereffekt B 580
Pufferfärbung B 588
Puffergemisch B 586
Pufferkapazität B 585
Pufferkonzentration B 582
Pufferlösung B 579
Puffermischung B 586
puffern B 578
Puffersalz B 587
Puffersubstanz B 589
Puffer-Substrat-Gemisch B 590
Puffersystem B 591
Pufferung B 584
Pufferwirkung B 580
Pulfrich-Photometer P 1165
Pulfrich-Refraktometer P 1166
Pulpazelle P 1169
Pulswellenmessung O 137
Pulver P 817
pulverartig P 820
pulverförmig P 820
pulverig P 820
Pulverisation P 1170
pulverisieren P 1171
Pulverisieren P 1170
Pulverisierung P 1170
Pulvertrichter P 819
pulvrig P 820
Pumpe P 1172
Punchbiopsie P 1175
Punktat P 1177
punktförmig P 1180
punktieren P 1181
Punktierung P 1182
Punktion P 1182
Punktionsbiopsie N 48
Punktionsflüssigkeit P 1177
Punktionskanüle P 1183
Punktionsnadel P 1186
Punktionsröhrchen P 1192
Punktionsstelle S 428
Punktionszytologie P 1185
Purin P 1203
Purinabkömmling P 1207
Purinbase P 1204
Purinderivat P 1207
purinfrei P 1208
purinhaltig P 1206
Purinkörper P 1205
Purinnucleosid P 1209
Purinnucleosidase N 295
Purinnucleotid P 1210
Purkinje-Zelle P 1213
Purpurin P 1214
purulent P 1215
Pus P 1219
Pustel P 1222

Pustelabstrich P 1224
Pustelinhalt P 1223
Putrescin P 1226
PVC P 713
Pyknometer D 143
Pyknozyt O 37
Pyocyanase P 1228
Pyocyaneusbakterie P 1146
Pyocyanin P 1229
Pyokokke P 1227
Pyozyt P 1220
Pyranose P 1231
Pyranoseoxidase P 1232
Pyranosid P 1233
Pyrazolon P 1234
Pyrexin P 1235
Pyridin P 1236
Pyridinbase P 1237
Pyridin-3-carbonsäure N 139
Pyridin-α-carbonsäure P 466
Pyridin-3-carboxamid N 134
Pyridinenzym P 1238
Pyridinnucleotid P 1239
Pyridinnucleotidtranshydrogenase N 6
Pyridinribonucleotid P 1240
Pyridoxal P 1241
Pyridoxaldehydrogenase P 1242
Pyridoxalkinase P 1243
Pyridoxalphosphat P 1244
Pyridoxamin P 1245
Pyridoxaminphosphat P 1246
Pyridoxaminphosphatoxidase P 1247
Pyridoxin P 1249
Pyridoxindehydrogenase P 1250
Pyridoxin-4-oxidase P 1251
Pyridoxinphosphat P 1252
Pyridoxinsäure P 1248
Pyrimidin P 1253
Pyrimidinbase P 1254
Pyrimidinnucleosid P 1255
Pyrimidinnucleotid P 1256
Pyrimidinribonucleotid P 1257
Pyrimidintransferase T 192
Pyrithiamindesaminase P 1258
Pyrocatechase C 196
Pyrocatechol P 1259
Pyrogallol P 1260
Pyrogallussäure P 1260
Pyrogen P 1261
Pyrogentest P 1262
Pyroglobulin P 1263
Pyroglutaminsäure P 1264
Pyronin P 1265
Pyrophosphat P 1267
Pyrophosphatase P 1266
Pyrophosphatpuffer P 1268
Pyrophosphorsäure P 1269
Pyrophosphorylase P 1270
Pyrotoxin P 1271
Pyrrol P 1272
Pyrrolfarbstoff P 1273
Pyrrolidin P 1274
Pyrrolidin-2-carbonsäure P 994
Pyrrolin P 1275
Pyruvat P 1276
Pyruvatcarboxylase P 1277
Pyruvatdecarboxylase P 1278
Pyruvatdehydrogenase P 1279
Pyruvatkinase P 1280
Pyruvatoxidase P 1281

Q

Q-Enzym Q 1
Quaddelprobe U 209
Quaddelreaktion U 209
Quaddeltest U 209
Quadrantenbiopsie F 340
Qualität Q 7
qualitativ Q 2
qualitative Analyse Q 3
qualitative Bestimmung Q 4
qualitative Methode Q 6
qualitative Untersuchung Q 5
Qualitätskontrolle Q 9
Qualitätskontrollmaterial Q 10
Qualitätssicherung Q 8
quantifizieren Q 12
Quantifizierung Q 11
Quantität Q 18
quantitativ Q 13
quantitative Analyse Q 14
quantitative Bestimmung Q 15
quantitative Methode Q 17
quantitative Untersuchung Q 16
Quartanaerreger Q 20
Quartanaparasit Q 20
quarternäre Ammoniumbase Q 21
Quarz Q 22
Quarzfilter Q 24
Quarzküvette Q 23
Quarzlampe Q 25
Quebrachin Y 15
Quecksilber M 303
Quecksilber-Bogenlampe M 310
Quecksilber(I)-chlorid C 62
Quecksilberdampflampe M 310
Quecksilber(II)-iodid M 305
Quecksilberlampe M 310
Quecksilbermanometer M 306
Quecksilber(I)-nitrat M 307
Quecksilber(II)-oxid M 308
Quecksilbersäule M 304
Quecksilberthermometer M 309
Quecksilbertropfelektrode D 774
quellen S 1162
Quellen S 1163
Quellmittel S 1164
Quellstoff S 1164
Quellung S 1163
Quellungsreaktion Q 26
Quesenbandwurm M 766
Quetschpräparat C 1125
Quick-Test Q 30
Quick-Wert P 1118
Quick-Zeit P 1118
Quotient Q 37

R

Ra R 96
Rabiesvirus L 520
Racemat R 3
Racemisation R 5
racemisch R 4
racemisches Gemisch R 3
racemische Verbindung R 3
racemisieren R 6
Racemisierung R 5
Rachenabstrich T 258
Rachenschleim T 257
Rachenspülflüssigkeit P 291
Rachenspülwasser P 291
Rachiozentese L 434
radial R 7
radiale Immundiffusion R 8
Radiation R 10
Radikal R 18
radioaktiv R 19
radioaktive Markierung R 35
radioaktiver Indikator R 44
radioaktiver Kohlenstoff R 23
radioaktiver Phosphor R 36
radioaktiver Schwefel R 43
radioaktiver Tracer R 44
radioaktiver Zerfall R 28
radioaktives Bariumsulfat R 20
radioaktives Caesium R 21
radioaktives Calcium R 22
radioaktives Chrom R 24
radioaktives Cobalt R 25
radioaktives Eisen R 34
radioaktives Element R 29
radioaktives Gleichgewicht R 30
radioaktives Gold R 31
radioaktives Iod R 32
radioaktives Iridium R 33
radioaktives Isotop R 88
radioaktives Kalium R 37
radioaktives Kolloid R 26
radioaktives Kupfer R 27
radioaktives Natrium R 40
radioaktives Nuklid R 88
radioaktives Präparat R 38
radioaktives Strontium R 41
radioaktive Strahlung R 39
radioaktive Substanz R 42
Radioaktivität R 45
Radioaktivitätsmessung R 46
Radioallergosorbent-Test R 47
Radioassay R 48
Radioautogramm A 1155
Radioautographie A 1157
radioautographisch A 1156
Radiobiologie R 50
radiobiologisch R 49
Radiocaesium R 21
Radiocalcium R 22
Radiochemie R 53
radiochemisch R 51
radiochemische Analyse R 52
Radiochrom R 24
Radiochromatogramm R 54
Radiochromatograph R 55
Radiochromatographie R 57
radiochromatographisch R 56
Radiocobalt R 25
Radiodiagnose R 59
Radiodiagnostik R 62
Radiodiagnostikum R 61
radiodiagnostisch R 60
Radioelektrophorese R 63
Radioelement R 29
radioenzymatische Analyse R 64
Radiogaschromatographie R 65
Radiogold R 31
Radiogramm R 66
Radiographie R 68
radiographisch R 67
Radioimmundiffusion R 70
Radioimmunoassay R 69
Radioimmunoelektrophorese R 71
Radioimmunologie R 73
radioimmunologisch R 72
Radioimmunosorbent-Test R 75
Radioimmunpräzipitationstest R 74
Radioimmuntest R 69
Radioindikator R 44
Radioiod R 32
Radioiodtest R 76
Radioiodzweiphasentest R 76
Radioiridium R 33
Radioisotop R 88
Radioisotopenclearance R 77
Radioisotopenkonzentration R 78
Radioisotopenlabor R 79
Radiokalium R 37
Radiokohlenstoff R 23
Radiokolloid R 26
Radiokolloid-Clearance R 58
Radiokupfer R 27
Radioligand R 80
Radiologie R 83
radiologisch R 81
radiologische Bestimmung R 82
Radiolumineszenz R 84
Radiomarkierung R 35
Radiometer R 85
Radiometrie R 87
radiometrische Analyse R 86
Radionatrium R 40
Radionuklid R 88
Radiopharmakon R 91
Radiophosphor R 36
Radioreagenzanalyse R 48
Radiorezeptorassay R 92
Radioschwefel R 43
Radiosensibilität R 95
radiosensitiv R 94
Radiostrontium R 41
Radiotracer R 44
Radium R 96
Radon R 97
Raffinase R 98
Raffinose R 99
Ragozyt R 392
Rändelschraube K 79
Randomisation R 102
Randomisierung R 102
Rang R 107
Rangkorrelationsanalyse R 108
Rangkorrelationskoeffizient R 109
Rangsummentest R 111
Rangtest R 110
R-Antigen R 487
Rapid-Plasma-Reagin-Kartentest P 542
Rapoport-Clearance R 117
Raschig-Ring R 118
RAST R 47
Raster G 455
Rasterelektronenmikroskop S 95
Rasterelektronenmikroskopie S 96
Rationalisierung R 120
Ratte R 119
Rattenbandwurm R 122
Rattenleber R 121
Rattenlungenwurm A 768
Rattenovarhyperämietest R 123
Rattentest R 123
Raucher S 471
rauchfarbiger Kolbenschimmel A 1067
Rauhantigen R 487
Rauheit R 490
Rauhform R 488
Rauhigkeit R 490
Raumdesinfektion R 473
Raumisomerie S 864
Raumtemperatur R 474
Rauschgift N 23
RA-Zelle R 392
Razgha-Reichenow-Methode R 126
Rb R 505
Reabsorption R 127
Reagens R 163
Reagensgemisch R 166
Reagenslösung R 167
Reagenzglas T 108
Reagenzglasgestell T 110
Reagenzglashalter T 109

Reagenzglasklammer T 109
Reagenzglasklemme T 109
Reagenzglaskultur T 635
Reagenzglasständer T 110
Reagenzglastest T 642
Reagenzglasversuch T 642
Reagenzienflasche R 164
Reagenzpapier T 100
Reagenzröhrchen T 108
Reagenzstreifen T 106
reagieren R 128
Reagieren R 130
reagieren / unter Wasserentzug R 159
Reagin R 169
Reagintest R 170
Reaktant R 129
Reaktion R 132
Reaktionsablauf R 137
Reaktionsbedingung R 136
Reaktionsbeschleunigung R 133
Reaktionsdauer R 152
reaktionsfähig R 157
Reaktionsfähigkeit R 158
Reaktionsfolge R 149
Reaktionsgefäß R 153
Reaktionsgemisch R 143
Reaktionsgeschwindigkeit R 147
Reaktionsgeschwindigkeitskonstante R 148
Reaktions-Geschwindigkeits-Temperatur-Regel V 38
Reaktionsgleichgewicht C 384
Reaktionsgleichung C 383
Reaktionshemmung R 141
Reaktionskammer R 135
Reaktionskette R 134
Reaktionskinetik C 387
Reaktionskurve R 138
Reaktionslösung R 131
Reaktionsmechanismus R 142
Reaktionspartner R 129
Reaktionsphase R 144
Reaktionsprinzip R 145
Reaktionsprodukt R 146
Reaktionsschritt R 150
reaktionsschwach I 229
Reaktionsstufe R 150
Reaktionstemperatur R 151
reaktionsträge I 229
Reaktionsträgheit I 231
Reaktionsverlauf R 137
Reaktionsvermögen R 158
Reaktionswärme R 140
Reaktionszeit R 152
Reaktionszone R 154
Reaktionszyklus R 139
reaktiv R 157
reaktivieren R 155
Reaktivieren R 156
Reaktivierung R 156
Reaktivität R 158
Receiver-Operating-Characteristic-Kurve R 174
rechtsdrehend D 279
Rechtsdrehung D 278
Rechtsverschiebung R 447
Redestillation R 204
redestillieren R 203
Redestillieren R 204
Redoxanalyse R 213
Redoxase O 217
Redoxchromatographie E 103
Redoxenzym O 217
Redoxgleichgewicht R 206
Redoxin R 207
Redoxindikator R 208
Redoxkatalysator R 205
Redoxpotential R 209
Redoxreaktion R 210
Redoxstatus R 211
Redoxsystem R 212
Redoxtitration R 213
Reductase R 223
Reductaseprobe R 224
Reductasetest R 224
Reduktans R 222
Reduktion R 225
Reduktionsfähigkeit R 220
Reduktionsmittel R 222
Reduktions-Oxidations-Gleichgewicht R 206
Reduktions-Oxidations-Potential R 209
Reduktions-Oxidations-Reaktion R 210
Reduktions-Oxidations-Status R 211
Reduktions-Oxidations-System R 212
Reduktions-Oxidations-Titration R 213
Reduktionsprobe R 226
Reduktionstest R 226
Reduktionsvermögen R 220
Reduktionszeit L 351
Reduktionszone R 227
reduktiv R 228
Reduplikation R 229
reduzierbar R 219
Reduzierbarkeit R 218
reduzieren R 214
reduzierend R 228
reduzierende Substanz R 222
reduziert R 215
reduziertes Glutathion R 216
reduziertes Hämoglobin R 217
Reduzierventil R 221
Referenzbereich R 237
Referenzelektrode R 231
Referenzlaboratorium R 233
Referenzlösung S 798
Referenzmaterial R 234
Referenzmethode R 235
Referenzpräparat S 796
Referenzprobe R 238
Referenzsystem R 239
Referenztemperatur S 799
Referenzuntersuchung R 232
Referenzwert R 240
reflektieren R 241
reflektiertes Licht R 242
Reflektor R 249
Reflexion R 243
Reflexionsgrad R 245
Reflexionskoeffizient R 245
Reflexionsoxymetrie R 246
Reflexionsphotometrie R 247
Reflexionsspektroskopie R 248
Reflexionswinkel R 244
Reflexionszahl R 245
Refraktion R 251
Refraktionsindex R 254
Refraktionskoeffizient R 254
Refraktionsmesser R 255
Refraktionsmessung R 257
Refraktionswinkel R 252
Refraktometer R 255
Refraktometrie R 257
refraktometrisch R 256
Refrigerans C 984
Regan-Isoenzym R 260
Regelblutung M 294
regeln R 273
Regelung R 274
regelwidrig A 7
Regeneration R 262
regenerieren R 261
Regenerieren R 262
Regenerierung R 262
Regime R 263
regionale Qualitätskontrolle R 264
Registrierapparat R 186
registrieren R 185
Registriergerät R 186
Registrierpapier R 188
Registrierung R 187
Regler C 962
Regression R 265
Regressionsanalyse R 266
Regressionsgerade R 270
Regressionsgleichung R 269
Regressionskoeffizient R 267
Regressionskurve R 268
regressiv R 271
regressive Färbung R 272
Regulation R 274
Regulator C 962
Regulatorgen R 275
regulieren R 273
Regulierung R 274
Reibschale M 735
Reibtest F 394
Reibung F 393
Reibungsfaktor C 700
Reibungskoeffizient C 700
reif M 156
Reife M 158
Reifen M 154
reifen M 155
reife Zelle M 157
Reifung M 154
Reihe S 260
Reihenfolge S 251
Reihenuntersuchung S 255
Reihenverdünnungsmethode S 254
Reihenverdünnungstest S 254
rein P 1193
Reinantigen P 1194
reiner Alkohol A 16
Reinheit P 1211
Reinheitsgrad D 98
Reinheitskontrolle P 1212
Reinheitsprüfung P 1212
Reinigen P 1198
reinigen P 1202
Reinigung P 1198
Reinigungsmittel P 1201
Reinigungsschritt P 1199
Reinkultur P 1195
Reinprotein P 1196
reinst H 288
Reinsubstanz P 1197
Reisagar R 437
Reiskörperchen R 438
Reisstärke R 439
Reiter-Protein-Antigen R 276
Reizmittel S 901
Reizserum I 537
Reizsputum I 538
Rekalzifikation R 172
Rekalzifizierung R 172
Rekalzifizierungszeit R 173
rekombinant R 182
Rekombination R 183
Rekordspritze R 190
Rekrement R 192
Rekristallisation R 193
Rekristallisieren R 193
rekristallisieren R 194
Rekristallisierung R 193
Rektalabstrich R 197
Rektifikation R 198
Rektifizieren R 198
rektifizieren R 199
Rektifizierung R 198
Rektum R 200
Rektumbiopsie R 195
Rektumbiopsiezange R 196
Relation R 277
relativ R 278
relative Atommasse A 1102
relative biologische Wirksamkeit R 279
relative Dichte R 280
relative Feuchtigkeit R 282
relativer Fehler R 281
relatives Atomgewicht A 1102
Relaxationsindex R 283
Relaxin R 284
Releaser R 287
Releasingfaktor R 287
Releasinghormon R 287
REM S 95
Ren K 56
renale Clearance R 292
renaler Plasmafluß R 295
Renin R 298
Renipunktur R 299
Rennin C 566
Reovirus R 300
Reparaturenzym R 301
Replicase R 304
Replicon R 306
Replikation R 305
repräsentative Stichprobe R 307
Repression R 308
Repressor R 309
Repressorgen R 310
Reproduktion R 314
reproduzierbar R 313
Reproduzierbarkeit R 312
reproduzieren R 311
Reptilase R 315
Reptilasezeit R 316
Reserpin R 320
Residualharn R 328
Residualkörperchen R 324
Residualurin R 328
Residualvolumen R 329
Residuum R 330
resistent R 335
Resistenz R 332
Resistenzbestimmung R 334
Resistenzfaktor R 333
Resistenztest R 334
Resistogramm A 826
Resonanz R 336
Resorcin R 337
Resorcinblau R 338
Resorcinfuchsin R 339
Resorcingelb R 341
Resorcinphthalein F 251
Resorcinprobe R 340
respiratorisches Virus R 346
Rest R 330
Restaktivität R 321
Restalkohol R 322
Restantigen R 323
Rest-C R 325
Resteiweiß R 327
Restfeuchte R 326
Restharn R 328
Restkohlenstoff R 325
Restmenge R 330
Rest-N N 218
Restriktase R 351
Restriktionsendonuclease R 351
Reststickstoff N 218
Restvolumen R 329

Resultat R 352
Resuspension R 353
Retention R 355
Retentionsfaktor R 390
Retentionstest R 356
Retentionsvolumen R 358
Retentionszeit R 357
Retikulin R 359
retikuloendotheliale Zelle R 363
Retikulozyt R 360
Retikulozytenzahl R 361
Retikulozytenzählung R 362
Retikulumzelle R 364
Retinal R 365/6
Retinen R 365/6
Retinol R 367
retinolbindendes Globulin R 368
Retinoldehydrogenase R 369
Retorte R 370
Retraktilometer R 371
Retraktilometrie R 372
Retraktiometer R 371
Retraktiometrie R 372
Retraktion R 373
Retraktionsfaktor R 374
Retraktionstest R 375
Retraktionszeit C 629
Retrovirus R 376
reverse-T_3 R 383
reverse Transcriptase R 384
reverse Triiodthyronin R 383
reversibel R 386
Reversibilität R 385
reversible Reaktion R 387
Reversion I 430
Revertase R 384
Rezeptor R 175
Rezeptorenblocker R 176
rezessiv R 177
reziproke Translokation R 181
RF R 403
R_f R 390
R-Faktor R 333
R-Form R 488
R_f-Wert R 390
RGT-Regel V 38
Rh R 399, R 400, R 408
rH R 411
Rhabdovirus R 391
Rhachiozentese L 434
Rhagozyt R 392
Rhamnose R 393
Rhamnosid R 394
Rh-Antigen R 396
Rh-Antikörper R 395
Rh-Blutgruppensystem R 401
Rhesusaffe R 398
Rhesus-Antigen R 396
Rhesus-Antikörper R 395
Rhesusfaktor R 397
Rhesusfaktorbestimmung R 410
Rhesus-System R 401
Rheuma-Agglutinationsfaktor R 403
Rheumafaktor R 403
Rheumamittel A 918
Rheumatest R 402
Rh-Faktor R 397
rH-Indikator R 208
Rhinoreaktion R 404
Rhinosclerombacillus R 405
Rhinotest R 404
Rhinovirus R 406
Rh-negativ R 399
Rhodamin R 407
Rhodanid T 219
Rhodium R 408
Rhodopsin R 409
Rh-positiv R 400
Rh-System R 401
rH-Wert R 411
RIA R 69
Rib R 422
Ribit R 412
Ribitol R 412
Riboflavin R 413
Riboflavinnucleotid F 211
Riboflavin-5'-phosphat F 211
Riboketose R 434
Ribokinase R 414
Ribonuclease R 415
Ribonucleasetest R 416
Ribonucleid R 418
Ribonucleinsäure R 417
Ribonucleoprotein R 419
Ribonucleosid R 420
Ribonucleotid R 421
Ribose R 422
Ribose-1,5-diphosphat R 423
Ribose-1-phosphat R 424
Ribose-5-phosphat R 425
Ribosephosphatisomerase R 426
Ribosid R 427
Ribosom R 431
ribosomal R 428
ribosomale RNA R 430
Ribosomenprotein R 429
Ribosylcytosin C 1237
Ribosylxanthin X 12
Ribotid R 432
Ribozym R 433
Ribulose R 434
Ribulose-1,5-diphosphat R 435
Ribulose-5-phosphat R 436
Richtigkeitskontrolle A 56
richtig negativ T 606
richtig positiv T 607
Richtwert G 499
Rickettsia R 444
Rickettsientoxin R 445
RID R 70
Riesenchromosom G 179
Riesendarmegel G 180
Riesenerythrozyt M 5
Riesenkratzer G 183
Riesenleberegel G 181
Riesenmolekül M 17
Riesenpalisadenwurm K 60
Riesenplättchen M 38
Riesenpyramidenzelle G 182
Riesenthrombozyt M 38
Riesenzelle G 178
Rifampicin R 446
Rinderbandwurm B 149a
Rinderfinne C 1229
Rinderfinnenbandwurm B 149a
Rinderserum B 511
Ring R 448
Ringbiopsie R 449
Ringchromosom R 450
Ringelwürmer S 178
Ringer-Lösung R 451
Ringkörperchen C 129
Ringpräzipitation R 452
Ringtest R 452
Ringverbindung C 1205a
Risikofaktor R 459
RIST R 75
Ristomycin R 460
RIT R 76
ritzen S 131
Ritzmesser S 98
Ritzungstest S 133
Rivalta-Probe R 461
Rivalta-Test R 461
Rn R 97
RNA R 417
RNA-abhängige DNA-Polymerase R 384
RNA-abhängige RNA-Polymerase R 465
RNA-Kette R 462
RNA-Kode R 463
RNA-Nucleotidyltransferase R 464
RNA-Polymerase R 464
RNase R 415
RNA-Synthetase R 465
RNA-Virus R 466
RNS R 417
Robison-Ester G 285
Robison-Tanko-Ester F 404
Robotsystem R 467
Rocket-Immunelektrophorese R 468
ROC-Kurve R 174
Rodentizid R 471
roh C 1123
Rohprotein C 1124
Rohr T 633
Röhrchentest T 642
Rohrzucker S 7
Röntgendiffraktion X 24
Röntgendiffraktionsanalyse X 25
Röntgendiffraktometer X 26
Röntgendiffraktometrie X 27
Röntgenfilm X 28
Röntgenfluoreszenzanalyse X 29
Röntgenkontrastmittel C 953
Röntgenmikroskop X 31
Röntgenmikroskopie X 32
Röntgenspektralanalyse X 37
Röntgenspektrometrie X 34
Röntgenspektroskopie X 35
Röntgenspektrum X 36
Röntgenstrahlen X 33
Röntgenstrahlmikroanalyse X 30
Röntgenstrukturanalyse X 38
Rosanilin F 409
Rose bengal R 475
Rosette R 476
Rosettentest R 477
Rosin-Test R 478
Rosolsäure R 479
rostfrei S 779
rot R 201
Rotation R 481
Rotationsgeschwindigkeit R 482
Rotationspumpe R 484
Rotavirus R 485
rote Blutzelle E 402
rote Hefe R 230
Rötelnvirus R 504
rotes Blutkörperchen E 402
rotes Knochenmark R 202
rotieren R 480
rotierend R 483
Rotor R 486
Rotzbakterie G 190
Rotzbakterienextrakt M 80
Rotzkutantest G 191
Rouget-Zelle A 326
Rous-Sarkom-Virus R 493
Rous-Virus R 493
Routine R 494
Routinemethode R 496
Routineuntersuchung R 495
Roux-Spritze R 497
rRNA R 430
RSV R 493
RS-Virus R 345
Ru-1,5-P_2 R 435
Ru R 508
Rubellavirus R 504
Rübenzucker S 7
Rubidium R 505
Rückabsorption R 127
Rückdiffusion B 4
Rückenlage D 715
Rückenmark S 684
Rückenmarkkanalpunktion L 434
Rückenmarkkanüle L 435
Rückenmarkpunktion L 434
Rückflußkühler R 250
rückgewinnen R 261
Rückgewinnung R 262
Rückkopplung F 48
Rücklaufventil R 377
Rückreaktion R 387
Rückstand R 330
Rücktitration B 5
rücktitrieren T 386
Ruhebedingung C 876
Ruhekultur R 347a
Ruhelage R 350
Ruhe-Nüchtern-Umsatz B 106
Ruhephase R 349
Ruhespeichel R 348
Ruhestellung R 350
Ruhezustand S 827
Ruhramöbe E 260
Rührapparat S 908
rühren S 907
Rührer S 908
Rührwerk S 908
Rumpel-Leede-Test T 440
Rundfilterchromatographie C 573
Rundkolben R 491
Rundwurm N 62
Rundzelle S 677
Ru-5-P R 436
Russell-Körperchen R 507
Ruthenium R 508
Rutheniumrot R 509
Rutin R 510

S

S S 1096
Sabin-Feldman-Test S 1
Sabouraud-Nährmedium S 2
Saccharase F 407
Saccharid C 109
Saccharimeter S 3
Saccharimetrie S 4
Saccharin S 5
Saccharogenamylase A 689
Saccharomyzet S 6
Saccharose S 7
Sachs-Georgi-Reaktion S 8
Sachs-Georgi-Test S 8
Sachs-Witebski-Reaktion S 9
Sachs-Witebski-Test S 9
Safranin S 16
Sahli-Hämoglobinometer S 17
Sahli-Hämometer S 17
Salicin S 18
Salicylaldehyd S 19
Salicylamid S 20
Salicylat S 21
Salicylattest S 22
Salicylsäure S 23
Salicylsäureamid S 20
Saliva S 25
Salmiak A 638
Salmonella hirschfeldii S 33
Salmonella paratyphi A S 35
Salmonella paratyphi B S 36
Salmonella paratyphi C S 33
Salmonella schottmuelleri S 36
Salmonellenserum S 34

Salpetersäure N 158
Salpetersäuretest N 159
salpetrige Säure N 191
Salz S 37
Salzagar S 38
Salzagglutinin S 24
salzbildend S 42
Salzbildner H 130
Salzbildung S 41
salzfrei S 43
Salzgehalt S 40
salzhaltig S 39
salzig S 39
salzlos S 43
Salzlösung S 493
Salzsäure H 483
salzsäurefrei A 123
Salzsäurehämatin T 39
Salzsäureprobe H 484
Samen S 665
Samenfaden S 670
Samenflüssigkeit S 665
Samenkristall S 671
Samenleiterpunktion V 54
Samenplasma S 206
Samenspender S 672
Samenstrangpunktion V 54
Samenzelle S 670
Sammelbehälter C 735
Sammelgefäß C 735
sammeln C 733
Sammeln C 737
Sammelsputum C 734
Sammelurin C 736
Sammlung C 737
Sand S 64
Sandbad S 65
Sandfloh S 66
Sandwichmethode S 67
Sandwichtechnik S 67
Sanguis B 356
S-Antigen S 570
Santonin S 68
Saponifikation S 70
Saponin S 73
Sarcosin S 77
Sarcosindehydrogenase S 78
Sarcosinoxidase S 79
Sargdeckelkristall T 579
Sarkoblast M 831
Sarkomzelle S 74
Sarkoplasma M 801
Satellitenvirus S 80
Satellitenzelle A 677
sättigen S 81
Sättigen S 84
Sättigung S 84
Sättigungsanalyse S 85
Sättigungsgrad D 99
Sättigungsgrenze S 88
Sättigungsindex der Erythrozyten M 173
Sättigungskapazität S 86
Sättigungskoeffizient D 99
Sättigungskonzentration S 87
Sättigungspunkt S 89
Sättigungswert S 90
Saturation S 84
saturieren S 81
Saturieren S 84
Saturierung S 84
sauer A 129
säuern A 150
Sauerstoff O 221
Sauerstoffabspaltung R 225
Sauerstoffaffinität O 222
sauerstoffarm L 418
Sauerstoffaufnahme O 240
Sauerstoffbedarf O 232
Sauerstoffbindungskurve O 233
Sauerstoffdissoziationskurve O 233
Sauerstoffelektrode O 234
Sauerstoffentzug R 225
Sauerstoffflasche O 231
sauerstofffrei O 235
Sauerstoffgehalt O 230
sauerstoffhaltig O 236
Sauerstoffkapazität O 226
Sauerstoffkonzentration O 228
sauerstofflos O 235
Sauerstoffpartialdruck O 237
sauerstoffreich H 298
Sauerstoff sättigen / mit O 224
Sauerstoffsättigung O 238
Sauerstoffspannung O 239
sauerstoffunabhängig A 707
Sauerstoffverbindung O 227
Sauerstoffverbrauch O 229
Säuerung A 149
Saugbiopsie A 1072
Saugflasche S 1048
Saugheber S 426
Saugkürettage S 1045
Saugkürette S 1046
Säugling I 233
Säuglingsalter E 6
Saugpapier B 445
Saugpumpe S 1049
Saugrohr S 1050
Saugschlauch S 1051
Saugventil S 1052
Saugwurm T 529
Säule C 795
Säulenadsorptionschromatographie C 796
Säulenchromatogramm C 797
Säulenchromatographie C 798
Säulendiagramm C 799
Säulendurchmesser C 800
Säulenelektrophorese C 801
Säulenepithelzelle C 1218
Säulenflüssigchromatographie C 803
Säulenlänge C 802
Säulentemperatur C 804
Säulenvolumen C 805
Säure A 128
Säureamid A 130
Säureanhydrid A 131
Säureäquivalent A 138
Säure-Basen-Gleichgewicht A 132
Säure-Basen-Haushalt A 132
Säure-Basen-Indikator A 133
Säure-Basen-Status A 132
Säure-Basen-Titration N 111
säurebeständig A 139
Säurebeständigkeit A 141
Säurebestimmung A 153
säurebildend A 143
Säurebildner A 142
saure Desoxyribonuclease A 136
säureempfindlich A 166
Säureempfindlichkeit S 226
Säurefällung A 163
Säurefarbstoff A 137
säurefest A 139
säurefeste Bakterie A 140
säurefestes Stäbchen A 140
Säurefestigkeit A 141
Säureflasche A 134
säurefrei A 144
Säurefuchsin A 145
Säuregehalt A 155
Säuregehaltsbestimmung A 153
Säuregehaltsmesser A 151
Säuregehaltsmessung A 153
Säuregrad D 85
säurehaltig A 148
Säurehydrolyse A 147
Säurekonstante A 156
Säurekonzentration A 135
säurelabil A 157
säureliebend A 159
säurelöslich A 168
Säurelöslichkeit A 167
saure Lösung A 169
saure Maltase G 259
Säuremesser A 151
Säuremessung A 153
saure Phosphatase A 162
saure Reaktion A 164
säureresistent A 139
Säureresistenz A 141
Säurerest A 165
saurer Farbstoff A 137
Säurerückstand A 165
saures α_1-Glycoprotein A 146
saures α_2-Glycoprotein C 571
säurestabil A 139
Säurestabilität A 141
säureunbeständig A 157
säureunlöslich A 154
Säurezahl A 158
Sayk-Kammer S 91
Sb A 899
Schablone P 159
Schädlichkeit N 251
Schädlingsbekämpfungsmittel P 262
Schadstoff P 644
Schafblutagar S 340
Schale D 578
Schardinger-Enzym X 6
scharfer Löffel C 1181
Scharlachrot S 100
Scharlachtoxin S 99
Schattenzelle G 177
Schätzwert E 465
Schaum F 292
Schaumann-Körperchen S 107
Schaumbildung F 294
schäumen F 291
Schäumen F 294
Schaumgummi F 295
schaumig F 297
Schaumlöscher F 293
Schaumlöschgerät F 293
Schaumprobe F 296
Schaumzelle X 8
Scheibe D 590
Scheibenelektrophorese D 591
Scheibensensitivitätsmethode M 771
Scheidenabstrich V 20
Scheidenflora V 17
Scheidenschleimhaut V 18
Scheidensekret V 19
Scheidetrichter S 237
Scheinparasit P 1148
Scheinreaktion P 1151
Scheinzylinder P 1139
Schellong-Probe S 108
Schellong-Test S 108
Schere S 127
Schicht L 124
Schichtdicke L 126
Schichtstruktur L 125
Schick-Probe S 109
Schießscheibenzelle T 20
Schiff-Reagens S 110
Schiff-Reaktion S 111
Schilddrüse T 330
Schilddrüsenautoantikörper T 327
Schilddrüsenbiopsie T 328
Schilddrüsenfunktionstest T 329
Schilddrüsenhormon T 331
Schilddrüsenkolloid T 324
Schiller-Iodprobe S 112
Schiller-Probe S 112
Schilling-Färbung S 114
Schilling-Index N 267
Schilling-Test S 115
Schilling-Zählkammer S 113
Schimmelpilz M 738
Schistozyt F 355
Schizomyzet S 119
Schizont S 120
Schizozyt F 355
Schlafmittel S 587
Schlagmühle B 144
Schlangengift S 476
Schlauch T 643
schlauchartig T 645
schlauchförmig T 645
Schlauchklemme P 486
Schlauchpilz A 1046
schleichend C 562
Schleim M 763
Schleimfaden M 761
Schleimgewebe M 762
Schleimhaut M 754
schleimig M 757
schleimig-blutig M 755
schleimig-eitrig M 752
schleimig-serös M 756
Schleimklümpchen M 760
Schleimpilz M 845
Schleimsäure M 741
Schleimstoff M 742
Schleimzelle M 759
Schleimzylinder M 758
Schlepperprotein C 167
Schleppmittel E 274
Schlesinger-Probe S 121
schleudern C 304
Schleudern C 303
Schliff G 460
Schliffhülse S 478
Schliffstopfen G 461
Schliffverbindung G 460
Schlittenmikrotom S 450
Schlummerzelle S 442
Schlüsselenzym K 54
Schlüsselzelle C 649
schmarotzen P 93
Schmarotzer P 90
schmelzen M 267
Schmelzen M 268
Schmelzpunkt M 270
Schmelztemperatur M 270
Schmelztiegel M 269
schmerzstillendes Mittel A 713
Schmitz-Bacterium S 345
Schmutzstoff C 939
Schnäpper F 358
Schnellanalyse R 112
Schnellbestimmung R 113
Schnelldiagnostik R 114
schnelle Flüssigkeitschromatographie H 301
Schnellfärbung Q 29
Schnellgefrieren R 115
Schnellmethode R 116
Schnellschnitt Q 28
Schnelltest Q 27
Schnepper F 358
Schnittfärbung S 155
Schnittpräparat S 154
Schokoladenagar C 448

Schorf C 1126
Schrägagar S 440
Schrägagarröhrchen S 441
Schraubenbakterie S 692
schraubenförmig S 691
Schraubengeißling T 611
Schraubklemme S 136
Schraubverschluß S 135
Schreiber R 186
Schritt S 768
Schröpfschnepper S 98
Schüffner-Methode S 124
Schüffner-Stäbchen S 125
Schüffner-Tüpfelung S 124
Schulalter S 122
Schulkind S 123
Schuppe S 754
Schuppung D 241
Schüttelgerät S 336
Schüttelkultur S 335
Schüttelmaschine S 336
Schüttelmixtur S 338
schütteln S 334
Schütteln S 337
Schüttelsieb S 339
Schütteltrichter S 237
Schüttler S 336
Schutz P 1052
Schutzbrille S 12
Schutzeiweiß P 1063
Schutzenyzm P 1058
Schutzfaktor P 1059
Schutzhandschuhe P 1060
Schutzkappe P 1054
Schutzkleidung P 1055
Schutzkolloid P 1056
Schutzmaske P 1062
Schutzprotein P 1063
Schutzschicht P 1061
schwach alkalisch A 475
schwach basisch A 475
schwach positiv W 52
schwach sauer W 51
schwammähnlich S 711
schwammartig S 711
Schwammbiopsie S 709
schwammförmig S 711
schwammig S 711
schwanger P 874
Schwangere P 875
Schwangerenserum P 865
Schwangerenurin P 868
Schwangerschaft P 863
Schwangerschaftsdiagnostik D 290
Schwangerschaftshormon G 174
Schwangerschaftsmonat M 714
Schwangerschaftsreaktion P 867
schwangerschaftsspezifisches Protein P 866
Schwangerschaftstest P 867
schwangerschaftsverhütendes Mittel C 949
Schwangerschaftswoche W 53
Schwangerschaftszelle P 864
Schwann-Zelle S 126
Schwanz T 5
Schwanzbildung T 6
Schwärmplatte S 1158
schwarz B 329
schwarzer Kolbenschimmel A 1068
Schwärzungsmesser D 147
Schwärzungsmessung D 149
Schwebstoff S 1146
Schwefel S 1096
Schwefelbakterie S 1097
Schwefelbleiprobe S 1105
Schwefeldioxid S 1101
Schwefel-Eisen-Protein S 1104
Schwefelgehalt S 1100
schwefelhaltig S 1099
Schwefelharnstoff T 238
Schwefelkohlenstoff C 124
Schwefelsäure S 1102
Schwefelsäureanhydrid S 1101
Schwefelsäureester S 1103
Schwefelverbindung S 1098
Schwefelwasserstoff H 509
schweflig S 1099
schweflige Säure S 1106
Schweif T 5
Schweifbildung T 6
Schwein P 474
Schweinebandwurm P 733
Schweinefinne C 1230
Schweinefinnenbandwurm P 733
Schweiß S 1159
Schweißsammlung S 1160
Schweißtest S 1161
Schwelle T 253
Schwellendosis T 255
Schwellenkonzentration T 254
Schwellenwert T 256
Schwellwert T 256
schwenken S 1165
schwere Kette H 188
schwerer Wasserstoff D 258
schwer färbbar C 542
schwer löslich S 599
Schwermetall H 189
Schwermetallsalz H 190
Schwermetallspuren T 467
Schwesternchromatid S 427
Schwesternchromatide S 427
Schwingungskurve O 131
Schwingungsschreiber O 132
Scleroprotein S 128
Scolex S 129
Scratchtest S 133
„Screening" S 134
SDS-Elektrophorese S 138
Se S 189
Sealase P 691
Sebazinsäure S 143
Sebum S 144
Sechshakenlarve O 42
Secretin S 149
Sedativum S 156
Sediment S 158
Sedimentation S 159
Sedimentationsanalyse S 160
Sedimentations-Flotations-Verfahren S 168
Sedimentationsgeschwindigkeit S 170
Sedimentationsgleichgewicht S 167
Sedimentationskammer S 163
Sedimentationskoeffizient S 164
Sedimentationskonstante S 165
Sedimentationskurve S 166
Sedimentationsmethode S 169
Sedimentationsprobe S 171
Sedimentationsröhrchen S 173
Sedimentationstest S 171
Sedimentationsverfahren S 169
Sedimentationswaage S 161
Sedimentationszeit S 172
Sedimentausstrich S 175
sedimentieren S 157
Sedimentieren S 159
Sedimentierung S 159
Sedimentierverfahren S 169
Sedimentierzentrifuge S 162
Sedimentin S 174
Sedimetrie S 160
Sedoheptulose S 176
Sedoheptulose-7-phosphat S 177
segmentkernig S 179
Sehpurpur R 409
sehr leicht löslich V 80
sehr schwer löslich E 620
sehr wenig löslich E 620
Seife S 477
seifig S 69
Seitenkette S 361
Seitenlage L 111
Sekret S 151
Sekretion S 150
Sekretionsenzym S 153
Sekretionsprodukt S 151
sekretorisch S 152
Sektion O 3
Sektionsmaterial D 623
Sekundärelektronenvervielfacher P 437
sekundäres Bilirubin D 549
Sekundärfilter S 146
Sekundärfluoreszenz S 147
Sekundärharn T 72
Sekundärkolonie D 25
Sekundärreaktion S 148
Sekunde S 145
Selbstabsorption S 191
selbständig A 1152
selbstauflösend A 1144
Selbstauflösung A 1143
Selbstentzündungstemperatur S 193
Selbstkontrolle S 192
Selbstleuchten A 1132
Selbstoxidation A 1164
Selbstregulierung S 194
selektieren S 180
Selektion S 181
Selektionsdruck S 184
selektiv S 182
Selektivfärbung E 54
Selektivität S 185
Selektivnährboden E 53
Selen S 189
Selenid S 186
Selenit S 187
Selenitbouillon S 188
Selenwasserstoff S 190
Seliwanoff-Probe S 195
Seliwanoff-Reaktion S 195
Semialdehyd S 197
Semicarbazid S 200
Semicarbazon S 201
Semidünnschnitt S 213
Semimikroanalyse S 203
Semimikromethode S 205
semipermeabel S 208
Semipermeabilität S 207
semipermeable Membran S 209
semipolar S 210
semiquantitativ S 211
Sendai-Virus S 214
senkrecht V 79
Senkspindel D 143
Senkungsreaktion E 422
Senkwaage D 143
Sensibilisator S 219
sensibilisieren S 216
Sensibilisieren S 215
sensibilisierender Stoff S 219
sensibilisiert S 217
sensibilisierte Kultur S 218
Sensibilisierung S 215
Sensibilisin A 749
Sensibilität S 221
sensitiv S 220
sensitiver Bereich S 224
Sensitivität S 221
Sensitivitätsfaktor S 222
Sensitivitätstest S 225
Sensor S 227
Separation S 240
separierbar S 229
Separierbarkeit S 228
separieren S 230
Separierung S 240
Sephadex S 249
Sepharose S 250
Sequenz S 251
Sequenzanalyse S 252
Sequenzdeterminante S 253
sequestrieren M 124
Serie S 260
Serienlänge S 257
serienmäßig S 261
Serienschnitt S 259
Serienversuch S 256
serienweise S 261
Serin S 263
Serinaldolase S 266
L-Serindehydratase T 250
Serindehydrogenase S 264
Serindesaminase T 250
Serinhydrolase S 265
Serinhydroxymethylase S 266
Serinhydroxymethyltransferase S 266
Serinphosphatid S 267
Serinprotease S 268
Serinpyruvataminotransferase S 269
Serochrom S 271
Serodiagnose S 274
Serodiagnostik S 276
serodiagnostisch S 275
Serofarbtest S 1
serofibrinös S 277
Serogruppe S 310
Serokultur S 273
Serologie S 280
serologisch S 278
serologische Diagnose S 274
serologische Diagnostik S 276
serologische Gruppe S 310
serologische Reaktion S 286
Serolysin S 281
α_1-Seromucoid A 146
seromukös S 282
seronegativ S 283
seropositiv S 284
seropurulent S 285
Seroreaktion S 286
serös S 291
Serosa S 287
serös-blutig S 270
seröse Flüssigkeit S 293
serös-eitrig S 285
seroserös S 288
seröses Exsudat S 292
serös-schleimig S 282
Serotonin S 289
Serotoxin A 748
Serotyp S 290
serumähnlich S 291
Serumalbumin S 294
Serumamylase S 295
Serumantigen S 297
Serumantikörper S 296
serumartig S 291
Serumbicarbonat S 298
Serumbouillon S 299
Serumdiagnose S 274
Serumdiagnostik S 276

Serumeisen S 313
Serumeiweiß S 320
Serumeiweißfraktion S 321
Serumelektrolyt S 304
Serumelektrophorese S 305
Serumenzym S 306
Serumfarbstoff S 271
Serumfarbwert S 272
Serumferritin S 307
Serumglobulin S 308
Serum-Glutamat-Oxalacetat-Transaminase+ A 1061
Serum-Glutamat-Pyruvat-Transaminase+ A 412
Serumgonadotropin S 309
Serumgruppe S 310
serumhaltig S 291
Serumhepatitis-Antigen H 224
Serumimmunglobulin S 311
Serumiod S 312
Serumkomplement S 300
Serumkonserve C 922
Serumkreatinin S 301
Serumkultur S 273
Serumlabilitätsprobe S 324
Serumlabilitätsreaktion S 324
Serumlabilitätstest S 324
Serumlipase S 315
Serumlipid S 316
Serumlipoproteid S 317
Serumlipoprotein S 318
Serumnährboden S 302
Serumphosphatase S 319
Serumprobe S 279, S 322
Serumprotein S 320
Serumproteinfraktion S 321
Serumreaktion S 286
Serumspiegel S 314
Serumtiter S 323
Serumtransaminase S 325
Serumtrübungsreaktion S 303
Serumverdünnungsreaktion S 303
Sexchromatin S 328
Sexualhormon S 331
sexualhormonbindendes Globulin S 332
Sézary-Zelle S 333
sezieren D 616
S-Form S 473
SFT S 1
SGOT+ A 1061
SGPT+ A 412
SH-Antigen H 224
SHBG S 332
Shell-freezing S 341
SH-Enzym S 342
SH-Gruppe S 1064
Shiga-Bacillus D 827
Shiga-Kruse-Bacterium D 827
Shigella S 344
SH-Reagens S 350
Si S 387
Sialidase N 85
Sialin S 352
Sialinsäure S 351
Sialogangliosid S 353
Sialogastron S 354
Sialoglycoprotein S 355
Sialolith S 26
Sialomuzin S 356
Sialoprotein S 357
Sialsäure S 351
Sialyllactose S 358
Sialyltransferase S 359
Sia-Probe E 519
Sia-Reaktion E 519
Sibirischer Leberegel C 215
sichelförmig S 360
Sichelkeim S 729
Sichelzelle D 753
Sichelzellhämoglobin H 67
Sicherheit S 10
Sicherheitsbestimmung S 14
Sicherheitsfaktor S 11
Sicherheitskoeffizient S 11
Sicherheitsmaßnahme S 13
Sicherheitsventil S 15
Sicherheitsvorschrift S 14
Sicherheitswahrscheinlichkeit C 888
sichtbar V 128
sichtbares Licht V 129
sichtbar machen V 132
Sichtbarmachung V 131
Siderin S 364
siderinhaltiger Erythroblast S 365
siderinhaltiger Erythrozyt S 368
Sideroblast S 365
Sideroblastenindex S 366
Siderochrom S 367
Sideromonozyt S 369
Siderophage S 370
siderophil S 371
Siderophilin T 490
Siderozyt S 368
Sieb S 373
sieben S 372
Siebfilter F 143
Siebtestung S 134
Siedebereich B 463
sieden B 458
Sieden B 459
Sieden bringen / zum R 100
siedendes Wasser B 466
Siedepunkt B 460
Siedepunktbestimmung B 461
Siedepunkterhöhung B 462
Siedetemperatur B 460
Siegelringzelle S 379
SI-Einheit S 429
Signal S 375
Signalase S 376
Signalmetabolit S 377
Signalpeptid S 378
signifikant S 382
signifikanter Unterschied S 383
Signifikanz S 380
Signifikanztest S 381
Sikkativ D 795
Silber S 395
Silberacetat S 396
Silberbromid S 397
Silberchlorid S 398
Silberchromat S 399
Silberelektrode S 400
Silberfärbung S 402
Silberfolie S 401
Silberimprägnation S 402
Silberimprägnierung S 402
Silberiodid S 403
Silbernitrat S 404
Silberoxid S 405
Silbersalz S 483
Silicium S 387
Silicium(IV)-chlorid S 388
Siliciumdioxid S 394
Silicium(IV)-oxid S 394
Silikagel S 384
Silikat S 385
Silikon S 389
silikonisieren S 392
silikonisiert S 393
Silikonisierung S 391
Silikonöl S 390
simultan S 409
Simultanfärbung S 410
Sinuslymphozyt S 424
SI-System S 1192
Skala S 92
Skalenusbiopsie S 93
Skalpell S 94
Skarifikation S 97
Skarifikationstest S 133
Skarifikator S 98
skarifizieren S 131
Skarifizierung S 97
Skarifizierungsmesser S 98
Skatol S 430
Slide-Test S 449
Smegma S 467
Smegmabakterie S 468
Smith-Dietrich-Reaktion S 470
Soda S 489
Sofortdiagnostik E 174
Sofortreaktion I 37
Sol S 552
Sollwert N 194
solubel S 569
Solvation S 575
solvatisieren S 574
Solvatisieren S 575
Solvatisierung S 575
Solvens S 576
somatisch S 579
somatisches Antigen O 2
somatische Zelle B 449
Somatoblast S 580
somatogen S 581
Somatoliberin S 582
Somatomedin S 583
Somatoplasma S 584
Somatostatin S 585
somatotropes Hormon S 586
Somatotropin S 586
somatotropinfreisetzender Faktor S 582
somatotropinfreisetzendes Hormon S 582
somatotropinfreisetzungshemmender Faktor S 585
somatotropinfreisetzungshemmendes Hormon S 585
Somatotropin-Releasingfaktor S 582
Somatotropin-Releasinghormon S 582
Sonde P 947
sondieren P 946
Sondieren P 948
Sondierung P 948
Sonnenlicht S 1107
Soorpilz T 304
Sorbens S 589
Sorbent S 589
sorbieren S 588
Sorbieren S 593
sorbierende Substanz S 589
Sorbit S 590
Sorbitdehydrogenase S 591
Sorbitol S 590
Sorbose S 592
Sorption S 593
Sorptionsfähigkeit S 594
Sorptionsmittel S 589
Sorptionsvermögen S 594
Soxhlet-Apparat S 598
Soxhlet-Extraktor S 598
SP A 162
Spalt S 451
Spaltbreite S 452
spalten S 704
Spaltpilz S 119
Spaltprodukt S 707
Spaltung S 705
Spasmolytikum S 600
Spätantigen L 106
Spatel S 601
Spatelspitze P 615
Spätprotein L 110
Spectrin S 639
Speichel S 25
Speichelamylase P 1163
Speicheldiagnostik S 29
Speicheldiastase P 1163
Speichelenzym S 31
Speichelgangsonde S 30
Speichelkörperchen S 28
Speichelprobe S 32
Speichelsammlung S 27
Speichelstein S 26
Speichereisen S 947
Speichervermögen C 77
Speicherzelle S 940
Speiglas S 697
Speischale S 697
Speisereste F 314
Spektralanalyse S 633
Spektralbereich S 638
Spektralfarbe S 634
Spektralfilter S 636
Spektralkolorimeter S 642
Spektralkolorimetrie S 643
Spektrallinie S 637
Spektralphotometer S 651
Spektralphotometer messen / im M 188
Spektralphotometrie S 654
spektralphotometrisch S 652
spektralphotometrische Messung S 653
Spektraluntersuchung S 635
Spektrochemie S 641
spektrochemische Analyse S 640
Spektrogramm S 644
Spektrograph S 645
Spektrographie S 647
spektrographisch S 646
Spektrokolorimeter S 642
Spektrokolorimetrie S 643
Spektrometer S 648
Spektrometrie S 650
spektrometrisch S 649
Spektrophotometer S 651
Spektrophotometrie S 654
spektrophotometrieren M 188
spektrophotometrisch S 652
Spektropolarimeter S 655
Spektropolarimetrie S 657
spektropolarimetrisch S 656
Spektroskop S 658
Spektroskopie S 660
spektroskopisch S 659
Spektrum S 661
Spekulum S 662
Spender D 699
Spenderblut D 700
Spender-DNA D 702
Spendererythrozyt D 703
Spendergewebe D 708
Spenderplasma D 704
Spendersamen D 705
Spenderserum D 706
Spenderzelle D 701
Sperma S 665
Spermakristall S 671
Spermaplasma S 206
Spermatide S 666
Spermatoblast S 666
Spermatogonium S 668
Spermatogramm S 675
Spermatolysin S 669

Spermatozoon S 670
Spermatozyt S 667
Spermide S 666
Spermidin S 673
Spermie S 670
Spermin S 674
Spermiogonium S 668
Spermiogramm S 675
Spermiozytogramm S 675
Spermium S 670
Sperrschicht B 96
Spezialfärbung S 608
Spezialglas S 603
spezialisierte Diagnostik S 602
Spezialisierung S 604
Spezialnährboden S 606
Spezialpapier S 607
Spezies S 609
Spezifikation S 615
spezifisch S 610/12
spezifische Aktivität S 613
spezifische Drehung S 626
spezifische Energie S 616
spezifische Methode S 623
spezifische Reaktion S 624
spezifisches Antigen S 614
spezifisches Gewicht S 617
spezifisches Reagens S 625
spezifisches Volumen S 627
spezifische Wärme S 618
Spezifität S 619
spezifizieren S 628
Spezifizierung S 615
Sphäroprotein G 240
Sphärozyt S 677
Sphingoglycolipid S 678
Sphingolipid S 679
Sphingomyelin S 680
Sphingomyelinase S 681
Sphingomyelin-Lecithin-Quotient S 682
Sphingophosphatid S 680
Sphingophospholipid S 680
Sphingosin S 683
Spiegel L 226, R 249, S 662
Spielmeyer-Färbung S 777
Spinalnadel L 435
Spinalpunktion L 434
Spindel S 686
spindelförmig S 688
Spindelzelle S 687
spindelzellenförmig F 432
Spin-Immunoassay S 689
Spinnenzelle A 1082
Spinresonanz S 690
spiralförmig S 691
Spirille S 692
Spiritus E 480
Spirochäte S 694
Spirochätenfärbung S 693
Spironolacton S 695
Spironolactontest S 696
Spitze T 354
Spitzkolben P 614
Splen S 698
Splenozyt S 699
Spodogramm S 708
spongiform S 711
Spongin S 710
Spongioblast G 232
Spongiozyt G 228
spontan S 713
Spontanagglutination S 714
Spontanantikörper S 715
Spontanfibrinolyse S 717
Spontangerinnungszeit S 716
Spontanität S 712
Spontanserum S 718
Spontanurin S 720
sporadisch S 722
Spore S 723
Sporenbilding S 731
Sporenfärbung S 724
Sporentierchen S 730
Sporoblast S 725
Sporotrichin S 728
Sporozoit S 729
Sporozoon S 730
Sporozyste S 726
Sporozyt S 727
Springwurm O 255
Spritze S 1184
spritzen I 287
Spritzennadel I 289
Spritzenzylinder S 1185
Spritzflasche W 12
Sproßpilz B 342
Sprüher A 1105
Sprühreagens S 740
Spuckflasche S 697
spülen R 453
Spülen R 455
spülen / in fließendem Wasser R 454
Spülflüssigkeit R 457
Spülküche S 137
Spülmittel R 456
Spülraum S 137
Spülung R 455
Spulwurm A 1037
Spulwurm des Menschen L 436
Spur T 462
Spurenanalyse T 463
Spurenelement T 464
Spurenkonzentration M 472
Sputum S 744
Sputumausstrich S 752
Sputumbefund S 749
Sputumflasche S 745
Sputumflöckchen S 750
Sputumglas S 745
Sputumkultur S 746
Sputummenge S 751
Sputumuntersuchung S 748
Sputumzytologie S 747
Squalen S 753
Squama S 754
Sr S 975
Stab R 469
Stäbchen R 470
stäbchenartig R 472
Stäbchenbakterie R 470
stäbchenförmig R 472
stabil S 763
stabiler Zustand S 843
stabiles Gleichgewicht S 764
stabiles Isotop S 766
Stabilisation S 758
Stabilisator S 760
stabilisieren S 759
Stabilisieren S 758
Stabilisierung S 758
Stabilisierungsmittel S 760
Stabilität S 761
Stabkerniger S 756
stabkerniger Leukozyt S 756
Stabthermometer S 767
Stadium P 292
Stahl S 853
Stalagmometer S 780
Stamm S 949
Stammkultur S 911
Stammkultursammlung S 912
Stammlösung S 913
Stammsammlung S 912
Stammzelle S 855
Standard S 782
Standardabweichung S 786
Standardausrüstung S 787
Standardbedingung S 784
Standard-Bicarbonat A 492
Standardelektrode R 231
Standardfehler S 788
Standardisation S 790
standardisieren S 791
standardisiert S 792
standardisierte Normalverteilung S 793
Standardisierung S 790
Standardkurve C 54, S 785
Standardlösung S 798, T 382
Standardmethode R 235
Standardplasma S 794
Standardpotential S 795
Standardpräparat S 796
Standardpuffer S 783
Standardserum S 797
Standardtemperatur S 799
Standardwert R 240
Ständer S 781
Ständerpilz B 120
Stanniol T 353
Stansfeld-Webb-Verfahren S 803
Stanzbiopsie P 1175
Stanze P 1174
stanzen P 1173
Stanzkanüle P 1176
Stanznadel P 1176
Staphylococcus S 805
Staphylococcus aureus S 806
Staphylococcus pyogenes S 806
Staphylokinase S 807
Staphylokoagulase S 804
Staphylokokkentoxin S 808
Staphylolysin+ S 807
Staphylotoxin S 808
stark alkalisch S 973
stark basisch S 973
Stärke S 809
stärkeabbauend A 696
Stärkeagar S 810
stärkeähnlich A 694
stärkeartig A 694
Stärkeblockelektrophorese S 811
Stärkegehalt S 812
Stärkegel S 813
Stärkegelelektrophorese S 814
Stärkegranulose A 698
stärkehaltig A 685
Stärkelösung S 816
Stärkenährboden S 815
stärkespaltend A 696
stärkespaltendes Enzym A 697
Stärkezucker G 270
stark sauer S 972
Start S 818
starten S 817
Starter S 819
Startermolekül P 929
Startlinie S 820
Startpunkt S 822
Startreaktion S 823
Starttemperatur I 285
Startzone S 824
Stase S 934
Statin C 346
Station W 5
stationär I 47, S 828
stationäre Betreuung S 829
stationäre Phase S 831
stationärer Patient I 318
stationärer Zustand S 843
stationäres Gleichgewicht S 830
Statistik S 842
statistisch S 832
statistische Analyse S 833
statistische Methode S 836
statistische Qualitätskontrolle S 838
statistischer Fehler S 835
statistischer Schätzwert E 465
statistischer Test S 839
statistisches Entscheidungsproblem S 834
statistische Sicherheit C 888
statistisches Prüfverfahren S 840
statistisches Verfahren S 836
statistische Unsicherheit S 841
statistische Wahrscheinlichkeit S 837
Stativ S 781
Stativklemme S 801
Stativring S 802
Status S 825
Staub D 811
Staubinde T 439
Staub-Traugott-Versuch D 738
Stauschlauch T 439
Stauung S 934
Stauungstest T 440
Steapsin L 280
Steapsinogen S 849
Stearat S 850
Stearin S 852
Stearinsäure S 851
Stechheber P 490
Steffen-Test A 873
stehenlassen A 535
Stehkolben F 206
Stein C 867
Steinanalyse S 920
Steran S 859
Sterbeziffer M 734
Sterblichkeit M 733
Sterblichkeitsziffer M 734
Stercobilin S 860
Stercobilinogen S 861
Stercolith F 11
Stercoporphyrin S 862
stereochemisch S 863
Stereoisomerie S 864
Stereomikroskop S 865
Stereomikroskopie S 866
steril S 867
Sterilfilter S 875
Sterilfiltration F 153
Sterilisation S 869
Sterilisationsapparat S 877
Sterilisationskammer S 870
Sterilisationsmethode S 871
Sterilisationsverfahren S 871
Sterilisator S 877
sterilisierbar S 868
Sterilisierdauer S 880
sterilisieren S 873
Sterilisiergut S 876
Sterilisierkammer S 870
sterilisiert S 874
Sterilisiertemperatur S 872
Sterilisiertrommel S 879
Sterilisierung S 869
Sterilisierzeit S 880
Sterilisierzyklus S 878
Sterilität S 881
Sternalkanüle S 885
Sternalmark S 882
Sternalpunktat S 883
Sternalpunktion S 884
sternartig S 854
Sternberg-Reed-Zelle S 886
Sternberg-Riesenzelle S 886

sternförmig S 854
Sternheimer-Malbin-Färbung S 888
Sternheimer-Malbin-Zelle S 887
Sternheimer-Zelle S 887
Sternzelle A 1082
Steroid S 889
Steroidchemie S 891
Steroidhormon S 893
Steroidhydroxylase S 894
steroidisch S 890
Steroidrezeptor S 895
Steroidverbindung S 892
Sterol S 896
Sterolsulfatase S 897
Steron S 898
stetig C 945
Stetigkeit C 944
steuern R 273
Steuerung R 274
STH S 586
Stichel S 98
Stichinzision S 762
Stichkanal P 1184
Stichkultur S 757
Stichprobe S 47
Stichprobenaufteilung A 526
Stichprobenerhebung S 58
Stichprobenfehler S 61
Stichprobenprüfung S 62
Stichprobenumfang S 57
Stichprobenverfahren S 63
Stichprobenwahrscheinlichkeit L 254
Stichtest P 925
Stickoxid N 160
Stickstoff N 173
Stickstoffbestimmung N 177
Stickstoffbilanz N 179
stickstoffbindende Bakterie N 180
Stickstoffdioxid N 178
stickstofffrei N 181
Stickstoffgehalt N 176
Stickstoffgleichgewicht N 179
stickstoffhaltig N 182
Stickstoffmonoxid N 160
Stickstoffoxid N 160
stickstoffreich R 443
Stickstoffverbindung N 175
Stilben S 899
Stilbestrol S 900
Stimulans S 901
Stimulation S 903
Stimulationstest S 904
Stimulator S 901
stimulieren S 902
stimulierendes Mittel S 901
Stimulierung S 903
stinkend M 83
Stinknasestäbchen K 77
stochastisch S 910
Stöchiometrie S 915
stöchiometrisch S 914
Stoff S 1012
Stoffmenge A 671
Stoffmengenkonzentration S 1014
Stoffwechsel M 332
Stoffwechselantagonist A 896
Stoffwechselenzym M 327
Stoffwechselgleichgewicht M 328
Stoffwechselprodukt M 333
Stoffwechselreaktion M 329
Stoffwechselzwischenprodukt I 360
Stomatozyt S 919
Stopfen S 936
stoppen S 933
Stoppuhr S 938
Stöpsel S 936
Störfaktor D 661
Strahl R 124, S 953
strahlen R 9
Strahlenbiologie R 50
strahlenbiologisch R 49
Strahlenbündel B 142
Strahlenchemie R 53
strahlenchemisch R 51
Strahlendiagnostik R 62
Strahlendosimetrie R 12
Strahlendosis R 11
Strahlendosismesser D 720
strahlenempfindlich R 94
Strahlenempfindlichkeit R 95
strahlenförmig R 7
Strahlengang R 125
Strahlenpilz A 193
Strahlenquelle R 16
Strahlenresistenz R 93
Strahlenschutz R 15
Strahlenschutzdosimeter F 126
Strahlenschutzplakette F 126
strahlenundurchlässig R 90
Strahlenundurchlässigkeit R 89
Strahlung R 10
Strahlungsenergie R 13
Strahlungsintensität R 14
Strahlungsmesser R 85
Strahlungsmessung R 87
Strahlungsquelle R 16
Strahlungsspektrum R 17
Strauß-Probe S 951
Streifen S 968
Streifentest R 168
Streptococcus S 956
Streptococcus faecalis S 957
Streptococcus haemolyticus H 82
Streptococcus lactis S 958
Streptococcus pyogenes H 82
Streptococcus pyogenes humanus H 82
Streptococcus viridans S 960
Streptodornase S 961
Streptokinase S 962
Streptokinaseresistenztest S 963
Streptokinase-Streptodornase S 964
Streptokokkenagglutination S 954
Streptokokkenantigen S 955
StreptokokkenDesoxyribonuclease S 961
Streptokokkentoxin S 959
Streptolysin S 965
Streptomycin S 967
Streptomyzet S 966
Streubreite R 106
Streulicht S 102
Streustrahlen S 104
Streustrahlung S 103
Streuung S 101
Streuwinkel S 105
Strichkultur S 952
Stroma S 970
Stromatin S 971
Stromazelle C 261
Stromstärke C 1183
Strömungsgeschwindigkeit F 236
Strontium S 975
Strophanthin S 976
Struktur S 982
Strukturanalyse S 983
Strukturbild S 980
Struktureiweiß S 981
strukturell S 977
Strukturformel S 978
Strukturgen S 979
strukturlos A 670
Strukturprotein S 981
Struvit S 984
Strychnin S 985
Stuart-Prower-Faktor C 642
Stubenfliege H 431
Student-Test T 629
Student-Verteilung T 36
Stufe S 768
Stufenreaktion S 856
Stufenschnitt S 857
stufenweise S 858
Stuhl F 13
Stuhlausstrich S 929
Stuhlbefund S 927
Stuhlbeschaffenheit S 922
Stuhlfarbe S 923
Stuhlfett S 926
Stuhlflora F 10
Stuhlgeruch F 12
Stuhlgewicht S 932
Stuhlkristall S 924
Stuhlkultur S 925
Stuhlmenge S 921
Stuhlprobe S 930
Stuhlröhrchen S 931
Stuhluntersuchung S 928
Stunde H 430
Stutzen F 182
Styrol S 986
Subfraktion S 994
Subfraktionierung S 995
Subklon S 989
Subklonierung S 990
Subkultivation S 991
Subkultivierung S 991
Subkultur S 992
subkutan S 993
Sublimat S 998
Sublimation S 999
Sublimationspunkt S 1000
Sublimieren S 999
sublimieren S 1001
Sublimierung S 999
Sublingualspeichel S 1002
Submandibularisspeichel S 1003
submers S 1004
Submersion S 1005
Submerskultur S 1006
submikroskopisch S 1007
Subokzipitalliquor S 1008
Subokzipitalpunktion S 1009
Subspezies S 1011
substantiell S 1016
substantive Färbung D 556
substantiver Farbstoff D 552
Substanz S 1012
Substanzidentifizierung S 1015
Substanzmenge S 1013
Substituent S 1017
substituierbar S 1019
Substituierbarkeit S 1018
substituieren S 1021
Substituieren S 1022
Substituierung S 1022
Substitut S 1020
Substitution S 1022
Substitutionsmethode S 1023
Substitutionsprodukt S 1024
Substitutionsreaktion S 1025
Substrat S 1026
Substratinaktivierung S 1028
Substratkonzentration S 1027
Substratlösung S 1030
Substratsättigung S 1029
Substratspezifität S 1031
Subtyp S 1032
Subtypisierung S 1033
Subvirus S 80
subzellulär S 987
subzelluläre Fraktionierung S 988
Succinamid S 1035
Succinat S 1036
Succinatdehydrogenase S 1037
Succinat-Ubichinon-Reductase S 1038
Succinsäure S 1039
Succinyl-CoA S 1040
Succinyl-Coenzym A S 1040
Suchdiagnostik S 139
Suchtest S 140
Sucrase F 407
Sucrose S 7
Sudanfarbstoff S 1054
Sudanrot S 1055
Sudanschwarz B S 1053
Sudor S 1159
Sulcusflüssigkeit S 1063
Sulfacetamid S 1066
Sulfadimethylpyrimidin S 1069
Sulfaguanidin S 1067
Sulfamerazin S 1068
Sulfamethazin S 1069
Sulfamid S 1087
Sulfanilamid S 1070
Sulfanilsäure S 1071
Sulfapyridin S 1072
Sulfat S 1073
Sulfatase A 1030
Sulfatation S 1077
Sulfatester S 1074
Sulfathiazol S 1075
Sulfatieren S 1077
sulfatieren S 1078
sulfatiert S 1079
Sulfatierung S 1077
Sulfhämoglobin S 1080
Sulfhydrylgruppe S 1064
Sulfid S 1081
Sulfidin S 1072
Sulfid-Silber-Reaktion S 1082
Sulfit S 1083
Sulfitoxidase S 1084
Sulfochymotrypsinogen S 1085
Sulfokinase A 1031
Sulfolipid S 1086
Sulfonamid S 1087
Sulfonamidgrieß S 1088
Sulfonamidsand S 1088
Sulfonat S 1089
Sulfonsäure S 1090
Sulfonsäureamid S 1087
Sulfonylharnstoff S 1091
Sulfopolysaccharid S 1092
Sulfosalicylsäure S 1093
Sulfosalicylsäureprobe S 1094
Sulfoxid S 1095
Sulfur S 1096
Sulkowitsch-Probe S 1065
Sulphatid S 1076
Summenformel T 432
Sumpfgas M 365
Superantigen S 1108
Supergen S 1110
Supernatant S 1111
Superoxid P 259
Superzentrifuge S 1109
Supplementtest C 754
Suppressionstest S 1117
Suppressorgen S 1119
Suppressorlymphozyt S 1118

Suppressorzelle S 1118
suprapubische Punktion S 1121
Suprarenin A 294
Supravitalfärbung S 1122
Surfactant D 251
Surfactantfaktor S 1144
suspendieren S 1145
Suspension S 1149
Suspensionskultur S 1150
Suspensionsmedium S 1148
Suspensionsmittel S 1148
Süßstoff S 5
Svartz-Schlossmann-Reaktion S 1152
Svedberg-Einheit S 1154
Svedberg-Methode S 1153
Swaarts-Färbung L 63
„switch"-Gen S 1166
Symmetrie S 1168
symmetrisch S 1167
Sympathikolytikum S 1171
Sympathikusspeichel S 1169
Sympathin S 1170
Symptom S 1172
symptomatisch S 1173
Synovia S 1175
Synovialanalyse S 1176
Synovialflüssigkeit S 1175
Synovialzelle S 1178
Synovioblast S 1177
Synoviozyt S 1178
Synthese S 1179
Synthetase L 236
synthetisch S 1181
synthetischer Nährboden S 1182
synthetisches Nährmedium S 1182
synthetisch herstellen S 1180
synthetisieren S 1180
Synzytiotrophoblast S 1174
Syphilisreaktion S 1183
Syphilisspirochäte T 534
Syphilistest S 1183
System S 1186
Systematik S 1189
systematisch S 1187
systematischer Fehler S 1188
systematisieren S 1191
Systematisierung S 1190
SZ A 158
S-Zelle S 106

T

T T 75, T 590
T_3 T 561
T_4 T 338
Tabakmosaikvirus T 397
Tabelle T 1
Tablette T 3
Tachysterol T 4
Tagesdosis D 5
Tageslicht D 27
Tagesprofil D 6
Tagesprofilkurve D 6
Tagesrhythmus C 572
Tagesschwankung D 7
Taglarvenfilarie L 387 a
täglich D 3
tägliche Kontrolle D 4
Tailing T 6
Takata-Ara-Reaktion T 7
Takata-Reaktion T 7
Talg S 144
talgig S 141
Talk T 11
Talkum T 11
Talose T 12
Tannase T 13
Tannin T 14
Tanninsäure T 14
T-Antigen T 241, T 516, T 652
Targetzelle T 20
tarieren T 19
Tartrat T 24
tartratlabil T 25
tartratstabil T 26
Tartrazin T 27
Tart-Zelle T 23
Tauchelektrode D 542
tauchen D 513
Tauchen D 514
Tauchkolorimeter D 543
Tauchsieder I 39
Tauchwanne D 545
tauen T 131
Tauen T 132
Taupunkt D 268
Taurin T 30
Taurocholat T 31
Taurocholsäure T 32
tautomer T 33
Tautomerie T 34
Taxonomie T 35
TBG T 339
Tc T 38
TCE T 543
TDP T 306
Te T 45
TEBK T 429
Technetium T 38
Teer T 18
teerähnlich T 21
teerartig T 21
teerig T 21
Teichmann-Kristall T 39
Teil P 114
Teilantigen P 117
Teilautomatisierung P 118
Teilchen P 123
Teilchendispersion P 128
Teilchengröße P 129
Teilchengrößenbestimmung P 130
Teilchenkonzentration P 125
Teilchenladung P 124
Teilchenzähler P 126
Teilchenzählgerät P 126
Teilchenzählung P 127
Teilreaktion P 121
Teilstichprobe S 1010
Teilstrich G 421
teilweise P 116
teilweise löslich P 119
Teknozyt T 40
Telemann-Methode T 41
Tellur T 45
Tellurit T 43
Telluritnährboden T 44
Tellursäure T 42
TEM T 504
Temperatur T 47
Temperaturabfall T 54
temperaturabhängig T 51
Temperaturabhängigkeit T 50
Temperaturabnahme T 54
Temperaturänderung T 67
Temperaturanstieg T 62
Temperaturbereich T 61
temperaturbeständig T 66
Temperaturbeständigkeit T 65
Temperaturdifferenz T 52
Temperatureffekt T 55
Temperatureinfluß T 58
Temperatureinwirkung T 58
temperaturempfindlich T 63
Temperaturempfindlichkeit T 64
Temperaturerhöhung T 62
Temperaturerniedrigung T 54
Temperaturgefälle T 54
Temperaturgradient T 56
Temperaturkoeffizient T 48
Temperaturkontrolle T 49
Temperaturkurve T 154
Temperaturmesser T 167
Temperaturmessung T 59
Temperaturoptimum T 60
Temperaturregler T 185
Temperaturregulator T 185
temperaturresistent T 66
Temperaturresistenz T 65
Temperaturschreiber T 155
Temperatursenkung T 54
temperaturstabil T 66
Temperaturstabilität T 65
Temperatursteigerung T 62
Temperaturüberwachung T 49
temperaturunabhängig T 57
Temperaturunterschied T 52
Temperaturverteilung T 53
Temperaturzunahme T 62
temperieren T 46
Tendenz T 530
Tensid D 251
Tensiometer T 68
Terminal T 70
terminal T 71
terminale Gruppe E 197
Terminalstadium F 157
Terpen T 73
Tertianaparasit T 74
Tesla T 75
Test T 77
χ^2-Test C 423
Testagglutination T 79
Testan E 513
Testantigen T 80
Testbakterie T 81
Testbedingung T 85
Testbesteck T 104
Testeffizienz P 822
testen T 76
Testergebnis T 102
Testerythrozyt T 87
Testikel T 89
Testis T 89
Testkeim T 96
Testkit T 92
Testkombination T 84
Testlösung T 105
Testmahlzeit T 93
Testmethode T 94
Testmikroorganismus T 96
Testobjekt T 95
Testorganismus T 96
Testosteron T 97
Testosteronglucuronid T 98
Testosteronpropionat T 99
Testpackung T 92
Testreagens T 101
Testserum T 103
Teststreifen T 106
Testsystem T 107
Testverfahren T 94
Testzelle T 83
Tetanusbacillus T 111
Tetanus clostridium T 111
Tetanustoxin T 112
Tetrabromfluorescein E 323
Tetrachlorethan T 113
Tetrachlorethylen T 114
Tetrachlorkohlenstoff C 127
Tetrachlormethan C 127
Tetracosansäure L 252
Tetracyclin T 115
Tetraethylblei T 116
Tetrahydroaldosteron T 117
Tetrahydrobiopterin T 118
Tetrahydrocannabiol T 119
Tetrahydrocortisol T 120
Tetrahydrofolsäure T 121
Tetrahydrofuran T 122
Tetraiodthyronin T 338
Tetrapeptid T 123
Tetrasaccharid T 124
Tetrathionat T 125
Tetrathionatanreicherungsverfahren T 126
Tetrazol T 127
Tetrose T 128
T-Faktor T 489
TG T 559
T-Globulin T 129
Thallium T 130
Tham-Puffer T 587
Thein C 10
Thekaluteinzelle T 133
Theophyllin T 134
therapeutisch T 135
Therapie T 136
Therapiekontrolle T 137
Therapieüberwachung T 137
thermisch T 138
thermische Analyse T 139
thermische Dissoziation T 142
thermische Energie T 143
thermische Instabilität T 162
thermisches Gleichgewicht T 144
thermische Stabilität T 181
thermisch stabil T 183
Thermoanalyse T 139
thermoanalytisch T 146
Thermochemie T 148
thermochemisch T 147
Thermodiffusion T 141
Thermodilutionsmethode T 150
Thermodissoziation T 142
Thermodynamik T 152
thermodynamisch T 151
thermodynamisches Gleichgewicht C 384
thermodynamische Temperatur T 153
Thermoelement T 149
Thermogramm T 154
Thermograph T 155
Thermographie T 157
thermographisch T 156
Thermogravimetrie T 159
thermogravimetrisch T 158
thermogravimetrische Analyse T 159
thermolabil T 160
thermolabiles Antigen T 161
Thermolabilität T 162
Thermolumineszenz T 163
Thermolyse T 165
Thermolysin T 164
thermolytisch T 166
Thermometer T 167
Thermometrie T 169
thermometrisch T 168
Thermopaar T 149
thermophil T 170
thermophile Bakterie T 171
Thermophor T 172
Thermoplast T 173
Thermopräzipitation T 174
Thermopräzipitin T 175
Thermopräzipitinogen T 176
Thermopräzipitintest T 177

Thermoprotein T 178
Thermoregulation T 179
thermoresistent T 183
Thermoresistenz T 181
Thermosflasche T 180
thermostabil T 183
thermostabiles Antigen T 184
Thermostabilität T 181
Thermostat T 185
Thermothyrin T 186
Theta-Antigen T 187
Thiamin T 189
Thiaminase T 188
Thiaminase I T 192
Thiamindiphosphat T 194
Thiamindiphosphatkinase T 190
Thiaminkinase T 191
Thiaminpyridinylase T 192
Thiaminpyrophosphat T 194
Thiaminpyrophosphatase T 193
Thiazol T 195
Thiazolfarbstoff T 196
Thioacetamid T 212
Thioalkohol M 296
Thiobakterie S 1097
Thiobarbiturat T 215
Thiocarbamid T 238
Thiocarbanilid T 216
Thiocarbonat T 217
Thiochrom T 218
Thiocyanat T 219
Thioessigsäure T 213
Thioester T 220
Thioferase T 221
Thioflavin T 222
Thiofuran T 231
Thioglycolat T 223
Thioglycolsäure T 224
Thioguanin T 225
Thioharnstoff T 238
Thiokinase T 226
Thiol M 296
Thiolase A 102
Thiolenzym T 227
Thiolesterase T 228
Thiolgruppe S 1064
Thiolmethyltransferase T 229
β-Thionase C 1224
Thionein E 392
Thionin T 230
Thiophen T 231
Thiopurin T 232
Thiosalicylsäure T 233
Thiosäure T 214
Thioschwefelsäure T 236
Thiosemicarbazid T 234
Thiosulfat T 235
Thiosulfursäure T 236
Thiouracil T 237
Thiuram T 239
Thoma-Zeiss-Zählkammer T 240
Thomsen-Antigen T 241
Thomsen-Rezeptor T 241
Thorakozentese P 602
Thoraxpuntion P 602
Thorn-Probe T 242
Thorn-Test T 242
Thr T 249
Threonin T 249
Threoninaldolase S 266
Threonindehydratase T 250
Threonindesaminase T 250
Threoninsynthase T 251
Threose T 252
Thrombase T 262
Thrombelastogramm T 259
Thrombelastograph T 260
Thrombelastographie T 261
Thrombenauflösung T 295
Thrombin T 262
Thrombinaktivität T 263
Thrombinbildungstest T 265
Thrombingenerationstest T 265
Thrombininhibitor T 266
Thrombinkoagulasezeit T 264
Thrombinogen C 632
Thrombintest T 267
Thrombinzeit T 268
Thromboagglutinin T 272
Thromboblast M 249
Thrombocytosin T 289
Thrombogen C 635
Thromboglobulin T 290
Thromboglobulinspiegel T 291
Thrombokinase T 298
Thrombokinetik T 293
thrombokinetisch T 292
Thrombokinetogramm T 294
Thrombolyse T 295
Thrombolytikum F 97
thrombolytisch T 296
thrombolytisches Mittel F 97
thrombopenischer Index T 297
Thromboplastin C 633, T 298
Thromboplastinbildungstest T 299
Thromboplastingenerationstest T 299
Thromboplastinogen C 639
Thromboplastinregenerationstest T 299
Thromboplastinzeit P 1118
Thrombopoetin T 300
Thrombopoietin T 300
Thrombosthenin T 301
Thrombotest T 302
Thromboxan T 303
Thrombozym C 632
Thrombozyt T 269
Thrombozytenadhäsion T 270
Thrombozytenagglutination T 271
Thrombozytenagglutinin T 272
Thrombozytenaggregat T 273
Thrombozytenaggregation T 274
Thrombozytenaggregationstest P 573
thrombozytenaktivierender Faktor P 572
Thrombozytenakzelerator P 571
Thrombozytenantigen P 574, T 276
Thrombozytenantikörper T 275
Thrombozytenausbreitung T 282
Thrombozytenausbreitungstest T 283
Thrombozytencofaktor P 575
Thrombozytenextrakt T 280
Thrombozytenfaktor P 577, T 281
Thrombozytenfaktor 4 A 879
Thrombozytenkinetik T 293
Thrombozytenkonzentrat P 576
Thrombozytenresistenz P 578
Thrombozytenresistenztest P 579
Thrombozytenretention P 580
Thrombozytenretentionstest P 581
Thrombozytenrezeptor P 574, T 276
Thrombozytenspontanaggregation S 719
Thrombozytenüberlebenszeit P 582
Thrombozytenverteilungskurve T 279
Thrombozytenzahl T 277
Thrombozytenzählung T 278
Thrombozytobarin T 284
Thrombozytogramm T 285
Thrombozytolyse T 287
Thrombozytolysin T 286
thrombozytolytisch T 288
thrombozytopenischer Index T 297
Thrombus B 367
Thymidin T 305
Thymidin-5'-diphosphat T 306
Thymidinkinase T 307
Thymidin-5'-monophosphat T 308
Thymidin-5'-phosphat T 308
Thymidin-5'-triphosphat T 309
Thymidintriphosphorsäure T 310
Thymin T 311
Thyminose D 189
Thymol T 313
Thymolblau T 314
Thymoleptikum A 842
Thymolflockungstest T 317
Thymolisopropanol T 315
Thymolphthalein T 316
Thymolsulfophthalein T 314
Thymoltest T 317
Thymoltrübungstest T 317
Thymolysin T 318
Thymopoetin T 319
Thymopoietin T 319
Thymosin T 305, T 320
Thymotoxin T 321
Thymozyt T 312
thymusabhängiger Lymphozyt T 395
Thymushumoralfaktor T 322
thymusspezifisches Antigen T 323
Thyreocalcitonin C 19
Thyreoglobulin T 326
Thyreoidea stimulierendes Hormon T 337
Thyreoliberin T 332
Thyreophagozyt T 334
Thyreoprotein T 335
Thyreostatikum A 939
thyreostatisches Mittel A 939
Thyreotoxin T 336
thyreotropes Hormon T 337
Thyreotropin T 337
Thyreotropin-Ausschüttungsfaktor T 332
Thyreotropin-Freisetzungsfaktor T 332
Thyreotropin-Freisetzungshormon T 332
Thyreotropin-Releasingfaktor T 332
Thyreotropin-Releasinghormon T 332
Thyreozyt T 325
Thyronin T 333
Thyroxin T 338
thyroxinbindendes Globulin T 339
thyroxinbindendes Praealbumin A 146
Tibiapunktat T 340
Tibiapunktion T 341
Tiefenkultur S 1006
tiefe Temperatur L 419
tiefgefrieren D 70
Tiefkühlraum L 422
Tiefkühltruhe L 420
Tiefkühlung D 69
Tieftemperaturkonservierung L 421
Tiegel C 1121
Tiegelzange C 1122
Tier A 786
Tierallergen A 788
Tierexperiment A 790
Tierfett A 791
Tiergift A 792
tierisch A 787
tierisches Eiweiß A 793
tierisches Fett A 791
tierisches Gift A 792
tierische Stärke G 360
tierische Zelle A 789
Tierversuch A 790
Tigroidsubstanz N 149
Tillmann-Reagens D 348
tingibel S 771
tingierbar S 771
Tinktur T 351
Tischzentrifuge T 2
Titer T 391
Titerkurve T 388
Titerlösung T 382
Titration T 387
Titrationsacidität T 384
Titrationsanalyse T 394
Titrationsflüssigkeit T 382
Titrationskurve T 388
Titrationslösung T 382
Titrationsmethode T 390
Titrationsverfahren T 390
Titrator T 392
Titrieranalyse T 394
Titrierapparat T 392
Titrierautomat A 1150
titrierbar T 383
titrierbare Acidität T 384
titrieren T 385
Titrieren T 387
Titriergerät T 392
Titrierkolben T 389
Titrierlösung T 382
Titrierung T 387
Titrimeter T 392
Titrimetrie T 394
titrimetrisch T 393
titrimetrische Analyse T 394
Tl T 130
T_K-Zelle K 63
T-Lymphozyt T 395
TMP T 308
Tochterchromosom D 24
Tochterkolonie D 25
Tochterzelle D 23
Tod D 40
Todeswurm A 572
tödlich L 169
Togavirus T 401
Tokopherol T 398
Tolbutamid T 402
Tolbutamidtest T 403
Toleranz T 404
Toleranzbereich T 407
Toleranzgrenze T 406
Toleranzprobe T 408
Toleranzschwelle T 405
Toleranztest T 408
Toleranzversuch T 408
Tollens-Probe T 409
Tollwutvirus L 520
Toluen T 410
Toluidin T 411
Toluidinblau T 412
Toluidinblauprobe T 413
Tönnchenwurm W 80
Tonsillenabstrich T 414

Töpfer-Reagens T 400
Topochemie T 416
topochemisch T 415
Torsionswaage T 417
tot D 28
totale Clearance T 422
totale Eisenbindungskapazität T 429
töten K 62
Toter C 1018
Totraum D 29
Totvolumen D 31
Totzeit D 30
Toxalbumin T 441
Toxikologe T 451
Toxikologie T 452
toxikologisch T 449
toxikologische Analyse T 450
Toxin T 453
Toxin-Antitoxin T 454
Toxin-Antitoxin-Reaktion T 455
toxisch T 442
toxische Dosis T 444
toxische Konzentration T 443
Toxisterin T 456
Toxisterol T 456
Toxizität T 445
Toxizitätsgrad T 446
Toxizitätsindex T 447
Toxizitätstest T 448
Toxoallergen T 457
Toxoid T 458
Toxoplasma T 459
Toxoplasmin T 460
Toxoplasminhauttest T 461
Toxoplasmintest T 461
TPE-Bakterien T 698
TPE-Gruppe T 698
TPHA-Test T 536
TPI-Test N 61
TPN+ N 136
Tpt T 622
Trabantzelle A 677
Tracer R 44
Tracerchemie T 465
Tracermethode T 466
Trachealschleim T 469
Trachealsekret T 469
Trachealspülflüssigkeit T 468
Tracheobronchialsekret T 470
Trachomvirus T 471
Träger C 159
Trägeradsorbens S 1115
Trägerelektrolyt C 162
Trägerelektrophorese C 163
trägerfrei C 164
trägerfreie Elektrophorese C 165
Trägergas C 166
trägergebunden C 160
Trägerkultur C 161
Trägermaterial C 159
Trägerprotein C 167
Trägerschicht S 1116
Trägersubstanz C 159
Tränenflüssigkeit L 44
Tranquilizer T 472
Transacetylase A 233
Transacetylierung T 473
Transaldolase T 474
transamidieren T 475
Transamidieren T 476
Transamidierung T 476
Transaminase A 624
Transamination T 478
transaminieren T 477
Transaminierung T 478
transbronchiale Biopsie T 479
Transcarbamylase T 480
Transcobalamin T 482
Transcortin T 483
Transduktion T 486
Transfer T 487
Transferase T 488
Transferfaktor T 489
Transfer-Ribonucleinsäure T 491
Transferrin T 490
Transfer-RNA T 491
Transformation T 493
Transformator T 485
transformieren T 492
Transformylierung T 494
transfundieren T 495
Transfusionsserologie B 434
Transglycosylase G 386
Transhydrogenase N 6
Transhydrogenasereaktion T 496
transitorische Frauenmilch T 497
Transketolase T 498
Transketolasereaktion T 499
Transkriptase R 464
Transkription T 484
transkutan P 217
Translation T 500
Translationsfaktor T 501
Translokation T 502
Transmethylase M 426
Transmethylation T 503
Transmethylierung T 503
Transmissionselektronenmikroskop T 504
Transmissionselektronenmikroskopie T 505
Transmissionsoxymetrie T 506
Transmitter M 226
transparent T 510
Transparenz T 509
Transphosphoribosidase A 247
Transphosphorylase T 511
Transphosphorylierung T 512
Transplantat T 514
Transplantat-gegen-Empfänger-Reaktion G 423
Transplantation T 515
Transplantationsantigen T 516
Transplantationsimmunologie T 517
Transplantatkonservierung T 518
Transplantat-Wirt-Reaktion G 423
transplantieren T 513
Transport T 520
transportabel P 746
Transporteisen T 521
transportieren T 519
Transportieren T 520
Transportmaximum T 522
Transportmedium T 523
Transportprotein T 524
Transport-RNA T 491
Transsudat T 525
transzelluläre Flüssigkeit T 481
trapezförmig T 526
trapezoid T 526
Traubenzucker G 270
Traubenzuckerbouillon G 279
Trehalose T 528
Trematode T 529
Trend T 530
trennbar S 229
Trennbarkeit S 228
trennen S 230
Trennen S 240
Trennflüssigkeit S 236
Trennfunktion D 576
Trenngel S 238
Trenngeschwindigkeit S 245
Trennkammer S 241
Trennkapillare C 84
Trennkolonne S 242
Trennleistung S 244
Trennmaterial S 236
Trennmedium S 236
Trennmethode S 243
Trennmittel S 236
Trennsäule S 242
Trennschärfe P 821
trennscharfer Test P 823
Trennschicht S 239
Trennschleuder C 305
Trennsystem S 246
Trenntechnik S 243
Trenntemperatur S 247/8
Trennung S 240
Trennverfahren D 575, S 243
Trennvermögen S 244
Trepanation T 531
Trepanieren T 531
trepanieren T 533
Trepanobiopsie T 532
Treponema pallidum-Hämagglutinationstest T 536
Treponema-pallidum-Immobilisationstest N 61
Treponema pallidum-Komplementbindungstest T 535
Treponema pallidum-Komplementfixationstest T 535
Treponema pallidum-Komplementreaktion T 535
T-Rezeptor T 241
Tri T 547
Triacylglycerollipase L 280
Triarylmethanfarbstoff T 574
Tributyrase L 280
Tricalciumorthophosphat T 538
Tricalciumphosphat T 538
Tricarbonsäure T 539
Trichine T 540
Trichloracetaldehyd T 545
Trichloracetaldehydhydrat T 542
Trichloraldehyd T 545
Trichloressigsäure T 543
Trichloressigsäurefällung T 544
Trichlorethanal T 545
Trichlorethanol T 546
Trichlorethansäure T 543
Trichlorethen T 547
Trichlorethylen T 547
Trichlorid T 541
Trichlormethan C 440
Trichobilharzia T 548
Trichomonas T 549
Trichomonas hominis T 550
Trichomonas intestinalis T 550
Trichomonas vaginalis V 21
Trichophytin T 552
Trichophyton T 551
Trichostrongylus T 553
Trichter F 428
trichterartig F 429
trichterförmig F 429
Tricresol T 554
Tricresylphosphat T 555
Triethanolamin T 556
Triethylamin T 557
Triethylenglycol T 558
Triglycerid T 559
Triglyceridlipase L 280
Triglycol T 558
1,3,5-Trihydroxybenzen P 346
2,6,8-Trihydroxypurin U 113
Triiodid T 560
Triiodmethan I 455
Triiodthyronin T 561
Trimethlypyridin C 738
Trimethoprim T 562
Trimethylamin T 563
Trimethylbenzen T 564
Trimethylglycin B 190
1,3,7-Trimethylxanthin C 10
Trinatriumorthophosphat T 588
Trinatriumphosphat T 588
Trinitrat T 565
2,4,6-Trinitrophenol P 469
trinken D 762
Trinker A 432
Trinkwasser D 763
Trinucleotid T 566
Triolein T 567
Triose T 568
Triosephosphat T 569
Triosephosphatdehydrogenase G 330
Triosephosphatisomerase T 577
Triosephosphatmutase T 577
Tripalmitin T 570
Tripelphosphatkristall T 579
Tripeptid T 571
Tripeptidaminopeptidase T 572
Triphenylmethan T 573
Triphenylmethanfarbstoff T 574
2,3,5-Triphenyltetrazoliumchlorid T 575
Triphosphat T 576
Triphosphopyridinnucleotid+ N 136
Triplett T 581
Triplettcode T 582
Tripperfaden G 413
Trisaccharid T 585
Trisaminomethanpuffer T 587
Trisazofarbstoff T 586
Trishydroxymethylaminomethanpuffer T 587
Tris-Puffer T 587
Tristearin T 589
Trithiocarbonat T 217
Tritium T 590
Triton T 591
trivalent T 593
Trivalenz T 592
Trivialname T 594
tRNA T 491
trocken D 783
Trockenanalyse D 784
Trockenapparat D 790
trocken aufbewahren K 23
Trockenblut D 785
Trockenblutreaktion D 786
Trockenchemie D 787
Trockendauer D 798
Trockendestillation D 789
Trockeneis D 793
Trockenextrakt D 791
Trockenfeuerlöscher P 818
Trockenfilter D 792
Trockengewicht D 804
Trockenheit D 799
Trockenkammer D 797
Trockenkultur D 788
trocken lagern K 23
Trockenlöscher P 818
Trockenluftsterilisator H 429
Trockenmasse D 804
Trockenmittel D 795
Trockennährboden D 233
Trockenplasma D 755
Trockenpräparat D 800
Trockenprobe D 803
Trockenraum D 797
Trockenrückstand D 802
Trockenschrank D 796

Trockenserum D 756
Trockensubstanz D 804
Trockenzeit D 798
Trockne eindampfen / zur E 521
trocknen D 782
Trocknen D 794
trocknen / im Luftstrom A 399
Trockner D 790
Trocknung D 794
Trocknungsdauer D 798
Trocknungsmittel D 795
Trocknungsverfahren D 801
Trocknungszeit D 798
Trommer-Probe T 595
Tropäolin T 596
Tropäolin D M 417
Tropäolin G M 358
Tropäolin O R 341
Tropfapparat I 328
Tröpfchen D 766
Tröpfchenkultur D 767
Tröpfchenzähler S 780
Tropfelektrode D 772
tröpfeln D 764
tropfen D 764
Tropfen D 765
tropfenartig D 777
tropfenförmig D 777
Tropfengröße D 778
tropfenweise D 779
Tropfer D 776
Tropfflasche D 771
Tropfglas D 771
Tropfpipette D 776
Tropftrichter D 773
Trophoblast T 597
Trophoplasma T 599
Trophozoit T 600
Trophozyt T 598
Tropin T 601
tropische Bettwanze O 112
Tropoelastin T 603
Tropokollagen T 602
Tropomyosin T 604
Troponin T 605
trüb T 664
trüben / sich O 48
Trübung T 669
Trübungseinheit T 671
Trübungsgrad D 101
Trübungsmesser T 665
Trübungsmessung T 668
Trübungsreaktion T 670
Trübungstest T 670
Try T 622
Trypanblau T 609
Trypanolysin T 610
Trypanrot T 612
Trypsin T 613
Trypsinbouillon T 614
Trypsininhibitor T 615
Trypsinogen T 616
Tryptamin T 617
Tryptase T 613
tryptisch T 618
tryptische Spaltung T 619
tryptisches Peptid T 620
Trypton T 621
Tryptophan T 622
Tryptophanase T 623
Tryptophanbelastungstest T 626
Tryptophandecarboxylase D 710
Tryptophan-2,3-dioxygenase T 624
Tryptophan-5-hydroxylase T 625
Tryptophan-5-monooxygenase T 625
Tryptophanoxygenase T 624
Tryptophanpyrrolase T 624
Tsetsefliege G 252
TSH T 337
TSH-Stimulationstest T 628
TSH-Test T 628
T-Stück T 627
TTC T 575
t-Test T 629
T_3-Test T 630
T_4-Test T 631
TTP T 309
Tuberkelbakterie T 636
Tuberkulin T 637
Tuberkulin-Pflasterprobe T 638
Tuberkulinprobe T 639
Tuberkulintest T 639
Tuberkulosebakterie T 636
Tuberkulosemittel T 640
Tuberkulostatikum T 640
Tuberkulostearinsäure T 641
Tubulin T 646
Tubus T 634
Tuch C 625
Tularämiebakterie F 357
Tularin T 649
Tularinreaktion T 650
Tumorantigen T 652
Tumorantikörper T 651
tumorassoziiertes Antigen T 653
Tumorgen O 40
Tumorgewebe T 658
Tumor-Globulin T 129
Tumormarker T 655
Tumornekrosefaktor T 656
Tumorpunktion T 657
Tumorvirus T 659
Tumorzelle T 654
Tüpfelanalyse S 733
Tüpfelplatte S 735
Tüpfelprobe S 737
Tüpfeltest S 737
Tüpfelung S 906
Tüpfelzelle S 905
Tupfer S 1156
Tupfpräparat I 141
Tupfzytologie S 463
Turbidimeter T 665
Turbidimetrie T 668
turbidimetrisch T 666
turbidimetrische Analyse T 668
turbidimetrische Methode T 667
turbidimetrisches Verfahren T 667
turbidimetrische Untersuchung T 668
Türk-Lösung T 648
Türk-Zählkammer T 647
Tuschepunktverfahren I 178
Tuscheverfahren I 178
t-Verteilung T 36
Tyndall-Effekt T 687
Tyndallisation T 688
Tyndallisieren T 688
Tyndallisierung T 688
Tyndallometer T 689
Tyndallometrie T 690
Tyndall-Phänomen T 687
Typ 2 S 214
Typ T 691
Typhusantigen T 696
Typhusbacterium T 697
Typhus-Paratyphus-Enteritis-Bakterien T 698
Typisieren T 699
Typisierung T 699
Typus T 691
Tyr T 701
Tyramin T 700
Tyraminase M 670
Tyraminoxidase M 670
Tyrosamin T 700
Tyrosin T 701
Tyrosinaminotransferase T 702
Tyrosinase M 702
Tyrosinbelastungstest T 705
Tyrosinhydroxylase T 704
Tyrosinkristall T 703
Tyrosol T 706
Tzanck-Test T 708
Tzanck-Zelle T 707
T-Zelle T 395

U

U U 81
übelriechend M 83
Überchlorsäure P 214
Überdruckventil S 15
übereinstimmend I 10
Übereinstimmung I 13
überfärben O 178
Überfärben O 179
Überfärbung O 179
überimpfen I 294
Überimpfen I 297
Überimpfung I 297
Überkreuzungsstelle C 1111
Überlauf O 174
Überlaufgefäß O 176
Überlaufpipette O 175
Überlaufrohr O 174
überprüfen C 955
Überprüfung C 956
Überrest R 330
übersättigen S 1112
Übersättigen S 1114
übersättigt S 1113
Übersättigung S 1114
überschichten O 177
Überschuß E 527
überschüssig E 528
überschwerer Wasserstoff T 590
Überstand S 1111
übertragen T 495
Überträgerstoff M 226
Übertragung T 487
überwachen C 955
Überwachung C 956
Überwanderungselektrophorese C 1062
Ubichinon U 1
UCG-Test U 146
UDP U 119
UDP-Acetylglucosamin U 2
UDPG U 4
UDP-Galactose U 3
UDP-Glucose U 4
UDP-Glucose-4-epimerase U 5
UDP-glucosepyrophosphorylase G 288
UDP-Glucuronsäure U 6
Uferzelle R 458
Uffelmann-Reaktion U 7
Uffelmann-Test U 7
U-förmig U 214
Uhrglas W 17
Uhrglasschale W 17
Ultraamylopectin U 8
Ultrachromatographie U 11
Ultradünnschicht U 31
Ultradünnschnitt U 32
Ultrafilter U 13
Ultrafiltrat U 14
Ultrafiltration U 15
ultrafiltrieren U 12
Ultrafiltrieren U 15
Ultramikroanalyse M 501
Ultramikrobestimmung U 18
Ultramikrochemie U 17
ultramikrochemisch U 16
Ultramikromethode U 19
Ultramikron U 20
Ultramikropipette U 21
Ultramikroskop U 22
Ultramikroskopie U 24
ultramikroskopisch U 23
Ultramikrosom U 25
Ultramikrotom U 26
Ultramorphologie U 27
ultrarein H 288
ultrarot I 249
Ultrarotspektrometrie I 258
Ultrarotspektrum I 262
Ultraschall U 28
ultrasteril U 29
Ultrastruktur U 30
ultraviolett U 33
Ultraviolett U 38
ultravioletter Strahl U 39
ultraviolettes Licht U 35
Ultraviolettest U 44
Ultraviolettfilter U 34
Ultraviolettmikroskop U 36
Ultraviolettmikroskopie U 37
Ultraviolettspektrophotometrie U 40
Ultraviolettspektroskopie U 41
Ultraviolettspektrum U 42
Ultraviolettsterilisation U 43
Ultraviolettstrahlung U 38
Ultravirus U 45
Ultrazentrifugation U 9
Ultrazentrifuge U 10
Ultrazentrifugieren U 9
Ultrazentrifugierung U 9
Umdrehung R 481
Umdrehungen pro Minute R 388
Umdrehungen pro Sekunde R 389
Umdrehungszahl N 320
Umformer T 485
Umgebungstemperatur A 568
umgekehrt proportional I 429
umkehrbar R 386
umkehrbare Reaktion R 387
Umkehrbarkeit R 385
umkehren R 378
Umkehrphase R 379
Umkehrphasenchromatographie R 380
Umkehrphasen-Dünnschicht-chromatographie R 382
Umkehrphasenflüssigchromatographie R 381
Umkehrung I 430
Umkristallisation R 193
umkristallisieren R 194
Umkristallisieren R 193
Umkristallisierung R 193
UMP U 120
3',5'-UMP C 1209
umrechnen C 976
Umrechnung C 973
Umrechnungsfaktor C 974
Umrechnungstabelle C 975
umrühren S 907
Umrührverfahren S 909
Umsatz T 672
umschlagen C 349
Umschlagen C 350
Umschlagsbereich C 352
Umschlagsintervall C 352
Umwälzpumpe R 484

umwandeln T 492
Umwandlung T 493
unabhängig A 1152
unabhängige Größe I 176
unbeständig L 7
Unbeständigkeit L 8
Unbestimmtheit U 47
Unbewaffneter Bandwurm B 149a
unbeweglich I 47
Unbeweglichkeit I 53
uncharakteristisch A 1115
undifferenziert U 53
undissoziiert U 55
undurchdringlich I 135
Undurchdringlichkeit I 134
undurchlässig I 135
Undurchlässigkeit I 134
undurchsichtig N 223
Undurchsichtigkeit N 222
unempfindlich I 320
Unempfindlichkeit I 321
unentbehrlich E 452
ungebunden F 359
ungefärbt U 78
ungeformt A 670
ungeladen U 48
ungelöst U 56
ungereinigt U 69
ungerinnbar I 159
Ungerinnbarkeit I 158
ungesättigt U 70
ungesättigte Fettsäure U 72
ungesättigte Lösung U 73
ungesättigter Alkohol U 71
ungesund I 292
ungiftig A 1106
Ungleichartigkeit H 251
ungleichartig zusammengesetzt H 252
Unguis N 8
Universalantigen U 60
Universalindikator U 63
Universalindikatorpapier U 64
Universalpuffer U 61
Universaltest U 66
Universaltrennkammer U 65
Universalzentrifuge U 62
unkonjugiert U 49
unkonjugiertes Bilirubin I 200
Unkrautbekämpfungsmittel H 237
Unkrautvertilgungsmittel H 237
unlöslich I 323
unlöslicher Rückstand I 325
Unlöslichkeit I 322
unmarkiert U 67
unpaarig U 68
unregelmäßig I 529
Unregelmäßigkeit I 533
unreif I 35
Unreife I 36
Unsicherheit U 47
Unsicherheitsmaß S 788
unspezifisch U 74
unspezifische Esterase U 75
unspezifische Methode U 76
unstabil L 7
unsteril N 221
unstetig D 571
Unstetigkeit D 570
unsymmetrisch A 1084
Unterart S 1011
Untereinheit S 1034
Unterfraktion S 994
Untergruppe S 996
Unterscheidungsanalyse D 575
Unterscheidungsmerkmal D 655
Unterschicht S 997
unterschichten U 51/2
untersuchen E 526, I 433
Untersuchung I 434
Untersuchungsbefund F 162
Untersuchungsergebnis F 162
Untersuchungsgut S 629
Untersuchungsmaterial S 629
Untersuchungsmethode T 94
Untersuchungsverfahren T 94
Untertauchen S 1005
Unterteilungsverfahren P 133
unumkehrbar I 535
Unumkehrbarkeit I 534
ununterbrochen C 945
unverändert C 927
unverdünnt U 54
unverestert U 57
unveresterte Fettsäure F 363
unverträglich I 161
Unverträglichkeit I 160
unverzweigte Kette U 46
unvollständig I 162
unvollständiges Antigen H 141
Uracil U 79
Uracil-4-carbonsäure O 119
Uracilribosid U 118
Uraminobenzoesäure U 80
Uran U 81
Uranacetat U 82
Uranylacetat U 82
Urat U 83
Uratkristall U 115
Uratoxidase U 116
Uratsediment U 85
Uratstein U 84
Uratzylinder U 115
Urea U 86
Ureameter U 100
Ureametrie U 101
Ureaprobe U 97
Urease U 94
Ureasetest U 95
Ureid U 98
Ureidobernsteinsäure C 106
Ureidoprotein U 99
Ureometer U 100
Ureometrie U 101
Ureterkatheter U 103
Ureterkonkrement U 102
Ureterolith U 102
Ureterstein U 102
Urethan U 104
Urethralabstrich U 107
Urethralfaden U 108
Urethralkatheter U 105
Urethralsekret U 106
Uricase U 116
Uridin U 118
Uridin-5'-diphosphat U 119
Uridin-5'-diphosphatgalactose U 3
Uridin-5'-diphosphatglucose U 4
Uridindiphosphatglucose-4'-epimerase E 353
Uridin-5'-diphosphatglucuronsäure U 6
Uridin-5'-monophosphat U 120
Uridinnucleotid U 121
Uridin-5'-triphosphat U 122
Uridylsäure U 123
Urikometer U 117
Urin U 144
Urinacidometer U 124
urinähnlich U 161
Urinal U 125
Urinamylase U 127
Urinanalyse U 126
urinartig U 161
Urinausscheidung D 669
Urinbestandteil U 133
Urin-Choriongonadotropin-Test U 146
Urindiagnostik U 135
Urinentnahme U 154
Urinflasche U 125
Uringeruch U 149
Uringlas U 125
Urinkultur U 148
Urinmenge U 156
Urin-pH-Meßgerät U 124
Urin-Plasma-Quotient U 150
Urinprobe U 152
Urinsammlung U 147
Urinsand U 141
Urinschau U 203
Urinsediment U 142
Urinuntersuchung U 203
Urinvolumen U 156
Uroazotometer U 162
Urobilin U 163
Urobilinogen U 164
Urobilinoid U 165
Urobilinquotient U 166
Urocanase U 167
Urocanathydratase U 167
Urocaninsäure U 168
Urocansäure U 168
Urochrom U 169
Urochromogen U 170
Urocortisol U 171
Urocortison U 172
Uroerythrin U 175
Uroflavin U 176
Urofuszin U 177
Urogastron U 178
Uroglucometer U 157
Urohämatin U 179
Urohämatoporphyrin U 180
Urokinase U 181
Urokinaseaktivität U 182
Urokinaseinhibitor U 183
Urokinin U 184
Urolith U 129
Urolutein U 185
Uromelanin U 186
Urometer U 158
Urometrie U 160
urometrisch U 159
Uromucoid U 187
Uronsäure U 188
Uropepsin U 189
Uropepsinogen U 190
Urophage U 191
Uroporphyrin U 192
Uroporphyrinogen U 193
Uroporphyrinogendecarboxylase U 194
Uroporphyrinogen-I-synthetase U 195
Uroprotein U 140
Uropterin X 11
Urorosein U 196
Urorrhodin U 197
Urorrhodinogen U 198
Urorubin U 199
Urorubinogen U 200
Urosaccharometrie U 201
Uroskopie U 203
uroskopisch U 202
Urostealith F 42
Urosympathin U 204
Urothion U 205
Urotoxin U 207
urotoxischer Koeffizient U 206
Uroxanthin U 208
Urozytogramm U 173
Urozytologie U 174
Ursache R 171
Urtitersubstanz S 800
Uschinsky-Nährmedium P 1087
U-Test W 90
Utilisation U 216
UTP U 122
UV-Filter U 34
Uviolglas U 218
UV-Licht U 35
UV-Mikroskop U 36
UV-Mikroskopie U 37
UV-Spektrophotometrie U 40
UV-Spektroskopie U 41
UV-Spektrum U 42
UV-Sterilisation U 43
UV-Strahl U 39
UV-Strahlung U 38
UV-Test U 44

V

V V 34, V 155
Vaginalabstrich V 20
Vaginalschleimhaut V 18
Vaginalsekret V 19
Vaginalzytologie C 791
Vaktionierung V 2
Vakuole V 6
Vakuum V 7
Vakuumbiopsie A 1072
Vakuumdestillation V 8
Vakuumdestillationsapparat V 14
Vakuum eindampfen / im E 522
Vakuumexsikkator V 11
Vakuumfiltration V 12
Vakuumgefäß V 16
Vakuumpumpe V 13
Vakuumschlauch V 15
Vakuumtrockenschrank V 10
Vakuumtrocknung V 9
Vakzin V 5
Vakzination V 2
Vakzine V 5
vakzinieren V 1
Val V 27
Valenz V 23
Valenzbindung V 24
Valenzwert V 22
Valenzzahl V 22
Valeriansäure V 25
Validität V 26
Valin V 27
Vanadin V 34
Vanadinsäure V 33
Vanadium V 34
Vanillin V 35
Vanillinmandelsäure M 382
Vanillinsäure M 381
van Slyke-Apparat V 36
van Slyke-Methode V 37
van't Hoff-Gesetz V 38
V-Antigen V 112
variabel V 44
Variabilität V 42
Variabilitätskoeffizient C 702
Variable V 43
Variante V 47
Varianz V 45
Varianzanalyse V 46
Variation V 49
Variationsbreite R 106
Variationskoeffizient C 703
Varicella-Zoster-Virus V 50
Variolavirus V 51

vasoaktives intestinales Polypeptid V 52
Vasopressin A 846
Vasopressintest V 53
Vasopunktion V 54
Vasotocin V 55
Vaterschaftsbestimmung P 144/6
Vaterschaftstest P 144/6
VDRL-Slide-Reaktion V 56
VDRL-Test V 56
Veillonella V 58
Venenblut V 67
Venenkatheter V 68
Venenpunktion V 63
venös V 66
venöse Blutstauung V 65
venöses Blut V 67
Ventil V 32
Ventilation V 70
Ventilator F 19
ventilieren V 69
Ventilieren V 70
Ventrikelliquor V 71
Ventrikelpunktion V 72
verabfolgen A 286
Verabfolgung A 287
verabreichen A 286
Verabreichung A 287
veraltet O 11
veränderlich V 44
Veränderliche V 43
veränderliche Größe V 43
Veränderlichkeit V 42
veraschen A 1052
Veraschen A 1056
Veraschung A 1056
Verbandsmaterial D 754
Verbandstoff D 754
Verbandszeug D 754
Verbindung C 850
Verbindungsstück C 920
Verbrauch C 931
verbrauchen C 930
Verbrauchsmaterial C 932
verbreiten D 624
verbreitet D 625
Verbreitung D 626
Verbreitungsfaktor S 741
verbrennen B 602
Verbrennen B 603
Verbrennung B 603
Verbrennungsrückstand C 810
Verdachtsdiagnose T 69
verdampfen E 520
Verdampfen E 524
Verdampfer E 525
Verdampfung E 524
Verdampfungskammer F 203
Verdauungsenzym D 421
Verdauungsferment D 421
Verdauungshormon D 422
Verdauungssaft D 423
Verdauungssekret D 423
Verdochromogen V 73
Verdoglobin V 74
Verdoglobin S S 1080
Verdohämin V 75
Verdohämochromogen V 76
Verdoperoxidase V 77
Verdopplung R 229
verdrängen D 605
Verdrängung D 606
Verdrängungsanalyse D 607
Verdrängungschromatographie D 608
Verdrängungsmittel D 609
verdünnen D 472
Verdünnen D 474
Verdünner D 471
verdünnt D 473
Verdünnung D 474
Verdünnungsanalyse D 475
Verdünnungsfaktor D 88
Verdünnungsflüssigkeit D 471
Verdünnungsgrad D 88
Verdünnungsmethode D 476
Verdünnungsmittel D 471
Verdünnungsreihe D 477
Verdünnungsverfahren D 476
Verdünnungsverhältnis D 88
verdunsten E 520
Verdunsten E 524
Verdunster E 525
Verdunstung E 524
Vererbungslehre G 157
verestern E 463
Verestern E 458
verestert E 460
veresterte Fettsäure E 462
Veresterung E 458
Veresterungsreagens E 459
Verfahren M 372
verfälschen F 18
Verfälschung F 17
verflüchtigen / sich V 151
Verflüchtigung V 150
verflüssigen L 329
Verflüssigen L 327
verflüssigt L 328
Verflüssigung L 327
Verflüssigungsmittel L 326
verfügbar A 1172
Verfügbarkeit A 1171
vergällen D 136
Vergällen D 135
vergällt D 137
vergällter Alkohol D 138
Vergällung D 135
Vergällungsmittel D 134
vergären F 55
Vergärung F 56
vergiften I 400
vergiftet I 401
Vergiftung I 402
Vergleich C 819
Vergleichbarkeit C 816
vergleichen C 818
Vergleichselektrode R 231
Vergleichsgruppe C 960
Vergleichskollektiv C 960
Vergleichslösung S 798
Vergleichsmaterial R 234
Vergleichsmethode R 235
Vergleichspräparat S 796
Vergleichsreihe C 820
Vergleichssystem R 239
Vergleichstemperatur S 799
Vergleichsuntersuchung R 232
Vergleichswert R 240
vergrößern E 245 a, M 57
Vergrößerung E 245 b, M 56
Vergrößerungsglas L 414
Verhältnis P 1025
verimpfen I 294
Verimpfung I 297
verkleben A 369
Verklebung A 372
verklumpen A 369
Verklumpung A 372
verkorken S 935
Verlaufskontrolle C 966
Verlaufsüberwachung C 966
vermiform W 109
vermischen M 602
Vermischen M 613
Vermischung M 613
Vermittlerstoff M 226
Veronalpuffer V 78
Verpackung P 3
verpflanzen T 513
Verpflanzung T 515
Versandgefäß M 58
verschiedenartig H 252
Verschiedenartigkeit H 251
Verschluß aufbewahren / unter K 25
Verschmelzung F 433
verschmutzen C 940
Verschmutzen C 942
verschmutzt C 941
Verschmutzung C 942
verseifen S 72
Verseifung S 70
Verseifungszahl S 71
Versilberung S 402
Verstärkergen E 593
Versuch E 569
versuchen E 568
Versuchen E 577
Versuchsbedingung T 85
Versuchsdaten E 576
Versuchsdauer D 810
Versuchsergebnis T 102
Versuchsfehler E 572
Versuchslösung T 105
Versuchsperson P 945
Versuchsplan P 516
Versuchsplanung P 515
Versuchsprotokoll R 189
Versuchsreihe E 574
Versuchsserie E 574
Versuchsstadium E 575
Versuchstier E 571
Versuchswerte E 576
Verteilung D 656
χ^2-Verteilung C 422
Verteilungschromatographie P 131/2
Verteilungsfunktion D 659
Verteilungskoeffizient D 657
Verteilungskonstante D 657
Verteilungskurve D 658
Verteilungsparameter D 660
verteilungsunabhängiger Test N 213
vertikal V 79
verträglich C 823
Verträglichkeit C 822
Vertrauensgrenze C 887
Vertrauensintervall C 886
verunreinigen C 940
Verunreinigen C 942
verunreinigender Stoff C 939
verunreinigt C 941
Verunreinigung C 939, C 942
Verweilkatheter C 946
Verweilsonde P 999
Verweilzeit R 357
verwendbar U 211
Verwendbarkeit U 210
verwenden U 212
Verwenden U 213
Verwendung U 213
Verwendungsbereich F 119
verwerfen D 561
verwerten U 217
Verwertung U 216
verzögern R 354
Verzögerungsfaktor R 390
Verzögerungsphase L 79
verzweigen / sich B 523
verzweigt B 524
verzweigte Kette B 525
verzweigtkettige Fettsäure B 526
Verzweigung B 527
Vesuvin V 85
VHDL V 86
Vi-Agglutination V 87
Vi-Antigen V 107
Vibration V 88
Vibrio V 89
Vielfachfärbung M 778
Vielfachzucker P 705
vielfarbig P 656
vielgestaltig P 681
Vielgestaltigkeit P 682
Vielkanalanalysator M 767
vielkernig P 688
vielphasig M 775
vielschichtig M 773
vielzellig M 765
Vierwegehahn F 341
Vierwegeventil F 341
Villikinin V 91
Vinblastin V 92
Vincristin V 93
Vinylacetat V 95
Vinylalkohol V 96
Vinylchlorid V 97
violett V 98
VIP V 52
viral V 99
Virologe V 104
Virologie V 105
virologisch V 102
virologisches Labor V 103
Virozyt V 101
virulent V 109
virulenter Bakteriophage V 110
virulenter Phage V 110
Virulenz V 106
Virulenzantigen V 107
Virulenztest V 108
Virus V 111
virusähnlich V 115
Virusantigen V 112
virusartig V 115
Virusisolation V 114
Virusisolierung V 114
Virusklassifikation V 113
Virusneutralisation V 116
Viruspartikel V 117
Virusprotein V 100
virusspezifisches Protein V 100
Virusstamm V 118
Virustiter V 120
Virustitration V 119
viskos V 127
Viskose V 121
Viskosimeter V 122
Viskosimetrie V 124
viskosimetrisch V 123
Viskosität V 125
Viskositätskoeffizient V 126
Viskositätskonstante V 126
Viskositätsmessung V 124
visuell V 130
Vitalfarbstoff V 137
Vitalfärbung V 138
Vitali-Probe V 134
Vitalmikroskopie V 135
Vitalpräparat V 136
Vitalzytologie V 133
Vitamin V 139
Vitamin A R 367
Vitamin A_2 D 119
Vitamin A_1-Aldehyd R 365/6
Vitaminantagonist A 947
Vitaminantimetabolit A 947
Vitamin B_1 T 189
Vitamin B_2 R 413

Vitamin B_3 P 42
Vitamin B_6 P 1249
Vitamin B_{12} C 678
Vitamin B_{12} bindendes Globulin T 482
Vitamin-B-Komplex V 140
Vitamin B_{12}-Resorptionstest S 115
Vitamin B_T C 150
Vitamin C A 1051
Vitamin D C 14
Vitamin D_2 E 389
Vitamin D_3 C 453
Vitamin D_4 D 441
Vitamin E T 398
Vitamin F V 141
Vitamin H B 308
Vitamin K N 17
Vitamin K_1 P 448
Vitamin K_2 M 288
Vitamin K_3 M 287
Vitamin K_4 M 286
Vitamin K-Test V 142
Vitaminoid V 143
Vitamin P F 214
Vitriol V 146
VLDL V 147
VMS M 382
Voges-Proskauer-Reaktion V 148
Vol.-% V 164
Volhard-Konzentrationsversuch V 153
Volhard-Verdünnungsversuch V 154
Volhard-Wassertrinkversuch V 154
Vollantigen C 837
Vollblut W 84
Vollblutgerinnungszeit G 233
Vollblutkonserve W 85
Vollfinne P 597
vollständige Reaktion C 839
vollständig löslich C 838
Volt V 155
Voltammetrie V 157
voltammetrisch V 156
Voltmeter V 158
Volumen V 159
Volumenänderung V 160
Volumendosis V 162
Volumeneinheit V 166
Volumenexpander P 545
Volumenfraktion V 163
Volumenkonzentration V 161
Volumenprozent V 164
Volumenteil P 115
Volumenverhältnis P 1029
Volumetrie T 394
volumetrisch T 393
volumetrische Analyse T 394
volumetrische Methode T 390
voluminös V 167
von Willebrand-Faktor C 640
Voraussage P 974
voraussagen P 973
vorbehandeln P 920
Vorbehandlung P 921
vorbeugend P 1016
Vorbeugung P 1017
Vorfelddiagnostik P 885
Vorfilter R 489
vorfraktionieren P 860
Vorfraktionierung P 861
Vorharn G 248
Vorhauttalg S 467
vorherrschen D 692
vorherrschend D 691
Vorhersagewert P 854
Vorinkubation P 883
vorinkubieren P 882
vorkühlen P 849
Vorkühlen P 850
Vorkühlung P 850
vorkultivieren P 851
Vorkultur P 852
Vorläufer P 853
Vormilch C 770
Vorphase P 907
Vorprobe P 887
vorreinigen P 848
Vorschrift I 329
Vorschulalter P 908
vorsichtig abgießen D 44
Vorsichtsmaßnahme S 13
Vorsteherdrüse P 1041
Vorstufe P 853
vortrocknen P 858
Vortrocknen P 859
Vortrocknung P 859
Voruntersuchung P 886
Vorversuch P 887
vorwärmen P 879
Vorwärmen P 880
Vorwärmung P 880
Vorwärmzeit P 881
C 566
CRH C 1031
Fällen P 833
Gly G 347
His H 324
KBR C 832
PL P 985
PRH P 986
Ser S 263
TPP T 194

W

W T 661, W 43
Waage B 71
waagerecht H 407
Waaler-Rose-Reaktion W 1
Waaler-Rose-Test W 1
Wachs W 46
wachsähnlich W 48
wachsartig W 48
Wachsen G 476
Wachspapier W 47
Wachstum G 476
Wachstumsfaktor G 478
Wachstumsgeschwindigkeit G 480
Wachstumshemmfaktor S 585
Wachstumshormon S 586
Wachstumskurve G 477
Wachstumsprozeß G 479
Wachstumsrate G 480
Wachszylinder W 49
Wägebürette W 58
Wägefehler W 59
Wägeglas W 57
wägen W 54
Wägen W 56
Wägeraum W 60
Wägezimmer W 60
Wägung W 56
wahrer Wert T 608
wahrscheinlicher Fehler P 944
Wahrscheinlichkeit P 940
Wahrscheinlichkeitsfunktion P 942
Wahrscheinlichkeitspapier P 943
Wahrscheinlichkeitsverteilung P 941
Wahrscheinlichkeitsverteilungsfunktion D 659
Wanddicke W 2
Wanderfilarie L 387 a
wandern M 557
Wanderung M 558
Wanderungsgeschwindigkeit M 561
Wanderungsstrecke L 157
Wanderzelle W 3
Wandler T 485
Wanne T 632
Wanze B 594
WaR W 14
Warburg-Apparat W 4
Warburg-Atmungsferment C 1253
Wärme H 164
wärmeableitend T 166
Wärmeagglutination H 165
Wärmeagglutinin H 166
Wärmeantikörper W 7
Wärmeäquivalent H 169
Wärmeaustauscher H 170
Wärmeautoantikörper W 8
wärmebeständig T 183
wärmebeständiges Antigen T 184
Wärmebeständigkeit T 181
wärmeempfindlich T 160
wärmeempfindliches Antigen T 161
Wärmeempfindlichkeit T 162
Wärmeenergie T 143
wärmefest T 183
Wärmefestigkeit T 181
Wärmegleichgewicht T 144
Wärmeinhalt E 272
Wärmeleitfähigkeit T 140
wärmeliebend T 170
Wärmemenge H 184
wärmen W 6
Wärmepräzipitation T 174
Wärmequelle H 185
Wärmeregulation T 179
wärmeresistent T 183
Wärmeresistenz T 181
Wärmeresistenztest T 182
Wärmeschrank I 175
wärmestabil T 183
Wärmestabilität T 181
Wärmestrahlung T 145
Wärmeübertragung H 187
wärmeunbeständig T 160
Wärmeunbeständigkeit T 162
Wärmeverlust H 180
Wärmezufuhr H 179
Warngrenze W 10
Warnsignal A 416
Warnvorrichtung A 414
Warnzeichen A 416
Warthin-Finkeldey-Riesenzelle M 179
Warzenvirus C 815
waschen W 11
Waschflasche W 12
Waschmaschine W 13
Wasser W 19
Wasserabgabe L 231
wasserabstoßend H 517
wasserabweisend H 517
wasseranziehend H 564
Wasseraufnahme W 20
wasseraufnehmend H 516
Wasserbad W 21
Wasserbedarf W 35
Wasserbelastungsversuch W 32
Wasserblau W 22
Wasserdampf S 844
Wasserdampfdestillation S 847
wasserdicht W 34
Wasserentzug D 106
Wasserentzug reagieren / unter R 159
wasserfrei A 778
Wassergehalt W 24
wassergekühlt W 25
wassergesättigt W 36
Wasserglas W 26
Wasserhärte W 27
wasserhell W 41
wasserlos A 778
wasserlöslich W 38
wasserlösliches Anilinblau W 22
wasserlösliches Vitamin W 39
Wasserlöslichkeit W 37
Wassermann-Reaktion W 14
wässern W 18
Wässern W 28
Wasserspiegel W 31
Wasser spülen / in fließendem R 454
Wasserstand W 31
Wasserstoff H 489
Wasserstoffabspaltung D 118
Wasserstoffakzeptor H 490
Wasserstoffatom H 495
Wasserstoffbindung H 496
Wasserstoffdonator H 500
Wasserstoffdonor H 500
Wasserstoffelektrode H 501
wasserstoffhaltig H 507
Wasserstoffion H 504
Wasserstoffionenexponent P 447
Wasserstoffionenkonzentration H 505
Wasserstofflampe H 506
Wasserstoffoxid W 19
Wasserstoffperoxid H 508
Wasserstoffsäure H 491
Wasserstoffsuperoxid H 508
Wasserstrahl W 29
Wasserstrahlpumpe W 30
Wassertemperatur W 40
Wassertest S 303
Wassertrinkversuch W 32
wasserundurchlässig W 34
Wässerung W 28
wasserunslöslich I 324
Wasserverlust W 33
Wasserversuch W 32
wäßrig A 965
wäßrige Lösung A 970
wäßrige Phase A 969
wäßriger Extrakt A 966/7
wäßriges Extrakt A 966/7
wäßriges Milieu A 968
wäßrige Suspension A 971
Watson-Schwarz-Test W 42
Watt W 43
Wattebausch C 1045
Wattepfropfen C 1044
Wattestopfen C 1044
Watteträger C 1043
Wattetupfer C 1045
W-Chromosom W 50
Wechselbeziehung C 1025
Wechseljahre C 599
Wechselwirkung I 342
Wegwerfartikel D 613
Wegwerfkanüle D 612
Wegwerfküvette D 611
Wegwerfmaterial D 613
Wegwerfreagenzröhrchen D 615
Wegwerfspritze D 614
weiblich F 53
weibliche Keimdrüse O 173

weibliche Keimzelle O 184
weiblicher Gamet O 184
weibliches Sexualhormon F 54
Weichagar S 548
Weil-Felix-Reaktion W 63
Weingeist E 480
Weinsäure T 22
Weinsteinsäure T 22
weiß W 81
weiße Blutzelle L 182
weiße Maus W 82
weiße Ratte W 83
weißes Blutbild L 204
weißes Blutkörperchen L 182
Weithalskolben W 88
weitmaschig W 87
weitporig W 87
Welch-Fränkel-Gasbacillus W 64
Welle W 44
Wellenlänge W 45
Weltgesundheitsorganisation W 107
Weltmann-Reaktion W 65
Wendepunkt P 616
Wenyon-Medium W 66
Wert V 30
werten V 29
Wertigkeit V 23
Wertung V 28
Westafrikanischer Augenwurm L 387 a
Westergreen-Pipette W 67
West-Nile-Virus W 69
Westphal-Serumagar W 70
WHO W 107
Widal-Probe W 86
Widal-Reaktion W 86
widerspiegeln R 241
widerstandsfähig R 335
Widerstandsfähigkeit R 332
wiedergewinnen R 261
Wiedergewinnung R 262
wiegen W 54
Wiegen W 56
Wilcoxon-Test W 90
Wildtypallel N 228
Winkelgeschwindigkeit A 775
Winkelmesser G 409
Winkelzentrifuge A 772
wirken A 189
Wirkstoff A 364
Wirksubstanz A 364
Wirkung A 196
Wirkungsbereich A 218
Wirkungsbreite A 218
Wirkungsgrad E 38
Wirkungsoptimum A 197
Wirkungsspezifität S 620
Wirt H 425
Wirtsorganismus H 427
Wirtszelle H 426
Wismut B 317/8
Wismutsulfit B 323
Wistar-Ratte W 94
Wochenfluß L 394
Wohlgemuth-Methode W 98
Wöhlk-Probe W 97
Wolfram T 661
Wolframat T 660
Wolframlampe T 662
Wolframsäure T 663
Wright-Schnellfärbung W 113
wuchern P 990
wuchernd P 992
Wucherung P 991
Wuchsfaktor G 478
Wuchsform F 333
Wundabsonderung W 111
Wundabstrich S 1157
Wunde W 110
Wundflüssigkeit W 111
Wundhormon N 42
Wundparasit W 112
Wundsekret W 111
Wurm W 108
wurmartig W 109
Wurmei H 201
wurmförmig W 109
Wurmlarve H 202
Wurmmittel A 810

X

x-Achse A 15
Xanthan X 1
Xanthen X 1
Xanthenfarbstoff X 2
Xanthin X 4
Xanthindehydrogenase X 5
Xanthinkonkrement X 3
Xanthinstein X 3
Xanthomzelle X 8
Xanthoprotein X 9
Xanthoproteinreaktion X 10
Xanthopterin X 11
Xanthosin X 12
Xanthosin-5'-diphosphat X 13
Xanthosin-5'-phosphat X 14
Xanthosin-5'-triphosphat X 15
Xanthozyt X 7
Xanthurensäure X 16
Xanthydrol X 17
Xanthylsäure X 14
Xantinoxidase X 6
Xantosinmonophosphat X 14
X-Chromosom X 18
XDP X 13
Xe X 23
Xenoantigen X 19
Xenoantikörper H 246
Xenodiagnose X 20
xenodiagnostisch X 21
xenogen X 22
xenogener Antikörper H 246
xenogenes Antigen X 19
xenogenetisch X 22
Xenon X 23
XMP X 14
XTP X 15
Xylit X 39
Xylitol X 39
Xylose X 40
Xyloseresorptionstest X 41
Xylosetest X 41
Xylosetoleranztest X 41
Xylulose X 42
Xylulose-5'-phosphat X 43

Y

y-Achse O 94
Y-Chromatin Y 1
Y-Chromosom Y 2
Yohimbin Y 15

Z

Zähflüssgikeit V 125
zähflüssig V 127
Zahl N 317
Zählapparat C 1055
Zählausbeute C 1065
zählen C 1054
Zahlenwert N 321
Zählfenster O 15
Zählgerät C 1055
Zählkammer C 1064
Zählrohr C 1066
Zählung C 1063
Zählvorrichtung C 1055
Zange F 317
Zangenbiopsie F 318
Z-Chromosom Z 1
Zecke T 342
Zehennagel T 399
zeitabhängig T 344
Zeiteinheit T 347
Zeitintervall T 345
Zeitkonstante T 343
Zeitmessung T 346
Zellaggregation C 223
Zellantigen C 224
Zellart T 693
Zellauflösung C 1274
Zellbank C 225
Zellbefund C 1267
Zellbestandteil C 230
Zellbild C 267
Zellbiologie C 1246
Zellchemie C 1251
Zelldiagnostik C 1255
Zelldichte C 237
Zelldifferenzierung C 239
Zelldifferenzierungsindex C 240
Zelldurchmesser C 238
Zelle C 222
Zelleinschluß C 252
Zelleiweiß C 269
Zellelektrophorese C 243
Zellelement C 230
zellenauflösend C 1275
Zellenlehre C 1271
Zellenzym C 282
Zellextrakt C 244
Zellflüssigkeit C 271
Zellform C 274
Zellfraktion C 245
Zellfraktionierung C 246
zellfrei C 247
zellfreier Extrakt C 248
zellgebundener Antikörper C 226
Zellgenetik C 1258
zellgenetisch C 1257
Zellgewebe C 279
Zellgift C 1306
Zellglas C 263
Zellglobulin C 1259
Zellgröße C 275
Zellhämin C 250
Zellhormon C 1263
Zellhybride C 1264
Zellhydrolyse C 251
Zellinie C 255
Zellkern N 312
Zellkernplasma N 291
Zellkinetik C 253
Zellklon C 227
Zellkolonie C 228
Zellkomplex C 229
Zellkörper C 1297
Zellkultivierung C 233
Zellkultur C 234
Zellkulturwachstum C 235
Zellmarker C 256
Zellmarkierung C 257
Zellmembran C 258
Zellmembranenzym C 259
Zellmorphologie C 1281
Zelloberfläche C 277
Zellophan C 263
Zellophanklebestreifenmethode C 264
Zellorganelle O 97
Zellpackungsvolumen P 5
Zellparasit C 265
zellpathogen C 1282
Zellpathologie C 1284
zellpathologisch C 1283
Zellpermeabilität C 266
Zellplasma C 1289
Zellpopulation C 268
Zellprotein C 269
Zellrezeptor C 270
Zellsaft C 271
Zellschicht C 254
Zellsediment C 272
Zellseparator C 273
Zellstamm C 227
Zellstoff C 285, C 292
Zellstruktur C 276
Zellsuspension C 278
Zellteilung C 241
Zellteilungsindex C 242
Zelltrümmer C 236
Zelltyp C 280
zellulär C 281
Zellvolumen C 293
Zellwachstum C 249
Zellwand C 294
Zellzählgerät C 231
Zellzählung C 232
„zentrales" Blutbild H 83
Zentralisation C 296
Zentralisierung C 296
Zentralkörperchen C 311
Zentrallabor C 297
zentrifugal C 298
Zentrifugalbeschleunigung C 299
Zentrifugalchromatographie C 300
Zentrifugalkraft C 301
Zentrifugat C 302
Zentrifugation C 303
Zentrifugation abtrennen / durch S 232
Zentrifuge C 305
Zentrifugenbecher C 308
Zentrifugenglas C 308
Zentrifugenmikroskop C 306
Zentrifugenröhrchen C 308
Zentrifugieren C 303
zentrifugieren C 304
Zentrifugierung C 303
Zentriol C 311
Zentroblast G 172
Zentromer C 309
Zentromeres C 309
Zentroplasma C 310
Zentrosom C 311
Zentrozyt G 173
Zephalozentese C 316
Zerfall D 62, D 585
zerfallen D 61, D 584
Zerfallsgeschwindigkeit D 589
Zerfallskonstante D 63, D 586
Zerfallskurve D 64, D 587
Zerfallsprodukt D 65, D 588
Zerkarie C 324
Zerkarienhüllenreaktion C 577
zermahlen G 458
zerstäuben A 1104
Zerstäuben A 1103
zerstäuben A 1104
Zerstäuber A 1105
Zerstäubung A 1103
Zerstäubungsapparat A 1105
zerstreut D 402
Zervixabstrich C 342

Zervixbiopsie C 339
Zervixbiopsiestanze C 341
Zervixschleim C 340
Zetapotential E 82
Ziege G 398
Ziegelmehlsediment B 531
Ziehl-Neelsen-Färbung Z 5
Zielzelle T 20
ZIK C 575
Zimmertemperatur R 474
Zink Z 6
Zinkacetat Z 7
Zinkchlorid Z 8
Zinkoxid Z 9
Zinkphosphat Z 10
Zinksulfat Z 11
Zinksulfattrübungstest Z 12
Zinkvitriol Z 11
Zinkweiß Z 9
Zinn T 348
Zinn(II)-chlorid T 349
Zinn(IV)-chlorid T 350
Zinndichlorid T 349
Zinntetrachlorid T 350
zirkadianer Rhythmus C 572
Zirkulation C 576
zirkulieren C 574
zirkulierender Immunkomplex C 575
Zisternenpunktion S 1009
Zn Z 6
Zöliozentese A 4
Zone Z 13
Zonenelektrophorese Z 15
Zonenzentrifugation Z 14
Zostervirus V 50
Zschucke-Kammer Z 16
züchten C 1161
Züchtung C 1163
Zucker S 1056
Zuckergehaltsbestimmung S 4
Zucker-Gelatine-Nährboden S 1058
Zuckernährboden S 1059
Zucker-Pepton-Agar S 2
Zuckerphosphat S 1060
Zuckerprobe S 1061
Zuckersäure S 1057
Zuckerschwelle S 1062
Zufallsauswahl R 104
Zufallsfehler R 101
Zufallsgröße V 48
Zufallsstichprobe R 103
Zufallsvariable V 48
Zufallsverteilung P 941
zufügen A 238
Zufügen A 240
zugießen R 302
Zugießen R 303
zulässige Dosis P 256
zulässige Konzentration P 255
zulässiger Fehler A 288
Zündpunkt S 193
Zündtemperatur S 193
Zungenabstrich L 272
Zungendrüsenspeichel L 271
Zungenspatel M 740
Zungenspeichel L 271
Zungenwurm L 273
Zupfpräparat T 37
zusammenballen A 369
Zusammenballung A 372
zusammengesetzt C 851
zusammensetzen / sich C 849
Zusammensetzung C 848
zusammenziehendes Mittel A 1080
Zusatz A 240, A 242
Zusatzmittel A 242
Zusatzstoff A 242
zusetzen A 238
Zustand S 825
Zustandsänderung C 351
zustöpseln S 935
Zuverlässigkeit R 288
zweidimensional T 674
zweidimensionale Chromatographie T 675
zweidimensionale Elektrophorese T 676
zweidimensionale Papierelektrophorese T 677
zweidimensionale Trennung T 678
zweifach D 726
Zweifachbindung D 732
Zweifachfärbung D 747
Zweifarbennährboden T 673
Zweiflügler D 547
Zweigläserprobe T 679
Zweihalskolben T 680
zweikernig B 244
Zweiphasenbestimmung T 681
Zweiphasen-Ionenaustauschersäule T 682
Zweiphasensystem T 683
Zweipunktmethode T 684
Zweischrittverfahren T 685
Zweistufentest T 685
Zweiwegehahn T 686
zweiwertig B 328
zweiwertiger Alkohol G 366
Zweiwertigkeit B 327
Zwergbandwurm D 813
Zwergfadenwurm S 974
Zwillingskalorimeter D 374
Zwischenferment G 286
Zwischenfraktion I 363
Zwischenkörper A 569
Zwischenmilch T 497
Zwischenphase I 365
Zwischenprodukt I 360
Zwischenreaktion I 366
Zwischenschicht S 239
Zwischenstadium I 367
Zwischenstufe I 367
Zwischenwirt I 364
Zwischenzellflüssigkeit I 346
Zygote Z 17
zyklisches Adenosin-3',5'-monophosphat C 1205
zyklisches Cytidin-3',5'-monophosphat C 1206
zyklisches Guanosin-3',5'-monophosphat C 1207
zyklisches Inosin-3',5'-monophosphat C 1207a
zyklisches Nucleotid C 1208
zyklisches Uridin-3',5'-monophosphat C 1209
zyklische Verbindung C 1205a
zyklisieren C 1211
Zyklisierung C 1210
Zyklus C 1204
Zylinder C 1216
Zylinderepithelzelle C 1218
Zylinderzelle C 1218
zylindrisch C 1217
Zylindroid P 1139
Zymase Z 18
Zymogen Z 19
Zymogramm Z 20
Zymohexase A 455
Zyste C 1219
Zystenflüssigkeit C 1231
Zytoblast N 312
Zytochemie C 1251
zytochemisch C 1248
zytochemische Methode C 1249
zytochemische Reaktion C 1250
zytochemisches Verfahren C 1249
Zytodiagnostik C 1255
Zytofluorimetrie C 1256
Zytogenetik C 1258
zytogenetisch C 1257
Zytoglobulin C 1259
Zytogramm C 1260
Zytohämin C 250
Zytohistologie C 1262
zytohistologisch C 1261
Zytohormon C 1263
Zytohybride C 1264
Zytokinase C 1265
Zytologe C 1270
Zytologie C 1271
zytologisch C 1266
zytologischer Befund C 1267
zytologisches Laboratorium C 1268
zytologisches Muster C 1269
Zytolysat C 1272
Zytolyse C 1274
Zytolysin C 1273
zytolytisch C 1275
Zytomegalievirus C 1276
Zytomembran C 258
Zytometer C 1277
Zytometrie C 1279
zytometrisch C 1278
Zytomorphologie C 1281
zytomorphologisch C 1280
zytopathogen C 1282
Zytopathologie C 1284
zytopathologisch C 1283
zytophiler Antikörper C 1285
Zytophotometer C 1286
Zytophotometrie C 1288
zytophotometrisch C 1287
Zytoplasma C 1289
Zytoplasmafraktion C 1291
zytoplasmatisch C 1290
zytoplasmatische Membran C 1292
Zytoskopie C 1294
zytoskopisch C 1293
Zytosom C 1297
Zytostatikum C 1298
zytostatisch C 1299
zytostatisches Mittel C 1298
Zytotoxin C 1306
zytotoxisch C 1300
zytotoxische Aktivität C 1301
zytotoxischer Antikörper C 1302
zytotoxischer Faktor L 485
zytotoxische Zelle C 1303
Zytotoxizität C 1304
Zytotoxizitätstest C 1305
Zytovirus C 1307
Zytozentrifuge C 1247
Zytozoon C 265

Französisches Register

A

AAP A 411
abactérien A 2
abaisse-langue M 740
abaissement (chute , baisse de température T 54
abaissement du point de congélation F 373
abandonner A 535
aberration chromosomique C 548
ablastine A 6
abortine A 9
abrasion A 11
abrasion conjonctivale C 916
abrasion exploratrice T 78
abri de la lumière / à l' P 1051
abscisse A 15
absence de forme A 669
absorbabilité A 23
absorbant A 24, A 26
absorber A 22
absorbeur A 25
absorptif A 26
absorptiomètre A 27
absorptiométrie A 41
absorption A 28
absorption atomique A 1090
absorption d'eau W 20
absorption d'oxygène O 240
absorption infrarouge I 250
absorption IR I 250
Ac A 192
acanthia lectulaire C 814
acanthocéphale A 49
acanthocyte A 50
acare M 594, S 76
acare des follicules H 121
acarus S 76
acaryote A 51
accélérateur A 54
accélérateur plaquettaire P 571
accélérateur thrombocytaire P 571
accélération A 53
accélération centrifuge C 299
accéleration de réaction R 133
accélérer A 52
accélérine C 636
accepteur A 55
accepteur d'électrons E 97
accepteur d'hydrogène H 490
accouplement C 1070
accumuler C 733
acellulaire C 247
acétal A 60
acétaldéhyde A 61
acétaldéhyde-déshydrogénase A 62
acétaldéhyde trichloré T 545
acétaldol A 454
acétalphosphatide P 536
acétamide A 63
acétaminophène A 64
acétanilide A 65
acétate A 66
acétate actif A 101
acétate basique d'uranium U 82
acétate d'aluminium A 551
acétate d'ammonium A 633
acétate d'amyle A 686
acétate d'argent S 396
acétate de butyle B 612
acétate de calcium C 22
acétate de cellulose C 286
acétate de cobalt C 681
acétate de cortisone C 1040
acétate de désoxycorticostérone D 161
acétate de magnésium M 41
acétate de méthyle M 383
acétate de plomb L 131
acétate de potassium P 764
acétate de propyle P 1030
acétate de sodium S 480
acétate d'éthyle E 493
acétate de vinyle V 95
acétate de zinc Z 7
acétate d'uranyle U 82
acétate-kinase A 69
acétate-thiokinase A 70
acétate uranique U 82
acétification A 75
acétique A 71
acétoacétate A 76
acétoacétate-décarboxylase A 77
acétoacétyl-CoA A 80
acétoacétyl-CoA-réductase A 81
acétoacétyl-coenzyme A A 80
acétoïne A 82
acétoïne-déshydrogénase A 83
acétokinase A 69
acétomorphine H 238
acétone A 84
acéto-nitrile A 89
acétophénétidine P 302
acétylacétique A 78
acétylacétone A 92
acétylase A 93
acétylation A 96
acétylcarnitine A 97
acétylcellulose C 286
acétylcholine A 99
acétylcholinestérase A 100
acétyl-CoA A 101
acétyl-CoA-acétyltransférase A 102
acétyl-CoA-acyltransférase A 103
acétyl-CoA-carboxylase A 104
acétyl-CoA-synthétase A 70
acétyl-coenzyme A A 101
acétyl-coenzyme A-synthétase A 70
acétylcystéine A 105
acétyldigitoxine A 106
acétyle A 91
acétylène A 107
acétyler A 94
acétylestérase A 108
acétylformaldéhyde M 403
N-acétylgalactosamine A 109
N-acétylglucosamine A 110
β-*N*-acétyl-*D*-glucosaminidase A 111
β-*N*-acétyl-*D*-hexosaminidase A 113
N-acétylhistamine A 114
acétyllysine A 115
N-acétyl-*D*-mannosamine A 116
acétylméthylcarbinol A 82
N-acétylnaphtylamine A 118
acétylphénylhydrazine A 119
acétylphosphatase A 231
N-acétylspermidine A 121
N-acétyltryptophane A 122
ac-globuline C 635
achlorhydrique A 123
achromatine A 124
achromatocyte A 126
achromatophile A 125
achromocyte A 126
achromophile A 125
achroodextrine A 127
acide A 128, A 129
acide acétique A 72
acide acétique dichloré D 345
acide acétique glacial G 189
acide acétoacétique A 79
acide acétylacétique A 79
acide acétylformique P 1282
acide acétylglutamique A 112
acide acétylmuramique A 117
acide *N*-acétylneuramique S 351
acide acétylsalicylique A 120
acide aconitique A 172
acide acroléique A 187
acide acrylique A 187
acide adénosine-diphosphorique A 254
acide-adénosine-monophosphorique-désaminase A 268
acide adénosine-triphosphorique A 261
acide adipique A 279
acide aldonique A 457
acide aminé A 583
acide aminé aromatique A 1004
acide aminé essentiel E 453
acide aminique F 331
acide aminoacétique G 347
acide aminoadipique A 601
acide *p*-aminobenzoïque A 603
acide aminobutyrique A 604
acide aminocaproïque N 226
acide aminoéthylsulfonique T 30
acide α-aminoglutarique G 307
acide α-amino-σ-guanidinovalérianique A 985
acide α-amino-σ-guanidinovalérique A 985
acide *p*-aminohippurique A 609
acide aminohydroxybenzoïque A 623
acide amino-β-hydroxybutyrique T 249
acide α-amino-β-hydroxypropanoïque S 263
acide amino-β-hydroxypropionique S 263
acide amino-β-imidazolyl-4-propionique H 324
acide amino-β-indolylpropionique T 622
acide aminoisobutyrique A 611
acide amino-isovalérianique V 27
acide aminolévulinique A 612
acide aminolévulique A 612
acide amino-γ-mercaptobutyrique H 376
acide α-amino-β-mercaptopropionique C 1227
acide α-amino-β-méthylpentanoïque I 566
acide α-amino-γ-méthylthiobutyrique M 369
acide amino-β-méthylvalérique I 566
acide α-aminométhylvalérique L 173
acide α-amino-β-phényl-propionique P 322
acide aminopropionique A 410
acide α-amino-β-propionique T 701
acide *p*-aminosalicylique A 623
acide α-aminosuccinique A 1064
acide aminosulfurique A 579
acide α-amino-σ-uréidovalérique C 588
acide aminovalérianique N 245
acide anthranilique A 813
acide anthropodésoxycholique C 417
acide arachidique A 974
acide arachidonique A 975
acide arginine-phosphorique A 989
acide argininosuccinique A 995
acide aromatique A 1002
acide arsénique A 1008
acide ascorbique A 1051
acide ascorbique-oxydase A 1048/50
acide aspartique A 1064
acide azotique N 158
acide barbiturique B 86
acide béhénique B 155
acide benzoïque B 174
acide benzoylaminoacétique H 313
acide benzylacétique P 334
acide biliaire B 203
acide bilirubique B 229
acide borique B 494
acide butanedioïque S 1039
acide butanoïque B 614
acide butanoldioïque M 76
acide butanonedioïque O 195
acide butyrique B 614
acide caprique C 90
acide caproïque C 91
acide caprylique C 92
acide carbamique C 103
acide carbamylaspartique C 106
acide carbonique C 125
acide γ-carboxyglutamique C 130
acide carboxylique C 136
acide cérébronique C 326
acide α-cétoadipique K 37
acide *p*-cétobutyrique K 38
acide cétoglutarique K 41
acide cétonique K 36
acide α-cétopropionique P 1282
acide chenodésoxycholique C 417
acide chloreux C 446
acide chlorhydrique H 483
acide chlorique C 431
acide cholanique C 450
acide choléique C 457
acide cholique C 470
acide chondroïtique C 485
acide chromique C 530
acide citrique C 585
acide clupanodonique C 651
acide créatine phosphorique C 1089
acide cyanhydrique H 486, H 499
acide cyanique C 1195
acide cynurénique K 91
acide cystéique C 1226
acide décanedioïque S 143
acide décanoïque C 90
acide déhydroascorbique D 110
acide déhydrocholique D 113
acide désoxyadénylique D 158
acide désoxycholique D 160
acide désoxycytidine-5'-monophosphorique D 166
acide désoxycytidylique D 166
acide désoxyguanylique D 174
acide désoxyinosinique D 180
acide désoxyribonucléique D 185
acide désoxyribonucléique nucléaire N 256
acide diacétique A 79
acide 2,6-diaminocapronique L 504

acide 2,6-diaminohexanoïque L 504
acide diamino-2,5 valérique O 114
acide dichloracétique D 345
acide diéthylbarbiturique D 361
acide dihydrofolique D 444
acide dihydrolipoïque D 447
acide dihydro-orotique D 448
acide dihydroorotique D 448
acide dihydroxybutyrique D 460
acide 3,4-dihydroxymandélique D 462
acide dihydroxy-2,5-phénylacétique H 386
acide 2,3-dihydroxypropionique G 332
acide dioxysuccinique T 22
acide diphosphoglycérique D 532
acide diphosphorique P 1269
acide docosanoïque B 155
acide dodécanoïque L 120
acide eicosanoïque A 974
acide eicosapentaénoïque E 44
acide eicosatétraènoïque A 975
acide élaïdique E 46
acide élaïque E 46
acide érucique E 398
acide éthanedicarboxylique S 1039
acide éthanoïque A 72
acide éthylène-diamine-tétra-acétique E 503
acide éthylmalonique E 506
acide éthylsulfurique E 511
acide fluoracétique F 283
acide fluorhydrique H 487
acide fluoroacétique F 283
acide folinique C 587
acide folique F 307
acide formiminoglutamique F 332
acide formique F 331
acide fumarique F 418
acide galactarique M 741
acide galactonique G 10
acide galacturonique G 24
acide gastrique G 80
acide gentisique G 163
acide gluconique G 266
acide glutamique G 307
acide glutarique G 316
acide glycérique G 332
acide glycérophosphorique G 345
acide glycocholique G 358
acide glycodésoxycholique G 359
acide glycolique G 369
acide glycolylneuraminique G 371
acide glyoxalique G 395
acide glyoxylique G 395
acide gras F 36
acide gras à chaîne ramifiée B 526
acide gras activé A 202
acide gras à longues chaînes L 402
acide gras essentiel E 454
acide gras estérifié E 462
acide gras libre F 363
acide gras non estérifié F 363
acide gras non saturé U 72
acide gras polyinsaturé P 709
acide gras saturé S 82
acide guanidinoacétique G 487
acide guanylique G 494
acide gulonique G 503
acide hexadécanoïque P 15
acide hexanoïque C 91
acide hexonique H 271
acide hexosephosphorique H 277
acide hexuronique H 279
acide hexylique C 91
acide hippurique H 313
acide homogentisique H 386
acide homovanillique H 401
acide hyaluronique H 456
acide hydroxamique H 519
acide hydroxyacétique G 369
acide hydroxyanthranilique H 522
acide *o*-hydroxybenzoïque S 23
acide hydroxybutyrique H 525
acide hydroxycaproïque H 527
acide hydroxycarboxylique H 528
acide hydroxycholanique H 529
acide 5-hydroxyindole acétique H 534
acide hydroxyisobutyrique H 535
acide hydroxyisovalérique H 536
acide 4-hydroxy-3-méthoxybenzoïque M 381
acide hydroxy-4-méthoxy-3-mandélique M 382
acide hydroxy-4-méthoxy-3-phénylacétique H 401
acide hydroxynervonique H 551
acide hydroxyphénylacétique H 552
acide hydroxyphényllactique H 553
acide hydroxyphénylpropionique H 554
acide *p*-hydroxyphényl-propionique T 701
acide hydroxyphénylpyruvique H 555
acide hydroxypropionique L 52
acide hyposulfureux T 236
acide iduronique I 17
acide imidazolacétique I 25
acide imidazole-lactique I 27
acide imidazole-propionique I 28
acide imidazole-pyruvique I 29
acide iminopropionique I 34
acide iminozolylacrylique U 168
acide indolacétique I 210
acide indole-lactique I 213
acide indole-pyruvique I 215
acide indolylacétique I 210
acide indolyle-lactique I 213
acide indolyle-pyruvique I 215
acide indoxylglucuronique I 221
acide indoxylsulfurique I 222
acide inosine-5'-diphosphorique I 312
acide inosine-pyrophosphorique I 312
acide inosinique I 315
acide iodhydrique H 503
acide iodique I 438
acide iodo-acétique I 454
acide isobutyrique I 548
acide isocitrique I 554
acide isopropylacétique I 603
acide isovalérianique I 603
acide kynurénique K 91
acide lactaminique L 47
acide lactique L 52
acide laurique L 120
acide lévulinique L 76
acide lévulique L 76
acide lignocérique L 252
acide linoléique L 275
acide linolénique L 276
acide liponique L 293
acide lithocolique L 363
acide lysergique L 501
acide maléique M 74
acide malique M 76
acide malonique M 85
acide malonique activé M 86
acide mandélique H 552
acide méconique M 222
acide mercapto-acétique T 224
acide *o*-mercaptobenzoïque T 233
acide méthanodicarbonique M 85
acide 3-méthoxy-4-hydroxymandélique M 382
acide méthylacétique P 1020
acide β-méthyladipique M 385
acide méthylaminoacétique S 77
acide méthylaminoéthanoïque S 77
acide méthylglutarique M 402
acide méthylmalonique M 411
acide mévalonique M 436
acide minéral M 578
acide monchloracétique M 677
acide monoaminodicarboxylique M 672
acide monoaminomonocarboxylique M 673
acide monocarboxylique M 675
acide mucique M 741
acide mucoïtine-sulfurique M 745
acide muconique M 747
acide muramique M 788
acide myristique M 844
acide 2 G 332
acide nalidixique N 9
acide naphtalène-sulfonique N 11
acide nervonique N 81
acide neuraminique N 84
acide nicotinique N 139
acide nitreux N 191
acide nitrique N 158
acide nitrobenzoïque N 168
acide nucléique N 274
acide nucléique de levure Y 9
acide nucléique de pentose P 182
acide octadécanoïque S 851
acide octanoïque C 92
acide octylique C 92
acide oléique O 30
acide organique O 99
acide orotidylique O 119
acide orotique O 119
acide orthobenzène-dicarboxylique P 446
acide osmique anhydre O 140
acide oxalacétique O 195
acide oxalique O 191
acide oxaloacétique O 195
acide oxalosuccinique O 196
acide oxamique O 197
acide oxoglutarique K 41
acide oxyphénylpropionique O 250
acide oxysuccinique M 76
acide palmitique P 15
acide palmitoléinique P 17
acide palmitoléique P 17
acide pantothénique P 42
acide parathionique E 511
acide perchlorique P 214
acide periodique P 236
acide permanganique P 248
acide peroxyacétique P 208
acide phénique P 309
acide phénolsulfurique P 318
acide phénylbutyrique P 325
acide phénylcarboxylique B 174
acide phénylglycolique H 552
acide phényllactique P 332
acide phénylméthanoïque B 174
acide phénylpropionique P 334
acide phénylpyruvique P 337
acide phénylsulfurique P 339
acide phosphatidique P 362
acide phosphoénolpyruvique P 376
acide 6-phosphogluconique P 382
acide phosphoglycérique P 385
acide phosphomolybdique P 393
acide phosphorique P 404
acide phosphotungstique P 418
acide phosporeux P 405
acide phrénosinique C 326
acide phtalique P 446
acide phytanique P 461
acide picolinique P 466
acide picraminique P 468
acide picramique P 468
acide picrique P 469
acide pimélique P 484
acide pipéridinique A 604
acide polyénique P 665
acide propanedioloïque G 332
acide propénoïque A 187
acide propionique P 1020
acide prussique H 486
acide ptéorique P 1162
acide ptéroyltriglutamique F 307
acide pyridine-3-carboxylique N 139
acide pyridine-α-carboxylique P 466
acide pyridoxinique P 1248
acide pyridoxique P 1248
acide pyrocatéchique P 1259
acide pyrogallique P 1260
acide pyroglutamique P 1264
acide pyrophosphorique P 1269
acide α-pyrrolidine-carbonique P 994
acide pyrrolidine-2-carboxylique P 994
acide pyruvique P 1282
acide quinaldique Q 31
acide quinolinique Q 35
acide ribonucléique R 417
acide ribonucléique de transfert T 491
acide ribonucléique nucléaire N 265
acide rosolique R 479
acide saccharique S 1057
acide saccharolactique M 741
acide salicylique S 23
acide sébacique S 143
acide sialique S 351
acide silicique S 386
acide stéarique S 851
acide succinique S 1039
acide sulfamique A 579
acide sulfanilique S 1071
acide sulfhydrique H 509
acide sulfochromique C 561
acide sulfonique S 1090
acide sulfosalicylique S 1093
acide sulfovinique E 511
acide sulfureux S 1106
acide sulfurique S 1102
acide sulfurique de chondroïtine C 488
acide sulfurique de crésol C 1100
acide tannique T 14

acide tartrique T 22
acide taurocholique T 32
acide tellurique T 42
acide tétracosanoïque L 252
acide tétrahydrofolique T 121
acide thioacétique T 213
acide thioglycolique T 224
acide thioloïque T 214
acide thiosalicylique T 233
acide thiosulfurique T 236
acide thymidine-triphosphorique T 310
acide tricarbonique T 539
acide tricétocholanique D 113
acide trichloracétique T 543
acide tuberculostéarique T 641
acide tungstique T 663
acide UDP-glucuronique U 6
acide uracil-carboxylique-4 O 119
acide uraminobenzoïque U 80
acide uréidosuccinique C 106
acide uridine-5'-diphosphoglucuronique U 6
acide uridylique U 123
acide urique U 113
acide urocanique U 168
acide uronique U 188
acide valérianique V 25
acide vanadique V 33
acide vanillique M 381
acide vanillylmandélique M 382
acide xanthurénique X 16
acide xanthylique X 14
acidifère A 148
acidifiant A 142, A 143
acidification A 149
acidifier A 150
acidimètre A 151
acidimétrie A 153
acidimétrique A 152
acidité A 155
acidité de titration T 384
acidité titrable T 384
acidité totale T 418
acidophile A 159
acido-résistance A 141
acido-résistant A 139
acido-stable A 139
acier S 853
aconitase A 171
aconitate-hydratase A 171
aconitine A 173
acridine A 174
acriflavine A 178
acroblaste A 179
acroléine A 180
acrosine A 181
acrosome A 182
acrylamide A 183
ACTH C 1035
actif A 211
actif en surface S 1124
actine A 190
α-actinine A 191
actinium A 192
Actinobacillus mallei G 190
actinomycète A 193
actinomycétine A 194
actinomycine A 195
actinomyosine A 220
action A 196
action d'air / sous l' E 590
action tampon B 580
action tardive A 344
activase d'acides aminés A 600
activateur A 210
activateur du plasminogène P 553
activateur enzymatique E 287
activateur tissulaire T 356
activation A 205
activation enzymatique E 286
activé A 199
activer A 198
activeur A 210
activité A 214
activité adipolytique L 302
activité adsorptive A 307
activité biologique B 271
activité catalytique C 189
activité chimique C 373
activité coagulatrice C 662
activité cytotoxique C 1301
activité d'adsorption A 307
activité d'anticorps A 829
activité d'antigène A 860
activité de catalase C 184
activité de macrophages A 217
activité d'enzyme E 288
activité de plasmarénine P 544
activité de rénine du plasma P 544
activité de thrombine T 263
activité d'urokinase U 182
activité enzymatique E 288
activité fibrinolytique F 99
activité fibrinolytique sur sang total par le test des trois tubes C 626
activité génétique G 132
activité hémolytique H 80
activité «insuline-like» I 337
activité ionique I 475
activité lipolytique L 302
activité maximale M 163
activité métachromatique M 337
activité optique O 68
activité protéolytique P 1109
activité rénine-plasmatique P 544
activité résiduelle R 321
activité spécifique S 613
activité superficielle S 1125
actomyosine A 220
acyclique A 224
acyladénylate A 225
acylase A 573
acylation A 227
acylcarnitine A 228
acyl-CoA A 229
acyl-CoA-déshydrogénase A 230
acyl-coenzyme A A 229
acyler A 226
acylphosphatase A 231
acylphosphate A 232
acyltransférase A 233
adaptation A 236
adapté A 237
adapter A 235
additif A 242
addition A 240, A 242, R 303
additionner A 238
adénase A 245
adénine A 243/4
adénine-désaminase A 245
adénine-nucléotide A 246
adénine-phosphoribosyltransférase A 247
adénoblaste A 249
adénocyte A 250
adénosinase A 257
adénosine A 252
adénosine-désaminase A 253
adénosine-diphosphatase A 964
adénosine-diphosphate A 254
adénosine-kinase A 255
adénosine-monophosphate A 256
adénosine-3',5'-monophosphate C 1205
adénosine-nucléosidase A 257
adénosine-3'-phosphate-5'-phosphosulfate A 213
adénosine-5'-phosphosulfate A 258
adénosine-polyphosphate A 259
adénosine-triphosphatase A 260
adénosine-triphosphate A 261
S-adénosylméthionine A 262
adénosylméthionine-décarboxylase A 263
adénovirus A 248, A 264
adénylate A 265
adénylate-cyclase A 266
adénylate-kinase A 267
adénylcyclase A 266
adénylosuccinase A 269
adénylosuccinate-lyase A 269
adénylpyrophosphatase A 260
adermine P 1249
adhérence A 270, A 274
adhérent A 272
adhésif A 272, B 239
adhésion A 270
adhésion de thrombocytes T 270
adhésivité A 274
adiaspore A 278
adipolyse L 300
adipolytique L 301
adiurétine A 846
adjonction A 240
adjuvant A 285
adjuvant de Freund F 392
administration A 287
administrer A 286
admission d'air A 408
admixtion du sang A 289
ADN D 185
ADN de donneur D 702
ADN-dépendant D 677
ADN nucléaire N 256
ADN-nucléotidyltransférase D 680
ADN phagique P 269
ADN-polymérase D 680
ADN viral D 682
adonitol R 412
adoucissement S 550
ADP A 254
ADPase A 964
adrénaline A 294
adrénine A 294
adrénochrome A 296
adrénocorticotrophine hypophysaire C 1035
adrénodoxine A 298
adrénolytique A 299
adrénostérone A 300
adsorbabilité A 302
adsorbable A 303
adsorbant A 305, S 589
adsorbant-support S 1115
adsorbat A 304
adsorber A 301, S 588
adsorption A 306
adsorption chimique C 409
adsorption d'ions A 320
adsorption par échange E 533
adsorption superficielle S 1126
adsorptivité A 302
adulte A 324, A 325
aérateur F 19
aération A 328, V 70
aérer A 327, V 69
aérobactérie E 261
aérobie A 329, A 330
aérophile A 333
aérosol A 334
aérosoleur A 335
aesculine A 337
affection D 577
affinité A 340
affinité à l'oxygène O 222
affinité d'adsorption A 308
affûtage normalisé S 789
aflatoxine A 342
AFP F 76
Ag S 395
agamète A 347
agamonte S 120
agar A 348
agar-agar A 348
agar à moût de bière B 154
agar ascitique A 1043
agar de Drigalski-Conradi D 759
agarose A 357
âge de gestation G 176
âge de petite enfance I 232
agent A 364
agent activant A 210
agent alcoylant A 509
agent alkylant A 509
agent analeptique A 712
agent auxiliaire A 1166
agent chélateur C 368
agent coagulateur C 657
agent colorant D 814
agent d'absorption A 24
agent d'acétylation A 95
agent d'activation des plaquettes P 572
agent d'adoucissement S 551
agent d'adsorption A 305
agent de blanchiment D 56
agent de condensation C 873
agent de conservation P 911
agent de déplacement D 609
agent de dispersion D 602
agent de floculation F 219
agent de rinçage R 456
agent de séparation S 236
agent déshydratant D 107
agent de soor T 304
agent de sorption S 589
agent de suspension S 1148
agent détergent W 78
agent d'extraction E 609
agent d'imprégnation I 137
agent émulsifiant E 192
agent gonflant S 1164
agent infectieux I 237
agent mouillant W 78
agent mutagène M 805
agent oxydant O 200
agent pathogène P 150
agent précipitant P 830
agent provocateur pyogène P 1230
agent psychopharmaceutique P 1158
agent radiodiagnostique R 61
agent réducteur R 222
agent refroidisseur C 984
agent siccatif D 795
agent stimulant S 901
agent tensioactif D 251
âge préscolaire P 908
âge scolaire S 122
agglomérant B 239
agglomérat A 365
agglomérine A 366
agglutinabilité A 367

agglutinable A 368
agglutinant A 378
agglutinat A 370
agglutination A 372
agglutination bactérienne B 10
agglutination chaude H 165
agglutination croisée C 1108
agglutination de cultures mixtes de cellules M 604
agglutination de groupe G 464
agglutination de plaquettes T 271
agglutination d'épreuve T 79
agglutination des érythrocytes H 6
agglutination des streptocoques S 954
agglutination des thrombocytes T 271
agglutination froide C 717
agglutination H H 118
agglutination K K 1
agglutination L L 78
agglutination O O 1
agglutination paradoxale P 60
agglutination polaire O 1
agglutination spontanée S 714
agglutination Vi V 87
agglutiner A 369
agglutinine A 379
agglutinine anti-Rh A 917
agglutinine chaude H 166
agglutinine de groupe G 465
agglutinine froide C 718
agglutinine immunologique I 56
agglutinine irrégulière I 530
agglutinine plaquettaire T 272
agglutinine thrombocytaire T 272
agglutinogène A 380
agglutinogène de groupe G 466
agglutinoïde A 381
agglutinoscope A 382
agir A 189
agir sur A 189
agitateur M 612, S 336, S 908
agitateur magnétique M 55
agitateur mécanique S 908
agitation S 337
agiter S 334, S 907, S 1165
aglycone A 390
agmatine A 391
agrandir E 245 a, M 57
agrandissement E 245 b, M 56
agranulaire A 392
agranulocyte A 393
agrégat de thrombocytes T 273
agrégation A 383
agrégation cellulaire C 223
agrégation des érythrocytes B 422
agrégation des plaquettes T 274
agrégation des thrombocytes spontanée S 719
agrégation de thrombocytes T 274
agrégation érythrocytaire B 422
agrégation plaquettaire T 274
agrégation thrombocytaire T 274
agrégat plaquettaire T 273
agrégomètre A 385
agressif A 387
agressine A 386
agressivité A 388
aigu A 222
aiguille N 47
aiguille à biopsie B 297
aiguille à injection I 289
aiguille à poinçonner P 1176
aiguille à ponction P 1186
aiguille à ponction lombaire L 435
aiguille à préparations D 621
aiguille à vaccination V 3
aiguille creuse C 75
aiguille de Francke F 358
aiguille de Menghini M 289
aiguille de vaccination V 3
aiguille / en N 50
aiguille / en forme d' N 50
aiguille en platine P 590
aiguille hypodermique I 289, I 296
aiguille pour biopsie hépatique L 370
aiguille pour microscopie S 465
aiguille pour ponction cérébrale B 520
aiguille pour prise de sang B 402
aiguillule S 974
aimant M 52
air alvéolaire A 561
air comprimé C 852
air courant B 530
aire A 977
aire d'un pic P 162
air frais F 381
air respiratoire B 530
ajouter A 238, R 302
ajuster un pH A 283
akaryocyte A 409
Al A 550
Ala A 410
alambic D 653, F 205, R 370
alanine A 410
alanine-aminopeptidase A 411
alanine-aminotransférase A 412
alanine-transaminase A 412
β-alanylhistidine C 153
ALAT A 412
albuminate A 419
albumine A 418
albumine de Bence-Jones B 156
albumine plasmatique P 519
albumine séreuse S 294
albumine sérique humaine H 436
albuminoïde A 425, S 128
albuminolysine A 422
albuminomètre A 423
albuminométrie A 424
albuminose A 427
albumoscope A 426
albumose A 427
alcali / sans A 478
alcalicité A 491
alcalimètre A 480
alcalimétrie A 482
alcalimétrique A 481
alcalin A 483
alcalinisation A 495
alcaliniser A 496
alcalinité A 491
alcalis A 477
alcalisation A 495
alcaliser A 496
alcaloïde A 501
alcane A 503
alcaptone H 386
alcène A 504
alcool E 480
alcool / sans N 196
alcool absolu A 16
alcool allylique A 539
alcool amylique A 687
alcoolase Z 18
alcoolate A 429
alcool au sang B 359
alcool benzylique B 177
alcool butylique B 609
alcool cétonique K 45
alcool déhydré A 16
alcool dénaturé D 138
alcool-déshydrogénase A 431
alcool du sang B 359
alcoolémie B 359
alcool éthylique E 480
alcool gras F 40
alcoolification A 434
alcoolique A 432, A 433
alcool isoamylique I 543
alcool isobutylique I 547
alcool isopropylique I 582
alcool méthylique M 366
alcool non saturé U 71
alcool phényléthylique P 327
alcool phénylique P 327
alcool polyhydrique P 693
alcool polyvinylique P 712
alcool propargylique P 1013
alcool propylique P 1011
alcool pur A 16
alcool résiduel R 322
alcool sanguin B 359
alcool vinylique V 96
alcoomètre A 440
alcoométrie A 442
alcoométrique A 441
alcootest A 446
alcoylant A 509
alcoylation A 510
alcoyler A 507
alcyne A 505
aldéhydase A 450
aldéhyde A 447
aldéhyde acétique A 61
aldéhyde acrylique A 180
aldéhyde allylique A 180
aldéhyde benzoïque B 165
aldéhyde crotonique C 1118
aldéhyde-déshydrogénase A 448
aldéhyde éthylique A 61
aldéhyde formique F 323
aldéhyde glycérique G 328
aldéhyde glycolique G 367
aldéhyde-oxydase A 450
aldéhyde pyruvique M 403
aldéhyde salicylique S 19
aldéhyde trichloré T 545
aldéhydoxydase A 450
ALDH A 62
aldoheptose A 452
aldohexose A 453
aldol A 454
aldolase A 455
L-3-aldonate-déshydrogénase G 502
aldopentose X 40
aldose A 458
aldostérone A 459
aldotétrose A 461
aldotriose A 462
alexine A 463
aliestérase C 135
alimentation N 325
aliphatique A 464
aliquote A 466
alizarine-cyanine A 468
alizarine-orange A 470
alkylant A 509
alkylat A 508
alkylation A 510
alkyler A 507
alkylphosphate A 511
alkylsulfonate A 512
allantoïne A 514
allèle A 515
allèle normal N 228
allèle sauvage N 228
allélogène A 515
allélomorphe A 515
allélomorphique A 515
allergène A 516
allergène alimentaire N 328
allergène animal A 788
allergène bactérien B 11
allergène de pollen P 643
allergène d'inhalation I 268
allergène d'invasion I 425
allergène exogène E 554
allergène par contact C 934
allergène percutané P 218
allergène principal P 932
allergine A 520
allergisant A 518
allergométrie A 521
allo-anticorps A 524
alloantigène A 525
allogène H 387
alloplasma A 527
alloprégnandiol A 528
alloprotéine A 529
allose A 530
allosome S 329
allostérie A 532
allostérique A 531
allotype A 533
alloxanne A 536
alloxazine A 537
allumer I 19
aloïne A 540
alphafœtoprotéine F 76
altitude H 192
altrose A 548
alumine A 555
aluminium A 550
alun A 549
alun de chrome C 528
alun de chrome potassique C 528
α-amanitine A 565
amberlite A 567
ambocepteur A 569
ambulant A 570
ambulatoire A 570
amenée I 420
amenée d'air A 408
amener à un pH A 283
amener un pH A 283
amer B 324
améthoptérine M 380
amiante A 1032
amibe A 668
amibe intestinale I 383
amibie dysentérique E 260
amicrobien S 867
amidase A 573
amide A 576
amide acétique A 63
amide acrylique A 183
amide d'acide A 130
amide d'acide gras F 37
amide d'acide salicylique S 20
amide de la glycine G 349
amide formique F 328
amide nicotinique N 134
amide propénoïque A 183
amider A 574
amidification A 575
amidine A 577
amidon S 809
amidon de maïs M 63
amidon de pomme de terre P 807
amidon de riz R 439
amidoschwartz A 578
amidoschwarz A 578
amidure de sodium S 482
aminase A 573

amination A 581
amine A 582
amine aromatique A 1003
amine biogène B 266
amine-oxydase M 670
aminer A 580
aminoacide A 583
aminoacide-décarboxylase A 589
aminoacide-désaminase A 591
aminoacide-déshydratase A 590
aminoacide-déshydrogénase A 591
aminoacide essentiel E 453
aminoacide-oxhydrase A 591
aminoacide-oxydase A 593
aminoacyl-adénylate A 596
aminoacyl-AMP A 596
aminoacylase A 597
aminoacylhistidine-dipeptidase A 598
aminoacyl-tRNA A 599
aminoacyl-tRNA-synthétase A 600
aminoalcool A 602
aminobenzène A 780
p-aminobenzène-sulfonamide S 1070
amino-2-dihydroxy-4 X 11
β-aminoéthanol C 713
aminoéthylcellulose A 606
aminoéthylphénol T 700
aminoformamidine G 486
amlnoglucoside A 607
2-amino-6-hydroxypurine G 488
aminolévulinate-déshydratase P 739
aminolipide A 613
aminopeptidase A 615
aminopeptide A 616
aminophénazone A 617
aminophénol A 618
aminophérase A 624
aminopolypeptidase A 619
aminopolysaccharide A 620
aminoptérine A 621
6-aminopurine A 243/4
amino-6-purine A 243/4
aminopurine A 622
aminopyrine A 617
aminosucre H 272
aminotoluène T 411
aminotransférase A 624
aminourée S 200
aminoxydase M 670
ammoniac A 627
ammoniacal A 628
ammoniaque A 630
ammonium A 632
amniocentèse A 660
amnioscopie A 662
amnioscopique A 661
amorce P 929
amorcer S 817
amorphe A 670
amorphisme A 669
AMP A 256
AMP cyclique C 1205
AMP-désaminase A 268
ampérage C 1183
ampèremètre A 625
ampèremétrie A 675
ampèremétrique A 672
amphétamine A 676
amphicyte A 677
ampholyte A 678
amphophile A 679
amphotère A 680
ampicilline A 681
amplificateur de mesure M 190
amplitude de variation R 106
ampoule A 682
ampoule de verre G 199
ampoule en plastique P 560
AMP-pyrophosphorylase A 247
amygdalase G 294
amygdaline A 684
amygdaloside A 684
amylacé A 685, A 694
α-amylase A 688
β-amylase A 689
γ-amylase G 259
amylase d'urine U 127
amylase pancréatique P 22
amylase salivaire P 1163
amylase sérique S 295
amyloclastique A 696
amylodextrine A 691
amylo-1,6-glucosidase A 692
amyloglucosidase G 259
amyloïde A 693, A 694
amylolytique A 696
amylopectine A 698
amylophosphorylase P 409
amylopsine P 22
amylose A 699
amylo(1,4→ 1,6)transglucosylase G 254
anabolique A 700, A 701
anabolisant A 700
anabolisme A 704
anabolite A 700, A 705
anaérobie A 706, A 707
anaérostat A 710
analeptique A 712
analgésique A 713
analogue A 714
analogue de base B 108
analysable A 717
analyse A 721
analyse automatique A 1146
analyse biochimique B 253
analyse chimique C 374
analyse chromatographique C 514
analyse chromosomique C 549
analyse colorimétrique C 766
analyse conséquente S 252
analyse cristallographique aux rayons X X 38
analyse d'acides aminés A 585
analyse d'activation A 206
analyse de calcul S 920
analyse de calcul urinaire U 130
analyse de conformation C 891
analyse de corrélation C 1026
analyse de corrélation des rangs R 108
analyse de covariance C 1077
analyse de dispersion V 46
analyse de fluorescence F 259
analyse de Kjeldahl K 75
analyse de la radioactivité R 48
analyse de liquide amniotique A 722
analyse de précipitation P 834
analyse de régression R 266
analyse de régression linéaire L 268
analyse de régression non-linéaire N 210
analyse de sang B 361
analyse de saturation S 85
analyse de sédimentation S 160
analyse des fréquences F 377
analyse des gènes G 133
analyse des traces T 463
analyse de structure S 983
analyse des urines U 126
analyse de variance V 46
analyse de variance à plusieurs variables M 785
analyse différentielle thermique D 389
analyse d'injection continue F 233
analyse discriminante D 575
analyse discriminante linéaire L 265
analyse discriminatoire D 575
analyse discriminatoire linéaire L 265
analyse dispersonnelle V 46
analyse du gaz G 48
analyse du gaz alvéolaire A 562
analyse du gaz respiratoire R 344
analyse du gaz sanguin B 384
analyse d'urine U 126
analyse du sang fœtal F 72
analyse du spectre S 633
analyse du suc gastrique G 86
analyse électrochimique E 66
analyse élémentaire E 145
analyse enzymatique E 278
analyse factorielle F 4
analyse fréquentielle F 377
analyse frontale F 396
analyse gravimétrique G 450
analyse hormonalo H 411
analyse individuelle S 411
analyse inorganique I 301
analyse multiélément M 768
analyse néphélométrique N 70
analyse organique O 100
analyse par activation neutronique N 124
analyse par adsorption A 309
analyse par chromatographie gazeuse G 54
analyse par déplacement D 607
analyse par diffraction des rayons X X 25
analyse par dilution D 475
analyse par dilution isotopique I 595
analyse par élution E 158
analyse par extraction E 611
analyse par fluorescence F 259
analyse par fluorescence de rayons X X 29
analyse par goutte S 733
analyse par luminescence L 440
analyse par spectre de luminescence L 445
analyse par voie humide W 72
analyse par voie sèche D 784
analyse polarographique P 637
analyse potentiométrique P 813
analyse protéique P 1066
analyse qualitative Q 3
analyse quantitative Q 14
analyser A 718
analyse radiochimique R 52
analyse radioenzymatique R 64
analyse radiométrique R 86
analyse rapide R 112
analyse séquentielle S 252
analyse spectrale S 633
analyse spectrale absorptive A 43
analyse spectrale absorptive atomique A 1092
analyse spectrale à flammes F 200
analyse spectrale atomique A 1100
analyse spectrale de masse M 132
analyse spectrale émissive E 187
analyse spectrale infrarouge I 257
analyse spectrale IR I 257
analyse spectrale par rayons X X 37
analyse spectrochimique S 640
analyse spectroscopique S 633
analyse spectroscopique par rayons X X 37
analyse statistique S 833
analyse synoviale S 1176
analyse témoin C 361
analyse thermique T 139
analyse thermogravimétrique T 159
analyse titrimétrique T 394
analyse totale T 419
analyse toxicologique T 450
analyse turbidimétrique T 668
analyseur A 719
analyseur à canal unique S 415
analyseur automatique continu F 238
analyseur automatique discontinu D 572
analyseur automatique discret D 574
analyseur d'acides aminés A 584
analyseur de gaz G 47
analyseur d'enzyme E 289
analyseur du gaz de sang B 383
analyseur du gaz respiratoire R 343
analyseur multicanal M 767
analyse volumétrique T 394
analyste A 723
analyte A 724
analytique A 725
analytique de coagulation C 663
analytiquement pur R 165
anamnèse A 744
anaphorèse A 745
anaphylactine A 749
anaphylactogène A 747
anaphylactotoxine A 748
anaphylatoxine A 748
anatoxine A 750
androcorticoïde A 752
androgène A 753, A 755
androsome A 756
androsperme A 757
androstane A 758
androstanediol A 759
androstanolone D 453
androstène A 760
androstènediol A 761
androstènedione A 762
androstérone A 763
androstérone-glucuronide A 764
anérythrocyte A 765
anesthésiant A 711
anesthésie courte S 346
anesthésie locale L 390
anesthésique A 711
anesthésique local L 391
aneurinase T 188
aneurine T 189
angioblaste A 766
angiohelminthe A 767
Angiostrongylus cantonensis A 768
angiotensinase A 770
angiotensine A 769
angiotensinogène A 771

angiotonine A 769
angle de diffusion S 105
angle de dispersion S 105
angle de polarisation P 625
angle de réflexion R 244
angle de réfraction R 252
angle de rotation A 774
angle d'incidence A 773
anhydrase A 776
anhydrase carbonique C 120
anhydre A 778
anhydre d'acide A 131
anhydre sulfureux S 1101
anhydride A 777
anhydride acétique A 74
anhydride carbonique C 122
anilide A 779
anilide phénylacétique A 65
aniline A 780
animal A 786, A 787
animal de laboratoire E 571
animal d'expérimentation E 571
animal témoin C 957
animation S 903
animer S 902
anion A 794
anionique A 800
anisochromémie A 801
anisochromie A 801
anisocyte A 802
anisogamète H 250
anisole A 803
anisotrope A 804
ankylostome A 751, H 405
ankylostome duodénal A 572, O 28
anneau de Carbot C 129
anneau de Raschig R 118
anneau de statif S 802
anneau de ténia P 971
anode A 805
anodique A 806
anomal A 7
anomalie A 807
anophèle A 808
anormal A 7
anse pour microscopie S 464
ansérine A 809
antagglutinine A 818
antagoniste de vitamines A 947
antagoniste métabolique A 896
antalgique A 713
anténatal P 890
anthelmintique A 810
anthélone A 811
anthracène A 812
anthraquinone A 814
anthraquinone-2-sulfonate de sodium S 483
anthraquinone-2-sulfonate sodique S 483
anthrone A 816
anthropoïde A 817
antiacide A 139
antiagglutinine A 818
antiagressine A 819
antialbumine A 820
antiallergique A 821
antianaphylactine A 822
anti-anticorps A 823
antiarrythmique A 824
antiasthmatique A 825
antibiogramme A 826
antibiotique A 827
anticeptif C 949
anticétogène A 887, A 888
α_1-antichymotrypsine A 835
anticoagulant A 836
anticodon A 838
anticollagénase A 839
anticomplément A 840
anticomplémentaire A 841
anticonceptionnel C 949
anticonvulsif A 851
anticorps A 828
anticorps agglutinant A 371
anticorps anaphylactique A 746
anticorps anticellule pariétale P 111
anticorps antiendothélial A 849
anticorps antiérythrocytaire A 852
anticorps antigliadine G 230
anticorps antimicrosomique A 897
anticorps antimitochondrial A 898
anticorps antimusculature lisse S 475
anticorps antimyocardique A 903
anticorps antinucléaire A 904
anticorps antiplaquettaire A 909
anticorps antiprothrombine A 914
anticorps antirénal A 916
anticorps anti-Rh R 395
anticorps anti-T A 933
anticorps antitoxique A 942
anticorps atopique R 169
anticorps autoagressif A 1121
anticorps autoimmun A 1138
anticorps bivalent C 836
anticorps bloquant I 163
anticorps chaud W 7
anticorps complet C 836
anticorps croisé C 1114
anticorps cytophile C 1285
anticorps cytotoxique C 1302
anticorps d'ADN D 673
anticorps de Bordet B 493
anticorps de Donath-Landsteiner D 693
anticorps de groupe sanguin B 391
anticorps de Lewis L 229
anticorps d'hépatite H 222
anticorps d'immunofluorescence I 93
anticorps double D 727
anticorps du système Rhésus R 395
anticorps érythrocytaire E 403
anticorps fixant le complément C 834
anticorps fluorescent F 267
anticorps froid C 719
anticorps gélatineux G 116
anticorps hétérogène H 246
anticorps hétérologue H 246
anticorps hétérophile H 246
anticorps homologue H 388
anticorps humoral H 449
anticorps hybride H 461
anticorps immunisant I 57
anticorps incomplet I 163
anticorps irrégulier I 531
anticorps isologue I 545
anticorps leucocytaire L 185
anticorps Lewis L 229
anticorps lié à la cellule C 226
anticorps lipoïde L 296
anticorps marqué L 3
anticorps maternel M 150
anticorps microsomal M 536
anticorps mitochondrial M 596
anticorps monoclonal M 683
anticorps monovalent M 710
anticorps naturel N 37
anticorps neutralisant N 115
anticorps plaquettaire T 275
anticorps polyclonal P 660
anticorps précipitant P 839
anticorps réaginique R 169
anticorps rénal K 57
anticorps rougeoleux M 177
anticorps sérique S 296
anticorps spontané S 715
anticorps thrombocytaire T 275
anticorps tissulaire T 357
anticorps tumoral T 651
anticorps xénogène H 246
antidépresseur A 842
antidépressif A 842
antidiabétique A 843
antidiarrhétique A 844
antidiurétique A 845
antidote A 847
antiémétique A 848
antienzyme A 850
antiépileptique A 851
antifacteur A 854
antifébrile A 915
antiferment A 850
antifibrinolysine A 908
antifibrinolytique A 856
antifongique A 902
antiformine A 857
antigène A 859
antigène A A 1
antigène associé à tumeur T 653
antigène Australia H 224
antigène Australia-SH H 224
antigène B B 81
antigène bactérien B 12
antigène capsulaire C 95
antigène caractéristique C 354
antigène carcino-embryonnaire C 141
antigène cellulaire C 224
antigène choléraïque C 458
antigène complet C 837
antigène conjugué C 906
antigène croisé C 1115
antigène de Besredka B 186
antigène de choléra C 458
antigène de différentiation D 394
antigène de fertilisation F 20
antigène de Forssman F 339
antigène de groupe G 467
antigène de groupe sanguin B 392
antigène de Kveim K 89
antigène de la membrane basale B 105
antigène de la peau D 222
antigène de leucocytes L 186
antigène de membrane M 272
antigène d'épreuve T 80
antigène de rougeole M 178
antigène de surface S 1127
antigène de Thomsen T 241
antigène de transplantation T 516
antigène de tumeurs T 652
antigène de virulence V 107
antigène d'hépatite H 223
antigène d'histocomptabilité T 516
antigène du système Rhésus R 396
antigène échinococcique E 18
antigène érythrocytaire E 404
antigène F F 20
antigène fétopancréatique F 75
antigène flagellaire F 190
antigène gonococcique G 410
antigène H F 190
antigène hétérogène H 247
antigène hétérologue H 247
antigène histocompatible Y H 458
antigène HLA-B 27 R 276
antigène homologue H 389
antigène Hunter H 433
antigène immunologique I 58
antigène individuel I 207
antigène K C 95
antigène L L 90
antigène leucocytaire L 186
antigène lié à la membrane M 272
antigène lipoïde L 297
antigène marqué L 4
antigène microsomal M 537
antigène O O 2
antigène oncofétal O 39
antigène organique spécifique O 111
antigène pancréatique oncofétal P 31
antigène partiel P 117
antigène percutané P 219
antigène plaquettaire P 574
antigène précipitant P 840
antigène précoce E 3
antigène privé I 207
antigène pur P 1194
antigène résiduel R 323
antigène Rh R 396
antigène Rhésus R 396
antigène «rugueux» R 487
antigène S S 570
antigène sérique S 297
antigène soluble S 570
antigène somatique O 2
antigène spécifique S 614
antigène spécifique de thymus T 323
antigène spécifique de Treponema pallidum P 13
antigène spécifique quant à l'espèce C 354
antigène streptococcique S 955
antigène T T 241, T 516, T 652
antigène tardif L 106
antigène thermolabile T 161
antigène thermostable T 184
antigène thêta T 187
antigène thrombocytaire P 574
antigène tissulaire T 358
antigène typhoïde T 696
antigène universel U 60
antigène V V 112
antigène Vi V 107
antigène viral V 112
antigène xénogène X 19
antigénicité A 868
antigénique A 865
antiglobuline A 872
antihème-agglutinine A 875
antihémolysine A 876
antihémolytique A 877
antihistaminique A 880
antihormone A 881
antihyaluronidase A 883
antihypertenseur A 885
anti-immunoglobuline A 886
anti-inflammatoire A 906
antikinase A 889
antilysine A 892
antimétabolique A 895
antimétabolite A 896
antimoine A 899
antimycine A 901

antioxydant A 905
antioxygène A 905
antiphlogistique A 906
antiplasmine A 908
antipode A 910
antiprécipitine A 911
antiproaccélérine A 912
antiprothrombine A 913
antipyrétique A 915
antipyrine P 306
antirhumatismal A 918
antiseptique A 920
antisérum A 921
antispasmodique S 600
antistaphylohémolysine A 923
antistaphylolysine A 923
antistreptodornase A 926
antistreptohémolysine A 929
antistreptokinase A 927
antistreptolysine A 929
antithrombine A 934
antithrombine III A 935
antithrombokinase A 936
antithromboplastine A 936
antithrombotique A 937
antithyréotrophine A 940
antithyroïdien A 939
antitoxine A 943
antitoxique A 941
antitrypsine T 615
α_1-antitrypsine A 944
antitryptase T 615
antituberculeux T 640
antitussif A 945
antivénimeux A 847
antivirus A 946
antivitamine A 947
antivomitif A 848
anucléaire A 51
anucléé A 51
anulocyte A 948
apathogène A 949
apatite A 950
aphrodine Y 15
Apo A 955
apoenzyme A 953
apoferritine A 954
apolaire N 216
apolipoprotéine A 955
apomorphine A 956
apoprotéine A 957
apotoxine A 748
apotransferrine A 958
apozymase A 959
appareil D 266
appareil à agiter S 336
appareil à canal unique S 416
appareil à filtrer F 132
appareil à iontophorèse I 501
appareil à lyophiliser F 368
appareil à succion A 1073
appareil centrifuge C 305
appareil d'absorption A 25
appareil d'agitation S 908
appareil d'analyse A 719
appareil d'échantillonnage S 55
appareil de désinfection D 583
appareil de distillation D 651
appareil de distillaton sous vide V 14
appareil de Golgi G 403
appareil de Haldane H 123
appareil de Kjeldahl K 72
appareil de laboratoire L 10
appareil d'électrophorèse E 127
appareil de lecture I 184
appareil de mesurage enzymatique E 289
appareil de mesure M 198, M 201
appareil de stérilisation par gaz G 78
appareil de titrage T 392
appareil de titrage automatique A 1150
appareil de transfusion du sang B 432
appareil de van Slyke V 36
appareil de Warburg W 4
appareil d'infusion I 265
appareil enregistreur R 186
appareil pour déterminer le métabolisme basal M 330
appareil pour examen du métabolisme basal M 330
appareil pour l'iontophorèse I 501
appareil pour transfusion du sang B 432
appareil Soxhlet S 598
applicabilité U 210
applicable U 211
application A 287, A 959 a, U 213
application clinique C 602
appliquer A 286, A 959 b, U 212
apport de chaleur H 179
approvisionnement en énergie E 240
approximation A 961
aptitude à la substitution S 1018
aptitude au remplacement S 1018
apyrase A 964
aqueux A 965
Ar A 996
arabinose A 972
arabinose-5'-phosphate A 973
arbovirus A 976
arenavirus A 978
aréomètre D 143
aréométrique D 144
Arg A 985
argent S 395
argentaffine A 979
argentaffinité A 981
argentation S 402
argentométrie A 983
argentométrique A 982
argentophile A 997
argenture S 402
arginase A 984
arginine A 985
arginine-amidinase A 984
arginine-décarboxylase A 986
arginine-désiminase A 987
arginine-dihydroxylase A 987
arginine-monohydrochlorure A 988
arginine-phosphate A 989
arginine-vasopressine A 991
argininosuccinase A 993
argininosuccinate A 992
argininosuccinate-lyase A 993
argininosuccinate-synthétase A 994
argon A 996
argyrophile A 997
argyrophilie A 998
armoire de séchage D 796
armoire frigorifique R 259
A.R.N. R 417
ARN R 417
ARN-accepteur T 491
ARN de transfert T 491
ARN-messager M 325
ARN nucléaire N 265
ARN-nucléotidyltransférase R 464
ARN ribosomal R 430
ARN-synthétase R 465
aromatique A 1001
arrangement de chromosomes C 556
arsenic A 1007
arsenical A 1009
arsenic blanc A 1017
arsénifère A 1009
arsénite A 1018
arsénite de sodium S 484
arséniure d'hydrogène A 1013
arsine A 1013
artéfact A 1019
arténérol N 225
artériel A 1020
arthrocentèse P 1187
arthrospore A 1025
artificiel A 1026
arylamidase L 174
arylamine-acétylase A 1028
arylamine-acétyltransférase A 1028
arylestérase A 1029
arylsulfatase A 1030
arylsulfotransférase A 1031
As A 1007
ASAT A 1061
asbeste A 1032
ascaride A 1037
ascaride lombricoïde L 436
ascomycètes A 1046
ascorbate A 1047
asepsie S 881
aseptique S 867
aseptisé S 874
aseptiser S 873
Asn A 1058
Asp A 1064
asparaginase A 1057
asparagine A 1058
aspartase A 1059
aspartate A 1060
aspartate-aminotransférase A 1061
aspartate-carbamoyltransférase A 1062
aspartate-kinase A 1063
aspartate-transaminase A 1061
aspartate-transcarbamylase A 1062
aspartylglycosylamine A 1065
asperger S 738
aspergille A 1066
Aspergillus flavus Y 12
Aspergillus fumigatus A 1067
Aspergillus niger A 1068
aspersion S 739
aspirateur A 1073, S 1048
aspiration A 1071, S 1042
aspiration gastrique G 81
aspiration gastro-intestinale G 99
aspiré A 1070
aspirer A 1069, S 1041
aspirine A 120
assemblage en T T 627
assemblage en té T 627
assimilation A 1075
assimiler A 1074
association A 1077
associer A 1076
astringent A 1080
astringents A 1080
astroblaste A 1081
astrocyte A 1082
astroglie M 10
asymétrie A 1085
asymétrique A 1084
atome A 1088
atome d'hydrogène H 495
atome-gramme G 426
atomique A 1089
atomisation A 1103
atomiser A 1104
atomiseur A 1105
atoxique A 1106
ATP A 261
ATPase A 260
ATP-citrate-lyase A 1107
ATP-diphosphatase A 964
ATP-pyrophosphatase A 1108
atropine A 1110
attaque D 420
attaquer D 418
atypie A 1114
atypique A 1115
Au G 400
augmentation de température T 62
auramine A 1117
autanticorps antiérythrocytaire A 853
auto-absorption S 191
autoagglutinination A 1119
autoagglutinine A 1120
autoallergène A 1122
autoanalyseur A 1123
autoanalyseur à flux continu F 238
auto-anticorps A 1124
auto-anticorps antiérythrocytaire A 853
auto-anticorps chaud W 8
auto-anticorps érythrocytaire E 405
autoanticorps thyroïdien T 327
auto-antigène A 1125
autocatalyse A 1126
autocatalyseur A 1127
autocatalytique A 1128
autoclavage A 1131
autoclave A 1130
autoclave à vapeur A 1130
autoclaver A 1129
autocontrôle S 192
autofluorescence A 1132
autohémagglutination A 1119
autohémagglutinine A 1120
autohématoagglutination A 1119
autohémolyse A 1134
autohémolysine A 1133
autohémolytique A 1136
autoimmun A 1137
autoinhibition A 1139
autologue H 387
autolysat A 1140
autolysat de levure Y 6
autolyse A 1143
autolyser A 1141
autolysine A 1142
autolytique A 1144
automate d'analyse A 1123
automate de coloration D 819
automate hématologique H 24
automatisation du laboratoire L 12
automatisation partielle P 118
autonome A 1152
autoprécipitine A 1153
autoprotéolyse A 1143
autoprothrombine A 1154
autopsie O 3
autopsier D 616
autoradiogramme A 1155
autoradiographie A 1157
autoradiographique A 1156
autorégulation S 194

autosomal A 1159
autosome A 1161
autosomique A 1159
autotrophe A 1162
autoxydation A 1164
auxanogramme A 1165
auxochrome A 1170
avarie A 1173
avidine A 1175
avirulent A 1176
avoir de l'effet A 189
avoir de l'effet sur A 189
axe A 1178
axe d'abscisses A 15
axe de coordonnées C 993
axe des ordonnées O 94
axérol R 367
axérophtol R 367
azacytidine A 1180
azaguanine A 1181
azasérine A 1183
azathymine A 1184
azauracile A 1185
azauridine A 1186
azéotropique A 1187
azide A 1189
azide de sodium S 485
azobilirubine A 1190
azocarmin A 1191
azorubine S A 1196
azotate N 152
azotate de sodium S 525
azote N 173
azoté N 182
azote aminé A 614
azote ammoniacal A 629
azote d'acide aminé A 614
azote de créatinine C 1093
azote liquide L 341
azote non-protéique N 218
azote polypeptidique P 699
azote protéique P 1093/4
azote résiduel N 218
azote restant N 218
azote total T 433
azote uréique U 93
azote urinaire U 138
azotimètre A 1197
azoture N 161
azur A 1198
azurophile A 1200

B

B B 496
Ba B 89
bacille R 470
bacille botulique B 503
bacille Breslau T 695
bacille de Bang B 79
bacille d'Eberth T 697
bacille de Bordet-Gengou B 492
bacille de Calmette et Guérin B 3
bacille de Camette-Guérin B 3
bacille de Daveine A 815
bacille de Döderlein D 684
bacille de Ducrey H 91
bacille de Friedländer F 395
bacille de Gaertner G 1
bacille de Ghon-Sachs V 90
bacille de Hansen L 161
bacille de Hoffmann H 366
bacille de Kitasato P 511
bacille de Klebs K 76
bacille de Koch T 636
bacille de Koch-Weeks K 82
bacille de la lèpre L 161
bacille de la peste P 511
bacille de la pseudodiphtérie H 366
bacille de la tuberculose T 636
bacille de Löffler L 396
bacille de Malassez et Vigual Y 14
bacille de Morax-Axenfeld M 715
bacille de Morgan P 1111
bacille de Nicolaier T 111
bacille d'entérite G 1
bacille de Pfeiffer I 245
bacille de Schmitz S 345
bacille de Shiga D 827
bacille de Shiga-Kruse D 827
bacille de Welch W 64
bacille de Yersin P 511
bacille diphtérique L 396
bacille d'ozène K 77
bacille du botulisme B 503
bacille du charbon A 815
bacille du rhinosclérome R 405
bacille dysentérique D 827
bacille lactique L 53
Bacille Manchester P 61
bacille paratyphique S 33
bacille paratyphique A S 35
bacille paratyphique B S 36
bacille pneumoniae F 395
bacille pseudodysentérique type E M 341
bacille pyocyanique P 1146
bacille subtil H 148
bacille tétanique T 111
bacille tuberculeux T 636
bacille tuberculeux bovin M 815
bacille virgule C 811
Bacillus acidi lactici S 958
Bacillus dysenteriae D 827
bacillus dysenterius D 827
bac mélangeur M 618
bactéricide B 40, B 41
bactéricidine B 42
bactérie B 67
bactérie acido-résistante A 140
bactérie aérobie A 331
bactérie anaérobie A 708
bactérie autotrophe A 1163
bactérie capsulaire C 96
bactérie charbonneuse A 815
bactérie d'acide butyrique B 615
bactérie d'acné A 170
bactérie de fer I 505
bactérie d'épreuve T 81
bactérie de putréfaction P 1225
bactérie filiforme T 244
bactérie hémophile H 90
bactérie hospitalière H 424
bactérie liant de l'azote N 180
bactérie lumineuse P 421
bactérien B 9
bactérie nitreuse N 165
bactérie nitrifiante N 165
bactérie nitrique N 153
bactérie nitrosifiante N 165
bactérie paratyphique S 33
bactérie pathogène P 148
bactérie phospholuminescente P 421
bactérie phosphorescente P 421
bactérie pyogène P 1230
bactéries d'entérides typhoïdes et parathyphoïdes T 698
bactéries intestinales I 388
bactérie thermophile T 171
bactérie typhimurine T 695
bactériocyte B 43
bactérioérythrine B 44
bactériofluorescine B 45
bactériogène B 46
bactériohémolysine B 48
bactériolithe B 37
bactériologie B 53
bactériologique B 49
bactériologiste B 52
bactériolyse B 55
bactériolysine B 54
bactériolytique B 56
bactériophage B 57
bactériophage lytique L 524
bactériophage virulent V 110
bactériophagique B 58
bactérioprécipitine B 59
bactérioscopie B 61
bactérioscopique B 60
bactériostase B 62
bactériostatique B 63
bactériotoxine B 65
bactériotoxique B 64
bactériotrope B 66
bactériotropine O 64
Bacterium flexneri P 61
Bacterium sonnei M 341
bactéroïde B 68, B 69
baguette de verre G 218
bain B 136
bain d'air A 394
bain de chauffage H 175
bain de sable S 65
bain de teinture D 815
bain de vapeur S 845
bain d'huile O 21
bain du liquide L 331
bain fixateur F 188
bain glacé I 2
bain-marie W 21
baisse de température T 54
balance B 71
balance analytique A 726
balance à ressort S 742
balance automatique A 1147
balance azotée N 179
balance d'analyse à plateau unique S 420
balance de laboratoire L 13
balance de précision A 726
balance de précision P 844
balance de sédimentation S 161
balance de torsion T 417
balance microanalytique M 448
balance romaine B 143
balantidium B 73
Balantidium coli B 73
ballon B 75, F 205, G 213
ballon à col court S 349
ballon à col large W 88
ballon à col long R 492
ballon à deux tubulures T 680
ballon à distiller D 653
ballon à distiller F 349
ballon à extraction W 88
ballon à fond plat F 206
ballon à fond rond R 491
ballon à trois tubulures T 247
ballon de Kjeldahl K 74
ballon gradué à col long N 25
ballon jaugé M 215, V 165
ballon piriforme P 614
ballon récepteur C 194
bande S 968
bande adhésive A 276
bande d'absorption A 29
bande de gaze G 109
bande d'élution E 159
bande de papier P 53
bande hémostatique T 439
bandelette de réaction T 106
banque de données D 18
banque des cellules C 225
banque des gènes G 134
banque des tissus T 359
banque du sang B 362, B 376
BAO B 100
barbital B 82
barbital sodique S 486
barbiturase B 84
barbiturique B 85
barre R 469
bartonelle B 98
baryte B 94
baryum B 89
bas âge E 6
basal B 99
bascule décimale D 53
base B 107
base d'ammonium A 634
base d'ammonium quaternaire Q 21
base nucléique N 277
base organique O 101
base purique P 1204
base pyridique P 1237
base pyrimidique P 1254
base tampon B 581
base tampon normale N 229
basicité A 491
basidiomycète B 120
basilemme B 104
basique A 483
basocyte B 129
basophile B 124, B 129
basophilisme B 123
basophiloblaste B 134
bassin collecteur C 735
bathocuproïne B 137
bâton de verre G 218
bâtonnet d'Auer A 1116
bâtonnets / en R 472
BCG B 3
Be B 185
bébé I 233
bec Bunsen B 597
becher B 141
béchique A 945
becquerel B 146
bénin B 161
bentonite B 163
benzaldéhyde B 165
benzamidase A 597
benzène B 167
benzidine B 168
benzoate B 172
benzoate de benzyle B 178
benzoate de lithium L 355
benzoate de méthyle M 392
benzoate de sodium S 487
benzodiazépine B 173
benzol B 167
1,2-benzopyrone C 1052
2,3-benzopyrrole I 211
benzoylglycocolle H 313
benzylpénicilline B 179
berbérine B 180
béryllium B 185
besoin R 317
besoin en eau W 35
besoin en énergie E 238
besoin en oxygène O 232
bétaïne B 190
bétaïne-aldéhyde-déshydrogénase B 191
bétaïne-homocystéine-méthyltransférase B 192
Bi B 317/8
biacétate D 284

biais S 1188
bicarbonate H 497
bicarbonate *de sodium* S 509
bicarbonate d'ammonium A 641
bicarbonate de potassium P 781a
bicarbonate étalon A 492
bicarbonate plasmatique P 520
bicarbonate sérique S 298
bicétone D 470
bichlorure d'étain T 349
bichromate de potassium P 776
bichromate de sodium S 500
bicoloration D 747
bidimensionnel T 674
bidistillé D 736, D 737
bifidobactérie B 200
biguanide B 201
bilan azoté N 179
bilan d'azote N 179
bilan d'hémostase H 105
bilan énergétique E 234
bile B 202
bile A A 5
bile B B 139
bile C C 219
bile cystique B 139
bile de bœuf O 199
bile de verre G 200
bile hépatique A 5
bile hépatocytaire A 5
bile vésiculaire B 139
biliaire B 214
bilicyanine B 215
biliflavine B 216
bilifuscine B 217
bilileukane B 218
biline B 219
bilineurine C 471
bilinogène B 220
biliprasine B 221
bilipurpurine B 222
bilirubinate B 224
bilirubine B 223
bilirubine conjugée D 549
bilirubine directe D 549
bilirubine indirecte I 200
bilirubine libre I 200
bilirubine non conjuguée I 200
bilirubine préhépatique I 200
bilirubine primaire I 200
bilirubine secondaire D 549
bilirubine totale T 421
bilirubinoïde B 231
bilirubinomètre B 232
biliverdinate B 236
biliverdine B 235
bilixanthine B 237
binucléaire B 244
binucléée B 244
biocatalyse B 248
biocatalyseur B 249
biocatalytique B 250
biochimie B 263
biochimie clinique C 603
biochimie médicale M 228
biochimie pathologique P 152
biochimioluminescence B 261
biochimiotypie B 260
biochimique B 252
biochimiste B 262
biocinétique B 268, B 269
biodisponibilité B 247
biofiltre B 264
biogène B 265
biogramme hormonal H 412
biologie B 277
biologie cellulaire C 1246
biologie moléculaire M 649
biologique B 270
biomacromolécule B 291
biomathématique B 279, B 280
biomathématiques B 280
biomédecine B 281
biomembrane B 282
biométrie B 284
biométrique B 283
biomicroscope B 285
biomicroscopie B 287
biomicroscopique B 286
biophosphate B 288
biophysique B 289, B 290
biopolymère B 291
biopotentiel B 292
biopsie B 293
biopsie à aiguille fine F 167
biopsie à l'aiguille N 48
biopsie à l'emporte-pièce P 1175
biopsie à pince F 318
biopsie aveugle B 350
biopsie cellulaire de surface S 1128
biopsie cérébrale B 518
biopsie cervicale C 339
biopsie chorionique C 493
biopsie cutanée S 432
biopsie d'Ayre A 1179
biopsie de la glande thyroïde T 328
biopsie de la moelle osseuse B 477
biopsie de l'estomac S 917
biopsie de l'intestin grêle S 455
biopsie d'endomètre E 205
biopsie d'éponge S 709
biopsie des ganglions lymphatiques L 468
biopsie de surface S 1128
biopsie d'œsophage O 18
biopsie d'os B 475
biopsie du col utérin C 341
biopsie du corps vitré V 145
biopsie du myocarde M 832
biopsie d'un cône R 449
biopsie du rectum R 195
biopsie endobronchiale E 200
biopsie endométriale E 205
biopsie endoscopique E 217
biopsie en quatre points F 340
biopsie gastrique S 917
biopsie gastroscopique G 102
biopsie hépatique L 369
biopsie intestinale I 384
biopsie médiastinale M 225
biopsie musculaire M 795
biopsie nerveuse N 77
biopsie osseuse B 475
biopsie par aspiration A 1072
biopsie par cathéter C 201
biopsie par ponction N 48
biopsie perbronchique T 479
biopsie pleurale P 598
biopsie préscalénique S 93
biopsie pulmonaire L 451
biopsie rectale R 195
biopsie rénale R 289
biopsie rénale transcutanée R 299
biopsie testiculaire T 90
biopsie transbronchique T 479
bioptérine B 299
biorythme C 572
bios I I 316
bios II B 308
bios II_a P 42
biose B 300
bioside B 301
biostatistique B 302, B 303
biosynthèse B 304
biosynthétique B 305
biotélémétrie B 306
biotine B 308
biotine-carboxylase B 309
biotinidase B 310
biotransformation B 311
biotype B 312
bioxyde d'azote N 178
bioxyde de carbone C 122
bioxyde de silicium S 394
bioxyde de sodium S 533
bioxyde de soufre S 1101
biphosphate de magnésium M 45
biphosphate de potassium P 777
biphtalate de potassium P 782
bipolaire B 313
biréfringence D 745
bisel D 746
bismuth B 317/8
bistouri S 94
bisulfate de potassium P 783
bisulfite de potassium P 778
bitartrate de potassium P 784
biuret B 325
bivalence B 327
bivalent B 328
blanc B 335, W 81
blanc de zinc Z 9
blanchiment D 58
blanchir D 59
blaste B 339
blastocyte B 340
blastomycète B 342
blastomycine B 343
blastospore B 345
bléomycine B 349
bleu B 446
bleu alcalin A 476
bleu Alcian A 428
bleu à l'eau W 22
bleu brillant de coomassie C 991
bleu cyané B 182
bleu d'alizarine A 467
bleu d'aniline A 781
bleu d'aniline hydrosoluble W 22
bleu de benzidine B 169
bleu de bromochlorophénol B 541
bleu de bromophénol B 554
bleu de bromothymol B 559
bleu de coomassie C 990
bleu de crésyl brillant B 536
bleu de diamine D 317
bleu de leucométhylène L 210
bleu de méthylène M 397
bleu de méthylthymol M 425
bleu de molybdène M 666
bleu de naphtamine T 609
bleu de Niagara T 609
bleu de Nil N 143
bleu de Paris B 182
bleu de Prusse B 182
bleu de résorcine R 338
bleu de résorcinol R 338
bleu de thymol T 314, T 316
bleu de toluidine T 412
bleu d'indophénol I 219
bleu d'α-naphtol I 219
bleu liquide B 182
bleu trypan T 609
blocage B 353
bloqueur des récepteurs R 176
blot B 443
blotting B 444
bocal urine U 125
boire D 762
boisseau P 607
boisson alcoolique A 436
boîte D 578
boîte de culture P 265
boîte de Drigalski D 760
boîte de Petri P 265
boîte pour la stérilisation S 879
bombésine B 469
«boostering» B 485
borane B 497
borate B 486
borax B 488
bordetelle B 489
bordetelle de la paracoqueluche B 490
bore B 496
borohydrure B 497
bothriocéphale tænioïde F 179
botuline B 502
boubonne B 121
bouche F 182
boucher S 935
bouchon C 1012, S 936
bouchon à l'émeri G 219, G 461
bouchon de canette B 500
bouchon de coton C 1044
bouchon de verre G 219
bouchon d'ouate C 1044
bouchon en caoutchouc R 502
bouchon en plastique P 563
bouchon fileté S 135
boucle L 412
boucle bactériologique P 589
boucle de platine P 589
bougie de Berkefeld B 181
bougie de Chamberland C 348
bouillir B 458
bouilloire C 980
bouillon B 504, N 324
bouillon au foie L 371
bouillon au sang B 363
bouillon au sélénite S 188
bouillon biliaire B 206
bouillon d'ascite A 1040
bouillon de culture B 505
bouillon de glycérine G 335
bouillon de Martin M 123
bouillon de trypsine T 614
bouillon d'optochine O 81
bouillon lactosé L 67
bouillonnement B 465
bouillon nitraté N 154
bouillon peptoné P 204
bouillon sérique S 299
boule de Kjeldahl K 74
bourdonnet S 1156
bouteille B 499
bouteille à culture C 1166
bouteille à gaz G 57
bouteille à oxygène O 231
bouteille à réactifs R 164
bouteille clissée B 121
bouteille de gaz comprimé P 915
bouteille de verre G 202
bouteille d'oxygène O 231
bouteille en plastique P 561
bouteille isolante T 180
bouton céphalique A 182
Bq B 146
Br B 544
bradykinine B 515
bradykininogène B 516
bras chromosomique C 550
brasiline B 528
briser S 704
bromaniline B 548
bromate B 540
bromate de potassium P 765

bromatométrie B 553
bromatométrique B 552
brome B 544
bromé B 546
broméline B 542
bromobenzène B 549
bromoéthane E 496
bromométrie B 553
bromosuccinimide B 556
bromosulfophtaléine B 557
bromouracile B 560
bromsulfophtaléine B 557
bromure B 543
bromure d'ammonium A 635
bromure d'argent S 397
bromure de calcium C 25
bromure de lithium L 356
bromure de potassium P 766
bromure de sodium S 488
bromure d'éthyle E 496
brosse B 572
broyer G 458
broyeur M 568
broyeur tubulaire B 74
brucelle B 567
brucelline B 568
brucine B 570
brûler B 602, B 605
brûleur B 604
brûleur à gaz G 51
brûleur Bunsen B 597
brûlure B 606
brun B 566
brun de Bismarck V 85
brushite B 574
brut C 1123
BSP B 557
buchner B 576
buffy-coat B 592
bufotoxine B 593
bulbogastrone B 595
bulle d'air A 395
bulle gazeuse G 49
bulles d'air / sans F 364
burette B 598
burette à piston P 499
burette à réglage du point zéro automatique A 1151
burette automatique A 1148
burette de gaz G 50
burette de pesée W 58
burette graduée M 191
burette jaugée M 191, M 215
burin S 98
buse N 252
butanol B 609
butanone B 611
butyrate B 613
butyrate d'éthyle E 497
butyrylcholinestérase C 479
butyryl-CoA-déshydrogénase B 616
butyryldéshydrogénase B 616
butyrylthiocholine B 617
buveur A 432

C

C C 116, C 1048
°C D 83
Ca C 21
cadavérine C 2
cadavre C 1018
cadmium C 3
caesium C 9
café C 709
caféine C 10
caillot C 624
caillot de fibrine F 86
caillot fibrineux F 86
caillot sanguin B 367
calcaire de cholestérol pigment C 12
calcéine C 13
calciférol C 14
calcimètre C 15
calcination A 1056, C 16
calciner A 1052, C 17
calcite C 18
calcitonine C 19
calcitriol C 20
calcium C 21
calcium ionisé I 491
calcium radioactif R 22
calcul C 49, C 867
calcul biliaire G 28
calcul calcaire L 258
calcul carbonique C 119
calcul cholestérolique C 462
calcul cystineux C 1233
calcul de carbonate de calcium C 27
calcul de protéine P 1075
calcul de xanthine X 3
calculer C 48
calcul fibrineux F 85
calcul intestinal F 11
calcul mixte M 605
calcul oxalique O 186
calcul oxalique de calcium C 38
calcul pancréatique P 23
calcul phosphatique P 358
calcul phosphatique de calcium C 42
calcul rénal R 290
calcul salivaire S 26
calcul uratique U 84
calcul urétéral U 102
calcul urinaire U 129
calcul urique U 84
calcul vésical B 332
calibrage C 52
calibrateur C 60
calibration A 282
calibrer A 281, C 51
cali caustique P 785
callicréine K 5
calmoduline C 23
calomel C 62
calorimètre C 64
calorimètre de liquide W 23
calorimètre différentiel D 374
calorimétrie C 66
calorimétrique C 65
canal C 353
canal d'aspiration E 552
canal de mesure M 195
canal de ponction P 1184
canavanase A 984
cancérigène C 69, C 70
cancérogène C 69, C 70, O 40
candida C 73
Candida tropicalis C 74
canule C 75
canule à ailettes W 91
canule à jeter après usage D 612
canule à ponction P 1183
canule à ponction lombaire L 435
canule à usage unique D 612
canule d'aspiration S 1043
canule de transfusion sanguine B 433
canule Douglas D 748a
canule pour ponction P 1183
canule pour ponction sternale S 885
canule pour saignée B 402
caoutchouc C 76, R 498
caoutchouc mousse F 295
caoutchouc plombeux L 140
capacité C 77
capacité d'échange d'ions I 463
capacité de diffusion D 406
capacité de fixation B 472
capacité de fixation de fer I 506
capacité de saturation S 86
capacité de sorption S 594
capacité en oxygène O 226
capacité ferropectique I 506
capacité ferropectique latente L 109
capacité tampon B 585
capacité totale T 424
capacité totale de fixation du fer T 429
capillaire C 80, C 88
capillaire de verre G 203
capillarité C 79
capside C 93
capsulaire C 94
capsule C 98
capsule bactérienne B 13
capsule de bouteille B 500
capsule d'évaporation E 523
capsule surrénale A 292
captation d'électrons E 99
capter C 193
capteur S 227
capture d'électrons E 99
capture électronique E 99
capuchon céphalique A 182
capuchon protecteur P 1054
caractère S 374
caractère incolore C 781
caractéristique D 655
carbamate C 100
carbamate-kinase C 101
carbamazépine C 102
carbamide U 86
carbamidine G 486
carbaminohémoglobine C 104
carbamylaspartate C 105
carbamylaspartotranskinase A 1062
carbamylphosphate C 107
carbamylphosphate-synthétase C 108
carbamyltransférase T 480
carbanhydrase C 120
carbhémoglobine C 104
carbo-anhydrase C 120
carbohydrate C 109
carbol-fuchsine C 113
carboligase C 115
carbonate C 117
carbonate acide de sodium S 509
carbonate d'ammonium A 636
carbonate de bismuth B 319
carbonate de calcium C 18, C 26
carbonate de lithium L 357
carbonate de magnésium M 42
carbonate de potassium P 768
carbonate de sodium S 489
carbone C 116
carbone radioactif R 23
carbone résiduel R 325
carbonyldiamide U 86
carbonylhémoglobin C 131
carboxyamylopectine U 8
carboxycathepsine D 518
carboxyhémoglobine C 131
carboxyhémoglobinomètre C 132
carboxylase pyruvique P 1277
carboxylation C 134
carboxyler C 133
carboxylestérase C 135
carboxyméthylcellulose C 137
carboxymyoglobine C 138
carboxypeptidase C 139
carboxypeptidase B C 140
carbure d'hydrogène H 481
carbure d'hydrogène aromatique A 1006
carcinogène C 69, C 70
cardiocentèse C 146
cardiolipine C 144
cardiomyocyte M 833
cardiotonique C 142
carmin C 147
carmin de lithium L 358
carmin d'indigo I 196
carnitine C 150
carnitine-acétyltransférase C 151
carnitine-palmitoyltransférase C 152
carnosine C 153
carnosine-synthétase C 154
carotine C 156
carotinoïde C 157
carte chromosomique C 554
carte de contrôle C 958
carte de peptides P 194
carte génétique C 554
cartilage C 170
cartographie M 116
caryogramme K 12
caryométrie K 14
caryon N 312
caséine C 171
caséinogène C 173
cassure de chromosomes C 551
Castellanus Kruse-castellani M 341
cas urgent E 173
catabolique C 179
catabolisme C 181
catabolisme protéique P 1106
catabolite C 182
catalase C 183
catalyse C 186
catalyser C 185
catalyseur C 187
catalyseur redox R 205
catalytique C 188
cataphorèse C 191
cataphorétique C 192
catécholamine C 195
catéchol-1,2-dioxygénase C 196
catécholméthyltransférase C 197
catécholoxydase C 198
catégorie de danger D 9
cathepsine C 199
catheptase C 199
cathéter C 200
cathéter à demeure C 946
cathéter d'aspiration S 1044
cathéter de verre G 205
cathéter en caoutchouc R 499
cathétériser C 204
cathétérisme C 203
cathétérisme de la vessie B 331
cathéter pour la vessie B 330
cathéter urétéral U 103
catheter urétérique U 103
cathéter urétral U 105
cathéter veineux V 68
cathode C 206
cation C 207

cationique C 214
cause R 171
CBG T 483
CCK-PZ C 455
CCMH M 173
Cd C 3
CDP C 1239
CDP-choline C 1240
CDP-éthanolamine C 1241
Ce C 334
cellobiase G 294
cellobiose C 260
celloïdine C 262
cellophane C 263
cellose C 260
cellulaire C 281
cellulase C 283
cellule C 222, C 284
cellule A A 59
cellule acidophile A 160
cellule à corbeille B 122
cellule adipeuse F 28
cellule adventrice A 326
cellule «à épines» S 743
cellule à granulations G 437
cellule à insuline B 188
cellule akaryote A 409
cellule alpha A 542
cellule à lutéine L 457
cellule alvéolaire A 560
cellule amniotique A 663
cellule à mucus M 759
cellule animale A 789
cellule anucléée A 409
cellule APUD A 963
cellule araignée A 1082
cellule argentaffine A 980
cellule ascitique A 1041
cellule assistante H 205
cellule atrophique A 1109
cellule auxiliaire H 205
cellule B B 188, B 447
cellule bactérienne B 15
cellule basale B 102
cellule basophile B 125
cellule bêta B 188
cellule bordante P 110
cellule C C 220
cellule calciforme G 399
cellule cancéreuse C 68
cellule cardiaque H 161, H 162
cellule carminée C 148
cellule cartilagineuse jeune C 482
cellule cérébrale B 519
cellule chorionique C 494
cellule chromaffine C 498
cellule chromatophile C 539
cellule chromophobe C 541
cellule-cible T 20
cellule claire L 239
cellule clé C 649
cellule compte-globules C 231, C 1064
cellule corporelle B 449
cellule cytotoxique C 1303
cellule D D 127
cellule de Betz G 182
cellule de Bürker B 577
cellule de Councilman C 1053
cellule de dépôt S 940
cellule de donneur D 701
cellule de Fuchs-Rosenthal F 412
cellule de Gaucher G 105
cellule de Golgi G 404
cellule de grossesse P 864
cellule de Hargrave L 453
cellule de HeLa H 195
cellule de Hodgkin S 886
cellule de Hortega M 493
cellule de la granulosa G 444
cellule de la grossesse P 864
cellule de Langerhans B 188
cellule de la pulpe splénique P 1169
cellule d'électrolyse E 87
cellule de Leishman L 155
cellule de l'épithélium pavimenteux S 755
cellule de levure Y 4
cellule de Leydig I 379
cellule délomorphe P 110
cellule de l'os O 161
cellule delta D 127
cellule de lupus érythémateux L 453
cellule de mélanine M 260
cellule de mesure M 192
cellule de Niemann-Pick N 140
cellule de Paget P 9
cellule d'épithélium cylindrique C 1218
cellule de plexus P 605
cellule de Purkinje P 1213
cellule de Reed S 886
cellule de revêtement P 110
cellule de revêtement S 1129
cellule de Rouget A 326
cellule de Schilling S 113
cellule de Schwann S 126
cellule de Sézary S 333
cellule de Sternberg S 886
cellule de Sternheimer S 887
cellule de test T 83
cellule de Thoma-Zeiss T 240
cellule de Türk T 647
cellule de Tzanck T 707
cellule de xanthome X 8
cellule d'hybridome H 466
cellule diploïde D 540
cellule du cartilage hyalin H 452
cellule du foie L 372
cellule du germe G 32
cellule du pancréas B 188
cellule du pus P 1220
cellule du stroma C 261
cellule du tissu conjonctif C 919
cellule E E 368
cellule effectrice E 37
cellule électrolytique E 87
cellule embryonnaire E 171
cellule en bague à sceau S 379
cellule encéphalique B 519
cellule en cocarde T 20
cellule endothéliale E 223
cellule en gobelet G 399
cellule-engrais M 143
cellule entérochromaffine E 262
cellule épendymaire E 339
cellule épidermique E 346
cellule épidermoïde E 348
cellule épineuse S 743
cellule épithéliale E 359
cellule épithéloïde E 362
cellule epsilon E 368
cellule étoilée A 1082
cellule étoilée de Kupffer K 87
cellule falciforme D 753
cellule fibreuse F 82
cellule fille D 23
cellule flamme F 194
cellule fœtale F 73
cellule folliculaire G 444
cellule fusiforme S 687
cellule fusiforme / en forme de F 432
cellule G G 35
cellule gamma G 35
cellule ganglionnaire G 42
cellule géante G 178
cellule géante de la moelle osseuse M 249
cellule géante de Langhans L 87
cellule géante de Warthin-Finkeldey M 179
cellule germinale G 32
cellule glandulaire G 193
cellule gliale G 228
cellule gliale primaire G 232
cellule globoïde G 237
cellule granulosaire G 444
cellule hématopoïétique H 92
cellule HEp 2 H 235
cellule hépatique L 372
cellule herpétique H 239
cellule Hfr H 282
cellule hilaire H 311
cellule hôte H 426
cellule hybride H 462
cellule immunocompétente I 82
cellule indifférenciée L 479
cellule inflammatoire I 244
cellule jeune J 12
cellule juvénile J 12
cellule «killer» K 63
cellule L L 127
cellule LE L 453
cellule lépreuse L 162
cellule leucémique L 223
cellule lutéale thécale T 133
cellule lutéinique L 457
cellule lymphatique L 472
cellule lymphoïde L 479
cellule macrophage M 23
cellule maligne M 79
cellule mastoïdienne M 147
cellule médullaire M 827
cellule mère S 855
cellule mésenchymateuse M 313
cellule mésothéliale M 324
cellule meutrière K 63
cellule migratrice W 3
cellule muqueuse M 759
cellule mûre M 157
cellule musculaire M 796
cellule musculaire cardiaque M 833
cellule myéloïde M 827
cellule myocardique M 833
cellule myogène M 831
cellule nerveuse N 78
cellule neurosécrétrice N 102
cellule névroglique G 228
cellule nulle N 315
cellule nævique N 7
cellule nævique de Unna N 7
cellule osseuse O 161
cellule ostéogène O 159
cellule parenchymateuse P 105
cellule pariétale P 110
cellule péricellulaire A 677
cellule phagocytante P 276
cellule photo-électrique P 422
cellule piliaire H 120
cellule plasmatique P 521
cellule pointillée S 905
cellule polaire P 645
cellule polymorphonucléaire P 684
cellule polynucléaire P 673
cellule principale C 419
cellule pseudo-xanthomateuse P 1156
cellule pyramidale géante G 182
cellule rénale R 291
cellule réticulaire R 364
cellule réticulo-endothéliale R 363
cellule riveraine R 458
cellule S S 106
cellule sanguine B 366
cellule sarcomateuse S 74
cellule satellite A 677
cellule semi-lunaire D 131
cellule sexuelle G 32
cellule sexuelle mâle S 670
cellule simple S 413
cellule somatique B 449
cellule souche S 855
cellule souche du sang H 43
cellule souche leucocytaire L 179
cellule splénique S 699
cellule spumeuse X 8
cellule suppresseuse S 1118
cellule suppressive S 1118
cellule synoviale S 1178
cellule T T 395
cellule thécale lutéinisée T 133
cellule tissulaire T 360
cellule tueuse K 63
cellule tumorale T 654
cellulose C 285
cendre A 1053
centigrade D 83
centralisation C 296
centre de transfusion sanguine B 376
centrifugation C 303
centrifugation différentielle D 376
centrifugation en gradient G 416
centrifugation en gradient de densité D 152
centrifugation zonale Z 14
centrifuge C 298
centrifuger C 304, C 307
centrifugeur C 305
centrifugeuse C 305
centrifugeuse à disposition inclinée des tubes A 772
centrifugeuse à écoulement continu F 241
centrifugeuse de laboratoire L 14
centrifugeuse de sédimentation S 162
centrifugeuse de table T 2
centrifugeuse hématocrite H 21
centrifugeuse refroidie R 258
centrifugeuse universelle U 62
centriole C 311
centroblaste G 172
centrocyte G 173
centromère C 309
centroplasma C 310
centrosome C 311
cénure C 704
céphaline C 312
céphaline-cholestérol-test C 313
céphalocentèse C 316
céphalosporinase P 172
céphalosporine C 317
céramidase C 319
céramide C 320
céramide-cholinephosphotransférase C 321
céramide-polyhexoside C 322
céramide-trisaccharide C 323
cérasine K 27
cercaire C 324
cérébrone C 325
cérébrose G 13
cérébroside C 327
cérimétrie C 333
cérium C 334

céroïde C 337
céruléine C 707
céruléoplasmine C 8
céruloplasmine C 8
cérumen E 12
cerveau B 517
césium C 9
césium radioactif R 21
cessation de l'activité des glandes génitales C 599
céto-acide K 36
α-céto-acide-décarboxylase P 1278
cétogène K 39
α-cétoglutarate K 40
α-cétoglutarate-déshydrogénase O 219
cétoheptose K 42
cétohexokinase K 43
cétohexose K 44
cétokinase K 43
cétol K 45
cétone K 46
cétopentose K 47
cétophénylbutazone K 48
cétoréductase K 49
cétose K 50
cétose-1-phosphate-aldolase K 51
cétoside K 52
cétostéroïde K 53
β-cétothiolase A 103
CEV C 61
chaîne C 343
chaîne / à longue L 401
chaîne courte L 240
chaîne d'ADN D 675
chaîne d'ARN R 462
chaîne de mesure M 193
chaîne de réaction R 134
chaîne d'immunoglobuline I 102
chaîne enzymatique E 293
chaîne H H 188
chaîne L L 240
chaîne lambda L 80
chaîne latérale S 361
chaîne légère L 240
chaîne lourde H 188
chaîne non ramifiée U 46
chaîne normale N 236
chaîne peptidique P 191
chaîne polypeptidique P 697
chaîne protéique P 1070
chaîne ramifiée B 525
chaînes / à longues L 401
chaînes courtes / à S 347
chaleur H 164
chaleur de dissolution H 182
chaleur de formation H 181
chaleur de réaction R 140
chaleur de solution H 182
chaleur spécifique S 618
chalone C 346
chambre C 347
chambre à diffusion D 409
chambre chromatographique C 516
chambre compteuse des bactéries B 7
chambre de congélation L 422
chambre de filtrage F 134
chambre de McMaster M 168
chambre de mélange M 614
chambre de mesure M 194
chambre de Neubauer N 83
chambre de réaction R 135
chambre de refroidissement C 985
chambre de Sayk S 91
chambre de séchage D 797
chambre de sédimentation S 163
chambre de séparation S 241
chambre de séparation universelle U 65
chambre de stérilisation S 870
chambre de Thoma-Zeiss T 240
chambre de vaporisation F 203
chambre d'ionisation I 486
chambre électrophorétique E 128
chambre frigorifique C 985
chambre froide C 985
chambre humide M 633
champ F 117
champ de gravitation G 452
champ de pesanteur G 452
champ électrique E 58
champ électromagnétique E 91
champignon F 426
champignon de levure S 6
champignon vénéneux P 617
champ magnétique M 53
changement de concentration C 859
changement de couleur C 773
changement d'état C 351
changement de teinte C 773
changement de volume V 160
charbon actif A 200
charbon activé A 200
charbon adsorbant A 200
charbon de bois C 356
charge C 358
chargé C 359
charge de la particule P 124
charge d'ions I 476
charge négative N 52
charge physique E 548
charge positive P 751
chaud et humide D 8
chauffage W 9
chauffe-liquide I 39
chauffement H 174
chauffement en bain-marie H 176
chauffer H 163, W 6
chaux L 256
chef de laboratoire L 29
chélatant C 368
chélateur C 368
chélatométrie C 370
chélatométrique C 369
chélon C 368
chemise de chauffage H 177
cheval H 420
cheveu H 119
chèvre G 398
chimie C 407
chimie analytique A 727
chimie à voie humide W 73
chimie biologique B 263
chimie clinique C 605
chimie de la cellule C 1251
chimie de préparation P 899
chimie des colloïdes C 747
chimie des traceurs T 465
chimie du rayonnement R 53
chimie inorganique I 302
chimie médicale M 230
chimie organique O 102
chimie pathologique P 153
chimie pharmaceutique P 280
chimie physiologique P 456
chimie physique P 450
chimie protéique P 1071
chimie sèche D 787
chimie stéroïdique S 891
chimie thermique T 148
chimiluminescence C 404
chimioluminescence C 404
chimiorécepteur C 408
chimiostate C 410
chimiosynthèse C 411
chimiotactisme C 413
chimiothérapeutique C 414, C 415
chimiothérapie C 416
chimique C 372
chimiquement actif C 388
chimiquement instable C 389
chimiquement labile C 389
chimiquement pur C 390
chimiquement stable C 392
chimisorption C 409
chimiste C 406
chimiste préparateur L 11
chitine C 424
chitosamine G 269
Chlamydia C 425
chlamydospore C 426
chlamydozoon de trachome T 471
Chlamydozoon trachomatis T 471
chloral T 545
chloramine C 427
chloramphénicol C 428
chloramphénicol-acétyltransférase C 429
chlorate C 430
chlorate d'ammonium A 637
chlorate de potassium P 769
chlorate de sodium S 490
chlore C 434
chloréthane E 498
2-chloréthanol E 500
chloréthyle E 498
chlorhémine H 20
chlorhydrate d'ammoniaque A 638
chlorhydrate d'aniline A 783
chloridométrie C 433
chlorite C 437
chlorobenzène C 438
chlorocyte C 439
chloroéthane E 498
chloroéthylène V 97
chloroforme C 440
chlorohémine H 20
p-chloromercuribenzoate C 441
chlorométhane M 393
chloropromazine C 443
chlorothiazide C 444
chlorothymol C 445
chlortétracycline C 447
chlorthymol C 445
chlorure C 432
chloruré C 435
chlorure d'acétyle A 98
chlorure d'aluminium A 552
chlorure d'ammonium A 638
chlorure d'argent S 398
chlorure d'arsenic A 1010
chlorure de baryum B 90
chlorure de benzoyle B 175
chlorure de bismuth B 320
chlorure de cadmium C 4
chlorure de calcium C 28
chlorure de carbonyle P 352
chlorure de chrome C 532
chlorure de magnésium M 43
chlorure de manganèse M 98
chlorure de méthamphétamine M 364
chlorure de méthyle M 393
chlorure de méthylène D 343
chlorure de phényle C 438
chlorure de polyvinyle P 713
chlorure de potassium P 770
chlorure de sodium S 491
chlorure d'éthyle E 498
chlorure de triphényl-2,3,5-tétrazole T 575
chlorure de vinyle V 97
chlorure de zinc Z 8
chlorure d'hématine H 20
chlorure d'hème H 20
chlorure d'or G 401
chlorure ferreux I 509
chlorure ferrique I 510
chlorure mercureux C 62
chlorure propylique P 1031
chlorure stanneux T 349
choisir S 180
choix *d'un échantillon* S 58
choix S 181
choix aléatoire R 104
choix au hasard R 104
cholane C 449
cholate C 451
cholate-thiokinase C 480
cholébilirubine C 452
cholécalciférol C 453
cholécyanine B 215
cholécystokinine C 454
cholécystokinine-pancréozymine C 455
choléglobine V 74
choléhématine B 222
cholélithe G 28
cholélobine C 456
choleprasine B 221
cholestane C 459
cholestanol D 439
cholestérase C 465
cholestérol C 460
cholestérol-acyltransférase C 461
cholestérol-estérase C 465
cholestérol estérifié E 461
cholestérol-glucuronide C 466
cholestérol HDL H 154
cholestérol LDL L 129
cholestérol-oxydase C 467
cholestérol total T 425
cholestokinine C 469
choléverdine B 235
choline C 471
choline-acétylase C 472
choline-acétyltransférase C 472
choline-déshydrogénase C 473
choline-kinase C 475
choline-oxydase C 476
choline-phosphate-cytidyltransférase C 477
choline-phosphotransférase C 478
cholinestérase C 479
choloyl-CoA-synthétase C 480
chondrine C 481
chondroblaste C 482
chondroclaste C 483
chondrocyte C 484
chondroïtine C 486
chondromucine C 489
chondromucoïde C 489
chondroprotéide C 490
chondroprotéine C 491
chondrosamine G 12
chromaffine C 497
chromaffinité C 499
chromate C 501
chromate d'argent S 399
chromate de baryum B 91

chromate de potassium P 771
chromate de sodium S 495
chromatide C 503
chromatide sœur S 427
chromatine C 504
chromatine nucléaire N 255
chromatine sexuelle S 328
chromatine Y Y 1
chromatique C 502
chromatogramme C 509
chromatogramme à écoulement F 242
chromatogramme en couche mince T 203
chromatogramme en phase gazeuse G 52
chromatogramme en phase liquide L 332
chromatogramme sur colonne C 797
chromatogramme sur papier P 47
chromatographe C 512
chromatographe à commande par microprocesseur M 523
chromatographe en couche mince T 204
chromatographe en phase gazeuse G 53
chromatographe en phase liquide L 333
chromatographe sur papier P 48
chromatographie C 526
chromatographie à disque tournant C 300
chromatographie à écoulement F 243
chromatographie à élution continue C 947
chromatographie à filtre circulaire C 573
chromatographie à haute performance H 299
chromatographie à haute résolution H 299
chromatographie à haute température H 306
chromatographie à l'échelle micropréparative M 522
chromatographie à phase inversée R 380
chromatographie ascendante A 1038
chromatographie bidimensionnelle T 675
chromatographie bidirectionnelle T 675
chromatographie capillaire C 83
chromatographie centrifuge C 300
chromatographie d'adsorption A 310
chromatographie d'adsorption de préparation P 898
chromatographie d'adsorption des mélanges gazeux G 76
chromatographie d'adsorption en colonnes A 313
chromatographie d'adsorption immunologique I 70
chromatographie d'adsorption sur colonne C 796
chromatographie d'affinité A 341
chromatographie d'échange d'ions I 465
chromatographie de filtration de gel G 128
chromatographie de partage P 131/2
chromatographie de perméation P 254
chromatographie descendante D 230
chromatographie d'exclusion d'ions I 474
chromatographie du gaz de sang B 385
chromatographie en couche mince T 206
chromatographie en couche mince / par T 205
chromatographie en couche mince par gradient G 418
chromatographie en deux dimensions T 675
chromatographie en phase P 293
chromatographie en phase gazeuse à haute résolution H 303
chromatographie en phase gazeuse à haut pouvoir de résolution H 303
chromatographie en phase gazeuse sur colonne capillaire C 85
chromatographie en phase liquide L 334
chromatographie en phase liquide à haute performance H 301
chromatographie en phases inversées R 380
chromatographie gazeuse G 55
chromatographie gazeuse à grande vitesse H 305
chromatographie gaz-liquide G 65
chromatographie gaz-liquide-solide G 66
chromatographie gaz-solide G 76
chromatographie horizontale H 408
chromatographie liquide L 334
chromatographie liquide en phases inversées R 381
chromatographie liquide-gaz L 336
chromatographie liquide-gel L 337
chromatographie liquide-liquide L 340
chromatographie liquide-solide L 345
chromatographie liquide sur colonne C 803
chromatographie micropréparative M 522
chromatographie monodimensionnelle O 43
chromatographie multiple en couches minces M 779
chromatographie par déplacement D 608
chromatographie par échange d'électrons E 103
chromatographie par élution E 160
chromatographie par extraction E 613
chromatographie par perméation de gel G 128
chromatographie par précipitation P 835
chromatographie plane P 514
chromatographier C 511
chromatographie rapide en phase liquide H 301
chromatographie solide-liquide S 555
chromatographie sur colonne C 798
chromatographie sur couche mince T 206
chromatographie sur couche mince / en T 205
chromatographie sur couche mince à haute performance H 300
chromatographie sur couche mince à phase inversée R 382
chromatographie sur gel en couche mince T 208
chromatographie sur membrane M 275
chromatographie sur microcolonne M 470
chromatographie sur papier P 50
chromatographie sur papier / en P 49
chromatographie sur papier / par P 49
chromatographie sur résines rédox E 103
chromatographique C 513
chromatophile C 539, C 540
chromatophore C 534
chromatoplasma C 527
chrome C 531
chrome radioactif R 24
chromobactérie C 533a
chromocyte C 534
chromogène C 535, C 536
chromogène de Porter et Silber P 747
chromomère C 538
chromophile C 539, C 540
chromophobe C 542
chromophore C 543, C 544
chromoplasma N 255
chromoprotéine C 545
chromoscopie gastrique G 82
chromosome C 547
chromosome annulaire R 450
chromosome C C 221
chromosome E E 22
chromosome F F 45
chromosome fils D 24
chromosome géant G 179
chromosome homologue H 390
chromosome marqueur M 120
chromosome Philadelphia P 343
chromosome sexuel S 329
chromosome W W 50
chromosome X X 18
chromosome Y Y 2
chromosome Z Z 1
chromosomique C 546
chronique C 562
Chrysops discalis W 68
chute T 54
chyle C 563
chylomicron C 564
chyme C 565
chymosine C 566
chymotrypsine C 567
chymotrypsinogène C 568/9
Ci C 1182
cil F 192
cinétique K 65, K 67
cinétique cellulaire C 253
cinétique chimique C 387
cinétique d'enzymes E 305
cinétique de réaction C 387
cinétique enzymatique E 305
cinétochore C 309
circulation C 576
circuler C 574
cire W 46
cireux W 48
ciseaux S 127
ciseaux à disséquer D 622
citrase C 583
citratase C 583
citrate C 579
citrate d'ammonium A 639
citrate de calcium C 29
citrate de lithium L 359
citrate de magnésium M 44
citrate de méthyle M 394
citrate de plomb L 134
citrate de potassium P 772
citrate de sodium S 496
citrate-lyase C 583
citrate-synthase C 584
citrate trisodique hydraté S 496
citrine C 586
citrogénase C 584
citrovorine C 587
citrulline C 588
citrulline-phosphorylase O 116
Cl C 434
clair L 238
clairance C 596
clamp C 589
clarification P 1198
clarifier P 1202
clarté B 535
clasmatocyte C 591
classification C 592
classification des bactéries C 593
classification des groupes sanguins B 393
classification des virus V 113
classification de virus V 113
classifier C 594
clearance C 596
clearance d'acide *p*-aminohippurique A 610
clearance d'acides aminés A 587
clearance d'acide urique U 114
clearance d'EDTA E 34
clearance de fer I 511
clearance de fer plasmatique P 532
clearance de la créatinine C 1091
clearance de l'azorubine A 1195
clearance de l'inuline I 423
clearance de l'urée U 88
clearance de mannitol M 102
clearance de PAH A 610
clearance de radiocolloïde R 58
clearance de Rapoport R 117
clearance de sodium S 497
clearance des radio-isotopes R 77
clearance d'urée U 88
clearance du sang total T 422
clearance glomérulaire G 247
clearance osmolale O 143
clearance osmotique O 152
clearance rénale R 292
clearance totale T 422
clearance uréique U 88
climax C 599
clinicien C 614
clinico-chimique C 615
clinique C 600, C 601
clivage enzymatique E 279
clivage hydrolytique H 515
clivage trypsique T 619
cliver S 704
cloche G 201
cloche de verre G 201
clomifène C 618
clomiphène C 618

clonage C 622
clonage d'ADN D 676
clone C 621
clone cellulaire C 227
cloner C 620
clonisation C 622
Clostridium C 623
clostridium perfringent W 64
clostridium septique V 90
Clostridium tetani T 111
Clostridium tetanus T 111
«clumping factor» C 650
clupéine C 652
cluster C 653
CMI M 585
CMP C 1242
CMP cyclique C 1206
Co C 680
CoA C 706
coacervat C 654
coacétylase C 706
coagglutinine G 465
coagulabilité C 655
coagulable C 656
coagulant C 657
coagulase C 658
coagulase du plasma P 523
coagulase liée C 650
coagulateur C 657
coagulation C 661
coagulation du sang B 368
coagulation par la chaleur H 167
coagulation sanguine B 368
coagulé C 660
coaguler C 659
coagulogramme C 667
coagulomètre C 668
coagulum C 624
cobalmine C 678
cobalt C 680
cobalt radioactif R 25
cobamide C 684
cobaye G 500
cobinamide E 515
cocaïne C 685
cocarboxylase TPP T 194
cocarcinogène C 686
coccidie C 688
coccidioïdine C 687
coccobactérie C 689
cochon P 474
codage C 694
code C 691
codécarboxylase C 692
code d'aminoacides G 150
code d'ARN R 463
code de triplets T 582
code génétique G 150
codéine C 693
coder C 690
codéshydrogénase I N 135
codéshydrogénase II N 136
codon C 695
coefficient C 696
coefficient correctif C 1024
coefficient d'absorption A 31
coefficient d'absorption massique M 126
coefficient d'activité A 215
coefficient d'adsorption A 311
coefficient d'assimilation de glucose G 272
coefficient d'atténuation linéique E 597
coefficient de Bouchard U 206
coefficient de coïncidence C 697
coefficient de confiance C 885
coefficient de corrélation C 698
coefficient de corrélation des rangs R 109
coefficient de couplage C 1071
coefficient de déminéralisation C 699
coefficient de diffusion D 410
coefficient d'efficacité E 38
coefficient de filtration F 148
coefficient de friction C 700
coefficient de frottement C 700
coefficient de la créatinine C 1092
coefficient de perméabilité C 701
coefficient de proportionnalité F 6
coefficient de réflexion R 245
coefficient de réfraction R 254
coefficient de régression R 267
coefficient de répartition D 657
coefficient de rétention R 390
coefficient de saturation D 99
coefficient de sécurité S 11
coefficient de sédimentation S 164
coefficient de solubilité S 564
coefficient de température T 48
coefficient de variabilité C 702
coefficient de variation C 703
coefficient de viscosité V 126
coefficient d'extinction E 596, E 597
coefficient d'extinction molaire M 642
coefficient thermométrique T 48
coefficient urotoxique U 206
cœnure C 704
coenzyme C 705
coenzyme I N 135
coenzyme II N 136
coenzyme A C 706
coenzyme flavinique F 209
coenzyme Q U 1
cœruléine C 707
cœur H 160
cofacteur C 708
cofacteur de l'héparine A 935
cofacteur plaquettaire P 575
cofacteur plaquettaire II C 641
cofacteur plasmatique P 524
cofacteur thrombocytaire P 575
coferment C 705
cohésion C 710
coïncidence C 712
colamine C 713
colchicine C 714
col de bouteille B 501
colibacille C 724
colicine C 725
colipase C 727
colitoxine C 728
collagénase C 730
collagène C 729, C 732
collecteur de fraction F 351
collecteur fractionnaire F 351
collection C 737
collection de cultures souche S 912
collection de spécimens S 630
collectionner C 733
collidine C 738
collodion C 739
colloïdal C 742
colloïde C 741, C 742
colloïde de dispersion D 604
colloïde lyophile L 491
colloïde lyophobe L 497
colloïde protecteur P 1056
colloïde radioactif R 26
colloïde thyroïdien T 324
colloïde urinaire U 132
colloïdo-osmotique C 751
colloxyline C 755
colocentèse C 763
côlon C 756
colonie C 759
colonie bactérienne B 17
colonie cellulaire C 228
colonie fille D 25
colonie secondaire D 25
colonne C 795
colonne à distiller D 644
colonne capillaire C 84
colonne capillaire prête à l'emploi P 4
colonne capillaire remplie P 4
colonne chromatographique C 517
colonne d'absorption A 32
colonne d'adsorption A 312
colonne d'adsorption des gaz G 46
colonne d'analyse A 728
colonne d'échangeur d'ions I 471
colonne d'échangeur d'ions à deux phases T 682
colonne de distillation D 652
colonne de mercure M 304
colonne de préparation P 900
colonne de séparation S 242
colonne de verre G 206
colonne double D 733
colonne électrophorétique E 129
colonnes couplées C 1068
colonne séparatrice S 242
colonocyte C 758
coloponction C 763
colorabilité S 770
colorable S 771
colorant D 814
colorant acide A 137
colorant acridinique A 175
colorant alizarine A 469
colorant azoïque A 1194
colorant bisazoïque B 316
colorant d'alizarine A 469
colorant d'aniline A 782
colorant de diphénylméthane D 526
colorant de fluorescéine F 253
colorant de noyau N 269
colorant de thiazole T 196
colorant de triarylméthane T 574
colorant de triphénylméthane T 574
colorant de xanthène X 2
colorant diazoïque D 326
colorant direct D 552
colorant fluorescéine F 253
colorant fluorescent F 285
colorant indigo I 198
colorant liposoluble F 32
colorant réactif C 785
colorant substantif D 552
colorant thiazolique T 196
colorant triazo T 586
colorant vital V 137
coloration S 774
coloration à Heidenhain A 1182
coloration à la carbol-fuchsine C 114
coloration à la ferrohématoxyline I 517
coloration à la fuchsine F 411
coloration à la phloxine P 348
coloration à l'azocarmin A 1182
coloration à l'élasine E 49
coloration à l'hématoxyline de plomb L 137
coloration à l'hématoxyline-éosine H 32
coloration à l'orcine O 93
coloration au bleu de méthylène M 398
coloration au bleu de Nil N 144
coloration au chlorure aurique G 402
coloration au chlorure d'or G 402
coloration au éosine-bleu de méthylène E 326
coloration au lactophénol-bleu de méthylène L 63
coloration au sulfate de bleu de Nil N 146
coloration au vert janus J 4
coloration au violet de crésyl C 1101
coloration bactérienne de Dold D 687
coloration bipolaire B 314
coloration capsulaire C 99
coloration de Best B 187
coloration de Burri B 607
coloration de Castaneda C 176
coloration de Dold D 687
coloration de frottis S 466
coloration de Giemsa G 184
coloration de Gieson G 185
coloration de Golgi G 406
coloration de graisses F 35
coloration de Gram G 430
coloration de Heidenhain H 191
coloration de la flamme F 195
coloration de Lepehne L 159
coloration de May-Grünwald M 167
coloration de Neisser N 59
coloration de noyau N 270
coloration de Papanicolaou P 45
coloration de Pappenheim P 57
coloration d'érythrocytes E 425
coloration des bactéries B 36
coloration de Schilling S 114
coloration de section S 155
coloration des microbes M 449
coloration des micro-organismes M 449
coloration de Spielmeyer S 777
coloration de spores S 724
coloration des spirochètes S 693
coloration des spores S 724
coloration de Sternheimer S 888
coloration de Swaarts L 63
coloration de tampon B 588
coloration de Wright W 113
coloration de Ziehl-Neelsen Z 5
coloration différentielle C 954
coloration différentielle D 388
coloration diffuse D 405
coloration directe D 556
coloration élective E 54
coloration en bloc B 355
coloration fluorée F 272
coloration fraîche F 388
coloration mixte M 611
coloration multiple M 778
coloration négative N 57
coloration panchromatique P 20
coloration panoptique P 41
coloration panoptique de Pappenheim P 41
coloration par différenciation D 388
coloration polaire P 639
coloration progressive P 979

coloration rapide Q 29
coloration régressive R 272
coloration secondaire A 346
coloration sélective E 54
coloration simple S 408
coloration simultanée S 410
coloration spéciale S 608
coloration substantive D 556
coloration supravitale S 1122
coloration triple T 580
coloration vitale I 417
coloration vitale V 138
coloration vitale de la fluorescéine F 257
coloration vitale en fluorescence des cellules I 416
colorer C 771
colorimètre C 764
colorimètre à immersion D 543
colorimètre d'écoulement F 244
colorimètre de Königsberger A 1118
colorimétrie C 769
colorimétrique C 765
colostrum C 770
colpocytogramme C 790
colpocytologie C 791
colpomicroscope C 792
colpomicroscopie C 794
colpomicroscopique C 793
combinaison C 850
combinaison active A 212
combinaison à oxygène O 227
combinaison aromatique A 1005
combinaison chélatée C 366
combinaison complexe C 841
combinaison cyclique C 1205a
combinaison d'ammonium A 640
combinaison d'arsenic A 1011
combinaison des tests T 84
combinaison du fluor F 282
combinaison halogénée H 129
combinaison hétérocyclique H 249
combinaison moléculaire M 650
combinaison nitrogénique N 175
combustibilité C 807
combustible C 808
combustion B 603
combustion chimique C 376
commander R 273
commercial C 812
comparabilité C 816
comparaison C 819
comparaison des méthodes M 373
comparaison par paires P 11
comparateur C 817
comparer C 818
compartiment C 821
compatibilité C 822
compatible C 823
compétitif C 825
compétition C 824
complément C 827
complémentaire C 828
complément de cobaye G 501
complément sérique S 300
complètement soluble C 838
complexe C 840, C 841
complexe antigène-anticorps A 861
complexe cellulaire C 229
complexe chélaté C 366
complexe de fibrine monomère F 88
complexe de gènes G 135
complexe de Golgi G 403
complexe enzymatique E 294
complexe enzyme-substrat E 316
complexe hémoglobine-haptoglobine H 63
complexe immun A 861
complexe immun circulant C 575
complexe métal-enzyme M 345
complexe multienzymatique M 772
complexe porphyrine-fer P 741
complexe prothrombique P 1114
complexe vitaminique B V 140
complexométrie C 844
complexométrique C 843
comportant plusieurs stades M 780
composant C 847
composant cellulaire C 230
composant complémentaire C 830
composant principal M 59
composant protéique P 1072
composant spécifique de groupe G 472
composé C 850, C 851
composé aliphatique A 465
composé aminé A 605
composé azoïque A 1192
composé bromeux B 545
composé chimique C 379
composé cyanique C 1201
composé diazoïque D 325
composé d'inclusion I 157
composé du plomb L 135
composé ferreux I 512
composé ferrique I 513
composé hydrocarboné H 482
composé initial P 107
composé isomère I 570
composé marqué L 5
composé nitré N 171
composé organique O 103
composé organophosphorique O 108
composé protéique P 1073
composé racémique R 3
composer de / se C 849
composer / se C 849
composé soufré S 1098
composé stéroïde S 892
composition C 848
composition chimique C 377
composition d'acides aminés A 588
composition du sang B 370
composition quantitative Q 19
composition sanguine B 370
comprimé T 3
comptage C 1063
comptage d'éosinophiles E 329
comptage de particules P 127
comptage d'érythrocytes E 410
comptage des bactéries B 19
comptage des cellules C 232
comptage des hématies H 45
comptage des leucocytes L 190
comptage des particules P 127
comptage des réticulocytes R 362
comptage plaquettaire T 278
comptage thrombocytaire T 278
compte A 239
compte d'Addis A 239
compter C 1054
compte-secondes S 938
compteur C 1055
compteur à circulation de gaz G 63
compteur à flux gazeux F 229
compteur à gaz G 67
compteur de particules P 126
compteur des cellules C 231
compteur des particules P 126
compteur électronique E 106
compteur Geiger-Müller G 112
compteur proportionnel P 1027
concanavaline A C 853
concentration C 858
concentration / à haute H 284
concentration admissible P 255
concentration corpusculaire moyenne en hémoglobine M 173
concentration d'acide A 135
concentration de masse M 127
concentration d'enzyme E 295
concentration d'équilibre E 375
concentration de saturation S 87
concentration de seuil T 254
concentration des particules P 125
concentration de substance S 1014
concentration de substrat S 1027
concentration de tampon B 582
concentration de trace M 472
concentration d'ions I 461
concentration d'urée U 89
concentration en acide A 135
concentration en hémoglobine H 59
concentration en ions I 461
concentration en ions d'hydrogène H 505
concentration en ions d'hydrogène P 447
concentration en oxygène O 228
concentration finale F 154
concentration initiale I 280
concentration ionique I 461
concentration micellaire critique C 1102
concentration minimale inhibitrice M 585
concentration molaire M 643
concentration protéique P 1074
concentration radio-isotopique R 78
concentration seuil T 254
concentration superficielle S 1130
concentration totale T 426
concentration toxique T 443
concentration uréique U 89
concentration volumétrique V 161
concentré C 855, C 856
concentré d'érythrocytes E 408
concentré du résidu érythrocytaire E 408
concentré leucocytaire L 188
concentrer C 854
concentré thrombocytaire P 576
concrétion C 867
concrétion biliaire G 28
concrétion calcaire L 258
concrétion calcaire de psammome P 1137
concrétion de protéine P 1075
concrétion d'urine U 129
concrétion rénale R 290
condensat C 868, S 158
condensation C 869, S 159
condenser C 871
condenser / se S 157
condenseur C 872
condenseur à reflux R 250
condition C 874
condition de laboratoire L 16
condition de l'expérience T 85
condition d'épreuve T 85
condition d'équilibre E 376
condition de réaction R 136
condition de repos C 876
condition de test T 85
condition normale S 784
conditions d'épreuve T 85
conditions de stockage S 941
conditions d'incubation I 167
condition standard S 784
conductibilité C 877
conductibilité thermique T 140
conductimètre C 879
conductimétrie C 882
conductimétrique C 880
conductivité électrique E 56
conductivité électrolytique E 88
conduite de vide V 15
conduite sous vide V 15
cône C 883
confectionnement C 884
confiance C 885
configuration C 889
conformation C 890
conformité I 13
congélateur L 420
congélation F 370
congélation rapide R 115, S 341
congélation ultrarapide D 69
congeler F 367
congénital C 893
congestion S 934
congestionné C 894
conglomérat C 895
conglutination C 897
conglutine C 896, C 898
conglutinine fixée sur les complexes immuns I 59
conique C 901
conjonctive C 914
conjugaison C 911
conjugase G 312
conjugué C 904, C 905
conjugué d'acides biliaires B 204
conjugué enzymatique E 296
conjugué enzyme-anticorps E 290
conjuguer C 903
conservation P 909, S 939
conservation à température basse L 421
conservation de l'os B 483
conservation des transplants T 518
conservation de tissu T 374
conservation du sang B 416
conservation du transplant T 518
conservation par congélation C 1134
conservation par réfrigération C 1134
conserve P 913
conserve de sang S 946
conserve de sérum C 922
conserver P 912, S 945
conserver à l'abri de la lumière K 22
conserver à l'abri de la lumière K 24
conserver au frais K 21
conserver au sec K 23
consistance C 923
consistance de selles S 922
consistance des selles S 922

consistant C 924
consister en C 925
console de visualisation D 610
consommation C 931
consommation d'énergie E 235
consommation d'oxygène O 229
consommer C 930
constant C 927
constante C 926
constante d'acidité A 156
constante d'action de masses E 377
constante d'association A 1078
constante de décomposition D 63
constante de désintégration D 586
constante de diffusion D 411
constante de dissociation D 630
constante de Michaelis M 439
constante d'équilibre E 377
constante de sédimentation S 165
constante des gaz G 56
constante de solubilité S 564
constante de temps T 343
constante de vitesse V 60
constante de vitesse de la réaction R 148
constante diélectrique D 354
constante d'indicateur I 187
constante d'inhibition I 274
constante radioactive D 586
constatation F 162
constatation cytologique C 1267
constatation histologique H 343
constituant C 847
constituant actif A 364
constituant corpusculaire C 1021
constituant de l'urine U 133
constituant des protéines P 1072
constituant du sang B 371
constituant principal M 59
constituant urinaire U 133
constitution S 982
constitution héréditaire G 160
contact C 933
contagieux I 236
contagion I 235
contamination C 939, C 942
contaminé C 941
contaminer C 940
contenant de l'azote N 182
contenant de l'hydrogène H 507
contenant des anticorps C 938
contenant des bactéries B 6
contenant des protéines P 1076
contenant d'hydrates de carbone C 110
contenant du chlore C 435
contenu de la pustule P 1223
contenu de la vésicule V 83
contenu de l'intestin grêle S 456
contenu duodénal D 806
contenu en informations I 247
contenu intestinal I 385
contenu stomachique C 565
continué C 945
continuité C 944
contraceptif C 949
contraceptif oral O 84
contraste C 952
contraste de phase P 294
contraste négatif N 57
contre-action C 1056
contre-courant C 1057
contre-diffusion C 1061
contre-essai C 959
contre-indication C 951
contre-poison A 847
contrôle C 956
contrôle de cours C 966
contrôle de la pureté P 1212
contrôle de la qualité interne I 372
contrôle de la qualité régional R 264
contrôle de la valeur limite E 622
contrôle de plausibilité P 595
contrôle de précision P 845
contrôle de qualité Q 9
contrôle des valeurs limites L 263
contrôle de température T 49
contrôle de thérapie T 137
contrôle d'exactitude A 56
contrôle du sucre sanguin B 427
contrôle du taux de glycémie B 427
contrôle externe de la qualité E 594
contrôle médical M 240
contrôle quotidien D 4
contrôler C 955
contrôle statistique de qualité S 838
contrôleur C 962
conversion C 973
convertine C 638
convertir C 976
coordination C 996
coordonnée C 992
copranticorps C 1004
copratine D 260
coprécipitation C 1003
copro-anticorps C 1004
coprochrome C 1005
coproculture S 925
coprolithe F 11
coproporphyrine C 1006
coproporphyrinogénase C 1008
coproporphyrinogène C 1007
coproporphyrinogène-oxydase C 1008
coproscopie S 928
coprostanol C 1009
coprostérol C 1009
coprozoaire C 1010
coque C 689
cordon de la moelle épinière S 684
cornée C 1013
cornue R 370
coronavirus C 1017
corps B 448, S 1012
corps acétonique A 85
corps annulaire de Carbot C 129
corps astéroïde A 1079
corps cellulaire C 1297
corps cétonique A 85
corps cylindrique de seringue S 1185
corps d'Alzheimer A 564
corps d'Auer A 1116
corps de Councilman C 1053
corps de Döhle D 685
corps de Halberstaedter-Prowazek H 122
corps de Heinz H 194
corps de Heinz-Ehrlich H 194
corps de Howell-Jolly J 9
corps de Jolly J 9
corps de Lipschütz L 325
corps de Michaelis-Gutmann M 440
corps de Negri N 58
corps de Nissl N 149
corps de purine P 1205
corps étranger F 319
corps immunisant A 569
corps inhibiteur I 276
corps intermédiaire A 569
corps participant à la réaction R 129
corps riziforme R 438
corps solide S 553
corps surrénal A 292
corps suspendu S 1146
corps thyroïde T 330
corpusculaire C 1020
corpuscule C 1019
corpuscule amylacé A 695
corpuscule basal B 101
corpuscule chromatinien C 505
corpuscule d'Amato A 566
corpuscule de Barr S 328
corpuscule de chromatine C 505
corpuscule de Dickie D 350
corpuscule de Donovan D 709
corpuscule de Hayem H 149
corpuscule de Heinz H 194
corpuscule de Jaworski J 6
corpuscule de Koch K 81
corpuscule de Pappenheimer P 56
corpuscule de Paschen P 135
corpuscule de Paschen-Porell P 135
corpuscule de Prowazek-Halberstaedter H 122
corpuscule de Russell R 507
corpuscule de Schaumann S 107
corpuscule d'hématoxyline H 31
corpuscule élémentaire E 146
corpuscule muqueux M 760
corpuscule polaire P 645
corpuscule résiduel R 324
corpuscule salivaire S 28
corpuscules chromatiques N 149
corpuscules chromatophiles N 149
corpuscules de Babès-Ernst B 1
corpuscules de Donné D 698
corpuscules de Guarnieri G 498
corpuscules de Mallory M 82
corpuscule semi-lunaire D 131
corpuscules intracellulaires I 156
correction C 1023
corrélation C 1025
corriger C 1022
corrine C 1028
cortexolone D 162
cortexone C 1030
corticoïde C 1032
corticolibérine C 1031
corticostéroïde C 1032
corticostérone C 1034
corticotrophine C 1035
cortine C 1036
cortisol C 1037
«cortisol-binding globuline» T 483
cortisone C 1039
cortodoxone D 162
corynébactérie C 1041a
corynébactérie diphtérique L 396
corynébactérie paradiphtérique C 1041b
corynébactérie pseudodiphtérique H 366
Corynebacterium acnes A 170
Corynebacterium liquefaciens A 170
corynine Y 15
cotinine C 1042
coton S 1156
coton-collodion C 755
couchage C 677
couche L 124
couche basale B 103
couche cellulaire C 254
couche d'adsorption A 319
couche d'arrêt B 96
couche de barrage B 96
couche de liquide L 338
couche de séparation S 239
couche double D 742
couche gélatinée G 122
couche inférieure S 997
couche intermédiaire S 239
couche leucocytaire B 592
couche limite B 509
couche mince T 202
couche mince / en chromatographie sur T 205
couche mince/par chromatographie en T 205
couche monomoléculaire M 691
couche porteuse S 1116
couche protectrice P 1061
couches / à plusieurs M 773
couche superficielle S 1136
couche ultramince U 31
couler F 227
couleur C 772
couleur complémentaire C 829
couleur d'aniline A 782
couleur de l'urine C 782
couleur des fèces S 923
couleur du sang B 369
couleur solide / à C 775
couleur solide / de C 775
couleur spectrale S 634
couleur stable / à C 775
couleur stable / de C 775
coulomb C 1048
coulométrie C 1051
coulométrique C 1049
coumarine C 1052
coupage S 240
coupe à la congélation F 397
coupe à la paraffine P 68
coupe au microtome M 550
coupe congelée F 397
coupe de Küster K 86
coupe de tissu T 377
coupe en série S 259
coupe histologique T 377
coupe microscopique S 154
coupe mince M 534
coupe par congélation F 397
coupe par étapes S 857
coupe par microtome M 550
couper S 230, S 704
coupe rapide Q 28
couperose blanche Z 11
couperose bleue C 1002
coupe semi-mince S 213
coupe tissulaire T 377
coupe ultramince U 32
couplage C 1070
couplage azoïque A 1193
couplage des gènes G 151
couplage direct D 551
couplage génétique G 151
coupler C 1067
coupure S 705
courant d'air A 402
courant de gaz G 62
courant d'obscurité D 11
courant gazeux G 62
courbe C 1185
courbe colloïdale C 748
courbe d'absorption A 33

courbe d'activité A 216
courbe d'adsorption A 314
courbe de croissance G 477
courbe de décomposition D 64
courbe de désintégration D 587
courbe de dilution du colorant D 816
courbe de dissociation D 631
courbe de dissociation d'oxygène O 233
courbe de dissociation d'oxygène sanguin B 409
courbe de distribution D 658
courbe de distribution d'erreurs de Gauss G 107
courbe de distribution d'érythrocytes E 412
courbe de distribution thrombocytaire T 279
courbe de fixation d'oxygène O 233
courbe de Gauss G 107
courbe d'élution E 161
courbe de précipitation P 836
courbe de Price-Jones P 924
courbe de réaction R 138
courbe de référence C 54
courbe de régression R 268
courbe de sédimentation S 166
courbe des leucocytes biologique B 272
courbe de solubilité S 565
courbe d'étalonnage C 54
courbe de titrage T 388
courbe d'extinction E 598
courbe du profil diurne D 6
courbe du profil journalier D 6
courbe en cloche G 107
courbe étalon C 54
courbe exponentielle E 584
courbe normale G 107
courbe «receiver-operating-characteristic» R 174
courbe ROC R 174
courbe standard C 54
courbe standard S 785
courbe thermique T 154
cours de la réaction R 137
couteau à vaccination V 3
couteau chirurgical S 94
couteau de verre G 215
couveuse I 175
couvre-objet C 1078
covalence C 1073
covalent C 1074
covariance C 1076
cozymase N 135
C-peptide C 1083
CPV P 713
Cr C 531
crachat S 744
crachoir S 697
craquage S 705
créatinase C 1086
créatine C 1087
créatine-kinase C 1088
créatine-phosphate C 1089
créatine-phosphokinase C 1088
créatinine C 1090
créatinine sérique S 301
crénocyte C 1095
crésol C 1096
crésolphtaléine C 1097
creuset C 1121
creuset de fonderie M 269
creuset de platine P 586
creuset en platine P 586
creuset en porcelaine P 723
creuset filtrant en verre G 212
CRF C 1031
criblage S 134
crible S 373
cristal C 1143
cristal d'acide gras F 38
cristal d'acides gras F 38
cristal d'acide urique U 115
cristal de cystine C 1234
cristal de Teichmann T 39
cristal de tyrosine T 703
cristal d'hémine T 39
cristal d'urate U 115
cristal d'urates U 115
cristal du sperme S 671
cristal fécal S 924
cristallin C 1146
cristallisable C 1147
cristallisation C 1148
cristalliser C 1150
cristallisoir C 1151
cristalloïde C 1153
cristal urinaire U 134
cristaux asthmatique C 357
cristaux de Charcot-Leyden C 357
cristaux de Deen-Boettcher D 68
cristaux de Lubarsch L 424
croisé C 1109
croiser C 1107
croissance G 476
croissance bactérienne B 29
croissance cellulaire C 249
croissance d'une culture cellulaire C 235
crossing-over C 1111
crotonase E 248
croûte C 1126
cæruléoplasmine C 8
cryo-agglutination C 717
cryo-agglutinine C 718
cryobiologie C 1127
cryoconservation C 1134
cryodécapage F 369
cryodessication C 1128
cryodessiccation L 493
cryoenzymologie C 1129
cryofibrinogène C 1130
cryoglobuline C 1131
cryomètre C 1132
cryoprécipité C 1133
cryoprotéine C 1135
cryoscope C 1136
cryoscopie C 1138
cryoscopique C 1137
cryostat C 1139
cryotome C 1139
cryptoagglutinoïde C 1140
cryptoantigène C 1141
cryptoxanthine C 1142
Cs C 9
CTP C 1244
Cu C 998
cucurbite D 653
cuiller S 721
cuiller en porcelaine P 729
cuir S 431
cuire B 458
cuisson B 459
cuivre C 998
cuivre radioactif R 27
cuivre sanguin B 372
cultivable C 1160
cultivation C 1163
cultivation cellulaire C 233
cultivé C 1162
cultiver C 1161
culture C 1164, N 324
culture à agitation S 335
culture à couvre-objet C 1079
culture à croissance lente D 828
culture aérobie A 332
culture au lait L 56
culture à une spore M 706
culture aux cellules rénales K 59
culture aux extraits d'organes O 96
culture bactérienne B 21
culture cellulaire C 234
culture cellulaire en monocouche M 692
culture d'anaérobies A 709
culture de fibroblaste F 110
culture de gouttelette D 767
culture de larves L 94
culture de levure Y 5
culture de macrophages M 27
culture de mastocytes M 144
culture de membrane M 276
culture d'enrichissement E 253
culture de perfusion P 225
culture de repos R 347a
culture des bactéries B 20
culture des cellules amniotiques A 664
culture des cellules épithéliales E 360
culture des clones C 619
culture des fèces S 925
culture des fibroblastes F 110
culture des moisissures F 427
culture des protozoaires P 1129
culture de suspension S 1150
culture de tissu T 361
culture de tissus T 361
culture d'expectorations S 746
culture d'explantat E 580
culture d'urine U 148
culture en piqûre S 757
culture en profondeur S 1006
culture en stries S 952
culture en surface S 1131
culture en tube T 635
culture initiale S 911
culture liquide N 324
culture lymphocytaire mixte M 608
culture mère S 911
culture permanente P 245
culture primaire P 926
culture pure P 1195
culture sensibilisée S 218
culture souche S 911
culture sur lame S 445
culture sur papier-filtre F 140
culture sur plaques P 570
culture sur porteur C 161
culture tissulaire T 361
culture tissulaire en monocouche M 693
culture unicellulaire S 414
cumul C 1175
cumulatif C 1176
cumulation C 1175
cupferron C 1178
cupréine C 1179
curare C 1180
curetage A 11
curetage à aspiration S 1045
curetage explorateur T 78
curette C 1181
curette à aspiration S 1046
curette à biopsie B 294
curette d'abrasion A 13
cureter S 130
curette tranchante C 1181
curie C 1182
cutané C 1186
cutiréaction S 437
cutiréaction de Pirquet P 497
cuve T 632
cuve à chromatographie C 523
cuve à flux continu F 240
cuve à immersion D 545
cuve cylindrique pour chromatographie C 523
cuve d'absorption A 47
cuve de développement C 523
cuve de mesure M 196
cuve de verre G 208, G 221
cuve en quartz Q 23
cuvette C 1189, D 578, S 697
cuvette à aspiration S 1047
cuvette à flux continu F 240
cuvette à usage unique D 611
cuvette à utilisation unique D 611
cuvette à utiliser une fois D 611
cuvette d'absorption A 30
cuvette de mesure M 196
cuvette de platine P 587
cuvette de verre G 208
cuvette en porcelaine P 724
cuvette en quartz Q 23
cuvette pour coloration S 775
cyanamide C 1192
cyanate C 1193
cyanate de potassium P 773
cyanhématine C 1194
cyanhémoglobine C 1202
cyanhydrine C 1203
cyanine C 1197
cyanméthémoglobine C 1198
cyanocobalamine C 1199
cyanogène C 1200
cyanure C 1196
cyanure de méthyle A 89
cyanure de potassium P 774
cyanure de sodium S 498
cycle C 1204, R 448
cycle de réaction R 139
cycle de stérilisation S 878
cycle menstruel M 293
cyclisation C 1210
cycliser C 1211
cyclohexane C 1212
cycloheximide C 1213
cyclosérine C 1214
cyclosporine C 1215
Cyd C 1237
cylindre bactérien B 14
cylindre biliaire B 213
cylindre cireux W 49
cylindre de bilirubine B 225
cylindre de Kuelz C 806
cylindre de verre G 207
cylindre d'hémoglobine H 58
cylindre d'hémoprotéine H 97
cylindre du coma C 806
cylindre du sang B 365
cylindre épithélial E 358
cylindre érythrocytaire E 406
cylindre faux P 1139
cylindre fibrineux F 105
cylindre graisseux F 41
cylindre granulé G 432
cylindre hyalin H 451
cylindre ictérique I 8
cylindre leucocytaire L 187
cylindre mélangeur M 615
cylindre muqueux M 758
cylindre rénal U 131
cylindre uratique U 115
cylindre urinaire U 131
cylindrique C 1217

cynuréninase K 92
cynurénine K 93
cynurénine-aminotransférase K 94
Cys C 1227
cystamine C 1220
cystathionase C 1223
cystathione C 1221
cystathionine C 1222
cystathionine-γ-lyase C 1223
cystathionine-β-synthase C 1224
cystéamine C 1225
cystéine C 1227
cysticercoïde C 1228
cysticerque B 334
cysticerque du porc C 1230
cysticerque inarmé C 1229
cystine C 1232
cystinolithe C 1233
cystolithe B 332
cystyl-aminopeptidase C 1235
cytase C 1236
cytidine C 1237
cytidine-désaminase C 1238
cytidine-5'-diphosphate C 1239
cytidine-diphosphate-choline C 1240
cytidine-diphosphate-éthanolamine C 1241
cytidine-diphospho-choline C 1240
cytidine-diphospho-éthanolamine C 1241
cytidine-5'-monophosphate C 1242
cytidine-3',5'-monophosphate cyclique C 1206
cytidine-nucléotide C 1243
cytidine-5'-triphosphate C 1244
cytobiologie C 1246
cytoblaste N 312
cytocentrifugeuse C 1247
cytochimie C 1251
cytochimie hématologique H 25
cytochimique C 1248
cytochrome C 1252
cytochrome-c-oxydase C 1253
cytochrome-c-réductase N 1
cytochrome-peroxydase C 1254
cytodiagnostic C 1255
cytofluorimétrie C 1256
cytogène C 1257
cytogénèse C 1258
cytogénétique C 1257, C 1258
cytoglobuline C 1259
cytogramme C 1260
cytogramme vaginal C 790
cytohémine C 250
cytohistologie C 1262
cytohistologique C 1261
cytohormone C 1263
cytohybride C 1264
cytokinase C 1265
cytologie C 1271
cytologie de crachat S 747
cytologie de frottis S 463
cytologie de la moelle osseuse B 479
cytologie d'endomètre E 207
cytologie de ponction P 1185
cytologie différentielle D 378
cytologie du liquide amniotique A 666
cytologie endométriale E 207
cytologie exfoliative E 550
cytologie sélective S 183
cytologie vaginale C 791
cytologie vitale V 133
cytologique C 1266
cytologiste C 1270
cytolysat C 1272
cytolyse C 1274
cytolysine C 1273
cytolytique C 1275
cytomegalovirus C 1276
cytomètre C 1277
cytomètre en flux F 230
cytométrie C 1279
cytométrie en flux F 231
cytométrique C 1278
cytomorphologie C 1281
cytomorphologique C 1280
cytopathogène C 1282
cytopathologie C 1284
cytopathologique C 1283
cytophotomètre C 1286
cytophotométrie C 1288
cytophotométrique C 1287
cytoplasma C 1289
cytoplasme C 1289
cytoplasmique C 1290
cytoscopie C 1294
cytoscopique C 1293
cytosine C 1295
cytosine-nucléotide C 1296
cytosine-riboside C 1237
cytosome C 1297
cytostatique C 1298, C 1299
cytotoxicité C 1304
cytotoxine C 1306
cytotoxique C 1300
cytovirus C 1307
cytozoaire C 265

D

D D 258
dADP D 155
dahllite D 2
dame-jeanne B 121
dAMP D 156
danger d'explosion H 152
dansylation D 10
dATP D 157
dCDP D 164
dCMP D 165
dCTP D 167
DDT D 346
DEAE-cellulose D 360
débit de dose D 719
débitmètre F 234
débris cellulaires C 236
décahydronaphtalène D 43
décalage de pH P 441
décalage de phase P 298
décalcification D 41
décalcifier D 42
décaline D 43
décantage D 45
décantation D 45
décanter D 44, P 816
décanteur D 46
décapeptide D 47
décarboxylase D 49
décarboxylation D 51
décarboxylation oxydante O 208
décarboxyler D 50
décèlement de fer I 515
décèlement de plomb L 136
décentralisation D 52
décès D 40
décharge D 562
déchargeoir D 567
déchets W 15
déchloruré S 43
déclaration obligatoire D 812
décoction D 55
décolorant D 56
décoloration D 58
décoloration du prontosil P 1009
décoloré D 57
décolorer D 59
décomposer S 704
décomposer / se D 61
décomposition D 62, S 705
décomposition des bactéries B 55
décomposition protéique P 1106
déconjugation D 67
déconjuguer D 66
décontamination D 582
découpleur U 50
décubitus latéral L 111
défense P 1052
défense contre l'incendie F 176
défibrination D 75
défibriner D 73
déficit en bases B 109
déflexion D 78
défunt C 1018
dégagement R 286
dégager R 285
dégel T 132
dégeler T 131
dégradation de protéines P 1106
dégradation des protéines P 1106
dégraissage D 81
dégraissant D 82
dégraisser D 80
degré alcoolique A 430
degré Celsius D 83
degré d'absorption A 31
degré d'acidité D 85
degré d'adsorption A 311
degré d'automatisation D 86
degré de décoloration D 87
degré de dilution D 88
degré de dispersion D 89
degré de dissociation D 90
degré de dominance D 91
degré de liberté D 92
degré de polarisation D 96
degré de polymérisation D 97
degré de pureté D 98
degré de saturation D 99
degré de sensibilité D 100
degré de toxicité T 446
degré de turbidité D 101
degré d'humidité D 95
degré d'hydrolyse D 93
degré d'imprégnation I 139
degré d'ionisation D 94
dégré facteur de réflexion R 245
degré Kelvin D 84
déhydroacyl-coenzyme A D 108
déhydroépiandrostérone D 115
déhydroisoandrostérone D 115
3-déhydrorétinol D 119
déjeuner alcoolique A 436
délétion D 124
demande médicale M 231
démarrage S 818
démarrer S 817
démarreur S 819
déméthylation D 130
déméthyler D 129
déminéralisation D 132
déminéraliser D 133
demi-période H 124
demi-vie H 124
dénaturant D 134
dénaturation D 135
dénaturation des protéines P 1078
dénaturé D 137
dénaturer D 136
dénitration D 142
dénitrer D 141
denrée alimentaire F 315
densimètre D 143
densimétrie D 145
densimétrique D 144
densité D 150
densité cellulaire C 237
densité de bactéries B 23
densité optique E 595
densité relative R 280
densitogramme D 146
densitomètre D 147
densitométrie D 149
densitométrique D 148
dentine D 153
déparaffinage D 203
déparaffiner D 204
départ S 818
dépendance de la température T 50
dépendant d'ADN D 677
dépendant de la concentration C 860
dépendant de la température T 51
dépendant du temps T 344
dépense de fond B 106
dépense fondamentale B 106
déphasage P 298
déphosphorylation D 206
déphosphoryler D 205
dépilation E 352
dépistage de masse M 131
dépistage du diabète D 282
déplacement D 606
déplacement d'équilibre S 343
déplacer D 605
dépolarisant D 209
dépolarisation D 207
dépolariser D 208
dépolymérase D 210
dépolymérisation D 211
dépolymériser D 212
déposer / se S 157
dépôt P 832, S 158
dépôt en brique pilée B 531
dépouillement des données D 20
dépourvu de protéine P 1086
dépourvu des protéines P 1086
déprotéinisation D 216
déprotéiniser D 217
déprothrombinisation D 218
dérive D 758
dérivé D 220
dérivée D 386
dérivé plombique L 135
dérivé purique P 1207
dériver D 757
dérivé sanguin B 374
dermatane-sulfate D 221
dermatolysine D 226
dermatome D 223
dermatomycine T 552
dermatophyte D 224
dermatozoaire D 225
derme S 431
dermique C 1186
désactivation I 146
désactivation d'enzymes I 147
désactivé I 145
désactiver I 144
désamidation D 36
désamider D 35

désaminase D 37
désaminase d'acide adénylique A 268
désaminase d'adénine A 245
désamination D 39
désamination oxydante O 207
désaminer D 38
désensibilisation D 231
désensibiliser D 232
déshalogénase D 102
déshalogénation D 104
déshalogéner D 103
déshydrase D 116
déshydratant D 107
déshydratase H 510
déshydratation D 106, L 231
déshydrater D 105
déshydroandrostérone D 109
déshydrobilirubine B 235
7-déshydrocholestérol D 112
11-déshydrocorticostérone D 114
déshydrogénase D 116
déshydrogénase d'acide glutamique G 304
déshydrogénase de glycérophosphate G 338
déshydrogénase pyruvique P 1279
déshydrogénation D 118
déshydrogéner D 117
déshydropeptidase II A 597
désinfectant D 580
désinfectant de la peau S 433
désinfecter D 579
désinfection D 582
désinfection à air chaud H 428
désinfection à la vapeur S 846
désinfection chimique C 380
désinfection de l'air A 397
désinfection de la peau S 434
désinfection des mains H 136
désinfection d'une salle R 473
désinfection superficielle S 1133
désintégration D 585
désintégration protéique P 1106
désintégration radioactive R 28
désintégrer / se D 584
désintégrer / se D 584
désiodase D 120
désionisation D 121
désioniser D 122
desmocyte F 109
desmoïde F 114
desmolase D 235
desmolyse D 236
desmosine D 237
desmosome D 238
désorber D 239
désorption D 240
désose D 191
désoxyadénosine D 154
désoxyadénosine-5'-diphosphate D 155
désoxyadénosine-5'-monophosphate D 156
désoxyadénosine-5'-triphosphate D 157
désoxycholate D 159
désoxycholate de sodium S 499
11-désoxycorticostérone C 1030
11-désoxycortisol D 162
désoxycytidine D 163
désoxycytidine-5'-diphosphate D 164
désoxycytidine-5'-monophosphate D 165
désoxycytidine-5'-triphosphate D 167
désoxycytidylate-désaminase D 168
désoxydant R 222
désoxydation R 225
désoxyder R 214
désoxyéphédrine M 364
désoxygénation R 225
désoxygéner R 214
désoxyglucose D 169
désoxyguanosine D 170
désoxyguanosine-5'-diphosphate D 171
désoxyguanosine-5'-monophosphate D 172
désoxyguanosine-5'-triphosphate D 173
désoxyguanylate-kinase G 497
désoxyhémoglobine D 175
désoxyinosine D 176
désoxyinosine-5'-diphosphate D 177
désoxyinosine-5'-monophosphate D 178
désoxyinosine-5'-triphosphate D 179
désoxynucléoside-triphosphate D 181
désoxynucléotide D 182
désoxypentose D 183
désoxyribonucléase D 184
désoxyribonucléase acide A 136
désoxyribonucléase streptococcique S 961
désoxyribonucléoprotéine D 186
désoxyribonucléoside D 187
désoxyribonucléotide D 188
désoxyribose D 189
désoxyribotide D 190
désoxysucre D 191
désoxythymidine T 305
désoxythymidine-5'-diphosphate D 192
désoxythymidine-5'-monophosphate D 193
désoxythymidine-5'-triphosphate D 194
désoxyuridine D 195
désoxyuridine-5'-diphosphate D 196
désoxyuridine-5'-monophosphate D 197
désoxyuridine-5'-triphosphate D 198
désoxyxanthosine D 199
désoxyxanthosine-5'-diphosphate D 200
désoxyxanthosine-5'-monophosphate D 201
désoxyxanthosine-5'-triphosphate D 202
desquamation D 241
dessalage D 229
dessalaison D 229
dessalement D 229
dessaler D 228
desséchant D 795
dessécher préalablement P 858
dessiccateur D 790, E 592
dessiccateur à vide V 11
dessiccation D 106, D 794
dessin de la séparation chromatographique C 522
désulfhydrase D 242
désulfurase D 242
détailler S 628
détectabilité D 244
détectable D 245
détecter D 243
détecteur D 250
détecteur à ionisation de flamme F 196
détecteur à scintillateur liquide L 344
détecteur à scintillation à jupe L 344
détecteur différentiel D 379
détection D 246
détection de fer I 515
détection des bactéries B 24
détection du sang B 429
détendeur R 221
détergent D 251
déterminable D 252
déterminant D 253
déterminant antigénique A 866
déterminant de conformation C 892
déterminant séquentiel S 253
détermination D 254
détermination à deux phases T 681
détermination à une étape O 44
détermination de l'acidité A 153
détermination de l'activité D 256
détermination de la résistance R 334
détermination de la teneur en alcool A 442
détermination de l'azote N 177
détermination des groupes sanguins B 395
détermination des protéines P 1079
détermination des tailles des particules P 130
détermination du chlorure C 433
détermination du facteur Rhésus R 410
détermination du métabolisme basal M 331
détermination du point d'ébullition B 461
détermination du point de congélation C 1138
détermination du point terminal E 232
détermination du sexe S 330
détermination du volume sanguin B 441
détermination multiple M 777
détermination parallèle P 77
détermination par photométrie à flamme F 198
détermination qualitative Q 4
détermination quantitative Q 15
détermination radiologique R 82
détermination rapide R 113
détermination triple T 583
déterminer D 257
deutérium D 258
deutérohémine D 260
deutéroplasme D 261
deutéroporphyrine D 262
deutoplasme D 261
développement D 264
développement de la couleur C 774
développer D 263
déviabilité D 265
déviation à droite R 447
déviation à gauche L 150
déviation normale S 786
déviation standard S 786
déviation standard de la moyenne S 786
dexaméthasone D 269
dextranase D 272
dextrane D 271
dextrine D 275
β-dextrine D 276
dextrine-1,6-glucosidase A 692
dextrine limite D 276
dextrogyre D 279
dextromaltose D 277
dextrorotation D 278
dextrorotatoire D 279
dextrose G 270
dextrostix D 281
DFP D 469
dGDP D 171
dGMP D 172
dGTP D 173
diacétate D 284
diacétyle B 196
diacétylglycérol-acyltransférase D 286
diacétylmonoxime D 285
diacétylmorphine H 238
diacétylréductase A 83
diagnose D 289
diagnose clinique C 607
diagnose de fertilité F 68
diagnose différentielle D 380
diagnose fonctionnelle F 422
diagnose laboratoire L 17, L 20
diagnose laboratoire / par L 18
diagnostic D 289, D 297
diagnosticable D 287
diagnostic «bedside» B 148
diagnostic de base B 114
diagnostic de certitude L 19
diagnostic de laboratoire clinique C 609
diagnostic de la grossesse D 290
diagnostic de présomption T 69
diagnostic de recherche S 139
diagnostic d'exclusion E 542
diagnostic différentiel D 381
diagnostic du laboratoire urgent U 112
diagnostic du LCR L 349
diagnostic du liquor L 349
diagnostic d'urgence E 174
diagnostic enzymatique E 297
diagnostic hématologique H 47
diagnostic histologique H 342
diagnosticien D 294
diagnostic immunologique I 84
diagnostic laboratoire L 20
diagnostic microbiologique M 453
diagnostic morphologique M 729
diagnostic précoce E 4
diagnostic préliminaire P 885
diagnostic prénatal P 891
diagnostic rapide R 114
diagnostic salivaire S 29
diagnostic spécialisé S 602
diagnostic très spécialisé H 304
diagnostic urgent U 111
diagnostic urinaire U 135
diagnostique D 291
diagnostiquer D 288
diagnostiqueur D 294
diagramme D 304
diagramme à colonnes C 799
diagramme à échelle fonctionnelle de probabilité P 943
diagramme de Davenport D 26
dial D 305
dialcool G 366

dialdéhyde D 305
dialdéhyde de l'acide glutarique G 314
dialysabilité D 306
dialysable D 307
dialysance D 308
dialysat D 309
dialysat péritonéal P 241
dialyse D 313
dialyse péritonéale P 242
dialyser D 310
dialyseur D 311
diamètre D 315
diamètre cellulaire C 238
diamètre cellulaire moyen M 169
diamètre de la colonne C 800
diamètre d'érythrocyte E 411
diamètre d'érythrocytes E 411
diamètre des pores P 731
diamètre du spot S 734
diamètre érythrocytaire moyen M 175
diamètre extérieur O 165
diamètre intérieur L 437
diamidogène H 477
diamine D 316
diaminoacide D 318
diaminobenzène P 326
1,4-diaminobutane P 1226
1,2-diamino-éthane E 501
1,5-diaminopentane C 2
diaminopurine D 319
diaminoxidase H 318
diamorphine H 238
diaphane T 510
diaphanéité T 509
diaphorase D 446
diaphragme D 320, M 271
diastase salivaire P 1163
diazépam D 322
1,3-diazine P 1253
diazoïque D 324
1,3-diazole I 24
diazoréactif D 330
diazoréaction D 329
diazotable D 333
diazotate D 332
diazotation D 334
diazoté D 336
diazoter D 335
dibenzopyranne X 1
dibenzopyrazine P 305
dibromure D 338
dibucaïne D 339
dicarboxyporphyrine D 341
dichloracétate D 344
dichloroacétate D 344
dichlorodiphényltrichloréthane D 346
dichloroéthane D 347
dichlorométhane D 343
dichlorphénol-indophénol D 348
dichlorure D 342
dichromate D 349
dicoumarol D 352
dicrœlium dendritique D 353
dIDP D 177
diène-conjugué D 355
diestérase D 356
diète D 357
diète de test T 86
diète normale N 230
diéthanolamine D 358
diéthylamide lysergacidique L 502
diéthylamide lysergique L 502
diéthylamine D 359
diéthylaminoéthyl-cellulose D 360
diéthylbarbiturate de sodium S 501
diéthylcétone D 365
diéthyldithiocarbamate D 362
diéthylèneglycol D 363
diéthylène-imidooxyde M 727
diéthyléther D 364
diéthylmalonylurée D 361
diéthylstilbœstrol D 366
différence de la concentration C 861
différence de potentiel P 809
différence de température T 52
différence d'extinction E 599
différence en oxygène artérioveineuse A 1024
différence significative S 383
différenciation cellulaire C 239
différenciation des bactéries B 25
différencier D 392
différentiation D 393
difficilement soluble S 599
difforme A 7
diffraction D 395
diffraction des rayons X X 24
diffractomètre D 399
diffractomètre à rayons X X 26
diffractométrie à rayons X X 27
diffus D 402
diffusat D 400
diffuser D 401, D 624
diffuseur D 403
diffuseur de Conway C 978
diffusibilité D 406
diffusible D 407
diffusion D 408, D 626, S 101
diffusion d'agar A 350
diffusion double D 735
diffusion libre F 360
diffusion provoquant rejet B 4
diffusion superficielle S 1132
digérable D 419
digérer D 418
digestion D 420
digitale D 424
digitonine D 428
digitoxigénine D 429
digitoxine D 430
diglycéride D 431
diglycéride-acylase D 286
diglycéride-acyltransférase D 286
diglycéride-kinase D 432
diglycol D 363
digoxigénine D 433
digoxine D 434
digoxoside D 434
dihexose D 435
dihexoside D 436
dihydroandrostérone A 759
dihydrobilirubine D 437
dihydrobioptérine D 438
dihydrocholestérol D 439
dihydrodigoxine D 440
22-dihydroergocalciférol D 441
22,23-dihydroergostérol D 442
dihydroergotamine D 443
dihydrogénophosphate D 445
dihydrogénophosphate de sodium S 502
dihydrolipoamide-réductase (NAD$^+$) D 446
dihydroptéridine-réductase D 449
dihydropyrimidinase D 450
dihydrostreptomycine D 451
dihydrotachystérol D 452
dihydrotestostérone D 453
dihydrothymine D 454
dihydrouracile D 455
dihydrouracile-déshydrogénase D 456
dihydrouridine D 457
dihydroxyacétone D 458
dihydroxyacétone-phosphate D 459
dihydroxyacétone-transférase T 474
dihydroxy-1,2-benzène P 1259
20,22-dihydroxycholestérol D 461
2,5-dihydroxyphénylacétate D 463
dihydroxyphénylalanine D 464
dihydroxyphényléthylamine D 711
3,4-dihydroxyphénylglycol D 465
dihydroxy-2,3-propanol G 328
1,3-dihydroxypropanone D 458
dihydroxy-2,6-purine X 4
dihydroxy-2,4-pyrimidine U 79
dihydroxy-3,5-toluène O 92
diiodothyronine D 467
diiodotyrosine D 468
diiodure D 466
diisopropylfluorophosphate D 469
dilatés / aux pores L 92
diluant D 471
dilué D 473
diluer D 472
dilueur D 478
dilution D 474
dilution colorante D 817
dilution isotopique I 594
dimension D 479
dimension de particules P 129
dimension des particules P 129
dimercaprol D 481
2,3-dimercaptopropanol D 481
dimère D 480, D 482
dimérisation D 483
3,4-diméthoxyphényléthylamine D 484
diméthylallyltransférase D 485
diméthylamine D 486
diméthylamino-antipyrine A 617
p-diméthylaminoazobenzène D 487
p-diméthylaminobenzaldéhyde D 488
diméthylaminophénazone A 617
diméthylarginine D 489
diméthylcarbinol I 582
diméthylcétone A 84
diméthylétine-homocystéine-méthyltransférase D 497
diméthylformamide D 491
diméthylguanidine D 492
diméthylguanine D 493
diméthyl-jaune D 487
diméthylphénylène-diamine D 494
diméthylsulfadiazine S 1069
diméthylsulfate D 495
diméthylsulfoxyde D 496
diméthylxanthine D 498
dimorphe D 499
dIMP D 178
dinitrobenzène D 500
4,6-dinitro-crésol D 503
dinitrofluorobenzène D 502
dinitrophénol D 504
dinitrophénylhydrazine D 505
dinucléotide D 507
diol G 366
dioptrie D 508
dioxanne D 509
dioxyantracène A 814
dioxyde D 510
dioxyde de silicium S 394
dioxyde de sodium S 533
dioxyde de soufre S 1101
dioxygénase D 511
dioxyphénylamine D 512
dipeptidase D 516
dipeptide D 517
dipeptide-hydrolase D 516
dipeptidylcarboxypeptidase D 518
o-diphénolase C 198
diphénoloxydase C 198
4,4'-diphénylamine B 168
diphénylamine D 519
diphénylcarbazone D 522
diphényléther D 523
diphénylhydantoïne D 524
diphénylméthane D 525
diphénylthiocarbazone D 667
diphénylurée D 527
diphosphatase D 528
diphosphate P 1267
diphosphate d'adénosine A 254
diphosphate de thiamine T 194
diphosphatidylglycérol C 144
diphosphoglycéraldéhyde D 529
2,3-diphosphoglycérate D 530
diphosphoglycérate-phosphatase D 531
diphospho-inositol D 534
diphosphonate D 533
diphosphopyridine-nucléotide$^+$ N 135
diplobacille D 536
diplobacille de la conjonctivite subaiguë M 715
diplobacille de Morax M 715
diplochromosome D 537
Diplococcus pneumoniae F 352
Diplococcus scarlatinae H 82
diplocoque D 538
diplocoque de Class H 82
diplocoque de Morax-Axenfeld M 715
diplocoque de Neisser G 411
diploïde D 539
dipolaire B 313
dipôle D 541
dipropionate d'estradiol E 468
diptère D 547
dipylidium canin D 686
directement proportionnel D 555
direction d'écoulement F 232
directives I 329
disaccharidase D 558
disaccharide D 559
discontinu D 571
discontinuité D 570
discret D 573
dismutation D 593
dismutation d'aldéhyde A 449
disparité H 251
dispensaire D 595
dispersé D 598
disperser D 597
dispersibilité D 600
dispersible D 601
dispersion D 603, S 101, V 45
dispersion au hasard R 106
dispersion colloïdale / en C 749
dispersion moléculaire M 652
dispersion particulière P 128
dispersion standard S 786

display D 610
disponibilité A 1171
disponible A 1172
dispositif d'affichage D 610
dispositif d'affichage I 184
dispositif d'alarme A 414
dispositif de distillation D 651
dispositif de dosage D 723
dispositif de fixation F 186
dispositif de mesure M 198
dispositif pour micropipetter M 518
disproportionation D 593
disproportionnement D 593
disque D 590
disquette D 592
dissection O 3
dissémination D 626
disséminé D 625
disséminer D 624
disséquer D 616
dissimilation C 181
dissociation D 629
dissociation électrolytique E 89
dissociation thermique T 142
dissocié D 628
dissocier D 627, S 704
dissoluble S 569
dissolution D 634
dissolvant S 576
dissolvant des graisses F 34
dissolvant inorganique I 308
dissoudre D 636
dissoudre / se D 637
dissous D 638
distance de parcours L 157
distance entre électrodes I 349
distance parcourue L 157
distillat D 642
distillateur D 651
distillation D 643
distillation à contre-courant R 198
distillation à la vapeur S 847
distillation à vide élevé H 308
distillation dans le vide V 8
distillation différentielle D 382
distillation élémentairement équilibrée D 382
distillation extractive E 616
distillation fractionnée F 345
distillation globalement équilibrée E 378
distillation individuelle S 418
distillation sèche D 789
distillation simple S 406
distillation sous vide V 8
distillation sous vide élevé H 308
distillé D 649
distiller D 640
distillerie D 648
distome T 529
distributeur D 596
distribution D 656
distribution à contre-courant C 1058
distribution colloïdale C 743
distribution d'échantillons S 49
distribution de chi-carré C 422
distribution de Donnan D 696
distribution de fréquences F 378
distribution de Gauss N 231
distribution de la température T 53
distribution de Poisson P 619
distribution de probabilité P 941
distribution de Student T 36
distribution de t T 36, T 36
distribution du binôme B 243
distribution gaussienne N 231
distribution intracellulaire I 404
distribution logarithmique L 400
distribution non-linéaire N 209
distribution normale N 231
distribution normale logarithmique L 400
distribution normale réduite S 793
distribution poissonnienne P 619
distribution t T 36
distribution uniforme U 58
disulfate D 662
disulfure D 663
dithionite D 665
dithionite de sodium S 503
dithiotreitol D 666
dithiozone D 667
dITP D 179
diurèse D 669
diurétique D 670, D 671
diviser S 230
division S 240, W 5
division cellulaire C 241
dizygote D 672
dizygotique D 672
DMSO D 496
DNA D 185
DNA phagique P 269
DNase D 184
DNase II A 136
DNOC D 503
dodécylsulfate D 683
dodécylsulfate de sodium S 504
domaine D 688, R 105
domaine critique C 1104
domaine d'application F 119
domaine de concentration C 864
domaine de mesure M 209
domaine de microgramme M 495
domaine d'emploi F 119
domaine de pH P 440
domaine de référence R 237
domaine de sensibilité S 224
domaine sensible S 224
domaine spectral S 638
dominance D 689
dominant D 691
dominante D 690
dominer D 692
données cliniques C 606
données du laboratoire L 24
données expérimentales E 576
données médicales C 606
données morphologiques M 730
données primaires P 927
donneur D 699
donneur de sperme S 672
donneur d'hydrogène H 500
donneur du sang B 375
Dopa D 464
dopa-décarboxylase D 710
dopamine D 711
dopamine-β-monooxygénase D 712
dopa-oxydase D 712
dopaquinone D 713
dopase D 712
doping D 714
dormant L 108
dormitif S 587
dosage D 716
dosage d'azote N 177
dosage d'échantillon-réactif S 56
dosage de l'activité R 48
dosage de précision P 847
dosage des protéines P 1079
dosage électroimmunologique E 80
dosage fluoroimmunologique en phase solide S 558
dosage immuno-enzymatique E 299
dosage immunoenzymatique compétitif C 826
dosage immunologique à luminescence L 441
dosage immunologique en phase solide S 559
dosage immunologique par chimioluminescence C 405
dosage individuel S 417
dosage par précipitation P 834
dose D 718
dose admissible P 256
dose d'attaque I 281
dose de seuil T 255
dose de tolérance T 255
dose d'irradiation R 11
dose en volume V 162
dose initiale I 281
dose journalière D 5
dose létale L 170
dose limite T 255
dose maximale M 164
dose maximum M 164
dose minimale M 588
dose mortelle L 170
dose optimale O 79
doser D 717
dose simple S 419
dose toxique T 444
dose unique S 419
doseur D 723
dosimètre D 720
dosimètre de rayonnement D 720
dosimètre de rayonnement F 126
dosimètre photographique F 126
dosimétrie D 722
dosimétrie de rayonnement R 12
dosimétrique D 721
double D 726
double détermination D 734
double hélice D 739
double liaison D 732
doublement R 229
double paroi / à D 748
doublet d'électrons E 113
douille rodée S 478
douve du foie C 421, C 814a
douve intestinale G 180
DPA D 519
DPN+ N 135
DPNase N 4
DPN-nucléosidase N 4
drain D 567, D 751
drainage D 752
drap C 625
drépanocyte D 753
drift d'antigènes A 867
drogue N 23
droite S 948
drumstick D 781
dTDP D 192
dTMP D 193
dTTP D 194
dUDP D 196
dUMP D 197
duokrinine D 805
duplicase R 304
duplication D 809
durée d'action E 589
durée de conservation S 942
durée de contact C 937
durée de la réaction R 152
durée d'épreuve D 810
durée de réaction R 152
durée de rétention R 357
durée de séchage D 798
durée de stérilisation S 880
durée de stockage S 942
durée de test D 810
durée de travail W 104
durée de vie des érythrocytes E 417, E 427
durée de vie des leucocytes L 197
durée de vie des plaquettes P 582
durée de vie des thrombocytes P 582
durée d'expérimentation D 810
durée d'incubation I 173
dureté H 145
dureté de l'eau W 27
dUTP D 198
dXDP D 200
dXMP D 201
dXTP D 202
dynamique D 823, D 825
dynéine D 826

E

«early immune antibody» E 5
eau W 19
eau ammoniacale A 631
eau bidistillée D 737
eau bouillonnante B 466
eau courante R 506
eau de levure Y 10
eau de peptone alcaline A 487
eau de refroidissement C 989
eau de robinet T 17
eau désionisée D 123
eau de viande M 217
eau distillée D 650
eau en ébullition B 466
eau fraîche F 390
eau glacée I 4
eau oxygénée H 508
eau peptonée P 204
eau potable D 763
eau réfrigérante C 989
eau totale du corps T 423
eaux résiduaires W 16
eaux usées W 16
EB B 110
ébertelle de fièvre typhoïde T 697
ébullioscopie E 15
ébullition B 459
ECA D 518
écart arithmétique M 174
écart étalon S 786
écart-standard de la moyenne M 174
écart-type M 174, S 786
échange E 530
échangeable E 532
échange d'anions A 795
échange de cations C 208
échange d'électrons E 102
échange des chromosomes C 552
échange d'ions I 462
échanger E 529
échangeur cationique C 212
échangeur d'anions A 798
échangeur de cations C 212
échangeur d'électrons E 104
échangeur d'ions I 470

échangeur d'ions cellulosique I 464
échangeur d'ions inorganique I 303
échangeur ionique inorganique I 303
échangeur thermique H 170
échantillon S 47, S 629
échantillon à analyse A 740
échantillon aléatoire R 103
échantillon cytologique C 1269
échantillon d'enzyme hépatique L 374
échantillon d'enzymes E 283
échantillon de référence R 238
échantillon de salive S 32
échantillon des selles S 930
échantillon de tissu T 379
échantillon d'urine U 152
échantillon du sang B 420
échantillonnage S 60
échantillonner S 46
échantillonneur S 55
échantillon obtenu au hasard S 47
échantillon parallèle P 79
échantillon représentatif R 307
échantillon salivaire S 32
échantillon sec D 803
échantillon sérique S 322
échantillon témoin C 969
échantillon tissulaire T 379
échantillon-type S 796
échantillon unique S 421
échauffement H 174, W 9
échelle S 92
échelle de Gaffky G 2
échinocoque C 174
échinocoque alvéolaire E 17
échinocoque hydatique E 19
échinocyte E 20
échovirus E 21
éclairage à fond clair B 534
éclairage de Köhler K 83
éclairage sur fond obscur D 13
écolier S 123
écolière S 123
écorchure A 11
écoulement F 228
écoulement gazeux G 62
écoulement goutte à goutte D 775
écouler F 239
écouler / s' F 235
ectoenzyme E 25
ectohémolysine E 26
ectoparasite E 27
ectophyte E 28
ectoplasme E 29
ectotoxine E 30
ectozoaire D 225
écumage F 294
écumeux F 297
EDTA E 503
édulcorant S 5
effecteur E 36
effectif d'un échantillon S 57
effet A 196
effet anabolique A 702
effet de tamis moléculaire M 656
effet de température T 55
effet de Tyndall T 687
effet inhibiteur I 278
effet secondaire S 362
effet tampon B 580
effet tardif A 344
effet Tyndall T 687
effet ultérieur A 344
efficacité E 38
efficacité / de haute H 286
efficacité biologique relative R 279
efficacité d'épreuve P 822
efficacité diagnostique D 292
efficience E 38
EIA E 299
éjaculat E 45
élaborer D 263
élastase E 47
élasticité E 50
élastinase E 47
élastine E 51
élastique E 48
élastomère E 52
élastomérique E 52
électricité E 59
électrique E 55
électroanalyse E 63
«electroblotting» E 64
électrochimie E 68
électrochimique E 65
électrochromatographie E 69
électrocoagulographie E 70
électrode E 71
électrode à chlore C 436
électrode à enzymes E 298
électrode à gaz G 58
électrode à goutte D 772
électrode à goutte de mercure D 774
électrode à hydrogène H 501
électrode à membrane M 277
électrode à oxygène O 234
électrode au calomel C 63
électrodécantation E 73
électrode d'ammonium A 642
électrode de Clark C 590
électrode de glucose G 275
électrode de mesure M 199
électrode de mesure du pH P 301
électrode de référence R 231
électrode de travail W 102
électrode de verre G 209
électrode du gaz de sang B 386
électrode d'urée U 91
électrode échangeuse d'ions I 466
électrode en argent S 400
électrode en platine P 588
électrode indicatrice I 190
électrode ionique sélective I 499
électrode métallique M 344
électrode négative C 206
électrode normale à hydrogène N 232
électrode plongeante D 542
électrode positive A 805
électrodermatome E 75
électrode standard R 231
électrode trempée D 542
électrodialyse E 78
électrodialyseur E 77
électroendosmose E 122
électrofocalisation E 79
électroimmunodiffusion E 81
électrolyse E 83
électrolyte E 84
électrolyte amphotère A 678
électrolyte porteur C 162
électrolyte sérique S 304
électrolyte urinaire U 136
électrolytique E 86
électromètre E 93
électrométrique E 94
électron E 96
électronégatif E 101
électronique E 105, E 108
électronique médicale M 232
électron libre F 361
électron positif P 755
électronvolt E 121
électro-osmose E 122
électrophérogramme E 124
électrophérographie E 125
électrophorèse E 126
électrophorèse à basse tension L 423
électrophorèse à contre-courant C 1062
électrophorèse à gel d'agarose A 360
électrophorèse à haute résolution H 302
électrophorèse bidimensionnelle T 676
électrophorèse bidimensionnelle sur papier T 677
électrophorèse cellulaire C 243
électrophorèse d'acétate de cellulose C 287
électrophorèse d'écoulement F 245
électrophorèse des lipides L 283
électrophorèse de zone Z 15
électrophorèse du liquor L 350
électrophorèse en gel d'amidon S 814
électrophorèse microzonale M 554
électrophorèse protéinique P 1081
électrophorèse sans porteur C 165
électrophorèse SDS S 138
électrophorèse sérique S 305
électrophorèse sous haute tension H 310
électrophorèse sur bloc d'amidon S 811
électrophorèse sur colonne C 801
électrophorèse sur couche mince T 207
électrophorèse sur disque D 591
électrophorèse sur feuille F 303
électrophorèse sur gel G 126
électrophorèse sur gel d'acrylamide A 186
électrophorèse sur gel d'agar A 353
électrophorèse sur gel d'amidon S 814
électrophorèse sur gel de polyacrylamide P 648
électrophorèse sur papier P 51
électrophorèse sur porteur C 163
électrophorèse transmigatrice C 1062
électrophorèse zonale Z 15
électrophorétique E 130
électrophotomètre E 136
électropositif E 137
électroprécipitation E 138
électrorhéophorèse E 139
électrosynérèse E 140
éléidine E 141
élément E 143
élémentaire E 144
élément cellulaire C 230
élément chimique C 381
élément de trace T 464
élément formatif F 330
élément morphologique F 330
élément principal M 59
élément radioactif R 29
élévation de la température T 62
élévation du point d'ébullition B 462
ELIA E 150
élimination acide maximum M 160
élimination de l'eau D 106
ELISA E 151
elliptocyte E 152
éluant E 155
éluat E 154
éluer E 156
élution E 157
élution par gradient G 417
emballage P 3
emballer P 2
embranchement B 527
embrancher / s' B 523
embryon E 169
embryon de poule C 418
embryonnaire E 170
émétine E 179
émetteur bêta B 189
émettre E 188
émission E 180
émission électronique D 695
empaquetage P 3
empaqueter P 2
empirique E 190
emplâtre P 558
emplâtre adhésif A 275
employés de laboratoire L 37
empoisonné I 401
empoisonnement I 402
empoisonner I 400
émulsifiant E 192
émulsification E 191
émulsifier E 193
émulsion E 194
émulsionnage E 191
émulsionnant E 192
émulsionner E 193
émulsion photographique P 430
émulsoïde E 195
enceinte P 874
encéphale B 517
encéphaline E 245
endoallergène E 198
endoantigène E 199
endocrine E 201
endocrinien E 201
endocrinologie E 202
endocyte K 87
endo-enzyme C 282
endogène E 203
endolysine E 204
endomètre E 206
endonucléase E 208
endonucléase de restriction R 351
endoparasite E 209
endopeptidase E 210
endopeptidase pancréatique P 24
endophyte E 211
endoplasme E 212
endoplasmique E 213
endoprotéase E 210
endoradiosonde I 398
endorphine E 214
endoscope E 216
endosmose E 218
endosmotique E 219
endospore E 220
endothélial E 221
endothéliocyte E 223
endothélium E 224

endothermique E 225
endotoxine E 227
endotrichophytine E 229
endotrypsine E 230
enduction A 1049, C 677
enduire A 959 b, C 675
énergie E 233
énergie calorique T 143
énergie chimique C 382
énergie cinétique K 66
énergie d'activation A 207
énergie de fixation B 240
énergie de liaison B 240
énergie de rayonnement R 13
énergie d'excitation E 540
énergie électrique E 57
énergie libre F 362
énergie liée B 510
énergie potentielle P 810
énergie radiée R 13
énergie spécifique S 616
énergie thermique T 143
énergie totale T 427
enfant C 420
enflammer I 19
engin D 266
engorgement S 934
enjambement C 1111
enképhaline E 245
enlèvement de masque D 128
énol E 246
énolase E 247
énolase spécifique de neurones N 98
énoyl-CoA-hydratase E 248
énoyl-hydratase E 248
enregistrement R 187
enregistrement à long temps L 410
enregistrer R 185
enregistreur R 186
enregistreur de température T 155
enregistreur sur bande S 969
enregistreur X-Y C 994
enrichi E 250
enrichir E 249
enrichissement E 252
enrichissement en bactéries B 26
enrichissement en sulfate de magnésium M 51
enrobage E 166
enrobement E 166
enrober E 165
enrober en paraffine E 168
entamibie E 256
entamibie du côlon E 257
entamibie gingivale E 258
Entamoeba hartmanni E 259
Entamoeba tenuis E 259
entéramine S 289
entérobactérie E 261
entérobiopsie S 455
entérocentèse I 397
entérocoque E 263, S 957
entérocrinine E 264
entérocyte E 265
entérogastrine E 266
entérogastrone E 267
entéroglucagone E 268
entérohormone G 98
entérokinase E 269
entérolithe F 11
entéropeptidase E 269
entérotoxine E 270
entérovirus E 271
entérozoaire I 394
enthalpie E 272
entomologie E 273
entonnoir F 428
entonnoir compte-gouttes D 773
entonnoir de Buchner B 576
entonnoir de burette B 600
entonnoir d'écoulement D 564
entonnoir de poudre P 819
entonnoir en porcelaine P 726
entonnoir en verre G 214
entonnoir filtrant F 136
entonnoir filtrant N 330
entonnoir pour analyse A 731
entonnoir séparateur S 237
entophyte E 211
entoplasme E 212
entraîneur E 274
entrecroisement C 1111
entrecroisement leucocytaire L 199
entrer en dissolution D 637
entrer en fluorescence F 250
entrer en phosphorescence P 399
entropie E 276
enzyme de conversion C 977
enzyme métallique M 350
enzymatique E 277
enzyme E 285
enzyme activateur A 204
enzyme à hème H 34
enzyme amyloclastique A 697
enzyme amylolytique A 697
enzyme autolytique A 1145
enzyme auxiliaire A 1167
enzyme bactérienne B 27
enzyme capsulée C 97
enzyme cellulaire C 282
enzyme clé K 54
enzyme clef K 54
enzyme constitutif C 928
enzyme cuivre C 1000
enzyme d'Abderhalden P 1058
enzyme de conversion d'angiotensine D 518
enzyme de décomposition S 706
enzyme de Goldberg F 64
enzyme de l'intestin grêle S 457
enzyme de membrane cellulaire C 259
enzyme de réparation R 301
enzyme de Schardinger X 6
enzyme des liquides de sécrétion S 153
enzyme d'excrétion E 546
enzyme digestif D 421
enzyme du foie L 373
enzyme du sang B 377
enzyme du sérum S 306
enzyme érythrocytaire E 413
enzyme extracellulaire E 25
enzyme fibrinolytique F 100
enzyme flavinique F 210
enzyme glycolytique G 374
enzyme hémique H 34
enzyme hépatique L 373
enzyme hydrolytique H 510
enzyme hydrolytique de la bordure en brosse B 573
enzyme indicateur I 191
enzyme intestinal I 386
enzyme intracellulaire C 282
enzyme leucocytaire L 192
«enzyme-linked immunosorbent assay» E 151
enzyme lipolytique L 303
enzyme lipophile L 308
enzyme lysosomale L 519
enzyme membranaire M 274
enzyme métabolique M 327
enzyme microsomal M 538
enzyme mitochondrial M 597
enzyme oxydant O 201
enzyme oxydatif O 201
enzyme pancréatique P 25
enzyme plasmatique P 526
enzyme protecteur P 1058
enzyme protéolytique P 1067
enzyme réparateur R 301
enzyme respiratoire C 1253
enzyme salivaire S 31
enzyme sérique S 306
enzyme SH S 342
enzyme tissulaire T 362
enzyme urinaire U 137
enzymo-immunologie E 300
enzymologie E 322
éosine E 323
éosine-bleu de méthylène E 325
éosinoblaste E 336
éosinophile E 330, E 333
éosinophiloblaste E 336
éosinophilopoïetine E 337
épais V 127
épaisseur T 198
épaisseur de couche L 126
épaisseur de la pellicule F 128
épaisseur de paroi W 2
épaisseur érythrocytaire moyenne M 170
épendymocyte E 339
éphédrine E 340
épi-5-androstane E 513
épiandrostérone E 342
épicyte E 359
épidémiologie E 345
épidémiologique E 344
épiderme E 347
épidermophyte E 349
épilation E 352
épiler E 350
épimérase E 353
épimérie E 354
épimicroscope D 553
épimicroscopie D 554
épinéphrine A 294
épiphyte E 349
épisome E 356
épithélial E 357
épithélium E 361
épithélium intestinal I 387
épitope E 363
épizoaire E 364
époxyde E 365
époxyde-hydrolase E 366
épreuve T 77
épreuve à écume F 296
épreuve à la bromsulfophtaléine B 558
épreuve à la BSP B 558
épreuve à l'acétonitrile A 90
épreuve à l'acide nitrique N 159
épreuve à la cortisone C 1041
épreuve à la dinitrophénylhydrazine D 506
épreuve à la dithizone D 668
épreuve à la fluorescéine F 256
épreuve à la gélatine G 124
épreuve à la gonadotrophine chorionique U 146
épreuve à l'alcoïde A 502
épreuve à la lépromine L 166
épreuve à l'aloïne A 541
épreuve à la leucine L 177
épreuve à la nicotine N 138
èpreuve à l'antiglobuline A 874
épreuve à l'antiglobuline indirecte I 201
épreuve à la phénolsulfonephtaléine P 317
épreuve à la phloroglycine T 409
épreuve à la résorption de fer I 525
épreuve à la tolérance au glucose intraveineuse I 414
épreuve à l'autohémolyse A 1135
épreuve alcoolique A 436
épreuve à l'endotoxine E 228
épreuve à l'éosine E 338
épreuve à l'éthanol E 483
épreuve à l'éther E 491
épreuve à l'hématoxyline H 33
épreuve à l'histamine H 322
épreuve à l'histocompatibilité H 335
épreuve à l'histone H 351
épreuve à l'identité I 14
épreuve à l'indican I 180
épreuve à l'orthotolidine O 127
épreuve à l'osazone O 130
épreuve à l'uréase U 95
épreuve à TSH T 628
épreuve au benzaldéhyde B 166
épreuve au bleu de plomb S 1105
épreuve au carmin d'indigo I 197
épreuve au chlorure ferreux F 60
épreuve au cyanure de potassium P 775
épreuve au déshydrocholate D 111
épreuve au fructose F 406
épreuve au gaïac G 485
épreuve au gestagène G 175
épreuve au nitroprussiate N 188
épreuve au salicylate S 22
épreuve au sulfate de protamine P 1049
épreuve au tolbutamide T 403
épreuve au tryptophane T 626
épreuve aux poux L 416
épreuve BCG B 140
épreuve conjonctivale C 915
épreuve cornéale C 1014
épreuve cutanée S 439
épreuve d'acétone A 88
épreuve d'acide acétique A 73
épreuve d'acide biliaire B 205
épreuve d'acide sulfosalicylique S 1094
épreuve d'acidification provoquée A 161
épreuve d'Addis A 239
épreuve d'agglutination A 376
épreuve d'agglutination de nucléo-protéine-latex N 258
épreuve d'agglutination différentielle D 371
épreuve d'agrégation A 384
épreuve d'agrégation de thrombocytes P 573
épreuve d'agrégation plaquettaire P 573
épreuve d'Aldrich et McClure U 209
épreuve d'antiglobuline A 874
épreuve d'antistreptolysine A 930
épreuve d'Arnold A 1000
épreuve d'arsenic A 1016
épreuve de bactériotropine O 65
épreuve de Bang B 80
épreuve de Bennhold B 162
épreuve de benzidine B 170
épreuve de Beutler B 195

épreuve de bleu de toluidine T 413
épreuve de blocage B 354
épreuve d'ébullition B 464
épreuve de carmin C 149
épreuve de Carter-Robbins C 169
épreuve de Casoni C 175
épreuve de Castellani C 177
épreuve de cellules érythémateuses L 454
épreuve de céphaline-cholestérol C 313
épreuve de colorabilité du sérum S 1
épreuve de compatibilité croisée C 1113
épreuve de consommation d'antiglobuline A 873
épreuve de consommation de prothrombine P 1115
épreuve de Coombs A 874
épreuve de créatinine C 1094
épreuve de cristallisation C 1149
épreuve de cytotoxicité C 1305
épreuve de deux verres T 679
épreuve de diffusion D 417
épreuve de dilution de Volhard V 154
épreuve de Donath et Landsteiner D 694
épreuve de fermentation F 57
épreuve de fibrinolyse F 96
épreuve de fixation du complément en phase solide S 557
épreuve de floculation F 222
épreuve de fluorescéine F 256
épreuve de fœtoprotéine α F 78
épreuve de fonction hépatique L 377
épreuve de Frenkel F 375
épreuve de galactose G 18
épreuve de Gerhardt G 165
épreuve de Guthrie G 505
épreuve de Harrison H 146
épreuve d'Ehrlich F 171
épreuve de Jaksch J 2
épreuve de Koller K 84
épreuve de la bière B 152
épreuve de l'acide hippurique H 314
épreuve de la concentration C 866
épreuve de la concentration de Volhard V 153
épreuve de la décapsulation D 48
épreuve de la dilution de Volhard V 154
épreuve de la fonction pancréatique P 27
épreuve de la fonction thyroïdienne T 329
épreuve de la galactosurie provoquée G 18
épreuve de la phloridzine P 345
épreuve de la prostigmine P 1045
épreuve de la réductase R 224
épreuve de la sueur S 1161
épreuve de la surcharge T 408
épreuve de la surcharge hydrique W 32
épreuve de la thermostabilité T 182
épreuve de la thyroïde T 329
épreuve de l'atropine A 1112
épreuve de la tuberculose M 113
épreuve de la virulence V 108
épreuve de Legal L 151
épreuve de lévulose F 406
épreuve de l'hyperglycémie provoquée D 738
épreuve de Lundh L 449
épreuve de l'urée U 97
épreuve de lysine-vasopressine L 508
épreuve de mésobilivioline M 320
épreuve de Millon M 575
épreuve de murexide M 791
épreuve de neutralisation I 275
épreuve de pancréozymine-sécrétine P 39
épreuve de phénylhydrazine P 330
épreuve de plaque P 518
épreuve de plaques P 584
épreuve de Prausnitz-Kustner P 824
épreuve de précipitine P 842
épreuve de progestérone P 970
épreuve de prostigmine P 1045
épreuve de protéine P 1101
épreuve de protéines P 1101
épreuve de provocation P 1135
épreuve de radio-immunoprécipitation R 74
épreuve de réduction R 226
épreuve de résistance plaquettaire P 579
épreuve de résorcine R 340
épreuve de rétention plaquettaire P 581
épreuve de rétraction R 375
épreuve de rhumatisme R 402
épreuve de Rivalta R 461
épreuve de rosettes R 477
épreuve de rouge de phénol P 317
épreuve d'Esbach E 449
épreuve de Schellong S 108
épreuve de Schiff S 111
épreuve de Schilling S 115
épreuve des cinq verres F 183
épreuve de Selivanov S 195
épreuve de sensibilité S 225
épreuve de solubilité S 568
épreuve de stabilité de glutathion G 322
épreuve de stimulation S 904
épreuve de stimulation de la gastrine G 94
épreuve des trois verres T 245
épreuve de surcharge T 408
épreuve de surcharge d'histidine H 327
épreuve de surcharge en graisse F 31
épreuve de surcharge en sel et en eau C 866
épreuve de T_3 T 630
épreuve de T_4 T 631
épreuve de thermodénaturation H 168
épreuve de Thorn T 242
épreuve de tolérance T 408
épreuve de tolérance à la glycine G 357
épreuve de tolérance à la leucine L 177
épreuve de tolérance à l'hirudine H 317
épreuve de tolérance à l'insuline I 339
épreuve de tolérance au calcium C 47
épreuve de tolérance au disaccharide D 560
épreuve de tolérance au fructose F 406
épreuve de tolérance au galactose G 18
épreuve de tolérance au glucose G 291
épreuve de tolérance au glucose orale O 86
épreuve de tolérance au lactose L 68
épreuve de tolérance au sel de cuisine S 494
épreuve de tolérance au xylose X 41
épreuve de tolérance d'insuline-glucose G 277
épreuve de tube à essai T 642
épreuve de virulence V 108
épreuve de Vitali V 134
épreuve de Volhard V 153
épreuve de Watson-Schwarz W 42
épreuve de Wöhlk W 97
épreuve d'hémadsorption H 4
épreuve d'hémagglutination H 10
épreuve d'hémagglutination de Treponema pallidum T 536
épreuve d'hémagglutination de tréponème pâle T 536
épreuve d'hétérozygote H 264
épreuve d'hyperglycémie provoquée G 291
épreuve diabétique S 1061
épreuve diagnostique D 303
épreuve d'immobilisation du tréponème pâle N 61
épreuve d'immunofluorescence indirecte I 204
épreuve d'inhibition de l'hémagglutination H 9
épreuve d'inhibition d'hémadsorption H 3
épreuve directe D 557
épreuve directe de Coombs D 550
épreuve d'opacification de thymol T 317
épreuve d'opsonine O 65
épreuve du fonctionnement de l'estomac G 83
épreuve du fonctionnement rénal R 293
épreuve d'Unger et Madison T 403
épreuve du pentdyopent P 178
épreuve enzymatique E 292
épreuve faite au hasard S 47
épreuve fonctionnelle F 424
épreuve fonctionnelle du foie L 377
épreuve individuelle S 422
épreuve inhibitrice I 275
épreuve intracutanée I 408
épreuve intradermique I 408
épreuve iode-amidon I 449
épreuve microbiologique M 452
épreuve optique O 74
épreuve par des solutions colloïdes C 754
épreuve par disques multiples M 771
épreuve par scarification S 133
épreuve postcoïtale H 434
épreuve pour protéines P 1101
épreuve préliminaire P 887
épreuve radio-allergosorbante R 47
épreuve radio-immunoabsorbante R 75
épreuve rapide Q 27
épreuve standard à la dexaméthasone D 270
épreuve sur la lame S 449
épreuve tuberculinique M 113
épreuve urticarienne U 209
éprouver T 76
éprouvette C 1216, T 108
éprouvette graduée M 197
épurateur P 1201
épuration P 1198
épurer P 1202
épurer au préalable P 848
équation E 371
équation chimique C 383
équation de Henderson-Hasselbalch H 208
équation de Michaelis-Menten M 441
équation de Nernst N 76
équation de réaction C 383
équation de régression R 269
équation différentielle D 383
équilibrage E 373
équilibration E 373
équilibre E 374
équilibre acide-base A 132
équilibre acidobasique A 132
équilibre analytique A 729
équilibre azoté N 179
équilibre chimique C 384
équilibre d'acides aminés A 586
équilibre d'adsorption A 315
équilibre de diffusion D 412
équilibre de dissociation D 632
équilibre de Donnan D 697
équilibre de réaction C 384
équilibre de sédimentation S 167
équilibre de solubilité S 566
équilibre d'oxydoréduction R 206
équilibre dynamique D 824
équilibre ionique I 477
équilibre métabolique M 328
équilibre osmotique O 153
équilibrer E 372
équilibre radioactif R 30
équilibre redox R 206
équilibre stable S 764
équilibre stationnaire S 830
équilibre thermique T 144
équilibre thermodynamique C 384
équimolaire E 380
équimoléculaire E 380
équipartition U 58
équipement E 382
équipement de base B 115
équipement du laboratoire L 23
équipement normal B 115
équipement standard S 787
équiper E 381
équivalence E 383
équivalent E 385, E 386
équivalent acide A 138
équivalent chimique C 385
équivalent de glucose G 276
équivalent de la chaleur H 169
équivalent-gramme G 427
ergamine H 319
ergastoplasme E 388
ergocalciférol E 389
ergosome P 706
ergostérol E 390
ergotamine E 391
ergothionéine E 392
ériochromcyanine E 394

erlenmeyer E 395
erreur E 396
erreur absolue A 17
erreur accidentelle R 101
erreur admissible A 288
erreur analytique A 730
erreur biaisée S 1188
erreur de calibration C 55
erreur d'échantillon S 61
erreur d'échantillonnage S 61
erreur de diagnostic D 293
erreur de dosage W 114
erreur de mesure M 200
erreur de pesée W 59
erreur de pipettage P 495
erreur de sondage S 61
erreur d'étalonnage C 55
erreur diagnostique D 293
erreur d'instrument I 331
erreur d'observation O 8
erreur expérimentale E 572
erreur fixe S 1188
erreur grosse G 459
erreur instrumentale I 331
erreur probable P 944
erreur régulière S 1188
erreur relative R 281
erreur standard S 788
erreur statistique S 835
erreur systématique S 1188
erreur type S 788
ersatz S 1020
érysipélothrix E 399
Erysipelothrix E 399
érythrite E 400
érythritol E 400
érythroblaste E 401
érythroblaste basophile B 126
érythroblaste éosinophile E 331
érythroblaste polychrome P 657
érythrocinétique E 439
érythrocupréine H 41
érythrocytaire E 430
érythrocyte E 402
érythrocyte basophile B 127
érythrocyte de donneur D 703
érythrocyte de test T 87
érythrocyte fluorescent F 275
érythrocyte géant M 5
érythrocyte normochromique N 242
érythrocytine E 431
érythrocytoblaste E 401
érythrocytolyse H 76
érythrocytolysine H 74
érythrocytomètre E 432
érythrocytométrie E 434
érythrocytométrique E 433
érythrodextrine E 436
érythrogénine E 437
érythrogranulose D 276
érythrohémomètre E 432
érythrokaryocyte E 438
érythrol-érythroglucine E 400
érythrolyse H 76
érythrolysine H 74
érythromycine E 440
érythrophage E 441
érythrophile E 442
érythroplastine E 431
érythropoïétine E 443
érythropsine R 409
érythrose E 444
érythrose-4-phosphate E 445
érythrosine E 446
érythrothionéine E 392
érythrotoxine E 447
érythrulose E 448
escarre C 1126
eschare C 1126
Escherichia E 451
esculine A 337
ésérine P 460
espace mort D 29
espèce S 609
espèce de bactérie T 692
espèce de bactéries T 692
espérance mathématique E 564
essai T 77
essai à blanc B 336, B 338
essai à radiorécepteur R 92
essai biologique B 246
essai CAMP C 67
essai clinique C 604
essai de bioluminescence B 278
essai de coagulation C 665
essai de fonction F 424
essai de laboratoire L 40
essai de longue durée L 408
essai de modèle M 629
essai de sédimentation S 171
essai immunologique de bioluminescence I 75
essai immunologique de fluorescence F 287
essai microbiologique M 452
essai préliminaire P 887
essais en série S 256
essai témoin B 336, B 338
essai témoin C 959
essayer T 76
essence B 171
essence d'amboine C 648
essence de girofle C 648
essence essentielle E 455
essentiel E 452
essoreuse C 305, S 1048
ester E 456
estérase E 457
estérase B C 135
estérase non spécifique U 75
ester cholestérolique C 464
ester d'acide gras F 39
ester de bilirubine B 226
ester de choline C 474
ester de Cori G 284
ester de Fischer G 329
ester de Harden et Young F 403
ester de Neuberg F 405
ester de Robison G 285
ester de Robison-Tanko F 404
estérification E 458
estérifié E 460
estérifier E 463
ester phosphorique tricrésylique T 555
ester sulfurique S 1103
estétrol E 464
estimation E 465, V 28
estimation de prothrombine Q 30
estimation de résistance R 334
estimation d'urée U 101
estimation statistique E 465
estimer V 29
estomac S 916
estradiol E 466
estrane E 469
estriol E 470
estrone E 476
établissement de moyennes A 1174
établissement du diagnostic M 64
établissement médical M 234
étagé M 780
étain T 348
étalement S 462, S 1155
étalement mince T 210
étalement sanguin B 423
étalon G 106, S 796, T 382
étalonnage A 282, C 52
étalonner A 281, C 51
étanche à l'air A 404
étanche à l'eau W 34
étanche au gaz G 79
étape S 768
étape d'incubation I 171
étapes paliers / par S 858
étapes / par S 858
état S 825
état d'équilibre E 379
état de repos S 827
état de santé P 451
état de surface S 1138
état de vapeur / à l' V 40
état d'oxydoréduction R 211
état excité E 541
état final F 157, F 158
état gazeux G 60
état hygroscopique M 635
état ionisé I 492
état liquide L 346
état nutritif N 326
état physique S 826
état redox R 211
état solide S 561
état stable S 843
état stationnaire S 843
étendue R 106
éthanal A 61
1,2-éthandiol E 504
éthane E 479
éthanol E 480
éthanolamine E 481
éthène E 499
éthénol V 96
éther E 484
éther amylacétique A 686
éther butylacétique B 612
éther chlorhydrique E 498
éther de pétrole P 266
éther diéthylique D 364
éther diméthylique D 490
éther éthylacétique E 493
éther éthylique D 364
éther méthylacétique M 383
éthine A 107
éthinylestradiol E 492
éthinyloestradiol E 492
éthylamine E 494
éthylbenzène E 495
éthylène E 499
éthylène-chlorohydrine E 500
éthylène-diamine E 501
éthylène-diamine-tétra-acétate E 502
éthylène-glycol E 504, G 366
éthylène monochloré V 97
éthylène-réductase B 616
éthyluréthanne U 104
éthyne A 107
étiane E 513
étiocholane E 513
étiocholanolone E 514
étiocobalamine E 515
étioporphyrine E 516
étiquette L 1
étiquette adhésive A 273
étiquette collante A 273
étoilé S 854
étoile / en S 854
étranger X 22
être en ébullition B 458
être humain H 435
étude I 434
étudier I 433
étudier au microscope M 526
étuve D 796
étuve de séchage D 797
étuve sous vide V 10
euchromatine E 517
euchromosome A 1161
euglobuline E 518
eV E 121
évacuation de l'air D 33
évacuation gastrique G 81
évacué E 551
évacuer S 130
évacuer l'air D 32
évaluation C 49, V 28
évaluation de chromatogramme C 510
évaluation des données D 20
évaluation des résultats I 377
évaluer C 48, V 29
évaporateur E 525
évaporation E 524
évaporer E 520
évaporer à sec E 521
évaporer à siccité E 521
évaporer dans le vide E 522
évidement A 11
exactitude P 843
examen C 956, I 434, T 77
examen bactériologique B 50
examen chromatographique C 514
examen coprologique S 928
examen de contrôle C 362
examen de dépistage S 255
examen de laboratoire L 28
examen de la pureté P 1212
examen de référence R 232
examen de routine R 495
examen de sang B 361
examen des selles S 928
examen du crachat S 748
examen enzymatique E 281
examen médical M 235
examen médical de la population S 255
examen microscopique M 530
examen néphélométrique N 70
examen préliminaire P 886
examen spectral S 635
examen systématique S 134
examen turbidimétrique T 668
examiner C 955, E 526, I 433, T 76
examiner au microscope M 526
excès E 527
excès de base B 110
excessif E 528
exciser E 537
excision E 538
excision-biopsie E 539
excision exploratrice B 293
excochléation A 11
excrément E 543, E 544
excréments F 13
excrétion E 545
excrétion de vert d'indocyanine I 209
excrétion d'urine D 669
excrétoire E 555
exempt d'acide A 144
exempt d'azote N 181
exfoliation D 241, E 549
exhausteur D 34
exhaustion S 1042
exigence médicale M 231
exoallergène E 554
exoanticorps E 23

exoantigène E 24
exocrine E 555
exoenzyme E 25
exogène E 556
exohémolysine E 26
exonucléase E 557
exopeptidase E 558
exopeptidase pancréatique P 26
exoplasme E 29
exosmose E 560
exospore E 561
exosporium E 561
exothermique E 562
exotoxine E 30
expectoration E 566, S 744
expectoration à aérosol A 336
expectoration d'irritation I 538
expectoration en trois couches T 246
expectoration recueilie C 734
expectorer E 565
expérience E 569
expérience de laboratoire L 40
expérience de masse F 120
expérience faite sur des animaux A 790
expérience parallèle P 78
expérience sur les lieux F 120
expérimental E 570
expérimentation E 577
expérimentation animale A 790
expérimentation cruciale C 959
expérimentation de contrôle C 959
expérimentation de référence R 232
expérimenter E 568
explantat E 578
explantation E 579
exploitation U 216
exploiter U 217
exponentielle E 585
exposant E 583
exposer E 586
exposition E 587
exprimat E 591
exprimat prostatique P 1042
exsanguino-transfusion E 536
exsiccateur E 592
exsudat E 623
exsudation E 624
exsudat péritonéal P 243
exsudat pleural P 599
exsudat purulent P 1217
exsudats de blessures W 111
exsudat séreux S 292
extincteur F 174
extincteur à eau W 74
extincteur à mousse F 293
extincteur à poudre P 818
extincteur à poudre sèche P 818
extincteur sec P 818
extinction E 595
extirpation E 538
extracellulaire E 602
extrachromosome E 604
extracteur E 612
extracteur de Soxhlet S 598
extracteur Soxhlet S 598
extractibilité E 607
extractible E 608
extraction E 610
extraction / sans E 614
extraction de gel G 127
extraction de préparation P 901
extraction des solvants S 577
extraire E 605
extrait E 606
extrait acellulaire C 248
extrait adrénocortical C 1036
extrait aqueux A 966/7
extrait cellulaire C 244
extrait d'allergène A 517
extrait de groupe G 468
extrait de levure Y 6
extrait de lipides E 617
extrait de malt M 87
extrait de tissu T 363
extrait de viande M 216
extrait éthéré E 486
extrait hépatique L 375
extrait musculaire M 797
extrait myocardique M 834
extrait parathyroïde P 99
extrait placentaire P 506
extrait protéique P 1082
extrait sec D 791
extrait thrombocytaire T 280
extrapolation E 619
extrapoler E 618
extra pur H 288
extrémum E 621

F

F F 281
facilement soluble R 160
facteur F 3
facteur accélérateur C 635
facteur antianémique C 678
facteur antihémophilique A C 639
facteur antihémophilique B C 641
facteur antihémophilique C C 644
facteur antihémorrhagique N 17
facteur antihéparinique A 879
facteur antinévritique T 189
facteur antinucléaire A 904
facteur antipellagreux N 139
facteur blastogène B 341
facteur C F 5
facteur chimiotactique C 412
facteur chimiotactique des éosinophiles E 327
facteur chimiotactique neutrophile N 127
facteur Christmas C 641
facteur citrovorum C 587
facteur clarifiant C 598
facteur complémentaire C 831
facteur cytotoxique L 485
facteur d'absorption A 31
facteur d'activation des macrophages M 24
facteur d'activation des thrombocytes P 572
facteur d'activation plaquettaire P 572
facteur d'activité A 215
facteur d'agrégation des macrophages M 25
facteur d'atélectasie S 1144
facteur de calibration C 56
facteur de capacité C 78
facteur de Castle I 418
facteur déchaînant R 287
facteur de coagulation C 630
facteur de contact C 645
facteur de conversion C 974
facteur de conversion de la prothrombine C 637
facteur de correction C 1024
facteur de croissance G 478
facteur de croissance des fibroblastes F 111
facteur de dilution D 88
facteur de fecondité T 398
facteur de gammaglobuline G 37
facteur de Kjeldahl K 73
facteur de la coagulation C 630
facteur I de la coagulation C 631
facteur II de la coagulation C 632
facteur III de la coagulation C 633
facteur IV de la coagulation C 634
facteur V de la coagulation C 635
facteur VI de la coagulation C 636
facteur VII de la coagulation C 637
facteur VIIbis de la coagulation C 638
facteur VIII de la coagulation C 639
facteur VIIIbis de la coagulation C 640
facteur IX de la coagulation C 641
facteur X de la coagulation C 642
facteur Xbis de la coagulation C 643
facteur XI de la coagulation C 644
facteur XII de la coagulation C 645
facteur XIII de la coagulation C 646
facteur de Lactobacillus bifidus L 55
facteur de Lactobacillus casei F 307
facteur de létalité L 171
facteur de liaison d'immunoglobuline I 101
facteur de libération de la somatotropine S 582
facteur de libération de LH L 431
facteur de libération de l'hormone mélanostimulante M 259
facteur de nécrose N 44
facteur de nécrose de tumeur T 656
facteur d'enrichissement E 254
facteur de perméabilité F 214
facteur de propagation S 741
facteur de proportionnalité F 6
facteur de résistance R 333
facteur de rétention R 390
facteur de rétraction R 374
facteur de risque R 459
facteur de sécurité S 11
facteur de sensibilité S 222
facteur d'étalonnage C 56
facteur de thymus humoral T 322
facteur de transfert T 489
facteur de translation T 501
facteur d'hémagglutination H 7
facteur d'inhibition I 272
facteur d'inhibition de croissance S 585
facteur d'inhibition de la libération de l'hormone mélanostimulante M 263
facteur d'inhibition de la sécrétion gastrique acide G 84
facteur d'inhibition d'érythrocytopoïèse E 435
facteur d'origine pancréatique L 289
facteur du lait maternel M 736
facteur VII du plasma C 638
facteur du tissu T 364
facteur érythropoïétique E 443
facteur excitosécrétoire R 287
facteur exophtalmiant E 559
facteur extrinsèque C 678
facteur génétique G 131
facteur H H 280
facteur Hageman C 645
facteur héréditaire G 131
facteur hormone de libération de prolactine P 986
facteur Hu H 433
facteur Hunter H 433
facteur hyperglycémiant G 255
facteur immunosuppresseur I 133
facteur induisant la leucocytose L 201
facteur inhibant la migration M 559
facteur inhibiteur de prolactine P 987
facteur intrinsèque I 418
facteur intrinsèque de Castle I 418
facteur IV de la coagulation C 634
facteur IX de la coagulation C 641
facteur labile C 635
facteur Lactobacillus casei F 307
facteur de libération de prolactine P 986
facteur LE L 455
facteur libérant l'hormone folliculostimulante F 309
facteur limitant L 259
facteur lipidique L 284
facteur lipocaïque L 289
facteur lipotrope L 321
facteur lipotrope d'origine pancréatique L 289
facteur Lu L 459
facteur lupus érythémateux L 455
facteur mitogénique M 599
facteur perturbateur D 661
facteur plaquettaire P 577
facteur plaquettaire 4 A 879
facteur plaquettaire T 281
facteur plasmatique C 630
facteur plasmatique de la coagulation I C 631
facteur préanalytique P 826
facteur protecteur P 1059
facteur protéique P 1083
facteur R R 333
facteur R_f R 390
facteur Rh R 397
facteur Rhésus R 397
facteur rhumatique R 403
facteur sanguin B 378
facteur stabilisant la fibrine C 646
facteur stimulant la croissance des colonies C 762
facteur Stuart C 642
facteur Stuart-Prower-Delia C 642
facteur T T 489
facteur thrombocytaire P 577, T 281
facteur Willebrand C 640
facultatif F 8
faculté d'absorption A 48
FAD F 208
faiblement acide W 51
faiblement alcalin A 475
faiblement basique A 475
faiblement positif W 52
faible poids moléculaire/de L 417
faire bouillir B 467, B 468
faire des expériences E 568
faire des injections I 287
faire des piqûres I 287
faire fondre T 131
faire le calcul de C 48
faire tremper W 18
faire un diagnostic D 288

faire une autopsie D 616
faire une injection I 287
faire une piqûre I 287
faire une transfusion sanguine T 495
faire une transplantation T 513
faire un frottis T 9
faire un prélèvement S 46
faisceau B 142
faisceau de rayons B 142
faisceau électronique E 98
falciforme S 360
falsification F 17
falsifier F 18
fasciola L 376
fatal L 169
fautif F 14
faux F 14
faux-négatif F 15
faux-positif F 16
FCE-A E 327
FE E 559
Fe I 503
fébrifuge A 915
fécalithe F 11
fèces F 13
Fédération Internationale de Chimie Clinique I 374
féminin F 53
femme F 52
femme enceinte P 875
femme gravide P 875
femme grosse P 875
fendre S 704
fenêtre oculaire O 15
fente S 451
fente d'entrée E 275
fente de sortie E 553
fer I 503
fer de dépôt S 947
fer de l'hème H 38
fer de transport T 521
fer hémique H 38
ferment E 285
fermentaire E 277
fermentation F 56
fermentation alcoolique A 434
ferment de défense P 1058
ferment de respiration C 1253
ferment digestif D 421
fermenter F 55
ferment jaune F 210
ferment oxydo-réducteur O 217
ferment protectif P 1058
ferment respiratoire de Warburg C 1253
ferment rouge de Warburg C 1253
fer plasmatique P 531
fer radioactif R 34
ferrédoxine F 59
ferricytochrome F 61
ferrihémoglobine H 35
ferrioxamine F 62
ferriprotoporphyrine H 37
ferritine F 63
ferritine sérique S 307
ferro-albuminate I 504
ferrochélatase F 64
ferrocinétique F 67
ferrocyanure de potassium P 781
ferrocyanure ferrique B 182
ferrocyte S 368
ferrofloculation F 65
ferrohématoxyline I 516
ferrohème H 1
ferroine F 66
ferroporphyrine I 524
ferroprotoporphyrine H 1
fer sanguin B 401
fer sérique S 313
fétide M 83
feuille F 302
feuille d'acétate de cellulose C 288
feuille d'aluminium A 553
feuille d'argent S 401
feuille de cellulose C 289
feuille d'étain T 353
feuille en plastique P 562
feuille en polyéthylène P 668
feuille métallique M 346
fiabilité R 288
fiabilité analytique A 738
fiabilité diagnostique D 296
fibre de collagène C 731
fibre de verre G 210
fibre musculaire M 798
fibres / à grosses C 672
fibres / à longues L 403
fibreux F 114
fibrille F 83
fibrinase C 646
fibrine F 84
fibrine monomère F 87
fibrine-polymérase C 646
fibrine thermique H 171
fibrineux F 104
fibrinogénase T 262
fibrinogène C 631
fibrinogène humain H 437
fibrinogénolyse F 89
fibrinogénolytique F 90
fibrinoïde F 92
fibrinokinase F 93
fibrinoligase C 646
fibrinolyse F 94
fibrinolyse spontanée S 717
fibrinolysine P 550
fibrinolysokinase F 93
fibrinolytique F 97, F 98
fibrinopeptide F 102
fibrinoplastine F 103
fibroblaste F 109
fibrocyte F 112
fibronectine F 113
fibroplastine F 103
fiche S 936
fil W 92
filaire F 122
filaire de Bancroft B 76
filaire de Médine D 750
filaire nocturne B 76
filaire sanguine B 379
filament F 121
filament blénnorragique G 413
filament chromosomique C 559
filament intermédiaire I 362
filament muqueux M 761
filament mycélien H 571
filament spermatique S 670
filament urétral U 108
filament urinaire U 108
fil de platine P 592
filet S 953
filiforme T 243
fille G 188
film à plusieurs couches M 774
film-dosimètre F 126
film pour rayons X X 28
film radiographique X 28
fil mycélien H 571
fils B 512
filtrabilité F 131
filtrable F 144
filtrage F 147
filtrat F 146
filtrat de bouillon B 506
filtrat de culture C 1165
filtrat glomérulaire G 248
filtration F 147
filtration adsorptive A 316
filtration à vide V 12
filtration de gel G 128
filtration glomérulaire G 249
filtration sur gel G 128
filtration sur gel en couche mince T 208
filtrat sans protéines P 1088
filtre F 130
filtre à air A 401
filtre absorbant A 34
filtre à échange d'ions I 467
filtre à gaz G 61
filtre à membrane M 278
filtre à plis P 513
filtre à quartz Q 24
filtre bactériologique B 8
filtre céramique C 318
filtre Chamberland C 348
filtre coloré C 777
filtre d'air A 401
filtre d'amiante A 1033
filtre de Berkefeld B 181
filtre de Chamberland C 348
filtre en papier P 52
filtre en porcelaine P 725
filtre en verre G 211
filtre fin F 164
filtre imperméable aux germes B 8
filtre interférentiel I 352
filtre membraneux M 278
filtre monochromatique M 679
filtre optique L 241
filtre polarisant P 626
filtre-presse P 916
filtrer F 129, F 138
filtre sec D 792
filtre secondaire S 146
filtre spectral S 636
filtre stérilisant S 875
filtre ultraviolet U 34
filtre UV U 34
fiole S 454
fiole à vide S 1048
fiole d'Erlenmeyer E 395
fiole de titration T 389
fiole jaugée V 165
fission S 705
fixant le complément C 833
fixation B 238, B 471, F 185
fixation par formaline F 326
fixation sanguine B 380
fixation thermique H 172
fixe I 47
fixé B 508
fixé au support C 160
fixer F 184
flacon S 454
flacon absorbeur A 37
flacon à col long N 24
flacon à long col N 24
flacon compte-gouttes D 771
flacon d'Engler E 244
flacon jaugé M 215
flacon laveur W 12
flacon laveur de gaz G 104
flacon résistant à la pression P 915
flagellates F 191
flagelle F 192
flagellés F 191
flamme F 193
flavine F 207
flavine-adénine-dinucléotide F 208
flavine-coenzyme F 209
flavine-enzyme F 210
flavine-mononucléotide F 211
flavine-nucléotide F 212
flavobactérie F 213
flavonoïde F 214
flavoprotéine F 210
flavovirus F 215
fleurs de zinc Z 9
flocon de crachat S 750
floculation F 220
floculation de céphaline C 314
floculation de la céphaline C 314
flore bactérienne B 28
flore de la peau S 435
flore fécale F 10
flore intestinale I 388
flore vaginale V 17
flottation F 223
flotter F 217
fluide F 247, L 330, T 201
fluide allantoïdien A 513
fluide biologique B 273
fluide cellulaire C 271
fluide de refroidissement C 986
fluide extracellulaire E 603
fluide spermatique S 665
fluide synovial S 1175
fluide transcellulaire T 481
fluidification L 327
fluidifier L 329
fluor F 281
fluorescamine F 249
fluorescéine F 251
fluorescéine-dilaurate F 252
fluorescence F 258
fluorescence intravitale I 415
fluorescence propre A 1132
fluorescence secondaire S 147
fluorescent F 266
fluorescer F 250
fluorescine F 274
fluorescyte F 275
fluorimètre F 277
fluorimétrie F 280
fluorimétrique F 278
fluorochrome F 285
fluorogène F 286
fluoromètre F 277
fluorométrie F 280
fluorométrique F 278
fluorophotométrie F 288
5-fluoro-uracil F 289
fluorure F 276
fluorure de potassium P 779
fluorure de sodium S 505
fluorure d'hydrogène H 502
flux F 228
flux cataménial M 294
flux du plasma rénal R 295
flux menstruel M 294
flux plasmatique rénal R 295
FMN F 211
focalisation F 300
focalisation chromatique C 507/8
focalisation isoélectrique I 558
focaliser F 298
fœtal F 70
fœtoprotéine α F 76
fœtoprotéine γ F 77
α-fœtoprotéine F 76
γ-fœtoprotéine F 77
fœtus F 79
foie L 368
foie de rat R 121

folate F 304
folliculine E 476
folliculo-stimuline F 312
follitropine F 312
fonction F 420
fonction de corrélation C 1027
fonction de distribution D 659
fonction de partition D 659
fonction de probabilité P 942
fonction de répartition D 659
fonction discriminante D 576
fonction discriminatoire D 576
fonction exponentielle E 585
fonctionnellement F 421
fond obscur D 12
fondre M 267
fongicide F 425
fonte M 268, T 132
force centrifuge C 301
force électromotrice E 95
force ionique I 484
forceps F 317
formaldéhyde F 323
formaldéhyde-déshydrogénase F 324
formaline F 325
formamidase F 327
formamide F 328
formation d'anticorps A 830
formation de comètes T 6
formation de cristaux C 1148
formation d'écume F 294
formation de gaz G 64
formation de mousse F 294
formation de moyenne A 1174
formation de queus T 6
formation de sel S 41
formation des spores S 731
formation de traînées T 6
forme F 322
forme / sans A 670
forme active de la méthionine A 262
forme cellulaire C 274
forme cristalline C 1144
forme de cellule fusiforme / en F 432
forme de croissance F 333
forme de faucille / en S 360
forme de fil / en T 243
forme de goutte / en D 777
forme d'entonnoir / en F 429
forme de plaque / en P 583
forme d'érythrocyte E 423
forme d'érythrocytes E 423
forme de ver / en W 109
forme d'U / en U 214
formène M 365
forme «rugueuse» R 488
formiamide F 328
formiate F 329
formiate d'ammonium A 643
formiate de sodium S 506
formol F 323
formule F 336
formule brute T 432
formule chimique C 386
formule condensée T 432
formule d'antigène A 864
formule de Bayes B 138
formule de constitution S 978
formule développée S 978
formule différentielle cellulaire D 375
formule différentielle du sang D 372
formule hématologique B 412
formule leucocytaire L 204
formule leucocytaire du sang L 204
formule moléculaire M 653
formule sanguine B 381
formule thrombocytaire T 278
N-formylcynurénine F 337
formyltétrahydrofolate-synthétase F 338
fort acide S 972
fort alcalin S 973
fort basique S 973
forte granulation / à C 673
fortement actif H 283
fortement dispersé H 285
fortement visqueux H 295
forte toxicité / de H 293
forte viscosité / à H 295
foyer F 299
FPR R 295
fraction F 343
fraction cellulaire C 245
fraction céphaline C 315
fraction cytoplasmique C 1291
fraction d'albumine A 420
fraction de filtration F 149
fraction des globulines G 244/5
fraction d'immunoglobuline I 105
fraction du plasma P 527
fraction du suc gastrique G 87
fraction en volume V 163
fraction lipidique L 285
fraction membranaire M 279
fraction microsomale M 539
fractionné F 344
fractionnement F 350
fractionnement cellulaire C 246
fractionnement de Cohn C 711
fractionnement des protéines P 1085
fractionnement des protéines plasmatiques P 528
fractionnement différentiel D 384
fractionnement subcellulaire S 988
fractionner F 348
fraction non-protéique N 217
fraction protéique P 1084
fraction protéique du plasma P 527, S 321
fraction volumique V 163
fragilité d'érythrocytes E 414
fragment F 353
fragmentation F 354
fragment chromosomique C 553
fragment d'ADN D 678
fragment d'immunoglobuline I 106
fragment érythrocytaire E 415
fragment Fab F 1
fragment Fc F 44
fragment fd F 47
fragment intermédiaire I 363
fragment nucléaire N 257
fragmentocyte F 355
fragmentographie de masse M 128
fragment peptidique P 192
fragment tissulaire T 366
fraîchement préparé F 383
frais F 380
frambésine F 356
fréquence F 376
fréquence cumulée C 1177
fréquence d'échantillons S 51
fréquence d'impulsion I 143
fréquence génétique G 136
friction F 393
frigorifique C 984
frigorigène C 984
froid C 715/6, C 982
frontière arrière T 5
frottis S 462, S 1155
frottis anal A 716
frottis auriculaire E 10
frottis bronchique B 563
frottis bucal O 85
frottis cervical C 342
frottis conjonctival C 917
frottis de la moelle osseuse B 482
frottis de la muqueuse nasale N 246
frottis de pustule P 1224
frottis de sédiment S 175
frottis des selles S 929
frottis différentiel D 387
frottis du crachat S 752
frottis lingual L 272
frottis nasal N 246
frottis palatin P 12
frottis rectal R 197
frottis sanguin B 423
frottis sur lame S 448
frottis tonsillaire T 414
frottis vaginal V 20
Fru F 401
fructokinase F 398
fructosamine F 399
fructosane F 400
fructose F 401
fructose-1,6-diphosphatase F 402
fructose-1,6-diphosphate F 403
fructose-1,6-diphosphate-aldolase A 455
fructose-6-monophosphate F 405
fructose-1-phosphate F 404
fructose-6-phosphate F 405
β-fructosidase F 407
fructosine L 75
FSF C 646
FSH F 312
FSH-RH F 309
5-FU F 289
fuchsine F 409
fuchsine acide A 145
fuchsine de résorcine R 339
fucose F 413
fucosidase F 414
fulicoton C 755
fumarase F 417
fumarate F 416
fumarate-hydratase F 417
fumarate-hydrogénase S 1037
fumarate-réductase S 1037
fumarylacétoacétase F 419
fumeur S 471
Fungus F 426
furanose F 430
furfural F 431
2-furylaldéhyde F 431
fuseau S 686
fusiforme S 688
fusiforme / en forme de cellule F 432
fusion F 433, M 268
fusion chromosomique F 434
fusion des chromosomes F 434
Fusobacterium F 435
fusocellulaire F 432

G

g G 425
gaïacol G 483
Gal G 13
galactane G 3
galactite G 4
galactitol G 4
galactoblaste G 5
galactocérébroside G 6
galactodensimètre L 59
galactoflavine G 7
galactokinase G 8
galactolipide C 327, G 9
galactométhylose F 413
galactomètre L 59
galactosamine G 12
galactose G 13
galactose-déshydrogénase G 14
galactose-oxydase G 15
galactose-1-phosphate G 16
galactose-1-phosphate-uridylyltransférase G 17
α-galactosidase G 19
β-galactosidase G 20
galactoside G 21
galactosidocéramide G 6
galactostimuline P 985
galactosylcéramidase G 22
galactosylcéramide G 23
gallocyanine G 27
galvanique G 29
galvanisation G 30
galvanomètre G 31
gamète G 32
gamète mâle S 670
gamétocyte G 33
gammaglobuline G 36
gammaglobuline plasmatique P 529
gamme de mesure M 209
gamme des couleurs C 783
gamme des fréquences F 379
gamme de températures T 61
ganglioblaste G 41
gangliocyte G 42
ganglion lymphatique L 467
gangliopégique G 43
ganglioside G 44
gant de caoutchouc R 501
gants protecteurs P 1060
garçon B 512
garde à coqueluche C 1047
garde au frais K 21
garder à l'abri de la lumière K 24
garder au sec K 23
garder dans l'obscurité K 22
garder sous clef K 25
garrot T 439
«gastric inhibitory peptide» G 84
gastrine G 93
gastrobiopsie S 917
gastrocytogramme G 95
gastrocytographie G 96
gastro-ferrine G 97
gastroferrine G 97
gastromucoprotéine G 100
gastrone G 101
gâteau de filtration F 133
gaz G 45
gaz alvéolaire A 561
gaz carbonique C 122
gaz chlorhydrique H 498
gaz combustible C 809
gaz des marais M 365
gaz du sang B 382
gaze G 108, M 764
gazéification G 64
gazéiforme G 59
gazeux G 59
gaz inerte I 230
gaz noble I 230

gazométrie G 70
gazométrique G 69
gaz porteur C 166
gaz rare I 230
gaz respiratoire R 342
gaz sanguin B 382
GDP G 330, G 493
gel G 113
gel / du type G 123
gel acrylique A 188
gel à porosité faible S 460
gélatinase G 117
gélatine G 114
gélatine nutritive G 119
gélatineux G 123
gélatiniforme G 123
gélatinisant G 121
gélatinoïde G 123
gel d'acrylamide A 185
gel d'agar A 352
gel d'agarose A 358
gel d'amide acrylique A 185
gel d'amidon S 813
gel de dextrane D 273
gel de pectine P 168
gel de polyacrylamide P 647
gel de séparation S 238
gel de silice S 384
gel d'oxyde d'aluminium A 556
gelée G 114
géleux G 129
gel granulé G 435
gélifiant G 121
gel membranaire M 280
gélose A 348
gélose à gélatine G 115
gélose à jaune d'œuf E 41
gélose à l'amidon S 810
gélose à la peptone sucrée S 2
gélose à l'extrait de levure Y 7/8
gélose à l'œuf E 40
gélose au maltose-peptone M 90
gélose à urée U 87
gélose au riz R 437
gélose au sang B 357
gélose au sang de lapin R 2
gélose au sang de mouton S 340
gélose au sang-tellurite B 428
gélose au sel de cuisine S 492
gélose au sous-acétate de plomb L 132
gélose au tellurite T 44
gélose au vert de malachite M 66
gélose aux pommes de terre P 804
gélose aux sels biliares B 211
gélose à viande peptonée M 218
gélose chocolat C 448
gélose de Grütz G 482
gélose de la farine de maïs M 62
gélose de Levinthal L 228
gélose de Westphal W 70
gélose dextrosée G 271
gélose-gélatine G 115
gélose glucosée G 271
gélose lactosée L 67
gélose à l'œuf C 1167
gélose molle S 548
gélose nutritive A 356, N 323
gélose nutritive au glucose G 279
gélose oblique S 440
gélose salée S 38
gélose urine U 145
gène G 131
gène autosomal A 1160
gène de transfert S 1166
gène d'histocompatibilité H 334
«gene mapping» G 140
gène marqueur M 121
gène opérateur O 56
gène plastidial P 567
gène principal P 933
génératrice de secours E 175
gêne réactionnelle R 141
gène régulateur R 275
gène renforceur E 593
gène répresseur R 310
gène structural S 979
gène suppresseur S 1119
généticien G 154
génétique G 149, G 157
génétique biochimique B 254
génétique humaine H 439
génétique moléculaire M 654
généticiste G 154
génine A 390
génoblaste G 158
génome G 159
génotype G 160
gentamicine G 161
gentobiase G 294
géohelminthe G 164
germe G 166
germe d'air A 1086
germe d'épreuve T 96
germe d'invasion I 426
germe hospitalier H 424
germe pathogène P 150
germer G 170
germicide A 920
germination G 171
germinoblaste G 172
germinocyte G 173
gestagène G 174
GHRH S 582
GIF S 585
gigantoblaste G 186
gigantocyte G 178
GIH S 585
GIP G 84
GI B 185
glace carbonique D 793
glace sèche D 793
glande génitale féminine O 173
glande germinative féminine O 173
glande parathyroïde P 100
glande prostatique P 1041
glande surrénale A 292
glande thyroïde T 330
glauque G 227
gliadine G 229
glibenclamide G 231
glioblaste G 232
gliocyte G 228
Gln G 309
globine G 235
globoside G 238
globulaire G 239
globule blanc L 182
globule du pus P 1220
globule polaire P 645
globule rouge E 402
globule rouge achromatique A 126
globule sanguin B 366
globuline G 241
globuline α G 242
globuline β G 243
globuline γ G 36
α-globuline G 242
β-globuline G 243
γ-globuline G 36
globuline antihémophilique C 639
globuline antihémophilique B C 641
globuline antihémophilique C C 644
globuline antilymphocytaire A 890
globuline antimacrophagique A 893
globuline du sérum S 308
globuline humaine H 440
globuline liant la thyroxine T 339
globuline liant la vitamine B_{12} T 482
globuline liant le cortisol C 1038
β_1-globuline liant le fer I 507
globuline liant le rétinol R 368
globuline liant l'hormone sexuelle S 332
globuline sérique antihumaine A 882
globuline tumorale T 129
globulolyse H 76
glomérulotrophine G 251
glossine G 252
Glu G 307
glucagon G 255
glucane G 258
glucinium B 185
glucite S 590
glucoamylase G 259
glucocérébroside G 260
glucocorticoïde G 261
glucocorticostéroïde G 261
glucofuranose G 262
glucoinvertase G 293
glucokinase G 263
glucolipide G 370
glucolipoïde G 264
gluconate G 265
gluconate de calcium C 30
gluconokinase G 267
glucophosphomutase P 379
glucopyranose G 268
glucosamine G 269
glucose G 270
glucose de liquor C 329
glucose-déshydrogénase G 273
glucose-1,6-diphosphate G 274
glucose-oxhydrase G 280
glucose-oxydase G 280
glucose-6-phosphatase G 283
glucose-1-phosphate G 284
glucose-6-phosphate G 285
glucose-6-phosphate-déshydrogénase G 286
glucose-phosphate-isomérase G 287
glucose-1-phosphate-uridylyltransférase G 288
glucose présent dans le sang B 388
glucose urinaire U 143
α-glucosidase G 293
β-glucosidase G 294
glucoside G 295
glucoside cardiotonique C 143
glucoside digitalique D 425
glucosidocéramide G 260
glucuronate G 296
β-glucuronidase G 297
glucuronide G 298
glucuronide de bilirubine B 228
glucuronide d'estriol E 471
glucuronide de testostérone T 98
glucuronolactone G 299
glucuronolactone-réductase G 300
glucuronoside G 298
glucuronyltransférase G 301
Glu-NH_2 G 309
glutamate G 302
glutamate-décarboxylase G 303
glutamate-déshydrogénase G 304
glutamate-formiminotransférase G 305
glutamate-oxalacétate-transaminase A 1061
glutamate-oxaloacétate-transaminase A 1061
glutamate-pyruvate-transaminase A 412
glutamate-racémase G 306
glutaminase G 308
glutamine G 309
glutamine-synthétase G 310
γ-glutamylcystéine-synthétase G 311
γ-glutamylhydrolase G 312
γ-glutamyltranspeptidase G 313
glutaraldéhyde G 314
glutarate G 315
glutaryl-CoA-déshydrogénase G 317
glutaryl-CoA-synthétase G 318
glutathion G 319
glutathion oxydé O 216
glutathion-peroxydase G 320
glutathion-réductase G 321
glutathion réduit R 216
glutathion-synthétase G 323
glutathion-transférase G 324
gluten G 325
glutéthimide G 326
glutinine G 327
Gly G 347
glycane P 705
glycane de glucosamine G 379
glycémie B 388
glycémie à jeun F 23
glycéraldéhyde G 328
glycéraldéhyde-3-phosphate G 329
glycéraldéhyde-phosphate-déshydrogénase G 330
glycérate G 331
glycérate-phosphomutase P 387
glycéride G 333
glycérol G 334
glycérolaldéhyde-transférase T 498
glycérol-déshydrogénase G 336
glycérol-kinase G 337
glycérophosphatase G 340
glycérophosphate G 341
glycérophosphate-acyltransférase G 342
glycérophosphate-déshydrogénase G 338
glycérophosphate de sodium S 507
glycérophosphatide G 343
glycérophospholipide G 344
glycérophosphorylcholine G 346
glycérylphosphorylcholine G 346
glycinamide G 349
glycinamide-ribotide G 351
glycinamidinotransférase G 350
glycinaminotransférase G 352
glycine G 347
glycine-acyltransférase G 348
glycine-amidoribonucléotide G 351
glycine-déshydrogénase G 354
glycine-oxhydrase G 355
glycine-oxydase G 355
glycine riche en β-globuline G 356

glycine-transamidinase G 350
glycitol S 590
glycocolle G 347
glycogénase A 689
glycogène G 360
glycogène hépatique L 378
glycogène musculaire M 799
glycogène-phosphorylase G 363
glycogène-synthase G 364
glycogénolyse G 361
glycogénolytique G 362
glycohémoglobine G 365
glycol G 366
glycolaldéhyde G 367
glycolate G 368
glycoleucine N 226
glycolipide G 370
glycol triéthylénique T 558
glycolylurée H 468
glycolyse G 372
glycolytique G 373
glycopeptide G 375
glycophorine G 376
glycoprotéide G 377
glycoprotéine G 378
α_1-glycoprotéine acide A 146
glycosamine G 269
glycosidase G 380
glycoside G 381
glycosidique G 382
glycosphingolipide G 383
glycosphingoside G 384
glycosylation G 385
glycosyltransférase G 386
glycuronate G 296
glycylalanine G 387
glycylglycine G 388
glycylglycine-dipeptidase G 389
glycylleucine-dipeptidase G 390
glycylproline G 391
glycyltryptophane G 392
glyoxalase G 393
glyoxalase I L 69
glyoxalate G 394
glyoxaline I 24
glyoxylalanine H 324
GMP G 494
GMP cyclique C 1207
Gn-RH G 407
gobelet à expectoration S 697
gomme R 498
gomme mastic M 145
gonade féminine O 173
gonade mâle T 89
gonadolibérine G 407
gonadostimuline chorionique C 495
gonadostimuline sérique S 309
gonadotrophine G 408
gonadotrophine chorionique C 495
gonadotrophine humaine de ménopause H 443
gonadotrophine hypophysaire H 441
gonadotrophine placentaire C 495
gonadotrophine sérique S 309
gonflage S 1163
gonflant S 1164
gonflement S 1163
gonfler S 1162
goniomètre G 409
gonocoque G 411
gonocyte G 32
gonodéviation G 412
gonoréaction G 412
gonosome S 329
gouane S 859
goudron T 18
goudronneux T 21
goulot B 501
goût T 28
goût / sans T 29
goutte D 765
goutte / en forme de D 777
goutte à goutte D 779
goutte de pus P 1216
goutte de sang D 768
gouttelette D 766
goutte myélinique M 823
goutte pendante H 137
goutter D 764
G-6-PD G 286
gradient G 415
gradient de concentration C 862
gradient de densité D 151
gradient de potentiel P 811
gradient de température T 56
gradient de vitesse V 61
gradient membranaire M 281
gradient thermique T 56
graduation G 420
graduer G 419
grain / à gros C 673
grain fin / à F 165
grain riziforme R 438
grains / à gros C 673
grains chromatiques N 149
grains de chromatine C 506
grains de Schüffner S 124
grains fins / à F 165
graisse F 27
graisse / sans F 30
graisse corporelle B 450
graisse de dépôt D 213
graisse des selles S 926
graisse neutre N 107
graisses dans les selles S 926
graisse totale T 428
graisseux O 25
graisse végétale V 57
gramme G 425
gram-négatif G 428
Gram négatif G 428
gram-positif G 429
Gram positif G 429
grande douve du foie G 181
grande pureté / de H 288
grandes mailles / à W 87
grandeur des pores P 732
grandeur de test P 80
granulaire G 431
granulation G 424, G 436
granulation / à forte C 673
granulations de Babès-Ernst B 1
granulations de Schüffner S 124
granule G 439
granulé G 431, G 433
granule de lécithine L 146
granule myélinique M 823
granule myélinisé M 823
granule pigmentaire P 477
granuler G 434
granules azurophiles A 1199
granuleux G 431
granuloblaste M 825
granulocyte G 440
granulocyte acidophile E 333
granulocyte basophile B 128
granulocyte éosinophile E 332
granulocytes neutrophiles non segmentés S 756
granulomère G 442
granulopoïétine G 443
graphe D 304
graphique G 445
graphite G 446
gras animal A 791
gratter S 132
gravelle urinaire U 141
gravide P 874
gravidité P 863
gravier cystineux C 1233
gravimétrie G 450
gravimétrique G 448
gravitation G 451
greffe T 515
greffer T 513
greffon T 514
grenu G 431
G-RH G 407
grille G 455
gris G 454
grisau M 365
gros C 669
gros grain / à C 673
gros grains / à C 673
gros intestin L 91
grosse P 874
grosse goutte T 197
grosses fibres / à C 672
grossesse P 863
grosseur de particules P 129
grosseur des particules P 129
grosseur du grain G 424
grossièrement dispersé C 670
grossièreté C 674
groupe G 463
groupe amino A 608
groupe carbonyle C 128
groupe cétonique C 128
groupe d'âge A 363
groupe de contrôle C 960
groupe d'enzymes G 470
groupe de référence C 960
groupe électrogène de secours E 175
groupe fonctionnel F 423
groupe frigorifique C 987
groupe haptophore H 144
groupe hydroxyle H 544
groupe imino I 33
groupement G 469
groupement amino A 608
groupement des hydroxyles H 544
groupement diazo D 327
groupement hydroxyle H 544
groupement imino I 33
groupement prosthétique P 1044
groupement sulfhydryle S 1064
groupe OH H 544
groupe réfrigérant C 987
groupe sanguin B 390
groupe sérologique S 310
groupe sérologique de E. coli C 726
groupe SH S 1064
groupe sulfhydryle S 1064
groupe témoin C 960
groupe terminal E 197
groupe thiol S 1064
groupe zéro Z 2
GTP G 495
γ-GTP G 313
guanase G 489
guanidine G 486
guanine G 488
guanine-aminase G 489
guanine-désaminase G 489
guanine-nucléotide G 490
guanine-riboside G 491
guanodésoxyriboside D 170
guanosine G 491
guanosine-aminase G 492
guanosine-désaminase G 492
guanosine-5'-diphosphate G 493
guanosine-5'-monophosphate G 494
guanosine-3',5'-monophosphate cyclique C 1207
guanosine-5'-triphosphate G 495
guanylate-cyclase G 496
guanylate-kinase G 497
guanylcyclase G 496
L-gulonate-déshydrogénase G 502
gulose G 504

H

h H 430
H H 489
Haemophilus parainfluenzae P 71
haleine alcoolique A 437
haleine éthylique A 437
hallucinogène H 128
halogène H 130
halogéner H 131
halogénure H 126
halométrie H 134
hamster H 135
haploïde H 139, H 140
haptène H 141
haptide H 142
haptoglobine H 143
haptophore H 144
haricot K 58
haschisch H 147
hausse de température T 62
haute concentration / à H 284
haute efficacité / de H 286
haute pureté / de H 288
haute tension H 309
hauteur de l'eau W 31
hauteur du liquide L 339
hauteur du pic P 163
Hb H 55
HB_sAg H 224
HCG C 495
Hcy H 376
HDL H 153
He H 196
hélianthine M 417
hélice H 197
hélicoïdal S 691
hélicoïde S 691
hélium H 196
hélix H 197
helminthe H 200
helminthologie H 204
hémadsorption H 2
hémagglutination H 6
hémagglutinine H 11
hémagglutinogène H 13
hémagrégation H 14
hémagressine H 16
hémalun H 17
hémangioblaste H 18
hématéine H 19
hématie E 402
hématie décolorée G 177
hématimétrie H 45
hématine H 20
hématoblaste H 43
hématoblaste de Hayem H 149
hématocrite P 5
hématocytologie H 44
hématologie H 28
hématologique H 23

hématologiste H 27
hématologue H 27
hématolyse H 76
hématométrie H 66
hématomyéologramme H 83
hématophage H 88
hématophagocyte H 88
hématophore H 29
hématopoïétine E 443
hématoporphyrine H 93
hématospectroscope H 102
hématospectroscopie H 103
hématotoxine H 110
hématotoxique H 109
hématotrope H 111
hématoxyline H 30
hématozoaire B 410
hème H 1
hémiglobincyanure C 1198
hémiglobine H 35
hémine H 37
hémine cellulaire C 250
hémizygote H 207
hémoagglutination H 6
hémoagglutination indirecte I 202
hémoagglutination passive I 202
hémoagglutinine bactérienne B 47
hémoblaste H 43
hémochromatomètre H 64
hémochrome H 39
hémochromogène H 40
hémochromoglobine G 236
hémochromomètre H 64
hémochromométrie H 66
hémoculture B 373
hémocupréine H 41
hémocyanine H 42
hémocyte B 366
hémocytoblaste H 43
hémocytologie H 44
hémocytomètre C 1064
hémocytométrie H 45
hémocytophérogramme H 46
hémodiagnostic H 47
hémodialysat H 48
hémodialyse H 50
hémodialyseur H 49
hémodiffractomètre H 51
hémoérythrine H 52
hémofiltration H 53
hémofuchsine H 54
hémoglobine H 55
hémoglobine A H 56
hémoglobine A_{1c} H 57
hémoglobine adulte H 56
hémoglobine anormale I 532
hémoglobine des cellules falciformes H 67
hémoglobine F H 62
hémoglobine de Lepore L 160
hémoglobine fœtale H 62
hémoglobine glycosylée H 57
hémoglobine inactive I 149
hémoglobine instable U 77
hémoglobine irrégulière I 532
hémoglobine musculaire M 839
hémoglobine oxycarbonée C 131
hémoglobine pathologique I 532
hémoglobine réduite R 217
hémoglobine S H 67
hémoglobinimètre H 64
hémoglobinomètre H 64
hémoglobinomètre de Sahli S 17
hémoglobinométrie H 66
hémoglobinométrique H 65
hémogramme B 412
hémogramme différentiel D 372
hémohistioblaste H 69
hémolipocrite H 70
hémolysat H 71
hémolysation H 72
hémolyse H 76
hémolyser H 73
hémolysine H 74
hémolysine froide C 720
hémolysoïde H 78
hémolytique H 79
hémomètre de Sahli S 17
hémométrie H 66
hémomyélogramme H 83
hémomyochromogène H 84
hémopeptide H 85
hémoperfusion H 86
hémopexine H 87
hémophage H 88
hémophagocyte H 88
hémophile H 89
hémophiline H 87
hémopoïétine E 443
hémoporphyrine H 93
hémoprécipitine H 94
hémoprotéide H 95
hémoprotéine H 96
hémopsonine H 98
hémoréflecteur H 99
hémorragie B 347
hémorragie secondaire A 343
hémorragie tardive A 343
hémorragine H 100
hémosidérine H 101
hémospectroscope H 102
hémospectroscopie H 103
hémosporidie H 104
hémostase B 425
hémostaséogramme H 105
hémostaséologie H 106
hémostatique H 107
hémostyptique H 107
hémotachogramme H 108
hémotensiomètre H 116
hémotoxine H 110
hémotoxique H 109
hémotrope H 111
hémovirus H 113
hémovolumétrie B 441
hémoxygénase H 114
hémoxymètre H 115
héparinase H 212
héparinate H 213
héparinate d'ammonium A 644
héparinate de potassium P 780
héparinate de sodium S 508
héparine H 211
hépariné H 216
héparine-lyase H 212
héparinisation H 214
hépariniser H 215
héparinocyte H 218
héparinoïde H 219
hépatocupréine H 226
hépatocyte L 372
hépatoflavine H 228
hépatogramme H 230
hépatolysine H 231
hépatophage H 232
hépatotoxine H 233
heptose H 236
heptulose K 42
herbicide H 237
hermétique A 404
héroïne H 238
hertz H 242
hétérallèle H 245
hétéranticorps H 246
hétéroagglutination H 243
hétéroagglutinine H 244
hétéroallèle H 245
hétéroanticorps H 246
hétéroantigène H 247
hétéroauxine I 210
hétérochromatine H 248
hétérochromosome S 329
hétérogamète H 250
hétérogène H 252
hétérogénéité H 251
hétéroglycane H 259
hétérohémagglutinine H 244
hétérolysine H 254
hétéromorphe H 255
hétérophile H 256
hétérophosphatase H 269
Heterophyes H 257
hétéroploïde H 258
hétéropolyoside H 259
hétéropolysaccharide H 259
hétéroprotéide H 260
hétéroprotéine H 260
hétérosaccharide H 261
hétérosérum H 253
hétérosome S 329
hétérotoxine H 262
hétérozygote H 263, H 265
heure H 430
hexachloréthane H 266
hexahydroxy-cyclohexane I 316
hexahydroxypyridine P 488
hexaméthylènetétramine H 267
hexane H 268
hexokinase H 269
hexosamine H 272
hexosaminidase H 273
hexosane H 274
hexose H 275
hexose aldéhydique A 453
hexose-diphosphatase F 402
hexose-diphosphate F 403
hexose-monophosphate H 276
hexose-phosphate-isomérase G 287
hexosidase H 278
Hg M 303
HGPRT H 581
high density lipoprotéine H 153
hippurate H 312
hippuricase A 597
hirudine H 316
His H 324
histaminase H 318
histamine H 319
histamine-azoprotéine H 320
histidase H 323
histidinase H 323
histidine H 324
histidine-décarboxylase H 325
histidine-monohydrochlorure H 326
histine-désaminase H 323
histioblaste H 328
histiocyte H 329
histiogène H 334
histiohémine H 339
histiométrie H 330
histoantigène T 358
histoblaste H 328
histochimie H 333
histochimique H 331
histocyte H 329
histodiagnostic H 336, H 342
histofluorescence H 337
histogramme H 338
histohémine H 339
histohormone T 368
histoïde H 340
histologie H 346
histologie pathologique P 154
histologique H 341
histologiste H 345
histolyse H 347
histomorphologie H 349
histomorphologique H 348
histone H 350
histonine H 350
histopathologie H 353
histopathologique H 352
histopeptone H 354
histophagocyte H 355
histophysiologie H 356
histoplasmine H 357
histosite T 371
histothrombine H 359
histotome H 360
histotomie T 377
histotopochimie H 362
histotopochimique H 361
histotopogramme H 363
histotopographie H 365
histotopographique H 364
histozyme A 597
HLP P 508
HMG H 443
holoenzyme H 370
holoprotéine H 371
homme H 435, M 92, M 93
homoarginine H 373
homocarnosine H 374
homocitrulline H 375
homocystéine H 376
homocystéine-méthyltransférase H 377
homocystine H 378
homogénat H 379
homogénat de tissu T 367
homogénat hépatique L 379
homogénat splénique S 700
homogène H 381
homogénéisateur H 385
homogénéisation H 383
homogénéiser H 384
homogénéité H 380
homoglycan H 398
homologue H 387, H 394
homolyse H 395
homolytique H 396
homomètre H 64
homopolymère H 397
homopolyoside H 398
homopolysaccharide H 398
homosérine H 399
homosérine-déshydrogénase H 400
homovanilline H 402
homozygote H 403, H 404
hôpital H 423
horizontal H 407
hormonal H 409
hormone H 410
hormone adréno-corticotrope C 1035
hormone androgène A 753
hormone antéhypophysaire A 251
hormone antidiurétique A 846
hormone antiphlogistique A 907
hormone antithyréotrope A 940
hormone catabolique C 180
hormone cellulaire C 1263
hormone corticale A 297
hormone cortico-surrénale A 297
hormone cortico-surrénalienne A 297
hormone corticotrope C 1035

hormone d'adénohypophyse A 251
hormone déchaînante R 287
hormone déclenchante R 287
hormone de croissance S 586
hormone de lactation P 985
hormone de la maturation folliculaire F 312
hormone de libération de la corticotrophine C 1031
hormone de libération de la somatotropine S 582
hormone de libération de la thyrotrophine T 332
hormone de libération de LH L 431
hormone de libération de l'hormone mélanostimulante M 259
hormone de libération des gonadotrophines G 407
hormone diabétogène D 283
hormone digestive D 422
hormone d'inhibition I 272
hormone d'ovulation O 183
hormone du corps jaune P 969
hormone du tissu T 368
hormone entérale G 98
hormone épiphysaire E 355
hormone folliculaire E 472
hormone folliculo-stimulante F 312
hormone galactogène P 985
hormone galactopoïétique G 11
hormone gamétocinétique G 34
hormone gamétogène G 34
hormone gastro-intestinale G 98
hormone génitale femelle F 54
hormone glandotrope G 192
hormone gonadique S 331
hormone gonadotrope G 408
hormone gonadotrope chorionique C 495
hormone gonadotrope sérique S 309
hormone hypophysaire H 576
hormone hypophysiotrope H 576
hormone hypothalamique H 577
hormone inhibitrice de prolactine P 987
hormone intestinale I 389
hormone lactogène placentaire H 445
hormone lactogène placentaire P 508
hormone lactogénique P 985
hormone libérant l'hormone folliculostimulante F 309
hormone lipocaïque L 289
hormone lipotrope L 322
hormone lutéinisante L 460
hormone médullo-surrénale M 247
hormone médullo-surrénallienne M 247
hormone mélanocytostimulante M 264
hormone mélanophorodilatrice M 264
hormone mélanostimulante M 264
hormone mélanotrope M 264
hormone neurohypophysaire P 757
hormone œstrogène E 472
hormone ovarienne O 171
hormone ovulatoire O 183
hormone pancréatique P 28
hormone parathyroïdienne P 98
hormone peptidique P 193
hormone pituitaire H 576
hormone placentaire P 507
hormone polypeptidique P 698
hormone posthypophysaire P 757
hormone protéique P 1103
hormone-récepteur H 416
hormone sexuelle S 331
hormone sexuelle masculine M 75
hormone somatotrope hypophysaire S 586
hormone stéroïde S 893
hormone stimulant les cellules interstitielles L 460
hormone surrénale A 293
hormone testiculaire T 91
hormone thyréotrope T 337
hormone thyroïdienne T 331
hormone tissulaire T 368
hormonique H 409
hormonothérapie H 418
hospitalisé S 828
hôte H 425
hôte intermédiaire I 364
hôte transitoire I 364
hotte d'évent E 552
HPL H 445
huile O 20
huile à immersion I 45
huile de paraffine P 67
huile de silicium S 390
huile d'olive O 35
huile essentielle E 455
huileux O 25
humectation W 77
humecter W 71
humeur B 456
humeur aqueuse O 16
humide M 632
humidité M 634
humidité atmosphérique A 1087
humidité de l'air A 1087
humidité relative R 282
humidité restante R 326
humoral H 448
HVH H 240
hyaline H 450
hyalocyte H 452
hyalomucoïde H 453
hyaloplasme H 454
hyaluronate H 455
hyaluronidase H 457
hyaluronoglucuronidase H 457
hybridation H 463
hybride H 459, H 460
hybride cellulaire C 1264
hybrider H 464
hybridome H 465
hydantoïnase D 450
hydantoïne H 468
Hydatigena fasciolaris C 216
Hydatigena taeniaformis C 216
hydracide H 491
hydramine A 602
hydrase H 472
hydratase H 472
hydratation H 475
hydrate H 474
hydrate de carbone C 109
hydrate de de chloral T 542
hydrate de potassium P 785
hydrate de trichloroacétaldéhyde T 542
hydrater H 473
hydration H 475
hydrazide H 476
hydrazide d'alanine A 413
hydrazide de l'acide isonicotinique I 578
hydrazine H 477
hydrazone H 479
hydrocarbure H 481
hydrocarbure d'hydrogène aromatique A 1006
hydrocarbure fluoré F 284
hydrocarbure halogéné H 132
hydrochlorure H 485
hydrochlorure de dibucaïne D 340
hydrocortisone C 1037
hydrogel H 488
hydrogénase H 492
hydrogénation H 494
hydrogène H 489
hydrogéné H 507
hydrogène arsénié A 1013
hydrogène lourd D 258
hydrogène phosphoré P 408
hydrogéner H 493
hydrogène sélénié S 190
hydrogène sulfuré H 509
hydrogénocarbonate de potassium P 781a
hydrogénocarbonate de sodium S 509
hydrogénosuccinate de sodium S 511
hydrogénosulfate de potassium P 783
hydrogénosulfate de sodium S 512
hydrogénosulfite de sodium S 513
hydrolase H 510
hydrolase lysosomale L 517
hydrolysat H 511
hydrolysat de lactalbumine L 46
hydrolysat protéique P 1089
hydrolyse H 513
hydrolyse acide A 147
hydrolyse cellulaire C 251
hydrolyse enzymatique E 280
hydrolyser H 512
hydrolytique H 514
hydromètre D 143
hydrométrique D 144
hydrophile H 516
hydrophobe H 517
hydroquinone H 518
hydrosoluble W 38
hydroxyacide H 528
β-hydroxyalanine S 263
11β-hydroxyandrosténédione H 521
hydroxyaniline A 618
hydroxybenzène P 309
hydroxybrasiléine H 19
β-hydroxybutyrate H 523
β-hydroxybutyrate-déshydroxygénase H 524
25-hydroxycalciférol H 526
α-hydroxycétone H 537
hydroxycobalamine H 530
11-hydroxycorticostéroïde H 531
6β-hydroxycortisol H 532
hydroxyde H 520
hydroxyde d'aluminium A 554
hydroxyde d'ammonium A 645
hydroxyde de baryum B 92
hydroxyde de calcium C 31
hydroxyde de lithium L 360
hydroxyde de magnésium M 46
hydroxyde de potassium P 785
hydroxyde de sodium S 514
hydroxyde d'hémiglobine H 36
16α-hydroxyestrone H 533
3-hydroxyindole I 220
β-hydroxykynuréine H 538
hydroxylamine H 539
hydroxylapatite H 540
hydroxylase H 541
hydroxylase de dopamine D 712
hydroxylation H 543
hydroxyle H 544
hydroxyler H 542
hydroxylysine H 545
hydroxy-4-méthoxy-3-benzaldéhyde V 35
5-hydroxyméthylcytosine H 546
hydroxyméthylglutaryl-CoA H 549
β-hydroxyméthylglutaryl-CoA-réductase H 547
hydroxyméthylglutaryl-CoA-synthase H 548
hydroxyméthylglutaryl-coenzyme A H 549
hydroxynervone H 550
hydroxyœstrone H 533
p-hydroxyphényléthylamine T 700
17-hydroxyprogestérone H 556
hydroxyproline H 557
hydroxy-6-purine H 580
hydroxystéroïde H 558
hydroxystéroïde-déshydrogénase H 559
hydroxytoluène C 1096
5-hydroxytryptamine S 289
5-hydroxytryptophane H 560
hydroxytryptophane-décarboxylase D 710
hydroxytyramine D 711
hydrure H 480
hydrure de bore B 497
hygiène H 561
hygiénique H 562
hygromètre H 563
hygroscopique H 564
Hylys Lys H 545
Hylys OHLys H 545
hyménolépis diminuée R 122
hyménolépis naine D 813
hyperchromique H 567
hyperémie H 565
hyperémier H 566
hyperoxyde P 259
hypersensibilisation H 568
hypertendu H 570
hypertensinase H 569
hypertensine A 769
hypertensinogène A 771
hypertonique H 570
hyphe H 571
hyphomycète H 572
hypnagogue S 587
hypnotique S 587
hypochlorite H 573
hypochlorite de calcium C 32
hypochlorite de sodium S 516
hypochrome H 574
hypodermique S 993
hypophosphate H 575
hyposulfite T 235
hypotenseur A 885
hypotenseur artériel A 885
hypothèse alternative A 545
hypothèse nulle N 316
hypotonique H 578
hypoxanthine H 580
hypoxanthine-guanine phosphoribosyl-transférase H 581

hypoxanthine-oxydase X 6
hypoxanthine-riboside I 310
hypoxanthosine I 310
Hypro H 557
hystérotonine H 582
Hz H 242

I

I I 443
ichor W 111
ictérique I 5
identifiable D 245
identification I 11
identification d'échantillons S 52
identification des pics P 164
identification des substances S 1015
identification de substance S 1015
identifier I 12
identique I 10
identité I 13
idiogramme K 12
idiotype I 15
L-iditol-déshydrogénase S 591
IDL I 16
IDP I 311
L-iduronidase I 18
Ig I 99
IgA I 100
IgD I 103
IgE I 104
IgG I 107
IgM I 108
Ileu I 566
illumination du champ sombre D 13
i.m. I 412
image cellulaire C 267
image structurale S 980
imbiber I 136
imbibition I 138
β-imidazolalanine H 324
imidazole I 24
β-imidazole-éthylamine H 319
imide I 30
imide orthosulfobenzoïque S 5
imine I 31
iminoacide I 32
imino-urée G 486
immature I 35
immaturité I 36
immerger D 513
immersion D 514, I 38
immersion d'huile O 22
immobile I 47
immobilisation I 48
immobilisé I 51
immobiliser I 50
immobilisine I 52
immobilité I 53
immun I 54
immune-adhérence I 55
immunisateur A 828
immunisation I 64
immunisé I 67
immuniser I 66
immunité I 68
immunoadsorbant I 69
immunoagglutination I 71
immunoassay I 72
immunobiologie I 74
immunobiologique I 73
immunoblaste I 76
immunoblot I 77
immunochimie I 80
immunochimique I 78
immunoclearance I 81
immunocyte I 82
immunocytochimie I 83
immunodiffusion I 85
immunodiffusion radiale R 8
immunodiffusion radiale double D 744
immunodiffusion radiale simple M 94
immunoélectrophorèse I 87
immunoélectrophorèse croisée C 1110
immunoélectrophorèse enzymatique E 321
immunoessai I 72
immunoessai à spin S 689
immunofacteur I 60
immunofiltration I 90
immunofixation I 91
immunofluorescence I 92
immunofluorescence indirecte I 203
immunofluorimétrie I 95
immunofluorimétrie de polarisation P 627
immunogène I 96, I 98
immunogénétique I 97
immunogénicité A 868
immunoglobuline I 99
immunoglobuline A I 100
immunoglobuline D I 103
immunoglobuline E I 104
immunoglobuline G I 107
immunoglobuline M I 108
immunoglobuline sérique S 311
immunohématologie I 111
immunohématologique I 110
immunohémolysine I 61
immunohistochimie I 113
immunohistochimique I 112
immunohistologique I 114
immunologie I 117
immunologie de transplantation T 517
immunologique I 115
immunologiste I 116
immunomicroscopie électronique I 86
immunonéphélométrie I 119
immunonéphélométrique I 118
immunoprécipitation I 121
immunoprécipité I 120
immunoprotéine I 122
immunoréactif I 124
immunoréactivité I 126
immunosérologique I 128
immunosorption I 129
immunospécifique I 130
immunosuppresseur I 132
immunosuppression I 131
immunosystème I 62
immunotolérance I 63
immun-sérum A 921
IMP I 313
impair U 68
IMP cyclique C 1207a
impénétrabilité I 134
impénétrable I 135
imperméabilité I 134
imperméabilité à l'air A 403
imperméable I 135, M 637
imperméable à l'air A 404
imperméable à l'eau W 34
imperméable aux bactéries B 39
imperméable aux gaz G 79
imprégnant I 137
imprégnation I 138, W 77
imprégnation à iode I 447
imprégnation argentique S 402
imprégnation double D 740
imprégnation en bloc B 352
imprégnation métallique I 140
imprégner I 136
impulsion I 142
impureté C 939
In I 206
inactif I 148
inactif en surface S 1135
inactivant de kallicréine K 6
inactivation de substrat S 1028
inactivation par la chaleur H 173
inactivation thermique H 173
inagglutinable I 151
inaltéré C 927
incertitude U 47
incertitude quadratique moyenne S 788
incertitude statistique S 841
inchangé C 927
incidence I 153
incinération A 1056
incinérer A 1052
incision exploratrice E 581
incision-piqûre S 762
inclusion E 166, I 155
inclusion cellulaire C 252
inclusion en gélatine G 120
inclusion en paraffine P 65
inclusions I 156
inclusions de Döhle D 685
inclusions hepétiques L 325
incoagulabilité I 158
incoagulable I 159
incolore C 780
incoloré U 78
incombustible F 175
incompatibilité I 160
incompatibilité des groupes sanguins B 394
incompatible I 161
incomplet I 162
incorrect F 14
incubateur I 175
incubation I 166
incuber I 165
indépendant de la température T 57
indétermination U 47
index de déviation nucléaire N 267
index de Schilling N 267
indican I 179
indicateur I 184, I 185
indicateur acide-base A 133
indicateur coloré C 778
indicateur d'adsorption A 317
indicateur de fluorescence F 269
indicateur d'oxydoréduction R 208
indicateur du pH A 133
indicateur fluorescent F 269
indicateur isotopique I 600
indicateur mélangé M 607
indicateur radioactif R 44
indicateur redox R 208
indicateur universel U 63
indication I 183
indice I 177, S 374
indice d'acide A 158
indice d'acidité A 158
indice d'adhésion A 271
indice de bilirubine B 230
indice de coloration érythrocytaire E 407
indice de différenciation cellulaire C 240
indice de division cellulaire C 242
indice de fertilité F 69
indice de karyopyknose K 17
indice de neutralisation A 158
indice de plissage F 306
indice de prothrombine P 1116
indice de réfraction R 254
indice de réfractivité R 254
indice de relaxation R 283
indice de saponification S 71
indice des sidéroblastes S 366
indice de toxicité T 447
indice d'excrétion E 547
indice d'extinction E 600
indice d'iode I 448
indice d'opsonine O 63
indice granulo-érythrocytaire G 441
indice ictérique I 9
indice karyocinétique K 13
indice leucocytaire L 193
indice leucopénique L 211
indice lithogène L 364
indice métachromatique M 338
indice mitotique M 601
indice nucléaire N 267
indice parasitaire P 91
indice phagocytaire P 273
indice plasmodique P 555
indice thrombocytopénique T 297
indice thrombopénique T 297
indifférencié U 53
indigo I 195
indigo bleu I 195
indigosol I 199
indigotine I 195
indiqué I 182
indiquer I 181
indium I 206
individualité biochimique B 255
indocyanine-vert I 208
indolamine I 212
indole I 211
indole-mélanogène I 214
indolylacétyl-glutamine I 217
β-indolyl-α-alanine T 622
indophénol I 218
indophénolase C 1253
indophénol-oxydase C 1253
indoxyle I 220
inducteur I 227
inductif I 226
induction I 225
induction d'enzymes E 301
induction diastasique E 301
induction enzymatique E 301
induire I 223
inerte I 229
inertie I 231
infecter I 234
infectieux I 236
infection I 235
infection de laboratoire L 26
infiltrat I 240
infiltration I 241
infiltrer I 239
inflammabilité I 242
inflammable H 287, I 243
inflammation I 20
influence de la température T 58
information génétique G 153
information héréditaire G 153
informe A 670
infrarouge I 249
infuser I 263

infusion I 264, I 266
ingestion d'huile O 24
ingrédient I 267
INH I 578
INHA I 578
inhibant I 277
inhibant l'agglutination A 373
inhiber I 270
inhibine I 269
inhibiteur I 276, I 277
inhibiteur C1 C 571
inhibiteur de kallicréine K 6
inhibiteur de la fibrinolyse F 95
inhibiteur de la fibrinolysine A 908
inhibiteur de la pepsine P 185
inhibiteur de la trypsine T 615
inhibiteur de MAO M 671
inhibiteur de monoaminooxydase M 671
inhibiteur d'enzymes E 303
inhibiteur de plasmine P 551
inhibiteur de thrombine T 266
inhibiteur de trypsine T 615
inhibiteur d'inter-alpha-globuline I 344
inhibiteur d'oxydation A 905
inhibiteur d'urokinase U 183
inhibiteur lipidique L 286
inhibiteur progressif P 978
inhibitif I 277
inhibition I 273
inhibition d'agglutination A 375
inhibition de réaction R 141
inhibition d'hémagglutination H 8
inhibition enzymatique E 302
ininflammable F 175
initiateur P 929
injecter I 287
injecteur N 252
injection I 288
inné C 893
Ino I 310
inoblaste F 109
inoculation I 297
inoculer I 294
inoculer un vaccin V 1
inoculum I 298
inocyte F 112
inodore I 299
inorganique I 300
inosine I 310
inosine-5'-diphosphate I 311
inosine-5'-monophosphate I 313
inosine-3',5'-monophosphate cyclique C 1207a
inosine-5'-triphosphate I 314
inosite I 316
inositol I 316
inositolphosphatide I 317
inositol-phosphatide I 317
inoxydable S 779
insalubre I 292
insaturé U 70
inscripteur R 186
inscription R 187
insecticide I 319
insensibilité I 321
insensibilité à la température T 65
insensible I 320
insensible à la chaleur T 183
insensible à la température T 66
insensible aux variations thermiques T 66
insolubilité I 322
insolubilité dans l'alcool A 438
insolubilité dans l'éther E 487
insoluble I 323
insoluble dans l'alcool A 439
insoluble dans l'eau I 324
insoluble dans les acides A 154
insoluble dans l'éther E 488
inspection sur échantillon S 62
instabilité L 8
instabilité à la chaleur T 162
instabilité thermique T 162
instable L 7
instable au tartrate T 25
instable vis-à-vis des acides A 157
installation de distillation D 648
installation de lyophilisation F 368
installation de réfrigération C 987
installation frigorifique C 987
instillateur I 328
instillation I 327
instiller I 326
instruction I 329
instruction pour l'analyse I 330
instructions de service O 53
instrument D 266
instrumentation I 332
instrument de mesure M 198
instrument de mesure M 201
instruments I 332
instruments de vaccination V 4
insulinase I 336
insuline I 335
insuline immunoréactive I 125
insuline protamine-zinc P 1050
insuline retard D 214/5
intensité I 340
intensité de couleur C 779
intensité de courant C 1183
intensité de rayonnement R 14
intensité lumineuse L 242
interaction I 342
inter-alpha-globuline I 343
intercellulaire I 345
interchangeabilité E 531
interchangeable E 532
interchromomère I 348
interface I 350
interférence I 351
interféromètre I 355
interférométrie I 356
interféron I 357
interindividuel I 358
interleukine I 359
intermédiaire I 360, I 361
intermoléculaire I 368
interne I 369
interphase I 365
interpolation I 376
interprétation des données D 20
interprétation des résultats I 377
interrénine I 378
intervalle I 382
intervalle d'ébullition B 463
intervalle de confiance C 886
intervalle de temps T 345
intervalle de virage C 352
intestin terminal R 200
intoxication I 402
intoxiqué I 401
intoxiquer I 400
intracellulaire I 403
intracutané I 406
intradermique I 406
intradermoréaction I 407
intradermoréaction à la toxoplasmine T 461
intradermoréaction à l'histoplasmine H 358
intradermoréaction de Bachmann B 2
intradermoréaction de Casoni C 175
intraindividuel I 409
intramitochondrial I 410
intramoléculaire I 411
intramusculaire I 412
intraveineux I 413
introduction I 420
introduire I 419
introduire goutte à goutte I 326
intubation de l'intestin grêle S 458
inulase I 422
inulinase I 422
inuline I 421
invasif I 427
invasion I 424
invasivité I 428
inversement proportionnel I 429
inversible R 386
inversion I 430
inversion de phase P 299
invertase F 407
invertine F 407
investigation qualitative Q 5
investigation quantitative Q 16
in vitro I 435
in vivo I 436
iodacétamide I 444
iodacétate I 453
iodase I 440
iodate I 437
iodate de potassium P 787
iodate de sodium S 517
iodation I 442
iode I 443
iodé I 446, I 452
iode extractible par butanol B 610
iode lié à la protéine P 1068
ioder I 451
iode radioactif R 32
iode sérique S 312
iodinase I 441
iodoacétamide I 444
iodoacétate I 453
iodo-albumine I 445
iodoforme I 455
iodométrie I 457
iodométrique I 456
iodothyréoglobuline T 326
iodothyronine I 458
iodotyrosine I 459
iodure I 439
iodure d'ammonium A 646
iodure d'argent S 403
iodure de bismuth B 321
iodure de calcium C 33
iodure de magnésium M 47
iodure de potassium P 788
iodure de sodium S 518
iodure ferreux I 518
iodure mercurique M 305
ion I 460
ion d'ammonium A 647
ion de carbonate C 121
ion de sodium S 519
ion d'hydrogène H 504
ionisation I 485
ionisé I 490
ioniser I 489
ion métallique M 347
ionogramme I 494
ionomètre I 487, I 495
ionométrie I 497
ionométrique I 496
ionophorèse I 500
ionophorèse à contre-courant C 1059
ion positif C 207
ions calciques C 634
ions de potassium P 790
iontophorèse I 500
iontophorèse de pilocarpine P 480
Ir I 502
iridium I 502
iridium radioactif R 33
irradiation I 528
irradier I 527
irrégularité I 533
irrégulier A 7, I 529
irréversibilité I 534
irréversible I 535
isatine I 539
isoagglutination I 540
isoagglutinine I 541
isoagglutinogène I 542
isoalloxazine F 207
isoamylase I 544
isoandrostérone E 342
isoanticorps I 545
isoantigène I 546
isobutanol I 547
isochromatique I 549
isochrome I 549
isochromosome I 550
isocitrase I 553
isocitratase I 553
isocitrate I 551
isocitrate-déshydrogénase I 552
isocitrate-lyase I 553
isocitricodéshydrogénase I 552
isocomplément I 555
isocyanate I 556
isocyanate de fluorescéine F 254
isocyanure I 557
isodextrosamine F 399
isoenzyme I 561
isoenzyme de créatine-kinase C 1084
isoenzyme de Regan R 260
isoferritine I 563
isogamète I 564
isoglycosamine F 399
isohémagglutination I 540
isohémagglutinine I 541
isohémolysine I 565
isolation S 240
isolation d'enzymes E 304
isolation des gènes G 137
isolation de virus V 114
isolement S 240
isoler S 230
isoleucine I 566
isoleucine-aminotransférase I 567
isolysine I 568
isomaltase O 31
isomaltose I 569
isomérase I 571
isomère I 570, I 572
isomérie I 575
isomérie cis-trans C 578
isomérie spatiale S 864
isomérisation I 573
isomériser I 574
isomorphe I 577
isomorphisme I 576
isoniazide I 578
isonicotinylhydrazide I 578
isonicotinylhydrazine I 578
isonitrile I 557
isopenténylе-pyrophosphate I 579
isopenténylе-pyrophosphate-isomérase I 580

isoprécipitine I 581
2-isopropylmalate-synthase I 583
isosmotique I 590
isospore I 584
isotachophorèse I 585
isotherme I 586, I 587
isotherme d'adsorption A 318
isothermique I 587
isothiocyanate I 588
isothiocyanate de fluorescéine F 255
isotone I 590
isotonie I 589
isotonique I 590
isotope I 593, I 597
isotope à courte vie S 348
isotope de courte période S 348
isotope de courte vie S 348
isotope de longue vie L 406
isotope radioactif R 88
isotope stable S 766
isotopique I 597
isotypie I 601
isourée I 602
isovaléryl-CoA-déshydrogénase I 604
isozyme I 561
ITP I 314
i.v. I 413
ivrogne A 432
ixode T 342

J

J J 10
jauge G 106
jaugeage C 52
jauge de pression M 109
jaugement A 282
jauger A 281, C 51
jaune Y 11
jaune acide F 26
jaune brillant B 538
jaune d'acridine A 177
jaune d'alizarine A 474
jaune d'aniline A 785
jaune de beurre D 487
jaune de chromate de plomb C 529
jaune de chrome C 529
jaune de métanile M 358
jaune de méthyle D 487
jaune de méthylène T 222
jaune de résorcine R 341
jaune d'œuf Y 16
jaune hydrazine O T 27
jaune pour huile D 487
jaune primuline P 931
jet S 953
jet d'eau W 29
jet moyen d'urine M 555
jeun / à F 22
jeune J 11
jeûne F 21
joint rodé S 478
joint sphérique S 676
joint torique G 460
joule J 10
jour D 27
journée de travail W 101

K

K D 84, P 763
kallicréine K 5
kallicréinogène K 7
kallidine K 3
kallidinogène K 4
kanamycine K 8
kaolin K 9
karygramme K 12
karyoblaste K 10
karyocyte K 11
karyolymphe N 266
karyométrie K 14
karyophage K 15/6
karyoplasme N 291
karyotype K 19
kat K 20
katal K 20
Kelvin D 84
kératane-sulfate K 28
kératine K 29
kératoblaste K 30
kératocentèse K 31
kératocyte K 32
kératohyaline K 33
kératoprotéine K 34/5
kératosulfate K 28
kieselguhr K 61
kinase K 64
kinétochore C 309
kininase K 69
kinine K 68
kininogène K 70
kit T 92
kit de test T 92
klebsielle K 76
klebsielle d'ozène K 77
Kr K 85
krypton K 85
kyste C 1219
kyste de protozoaire P 1130

L

l L 367
labferment C 566
labile L 7
labilité L 8
labo L 9
laborantine L 11
laborantine médico-technique M 237
laboratoire L 9
laboratoire à isotopes I 599
laboratoire bactériologique B 51
laboratoire biochimique B 256
laboratoire central C 297
laboratoire clinico-chimique C 616
laboratoire clinico-diagnostique C 617
laboratoire clinique C 608
laboratoire cytologique C 1268
laboratoire d'analyse A 732
laboratoire de coagulation C 664
laboratoire de contrôle C 961
laboratoire de recherche R 319
laboratoire de référence R 233
laboratoire d'urgence E 176
laboratoire hématologique H 26
laboratoire histologique H 344
laboratoire médical M 236
laboratoire microbiologique M 454
laboratoire mobile M 622
laboratoire parasitologique P 95
laboratoire / par diagnose L 18
laboratoire radio-isotopique R 79
laboratoire virologique V 103
labrocyte M 143
laccase L 43
lacmoïde R 338
α-lactalbumine L 45
lactalbumine L 45
β-lactamase P 172
lactase G 20
lactate L 48
lactate-déshydrogénase L 49
lactate de sodium S 520
lactate ferreux I 519
lactate-racémase L 51
lacté M 567
lactesceux M 567
lacticodéshydrogénase L 49
lactide L 54
lactobacille D 684, L 53
lactobiose L 66
lactoculture L 56
lactodensimètre L 59
lactoferrine L 57
lactoflavine R 413
lactoglobuline L 58
lactoglucose G 13
lactomètre L 59
lactone L 60
lactoperoxydase L 61
lactophénol L 62
lactoprotéine L 64
lactoscope L 65
lactose L 66
lactosérum M 565
lactostimuline P 985
lactotest M 566
lactoyl-glutathione-lyase L 69
lactulose L 70
«lag-phase» L 79
laine d'amiante A 1036
laine de verre G 226
laisser réfriger A 534
laisser refroidir A 534
lait M 563
lait colostral C 770
lait de chaux L 257
lait de femme H 444
laiteux M 567
lait maternel H 444
lait transitoire T 497
Lamblia L 82
lame de verre G 217
lamelle L 83
lame mince M 534
laminaire L 84
lampe L 85
lampe à filament en tungstène T 662
lampe à hydrogène H 506
lampe à iode H 133
lampe analytique en quartz A 735
lampe à vapeur de mercure M 310
lampe de quartz Q 25
lampe de quartz pour analyse A 735
lampe infrarouge I 255
lampe pilote P 483
lampe-témoin P 483
lancette L 86
lancette à vaccination I 296
lancette à vaccination V 3
lancette de vaccination V 3
lanthane L 88
lanthionine L 89
LAP L 174
lapin R 1
larges grandes mailles / à W 87
larges mailles / à W 87
larges pores / à W 87
largeur W 89
largeur de bande B 78
largeur de bande à mi-hauteur H 125
largeur de fente S 452
largeur de ligne L 270
largeur du pic P 166
larve L 93
larve d'helminthe H 202
larve helminthique H 202
larve plérocercoïde P 597
larvoscopie L 95
laryngocentèse L 96
laryngoponction L 96
laser L 97
latence L 107
latent L 108
latex L 112
LATS L 116
laurylsulfate L 121
laurylsulfate de sodium S 504
lavage E 157
lavage bronchique B 561
lavage bronchoalvéolaire B 565
lavage broncho-alvéolaire B 565
lavage de l'estomac G 88
lavage du conduit auditif E 11
lavage du nez N 26
lavage gastrique G 88
lavage nasal N 26
lavage naso-pharyngé N 29
lave-pipettes P 491
laver R 453, W 11
laveuse W 13
laxatif L 123
LCAT L 145
LCR C 328, L 432
LDH L 49
LDL L 128
lécithine L 144
lécithine-acyltransférase L 145
lécithine-cholestérol-acyltransférase L 145
lectine P 462
lecture R 161
Leishmania L 153
leishmanie L 153
leishmanine L 154
lemmoblaste L 156
lemnoblaste L 156
lentille L 158
lentille à immersion I 40
léproline L 163
lépromine L 165
leptochrome L 167
leptochromique L 167
leptocyte T 20
leptospire L 168
lessive B 107
lessive de potasse P 786
lessive de soude S 515
létal L 169
létalité L 172
Leu L 173
leucine L 173
leucine-aminopeptidase L 174
leucine-aminotransférase L 175
leucine-déshydrogénase L 176
leucoagglutinine L 178
leucobase L 180
leucoblaste L 179
leucocristine V 93
leucocrite L 181
leucocyte L 182
leucocyte acidophile E 332
leucocyte agranulaire A 393
leucocyte basophile B 129
leucocyte endothélial E 222
leucocyte éosinophile E 333
leucocyte granulé G 440

leucocyte neutrophile N 125
leucocytoblaste L 179
leucocytolyse L 208
leucocytolysine L 207
leucocytomètre L 200
leucodérivé L 180
leucogène L 203
leucogramme L 204
leucokininase L 206
leucokinine L 205
leucolyse L 208
leucolysine L 207
leucopédèse L 194
leucopénine L 212
leucophérèse L 213
leucopoïétine L 214
leucoporphyrine L 215
leucoprotéase L 216
leucoptérine L 217
leucotaxine L 218
leucotoxine L 219
leucovirus L 220
leucovorine C 587
leucylalanine L 221
leucylglycine L 222
leukine L 224
lévartévénol S 1170
lévogyre L 73
lévorotation L 72
lévothyroxine L 74
lévulane F 400
lévuline L 75
lévulosane F 400
lévulose F 401
levure Y 3
levure de culture C 1174
LH L 460
LH-RF L 431
Li L 354
liaison B 238, B 471
liaison atomique C 1075
liaison chimique C 375
liaison conjuguée C 907
liaison covalente C 1075
liaison de coordination C 997
liaison de valence V 24
liaison double conjuguée C 908
liaison homéopolaire C 1075
liaison hydrogène H 496
liaison peptidique P 190
liaison simple S 412
liaison triple T 578
liant B 239
liant l'antigène A 863
libération R 286
libération d'électrons D 695
libération d'enzymes E 313
libérer R 285
libre F 359
lidocaïne L 232
lié B 508
lié à la membrane M 273
lié au support C 160
lien S 698
lier B 470
lieu G 139
lieu de gènes G 139
lieu de liaison B 241
lieu de ponction P 1191
lieu de ponction S 428
lieu de prélèvement D 566
ligand L 234
ligandine L 235
ligase L 236
ligne de base B 111
ligne de départ S 820
ligne de régression R 270
ligne droite S 948
lignée cellulaire C 255
lignée d'hybridome H 467
lignée «inbred» I 152
lignocaïne L 232
lime A 683, F 123
limite L 260
limite arrière traînante T 5
limite d'avertissement W 10
limite de confiance C 887
limite de contrôle C 963
limite de détection L 261
limite d'erreur L 262
limite d'erreurs L 262
limite de saturation S 88
limite de sensibilité S 223
limite de tolérance T 406
limpide W 41
linéaire L 264
linéarité L 266
Linguatula serrata L 274
linguatule pentastomide L 273
linkage B 471
lipase L 280
lipase de lipoprotéine L 313
lipase intestinale I 391
lipase pancréatique P 30
lipémique L 277
lipide L 281
lipide / à L 282
lipide érythrocytaire E 418
lipide sanguin B 404
lipide sérique S 316
lipides / à L 282
lipides totaux T 431
lipidique L 282
lipidocyte F 28
lipidoprotéide L 311
lipoamide-deshydrogénase (NADH) D 446
lipoamide-réductase (NADH) D 446
lipoblaste L 288
lipochrome L 290
lipocyte F 28
lipofuscine L 291
lipogène L 292
lipoïde L 294, L 295
lipoïdique L 295
lipolyse L 300
lipolysine L 299
lipolytique L 301
lipomicron C 564
lipopeptide L 304
lipophage L 305, L 306
lipophile L 307
lipopigment L 291, L 309
lipopolyoside L 310
lipopolysaccharide L 310
lipoprotéide L 311
lipoprotéide sérique S 317
lipoprotéine L 312
α-lipoprotéine H 153
β-lipoprotéine L 128
lipoprotéine à une densité très élevée V 86
lipoprotéine de densité moyenne I 16
lipoprotéine de densité très élevée V 86
lipoprotéine de densité très faible V 147
lipoprotéine de faible densité L 128
lipoprothéine de haute densité H 153
lipoprotéine du sérum S 318
lipoprotéine-lipase L 313
lipoprotéine plasmatique P 535
lipoprotéine X L 315
lipoprotéinolipase L 313
liposaccharide L 316
liposolubilité L 317
liposoluble L 307
liposome L 318
lipothiamide L 319
lipotropine L 322
lipoxanthine L 323
lipoxydase L 324
lipoxygénase L 324
liquéfacteur L 326
liquéfaction L 327
liquéfiant L 326
liquéfié L 328
liquéfier L 329
liqueur de Fehling F 49
liqueur de Fowler F 342
liqueur de macération du maïs C 1016
liqueur titrée T 382
liquide F 247, L 330
liquide allantoïdique A 513
liquide amniotique A 665
liquide ascitique A 1044
liquide biliaire B 202
liquide biologique B 273
liquide cellulaire C 271
liquide céphalo-rachidien C 328
liquide cérébro-rachidien L 432
liquide cérébrospinal L 432
liquide d'absorption A 39
liquide d'ascite A 1044
liquide de Carnoy C 155
liquide décolorant D 60
liquide de dialyse D 309
liquide de lavage bronchique B 564
liquide de lavage gastrique G 92
liquide de lavage nasal N 27
liquide de lavage pharyngé P 291
liquide de lavage trachéal T 468
liquide de ponction glandulaire G 194
liquide d'épreuve S 50
liquide de refroidissement C 986
liquide de rinçage R 457
liquide de Ringer R 451
liquide de séparation S 236
liquide de sillon S 1063
liquide de tissu T 365
liquide d'immersion I 41
liquide du corps B 456
liquide extracellulaire E 603
liquide folliculaire F 310
liquide gastrique G 85
liquide gingival G 187
liquide hydatique H 469
liquide intercellulaire I 346
liquide interstitiel I 380
liquide intracellulaire I 405
liquide kystique C 1231
liquide lacrymal L 44
liquide lymphatique L 463
liquide nutritif N 324
liquide obtenu par la ponction de la crête iliaque I 21
liquide obtenu par ponction P 1177
liquide obtenu par ponction d'abcès A 14
liquide obtenu par ponction du tibia T 340
liquide obtenu par ponction lombaire L 433
liquide obtenu par ponction pleurale P 601
liquide obtenu par ponction sternale S 883
liquide œdémateux E 31
liquide péricardique P 229
liquide péritonéal P 244
liquide pleural P 600
liquide prélevé par ponction bursaire B 608
liquide prélevé par ponction de Douglas P 1178
liquide prélevé par ponction de ganglion lymphatique L 469
liquide prélevé par ponction de ganglions lymphatiques L 469
liquide prélevé par ponction de l'articulation du genou P 1179
liquide prélevé par ponction hépatique L 384
liquide prostatique P 1042
liquide séreux S 293
liquide sous-occipital S 1008
liquide surnageant S 1111
liquide synovial S 1175
liquide transcellulaire T 481
liquide ventriculaire V 71
lisse S 472
listerella L 352
Listeria L 352
Listeria monocytogenes L 353
lit chromatographique C 515
lithium L 354
litre L 367
lobéline L 388
lobocyte L 389
localisation L 392
localisation génétique G 138
localisation génique G 138
localiser L 393
lochies L 394
lochiocyte L 395
locus G 139
locus génique G 139
logarithme L 399
loi d'action de masses L 122
loi de Beer-Lambert B 151
loi de dilution d'Ostwald O 163
loi de Gay-Lussac G 111
loi de Lambert-Beer L 81
loi de Student T 36
loi de van't Hoff V 38
«long-acting thyroid stimulator» L 116
long temps / à L 405
longue chaîne / à L 401
longues chaînes / à L 401
longues fibres / à L 403
longueur de chaîne C 344
longueur de la colonne C 802
longueur de série S 257
longueur d'onde W 45
longue vie / à L 405
loupe L 414
«low-density-lipoprotein» L 128
LPH L 322
pyruvique déshydrogénase P 1279
LRF L 431
LTH P 985
luciférase L 426
luciférine L 427
luétine-réaction L 428
luétinoréaction L 428
lumen L 437
lumière L 237
lumière / à l'abri de la P 1051
lumière diffuse S 102
lumière diffusée S 102
lumière du jour D 27

lumière du soleil S 1107
lumière fluorescente F 270
lumière monochromatique M 680
lumière polarisée P 629
lumière réfléchie R 242
lumière solaire S 1107
lumière traversante T 507
lumière ultraviolette U 35
lumière UV U 35
lumière visible V 129
luminescence L 439
luminescer L 438
luminophore L 447
luminosité B 535, L 242
lumirhodopsine L 448
lunettes de protection S 12
lunettes protectrices S 12
luo-test L 428
lutéine L 456
lutéocyte L 457
lutéohormone P 969
lutéolysine L 458
lutropine L 460
lux L 461
lx L 461
lyase L 462
lycyne B 190
lymphatique L 465
lymphe L 463
lymphe aplastique A 951
lymphe fibrineuse F 106
lymphe interstitielle T 365
lymphoblaste L 471
lymphocytaire L 475
lymphocyte L 472
lymphocyte B B 447
lymphocyte dépendant du thymus T 395
lymphocyte folliculaire F 311
lymphocyte nul N 315
lymphocyte sinusal S 424
lymphocyte suppresseur S 1118
lymphocyte T T 395
lymphocytoblaste L 471
lymphoïde L 478
lymphoïdocyte L 479
lymphokine L 480
lymphomyélocyte L 481
lymphopoïétine L 482
lymphoprotéase L 483
lymphotoxine L 485
lyochrome L 486
lyoenzyme L 487
lyogel L 488
lyoglycogène L 489
lyophile L 490
lyophilisat L 492
lyophilisateur F 368
lyophilisation L 493
lyophilisé L 495
lyophiliser L 494
lyophobe L 496
Lys L 504
lysat L 498
lyse L 500
lyse cellulaire C 1274
lyse des tissus H 347
lyser L 499
lysergamide L 502
lysine L 503, L 504
α-lysine A 463
lysine bactériophagique E 204
lysine-décarboxylase L 505
lysine-hydroxylase L 506
lysine intracellulaire E 204
lysine-racémase L 507
lysinogène L 509
lysocéphaline L 511
lysochrome F 32
lysokinase L 512
lysolécithine L 513
lysophosphatide L 514
lysophosphatidylcholine L 513
lysophosphoglycéride L 515
lysosomal L 516
lysosome L 518
lysozyme L 519
lysyl-aldéhyde L 521
lysylbradykinine K 3
lysyl-oxydase L 522
lytique L 523

M

m M 432
machine à laver W 13
Macracanthorhynchus hirudinaceus G 183
macramylase M 1
macro-amylase M 1
macroanalyse M 2
macrobactérie M 3
macrobe L 405
macrobien L 405
macroblaste M 4, M 20
macrocoproscopie M 12
macrocytaire M 6
macrocyte M 5
macroérythroblaste M 4
macroérythrocyte M 5
macrofilaire M 7
macrogamète M 8
macrogamétocyte M 9
macroglie M 10
macroglobuline M 11
macroglobuline de Waldenström P 1091
macrolipide M 13
macrolymphocyte M 14
macrométhode M 15
macromoléculaire M 16
macromolécule M 17
macromonocyte M 18
macromyéloblaste M 19
macronormoblaste M 20
macroparasite M 21
macropeptide M 22
macrophage M 23
macrophage alvéolaire H 162
«macrophage chemotactic factor» M 26
«macrophage cytotoxicity factor» M 28
macrophagocyte M 23
macroplanocyte M 31
macropolycyte M 32
macropromyélocyte M 33
macroscopie M 35
macroscopique M 34
macrospore M 36
macrostructure M 37
macrothrombocyte M 38
macrotome M 39
magnésie M 48
magnésium M 40
magnéto-électrophorèse M 54
mailles / à grandes W 87
mailles / à larges W 87
mailles / à petites F 166
mal D 577
malade I 23, P 157
maladie D 577
maladie professionnelle O 13
malate M 69
malate-déshydrogénase M 70
malate de sodium S 522
malate-synthase M 71
malate-synthétase M 71
mâle M 72
maléate M 73
maléinate M 73
malformation A 807
malicodéshydrogénase M 70
maligne M 78
malignité M 77
malin M 78
malléine M 80
malodorant M 83
malonate M 84
malonate de sodium S 523
malonyl-CoA M 86
malonyl-coenzyme A M 86
malonylurée B 86
malsain I 292
maltase G 293
maltase acide G 259
maltobiose M 88
maltose M 88
maltose-dextrine M 89
mammotrophine P 985
manche F 182
mandrin M 95
manganate M 96
manganèse M 97
manganimétrie M 100
manière d'application M 630
mannanase M 107
mannase M 107
mannite M 101
mannitol M 101
mannosamine M 104
mannose M 105
mannose-6-phosphate M 106
β-mannosidase M 107
mannoside M 108
manomètre M 109
manomètre à mercure M 306
manométrie M 111
manométrique M 110
MANOVA M 785
manque de forme A 669
Mansonella M 112
manuel M 114
MAO M 670
marihuana H 147
marquage M 118, M 122
marquage cellulaire C 257
marquage double D 741
marquage isotopique I 598
marquage par l'isotope radioactif R 35
marquage radioactif R 35
marqué L 2
marque distinctive D 655
marquer M 117
marqueur M 119
marqueur cellulaire C 256
marqueur d'enzymes E 306
marqueur de tumeurs T 655
marqueur génétique G 155
marqueur radioactif R 44
masculin M 72
masquage M 125
masque facial F 2
masque protecteur P 1062
masquer M 124
masse atomique A 1098
masse atomique absolue A 1098
masse atomique relative A 1102
masse / au spectromètre de M 137
masse/effectué au spectromètre de M 137
mastic M 145
mastleucocyte B 128
mastocyte M 143
matériel à distiller D 641
matériel à inoculer I 298
matériel à pansement C 292
matériel à stériliser S 876
matériel à usage unique D 613
matériel à utiliser une fois D 613
matériel d'autopsie D 623
matériel de calibration C 58
matériel de consommation C 932
matériel de contrôle C 964
matériel de dissection D 623
matériel de distillation D 642
matériel de laboratoire L 10
matériel d'enrobage E 167
matériel de pansement D 754
matériel de préparation P 896
matériel de référence R 234
matériel d'essai S 629
matériel frais F 384
matériel génétique G 156
matériel infectieux I 238
matériel pour le contrôle de la qualité Q 10
maternel M 149
matière S 1012
matière à réactivité croisée C 1116
matière biologique B 274
matière colorante D 814
matière d'abrasion A 12
matière de biopsie B 296
matière en étude S 629
matière enrichie E 251
matière initiale S 821
matière plastique P 559
matière sébacée S 142, S 144
matière sèche D 804
matière sédimentaire de l'urine U 142
matières entremêlées A 242
matière solide D 804
matières vomies V 168
matière thermoplastique T 173
matras G 213, L 407
matrice M 153
matrice d'ADN D 679
maturation M 154
maturité M 158
maturité sexuelle P 1164
maximal M 162
maximum M 161, M 162
maximum d'absorption A 40
maximum de pic P 165
maximum de transport T 522
mécaniser M 220
mécanisme M 221
mécanisme compteur C 1055
mécanisme de contrôle C 965
mécanisme de couplage C 1072
mécanisme réactionnel R 142
méconium M 223
médecin P 452
médecin clinicien C 614
médecin de laboratoire L 32
médecine M 244
médecine de travail I 228
médecine d'urgence E 177
médecine expérimentale E 573
médecine générale G 145
médecine humaine H 442
médecine intensive I 341
médecine interne I 370
médecine légale F 321
médecine nucléaire N 261
médecine préventive P 923

médecin spécialiste S 605
médiane M 224
médiateur M 226
médical M 227
médicament D 780
médicamenteux M 241
médicament neuroleptique N 96
médication M 243
mégacaryoblaste M 248
mégacaryocyte M 249
mégaloblaste M 250
mégalocaryoblaste M 248
mégalocaryocyte M 249
mégalocyte M 251
mégalothrombocyte M 38
mélange M 613, M 619
mélangé M 603
mélangeage M 613
mélange à plusieurs composants M 769
mélange azéotropique A 1188
mélange d'acides aminés A 592
mélange de réactifs R 166
mélange enzyme-substrat E 317
mélange gazeux G 68
mélange peptidique P 195
mélanger M 602
mélange racémique R 3
mélange réactionnel R 143
mélange tampon B 586
mélange tampon-substrat B 590
mélangeur M 612
mélanine M 254
mélanine paludéen M 68
mélanoblaste M 255
mélanocyte M 256
mélanogène M 258
mélanophage M 261
mélanophore M 262
mélanotonine M 265
mélanotropine M 264
mélatonine M 265
mêlé M 603
mêler M 602
mélibiase G 19
mélibiose M 266
mélitose R 99
mélitriose R 99
membrane M 271
membrane basale B 104
membrane cellulaire C 258
membrane cytoplasmique C 1292
membrane d'échange de cations C 209
membrane de collodion C 740
membrane de dialyse D 312
membrane du globule rouge E 419
membrane échangeuse d'anions A 796
membrane échangeuse d'ions I 468
membrane élémentaire E 147
membrane érythrocytaire E 419
membrane lipoprotéique E 147
membrane muqueuse M 754
membrane nucléaire N 262
membrane plasmatique C 258
membrane plasmique C 258
membrane semi-perméable S 209
membrane séreuse S 287
membrane unie E 147
membraneux M 285
membre chromosomique C 550
mémorisation des données D 21
menadiol M 286
menadione M 287
ménaphosulfate de sodium M 286
menaquinone M 288
ménisque M 290
ménopause M 291
ménorrhée M 294
menstruation M 294
menstrues M 294
méoptérine M 295
meq M 569
mercaptan M 296
mercaptan méthylique M 367
mercaptoacétate M 297
mercaptoéthanol M 298
mercaptoimidazole M 299
mercaptopurine M 300
mercure M 303
mercurimétrie M 302
mercurimétrique M 301
mérozoïte M 311
mescaline M 312
mésobilifuscine M 314
mésobiline M 315
mésobilinogène M 316
mésobilirubine M 317
mésobilirubinogène M 318
mésobilivioline M 319
méso-inositol I 316
mésomérie M 321, R 336
mésomucinase H 457
mésophile M 322
mésoporphyrine M 323
mésothéliocyte M 324
mesurabilité M 181
mesurable M 182
mesurage M 185
mesurage d'hématocrite H 22
mesure M 185
mesure ampèremétrique A 673
mesure de conductibilité C 878
mesure de diffraction D 397
mesure de la densité optique E 601
mesure de la pression artérielle B 418
mesure de la température T 59
mesure de la tension artérielle B 418
mesure de précaution S 13
mesure de pression M 111
mesure de prudence S 13
mesure de radioactivité R 46
mesure du gaz de sang B 387
mesure du pH P 349
mesure du temps T 346
mesure in vitro de l'activité lipolytique posthéparine P 758
mesurer M 183
mesurer par photomètre M 186
mesurer par photométrie M 186
mesurer par polarimètre M 187
mesurer par polarimétrie M 187
mesurer par spectrophotomètre M 188
mesurer par spectrophotométrie M 188
mesure spectrophotométrique S 653
Met M 369
métabolimètre M 330
métabolimétrie M 331
métabolique M 326
métabolisme M 332
métabolisme basal B 106
métabolisme de base B 106
métabolisme de maintien B 106
métabolisme minimal B 106
métabolite M 333
métabolite de signal S 377
métacercaire M 334
métachromasie M 335
métachromatine M 339
métachromatique M 336
métachromatisme M 335
métachromatophile M 340
Metagonimus H 257
métal M 342
métal alcalin A 479
métal alcalino-terreux A 484
métalbumine M 744
métaldéhyde M 343
métallergène M 348
métalloenzyme M 350
métalloflavoprotéine M 351
métalloporphyrine M 352
métalloprotéase M 353
métalloprotéine M 354
métallothionéine M 355
métal lourd H 189
métal noble N 192
métal précieux N 192
métamyélocyte M 356
métanéphrine M 357
métaperiodate de sodium S 531
métaplasme M 359
métathrombine M 360
métazoaire M 361
méthacrylate M 362
méthamphétamine M 364
méthanal F 323
méthane M 365
méthane monochloré M 393
méthanol M 366
méthaqualone M 368
Met-Hb H 35
méthémoglobine H 35
méthémoglobinomètre M 363
méthémomètre M 363
méthénamine H 267
méthionine M 369
méthionine-adényltransférase M 370
méthionine-racémase M 371
méthode M 372
méthode à deux anticorps D 729
méthode à deux points T 684
méthode à l'encre de Chine I 178
méthode alternative A 546
méthode analytique A 733
méthode chromatographique C 518
méthode colorimétrique C 767
méthode cristallographique C 1152
méthode cytochimique C 1249
méthode d'activation A 208
méthode d'agitation S 909
méthode d'Altmann A 547
méthode d'analyse A 733
méthode d'anticorps fluorescents F 268
méthode d'antiformine A 858
méthode d'approximation A 962
méthode d'Aschheim-Zondek A 1039
méthode d'Astrup A 1083
méthode de Bozděch B 514
méthode de Cajal C 11
méthode d'échange d'anions A 797
méthode d'échange d'ions I 469
méthode de choix M 378
méthode de coloration S 776
méthode de coloration indicatrice I 189
méthode de conservation P 910
méthode de culture C 1170
méthode de détection D 247
méthode de détermination D 255
méthode de dialyse D 314
méthode de diffusion D 413
méthode de diffusion en gel d'agarose A 359
méthode de dilution D 476
méthode de dilution du colorant D 817
méthode de dilution en série S 254
méthode de dilution isotopique I 596
méthode de distillation D 645
méthode de Faust F 43
méthode de Feulgen-Rossenbeck F 80
méthode de flottation du sel F 224
méthode de Folin F 308
méthode de Fulleborn F 415
méthode de Golgi G 406
méthode de Gram G 430
méthode de Hagedorn-Jensen H 117
méthode de Haldane B 88
méthode de Hopkins H 406
méthode de Kjeldahl K 75
méthode de laboratoire L 30
méthode de la cellophane adhésive C 264
méthode de la glucose-oxydase G 281
méthode de Lattes L 117
méthode de Laurell L 119
méthode de Levaditi L 225
méthode de ligroïne L 253
méthode d'élution E 163
méthode de Mancini M 94
méthode de marquage d'érythrocytes E 416
méthode de merthiolate-iodine-formaldéhyde M 556
méthode de mesure M 202
méthode de mesure analytique C 378
méthode de Neisser N 59
méthode de Nissl N 150
méthode d'enrichissement de tétrathionate T 126
méthode de Papanicolaou P 45
méthode de pipettage P 496
méthode de prélèvement D 565
méthode de préparation P 903
méthode d'épreuve T 94
méthode de provocation M 379
méthode de Razgha-Reichenow R 126
méthode de référence R 235
méthode de routine R 496
méthode de sandwich S 67
méthode de séchage D 801
méthode des échantillons S 63
méthode de sédimentation S 169
méthode de sédimentation-flottation S 168
méthode des éléments marqués T 466
méthode de séparation S 243
méthode des indicateurs T 466
méthode de sous-division P 133
méthode de Stansfeld-Webb S 803
méthode de stérilisation S 871
méthode des traceurs T 466
méthode de subdivision P 133
méthode de substitution S 1023

méthode de Svedberg S 1153
méthode de Telemann T 41
méthode de test T 94
méthode de thermodilution T 150
méthode de timbre tuberculinique T 638
méthode de titrage T 390
méthode de titration T 390
méthode d'étude T 94
méthode de van Slyke V 37
méthode de Wohlgemuth W 98
méthode d'examen T 94
méthode d'extraction E 615
méthode de Ziehl-Neelsen Z 5
méthode d'hémoglobine-cyanure H 61
méthode d'hypobromite de sodium B 547
méthode d'immunisation I 65
méthode d'immunoferritine I 89
méthode d'Ouchterlony O 164
méthode du contraste de phase P 295
méthode enzymatique E 282
méthode gravimétrique G 449
méthode immunochimique I 79
méthode immunoenzymatique E 151
méthode immunomarquée E 150
méthode Kjeldahl K 75
méthode manuelle M 115
méthode microbiologique M 455
méthode microchimique M 465
méthode non spécifique U 76
méthode photométrique P 434
méthode qualitative Q 6
méthode quantitative Q 17
méthode rapide R 116
méthode sandwich S 67
méthode spécifique S 623
méthode standard R 235
méthode statistique S 836
méthode turbidimétrique T 667
méthode utilisant des traceurs T 466
méthode volumétrique T 390
méthodique M 374
méthotrexate M 380
méthyladénine M 384
méthyladrénaline M 357
méthylamine M 386
méthylaminoptérine M 380
méthylaniline T 411
méthylarginine M 387
méthylase d'acide nucléique N 275
méthylate M 389
méthylation M 391
méthylbenzène T 410
3-méthylcrotonyl-CoA-carboxylase M 395
méthylé M 390
méthylène M 396
méthyler M 388
méthylglutaconyl-CoA-hydratase M 401
méthyl-1-glycocamidine C 1090
méthylglycocyanine C 1087
méthylglyoxal M 403
méthylguanidine M 405
méthylhistamine M 406
méthylhistidine M 407
β-méthylindole S 430
méthyl-3-indole S 430
méthylkallidine M 408
méthyllysine M 409
méthylmalonate M 410
méthylmalonyl-CoA M 414
méthylmalonyl-CoA-mutase M 412
méthylmalonyl-CoA-racémase M 413
méthylmalonyl-coenzyme A M 414
méthylmercaptan M 367
méthylméthacrylate M 415
méthylmorphine C 693
méthylmyoglobine M 430
méthylnicotinamide M 416
méthylorange M 417
méthylpentose M 418
méthylphénol C 1096
méthylpropionate M 419
méthylpurine M 420
méthylrésorcine O 92
méthylrésorcinol O 92
méthylsulfadiazine S 1068
méthyltestostérone M 423
méthylthiouracile M 424
méthyltransférase M 426
méthylumbelliférone M 427
méthylxanthine M 429
mètre M 432
mettre à bouiller R 100
mettre à l'épreuve T 76
mettre au zéro A 284
mettre en suspension S 1145
mévalonate M 435
Mg M 40
mg M 570
micelle M 437
micro-aiguille M 511
microanalyse M 444
microanalyse à rayons X X 30
microanalyse chimique C 393
microanalyseur M 443
microanalytique M 445
microbactérie M 447
microbalance M 448
microbalance électronique E 107
microbe M 513
microbe aérobie A 329
microbien M 450
microbiologie M 457
microbiologie clinique C 610
microbiologie médicale M 239
microbiologique M 451
microbiologiste M 456
microblaste M 458
microburette M 459
microcalculateur M 471
microcalorimètre M 460
microcalorimétrie M 462
microcalorimétrique M 461
microcentrifugeuse M 463
microchimie M 466
microchimique M 464
microchromatographie M 467
Micrococcus catarrhalis N 58b
Micrococcus erysipelatis H 82
microcolonie M 469
microconcentration M 472
microcoque M 468
microcoque de Neisser G 411
microcoque de Veillon V 58
microcristallin M 473
microculture M 474
microculture de Pryce P 1136
microcuve M 475
microcuvette M 475
microcyte M 476
microcyte en sphère S 677
microdensitomètre M 477
microdermatome M 478
microdétermination M 479
microdiffusion M 480
microdiffusion de Conway C 979
microdistillation M 481
microdosage M 482
microdoseur M 483
microélectrode M 484
microélectrophorèse M 485
microerythroblaste M 458
microérythrocyte M 476
microfilaire M 486
microfilaire diurne L 387 a
microfiltration M 488
microfiltre M 487
microflore M 489
microfluorimétrie M 490
microgamète M 491
microgamétocyte M 492
microgliacyte M 493
microgliocyte M 493
microglobuline M 494
microhémagglutination M 496
microhématocrite M 498
microiontophorèse M 499
microleucoblaste M 500
micromanomètre M 502
microméthode M 505
microméthode chimique C 394
micromètre M 503
micromètre d'objet S 769
micromètre oculaire O 17
micrométrie M 506
micromodification M 446
micromoléculaire M 507
micromolécule M 508
micromyéloblaste M 509
micromyélocyte M 510
micro-oculaire M 512
micro-ordinateur M 471
micro-organisme M 513
micro-organisme d'épreuve T 96
micro-organisme hospitalier H 424
microparaprotéine M 514
microparasite M 515
microphage M 516
micropipette M 517
microplanocyte M 519
micropompe M 524
microponction M 525
microporeux F 168
microprécipitation M 520
micropréparation M 521
microscope M 527
microscope à champ obscur D 14
microscope à contraste de phase P 296
microscope adapté à une ultracentrifugeuse C 302
microscope à dissection D 620
microscope à émission de champ F 118
microscope à fluorescence F 260
microscope à fond noir D 14
microscope à immersion I 42
microscope à interférence I 353
microscope à laser L 98
microscope à luminescence L 442
microscope à rayons X X 31
microscope binoculaire B 242
microscope centrifuge C 306
microscope de mesure M 203
microscope de polarisation P 631
microscope de transmission T 504
microscope de transparence T 508
microscope électronique E 111
microscope électronique à balayage S 95
microscope électronique à émission E 181
microscope électronique à transmission T 504
microscope électronique de champ F 118
microscope électronique par transmission T 504
microscope infrarouge I 252
microscope IR I 252
microscope laser L 98
microscope luminescent L 442
microscope monoculaire M 684
microscope optique L 243
microscope polarisant P 631
microscope polariseur P 631
microscope stéréoscopique S 865
microscope ultraviolet U 36
microscope UV U 36
microscopie M 532
microscopie à champ obscur D 15
microscopie à contraste de phase P 297
microscopie à fluorescence F 261
microscopie à fond noir D 15
microscopie à immersion I 43
microscopie à interférence I 354
microscopie à laser L 99
microscopie à rayons X X 32
microscopie clinique C 611
microscopie électronique E 112
microscopie électronique à transmission T 505
microscopie électronique par balayage S 96
microscopie électronique par transmission T 505
microscopie en lumière polarisée P 632
microscopie en luminescence L 443
microscopie infrarouge I 253
microscopie IR I 253
microscopie laser L 99
microscopie luminescente L 443
microscopie optique L 244
microscopie stéréoscopique S 866
microscopie ultraviolette U 37
microscopie UV U 37
microscopie vitale V 135
microscopique M 529
microseringue M 545
microsomal M 535
microsome M 540
microsomes hépatiques L 380
microsomique M 535
microsonde M 553
microspectroscope M 541
microsphérocyte M 542
microsporon M 543
Microsporon M 543
microstructure M 544
microtitrage M 546
microtitrateur M 547
microtome M 549
microtome à congélation F 371
microtome à glissière S 450
microtomie M 551
microtonomètre M 552
MIF M 559
migration M 558
migration des leucocytes L 194

migration d'ions I 478
migration leucocytaire L 194
migrer M 557
milieu à base d'œufs C 1167
milieu à deux couleurs T 673
milieu à l'acétate A 67
milieu à la gélatine G 119
milieu aqueux A 968
milieu à sang-pomme de terre P 805
milieu au mannitol-sel M 103
milieu à urée U 90
milieu au sucre-gélatine S 1058
milieu aux cellules fraîches L 387
milieu combiné M 606
milieu d'amidon S 815
milieu d'Ashby A 1054
milieu de Bordet-Gengou B 491
milieu de Clauberg C 595
milieu de culture C 1169
milieu de culture N 324
milieu de culture à indicateur coloré D 370
milieu de culture à la caséine C 172
milieu de culture bactérienne B 22
milieu de culture complexe C 842
milieu de culture défectueux D 76
milieu de culture de la moelle osseuse B 478
milieu de culture de moelle osseuse B 478
milieu de culture de sérum S 302
milieu de culture différentiel D 377
milieu de culture protecteur P 1057
milieu de culture sans protéines P 1087
milieu de culture sec D 788
milieu de culture semiliquide S 202
milieu de culture semi-synthétique S 212
milieu de culture solide S 554
milieu de culture spécial S 606
milieu de culture sucré S 1059
milieu de culture synthétique S 1182
milieu de Dieudonné D 367
milieu de Gottsacker G 414
milieu de Hajna-Kligler K 78
milieu de Hibler H 281
milieu de Hohn H 368
milieu de Johnson J 7
milieu de Kirchner K 71
milieu de Leifson L 152
milieu de Loeffler L 397
milieu de Loewenstein L 398
milieu de Lubenau L 425
milieu de maintenance M 61
milieu d'Endo E 215
milieu de Nelson N 60
milieu de Noguchi-Wenyou W 66
milieu d'enrichissement E 253
milieu de Petragnani P 264
milieu de pommes de terre P 806
milieu de Sabouraud S 2
milieu déshydraté D 233
milieu de suspension S 1148
milieu d'inclusion E 167
milieu d'incubation I 168
milieu d'œufs C 1167
milieu d'Uschinsky P 1087
milieu électif E 53
milieu indicateur I 188
milieu nutritif A 356, C 1169
milieu nutritif biliaire B 207
milieu nutritif naturel N 38
milieu «prêt à emploi» F 172
milieu sec D 233
milieu sélectif E 53
milieu triple de Gassner G 75
milieux au sang B 405
milliéquivalent M 569
milligramme M 570
milligramme-équivalent M 569
millilitre M 571
millimètre M 572
min M 591
mince T 200
mince / en chromatographie sur couche T 205
mince / par chromatographie en couche T 205
minéral M 576, M 577
minéralisation M 579
minéraliser M 580
minéralocorticoïde M 581
minéralocorticostéroïde M 581
miniaturisation M 583
miniaturisé M 584
minimal M 587
minimum M 586, M 587
minute M 591
miroir R 249
miscibilité M 592
miscible M 593
mise en évidence de plomb L 136
mise en évidence des germes G 169
mise en évidence du sang B 429
mitochondrial M 595
mitochondrie M 598
mitose M 600
mixage M 613
mixer M 602
mixtion M 619
mixture M 619
mixture à agiter S 338
mixture d'acides aminés A 592
miyagawanelle de psittacose P 1157
miyagawanelle d'ornithose P 1157
ml M 571
mm M 572
Mn M 97
mn M 591
Mo M 665
mobile M 621, T 201
mobilier du laboratoire L 25
mobilisation M 625
mobiliser M 626
mobilité M 627
mobilité électro-osmotique E 123
mobilité électrophorétique E 133
mobilité électrophorétique des macrophages M 29
mobilité ionique I 479
mode d'application M 630
mode d'emploi O 53
modèle M 628, P 159
modèles d'isoenzyme I 562
modification M 631
moelle dorsale S 684
moelle épinière S 684
moelle osseuse B 476
moelle osseuse rouge R 202
moelle sternale S 882
mois de grossesse M 714
moisissure M 738
molaire M 641
molal M 638
molalité M 639
molarité M 643
mole M 647
moléculaire M 648
molécule M 661
molécule géante M 17
molécule-gramme M 647
molécule initiatrice P 929
molécule lipidique L 287
molécule marquée L 6
molécule protéique P 1092
molonal D 361
molybdate M 664
molybdate d'ammoniaque A 650
molybdate de sodium S 524
molybdène M 665
monamide M 668
monamine M 669
monoamide M 668
α-monoamide de l'acide aminosuccinique A 1058
α-monoamide de l'acide aspartique A 1058
monoamine M 669
monoamine-oxhydrase M 670
monoamine-oxydase M 670
monoaminooxydase M 670
monoblaste M 674
monocellulaire M 676
monochromateur M 681
monochromatique M 678
monochromique M 678
monoclonal M 682
monoculture M 685
monocygote M 712, M 713
monocytaire M 687
monocyte M 686
monodispersé M 688
monoéthanolamine C 713
monoglycéride M 689
monoiodothyrosine M 690
monomacrophage M 694
monomère M 695
monomère de fibrine F 87
monomérique M 696
monomoléculaire M 697
mononucléaire M 698
mononucléotide M 699
monooxygénase M 700
monophagocyte M 694
monophasé M 701
monophasique M 701
monophénol-monooxygénase M 702
monophénol-oxygénase M 702
monophosphate M 703
monophosphate d'adénosine A 256
monosaccharide M 704
monose M 704
monospécifique M 705
monosulfure de sodium S 540
monotest M 707
monovalence M 708
monovalent M 709
monoxyde M 711
monoxyde de carbone C 126
montrer I 181
moraxelle M 716
morbidité M 717
mordançage M 721
mordancer M 719
mordant M 720
morin M 722
morphine M 724
morpholine M 727
morphologie M 732
morphologie cellulaire C 1281
morphologie clinique C 612
morphologie des tissus H 349
morphologique M 728
morphologiste M 731
morpion M 726
mort C 1018, D 28, D 40
mortalité M 733, M 734
mortel L 169
mortier M 735
mortier en porcelaine P 727
mosaïque antigénique A 869
motiline M 737
motilité M 627
mouche F 290
mouche commune H 431
mouche domestique H 431
mouche tsé-tsé G 252
moucheture basophile B 132
moudre G 458
mouillabilité W 75
mouillable W 76
mouillage W 77
mouillant W 78
mouiller W 71
moulin M 568
moulin à percussion B 144
moussage F 294
mousse F 292
mousse de latex F 295
mousser F 291
mousseux F 297
moustique G 397
moustique qui transmet le paludisme A 808
moût de bière B 153
moyen C 953
moyen de contraste C 953
moyen dénaturant D 134
moyen de séparation S 236
moyen de transport T 523
moyen filtrant F 137
moyenne M 176
moyenne arithmétique A 999
m-RNA M 325
MSH-RF M 259
MSH-RH M 259
MSH-RIF M 263
mucilagineux M 757
mucinase H 457
mucine M 742
mucinogène M 743
mucocyte M 759
mucoïde M 744
mucoïde du corps vitré H 453
mucolipide M 746
mucopeptide M 748
mucopolysaccharide M 749
mucoprotéide M 750
mucoprotéine M 751
muco-purulent M 752
Mucor M 753
muco-sanglant M 755
muco-sanguinolent M 755
muco-séreux M 756
mucosité M 763
mucus M 763
mucus bronchique B 562
mucus buccal O 88
mucus cervical C 340
mucus gastrique G 90
mucus intestinal I 393
mucus pharyngien T 257
mucus trachéal T 469
multicellulaire M 765
Multiceps multiceps M 766
multicolore P 656
multiforme P 681
multinucléaire P 688
multinucléé P 688

multiphasique M 775
multiplicateur photoélectronique P 437
multivalence M 783
multivalent M 784
muqeuse M 754
muqueuse buccale O 87
muqueuse de l'intestin grêle S 459
muqueuse du côlon C 757
muqueuse entérale I 392
muqueuse gastrique G 89
muqueuse intestinale I 392
muqueuse utérine E 206
muqueuse vaginale V 18
muqueux M 757
mûr M 156
muramidase L 519
muraminidase L 519
muréine M 789
murexide M 790
mûrir M 155
muscarine M 793
muscle M 794
musculaire M 804
mutagène M 805, M 806
mutant M 807, M 808
mutant biochimique B 257
mutase M 809
mutation M 810
mutation génétique G 141
muton M 812
mycélium M 813
mycète F 426
mycétologie M 818
mycobactérie de la lèpre L 161
mycobactérie de la saleté S 468
mycobactérie de la tuberculose T 636
mycobactérie du smegma S 468
Mycobacterium M 814
mycologie M 818
mycologique M 816
mycologiste M 817
mycoplasme M 819
mycoplasme pneumonique P 609
mycotique M 820
mycotoxine M 821
myéline M 822
myélinosine M 824
myéloblaste M 825
myéloclaste M 826
myéloculture B 478
myélocyte M 827
myélocyte basophile B 130
myélocyte éosinophile E 334
myélogramme M 828
myéloperoxydase M 829
myobiline M 830
myoblaste M 831
myocyte M 796
myocyte d'Anitschkow M 835
myofibroblaste M 837
myogène M 838
myoglobine M 839
myohématine M 839
myohémoglobine M 839
myo-inositol I 316
myokinase A 267
myophage M 840
myoplasma M 801
myoprotéine M 841
myosidérine M 842
myosine M 843
myxomycète M 845
myxovirus M 846
Myxovirus parotidis M 787
myxoxanthine M 847

N

N N 131, N 173
Na S 479
NAD N 135
NADase N 4
NADH-déshydrogénase N 1
NAD^+-nucléosidase N 4
NAD^+-peroxydase N 5
$NAD(P)^+$-transhydrogénase N 6
nadiréactif N 3
nadiréaction N 2
NADP N 136
naphtalène N 10
naphtaline N 10
naphtol N 12
naphtol-phtaléine N 14
naphtoquinone N 17
naphtylacétate N 18
α-naphtylacétate-estérase N 19
naphtylamine N 20
α-naphtylbutyrate-estérase N 21
naphtylisothiocyanate N 22
narcose courte S 346
narcose locale L 390
narcotique A 711, N 23
natif N 32
nature différente / de H 252
naturel N 32
Ne N 65
nécateur américain A 572
nécessaire de pansement D 754
nécrocyte N 41
nécrohormone N 42
nécropsie O 3
nécroscopsie O 3
nécrosine N 43
nécrotoxine N 46
négatif N 51
neige carbonique D 793
Neisseria N 58a
Neisseria catarrhalis N 58b
némathelminthe N 62
nématode N 62
néoantigène N 63
néomycine N 64
néon N 65
néonatal N 66
néonatologie N 67
néphélomètre N 68
néphélomètre à laser L 100
néphélomètre laser L 100
néphélométrie N 72
néphélométrie à laser L 101
néphélométrie laser L 101
néphélométrique N 69
néphrolithe R 290
néphrologie N 73
néphrolysine N 74
néphrotoxine N 75
nervone N 80
neuraminidase N 85
neuridine S 674
neurine N 86
neuroblaste N 87
neurochimie N 88
neurocrine N 89
neurocyte N 78
neurocytologie N 90
neurocytolysine N 97
neurohistologie N 91
neurohormone N 92/3
neurokératine N 94
neurokinine N 95
neuroleptique N 96
neurolysine N 97
neurone N 78
neuropeptide N 99
neurophysine N 100
neuroplasme N 101
neurotensine N 103
neurotoxine N 104
neutralisant N 113, N 114
neutralisation N 108
neutralisation de virus V 116
neutraliser N 112
neutralité N 116
neutre N 106
neutron N 123
neutrophile N 125, N 126
neutrophiloblaste N 128
newton N 131
Ni N 133
niacinamide N 134
niacine N 139
nickel N 133
nicotinamide N 134
nicotinamide-adénine-dinucléotide N 135
nicotinamide-adénine-dinucléotide-phosphate N 136
nicotine N 137
nigrosine N 142
ninhydrine N 147
nitraniline N 166
nitrate N 152
nitrate cuivrique C 1001
nitrate d'ammoniaque A 651
nitrate d'ammonium A 651
nitrate d'argent S 404
nitrate de baryum B 93
nitrate de bismuth B 322
nitrate de calcium C 35
nitrate de cobalt C 682
nitrate de plomb L 138
nitrate de potassium P 792
nitrate de sodium S 525
nitrate de soude S 525
nitrate d'éthyle E 507
nitrate d'urée U 92
nitrate ferreux I 520
nitrate ferrique I 521
nitrate mercureux M 307
nitrater N 151
nitrate-réductase N 155
nitration N 156
nitrazépam N 157
nitrification N 162
nitrifier N 163
nitrite N 164
nitrite d'amyle A 690
nitrite de potassium P 793
nitrite de sodium S 526
nitrite d'éthyle E 508
nitrobacter N 153
nitrobactérie N 153
nitrobenzène N 167
nitrobleu de tétrazolium N 169
nitroferricyanure de sodium S 527
nitrofurantoïne N 172
nitrogénase N 174
nitrogène N 173
nitroglycérine G 339
nitroglycérol G 339
nitrométhane N 183
nitrophénol N 184
nitrophénylglycérol N 185
nitrophénylphosphate N 186
nitroprussiate N 187
nitroprussiate de sodium S 527
nitrosamine N 189
nitrosobactérie N 165
nitrure N 161
niveau L 226
niveau d'eau W 31
niveau d'énergie E 236
niveau de signifiance C 888
niveau du liquide L 339
niveau énergétique E 236
nocivité N 251
nœud lymphatique L 467
noir B 329
noir amido A 578
noir ériochrome T E 393
noir Soudan S 1053
nombre N 317
nombre atomique A 1099
nombre chromosomique C 555
nombre d'Addis A 239
nombre d'Avogadro A 1177
nombre de Becher B 145
nombre de charge A 1099
nombre de gènes N 318
nombre de germes G 168
nombre de masse M 129
nombre de molécules N 319
nombre d'éosinophiles E 328
nombre d'érythrocytes E 409
nombre des leucocytes L 189
nombre des plaquettes T 277
nombre des réticulocytes R 361
nombre des thrombocytes T 277
nombre de tours N 320
nombre de valence V 22
nombre total de leucocytes T 430
nombre total des germes T 420
nomenclature N 193
nomenclature des enzymes E 307
nomogramme N 195
nomogramme Davenport D 26
nomogramme de Davenport D 26
nomogramme leucocytaire L 196
nom trivial T 594
non-alcoolisé N 196
non aqueux N 197
non-caractéristique A 1115
non-chargé U 48
non-chromaffine N 200
non-coloration C 781
non-compétitif N 201
non conjugué U 49
non courant T 594
non cristallin N 202
non décelable N 249
non différencié U 53
non dilué U 54
non dissocié U 55
non dissous U 56
non-dominant N 203
non enzymatique N 204
non-essentiel N 205
non estérifié U 57
non extractible N 206
non fondu U 56
non-fumeur N 220
non homogène H 252
non lié F 359
non-linéaire N 208
non marqué U 67
non-métallique N 211
non miscible I 46
non mobile I 47
non-parasitaire N 214
non-pathogène N 215
non-polaire N 216
non purifié U 69
non reproductible N 219
non-résistant aux acides A 157
non résolu U 56
non réversible I 535
non saturé U 70
non soluble I 323

non spécifique U 74
non-stérile N 221
non-transparence N 222
non-transparent N 223
non-volatil N 224
noradrénaline N 225
norépinéphrine N 225
norleucine N 226
normal N 227
normalisation N 233, S 790
normalisé S 792
normaliser S 791
normalité N 234
norme S 782
normétanéphrine N 238
normoblaste N 239
normoblaste basophile B 131
normochrome N 241
normochromie N 240
normochromique N 241
normocyte N 243
nortryptyline N 244
norvaline N 245
nosoparasite N 247
notatine N 248
nourissant N 327
nourrisson I 233
nouveau-né N 129
novocaïne P 952
noxe N 251
noyau N 312, R 448
noyau chelaté C 365
N-terminal N 253
N total T 433
nucléaire N 254
nucléase N 272
nucléé N 273
nucléide N 278
nucléiforme N 279
nucléinase N 281
nucléine N 280
nucléoalbumine N 282
nucléoglucoprotéine N 284
nucléohistone N 285
nucléoïde N 279, N 286
nucléole N 287
nucléoliforme N 279
nucléopeptide N 288
nucléophile N 289
nucléoplasme N 291
nucléoprotamine N 292
nucléoprotéide N 293
nucléoprotéine N 294
nucléosidase N 295
nucléoside N 296
nucléoside-diphosphatase N 297
nucléoside-diphosphate N 298
nucléoside-diphosphate-kinase N 299
nucléoside-kinase N 300
nucléoside-monophosphate N 301
nucléoside-monophosphate-kinase N 302
nucléoside-phosphorylase N 303
nucléoside-polyphosphate N 304
nucléoside pyrimidique P 1255
nucléoside-ribosyltransférase N 305
nucléoside-triphosphate N 306
nucléotidase N 307
nucléotide N 308
nucléotide cyclique C 1208
nucléotide cytidylique C 1245
nucléotide pyrimidique P 1256
nucléotide-pyrophosphatase N 309
nucléotide-pyrophosphorylase N 310
nucléotidylcyclase N 311
nucléus N 312
nuclide N 278, N 314
nuisible à la santé I 292
numération des cellules C 232
numération des leucocytes L 190
numéro atomique A 1099
numéro d'enzyme E 308
nutriment N 322
nutrition N 325
nutsche N 330
nystatine 2 N 333

O

O O 221
O-agglutinine A 371
objectif O 5
objectif à immersion I 44
objet d'épreuve T 95
obligatoire O 6
observation F 162, O 7
observation extrême aberrante O 166
observer O 10
obsolète O 11
OCT O 116
oculaire O 14
oculaire de microscope M 512
odeur S 469
odeur / sans I 299
odeur de l'urine U 149
odeur fécale F 12
odeur urinaire U 149
œsophagobiopsie O 18
Oesophagostomum O 19
œstradiol E 466
œstradiol-17β-déshydrogénase E 467
œstrane E 469
œstriol E 470
œstrogène E 472
œstrogène conjugué C 909
œuf E 39
œuf de poule H 209
œuf d'helminthe H 201
œuf helminthique H 201
[OH]Pro H 557
oléandomycine O 29
oléine T 567
oléolithe O 23
oligase G 380
oligo-élément T 464
oligo-1,6-glucosidase O 31
oligonucléotide O 32
oligopeptide O 33
oligosaccharide O 34
olive T 644
ombre d'érythrocyte G 177
OMS W 107
onchocerque aveugle O 36
onchocerque glomérulé O 36
oncocyte O 37
oncodnavirus O 38
oncogène O 40
oncorna-virus O 41
oncornavirus O 41
oncosphère O 42
oncotique C 751
onde W 44
onde de lumière L 251
onde lumineuse L 251
ongle F 169, N 8
ongle d'orteil T 399
oocinète O 45
oocyte O 184
ookinète O 45
oomycète O 46
oospore O 47
opacité N 222
opalescence O 50
opalescent O 51
opalescer O 49
opaque N 223
opération O 55
opérer A 189
opérer sur A 189
opéron O 57
opiat O 59
opisthorchis O 60
opisthorchis félineux C 215
opium O 61
opsine O 62
opsonine O 64
opsoniser O 66
optimal O 78
optimisation O 76
optimum O 77
optimum d'efficacité A 197
optimum de température T 60
optimum du pH P 351
optique O 67, O 75
optiquement actif O 69
optiquement inactif O 71
or G 400
oral O 83
orange O 90
orangé O 90
orangé d'acridine A 176
orangé d'alizarine A 470
orangé de naphtol N 13
orangé d'éthyle E 509
orbivirus O 91
orcine O 92
or colloïdal C 744
ordonnée O 94
organe O 95
organelle O 97
organelle cellulaire O 97
organique O 98
organisation O 105
organisation du travail O 106
Organisation Mondiale de la Santé W 107
organisaton de laboratoire L 31
organisme O 107
organisme d'épreuve T 96
organisme hôte H 427
organisme unicellulaire P 1131
organisme vivant / dans l' I 436
Orn O 114
ornithine O 114
ornithine-aminotransférase O 115
ornithine-carbamoyltransférase O 116
ornithine-carbamyltransférase O 116
ornithine-décarboxylase O 117
ornithine-transcarbamylase O 116
α_1-orosomucoïde A 146
orotate O 118
orotidine O 120
orotidine-5'-phosphate O 121
orphan E 21
or radioactif R 31
orthochromatique O 123
orthochrome O 123
orthochromie O 122
orthomyxovirus O 124
orthophosphate O 125
orthophosphate de calcium C 36
orthophosphate de potassium P 794
orthophosphate de sodium S 528
orthophosphate tricalcique T 538
orthophosphate trisodique T 588
orthosilicate de l'eau W 26
orthotolidine O 126
orthotoluidine O 128
os B 474
Os O 139
osazone O 129
oscillogramme O 131
oscillographe O 132
oscillographie O 134
oscillographique O 133
oscillomètre O 135
oscillométrie O 137
oscillométrique O 136
oscilloscope O 138
osmium O 139
osmolaire O 145
osmolal O 142
osmolalité O 144
osmolarité O 146
osmole O 141
osmomètre O 148
osmométrie O 149
osmose O 150
osmotique O 151
osséine O 157
osséomucine O 158
osséomucoïde O 158
osséomucoïne O 158
ostéoblaste O 159
ostéoclaste O 160
ostéocyte O 161
ostéoïde O 162
ostéophage O 160
ostéoplaste O 159
ostoclaste O 160
ouate C 1046
ouate de verre G 224
outillage de laboratoire L 23
ouverture S 705
ovaire O 173
ovalbumine O 170
ovalocyte E 152
ovariocentèse O 172
oviforme O 180
ovocyte O 184
ovoïde O 180
ovomucoïde O 181
ovoscopie O 182
ovoscopie natale F 387
ovule O 184
oxalacétase O 192
oxalacétate O 193
oxalate O 185
oxalate acide de sodium S 510
oxalate d'ammonium A 652
oxalate de calcium C 37
oxalate-décarboxylase O 188
oxalate de potassium P 795
oxalate de sodium S 529
oxalate-oxydase O 190
oxaloacétase O 192
oxaloacétate O 193
oxaloacétate-décarboxylase O 194
oxaloacétate-transaminase A 1061
oxazole O 198
oxime O 218
α-oxoglutarate K 40
oxoglutarate-déshydrogénase O 219
oxostéroïde K 53
oxybiontique A 330

oxychlorure de carbone P 352
oxychlorure de cuivre C 999
oxychromatine O 220
oxydabilité O 213
oxydable O 214
oxydant O 200
oxydant / du type O 206
oxydase O 201
oxydase de phénol M 702
oxydase du phénol L 43
oxydation O 203
oxydation biologique B 275
oxyde O 210
oxyde d'aluminium A 555
oxyde d'argent S 405
oxyde d'azote N 160
oxyde de baryum B 94
oxyde de cadmium C 5
oxyde de calcium C 39
oxyde de chrome C 533
oxyde de fer I 522
oxyde de magnésium M 48
oxyde de mercure M 308
oxyde de plomb L 139
oxyde de polyéthylène P 669
oxyde de silicium S 394
oxyde d'éthylène E 505
oxyde / de type O 211
oxyde de zinc Z 9
oxyde d'hydrogène W 19
oxyde mercurique M 308
oxyde nitrique N 160
oxyder O 215
oxyde rouge de mercure M 308
oxydimétrique O 212
oxygénase O 223
oxygénateur O 225
oxygène O 221
oxygéné O 236
oxygène / exempt d' O 235
oxygène / sans O 235
oxygène liquide L 342
oxygène sanguin B 407
oxygéner O 224
oxygénifère O 236
oxygramme O 243
Oxy-Hb O 242
oxyhématoporphyrine O 241
oxyhémoglobine O 242
oxyhémogramme O 243
oxyhémographe O 244
oxyhémographie O 245
oxymètre O 246
oxymètre à cuvette C 1191
oxymètre de l'oreille E 8
oxymétrie O 248
oxymétrie basée sur un système photométrique T 506
oxymétrie de l'oreille E 9
oxymétrie de réflexion R 246
oxymétrique O 247
oxymyoglobine O 249
oxyneurine B 190
oxyphile A 159
oxyréductase O 217
oxytensiomètre O 251
oxytensiométrie O 252
oxytocinase C 1235
oxytocine O 253
oxyure O 255
oxyure vermiculaire O 255
ozone O 256

P

P P 407
Pa P 134
pachocyte P 1
pachycyte P 1
PAF P 572
PAH A 609
paire P 10
paire d'électrons E 113
paire des gènes G 142
paire d'ions I 498
paliers / par S 858
palmer M 504
palmitate P 14
palmitine P 16
panagglutination P 18
panagglutinine P 19
pancréalipase P 30
pancréas P 21
pancréatine P 37
pancréatolithe P 23
pancrélipase P 30
pancréozyme P 38
pancréozymine P 38
pansement D 754
pansement adhésif P 558
papaïnase P 43
papaïne P 43
papavérine P 46
papier absorbant B 445
papier à échelle fonctionnelle de probabilité P 943
papier à échelle gaussienne P 943
papier à filtrer F 139
papier à glucose-oxydase G 282
papier buvard B 445
papier chromatographique C 519
papier ciré W 47
papier Congo C 900
papier d'échange de cations C 211
papier de diagramme R 188
papier diazo D 337
papier-filtre F 139
papier imprégné d'amidon puis révélé au I/KI P 789
papier indicateur T 100
papier-indicateur universel U 64
papier millimétrique M 573
papier phénolique P 312
papier réactif T 100
papier spécial S 607
papier tournesol L 366
papilloma-virus P 54
papovavirus P 55
para-agglutination P 70
para-anticorps P 59
paracentèse P 1182
paracentèse abdominale A 4
paracentèse d'abdomen A 4
paracentèse de la cornée K 31
paracentèse du cœur C 146
paracétaldéhyde P 75
paraérythroblaste P 62
paraffinage P 66
paraffine P 64
paraffiner P 63
parafuchsine P 69
paragglutination P 70
paragonimus de Westerman E 13
paragonimus ringeri E 13
Paragonismus L 452
paralbumine P 74
paraldéhyde P 75
paraleucoblaste P 76
paramètre P 80
paramètre de distribution D 660
paramètre de test P 80
paramyéloblaste P 82
paramyélocyte P 83
paramyloïde P 58
paramyosinogène P 84
paramyxovirus P 85
paranucléine P 87
paranucléoprotéine P 87
parapoxvirus P 88
paraprotéine P 89
parasitaire P 92
parasite P 90
parasite cellulaire C 265
parasite de blessure W 112
parasite d'organe O 109
parasite d'organes O 109
parasite du foie L 381
parasite du sang B 410
parasite épizoïque E 27
parasite hépatique L 381
parasite intestinal I 394
parasiter P 93
parasites / sans N 214
parasite tissulaire T 371
parasitoïde P 94
parasitologie P 97
parasitologiste P 96
parathormone P 98
parathyrine P 98
parathyroïde P 100
paravirus P 103
parcours L 157
parenchyme P 104
parenchyme hépatique L 382
parenchyme rénal R 294
paresse réactionnelle I 231
paroi / à double D 748
paroi cellulaire C 294
paroi cellulaire bactérienne B 16
paroi épaisse / à T 199
paroi mince / à T 211
paroi nucléaire N 262
part P 114
partenaire réactionnel R 129
particule P 123
particule chargée C 360
particule de latex L 114
particule de tissu T 372
particule de Zimmermann T 269
particule élémentaire E 148
particule fondamentale E 148
particule suspendue S 1146
particule transporteuse d'électron E 120
particule transporteuse d'électrons E 120
particule virale V 117
partie en volume P 115
partiel P 116
partie soluble / en P 119
partigène P 117
parts égales / à E 370
PAS A 623
pas-à-pas S 858
pascal P 134
passage F 228, P 136
passer au tamis S 372
passer en dissolution D 637
passeur d'échantillons S 48
passif I 148, I 229
pasteurelle P 139
pasteurelle tularémique F 357
pasteurisateur P 142
pasteurisation P 140
pasteuriser P 141
pâte P 137
pâteux P 138
pathobiochimie P 152
pathochimie P 153
pathogène P 147
pathogénicité P 149
pathohistologie P 154
pathologie P 156
pathologie cellulaire C 1284
pathologique P 151
pathologiste P 155
patient P 157
patient hospitalisé I 318
patient non hospitalisé O 168
patron P 159
pauvre en graisse P 720
pauvre en oxygène L 418
pauvre en substance nutritive P 721
Pb L 130
pCO_2 C 123
PDF F 91, F 108
peau S 431
pectinase P 167
pectine-dépolymérase P 167
pectine- α-polygalacturonosidase P 167
pédiatrie P 8
pellicule F 125
pellicule de surface S 1134
pellicule en plastique P 562
pellicule superficielle S 1134
pénétration P 169
pénétrer D 822, P 252
pénicillamine P 170
pénicillinase P 172
pénicilline P 171
pénicilline G B 179
Pénicillium P 173
pentagastrine P 174
pentaméthylène-diamine C 2
pentanol A 687
pentapeptide P 176
pentdyopent P 177
pentobarbital de sodium S 530
pentosane P 179
pentose P 180
pentose-phosphate P 181
pentosephosphate P 181
pentoxyde P 183
pepsine P 184
pepsinogène P 186
peptidase P 188
peptidase pancréatique P 32
peptidase pancréatique E E 47
peptide P 189
peptide biogène B 267
peptide chymotryptique C 570
peptide de libération d'insuline I 338
peptide de signal S 378
peptide-synthétase P 198
peptide trypsique T 620
peptide vasoactif intestinal V 52
peptidyltransférase P 199
peptique P 187
peptisation P 200
peptiser P 201
Peptococcus P 202
peptone P 203
peptonisation P 205
peptoniser P 206
Peptostreptococcus P 207
perborate P 209
percentile P 212
perchlorate P 213
perchlorate de magnésium M 49
perchlorate de potassium P 796
perchloréthane H 266
perchloréthylène T 114
perchlorométhane C 127
perchlorure P 215
perchlorure de fer I 510
perchromate P 216

percutané P 217
percuti-réaction P 220
perforateur A 182
perforation P 221
perfusat P 222
perfuser P 223
perfusion P 224
péricardiocentèse P 228
péricyte A 326
périlymphe P 230
périnatal P 231
périnatologie P 232
périnée anal A 715
périnée postérieur A 715
periodate P 234
periodate de sodium S 531
période P 233
période de contrôle C 967
période de refroidissement C 988
période d'essai E 575
période d'incubation I 173
période d'observation O 9
périodicité P 238
périodique P 235
périphérie P 240
perle de verre G 200
permanence S 761
permanence de nuit N 141
permanent S 763
permanganate P 247
permanganate de calcium C 40
permanganate de potassium P 797
permanganate de sodium S 532
perméabilité P 249
perméabilité à l'air A 405
perméabilité au gaz G 71
perméabilité cellulaire C 266
perméabilité de la membrane M 282
perméabilité de membrane M 282
perméabilité d'ions I 480
perméabilité ionique I 480
perméable P 250
perméable à l'air A 406
perméable aux gaz P 251
perméase d'iodure I 440
perméation P 253
permittivité D 354
pernicieux M 78
peroxydase P 257
peroxydase de raifort H 421
peroxydase d'iodure I 441
peroxydase du lait L 61
peroxyde P 259
peroxyde de benzoyle B 176
peroxyde de sodium S 533
peroxyde d'hydrogène H 508
persulfate P 260
persulfide P 261
perte d'eau W 33
perte de chaleur H 180
perte d'énergie L 413
perte d'humidité M 636
pèse-acide A 151
pesée W 55, W 56
pèse-lait L 59
peser W 54
pesticide P 262
petite bouteille S 454
petite cellule C 284
petite douve D 353
petite douve du foie D 353
petites mailles / à F 166
peu soluble S 599
pH P 447
phæochromoblaste P 268
phage B 57
phage bactérien B 57
phage fd F 46
phage virulent V 110
phagocytaire P 272
phagocyte P 271
phagocyte alvéolaire A 563
phagocyter P 275
phagocytine P 274
phagocytoblaste P 277
phallotoxine P 278
pharmaceutique D 780, P 279
pharmacie P 290
pharmacochimie P 280
pharmacocinétique P 284, P 285
pharmacodiagnostic P 281
pharmacodynamie P 283
pharmacodynamique P 282
pharmacologie P 287
pharmacologie clinique C 613
pharmacologique P 286
pharmacopée P 288
pharmacothérapie P 289
phase P 292
phase aqueuse A 969
phase de latence L 79
phase de repos R 349
phase de retard L 79
phase dispersée D 598a
phase gazeuse G 72
phase intermédiaire I 365
phase inversée R 379
phase liquide L 343
phase mixte M 609
phase mobile M 623
phase non aqueuse N 198
phase réactionnelle R 144
phase solide S 556
phase stationnaire S 831
pH de la peau S 436
Phe P 322
phénacétine P 302
phénantrène P 303
phénantroline P 304
phénate P 310
phénate de méthyle A 803
phénazine P 305
phénazone P 306
β-phénéthylamine P 307
phénlylalanine P 322
phénobarbital P 308
phénol P 309
phénolase L 43, M 702
phénolate P 310
phénol crésylique C 1096
phénol-fuchsine C 113
phénoloxydase P 311
phénolphtaléine P 313
phénolsulfonephtaléine P 316
phénomène de Tyndall T 687
phénomène secondaire A 344
phénothiazine P 319
phénotype P 320
phénylacétylglutamine P 321
phénylalaline-4-hydroxylase P 323
phénylalaninase P 323
phénylalanine-4-monooxygénase P 323
phénylamine A 780
phénylaniline D 519
phénylbutazone P 324
phénylcarbinol B 177
phénylènediamine P 326
phényléthane E 495
phényléthanol P 327
phényléthylamine P 328
phényléthylène S 986
phénylhydrazine P 329
phénylhydrazone P 331
phénylméthane T 410
phénylphosphate P 333
phénylpyruvate P 336
phénytoïne P 340
phéochrome P 341
phéochromoblaste P 268
phéochromocyte P 342
phlébostase V 65
phloridzine P 344
phlorizine P 344
phloroglucine P 346
phloroglucinol P 346
phloxine P 347
pH-mètre P 350
pH-mètre d'urine U 124
phosgène P 352
phosphagène C 1089
phosphatase P 353
phosphatase acide A 162
phosphatase acide stabile au formol F 334
phosphatase alcaline A 488
phosphatase bactérienne B 30/1
phosphatase du sérum S 319
phosphatase granulocytique alcaline A 485
phosphatase leucocytaire alcaline A 486
phosphatase sérique S 319
phosphatase sérique alcaline A 490
phosphate P 355
phosphate-acétyltransférase P 416
phosphate cristallisé dans le système basaltique T 579
phosphate d'ammonium A 653
phosphate d'ammonium et de magnésium A 649
phosphate de calcium C 41
phosphate de cellulose C 290
phosphate de créatine C 1089
phosphate de fer I 523
phosphate de pyridoxal P 1244
phosphate de pyridoxamine P 1246
phosphate de pyridoxine P 1252
phosphate de sucre S 1060
phosphate de tricrésyle T 555
phosphate de zinc Z 10
phosphate inorganique I 304
phosphate minéral I 304
phosphate neutre de sodium S 528, T 588
phosphate tricalcique T 538
phosphate trisodique T 588
phosphatide P 361
phosphatidylcholine P 363
phosphatidyléthanolamine C 312
phosphatidylglycérol P 364
phosphatidyl-inositol I 317
phosphatidylsérine P 365
phosphento-isomérase R 426
phosphentoisomérase R 426
phosphine P 408
phosphoacylase P 416
phosphoadénosine-phosphosulfate P 366
phosphoadénylate-3'-nucléotidase P 367
phosphoamidase P 368
phosphoamide P 369
phosphoaminolipide P 370
phosphoarginine A 989
phosphocétolase P 389
phosphocréatine C 1089
phosphodiester P 371
phosphodiestérase P 372
phosphodiglycéride P 373
phosphoénolpyruvate P 374
phosphoénolpyruvate-carboxylase P 375
phosphoénolpyruvate-kinase P 1280
6-phosphofructokinase P 377
phosphoglucokinase P 378
phosphoglucomutase P 379
6-phosphogluconate P 380
phosphogluconate-déshydrogénase P 381
phosphoglucose-isomérase G 287
3-phosphoglycéraldéhyde G 329
phosphoglycérate-kinase P 383
phosphoglycérate-mutase P 387
phosphoglycérate-phosphomutase P 384
phosphoglycéride P 386
phosphohexo-isomérase G 287
phosphohexokinase P 377
phosphohexose-isomérase G 287
phosphohomosérine P 388
phosphokinase P 390
phospholipase P 391
phospholipide P 361
phospholipide à sérine S 267
phosphomolybdate P 392
phosphomonoestérase P 394
phosphomutase P 395
phosphopeptide P 396
phosphophérase T 511
phosphoprotéide P 397
phosphoprotéine P 398
phosphopyruvate-hydratase E 247
phosphore P 407
phosphoré P 406
phosphore élémentaire E 149
phosphore inorganique I 305
phosphore radioactif R 36
phosphorescence P 400
phosphorescent P 401
phosphorescer P 399
phosphore total T 434
phosphoreux P 406
phosphoribo-isomérase R 426
phosphoribose-isomérase R 426
5-phosphoribosylamine P 402
5-phosphoribosyl-1-pyrophosphate P 403
phosphorylase P 409
phosphorylase hépatique L 383
phosphorylase musculaire M 800
phosphorylation P 412
phosphorylation oxydante O 209
phosphorylcholine P 413
phosphorylcholine-transférase C 477
phosphoryler P 411
phosphoryléthanolamine P 414
phosphorylsérine P 415
phosphosérine P 415
phosphotransacétylase P 416
phosphotransférase P 417
phosphotriose T 569
phosphotriose-isomérase T 577
phospho-5'-xylulose X 43
phosvitine P 419
photoallergène P 420
photobactérie P 421
photocellule P 422
photochimie P 424
photochimique P 423
photocolorimètre P 426

photocolorimétrie P 428
photocolorimétrique P 427
photoélectrique P 429
photoémulsion P 430
photoluminescence P 431
photomètre P 432
photomètre à filtre F 141
photomètre à flamme F 197
photomètre d'absorption à flamme A 35
photomètre de Pulfrich P 1165
photométrie P 436
photométrie à fluorescence F 262
photométrie d'absorption A 42
photométrie d'absorption à flamme A 36
photométrie de flamme F 199
photométrie différentielle D 385
photométrie par réflexion R 247
photométrique P 433
photomultiplicateur P 437
photophorèse P 438
photoréaction P 439
photosensibilité L 249
photosensible L 248
phrénosine C 325
pH sanguin B 411
phtalate P 442
phtalate d'aniline A 784
phtalate de sodium S 534
phtaléine P 444
phtaléine de la résorcine F 251
phtirius inguinalis M 726
pH urinaire U 139
phylloquinone P 448
physico-chimique P 453
physiologie P 459
physiologique P 455
physiologiste P 458
physique P 449, P 454
physostigmine P 460
phytoagglutinine P 462
phytohémagglutinine P 463
phytoménadione P 448
phytotoxine P 464/5
pic P 161
pic basal B 112
picornavirus P 467
picrocarmine P 470
picrofuchsine P 471
picroindigocarmine P 472
picronigrosine P 473
pics consécutifs C 921
pièce de jonction C 920
PIF P 987
pigment P 475
pigmentation P 476
pigment bactérien B 32
pigment biliaire B 208
pigment céroïde C 338
pigment de pyrrole P 1273
pigment du sang H 55
pigment d'usure L 291
pigment hépatogène H 229
pigment lipoïdique L 290
pigment paludéen M 68
pigment sanguin H 55
PIH P 987
pilocarpine P 478
pilocarpine hydrochlorique P 479
pilon P 263
pince F 317
pince à biopsie B 295
pince à biopsie rectale R 196
pince à creuset C 1122
pince à épiler E 351
pinceau de rayons B 142
pince de Cornet C 1015
pince de Mohr S 136
pince de préparation D 617
pince de statif S 801
pince porte-aiguille N 49
pince pour burettes B 599
pince pour lame S 446
pince pour porte-objet S 446
pince pour tubes à essai T 109
pince pour tuyau flexible P 486
pincettes P 485
pincettes de couvre-objet C 1080
pincettes de fixation F 187
pinocyte P 487
piophile C 364
pipéridine P 488
pipettage P 494
pipette P 490
pipette à constriction C 929
pipette à déterminer la vitesse de sédimentation des globules du sang W 67
pipette à écoulement calibrée D 125
pipette à gaz G 73
pipette à mélanger M 616
pipette à mélanger le sang B 406
pipette à piston P 500
pipette à trop-plein O 175
pipette automatique A 1149
pipette capillaire C 86
pipette de verre G 216
pipette de Westergreen W 67
pipette goutte à goutte D 776
pipette jaugée M 204
pipette Pasteur P 143
pipetter P 489
pipette Westergreen W 67
piqûre I 288
pissette W 12
piston P 498
pituicyte P 501
pivoter R 480
pK P 502
PL P 985
placebo P 503
place de travail P 510
placenta P 504
plaie W 110
plan d'expérience P 516
plan expérimental P 516
planification de l'expérience P 515
plante vénéneuse P 618
plaque P 517, P 568
plaque à couche mince T 209
plaque à culture C 1171
plaque à essaimer S 1158
plaque aux sports S 735
plaque chauffante H 178
plaque chromatographique C 520
plaque d'amiante A 1034, A 1035
plaque de gélose au sang B 358
plaque de microtitrage M 548
plaque de Petri P 265
plaque de préparation P 902
plaque de verre G 217
plaque / en forme de P 583
plaque en polystyrène P 708
plaque positive A 805
plaquette d'agar A 361
plaquette de film F 126
plaquette sanguine T 269
plasma adsorptiv A 323
plasma antihémophile A 878
plasma après administration d'héparine P 759
plasma citraté C 582
plasmacyte P 521
plasma de contrôle C 968
plasma de donneur D 704
plasma de pool P 718
plasma de récepteur R 179
plasma EDTA E 35
plasma frais F 385
plasmagène P 530
plasma humain H 446
plasma ictérique I 6
plasmakinine P 534
plasmalemme C 258
plasma lipémique L 278
plasmalipoprotéine P 535
plasmalogène P 536
plasma mélangé P 718
plasma musculaire M 801
plasma normalisé S 794
plasma oxalaté O 189
plasmapexine P 538
plasmaphérèse P 539
plasmaphorèse P 539
plasmaprotéine P 540
plasmarénine P 543
plasma sanguin B 413
plasma sec D 755
plasma standard S 794
plasma-thromboplastine-antécédent C 644
plasmatique P 548
plasmide P 549
plasmine P 550
plasmine inactive P 552
plasminogène P 552
plasmique P 548
plasmoblaste P 554
plasmocyte P 521
plasmodie M 67
plasmodiotrophoblaste S 1174
plasmodium de la tierce T 74
Plasmodium falciparum A 338/9
plasmodium paludéen Q 20
plasmolyse P 537
plasmosome M 540
plasmozyme C 632
plastéine P 557
plastide P 566
plastique P 559
plastogène P 567
plateau P 569
plathelminte P 594
platine M 528, P 585
platulocyte P 593
platycyte T 20
plausibilité L 254
pléocaryocyte P 596
pléomorphe P 681
pléomorphisme P 682
plérocercoïde P 597
plexiglas P 604
plomb L 130
plomb tétraéthyle T 116
plongée D 514
plonger D 513
plume à vaccination V 3
plurinucléaire P 688
plurivalent M 784
plusieurs couches / à M 773
pneumobacille F 395
pneumocentèse P 1167
pneumocoque P 608
pO_2 O 237
poche B 70
podocyte P 610
poids W 61
poids atomique A 1102
poids atomique relatif A 1102
poids de naissance B 315
poids des selles S 932
poids du corps B 457
poids en sec D 804
poids équivalent E 387
poids frais F 391
poids humide W 79
poids moléculaire M 660
poids moléculaire élevé/de M 16
poids spécifique S 617
poids vif L 386
poïkiloblaste P 611
poïkilocyte P 612
poïkilothrombocyte P 613
poil H 119
poinçonner P 1173
poinçonneuse P 1174
poinçonneuse à biopsie B 298
point critique C 1103
point d'ébullition B 460
point de congélation F 372
point de départ S 822
point de flexion P 616
point de fusion M 270
point de mesure M 205
point de prélèvement D 566
point de référence R 236
point de rosée D 268
point de saturation S 89
point de sublimation S 1000
point d'inflammation F 204
point d'inflammation S 193
point d'inflexion P 616
pointe T 354
pointe de pipette P 493
pointe de spatule P 615
point équivalent E 384
point expérimental M 205
point final E 231
pointillage S 906
point isoélectrique I 559
point neutre N 117
point terminal E 231
point zéro Z 3
point zéro absolu A 21
poison T 453
poison animal A 792
poison par contact C 935
poison végétal P 464/5
polaire P 620
polarimètre P 621
polarimètre de passage F 246
polarimétrie P 623
polarimétrique P 622
polarisateur P 630
polarisation P 624
polarisation de fluorescence F 263
polariser P 628
polariseur P 630
polarité P 633
polarogramme P 634
polarographe P 635
polarographie P 638
polarographique P 636
pôle P 640
pôle négatif N 54
pôle plus P 752
pôle positif P 752
poliovirus P 641
pollen P 642
polluant C 939, P 644
pollué C 941
polluer C 940
pollution C 942
polocyte P 645
polyacrylamide P 646
polyalcool P 693
polyamide P 649

polyamine P 651
polyaminoacide P 652
polyase P 653
polyblaste P 654
polycarbonate P 655
polycaryocyte P 673
polycétone P 674
polychroïque P 656
polychromatocyte P 658
polychrome P 656
polyclonal P 659
polycyclique P 661
polydispersé P 662
polydispersité P 663
polyène P 664
polyester P 666
polyéthène P 667
polyéthylène P 667
polyéthylène-glycol P 669
polyglycérophosphatide P 670
polyglycol P 669
polyglycoside P 671
polyiodothyronine P 672
polylobocyte P 675
polymérase P 677
polymérase d'acide nucléique N 276
polymérase d'ARN R 384, R 464, R 465
polymère P 676, P 678
polymère fibrineux F 107
polymérisation P 679
polymériser P 680
polymorphe P 681
polymorphisme P 682
polymorphocellulaire P 683
polymorphocyte P 684
polymorphonucléaire P 685
Polymorphus sphaerocephalus P 686
polymyxine P 687
polynucléaire P 688
polynucléaire basophile B 128
polynucléé P 688
polynucléotidase P 689
polynucléotide P 690
polynucléotide-ligase P 691
polynucléotide-phosphorylase P 692, P 704
polyol P 693
polyol-déshydrogénase S 591
polyomavirus P 694
polyoside P 705
polypeptidase P 695
polypeptide P 696
polypeptide pancréatique P 33
polyphasé M 775
polyphénoloxydase L 43
polyphénylalanine P 700
polyphosphate P 701
polyphosphorylase P 409
polypropylène P 702
polyribonucléotide P 703
polyribosome P 706
polysaccharide P 705
polysaccharide bactérien B 33
polysome P 706
polystyrène P 707
polyuréthanne P 710
polyuridine P 711
polyvalence M 783
polyvalent M 784
polyvinylchlorure P 713
polyvinylpyrrolidone P 714
pompe P 1172
pompe à diaphragme D 321
pompe à jet d'eau W 30
pompe à membrane D 321
pompe aspirante S 1049
pompe à vide V 13
pompe de circulation R 484
pompe de compression P 917
pompe de diffusion D 415
pompe de laboratoire L 35
pompe de perfusion P 226
pompe doseuse D 724
pompe rotative R 484
pompe stomacale S 918
ponction P 1182
ponction abdominale A 4
ponction artérielle A 1023
ponction articulaire P 1187
ponction ascitique A 1042
ponction à travers la fontanelle F 313
ponction-biopsie N 48
ponction-biopsie perbronchique P 210
ponction-biopsie transbronchique P 210
ponction capillaire C 87
ponction caverneuse C 217/8
ponction cérébrale C 316
ponction cisternale S 1009
ponction d'articulation P 1187
ponction de Douglas P 1188
ponction de la cavité abdominale A 4
ponction de la crête iliaque I 22
ponction de l'amnios A 660
ponction de la moelle osseuse B 481
ponction de l'articulation du genou P 1189
ponction de la vésicule biliaire G 26
ponction de la vessie V 81
ponction de l'ovaire O 172
ponction de péricarde P 228
ponction des ganglions lymphatiques L 470
ponction de tumeur T 657
ponction du canal déférent V 54
ponction du cœur C 146
ponction du corps vitré P 1190
ponction du foie B 351, L 369
ponction du larynx L 96
ponction du LCR L 434
ponction du tibia T 341
ponction exploratrice E 582
ponction glandulaire G 195
ponction hépatique B 351, L 369
ponction intestinale I 397
ponction lombaire L 434
ponctionner P 1181
ponction ovarienne O 172
ponction péricardique P 228
ponction pleurale P 602
ponction pulmonaire P 1167
ponction rénale R 299
ponction sous-occipitale S 1009
ponction splénique S 702
ponction sternale S 884
ponction sus-pubienne S 1121
ponction thoracique P 602
ponction veineuse V 63
ponction ventriculaire V 72
ponction vésicale V 81
ponctuel P 1180
pont B 532
pont disulfure D 664
pont hydrogène H 496
pool P 716
pool des gènes G 143
pool lymphocytaire P 717
pool sanguin B 414
population P 108, P 722
population cellulaire C 268
populaton parente P 108
porc P 474
porcelaine de laboratoire L 33
pore P 730
pores / à larges W 87
pores dilatés / aux L 92
pores fins / aux F 168
poreux P 735
porosité P 734
porphine P 736
porphobiline P 737
porphobilinogène P 738
porphobilinogène-synthase P 739
porphyrine P 740
porphyrinogène P 742
porphyroblaste P 743
porphyrocyte P 744
porphyropsine P 745
porte-aiguille N 49
porte-coton C 1043
porte-cuve C 1190
porte-cuves C 1190
porte-cuvette C 1190
porte-cuvettes C 1190
porte-objet M 528, S 443
porte-pipettes P 492
porter à l'ébullition R 100
porteur C 159
porteur / sans C 164
portion P 748
portions / par P 749
positif P 750
position couchée D 715
position de repos R 350
position de zéro Z 4
position dorsale D 715
position du corps B 453
positon P 755
positron P 755
posologie D 716
possibilité d'utilisation U 210
postalbumine P 756
poste de mesure M 206
postnatal P 760
postopératoire P 761
post-partum P 760
postprandial P 762
postprotéine L 110
pot à centrifuger C 308
potasse P 768
potasse caustique P 785
potassium P 763
potassium radioactif R 37
potentiel P 808
potentiel chimique C 395
potentiel d'adsorption A 321
potentiel de diffusion D 414
potentiel d'électrode E 74
potentiel de membrane M 283
potentiel d'énergie E 237
potentiel de surface S 1137
potentiel d'ionisation I 488
potentiel d'oxydoréduction R 209
potentiel électrique E 60
potentiel électrochimique E 67
potentiel électrocinétique E 82
potentiel électrophorétique E 134
potentiel énergétique E 237
potentiel fibrinolytique F 101
potentiel normal S 795
potentiel redox R 209
potentiel standard S 795
potentiel zéta E 82
potentiomètre P 812
potentiométrie P 815
pou L 415
pou de corps B 452
pou de tête H 155
poudre P 817
poudre d'acétone A 86
poudre de cellulose C 291
poudre de polyamide P 650
poudreux P 820
poumon L 450
pourcentage P 211
pourcentage d' alcool A 430
pourcentage en alcool A 430
pourcentage en poids W 62
pourcentage en volume V 164
pourcentage volumique V 164
pour-cent moléculaire M 662
pourpre de bromocrésol B 551
pourpre de crésol C 1098
pourpre de phtaléine P 445
pourpre rétinien R 409
poussière D 811
pouvoir absorbant A 48
pouvoir adhésif A 274
pouvoir d'adsorption A 302
pouvoir d'agglutination A 367
pouvoir de dissociation D 633
pouvoir de fixation B 472
pouvoir de résolution P 821
pouvoir de sorption S 594
pouvoir dissolvant S 578
pouvoir éclairant L 242
pouvoir éluant E 162
pouvoir réductoir R 220
pouvoir rotatoire optique O 68
pouvoir séparateur P 821
pouvoir séparateur S 244
pouvoir solubilisateur S 578
povidone P 714
pox-virus V 51
poxvirus V 51
poylribonucléotide-nucléotidyl-transférase P 704
p-p'-diaminophényle B 168
pratique de laboratoire L 34
préalbumine P 825
préantigène P 939
précalciférol P 827
précautions S 13
préchauffage P 880
préchauffer P 879
précipitabilité P 828
précipitable P 829
précipitant P 830
précipitation P 833, S 159
précipitation acide A 163
précipitation alcoolique A 443
précipitation d'anticorps doubles D 728
précipitation de protéine P 1097
précipitation en gel d'agar A 354
précipitation éthanolique E 482
précipitation fractionnée F 346
précipitation géleuse G 130
précipitation isoélectrique I 560
précipitation par acide A 163
précipitation par addition de sel S 44
précipitation thermique H 183, T 174
précipitation trichloracétique T 544
précipité P 832, S 158
précipiter P 831
précipiter / se S 157
précipiter par addition de sel S 45
précipitine P 839
précipitinogène P 840

précipitinoïde P 841
préciser S 628
précision P 843
précision de la mesure M 189
précision de la série S 258
précision de lecture A 57
précision des lectures A 57
précision des mesures M 189
précision sérielle S 258
précultiver P 851
préculture P 852
précurseur P 853
précurseur inactif I 150
prednisolone P 855
prednisone P 856
prédominant D 691
prédominer D 692
préfiltre R 489
préfractionnement P 861
préfractionner P 860
prégnane P 869
prégnanediol P 870
prégnanediol-glucuronide P 871
prégnanedione P 872
prégnanetriol P 873
prégnène P 876
prégnènediol P 877
4-prégnène-3,20-dione P 969
prégnénolone P 878
préincubation P 883
préincuber P 882
prékallicréine P 884
prélèvement T 10
prélèvement automatique A 1158
prélèvement d'échantillons S 60
prélèvement de la gorge T 258
prélèvement de la peau S 438
prélèvement de la pharyngien T 258
prélèvement de peau S 438
prélèvement de plaie S 1157
prélèvement de sang W 95
prélèvement de tissu T 378
prélèvement d'urine U 154
prélèvement nasopharyngé N 31
prélèvement urétral U 107
prélever T 8
prélever au moyen d'une pipette P 489
prélever du sang W 96
prélever par aspiration S 1041
pré-β-lipoprotéine V 147
prématuré P 888
première enfance E 6
premiers soins F 177
prémyéloblaste P 889
prénatal P 890
préopératoire P 892
préparation P 894, P 895
préparation à couvre-objet C 1081
préparation à long terme P 246
préparation biochimique B 251
préparation chimique C 396
préparation colorée S 773
préparation contuse C 1125
préparation corrodée C 1029
préparation d'échantillons S 53
préparation de frottis S 462
préparation de pellicule C 1188
préparation de référence S 796
préparation de sang B 415
préparation enzymatique E 309
préparation fraîche F 386
préparation histologique T 373
préparation hormonale H 415
préparation microscopique M 531
préparation native N 34
préparation par dissociation T 37
préparation par impression I 141
préparation permanente P 246
préparation «prête à emploi» F 173
préparation radioactive R 38
préparation sanguine B 415
préparation sèche D 800
préparation standard S 796
préparation sur lame S 447
préparation tissulaire T 373
préparation vitale V 136
préparer P 906
préphase P 907
préprotéine E 7
préréfrigération P 850
préréfrigérer P 849
prescription I 329
prescription de méthodes M 375
prescriptions de sécurité S 14
préséchage P 859
présécher P 858
préservation d'organes O 110
presse à découper P 1174
presse à poinçonner P 1174
pression P 914
pression artérielle B 417
pression cérébrospinale C 330
pression colloïdo-osmotique C 752
pression de filtration F 150
pression de gaz G 74
pression de solution S 572
pression interne I 371
pression normale N 235
pression oncotique C 752
pression osmotique O 155
pression partielle P 120
pression partielle de bioxyde de carbone C 123
pression partielle d'oxygène O 237
pression sélective S 184
présure C 566
prêt à l'emploi R 162
prétraitement P 921
prétraiter P 920
preuve des germes G 169
prévalence P 922
PRF P 986
PRH P 986
prick-test P 925
«primer» P 929
primidone P 930
principe P 934
principe colorant de la bile B 208
principe de contrecourant C 1060
principe de contre-courant C 1060
principe de mesure M 207
principe nuisible N 251
principe réactionnel R 145
prise T 10
prise d'échantillons S 60
prise de sang W 95
prisme P 935
PRL P 985
Pro P 994
proaccélérine C 635
proactivateur P 937
proactivateur de plasminogène P 552
proandrogène P 938
proantigène P 939
probabilité P 940
probabilité conditionnée C 875
probabilité conditionnelle C 875
probabilité d'erreur E 397
probabilité statistique S 837
probant P 945
problème des décisions statistiques S 834
procaïnamide P 951
procaïne P 952
procaïne-estérase C 135
procarboxypeptidase P 953
procédé M 372, P 954
procédé chimique C 397
procédé chromatographique C 518
procédé d'échange de cations C 210
procédé d'échange d'ions I 469
procédé d'échange ionique I 469
procédé de coloration S 776
procédé de détermination D 255
procédé de distillation D 646
procédé de flottation F 225
procédé de laboratoire L 30
procédé de mesure M 202
procédé d'enrichissement E 255
procédé de séchage D 801
procédé de séparation S 243
procédé des rosettes immunes E 1
procédé d'extraction E 615
procédé d'investigation T 94
procédé électrophorétique E 131
procédé enzymatique E 282
procédé microbiologique M 455
procédé négatif N 53
procédé rapide R 116
procercoïde P 597
processus P 954
processus de croissance G 479
processus de dissolution D 634
processus de distillation D 646
processus réactionnel R 130, R 137
prochromosome P 955
prochymosine P 956
procollagénase P 958
procollagène P 957
procollagène-peptidase P 959
proconvertine C 637
produit ajouté A 242
produit alimentaire F 315
produit à utilisation unique D 613
produit biochimique B 251
produit chimique C 371
produit chimique de laboratoire L 15
produit chimique fin F 163
produit d'alcoylation A 508
produit d'alkylation A 508
produit d'assimilation P 960
produit de base I 282
produit de condensation C 868
produit de conjugaison C 912
produit de coupure S 707
produit de décomposition D 65
produit de dégradation de la fibrine F 108
produit de dégradation du fibrinogène F 91
produit de départ S 821
produit de désintégration D 588, S 707
produit de fission S 707
produit de la réaction R 146
produit de métabolisme M 333
produit dénaturant D 134
produit de ponction de la moelle osseuse B 480
produit de ponction splénique S 701
produit de remplacement S 1020
produit de sécrétion S 151
produit de solubilité S 567
produit de substitution S 1024
produit de substitution sanguine P 545
produit d'excrétion E 544
produit d'oxydation O 204
produit élué E 154
produit en réaction R 129
produit final F 155
produit frigorigène C 984
produit initial I 282, S 821
produit intermédiaire I 360
produit intermédiaire de métabolisme I 360
produit ionique I 481
produit pharmaceutique D 780
produit réfrigérant C 984
produit-type C 58
proélastase P 961
proélastine P 962
proenzyme Z 19
proérythroblaste P 963
proérythrocyte R 360
proferment Z 19
profibrine P 965
profibrinogénase P 552
profibrinolysine P 552
profil P 966
profil biochimique B 258
profil de concentration C 863
profil de glucose G 289
proflavine P 967
progestagène P 968
progestérone P 969
proglottis P 971
proglucagone P 972
programmation P 977
programme P 976
progranulocyte P 1005
prohormone P 980
pro-insuline P 981
prokaryocyte P 982
prokératine P 983
prokinase P 984
prolactine P 985
prolactolibérine P 986
prolactostatine P 987
prolamine P 988
prolan P 989
prolan B L 460
proleucocyte L 179
prolidase P 995
proliférant P 992
prolifération P 991
proliférer P 990
prolifique P 992
prolinase P 993
proline P 994
proline-dipeptidase P 995
proline-hydroxylase P 996
proline-racémase P 997
prolipase P 998
prolyldipeptidase P 993
prolymphocyte L 471, P 1000
promégacaryocyte P 1001
promégaloblaste P 1002
promonocyte P 1003
promoteur P 1004
promyélocyte L 179, P 1005
promyélocyte éosinophile E 335
pronase P 1006
pronormoblaste P 1007
pronormocyte P 1008
pronostic P 974

pronostique P 975
pronostiquer P 973
pro-œstrogène P 964
propagation D 626
propagation de thrombocytes T 282
propagé D 625
propager D 624
propane P 1010
1,2-propane-diol P 1033
propanol P 1011
propanolamine P 1012
propanone A 84
propénal A 180
propène P 1032
propepsine P 186
properdine P 1014
prophage P 1015
prophylactique P 1016
prophylaxie P 1017
β-propiolactone P 1018
propionate P 1019
propionate de testostérone T 99
propionyl-CoA P 1021
propionyl-CoA-carboxylase P 1022
propionyl-coenzyme A P 1021
propionyl-coenzyme A-carboxylase P 1022
proplasmine P 552
proplasmoblaste P 1023
proplasmocyte P 1024
proportion P 1025, Q 19
proportion en volume P 1029
proportionnalité P 1028
proportionnel P 1026
proportion nucléocytoplasmique N 283
proportion quantitative Q 19
propre à l'espèce S 610/12
propriété chimique C 398
propylène P 1032
propylène-glycol P 1033
propylthiolpropionate P 1035
propylthiouracil P 1036
propynol P 1013
prosécrétine P 1037
prosérozyme C 637
prostacycline P 1038
prostaglandine P 1039
prostaglandine-synthase P 1040
prostate P 1041
protagone P 1046
protaminase C 140
protamine P 1047
protéase P 1067
protéase pancréatique P 34
protection P 1052
protection contre la lumière L 245
protection contre le rayonnement R 15
protection contre les radiations R 15
protection contre les rayons X R 15
protection contre l'incendie F 176
protection du travail P 1053
protection sanitaire H 157
protéide P 1064
protéinase P 1067
protéine P 1065
protéine animale A 793
protéine bactérienne B 34
protéine basique B 117
protéine brute C 1124
protéine caractéristique de l'espèce C 355
protéine cellulaire C 269
protéine conjuguée C 910
protéine contractile C 950
protéine C-réactive C 1085
protéine de Bence-Jones B 156
protéine de la phase aiguë A 223
protéine de liquor C 331
protéine dénaturée D 139
protéine de soufre-fer S 1104
protéine de structure S 981
protéine de transport T 524
protéine-disulfure-réductase P 1080
protéine du lait L 64
protéine du plasma P 540
protéine du sérum S 320
protéine encéphalique B 521
protéine enzymatique E 284
protéine étrangère F 320
protéine fibreuse F 115
protéine globulaire G 240
protéine homologue H 391
protéine-kinase P 1090
protéine liant la cobalmine C 679
protéine liant l'ADN D 674
protéine liant l'aldostérone A 460
protéine liant le calcium C 23
protéine liant le folate F 305
protéine liant l'œstrogène E 473
protéine M P 1091
protéine musculaire M 841
protéine native N 35
protéine non-histone N 207
protéine oncofétale O 39
protéine plasmatique P 540
protéine porteuse C 167
protéine protectrice P 1063
protéine pure P 1196
protéine résiduelle R 327
protéine ribosomale R 429
protéine ribosomique R 429
protéines / sans P 1086
protéine sanguine B 419
protéine sérique S 320
protéine simple S 407
protéine spécifique C 355
protéine spécifique de grossesse P 866
protéine spécifique du groupe G 473
protéines plasmatiques P 527
protéines plasmatiques S 321
protéine tissulaire T 375
protéine totale T 435
protéine urinaire U 140
protéine virale V 100
protéinochrome P 1095
protéinoïde P 1096
protéoclastique P 1108
protéoglycane P 1102
protéohormone P 1103
protéolipide P 1104
protéolysat P 1089
protéolyse P 1106
protéolysine P 1105
protéolyte P 1107
protéolytique P 1108
protéose A 427
Proteus P 1110
Proteus entericus P 1112
Proteus rettgeri P 1112
protéus vulgaire P 1113
prothrombine C 632
prothrombinogène C 637
prothrombokinase C 639
prothromboplastine C 642
protochlorure de fer I 509
protocole expérimental R 189
protocole opératoire R 189
protocollagène-hydroxylase P 996
protohème P 1119
proton P 1120
protoplasma P 1121
protoplasme P 1121
protoplasme cellulaire C 1289
protoplasmique P 1122
protoplaste P 1123
protoporphyrine P 1124
protoporphyrine IX H 93
protoporphyrinogène P 1125
protoporphyrinogène-oxydase P 1126
protosidérine P 1127
protoxine P 1128
protozoaire P 1131
protozoaires intestinaux I 396
protozoologie P 1132
provirus P 1133
provitamine P 1134
provitamine A C 156
provitamine D_2 E 390
provitamine D_3 D 112
provitamine D_4 D 442
provoquer une fission S 704
prussiate jaune de potassium P 781
pseudoagglutination P 1138
pseudocatalase P 1140
pseudocholinestérase C 479
pseudo-cholinestérase C 479
pseudocylindre P 1139
pseudo-gonocoque P 1141
pseudogonocoque P 1141
pseudoisocyanine P 1142
pseudo-isoenzyme P 1143
pseudokératine P 1144
pseudoméningocoque P 1145
pseudo-méningocoque P 1145
Pseudomonas mallei G 190
Pseudomonas pseudomallei P 1147
pseudomucine M 744
pseudonucléine P 87
pseudo-parasite P 1148
pseudoperoxydase P 1149
pseudo-réaction P 1151
pseudo-spirochète P 1152
pseudo-uridine P 1153
pseudo-virus P 1154
pseudo-vitamine P 1155
psychopharmaceutique P 1158
Pt P 585
ptéridine P 1160
ptérine P 1161
ptyaline P 1163
ptyalolithe S 26
puant M 83
puberté P 1164
puce F 216
puce de la peste P 512
puce de l'homme H 438
pulpe de doigt D 426
pulvérisateur A 1105
pulvérisation A 1103, P 1170
pulvérisé P 820
pulvériser A 1104, P 1171
pulvérulent P 820
punaise B 594
punaise de lit C 814
punaise tropicale O 112
punctiforme P 1180
pur P 1193
pureté P 1211
pureté / de grande H 288
pureté / de haute H 288
pureté chimique C 399
purgatif L 123
purge L 123
purifiant P 1201
purification P 1198
purification complémentaire A 345
purification d'anticorps A 831
purification d'enzymes E 310
purification secondaire A 345
purifié P 1200
purifier P 1202
purine P 1203
purine / à P 1206
purine / sans P 1208
purine-nucléosidase N 295
purine-nucléoside P 1209
purine-nucléotide P 1210
pur pour analyses R 165
purpurine P 1214
purulent P 1215
pus P 1219
pus bubonique B 575
pus d'abscès P 1221
pus fistuleux F 180
pustule P 1222
putrescine P 1226
PVI V 52
pycnocyte O 37
pycnomètre D 143
pyocoque P 1227
pyocyanase P 1228
pyocyanine P 1229
pyocyte P 1220
pyrannose P 1231
pyrannose-oxydase P 1232
pyranoside P 1233
pyrazolone P 1234
pyrexine P 1235
pyridine P 1236
pyridine-nucléotide P 1239
pyridine-nucléotide-transhydrogénase N 6
pyridine-ribonucléotide P 1240
pyridinoenzyme P 1238
pyridoxal P 1241
pyridoxal-déshydrogénase P 1242
pyridoxal-kinase P 1243
pyridoxamine P 1245
pyridoxaminephosphate P 1246
pyridoxamine-phosphate P 1246
pyridoxaminephosphate-oxydase P 1247
pyridoxine P 1249
pyridoxine-déshydrogénase P 1250
pyridoxine-4-oxydase P 1251
pyridoxine-phosphate P 1252
pyrimidine P 1253
pyrimidine-nucléoside P 1255
pyrimidine-nucléotide P 1256
pyrimidine-ribonucléotide P 1257
pyrimidine-transférase T 192
pyrithiamine-désaminase P 1258
pyrocatéchase C 196
1,2-pyrocatéchine P 1259
pyrogallol P 1260
pyrogène P 1261
pyroglobuline P 1263
pyrolyse T 165
pyronine P 1265
pyrophosphatase P 1266
pyrophosphatase inorganique I 306
pyrophosphate P 1267

pyrophosphate de lipothiamide L 320
pyrophosphate de thiamine T 194
pyrophosphate inorganique I 307
pyrophosphorylase P 1270
pyrotoxine P 1271
pyrrole P 1272
pyrrolidine P 1274
pyrroline P 1275
pyrrotriazole T 127
pyruvaldéhyde M 403
pyruvate P 1276
pyruvate-carboxylase P 1277
pyruvate-décarboxylase P 1278
pyruvate-déshydrogénase P 1279
pyruvate de sodium S 536
pyruvate-kinase P 1280
pyruvate-oxydase P 1281
pyruvodécarboxylase P 1278

Q

Q-enzyme Q 1
qualitatif Q 2
qualité Q 7
qualité analytique A 734
quantification Q 11
quantifier Q 12
quantitatif Q 13
quantité Q 18
quantité de chaleur H 184
quantité d'échantillon S 59
quantité d'échantillons S 59
quantité de matière A 671
quantité des fèces S 921
quantité des selles S 921
quantité de substance S 1013
quantité de travail E 567
quantité du crachat S 751
quantité d'urine U 156
quantité restante R 330
quantité totale T 436
quartz Q 22
québrachine Y 15
queue T 5
quinidine Q 32
quinine Q 33
quinoléine Q 34
quinone Q 36
quotidien D 3
quotient Q 37
quotient calcium-phosphore C 43
quotient d'albumine-globuline A 421
quotient de bilirubine B 230
quotient de cholestérol-phosphatide C 468
quotient de de Ritis D 219
quotient de glucose-protéine G 290
quotient d'enzymes E 311
quotient de sodium-potassium S 535
quotient de sphingomyéline-lécithine S 682
quotient d'excrétion de bilirubine B 227
quotient différentiel D 386
quotient d'urobiline U 166
quotient glucagone-insuline G 256
quotient L/S L 147/8
quotient lactate-pyruvate L 50
quotient lécithine-sphingomyéline L 147/8
quotient potassium-calcium P 767
quotient protéinique A 421
quotient urine-plasma U 150

R

R_f R 390
Ra R 96
racémate R 3
racémique R 4
racémisation R 5
racémiser R 6
rachicentèse L 434
rachiocentèse L 434
raclage A 11
racler S 130, S 132
radiaire R 7
radial R 7
radiateur infrarouge I 255
radiateur IR I 255
radiation R 10
radiation bêta B 193
radiation calorifique T 145
radiation de la chaleur T 145
radiation électromagnétique E 92
radiation ionisante I 493
radiation radioactive R 39
radical R 18
radical libre F 365
radier R 9
radioactif R 19
radioactivité R 45
radioactivité artificielle I 224
radioactivité naturelle N 39
radioautogramme A 1155
radioautographie A 1157
radioautographique A 1156
radiobiologie R 50
radiobiologique R 49
radiocalcium R 22
radiocarbone R 23
radiocésium R 21
radiochimie R 53
radiochimique R 51
radiochromatogramme R 54
radiochromatographe R 55
radiochromatographie R 57
radiochromatographie en phase gazeuse R 65
radiochromatographique R 56
radiochrome R 24
radiocobalt R 25
radiocolloïde R 26
radiocuivre R 27
radiodiagnostic R 59, R 62
radiodiagnostique R 60
radioélectrophorèse R 63
radioélément R 29
radiofer R 34
radiogramme R 66
radiographie R 68
radiographique R 67
radioimmunoassay R 69
radioimmunoassay en phase solide S 560
radioimmunodiffusion R 70
radio-immunodiffusion R 70
radioimmunoélectrophorèse R 71
radio-immunoélectrophorèse R 71
radioimmunologie R 73
radio-immunologie R 73
radio-immunologique R 72
radioimmunologique R 72
radio-indicateur R 44
radio-iode R 32
radio-iridium R 33
radio-isotope R 88
radioligand R 80
radiologie R 83
radiologique R 81
radioluminescence R 84
radiomarquage R 35
radiomarqueur R 44
radiomètre R 85
radiométrie R 87
radionucléide R 88
radionuclide R 88
radio-opacité R 89
radio-opaque R 90
radio-or R 31
radiopharmaceutique R 91
radiophospore R 36
radiopotassium R 37
radiorésistance R 93
radiosensibilité R 95
radiosensible R 94
radiosodium R 40
radiosoufre R 43
radiostrontium R 41
radiotraceur R 44
radium R 96
radon R 97
radoucir S 549
raffinage P 1198
raffinase R 98
raffinose R 99
rafraîchir C 981
ragocyte R 392
raie d'absorption A 38
raie spectrale S 637
raison R 171
ralentir R 354
ramification B 527
ramifié B 524
ramifier / se B 523
randomisation R 102
rang R 107
rapport P 1025, R 277
rapport de concentration C 865
rapport de mélange M 617
rapport des concentrations C 865
rapport des masses M 130
rapport des vraisemblances L 255
rapport érythroplasmatique P 5
rapport moléculaire M 644
rapport nucléocytoplasmique N 283
rapport nucléoplasmique N 283
rassemblement C 737
rassembler C 733
rat R 119
rat blanc W 83
rate S 698
rationalisation R 120
rat Wistar W 94
rayon R 124
rayon de lumière L 246
rayon électronique E 98
rayon laser L 103
rayon lumineux L 246
rayonnement R 10
rayonnement bêta B 193
rayonnement de fluorescence F 271
rayonnement dispersé S 103
rayonnement gamma G 38
rayonnement infrarouge I 254
rayonnement IR I 254
rayonnement laser L 102
rayonnement ultraviolet U 38
rayonnement UV U 38
rayonner E 188
rayons bêta B 194
rayons dispersés S 104
rayons gamma G 39
rayons infrarouges I 256
rayons IR I 256
rayons X X 33
rayon ultraviolet U 39
rayon UV U 39
Rb R 505
réabsorption R 127
réactif R 157, R 163
réactif à asperger S 740
réactif auxiliaire A 1169
réactif coloré C 785
réactif de Benedict B 158
réactif de Bial B 197
réactif de Dische D 568
réactif de flottation F 218
réactif de Golgi G 405
réactif de Grieß G 456
réactif d'Ehrlich E 43
réactif de Millon M 574
réactif de Nessler N 82
réactif de Nylander N 331
réactif d'Esbach E 450
réactif de Schiff S 110
réactif d'estérification E 459
réactif de test T 101
réactif de Tillmann D 348
réactif de Toepfer T 400
réactif diagnostique D 295
réactif diagnostique de labaratoire L 21
réactif diazo D 330
réactif précipitant P 830
réactif prêt à l'emploi P 893
réactif SH S 350
réactif spécifique S 625
réaction R 132
réaction acide A 164
réaction à la bentonite B 164
réaction à la céphaline-cholestérine C 313
réaction à l'acide chlorhydrique H 484
réaction à la diphénylamine D 521
réaction à la goutte S 737
réaction à la léproline L 164
réaction à la lépromine L 166
réaction à l'antihyaluronidase A 884
réaction à la phénolphtaléine P 314
réaction alcaline A 489
réaction aldéhydique A 451
réaction aldolique A 456
réaction à l'hexokinase H 270
réaction allergique A 519
réaction à l'orcine B 198
réaction à l'oxydase O 202
réaction à malléine M 81
réaction analytique A 737
réaction à naphtol N 15
réaction à ninhydrine N 148
réaction antigène-anticorps A 862
réaction antistaphylococcique A 922
réaction à plusieurs étapes M 781
réaction au bleu de Prusse B 183
réaction au latex L 113
réaction au latex L 115
réaction au latex-histamine H 321
réaction au sulfure d'argent S 1082

réaction au thymol de MacLagan T 317
réaction auxiliaire A 1168
réaction basique A 489
réaction biotellurique B 307
réaction catalytique C 190
réaction chimique C 400
réaction colloïde C 753
réaction colorée C 784
réaction colorimétrique de Jaffé J 1
réaction complète C 839
réaction complexe C 845
réaction conjonctivale C 915
réaction couplée C 1069
réaction croisée C 1117
réaction cutanée S 437, S 439
réaction cytochimique C 1250
réaction d'Abderhalden A 3
réaction d'Adamkiewicz A 234
réaction d'addition A 241
réaction d'agglutination A 376
réaction d'agglutination de latex L 115
réaction d'agglutination sur lame S 444
réaction d'alarme A 415
réaction d'antifibrinolysine A 855
réaction d'antistaphylosine A 924
réaction d'antistreptokinase A 928
réaction d'Aschheim-Zondek A 1039
réaction d'Ascoli A 1045
réaction de Bence-Jones B 157
réaction de Benedict B 160
réaction de Berthelot B 184
réaction de Bial B 198
réaction de biuret B 326
réaction de Bordet-Gengou C 832
réaction de Bordet-Wassermann S 1183
réaction de Bordet-Wassermann W 14
réaction de Boyden B 513
réaction de Brugsch B 571
réaction de Burnet A 10
réaction de Cannizzaro A 449
réaction de Carr-Price C 168
réaction de Casoni C 175
réaction d'échange E 535
réaction d'échange ionique I 472
réaction de Chediak C 363
réaction de condensation C 870
réaction de conjugaison C 913
réaction de couplage C 1069
réaction de déviation du complément C 832
réaction de Dick D 351
réaction de dilution de sérum S 303
réaction de Dische D 569
réaction de Donath et Landsteiner D 694
réaction de Fehling F 50
réaction de Feulgen F 80
réaction de fixation B 473
réaction de fixation de fer I 508
réaction de fixation de lipoïde L 298
réaction de fixation du complément C 832
réaction de fixation du complément de tréponème pâle T 535
réaction de floculation F 221
réaction de floculation au contact de l'antigène cardiolipidique C 145
réaction de floculation de Meinikke M 253
réaction de floculation de mélanine M 257
réaction de Fölling F 301
réaction de Galli-Mainini T 396
réaction de globulines G 246
réaction de Gmelin G 396
réaction de grossesse P 867
réaction de Gruber-Widal G 481
réaction de Hanger C 313
réaction de Hay H 151
réaction de Heller H 199
réaction de Henry M 257
réaction de Hirst H 315
réaction de Hogben T 396
réaction d'Ehrlich E 42
réaction de Jaffé J 1
réaction de Kahn K 2
réaction de Kober K 80
réaction de Kveim K 90
réaction de Kveim-Nickerson K 90
réaction de labilité du sérum S 324
réaction de Legal L 151
réaction de leucocytose L 209
réaction de Liebermann L 233
réaction de Liebermann-Burchardt L 233
réaction de lymphotoxicité L 477
réaction de Mantoux M 113
réaction de mastic M 146
réaction de Meinicke M 252
réaction de Millon M 575
réaction de Moeller R 404
réaction de Molisch M 663
réaction de neutralisation N 109
réaction de ninhydrine N 148
réaction de Nonne-Apelt N 212
réaction de Nonne-Apelt-Schumm N 212
réaction de Nylander N 332
réaction de Pandy P 40
réaction de PAS P 237
réaction de Paul Bunnel Davidsohn P 160
réaction de Pettenkofer P 267
réaction de Pirquet P 497
réaction de précipitation P 837
réaction de précipitation péricircardienne C 577
réaction de précipitine P 842
réaction de Rivalta R 461
réaction de Sachs-Georgi S 8
réaction de Sachs-Witebski S 9
réaction de sang sec D 786
réaction d'Esbach E 449
réaction de Schick S 109
réaction de sédimentation des globules rouges E 422
réaction de sédimentation des hématies E 422
réaction de sédimentation sanguine E 422
réaction de Selivanov S 195
réaction des ferments E 312
réaction de Sia E 519
réaction de Smith-Dietrich S 470
réaction desmoïde D 234
réaction des peroxydases P 258
réaction de substitution S 1025
réaction de sulfate de cadmium C 7
réaction de surface S 1139
réaction de Svartz-Schlossmann S 1152
réaction de Takata-Ara T 7
réaction de Tollens T 409
réaction de toxine-antitoxine T 455
réaction de Trommer T 595
réaction de turbidimétrie T 670
réaction de turbidité de lipoprotéine L 314
réaction de type aldol A 456
réaction de Voges-Proskauer V 148
réaction de Waaler-Rose W 1
réaction de Wassermann S 1183, W 14
réaction de Weil-Félix F 51, W 63
réaction de Weltmann W 65
réaction de Widal W 86
réaction d'hémagglutination H 10
réaction d'hémolysine H 75
réaction d'imbibition Q 26
réaction d'inhibition d'agglutination A 374
réaction d'inhibition de l'hémagglutination H 9
réaction d'inhibition d'hémolyse H 77
réaction d'or colloïdal C 745
réaction d'oxydase tissulaire T 370
réaction d'oxydation O 205
réaction d'oxydoréduction R 210
réaction d'Uffelmann U 7
réaction du greffon contre l'hôte G 423
réaction du greffon vers son hôte G 423
réaction du phénol P 315
réaction en chaîne C 345
réaction endothermique E 226
réaction enzymatique E 312
réaction enzyme-substrat E 318
réaction équilibrée B 72
réaction exothermique E 563
réaction histochimique H 332
réaction immédiate I 37
réaction immunitaire I 123
réaction indicatrice I 192
réaction inhibitrice I 279
réaction initiale S 823
réaction intermédiaire I 366
réaction inversible R 387
réaction ionique I 482
réaction irréversible I 536
réaction métabolique M 329
réaction négative N 55
réaction nucléaire F 80
réaction nucléophile N 290
réaction obscure D 16
réaction oxydante O 205
réaction par échelons S 856
réaction partielle P 121
réaction PBD P 160
réaction phénylpropionique P 335
réaction phosphorylasique P 410
réaction photochimique P 439
reáction plasmale F 80
réaction positive P 753
réaction primaire S 823
réaction principale M 60
réaction pseudoplasmale P 1150
réaction redox R 210
réaction réversible R 387
réaction secondaire S 148, S 363
réaction sérologique S 286
réaction spécifique S 624
réaction superficielle S 1139
réaction-test D 248
réaction tissulaire T 376
réaction transcétolasique T 499
réaction transhydrogénasique T 496
réaction xanthoprotéique X 10
réactivation R 156
réactiver R 155
réactivité R 158
réagine R 169
réagir R 128
réagir sous déshydratation R 159
recalcification R 172
récepteur R 175
récepteur cellulaire C 270
récepteur de stéroïde S 895
récepteur d'immunoglobuline I 109
récepteur T T 241
récessif R 177
recherche I 434, R 318a
recherche de la paternité P 144/6
rechercher R 318
récipient V 84
récipient à acide A 134
récipient de détente L 227
récipient de distillation D 654
récipient de pesée W 57
récipient de réception C 194
récipient de verre G 223
récipient florentin O 176
récipient mélangeur M 618
récipient sous pression P 919
récipient sous vide V 16
recombinaison R 183
recombinant R 182
recommandation R 184
recouvrir O 177
récrément R 192
recristallisation R 193
recristalliser R 194
rectification R 198
rectifier R 199
rectiligne L 264
rectum R 200
recueil C 737
recueil de la sueur S 1160
recueil de l'urine U 147
recueil de salive S 27
recueil des urines U 147
recueillir C 733
récupération R 262
récupérer R 261
redistillation R 204
redistiller R 203
redoxase O 217
redoxine R 207
réductase R 223
réductase de Schardinger X 6
réducteur R 222, R 228
réductibilité R 218
réductible R 219
réduction R 225
réduire R 214
réduisant R 228
réduit R 215
réduplication R 229
réfléchir R 241
réflecteur R 249
réflexion R 243
réflexion diffuse D 404
réfractant L 247
réfraction R 251
réfraction de la lumière R 253
réfraction double D 745
réfractomètre R 255
réfractomètre à immersion D 544

réfractomètre de Pulfrich P 1166
réfractométrie R 257
réfractométrique R 256
réfrigérant C 984
réfrigérant à reflux R 250
réfrigérant fluide C 986
réfrigérateur R 259
réfrigérateur à très basse température L 420
réfrigération C 983
réfrigérer C 981
réfringent L 247
refroidi à l'eau W 25
refroidi par air A 396
refroidi par de la glace I 3
refroidir C 981
refroidir à basse température D 70
refroidir à la température ambiante B 539
refroidir préalablement P 849
refroidissement C 983
refroidissement à très basse température D 69
régénération R 262
régénérer R 261
régime R 263
région anale A 715
réglage R 274
règle de prudence S 13
règle de van't Hoff V 38
règlement de sécurité S 14
régler R 273
règles M 294
régressif R 271
régression R 265
régression linéaire L 267
régulateur C 962
régulation R 274
régulation thermique T 179
rein K 56
rejeter D 561
relargage S 44
relarguer S 45
relatif R 278
relation R 277
relation nucléus-nucléole N 313
relaxine R 284
releasing factor R 287
releasing-factor de LH L 431
releasing hormone R 287
remède D 780
remède calmant la toux A 945
remettre R 302
remplaçable S 1019
remplacement S 1022
remplacer S 1021
remplir R 302
remplissage R 303
remuer S 907
rendement E 38, R 191
rendement de comptage C 1065
rendre acide A 150
rendre aseptique S 873
rendre stérile S 873
rénine R 298
rennine C 566
renninogène P 956
renversement I 430
renverser R 378
réovirus R 300
répartition de chi-carré (χ^2) C 422
répartition de la température T 53
répartition des échantillons A 526
répartition logarithmique L 400
répartition normale logarithmique L 400
repas de contraste C 953
repas de Lundh L 449
repas d'épreuve T 82, T 93
repas de test T 86
repère de calibration C 57
repère d'étalonnage C 57
réplicase R 304
replicon R 306
repliement R 305
réponse du tissu T 376
réponse immunitaire I 127
repos au lit B 147
répresseur R 309
répression R 308
reproductibilité R 312
reproductible R 313
reproduction R 314
reproduire R 311
reptilase R 315
réseau G 447, L 118
réseau cristallin C 1145
réseau de diffraction D 396
réserpine R 320
réserve alcaline A 492
réservoir collecteur C 735
réservoir d'accumulation C 735
réservoir de mélangeage M 618
résidu R 330
résidu d'acide A 165
résidu d'acides aminés A 594
résidu de combustion C 810
résidu de distillation D 647
résidu de filtration F 152
résidu fonctionnel F 423
résidu insoluble I 325
résidu sec D 802
résine R 331
résine artificielle A 1027
résine chélatée C 367
résine d'échange de cations C 213
résine échangeuse anionique A 799
résine échangeuse d'anions A 799
résine échangeuse d'électrons E 104
résine échangeuse d'ions I 470
résine échangeuse ionique I 470
résine époxyde E 367
résine époxydique E 367
résine synthétique A 1027
résistance R 332
résistance à chaud T 65, T 181
résistance à la chaleur T 181
résistance à la température T 65
résistance au froid C 721
résistance aux acides A 141
résistance aux alcalis A 493
résistance aux variations de température T 65
résistance bactérienne B 35
résistance d'érythrocytes E 420
résistance électrique E 61
résistance érythrocytaire mécanique M 219
résistance globulaire mécanique M 219
résistance osmotique O 156
résistance osmotique des hématies O 154
résistance plaquettaire P 578
résistance thrombocytaire P 578
résistant R 335
résistant à chaud T 183
résistant à la chaleur T 183
résistant à la température T 66
résistant à l'humidité M 637
résistant au froid C 722
résistant aux acides A 139
résistant aux alcalis A 494
résistogramme A 826
résonance R 336
résonance de spin S 690
résonance du spin électronique E 114
résonance électronique E 117
résonance magnétique électronique E 114
résonance magnétique nucléaire N 259
résonance nucléaire N 263
résorber A 22
résorcine R 337
résorcinolphtaléine F 251
résorption A 28
respiromètre de Warburg W 4
restant R 330
reste R 330
reste acide A 165
reste d'acide A 165
reste glucidique C 111
reste phosphate P 360
restes d'alimentation F 314
restrictase R 351
résultat F 162, R 352
résultat d'analyse A 739
résultat de l'examen des fèces S 927
résultat de l'examen du crachat S 749
résultat de l'examen du liquide céphalo-rachidien S 685
résultat de l'examen laboratoire L 24
résultat de l'examen médical F 162
résultat de l'examen microscopique M 533
résultat de mesure M 210
résultat d'épreuve T 102
résultat de test T 102
résultat d'expérience T 102
résultat d'une mesure M 210
résultat final F 156
résultat global T 437
résultat total T 437
résuspension R 353
resuspension d'érythrocytes E 421
retarder R 354
reteindre S 772
rétention R 355
rétention plaquettaire P 580
rétention thrombocytaire P 580
réticuline R 359
réticulocyte R 360
rétinal R 365/6
rétinène R 365/6
rétinol R 367
rétinol-déshydrogénase R 369
rétractilomètre R 371
rétractilométrie R 372
rétractiomètre R 371
rétractiométrie R 372
rétraction R 373
rétraction du caillot C 628
rétroaction F 48
rétrovirus R 376
reverser R 302
réversibilité R 385
réversible R 386
révertase R 384
revêtement C 676, C 677
revêtement A 959 a
revêtir A 959 b, C 675
réviser C 955
révision C 956
révolutif R 483
révolution R 481
RF R 287, R 403
RH R 287
Rh R 408
rH R 411
rhabdovirus R 391
rhamnose R 393
rhamnoside R 394
rhésus R 398
rhésus négatif R 399
rhésus positif R 400
rhinoréaction R 404
rhinovirus R 406
Rh négatif R 399
rhodamine R 407
rhodanate T 219
rhodanide d'ammonium A 658
rhodanide de potassium P 802
rhodium R 408
rhodopsine R 409
Rhodotorula R 230
Rh positif R 400
RIA R 69
Rib R 422
ribitol R 412
ribocétose R 434
riboflavine R 413
riboflavine-nucléotide F 211
riboflavine-5'-phosphate F 211
ribokinase R 414
ribonucléase R 415
ribonucléase pancréatique P 35
ribonucléide R 418
ribonucléoprotéine R 419
ribonucléoside R 420
ribonucléotide R 421
ribonucléotide pyrimidique P 1257
ribose R 422
ribose-1,5-diphosphate R 423
ribose-1-phosphate R 424
ribose-5-phosphate R 425
ribosephosphate-isomérase R 426
riboside R 427
ribosomal R 428
ribosome R 431
ribosylcytosine C 1237
ribosylxanthine X 12
ribotide R 432
ribozyme R 433
ribulose R 434
ribulose-1,5-diphosphate R 435
ribulose-5-phosphate R 436
riche en azote R 443
riche en bactéries R 440
riche en fer R 442
riche en graisse R 441
riche en nourriture N 327
riche en oxygène H 298
rickettsie R 444
rickettsie prowazeki S 736
RID R 70
rifampicine R 446
rinçage R 455
rincer R 453
rincer à l'eau courante R 454
risque de signifiance C 888
RIST R 75
ristomycine R 460
Rn R 97
RNA R 417
RNA-accepteur T 491
RNA de transfert T 491
RNA messager M 325
RNA-messager M 325

RNA ribosomal R 430
RNase R 415
robinet T 15
robinet à deux voies T 686
robinet à passage unique S 423
robinet à quatre voies F 341
robinet à trois voies T 248
robinet de burette B 601
robinet d'écoulement D 563
robinet de décharge D 563
robinet de vidange D 563
rodage conique C 902
rodenticide R 471
rondelle de caoutchouc R 500
rosaniline F 409
rose bengale R 475
rosette R 476
rotatif R 483
rotation R 481
rotation à droite D 278
rotation à gauche L 72
rotation optique O 72
rotation spécifique S 626
rotavirus R 485
rotor R 486
rouge R 201
rouge Congo C 899
rouge d'alizarine A 471
rouge de bromophénol B 555
rouge de chlorophénol C 442
rouge de crésol C 1099
rouge de méthyle M 421
rouge de nitrosamine N 190
rouge de phénol P 316
rouge de propyle P 1034
rouge de ruthénium R 509
rouge de tétrazole T 575
rouge d'éthyle E 510
rouge écarlate S 100
rouge neutre N 118
rouge Soudan S 1055
rouge trypan T 612
routine R 494
r-RNA R 430
Ru R 508
ruban adhésif A 276
rubidium R 505
rudesse R 490
rugosité R 490
Ru-1,5-P_2 R 435
Ru-5-P R 436
rupture chromosomique C 551
ruthénium R 508
rutine R 510
rythme cicardien C 572
rythme nycthéméral C 572

S

S S 1096
sable S 64
sable de sulfonamide S 1088
sable hydatique H 470
sable rouge urinaire B 531
sable urinaire U 141
saccharase F 407
saccharide C 109
saccharimètre S 3
saccharimétrie S 4
saccharine S 5
saccharogène-amylase A 689
saccharomyces S 6
saccharomycète S 6
saccharose S 7
safranine S 16
saignement B 347
saigner B 346
sain H 158
sains H 159
SAL A 891
salé S 39
salicine S 18
salicylaldéhyde S 19
salicylamide S 20
salicylate S 21
salicylate d'ammonium A 654
salicylate de lithium L 361
salicylate de méthyle M 422
salicylate de phényle P 338
salicylate de sodium S 537
salifère S 39
salifiable S 42
salification S 41
salin S 39
saline-agglutinine S 24
salinité S 40
salive S 25
salive chordale C 492
salive de repos R 348
salive linguale L 271
salive mixte M 610
salive parotidienne P 113
salive sous-mandibulaire S 1003
salive sublinguale S 1002
salive sympathique S 1169
salle de préparation des milieux C 1168
salle de rinçage S 137
salle des balances W 60
salpêtre P 792
salpêtre du Chili S 525
sang B 356
sang artériel A 1021
sang capillaire C 81
sang capillaire prélevé du doigt C 82
sang conservé S 946
sang de cadavre C 1
sang de cathéter C 202
sang de donneur D 700
sang défibriné D 74
sang de récepteur R 178
sang du cordon ombilical C 1011
sang EDTA E 32
sang fœtal F 71
sang frais F 382
sang frais conservé F 382a
sang hépariné H 217
sang maternel M 151
sang menstruel M 292
sang natif N 33
sang occulte O 12
sang oxalaté O 187
sang périphérique P 239
sang placentaire P 505
sang propre P 158
sang sec D 785
sangsue L 149
sangsue médicinale M 238
sang total B 440, W 84
sang total conservé W 85
sanguin citraté C 581
sang veineux V 67
santé H 156
santonine S 68
saponacé S 69
saponification S 70
saponifier S 72
saponine S 73
sarcoblaste M 831
sarcoplasma M 801
Sarcopsylla penetrans S 66
sarcopte S 75
sarcopte de la gale S 76
sarcosine S 77
sarcosine-déméthylase S 79
sarcosine-déshydrogénase S 78
sarcosine-oxydase S 79
saturation S 84
saturation en oxygène O 238
saturation en oxygène artérielle A 1022
saturation par le substrat S 1029
saturé en eau W 36
saturer S 81
sauvegarde de qualité Q 8
saveur T 28
saveur / sans T 29
savon S 477
savon médical M 242
savonneux S 69
Sb A 899
scalpel S 94
scalpel anatomique D 619
scarificateur S 98
scarification S 97
scarifier S 131
schéma de fonctionnement F 237
schistocyte F 355
schistomycète S 119
schistosome S 118
schistosome urogénital S 116/7
schizocyte F 355
schizonte S 120
science génétique G 157
science héréditaire G 157
scission enzymatique E 279
scléroprotéine S 128
scolex S 129
«screening» S 134
screening de masse M 131
scripteur R 186
Se S 189
séalase P 691
sébacé S 141
sébum S 144
sec A 778, D 783
séchage D 794
séchage à l'air A 400
séchage à vide V 9
séché à l'air A 398
sécher D 782
sécher au courant d'air A 399
séchoir D 790, D 797
seconde S 145
secouer S 334
secoueuse S 336
sécréta S 151
sécréteur S 152
sécrétine S 149
sécrétion S 150, S 151
sécrétion basale B 100
sécrétion basale de l'estomac F 24
sécrétion bronchique B 562
sécrétion des sinus paranasaux P 86
sécrétion fistuleuse F 181
sécrétion glandulaire G 196
sécrétion nasale N 28
sécrétion naso-pharyngée N 30
sécrétion nerveuse N 92/3
sécrétion pancréatique P 29
sécrétion trachéale T 469
sécrétion trachéobronchique T 470
sécrétion urétrale U 106
sécrétion vaginale V 19
sécrétoire S 152
secteur R 105
section longitudinale L 404
sécurité S 10
sécurité de laboratoire L 36
sécurité du travail P 1053
sédatif S 156
sédiment S 158
sédimentation S 159
sédimentation sanguine différentielle D 373
sédiment cellulaire C 272
sédiment de colorant D 820
sédiment de liquor C 332
sédimenter S 157
sédimentine S 174
sédiment purulent P 1218
sédiment uratique U 85
sédiment urinaire U 142
sédimétrie S 160
sédoheptulose S 176
sédoheptulose-7-phosphate S 177
segmentonucléaire S 179
sel S 37
sel / sans S 43
sel ammoniac A 638
sel biliaire B 210
sel blanc S 491
sel complexe C 846
sel d'aluminium A 558
sel d'ammonium A 655
sel d'aniline A 783
sel d'argent S 483
sel d'arsenic A 1015
sel de calcium C 44
sel de cuisine S 491
sel de diazonium D 328
sel de Glauber S 539
sel de lithium L 362
sel de métaux lourds H 190
sel de plomb L 141
sel de sodium S 538
sel disodique D 594
sel d'oseille S 595
sel double D 746
sélectif S 182
sélection S 181
sélection d'un échantillon S 58
sélectionné S 182
sélectionner S 180
sélectivité P 821, S 185, S 244
sélectivité ionique I 483
sélénide S 186
sélénite S 187
sélénium S 189
séléniure S 186
séléniure d'hydrogène S 190
selles F 13
selles sanglantes B 400
sel minéral M 582
sel neutre N 120
sel normal N 120
sel sodique S 538
sel tampon B 587
sel urinaire U 151
sel volatil d'Angleterre A 636
semaine de grossesse W 53
semblable aux hormones H 414
semi-acétal S 196
semi-aldéhyde S 197
semi-allergène S 198
semi-antigène H 141
semi-automatique S 199
semi-carbazide S 200
semi-carbazone S 201
semi-haptène H 142
semi-microanalyse S 203
semi-microbalance S 204
semi-microméthode S 205
semi-perméabilité S 207
semi-perméable S 208
semi-polaire S 210

semi-quantitatif S 211
semis fractionnés F 347
sénescence A 389
senseur S 227
sensibilisant S 219
sensibilisateur S 219
sensibilisation S 215
sensibilisé S 217
sensibiliser S 216
sensibilisine A 749
sensibilité S 221
sensibilité à la chaleur T 162
sensibilité à la lumière L 249
sensibilité à la température T 64
sensibilité analytique A 741
sensibilité aux acides S 226
sensibilité aux alcalis A 498
sensibilité aux couleurs C 787
sensibilité de détection D 249
sensibilité de mesure M 211
sensibilité diagnostique D 298
sensibilité méthodique M 376
sensible S 220
sensible à la chaleur T 160
sensible à la lumière L 248
sensible à la température T 63
sensible aux acides A 166
sensible aux alcalis A 497
sensible aux couleurs C 786
sensible aux rayonnements R 94
sensitif S 220
séparabilité S 228
séparable S 229
séparateur cellulaire C 273
séparateur d'air A 407
séparation S 240
séparation à plusieurs stades M 782
séparation bidimensionnelle T 678
séparation chimique C 401
séparation chromatographique C 521
séparation continuée C 948
séparation de préparation P 904
séparation électrolytique E 90
séparation électrophorétique E 135
séparé par chromatographie en couches minces S 235
séparer S 230
séparer / se S 157
séparer par centrifugeage S 232
séparer par chromatographie C 511
séparer par électrophorèse S 233
séparer par filtration F 138, S 234
séparer une fraction S 231
séphadex S 249
sépharose S 250
séquelles A 344
séquence S 251
séquence d'acides aminés A 595
séquence d'aminoacides A 595
séquence de base B 113
séquence peptidique P 196
séquestrer M 124
séquestrer / se M 124
Ser S 263
séreuse S 287
séreux S 291
série S 260
série / en S 261
série analytique A 736
série d'analyses A 736
série de comparaison C 820
série de dilution D 477
série de mesures S 262
série de milieu de différenciation d'Ammon-Hottinger A 626
série d'expériences E 574
série homologue H 392
série normale N 236
séries de Hofmeister H 367
séries d'essais E 574
séries lyotropes H 367
sérine S 263
sérine-déshydratase S 265
L-sérine-déshydratase T 250
sérine-déshydrogénase S 264
sérine-hydrolase S 265
sérine-hydroxyméthylase S 266
sérine-hydroxyméthyltransférase S 266
sérine-phosphatide S 267
sérine-protéase S 268
sérine-pyruvase-aminotransférase S 269
seringue S 1184
seringue à pipette D 725
seringue à usage unique D 614
seringue de dosage D 725
seringue de verre G 220
seringue d'injection I 291
seringue en plastique P 564
seringue micrométrique M 545
seringue ordinaire R 190
seringue Record R 190
seringue Roux R 497
seringue tout métal A 523
seringue tout verre A 522
sérochrome S 271
séroculture S 273, S 302
sérodiagnose S 274
sérodiagnostic S 276
sérodiagnostic de Widal W 86
sérodiagnostique S 275
séro-fibrineux S 277
sérogroupe S 310
sérolipase S 315
sérologie S 280
sérologie des groupes sanguins B 396
sérologie de transfusion sanguine B 434
sérologique S 278
séromucoïde perchlorosoluble A 146
séromuqueux S 282
séro-négatif S 283
séro-positif S 284
séropurulent S 285
séroréaction S 286
séro-sanguinolent S 270
séroséreux S 288
séro-séreux S 288
sérotonine S 289
sérotoxine A 748
sérotype S 290
serpent venimeux V 64
sérum-albumine S 294
sérum antilymphocytaire A 891
sérum antimacrophagique A 894
sérum anti-Rh A 919
sérum antithymocytaire A 938
sérum à salmonelles S 34
sérum bovin B 511
sérum de cheval H 422
sérum de contrôle C 970
sérum de contrôle de précision P 846
sérum de Coombs A 882
sérum de donneur D 706
sérum de facteurs F 7
sérum défectueux D 77
sérum de femme enceinte P 865
sérum de pool P 719
sérum d'épreuve T 103
sérum de récepteur R 180
sérum de test T 103
sérum diagnostique D 299
sérum d'irritation I 537
sérum-globuline S 308
sérum hémolytique H 81
sérum hémotrope H 112
sérum hétérologique H 253
sérum homologue H 393
sérum humain H 447
sérum ictérique I 7
sérum-lipase S 315
sérum lipémique L 279
sérum-lysine S 281
sérum maternel M 152
sérum mélangé P 719
sérum normal S 797
sérum physiologique P 457
sérum sanguin B 421
sérum sec D 756
sérum spontané S 718
sérum standard S 797
sérum-test S 279
service de secours E 178
service de transfusion sanguine B 435
seuil T 253
seuil de sensibilité S 223
seuil de sucre S 1062
seuil de tolérance T 405
seuil rénal R 296
sexe S 327
«shell-freezing» S 341
shift d'antigènes A 867
Shigella S 344
Shigella dysenteriae D 827
Shigella flexneri P 61
Shigella paradysenteriae Flexner P 61
Shigella paradysenteriae sonnei M 341
Shigella sonnei M 341
shigelle S 344
Si S 387
sialidase N 85
sialine S 352
sialoganglioside S 353
sialogastrone S 354
sialoglycoprotéine S 355
sialolithe S 26
sialomucine S 356
sialoprotéine S 357
sialyllactose S 358
siccité D 799
SIDA A 393 a
sidérine S 364
sidéroblaste S 365
sidérochrome S 367
sidérocyte S 368
sidéromonocyte S 369
sidérophage S 370
sidérophil S 371
sidérophiline T 490
signal S 375
signalase S 376
signal avertisseur A 416
signal d'alarme A 416
signal de mesure M 212
signal de sortie O 169
signe S 374, S 1172
signe de maladie S 1172
signe distinctif D 655
signe moins N 56
signe négatif N 56
signe plus P 754
signe positif P 754
signifiant S 382
significatif S 382
signification S 380
signification diagnostique D 300
silicagel S 384
silicagel bleu S 384
silicate S 385
silicate d'aluminium B 163
silicate soluble W 26
silice S 394
silicium S 387
silicone S 389
siliconisé S 393
siliconiser S 392
silvose X 40
simultané S 409
singe M 667
siphon S 426
siphonnage de l'estomac G 81
siphonner S 425
site de liaison B 241
site de piqûre I 290
site de ponction P 1191, S 428
site d'injection I 290
skatol S 430
skatole S 430
smegma S 467
sodium S 479
sodium radioactif R 40
soins à l'hôpital S 829
soins ambulatoires A 571
soins de base B 116
soins médicaux M 229
sol S 552
sol d'or C 744
solénocyte F 194
solide S 553
solidité de la couleur C 776
solubiliser D 636
solubilité S 563
solubilité dans l'alcali A 499
solubilité dans l'alcool A 444
solubilité dans l'eau W 37
solubilité dans les acides A 167
solubilité dans les graisses L 317
solubilité dans l'éther E 489
soluble S 569
soluble dans l'acétone A 87
soluble dans l'alcali A 500
soluble dans l'alcool A 445
soluble dans l'eau W 38
soluble dans les acides A 168
soluble dans les graisses L 307
soluble dans l'éther E 490
soluble / en partie P 119
soluble / partiellement P 119
soluté de formaldéhyde F 325
soluté de Lugol L 429
soluté de Ringer R 451
soluté iodo-ioduré L 429
soluté physiologique P 457
solution S 571
solution ACD A 58
solution acide A 169
solution à infusion I 266
solution alcoolique A 435
solution ammoniacale A 630
solution anticoagulante ACD A 58
solution aqueuse A 970
solution colloïdale C 746
solution colorante S 778
solution concentrée C 857
solution d'absorption A 39
solution d'acide borique B 495
solution d'agar A 362
solution d'Alsever A 544
solution d'amidon S 816

solution d'Eagle E 2
solution de base S 913
solution de Benedict B 159
solution d'échantillon T 105
solution de chlorure de sodium S 493
solution de chlorure de sodium isotonique I 592
solution de clorure de sodium physiologique P 457
solution de colorant D 821
solution décolorante D 60
solution de dextrose-peptone D 280
solution de Drabkin D 749
solution de Feulgen F 81
solution de fixation F 189
solution de fuchsine F 410
solution de Hank H 138
solution de Hayem H 150
solution de Lugol L 429
solution d'emploi W 103
solution de pilocarpine P 481
solution de Pregl P 862
solution d'épreuve T 105
solution de protéine plasmatique P 541
solution de réactif R 167
solution de réaction R 131
solution de référence S 798
solution de Ringer R 451
solution de sel de cuisine S 493
solution de sel de cuisine physiologique P 457
solution désinfectante D 581
solution de substrat S 1030
solution de test T 105
solution de Türk T 648
solution de violet cristallisé C 1157
solution d'hydrochlorure d'éphédrine E 341
solution d'hydroxyde de potassium P 786
solution d'hydroxyde de sodium S 515
solution diazo D 331
solution d'incubation I 169
solution électrolytique E 85
solution étalon C 59
solutionétalon T 382
solution-étalon T 382
solution éthérée E 485
solution fondamentale S 913
solution hypotonique H 579
solution indicatrice I 193
solution initiale S 913
solution iodée I 450
solution iodo-iodurée L 429
solution isosmotique I 591
solution isotonique I 591
solution mère S 913
solution molaire M 645
solution molale M 640
solution neutre N 121
solution non aqueuse N 199
solution non saturée U 73
solution nutritive N 324
solution osmolaire O 147
solution physiologique de chlorure de sodium P 457
solution protéique P 1098
solution salée S 493
solution saline de Hank H 138
solution saline tamponnée à phosphate P 357
solution saturée S 83
solution standard S 798, T 382
solution tampon B 579
solution tamponnée B 579
solution témoin B 337
solution tinctoriale S 778
solution titrante T 382
solution titrée T 382
solution-type S 798
solvant M 624, S 576
solvant inorganique I 308
solvant organique O 104
solvatation S 575
solvater S 574
somatique S 579
somatoblaste S 580
somatogène S 581
somatolibérine S 582
somatomammotrophine chorionique P 508
somatomédine S 583
somatoplasme S 584
somatostatine S 585
somatostimuline S 586
somatotrophine S 586
somnifère S 587
somnifère non-barbiturique B 87
sondage C 203, P 948
sondage d'un échantillon S 58
sondage duodénal P 949
sondage gastrique P 950
sonde C 200, P 947
sonde à ADN D 681
sonde à demeure C 946, P 999
sonde ADN D 681
sonde de Lagerlöf L 77
sonde de mesure M 208
sonde double D 743
sonde du canal salivaire S 30
sonde duodénale D 808
sonde gastrique G 91
sonde génétique G 144
sonde intestinale I 395
sonde œsophagienne G 91
sonder P 946
sonde urétérale U 103
sonde urétrale U 105
soporifique S 587
sorbant S 589
sorbine S 592
sorbinose S 592
sorbite S 590
sorbitol S 590
sorbitol-déshydrogénase S 591
sorbose S 592
sorption S 593
souche S 949
souche de bactéries S 950
souche de base B 118
souche de donneur D 707
souche de virus V 118
souche F⁺ D 707
souche H H 432
souche parentérale P 109
souche photochromique P 425
souche photochromogène P 425
Soudan S 1054
soude S 489
soude caustique S 514
soude caustique liquide S 515
soufflet C 1159
soufre S 1096
soufre neutre N 122
soufre radioactif R 43
soumis à déclaration N 250
soupape V 32
soupape à plusieurs voies M 786
soupape d'admission I 293
soupape d'arrêt S 937
soupape d'aspiration S 1052
soupape d'échappement D 126
soupape de compression P 918
soupape de réduction R 221
soupape de refoulement P 918
soupape de retour R 377
soupape de sécurité S 15
soupape de sortie D 126
soupape d'évacuation D 126
source calorifique H 185
source de chaleur H 185
source d'émission R 16
source d'énergie E 239
source de rayonnement R 16
source d'erreur S 596
source d'infection S 597
source luminaire L 250
source lumineuse L 250
souris M 739
souris blanche W 82
sous-clonage S 990
sous-clone S 989
sous-cutané S 993
sous-échantillon S 1010
sous-ensemble S 996
sous-espèce S 1011
sousfraction S 994
sousfractionnement S 995
sous-microscopique S 1007
sous-produit B 618
sous-typage S 1033
sous-type S 1032
sous-unité S 1034
sparadrap A 275
spasmolytique S 600
spath calcaire C 18
spatule S 601, S 721
spatule de bois W 99
spatule de Drigalski D 761
spatule en platine P 591
spatule en porcelaine P 728
spécialisation S 604
spécialiste S 605
spécification S 615
spécificité S 619
spécificité analytique A 742
spécificité d'action S 620
spécificité d'anticorps S 621
spécificité d'antigène S 622
spécificité d'enzymes E 314
spécificité de substrat S 1031
spécificité diagnostique D 301
spécificité méthodique M 377
spécifier S 628
spécifique S 610/12
spécifique de groupes sanguins B 397
spécifique d'hormone H 417
spécifique du groupe G 471
spécimen S 629
spectre S 661
spectre d'absorption A 46
spectre d'absorption infrarouge I 251
spectre d'absorption IR I 251
spectre d'absorption par résonance N 260
spectre d'absorption par résonance magnétique N 260
spectre de bandes B 77
spectre de différence D 369
spectre de diffraction D 398
spectre de flamme F 202
spectre de fluorescence F 265
spectre de luminescence L 446
spectre de masse M 141
spectre d'émission E 186
spectre de rayonnement R 17
spectre de résonance magnétique nucléaire N 260
spectre de résonance paramagnétique électronique E 116
spectre électronique E 110
spectre infrarouge I 262
spectre IR I 262
spectre linéaire L 269
spectre moléculaire M 658
spectre RMN N 260
spectre ultraviolet U 42
spectre UV U 42
spectre X X 36
spectrine S 639
spectrochimie S 641
spectrocolorimètre S 642
spectrocolorimétrie S 643
spectrogramme S 644
spectrogramme de masse M 133
spectrographe S 645
spectrographe de masse M 134
spectrographie S 647
spectrographie de masse M 135
spectrographie d'émission E 182
spectrographique S 646
spectromètre S 648
spectromètre à prisme P 936
spectromètre d'absorption A 44
spectromètre de masse M 136
spectromètre de masse / au M 137
spectromètre de masse/effectué au M 137
spectromètre d'émission E 183
spectromètre gamma G 40
spectrométrie S 650
spectrométrie d'absorption atomique A 1093
spectrométrie de flamme F 199
spectrométrie de fluorescene atomique A 1097
spectrométrie de luminescence L 444
spectrométrie de masse M 138
spectrométrie d'émission E 184
spectrométrie infrarouge I 258
spectrométrie IR I 258
spectrométrie X X 34
spectrométrique S 649
spectrophotomètre S 651
spectrophotomètre à double faisceau D 730
spectrophotomètre d'absorption atomique A 1094
spectrophotomètre de flamme F 197
spectrophotomètre pour l'infrarouge I 259
spectrophotométrie S 654
spectrophotométrie d'absorption atomique A 1095
spectrophotométrie dans l'ultraviolet U 40
spectrophotométrie de différence D 368
spectrophotométrie de flamme F 199
spectrophotométrie en lumière ultraviolette U 40
spectrophotométrie infrarouge I 260
spectrophotométrie IR I 260
spectrophotométrie ultraviolette U 40
spectrophotométrie UV U 40
spectrophotométrique S 652
spectropolarimètre S 655
spectropolarimétrie S 657

spectropolarimétrique S 656
spectroscope S 658
spectroscope à laser L 104
spectroscope de masse M 139
spectroscopie S 660
spectroscopie à fluorescence F 264
spectroscopie à laser L 105
spectroscopie à rayons X X 35
spectroscopie à résonance magnétique nucléaire N 264
spectroscopie à résonance nucléaire N 264
spectroscopie atomique A 1101
spectroscopie d'absorption A 45
spectroscopie de flammes F 201
spectroscopie de flammes par absorption atomique A 1091
spectroscopie de masse M 140
spectroscopie d'émission E 185
spectroscopie de réflectance R 248
spectroscopie de résonance magnétique électronique E 115
spectroscopie électronique E 109
spectroscopie infrarouge I 261
spectroscopie IR I 261
spectroscopie RMN N 264
spectroscopie par absorption atomique A 1096
spectroscopie par laser L 105
spectroscopie par résonance magnétique électronique E 115
spectroscopie ultraviolette U 41
spectroscopie UV U 41
spectroscopique S 659
spéculum S 662
sperma plasmatique S 206
spermatide S 666
spermatoblaste S 666
spermatocyte S 667
spermatogonie S 668
spermatolysine S 669
spermatosome S 670
spermatospore S 668
spermatozoïde S 670
sperme S 665
sperme de donneur D 705
sperme obtenu par masturbation M 148
spermidine S 673
spermie S 670
spermine S 674
spermogramme S 675
sphère d'action A 218
sphérique G 239
sphérocoque C 689
sphérocyte S 677
sphéroïde G 239
sphéroprotéine G 240
sphingoglycolipide S 678
sphingolipide S 679
sphingomyélinase S 681
sphingomyéline S 680
sphingophospatide S 680
sphingophospholipide S 680
sphingosine S 683
sphingosinol S 683
spin électronique E 118
spiral S 691
spirales de Curschmann C 1184
spirille S 692
spirochæte S 694
spirochète S 694
spirochète buccal O 89
spirochète de Borrel O 89
spirochète de Plaut-Vincent B 498
spirochète intestinal I 399
spirochète pâle T 534
spirochète tendre T 537
spirolactone S 695
spironolactone S 695
spleen S 698
splénocyte S 699
spodogramme S 708
spongieux S 711
spongiforme S 711
spongine S 710
spongioblaste G 232
spongiocyte G 228
spongioïde S 711
spongoïde S 711
spongosine S 710
spontané S 713
spontanéité S 712
sporadique S 722
spore S 723
spore exogène E 561
sporoblaste S 725
sporocyste S 726
sporocyte S 727
sporotrichine S 728
sporozoaire S 730
sporozoïte S 729
spot S 732
spot coloré C 788
squalène S 753
squame S 754
squames de la peau C 1187
Sr S 975
stabilisant S 760
stabilisateur S 760
stabilisation S 758
stabiliser S 759
stabilité S 761
stabilité à long terme L 411
stabilité au froid C 721
stabilité de conservation S 943
stabilité de couleur C 776
stabilité de la couleur C 776
stabilité d'enzymes E 315
stabilité vis-à-vis des acides A 141
stable S 763
stable à chaud T 183
stable à l'air S 765
stable au froid C 722
stable au tartrate T 26
stade P 292, S 768
stade de purification P 1199
stade d'incubation I 170
stade final F 157
stade helminthique H 203
stade initial I 284
stade intermédiaire I 367
stade réactionnel R 150
stade transitoire I 367
stalagmomètre S 780
standard S 782
standard de couleur C 789
standard interne I 373
standardisation S 790
standardisation des leucocytes L 198
standardisé S 792
standardiser S 791
staphylocoagulase S 804
Staphylococcus aureus S 806
staphylocoque S 805
staphylocoque doré S 806
staphylokinase S 807
staphylolysine S 807
staphylotoxine S 808
stase S 934
stase veineuse V 65
statif S 781
stationnaire I 47
statistique S 832, S 842
statistique de laboratoire L 38
statistique médicale M 245
status urinaire U 126
stéapsine L 280
stéapsinogène S 849
stéarate S 850
stéarine S 852
stérane S 859
stercobiline S 860
stercobilinogène S 861
stercoporphyrine S 862
stéréochimique S 863
stéréo-isomérie S 864
stéril S 867
stérilisable S 868
stérilisateur S 877
stérilisateur à air chaud H 429
stérilisateur à air sec H 429
stérilisateur à vapeur A 1130
stérilisateur des instruments I 334
stérilisateur par gaz G 78
stérilisation S 869
stérilisation à froid C 723
stérilisation à la vapeur S 848
stérilisation au gaz G 77
stérilisation chimique C 402
stérilisation des instruments I 333
stérilisation fractionnée T 688
stérilisation par filtration F 153
stérilisation par la vapeur sous pression A 1131
stérilisation par rayons ultraviolets U 43
stérilisation superficielle S 1140
stérilisation thermique H 186
stérilisé S 867, S 874
stériliser S 873
stérilité S 881
stéroïde S 889, S 890
stéroïde anabolique A 703
stéroïde cortico-surrénalien A 290
stéroïde-hydroxylase S 894
steroïde liant l'androgène A 754
stéroïde œstrogène E 474
stéroïdique S 890
stérol S 896
stérol-sulfatase S 897
stérone S 898
STH S 586
stilbène S 899
stilbœstrol S 900
stimulant S 901
stimulateur S 901
stimulation S 903
stimuler S 902
stochastique S 910
stockage S 939
stockage de spécimens S 631
stocker S 945
stœchiométrie S 915
stœchiométrique S 914
stomatocyte S 919
stopper S 933
stratégie diagnostique D 302
stratifié L 84
streptococcolysine S 965
Streptococcus acidi lactici S 958
Streptococcus haemolyticus H 82
Streptococcus lactis S 958
Streptococcus pneumoniae F 352
Streptococcus pyogenes H 82
Streptococcus viridans S 960
streptocoque S 956
streptodornase S 961
streptokinase S 962
streptokinase-streptodornase S 964
streptolysine S 965
streptomycète S 966
streptomycine S 967
stroma S 970
stroma des hématies E 426
stromatine S 971
stromine S 971
strongle géant K 60
strongyloïdé S 974
strontium S 975
strontium radioactif R 41
strophantine S 976
structural S 977
structure S 982
structure / sans A 670
structure antigénique A 870
structure cellulaire C 276
structure chimique C 403
structure cristalline C 1154
structure d'anticorps A 832
structure de membrane M 284
structure de molécule M 659
structure des chromosomes C 558
structure des protéines P 1099
structure en couches L 125
structure fine M 544
structure génétique G 146
structure hélicoïdale H 198
structurel S 977
structure moléculaire M 659
structure nucléaire N 271
structure peptidique P 197
structure primaire P 928
structure primaire d'acides aminés A 595
structure protéique P 1099
structure superficielle S 1141
struvite S 984
strychnine S 985
stupéfiant N 23
stylat M 95
styrène S 986
styrol S 986
styrolène S 986
subcellulaire S 987
subcultivation S 991
subculture S 992
sublimation S 999
sublimé S 998
sublimer S 1001
submergé S 1004
submersion S 1005
substance S 1012
substance à action lente S 453
substance active A 364
substance adsorbable A 304
substance adsorbée A 304
substance alimentaire N 322
substance androgène A 753
substance antibiotique A 827
substance anticétogène A 887
substance biologiquement active B 245
substance C C 1158
substance cancérogène C 69
substance chimiquement pure C 391
substance chromophile N 149

substance cytostatique C 1298
substance de base G 462
substance de calibration C 58
substance de contraste C 953
substance de référence S 800
substance dissoute D 639
substance étalon S 800
substance étrangère C 939
substance fluorescente F 273
substance fonctionnelle A 364
substance fondamentale G 462
substance hyaline H 450
substance inhibitrice I 276
substance initiale S 821
substance inorganique I 309
substance intercellulaire I 347
substance liquéfiante S 1144
substance luminescente L 447
substance médiatrice M 226
substance mucineuse M 742
substance mutagène M 805
substance nutritive N 322
substance optiquement active O 70
substance phosphorescente L 447
substance porteuse C 159
substance protéique P 1065
substance pure P 1197
substance radioactive R 42
substance réductrice R 222
substances de lest B 596
substance sensibilisante S 219
substance spécifique du groupe G 474
substance stimulatrice S 901
substance tampon B 589
substance tigroïde N 149
substance très purifiée H 290
substantiel S 1016
substituable S 1019
substituant S 1017
substituer S 1021
substitut S 1020
substitut de sang B 426
substitution S 1022
substitution génétique G 147
substrat S 1026
substrat chromogène C 537
substrat fluorogène F 286
substrat protéique P 1100
substratum C 159, S 1026
subunité S 1034
succédané du plasma P 545
succession S 251
succinamide S 1035
succinate S 1036
succinate-déshydrogénase S 1037
succinate-ubiquinone-réductase S 1038
succino-déshydrogénase S 1037
succinyl-CoA S 1040
succinyl-coenzyme A S 1040
succion A 1071
suc digestif D 423
suc duodénal D 807
suc gastrique G 85
suc intestinal I 390
suc nucléaire N 266
suc pancréatique P 29
sucrase F 407
sucre S 1056
sucre aldéhydique A 458
sucre aminé H 272
sucre cétonique K 50
sucre converti I 431/2
sucre de betterave S 7
sucre de bois X 40
sucre de canne S 7
sucre de liquor C 329
sucre de malt M 88
sucre de plomb L 131
sucre de raisin G 270
sucre du sang B 388
sucre inverti I 431/2
sucre sanguin B 388
sucre simple M 704
sucre urinaire diabétique U 143
sucrose S 7
sucrose du lait L 66
sudation S 1159
sueur S 1159
sueur apocrine A 952
sueur de pilocarpine P 482
sueur de travail L 42
sueur eccrine E 16
suif S 144
suite A 344, S 251
suite de réaction R 149
sujet d'expériences P 945
sujets sains H 159
sulfacétamide S 1066
sulfadiméthylpyrimidine S 1069
sulfadimidine S 1069
sulfadine S 1072
sulfaguanidine S 1067
sulfamérazine S 1068
sulfaméthazine S 1069
sulfamide S 1087
sulfamidopyridine S 1072
sulfanilamide S 1070
sulfanilylguanidine S 1067
sulfapyridine S 1072
sulfatase A 1030
sulfatation S 1077
sulfate S 1073
sulfaté S 1079
sulfate acide de potassium P 783
sulfate activé A 213
sulfate d'aluminium A 559
sulfate d'ammonium A 656
sulfate d'atropine A 1111
sulfate de baryum B 95
sulfate de baryum radioactif R 20
sulfate de bilirubine B 234
sulfate de bleu de Nil N 145
sulfate de cadmium C 6
sulfate de calcium C 45
sulfate de cérium C 336
sulfate de cérium et d'ammonium C 335
sulfate de chondroïtine C 487
sulfate de cobalt C 683
sulfate de corticostéroïde C 1033
sulfate de cuivre C 1002
sulfate de dextrane D 274
sulfate de diphénylamine D 520
sulfate de fer I 526
sulfate de fer ammoniacal A 648
sulfate de lauryl L 121
sulfate de magnésium M 50
sulfate de manganèse M 99
sulfate de morphine M 725
sulfate de plomb L 142
sulfate de potassium P 800
sulfate de protamine P 1048
sulfate de sodium S 539
sulfate de soude S 539
sulfate d'estrone E 477
sulfate de zinc Z 11
sulfate d'héparan H 210
sulfate d'hydrazine H 478
sulfate disodique S 539
sulfate double d'aluminium et de potassium A 557
sulfate-ester S 1074
sulfater S 1078
sulfathiazol S 1075
sulfatide S 1076
sulfhémoglobine S 1080
sulfhydryle S 1064
sulfinone S 1095
sulfite S 1083
sulfite de bismuth B 323
sulfite de sodium S 541
sulfite-oxydase S 1084
sulfméthémoglobine S 1080
sulfobactérie S 1097
sulfobromophtaléine sodique B 557
sulfocarbamide T 238
sulfocarbanilide T 216
sulfocarbonate T 217
sulfocarbure C 124
sulfochymotrypsinogène S 1085
sulfocyanate T 219
sulfocyanate de potassium P 802
sulfokinase A 1031
sulfolipide S 1086
sulfonamide S 1087
sulfonate S 1089
sulfonate d'alkylaryle A 506
sulfonylurée S 1091
sulfopolysaccharide S 1092
sulfotransférase d'estrone E 478
sulfo-urée T 238
sulfoxyde S 1095
sulfure S 1081
sulfuré S 1099
sulfure d'ammonium A 657
sulfure de carbone C 124
sulfure de sodium S 540
sulfureux S 1099
sulfuryltransférase A 1031
sulgine S 1067
superantigène S 1108
superficie A 977
supergène S 1110
superoxyde P 259
superoxyde de sodium S 533
support C 159, H 369, S 781
support / sans C 164
support à entonnoirs F 142
support à pipettes P 492
support de tubes à essai T 110
support pour tubes à essai T 110
support solide S 562
suppresseur génétique G 148
sur couche mince/en chromatographie T 205
surface A 977, S 1123
surface-antigène d'hépatite B H 224
surface cellulaire C 277
surface d'électrode E 76
surface du corps B 454
surface du liquide L 347
surfactant D 251, S 1144
surfactant pulmonaire S 1144
surgeler D 70
surnageant S 1111
sur papier / en chromatographie P 49
sur papier / par chromatographie P 49
surrénale A 292
sursaturation S 1114
sursaturé S 1113
sursaturer S 1112
surteindre O 178
surteinture O 179
surveillance C 956
surveillance continue L 409
surveillance de longue durée L 409
surveillance des traitements anticoagulants A 837
surveillance de température T 49
surveillance de thérapie T 137
surveillance médicale M 240
surveiller C 955
suspension S 1149
suspension aqueuse A 971
suspension cellulaire C 278
suspension cristalline C 1155
suspension de bouillon B 507
suspension de mitochondries S 1151
suspension d'érythrocytes E 428
suspension des bactéries B 38
symétrie S 1168
symétrique S 1167
sympathicolytique S 1171
sympathine S 1170
sympatholytique S 1171
symptomatique S 1173
symptôme S 1172
syncytiotrophoblaste S 1174
syndrome d'immunodéfience acquise A 393 a
synovia S 1175
synovie S 1175
synovioblaste S 1177
synoviocyte S 1178
synthèse S 1179
synthèse de l'urée U 96
synthétase L 236
synthétique S 1181
synthétiser S 1180
systématique S 1187, S 1189
systématisation S 1190
systématiser S 1191
système S 1186
système ABO A 8
système à deux phases T 683
système à dispersion colloïdale C 750
système à dispersion moléculaire M 651
système analytique A 720
système à plusieurs composants M 770
système à plusieurs constituants M 770
système à tampon B 591
système colloïdal C 750
système d'acquisition de données D 17
système de contrôle C 971
système de groupe sanguin Kell K 26
système de groupe sanguin Kidd K 55
système de groupes sanguins MNSs M 620
système de groupes sanguins Rh R 401
système d'emploi de dates laboratoires L 27
système de perfusion P 227
système d'épreuve T 107
système de référence R 239
système des coordonnées C 995
système des groupes sanguins B 398
système des groupes sanguins ABO A 8
système des groupes sanguins Lutheran L 459
système de test T 107
système dispersé D 599

système d'oxydoréduction R 212
système enzymatique E 319
système grossièrement dispersé C 671
système homogène H 382
système I I 1
système immunologique I 62
système international d'unités S 1192
système Kell K 26
système Kidd K 55
système Lewis L 230
système Lutheran L 459
système métrique M 433
système MNSs M 620
système monophasé H 382
système multienzymatique M 772
système optique O 73
système ouvert O 52
système P P 1159
système polyphasé M 776
système redox R 212
système Rh R 401
système Rhésus R 401
système robotisé R 467
système séparatif S 246
système SI S 1192
système tampon B 591

T

T T 75, T 590
T_3 T 561
T_4 T 338
table T 1
tableau T 1
tableau de contingence C 943
table de conversion C 975
table de laboratoire L 39
tache de sang B 424
taches de Maurer M 159
taches de Morer B 529
tachystérol T 4
tænia T 16
tænia armé P 733
tænia échinocque M 471
Taenia crassiocollis C 216
Taenia inerme B 149a
Taenia inermis B 149a
Taenia lata B 149a
Taenia mediocanellata B 149a
taffetas gommé A 275
taille B 451, D 479
taille chromosomique C 557
taille de cellule C 275
taille de molécule M 657
taille de particules P 129
taille d'érythrocyte E 424
taille d'érythrocytes E 424
taille des particules P 129
taille des pores P 732
taille d'un échantillon S 57
taille moléculaire M 657
taille nucléaire N 268
tailleur de goutte D 778
talc T 11
talose T 12
tamis S 373
tamis à secousses S 339
tamiser S 372
tamis filtrant F 143
tamis moléculaire M 655
tamis oscillant S 339
tampon B 579, B 589, S 1156
tampon acétate A 68
tampon barbiturique B 83
tampon borate B 487
tampon carbonate C 118
tampon citrate C 580
tampon d'acétate de sodium S 481
tampon de bicarbonate B 199
tampon de calibration C 53
tampon de coton C 1045
tampon de gaze G 110
tampon d'électrode E 72
tampon de Michaelis M 438
tampon de phosphate de potassium P 798
tampon de pyrophosphate P 1268
tampon de travail W 100
tampon d'ouate C 1045
tampon du sang B 364
tampon EDTA E 33
tampon glycine G 353
tampon imbibé d'acétate de plomb L 133
tampon imidazole I 26
tamponné B 583
tamponnement B 584
tamponner B 578, D 1
tampon phosphate P 356
tampon phosphate-citrate P 359
tampon phtalate P 443
tampon protéique P 1069
tampon pyrophosphate P 1268
tampon sanguin B 364
tampon standard S 783
tampon THAM T 587
tampon tris T 587
tampon trishydroxyméthylaminométhane T 587
tampon universel U 61
tampon véronal V 78
tanin T 14
tannase T 13
tannin T 14
tarer T 19
t-ARN T 491
«tart-cell» T 23
tartrate T 24
tartrate de potassium et de sodium P 799
tartrate de sodium S 542
tartrazine T 27
tassement P 7
taurine T 30
taurocholate T 31
tautomère T 33
tautomérie T 34
taux L 226
taux calcique C 34
taux d'alcoolémie B 360
taux d'arsenic A 1014
taux de bilirubine B 233
taux de calcium C 34
taux d'échange T 672
taux de croissance G 480
taux de dose D 719
taux de filtration glomérulaire G 250
taux de glucose G 278
taux de glycémie B 389
taux de la mortalité M 734
taux de l'hormone thyroïdienne libre F 366
taux de morbidité M 718
taux de mutation M 811
taux de potassium P 791
taux de renouvellement T 672
taux de renouvellement du fer plasmatique P 533
taux de rétention R 390
taux d'erreurs E 397
taux des doses D 719
taux de sodium S 521
taux de thromboglobuline T 291
taux d'humidité M 635
taux d'impulsion I 143
taux d'incidence I 154
taux d'œstrogène E 475
taux du sucre sanguin B 389
taux hormonal H 413
taux œstrogène E 475
taux potassique P 791
taux sanguin B 403
taux sanguin de calcium C 24
taux sérique S 314
taux tissulaire T 369
taxinomie T 35
taxonomie T 35
TBG T 339
Tc T 38
TCA T 543
TCP T 555
TDP T 306
Te T 45
technétium T 38
technique M 372
technique *de coloration* S 776
technique cytochimique C 1249
technique d'anticorps fluorescents F 268
technique de culture C 1170
technique de double diffusion en gélose A 351
technique de «fingerprint» F 170
technique de la mesure M 213
technique d'élution E 163
technique d'enzyme-anticorps E 291
technique de recouvrement par une couche de gélose A 349
technique de sédimentation S 169
technique des «empreintes» F 170
technique de séparation S 243
technique des mesures M 213
technique du laboratoire L 22
technique immunoenzymatique I 88
technique laboratoire L 22
technique médicale M 233
technologie des gènes G 152
technologie génétique G 152
TEG T 558
teindre C 771
teinture T 351
teinture d'iode T 352
teknocyte T 40
tellurite T 43
tellurite de sodium S 543
tellurium T 45
température T 47
température absolue A 18
température ambiante A 568, R 474
température basse L 419
température critique C 1105
température d'activation A 209
température d'allumage S 193
température d'appartement R 474
température d'auto-inflammation S 193
température d'eau W 40
température d'ébullition B 460
température de fusion M 270
température de la colonne C 804
température de la conservation S 944
température de la réaction R 151
température de référence S 799
température de séparation S 247/8
température de service O 54
température de solution S 573
température de stérilisation S 872
température de travail O 54
température d'incubation I 172
température du corps B 455
température du stockage S 944
température finale F 159
température initiale I 285
température minimale M 589
température normale S 799
température optimale O 80
température standard S 799
température superficielle S 1142
température thermodynamique T 153
tempérer T 46
temps / à long L 405
temps d'antithrombine T 268
temps de coagulation C 666
temps de coagulation activé A 201
temps de coagulation du sang C 647
temps de coagulation du sang total G 233
temps de coagulation plasmatique P 522
temps de coagulation spontanée S 716
temps de contact C 937
temps de la réaction R 152
temps de lyse L 510
temps de mesure M 214
temps de préchauffage P 881
temps de prothrombine P 1118, Q 30
temps de Quick P 1118, Q 30
temps de réaction R 152
temps de recalcification R 173
temps de réduction L 351
temps de réduction du liquor L 351
temps de réponse R 347
temps de reptilase R 316
temps de rétention R 357
temps de rétraction du caillot C 629
temps de saignement B 348
temps de séchage D 798
temps de sédimentation S 172
temps de stérilisation S 880
temps de thrombine T 268
temps de thrombine-coagulase T 264
temps de thromboplastine P 1118
temps de thromboplastine partiel P 122
temps de trombine en présence d'héparine H 220
temps de tromboplastine activeé partielle A 203
temps d'exposition E 589
temps mort D 30
tendance T 530
teneur en alcool A 430
teneur en alcool du sang B 360
teneur en amidon S 812
teneur en arsenic A 1012
teneur en azote N 176
teneur en bactéries B 18
teneur en cendre A 1055

teneur en cendres A 1055
teneur en chaleur E 272
teneur en cholestérol C 463
teneur en eau W 24
teneur en fer I 514
teneur en germes G 167
teneur en graisse F 29
teneur en hémoglobine H 60
teneur en humidité M 635
teneur en oxygène O 230
teneur en oxygène sanguin B 408
teneur en protéides P 1077
teneur en protéines P 1077
teneur en sel S 40
teneur en soufre S 1100
teneur globulaire moyenne en hémoglobine M 172
ténia T 16
tenir à l'abri de la lumière K 24
tenir au frais K 21
tenir au sec K 23
tenir dans l'obscurité K 22
tensio-actif S 1124
tensio-activité S 1125
tensio-inactif S 1135
tensiomètre T 68
tension artérielle B 417
tension de service W 106
tension de vapeur V 41
tension d'oxygène O 239
tension électrique E 62
tension partielle P 120
tension partielle de bioxyde de carbone C 123
tension superficielle S 1143
terminal T 70, T 71
terpène T 73
terre à diatomées K 61
terre à porcelaine K 9
terre d'infusoires K 61
terre siliconeuse S 394
tesla T 75
test *de Lundh* L 449
test *de Pirquet* P 497
test T 77
test à blanc B 336
test à l'ADH A 277
test à l'adrénaline A 295
test à la gestagène G 118
test à l'alcool A 446
test à l'alizarine A 472
test à la métopirone M 431
test à la métopyrone M 431
test à la niacine N 132
test à la papaïne P 44
test à la pentagastrine P 175
test à la polyvinylpyrrolidone P 715
test à la réagine R 170
test à la ribonucléase R 416
test à la spironolactone S 696
test à la thrombine T 267
test à la vasopressine V 53
test à l'indole I 216
test à l'oxytocine O 254
test à l'ultraviolet U 44
test à TSH T 628
test au corps de Heinz H 193
test au DNCB D 501
test au latex L 113, L 115
test au nitrobleu de tétrazolium N 170
test au pyrogène P 1262
test au rouge neutre N 119
test aux pigments biliaires B 209
test au xylose X 41
test avec bandelette réactive R 168
test «bedside» B 149
test biochimique B 259
test biologique B 246
test commercial C 813
test cutané à la blastomycine B 344
test cutané à la tuberculine T 639
test cutané au brucelline B 569
test cutané de dépistage de la morve G 191
test d'accord T 88
test d'agglutination acrylique A 184
test d'agglutination des leucocytes L 184
test d'allergie A 521
test d'autohémolyse A 1135
test de Barr B 97
test de Biggs et Douglas T 299
test de bon ajustement T 88
test de Boyden B 513
test de cancer C 71
test de cellules LE L 454
test de clearance C 597
test de Coombs A 874
test de Coombs indirect I 201
test de dégranulation D 79
test de dégranulation des leucocytes L 191
test de détection rapide de l'anticorps réaginique P 542
test de diffusion en gélose G 125
test de dilution en série S 254
test de fixation acrylique A 184
test de fixation de latex E 324
test de fixation du complément de tréponème T 535
test de floculation F 222
test de fonctionnement du pancréas P 27
test de friction F 394
test de génération de la plasmathromboplastine P 546
test de génération de la plasmathromboplastine de Biggs et Douglas P 546
test de génération de la thromboplastine T 299
test de Gordon P 715
test de Grieß G 457
test de grossesse P 867
test de Hanger C 313
test de Huhner H 434
test de Koschuraschoff M 566
test de Kurzrock et Miller K 88
test de la déferooxamine D 72
test de la desferrioxymine D 72
test de Lahm-Schiller S 112
test de l'anneau R 452
test de la phosphatase P 354
test de la protéine C-réactive C 1120
test de la réductase R 224
test de la thrombinoformation T 265
test de la thromboplastinoformation T 299
test de la toxicité T 448
test d'Elek E 142
test de leucocytose L 209
test de leucocyturie L 202
test de l'hémagglutination de Waaler-Rose W 1
test de lyse par la bile B 212
test de MacLagan T 317
test de microhémagglutination M 497
test de migration des macrophages M 30
test de Minor M 590
test d'Emmons E 189
test de Nelson N 61
test de neutralisation N 110
test de Papanicolaou P 45
test de Pearson C 423
test de Pirquet P 497
test de plasmacrite P 525
test de plasmolyse P 556
test de propagation de thrombocytes T 283
test de protéine P 1101
test de protéines P 1101
test de provocation P 1135
test de provocation à prednisone P 857
test de provocation d'arginine A 990
test de Quick Q 30
test de radio-iodide R 76
test de radio-iodide à deux phases R 76
test de réduction R 226
test de réduction de bleu de méthylène M 399
test de résistance à la streptokinase S 963
test de résorption de xylose X 41
test de rétention R 356
test de rétention plaquettaire P 581
test de Rosin R 478
test de Rumple-Leede T 440
test de Sabin et Feldman S 1
test de Schiller S 112
test de Schilling S 115
test de Schlesinger S 121
test de sensibilisation au dinitrochlorobenzène D 501
test de sensibilité à l'optochine O 82
test de signification S 381
test des observations extrêmes aberrantes O 167
test de somme des rangs R 111
test des rangs R 110
test de Staub D 738
test de Strauss S 951
test de Student T 629
test de Sulkowitsch S 1065
test de suppression S 1117
test de surcharge de glucagone G 257
test de t T 629
test de thermoprécipitation T 177
test de Thorn T 242
test de tolérance T 408
test de tolérance à la tyrosine T 705
test de tolérance à l'héparine H 221
test de transformation lymphocytaire L 474
test de trois tubes C 627
test de turbidité T 670
test de turbidité au thymol T 317
test de turbidité de sulfate de zinc Z 12
test de Tzanck T 708
test de validité de l'ajustement T 88
test de vitamine K V 142
test d'excrétion de colorant D 818
test d'excrétion fécale F 9
test d'exposition E 588
test d'hémagrégation H 15
test diagnostique D 303
test d'immobilisation I 49
test d'immobilisation du tréponème pâle N 61
test d'immobilisation en milieu de gélose A 932
test d'immobilisation flagellaire A 932
test d'immunofluorescence I 94
test d'inhibition d'adhérence des leucocytes L 183
test d'inhibition de colonies C 761
test d'inhibition de la migration des leucocytes L 195
test d'inhibition de migration M 560
test «dip and read» D 515
test d'Obermayer O 4
test d'orientation O 113
test double à blanc D 731
test d'Owen T 302
test du chi-carré C 423
test d'Uffelmann U 7
test du fonctionnement de la glande surrénale A 291
test d'une hypothèse statistique S 840
test ELIA E 150
test ELISA E 151
test en deux étapes T 685
test en double aveugle D 731
test en double insu D 731
test en la double couche de gélose A 355
test épicutané E 343
tester T 76
test F F 408
test χ^2 C 423
test global G 234
testicule T 89
test immunologique I 72
test indirect I 205
test in vitro T 642
testis T 89
test métrique M 434
test non-paramétrique N 213
test optique O 74
testostérone T 97
test paramétrique P 81
test postcoïtal H 434
test préliminaire biologique B 276
test puissant P 823
test rapide Q 27
test Sabin et Feldman S 1
test sérologique S 279
test statistique S 839
test sur rat R 123
test t T 629
test U de Mann-Whitney W 90
test universel U 66
test VDRL V 56
test W de Wilcoxon W 90
tête de ténia S 129
tête de tænia S 129
tétra-acétate de plomb L 143
tétraacétate de plomb L 143
tétraborate de sodium S 544
tétrabromofluorescéine E 323
tétrachloréthane T 113
tétrachloréthylène T 114
tétrachloroéthane T 113
tétrachloroéthylène T 114
tétrachlorométhane C 127
tétrachlorure de carbone C 127
tétrachlorure de silicium S 388
tétrachlorure d'étain T 350

tétracycline T 115
tétrahydroaldostérone T 117
tétrahydrobioptérine T 118
tétrahydrocannabiol T 119
tétrahydrocortisol T 120
tétrahydrofuranne T 122
tétrahydroxyparoxazine M 727
tétraiodo-thyroxine T 338
tétraméthylène-diamine P 1226
tétraoxalate de potassium P 801
tétraoxyde d'osmium O 140
tétrapeptide T 123
tétrasaccharide T 124
tétrathionate T 125
tétrazole T 127
tétrose T 128
TG T 559
TGMH M 172
TGT T 299
thallium T 130
théine C 10
théocine T 134
théophylline T 134
théorie de Michaelis-Menten M 442
thérapeutique T 135, T 136
thérapie T 136
thermique T 138
thermoanalyse T 139
thermoanalytique T 146
thermochimie T 148
thermochimique T 147
thermoconductivité T 140
thermocouple T 149
thermodiffusion T 141
thermodissociation T 142
thermodynamique T 151, T 152
thermo-élément T 149
thermogramme T 154
thermographe T 155
thermographie T 157
thermographique T 156
thermogravimétrie T 159
thermogravimétrique T 158
thermolabile T 160
thermoluminescence T 163
thermolyse T 165
thermolysine T 164
thermolytique T 166
thermomètre T 167
thermomètre à contact C 936
thermomètre à liquide L 348
thermomètre à maxima M 166
thermomètre à maximum M 166
thermomètre à mercure M 309
thermomètre à tige S 767
thermomètre différentiel D 390
thermomètre digital D 427
thermométrie T 169
thermométrique T 168
thermophile T 170
thermophore T 172
thermoplaste T 173
thermoplongeur I 39
thermoprécipitation T 174
thermoprécipitine T 175
thermoprécipitinogène T 176
thermoprotéine T 178
thermorégulateur T 185
thermorégulation T 179
thermorésistance T 181
thermorésistant T 183
thermoscripteur T 155
thermosensibilité T 162
thermosensible T 160
thermostabilité T 65, T 181
thermostable T 66, T 183
thermostat T 185
thermostat à immersion D 546
thermostat à pont B 533
thermostat à suspension S 1147
thermothyrine T 186
thiaminase T 188, T 192
thiamine T 189
thiamine-diphosphokinase T 190
thiamine-kinase T 191
thiamine-pyridinylase T 192
thiamine-pyrophosphatase T 193
thiamine-pyrophosphate T 194
thiazole T 195
thioacétamide T 212
thioacide T 214
thioalcool M 296
thiobactérie S 1097
thiobarbiturique T 215
thiocarbamide T 238
thiocarbanilide T 216
thiocarbonate T 217
thiochrome T 218
thiocyanate T 219
thiocyanate d'ammonium A 658
thiocyanate de potassium P 802
thioester T 220
thiofène T 231
thioférase T 221
thioflavine T 222
thiofuranne T 231
thioglycolate T 223
thioguanine T 225
thiokinase T 226
thiol M 296
thiolase A 102
thiol-enzyme T 227
thiolestérase T 228
thiolméthyltransférase T 229
β-thionase C 1224
thionéine E 392
thionine T 230
thiophène T 231
thiopurine T 232
thiosemicarbazide T 234
thiosulfate T 235
thiosulfate de calcium C 46
thiosulfate de sodium S 545
thio-uracile T 237
thio-urée T 238
thiurame T 239
thiuramyl T 239
thoracentèse P 602
thoracocentèse P 602
Thr T 249
thréonine T 249
thréonine-adolase S 266
thréonine-désaminase T 250
thréonine-déshydratase T 250
thréonine-synthase T 251
thréose T 252
thréphination T 531
thrombélastogramme T 259
thrombélastographe T 260
thrombélastographie T 261
thrombine T 262, T 262
thrombinogène C 632
thromboagglutinine T 272
thromboblaste M 249
thrombocatalysine C 639
thrombocinétique T 292, T 293
thrombocinétogramme T 294
thromboclasie T 295
thrombocyte T 269
thrombocyte géant M 38
thrombocytobarine T 284
thrombocytogramme T 285
thrombocytolyse T 287
thrombocytolysine T 286
thrombocytolytique T 288
thrombocytosine T 289
thromboélastogramme T 259
thromboélastographe T 260
thromboélastographie T 261
thrombogène C 635
thromboglobuline T 290
thrombokinase T 298
thrombokinase des tissus T 380
thrombokinase sanguine C 643
thrombokinase tissulaire T 380
thrombolyse T 295
thrombolytique F 97, T 296
thromboplastine C 633, T 298
thromboplastine sanguine C 643
thromboplastine tissulaire T 380
thromboplastinogène C 639
thrombopoïétine T 300
thrombosthénine T 301
thrombotest T 302
thromboxane T 303
thrombozyme C 632
thrombus B 367
thrombus biliaire B 213
throphocyte T 598
thymidine T 305
thymidine-5'-diphosphate T 306
thymidine-kinase T 307
thymidine-5'-monophosphate T 308
thymidine-5'-phosphate T 308
thymidine-5'-triphosphate T 309
thymine T 311
thyminose D 189
thymocyte T 312
thymol T 313
thymoleptique A 842
thymolisopropanol T 315
thymolphtaléine T 316
thymolsulfonephtaléine T 314
thymolysine T 318
thymopoïétine T 319
thymosine T 305, T 320
thymotoxine T 321
thyréocalcitonine C 19
thyréoglobuline T 326
thyréostatique A 939
thyréostimuline T 337
thyréotoxine T 336
thyréotrophine T 337
thyréotrophine chorionique C 496
thyréotropine chorionique C 496
thyrocalcitonine C 19
thyrocolloïde T 324
thyrocyte T 325
thyroglobuline T 326
thyroïde T 330
thyrolibérine T 332
thyronine T 333
thyrophagocyte T 334
thyroprotéine T 335
thyrostimuline T 337
thyrotropine T 337
thyroxine T 338
thyroxine libre F 366
tiède L 430
tique T 342
tirage d'un échantillon S 58
tissu T 355
tissu adipeux A 280
tissu amniotique A 667
tissu cancéreux C 72
tissu cartilagineux C 170
tissu cellulaire C 279
tissu chromaffine C 500
tissu conjonctif C 918
tissu de donneur D 708
tissu de granulation G 438
tissu embryonnaire E 172
tissu encéphalique B 522
tissu épithélial E 361
tissu fibreux F 116
tissu fœtal F 74
tissu frais F 389
tissu glandulaire G 197
tissu granulaire G 438
tissu hépatique L 385
tissu interstitiel I 381
tissu lymphatique L 466
tissu lymphoréticulaire L 484
tissu mammaire M 91
tissu muqueux M 762
tissu musculaire M 802
tissu musculaire lisse S 474
tissu myocardique M 836
tissu nécrotique N 45
tissu nerveux N 79
tissu osseux B 484
tissu pancréatique P 36
tissu parathyroïde P 101
tissu parenchymateux P 106
tissu placentaire P 509
tissu prostatique P 1043
tissu pulmonaire P 1168
tissu rénal R 297
tissu splénique S 703
tissu tumoral T 658
tissu tumoreux T 658
TIT N 61
titrable T 383
titrage T 387
titrage acide-base N 111
titrage ampèremétrique A 674
titrage chélatométrique C 370
titrage colorimétrique C 768
titrage complexométrique C 844
titrage conductimétrique C 881
titrage coulométrique C 1050
titrage de neutralisation N 111
titrage de phase P 300
titrage de virus V 119
titrage d'hémagglutinine H 12
titrage différentiel D 391
titrage d'oxydoréduction R 213
titrage en retour B 5
titrage fluorimétrique F 279
titrage néphélométrique N 71
titrage photométrique P 435
titrage potentiométrique P 814
titrage redox R 213
titration T 387
titration par formaline F 335
titration redox R 213
titre T 391
titre d'agglutination A 377
titre d'anticorps A 833/4
titre d'antistaphylosine A 925
titre d'antistreptolysine A 931
titre de travail W 105
titre de virus V 120
titre du complément C 835
titre du sérum S 323
titre final F 160
titrer T 385
titrer en retour T 386
titre sanguin B 430
titrimètre T 392
titrimétrie T 394
titrimétrique T 393
Tl T 130
TMP T 308
tocophérol T 398
togavirus T 401
toile métallique W 93
tolbutamide T 402
tolérance T 404

toluène T 410
toluidine T 411
tomber goutte à goutte D 769
topichimie T 416
topochimique T 415
tourie B 121
tourillonner R 480
tourner R 480
tournesol L 365
tourniquet T 439
tours par minute R 388
tours par seconde R 389
toxalbumine T 441
toxicité T 445
toxicité absolue A 19
toxicologie T 452
toxicologique T 449
toxicologiste T 451
toxicologue T 451
toxine T 453
toxine-antitoxine T 454
toxine bactérienne B 65
toxine de Clostridium botulinum B 502
toxine de scarlatine S 99
toxine de staphylocoques S 808
toxine diphtérique D 535
toxine entérogène E 270
toxine rickettsiale R 445
toxine streptococcique S 959
toxine tétanique T 112
toxinique T 442
toxique T 442, T 453
toxistérol T 456
toxoallergène T 457
toxogénine A 749
toxoïde T 458
toxoplasme T 459
toxoplasmine T 460
TPN^+ N 136
Tpt T 622
trace T 462
traces des métaux lourds T 467
traceur R 186
traceur radioactif R 44
tractus de mucine P 1139
traînée T 5
trait de graduation G 421
traité à la silicone S 393
traitement T 136
traitement à la silicone S 391
traitement batch B 135
traitement d'échantillons S 54
traitement des informations I 248
traitement par lot B 135
traitement préliminaire P 921
traiter T 527
trajectoire des rayons R 125
trajet du faisceau R 125
trame G 455
tranquilisant T 472
transacétylase A 233
transacétylation T 473
transaldolase T 474
transamidation T 476
transamider T 475
transaminase A 624
transaminase de glutamate-pyruvate A 412
transaminase du sérum S 325
transamination T 478
transaminer T 477
transcarbamylase T 480
transcétolase T 498
transcobalamine T 482
transcortine T 483
transcortisone C 1038
transcriptase R 464
transcriptase reverse R 384
transcription T 484
transdermique P 217
transduction T 486
transférase T 488
transférase de sialyle S 359
transférer B 442
transferrine T 490
transfert T 487
transfert de groupe G 475
transfert de groupes G 475
transfert de la chaleur H 187
transfert d'électrons E 119
transfert d'énergie E 241
transfert des données D 22
transfert électronique E 119
transfo T 485
transformateur T 485
transformation T 493
transformation de lymphocytes L 473
transformation d'énergie E 242
transformation lymphocytaire L 473
transformer T 492
transformylation T 494
transfuser T 495
transfusion d'échange E 536
transfusion du sang B 431
transfusion massive E 536
transfusion sanguine B 431
transglycosylase G 386
transhydrogénase N 6
translation T 500
translocation T 502
translocation chromosomique C 560
translocation des chromosomes C 560
translocation réciproque R 181
translucide T 510
translucidité T 509
transméthylase M 426
transméthylation T 503
transmetteur M 226
transmetteur intestinal I 398
transparence T 509
transparent T 510
transphosphoribosidase A 247
transphosphorylase T 511
transphosphorylation T 512
transpiration S 1159
transplant T 514
transplantation T 515
transplanter T 513
transport T 520
transportable P 746
transport d'énergie E 241
transport de spécimens S 632
transporter T 519
transporteur d'électrons E 100
transsudat T 525
transsudat pleural P 603
trapéziforme T 526
trapézoïdal T 526
trapézoïde T 526
traverser F 239
tréhalose T 528
trématode T 529
trempage W 28
tremper I 136
trend T 530
trépanation T 531
trépaner T 533
trépanobiopsie T 532
trépied T 584
tréponème S 694
tréponème pâle T 534
tréponème pertenue T 537
très concentré H 284
très efficace H 286
très facilement soluble V 80
très peu soluble E 620
très purifié H 289
très sensible H 291
très soluble R 160
très spécifique H 292
très toxique H 293
très virulent H 294
très volatil H 296
T_3 reverse R 383
TRH T 332
triacylglycérol-lipase L 280
trichine T 540
trichine musculaire M 803
trichine sanguine B 436
trichloraldéhyde T 545
trichloréthanal T 545
trichloréthanol T 546
trichloréthylène T 547
trichloroéthène T 547
trichloroéthylène T 547
trichlorométhane C 440
trichlorure T 541
trichlorure d'antimoine A 900
trichlorure d'éthinyle T 547
Trichobilharzia T 548
trichocéphale W 80
trichomonas T 549
Trichomonas hominis T 550
Trichomonas intestinalis T 550
Trichomonas vaginalis V 21
Trichomyces T 551
trichophytine T 552
Trichophyton T 551
Trichostrongylus T 553
tricol T 247
tricrésol T 554
tricrésylphosphate T 555
triéthanolamine T 556
triéthylamine T 557
triéthylèneglycol T 558
triglycéride T 559
triglycéride à chaînes moyennes M 246
triglycéride-lipase L 280
trihydroxy-2,6,8-purine U 113
1,3,5-trihydroxybenzène P 346
trihydroxytriéthylamine T 556
triiodométhane I 455
triiodothyronine T 561
triiodothyronine reverse R 383
triiodure T 560
triméthoprime T 562
triméthylamine T 563
triméthylbenzène T 564
triméthylglycine B 190
triméthylpyridine C 738
1,3,7-triméthylxanthine C 10
trinitrate T 565
trinitrate de glycéryle G 339
trinitro-2,4,6-phénol P 469
trinucléotide T 566
trioléine T 567
triose T 568
triosephosphate T 569
triosephosphate-déshydrogénase G 330
triose-phosphate-déshydrogénase G 330
triosephosphate-isomérase T 577
triosephosphate-mutase T 577
trioxyde d'arsenic A 1017
tripalmitide T 570
tripalmitine T 570
tripeptide T 571
tripeptide-aminopeptidase T 572
triphénylméthane T 573
triphosphate T 576
triphosphate d'adénosine A 261
triphosphopyridine-nucléotide+ N 136
triplet T 581
trisaccharide T 585
tristéarine T 589
tritane T 573
tritérium T 590
trithiocarbonate T 217
tritium T 590
triton T 591
trivalence T 592
trivalent T 593
t-ARN T 491
t-RNA T 491
trompe de Fallope U 215
trompe utérine U 215
tropæoline T 596
tropæoline D M 417
tropæoline G M 358
tropæoline O R 341
tropéoline T 596
tropéoline D M 417
tropéoline G M 358
tropéoline O R 341
trophoblaste T 597
trophoplasma T 599
trophozoïte T 600
tropine T 601
tropocollagène T 602
tropoélastine T 603
tropomyosine T 604
troponine T 605
trop-plein O 174
trouble T 664, T 669
troubler/se O 48
trousse S 326
trousse de test T 104
trousse pour préparations D 618
trouvailles morphologiques M 730
Try T 622
trypanolysine T 610
trypanosome T 611
trypsine T 613
trypsique T 618
tryptamine T 617
tryptase T 613
tryptone T 621
tryptophanase T 623
tryptophane T 622
tryptophane-décarboxylase D 710
tryptophane-2,3-dioxygénase T 624
tryptophane-5-hydroxylase T 625
tryptophane-5-mono-oxygénase T 625
tryptophane-oxygénase T 624
tryptophane-pyrrolase T 624
TSH T 337
TTC T 575
TTP T 309
tube T 633, T 634
tube à centrifuger C 308
tube à entonnoir F 124
tube à essai T 108
tube à essai à jeter après usage D 615
tube à essai à usage unique D 615
tube à essais T 108
tube à gélose oblique S 441
tube à ponction P 1192

tube à selles S 931
tube-broyeur B 74
tube capillaire C 88
tube capillaire en verre G 204
tube centrifugeur C 308
tube chromatographique C 524
tube compteur C 1066
tube compteur de liquide L 335
tube compteur Geiger-Müller G 112
tube compteur proportionnel P 1027
tube d'aspiration S 1050
tube de Carrel C 158
tube de culture C 1172
tube de Hall H 127
tube de raccordement C 920
tube de sédimentation S 173
tube de verre G 222
tube de vide V 15
tube échangeur d'ions I 473
tube en plastique P 565
tube flexible T 643
tube Geiger-Müller G 112
tube pour fermentation F 58
tubercule miliaire M 562
tuberculine T 637
tuberculostatique T 640
tube stomacal G 91
tubulaire T 645
tubuline T 646
tubulure F 182
tuer K 62
tularine T 649
tularinoréaction T 650
tumorigène O 40
Tunga penetrans S 66
tungstate T 660
tungstène T 661
tunique muqueuse M 754
tunique séreuse S 287
turbidimètre T 665
turbidimétrie T 668
turbidimétrique T 666
turbidité T 669
turbidité d'urine U 155
turnover T 672
turnover du fer plasmatique P 533
turnover énergétique E 243
tuyau T 633, T 643
tuyau aspirateur S 1051
tuyau de caoutchouc R 503
tuyau d'écoulement D 567, D 751
tuyau de décharge D 567
tuyau de trop-plein O 174
tuyère N 252
tyndallisation T 688
tyndallomètre T 689
tyndallométrie T 690
typage sanguin B 395
type M 628, T 691
type de cellule C 280
type de cellule T 693
type de culture C 1173
type de laboratoire L 41
type de tissu T 694
type d'hémoglobine H 68
type gel / du G 123
type oxydant / du O 206
type oxyde / de O 211
type S S 473
type sérologique S 290
typisation T 699
typisation de bactériophages P 270
typisation de phages P 270
typisation des tissus T 381
Tyr T 701
tyramine T 700
tyrosamine T 700
tyrosinase M 702
tyrosine T 701
tyrosine-aminotransférase T 702
tyrosine-hydroxylase T 704
tyrosol T 706

U

U U 81
ubiquinone U 1
UDP U 119
UDP-acétylglucosamine U 2
UDPG U 4
UDP-galactose U 3
UDP-glucose U 4
UDP-glucose-4'-épimérase U 5
UDP-glucose-pyrophosphorylase G 288
UI I 375
ultracentrifugation U 9
ultracentrifugation de préparation P 905
ultracentrifugeuse S 1109, U 10
ultrachromatographie U 11
ultrafiltrat U 14
ultrafiltration U 15
ultrafiltre U 13
ultrafiltrer U 12
ultramicroanalyse M 501
ultramicrochimie U 17
ultramicrochimique U 16
ultramicrodétermination U 18
ultramicrodosage U 18
ultramicrométhode U 19
ultramicron U 20
ultramicropipette U 21
ultra-micropipette U 21
ultramicroscope U 22
ultramicroscopie U 24
ultramicroscopique U 23
ultramicrosome U 25
ultramicrotome U 26
ultramorphologie U 27
ultramylopectine U 8
ultra-sensible H 291
ultrason U 28
ultrastérile U 29
ultrastructure U 30
ultraviolet U 33
ultra-violet U 33
ultraviolet U 38
ultravirus U 45
UMP U 120
UMP cyclique C 1209
Unguis N 8
unicellulaire M 676
unimoléculaire M 697
uninucléaire M 698
unité U 59
unité d'activité A 219
unité d'affichage D 610
unité d'antigènes A 871
unité de base B 119
unité de mesure M 142
unité d'enzyme E 320
unité de temps T 347
unité de turbidité T 671
unité de volume V 166
unité d'hydrate de carbone C 112
unité enzymatique E 320
unité formant une colonie C 760
unité internationale I 375
unité SI S 429
unité Svedberg S 1154
unité urotoxique U 206
univalence M 708
univalent M 709
univers P 108
uracide-riboside U 118
uracile U 79
uramine G 486
uranium U 81
urate U 83
urate d'ammonium A 659
urate de potassium P 803
urate de sodium S 546
urate-oxydase U 116
uréase U 94
urée U 86
urée sanguine B 437
uréide U 98
uréidoprotéine U 99
uréomètre U 100
uréométrie U 101
urétérolithe U 102
uréthanne U 104
urgence E 173, U 109
urgent U 110
uricase U 116
uricomètre U 117
uridine U 118
uridine-5'-diphosphate U 119
uridine-diphosphate-acétylglucosamine U 2
uridine-5'-diphosphogalactose U 3
uridine-5'-diphosphoglucose U 4
uridine-5'-monophosphate U 120
uridine-3',5'-monophosphate cyclique C 1209
uridine-nucléotide U 121
uridine-5'-triphosphate U 122
urinal U 125
urine U 144
urine collectionnée C 736
urine de cathéter C 205
urine de contrôle C 972
urine de femme enceinte P 868
urine de référence C 972
urine du bassinet U 153
urine matinale M 723
urine native N 36
urine obtenue par ponction de la vessie S 1120
urine primitive G 248
urine résiduelle R 328
urine secondaire T 72
urine spontanée S 720
urineux U 161
urine vésicale B 333
urinoïde U 161
urinomètre U 158
urinoscopie U 203
urinoscopique U 202
uroazotomètre U 162
urobiline U 163
urobilinogène U 164
urobilinoïde U 165
urobine U 199
urobinogène U 200
urocanase U 167
urocanate-hydratase U 167
urochrome U 169
urochromogène U 170
urocortisol T 120, U 171
urocortisone U 172
uroculture U 148
urocytogramme U 173
urocytologie U 174
urodensitomètre U 158
uroérythrine U 175
uroflavine U 176
urofuscine U 177
urogastrone U 178
uroglucosomètre U 157
urohématine U 179
urohématoporphyrine U 180
urokinase U 181
urokinine U 184
urolithe U 129
urolutéine U 185
uromélanine U 186
uromètre U 158
urométrie U 160
urométrique U 159
uromucoïde U 187
uropepsine U 189
uropepsinogène U 190
urophage U 191
uroporphyrine U 192
uroporphyrinogène-décarboxylase U 194
uroporphyrinogène-I-synthétase U 195
uroporphyrogène U 193
uroprotéine U 140
uroroséine U 196
urorrhodine U 197
urorrhodinogène U 198
urosaccharométrie U 201
uroscopie U 203
uroscopique U 202
urostéalithe F 42
urosympathine U 204
urothion U 205
urotoxine U 207
uroxanthine U 208
usable U 211
utilisation U 213, U 216
utilisation de glucose G 292
utiliser U 212, U 217
UTP U 122

V

V V 34, V 155
vaccin V 5
vaccination I 297, V 2
vacciner I 294, V 1
vaccinostyle I 295, V 3
vacuole V 6
vacuum V 7
vague U 47
vaisseau sanguin B 438
Val V 27
valence V 23
valeur V 30
valeur à blanc B 335
valeur absolue A 20
valeur à jeun F 25
valeur alimentaire N 329
valeur approchée A 960
valeur déclarée D 54
valeur de consigne N 194
valeur de crête M 161
valeur de crossing-over C 1112
valeur de la couleur d'urine V 31
valeur de mesure M 184
valeur de prédiction P 854
valeur de référence R 240
valeur de saturation S 90
valeur de seuil T 256
valeur d'espérance E 564
valeur du laboratoire L 24
valeur du pH P 447
valeur du pK P 502
valeur du R_f R 390
valeur du sérochrome S 272
valeur estimée E 465

valeur indicative G 499
valeur initiale I 286
valeur instantanée A 221
valeur K_m M 439
valeur limite E 621
valeur limite L 260
valeur maximale M 161
valeur mesurée M 184
valeur minimale M 586
valeur moyenne M 176
valeur normale N 237
valeur numérique N 321
valeur nutritive N 329
valeur optimale O 77
valeur optimum O 77
valeur prescrite N 194
valeur réelle A 221
valeur R_f R 390
valeur rH R 411
valeurs expérimentales E 576
valeur standard R 240
valeur trouvée par analyse A 743
valeur vraie T 608
validité V 26
valine V 27
valve V 32
valve de sécurité S 15
vanadate de sodium S 547
vanadium V 34
vanilline V 35
vapeur V 39
vapeur d'eau S 844
vaporisateur E 525
vaporisation E 524
variabilité R 106, V 42
variable V 43, V 44
variable aléatoire V 48
variable indépendante I 176
variance V 45
variante V 47
variante lisse S 473
variante S S 473
variation V 49
variation de température T 67
variation de volume V 160
variation diurne D 7
variation journalière D 7
variété des formes P 682
vase V 84
vase à filtration F 135
vase de distillation D 654
vase d'égalisation des niveaux L 227
vase de réaction R 153
vase Dewar D 267
vase d'expédition M 58
vase d'incubation I 174
vase-laboratoire R 153
vase métallique M 349
vasoactive intestinal peptide V 52
vasocentèse V 54
vasoponction V 54
vasopressine A 846
vasopuncture V 54
vastocine V 55
VDHL V 86
veau C 50
veineux V 66
vélocité V 59
vénéneux T 442
venin T 453
venin animal A 792
venin d'abeille B 150
venin de poisson F 178
venin de serpent S 476
venir à maturité M 155
ventilateur F 19
ventilation A 328, V 70
ventiler V 69
ver W 108
ver de Guinée D 750
verdochromogène V 73
verdoglobine V 74
verdoglobine S S 1080
verdohémine V 75
verdohémochromogène V 76
verdoperoxydase V 77
ver / en forme de W 109
vérification C 956
vérification des données D 19
vérifier C 955
ver intestinal H 200
vermicide A 810
vermiculaire W 109
vermiforme W 109
vermifuge A 810
vermis W 108
ver plat P 594
verre G 198
verre acrylique P 604
verre à expectoration S 745
verre à expérience T 108
verre de montre W 17
verre d'essai T 108
verre gradué M 197
verre grossissant L 414
verrerie G 225
verre soluble W 26
verre spécial S 603
verre uviol U 218
vers à segments S 178
verser goutte à goutte D 770
verser un liquide sous un autre U 51/2
ver solitaire P 733
vert G 453
vert bleuâtre G 227
vert de bromocrésol B 550
vert de malachite M 65
vert de méthylène M 404
vert de Paris P 112
vert de Schweinfurt P 112
vert diazine S D 323
vert d'indocyanine I 208
vert émeraude B 537
vertical V 79
vert janus J 3
vésicopustule P 1222
vésicule V 82
vésicule biliaire G 25
vessie U 128
vésuvine V 85
vêtement de sûreté P 1055
vêtements de protection P 1055
vibration V 88
vibration ultrasonore U 28
vibrion V 89
vibrion cholérique C 811
vibrion de Koch C 811
vibrion eltor E 153
vibrion El Tor E 153
vide V 7
vide d'air E 551
vide élevé H 307
vie / á longue L 405
vieillard O 27
vieillesse O 26
viellissement A 389
villikinine V 91
vinaigre V 94
vinblastine V 92
vincaleucoblastine V 92
vincristine V 93
violet V 98
violet cristallisé C 1156
violet d'alizarine A 473
violet de gentiane G 162
violet de Lauth T 230
violet de méthyle M 428
violet de méthyle B G 162
violet de méthylène M 400
violet de naphtol N 16
violet d'éthyle E 512
VIP V 52
virage C 350
virage de couleur C 773
virage d'indicateur I 186
viral V 99
virer C 349
virocyte V 101
virologie V 105
virologique V 102
virologiste V 104
virologue V 104
virulence V 106
virulent V 109
virus V 111
virus à ADN D 682
virus alpha A 543
virus amaril Y 13
virus APC A 264
virus à ARN R 466
virus à RNA R 466
virus assistant H 206
virus associé au croup C 1119
virus atténué A 1113
virus bactérien B 57
virus basophile B 133
virus CELO C 295
virus corona C 1017
virus Coxsackie C 1082
virus cytopathogène C 1307
virus cytopathogène entérique humain E 21
virus d'adénolymphite L 464
virus d'alastrim A 417
virus d'ARN R 466
virus de Common-Wart C 815
virus de Coxsackie C 1082
virus défectueux D 71
virus de Graffi G 422
virus de la chorio-méningite lymphocytaire L 476
virus de la dengue D 140
virus de la fièvre jaune Y 13
virus de la grippe I 246
virus de la maladie de Newcastle N 130
virus de la mosaïque du tabac T 397
virus de la paravaccine P 102
virus de la poliomyélite P 641
virus de la rage L 520
virus de la rougeole M 180
virus de la rubéole R 504
virus de la varicelle V 50
virus de la variole V 51
virus de l'encéphalite de Californie C 61
virus de l'encéphalite de la Murray-Valley M 792
virus de l'encéphalite japonaise B J 5
virus de leucémie L 220
virus de l'hépatite H 225
virus de l'herpès H 240
virus de l'immunodéficience humaine H 365 a
virus de lymphadénite L 464
virus d'encéphalomyocardite E 196
virus de pseudopoliomyélite C 1082
virus d'Epstein-Barr E 369
virus dermotrope D 227
virus de sarcome de Rous R 493
virus des bactéries B 57
virus des oreillons M 787
virus de vaccine S 461
virus de zoster V 50
virus d'hémadsorption H 5
virus d'hémadsorption 1 S 214
virus d'hépatite H 225
virus d'hépato-encéphalomyélite H 227
virus d'herpès de l'homme H 240
virus d'influenza I 246
virus d'oreillons M 787
virus d'ornithose P 1157
virus du nodule de trayeurs M 564
virus du pseudo-cow-pox M 564
virus Eaton P 609
virus Ebola E 14
virus ECHO E 21
virus EMC E 196
virus épizootique F 316
virus Epstein-Barr E 369
virus filtrable F 145
virus Graffi G 422
virus HA 1 S 214
virus hémagglutinant du Japon S 214
virus hépatotrope H 234
virus herpétique H 240, H 241
virus incomplet I 164
virus JEB J 5
virus karyotrope K 18
virus LCM L 476
virus MVE M 792
virus neurotrope N 105
virusoïde V 115
virus oncogène T 659
virus ophtalmotrope O 58
virus papova P 55
virus parainfluenza P 72
virus parainfluenza 1 S 214
virus parainfluenzae P 72
virus parainfluenzae de type 2 P 73
virus parainfluenzae type 2 P 73
virus PLT P 606
virus rabique L 520
virus respiratoire R 346
virus respiratoire syncytial R 345
virus RS R 345
virus satellite S 80
virus Sendai S 214
virus sensibilisé A 1113
virus tumoreux T 659
virus West Nile W 69
virus W N W 69
viscose V 121
viscosimètre V 122
viscosimètre à capillaire C 89
viscosimétrie V 124
viscosimétrique V 123
viscosité V 125
viscosité / à forte H 295
viscosité sanguine B 439
visible V 128
visite H 372
vis micrométrique M 504
vis moletée K 79
vis molettée K 79
visqueux V 127
visualisation V 131
visualiser V 132
visuel D 610, V 130
vitamine V 139
vitamine A R 367
vitamine A_2 D 119

U

V

vitamine antihémorrhagique N 17
vitamine antinévritique T 189
vitamine antipellagreuse N 139
vitamine antirachitique C 14
vitamine antiscorbutique A 1051
vitamine antixérophtalmique R 367
vitamine B_1 T 189
vitamine B_2 R 413
vitamine B_3 P 42
vitamine B_6 P 1249
vitamine B_{12} C 678
vitamine B_T C 150
vitamine C A 1051
vitamine D C 14
vitamine D_2 E 389
vitamine D_3 C 453
vitamine D_4 D 441
vitamine de fertilité T 398
vitamine de la coagulation N 17
vitamine E T 398
vitamine F V 141
vitamine H B 308
vitamine hydrosoluble W 39
vitamine K N 17
vitamine K_1 P 448
vitamine K_2 M 288
vitamine K_3 M 287
vitamine K_4 M 286
vitamine liposoluble F 33
vitamine P F 214
vitamine PP N 139
vitaminoïde V 143
vitesse V 59
vitesse angulaire A 775
vitesse d'absorption A 46a
vitesse d'adsorption A 322
vitesse d'analyse S 663
vitesse d'échange E 534
vitesse d'écoulement F 236
vitesse de croissance G 480
vitesse de déplacement M 561
vitesse de désintégration D 589
vitesse de développement M 561
vitesse de diffusion D 416
vitesse de dissociation V 62
vitesse de dissolution D 635
vitesse de filtration F 151
vitesse de flux F 236
vitesse de la réaction R 147
vitesse de migration M 561
vitesse de migration électrophorétique E 132
vitesse de passage F 236
vitesse de perméation S 664
vitesse de réaction maximale M 165
vitesse de rotation R 482
vitesse de sédimentation S 170
vitesse de sedimentation d'erythrocytes E 422
vitesse de séparation S 245
vitesse initiale I 283
vitré V 144
vitriol V 146
vitriol blanc Z 11
vitriol bleu C 1002
vivre en parasite P 93
VLDL V 147
volatil V 149
volatilisable V 149
volatilisation V 150
volatiliser / se V 151
volatilité V 152
volt V 155
voltamétrie V 157
voltamétrique V 156
voltmètre V 158
volume V 159
volume cellulaire C 293
volume cellulaire moyen M 171
volume corpusculaire E 429
volume critique C 1106
volume d'échantillon S 59
volume d'échantillons S 59
volume de gaz G 103
volume de la colonne C 805
volume de rétention R 358
volume du fluide F 248
volume du liquide F 248
volume du lit chromatographique C 805
volume d'urine U 156
volume final F 161
volume globulaire P 5
volume molaire M 646
volume moléculaire M 646
volume mort D 31
volume plasmatique P 547
volume résiduel R 329
volume respiratoire B 530
volume sanguin B 440
volume spécifique S 627
volume total T 438
volumétrie T 394
volumétrique T 393
volumineux V 167
voyant P 483
vrai négatif T 606
vrai positif T 607
vraisemblance L 254
VS S 170
VSE E 422

W

W T 661, W 43
watt W 43
wolfram T 661
wolframate T 660

X

xanthane X 1
xanthanol X 17
xanthène X 1
xanthine X 4
xanthine-déshydrogénase X 5
xanthine-oxhydase X 6
xanthine-oxhydrase X 6
xanthopicrine B 180
xanthoprotéine X 9
xanthoptérine X 11
xanthosine X 12
xanthosine-5'-diphosphate X 13
xanthosine-monophosphate X 14
xanthosine-5'-phosphate X 14
xanthosine-5'-triphosphate X 15
xanthydrol X 17
xantocyte X 7
XDP X 13
Xe X 23
xénoantigène X 19
xénodiagnostic X 20
xénodiagnostique X 21
xénogène X 22
xénon X 23
XMP X 14
XTP X 15
xylite X 39
xylitol X 39
xylocétose X 42
xylose X 40
xylulose X 42
xylulose-5'-phosphate X 43

Y

yohimbine Y 15

Z

zinc Z 6
Zn Z 6
zone Z 13
zone chromatographique C 525
zone d'action A 218
zone d'activité A 218
zone de départ S 824
zone de précipitation P 838
zone de réaction R 154
zone de réduction R 227
zone de tolérance T 407
zone d'indicateur I 194
zygote Z 17
zymase Z 18
zymogène Z 19
zymogramme Z 20
zymohexase A 455